Veröffentlichungen der Schmalenbach-Gesellschaft Band 31

Springer Fachmedien Wiesbaden GmbH

Flexible Plankostenrechnung

Theorie und Praxis der
Grenzplankostenrechnung und Deckungsbeitragsrechnung

Dr. Wolfgang Kilger
o. Professor der Betriebswirtschaftslehre
an der Universität des Saarlandes

Siebente Auflage

1. Auflage 1961
2. Auflage 1961
3., erweiterte Auflage 1967
4. Auflage 1970
5. Auflage 1972
6. Auflage 1974
7. Auflage 1977

Ursprünglich erschienen bei Westdeutscher Verlag, Opladen 1967

Additional material to this book can be downloaded from http://extras.springer.co
ISBN 978-3-531-11221-3 ISBN 978-3-322-96185-3 (eBook)
DOI 10.1007/978-3-322-96185-3

Vorwort zur ersten und zweiten Auflage

Die wirtschaftliche Lenkung eines Industriebetriebes ist mit der großen Schwierigkeit verbunden, daß sich der Betriebsablauf in der Industrie nicht mehr vorwiegend durch persönliche Beobachtung seitens der Geschäftsleitung überwachen läßt, wie das in den handwerklichen Kleinbetrieben der vorindustriellen Zeit der Fall war. Der im vorigen Jahrhundert einsetzende Industrialisierungsprozeß mit seiner Tendenz zum industriellen Großbetrieb hat zwangsläufig zu Wirtschaftsgebilden geführt, deren organisatorischer und fertigungstechnischer Aufbau so kompliziert ist, daß der Betriebsablauf ohne besondere rechentechnische Hilfsmittel nicht mehr übersehen und kontrolliert werden kann. Es entstand daher im Zuge des Industrialisierungsprozesses das dringende Bedürfnis nach einem geschlossenen System der Kostenrechnung, durch welches es möglich ist, die von einem Industriebetrieb zur Erfüllung seiner Zwecke verbrauchten Güter- und Dienstleistungen wertmäßig durch alle Betriebsabteilungen bis zu ihrer Verrechnung auf die betrieblichen Produkte zu verfolgen.

Die Entwicklung der industriellen Kostenrechnung führte weder in der wirtschaftlichen Praxis noch in der betriebswirtschaftlichen Lehrmeinung unmittelbar zu einem einheitlichen System. Es entstanden im Laufe der Zeit vielmehr zahlreiche kostenrechnerische Entwicklungsformen, die sich sowohl in ihren Zielsetzungen als auch in den Grundsätzen ihrer Durchführung stark voneinander unterscheiden. Bis heute besteht weder in der Praxis noch in der betriebswirtschaftlichen Wissenschaft Einigkeit darüber, welche Form der Kostenrechnung als die zweckmäßigste anzusehen ist. Immer mehr setzte sich aber die Ansicht durch, daß eine brauchbare Kostenrechnung gleichzeitig eine bereichsweise Kostenkontrolle und eine genaue Kalkulation der betrieblichen Erzeugnisse ermöglichen muß. Zugleich zeigte die Entwicklung, daß diese beiden Zielsetzungen um so besser erreicht werden können, je enger die Verbindung zwischen der Kostenrechnung und der gesamtbetrieblichen Planung ist. Aus diesem Grunde ist in den letzten Jahren die Plankostenrechnung immer mehr in den Mittelpunkt des betriebswirtschaftlichen Interesses gerückt, wie die zahlreichen Fachausschüsse, Plankostentagungen und die vielen Veröffentlichungen deutlich zeigen. Bereits jetzt ist zu erkennen, daß die Plankostenrechnung sich in der industriellen Praxis in immer stärkerem Maße durchsetzen wird.

Trotz der zunehmenden Bedeutung der Plankostenrechnung und des ständigen Vordringens dieses Abrechnungssystems in der Praxis fehlt zur Zeit immer noch eine geschlossene Darstellung, welche die Plankostenrechnung in den Rahmen der kostenrechnerischen Entwicklung stellt und ihren Aufbau als ein in sich geschlossenes System wiedergibt. Auf Grund dieser Tatsache wird die Stellung, welche die Plankostenrechnung im gesamten kostenrechnerischen Entwicklungsprozeß einnimmt, immer wieder falsch beurteilt und ein gesamter Überblick über die Funktionsweise der Plankostenrechnung erschwert. Hierzu kommt noch als weitere Schwierigkeit, daß sich die Plankostenrechnung relativ schnell von ihrer starren zur flexiblen Form weiterentwickelt hat, und daß als neue Entwicklungsstufe in jüngster Zeit die Grenzplankostenrechnung hinzugetreten ist. Aus diesem Grunde erschien es dem Verfasser gerechtfertigt, den Versuch zu unternehmen, sowohl die Entwicklung der flexiblen Plankostenrechnung als auch ihren Aufbau in Form eines in sich geschlossenen Systems ausführlich darzustellen.

Da zur Zeit die auf Vollkosten basierende und die flexible Grenzplankostenrechnung noch entwicklungsmäßig nebeneinander stehen, werden beide Verfahren parallel zueinander beschrieben, so daß ihre Nachteile und Vorzüge miteinander verglichen werden können. Hierbei kommt es dem Verfasser in erster Linie darauf an, die theoretischen Grundsätze zu beschreiben und durch zahlreiche praktische Zahlenbeispiele zu ergänzen, welche für den Aufbau der flexiblen Plankostenrechnung von Bedeutung sind. Die Grundzusammenhänge der flexiblen Plankostenrechnung dürften komplizierter und daher schwerer erfaßbar sein, als das bei den früheren Formen der Kostenrechnung der Fall ist. Aus diesem Grunde verzichtet der Verfasser bewußt auf eine ausführliche Wiedergabe von formulartechnischen Einzelheiten, denn hierdurch würde die Erarbeitung eines gründlichen Überblicks über den theoretischen Aufbau und die Funktionsweise der flexiblen Plankostenrechnung, der sowohl für den Studenten der Betriebswirtschaftslehre als auch für jeden auf dem Gebiet der Kostenrechnung tätigen kaufmännischen Angestellten von großer Bedeutung ist, unnötig erschwert.

Der Verfasser hofft, mit seinen Ausführungen dem Leser einen geschlossenen Einblick in das komplizierte Gebiet der flexiblen Plankostenrechnung und insbesondere der Grenzplankostenrechnung zu geben, der sich sowohl auf die Entwicklung und ihre Ursachen als auch auf alle wichtigen Spezialprobleme erstreckt, und der als theoretisches Grundgerüst für jeden dienen kann, dessen Ziel es ist, auf dem Gebiet der Plankostenrechnung wissenschaftlich oder praktisch zu arbeiten. Der Verfasser möchte an dieser Stelle nicht versäumen, seinem Lehrer, Herrn Professor Dr. Dr. h. c. E. Gutenberg, für die großzügige Unterstützung und die zahlreichen Anregungen zu danken, mit denen er ihm während der Fertigstellung des Manuskriptes stets zur Seite stand. In gleicher Weise dankt der Verfasser Herrn Professor Dr. K. Hax und Herrn Professor Dr. H. Koch für die kritische Durchsicht des Manuskriptes. Weiterhin gebührt der Dank des Verfassers der Deutschen Forschungsgemeinschaft, die ihn insbesondere während seiner praktischen Kostenuntersuchungen, die etwa 12 Monate beanspruchten und sich über 18 verschiedene Unternehmen erstreckten, durch ein Forschungsstipendium in großzügiger Weise unterstützt hat.

Der Einblick in die Praxis der flexiblen Plankostenrechnung wurde dem Verfasser in

dankenswerter Weise von Herrn Ing. H. G. Plaut ermöglicht, der als beratender Betriebswirtschaftler in zahlreichen Firmen in Deutschland, Österreich und der Schweiz die flexiblen Plankostenrechnungen auf Voll- und Grenzkostenbasis eingeführt hat, und in dessen Beratungspraxis der Verfasser als freiberuflicher Mitarbeiter mehrere Jahre praktisch auf dem Gebiet der Plankostenrechnung tätig war. Nur hierdurch war es dem Verfasser möglich, auch bisher in der Literatur nicht veröffentlichte Probleme und Lösungen zu erörtern und durch praktische Beispiele zu ergänzen. Aus diesem Grunde möchte es der Verfasser nicht versäumen, Herrn H. G. Plaut und seinen Mitarbeitern für die zahlreichen Anregungen zu danken, die er während seiner Mitarbeit in der „Organisation Plaut" erhalten hat. Zugleich sei an dieser Stelle den Geschäftsleitungen und Angestellten aller Unternehmungen gedankt, die es dem Verfasser in großzügiger Weise gestatteten, in den Aufbau und die Ergebnisse ihrer Betriebsabrechnungen Einblick zu nehmen. Nicht zuletzt dankt der Verfasser allen Mitgliedern des Arbeitskreises Diercks der Schmalenbach-Gesellschaft für die zahlreichen Anregungen, die er während der gemeinsamen Arbeitssitzungen auf dem Gebiet der Plankostenrechnung empfangen hat.
Für die kritische Durchsicht des Manuskriptes danke ich meinen Assistenten Herrn Dipl.-Kfm. W. Ferner und Herrn Dipl.-Kfm. Dr. rer. oec. Th. Heiss.

Scheidt (Saar), den 5. Februar 1961 Der Verfasser

Vorwort zur dritten Auflage

Mit der ersten Fassung des vorliegenden Buches wurde ein Überblick über die geschichtliche Entwicklung der flexiblen Plankostenrechnung und eine theoretisch fundierte und durch praktische Beispiele ergänzte Darstellung dieses Teilgebietes des betrieblichen Rechnungswesens gegeben. Bereits in den früheren Auflagen wurden die beiden Ausgestaltungsformen der flexiblen Plankostenrechnung, die Grenzplankostenrechnung und die auf Vollkosten basierende Plankostenrechnung beschrieben. Sie standen hierbei gewissermaßen „gleichberechtigt“ nebeneinander, obwohl bereits Tendenzen zugunsten der Grenzplankostenrechnung erkennbar waren.
Inzwischen hat sich in der internationalen Diskussion über die beste Ausgestaltungsform der Kostenrechnung der Schwerpunkt trotz einiger Gegenstimmen so stark zugunsten der Grenzplankostenrechnung verschoben, daß die vorliegende Fassung des Buches entsprechend weiterentwickelt werden mußte. Statt des bisherigen Titels „Flexible Plankostenrechnung“ könnte das Buch nunmehr ebensogut den Titel „Grenzplankostenrechnung und Deckungsbeitragsrechnung“ tragen. Aus traditionellen Gründen wurde jedoch der Oberbegriff „Flexible Plankostenrechnung“ als Titel beibehalten.
Der erste Teil stellt die Entwicklungsformen der Kostenrechnung dar. Er wurde gegenüber der früheren Fassung komprimierter gestaltet, gleichzeitig aber um neue Entwicklungstendenzen der Kostenrechnung ergänzt. Neu aufgenommen wurde ein zweiter Teil, der die wichtigsten kostentheoretischen Grundlagen der flexiblen Plankostenrechnung enthält. Die beiden folgenden Teile, die die rechentechnische Isolierung von Preis- und Lohnsatzschwankungen und die Planung und Kontrolle der Einzelkosten enthalten, konnten im wesentlichen unverändert übernommen werden; sie enthalten lediglich Ergänzungen.
Die im fünften Teil dargestellte Planung und Kontrolle der Gemeinkosten wird im Gegensatz zu den früheren Auflagen dieses Buches nicht mehr als „Hauptaufgabe“ der flexiblen Plankostenrechnung herausgestellt. Zwar bildet die Planung der Gemeinkosten die Grundlage der Plankostenrechnung, und die Bedeutung der Kostenkontrolle ist nach wie vor sehr groß; die Möglichkeiten der Grenzplankostenrechnung und der Deckungsbeitragsrechnung führten aber neben der Kostenkontrolle zum Ausbau der Gewinnplanung, der Gewinnanalyse und insbesondere zur Verwendung kostenrechnerischer Ergebnisse als Grundlage mathematischer Planungsmodelle. Aus diesem Grunde wurden die Ausführungen über die im sechsten Teil

wiedergegebene Kostenträger- und Erfolgsrechnung neugestaltet. Hierbei wurden alle neuen Ansätze, wie z. B. die Deckungsbeitragsrechnung von P. Riebel, die Standard-Grenzpreiskalkulation von H. H. Böhm und F. Wille und die stufenweise Fixkostendeckung nach K. Mellerowicz und K. Agthe ausführlich behandelt.

Neu hinzugefügt wurde das letzte Kapitel mit der Überschrift „Die optimale Programmplanung auf der Basis geplanter Grenzkosten". Dieser Abschnitt entspricht der in den USA immer stärker erhobenen Forderung, die Kostenrechnung zum „management accounting" auszugestalten, das die Grundlage für die Lösung aller kurzfristigen Entscheidungsprobleme bilden soll. Dieser Abschnitt soll zur Beseitigung des weit verbreiteten Irrtums beitragen, daß Grenzkosten lediglich zur Fixierung von Preisuntergrenzen unterbeschäftigter Betriebe dienen können. Es soll vielmehr gezeigt werden, daß auch bei Vollbeschäftigung Grenzkosten für viele Planungsmodelle des Operations Research benötigt werden.

Der Verfasser dankt der Deutschen Forschungsgemeinschaft, die ihm einen Forschungsaufenthalt in den USA ermöglichte, bei dem er mit amerikanischen Kostenfachleuten diskutieren und in über zwanzig amerikanischen Betrieben die Funktionsweise des „direct costing" betrachten konnte. Die Erkenntnisse dieses Forschungsaufenthaltes wurden bei dieser Auflage berücksichtigt.

Von den amerikanischen Kostenfachleuten, die dem Verfasser bei seinem USA-Aufenthalt mit Auskünften zur Verfügung standen, gebührt besonderer Dank den Herren Professor C. T. Horngren, University of Chicago, Professor A. Matz, Wharton School of Finance and Commerce, University of Pennsylvania, Professor G. Shillinglaw, Columbia University, W. B. McFarland, Forschungsleiter der National Association of Accountants und W. Wright, Präsident der Wright Associates, Inc.

Weiterhin sei Herrn H. G. Plaut und seinen Mitarbeitern gedankt, daß sie dem Verfasser stets zur Diskussion über die Weiterentwicklung der Grenzplankostenrechnung zur Verfügung gestanden haben.

Auch allen den Firmen gebührt Dank, die dem Verfasser Einblick in ihr Innerbetriebliches Rechnungswesen gewährten.

Für die Zusammenstellung der umfangreichen Literaturübersicht und für die kritische Durchsicht des Manuskriptes danke ich meinen Assistenten, den Herren Dipl.-Kfm., Dipl.-Ing. H. J. Brink, Dipl.-Kfm. K. Dellmann, Dipl.-Kfm. N. Kern und Dipl.-Kfm. Dr. H. Kullmann; für die Ausführung der Zeichnungen danke ich Herrn cand. rer. nat. M. Aldinger und für das Schreiben des Manuskriptes meiner Sekretärin, Fräulein E. Gräber.

Saarbrücken, den 5. Februar 1967 Der Verfasser

Vorwort zur vierten Auflage

Da die dritte, völlig neu bearbeitete Auflage des vorliegenden Buches in relativ kurzer Zeit vergriffen war, konnten wir uns bei der vierten Auflage auf einige geringfügige Korrekturen, so z. B. die Eliminierung der Umsatzsteuer, die seit Einführung der Mehrwertsteuer keinen Kostencharakter mehr hat, und die Beseitigung von Druckfehlern beschränken. Das ständig zunehmende Interesse an den Verfahren der Grenzplankosten- und Deckungsbeitragsrechnung macht es erforderlich, daß das vorliegende Buch möglichst bald wieder erscheint.

Saarbrücken, den 16. Mai 1970 — Der Verfasser

Vorwort zur fünften Auflage

Das Interesse der betrieblichen Praxis an der Grenzplankostenrechnung unter Verwendung von Deckungsbeiträgen bei der Verkaufssteuerung hat in den letzten beiden Jahren weiter zugenommen, so daß auch die vierte Auflage schnell vergriffen war. Wir haben uns daher bei der fünften Auflage wiederum auf die Korrektur einiger Druckfehler beschränken können.

Saarbrücken, den 16. Oktober 1971 — Der Verfasser

Vorwort zur sechsten Auflage

Die Grenzplankosten- und Deckungsbeitragsrechnung setzt sich in der betrieblichen Praxis immer mehr durch und ist in den letzten Jahren zum festen Bestandteil der betriebswirtschaftlichen Ausbildung geworden. Auch die fünfte Auflage war daher in relativ kurzer Zeit vergriffen. Wir haben uns daher bei der sechsten Auflage wiederum auf die Korrektur einiger Druckfehler beschränkt.

Saarbrücken, im Januar 1974 — Der Verfasser

Inhaltsverzeichnis

Einleitung

1. Jede Unternehmung produziert Sachgüter oder Dienstleistungen und veräußert sie auf Absatzmärkten. Für diese Aufgaben ist der laufende Einsatz von Produktionsfaktoren erforderlich, die in der betriebswirtschaftlichen Theorie zu den Faktorgruppen Werkstoffe, Betriebsmittel, menschliche Arbeitskräfte und Dienstleistungen zusammengefaßt werden. Die Erfüllung der betrieblichen Aufgaben führt zu einem mannigfaltig zusammengesetzten Strom von Gütern, die von den Beschaffungsmärkten in eine Unternehmung fließen und dort entweder sofort oder nach einer vorgeschalteten Lagerung der Produktionsfaktoren durch den innerbetrieblichen Kombinationsprozeß in die betrieblichen Produktionsleistungen umgeformt werden [1]. Diese Produktionsleistungen können entweder selbsterstellte Produktionsfaktoren oder Fertigprodukte sein; im ersten Fall werden sie in Kombinationsprozessen weiterverarbeitet, und im zweiten Fall werden sie entweder sofort oder nach einer Lagerung an die Absatzmärkte geleitet.
In jeder Unternehmung muß der gesamte betriebliche Kombinationsprozeß nach dem Prinzip der Wirtschaftlichkeit ausgerichtet sein [2].
In einem Handwerksbetrieb kann der Meister häufig noch den gesamten Betriebsprozeß übersehen und diesen hinsichtlich seiner Wirtschaftlichkeit kontrollieren. Bereits bei kleineren Industriebetrieben und besonders bei industriellen Großbetrieben ist dagegen der betriebliche Kombinationsprozeß so komplex, daß die Unternehmungsleitung nicht mehr in der Lage ist, diesen Prozeß ohne besondere Hilfsmittel zu überwachen. Hier muß das gesamte Betriebsgeschehen rechnerisch verfolgt werden, indem man jede Mengen- und Wertbewegung der Unternehmung belegmäßig erfaßt, weiterverrechnet und auswertet. Diese rechnerische Erfassung, Kontrolle und Planung bezeichnet man als das *betriebliche Rechnungswesen*.

[1] Die neuere betriebswirtschaftliche Theorie betrachtet die Tätigkeit jeder Unternehmung als einen Kombinationsprozeß, durch den die elementaren Produktionsfaktoren mit Hilfe des dispositiven Faktors in die betrieblichen Produkte umgeformt werden. Vgl. hierzu *E. Gutenberg*, Grundlagen der Betriebswirtschaftslehre, 1. Bd., Die Produktion, 10. Aufl., Berlin – Heidelberg – New York 1965, S. 2ff.

[2] E. Gutenberg hat nachgewiesen, daß das Prinzip der Wirtschaftlichkeit zu den systemindifferenten Tatbeständen gehört und somit in gleicher Weise für Betriebe in einer staatlich gelenkten Planwirtschaft wie für Unternehmungen in einer Marktwirtschaft Gültigkeit hat. Vgl. *E. Gutenberg*, Grundlagen der Betriebswirtschaftslehre, 1. Bd., a. a. O., S. 10, 445ff. und 460.

Die Aufgaben und Funktionen des Rechnungswesens sind sehr vielseitig, so daß es schwer ist, sie zu gliedern[3]. Es dürfte aber Übereinstimmung darüber bestehen, daß neben der Finanzbuchhaltung die *Kostenrechnung* das wichtigste Teilgebiet des betrieblichen Rechnungswesens bildet, da gerade sie es ist, durch welche das Betriebsgeschehen in seinem wichtigsten und kompliziertesten Teilbereich, d. h. während des Kombinationsprozesses selbst, rechentechnisch erfaßt und auf seine Wirtschaftlichkeit hin kontrolliert wird.

2. Die Fachliteratur läßt erkennen, daß trotz der Mannigfaltigkeit der kostenrechnerischen Entwicklungsformen schon zu einem frühen Zeitpunkt damit begonnen wurde, die Aufgaben der Kostenrechnung in insgesamt sechs Teilbereiche zu gliedern, deren Beziehungen zueinander und deren Zusammenwirken wir durch die Übersicht 1 verdeutlichen[4].

Die erste Aufgabe der laufenden Kostenrechnung besteht darin, in Abstimmung mit den Aufwandskonten der Finanzbuchhaltung periodenweise die angefallenen Gesamtkosten, nach Kostenarten gegliedert, zu erfassen. Dieser Teilbereich wird als *Kostenartenrechnung* bezeichnet, obwohl es sich hier mehr um eine Erfassung als um eine Rechnung handelt[5].

Im Zusammenhang mit der Erfassung der Kostenarten wollen wir den Begriff „Kosten" wie folgt definieren. *Kosten* sind der bewertete Verbrauch von Produktionsfaktoren für die Produktion und den Absatz betrieblicher Produkte und die Aufrechterhaltung der hierfür erforderlichen Kapazitäten[6]. Diese Definition läßt

[3] Zur Einteilung und systematischen Gliederung des betrieblichen Rechnungswesens vgl. vor allem *M. R. Lehmann,* Die Systematik des Rechnungswesens des Betriebes und der Unternehmung, ZHH 1926, S. 58 ff., 82 ff.; *M. R. Lehmann,* Industriekalkulation, 4. Aufl., Stuttgart 1951, S. 1 ff.; *E. Kosiol,* Warenkalkulation in Handel und Industrie, Stuttgart 1953, S. 3 ff.; *A. Schnettler,* Das Rechnungswesen industrieller Betriebe, 4. Aufl., Wolfenbüttel 1949, S. 2 ff. Im übrigen findet der Leser ähnliche Systematisierungsversuche der Aufgaben des Rechnungswesens in allen neueren, einschlägigen Monographien.

[4] Bereits in den Kostenrechnungsgrundsätzen vom 16. Januar 1939 wurden als Teilbereiche der Kostenrechnung unter III B die Kostenartenrechnung, die Kostenstellenrechnung und die Kostenträgerrechung hervorgehoben. Im übrigen sei hinsichtlich der Aufgaben der industriellen Kostenrechnung und ihrer Gliederung vor allem auf die folgende Literatur hingewiesen: *J. Greifzu,* Das neuzeitliche Rechnungswesen, 9. Aufl., Hamburg 1954, S. 255 ff.; *E. Gutenberg,* Neuere Entwicklungstendenzen auf dem Gebiet des industriellen Rechnungswesens, Die Gießerei 1954, S. 398; *F. Henzel,* Die Kostenrechnung, 4. Aufl., Essen 1964, S. 30 ff.; *E. Kosiol,* Warenkalkulation ..., a. a. O., S. 7 ff.; *M. R. Lehmann,* Industriekalkulation, a. a. O., S. 18 ff.; *K. Mellerowicz,* Kosten und Kostenrechnung, Zweiter Teil, 2. und 3. Aufl., Berlin 1958, S. 193 ff.; *E. Schmalenbach,* Kostenrechnung und Preispolitik, 8. Aufl., Köln und Opladen 1963, S. 307, 350 und 368; *A. Schnettler,* Das Rechnungswesen ..., a. a. O., S. 136 ff.

[5] Die Anlagenkartei, die Materialabrechnung und die Lohnabrechnung stellen selbständige Teilbereiche des betrieblichen Rechnungswesens dar, die sowohl den Zwecken der Finanzbuchhaltung als auch den Zwecken der Kostenrechnung dienen. In der Kostenartenrechnung liefern sie die Grundlagen für die Erfassung der Abschreibungen, der Roh-, Hilfs- und Betriebsstoffkosten und der Personalkosten.

[6] Hinsichtlich der Abgrenzung zwischen Aufwand und Kosten sei auf die einschlägige Lite-

bereits die wichtigsten Kostengruppen erkennen. Die zum Zwecke der Produktion angefallenen Kosten werden als Herstellkosten bezeichnet und als aktivierungsfähig angesehen. Die für den Absatz anfallenden Kostenarten werden als Vertriebskosten bezeichnet. Sie sind zusammen mit den Kosten der allgemeinen Verwaltung nicht aktivierungsfähig. Weiterhin enthält die obige Kostendefinition bereits die für die Grenzplankostenrechnung bedeutsame Zweiteilung in variable, d.h. vom Produktions- und Absatzvolumen abhängige Kosten, und in fixe Kosten oder Periodenkosten, die für die Aufrechterhaltung betrieblicher Teilkapazitäten anfallen und nur durch quantitative Anpassungsprozesse verändert werden.

Für die Gemeinkostenarten folgt auf die Kostenartenrechnung die *Kostenstellenrechnung*, die in der Regel in der Form von Betriebsabrechnungsbögen (BAB) durchgeführt wird. Die erste Aufgabe der Kostenstellenrechnung besteht darin, alle primären Gemeinkostenarten auf die Kostenstellen, in denen sie verursacht worden sind, zu verteilen. Die zweite Aufgabe der Kostenstellenrechnung besteht darin, die von den Hilfs- bzw. Nebenkostenstellen ausgetauschten und an die Hauptkostenstellen gelieferten innerbetrieblichen Leistungen mengenmäßig zu erfassen, mit Kostensätzen zu bewerten und als sekundäre Gemeinkostenarten auf die Kostenstellen weiter zu verrechnen. Dieses Teilgebiet der Kostenstellenrechnung bezeichnet man als die innerbetriebliche Leistungsverrechnung. Drittens werden in der Kostenstellenrechnung die Kostensummen der Hauptkostenstellen durch die Maßgrößen der von ihnen während der betreffenden Abrechnungsperiode geleisteten Produktionsbeiträge dividiert. Auf diese Weise erhält man die Kalkulationssätze der Kostenstellen.

Durch die *Kostenträger-Kalkulation* werden die Kosten der betrieblichen Produkteinheiten ermittelt, indem alle Einzelkosten direkt und alle Gemeinkosten indirekt, d.h. mit Hilfe der in der Kostenstellenrechnung ermittelten Kalkulationssätze, auf die Erzeugnisse verrechnet werden, durch deren Produktion und Absatz sie verursacht worden sind. Geschieht dies vor Durchführung der Produktion, so spricht man von der Vorkalkulation, geschieht es ex post, so handelt es sich um die Nachkalkulation. Die Ergebnisse der Kostenträgerkalkulation bilden zwar ein wichtiges Hilfsmittel für die betriebliche Preispolitik; die Kalkulation kann aber in marktwirtschaftlich orientierten Wirtschaftssystemen die Produktpreise nicht allein aus den Selbstkosten ableiten. Die Festsetzung von Produktpreisen gehört vielmehr in das Gebiet der Verkaufspolitik und muß jeweils unter Berücksichtigung der Marktverhältnisse vorgenommen werden.

Weiterhin dienen die Ergebnisse der Kostenträgerkalkulation als Grundlage für die *kurzfristige Betriebsergebnisrechnung* und für die *Bestandsrechnung*. Die kurzfristige Betriebsergebnisrechnung dient der monatlichen Ermittlung und der Analyse der Gewinne mit dem Ziel, die Rentabilität der einzelnen Produkte oder Produktgruppen zu ermitteln. In der Bestandsrechnung werden die noch nicht verkauften Halb- und Fertigfabrikatebestände, bewertet zu Herstellkosten, geführt.

Wird die Finanzbuchhaltung mit der Kostenrechnung abgestimmt, so geht schließlich

ratur verwiesen. Vgl. insbesondere *E. Schmalenbach*, Kostenrechnung und Preispolitik, a.a.O., S. 6ff.

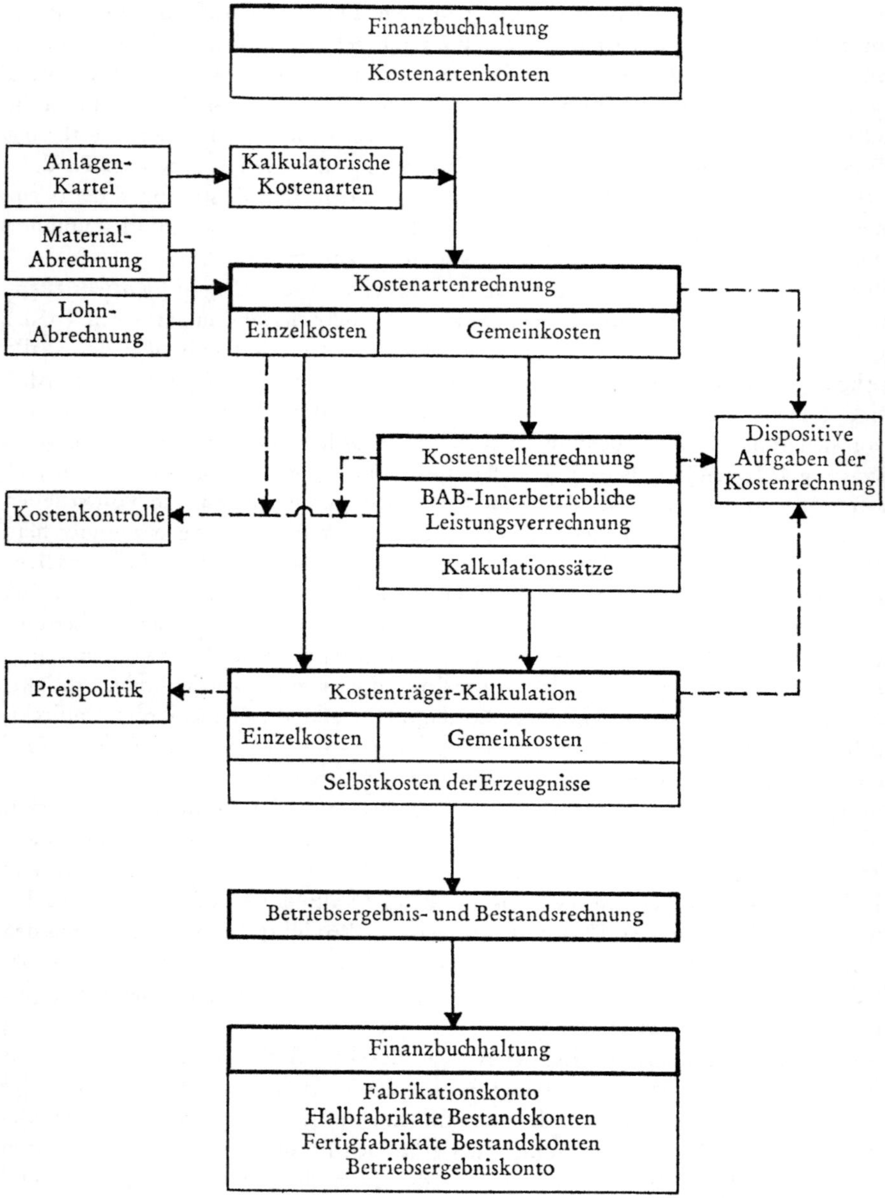

Übersicht 1: Die Aufgabenbereiche der Kostenrechnung

der gleiche Gesamtkostenbetrag, der von der Finanzbuchhaltung übernommen wurde, nach Produktarten differenziert auf die Bestands- und Erfolgskonten der Finanzbuchhaltung zurück.
Die bis hierher genannten Aufgaben der Kostenrechnung kann man als traditionelle Aufgaben bezeichnen, da sie bereits den frühen Entwicklungsformen der Kostenrechnung zugeordnet wurden.
Der fünfte Teilbereich der Kostenrechnung, die *Kostenkontrolle*, entstand erst später; sie ist besonders typisch für die Entwicklung der Plankostenrechnung. Die Aufgabe der Kostenkontrolle besteht darin, sämtliche Kosten einer Unternehmung mit Hilfe von Maßkosten hinsichtlich Unwirtschaftlichkeiten zu kontrollieren. Grundlage hierfür ist die Kostenstelleneinteilung.
Auch der sechste Teilbereich der Kostenrechnung, den wir als *dispositive Aufgaben der Kostenrechnung* bezeichnen wollen, begann in den neueren Entwicklungsformen der Kostenrechnung in den Vordergrund zu treten. Die dispositiven Aufgaben der Kostenrechnung bestehen darin, die Kostendaten für Planungsprobleme zur Verfügung zu stellen. Durch die Entwicklung des Operations Research sind die Anforderungen an die Kostenrechnung in den letzten zehn Jahren erheblich gestiegen. Zur Lösung von Planungsproblemen muß vielfach sowohl auf die Ergebnisse der Kostenstellenrechnung als auch auf die der Kostenträgerkalkulation zurückgegriffen werden.

3. Obwohl die Bedeutung der Kostenrechnung und die Aufgaben, die sie in einer Unternehmung zu erfüllen hat, in der Betriebswirtschaftslehre bereits sehr früh erkannt wurden, wie besonders die ersten Veröffentlichungen E. Schmalenbachs erkennen lassen[7], bildete sich weder in der Theorie noch in der Praxis eine einheitliche Ansicht über den Aufbau der Kostenrechnung. Es entstanden vielmehr im Laufe der Zeit zahlreiche, unterschiedliche Formen der Kostenrechnung. Diese Tatsache ist auf folgende Ursachen zurückzuführen.
Erstens wird das Verfahren der Kostenrechnung, das eine Unternehmung anwendet, durch die Anforderungen der Geschäftsleitung an die Kostenrechnung bestimmt[8]. Die in der Übersicht 1 zusammengefaßten Aufgabenbereiche der Kostenrechnung wurden im Verlaufe der kostenrechnerischen Entwicklung nicht als gleichrangig angesehen. Der Schwerpunkt der Zielsetzung hat sich vielmehr, wie im einzelnen noch nachzuweisen sein wird, von der Nachkalkulation über die Kostenkontrolle zur Gewinnanalyse und zur Lösung von Planungsproblemen verschoben. Durch diese neuen Anforderungen hat der kostenrechnerische Entwicklungsprozeß starke Impulse erhalten.

[7] Vgl. *E. Schmalenbach,* Die Technik der Produktionskosten-Ermittlung, ZfhF 1907/08, S. 201 ff.; ders., Theorie der Produktionskostenermittlung, ZfhF 1908/09, S. 41 ff.; ders., Über Verrechnungspreise, ZfhF 1908/09, S. 165 ff.; ders., Selbstkostenrechnung, ZfhF 1919, S. 257 ff., S. 321 ff.

[8] Vgl. hierzu vor allem *A. Müller,* Der Einfluß der Kalkulationszwecke auf die Kalkulationsformen, Archiv für das Eisenhüttenwesen 1935/36, S. 215 ff.

Zweitens besteht eine Wechselwirkung zwischen den praktisch durchführbaren Ausgestaltungsformen der Kostenrechnung und den rechentechnischen Hilfsmitteln. Die Entwicklung auf dem Gebiet der Rechenmaschinen, die ihren Weg von Tisch-Rechenmaschinen über Lochkartenmaschinen zur elektronischen Datenverarbeitung nahm, hat die praktisch anwendbare Genauigkeit und Differenzierung der kostenrechnerischen Verfahren ständig erhöht.

Drittens wird der realisierbare Entwicklungsstand der Kostenrechnung vom Grad der betriebswirtschaftlichen Ausbildung der auf dem Gebiet des Rechnungswesens tätigen Mitarbeiter einer Unternehmung bestimmt.

Viertens hängt der Schwierigkeitsgrad, mit dem sich neue Verfahren der Kostenrechnung in der Praxis verwirklichen lassen, vom organisatorischen Aufbau und der fertigungstechnischen Struktur einer Unternehmung ab. Diese Tatsache folgt zwangsläufig daraus, daß die Kostenrechnung die Aufgabe hat, den betrieblichen Wertekreislauf im Innern der Unternehmung rechentechnisch zu erfassen und zu kontrollieren. Ist der Kombinationsprozeß komplex, so sollte die Kostenrechnung entsprechend verfeinert sein.

In vielen Unternehmungen sind die Anforderungen der Geschäftsleitung an die Ergebnisse der Kostenrechnung im Zeitablauf gestiegen; zugleich haben die Einsatzmöglichkeiten organisatorischer und rechentechnischer Hilfsmittel sowie der betriebswirtschaftliche Ausbildungsstand der Mitarbeiter zugenommen. Hieraus resultierten auf der Basis betriebsindividuell bedingter Ausgestaltungsnotwendigkeiten verbesserte Verfahren der Kostenrechnung.

Betrachtet man die umfangreiche kostenrechnerische Literatur mit ihren zum Teil recht unterschiedlichen Stellungnahmen, so erscheint die Zahl der kostenrechnerischen Entwicklungsformen auf den ersten Blick sehr groß. Im Entwicklungsprozeß der Kostenrechnung ist der Übergang von den einzelnen Entwicklungsformen der Kostenrechnung zu den nächstfolgenden langfristig gesehen ein kontinuierlicher Prozeß ohne scharfe Gegensätze und Antithesen [9].

Es soll die erste Aufgabe unserer weiteren Ausführungen sein, den zeitlichen Entwicklungsprozeß der Kostenrechnung zu beschreiben und auf seine Ursachen zurückzuführen. Hierbei werden wir zu dem Ergebnis gelangen, daß dieser Entwicklungsprozeß zwangsläufig zur flexiblen Plankostenrechnung und insbesondere zur Grenzplankostenrechnung führte.

Die zweite, weitaus umfangreichere Aufgabe besteht in der Darstellung des theoretischen Aufbaus und der Funktionsweise der flexiblen Plankostenrechnung, ergänzt durch zahlreiche praktische Beispiele, und der kritischen Analyse der mit Hilfe der flexiblen Plankostenrechnung erzielbaren Ergebnisse. Hierbei wird der Schwerpunkt unserer Ausführungen auf der Grenzplankostenrechnung liegen. Die auf Vollkosten basierende flexible Plankostenrechnung wird ebenfalls behandelt, vorwiegend aber deshalb, um die bei ihrer Anwendung möglichen Entscheidungsfehler hervorzuheben.

[9] Vgl. hierzu z. B. *P. Nowak*, Kritische Bemerkungen zur Plankostendiskussion, ZfB 1953, S. 124; *P. Nowak*, Kostenrechnungssysteme in der Industrie, 2. Aufl., Köln und Opladen 1961, S. 47 ff., 126 ff.

Erster Teil

Die Entwicklung von der Istkostenrechnung zur flexiblen Plankostenrechnung

1. KAPITEL

Die Entwicklungsformen der Istkostenrechnung

A. Die Grundform der Istkostenrechnung

1. Unter *Istkosten* versteht man allgemein die Kosten, die während einer bestimmten Abrechnungsperiode *effektiv* verursacht worden sind. Für Kostenarten, die ein eindeutig bestimmbares Mengen- oder Zeitgerüst aufweisen, wie das z.B. bei allen Material- und Lohnkosten der Fall ist, werden die Istkosten einer Abrechnungsperiode als die Summe der in ihr effektiv verbrauchten Istmengen oder Istzeiten, bewertet zu Istpreisen bzw. Istlohnsätzen, bezeichnet. Bei allen Kostenarten, die kein eindeutig bestimmbares Mengengerüst aufweisen, wie z. B. Beiträge, Gebühren, Steuern, Versicherungsprämien und Reparaturkosten, werden in entsprechender Weise die belegmäßig erfaßten Effektivbeträge als Istkosten bezeichnet[10].
Aus den folgenden Gründen kann es nie eine Form der Kostenrechnung gegeben haben, bei der sämtliche Kostenarten reine Istkosten waren.
Keine Kostenrechnung ist denkbar ohne eine konsequente Abgrenzung zwischen Kosten und Auszahlungen. Jede antizipative Abgrenzung zukünftiger Ausgaben, deren Höhe noch ungewiß ist, erfordert aber den Ansatz geplanter Abgrenzungsbeträge, deren Summe von den späteren Istbeträgen abweichen kann. Derartige Abgrenzungen sind z. B. üblich bei Kostensteuern, Verbandsbeiträgen und Gebühren, deren Höhe sich erst nach dem Jahresabschluß ermitteln läßt, und bei Versicherungsprämien, die nach der jährlichen Inanspruchnahme bemessen werden. Die antizipierten Teilbeträge sind in diesen Fällen keine Istkosten, sondern Normal- oder Plankosten.
In entsprechender Weise führte auch die kalkulatorische Abgrenzung der Kosten vom Aufwand dazu, daß von jeher Normal- oder Planwerte in der Kostenrechnung verwendet werden mußten[11].
Da jede Abschreibungsberechnung von einer geplanten Nutzungsdauer ausgehen muß, können die kalkulatorischen Abschreibungen niemals Istkosten sein, und zwar auch dann nicht, wenn effektive Anschaffungswerte als Basis verwendet wurden.

[10] Der hier definierte Istkostenbegriff weicht von denjenigen Kosten ab, die im System der Plankostenrechnung als Istkosten bezeichnet werden. Wie im einzelnen noch darzustellen sein wird, bezeichnet man in der Plankostenrechnung die Produkte aus Istmengen bzw. Istzeiten und geplanten Verrechnungssätzen als Istkosten.

[11] In der Literatur wird vor allem von K. Schwantag darauf hingewiesen, daß durch die zeitliche und kalkulatorische Abgrenzung Normal- oder Planwerte in die Kostenrechnung getragen werden können. Vgl. *K. Schwantag*, Der heutige Stand der Plankostenrechnung in deutschen Unternehmungen, ZfB 1950, S. 392 f.

Durch den Plancharakter der Nutzungsdauern sind vielmehr Abschreibungen von jeher Plankosten gewesen.
Dies gilt entsprechend auch für die kalkulatorischen Zinsen, da sie sich wegen der ständigen Veränderung der Kapitalstruktur einer Unternehmung nur sehr schwer auf das Istkapital, sondern stets nur auf einen als normal angesetzten oder geplanten Wert des betriebsnotwendigen Kapitals beziehen lassen.
Weiterhin wurden von jeher kalkulatorische Wagniskosten, Ausschußraten und Kosten für Großreparaturen zeitlich abgegrenzt, wobei die abgegrenzten Teilbeträge den Charakter von Normal- oder Plankosten hatten.
Als *Grundform der Istkostenrechnung* wollen wir eine Entwicklungsform der Kostenrechnung bezeichnen, bei der Normal- oder Plankosten allein zum Zwecke der richtigen Erfassung und Abgrenzung der Kosten verwendet werden. Über dieses Mindestmaß hinaus werden in der Grundform der Istkostenrechnung weder in der Kostenartenrechnung noch in einem der übrigen kostenrechnerischen Teilgebiete Normal- oder Plankosten verwendet[12].

2. Die *Zielsetzung*, die der Grundform der Istkostenrechnung fast ausschließlich zugrunde liegt, besteht darin, die durch die Kostenartenrechnung erfaßten Istkosten jeder Abrechnungsperiode möglichst lückenlos auf die Kostenträger zu verrechnen. Der Hauptzweck dieser Form der Kostenrechnung ist somit die Beantwortung der Frage, wieviel in den einzelnen Abrechnungszeiträumen die Erzeugnisse „effektiv gekostet" haben. Hierdurch wird der Schwerpunkt der Istkostenrechnung der Kostenträgerkalkulation, und zwar insbesondere der Nachkalkulation, zugeordnet. Alle übrigen kostenrechnerischen Teilgebiete ordnen sich in der Grundform der Istkostenrechnung der *Nachkalkulation* unter, soweit sie zu ihrer Durchführung erforderlich sind, oder werden völlig vernachlässigt. Auch die für die preispolitischen Zwecke notwendigen Vorkalkulationen basierten in der Grundform der Istkostenrechnung fast ausschließlich auf den Ergebnissen früherer Nachkalkulationen.
Eine genaue Kostenträgerkalkulation erfordert exakte Kalkulationssätze und damit eine gut ausgebaute Kostenstellenrechnung. Aus diesem Grunde wurden bereits in den Grundformen der Istkostenrechnung oft sehr feingegliederte Kostenstelleneinteilungen angewandt, die vielfach sogar zu Platzkostenrechnungen führten. Trotzdem blieb jedoch der Schwerpunkt der Nachkalkulation zugeordnet. Die Kostenstellenrechnung übt nur Hilfsfunktionen aus, sie ist lediglich „eine gewisse Kanalisation der Kostenflut"[13]. Die durch die Kostenartenrechnung erfaßten Beträge werden in der Grundform der Istkostenrechnung ohne Abspaltung von Abweichungen über den Betriebsabrechnungsbogen auf die Kostenträger „durchgerechnet" oder „überwälzt". Diese „Kostendurchrechnung" oder „Kostenüberwälzung" der Kosten

[12] Eine Ausnahme hierzu bildete, wie wir im einzelnen noch zeigen werden, allerdings von jeher die Vorkalkulation.

[13] Dieser plastische Ausdruck wurde von *R. Gächter*, Die Standardkostenrechnung als Grundlage einer neuzeitlichen Betriebskontrolle und Preispolitik, Zürich–St. Gallen 1954, S. 8, geprägt.

bezeichnen A. Müller und P. Nowak mit Recht als ein wesentliches Charakteristikum der Istkostenrechnung[14].

3. Gegenüber der Grundform der Istkostenrechnung ist von jeher scharfe *Kritik* geäußert worden. Wir wollen kurz die wichtigsten Ansatzpunkte dieser Kritik betrachten, denn die Fehler und Schwächen der Istkostenrechnung sind es gewesen, welche die Impulse für die weitere Entwicklung der Kostenrechnung ausgelöst haben.

Der *wichtigste Einwand* gegen die Grundform der Istkostenrechnung besteht darin, daß durch sie *keine Möglichkeiten für eine laufende Kostenkontrolle* geschaffen werden. Eine wirksame Kostenkontrolle ist nur mit Hilfe besonderer Maßkosten möglich, die den Charakter von Plan-, Soll-, Standard- oder Normalwerten haben. Solche Maßkosten fehlen der Grundform der Istkostenrechnung völlig, so daß eine wirksame Kontrolle und Analyse der Kosten nicht durchführbar ist. Die Istkosten sind das komplexe Ergebnis *aller* Kostenbestimmungsfaktoren. In ihnen mischen sich die Einflüsse von Beschäftigungsschwankungen, Veränderungen der Betriebsbereitschaft, Lohn- und Preisbewegungen, unterschiedlichen Auftragszusammensetzungen sowie die Wirkungen von Unwirtschaftlichkeiten, ohne daß im Rahmen einer Istkostenrechnung die Möglichkeit besteht, den Einfluß dieser Kostenbestimmungsfaktoren zu isolieren. Besonders schwerwiegend ist, daß die Auswirkungen innerbetrieblicher Unwirtschaftlichkeiten nicht erkannt werden können[15].

Aus zwei Gründen wird auch die Zielsetzung der Istkostenrechnung selbst kritisiert. Erstens erscheint bei Massen- und Großserienfertigung die laufende Nachkalkulation der Erzeugnisse überflüssig, solange keine grundsätzliche Veränderung der Kostenstruktur eingetreten ist; denn an den vereinbarten Marktpreisen kann in der Regel während des laufenden Jahres nichts mehr geändert werden.

Zweitens können selbst bei veränderter Kostenstruktur die schwankenden Ergebnisse der Nachkalkulation nicht auf ihre Ursachen zurückgeführt werden, weil wirksame Maßstäbe für die Kostenanalyse fehlen. Insbesondere in der amerikanischen Literatur wird seit langem mit Nachdruck hervorgehoben, daß die Istkosten der betrieblichen Produkte „historische Zahlen" (historical costs) sind, an denen im Zeitpunkt ihrer Errechnung ohnehin nichts mehr zu ändern ist[16].

[14] Vgl. *A. Müller*, Istkosten-, Normalkosten- und Plankostenrechnung in vergleichender Betrachtung, DB 1952, S. 537, und *P. Nowak*, Kostenrechnungssysteme . . ., a. a. O., S. 51.

[15] In diesem Sinne äußern sich in der Literatur: *J. Batty*, Standard Costing, London 1960, S. 6: "Sound interpretation of costs, because of all the unknowns, is virtually impossible". *E. A. Camman*, Basic Standard Costs, New York 1932, S. 6; *C. Gillespie*, Standard and Direct Costing, 3. Aufl., Englewood Cliffs, N. J. 1962, S. 1; *W. Hill*, Direct Costing oder Standardkosten?, Betriebswirtschaftliche Mitteilungen 31, Bern 1964, S. 8; *E. Michel*, Handbuch der Plankostenrechnung, 1. Aufl., Berlin 1937, S. 25; *P. Nowak*, Kostenrechnungssysteme . . ., a.a.O., S. 61 ff.; *F. Zeidler*, Altes und Neues zur Plankostenrechnung, WPg 1949, S. 300 ff.

[16] Scharfe Kritik an der laufenden Nachkalkulation hat bereits der „Vater der Standardkostenrechnung", H. Emerson, in einer Artikelserie erhoben, die in den Jahren 1908/09 im Engineering Magazine erschienen ist. Vgl. hierzu *K. Weber*, Amerikanische Standardkostenrechnung, Winterthur 1960, S. 7; vgl. auch *J. Batty*, Standard Costing a. a. O., S. 5;

In vielen deutschen Unternehmungen wird auch heute noch der Frage nach den Istkosten der Kostenträger zu große Bedeutung zugemessen. Lediglich in Betrieben mit reiner Auftragsfertigung sind laufende Nachkalkulationen unerläßlich.
Weiterhin wird der Grundform der Istkostenrechnung mit Recht vorgeworfen, daß sie rechentechnisch außerordentlich schwerfällig ist. Dies liegt vor allem daran, daß bei ihr jede einzelne Verbrauchsmenge an Fertigungs- und Hilfsstoffen mit ihrem zugehörigen Istpreis bewertet werden muß. Da auf den Lagern oft Fertigungs- und Hilfsstoffe zusammen lagern, welche zu verschiedenen Zeitpunkten und daher auch zu unterschiedlichen Istpreisen eingekauft wurden, ist es rechentechnisch nicht leicht, für jede Verbrauchsmenge den zugehörigen Istpreis herauszufinden. Man ging deshalb bereits in der Grundform der Istkostenrechnung dazu über, Lagerentnahmen mit den gewogenen oder gewachsenen Istpreisdurchschnitten zu bewerten, welche allerdings strenggenommen schon keine reinen Istwerte mehr sind. Die rechentechnische Schwerfälligkeit der Grundform der Istkostenrechnung liegt weiterhin daran, daß der Grundsatz der vollständigen Kostenüberwälzung in jeder Abrechnungsperiode eine Bewertung der innerbetrieblichen Leistungen zu Istkosten erforderlich macht. Die genaue Ermittlung der Istkosten für innerbetriebliche Leistungen ist aber wegen der Gegenseitigkeit des Leistungsaustausches rechentechnisch außerordentlich kompliziert. Weiterhin erfordert eine konsequente Istkostenrechnung, daß in jeder Abrechnungsperiode für sämtliche Kostenstellen neue Kalkulationssätze gebildet werden [17].

B. Die Weiterentwicklung der Istkostenrechnung durch Verwendung fester Verrechnungspreise

1. In der Grundform der Istkostenrechnung werden alle verbrauchten Gütermengen mit den zugehörigen Istpreisen einschließlich der effektiv angefallenen Beschaffungsnebenkosten bewertet. Auf diese Weise gelangen alle außerbetrieblich bedingten Preisschwankungen in die Kostenstellenrechnung und die Kalkulation. Solange das Ziel der Kostenrechnung ausschließlich die Kostenüberwälzung der Istkosten auf die betrieblichen Produkte ist, stört dieser Effekt nicht. Er entspricht vielmehr der kostenrechnerischen Zielsetzung. Die Verwendung von reinen Istpreisen führt aber in Betrieben mit einer größeren Anzahl verschiedenartiger Roh-, Hilfs- und Betriebsstoffe zu erheblichen rechentechnischen Schwierigkeiten. Strenggenommen müßte man für jede Verbrauchsmenge den zugehörigen Istpreis gesondert erfassen, wobei es durchaus vorkommen kann, daß sich eine Lagerentnahme aus gleichartigen, aber zu verschiedenen Istpreisen angeschafften Gütern zusammensetzt. Eine solche

C. Gillespie, Standard and Direct Costing, a. a. O., S. 1, und *K. Käfer*, Standardkostenrechnung, 2. Aufl., Zürich 1964, S. 49. (Das vorliegende Buch erschien für Deutschland in Stuttgart 1964.)

[17] Auf den hohen Arbeitsanfall einer reinen Istkostenrechnung weisen in der Literatur hin: *C. Gillespie*, Standard and Direct Costing, a. a. O., S. 1; *K. Käfer*, Standardkostenrechnung, 2. Aufl., a. a. O., S. 51.

Einzelerfassung der Istpreise ist nicht nur schwierig, sondern bringt obendrein Zufälligkeiten in die Kostenrechnung, welche bereits in der Grundform der Istkostenrechnung als störend empfunden worden sind. Man führte deshalb die Einzelerfassung der Istpreise nur höchst selten durch und bewertete die Istverbrauchsmengen statt dessen mit den „gewachsenen Istpreisdurchschnitten" der vorhandenen Lagerbestandsmengen. Diese „gewachsenen Istpreise" sind statistisch gesehen nichts anderes als mit den Mengen gewogene Istpreisdurchschnitte. Sie ergeben sich nach jedem Lagerzugang dadurch, daß der wertmäßige Anfangsbestand und der Wert des Zugangs durch den mengenmäßigen Bestand nach dem Zugang dividiert werden. Auf diese Weise muß der Istpreisdurchschnitt nach jeder Lagerbestandszunahme neu errechnet werden. Je häufiger Zu- und Abgänge stattfinden und je geringer die Preisschwankungen sind, desto mehr neigte man von jeher in der Praxis dazu, mit dem letzten Istpreisdurchschnitt weiterzurechnen. Hierdurch wurden schließlich die Istpreise zu Normalwerten und damit zu festen Verrechnungspreisen. Diese Verrechnungspreise wurden mindestens für das Rechnungsjahr, oftmals sogar für längere Zeiträume konstant gehalten, wodurch sich die laufende Abrechnung gegenüber der Grundform der Istkostenrechnung erheblich vereinfachte.

2. Weiterhin erreichte man durch die Einführung fester Verrechnungspreise, daß die Kosten verschiedener Perioden leichter vergleichbar wurden als in der Grundform der Istkostenrechnung. Da in den einzelnen Abrechnungsperioden unveränderte Verrechnungspreise für Roh-, Hilfs- und Betriebsstoffe verwendet wurden, war sichergestellt, daß Kostenveränderungen nur aus dem Mengengerüst der Kosten entstanden sein konnten.
Hierdurch wurde zugleich die Grundlage für eine kostenstellenweise Kostenkontrolle geschaffen. Im Rahmen der Kostenkontrolle kann ein Kostenstellenleiter in der Regel nur für die Verbrauchsmengen und die Verbrauchszeiten, nicht dagegen auch für deren Preise und Lohnsätze verantwortlich gemacht werden. Aus diesem Grunde ist es zur Durchführung einer Kostenkontrolle unbedingt erforderlich, den Einfluß von Preis- und Lohnsatzschwankungen durch feste Verrechnungspreise zu eliminieren. In den Entwicklungsformen der Istkostenrechnung spielt diese Tatsache als Motiv für die Einführung fester Verrechnungspreise aber nur eine untergeordnete Rolle. Dies lag daran, daß feste Verrechnungspreise für die Kostenkontrolle eine zwar notwendige, aber nicht hinreichende Bedingung darstellen und die übrigen Grundlagen für eine wirksame Kostenkontrolle erst später durch den Übergang zur Plankostenrechnung geschaffen wurden. Aus diesem Grunde waren die festen Verrechnungspreise zunächst auch keine Plangrößen, sondern lediglich Istpreisdurchschnitte vergangener Perioden.

3. Durch die Bewertung mit festen Verrechnungspreisen haben viele Kostenarten ihren Istkostencharakter verloren. Sie wurden zu Mischkosten, deren Mengengerüst aus Istgrößen bestand und deren Preise normalisierte oder standardisierte Werte waren. Trotzdem ist es heute üblich, diese Kosten sowohl in der Literatur als

auch in der Praxis als Istkosten zu bezeichnen. Hierbei muß man aber stets den Unterschied gegenüber den in der Grundform der Istkostenrechnung verwendeten reinen Istkosten beachten.
Die Verwendung fester Verrechnungspreise führte zwangsläufig zur Entstehung von Preisabweichungen, d. h. zu Differenzen zwischen den reinen Istkosten und den zu Festpreisen bewerteten Istverbrauchsmengen. Da aber für das Mengengerüst nach wie vor das Überwälzungsprinzip beibehalten wurde, wollen wir auch diese Form der Kostenrechnung noch als eine Istkostenrechnung bezeichnen [18].

C. Die Weiterentwicklung der Istkostenrechnung durch Verwendung von Planwerten für die Einzelkosten

1. Im Jahre 1903 veröffentlichte F. W. Taylor sein Buch „Shop Management", das die Entwicklung der Zeitstudie auslöste, deren Ziel die leistungsgerechte Entlohnung aller Arbeitskräfte ist. Bereits in den Jahren 1909 und 1912 wurden F. W. Taylors Veröffentlichungen ins Deutsche übertragen, worauf insbesondere in der Zeit bis 1930 eine sehr rege Diskussion einsetzte.
In Deutschland haben die Arbeiten des Verbandes für Arbeitsstudien-REFA-e. V. zu einheitlichen Grundsätzen und Verfahren auf dem Gebiet der Arbeitsgestaltung, der Vorgabezeitermittlung und der Arbeitsbewertung geführt.
Vor der Entwicklung der Arbeitswissenschaft wurde die Entlohnung der Arbeiter nach dem Zeitlohnsystem vorgenommen. Hierbei wurden die Istarbeitszeiten der einzelnen Arbeiter durch Betriebsaufschreibungen oder Stempelkarten erfaßt und mit den entsprechenden effektiven Stundensätzen multipliziert. Auf diese Weise waren sämtliche Lohnkosten reine Istkosten. Für eine leistungsgerechte Lohnkostenkontrolle fehlten im Zeitlohnsystem die Maßstäbe.
Um Unwirtschaftlichkeiten des Arbeitseinsatzes einzuschränken, entstand daher in der Praxis sehr bald der von den Betriebsleitern und Meistern geschätzte Geldakkord. Der Geldakkord ist ein unabhängig von der effektiv beanspruchten Arbeitszeit festgelegter Geldbetrag für eine bestimmte Arbeitsleistung. Seine Ermittlung basiert noch nicht auf exakten arbeitswissenschaftlichen Methoden, sondern auf Schätzungen, die sich an die Erfahrungswerte früherer Perioden anlehnen. Die Aufgabe der Lohnkostenkontrolle wurde daher vom Geldakkord nur in unzureichender Weise erfüllt. Kostenrechnerisch betrachtet waren bei der Verwendung von Geldakkorden die Lohnkosten zwar keine Istkosten mehr, sie waren aber auch noch nicht zu Plankosten geworden.
Erst nachdem die Arbeitswissenschaft weit genug ausgebaut worden war, schuf man in vielen Unternehmungen besondere Arbeitsstudien- oder Arbeitsvorbereitungsab-

[18] In diesem Sinne äußert sich auch K. Schwantag, indem er darauf hinweist, daß die systematisch geschlossene Istkostenrechnung schon sehr früh Festpreise enthalten hat; vgl. *K. Schwantag*, Der heutige Stand der Plankostenrechnung ..., a. a. O., S. 392. Nach *P. Nowak*, Kostenrechnungssysteme ..., a. a. O., S. 51, liegt jedoch bei der Verwendung fester Verrechnungspreise keine „reine Istkostenrechnung" mehr vor.

teilungen, deren Aufgabe es war, Grundlagen für exakte Lohnkostenplanungen zu schaffen. Hierbei verließ man sehr bald den Geldakkord und ging zum Zeitakkord über; denn der Geldakkord hatte sich als unzweckmäßig erwiesen, weil bei jeder Tarifänderung Korrekturen erforderlich wurden. Bei der Verwendung des Zeitakkords wurde den Arbeitern für die einzelnen Arbeitsvorgänge statt eines Geldbetrages die Akkordzeit vorgegeben, welche durch arbeitswissenschaftliche Methoden festgelegt worden ist. Kostenrechnerisch betrachtet wurde hierdurch das Zeitgerüst der Lohnkosten von Ist- in Plangrößen umgewandelt. Akkordlohnkosten sind ihrer Art nach Plankosten [19]. Der effektive Zeitverbrauch ist für die Lohnzahlung ohne Bedeutung, denn nicht die Istzeit, sondern die Zahl der geleisteten Arbeitsprozesse, für welche die geplanten Akkordzeiten den Maßstab bilden, werden bezahlt. Solange dem Arbeiter nur die reinen Akkordzeiten vergütet werden, müssen daher zwangsläufig die Istlohnkosten und die Planlohnkosten übereinstimmen. Abweichungen von den Planakkordlohnkosten können nicht dadurch eintreten, daß die Arbeiter aus Gründen, die sie selbst zu vertreten haben, effektiv mehr Zeit verbrauchen als ihnen in den Akkordzeiten vorgegeben ist. Treten dagegen Überschreitungen der Akkordzeiten ein, die durch Umstände begründet sind, welche die Arbeiter nicht zu verantworten haben, so müssen ihnen die hierdurch verursachten Zeitabweichungen zusätzlich zu den Akkordlöhnen vergütet werden. Dies ist z. B. der Fall, wenn Arbeiter während der Verrichtung ihrer Arbeit Kollegen anlernen müssen oder wenn Maschinen-, Werkzeug- oder Vorrichtungsmängel ihre Leistungen beeinträchtigen bzw. Betriebsstörungen zu Wartezeiten führen. In allen diesen Fällen sind die Istlohnkosten höher als die geplanten Akkordlohnkosten. Da diese Lohnkostenabweichungen stets gesondert von den Akkordlohnkosten geführt werden, bezeichnet man sie meistens als *Zusatzlöhne*.

2. Die Entwicklung der wissenschaftlichen Betriebsführung beeinflußte nicht nur die Berechnung der einzelnen Lohnkosten, sondern übte auch auf die Einzelmaterialkosten einen ähnlichen Einfluß aus.
In der Grundform der Istkostenrechnung lag der Schwerpunkt auf der nachträglichen Erfassung der Einzelmaterialkosten. Man erfaßte auftragsweise die verbrauchten Istmaterialmengen und bewertete sie mit den zugehörigen Istpreisen. Hierbei konnte man nicht ohne weiteres erkennen, inwieweit die Einzelmaterialkosten durch Unwirtschaftlichkeiten innerhalb des Betriebes beeinflußt worden waren. Man ging aber schon sehr früh dazu über, die Einzelmaterialkosten „vorzukalkulieren", indem man durch technische Berechnungen ermittelte, wieviel von den verschiedenen Einzelmaterialarten direkt in die einzelnen Kostenträger eingehen und mit welchen unvermeidbaren Planabfallmengen gerechnet werden mußte. Mit dem Vordringen der Grundsätze wissenschaftlicher Betriebsführung wurde die vorkalkulatorische Berechnung der Einzelmaterialmengen weiter ausgebaut und mit immer größerer Genauigkeit durchgeführt. Hierdurch wurden schon relativ früh ge-

[19] Dies gilt allerdings nur, wenn auch die verwendeten Stundensätze oder Minutenfaktoren geplante Werte sind.

plante Einzelmaterialmengen geschaffen, die man den Istmaterialmengen zum Vergleich gegenüberstellen konnte.
Dies geschah zunächst durch mengenmäßige Nebenrechnungen, während man in der laufenden Abrechnung nach wie vor die Isteinzelmaterialkosten verrechnete. Die weitere Entwicklung der Kostenrechnung führte aber dazu, die vorkalkulierten Einzelmaterialmengen mit festen Verrechnungspreisen zu bewerten und die so ermittelten Planeinzelmaterialkosten in die laufende Abrechnung einzubauen. Hierbei schuf man das auch heute noch übliche Verfahren, alle Istverbrauchsmengen, die eine Überschreitung der Planverbrauchsmengen darstellen, durch besonders gekennzeichnete Materialbelege zu erfassen. Auf diese Weise lassen sich die Isteinzelmaterialkosten in die Planeinzelmaterialkosten und eventuelle Verbrauchsabweichungen zerlegen, womit in Verbindung mit der Einführung von Festpreisen die in der Grundform der Istkostenrechnung fehlende Basis für die Kontrolle der Einzelmaterialkosten geschaffen wurde.

3. Durch die Verwendung von Planmengen und Planpreisen bei der laufenden Verrechnung der Einzelkosten und durch die hiermit verbundene Aufspaltung der Isteinzellöhne und der Isteinzelmaterialkosten nach den folgenden beiden Gleichungen hat die Kostenrechnung auf dem Gebiet der Einzelkosten bereits sehr früh eine Form erreicht, die man erst später als Plankostenrechnung bezeichnete:

Isteinzellöhne	= Planeinzellöhne (Akkordlöhne)
	± Zusatzlöhne
	± zugehörige Einzellohnsatzabweichungen
Isteinzelmaterialkosten	= Planeinzelmaterialkosten
	± Einzelmaterial-Verbrauchsabweichungen
	± zugehörige Einzelmaterial-Preisabweichungen

Die Zusatzlöhne und die Einzelmaterial-Verbrauchsabweichungen wurden entweder direkt den einzelnen Kostenträgern zugerechnet oder zusammen mit den Istgemeinkosten verrechnet. In beiden Fällen wurden trotz der zum Zwecke der Kostenkontrolle vorgenommenen Aufspaltung der Einzelkosten in Planeinzelkosten ± Abweichungen alle Istkosten auf die Kostenträger verrechnet, wodurch der Istkostencharakter für das Mengengerüst der Einzelkosten gewahrt blieb. Aus diesem Grunde kann eine Entwicklungsform der Kostenrechnung, in der auf die oben beschriebene Weise bei der laufenden Verrechnung der Einzelkosten Plankosten verwendet werden, durchaus noch zur Gruppe der Istkostenrechnung zählen [20].
Das ist auch noch der Fall, wenn darüber hinaus für viele Produktionsfaktoren feste

[20] In ähnlicher Weise äußern sich in der Literatur z. B. *K. W. Hennig*, Betriebswirtschaftslehre der industriellen Fertigung, Braunschweig 1946, S. 136; *K. Käfer*, Standardkostenrechnung, 1. Aufl., Stuttgart 1955, S. 45, und *K. Schwantag*, Der heutige Stand der Plankostenrechnung . . ., a. a. O., S. 392. K. Schwantag weist darauf hin, daß die geschlossenen Istkostenrechnungen schon von jeher Arbeitskostenplanungen nach C. Bedaux und REFA enthalten haben.

Verrechnungspreise verwendet werden, denn wieweit sich eine solche Entwicklungsform der Kostenrechnung auch von der Grundform der Istkostenrechnung entfernt haben mag, ihr Mengengerüst besteht immer noch aus Istgrößen, und für die Verbrauchsmengen gilt unverändert der Grundsatz der Kostenüberwälzung.
Allerdings enthält eine solche Entwicklungsform der Kostenrechnung bereits so viele Normal- und Planwerte, daß sie auf der Grenze zur Normal- und zur Plankostenrechnung steht und eine typische Übergangsform darstellt. Da die Entwicklung der Kostenrechnung kontinuierlich vor sich geht, ist es sehr schwer, feste Grenzen zu bestimmen, an denen die Istkostenrechnung aufhört und neue Entwicklungsformen beginnen. Eines haben unsere Ausführungen aber deutlich gezeigt, daß die Grundform der Istkostenrechnung schon seit langem nicht mehr angewandt wird und daß die bisher üblichen Formen der Istkostenrechnung meistens ein Konglomerat von Istkosten, Normalkosten und Plankosten sind[21].

[21] W. Kalveram führte hierzu aus: „Die bisher üblichen Formen der Kostenrechnung sind keine reine Istkostenrechnung, sondern meist ein Konglomerat von Soll- und Istkosten.“ Vgl. *W. Kalveram,* Rationalisierung und Kostenplanung, ZfB 1950, S. 390. Vgl. ferner *W. Rocker,* Grundsätzliches zur Plankosten-Abrechnung und ihre Anwendung in der Edelstahlindustrie, Stahl und Eisen 1952, S. 134, und *K. Rummel,* Einige Fragen an die Verfechter der Plankostenrechnung, ZfhF 1951, S. 481. Beide Verfasser betonen, daß es keine reinen Istkostenrechnungen mehr gibt. K. Rummel schreibt hierüber: „Die Gegner der Plankostenrechnung übersehen leicht, daß *sie selbst* eine ganze Reihe von vorgerechneten Zahlen, die man als Standards bezeichnen kann, in ihre sogenannten ‚Istrechnungen‘ eingebaut haben, und daß es eine reine Istrechnung überhaupt nicht gibt.“

2. Kapitel

Die Entwicklungsformen der Normalkostenrechnung

A. Normalisierte Kostenstellenverrechnungssätze als Charakteristikum der Normalkostenrechnung

1. Wie wir im ersten Kapitel beschrieben haben, erforderte die Grundform der Istkostenrechnung die Bewertung sämtlicher innerbetrieblicher Leistungen zu Istkostensätzen. Dies bedeutet, daß für sämtliche Hilfs- und Nebenkostenstellen, wozu insbesondere sämtliche Raum-, Energie-, Handwerker-, Sozial-, Leitungs- und Transportkostenstellen gehören, monatlich Istkostensätze gebildet werden müssen. Die von den Hilfs- und Nebenkostenstellen produzierten innerbetrieblichen Leistungen gehen zwar hauptsächlich an die Hauptkostenstellen, ein Teil wird aber auch in den Hilfskostenstellen selbst verbraucht. In diesem gegenseitigen Leistungsaustausch liegt bekanntlich die Problematik der innerbetrieblichen Leistungsverrechnung, wie bereits E. Schneider in seinem grundlegenden Aufsatz im Jahre 1941 nachgewiesen hat[22].

Exakte Istkostensätze für innerbetriebliche Leistungen lassen sich infolge der Interdependenz des Leistungsaustausches nur simultan mit Hilfe linearer Gleichungssysteme ermitteln. Nur wenn man die Istverbrauchsmengen der innerbetrieblichen Leistungen mit simultan ermittelten Istkostensätzen multipliziert, werden sämtliche Istkosten der Hilfs- und Nebenkostenstellen verursachungsgerecht auf die Hauptkostenstellen abgewälzt.

Heute dürfte in vielen Betrieben mit Hilfe der elektronischen Datenverarbeitung die mathematische Durchführung der innerbetrieblichen Leistungsverrechnung nach dem Gleichungsverfahren, das bereits E. Schneider in dem oben genannten Aufsatz entwickelte, grundsätzlich möglich sein[23]. Früher erwies sich dieses Verfahren für die praktische Anwendung als zu kompliziert, so daß es durch Näherungsmethoden

[22] Vgl. *E. Schneider,* Die innerbetriebliche Leistungsverrechnung in der Kostenarten- und Kostenstellenrechnung, ZfhF 1941, S. 253 ff.

[23] In neueren Büchern über die Kostenrechnung wird dieses früher als zu kompliziert abgelehnte Verfahren wieder empfohlen; vgl. hierzu z. B. *F. Henzel,* Die Kostenrechnung, 4. Aufl., Essen 1964, S. 303. Neben dem Aufsatz von *E. Schneider,* Die innerbetriebliche Leistungsverrechnung ..., a. a. O., S. 253 ff., vgl. ferner zur innerbetrieblichen Leistungsverrechnung *F. Henzel,* Die Kostenrechnung, a. a. O., S. 293 ff.; *J. Denck,* Die Verrechnung gegenseitiger Leistungen innerhalb von Kostenstellen, Die Betriebswirtschaft 1942, S. 25 ff.; *H. Knoblauch,* Die Kostenstellen-Umlageverfahren, ZfhF 1954, S. 330 ff.; *E. Kosiol,* Verrechnung innerbetrieblicher Leistungen, Wiesbaden 1951; *H. Martin,* Die Umlegung der Hilfskostenstellen im Betriebsabrechnungsbogen, ZfhF 1949, S. 227 ff.

ersetzt werden mußte[24]; auch heute ist die erforderliche Rechenzeit für die Lösung größerer Gleichungssysteme noch relativ hoch.
Von diesen Näherungsmethoden hat insbesondere die zuerst in der amerikanischen Literatur beschriebene „Step-Ladder-Methode" Bedeutung erlangt[25], die in der deutschen Literatur als „Treppen-" oder „Stufenleiterverfahren" der innerbetrieblichen Leistungsverrechnung bezeichnet wird. Bei diesem Verfahren wird der Istverrechnungspreis der zuerst umzulegenden Hilfskostenstelle unabhängig davon gebildet, ob sie eigene Leistungseinheiten oder Leistungseinheiten von anderen Hilfskostenstellen bezogen hat. Bei der zweiten Hilfskostenstelle werden nur die von der ersten Hilfskostenstelle bezogenen innerbetrieblichen Leistungen berücksichtigt, bei der dritten nur die der ersten und zweiten, bei der vierten nur die der ersten, zweiten und dritten usw. bis zur letzten Hilfskostenstelle, wo die von allen übrigen Hilfskostenstellen bezogenen innerbetrieblichen Leistungen berücksichtigt werden. Von diesem stufenweisen Vorgehen hat das Verfahren seinen Namen. Das Treppenverfahren muß gegenüber dem Gleichungsverfahren stets zu Fehlern führen, da bei ihm als Folge des stufenweisen Vorgehens der Kosteneinfluß aller Leistungen nachgelagerter Hilfskostenstellen an vorgelagerte Hilfskostenstellen verlorengeht. Die durch das Treppenverfahren erzielten Ergebnisse können nur dann völlig richtig sein, also mit denen des Gleichungsverfahrens übereinstimmen, wenn tatsächlich die erste Hilfskostenstelle keine, die zweite nur von der ersten, die dritte nur von der ersten und zweiten usw. Leistungen bezogen hat[26]. Diese Bedingung ist praktisch jedoch nur sehr selten erfüllt. Im übrigen ist auch das Stufenleiterverfahren rechentechnisch sehr aufwendig.
Im Rahmen der weiteren Entwicklung der Istkostenrechnung ging man daher immer mehr dazu über, feste Verrechnungspreise in die innerbetriebliche Leistungsverrechnung einzuführen. Hiermit wurde der Grundsatz der Kostenüberwälzung auf dem Gebiet der innerbetrieblichen Leistungsverrechnung aufgegeben. Diese Tatsache wurde zwar zunächst, vom Standpunkt des Istkostendenkens aus betrachtet, als Nachteil empfunden, man glaubte aber insbesondere in Betrieben diesen Nachteil in Kauf nehmen zu können, in denen die Verrechnungssätze für innerbetriebliche Leistungen im Zeitablauf um Durchschnittssätze oszillierten.
Die Einführung fester Verrechnungssätze für innerbetriebliche Leistungen erfolgte zwar zunächst vorwiegend aus Gründen der Vereinfachung, man stellte aber sehr bald fest, daß hierdurch die Vergleichbarkeit kostenrechnerischer Ergebnisse verbessert und die Grundlage für eine kostenstellenweise Kostenkontrolle geschaffen wurde. Auch bei innerbetrieblichen Leistungen gilt der Grundsatz, daß die Leiter der emp-

[24] Hierauf weisen in der Literatur vor allem hin: *H. Knoblauch*, Die Kostenstellen-Umlageverfahren, a. a. O., S. 329 ff., und *H. Martin*, Die Umlegung ..., a. a. O., S. 227.

[25] Vgl. *P. M. Atkins*, Textbook of Industrial Cost Accounting, New York 1924, S. 250. Der Verfasser bezeichnet hier diese Methode als das „Step-Ladder-Sheet".

[26] „Das Treppenverfahren stellt also eine Einbahnstraße dar, die nur in der Umlagerichtung benutzt werden kann", vgl. *H. Knoblauch*, Die Kostenstellen-Umlageverfahren, a. a. O., S. 329.

fangenden Kostenstellen nur den mengenmäßigen Verbrauch, nicht aber auch die Kostensätze der leistenden Hilfs- oder Nebenkostenstellen zu verantworten haben. Allerdings wurden die Verrechnungspreise für innerbetriebliche Leistungen zunächst aus den Istkosten vergangener Perioden als Durchschnittswerte abgeleitet, so daß sie nur bedingt als Grundlage für eine wirksame Kostenkontrolle in Frage kamen. Durch die Verwendung fester Verrechnungspreise in der innerbetrieblichen Leistungsverrechnung wurde die Erstellung der monatlichen Betriebsabrechnungsbögen erheblich beschleunigt. Allerdings blieben auf den Hilfs- und Nebenkostenstellen die Differenzen aus den angefallenen Istgesamtkosten und den verrechneten Normalkosten bestehen, die man gewöhnlich als Unter- oder Überdeckungen bezeichnet. Eine Unterdeckung liegt vor, wenn der Verrechnungssatz für eine innerbetriebliche Leistungsart unter dem betreffenden Istkostensatz liegt. Entsprechend entsteht im umgekehrten Fall eine Überdeckung. Die Unter- und Überdeckungen der Hilfs- und Nebenkostenstellen wurden in der Regel weder auf andere Kostenstellen noch auf die Kostenträger weiterverrechnet. Man nahm sie vielmehr am Ende des Jahres in die Betriebsergebnisrechnung.

2. Nicht nur die innerbetriebliche Leistungsverrechnung, sondern insbesondere auch die laufende Nachkalkulation der Istkostenrechnung waren mit zunehmender Verfeinerung der Kostenstelleneinteilung immer schwerfälliger geworden. Die Fertigstellung der laufenden Nachkalkulation beanspruchte daher sehr viel Zeit. Dies galt insbesondere für Unternehmungen mit Kleinserien- und Einzelfertigung infolge der relativ großen Zahl nachzukalkulierender Aufträge und deren differenzierten fertigungstechnischen Aufbaus. In diesen Unternehmungen wandte man daher sehr früh den folgenden Kunstgriff an, der den ersten Schritt zu einer Normalisierung der Kalkulationssätze darstellte.
Um die Durchführung der Nachkalkulation zu beschleunigen, wartete man nicht, bis die Ergebnisse der Kostenstellenrechnung vorlagen, sondern kalkulierte jeweils mit den Gemeinkostensätzen der letzten, bereits abgeschlossenen Abrechnungsperiode. Hierdurch konnten die Nachkalkulation und die Kostenstellenrechnung zeitlich nebeneinander durchgeführt werden. Betrachtet man nur eine Abrechnungsperiode, so scheint durch diesen rechentechnischen Kunstgriff der Grundsatz der Kostenüberwälzung zugunsten einer schnelleren Abrechnung durchbrochen zu sein, da in den einzelnen Monaten Unter- oder Überdeckungen entstanden. Man hielt aber gewissermaßen mit einer Phasenverschiebung von einer Abrechnungsperiode an der Kostenüberwälzung fest, indem man diese Unter- und Überdeckungen auf den folgenden Monat vortrug, so daß praktisch der Istkostencharakter der Kostenrechnung nicht aufgehoben wurde[27].

[27] Diese Methode ist schon sehr alt. Sie wurde in der Literatur zuerst von *J. Walker,* Prime Cost Keeping for Engineers, Ironfounders, Boiler and Bridge Makers, et cetera, Liverpool 1875, beschrieben, wie *F. C. Lawrence* und *E. N. Humphreys,* Marginal Costing, London 1947, S. 26, nachweisen. J. Walker schlug eine vierteljährliche Abrechnung unter Verwendung der jeweiligen Durchschnittssätze der Vorperiode vor. Prinzipiell hielt er

Trotz der oben beschriebenen Vereinfachung blieb die Durchführung der laufenden Nachkalkulation arbeitsaufwendig, da nach wie vor in jeder Abrechnungsperiode mit neuen Kalkulationssätzen gerechnet werden mußte. Weiterhin setzte sich im Laufe der Zeit in vielen Unternehmungen die Ansicht durch, daß die Ergebnisse einer laufenden Nachkalkulation häufig problematisch sind und daß man ihnen insbesondere in Betrieben mit Massen- und Großserienfertigung bisher zu viel Bedeutung zugemessen hatte.

In Produktionszweigen mit langfristiger Fertigung kann zwar auf eine Nachkalkulation nicht verzichtet werden. In der Istkostenrechnung wurden jedoch die Kalkulationssätze dadurch problematisch, daß Kostenträger, deren Fertigstellung mehrere Abrechnungsperioden lang dauerte, in jeder Abrechnungsperiode mit anderen Gemeinkostensätzen kalkuliert werden mußten[28].

Weiterhin stellten viele Unternehmungen fest, daß sich ihre Istkalkulationssätze im Laufe der Zeit nicht systematisch veränderten, sondern nur saison- und jahreszeitlich bedingten Schwankungen ausgesetzt waren, die sich nach mehreren Abrechnungsperioden auszugleichen pflegten. In diesen Fällen erschien es nicht nur störend, sondern kalkulatorisch sinnlos, derartige zyklischen Schwankungen immer wieder auf die Kostenträger zu verrechnen.

Diese Erkenntnisse einerseits und die rechentechnischen Schwierigkeiten der laufenden Nachkalkulation mit Istkostensätzen andererseits führten in vielen Unternehmungen dazu, daß man aus den Istkostensätzen mehrerer Abrechnungsperioden in ähnlicher Weise Normalgemeinkostensätze bildete, wie wir das bereits für die Verrechnungssätze innerbetrieblicher Leistungen beschrieben haben. Diese Kalkulationssätze wurden für längere Zeit, d. h. mindestens für ein Jahr, konstantgehalten und an Stelle der Istkostensätze in der Kalkulation verwendet. Die hierbei auf den Kostenstellen anfallenden Über- und Unterdeckungen wurden in der Regel nicht auf die Kostenträger verrechnet, sondern direkt auf das Betriebsergebniskonto übernommen. Hierdurch wurde der Grundsatz der Kostenüberwälzung erstmalig auch für das Mengengerüst der Kosten durchbrochen, so daß man eine solche Form der Kostenrechnung nicht mehr als Istkostenrechnung, sondern als *Normalkostenrechnung* bezeichnet[29]. Wie unsere Ausführungen zeigen, bezieht sich der Begriff „Normal-

aber an der Istkostenrechnung fest. Weiterhin verweist auf diese Methode *A. Müller*, Die Normalkostenrechnung als Hilfsmittel der Kostenauswertung, Archiv für das Eisenhüttenwesen 1938/39, S. 311 und 312.

28 Vgl. *A. Müller*, Die Normalkostenrechnung ..., a. a. O., S. 311. Diese Tatsache machte sich vor allem im Großmaschinenbau und im Schiffsbau sehr störend bemerkbar. *H. Severing* weist in seinem Aufsatz, Über Normalkostenkalkulation, Die Betriebswirtschaft 1935, auf S. 97 darauf hin, daß die Kosten eines Schiffes je nach der Beschäftigung zwischen 2 Millionen und 800 000 RM schwanken können.

29 Zum Begriff der Normalkostenrechnung vgl. vor allem: *A. Müller*, Istkosten-, Normalkosten- und Plankostenrechnung in vergleichender Betrachtung, DB 1952, S. 537; *P. Nowak*, Kostenrechnungssysteme in der Industrie, 2. Aufl., Köln und Opladen 1961, S. 64 ff., und *C. E. Schulz*, Ist-, Richt- und Plankostenrechnung, Ein Beitrag zur Klärung der Begriffe, ZfB 1951, S. 466. In der amerikanischen Literatur bezeichnet man Normalkosten als „normal costs" oder „average historical actual costs". Vgl. *C. T. Horngren*, Cost

kostenrechnung" überwiegend auf die Art der Gemeinkostenverrechnung; denn die Einzelkosten wurden in der Regel schon zu Plankosten kalkuliert, ehe sich auf dem Gebiet der Gemeinkostenverrechnung der Übergang zur Normalkostenrechnung vollzog. Daher ist die Verwendung normalisierter Verrechnungssätze für innerbetriebliche Leistungen und Kalkulationssätze der Hauptkostenstellen das spezifische Charakteristikum einer Normalkostenrechnung. Der Übergang zur Normalisierung der Kostenstellensätze ging zweifellos nicht auf theoretische Erwägungen zurück, sondern diente zunächst allein zur Erleichterung und Beschleunigung der Abrechnungsarbeit sowie der Ausschaltung unerwünschter Schwankungen[30].

3. Die Definition des Begriffes *Normalkosten* ist nicht ganz leicht, weil sich im Laufe der Zeit der Inhalt dieses Begriffes gewandelt hat.
Ursprünglich wurden Normalkosten gebildet, indem man für die betreffende Kostenstelle aus einer größeren Anzahl Istkostenbeträge vergangener Abrechnungszeiträume den Durchschnittswert errechnete und ihn durch die Summe der Kalkulationsbezugsgrößen, z.B. der Fertigungsstunden, dividierte. Hierbei wurden Änderungen der Kostenstruktur zunächst nicht berücksichtigt. Lediglich besonders abnorme Werte wurden aus der Durchschnittsbildung herausgelassen. Diese Art Normalkosten wollen wir in Anlehnung an A. Müller als *statische Mittelwerte* aus den Istkosten vergangener Abrechnungsperioden bezeichnen[31].
Die weitere Entwicklung führte dazu, daß bei der Berechnung von Normalkosten inzwischen eingetretene Strukturänderungen der Kosten berücksichtigt wurden. Hierdurch wurden die Normalkosten im Laufe der Zeit zu korrigierten Durchschnittswerten. Die Korrekturen wurden in der Regel so durchgeführt, daß die entstehenden Normalkosten an die gegenwärtig vorliegenden oder sogar an zukünftig zu erwartende Kostenbestimmungsfaktoren angeglichen wurden[32]. Diese Art Nor-

Accounting, A Managerial Emphasis, 3. Aufl., Englewood Cliffs, N. J. 1963, S. 94. C. T. Horngren weist darauf hin, daß durch die „normal costs" insbesondere Beschäftigungsschwankungen und der jahreszeitliche Einfluß auf die Kosten ausgeglichen werden sollen.

30 Hierauf hat vor allem *A. Müller*, Die Normalkostenrechnung ..., a. a. O., S. 311 ff., hingewiesen. Ähnlich *P. Nowak*, Kostenrechnungssysteme ..., a. a. O., S. 74; *A. Wolter*, Das Rechnen mit fixen und proportionalen Kosten, Köln und Opladen 1948, S. 39. A. Wolter bemerkt, daß der Normalzuschlag ein Mittel ist, sich von Störungen des Beschäftigungsgrades in der Kostenträgerrechnung frei zu machen.

31 Vgl. *A. Müller*, Istkosten-, Normalkosten- und Plankostenrechnung ..., a. a. O., S. 537 ff., sowie *A. Müller*, Grundsätzliches zur Plan- und Normalkostenrechnung, Stahl und Eisen 1949, S. 601. *P. Nowak*, Kostenrechnungssysteme ..., a. a. O., S. 65, bezeichnet Normalkosten als Kosten, denen „... betriebsübliche ... Mengen und Preise" zugrunde liegen. *W. Rocker*, Grundsätzliches zur Plankosten-Abrechnung und ihre Anwendung in der Edelstahlindustrie, Stahl und Eisen 1952, S. 134, weist darauf hin, daß Normalkosten in der Mehrzahl der Fälle reine Durchschnittswerte früherer Istkosten sind. Auch H. G. Plaut vertritt diese Ansicht, vgl. *H. G. Plaut*, Unternehmenssteuerung mit Hilfe der Voll- oder Grenzplankostenrechnung, ZfB 1961, S. 460.

32 Vgl. *A. Müller*, Die Normalkostenrechnung ..., a. a. O., S. 312. Hier bezeichnet der Verfasser „Normsätze" als Durchschnitte aus einem längeren Zeitraum, die an die Gegenwart angeglichen worden sind.

malkosten wollen wir als *aktualisierte Mittelwerte* aus den Istkosten vergangener Abrechnungsperioden bezeichnen.
Wie A. Müller nachgewiesen hat, beschränkte man sich im Laufe der weiteren Entwicklung bei der Errechnung von Normalkosten keineswegs auf die Bildung reiner oder aktualisierter Durchschnittswerte, sondern ergänzte diese vielfach auf Grund technischer Berechnungen und Überlegungen[33]. Hierbei verfolgte man häufig das Ziel, die Durchschnittswerte in Richtung auf eine rationelle Wirtschaftsführung zu korrigieren[34]. Weiterhin nahmen im Laufe der Zeit in immer stärkerem Maße die Bemühungen zu, die künftig erwarteten Kostenverhältnisse bei der Errechnung der Normalkosten soweit als möglich zu berücksichtigen. Die auf diese Weise ermittelten Normkosten lösten sich immer mehr von den Durchschnittswerten vergangener Istkosten und wurden schließlich zu Plan-, Soll- und Richtwerten.
Bevor wir jedoch diese Entwicklung weiter verfolgen, wollen wir zwei verschiedene Formen der Normalkostenrechnung beschreiben, die man als die starre und die flexible Normalkostenrechnung bezeichnet.

B. Die starre Normalkostenrechnung

1. Für die Vereinfachung der Kostenrechnung kam es lediglich darauf an, Normalgemeinkostensätze ähnlich wie feste Verrechnungspreise zu schaffen und sie möglichst lange unverändert beizubehalten. Eine solche Form der Kostenrechnung ist gewissermaßen eine „... auf einem bestimmten Leistungsstand eingefrorene Istkostenrechnung"[35]. Aus diesem Grunde wollen wir sie als *starre Normalkostenrechnung* bezeichnen. Wegen ihrer rechentechnischen Vorteile hat die starre Normalkostenrechnung in vielen Unternehmungen die Istkostenrechnung schon sehr früh verdrängt[36]. Sie ist auch heute noch in Deutschland und im Ausland sehr weit verbreitet[37].
Begnügt man sich in der Normalkostenrechnung mit statischen Mittelwerten, so werden die Normalkostensätze einfach dadurch gebildet, daß man aus den Istkostensätzen mehrerer vergangener Abrechnungsperioden den Durchschnittswert ermittelt.

[33] Vgl. *A. Müller,* Istkosten-, Normalkosten- und Plankostenrechnung ..., a. a. O., S. 560.
[34] Diese Tatsache bringt z. B. A. Schnettler durch seine Definition des Normalkostenbegriffes zum Ausdruck: „Die Normalsätze werden in der Regel aus den Durchschnitten früherer Abrechnungszeiträume mit Korrekturen in Richtung rationeller Wirtschaftsführung gebildet." Vgl. *A. Schnettler,* Das Rechnungswesen industrieller Betriebe, 4. Aufl., Wolfenbüttel 1949, S. 220.
[35] Dieser Ausdruck stammt von *W. Rocker,* Grundsätzliches ..., a. a. O., S. 134.
[36] Vgl. *H. Peiser,* Grundlagen der Betriebsabrechnung in Maschinenbauanstalten, Berlin 1923, und *W. Krähe,* Einheitsbuchführung für mittlere Maschinenfabriken, Leipzig 1928.
[37] Vgl. *A. Müller,* Die Normalkostenrechnung ..., a. a. O., S. 311. In der amerikanischen Literatur wurde die starre Normalkostenrechnung bereits 1924 von *P. M. Atkins,* Textbook of Industrial Cost Accounting, a. a. O., S. 22, beschrieben. Inzwischen hat sich in den USA in vielen Betrieben aus der starren Normalkostenrechnung die Methode des „estimated cost accounting" entwickelt, aus der später die Standardkostenrechnung entstanden ist. Vgl. hierzu unsere Ausführungen im 3. Kapitel.

In der Regel legt man hierbei der Durchschnittsberechnung zwölf Monate zugrunde, damit der Einfluß saison- oder jahreszeitlicher Schwankungen ausgeglichen wird. Beträgt z. B. die Summe der Istgemeinkosten einer Kostenstelle für zwölf vergangene Monate 67 565 DM und sind im gleichen Zeitraum 12 240 Fertigungsstunden geleistet, so erhält man einen durchschnittlichen Kostensatz von 5,52 DM/Std., der aber zur Vereinfachung der Kalkulation auf 5,50 DM/Std. abgerundet wird. Bei der statischen Mittelwertmethode wird nicht untersucht, inwieweit die zugrunde gelegten Istkosten auf Kostenbestimmungsfaktoren zurückgehen, die in Zukunft nicht mehr in gleicher Weise wirksam werden, da strukturelle Kostenveränderungen eingetreten sind. So können sich z. B. Hilfsmaterialpreise und Lohnsätze erhöht oder die Beschäftigungslage strukturell verändert haben. Häufig treten auch organisatorische und verfahrenstechnische Änderungen ein, z. B. bei Rationalisierungsinvestitionen, so daß in Zukunft mit einer anderen Kostenstruktur gerechnet werden muß. Weiterhin können die Istkosten zufallsbedingte Kostenstöße enthalten. Berücksichtigt man derartige Veränderungen der Kostenstruktur bei der Errechnung von Normalkostensätzen nicht, so werden in Zukunft relativ große Unter- oder Überdeckungen entstehen.

2. Will man größere Unter- oder Überdeckungen vermeiden, so muß die Bildung statischer Mittelwerte durch eine aktualisierte Durchschnittsbildung ersetzt werden. Hierzu überprüft man sämtliche Istkostenbeträge daraufhin, ob sich die ihnen zugrunde liegenden Kostenbestimmungsfaktoren inzwischen strukturell gewandelt haben oder ob für die Zukunft mit einer solchen Veränderung zu rechnen ist. Hat sich z. B. das Preis- bzw. Lohnniveau wesentlich verändert, ist die Betriebsbereitschaft oder der durchschnittliche Beschäftigungsgrad größer oder kleiner geworden, sind verfahrenstechnische oder organisatorische Umstellungen eingetreten, so sind die hiervon abhängigen Istkosten so umzurechnen, als wären sie unter den neuen Kostenverhältnissen entstanden. Lohn- und Preisänderungen werden dadurch korrigiert, daß man die hiervon betroffenen Hilfslohn- und Hilfsmaterialkostenbeträge mit den zugehörigen Lohn- oder Preisindizes multipliziert. Hat sich die Betriebsbereitschaft verändert, so sind die hiervon betroffenen fixen oder intervallfixen Kosten entsprechend zu korrigieren. In gleicher Weise ist der Einfluß fertigungstechnischer und organisatorischer Umstellungen zu berücksichtigen. Zufallsbedingte Kostenstöße werden eliminiert. Zum Schluß werden, wie das folgende Beispiel zeigt, eventuelle strukturelle Beschäftigungsänderungen berücksichtigt.
Beträgt die Summe der zwölf aktualisierten Istkostenbeträge einer Kostenstelle 65 070 DM und stehen diesem Betrag 12 240 Istfertigungsstunden gegenüber, so sind durchschnittlich 5,32 DM/Std.[38] angefallen. Dieser Durchschnittswert ist in bezug auf alle Kostenbestimmungsfaktoren korrigiert, mit Ausnahme der Beschäftigung. Wenn damit zu rechnen ist, daß die Beschäftigung der Kostenstelle auch in den zukünftigen zwölf Abrechnungsperioden in etwa 12 240 Fertigungsstunden betragen wird, so könnte man abgerundet 5,30 DM/Std. als Normalkostensatz ansetzen. In

[38] Dieser Kostensatz wurde aufgerundet.

unserem Beispiel möge aber die Erwartung vorliegen, daß die Beschäftigung zukünftig um 30 % höher liegen wird. Auf zwölf Abrechnungsperioden würden dann 15 912 Fertigungsstunden entfallen. In entsprechender Weise müssen die Gemeinkosten korrigiert werden, was dadurch zu geschehen hat, daß man den Betrag von 65 070 DM in einen fixen und in einen proportionalen Bestandteil zerlegt und den proportionalen Betrag um 30 % erhöht. In der starren Normalkostenrechnung beruht diese Kostenaufspaltung meistens nur auf mehr oder weniger groben Schätzungen. Für unser Beispiel erhalten wir:

Gesamte Gemeinkosten	65 070 DM
./. geschätzter Fixkostenanteil (etwa 25 %)	16 070 DM
proportionale Gemeinkosten	49 000 DM

30 % von 49 000 DM sind 14 700 DM, so daß wir nach Durchführung der Beschäftigungskorrektur 79 770 DM aktualisierte Gemeinkosten erhalten; dividiert man diese durch 15 912 Fertigungsstunden, so erhalten wir einen abgerundeten Normalkostensatz von 5 DM/Std. Dieser Satz ist ein aktualisierter Mittelwert.

3. Im Laufe der Zeit dürfte sich als typische Form der starren Normalkostenrechnung eine Kostenrechnung herausgebildet haben, die für die Einzelkosten Planmengen bzw. Planzeiten und feste Verrechnungspreise verwendete und in welcher man die Gemeinkosten mit Istpreisen und Istlohnsätzen bewertete, da ja die Gemeinkosten ohnehin zu Normalkostensätzen weiterverrechnet wurden [39]. In einer solchen Form der starren Normalkostenrechnung werden jedem Kostenträger seine geplanten Einzelkosten zugerechnet und die hierbei entstehenden Einzelkostenabweichungen entweder in die Istgemeinkosten einbezogen oder direkt auf die Kostenträger verteilt. Die Gemeinkosten werden den Kostenträgern zu Normalkostensätzen angelastet.

Die Tabelle 1 stellt für zwölf Abrechnungsperioden die Istkosten und die verrechneten Normalkosten einer beliebigen Hauptkostenstelle einander gegenüber. In der ersten Abrechnungsperiode sind 8 250 DM Istkosten angefallen und insgesamt 1 720 Fertigungsstunden geleistet.

Diese 1 720 Fertigungsstunden werden in der Kalkulation mit einem Normalkostensatz von 5 DM/Std. bewertet. Auf diese Weise gehen in die Kostenträgerrechnung der ersten Abrechnungsperiode insgesamt 1 720 Std. · 5 DM/Std. = 8 600 DM Normalkosten ein. Es entsteht also eine Überdeckung von ./. 350 DM. Der Istkostensatz dieses Monats beträgt nur 4,80 DM/Std. Auch in den folgenden 3 Monaten entstehen Überdeckungen, wohingegen von der fünften bis zur neunten Abrechnungsperiode Unterdeckungen anfallen. In der zehnten Abrechnungsperiode deckt sich der Istkostensatz gerade mit dem Normalkostensatz, so daß keine Ab-

[39] Auch P. Nowak vertritt die Ansicht, daß die Mehrzahl der Unternehmungen zuerst die Gemeinkostenzuschläge normalisierte und erst später feste Verrechnungspreise einführte. Vgl. *P. Nowak*, Kostenrechnungssysteme ..., a. a. O., S. 68. Im übrigen lassen sich über die zeitliche Reihenfolge, mit der die einzelnen kostenrechnerischen Entwicklungsformen aufeinander folgten, nur sehr schwer allgemeingültige Aussagen machen.

Tabelle 1: Beispiel zur starren Normalkostenrechnung

Monat	Istgemein-kosten DM	Verrechnete Normal-gemeinkosten DM	Über- und Unter-deckungen DM	Istfertigungs-stunden	Istgemein-kostensatz (abgerundet) DM/Std.
1	8 250	8 600	./. 350	1 720	4,80
2	8 550	8 800	./. 250	1 760	4,86
3	7 840	8 350	./. 510	1 670	4,69
4	6 630	6 850	./. 220	1 370	4,84
5	6 310	6 300	+ 10	1 260	5,01
6	5 150	4 650	+ 500	930	5,54
7	4 940	3 950	+ 990	790	6,25
8	4 440	3 750	+ 690	750	5,92
9	5 720	5 400	+ 320	1 080	5,29
10	6 550	6 550	–	1 310	5,00
11	7 580	7 900	./. 320	1 580	4,80
12	7 850	8 350	./. 500	1 670	4,70
Summe	79 810	79 450	+ 360	15 890	–
Durch-schnitt	–	–	+ 30	1 324	5,02

weichung entsteht. Nach der zehnten Periode erhalten wir wieder Überdeckungen. Wie die Tabelle 1 erkennen läßt, gleichen sich bis zum Jahresende die Über- und Unterdeckungen bis auf einen relativ geringfügigen Unterdeckungsrest von +360 DM aus. Dies liegt daran, daß durch die Aktualisierungskorrekturen der Normalkostensatz von 5 DM/Std. ziemlich richtig vorausbestimmt werden konnte. Im Beispiel liegt der durchschnittliche Istkostensatz nur um 0,02 DM/Std. höher.

Zur *Kritik an der starren Normalkostenrechnung* ist folgendes zu bemerken. Der Wegfall einer Nachkalkulation der betrieblichen Produkte mit Istkostensätzen hat zu einer großen Vereinfachung der Kostenrechnung geführt und ist als größter Vorteil der Normalkostenrechnung anzusehen. Dies gilt auch in Betrieben, die grundsätzlich an der Nachkalkulation festhalten, wie z. B. in Betrieben mit Einzelfertigung.

Solange sich die Unter- und Überdeckungen im Zeitablauf ausgleichen, führt auch die Normalkostenrechnung wenigstens langfristig zur vollständigen Kostenüberwälzung. Das Prinzip der Kostenüberwälzung läßt sich langfristig im übrigen immer dadurch realisieren, daß man in gewissen Abständen die Normalkostensätze den veränderten Kostenverhältnissen anpaßt. Dieser Weg wurde zweifellos von sehr vielen Unternehmungen beschritten.

Die weitere Entwicklung führte aber sehr oft dazu, daß die Normalkostensätze auch dann beibehalten wurden, wenn sie offensichtlich nicht zu einer langfristigen Kostenüberwälzung führten. Hierdurch wurden die Kosten der betrieblichen Produkte zu festen Verrechnungspreisen, die weder mit den Ergebnissen der Vorkalkulation noch mit denen der Nachkalkulation im üblichen Sinne übereinstimmten. Man be-

gnügte sich in diesen Fällen damit, auf dem Betriebsergebniskonto zu überprüfen, ob die Gesamterlöse die zu Normalkosten bewerteten Erzeugnisse und die auf den einzelnen Kostenstellen angefallenen Kostenabweichungen decken oder nicht.
Selbstverständlich hatte man bereits in der Normalkostenrechnung prinzipiell die Möglichkeit, die Unter- und Überdeckungen einer Abrechnungsperiode exakt auf die in ihr erzeugten Kostenträger zu verteilen. Wollte man diese Verteilung aber laufend vornehmen, so würde der gleiche Rechenaufwand wie vorher in der Istkostenrechnung anfallen. Man verteilte in der Normalkostenrechnung daher die Unter- und Überdeckungen nur ausnahmsweise, und zwar in Form besonderer Nebenrechnungen, auf die Kostenträger.
Wir wollen uns nunmehr der Frage zuwenden, ob die starre Normalkostenrechnung eine wirksame kostenstellenweise Kostenkontrolle ermöglicht. Die Beantwortung dieser Frage hängt davon ab, ob die in der Normalkostenrechnung ausgewiesenen Kostenstellenabweichungen als Maßstäbe für die Wirtschaftlichkeit verwendet werden können. Offensichtlich sind die Unter- und Überdeckungen stets dann als Grundlage für die Kostenkontrolle von vornherein ungeeignet, wenn als Normalkostensätze die unkorrigierten Durchschnittswerte der Vergangenheit verwandt wurden; denn diese enthalten neben vielen Zufälligkeiten auch Unwirtschaftlichkeiten. Weitaus geeigneter sind zweifellos die Unter- und Überdeckungen, wenn man aktualisierte Durchschnittswerte als Normalkostensätze verwendet. Aber erst wenn die Bildung der Normalkostensätze so weit durch kostenanalytische und technische Berechnungen ergänzt wird, daß man bereits von Plankosten sprechen kann, bilden die Unter- und Überdeckungen eine zuverlässige Grundlage für die Kostenkontrolle. In diesem Fall hat das Kostenrechnungssystem aber bereits den Übergang zur starren Plankostenrechnung vollzogen, so daß wir auf unsere Ausführungen im dritten Kapitel verweisen können.
Zusammenfassend läßt sich daher sagen, daß die starre Normalkostenrechnung die Aufgabe der Kostenkontrolle ebensowenig erfüllt wie die Istkostenrechnung. Die Unter- und Überdeckungen haben eher den Charakter von Schätzungsfehlern als von echten Kostenabweichungen[40]. Als einziger Vorteil der starren Normalkosten-

[40] E. Gutenberg weist darauf hin, daß die Normalkostenrechnung nur eine „unvollkommene Wirtschaftlichkeits- und Verantwortungskontrollrechnung" ist, vgl. *E. Gutenberg*, Neuere Entwicklungstendenzen auf dem Gebiete des industriellen Rechnungswesens, Die Gießerei 1954, S. 392 ff. K. Käfer bezeichnet die Unter- und Überdeckungen als „Schätzungsfehler", vgl. *K. Käfer*, Standardkostenrechnung, 1. Aufl., Stuttgart 1955, S. 45. In der amerikanischen Literatur weist vor allem *S. B. Henrici*, Standard Costs for Manufacturing, 3. Aufl., New York – Toronto – London 1960, S. 46 f. darauf hin, daß Normalkosten für eine Kostenkontrolle ungeeignet sind: "The first possibility – averages of historical actuals – is not really a standard cost at all but a reference cost. Affected by the many individual wastes and savings of the past, it offers no fixed basis of comparison." A. Wolter hat darauf hingewiesen, daß in der Normalkostenrechnung Beschäftigungs- und Verbrauchsabweichungen nicht voneinander zu trennen sind, vgl. *A. Wolter*, Das Rechnen ..., a. a. O., S. 42. Desgleichen *P. Nowak*, Kostenrechnungssysteme ..., a. a. O., S. 75 ff.

rechnung bleibt eine Vereinfachung und Beschleunigung der Kostenrechnung[41]. Im übrigen liegt ihre Bedeutung darin, daß sie eine wichtige Übergangsform von den Istkostenrechnungen zu weiterentwickelten Formen der Kostenrechnung darstellt.

C. *Die flexible Normalkostenrechnung*

1. Im Laufe der Zeit zeigten sich die Unzulänglichkeiten der starren Normalkostenrechnung auf dem Gebiet der Kostenkontrolle immer mehr, und man bemühte sich daher, die Normalkostenrechnung entsprechend zu verbessern. Durch Beobachten der Unter- und Überdeckungen im Zeitablauf und durch Vergleichen mit den zugehörigen Beschäftigungsgraden der entsprechenden Kostenstellen erkannte man schon sehr bald, daß der Kostenbestimmungsfaktor „Beschäftigung" stets einen sehr großen Einfluß auf die Entstehung der Unter- und Überdeckungen ausübte. Aus diesem Grunde bestand der erste Schritt der Weiterentwicklung darin, die Gesamtabweichungen in zwei Teile aufzuspalten, von denen der eine ausschließlich auf die Beschäftigungsschwankungen zurückging, so daß man ihn als *Beschäftigungsabweichung* bezeichnete, während der restliche Teil durch alle übrigen Kostenbestimmungsfaktoren zusammen, mit Ausnahme der bereits vorher durch feste Verrechnungspreise isolierten Preiseinflüsse, verursacht wurde.

Um diese Aufspaltung durchführen zu können, war es erforderlich, die Gemeinkosten möglichst exakt in fixe und proportionale Kosten zu unterteilen und diese Unterteilung der Kosten in die laufende Abrechnung einzubauen. Zwar wurden derartige Kostenaufspaltungen schon in der Istkostenrechnung und in der starren Normalkostenrechnung des öfteren zur Lösung einzelner Spezialaufgaben vorgenommen, sie wurden aber nur höchst selten auch auf die laufende Abrechnung übertragen.

Wie wir im einzelnen noch zeigen werden, sind für die Eliminierung der Beschäftigungsabweichungen besondere Normalkosten erforderlich, welche an die Beschäftigungsschwankungen laufend angepaßt werden, also in diesem Sinne „flexibel" sind. Aus diesem Grunde bezeichnet man heute eine solche Form der Kostenrechnung als *flexible Normalkostenrechnung*. Die flexible Normalkostenrechnung unterscheidet sich im äußeren Aufbau von der starren Normalkostenrechnung lediglich durch die laufende Abspaltung der Beschäftigungsabweichung. Im übrigen führte aber die mit dem Übergang zur flexiblen Normalkostenrechnung verbundene stärkere Hervorhebung der Kostenkontrolle dazu, daß bei der Errechnung der Normalgemeinkostensätze in immer stärkerem Maße von der reinen Durchschnittsbildung abgegangen wurde und statt dessen aktualisierte Durchschnittswerte sowie später auch immer mehr durch besondere Kostenplanungen und -berechnungen ermittelte Plan-, Norm- oder Richtwerte verwendet wurden. Aus dem gleichen Grunde wurde im

[41] *P. Nowak*, Kostenrechnungssysteme ..., a. a. O., S. 74, schreibt hierüber: „Unter den Vorteilen, die sich durch eine Normalisierung der Kosten ergeben, ist an erster Stelle die Vereinfachung und Beschleunigung der Kostenrechnung zu nennen."

Laufe der Zeit die Verwendung von festen Verrechnungspreisen häufig auch auf die Gemeinkosten ausgedehnt und die Einzelkostenplanungen intensiviert und verbessert.
Wegen ihrer größeren Kompliziertheit ist die flexible Normalkostenrechnung in der Praxis im Gegensatz zur starren Normalkostenrechnung nur relativ wenig verbreitet. In der Literatur wird die flexible Normalkostenrechnung vor allem von A. Müller und A. Wolter ausführlich beschrieben [42].

2. Im einzelnen erfolgt die Aufspaltung der Unter- und Überdeckungen in der flexiblen Normalkostenrechnung wie folgt.
Zunächst werden ganz entsprechend der starren Normalkostenrechnung für jede einzelne Kostenstelle die korrigierten Istgemeinkosten mehrerer Abrechnungsperioden errechnet, wobei lediglich die Korrekturen sorgfältiger durchgeführt und vielfach durch Kostenplanungen ergänzt werden. Die so ermittelten Gesamtbeträge der Istgemeinkosten werden tabellarisch zusammengefaßt, so wie es die Tabelle 2 für eine beliebige Kostenstelle zeigt, und durch eine besondere Kostenanalyse in einen fixen und einen proportionalen Bestandteil aufgeteilt [43]. Die proportionale Gemeinkostensumme von 49 380 DM wird durch die zugehörige Beschäftigung von 12 240 Fertigungsstunden dividiert, wodurch man einen proportionalen Normalgemeinkostensatz von 4 DM/Std. erhält. Dieser Satz gilt nicht nur für die Normalbeschäftigung, sondern für jede Beschäftigung. Als Normalbeschäftigung kann entweder die zukünftig zu erwartende Durchschnittsbeschäftigung oder die Vollbeschäftigung einer Kostenstelle angesetzt werden. Beide Methoden sind in der Praxis angewandt worden [44]. In unserem Beispiel haben wir eine Durchschnittsbeschäftigung von jährlich 16 000 Fertigungsstunden als Normalbeschäftigung angesetzt. Durch diese Normalbeschäftigung werden die fixen Gemeinkosten in Höhe von 15 690 DM dividiert, wodurch man einen fixen Normalgemeinkostensatz von aufgerundet 1 DM/Std. erhält. Dieser Satz gilt nur für die Normalbeschäftigung. Addieren wir den fixen und

[42] Vgl. vor allem *A. Müller,* Die Isolierung der Einflüsse auf die Selbstkosten im Eisenhüttenwesen, Diss. Köln 1933; *A. Müller,* Die Normalkostenrechnung ..., a. a. O., S. 313 ff.; *A. Müller,* Grundsätzliches ..., a. a. O., S. 601 ff., und *A. Wolter,* Das Rechnen ..., a. a. O., S. 133 ff. Weiterhin wird die flexible Normalkostenrechnung von folgenden Autoren erwähnt: *W. Bock,* Monatliche Erfolgsrechnung und Betriebskontrolle in der Buchhaltung einer Maschinenfabrik und Fabrik gelochter Bleche, ZfhF 1935, S. 655. *H. G. Schluchtmann,* Kaufmännische Betriebswirtschaftsstellen und Weiterentwicklung des Rechnungswesens in der Eisen- und Stahlindustrie, DB 1954, S. 787: „Für die kaufmännische Betriebswirtschaftsstelle liegt daher die wichtigste Zukunftsaufgabe in der Einführung und im Ausbau einer flexiblen Normalkostenrechnung", und *K. Severing,* Über Normalkostenkalkulation, a. a. O., S. 97 ff.

[43] In der Tabelle 2 wurden im übrigen die gleichen Zahlen verwandt wie in dem entsprechenden Beispiel für die starre Normalkostenrechnung in Tabelle 1.

[44] *A. Müller,* Die Normalkostenrechnung ..., a. a. O., S. 312, beschreibt beide Methoden, während *K. Severing,* Über Normalkostenkalkulation, a. a. O., S. 98, sich für die Zugrundelegung der Vollbeschäftigung ausspricht. Im letzten Fall sind alle Leerkosten aus der Kostenrechnung ferngehalten.

Tabelle 2: Beispiel zur flexiblen Normalkostenrechnung

Monat	Korrigierte Istgemeinkosten einer Kostenstelle			Ist-fertigungs-stunden einer Kostenstelle
	gesamt DM	fix DM	proportional DM	
1	6 670	1 340	5 330	1 320
2	6 900	1 330	5 570	1 350
3	6 420	1 320	5 100	1 280
4	5 310	1 310	4 000	1 050
5	5 230	1 280	3 950	980
6	4 180	1 280	2 900	720
7	4 000	1 260	2 740	610
8	3 660	1 280	2 380	580
9	4 670	1 310	3 360	830
10	5 320	1 320	4 000	1 010
11	6 220	1 320	4 900	1 220
12	6 490	1 340	5 150	1 290
Summe	65 070	15 690	49 380	12 240
Normalbeschäftigung (Std.)	–	–	–	16 000
Durchschnitt DM je Stunde bei Normalbeschäftigung	5	1	4	–
Durchschnitt DM pro Monat	–	1 310	–	–

den proportionalen Stundensatz, so erhalten wir einen gesamten Normalgemeinkostensatz von 5 DM/Std., der ebenfalls nur bei Normalbeschäftigung gilt. Multipliziert man hiermit die jeweiligen Istfertigungsstunden der einzelnen Abrechnungsperioden, so ergeben sich die insgesamt in der Kostenträgerrechnung verrechneten Normalgemeinkosten (Vergleiche hierzu die sechste Spalte der Tabelle 3). Die Differenz zwischen den Istgemeinkosten und den zugehörigen verrechneten Normalgemeinkosten ist gleich der gesamten Unter- oder Überdeckung einer Kostenstelle. In der Tabelle 3 erhalten wir hierfür die gleichen Werte wie in der Tabelle 1, weil wir das gleiche Zahlenbeispiel, welches wir zur Veranschaulichung der starren Normalkostenrechnung benutzten, auch hier wieder verwenden, damit man die Unterschiede gegenüber der flexiblen Normalkostenrechnung gut verfolgen kann.

Jede Abweichungsaufspaltung wird so vorgenommen, daß von den Istkosten zunächst Maßkosten abgezogen werden, die den Einfluß des ersten Kostenbestimmungsfaktors isolieren. Von diesen Maßkosten wiederum werden weitere Maßkosten abgezogen, welche den Einfluß des nächstfolgenden Kostenbestimmungsfaktors isolieren, usw. Da in der flexiblen Normalkostenrechnung zunächst allein der Beschäftigungseinfluß einerseits und die Summe der übrigen Einflüsse andererseits isoliert werden sollen, benötigt man neben den verrechneten Normalgemeinkosten nur noch eine weitere Art von Maßkosten. Diese Maßkosten müssen so aufgebaut sein, daß ihnen stets die gleiche Beschäftigung zugrunde liegt wie den Istgemeinkosten, während in ihnen alle übrigen Kostenbestimmungsfaktoren in gleicher Weise wirksam werden wie in den verrechneten Normalgemeinkosten. Werden dann nämlich diese Maßkosten von den Istgemeinkosten abgezogen, so erhält man den Teil der gesamten Unter- oder Überdeckung, welcher dadurch verursacht worden ist, daß alle Kostenbestimmungsfaktoren mit Ausnahme der Beschäftigung in den Istgemeinkosten in anderer Weise wirksam geworden sind, als es in den Normalgemeinkosten vorgeplant wurde. In der Normalkostenrechnung bezeichnet man diese Maßkosten als *Normgemeinkosten*[45]. Die Normgemeinkosten werden allgemein dadurch errechnet, daß man zu den fixen Normalgemeinkosten einer Abrechnungsperiode das Produkt aus dem proportionalen Normalgemeinkostensatz und der jeweiligen Istbeschäftigung addiert. In unserem Zahlenbeispiel erhalten wir aus der Tabelle 2 einen monatlichen Fixkostenbetrag von 1 310 DM und einen proportionalen Normalgemeinkostensatz von 4 DM/Std., so daß sich die Normgemeinkosten einer beliebigen Beschäftigung x nach folgendem Rechenansatz ergeben: Normgemeinkosten = 1 310 + 4 x. Die auf diese Weise errechneten Normgemeinkosten haben wir in der fünften Spalte der Tabelle 3 zusammengefaßt. Für den ersten Monat erhält man z. B. 1 310 + 4 · 1 720 = 8 190 DM. Subtrahiert man die Normgemeinkosten von den Istgemeinkosten, so ergeben sich die Teile der gesamten Unter- oder Überdeckung, welche nicht durch die Beschäftigungsschwankung, sondern durch die Schwankungen aller sonstigen Kostenbestimmungsfaktoren hervorgerufen sind[46]. Für den ersten Monat beträgt diese Abweichung z. B. 8 250 ./. 8 190 = + 60 DM. Eine positive Abweichung bedeutet, daß die Kostenbestimmungsfaktoren in ungünstigerer Weise wirksam geworden sind, als das in den Normalgemeinkosten der Fall war. Eine negative Abweichung dagegen bringt eine Verbesserung der Kosteneinflußfaktoren gegenüber den Normalgemeinkosten zum Ausdruck. Welche Einflüsse im einzelnen zu diesen „Sammelabweichungen" führten, kann in einer flexiblen Normalkostenrechnung im Rahmen der laufenden Abrechnung nicht festgestellt werden. Hierfür sind vielmehr besondere Kostenanalysen erforderlich. In unserem Beispiel fällt für alle zwölf Monate zusammen durch Abweichungen der einzelnen Kostenbestimmungsfaktoren mit Ausnahme der Beschäftigung eine Abweichung von + 530 DM an.

Die Beschäftigungsabweichungen lassen sich auf zweifache Weise ermitteln[47]. Einmal ergibt stets die Differenz zwischen den gesamten Unter- und Überdeckungen und

[45] Vgl. *A. Müller*, Die Normalkostenrechnung ..., a. a. O., S. 313. Unsere folgenden Ausführungen über die Ermittlung der Normgemeinkosten und über die Isolierung der Beschäftigungsabweichungen lehnen sich an ein dort wiedergegebenes Zahlenbeispiel A. Müllers an.

[46] Wenn für die Gemeinkosten feste Verrechnungspreise verwendet werden, so fallen die Preisabweichungen schon eher an und sind in dieser Sammelabweichung nicht mehr enthalten.

[47] In den folgenden Abschnitten wird die Beschäftigungsabweichung im Zusammenhang mit der Plankostenrechnung noch ausführlich behandelt werden. Vgl. im 18. Kapitel, Abschnitt F.

Tabelle 3: Beispiel zur flexiblen Normalkostenrechnung

Monat	Ist-gemein-kosten DM	Ist-fertigungs-stunden	Proportionale Normal-gemein-kosten DM	Norm-gemein-kosten DM	Verrechnete Normal-gemein-kosten DM	Gesamte Über- und Unter-deckungen DM	Beschäftigungs-abweichung DM	Sonstige Ab-weichungen DM
1	8 250	1 720	6 880	8 190	8 600	./. 350	./. 410	+ 60
2	8 550	1 760	7 040	8 350	8 800	./. 250	./. 450	+ 200
3	7 840	1 670	6 680	7 990	8 350	./. 510	./. 360	./. 150
4	6 630	1 370	5 480	6 790	6 850	./. 220	./. 60	./. 160
5	6 310	1 260	5 040	6 350	6 300	+ 10	+ 50	./. 40
6	5 150	930	3 720	5 030	4 650	+ 500	+ 380	+ 120
7	4 940	790	3 160	4 470	3 950	+ 990	+ 520	+ 470
8	4 440	750	3 000	4 310	3 750	+ 690	+ 560	+ 130
9	5 720	1 080	4 320	5 630	5 400	+ 320	+ 230	+ 90
10	6 550	1 310	5 240	6 550	6 550	–	–	–
11	7 580	1 580	6 320	7 630	7 900	./. 320	./. 270	./. 50
12	7 850	1 670	6 680	7 990	8 350	./. 500	./. 360	./. 140
Summe	79 810	15 890	63 560	79 280	79 450	+ 360	./. 170	+ 530

den nicht auf Beschäftigungseinflüsse zurückgehenden Anteilen die zugehörige Beschäftigungsabweichung. Für den ersten Monat unseres Zahlenbeispiels erhalten wir auf diese Weise ./. 350 ./. 60 = ./. 410 DM. Man kann die Beschäftigungsabweichungen aber auch dadurch ermitteln, daß man von den Normgemeinkosten die zugehörigen verrechneten Normalgemeinkosten abzieht, denn in den ersteren sind alle Kostenbestimmungsfaktoren genau wie in den Normalgemeinkosten wirksam geworden, mit Ausnahme der Beschäftigung, welche den Normgemeinkosten mit ihrem Istwert zugrunde liegt.

Die Differenz der Kosten kann daher nur durch den Unterschied zwischen der Ist- und der Normalbeschäftigung hervorgerufen worden sein. Im ersten Monat unseres Zahlenbeispiels erhalten wir auf diese Weise 8 190 ./. 8 600 = ./. 410 DM. Insgesamt fallen für alle zwölf Monate zusammen ./. 170 DM Beschäftigungsabweichungen an. Addiert man hierzu die sonstigen Abweichungen in Höhe von +530 DM, so erhält man die gesamten Unter- und Überdeckungen von +360 DM.

3. Während der starren Normalkostenrechnung keine besonders ausgeprägte Zielsetzung zugrunde lag, so daß sie im Grunde nichts anderes ist als das Ergebnis laufender, rechentechnischer Vereinfachungen der Istkostenrechnung, tritt bei der flexiblen Normalkostenrechnung die Zielsetzung der Kostenkontrolle in den Vordergrund. Diese Hinwendung zur Kostenkontrolle erfolgte, wie A. Müller nachgewiesen hat, zuerst in den Unternehmungen der Eisenhüttenindustrie[48]. Hier war es nicht in gleicher Weise wie in der Einzelfertigung und insbesondere im Maschinenbau erforderlich, die Kostenträgerrechnung in den Vordergrund zu stellen, denn im Eisenhüttenwesen war die Notwendigkeit, Unterlagen für die Preisstellung zu schaffen, nicht so groß wie in anderen Betrieben. Dagegen waren die Unternehmungen des Eisenhüttenwesens in der Regel schwer übersehbare Großbetriebe, und ein scharfer Konkurrenzkampf zwang zur Sparsamkeit. „Damit trat ein neuer Zweck der Kostenrechnung in den Vordergrund des Interesses, der Zweck der Betriebskontrolle.“ [49] Im Laufe der Zeit erkannte man die überaus große Bedeutung der Kostenkontrolle in vielen Unternehmungen aller Wirtschaftszweige immer mehr und entwickelte die Kostenrechnung entsprechend weiter.

Die flexible Normalkostenrechnung in der von uns beschriebenen Ausgangsform ist die erste Entwicklungsform der Kostenrechnung, welche die Zielsetzung der laufenden Kostenkontrolle auch für die Gemeinkosten in den Vordergrund stellt. Ihre Ergebnisse hatten zunächst vielfach relativ wenig Aussagekraft, da die Normal- und Normgemeinkosten in zu starkem Maße aus Istkosten vergangener Abrechnungsperioden abgeleitet wurden. Weiterhin war die Analyse der nicht auf den Beschäftigungseinfluß zurückgehenden Abweichungen nur sehr schwer durchführbar, weil diese Abweichungen nicht kostenartenweise errechnet wurden. Aus diesem Grunde entwickelte sich die flexible Normalkostenrechnung auf zweifache Weise weiter. Einmal dadurch, daß im Laufe der Zeit bei der Ermittlung der Normalgemeinkosten

[48] Vgl. *A. Müller*, Die Isolierung . . ., a. a. O., S. 9 ff.
[49] Vgl. *A. Müller*, Die Isolierung . . ., a. a. O., S. 10.

immer weniger auf die Istkosten vergangener Abrechnungsperioden zurückgegriffen wurde und statt dessen, soweit als möglich, durch besondere Planungsüberlegungen und durch technische Berechnungen ermittelte Größen Verwendung fanden. Weiterhin verfeinerte sich im Laufe der Zeit auch der Aufbau der Kostenkontrolle. Auf diese Weise entstanden Formen der Normalkostenrechnung, die wir heute als flexible Plankostenrechnungen bezeichnen.

3. Kapitel

Die Entwicklungsformen der Plankostenrechnung

A. Die Weiterentwicklung der starren Normalkostenrechnung zur starren Plankostenrechnung

I. Begriff und Zielsetzung der starren Plankostenrechnung

1. Die Weiterentwicklung der Kostenrechnung führte in vielen Betrieben dazu, daß man sich bei der Ermittlung von Normalkostensätzen von vergangenen Istkosten löste und sich immer mehr bemühte, Kostenvorgaben mit Hilfe von technischen Berechnungen und Verbrauchsstudien festzulegen. Bei gleichzeitiger Verwendung von Planpreisen entstand auf diese Weise eine neue Kategorie von Kosten, bei der sowohl das Mengen- oder Zeitgerüst als auch die Wertansätze geplante Größen sind. Derartige Kosten bezeichnet man in der deutschsprachigen Literatur als *Plankosten*. Dieser Begriff wurde erstmalig von M. R. Lehmann geprägt, der zunächst von „planmäßigen Kosten" sprach und später zur Bezeichnung „Plankosten" überging[50]. Er hat sich seitdem in Deutschland weitgehend durchgesetzt, obwohl auch immer noch zahlreiche andere Bezeichnungen vorgeschlagen werden, wie z. B. Standardkosten, Richtkosten, Normkosten, Sollkosten, Vorgabekosten und Budgetkosten[51]. Zu diesen Begriffen ist folgendes zu bemerken.

Der Ausdruck *Standardkosten* wurde aus der anglo-amerikanischen Bezeichnung „standard costs" abgeleitet. Da, wie im einzelnen noch nachgewiesen wird, der Übergang von Normalkosten zu geplanten Kosten in den USA und in Großbritannien früher als in Deutschland vollzogen wurde und nach dem ersten Weltkrieg insbesondere amerikanische Kostenrechnungsmethoden auf die deutsche kostenrechnerische Entwicklung einen starken Einfluß ausübten, übernahmen viele Autoren zunächst sinngemäß die Bezeichnung „Standardkosten" als Oberbegriff für geplante Kosten. In den USA verstand man aber fast bis heute unter „standard costs" die „... pro Erzeugniseinheit geplanten Kosten; insbesondere die pro Erzeugungseinheit geplanten Herstellungskosten ..." [52]. Da in Deutschland die Plankostenrechnung ihren Ausgang von

[50] Vgl. *M. R. Lehmann*, Die industrielle Kalkulation, 1. Aufl., Berlin – Wien 1925, S. 86 ff., und *K. Käfer*, Standardkostenrechnung, 2. Aufl., Zürich 1964, S. 57.

[51] Zu diesen Begriffen vgl. *T. Ellinger*, Rationalisierung durch Standardkostenrechnung, Stuttgart 1954, S. 10 ff.; *F. Henzel*, Die Kostenrechnung, 4. Aufl., Essen 1964, S. 526; *K. Käfer*, Standardkostenrechnung, 2. Aufl., a. a. O., S. 86 ff.; *P. Nowak*, Kostenrechnungssysteme in der Industrie, Köln und Opladen 1954, S. 78 ff.; *F. Petzold*, Prinzipien der Plankostenrechnung und Ergänzungen zu Begriffsbestimmungen, ZfB 1950, S. 396 ff.; *A. Schnettler*, Das Rechnungswesen industrieller Betriebe, 4. Aufl., Wolfenbüttel 1949, S. 221: „Bei Plankosten denkt man an errechnete oder geschätzte Kostenwerte, die bei rationeller Wirtschaftsführung entstehen."

[52] In diesem Sinne äußert sich *A. Matz*, Planung und Kontrolle von Kosten und Gewinn,

der Kostenstellenrechnung genommen hat, konnte sich die Bezeichnung Standardkosten als Oberbegriff für geplante Kosten nicht durchsetzen. Lediglich in der Kostenträgerrechnung findet man die Bezeichnung Standardkosten auch heute noch. Auch hier hat sich aber weitestgehend die Bezeichnung „Plankosten" durchgesetzt. Interessant ist in diesem Zusammenhang, daß auch bei neueren amerikanischen Autoren die Bezeichnung „standard costs" nicht mehr ausschließlich für die Kosten pro Produkteinheit, sondern in umfassenderer Weise verwendet wird[53].

Die Ausdrücke *Richt-, Norm- und Sollkosten* entstanden, als man die geplanten Kosten in zunehmendem Maße für die Zwecke der Kostenkontrolle einsetzte. Sie deuten einen Wandel in der psychologischen Kostenauffassung an, indem die geplanten Kosten zugleich zur normativen Forderung erhoben werden[54]. Hierbei gehen die Begriffe Richt- und Normkosten auf eine Zeit zurück, in der man noch nicht über so exakte Methoden bei der Errechnung von Maßkosten verfügte wie heute, so daß man diese Ausdrücke heute trotz ihres treffenden Aussagewertes nur für Vorläufer der späteren Plankosten verwendet und mit ihnen den Gedanken verbindet, Richt- und Normkosten seien noch nicht ganz ausgereifte Maßkosten. Allerdings scheint man in der Eisen- und Stahlindustrie am Ausdruck Richtkosten aus traditionellen Gründen auch nach einer Weiterentwicklung der Kostenrechnung zur Plankostenrechnung festzuhalten[55]. Die Bezeichnung „Sollkosten" wird heute allgemein für eine spezielle Kategorie der Plankosten im System der flexiblen Plankostenrechnung verwendet, und zwar für Plankosten, die nach Istbeschäftigungsgraden abgewandelt wurden. Hierauf wird in Zusammenhang mit der flexiblen Plankostenrechnung zurückzukommen sein.

Die Begriffe *Vorgabe- und Budgetkosten* wurden vorgeschlagen, als man dazu über-

AGPLAN, Bd. 7, Wiesbaden 1964, S. 103. Vgl. auch *A. Matz, O. J. Curry, G. W. Frank,* Cost Accounting, Management's Operational Tool for Planning, Control, and Analysis, 3. Aufl., Chicago–Dallas– u. a. 1962, S. 558: "Standard costs are the scientifically predetermined costs of manufacturing a single unit, or a number of units of product, during a specified period in the immediate future."

[53] Vgl. hierzu *C. T. Horngren,* Cost Accounting, A Managerial Emphasis, 3. Aufl., Englewood Cliffs, N. J. 1963, S. 133: "Standard costs are carefully predetermined costs; they are target costs, costs that should be attained under efficient operations." Noch weiter wird der Standardkostenbegriff von *G. Shillinglaw,* Cost Accounting: Analysis and Control, Homewood, Ill. 1961, S. 149, gefaßt: "This permits us to redefine a cost standard as *the level of cost that is estimated to be reasonably necessary for the attainment of a given objective under specified conditions.*"

[54] Vgl. *A. Müller,* Istkosten-, Normalkosten- und Plankostenrechnung in vergleichender Betrachtung, DB 1952, S. 539, und *A. Müller,* Grundsätzliches zur Plan- und Normalkostenrechnung, Stahl und Eisen 1949, S. 603. Nach A. Müller entsteht der Sollkostenbegriff automatisch aus dem Normalkostenbegriff, wenn Normalkosten nicht historische Durchschnitte, sondern technologisch gewonnene Werte sind und sie vom reinen Meßwerkzeug zugleich zur normativen Forderung werden.

[55] Hierauf weisen hinsichtlich der Bezeichnung Richtkosten vor allem *H. Diercks* und *F. Petzold,* Plankostenrechnung in der Eisenindustrie, Archiv für das Eisenhüttenwesen 1953, S. 183, hin, indem sie die Richtwertrechnung als „... einen Schritt in Richtung der Plankostenrechnung" bezeichnen. Vgl. ferner *H. Glaszinski,* Richtkostenrechnung in einem Eisenhüttenwerk, ZfhF 1952, S. 448 ff.

ging, die geplanten Kosten den einzelnen Kostenstellen budgetmäßig vorzugeben. Im Laufe der Zeit wurden die budgetmäßigen Vorgaben aber immer mehr durch eine laufende, nachträgliche Kostenkontrolle ersetzt, so daß sich auch diese Ausdrücke als Oberbegriffe für geplante Kosten nicht durchsetzen konnten.
Wie im einzelnen noch nachzuweisen sein wird, entstand die Bezeichnung Plankosten in einer Zeit, in der sich die Kostenrechnung dadurch weiterentwickelte, daß sie in den Gesamtzusammenhang der betrieblichen Planung eingebaut wurde. Zwischenzeitlich hat es zwar insbesondere in Deutschland Systeme der Plankostenrechnung gegeben, deren Hauptaufgabe die nachträgliche Kostenkontrolle war und bei denen die Verbindung zur betrieblichen Planung auf ein Minimum beschränkt wurde. Für diese Systeme wären die Bezeichnungen Standardkosten, Richtkosten, Normkosten oder Sollkosten mindestens ebenso gut geeignet wie der Begriff Plankosten. Wie im einzelnen in Abschnitt B, III dieses Kapitels zu zeigen sein wird, hat sich aber die Erkenntnis durchgesetzt, daß die Plankostenrechnung Bestandteil der gesamtbetrieblichen Planung sein sollte. Aus diesem Grunde wollen wir den Begriff Plankosten als Oberbegriff für geplante Kosten im Rahmen unserer weiteren Ausführungen verwenden.

2. Wie unsere Ausführungen über die verschiedenen Formen der Ist- und Normalkostenrechnung gezeigt haben, wurden bereits in diesen kostenrechnerischen Entwicklungsformen geplante Einzelkosten verwendet, ohne daß man deshalb die Bezeichnung einer solchen Kostenrechnung änderte. Die weitere Entwicklung führte dazu, daß aus der Berücksichtigung zukünftiger Kosteneinflußfaktoren bei der Bildung von Normalkostensätzen Methoden der Kostenplanung entstanden und damit die Kostenstellensätze zu Plankosten wurden. Hierdurch entstand aus der starren Normalkostenrechnung eine Entwicklungsform der Kostenrechnung, in der sowohl die Einzelkosten als auch die Normalgemeinkostensätze Plankosten waren[56]. Eine derartige Form der Kostenrechnung bezeichnet man heute allgemein als eine *starre Plankostenrechnung*[57]. Die starre Plankostenrechnung ist in den USA heute noch sehr

[56] *F. Petzold* schreibt hierzu: „Die Plankostenrechnung ist eine konsequente Weiterentwicklung der deutschen Normalkostenrechnung, verbunden mit der in den USA verbreiteten Standardkostenrechnung und der Budgetrechnung." Vgl. *F. Petzold*, Prinzipien ..., a. a. O., S. 397. Weiterhin heben die folgenden Autoren besonders hervor, daß sich die Plankostenrechnung aus der Normalkostenrechnung entwickelt hat. *E. Gutenberg*, Neuere Entwicklungstendenzen auf dem Gebiete des industriellen Rechnungswesens, Die Gießerei 1954, S. 398 ff.; *K. Käfer*, Standardkostenrechnung, 2. Aufl., a. a. O., S. 47; *A. Müller*, Grundsätzliches ..., a. a. O., S. 601 ff., und *H. Müller*, Kostenplanung und Plankostenrechnung, WPg 1951, S. 439 ff.

[57] Den Begriff starre Plankostenrechnung verwenden folgende Autoren: *K. Agthe*, Kostenplanung und Kostenkontrolle im Industriebetrieb, Baden-Baden 1963, S. 59; *F. Henzel*, Die Kostenrechnung, a. a. O., S. 543; *K. Käfer*, Standardkostenrechnung, 2. Aufl., a. a. O., S. 247; *H. G. Plaut*, Unternehmenssteuerung mit Hilfe der Voll- oder Grenzplankostenrechnung, ZfB 1961, S. 461. In der amerikanischen Literatur bezeichnet man die starre Plankostenrechnung häufig als „fixed budget", vgl. *J. Batty*, Standard Costing, London 1960, S. 183.

weit verbreitet, wohingegen in Deutschland Betriebe mit Plankostenrechnung in der Regel von vornherein die flexible Ausgestaltungsform vorgezogen haben[58].
So wie neben dem Begriff der Plankosten immer wieder die Bezeichnungen Standardkosten, Richtkosten, Normkosten, Sollkosten, Vorgabekosten und Budgetkosten auftraten, wurde auch vorgeschlagen, den Ausdruck Plankostenrechnung durch die Bezeichnungen Standardkostenrechnung, Vorgabekostenrechnung und Budgetkostenrechnung zu ersetzen. Aus den gleichen Gründen, aus denen sich die Bezeichnung Plankosten gegenüber allen anderen Begriffen durchgesetzt hat, konnte sich auch der Ausdruck Plankostenrechnung in Deutschland behaupten. K. Schwantag weist darauf hin, daß sich der Begriff Plankostenrechnung seit über zwei Jahrzehnten in der Praxis und in der Literatur immer mehr eingebürgert hat und daß er theoretisch nach wie vor deshalb berechtigt ist, weil die in der Plankostenrechnung verwendeten Kosten zum größten Teil im Zusammenhang mit der zukunftsgerichteten Planung ermittelt werden[59].

3. Die starre Plankostenrechnung unterscheidet sich im formalen Aufbau nur wenig von der starren Normalkostenrechnung. Weiterhin ist, wie im Abschnitt über die Normalkostenrechnung bereits gezeigt, die Grenze zwischen Normal- und Plankosten vielfach flüssig. Daher ist es in der Praxis in Grenzfällen nicht immer leicht, eine starre Normalkostenrechnung und eine starre Plankostenrechnung zu unterscheiden[60].
Der wesentliche Unterschied zwischen der Normal- und der Plankostenrechnung liegt in der Verschiedenheit der Zielsetzung beider Formen der Kostenrechnung. Wie wir sahen, hat die starre Normalkostenrechnung keine besonders ausgeprägte kostenrechnerische Zielsetzung, sondern diente in erster Linie der Vereinfachung. Die starre Plankostenrechnung dagegen hat als wesentliches Ziel den Einbau der Kostenrechnung in das Gesamtsystem der betrieblichen Planung. Ein weiteres Ziel der starren Plankostenrechnung ist es, eine Grundlage für die Kostenkontrolle zu schaffen. Dieses zweite Ziel trat aber erst im Laufe der weiteren Entwicklung in den Vordergrund.

[58] Auf die weite Verbreitung der starren Plankostenrechnung in den USA weist *K. Käfer*, Standardkostenrechnung, 2. Aufl., a. a. O., S. 247, hin. *H. G. Plaut*, Unternehmenssteuerung ..., a. a. O., S. 461, vertritt die Ansicht, daß die starre Plankostenrechnung in Deutschland nur selten angewandt wurde.

[59] Vgl. *K. Schwantag*, Zur Theorie und Praxis der Plankostenrechnung, ZfB 1952, S. 67, sowie auch *F. Petzold*, Prinzipien ..., a. a. O., S. 396 ff., und *T. Ellinger*, Rationalisierung ..., a. a. O., S. 10 ff. In der deutschsprachigen Literatur nimmt lediglich K. Käfer eine Sonderstellung ein, indem er konsequent an der Bezeichnung „Standardkostenrechnung" festhält.

[60] Vgl. das Korreferat von *C. E. Schulz* zum Referat von *H. Müller*, Kostenplanung und Plankostenrechnung, WPg 1951, S. 439 ff., auf der Fachtagung des Instituts der Wirtschaftsprüfer 1951, veröffentlicht in: WPg 1951, S. 543: „Die Plankostenverfahren sind, soweit sie statistische Mittelwerte verwenden, kaum als etwas anderes zu bezeichnen, als was man bisher unter Normalkosten verstand." In diesem Sinne spricht z. B. *K. Berg*, Die Entwicklung der Plankostenrechnung, BFuP 1954, S. 145, von der Normalkostenrechnung als „einer Art Plankostenrechnung". Auch *F. Petzold*, Prinzipien ..., a. a. O., S. 396 ff., weist auf die Häufigkeit derartiger Verwechslungen hin und hebt den grundsätzlichen Unterschied zwischen beiden Entwicklungsformen der Kostenrechnung hervor.

II. Die Grundlagen für die Entwicklung der starren Plankostenrechnung

1. Das Eindringen des Planungs- und Budgetierungsgedankens in die Kostenrechnung

1. In den Jahren nach dem ersten Weltkrieg erkannten die Geschäftsleitungen vieler Unternehmungen immer mehr die große Bedeutung der betrieblichen Planung. Die Zeit der Kriegswirtschaft war vorbei, und die Unternehmen waren wieder völlig den Chancen und Risiken liberalisierter Märkte ausgesetzt. Wegen der großen politischen und wirtschaftlichen Umwälzungen, zu denen der erste Weltkrieg geführt hatte, erschien die allgemeine wirtschaftliche Lage damals chancen- und risikoreicher als je zuvor. Man spürte in dieser Zeit allgemein, daß man sich nicht passiv dem Wirtschaftsablauf anpassen durfte, sondern daß es dringend erforderlich war, das betriebliche Geschehen soweit als möglich vorauszuplanen. Nur hierdurch glaubte man sich in der Lage, den größten Gefahren rechtzeitig ausweichen und zukünftige Chancen früh genug nutzen zu können. Zugleich mit dem Wunsch, in die Zukunft schauen zu können, entwickelte sich das Bestreben, den zukünftigen Ablauf durch die Planung und die damit verbundenen Maßnahmen aktiv zu beeinflussen.
Dieser allgemeine Drang zur *betrieblichen Planung* nach dem ersten Weltkrieg dürfte zuerst in den USA klar in Erscheinung getreten sein, wo schon sehr früh Wirtschaftspläne entwickelt wurden[61]. Die starke Tendenz zur betrieblichen Planung griff aber sehr bald auch auf die meisten europäischen Länder über, so daß man fast von einer „internationalen Planungswelle" sprechen kann. In der Fachliteratur erschienen damals zahlreiche Veröffentlichungen über das Gebiet der Planung und Budgetierung. Eine der ersten grundlegenden Monographien in Deutschland ist das 1928 erschienene Buch von M. Lohmann, Der Wirtschaftsplan des Betriebes und der Unternehmung[62]. Hier wird bereits ausführlich dargestellt, aus welcher Fülle von Einzelplänen sich die Gesamtplanung zusammensetzt, wie die Teilpläne miteinander verzahnt sind und welche Planungsmethoden zu ihrer Aufstellung angewandt werden müssen. Auch viele weitere Veröffentlichungen lassen erkennen, wie groß in der damaligen Zeit der Einfluß gewesen ist, den die Tendenz zur betrieblichen Planung auf die praktische Ausgestaltung des Rechnungswesens und insbesondere der Kostenrechnung ausgeübt hat[63].

[61] Vgl. z. B. die von H. L. Gantt entwickelten Wirtschaftspläne, die von *W. Clark* in: Management and Administration 1924, veröffentlicht wurden.

[62] Erschienen 1928 in Berlin – Leipzig – Wien.

[63] Vgl. *F. Henzel*, Marktanalyse und Budgetierung, Berlin – Wien 1933; *T. Beste*, Die Produktionsplanung, ZfhF 1938, S. 345 ff.; *T. Beste*, Planung in der Unternehmung, veröffentlicht in: Kongreß-Archiv des 5. Internationalen Prüfungs- und Treuhand-Kongresses, Berlin 1938, B/Teil 2, S. 68 ff.; *T. Beste*, Wirtschaftsplanung, HdB, Hrsg. H. Nicklisch, 2. Bd., 2. Aufl., Stuttgart 1939, Sp. 2339 ff.; *T. Beste*, Der Stand der betriebswirtschaftlichen Planung, ZfhF 1942, S. 117 ff., und *O. Bredt*, Das Entwerfen der Planung, Technik und Wirtschaft 1939, S. 129 ff. Im übrigen sei auf die neuere Literatur über das Gebiet der betrieblichen Planung verwiesen, wo der Leser auch Überblicke über die geschichtliche Entwicklung der Planung findet.

2. Parallel zum Vordringen des Planungsgedankens entwickelte sich nach dem ersten Weltkrieg die betriebliche *Budgetierung*[64]. Man erkannte, daß die betriebliche Planung nur voll wirksam werden kann, wenn die geplanten Zahlen den verantwortlichen Stellen budgetmäßig vorgegeben und hinterher mit der Wirklichkeit verglichen werden. Gerade die Planungsabweichungen erwiesen sich als eine Quelle wertvoller Erkenntnisse[65]. Die Abweichungsanalyse gab zugleich wertvolle Hinweise für den Planungsaufbau und die Budgetierung der nächsten Planungsperiode. Aus diesem Grunde entwickelte sich die „Planungswelle“ ziemlich rasch zu einer „Budgetierungswelle“, deren Ursprung ebenfalls vorwiegend in den USA liegen dürfte, die sich aber auf fast alle europäischen Staaten ausbreitete.

Als Folge erschien eine Fülle fachwissenschaftlicher Veröffentlichungen auf dem Gebiet der Budgetierung[66]. Ihren Höhepunkt erreichte die Tendenz zur Ausgestaltung der Budgetrechnung auf einer internationalen Diskussionskonferenz, die das Internationale Rationalisierungs-Institut 1930 in Genf veranstaltete[67]. Auf dieser Konferenz sprachen Fachleute aus den USA, Großbritannien, Belgien, Kanada, Deutschland, Frankreich und der Schweiz über Spezialprobleme der Budgetierung. Das Internationale Rationalisierungs-Institut arbeitete die folgende, bis heute gültige Definition des Begriffes *Budgetkontrolle* aus:

„Budget-Kontrolle stellt daher zunächst einmal eine Rationalisierungsmethode dar,

Budget	welche alles, was sich zweckmäßigerweise im Lebensgang eines Wirtschaftsunternehmens in Zahlen fassen läßt, durch Schätzung auf Grund a) statistisch ermittelter Erfahrungsunterlagen oder b) analytischer Vorausberechnungen nach einem einheitlichen Wirtschaftsplan in Sollziffern für gleichmäßige Zeiträume (Jahr mit Unterteilung bis zu Woche und Tag) festlegt,
Kontrolle	welche an Hand dieser Sollziffern die für die gleichen Zeiträume ermittelten Istziffern fortlaufend kontrolliert, um so entweder die Richtigkeit des Voranschlages oder die Veranlassung der erforderlichen Anpassungs- und Verbesserungsmaßnahmen im Unternehmen und Betriebe selbst zu bewirken.“[68]

[64] Wie *K. Käfer,* Standardkostenrechnung, 1. Aufl., Stuttgart 1955, S. 51, nachweist, wurden jedoch schon vorher Budgets für Wirtschaftsbetriebe beschrieben, so z. B. bereits 1802 von Fredersdorf und 1811 von Petersen in Deutschland sowie von de Cazaux 1825 in Frankreich.

[65] Vgl. *E. Schneider,* Die Rolle des Soll-Ist-Vergleiches in der Betriebsrechnung, Technik und Wirtschaft 1939, S. 69 ff.

[66] Vgl. O. *Kienzle,* Die Budgetierung in amerikanischen Privatbetrieben, ZfO 1927, S. 227 ff.; *H. Narath,* Produktions-Budget und -Kontrolle, ZfB 1927, S. 710 ff.; *W. Hasenack,* Das Budgetsystem einer deutschen Großmaschinenfabrik, ZfB 1929, S. 754 ff.; *W. Hasenack,* Budgeteinführung und Betriebspsyche, Annalen der Betriebswirtschaft 1929/30, S. 381 ff.; *H. Ludwig,* Budgetkontrolle in industriellen Unternehmungen, Berlin – Leipzig – Wien 1930.

[67] Vgl. O. *Bredt,* Das industrielle Budget auf der Internationalen Diskussionskonferenz, Sonderdruck aus RKW-Nachrichten 1930, Nr. 9–11; O. *Siegel,* Die Budgetkontrolle als internationaler Verhandlungsgegenstand, ZfB 1930, S. 550.

[68] Vgl. O. *Bredt,* Das industrielle Budget . . ., a. a. O., S. 5.

Bemerkenswert ist, daß man schon damals die Budgetkontrolle als eine *Betriebsführungsmethode* bezeichnet hat. Für die praktische Durchführung der Budgetkontrolle wurden nach den Ausführungen des Genfer Rationalisierungs-Instituts bereits die folgenden Teilpläne unterschieden und auf die Interdependenz aller Teilpläne hingewiesen[69]:

1. Verkaufs- oder Absatzbudget
2. Produktions- oder Betriebsbudget
3. Einkaufs- oder Beschaffungsbudget
4. Kosten- oder Erfolgsbudget
5. Kapital- oder Finanzbudget

Auch in den folgenden Jahren wurde der Budgetgedanke im europäischen Raum noch intensiv weiterdiskutiert. Diese Entwicklung läßt sich für Deutschland aus zahlreichen Veröffentlichungen über grundsätzliche Fragen der Budgetrechnung und ihrer Anwendung in verschiedenen Branchen und für unterschiedliche Teilgebiete der Unternehmungen aus jener Zeit erkennen[70]. Mit der Beendigung der großen Wirtschaftskrise flaute in Deutschland das Interesse an der Budgetrechnung jedoch langsam ab; mit dem Übergang in die Kriegswirtschaft des zweiten Weltkrieges ging dieses Interesse zunächst weitgehend verloren.

3. Naturgemäß mußte die starke Hervorhebung des Planungs- und Budgetierungsgedankens nach dem ersten Weltkrieg einen nachhaltigen Einfluß auf die Entwicklung der Kostenrechnung ausüben. Wie auf allen anderen betrieblichen Teilgebieten, so wollten sich viele Betriebe auch auf dem Gebiet der Kostenrechnung nicht mehr allein mit einer nachträglichen Registrierung der Istwerte zufriedengeben, sondern auch die Kosten im voraus planen. Dies war vor allem deshalb erforderlich, weil die Kostenplanung die Grundlage für die im Mittelpunkt der gesamten Planung stehende Gewinnplanung bildet und hierdurch fest im Gesamtkomplex der betrieblichen Planung verankert ist. Zugleich mit der Kostenplanung ging man dazu über, den einzelnen betrieblichen Teilbereichen für bestimmte Abrechnungsperioden die ihren planmäßig zu erfüllenden Leistungen entsprechenden Kosten budgetmäßig vorzugeben.

Bereits im Jahre 1927 beschrieb H. Narath eine Methode, nach der den einzelnen Kostenstellen eines Unternehmens graphisch aufgezeichnete lineare Kostenkurven

[69] Vgl. O. *Bredt,* Das industrielle Budget ..., a. a. O., S. 5.

[70] Vgl. *A. Klose,* Die Leitung von Tochterwerken, ZfO 1931, S. 193 ff.; O. *Schulz-Mehrin,* Der Kostenvoranschlag (Kostenbudget) als Hilfsmittel zum Durchhalten, Maschinenbau 1932, (Wirtschaftsteil), S. W/100 ff.; *F. Henzel,* Marktanalyse ..., a. a. O., S. 57 ff.; W. *Hasenack,* Möglichkeiten und Grenzen des privatwirtschaftlichen Budgets, ZfO 1932, S. 10 ff.; *W. Hasenack,* Die Vorschau als Element der kaufmännischen Budgetrechnung, ZfB 1933, S. 11 ff.; *T. Balzer,* Das industrielle Budget, Diss. Nürnberg 1936; *G. Kleinau,* Brauerei-Budgetrechnung, Berlin 1937; *G. Kleinau,* Budgetrechnung in industriellen Brauereiunternehmungen, ZfB 1937, S. 433 ff.; *K. Peter,* Einführung in das Budgetwesen, ZfO 1937, S. 429 ff.; *K. Peter,* Die Aufstellung eines Absatzbudgets, ZfO 1938, S. 7 ff.; *E. Ritter,* Sinn und Grenzen der kaufmännischen Budgetrechnung, Diss. München 1939.

budgetmäßig vorgegeben wurden[71]. Nach Abschluß jeder Abrechnungsperiode errechnete man nach diesen Kurven die Abweichungen der Istkosten jeder Kostenstelle, welche man als Maß für ihren Erfolgsbeitrag auffaßte. Hierdurch wurde die Kostenplanung und -budgetierung zum Ausgangspunkt der Kostenkontrolle. Das große Interesse an einer wirksamen Kontrolle der Kosten führte im Laufe der weiteren Entwicklung dazu, daß das Kostenbudget im System der Budgetrechnung eine dominierende Stellung einnahm[72]. Diese Entwicklung führte zwangsläufig zu einem Eindringen des Planungs- und Budgetierungsgedankens in die laufende Kostenrechnung und gab somit den entscheidenden Anstoß für die Weiterbildung der Kostenrechnung zur Plankostenrechnung[73].

2. Die Entwicklung der Standardkostenrechnung in Großbritannien und in den USA und ihr Einfluß auf die Kostenrechnung in Deutschland

1. Die USA und Großbritannien gelten mit Recht als die „klassischen Länder" der Standardkostenrechnung, da hier die Entwicklung der Standardkostenrechnung zuerst eingesetzt hat[74].

Die Anfänge der Standardkostenrechnung in den USA gehen zweifellos bereits auf die Jahrhundertwende zurück. D. Solomons hat einen Aufsatz von P. Longmuir im Engineering Magazine 1902 als erste amerikanische Veröffentlichung hervorgehoben, in der bereits ein Soll-Ist-Vergleich der Kosten und eine Abweichungsanalyse gefordert wird[75]. Im Jahre 1908 folgte eine weitere Beschreibung der amerikanischen Standardkostenrechnung durch J. Whitmore, der als erster den Begriff „true or correct costs" für geplante Kosten verwendete. Dieser Begriff hat in der weiteren amerikanischen Diskussion über das Wesen der Standardkosten eine große Rolle gespielt und bringt zum Ausdruck, daß die auf Unwirtschaftlichkeiten zurückgehenden Kostenabweichungen keinen wirklichen Kostencharakter haben, sondern daß sie ihrer Art nach innerbetriebliche Verluste sind.

[71] Vgl. *H. Narath*, Produktions-Budget ..., a. a. O., S. 711.

[72] Hierauf hat vor allen O. *Schulz-Mehrin*, Der Kostenvoranschlag ..., a. a. O., S. W/100 hingewiesen.

[73] Auch *F. Wille*, Plan- und Standardkostenrechnung, Essen 1952, S. 11, bezeichnet das industrielle Budget und die Fertigungs- und Gemeinkostenplanung als „Wurzeln der Plankostenrechnung".

[74] Vgl. *K. Käfer*, Standardkostenrechnung, 2. Aufl., a. a. O., S. 54: „Die Standardkostenrechnung ist in Amerika entstanden." Vgl. im übrigen die bei K. Käfer angegebene amerikanische Literatur. Eine hervorragende entwicklungsgeschichtliche Analyse der Standardkostenrechnung findet man bei *D. Solomons*, The Historical Development of Costing, in: D. Solomons (Hrsg.), Studies in Costing, London 1952, S. 39 ff. Ferner bei *K. Weber*, Amerikanische Standardkostenrechnung, Winterthur 1960. Die Ausführungen K. Webers leiden allerdings stark darunter, daß er in den letzten Teilen seines Werkes die Entwicklung des „direct costing" systematisch ausklammert, obwohl sie unlösbar mit der Entwicklung der amerikanischen Standardkostenrechnung verbunden ist.

[75] Vgl. *D. Solomons*, The Historical ..., a. a. O., S. 40; *P. Longmuir*, The Recording and Interpreting of Foundry Costs, The Engineering Magazine 1902, S. 887 ff.

Im Jahre 1911 wurde zum erstenmal die Verbindung zwischen der Standardkosten- und Budgetrechnung hervorgehoben, wobei es sich um eine starre Budgetierung handelte, wie sie dem System der später in Deutschland entwickelten starren Plankostenrechnung entspricht [76].
In den Jahren 1908/1909 veröffentlichte H. Emerson eine grundlegende Artikelfolge über die Standardkostenrechnung im Engineering Magazine. K. Weber kommt bei seiner ausführlichen Analyse der amerikanischen Literatur zu dem Ergebnis, daß H. Emerson als „Vater der amerikanischen Standardkostenrechnung“ anzusehen ist [77].
Von besonders großer Bedeutung für die Entwicklung der amerikanischen Standardkostenrechnung sind aber zweifellos die praktischen Arbeiten von G. C. Harrison, der seit 1909 mit H. Emerson zusammenarbeitete und als Betriebsberater das von ihm geschaffene System der Standardkostenrechnung in die amerikanische Praxis eingeführt hat. Ein von G. C. Harrison im Jahre 1911 in einem Betrieb praktiziertes Verfahren wird von D. Solomons als das erste bekannte geschlossene System der Standardkostenrechnung in Amerika angesehen [78]. Von den Jahren 1918/1919 an veröffentlichte G. C. Harrison laufend Artikel über die Standardkostenrechnung, die 1921 erstmals in Buchform erschienen.
Die Hauptaufgabe der von G. C. Harrison entwickelten Standardkostenrechnung bestand in der Kostenkontrolle und in der Abweichungsanalyse. K. Weber schreibt hierüber: „Die kaum erahnten Möglichkeiten der Abweichungsanalyse vermochten Harrison zu faszinieren“ [79]. Auch das von G. C. Harrison verwandte Kostenrechnungssystem enthielt lediglich starre, d. h. nicht mit den Beschäftigungsgraden abgewandelte Kostenvorgaben [80].
Von 1912 an wurde die amerikanische Literatur über die Standardkostenrechnung immer umfangreicher.
Das Jahr 1919 wird als „the year of crisis for Cost Accounting“ bezeichnet, da in diesem Jahr in New York die „National Association of Cost Accountants“ (N. A. C. A.), die 1957 in die „National Association of Accountants“ (NAA) umgewandelt wurde und in Großbritannien „The Institute of Cost and Works Accountants“ gegründet wurden [81]. Beide Institutionen setzten sich intensiv für die Weiterentwicklung der Standardkostenrechnung ein. Die NAA veröffentlicht seit ihrer Gründung laufend Forschungs- und Praktikerberichte. Ihre Forschungskomitees und Diskussionsgruppen können auch heute noch in den USA als einer der bedeut-

[76] Vgl. *S. Bunnel,* Standardizing Factory Expense and Cost, The Iron Age 1911, S. 1072ff., und auch *D. Solomons,* The Historical ..., a. a. O., S. 47, und *K. Weber,* Amerikanische Standardkostenrechnung, a. a. O., S. 4.
[77] Vgl. *K. Weber,* Amerikanische Standardkostenrechnung, a. a. O., S. 7.
[78] Vgl. *D. Solomons,* The Historical ..., a. a. O., S. 50, und *K. Weber,* Amerikanische Standardkostenrechnung, a. a. O., S. 13.
[79] Vgl. *K. Weber,* Amerikanische Standardkostenrechnung, a. a. O., S. 19.
[80] Vgl. hierzu die Kritik von *K. Weber,* Amerikanische Standardkostenrechnung, a. a. O., S. 26.
[81] Vgl. hierzu *F. C. Lawrence* und *E. N. Humphreys,* Marginal Costing, London 1947, S. 28.

samsten Träger der wissenschaftlichen und praktischen Weiterentwicklung der Standardkostenrechnung angesehen werden.
Wie K. Weber auf Grund seiner umfangreichen Literaturanalyse nachweist, hat die Standardkostenrechnung im Laufe der zwanziger Jahre eine stetige und recht erfreuliche Entwicklung genommen. In diesem Zeitraum wurde ihre grundsätzliche Ausprägung festgelegt, und im folgenden Jahrzehnt entstanden die grundlegenden Standardwerke von G. C. Harrison, E. A. Camman und C. Gillespie[82].

2. Als Vorstufe der amerikanischen Standardkostenrechnung wird ein in den USA weit verbreitetes Verfahren angesehen, das man als *„Estimated Cost System"* bezeichnet. K. Käfer hat diesen Ausdruck treffend mit „Vorkalkulations-Kostensystem" übersetzt[83]. Dieses Verfahren hat Ähnlichkeit mit der deutschen Normalkostenrechnung, allerdings mit dem Unterschied, daß es nicht von normalisierten Kostenstellensätzen, sondern von normalisierten oder vorkalkulierten Herstellkosten pro Produkteinheit ausgeht. Genau wie bei der später daraus entstandenen Standardkostenrechnung wird beim „Estimated Cost System" auf eine Nachkalkulation verzichtet. Die Herstellkosten werden einmal im Jahr so genau wie möglich vorkalkuliert, und zwar differenziert nach Material- und Fertigungskosten. Monatlich werden die erstellten Produktmengen mit den vorkalkulierten Material- und Fertigungskosten pro Einheit multipliziert und die so erhaltenen Beträge den Istkosten gegenübergestellt. Zur Verdeutlichung dieses Verfahrens haben wir in der Tabelle 4 ein vereinfachtes Beispiel für die monatliche Abrechnung nach dem „Estimated Cost System" für einen Betrieb mit sechs Produktarten wiedergegeben. Hier werden bei den Produktmengen des betreffenden Monats 163 999 DM Materialkosten und 179 100 DM Fertigungskosten durch die vorkalkulierten Beträge gedeckt. Verglichen mit den Istkosten, entstehen bei den Materialkosten Abweichungen von + 7 872 DM und bei den Fertigungskosten Überschreitungen von + 13 253 DM. Es ist unterstellt, daß keine Halbfabrikatebestandsveränderungen eingetreten sind. Im Falle von Halbfabrikatebestandszunahmen sind die Istkosten entsprechend zu verringern und bei Halbfabrikatebestandsabnahmen zu erhöhen. Hierzu sind Inventuren erforderlich[84]. Ihrer Art nach entsprechen die Abweichungen des „Estimated Cost System" den Über- und Unterdeckungen der deutschen Normalkostenrechnung, nur daß die Fertigungskosten nicht nach Kostenstellen, sondern global den Istkosten gegenübergestellt werden. Differenziert man beim „Estimated Cost System" die Fertigungskosten nach Kostenstellen, so erhält man ein Verfahren, dessen Aufbau sowohl der starren Normalkostenrechnung als auch der starren Plankostenrechnung entspricht.

[82] Vgl. *K. Weber*, Amerikanische Standardkostenrechnung, a. a. O., S. 111. Die genannten Standardwerke sind: *G. C. Harrison*, Standard Costs. Installation, Operation and Use, New York 1930; *E. A. Camman*, Basic Standard Costs. Control Accounting for Manufacturing Industries, New York 1932, und *C. Gillespie*, Accounting Procedure for Standard Costs, New York 1935.
[83] Vgl. *K. Käfer*, Standardkostenrechnung, 2. Aufl., a. a. O., S. 3 und 53.
[84] Vgl. *K. Käfer*, Standardkostenrechnung, 2. Aufl., a. a. O., S. 6.

Tabelle 4: Vereinfachtes Beispiel zum „Estimated Cost System“

Produkt Nr.	Vorkalkulierte Kosten		Produktmengen Stck.	Vorkalkulierte Kosten der Produktion	
	Materialkosten DM/Stck.	Fertigungskosten DM/Stck.		Materialkosten DM	Fertigungskosten DM
1	5,20	6,75	2 500	13 000	16 875
2	6,30	8,75	3 750	23 625	32 813
3	4,85	4,20	4 710	22 844	19 782
4	7,10	6,85	3 870	27 477	26 510
5	8,20	9,10	5 000	41 000	45 500
6	5,75	6,—	6 270	36 053	37 620
Summe Vorkalkulierte Kosten				163 999	179 100
Istkosten				171 871	192 353
Abweichungen				+ 7 872	+ 13 253
Abweichungen (% der vorkalkulierten Kosten)				+ 4,8	+ 7,4

Ob das „Estimated Cost System“ mehr der Normal- oder mehr der Standardkostenrechnung entspricht, hängt davon ab, wie die vorkalkulierten Kosten ermittelt wurden. Liegen ihnen Istkostendurchschnitte vergangener Perioden zugrunde, so entspricht das „Estimated Cost System“ materiell einer Normalkostenrechnung. Hat man dagegen die Kosten mit Hilfe von Verbrauchsanalysen und technischen Berechnungen vorgegeben, so liegt eine spezielle Ausgestaltungsform der Standard- oder Plankostenrechnung vor. In den meisten amerikanischen Betrieben wurden jedoch zunächst relativ grobe Kalkulationsmethoden angewandt, so daß das „Estimated Cost System“ oftmals scharfer Kritik ausgesetzt war; einige Autoren lehnen es sogar als geschlossene Form der Kostenrechnung ab[85].

Als Vorteil des „Estimated Cost System“ ist die aus dem Wegfall laufender Nachkalkulationen resultierende große Vereinfachung der Kostenrechnung hervorzuheben. Weiterhin ist positiv zu beurteilen, daß dieses Verfahren der Tendenz entspricht, die Kostenrechnung im System der betrieblichen Planung zu verankern.

Einstimmig wird jedoch hervorgehoben, daß „estimated costs“ keine Maßkosten sind, die sich als Grundlage für eine kostenstellenweise Kostenkontrolle eignen[86].

Die weitere Entwicklung führte dazu, daß man von gröberen Schätzmethoden zur

[85] So schreiben z. B. *J. G. Blocker* und *W. K. Weltmer,* Cost Accounting, 3. Aufl., New York – Toronto – London 1954, S. 279: "Estimate costs are not complete Cost Systems.“ Auch die Ausführungen von *H. G. Abromeit,* Das Rechnungswesen als Grundlage der Betriebspolitik, ZfB 1953, S. 303 ff., deuten darauf hin. Vgl. auch *K. Käfer,* Standardkostenrechnung, 2. Aufl., a. a. O., S. 52: „... der Verzicht auf die Nachkalkulation erfolgte oft, bevor die Genauigkeit der Vorkalkulation ausreichend gesteigert war.“

[86] Vgl. hierzu z. B. *J. J. W. Neuner,* Cost Accounting, 5. Aufl., Homewood, Ill. 1953, S. 563, und *K. Käfer,* Standardkostenrechnung, 2. Aufl., a. a. O., S. 12.

Kostenplanung überging und dabei die vorkalkulierten oder geplanten Kosten der betrieblichen Produkte mit Hilfe von nach Kostenstellen differenzierten Kalkulationssätzen aufbaute. Auf diese Weise wurden die „estimated costs" zu „standard costs" und das „Estimated Cost System" entwickelte sich zum „Standard Cost Accounting", der amerikanischen Standardkostenrechnung. In der amerikanischen Literatur wird das „Estimated Cost System" als Vorläufer der Standardkostenrechnung angesehen[87].

Der äußere Aufbau der Standardkostenrechnung in den USA war zunächst dem „Estimated Cost System" offenbar sehr ähnlich. Auch die Standardkostenrechnung legte den Schwerpunkt auf standardisierte Kosten der Produkteinheiten, denen aber exakte, nach Kostenstellen differenzierte Kostenplanungen zugrunde lagen. Hierdurch wurde erstens der Einbau der Kostenrechnung in das System der betrieblichen Planung vollendet und zweitens die Basis für eine wirksame Kostenkontrolle geschaffen[88]. Da die ursprüngliche Form der amerikanischen Standardkostenrechnung lediglich Standardkostensätze verwendete, denen eine bestimmte Planbeschäftigung zugrunde lag und die sich daher mit Beschäftigungsschwankungen nicht veränderten, wollen wir sie als starre Standardkostenrechnung bezeichnen[89].

3. Zwar waren nach dem ersten Weltkrieg in den meisten europäischen Ländern sicher auch viele eigene Ansätze zur Plankostenrechnung vorhanden. Da aber die Entwicklung in den USA früher eingesetzt hatte und folglich weiter fortgeschritten war, wurde in den meisten europäischen Ländern die Weiterbildung der amerikanischen Standardkostenrechnung mit großem Interesse verfolgt, wobei die von den

87 Als Vorläufer der Standardkostenrechnung wird z. B. das „Estimated Cost System" von folgenden Autoren bezeichnet: *J. G. Blocker* und *W. K. Weltmer*, Cost Accounting, a. a. O., S. 279; *I. W. Keller*, A Re-Examination of Standard Costs, N.A.C.A.-Bulletin 1948, Section 3, S. 695 ff.; *A. Matz, O. J. Curry* und *G. W. Frank*, Cost Accounting ... a. a. O., S. 435 ff., und *K. Käfer*, Standardkostenrechnung, 2. Aufl., a. a. O., S. 3 und 53.

88 Zu den Gründen, die für die Entwicklung der amerikanischen Standardkostenrechnung maßgebend waren, vgl. *J. Batty*, Standard Costing, a. a. O., S. 10 ff.; *C. Gillespie*, Standard and Direct Costing, 3. Aufl., Englewood Clifs, N. J. 1962, S. 1 ff.; *S. B. Henrici*, Standard Costs for Manufacturing, 3. Aufl., New York – Toronto – London 1960, S. 100, wo auch auf die Vereinfachung infolge des Wegfalls der Nachkalkulation hingewiesen wird; *K. Käfer*, Standardkostenrechnung, 2. Aufl., a. a. O., S. 47, wo auf die Gewichtsverlagerung von der Nach- auf die Vorkalkulation hingewiesen wird; auf S. 53 weist der Verfasser nach, daß das Hauptgewicht des gesamten Rechnungswesens durch die Standardkostenrechnung in Richtung auf die Wirtschaftlichkeitskontrolle aller Abteilungen verschoben ist, vgl. hierzu auch S. 427. *I. W. Keller*, A Re-Examination ..., a. a. O., S. 695 ff.; von *I. W. Keller*, Management Accounting for Profit Control, New York–Toronto–London 1957, S. 97, wird die Bedeutung der Kostenkontrolle für die Entstehung der Standardkostenrechnung hervorgehoben: "The primary purpose of standards is to measure costs and provide information for the control of costs."

89 *W. W. Neumayer*, Platzkosten in der Plankostenrechnung, ZfB 1953, S. 2, weist darauf hin, daß die amerikanische Budget- und Standardkostenrechnung der zwanziger Jahre vorwiegend starr war. Vgl. auch *W. W. Neumayer*, Vollkommenheitsgrade der Plankostenrechnung, ZfB 1951, S. 591.

USA kommenden Anregungen die kostenrechnerische Entwicklung dieser Länder stark beeinflußten.
Im Jahre 1926 wurde in Amsterdam ein internationaler Accountants-Congress veranstaltet. Im Mittelpunkt dieses Kongresses stand der Vortrag von J. A. de Haas über das Thema: „Standard Costs as a Basis of Management and Industrial Control". Durch diesen Vortrag gab J. A. de Haas zahlreichen europäischen Kostenfachleuten einen umfangreichen Überblick über die Ziele und Methoden der amerikanischen Standardkostenrechnung[90]. Er wies in seinen Ausführungen darauf hin, daß die bisherigen Kostenrechnungen vorwiegend „historischen" Charakter hatten und betonte, daß eine Kostenrechnung, die Lenkungsfunktionen ausüben soll, höchst aktuell sein müsse. Durchschnittswerte in Form von Normalkosten seien hierfür nicht geeignet. Man könne sie zwar durch die Eliminierung aller außergewöhnlichen Einflüsse verbessern, die beste Lösung bildeten aber durch wissenschaftliche Kostenanalysen ermittelte Standardkosten, da nur diese wirkliche Leistungsmaßstäbe seien. Als besondere Vorteile der Standardkostenrechnung hob J. A. de Haas die Möglichkeit der Kostenkontrolle und der Abweichungsanalyse hervor. Weiterhin betonte J. A. de Haas nachdrücklich, die Standardkostenrechnung müsse unlösbar mit der Aufstellung von Wirtschaftsplänen verbunden sein.
Daß die amerikanische Standardkostenrechnung auch in Deutschland mit großem Interesse verfolgt wurde, beweisen zahlreiche Stellungnahmen und Fachaufsätze in der Literatur[91]. Insbesondere der von F. W. Winkelmann im Jahre 1928 veröffentlichte Aufsatz „Richtkosten (Standardkosten)", in welchem der Verfasser unter Bezugnahme auf zahlreiche amerikanische Quellen die damals in den USA übliche starre Standardkostenrechnung beschrieb, läßt die starke Beeinflussung durch die amerikanischen Verfahren erkennen. Die Ausführungen F. W. Winkelmanns sind aber zugleich ein Beispiel dafür, daß sich viele Autoren nicht auf die reine Beschreibung der amerikanischen Verfahren beschränkten, sondern sich bemühten, sie den vorhandenen deutschen Entwicklungsformen der Kostenrechnung anzupassen. F. W. Winkelmann zerlegt bereits den Aufbau einer Standardkostenrechnung in die folgenden vier Stufen:

[90] Vgl. *J. A. de Haas*, Standard Costs as a Basis of Management and Industrial Control, Annalen der Betriebswirtschaft 1927, S. 28 ff.

[91] Vgl. hierzu *F. Peters*, Über Industriekalkulation und Preispolitik in den Vereinigten Staaten von Amerika, ZfhF 1927, S. 5 ff.; *H. Peiser*, Industrielle Betriebsabrechnung, Technik und Wirtschaft 1927, S. 261 ff. Der Verfasser weist auf S. 263 darauf hin, daß die zukünftigen Auswirkungen der von den USA kommenden Standardkostenrechnung nicht hoch genug veranschlagt werden können. *H. Peiser*, Selbstkostenrechnung in Amerika, Technik und Wirtschaft 1925, S. 224 ff.; *F. Zeidler*, Betriebsüberwachung durch Plankostenrechnung, VDI-Zeitschrift 1928, 2. Halbjahr, S. 1249 ff., S. 1330 ff., nach einem Aufsatz von *G. C. Harrison*, Installing Standard Costs, Manufacturing Industries 1927, Bd. 13 u. 14. *F. W. Winkelmann*, Richtkosten (Standardkosten), ZfhF 1928, S. 411 ff.; *C. F. Schlatter*, Zur Theorie der Standardkosten, Die Betriebswirtschaft 1931, S. 344 ff.; *C. F. Schlatter*, Das Verfahren der Standardkosten an Hand eines praktischen Beispiels, Die Betriebswirtschaft 1932, S. 12 ff., S. 43 ff.

1. Wahl der Planbeschäftigung
2. Bildung von Beschäftigungsmaßstäben
3. Abteilungsweiser Aufbau von Gemeinkostenstandards, die der Planbeschäftigung entsprechen
4. Laufende Errechnung und Auswertung von Abweichungen

Im Jahre 1929 erschien als erste geschlossene Darstellung der Plankostenrechnung in Deutschland das Buch von W. Lorch und F. Sommer, Rechnungswesen und technischer Betrieb. Die Grundlagen der Plankostenrechnung[92]. Die von uns angeführten Literaturstellen der zwanziger Jahre dürften deutlich zeigen, daß die amerikanische Standardkostenrechnung den Übergang von der starren Normalkostenrechnung bzw. den verschiedenen Formen der Istkostenrechnung zur starren Plankostenrechnung in Deutschland in sehr starkem Maße beeinflußt hat.

3. Die Übertragung arbeitswissenschaftlicher Methoden auf die Gemeinkostenplanung

1. Wir haben bereits im ersten Kapitel, Abschnitt C, beschrieben, wie die von F. W. Taylor begründete Arbeitswissenschaft unmittelbar nach dem ersten Weltkrieg die Kostenrechnung in der Weise beeinflußt hat, daß die Einzellohn- und die Einzelmaterialkosten von Ist- zu Plan- oder Standardkosten wurden.
Dies geschah bereits zu einer Zeit, als die Gemeinkosten noch als Ist- oder Normalkosten verrechnet wurden.
Die Ermittlung von Standard- oder Planwerten für die Gemeinkosten war weitaus schwieriger und erschien zunächst als eine fast unlösbare Aufgabe. Man erkannte aber im Laufe der Zeit, daß man hierbei ganz analog vorgehen mußte, wie es die wissenschaftliche Betriebsführung für die Akkordlohnermittlung lehrte. Denn genau wie für die Durchführung der Zeitstudien exakte Analysen des Arbeitsablaufes erforderlich sind, so mußte auch jeder Gemeinkostenstandardisierung ein sorgfältiges Studium der in den einzelnen Kostenstellen durchzuführenden Fertigungsprozesse vorausgehen, da durch sie die Gemeinkosten verursacht werden. So wie in der Arbeitswissenschaft Standard- oder Vorgabezeiten als Maßgrößen für die Lohnkostenverursachung verwendet wurden, versuchte man auch für die Gemeinkostenverursachung proportionale Bezugsgrößen zu finden. Hierbei konnten nun in vielen Fällen auch für die Gemeinkosten proportionale Beziehungen zu den Fertigungszeiten nachgewiesen werden[93]. Mit Hilfe dieser Bezugsgrößen konnten dann nach ähnlichen Verfahren, wie sie die Arbeitswissenschaft für die Lohnvorgabe erarbeitet hatte, durch technische Verbrauchsstudien und Berechnungen Standardwerte für die Gemeinkosten aufgebaut werden.

[92] Berlin 1929.
[93] Vgl. unsere Ausführungen über die Gemeinkostenplanung im fünften Teil, vor allem Abschnitt C des 15. Kapitels.

2. Diese Erkenntnisse führten dazu, daß der Übergang zur Standardisierung und zur Planung der Gemeinkosten mit dem Eindringen arbeitswissenschaftlicher Methoden in die Kostenrechnung verbunden werden mußte und daß es in der ersten Zeit sehr häufig Vertreter „der wissenschaftlichen Betriebsführung" bzw. der Arbeitswissenschaft waren, die sich der Weiterentwicklung der Kostenrechnung zur Plan- oder Standardkostenrechnung annahmen. So ist zweifellos das Fundament der amerikanischen Standardkostenrechnung von den Ingenieuren der wissenschaftlichen Betriebsführung F. W. Taylor, F. B. Gilbreth, C. G. Barth, H. Emerson, S. E. Thompson u. a. gelegt worden[94]. Wahrscheinlich ist F. W. Taylor als der eigentliche Schöpfer des Begriffes „Standard" anzusehen. Seine Methoden enthalten bereits die Grundideen, auf denen die Plan- und Standardkostenrechnung später aufbaute[95]. Besonders klar weist D. Solomons auf die unlösbare Verbindung zwischen der „wissenschaftlichen Betriebsführung" und der amerikanischen Standardkostenrechnung hin: "It is impossible to take any discussion of the origins of standard costing far without acknowledging its close connection with the 'scientific management' movement in America generally, for standard costs mean little without standard processes and standard operating times, such as F. W. Taylor and his followers developed." [96] In diesem Zitat wird insbesondere bereits die große Bedeutung geplanter Arbeitsprozesse und Vorgabezeiten für die Gemeinkostenplanung angedeutet.

Durch die Übertragung arbeitswissenschaftlicher Methoden auf die Gemeinkostenplanung wurde die Entwicklung der Plan- und Standardkostenrechnung überhaupt erst ermöglicht. Zwar liegt heute die Gemeinkostenplanung nicht mehr in den Händen von Arbeitswissenschaftlern, sondern sie wird von Kostenplanern durchgeführt, die aber nach wie vor gute arbeitswissenschaftliche Fachkenntnisse haben müssen[97].

3. Die durch die Arbeitswissenschaft begründete exakte Analyse des gesamten Betriebsgeschehens hat aber noch in einer anderen, mehr indirekten Weise einen fördernden Einfluß auf die Weiterentwicklung der Kostenrechnung ausgeübt.

[94] Vgl. hierzu *F. Peters,* Über Industriekalkulation ..., a. a. O., S. 97 ff. Im übrigen weisen folgende Verfasser darauf hin, daß die Entwicklung der Standardkostenrechnung unlösbar mit der „wissenschaftlichen Betriebsführung" bzw. Arbeitswissenschaft verbunden ist: *K. F. Bock,* Die Kostenanalyse als Gegenstück zur Arbeitsanalyse, BFuP 1953, S. 333; *R. Gächter,* Die Standardkostenrechnung als Grundlage einer neuzeitlichen Betriebskontrolle und Preispolitik, Zürich-St. Gallen 1954, S. 2; *S. B. Henrici,* Standard Costs ..., a. a. O., S. 5; *F. Henzel,* Die Kostenrechnung ..., a. a. O., S. 54: „Die von den Vertretern der ‚wissenschaftlichen Betriebsführung' erfundenen technischen Standards führten zu den Kostenstandards." *I. W. Keller,* A Re-Examination ..., a. a. O., S. 695; *D. Solomos,* The Historical ..., a. a. O., S. 39; *H. Steinmann,* Die Plankostenrechnung, Diss. 1939, S. 5.

[95] Vgl. *H. Steinmann,* Die Plankostenrechnung, a. a. O., S. 5.

[96] Vgl. *D. Solomons,* The Historical ..., a. a. O., S. 39.

[97] Die enge Verbindung zwischen der Arbeitswissenschaft und der Plankostenrechnung geht z. B. daraus hervor, daß im REFA-Buch, Bd. 1, Arbeitsgestaltung, 2. Aufl., München 1952, S. 19, die Ausarbeitung von Plankostenvorgaben mit zu den Aufgaben des REFA gezählt wird. Allerdings ist zu bemerken, daß ein REFA-Ingenieur ohne eine zusätzliche Schulung als Kostenplaner nicht in der Lage sein wird, richtige Plankostenvorgaben zu ermitteln.

Da die Methoden der Arbeitswissenschaft insbesondere in Deutschland älter sind als die Plankostenrechnung, wurden sie bereits häufig in Unternehmungen eingeführt, die noch gar nicht daran dachten, von der Ist- oder Normalkostenrechnung zur Plankostenrechnung überzugehen. Hierbei übte die analysierende arbeitswissenschaftliche Betrachtungsweise zwangsläufig einen starken Einfluß auf die Ausgestaltung der Ist- und der Normalkostenrechnung aus. Insbesondere führte sie zu der Erkenntnis, daß die Kosten eine Funktion zahlreicher Einflußgrößen sind und daß eine genaue Kostenrechnung überhaupt nur möglich ist, wenn es gelingt, für die Abhängigkeiten zwischen den Kosten und den auf sie wirkenden Einflüssen Maß- oder Bezugsgrößen zu finden und diese Abhängigkeiten durch lineare Gesetze darzustellen. Auf diese Weise gab die Arbeitswissenschaft indirekt den Anstoß zur theoretischen Durchdringung und zur rechentechnischen Verfeinerung der Ist- und Normalkostenrechnung, wie sie in Deutschland insbesondere durch die bahnbrechenden Arbeiten von K. Rummel und A. Müller zum Ausdruck kommen[98].

Auch diese Arbeiten leisteten für einen späteren Übergang zur Plankostenrechnung wertvolle Vorarbeit[99]. Dies gilt insbesondere dort, wo als Maßgrößen der Kostenverursachung arbeitswissenschaftlich ermittelte Zeiten verwendet werden können: „Die Aufteilung der Kosten auf die verschiedenen Zeiten ist einfach und führt von selbst zur Plankostenrechnung, da die verschiedenen Zeiten und ihre Proportionalitäts-Festwerte zu vorgebbaren Betriebskennzahlen werden."[100]

Wie unsere Ausführungen gezeigt haben, bilden die analytischen Methoden der Arbeitswissenschaft und die allgemeine Planungs- und Budgetierungstendenz nach dem ersten Weltkrieg in Verbindung mit der Beeinflussung durch die amerikanische Standardkostenrechnung die Wurzeln für den Übergang von der Normalkosten- zur Plankostenrechnung in Deutschland.

III. Die Kritik an der starren Plankostenrechnung

1. In der starren Plankostenrechnung werden sämtliche Einzelkosten zu Plankosten abgerechnet und sowohl für die innerbetrieblichen Leistungen als auch für alle von außen bezogenen Wirtschaftsgüter feste Verrechnungspreise verwendet.

Die Gemeinkostenplanung wird in der starren Plankostenrechnung in den folgenden Stufen aufgebaut[101].

[98] Vgl. von den genannten Verfassern vor allem *K. Rummel*, Einheitliche Kostenrechnung, 3. Aufl., Düsseldorf 1949, und *A. Müller*, Die Isolierung der Einflüsse auf die Selbstkosten im Eisenhüttenwesen, Diss. Köln 1933.

[99] K. Rummel weist mit Recht darauf hin, daß seine Einheitskalkulation mit ihren genauen Analysen „von selbst" auf die Ermittlung von Sollwerten hinzielt, wie sie die Plankostenrechnung verwendet, vgl. *K. Rummel*, Einheitliche Kostenrechnung, a. a. O., S. 189.

[100] Vgl. *K. Rummel*, Kostenrechnung auf Zeitgrundlage, Archiv für das Eisenhüttenwesen 1929/30, S. 792.

[101] Im einzelnen vgl. zur Durchführung der Gemeinkostenplanung unsere Ausführungen im

Erstens wird für jede Kostenstelle eine *Bezugsgrößenart* festgelegt, so z. B. in vielen Fällen Fertigungsstunden, Maschinenstunden oder Durchsatzgewichte.
Zweitens wird unter Abstimmung mit dem System der gesamtbetrieblichen Planung die voraussichtliche, durchschnittliche *Planbeschäftigung* oder *Planbezugsgröße* ermittelt.
Drittens wird durch Verbrauchsanalysen und technische Berechnungen festgelegt, welcher *mengenmäßige Verbrauch* an den einzelnen Kostengütern als angemessen zu betrachten ist, wenn unter der Voraussetzung wirtschaftlichen Handelns die Planbezugsgröße realisiert werden soll.
Viertens werden noch für die Gemeinkostenplanung die Verbrauchsmengen mit *Festpreisen bewertet.* Auf diese Weise erhält man für jede Kostenart den Plankostenbetrag, der der Planbezugsgröße entspricht.
Alle Plankostenbeträge zusammen bilden die *gesamten Plankosten* einer Kostenstelle. Dividiert man die gesamten Plankosten durch die Planbezugsgröße, so erhält man den *Plankostenverrechnungssatz* der betreffenden Kostenstelle. Diese Verrechnungssätze dienen zum Aufbau der *Plankalkulation,* in der jeder Arbeitsgang mit dem Plankostenverrechnungssatz der im Arbeitsablaufplan vorgesehenen Kostenstelle multipliziert wird. In entsprechender Weise werden auch für die Material-, Verwaltungs- und Vertriebskostenstellen geplante Zuschlagssätze verwendet. Eine laufende Nachkalkulation entfällt in der starren Plankostenrechnung genauso, wie wir es bereits für die Normalkostenrechnung beschrieben haben[102]. Da auch sämtliche Einzelkosten Plankosten sind, werden den Kostenträgern in der starren Plankostenrechnung nur geplante Kosten zugerechnet.
Der Grundsatz der Kostenüberwälzung im Sinne der Istkostenrechnung ist nunmehr endgültig durchbrochen. Allerdings wurde bereits im Zusammenhang mit der starren Plankostenrechnung darauf hingewiesen, daß stets eine nachträgliche Verteilung der Abweichungen auf die Kostenträger möglich ist. In den USA hat es von jeher zwei Gruppen von Kostenfachleuten gegeben. Die erste Gruppe mißt den Abweichungen grundsätzlich Kostencharakter zu, sieht daher die Istkosten als die „wahren Kosten" an und verteilt die Abweichungen nachträglich auf die Kostenträger. Die zweite Gruppe betrachtet dagegen die Kostenabweichungen als „innerbetriebliche Verluste", die von den Kostenträgern scharf zu trennen sind, und nimmt sie in jeder Abrechnungsperiode unverteilt auf das Betriebsergebniskonto[103].
Im System der starren Plankostenrechnung fallen neben den Lohn- und Tarifabweichungen und den Einzelkostenverbrauchsabweichungen in jeder Abrechnungsperiode auch Kostenstellenabweichungen an. Den Aussagewert dieser Abweichungen wollen wir mit Hilfe eines in der Abbildung 1 wiedergegebenen Beispiels verdeutlichen.
Auf der Abszisse in Abbildung 1 ist die Bezugsgröße x abgetragen, die in Fertigungs-

fünften Teil. Hier wird nur ein kurzer Überblick gegeben, der für die entwicklungsgeschichtliche Darstellung erforderlich ist.

[102] Eine Ausnahme hierzu bilden lediglich die Betriebe mit Einzelfertigung. Vgl. hierzu unsere Ausführungen über die Plankalkulation im sechsten Teil.

[103] Vgl. *C. F. Schlatter,* Zur Theorie ..., a. a. O., S. 345 und 346.

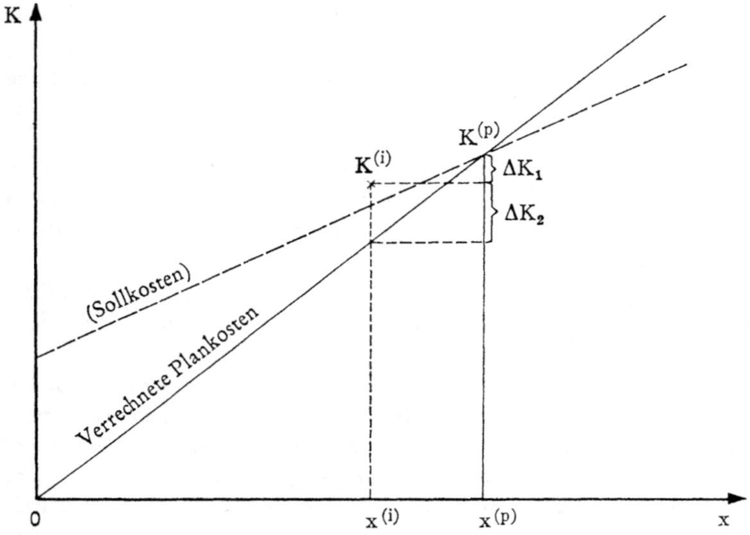

Abb. 1: Beispiel zur Funktionsweise der starren Plankostenrechnung

stunden gemessen wird. Die Planbezugsgröße $x^{(p)}$ beträgt im Beispiel 12 000 Ftg.-Std. Zur Realisierung dieser Beschäftigung wurde der Kostenstelle ein Plankostengesamtbetrag in Höhe von 93 600 DM vorgegeben. Dieser Betrag wurde zwar nach Kostenarten differenziert geplant, er wird in einer starren Plankostenrechnung aber noch nicht in fixe und proportionale Bestandteile aufgelöst. Dividiert man den Plankostengesamtbetrag von 93 600 DM durch die Planbezugsgröße von 12 000 Ftg.-Std., so erhält man einen Plankostenverrechnungssatz in Höhe von 7,80 DM/Std. Dieser Satz wird beim Aufbau der Plankalkulation verwendet.

Leistet die Kostenstelle aber infolge rückläufigen Absatzes in einem Monat nur 9 000 Ftg.-Std., so gehen über die Plankalkulationen in die Kostenträgerrechnung nur 9 000 Ftg.-Std. · 7,80 DM/Std. = 70 200 DM ein. Betragen während des gleichen Monats die Istkosten der Kostenstelle 81 750 DM, so lassen sich die folgenden beiden Abweichungsarten unterscheiden.

Erstens kann man die Istkosten mit dem Plankostenbetrag von 93 600 DM vergleichen. Hierbei erhalten wir in unserem Beispiel eine Abweichung von ./. 11 850 DM. Diese „Kostenunterschreitung“ ist zweifellos keine Kosteneinsparung, sondern vorwiegend dadurch hervorgerufen, daß sich die Plankosten auf 12 000 und die Istkosten nur auf 9 000 Ftg.-Std. beziehen. Welcher Kostenbetrag für die Realisierung eines nur 75%igen Beschäftigungsgrades angemessen wäre, läßt das System der starren Plankostenrechnung infolge der fehlenden Kostenauflösung nicht erkennen. Der *Sollkostenverlauf*, den wir in der Abbildung 1 als gestrichelte Gerade angedeutet haben, ist nicht bekannt. Die obige Kostenabweichung ist zwar eine echte Planabweichung, denn sie weist eine Differenz zwischen effektiven und geplanten Kosten aus,

sie kann aber nicht auf die ihr zugrunde liegenden Einflußgrößen zurückgeführt werden, d.h. es ist keine Aussage darüber möglich, wie sich die Kosten bei rückläufiger Beschäftigung planmäßig hätten verringern müssen und welche Kostenabweichungen durch innerbetriebliche Unwirtschaftlichkeiten entstanden sind. Auf diesen Mangel hat bereits W. Auler hingewiesen: „Eine starre Vorplanung führt nicht zur Klarstellung, inwieweit die Differenzen auf ungenügende Beschäftigung oder aber auf übermäßigen Verbrauch an Gütern und Diensten zurückzuführen sind.“ [104]
Zweitens kann man die Istkosten mit den *verrechneten* oder *kalkulierten Plankosten* vergleichen, die in unserem Beispiel 70 200 DM betragen. Als Abweichung erhält man hierbei +11 550 DM. Diese Differenz ist eine Kostenabweichung zwischen der Kostenstellenrechnung, in der der Istkostenbetrag in Höhe von 81 750 DM angefallen ist, und der Kostenträgerrechnung, der über die Plankalkulationen 70 200 DM angelastet werden. Diese Differenz entspricht formal den Unter- und Überdeckungen der Normalkostenrechnung. Materiell besteht aber ein Unterschied, da in der Plankostenrechnung als Kostenabweichungen echte Planungsdifferenzen und nicht nur „Schätzungsfehler“ wie in der Normalkostenrechnung entstehen. Allerdings ist auch bei dieser zweiten Abweichung eine Aufspaltung in die auf Beschäftigungsschwankungen und Unwirtschaftlichkeiten zurückgehenden Komponenten nicht möglich.
Zusammenfassend gilt daher, daß durch den Übergang zur starren Plankostenrechnung zwar eine gute *Grundlage* für die kostenstellenweise Kostenkontrolle geschaffen wurde, daß jedoch wegen der fehlenden Planung der Abhängigkeit der Kosten vom Beschäftigungsgrad die laufende Durchführung einer wirksamen Kontrolle der Gemeinkosten noch nicht möglich ist. Die starre Plankostenrechnung ist somit vorwiegend eine Planungsrechnung, der es auf die Verbindung zwischen der Kostenrechnung und dem Gesamtsystem der betrieblichen Planung ankommt, die, verglichen mit der Istkostenrechnung, die Kostenrechnung durch Wegfall der Nachkalkulationen stark vereinfacht, aber nur in sehr eingeschränktem Maße eine Kostenkontrollrechnung sein kann. Hierzu kommt noch, daß die starre Plankostenrechnung naturgemäß eine Vollkostenrechnung sein muß, so daß ihre Ergebnisse für die unternehmerischen Entscheidungen nicht verwendet werden können [105].

[104] Vgl. *W. Auler,* Die Methode der Plankostenrechnung im Bereich der industriellen Fertigung, WP 1949, S. 262; *W. Auler,* Die Plankostenrechnung in den Bereichen der Beschaffung und des Absatzes der industriellen Unternehmung, BFuP 1951, S. 415.
[105] Vgl. hierzu unsere Kritik an der Vollkostenrechnung im Abschnitt B des 3. Kapitels.

B. Die Weiterentwicklung der starren Plankostenrechnung zu einer auf Vollkosten basierenden flexiblen Plankostenrechnung

I. Begriff und Zielsetzung der flexiblen Plankostenrechnung

1. Die flexible Plankostenrechnung ist das Ergebnis einer ebenso konsequenten wie notwendigen Weiterentwicklung der Kostenrechnung. Nachdem die starre Plankostenrechnung durch die Kostenplanung das Fundament für eine wirksame Kostenkontrolle geschaffen hatte, war es nur noch ein relativ kleiner Schritt, nunmehr auch die Durchführung der Kostenkontrolle zu ermöglichen. Dieser Schritt bestand darin, daß die Kostenplanung durch eine *Kostenauflösung*, d.h. durch eine Differenzierung aller Plankostenbeträge in fixe und proportionale Bestandteile, ergänzt wurde. Hierdurch entstanden aus den starren Plankosten nach den jeweiligen Istbeschäftigungsgraden abwandelbare Kostenvorgaben. Statt fester Beträge werden den Kostenstellen nach Kostenarten differenzierte Kostenfunktionen vorgegeben, die es gestatten, die Istkosten mit den der jeweiligen Beschäftigung entsprechenden *Sollkosten* zu vergleichen. Wegen dieser Angleichung an die Istbeschäftigung bezeichnet man solche Sollkosten heute allgemein als „flexibel" und eine Form der Plankostenrechnung, die solche Sollkosten für die Abweichungsanalyse und Kostenkontrolle verwendet, als eine *„flexible Plankostenrechnung"* [106]. Wir unterscheiden heute zwei Ausgestaltungsformen der flexiblen Plankostenrechnung, und zwar erstens die auf Vollkosten basierende flexible Plankostenrechnung, die wir in diesem Abschnitt betrachten wollen, und die Grenzplankostenrechnung, die erst später entstanden ist. Die auf Vollkosten basierende flexible Plankostenrechnung bezieht in gleicher Weise wie alle früheren Ausgestaltungsformen der Ist-, Normal- und Plankostenrechnung Fixkostenbestandteile in die Verrechnungssätze für innerbetriebliche Leistungen und in die Kalkulationssätze ein.

2. Die wichtigste Zielsetzung der flexiblen Plankostenrechnung, die Intensivierung der Kostenkontrolle, wird durch folgenden Aufbau der Kostenrechnung erreicht [107]. Zunächst erfolgte der Aufbau einer flexiblen Plankostenrechnung in gleicher Weise, wie wir ihn bereits für die starre Plankostenrechnung beschrieben haben. Auch hier wird für jede Kostenstelle eine Bezugsgrößenart festgelegt, unter Anlehnung an die Gesamtplanung eine Planbeschäftigung bestimmt, durch Verbrauchsstudien und technische Berechnungen die der Planbeschäftigung entsprechenden Verbrauchsmengen und -zeiten fixiert und durch Bewertung mit den Festpreisen die nach

[106] Zum Begriff „flexible Plankostenrechnung" vgl. u. a. folgende Autoren: *K. Agthe,* Kostenplanung . . ., a. a. O., S. 59; *K. Käfer,* Standardkostenrechnung, 2. Aufl., a. a. O., S. 59; *A. Matz,* Planung . . ., a. a. O., S. 79: „Dem flexiblen Kostenbudget liegt das Prinzip zugrunde, für jeden möglichen Beschäftigungsgrad eine Kostennorm aufzustellen."

[107] Hier erfolgt nur eine Zusammenstellung der Grundbegriffe, die zum Verständnis des kostenrechnerischen Entwicklungsprozesses erforderlich sind. Im einzelnen wird der Aufbau der flexiblen Plankostenrechnung im fünften Teil behandelt werden.

Kostenarten differenzierten Plankosten errechnet. Im Gegensatz zur starren Plankostenrechnung werden aber nunmehr bei der Kostenplanung sämtliche Planvorgaben in fixe und proportionale Bestandteile aufgelöst.
Bezeichnen wir die Plankostensumme einer Kostenstelle mit $K^{(p)}$, den Kostenartenindex mit ν, die Anzahl der Kostenarten mit z und die Planbeschäftigung mit $x^{(p)}$, so kann man die Plankostensumme einer Kostenstelle wie folgt als Funktion der Planbeschäftigung ausdrücken:

(1) $$K^{(p)} = \sum_{\nu=1}^{z} K_{\nu}^{(p)}(x^{(p)})$$

Löst man in dieser Gleichung die Kostenartenbeträge $K_{\nu}^{(p)}$ in ihre fixen und proportionalen Bestandteile auf, die wir mit $F_{\nu}^{(p)}$ und $V_{\nu}^{(p)}$ bezeichnen wollen, so erhalten wir für den Plankostenbetrag einer Kostenstelle folgenden Ausdruck:

(2) $$K^{(p)} = \sum_{\nu=1}^{z} F_{\nu}^{(p)} + \sum_{\nu=1}^{z} V_{\nu}^{(p)}(x^{(p)})$$

Wie die Gleichung (2) erkennen läßt, besteht, mathematisch betrachtet, das Ergebnis einer flexiblen Kostenplanung darin, daß Funktionen festgelegt werden, die erkennen lassen, wie sich die zugehörigen Kostenarten bei Beschäftigungsschwankungen planmäßig verändern sollen. In der Praxis werden die Ergebnisse der Kostenplanung in *Kostenplänen* der einzelnen Kostenstellen zusammengefaßt[108].
Wie wir im einzelnen im fünften Kapitel nachweisen werden, basiert die Kostenplanung der flexiblen Plankostenrechnung in der Regel auf der Prämisse, daß die variablen Kosten sich proportional zur gewählten Bezugsgröße verhalten und daß die fixen Kosten absolut fix sind.
Für eine beliebige Istbeschäftigung $x^{(i)}$ gibt die Gleichung (2) die nach Kostenarten differenzierten *Sollkosten* an, für die wir das Symbol $K^{(s)}$ einführen wollen. Wir erhalten aus der Gleichung (2) durch Einsetzen von $x^{(i)}$:

(3) $$K^{(s)}(x^{(i)}) = \sum_{\nu=1}^{z} F_{\nu}^{(p)} + \sum_{\nu=1}^{z} V_{\nu}^{(s)}(x^{(i)})$$

Da man die variablen Sollkosten aus den variablen Plankosten durch Multiplikation mit dem Beschäftigungsgrad $x^{(i)}/x^{(p)}$ erhält, kann man an Stelle der Gleichung (3) auch schreiben:

(4) $$K^{(s)}(x^{(i)}) = \sum_{\nu=1}^{z} F_{\nu}^{(p)} + \sum_{\nu=1}^{z} V_{\nu}^{(p)} \frac{x^{(i)}}{x^{(p)}}$$

Für Kostenarten, die in voller Höhe fix bzw. proportional sind, ist in der Gleichung (4) jeweils der zweite bzw. erste Summand der betreffenden Kostenart gleich Null. Faßt man alle Kostenarten zusammen, so kann man die Gleichung (4) wie folgt vereinfachen:

[108] Zum Aufbau der Kostenpläne vgl. unsere Ausführungen im fünften Teil, 17. Kapitel.

(5) $$K^{(s)}(x^{(i)}) = F^{(p)} + V^{(p)} \frac{x^{(i)}}{x^{(p)}}$$

Hierbei ist $F^{(p)}$ die Summe der fixen und $V^{(p)}$ die Summe der proportionalen Plankosten der betreffenden Kostenstelle. Die Gleichung (5) entspricht der Summenzeile eines Kostenplans.
Aus den Gleichungen (4) und (5) erhält man die Plankosten $K^{(p)}$, wenn man für $x^{(i)}$ die Planbeschäftigung $x^{(p)}$ einsetzt. Es gilt also stets, daß die Sollkosten der Planbeschäftigung mit den Plankosten übereinstimmen.
Dividiert man die gesamten Plankosten einer Kostenstelle durch die Planbezugsgröße, so erhält man den *Plankostenverrechnungssatz,* den wir mit $h^{(p)}$ bezeichnen wollen:

(6) $$h^{(p)} = \frac{K^{(p)}}{x^{(p)}}$$

Dieser Kostensatz ist ein Vollkostensatz, da er auch die fixen Plankosten enthält. In der auf Vollkosten basierenden flexiblen Plankostenrechnung wird dieser Kostensatz für die Plankalkulationen verwendet, genau wie das bereits in der starren Plankostenrechnung der Fall war. Die auf das Produktionsvolumen einer Abrechnungsperiode kalkulatorisch verrechneten Planfertigungskosten einer Kostenstelle bezeichnet man auch in der flexiblen Plankostenrechnung als *verrechnete* oder *kalkulierte Plankosten.* Wir wollen sie mit $K^{(p)}(x^{(i)})$ bezeichnen und erhalten für sie die folgende lineare Bestimmungsgleichung:

(7) $$K^{p}(x^{(i)}) = h^{(p)}x^{(i)}$$

In der Abbildung 2 haben wir den Sollkostenverlauf und die verrechneten Plankosten graphisch dargestellt.
Der entscheidende Unterschied gegenüber der starren Plankostenrechnung besteht in der Kostendifferenz ΔK, um welche sich die Sollkosten der Istbeschäftigung von den Plankosten unterscheiden, wenn die Beschäftigung von $x^{(p)}$ auf $x^{(i)}$ verändert wird. Diese Kostendifferenz ist eine echte „Beschäftigungsabweichung der Kosten", obwohl die Bezeichnung „Beschäftigungsabweichung" für sie nicht üblich ist. Ein Vergleich mit der Abbildung 1 läßt erkennen, daß diese beschäftigungsabhängige Veränderung der proportionalen Kosten, die in Abbildung 1 als ΔK_1 und ΔK_2 ausgewiesenen Abweichungen überlagert. Hierin liegt die eigentliche Ursache, daß in der starren Plankostenrechnung eine wirksame Kostenkontrolle nicht möglich ist.
In der flexiblen Plankostenrechnung werden die Istkosten $K^{(i)}$ mit den Sollkosten $K^{(s)}$ der Istbeschäftigung $x^{(i)}$ verglichen. Hierbei erhält man die nach Kostenarten differenzierten *Verbrauchsabweichungen* einer Kostenstelle. In der Abbildung 2 haben wir die Verbrauchsabweichungen mit ΔV bezeichnet.
Betrachten wir das gleiche Zahlenbeispiel wie im Abschnitt über die starre Plankostenrechnung, so müssen wir zunächst die Plankosten, die sich auf 12 000 Ftg.-Std. beziehen, auf die Istbeschäftigung von 9 000 Ftg.-Std. umrechnen. Die gesamten Plan-

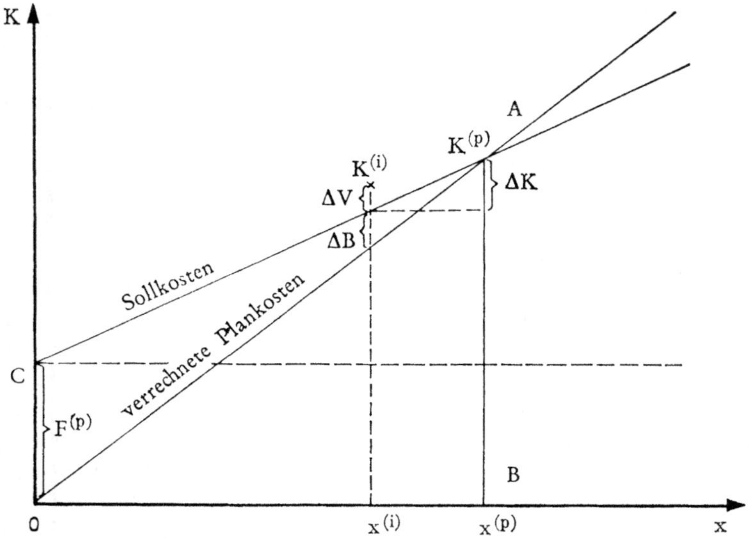

Abb. 2: Beispiel eines Sollkostenverlaufs in einer auf Vollkosten basierenden flexiblen Plankostenrechnung

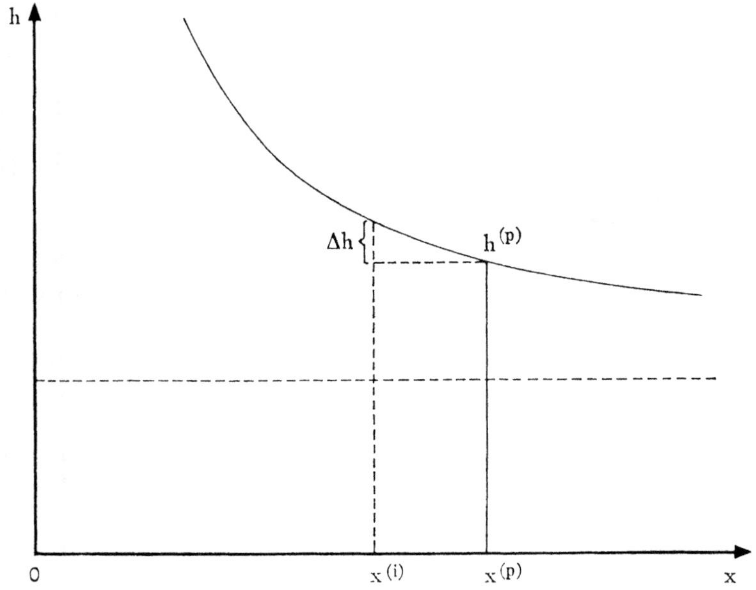

Abb. 3: Abhängigkeit des Plankostenverrechnungssatzes von der Beschäftigung in einer auf Vollkosten basierenden flexiblen Plankostenrechnung

kosten betragen 93 600 DM, wovon 38 400 DM fix und 55 200 DM proportional angesetzt wurden. Der Beschäftigungsgrad beträgt 75 %, so daß wir als Sollkosten 38 400 + 0,75 · 55 200 = 79 800 DM erhalten. Die gesamten Istkosten der Kostenstelle betragen 86 437 DM; als Summe der Verbrauchsabweichungen erhalten wir daher + 6 637 DM[109].

In der Abbildung 3 haben wir dargestellt, wie sich infolge der *Fixkostendegression* der Vollkostensatz einer Kostenstelle hyperbelförmig mit der Beschäftigung verändert. Die Höhe des Plankostenverrechnungssatzes ist daher von der Wahl der Planbezugsgröße oder Planbeschäftigung abhängig.

In der Abbildung 2 stimmen die verrechneten Plankosten nur bei der Planbeschäftigung mit den Sollkosten überein. Die Plankostenkurve stellt im Gegensatz zum Sollkostenverlauf keine realisierbare Kostenkurve dar. Dies wäre nur dann der Fall, wenn alle Kostenarten der betreffenden Kostenstelle rein proportional wären[110]. Die Plankostenkurve hat in der flexiblen Plankostenrechnung nur rein rechnerische Bedeutung. Der Abstand zwischen dem Sollkostenverlauf und den verrechneten Plankosten wird als *Beschäftigungsabweichung* bezeichnet. Die Beschäftigungsabweichung einer Kostenstelle gibt an, welche Kostendifferenz zwischen der Kostenstellenrechnung und der Kostenträgerrechnung entsteht, wenn man in der Plankalkulation auch bei Unter- oder Überbeschäftigung den Plankostenverrechnungssatz $h^{(p)}$ beibehält. Die Beschäftigungsabweichung ist daher die bei Unterbeschäftigung „zuwenig kalkulierten" oder die bei Überbeschäftigung „zuviel kalkulierten" fixen Kosten[111]. In der Abbildung 2 haben wir die Beschäftigungsabweichung mit ΔB bezeichnet.

Die Beschäftigungsabweichung einer Kostenstelle läßt sich für jede Istbeschäftigung im voraus bestimmen, wie es die Tabelle 5 für unser Zahlenbeispiel erkennen läßt.

Die Beschäftigungsabweichung erhält man erstens, indem man von den fixen Kosten in Höhe von 38 400 DM jeweils die kalkulatorisch verrechneten fixen Kosten subtrahiert. Man kann sie zweitens bestimmen, indem man die Sollkosten durch die zugehörige Istbeschäftigung dividiert und den so erhaltenen Vollkostensatz um den Plankostenverrechnungssatz vermindert. In der Abbildung 3 haben wir diese Kostensatzdifferenz mit Δh bezeichnet. Durch Multiplikation mit der zugehörigen Istbeschäftigung erhält man die gleiche Beschäftigungsabweichung wie nach dem ersten Verfahren[112]. Hieraus erkennt man, daß die Beschäftigungsabweichung keine echte Kostenstellenabweichung, sondern lediglich eine Kalkulationskorrektur ist.

[109] Vgl. zur Errechnung und Auswertung von Verbrauchsabweichungen unsere Ausführungen über den Soll-Ist-Vergleich im fünften Teil, 18. Kapitel.

[110] E. Schneider weist in diesem Zusammenhang darauf hin, daß eine Übereinstimmung der Plankosten- und Sollkostenkurve nur möglich sein würde, wenn die Produktionsfunktion der betreffenden Kostenstelle eine „homogene Funktion ersten Grades" ist. Er folgert hieraus, daß der Plankostenkurve jede Bedeutung abzusprechen ist und bezeichnet sie als eine „Fiktion". Vgl. hierzu *E. Schneider,* Grundsätzliches zur Planung und Standardkostenrechnung, ZfhF 1940, S. 252 ff.

[111] Zur Beschäftigungsabweichung vgl. 18. Kapitel, Abschnitt F.

[112] Da in der Tabelle 5 die Kostensätze auf volle Pfennige abgerundet wurden, entstehen

Tabelle 5: Beispiel zur Beschäftigungsabweichung in einer auf Vollkosten basierenden flexiblen Plankostenrechnung

Istbeschäftigung Ftg.-Std.	Fixe Kosten in der Kostenstellenrechnung DM	Fixe Kosten in der Kostenträgerrechnung DM	Sollkosten pro Beschäftigungseinheit DM/Ftg.-Std.	Beschäftigungsabweichung DM
4 000	38 400	12 800	14,20	+ 25 600
5 000	38 400	16 000	12,28	+ 22 400
6 000	38 400	19 200	11,00	+ 19 200
7 000	38 400	22 400	10,09	+ 16 000
8 000	38 400	25 600	9,40	+ 12 800
9 000	38 400	28 800	8,87	+ 9 600
10 000	38 400	32 000	8,44	+ 6 400
11 000	38 400	35 200	8,09	+ 3 200
12 000	38 400	38 400	7,80	–
13 000	38 400	41 600	7,55	./. 3 200
14 000	38 400	44 800	7,34	./. 6 400
15 000	38 400	48 000	7,16	./. 9 600

3. Bereits in den ersten Entwicklungsstadien der flexiblen Plankostenrechnung wurden zwei Verbesserungsversuche unternommen, die zu entsprechenden Abwandlungen des Begriffes der flexiblen Plankostenrechnung führten.

Erstens zeigte sich bei der Verwendung flexibler Kostenpläne sehr bald, daß die Beschäftigungsmessung in vielen Fällen durch Schwankungen der qualitativen Auftragszusammensetzung und der Seriengrößen gestört wurde, so daß die errechneten Sollkosten für eine gerechte Beurteilung der Istkosten nicht ausreichten[113]. In Deutschland erarbeitete insbesondere W. W. Neumayer Methoden für die Eliminierung der durch schwankende Auftragszusammensetzung und veränderte Seriengrößen verursachten Kosteneinflüsse. Er bezeichnete eine Kostenrechnung, die diese Aufgabe löst, als eine *„doppelt-flexible"* oder *„voll-flexible Plankostenrechnung"*[114].

bei der zweiten Berechnungsmethode der Beschäftigungsabweichung geringfügige Abrundungsfehler.

[113] Hierauf hat z. B. W. Kiebel hingewiesen und hervorgehoben, daß die Beseitigung dieser Störungen mit zu den schwierigsten Problemen der flexiblen Plankostenrechnung gehört. Vgl. *W. Kiebel*, Die Standardkostenrechnung in der Papierindustrie, Biberach 1940, S. 87.

[114] Vgl. *W. W. Neumayer*, Berücksichtigung des „Auftrags"- und „Verfahrens"-Wechsels in der Fertigung durch „doppelt-flexible" Plankostenrechnung, ZfB 1950, S. 403 ff.; *W. W. Neumayer*, „Voll-flexible" Plankostenrechnung zur Lösung der Kostenrechnungs- und Gewinnbeteiligungs-Probleme, ZfB 1951, S. 397 ff.; *W. W. Neumayer*, Vollkommenheitsgrade ..., a. a. O., S. 591 ff. Indirekt verwendet auch K. Schwantag den Begriff der doppelten Flexibilität der Plankostenrechnung, indem er sagt: „Man muß also die Kostenvorgaben auch hinsichtlich der Produktionszusammensetzung ‚flexibel' halten, sofern das die Kostengestaltung nötig macht." Vgl. *K. Schwantag*, Zur Theorie ..., a. a. O., S. 70.

Die Begriffe „doppel-flexibel" oder „voll-flexibel" konnten sich aber weder in der Literatur noch in der Praxis durchsetzen, da sie sich im Laufe der weiteren Entwicklung als überflüssig erwiesen haben. Die weitere Entwicklung der flexiblen Plankostenrechnung zeigte nämlich, daß sich der störende Einfluß schwankender Auftragszusammensetzungen durch eine Verfeinerung der Kostenstelleneinteilung und durch die Verwendung mehrerer Bezugsgrößen ausschalten läßt. Hierbei erhält jede Bezugsgröße einen gesonderten Kostenplan. Ist z.B. die Kostenverursachung bei der Produktgruppe A während einer Fertigungsstunde aus prozeßbedingten Gründen anders als bei der Produktgruppe B, so verwendet man nebeneinander die beiden Bezugsgrößen „Fertigungsstunden Produktgruppe A" und „Fertigungsstunden Produktgruppe B". In ähnlicher Weise lassen sich Seriengrößenschwankungen durch Verwendung der Bezugsgrößen „Rüststunden" und „Fertigungsstunden" berücksichtigen [115]. Durch die Differenzierung der Kostenstelleneinteilung und durch die eventuelle Verwendung mehrerer Bezugsgrößen wird zwar der Aufbau der flexiblen Plankostenrechnung feingliedriger, aber im übrigen nicht verändert. Aus diesem Grunde sind die von W.W. Neumayer vorgeschlagenen Begriffe überflüssig. Jede richtig aufgebaute flexible Plankostenrechnung wird den Einflüssen schwankender Auftragszusammensetzung gerecht.

Zweitens löste die oben beschriebene Tendenz zur Verfeinerung der Kostenstelleneinteilung den Versuch aus, die flexible Plankostenrechnung wie folgt zu vereinfachen. Bei der (jährlichen) Kostenplanung ermittelte man die Vorgaben für relativ kleine Maschinengruppen oder Arbeitsplätze und verwendete entsprechend differenzierte Kostensätze für die Plankalkulation. Zur Vereinfachung des (monatlichen) Soll-Ist-Kosten-Vergleichs wählte man aber eine gröbere Kostenstelleneinteilung. Dieses Verfahren wurde vor allem von H. Diercks, F. Petzold und W.W. Neumayer entwickelt und als *„Kostenplatzrechnung"* bezeichnet. Dieser Begriff ist wahrscheinlich aus der Tatsache abgeleitet worden, daß man bei diesem Verfahren, falls es erforderlich ist, die Kostenplanung und die laufende Errechnung der Sollkosten bis zu den einzelnen Arbeitsplätzen verfeinern kann, ohne daß hierdurch die laufende Abrechnung schwerfällig wird [116]. Die spätere Entwicklung zeigte jedoch, daß durch dieses Verfahren die Genauigkeit des Soll-Ist-Kosten-Vergleichs und die Möglichkeit einer Kontrolle der Kalkulationssätze stark beeinträchtigt wird. Weiterhin spielt bei einer lochkartenmäßigen Durchführung der laufenden Kostenkontrolle die Zahl der Kostenstellen nur eine untergeordnete Rolle. Aus diesem Grunde hat sich weder das Verfahren noch der Begriff der Kostenplatzrechnung durchsetzen können [117].

[115] Zur Verwendung mehrerer Bezugsgrößen vgl. S. 335 ff.

[116] Vgl. *H. Diercks* und *F. Petzold*, Betriebsüberwachung durch Plankostenrechnung, ZfhF 1951, S. 490 ff.; *H. Diercks* und *F. Petzold*, Plankostenrechnung ..., a.a.O., S. 183 ff.; *W. W. Neumayer*, Berücksichtigung ..., a.a.O., S. 403 ff., sowie das Merkblatt 2 der Arbeitsgemeinschaft Planungsrechnung e.V. (damals noch Arbeitsgemeinschaft Plankosten) betreffend: „Kostenplatzrechnung" als Ergänzung der Kostenstellenrechnung (etwa 1950 herausgegeben).

[117] Abgelehnt wird die Kostenplatzrechnung vor allem von *H. G. Plaut*, Die Grenz-Plan-

II. Die Grundlagen für die Entwicklung der flexiblen Plankostenrechnung

1. Unsere bisherigen Ausführungen über die Entwicklungsformen der Kostenrechnung lassen erkennen, daß es im Grunde zwei *Vorläufer der flexiblen Plankostenrechnung* gibt. In vielen Betrieben ist die flexible Plankostenrechnung aus der starren Plankostenrechnung entstanden, mit der sie zwar die Durchführung einer Kostenplanung gemeinsam hat, die aber noch keine Auflösung in fixe und proportionale Kosten kennt. Andere Betriebe bemühten sich bereits zu einem Zeitpunkt, ihre Kostenrechnung flexibel zu gestalten, als noch Normalkosten verwendet wurden[118]. Daher ist auch die flexible Normalkostenrechnung als eine Vorstufe der flexiblen Plankostenrechnung anzusehen. Beide Kostenrechnungssysteme verwenden zwar eine Differenzierung nach fixen und proportionalen Kosten, in der flexiblen Normalkostenrechnung basiert die Kostenauflösung aber noch nicht auf exakten Verbrauchsstudien und technischen Berechnungen, sondern bei ihr werden die vorgegebenen Kosten vorwiegend aus bereinigten Istkosten vergangener Perioden abgeleitet.
In der flexiblen Normalkostenrechnung entsprachen die Plankosten der Planbeschäftigung den sog. „Normalkosten", während man die an Beschäftigungsschwankungen angepaßten Kosten als „Normkosten" bezeichnete. Dieser Begriff wurde dann später in der flexiblen Plankostenrechnung durch die Bezeichnung „Sollkosten" ersetzt. Hiermit wird zugleich angedeutet, daß diese Kosten den Charakter von flexiblen Sollvorgaben im Sinne einer Budgetierung haben[119].

2. Den entscheidenden Impuls für die Entwicklung der flexiblen Plankostenrechnung löste die *zunehmende Bedeutung der Kostenkontrolle* aus, d. h. die Erkenntnis, daß ohne eine ständige Überwachung der Kostenwirtschaftlichkeit keine rationelle Betriebsführung möglich ist[120].
Die große Bedeutung der Kostenkontrolle wurde bereits von E. Schmalenbach im Jahre 1909 hervorgehoben, wobei er erstmalig in Deutschland auf die Notwendig-

kostenrechnung, ZfB 1953, S. 349 ff. Im übrigen vgl. zu dem Verfahren der Kostenplatzrechnung S. 506 ff.

118 Vgl. hierzu unsere Ausführungen im 2. Kapitel, Abschnitt C.

119 Vgl. hierzu *A. Müller*, Istkosten-, Normalkosten- und Plankostenrechnung ..., a. a. O., S. 539.

120 In der Literatur wird die laufende, kostenstellenweise Wirtschaftlichkeitskontrolle als dominierendes Ziel der flexiblen Plankostenrechnung immer wieder hervorgehoben. Vgl. z. B. *W. Auler*, Die Plankostenrechnung ..., a. a. O., S. 413; *H. Diercks* und *F. Petzold*, Umstrittene Fragen der Plankostenrechnung, ZfhF 1953, S. 486; *E. Gutenberg*, Neuere Entwicklungstendenzen ..., a. a. O., S. 398; *K. Käfer*, Standardkostenrechnung, 2. Aufl. a. a. O., S. 53: „Das Hauptgewicht der ganzen betrieblichen Rechnungsführung hatte sich auf die Förderung der Wirtschaftlichkeit aller Abteilungen verschoben"; *K. Mellerowicz*, Plankostenrechnung und Betriebsvergleich, Berlin 1939, S. 24 ff.; *E. Michel*, Handbuch der Plankostenrechnung, Berlin 1937, S. 12, und *P. Nowak*, Kostenrechnungssysteme ..., a. a. O., S. 92.

keit von Soll-Ist-Vergleichen zum Zwecke der Betriebskontrolle hingewiesen hat[121].

Allerdings sah E. Schmalenbach damals noch keine Möglichkeiten, Maßstäbe für die Kostenkontrolle aufzustellen. Er erkannte, daß die kostenrechnerischen Methoden der damaligen Zeit für die Durchführung laufender Kostenkontrollen unzureichend waren, und wies für die weitere Entwicklung den Weg, indem er die Notwendigkeit einer entsprechenden Verfeinerung der Kostenrechnung hervorhob[122]. Seitdem hat E. Schmalenbach wiederholt auf die große Bedeutung der Kostenkontrolle hingewiesen[123].

Bis zum ersten Weltkrieg fand der Gedanke der Kostenkontrolle keinen Eingang in die Praxis. Erst die ungewissen wirtschaftlichen Verhältnisse der Nachkriegszeit lösten in Verbindung mit dem Planungs- und Budgetierungsgedanken eine Tendenz zur Kostenkontrolle aus. Auch hier gingen die entscheidenden Anregungen von den USA aus.

Bereits im Jahre 1920 wurde in den USA durch die Federated American Engineering Society eine Kommission gebildet, welche die Verlustquellen in der Industrie gründlich untersuchte. Diese Kommission veröffentlichte ihre Ergebnisse in dem Buch „Waste in Industry", wobei die folgenden Hauptverlustquellen industrieller Betriebe angeführt werden[124]:

1. Verlustquellen durch falsche Betriebsanleitung	50–81 %
2. Verlustquellen durch die Arbeiter	9–28 %
3. Verlustquellen durch äußere Umstände	9–40 %

Die Ergebnisse dieser Kommission zeigten weiten Kreisen der amerikanischen Wirtschaft die großen Gefahren innerbetrieblicher Unwirtschaftlichkeiten; sie trugen wesentlich dazu bei, daß man dem Gebiet der Kostenkontrolle mehr Beachtung schenkte als bisher. Sowohl in den USA als auch in den europäischen Industrieländern hat sich seitdem die Erkenntnis durchgesetzt, daß eine laufende Kostenkontrolle mit Hilfe von Plankosten zu den wichtigsten Aufgaben der Kostenrechnung zählt. Diese Erkenntnis führte zwangsläufig zu Plan- oder Standardkostenrechnungen und bereits ziemlich bald zur flexiblen Ausgestaltung dieser Kostenrechnungssysteme.

3. Mit dem Übergang zum „Standard Cost Accounting" in den USA und zur starren Plankostenrechnung in Deutschland waren zwar erstmalig „Maßkosten" ge-

[121] Vgl. *E. Schmalenbach*, Theorie der Produktionskostenermittlung, ZfhF 1908/09, S. 55 ff., sowie S. 63 und 64.

[122] Vgl. *E. Schmalenbach*, Theorie ..., a. a. O., S. 64: „Die Produktionskosten-Ermittlung, die die Betriebskontrolle zum Ziel hat, wird in der Regel höhere Anforderungen an die Kalkulation stellen als andere Zwecke. Sie macht insbesondere eine sehr detaillierte Erfassung notwendig."

[123] Vgl. z. B. *E. Schmalenbach*, Selbstkostenrechnung, ZfhF 1919, S. 348 ff.

[124] Unsere Ausführungen über diese Kommission und das Buch „Waste in Industry" wurden entnommen bei *F. Peters*, Über Industriekalkulation ..., a. a. O., S. 97 ff.

schaffen, mit denen man die Istkosten vergleichen konnte[125], unsere Kritik an der starren Plankostenrechnung hat aber gezeigt, daß für eine wirksame Kostenkontrolle eine Anpassung dieser „Maßkosten" an die jeweiligen Beschäftigungsgrade der zu kontrollierenden Kostenstellen erforderlich ist. Insbesondere erwies sich die zunächst durchgeführte starre Kostenbudgetierung als problematisch. Denn hatte man die Planbeschäftigung zu hoch angesetzt, so wurden trotz einer niedrigeren Istbeschäftigung vielfach die vorgegebenen, der höheren Planbeschäftigung entsprechenden Kostengütermengen verbraucht. Im umgekehrten Fall dagegen erschienen die Vorgaben als unbillig niedrig und mußten daher nachträglich korrigiert werden[126]. Aus diesem Grunde ist der Versuch, die Kostenbudgetierung flexibel zu gestalten, fast genauso alt wie die Zielsetzung einer wirksamen Kostenkontrolle selbst.

Das erste flexible Kostenbudget wurde bereits von H. Hess im Engineering Magazine 1903 beschrieben. Hierbei handelte es sich um eine lineare Sollkostenfunktion, mit deren Hilfe sich die Istkosten verschiedener Istbeschäftigungsgrade kontrollieren lassen[127]. Bald nach dem ersten Weltkrieg tauchte der Gedanke der flexiblen Kostenbudgetierung von neuem auf. Wahrscheinlich wurde die Bezeichnung „flexible budget" zuerst von J. H. Williams geprägt[128]. In den folgenden Jahren wurde insbesondere auf den N.A.C.A.-Kongressen die flexible Ausgestaltung der Standardkostenrechnung diskutiert[129]. Auf diesen Kongressen berichtete H.W. Maynard ausführlich über das von ihm seit Jahren angewendete Verfahren des flexiblen Budgets. Bei diesem Verfahren werden die Kostenstellenvorgaben monatlich an die Istbeschäftigungsgrade mit Hilfe sogenannter „Factors of Expense Variability" angepaßt. Diese Faktoren sind für reine Fixkosten 0%, für rein proportionale Kosten 100% und liegen für aus fixen und proportionalen Bestandteilen zusammengesetzte Kosten-

[125] In der älteren Literatur über die Standardkostenrechnung bezeichnete J. A. de Haas in seinem von uns bereits früher zitierten Vortrag auf dem Accountants-Kongreß 1926 in Amsterdam Standardkosten als „measuring sticks", vgl. *J. A. de Haas*, Standard Costs..., a. a. O., S. 30. Auch im N.A.C.A.-Yearbook 1926, New York 1926, S. 149, und bei *E. A. Camman*, Basic Standard Costs, a. a. O., S. 56, wird der Maßcharakter der Standardkosten ausdrücklich hervorgehoben. Vgl. in diesem Sinne auch *K. Käfer*, Standardkostenrechnung, 1. Aufl., a. a. O., S. 39.

[126] Vgl. in diesem Sinne *W. Hasenack*, Budgeteinführung..., S. 383: „Im Innenbetrieb kann im Gefolge der Kostenvorgabe... die Gefahr entstehen, daß Betriebsleiter und Meister z. B. die vorgegebenen Betriebsmaterialien auch dann restlos verbrauchen, wenn an sich der Kostenstandard zu hoch gegriffen oder infolge unvorhergesehener Beschäftigungsänderungen falsch normiert worden war."

[127] Vgl. *H. Hess*, Manufacturing: Capital, Costs, Profits and Dividends, The Engineering Magazine 1903, S. 367 ff., entnommen bei *D. Solomons*, The Historical..., a. a. O., S. 48. Vgl. hierzu auch *K. Käfer*, Standardkostenrechnung, 2. Aufl., a. a. O., S. 59, und *K. Weber*, Amerikanische Standardkostenrechnung, a. a. O., S. 5.

[128] Vgl. *K. Weber*, Amerikanische Standardkostenrechnung, a. a. O., S. 92, und *J. H. Williams*, A Technique for the Chief Exekutive. A Definite Responsibility – A Definite Procedure – A Definite Measure of Results. Bulletin of the Taylor Society 1922, S. 57 ff.

[129] Vgl. *N.A.C.A.*-Yearbook 1924, New York 1924, S. 206 ff., und *E. A. Camman*, Uses of Standard Costs, N.A.C.A.-Yearbook 1926, New York 1926, S. 110.

arten zwischen diesen beiden Extremwerten. So gibt z.B. H.W. Maynard für Reparaturkosten Faktoren von 70% und für Hilfsmittel von 80% an[130]. Wir werden sehen, daß diese Faktoren den später in den deutschen Systemen der flexiblen Plankostenrechnung verwendeten „Variatoren" entsprechen. Spätestens seit den dreißiger Jahren gehört die flexible Kostenbudgetierung zum festen Bestandteil der amerikanischen Literatur über die Standardkostenrechnung.
In der deutschen Literatur wurde die flexible Kostenbudgetierung wahrscheinlich zum erstenmal von H. Narath im Jahre 1927 beschrieben. H. Narath schlug vor, an Stelle starrer Kostenbeträge lineare Kostenkurven budgetmäßig vorzugeben[131]. In den folgenden Jahren haben auch andere deutsche Autoren die flexible Kostenbudgetierung beschrieben[132]. E. Michel behauptet sogar, die flexible Plankostenrechnung sei in Europa entstanden[133]. Ein Vergleich der anglo-amerikanischen und der deutschen Literatur über Plankostenrechnung läßt aber klar erkennen, daß die flexible Ausgestaltung der Kostenrechnung in den USA und Großbritannien erheblich früher entstanden ist und daß diese kostenrechnerischen Verfahren die Entwicklung in Deutschland auch beim Übergang von der starren zur flexiblen Plankostenrechnung beeinflußt haben[134].

III. Kritik an der auf Vollkosten basierenden flexiblen Plankostenrechnung

1. Der bedeutsamste Vorteil der auf Vollkosten basierenden flexiblen Plankostenrechnung besteht zweifellos darin, daß sie als erstes Kostenrechnungssystem *praktische Möglichkeiten für eine wirksame Kostenkontrolle* geschaffen hat. Zur Erfüllung dieser Aufgabe wurde sie aus der starren Plankostenrechnung entwickelt und diese Aufgabe hat sie in hervorragender Weise erfüllt, wenn sie in den Betrieben entsprechend sorgfältig ausgestaltet wurde. Auch die später entwickelte Grenzplankostenrechnung hat die Kostenkontrolle nicht mehr wesentlich verbessert. Kritisch ist in bezug auf die Kostenkontrolle gegenüber der auf Vollkosten basierenden flexiblen Plankostenrechnung lediglich hervorzuheben, daß bei ihr die fixen und proportionalen Kosten im Soll-Ist-Kosten-Vergleich nicht getrennt erscheinen, obwohl vor-

[130] Vgl. *H. W. Maynard,* What the Standard Costs and the Flexible Budget are Doing for the Reduction of Costs in the Manufacturing Department, N.A.C.A.-Yearbook 1928, New York 1928, S. 300ff., vgl. hierzu auch *K. Käfer,* Standardkostenrechnung, 2. Aufl., a.a.O., S. 59, und *K. Weber,* Amerikanische Standardkostenrechnung, a.a.O., S. 48.
[131] Vgl. *H. Narath,* Produktions-Budget ..., a.a.O., S. 711ff.
[132] Vgl. *M. Lohmann,* Der Wirtschaftsplan des Betriebs und der Unternehmung (Die kaufmännische Budgetrechnung), Berlin – Leipzig – Wien 1928, S. 109ff., und *O. Schulz-Mehrin,* Der Kostenvoranschlag ..., a.a.O., S. W/100.
[133] Vgl. *E. Michel,* Handbuch ..., a.a.O., S. 271.
[134] In diesem Sinne äußert sich z.B. *H. G. Plaut,* Die Grenz-Plankostenrechnung, a.a.O., S. 347: „In ihrer flexiblen Form, d.h. also unter Berücksichtigung der Beschäftigungsschwankungen in den Soll-Vorgaben, stammt die Plankostenrechnung aus den Vereinigten Staaten."

wiegend die letzteren von den Kostenstellenleitern beeinflußt werden können. Besonderes Gewicht hat jedoch diese Kritik nicht[135].
Ein weiterer Vorteil der flexiblen Plankostenrechnung besteht in der Verwendung eines stark differenzierten Systems von Beschäftigungsmaßstäben (Bezugsgrößen) und damit in einer entsprechenden Verbesserung der Kalkulationsgenauigkeit. Dies liegt daran, daß naturgemäß die beste Bezugsgröße für die Kostenkontrolle zugleich auch die zweckmäßigste Kalkulationsgrundlage ist.

2. Wie unsere früheren Ausführungen gezeigt haben, bildeten die Budgetrechnung und der Ausbau der betrieblichen Planung nach dem ersten Weltkrieg die Grundlagen für die Entwicklung der starren Plankostenrechnung, aus der später die flexible Plankostenrechnung entstand. Während der weiteren Entwicklung der flexiblen Plankostenrechnung setzte aber in Deutschland vorübergehend ein Prozeß der *Lösung der flexiblen Plankostenrechnung von der Budgetrechnung und dem Gesamtsystem der betrieblichen Planung* ein.
Im Gegensatz zu den USA hatte sich in Deutschland der Budgetierungsgedanke in der Praxis nicht besonders stark durchgesetzt, wie u. a. auch mehrere kritische Stellungnahmen in der Literatur erkennen lassen[136].
Ursprünglich wurde insbesondere in den USA die Ansicht vertreten, daß die Standardkosten unlösbar mit einer Kostenbudgetierung verbunden seien[137]. Später erkannte man zwar die prinzipielle Unabhängigkeit der Standardkosten von der Kostenbudgetierung, trotzdem hielten aber viel Autoren an der These fest, daß der „höchst erreichbare Grad an Erkenntniskraft" erst bei einer Verbindung beider Systeme möglich ist[138].
Mit der Entwicklung der flexiblen Plankostenrechnung erkannte man immer deutlicher, daß sich nur in Fällen, in denen man die Beschäftigung genau genug im voraus schätzen kann, die Kosten im eigentlichen Sinne des Wortes *budgetieren* lassen. In allen anderen Fällen dagegen muß man erst die realisierte Istbeschäftigung abwar-

[135] Wir werden später sehen, daß ein weiterer Nachteil der auf Vollkosten basierenden flexiblen Plankostenrechnung in der Verwendung von Variatoren bei der Kostenplanung besteht. Vgl. hierzu unsere Ausführungen auf S. 380 ff. Auch H. G. Plaut weist darauf hin, daß die Vollkostenrechnung die Aufgaben der Kostenkontrolle gut gelöst hat; vgl. *H. G. Plaut*, Unternehmenssteuerung. . ., a. a. O., S. 462 und 481.

[136] Vgl. *W. Hasenack*, Budgeteinführung. . ., a. a. O., S. 381 ff.; *P. Real*, Einige europäische Erfahrungen zu den psychologischen Problemen der Budgetkontrolle, Bericht über: Das industrielle Budget auf der Internationalen Diskussionskonferenz, RKW-Nachrichten 1930, Sp. 316 ff.; vgl. dort auch den Vortrag auf Sp. 373 ff. von *H. V. Coes*, Häufig vorkommende Schwierigkeiten und Widerstände bei der Einführung der Budgetkontrolle; *E. Ritter*, Sinn. . ., a. a. O., S. 83.

[137] Vgl. *J. A. de Haas*, Standard Costs. . ., a. a. O., S. 35.

[138] Vgl. *E. A. Camman*, Basic Standard Costs, a. a. O., S. 12: "There is a distinction between budgets and standard costs which is not always clearly understood", trotzdem aber an anderer Stelle: "Budgets are the logical accompaniment of standard costs"; und *W. Koch*, Kurzfristige Erfolgsrechnung und Standardkostenrechnung, Diss. Berlin 1939, S. 113.

ten, ehe man die „Kostenvorgaben" bestimmen kann. Hierbei handelt es sich aber nicht mehr um eine Budgetierung, sondern um die *nachträgliche* Errechnung eines Kostenmaßstabes. Der Begriff flexible Kosten*budgetierung* ist daher widerspruchsvoll, denn Budgetierung bedeutet für eine zukünftige Periode vorgeben, während sich die Bezeichnung „flexibel" auf die Istbeschäftigung bezieht, welche erst rückschauend bekannt ist [139].

Aus dieser Tatsache wurde in Deutschland häufig der Schluß gezogen, daß eine wirksame Kostenkontrolle auch ohne Verankerung der flexiblen Plankostenrechnung im System einer betrieblichen Gesamtplanung möglich sei [140]. Zu dieser Schlußfolgerung neigte die deutsche Praxis besonders deshalb, weil im Gegensatz zu den USA in Deutschland die Absatzplanung in vielen Betrieben als undurchführbar angesehen wurde. So berichtet z. B. B. Christoph über einen Betrieb der NE-Metallindustrie, daß wegen der großen Anzahl verschiedener Erzeugnisse (etwa 10 000) keine Absatz- und Produktionsplanung mit sinnvoller Genauigkeit möglich ist und folglich auch die Plankostenrechnung nicht in eine Gesamtplanung eingebettet werden kann. Die Plankostenrechnung dient in diesem Betrieb nur der „... Kontrolle des Betriebsgebarens, der Erfolgsrechnung und der Kalkulation" [141].

Die Folge dieser Entwicklung war eine Ausgestaltung der flexiblen Plankostenrechnung zu einer Form, die E. Kosiol als *„Standardkostenrechnung"* bezeichnet [142]. Diese Rechnung kontrolliert in erster Linie die „mengenmäßige, technische Ergiebigkeit des Güterverbrauchs". Ihr Ziel ist die Optimierung des Verbrauchs an Produktionsfaktoren. Verrechnungspreise für von außen bezogene Güter und Kostensätze für innerbetriebliche Leistungen werden nicht als „Planpreise", sondern nur als „Standardpreise" angesehen, die lediglich dazu dienen sollen, verschiedene Komponenten des optimal zu gestaltenen Mengengerüstes der Produktion addierfähig zu machen. Aus ähnlichen Gründen werden in der „Standardkostenrechnung" die Planbezugs-

[139] *H. Kaiser,* Rechnungswesen im Maschinenbau, Berlin 1930, S. 75, schreibt hierzu, daß die Budgetrechnung ihren Blick nach vorwärts richtet, während man bei der Verwendung flexibler Standardkosten gewissermaßen nach rückwärts schaut. *E. Ritter,* Sinn ..., a. a. O., schreibt über flexible Kostenkontrolle auf S. 79: „Ob eine derartige Kostenziffer richtig – wirtschaftlich gerechtfertigt – ist, kann man deshalb nie vorher sagen, sondern nur *nach* der kostenverursachenden Handlung", vgl. auch S. 104. In ähnlicher Weise äußerte sich auch *R. Gächter,* Die Standardkostenrechnung ..., a. a. O., S. 7.

[140] Eine solche Isolierung deutet z. B. *T. Beste* an, indem er darauf hinweist, daß der Plan der Produktionskosten eher ein für sich allein dastehender Plan sein kann als alle übrigen Teilpläne, vgl. *T. Beste,* Die Produktionsplanung, a. a. O., S. 355.

[141] Vgl. *B. Christoph,* Die Plankostenrechnung in der NE-Metallindustrie, ZfB 1953, S. 58. Aus dem gleichen Grunde weist auch *A. Müller,* Istkosten-, Normalkosten- und Plankostenrechnung ..., a. a. O., auf S. 559 darauf hin, daß die Bezeichnung „Plankostenrechnung" heute keineswegs mehr auf Gesamtkosten hindeutet, die im Rahmen einer Gesamtplanung vorgeplant wurden.

[142] Vgl. *E. Kosiol,* Neuere Ziele und Methoden der Kostenplanung, ZfB 1954, S. 657 ff. Zum Begriff „Standardkostenrechnung" vgl. ders. S. 660 f. Diese Bezeichnung ist insofern etwas irreführend, als gerade die amerikanische Standardkostenrechnung fast immer im System der Gesamtplanung verankert ist. Sie soll eine Überbetonung des reinen Mengenstandards andeuten.

größen der Kostenstellen aus den Kapazitäten und nicht aus den Ergebnissen der Absatzplanung abgeleitet.

Für eine Ausgestaltungsform der flexiblen Plankostenrechnung, die einen immanenten Zusammenhang mit der betrieblichen Gesamtplanung aufweist, schlägt E. Kosiol die Bezeichnung *„Prognosekostenrechnung"* vor[143]. In dieser Form der Kostenrechnung sind sämtliche Festpreise Planpreise, die aus den Gegebenheiten der Beschaffungsplanung abgeleitet wurden. Die Planbeschäftigungsgrade der Kostenstellen werden nicht nur aus der Kapazitätsplanung abgeleitet, sondern mit den Ergebnissen der Absatzplanung abgestimmt. Ein weiterer Unterschied gegenüber der „Standardkostenrechnung" besteht darin, daß bei der „Prognosekostenrechnung" sämtliche Planvorgaben weitaus häufiger, mindestens einmal jährlich, an die neuen Planerwartungen angepaßt werden. Das Ziel dieser Rechnung besteht nicht nur in der Kostenkontrolle, sondern darüber hinaus in einer Kontrolle und Lenkung des Betriebsgeschehens nach der Zielsetzung einer Gewinn- oder Rentabilitätsmaximierung. K. Käfer weist mit Recht darauf hin, daß die Unterscheidung in Prognose- und Standardkostenrechnung weniger auf verfahrenstechnische Unterschiede der flexiblen Plankostenrechnung abzielt, als vielmehr auf den Geist, der die Kostenrechnung erfüllt[144].

Obwohl es zweifellos auch heute noch in Deutschland viele Betriebe gibt, die eine „Standardkostenrechnung" durchführen, bestehen seit 1950 starke Tendenzen, die flexible Plankostenrechnung als Bestandteil einer betrieblichen Gesamtplanung auszubauen. Diese Tendenzen werden besonders durch die Tagungen, Seminare und Schriften der „Arbeitsgemeinschaft Planung e. V." (AGPLAN) gefördert. Hierbei hat die Tendenz zum Ausbau der betrieblichen Gesamtplanung auch ihren Niederschlag in der Bezeichnung der AGPLAN gefunden. Sie wurde als „Arbeitsgemeinschaft Plankosten" gegründet, 1952 in „Arbeitsgemeinschaft Planungsrechnung" und 1965 in „Arbeitsgemeinschaft Planung" umbenannt.

Auch in der neueren betriebswirtschaftlichen Literatur herrscht die Ansicht vor, daß die flexible Plankostenrechnung ihre größtmögliche Wirksamkeit nur erreichen kann, wenn sie Teil einer betrieblichen Gesamtplanungsrechnung ist[145]. Nur eine so fundierte Plankostenrechnung erfüllt nicht nur die Aufgabe der Kostenkontrolle, son-

143 Vgl. *E. Kosiol,* Neuere Ziele ..., a. a. O., S. 667: „Die Prognosekostenrechnung ist in die Gesamtplanung fest eingebettet und bildet darin einen wesentlichen Bestandteil."

144 Vgl. *K. Käfer,* Standardkostenrechnung, 2. Aufl., a. a. O., S. 71.

145 Diese These folgt aus dem von Gutenberg postulierten Grundsatz der „Vollständigkeit der Planung", vgl. *E. Gutenberg,* Grundlagen der Betriebswirtschaftslehre, 1. Bd., Die Produktion, 10. Aufl., Berlin – Heidelberg – New York 1965, S. 148 ff. Vgl. ferner *E. Gutenberg,* Planung im Betrieb, ZfB 1952, S. 669 ff., insbesondere S. 672; *K. Käfer,* Standardkostenrechnung, 2. Aufl., a. a. O., S. 70: „Auf besonders hoher Stufe der Planung werden die Standards und die Standardkosten aus einem allumfassenden Unternehmungsbudget abgeleitet ..."; *W. Kilger,* Planungsrechnung und Entscheidungsmodelle des Operations Research, AGPLAN, Bd. 9, Wiesbaden 1965, S. 61; und *K. Mellerowicz,* Planung und Plankostenrechnung, Bd. 1, Betriebliche Planung, Freiburg 1961, S. 461, wo der Verfasser darauf hinweist, daß kein Gebiet so viele Beziehungen zu anderen Plänen aufweist wie die Kostenplanung.

dern ermöglicht es darüber hinaus, viele Ergebnisse der Kostenrechnung als Grundlage für unternehmerische Entscheidungen zu verwenden [146].

3. Die wichtigsten Ansatzpunkte der Kritik an der auf Vollkosten basierenden flexiblen Plankostenrechnung resultieren daraus, daß dieses Kostenrechnungssystem *das Fixkostenproblem nicht richtig löst.* Dies gilt zwar auch für alle früheren Entwicklungsformen der Kostenrechnung [147], tritt aber bei der flexiblen Plankostenrechnung besonders in Erscheinung, weil sie bereits über eine Aufteilung in fixe und proportionale Kosten verfügt, hieraus aber nicht die richtigen Schlüsse zieht.

Die fixen Kosten entstehen, weil durch langfristige Entscheidungen betriebliche Kapazitäten in Form von Betriebsmitteln und Arbeitskräften festgelegt werden. Solange man diese Kapazitäten nicht verändert, indem man quantitative Anpassungsprozesse durchführt, bleibt der Fixkostenblock einer Unternehmung konstant [148]. Erst bei Erweiterungen und Stillegungen gehen die hiervon betroffenen fixen Kosten in intervall-, sprung- oder stufenfixe Kosten über.

Zur Steuerung langfristiger Anpassungsprozesse dient aber nicht die Kostenrechnung. Hierfür sind vielmehr besondere Investitions- und Wirtschaftlichkeitsrechnungen erforderlich, die in der Regel auf der Analyse von Ein- und Auszahlungsströmen basieren. Auch Stillegungsentscheidungen erfordern stets Sonderrechnungen.

Die laufende Kostenrechnung ist eine *kurzfristige Rechnung auf der Basis vorhandener Kapazitäten.* Im Gegensatz zur Investitionsrechnung besteht daher bei ihr kein kausaler Zusammenhang zwischen den Kosten der betrieblichen Teilkapazitäten und den erzeugten Produkteinheiten. Die Entscheidungen über die Kapazitäten sind in der Vergangenheit gefallen; ihre Kosten entstehen daher unabhängig von der Höhe und der qualitativen Zusammensetzung der laufenden Produktion. Hieraus folgt, daß in der Kostenrechnung das Verursachungsprinzip für die fixen Kosten nur bei der Verrechnung von der Kostenarten- in die Kostenstellenrechnung gilt und hier endet. Man kann nachweisen, in welchen Abteilungen bestimmte Kapazitäten bereitgehalten werden, und daher den betreffenden Kostenstellen die zugehörigen fixen Kosten kausal zuordnen. Anzahl und Art der durchlaufenden Kostenträger einer bestimmten Abrechnungsperiode beeinflussen jedoch die Höhe der fixen Kosten nicht. Daher ist das Verursachungsprinzip beim Übergang von der Kostenstellenrechnung auf die Kostenträgerrechnung nicht gültig.

Hieraus sind aber bei allen traditionellen Kostenrechnungsverfahren einschließlich der auf Vollkosten basierenden flexiblen Plankostenrechnung keine Schlußfolgerun-

[146] Wir werden aber im nächsten Abschnitt sehen, daß die Abstimmung mit der Gesamtplanung hierfür zwar notwendig, aber nicht hinreichend ist. Als Grundlage für unternehmerische Entscheidungen muß die flexible Plankostenrechnung zugleich eine Grenzkostenrechnung sein.

[147] W. Hill schreibt hierzu: „Der traditionellen Kostenrechnung kann man vorwerfen, daß sie sowohl als Ist-Kostenrechnung wie auch als Vollkostenrechnung schwere Mängel aufweist." Vgl. *W. Hill,* Direct Costing oder Standardkosten?, Betriebswirtschaftliche Mitteilungen 31, Bern 1964, S. 8.

[148] Als zusätzliche Bedingung müssen jedoch die Faktorpreise konstant sein.

gen gezogen worden. Die fixen Kosten werden vielmehr zusammen mit den proportionalen Kosten nach den gleichen (nur für die letzteren gültigen) Bezugsgrößen auf die Produkte verrechnet und auf diese Weise künstlich proportionalisiert[149]. Die von den Produkten verursachten proportionalen Kosten werden dabei von den willkürlich zugerechneten Fixkostenbestandteilen überlagert, so daß man sie nicht mehr erkennen kann.

Man kann diesen Sachverhalt auch wie folgt ausdrücken. Die fixen Kosten sind *Periodenkosten*, die *zur Kalenderzeit proportional anfallen*; denn für Kalenderzeiteinheiten werden Kapazitäten zur Verfügung gestellt. Nach der traditionellen Verrechnungsweise werden die fixen Kosten aber zur Fertigungszeit proportional verrechnet, obwohl zwischen beiden Zeitkategorien infolge der schwankenden Beschäftigungsgrade kein kausaler Zusammenhang besteht.

Die oben beschriebene Fixkostenproblematik ist den Kostenfachleuten seit langem bekannt. Erst seit den fünfziger Jahren werden hieraus aber in zunehmendem Maße praktische Konsequenzen für die Weiterentwicklung der Kostenrechnung gezogen.

In Deutschland hatte bereits 1899 ein berühmter Vortrag E. Schmalenbachs die Fixkostenproblematik deutlich werden lassen[150].

Besonders eindrucksvoll hat K. Rummel die Fixkostenproblematik nachgewiesen. Bei dem Versuch, eine „Theorie der Kostenrechnung" zu schaffen, deren Grundlage ein System proportionaler Bezugsgrößen ist, gelangte er zu der Erkenntnis, daß die fixen Kosten zur Kalender- und nicht zur Fertigungszeit oder einem anderen Beschäftigungsmaßstab proportional sind. „Die festen Kosten sind nämlich gerade dadurch gekennzeichnet, daß sie mit der Menge der Erzeugnisse *nichts* zu tun haben und auf keine logische, sondern nur auf statistische Weise auf die Kostenträger gebracht werden können. Sie sind nicht von der Erzeugung ‚abhängig', d. h. sie stehen in keinem funktionalen Zusammenhang mit ihr." [151] Die übliche Fixkostenverrechnung bezeichnet K. Rummel als „Scheinmathematik". K. Rummel gelangte über die Frage: „Warum wollen wir überhaupt das einzelne Erzeugnis mit Kosten belasten, für die es gar nicht verantwortlich ist?" zu der Forderung, fixe Kosten nicht auf die Produkte zu verrechnen[152].

[149] Vgl. hierzu: *Arbeitskreis Diercks* der Schmalenbach-Gesellschaft, Der Verrechnungspreis in der Plankostenrechnung, ZfhF 1964, S. 619; *D. R. C. Halford*, Differential Costs and Management Decisions, London 1959, der bereits im Vorwort der Vollkostenrechnung „neglecting the implications of the cost structure" vorwirft und auf S. 65 nachweist, daß die Vollkostenrechnung so tut, als ob alle Kosten proportional zur Beschäftigung seien, vgl. insbesondere die Figur 26 auf S. 66; auch *F. Henzel*, Die Kostenrechnung, a. a. O., weist auf S. 231 darauf hin, „... daß alle Gemeinkosten zwangsläufig als proportionale Kosten behandelt werden."

[150] Vgl. *E. Schmalenbach*, Buchführung und Kalkulation im Fabrikgeschäft. Unveränderter Nachdruck aus der Deutschen Metallindustrie-Zeitung, 15. Jg. 1899, Leipzig 1923. Hierauf weist auch *E. Kosiol*, Neuere Ziele ..., a. a. O., S. 669, hin.

[151] Vgl. *K. Rummel*, Einheitliche Kostenrechnung, a. a. O., S. 122, vgl. auch dort S. 192 ff.

[152] Vgl. *K. Rummel*, Einheitliche Kostenrechnung, a. a. O., S. 211 und 213; *K. Rummel*, Wesen, Ziele, Wege und Grenzen der Rationalisierung, Schriftenreihe des RKW, Heft 2: „Wer braucht eigentlich zu wissen, welcher Anteil der fixen Kosten auf die ein-

In den USA wurde das Fixkostenproblem ebenfalls schon sehr früh erkannt, wie folgendes grundlegende Zitat von E. A. Camman erkennen läßt: "When numerous articles are manufactured, it is a practical impossibility to isolate the cost of any one. That is to say the actual cost of a single product is a theoretical calculation. It must be remembered that the activities in a factory making numerous products are all interrelated, in some respects nearly and in others remotely, so that a calculation of actual cost, so far as it concerns an individual product, will include many forced applications and arbitrary assumptions." [153]

Seitdem wurde insbesondere in den Schriften der NAA immer wieder auf das Fixkostenproblem hingewiesen: "Period costs of manufacturing arise from the provision of capacity for production and from keeping this capacity in readiness regardless of the extent to which it is utilized." [154] In der angelsächsischen Literatur werden fixe Kosten in der Regel als „fixed costs", „period costs", „capacity costs", „committed costs" oder „readiness to serve costs" bezeichnet.

Auch in vielen amerikanischen Lehrbüchern zur Kostenrechnung wird heute das Fixkostenproblem im Sinne von K. Rummel interpretiert[155].

Auch in Deutschland hat sich diese zweifellos richtige Interpretation immer mehr durchgesetzt[156]. Allerdings vertreten einige Kostenfachleute auch heute noch eine gegenteilige Ansicht. Ihre Argumente basieren fast stets auf dem Trugschluß, daß die fixen Kosten deshalb den Produkten zugerechnet werden können, weil die betrieblichen Kapazitäten ja letztlich mit der Zielsetzung erstellt worden seien, bei guten Auslastungsgraden zu produzieren[157]. Aus diesem Grunde versucht H. Koch

zelnen Erzeugnisse entfällt?" Auch *H. Kreis*, Die Aufstellung und Auswertung der monatlichen Erfolgsrechnung, Archiv für das Eisenhüttenwesen 1932/33, S. 357 ff., hat darauf hingewiesen, daß das Verursachungsprinzip für die fixen Kosten nicht gilt.

[153] Vgl. *E. A. Camman*, Basic Standard Costs, a. a. O., S. 178.

[154] Vgl. *NAA-Research Report 37*, Current Application of Direct Costing, New York 1961, S. 6, 10 und 11.

[155] Vgl. *A. Matz*, Planung ..., a. a. O., S. 27: „Die fixen Kosten bleiben, wenn die Entscheidungen über Art und Höhe der Betriebskapazität einmal getroffen sind, in ihrem Umfang gleich, unabhängig davon, ob gar nichts, wenig oder viel produziert wird. Man sagt, die fixen Kosten seien kalenderzeitbestimmt, während die proportionalen Kosten mit der Produktions- oder Leistungszeit zu- oder abnehmen." Ähnlich äußert sich auch *G. Shillinglaw*, Cost Accounting ..., a. a. O., S. 91: "Fixed, standby, or capacity costs are 'time costs' because they accumulate with the passage of time irrespective of the volume of activity."

[156] Vgl. hierzu z. B. *K. Agthe*, Stufenweise Fixkostendeckung im System des Direct Costing, ZfB 1959, S. 405; *H. Lemke*, Deckungsbeitragsrechnung auch für kleinere Betriebe, FAZ, BdW vom 18. 10. 65; *K. Mellerowicz*, Planung ..., Bd. 1, a. a. O., äußert auf S. 479 f., daß „... erhebliche Zweifel an der Möglichkeit bestehen, die Vollkosten einer Erzeugnis*einheit* zu ermitteln". *W. Medicke*, „Der Mythos von den fixen Kosten und die betriebswirtschaftliche Leistungsabrechnung", eine kritische Betrachtung zum gleichnamigen Aufsatz von E. Sonnefeld, ZfB 1963, S. 104 ff.; und *H. G. Plaut*, Unternehmenssteuerung ..., a. a. O., S. 466.

[157] So fordert z. B. *F. Henzel*, Die Kostenrechnung, a. a. O., S. 243 und 249, daß die fixen Kosten den Erzeugnissen mit Hilfe der Bezugsgrößen der Vollbeschäftigung zugeordnet werden sollen; besonders ausgeprägt ist das traditionelle Fixkostendenken bei *K. Käfer*,

dem „Kostenverursachungsprinzip", das nur die proportionalen Kosten kalkulierbar macht, das sogenannte „Leistungsentsprechungsprinzip" zur Seite zu stellen, mit dessen Hilfe sich angeblich auch fixe Kosten den Produkten zurechnen lassen [158]. Diesen Thesen liegt die Vorstellung zugrunde, daß bei Gründungs- oder Erweiterungsinvestitionen die Höhe der gewählten Kapazität aus langfristigen Absatzvorstellungen abgeleitet wird. Erwartet man z.B., daß ein neu zu erstellender Teilbetrieb 10 Jahre lang von 120 Produktarten Absatzmengen verkaufen kann, die eine monatliche Kapazität von 12 000 Ftg.-Std. erfordern, und liegen die fixen Kosten bei 80 400 DM/Monat, so entfallen 6,70 DM fixe Kosten auf eine Fertigungsstunde. Langfristig scheint daher tatsächlich eine Kausalität zwischen den Fertigungsstunden und den fixen Kosten zu bestehen. Für die laufende Kostenrechnung, also nach Durchführung der Investition, gilt das aber nicht mehr; denn ex post sind die fixen Kosten von der Höhe und der Zusammensetzung der monatlichen Produktion unabhängig geworden. Es ist daher ein Trugschluß, der laufenden Kostenrechnung Kausalzusammenhänge der Investitionsrechnung zugrunde zu legen [159]. Im übrigen sind Investitionen keineswegs nur dann rentabel, wenn das zukünftige Sortiment nur Produkte enthält, die ihre „Vollkosten" decken. Es genügt vielmehr, daß alle Produkte mindestens ihre proportionalen Stückkosten decken und zusammen einen Gesamtüberschuß erbringen, der, vermindert um die fixen Kosten, einen Nettogewinn ergibt, der zu der gewünschten Rentabilität führt. Hierbei können im Sortiment sehr wohl Erzeugnisse vorgesehen sein, bei denen die Preise nur geringfügig über den proportionalen Kosten liegen, wenn andere Erzeugnisse hierfür den kalkulatorischen Ausgleich erbringen.

Standardkostenrechnung, 2. Aufl., a. a. O. K. Käfer leugnet den kalenderzeitproportionalen Charakter der fixen Kosten auf S. 213 mit der Begründung, daß die Kosten „nicht von der Zeit, sondern von den Ereignissen in der Zeit", abhängig seien. Weiter schreibt er auf S. 418, daß die Beschaffung dauerhafter Anlagen mit dem Ziel der Vollkostendeckung erfolgt und folgert hieraus, daß der „normale Stellenverrechnungssatz" ein Vollkostensatz sein muß. Auch auf S. 475 wird der Begriff „period costs" noch einmal scharf angegriffen. Wie unhaltbar vom Standpunkt logischen Kostendenkens die Forderung K. Käfers ist, fixe Kosten betrieblichen Produkten nach dem Verursachungsprinzip zuzurechnen, zeigen seine eigenen Ausführungen über die Kuppelkalkulation auf S. 357: „Eine eigentliche Kostenrechnung ist bekanntlich in diesen Fällen nicht möglich, da aus *einer* Kostensumme *zwei* oder *mehr* Produkte nicht kalkuliert werden können." Warum zieht der Verfasser diese Folgerung nicht auch für die fixen Kosten, für die sie jedoch erst recht gültig sein muß?

158 Vgl. *H. Koch,* Das Prinzip der traditionellen Stückkostenrechnung, ZfB 1965, S. 327 und 331. In ähnlicher Weise versucht auch M. R. Lehmann das nach seiner Ansicht einseitige Proportionalitätsdenken K. Rummels durch ein „... kalkulatorisches Denken in Mittel-Zweck-Beziehungen ..." zu ergänzen, nach dem optimale Vollkosten den betrieblichen Erzeugnissen zugerechnet werden können; vgl. *M. R. Lehmann,* Die Problematik der Preispolitik auf Grenzkosten- und auf Vollkostenbasis, ZfB 1950, S. 338.

159 Dieser Trugschluß tritt insbesondere bei E. Sonnefeld hervor, vgl. *E. Sonnefeld,* Der Mythos von den fixen Kosten und die betriebswirtschaftliche Leistungsabrechnung, ZfB 1962, S. 54: „Nur bei Zurechnung der fixen Kosten auf die Träger zeigt es sich, ob Fehlinvestitionen für die Träger vorgenommen wurden."

Die obigen Argumente dürften deutlich gezeigt haben, daß in einer Vollkostenrechnung das Fixkostenproblem falsch gelöst wird.

4. Aus der falschen Behandlung des Fixkostenproblems folgt, daß die auf Vollkosten basierende flexible Plankostenrechnung *bei der Lösung aller Entscheidungsprobleme versagen muß,* die auf der *Basis gegebener Kapazitäten* zu treffen sind.
Die Lösung solcher Entscheidungsprobleme wird heute aber neben der Kostenkontrolle als eine der wichtigsten Aufgaben der Kostenrechnung angesehen. In der angelsächsischen Literatur bezeichnet man die Kostenrechnung in zunehmendem Maße als „Tool of Management“ und fast alle neueren Lehrbücher bezeichnen die laufende Kostenrechnung als „Managerial Cost Accounting“ [160]. Eine Vollkostenrechnung kann aber dieser Forderung nicht genügen, da bei ihr Kosten künstlich proportionalisiert werden, die zu den Entscheidungsparametern keine proportionale Beziehung aufweisen. Dies gilt z. B. für alle kurzfristigen Entscheidungen über die gewinnmaximale Zusammensetzung des Fertigungsprogramms, die Frage, ob Vorprodukte oder Zubehörteile fremdbezogen oder selbsterstellt werden sollen, die Verfahrenswahl in der Arbeitsablaufplanung, die Bestimmung optimaler Bedienungsverhältnisse und viele andere Probleme [161]. Die Gefahr, daß solche Entscheidungsprobleme falsch gelöst werden, wird daher in der Literatur als besonders schwerwiegende Kritik an der auf Vollkosten basierenden flexiblen Plankostenrechnung hervorgehoben.
So schreibt z. B. C. T. Horngren hierzu: "Under absorption costing, the relevant information is not only difficult to gather, but there is a danger that management may be misled by reliance on unit costs, which contain an element of irrelevant fixed overhead.“ [162] In ähnlichem Sinne äußern sich zahlreiche weitere Autoren [163].

[160] Vgl. *W. J. Dombrovske,* Managerial Accounting: A Frame of Reference, NAA-Bulletin 1965 (8), Section 1, S. 46 bis 50; *C. T. Horngren,* Cost Accounting..., a. a. O., Vorwort und S. 3; *I. W. Keller,* Management Accounting..., a. a. O., S. 1; *A. Matz, O. J. Curry, G. W. Frank,* Cost Accounting..., a. a. O., Vorwort; *G. Shillinglaw,* Cost Accounting..., a. a. O., Vorwort; *W. Wright,* Direct Standard Costs for Decision Making and Control, New York – Toronto – London 1962, Vorwort.

[161] Im einzelnen vgl. hierzu unsere Ausführungen im sechsten Teil.

[162] Vgl. *C. T. Horngren,* Cost Accounting..., a. a. O., S. 349. Auf S. 4 äußert sich der Verfasser wie folgt: "Good accounting helps management; bad accounting hinders and misleads management", wobei er unter einer schlechten Kostenrechnung offensichtlich eine Vollkostenrechnung versteht.

[163] Vgl. *Arbeitskreis Diercks,* Der Verrechnungspreis..., a. a. O., S. 620; *S. B. Henrici,* Standard Costs..., a.a.O., S. 99; *The Institute of Cost and Works Accountants,* A Report on Marginal Costing, 3. Aufl., London 1965, S. 12; *I. W. Keller,* Management Accounting, a. a. O., S. 122 und S. 125; *W. Kilger,* Der heutige Stand der Grenzplankostenrechnung, AGPLAN, Bd. 6, Wiesbaden 1962, S. 68; *W. Kilger,* Planungsrechnung und Entscheidungsmodelle des Operations Research, a. a. O., S. 55 ff.; *H. Lemke,* Deckungsbeitragsrechnung..., a. a. O.: „Die Vollkostenrechnung verwandelt durch die Aufschlüsselung (fixe) Zeitkosten in (variable) Stückkosten. Diese werden in der Kostenträgerrechnung vereinigt. Damit sind die Auswirkungen unternehmerischer Entscheidungen auf eines dieser beiden Kostenelemente nicht mehr erkennbar“; *A. Matz,* Planung..., a. a. O., S. 17,

Eine besonders häufig auftretende Fehlentscheidung ist die *Eliminierung von „Verlustartikeln"* im Anschluß an die Auswertung einer auf Vollkosten basierenden kurzfristigen Erfolgsrechnung [164]. Diese Fehlentscheidung beruht im Grunde darauf, daß eine *Vollkostenrechnung die Preisuntergrenzen der betrieblichen Produkte nicht erkennen läßt.*

In der Tabelle 6 haben wir ein einfaches Beispiel für eine monatliche Erfolgsrechnung nach dem Umsatzkostenverfahren auf Vollkostenbasis wiedergegeben. Wie die Spalte der Nettogewinne erkennen läßt, ist Artikel 1 ein „Verlustartikel", da er seine Vollkosten nicht deckt. Aus einer derartigen Erfolgsübersicht zieht die Geschäftsleitung häufig den falschen Schluß, daß der Gewinn um den Verlustbetrag steigt, wenn bei im übrigen gleicher Zusammensetzung des Fertigungsprogramms der „Verlustartikel" aus dem Sortiment gestrichen wird. Im Beispiel der Tabelle 6 würde man also folgern, daß der Gewinn von 96 482 DM um 28 550 DM steigt und ohne den „Verlustartikel" 125 032 DM betragen würde. Hierbei wird übersehen, daß zwar die Erlöse zur Absatzmenge porportional verlaufen und daher bei Streichung des „Verlustartikels" auf Null absinken, daß diese proportionale Beziehung aber nicht auch für die Vollkosten gilt. Der Selbstkostenbetrag in Tabelle 6 in Höhe von 159 880 DM enthält künstlich proportionalisierte fixe Kosten, die in voller Höhe erhalten bleiben, solange keine Kapazitäten abgebaut werden.

In der Regel wird die Geschäftsleitung bei der Auswertung der monatlichen Erfolgsrechnung vom Leiter der Kostenabteilung auf diesen Sachverhalt zwar hingewiesen. Auf die dann meist folgende Frage, *um wieviel* sich denn die Selbstkosten verringern würden, was also wirklich im Kosten- und Erlösgefüge bei Streichung des „Verlustartikels" passiert, kann der Vollkostenrechner der Geschäftsleitung jedoch keine Antwort geben. Durch Sonderrechnungen wird er versuchen, die proportionalen und fixen Bestandteile der Selbstkosten zu trennen. Eine nachträgliche Kostenauflösung ist sehr ungenau und zeitraubend, weil in der Vollkostenrechnung die innerbetriebliche Leistungsverrechnung mit Hilfe von Vollkostensätzen durchgeführt wird, so daß fixe Kosten der Hilfs- und Nebenkostenstellen auf den empfangenden Hauptkostenstellen teilweise zu „proportionalen Kosten" werden. Diese Umschichtung der Kosten ist nachträglich kaum zu entwirren. Auf jeden Fall ist diese Rechnung jedoch so zeitraubend, daß ihre Ergebnisse fast immer zu spät kommen.

218, 248 ff. und 277 ff.; *A. Matz, O. J. Curry, G. W. Frank,* Cost Accounting . . ., a. a. O., S. 751; *NAA-Research Report 37,* Current Application . . ., a. a. O., S. 22 ff.; *P. Riebel,* Das Rechnen mit Einzelkosten und Deckungsbeiträgen, ZfhF 1959, S. 235; *W. Roth,* Deckungsbeitragsrechnung, Mittel zur wirtschaftlichen Sortimentsgestaltung, RKW, Heft 6, Berlin – Bielefeld – München 1965, S. 10 ff.; *G. Shillinglaw,* Cost Accounting . . ., a. a. O., S. 571 und S. 620; *F. Wille,* Plan- und Standardkostenrechnung, 2. Aufl., Essen 1963, S. 147; *H. G. Plaut,* Unternehmenssteuerung . . ., a. a. O., S. 467 und 472; *W. Wright,* Direct Standard Costs . . ., a. a. O., S. 5 und S. 30.

164 Vgl. *H. G. Plaut,* Die Grenzplankostenrechnung, ZfB 1955, S. 32 und 33; *W. Kilger,* Die Erfolgsanalyse im Industriebetrieb, ZfhF 1960, S. 299 ff.; *W. Kilger,* Kurzfristige Erfolgsrechnung, Wiesbaden 1962, S. 47.

Tabelle 6: Beispiel einer monatlichen Erfolgsrechnung nach dem Umsatzkostenverfahren auf Vollkostenbasis

Artikel Nr.	Absatzmenge Stück	Preis DM/Stck.	Selbstkosten DM/Stck.	Erlöse DM	Selbstkosten DM	Nettogewinn gesamt DM	Nettogewinn pro Einheit DM/Stck.	Nettogewinn % vom Erlös
1	11 420	11,50	14,–	131 330	159 880	./. 28 550	./. 2,50	./. 21,74
2	6 800	11,80	9,20	80 240	62 560	+ 17 680	+ 2,60	+ 22,03
3	9 410	8,60	6,80	80 926	63 988	+ 16 938	+ 1,80	+ 20,93
4	14 320	14,45	11,75	206 924	168 260	+ 38 664	+ 2,70	+ 18,69
5	11 980	15,50	13,25	185 690	158 735	+ 26 955	+ 2,25	+ 14,52
6	4 750	19,–	13,78	90 250	65 455	+ 24 795	+ 5,22	+ 27,47
Summe	–	–	–	775 360	678 878	+ 96 482	–	(+ 12,44)

Im übrigen gibt die auf Vollkosten basierende Erfolgsrechnung nicht nur falsche Hinweise in bezug auf „Verlustartikel", sondern auch die Rangreihe der Erfolgsbeiträge wird durch die willkürliche Fixkostenzurechnung verkehrt wiedergegeben. Als Beispiele von Fehlentscheidungen der obigen Art berichtet H. G. Plaut die folgenden Fälle[165].

1. Beispiel:

In der einer Maschinenfabrik angegliederten Gießerei wird neben der Eigengußerzeugung auch ein erhebliches Kundengußprogramm erstellt. Als die Eigengußerzeugung auf Grund einer Absatzkrise zurückging, stiegen die Vollkosten aller Kundengußaufträge über die Preise, so daß die meisten Aufträge zu „Verlusten" führten. Darauf traf die Geschäftsleitung die Entscheidung, die Kundengußproduktion ganz einzustellen. Hierdurch wurde jedoch der Verlust noch größer, da viele Kundengußaufträge neben den von ihnen verursachten proportionalen Kosten auch erhebliche Teile der fixen Kosten gedeckt hatten.

2. Beispiel:

Ein Unternehmen der optischen Industrie fertigt höherwertige und geringwertige Erzeugnisse. Die Betriebsergebnisrechnung eines Jahres zeigte bei einem Artikel der geringeren Qualitätsgruppe, daß die Vollkosten über den Erlösen lagen. Hieraus zog die technische Geschäftsleitung den Schluß, daß diese Erzeugnisse die Erfolgslage der Unternehmung verschlechtern und schlug vor, ihre Produktion ganz einzustellen, obwohl bei den höherwertigen Erzeugnisgruppen keine Zunahme der Verkaufsmengen möglich war. Diese Entscheidung war falsch, da die technisch einfacheren Erzeugnisse neben denen von ihnen verursachten proportionalen Kosten auch einen beachtlichen Teil der ohnehin anfallenden fixen Kosten der Unternehmung deckten.

5. Aus der falschen Behandlung des Fixkostenproblems resultiert eine weitere *Beeinträchtigung der kurzfristigen Erfolgsanalyse,* die insbesondere in den USA als sehr störend empfunden wird und dort heftige Kritik am Vollkostenprinzip ausgelöst hat.

Unterliegt der Absatz einer Unternehmung größeren Saisonschwankungen, so stimmen in der Regel die monatlichen Absatzmengen und die monatlichen Produktionsmengen nicht überein. Beispiele hierfür sind Konservenfabriken sowie die Süßwaren- und Verpackungsindustrie.

In einer auf Vollkosten basierenden Plankostenrechnung werden die Planbeschäftigungsgrade der Kostenstellen als Monatsdurchschnitte angesetzt und mit ihrer Hilfe Planvollkostensätze gebildet. Alle Lagerzugänge werden zu vollen Planherstellkosten bewertet. In absatzschwachen Monaten mit Vorratsproduktion werden auf diese Weise große Fixkostenbeträge aktiviert und von der Erfolgsrechnung ferngehalten. Erst in Monaten mit Lagerbestandsabgängen werden dann diese fixen Kosten der Erfolgsrechnung belastet.

[165] Vgl. *H. G. Plaut,* Die Grenzplankostenrechnung (1955), a. a. O., S. 32 und 33.

Bezeichnen wir den Periodengewinn mit G, die abgesetzten Mengen mit x_a, die produzierten Mengen mit x_h, die Planherstellkosten mit $k_h^{(p)}$, die Artikelnummer mit i, die Anzahl der Artikel mit n und die Gesamtkosten mit K, so erhalten wir bei Anwendung des Gesamtkostenverfahrens der kurzfristigen Erfolgsrechnung für den Periodengewinn folgenden Ausdruck:

$$(8) \qquad G = \sum_{i=1}^{n} x_{ai} p_i + \sum_{i=1}^{n} (x_{hi} - x_{ai})\, k_{hi}^{(p)} - K$$

Der mittlere Teil der Gleichung (8) gibt die zu Planherstellkosten bewerteten Lagerbestandsveränderungen an[166].

Wird dagegen das Umsatzkostenverfahren (auf Vollkostenbasis) angewandt, so erhalten wir für den Periodengewinn die Gleichung:

$$(9) \qquad G = \sum_{i=1}^{n} x_{ai} p_i - \sum_{i=1}^{n} x_{ai} k_{si}^{(p)} - \sum_{j=1}^{m} \Delta B_j$$

Hierbei sind $k_{si}^{(p)}$ die vollen Planselbstkosten pro Produkteinheit i und ΔB_j die Beschäftigungsabweichungen der Kostenstellen 1 bis m, die sich als Unterschied zwischen den Sollkosten und den verrechneten Plankosten ergeben, wie wir es bereits in Abschnitt B, I dieses Kapitels beschrieben haben.

In Tabelle 7 haben wir ein einfaches Beispiel für die Erfolgsrechnung eines Betriebes mit starken Saisonschwankungen wiedergegeben. Dieses Beispiel läßt erkennen, daß bei größeren Lagerbestandsveränderungen die Erfolgsformeln der Gleichungen (8) und (9) zu problematischen Ergebnissen führen. Betrachten wir z. B. die Ergebnisse der Monate September, Oktober und November, so fällt auf, daß trotz gleicher Absatzmengen und Erlöse stark voneinander abweichende Monatsgewinne ausgewiesen werden. Der Grund hierfür liegt in den stark voneinander abweichenden Produktionsmengen dieser Monate. Wie das Beispiel zeigt, weist die auf Vollkosten basierende kurzfristige Erfolgsrechnung auch bei konstanten Absatzmengen und Erlösen Ergebnisse aus, die in gleicher Richtung wie die Produktion zu- oder abnehmen. Der Grund hierfür liegt in der bestandsmäßigen Abgrenzung der fixen Herstellkosten.

Im Beispiel der Tabelle 7 fallen 66 300 DM fixe Kosten des Herstellbereichs an. Die monatliche Durchschnittsproduktion beträgt 13 000 Stück, so daß wir einen fixen Herstellkostensatz pro Stück in Höhe von 5,10 DM erhalten. Multiplizieren wir mit diesem Satz die Lagerbestandsveränderungen der Monate September, Oktober und November und subtrahieren wir sie von den in Tabelle 7 ausgewiesenen Gewinnen, so erhalten wir in allen drei Monaten den gleichen Gewinn in Höhe von 323 700 DM:

[166] Treten neben Fertigwarenbestandsveränderungen auch Halbfabrikatebestandsveränderungen ein, so sind die Planherstellkosten nur für die bereits durchgeführten Prozeßbeiträge anzusetzen. Im übrigen vgl. zum Aufbau der kurzfristigen Erfolgsrechnung *W. Kilger*, Kurzfristige ..., a. a. O.

	September	Oktober	November
Gewinn	430 800	277 800	170 700
± Lagerbestandsveränderungen bewertet zu fixen Herstellkosten	./. 107 100	+ 45 900	+ 153 000
Summe	+ 323 700	+ 323 700	+ 323 700

Auch das Umsatzkostenverfahren führt bei Anwendung des Vollkostenprinzips zu den gleichen störenden Gewinnschwankungen, wie die vier letzten Spalten der Tabelle 7 erkennen lassen. Hier werden zwar die Selbstkosten des Umsatzes zunächst umsatzproportional ausgewiesen; sie müssen aber um die entstehenden Beschäftigungsabweichungen korrigiert werden. Betrachten wir hierzu als Beispiel den Monat Oktober, so erhalten wir für den Produktionsbereich einen Beschäftigungsgrad von $\frac{30\,000 \text{ Stück}}{13\,000 \text{ Stück}}\,100 = 230{,}77\,\%$. Entsprechend erhalten wir für den Vertriebssektor einen Beschäftigungsgrad von 300 %. Im Produktionsbereich werden daher 130,77 % und im Vertriebsbereich 200 % fixe Kosten zuviel gedeckt. Multiplizieren wir die monatlichen fixen Herstellkosten in Höhe von 66 300 DM mit dem zugehörigen Überdeckungsprozentsatz, so erhalten wir eine Beschäftigungsabweichung in Höhe von ./. 86 700 DM. Entsprechend erhalten wir dann für den Vertriebsbereich ./. 54 600 DM.

Umsatzproportionale Gewinne erhalten wir auch nach dem Umsatzkostenverfahren nur, wenn keine fixen Kosten auf die Produkteinheiten verrechnet werden. Die proportionalen Selbstkosten betragen in unserem Beispiel 13,30 DM, so daß wir einen Bruttogewinn ohne Berücksichtigung der fixen Kosten in Höhe von 39 000 Stück × 10,70 DM/Stück = 417 300 DM erhalten. Subtrahieren wir hiervon den Fixkostenblock in Höhe von 93 600 DM, so erhalten wir 323 700 DM. Dieser Gewinn ist für die Vergleichsmonate September, Oktober und November gleich groß, da für diese Monate die Absatzmengen und Erlöse die gleiche Höhe aufweisen.

Das Beispiel zeigt, daß bei einer auf Vollkosten basierenden Plankostenrechnung die proportionale Beziehung zwischen Gewinn, Erlösen, Kosten und Verkaufsmenge infolge der Fixkostenaktivierung gestört ist. Diese Tatsache wird insbesondere in den USA als ein schwerwiegender Einwand gegen die Vollkostenrechnung angesehen. Die infolge der Fixkostenaktivierung zuviel oder zuwenig in das Ergebnis verrechneten fixen Herstellkosten bezeichnet man in den USA als „over“ oder „under absorbed burden“.

Die Praxis der Erfolgsdurchsprache in den USA hat immer wieder gezeigt, daß die auf Vollkosten basierende kurzfristige Ergebnisrechnung zu schwerwiegenden Mißverständnissen führte. Die Verkaufsleiter können mit Recht nicht verstehen, wieso die Monatserfolge keine proportionale Beziehung zu den erzielten Absatzmengen aufweisen. Sie üben insbesondere daran Kritik, daß auch bei gleichbleibenden Absatzmengen das Ergebnis stark durch Produktionsschwankungen beeinträchtigt wird. R. W. Sauber berichtet im N.A.C.A.-Bulletin 1955 in Form einer Glosse über die immer wiederkehrenden Mißverständnisse bei der Durchsprache der Ergebnisse

Tabelle 7: Beispiel einer Erfolgsanalyse auf Vollkostenbasis in einem Saisonbetrieb

Erfolgsrechnung						Gesamtkostenverfahren			Umsatzkostenverfahren			
Monat	Absatz Stück	Produktion Stück	Lagerbestandsveränderg. Stück	Lagerbestand Stück	Netto-Erlöse DM	Lagerbestandsverändrg. zu HK DM	Selbstkosten (Gesamt) DM	Gewinn oder Verlust DM	Selbstkosten (des Umsatzes) DM	Beschäftigungsabweichung des Herstellbereichs DM	Beschäftigungsabweichung des Verkaufsbereichs DM	Gewinn oder Verlust DM
1	1 200	2 000	+ 800	800	28 800	+ 14 720	120 200	./. 76 680	24 600	56 100	24 780	./. 76 680
2	1 800	2 000	+ 200	1 000	43 200	+ 3 680	120 200	./. 73 320	36 900	56 100	23 520	./. 73 320
3	1 800	2 000	+ 200	1 200	43 200	+ 3 680	120 200	./. 73 320	36 900	56 100	23 520	./. 73 320
4	2 200	2 000	./. 200	1 000	52 800	./. 3 680	120 200	./. 71 080	45 100	56 100	22 680	./. 71 080
5	3 500	3 000	./. 500	500	84 000	./. 9 200	133 500	./. 58 700	71 750	51 000	19 950	./. 58 700
6	4 500	4 000	./. 500	–	108 000	./. 9 200	146 800	./. 48 000	92 250	45 900	17 850	./. 48 000
7	6 000	10 000	+ 4 000	4 000	144 000	+ 73 600	226 600	./. 9 000	123 000	15 300	14 700	./. 9 000
8	6 000	30 000	+ 24 000	28 000	144 000	+ 441 600	492 600	+ 93 000	123 000	./. 86 700	14 700	+ 93 000
9	39 000	60 000	+ 21 000	49 000	936 000	+ 386 400	891 600	+430 800	799 500	./. 239 700	./. 54 600	+430 800
10	39 000	30 000	./. 9 000	40 000	936 000	./. 165 600	492 600	+277 800	799 500	./. 86 700	./. 54 600	+277 800
11	39 000	9 000	./. 30 000	10 000	936 000	./. 552 000	213 300	+170 700	799 500	20 400	./. 54 600	+170 700
12	12 000	2 000	./. 10 000	–	288 000	./. 184 000	120 200	./. 16 200	246 000	56 100	2 100	./. 16 200
Summe	156 000	156 000	–	–	3 744 000	–	3 198 000	+546 000	3 198 000	–	–	+546 000

einer auf Vollkosten basierenden Erfolgsrechnung. Es wird eine Sitzung geschildert, an der neben dem Präsidenten der Verkaufsleiter, der technische Direktor, der Finanzdirektor und der Controller teilnehmen. Der Gewinn zweier Vergleichsmonate ist bei fast gleichem Umsatz in einem Monat höher, weil Vorratsproduktion erfolgte. Typisch ist, daß der Präsident den Ergebnisunterschied nicht versteht, der Produktionsleiter es richtig findet, daß der Gewinn von der Produktions- und nicht von der Absatzmenge abhängig ist, und nur der Controller die Zusammenhänge wirklich versteht. Die Kritik des Verkaufsleiters findet ihren Niederschlag in folgendem Zitat: "Hold it! Hold everything, Chief! I've got the answer. It's super colossal! We make money when we produce. We don't make money when we sell. So, all those salesmen I've got running around the country are wasting their time–right? Here's what we'll do. We make the salesmen quit selling. We bring them into the plant, put them on the production line, and produce like mad. And we'll all get rich – right?" [167]

6. Ein weiterer Nachteil der auf Vollkosten basierenden Plankostenrechnung besteht darin, daß das Vollkostenprinzip zu *Schwierigkeiten bei der Gewinnplanung* führt. Die Gewinnplanung, wie sie insbesondere in amerikanischen Betrieben üblich ist, beginnt in der Regel mit dem Absatzplan, in dem unter Berücksichtigung der Marktverhältnisse die Absatzmengen, die Marktpreise und der Werbeeinsatz des geplanten Sortiments festgelegt werden. Es folgen die Produktionsplanung, die Bereitstellungsplanung für Werkstoffe, Arbeitskräfte, Maschinen und sonstige Produktionsfaktoren und schließlich die Beschaffungsplanung. Parallel hierzu werden Finanz- und Kostenpläne erstellt. Aus den Erlösen des Absatzplans und den Ergebnissen der Kostenplanung wird der Gewinnplan aufgebaut. Die erste Fassung der Gewinnplanung führt aber oftmals zu neuen Erkenntnissen, die eine Änderung der ursprünglichen Absatzplanung erforderlich machen. Bei einem sorgfältigen Aufbau der Gesamtplanung müssen daher die Einzelpläne stets mehrmals „durchgeplant" werden, bis wenigstens näherungsweise eine optimale Abstimmung erreicht ist. Wiederholte Änderungen der Absatz- und Produktmengen führen in den einzelnen Kostenstellen aber zu unterschiedlichen Beschäftigungsgraden und damit zu unterschiedlichen Vollkostensätzen. Hierdurch wird der Aufbau einer Gewinnplanung sehr erschwert. Die falsche Behandlung des Fixkostenproblems, d. h. die künstliche Proportionalisierung fixer Kosten, macht darüber hinaus die Ergebnisse der Gewinnplanung undurchsichtig.

[167] *R. W. Sauber,* Management Appraises Direct Costing – A Play, N.A.C.A.-Bulletin 1955 (12), Section 1, S. 459 ff., Zitat S. 461. Vgl. hierzu auch *NAA-Research Report 37,* Current Application ..., a. a. O., S. 72: "In short, we were creating profit by producing for inventory." Hierbei können die Monatsgewinne sogar größer als die Monatsumsätze werden! In gleichem Sinne auch *W. Wright,* Direct Standard Costs ..., a. a. O., S. 5.

C. *Die Entwicklung der Grenzplankostenrechnung*

I. Begriff und Zielsetzung der Grenzplankostenrechnung

1. Wie wir im vorigen Abschnitt gezeigt haben, resultieren alle Ansatzpunkte der Kritik an der auf Vollkosten basierenden Plankostenrechnung aus der falschen Behandlung des Fixkostenproblems. Aus diesem Grunde führte die weitere Entwicklung dazu, daß in den Plankalkulationen den Erzeugnissen nur die nach dem Verursachungsprinzip zumeßbaren proportionalen Kosten belastet und die fixen Kosten, entsprechend ihrer Eigenschaft als „kalenderzeitproportionale Periodenkosten", in das monatliche Betriebsergebnis übernommen werden. Für eine solche Form der flexiblen Plankostenrechnung wird in Deutschland die Bezeichnung *Grenzplankostenrechnung* verwendet [168]. Charakteristisch für die Grenzplankostenrechnung ist eine konsequente Trennung in fixe und proportionale Kosten, die in der Kostenstellenrechnung beginnt und über die Bildung von Verrechnungssätzen für innerbetriebliche Leistungen und Kalkulationssätzen bis zur Plankalkulation und der kurzfristigen Erfolgsrechnung reicht. Im Gegensatz hierzu wurde bei der auf Vollkosten basierenden flexiblen Plankostenrechnung die Trennung in fixe und proportionale Kosten nur für die Zwecke der Kostenkontrolle nutzbar gemacht und die Plankalkulationen mit Vollkostensätzen erstellt. Von sekundärer Bedeutung für die Grenzplankostenrechnung ist die Frage, ob man sie in irgendeiner Form durch Fixkostendeckungsrechnungen ergänzen soll [169].

Da es sich bei der Grenzplankostenrechnung um ein relativ junges Gebiet handelt, ist die Begriffsbildung noch keineswegs einheitlich. Neben der Bezeichnung Grenzplankostenrechnung werden daher folgende weitere Begriffe verwendet.

In den USA, wo diese Form der flexiblen Plankostenrechnung zuerst entstanden ist, hat sich die Bezeichnung *„direct costing"* durchgesetzt [170]. Im Gegensatz hierzu bezeichnet man jede Form der Kostenrechnung, in der auch fixe Kosten auf die Produkte verrechnet werden, als „absorption costing" [171]. Der Ausdruck „direct" soll bedeuten, daß bei diesem Verfahren den Produkten nur Kosten zugerechnet werden,

[168] Diese Bezeichnung wurde erstmalig von H. G. Plaut verwendet, vgl. *H. G. Plaut,* Wo steht die Plankostenrechnung in der Praxis?, ZfhF 1952, S. 400; sowie *H. G. Plaut,* Die Grenzplankostenrechnung (1955), a. a. O., S. 25, wo der Verfasser schreibt: „Bei der Grenzplankostenrechnung handelt es sich um eine Form der flexiblen Plankostenrechnung, die sowohl im Betriebsabrechnungsbogen als auch in der Kostenträgerrechnung die fixen Kosten getrennt ausweist und getrennt behandelt"; vgl. auch *H. G. Plaut,* Unternehmenssteuerung . . ., a. a. O., S. 462 und 467.

[169] Vgl. *H. G. Plaut,* Unternehmenssteuerung . . ., a. a. O., S. 467.

[170] Vgl. *N.A.C.A. Research Series,* Direct Costing, N.A.C.A.-Bulletin 1953 (4), No. 23, Section 3, S. 1086 (Deutsche Übersetzung: RKW, Direct Costing, Das Rechnen mit Grenzkosten, 4. Aufl., Berlin – Frankfurt/M. – Köln 1962), sowie *NAA-Research Report 37,* Current Application..., a. a. O., S. 6. Die Mehrzahl der amerikanischen Autoren verwendet heute die Bezeichnung „direct costing".

[171] Vgl. z. B. *N.A.C.A.-Bulletin 1953 (4),* No. 23, Section 3, S. 1082.

die mit der Beschäftigung variieren. Mit der auch in den USA üblichen Unterscheidung in direkt und indirekt zurechenbare Kosten hat die Bezeichnung „direct costing" nichts zu tun. Sie ist insofern irreführend, als bei diesem Verfahren auch die nur indirekt zurechenbaren variablen Gemeinkosten in die Plankalkulationen einbezogen werden[172]. Weiterhin wird der Bezeichnung „direct costing" vorgeworfen, daß sie zu farblos ist und die große Bedeutung dieses Verfahrens für die Kosten- und Gewinnkontrolle nicht genügend zum Ausdruck bringt. Manche Autoren halten daher Bezeichnungen wie „responsibility accounting" oder „control accounting" für geeigneter[173]. Weiterhin sind die Bezeichnungen „variable cost accounting" oder „variable costing" vorgeschlagen worden, die klar zum Ausdruck bringen sollen, daß nur die beschäftigungsabhängigen variablen Kosten auf die Kostenträger verrechnet werden, gleichgültig ob es sich hierbei um direkt oder indirekt zurechenbare Kostenarten handelt[174]. Kritisch ist gegen die Bezeichnung „variable costing" einzuwenden, daß sie die Prämisse linearer Kostenverläufe, die dem System des „direct costing" zugrunde liegt, nicht zum Ausdruck bringt. Im übrigen hat sie in den USA die Bezeichnung „direct costing" nicht verdrängen können.

In Großbritannien bezeichnet man die Grenzplankostenrechnung als *„marginal costing"*[175].

Im deutschen Sprachgebiet sind die folgenden weiteren Bezeichnungen vorgeschlagen worden. Am ältesten ist der von K. Rummel geprägte Ausdruck *„Blockkostenrechnung"*, der andeuten soll, daß bei diesem Verfahren die fixen Kosten als „monatliche Blöcke" auf das Betriebsergebniskonto übernommen werden[176].

Weiterhin wird gelegentlich die Bezeichnung *„Proportionalkostenrechnung"* verwendet, da in der Grenzplankostenrechnung nur proportionale Kosten auf die Erzeugnisse verrechnet werden[177].

In neuerer Zeit hat der Begriff *„Deckungsbeitragsrechnung"* eine zunehmende Bedeutung gewonnen[178]. Hierbei sind aber einige bedeutsame Unterschiede gegenüber

[172] Vgl. *G. Shillinglaw*, Cost Accounting . . ., a. a. O., S. 102: "A direct cost is any cost that is specifically traceable to a particular costing unit."

[173] Vgl. *J. A. Beckett*, Direct Costing in Perspective, N.A.C.A.-Bulletin 1955 (1), Section 1, S. 651 und 652.

[174] Vgl. *J. A. Beckett*, Direct Costing . . ., a. a. O., S. 651 ff., und in neuerer Zeit vor allem *C. T. Horngren*, Cost Accounting . . ., a. a. O., S. 22 und 339; *C. T. Horngren*, Accounting for Management Control, An Introduction, Englewood Cliffs, N. J. 1965, S. 405; *G. Shillinglaw*, Cost Accounting . . ., a. a. O., S. 611 ff. Der Kritik von G. Shillinglaw schließt sich K. Käfer an. Vgl. *K. Käfer*, Standardkostenrechnung, 2. Aufl., S. 67 und 476.

[175] Vgl. vor allem *F. C. Lawrence* und *E. N. Humphreys*, Marginal Costing, a. a. O.; *M. Striker*, Marginal Costing and Price Control, The Accountants Digest 1949; *The Institute of Cost and Works Accountants*, A Report . . ., a. a. O.

[176] Vgl. *K. Rummel*, Einheitliche Kostenrechnung, a. a. O., S. 193.

[177] Vgl. *W. Stepf*, Die Proportionalkostenrechnung in der Stahlbauindustrie, ZfhF 1950, S. 173.

[178] Diese Bezeichnung verwendet z. B. H. Lemke, Deckungsbeitragsrechnung . . ., a. a. O.; *P. Riebel*, Fixe Ausgaben, Deckungsrechnung und Entwicklungstendenzen der fixen Kosten, ZfhF 1958, S. 131 ff.; *P. Riebel*, Das Rechnen . . ., a. a. O., S. 213 ff.; *P. Riebel*, Das Rech-

dem Begriff „Grenzplankostenrechnung" zu beachten. Jede Grenzplankostenrechnung ist zwar eine spezifische Form der Deckungsbeitragsrechnung, in deren Mittelpunkt die aus den Preisen und den proportionalen Selbstkosten der Erzeugnisse gebildeten Deckungsbeiträge stehen; es gibt aber Systeme der Deckungsbeitragsrechnung, die sich nicht allein auf *diesen* Deckungsbeitrag beschränken. So gesehen könnte man meinen, die Bezeichnung Deckungsbeitragsrechnung sei der weitere Begriff. Andererseits werden aber Grenzkosten nicht nur für die Bestimmung von Deckungsbeiträgen, sondern auch für viele Entscheidungsmodelle zur Minimierung der Fertigungskosten verwendet. Aus diesem Grunde ist die Bezeichnung Grenzplankostenrechnung als Oberbegriff letztlich doch besser geeignet. Hierzu kommt noch, daß zweifellos die Differenz aus den Preisen und den proportionalen Selbstkosten der wichtigste aller Deckungsbeiträge ist. Weiterhin ist es zweckmäßig, die Grundbezeichnung Plankostenrechnung beizubehalten, denn nur auf der Basis einer gründlichen Kostenplanung ist eine genaue Unterteilung in fixe und proportionale Kosten möglich[179]. Allerdings sei bereits hier darauf hingewiesen, daß der Grenzplankostenrechnung die Prämisse linarer Gesamtkostenverläufe zugrunde liegt. Nur unter dieser Voraussetzung stimmen die variablen Selbstkosten der Erzeugnisse mit den *Grenz*kosten überein[180].

2. Der *Aufbau der Grenzplankostenrechnung* entspricht weitestgehend der auf Vollkosten basierenden flexiblen Plankostenrechnung. Der entscheidende Unterschied besteht darin, daß sowohl bei der Bildung von Verrechnungssätzen für innerbetriebliche Leistungen als auch bei der Ermittlung von Kalkulationssätzen nur die proportionalen Plankosten berücksichtigt werden. Die fixen Kosten bleiben in den Kostenplänen der einzelnen Abteilungen stehen und werden in der Regel monatlich en bloc in das Betriebsergebnis übernommen.
Die Gleichungen (1) bis (5), die wir für die auf Vollkosten basierende Plankostenrechnung abgeleitet haben, gelten auch für die Grenzplankostenrechnung.
Lediglich die Plankostenverrechnungssätze, die wir mit $d^{(p)}$ bezeichnen wollen, erhalten analog zu Gleichung (6) nunmehr die folgende Form:

$$d^{(p)} = \frac{V^{(p)}}{x^{(p)}} \tag{10}$$

Die verrechneten oder kalkulierten Plankosten stimmen daher in der Grenzplankostenrechnung stets mit den proportionalen Sollkosten überein:

nen mit relativen Einzelkosten und Deckungsbeiträgen als Grundlage unternehmerischer Entscheidungen im Fertigungsbereich, NB 1961, S. 145 ff.; *W. Roth*, Deckungsbeitragsrechnung, a. a. O. Auch H. H. Böhm und F. Wille haben die 2. Aufl. ihres Buches: Direct Costing und Programmplanung, München 1960, umbenannt in: Deckungsbeitragsrechnung und Programmoptimierung, München 1965.

179 Hierauf wird auch im *NAA-Research Report 37*, Current Application ..., a. a. O., auf S. 8 hingewiesen.

180 Im übrigen vgl. hierzu unsere Ausführungen auf S. 140 ff.

$$V^{(s)}(x^{(i)}) = d^{(p)} x^{(i)} \tag{11}$$

Wegen dieser Übereinstimmung entfällt die für die Vollkostenrechnung typische Beschäftigungsabweichung.

In der Abbildung 4 haben wir den Sollkostenverlauf und die verrechneten Plankosten nach dem Grenzkostenprinzip dargestellt. Wie die Abbildung zeigt, werden die fixen Kosten „unter dem Strich" ausgewiesen, da sie von der Beschäftigung unabhängig sind und nicht in die kalkulierten Kosten einbezogen werden.

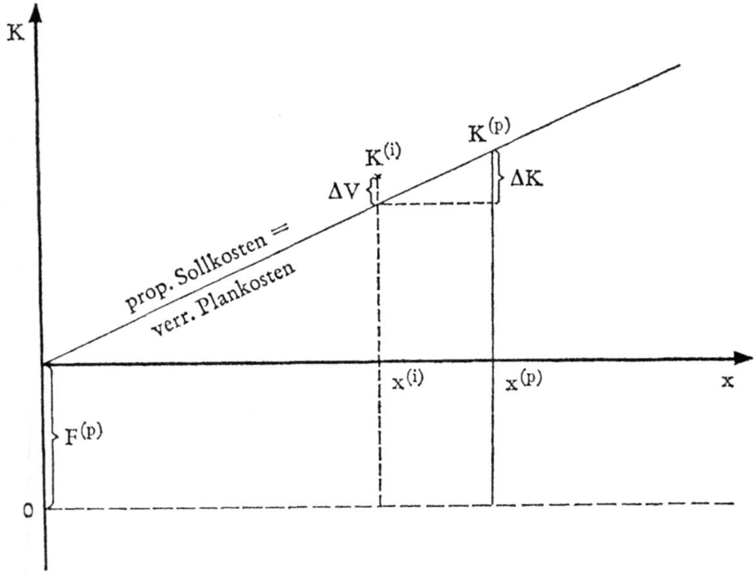

Abb. 4: Beispiel eines Sollkostenverlaufs in der Grenzplankostenrechnung

Die in der Grenzplankostenrechnung verwendeten Kalkulationssätze haben die Eigenschaft, daß sie von der Beschäftigung unabhängig sind.

Der Soll-Ist-Kosten-Vergleich wird in der Grenzplankostenrechnung meistens in der Weise durchgeführt, daß man von den Istkosten die geplanten fixen Kosten subtrahiert und die so erhaltenen „proportionalen Istkosten" mit den proportionalen Sollkosten vergleicht. Für das gleiche Beispiel, das wir bereits im Abschnitt über die flexible Vollkostenrechnung verwendet haben, erhalten wir auf diese Weise „proportionale Istkosten" in Höhe von 48 037 DM. Stellt man diesem Betrag die proportionalen Sollkosten in Höhe von 75 % · 55 200 = 41 400 DM gegenüber, so erhält man als Verbrauchsabweichung +6 637 DM, also den gleichen Betrag wie in der Vollkostenrechnung[181].

[181] Diese Übereinstimmung gilt nur, wenn keine Verbrauchsabweichungen bei den sekundären Kostenarten aufgetreten sind, da in der Vollkostenrechnung die innerbetrieblichen

Der Kalkulationssatz beträgt in unserem Beispiel

55 200 DM : 12 000 Ftg.-Std. = 4,60 DM/Ftg.-Std.

Bei einer Istbeschäftigung von 9 000 Ftg.-Std. gehen daher 41 400 DM als Plankosten in die Kostenträgerrechnung ein. Die fixen Kosten in Höhe von 38 400 DM werden in das monatliche Betriebsergebnis übernommen.

3. Die *Zielsetzung der Grenzplankostenrechnung* läßt sich zusammenfassend so interpretieren, daß sie die Fehler der Vollkostenrechnung vermeiden will, indem sie aus dem Fixkostenproblem für den Aufbau der Kostenrechnung richtige Folgerungen zieht. Insbesondere sollen für alle Entscheidungsprobleme, die auf der Basis gegebener Kapazitäten zu lösen sind, die richtigen Kostendaten zur Verfügung gestellt werden.

Dies gilt insbesondere für die Gewinnplanung, die Erfolgsanalyse und die hierfür erforderliche Ermittlung von Preisuntergrenzen. Bezeichnen wir die monatlichen Absatzmengen einer Erzeugnisart i mit x_{ai}, die Artikelanzahl mit n, die Produktpreise mit p_i, die proportionalen Selbstkosten pro Stück mit $k_{pi}^{(p)}$, die fixen Plankosten mit $F^{(p)}$, die Kostenstellennummern mit j und die Anzahl der Kostenstellen mit m, so erhalten wir für den Periodengewinn auf Grenzkostenbasis die folgende Grundgleichung [182]:

(12) $$G = \sum_{i=1}^{n} x_{ai}(p_i - k_{pi}^{(p)}) - \sum_{j=1}^{m} F_j^{(p)}$$

Die Differenzen $(p_i - k_{pi}^{(p)})$ werden als *Bruttogewinne, Grenzkostenergebnisse* oder *Deckungsbeiträge* bezeichnet. In den USA werden hierfür folgende Begriffe verwendet: „marginal income", „contribution margin", „marginal balance", „profit contribution" und „variable gross margin" [183].

Die Errechnung von Bruttogewinnen bringt zum Ausdruck, daß infolge des Fixkostenproblems kein einzelnes Produkt einen „Nettoerfolg" erzielen kann. Produktindividuell lassen sich vielmehr nur die Stückerlöse und die proportionalen Selbstkosten pro Einheit zurechnen. Mit den hierbei entstehenden Überschüssen leisten die Produkte einen Beitrag zur Deckung der fixen Kosten und zur Erzielung eines Gesamtgewinns [184].

Leistungen zu Vollkosten- und in der Grenzplankostenrechnung zu Grenzkosten bewertet werden.

182 Kostenabweichungen wurden in der Gleichung (12) nicht berücksichtigt.

183 Vgl. *N.A.C.A.-Bulletin 1953 (4)*, No. 23, Section 3, S. 1087, sowie *NAA-Research Report 37*, Current Application ..., a. a. O., S. 7.

184 F. C. Lawrence und E. N. Humphreys haben für das „income statement" der „direct costing"-Methode die folgende eindrucksvolle Formel aufgestellt: Profit = Σ(S–M)–F, wobei S der Verbrauchspreis und M die variablen Stückkosten pro Einheit sind, während F den gesamten Fixkostenblock darstellt. Zu der Differenz S–M sagen sie: "It is the contribution made by each unit towards the realisation of a profit", und: "M represents the efforts made in the factory. F represents the solid barrier which those efforts must overcome to gain success by making a profit"; vgl. *F. C. Lawrence* und *E. N. Humphreys*, Marginal Costing, a. a. O., S. 4 und 5.

In Tabelle 8 haben wir das gleiche Beispiel einer kurzfristigen Erfolgsrechnung wiedergegeben wie im vorigen Abschnitt für die Vollkostenrechnung. Beim Aufbau der Erfolgsanalyse nach dem Grenzkostenprinzip erkennt die Geschäftsleitung sofort, welche Artikel die Grenzkosten nicht decken und folglich möglichst schnell aus dem Fertigungsprogramm gestrichen werden müßten. Unter der Voraussetzung, daß sich ein Betrieb nicht in einer Engpaßsituation befindet, bilden die Grenzselbstkosten die absolute Preisuntergrenze[185].

In der Vollkostenrechnung wurde der Artikel 1 als „Verlustartikel" ausgewiesen. Die Tabelle 8 zeigt jedoch, daß dieser Artikel einen Deckungsbeitrag von 29 692 DM bzw. von 22,61 % der Erlöse erbringt. Um diesen Betrag würde sich der gesamte Nettogewinn verringern, wenn Artikel 1 ersatzlos aus dem Sortiment gestrichen würde[186].

Ein Vergleich der letzten Spalten der Tabellen 6 und 8 läßt erkennen, daß die Grenzkostenbetrachtung zu anderen prozentualen Relationen zwischen den Gewinnbeiträgen und den Erlösen der Erzeugnisse führt. Bei beiden Verfahren ist zwar der Artikel 6 am günstigsten und der Artikel 1 am schlechtesten, bei den übrigen Artikeln kehrt sich aber die Rangfolge um. Die nach dem Vollkostenprinzip errechnete Reihenfolge ist falsch und irreführend. Einschränkend ist allerdings zu bemerken, daß die in Tabelle 8 wiedergegebene Bruttogewinnanalyse für die Verkaufssteuerung nur unter der Voraussetzung ausreicht, daß sich der Betrieb in keiner Engpaßsituation befindet[187].

Da in der Grenzplankostenrechnung die fixen Kosten nicht auf die Produkte verrechnet werden, entfällt bei diesem System auch die bestandsmäßige Abgrenzung der fixen Herstellkosten. Die auf Grenzkosten basierende kurzfristige Erfolgsrechnung weist daher im Gegensatz zur Vollkostenrechnung im Falle von Saisonschwankungen umsatzproportionale Ergebnisse aus. In Tabelle 9 haben wir ein Beispiel für die Erfolgsanalyse auf Grenzkostenbasis bei starken Saisonschwankungen wiedergegeben. Diesem Beispiel liegen die gleichen Daten wie der Tabelle 7 zugrunde.

In der Abbildung 5 haben wir die monatlichen Nettogewinne beider Verfahren graphisch dargestellt. Ein Gewinnvergleich läßt erkennen, daß die Vollkostenrechnung immer dann zu größeren Gewinnen als die Grenzkostenrechnung führt, wenn Lagerbestandszunahmen eingetreten sind. In Monaten mit Lagerbestandsabnahmen weist die Erfolgsrechnung auf Grenzkostenbasis einen größeren Nettogewinn aus.

Die Gewinnerrechnung nach dem Grenzkostenprinzip ist wegen ihrer proportionalen Beziehung zu den Absatzmengen „verkaufsorientiert" und führt bei den Erfolgsdurchsprachen nicht mehr zu den für das Vollkostenprinzip typischen Interpretationsschwierigkeiten.

185 Vgl. hierzu unsere Ausführungen auf S. 673 ff.

186 Tabelle 6 und Tabelle 8 führen nur deshalb zu einem gleich großen Gesamt-Nettogewinn in Höhe von 96 482,– DM, weil keine Lagerbestandsveränderungen eingetreten sind. Vgl. hierzu unsere Ausführungen auf S. 91.

187 Vgl. hierzu unsere Ausführungen auf S. 643 ff., 688 ff.

Tabelle 8: Beispiel einer monatlichen Erfolgsrechnung nach dem Umsatzkostenverfahren auf Grenzkostenbasis

Artikel Nr.	Absatzmenge Stück	Preis DM/Stck.	Proportionale Selbstkosten DM/Stck.	Erlöse DM	Proportionale Selbstkosten DM	Bruttogewinne		
						gesamt DM	pro Einheit DM/Stck.	% vom Erlös
1	11 420	11,50	8,90	131 330	101 638	29 692	2,60	22,61
2	6 800	11,80	7,50	80 240	51 000	29 240	4,30	36,44
3	9 410	8,60	5,–	80 926	47 050	33 876	3,60	41,86
4	14 320	14,45	8,05	206 924	115 276	91 648	6,40	44,29
5	11 980	15,50	7,45	185 690	89 251	96 439	8,05	51,94
6	4 750	19,–	8,78	90 250	41 705	48 545	10,22	53,79
Summe	–	–	–	775 360	445 920	329 440	–	42,49
Fixe Kosten		–	–	–	(232 958)	./. 232 958	–	./. 30,05
Summe (Nettogewinn)		–	–	–	(678 878)	+ 96 482	–	+ 12,44

Tabelle 9: Beispiel einer Erfolgsanalyse auf Grenzkostenbasis in einem Saisonbetrieb

	Erfolgsrechnung					Gesamtkostenverfahren			Umsatzkostenverfahren		
Monat	Absatz Stück	Produktion Stück	Lagerbestandsveränderg. Stück	Lagerbestand Stück	Netto-Erlöse DM	Lagerbestandsveränderungen zu prop. HK DM	Selbstkosten (Gesamt) DM	Gewinn oder Verlust DM	prop. Selbstkosten (des Umsatzes) DM	Fixe Kosten DM	Gewinn oder Verlust DM
1	1 200	2 000	+ 800	800	28 800	+ 10 640	120 200	./. 80 760	15 960	93 600	./. 80 760
2	1 800	2 000	+ 200	1 000	43 200	+ 2 660	120 200	./. 74 340	23 940	93 600	./. 74 340
3	1 800	2 000	+ 200	1 200	43 200	+ 2 660	120 200	./. 74 340	23 940	93 600	./. 74 340
4	2 200	2 000	./. 200	1 000	52 800	./. 2 660	120 200	./. 70 060	29 260	93 600	./. 70 060
5	3 500	3 000	./. 500	500	84 000	./. 6 650	133 500	./. 56 150	46 550	93 600	./. 56 150
6	4 500	4 000	./. 500	–	108 000	./. 6 650	146 800	./. 45 450	59 850	93 600	./. 45 450
7	6 000	10 000	+ 4 000	4 000	144 000	+ 53 200	226 600	./. 29 400	79 800	93 600	./. 29 400
8	6 000	30 000	+ 24 000	28 000	144 000	+ 319 200	492 600	./. 29 400	79 800	93 600	./. 29 400
9	39 000	60 000	+ 21 000	49 000	936 000	+ 279 300	891 600	+ 323 700	518 700	93 600	+ 323 700
10	39 000	30 000	./. 9 000	40 000	936 000	./. 119 700	492 600	+ 323 700	518 700	93 600	+ 323 700
11	39 000	9 000	./. 30 000	10 000	936 000	./. 399 000	213 300	+ 323 700	518 700	93 600	+ 323 700
12	12 000	2 000	./. 10 000	–	288 000	./. 133 000	120 200	+ 34 800	159 600	93 600	+ 34 800
Summe	156 000	156 000	–	–	3 744 000	–	3 198 000	+ 546 000	2 074 800	1 123 200	+ 546 000

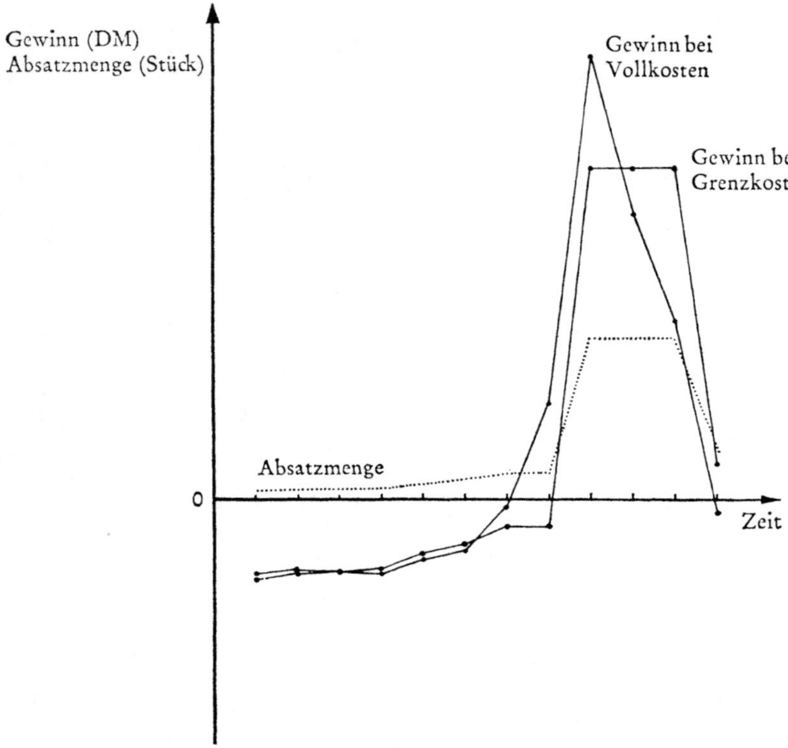

Abb. 5: Zeitvergleich der Gewinne bei Voll- und Grenzkostenrechnung

Erkennt man den Charakter der fixen Kosten als „Periodenkosten" an, so ist zweifellos der Gewinn nach dem Grenzkostenprinzip richtig und eine bestandsmäßige Abgrenzung der fixen Herstellkosten in der kurzfristigen Erfolgsrechnung falsch[188].

[188] In diesem Sinne äußern sich z. B. *C. Gillespie,* Standard and Direct Costing, a. a. O., S. 129 ff.; *C. T. Horngren,* Cost Accounting..., a. a. O., S. 341 ff., insbesondere S. 344; *W. Kilger,* Kurzfristige ..., a. a. O., S. 63 ff.; *A. Matz, O. J. Curry, G. W. Frank,* Cost Accounting..., a. a. O., S. 795; *NAA-Research Report 37,* Current Application..., a. a. O., S. 78; *N.A.C.A.-Bulletin 1953 (8),* vol. 34, S. 1115 ff. Hier ist für die Gewinnverlagerungen infolge nicht aktivierter fixer Herstellkosten folgende Formel abgeleitet:

$$\text{profit computed by absorption costing} - \text{profit computed by direct costing} = \frac{\text{total fixed manufactured cost}}{\text{standard volume of production}}\left(\text{volume produced} - \text{sold volume}\right)$$

R. W. Sauber, Management..., a. a. O., S. 459 ff.; *G. Shillinglaw,* Cost Accounting..., a. a. O., S. 616 ff.; *G. O. Wentworth,* An Evaluation of Direct Costing, Diss. Stanford University 1959, S. 26 ff. Eine andere Ansicht vertreten *F. Henzel,* Die Kostenrechnung, a. a. O., S. 242, und insbesondere *K. Käfer,* Standardkostenrechnung, 2. Aufl., a. a. O., S. 501.

Nicht nur bei der Erfolgsanalyse, sondern insbesondere auch für die Gewinnplanung erweist sich das Grenzkostenprinzip als vorteilhaft. Änderungen in den Teilplänen und die Aufstellung von Alternativplänen beeinflussen in einer Grenzplankostenrechnung auch bei Korrekturen der Planbeschäftigungsgrade die Kalkulationssätze und damit die Ergebnisse der Plankalkulationen nicht. Für alle Veränderungen der Absatzmengen lassen sich vielmehr ohne Korrekturen der Plankalkulationen und ohne die komplizierte Ermittlung von Beschäftigungsabweichungen die Wirkungen auf den geplanten Gewinn unmittelbar erkennen. Wie ein amerikanischer Autor hervorhebt, gilt für die Gewinnplanung nach dem Grenzkostenprinzip stets: "... that the correlation between price, cost, and volume remains crystal clear."[189]

II. Die Entstehung des „direct costing" in den USA

1. Als Begründer des „direct costing" in den USA wird heute allgemein J. N. Harris angesehen, der als Controller der Dewey and Almy Chemical Co. in seiner Firma bereits 1934 zum Grenzkostenprinzip überging, nachdem er bereits lange Zeit vorher Versuche unternommen hatte, die Fehler der Vollkostenrechnung aus dem innerbetrieblichen Rechnungswesen zu eliminieren[190]. Im Jahre 1936 trat J. N. Harris in seinem inzwischen in den USA berühmt gewordenen Aufsatz: "What Did We Earn Last Month?" mit seinen Ideen an die Öffentlichkeit, wobei er für sein Verfahren erstmalig die Bezeichnung „direct costing" prägte[191].
Unabhängig von J. N. Harris und fast zur gleichen Zeit fand G. C. Harrison, einer der führenden Vertreter der Standardkostenrechnung, den Weg zum „direct costing". 1935 führte er dieses System in der Spool Cotton Company ein und veröffentlichte seine Erfahrungen 1937 unter dem Titel "New Wine in Old Bottles, Why Most Profit Statements Are Wrong."[192]
J. N. Harris und G. C. Harrison waren nur Vorläufer des „direct costing". Eine intensive Entwicklung setzte erst nach dem zweiten Weltkrieg, insbesondere in den fünfziger Jahren, ein. Diese Entwicklung ist durch die Forschungskomitees, Diskussionsgruppen und Veröffentlichungen der National Association of Accountants in New York grundlegend gefördert worden. Die Forschungsberichte der NAA, No. 23 aus dem Jahre 1953 und No. 37 aus dem Jahre 1961 zählen sowohl wissenschaftlich als auch vom praktischen Standpunkt zu den besten Darstellungen des „direct costing" in den USA[193].

[189] Vgl. *W. Wright*, Direct Standard Costs ..., a. a. O., S. 30.

[190] Vgl. *J. A. Beckett*, Direct Costing ..., a. a. O., S. 651: "Jonathan Harris gets credit for developing the idea of direct costing in this country"; *N.A.C.A.-Bulletin 1953(4)*, No. 23, Section 3, S. 1081 ff.; *NAA-Research Report 37*, Current Application ..., a. a. O., S. 1 ff.; und *W. Wright*, Direct Standard Costs ..., a. a. O., S. 6 ff.

[191] Vgl. *N.A.C.A.-Bulletin* vom 15. Januar 1936.

[192] Vgl. *W. Wright*, Direct Standard Costs ..., a. a. O., S. 6.

[193] Vgl. *N.A.C.A.-Bulletin 1953 (4)*, No. 23, Section 3, S. 1079 ff.; *NAA-Research Report 37*, Current Application .. ., a. a. O.

Im Forschungsbericht der NAA wird das System des „direct costing" in Anlehnung an W. W. Neikirk wie folgt definiert: "Direct costing should be defined as a segregation of manufacturing costs between these which are fixed and those which vary directly with volume. Only the prime costs plus variable factory costs are used to value inventory and cost of sales. The remaining factory expenses are charged off currently to profit and loss. However, the point to be emphasized is that direct costing is primarily a segregation of expenses and only secondary a method of inventory valuation. By this approach, full attention can be devoted to the effect which direct costing has on the profit and loss statement and supplementary operation reports"[194].

Die Anzahl der amerikanischen Firmen, die bereits geschlossene Systeme des „direct costing" verwenden, dürfte zwar heute noch relativ gering sein[195], zweifellos besteht aber zur Zeit in den USA eine ständig zunehmende Tendenz zum „direct costing", wie die folgenden Literaturstellen beweisen mögen. Im NAA-Research Report 37 steht hierüber: "Nevertheless, evidence from various sources – accounting conferences, recent publications, and field interviews in this study – seems to indicate that interest in direct costing to supply management with financial data for decision making purposes is spreading rapidly." und an anderer Stelle: "Since 1953, interest in direct costing has spread widely."[196] In gleichem Sinne äußert sich C. Gillespie: "Standard direct costing has received a great deal of professional attention since the first edition of this book was published."[197] (1952 d. Verfasser) I. W. Keller spricht von einem „definite trend ... to ... direct costing", A. Matz über eine „stetige, wenn auch langsame Zunahme der Anhänger", und W. J. Vatter bezeichnet die neue Entwicklung als "recent growth of interest in direct costing techniques."[198]

2. Über die Gründe, die in den USA zum „direct costing" führten, waren die Ansichten zunächst geteilt. Die beiden Titel der ersten Veröffentlichungen über dieses Gebiet von J. N. Harris und G. C. Harrison deuten jedoch darauf hin, daß beiden Autoren eine auf Vollkosten basierende Erfolgsanalyse und Gewinnplanung falsch oder irreführend zu sein schien. Daher dürften es die Erfolgsanalyse und die Ge-

[194] Vgl. *W. W. Neikirk*, How Direct Costing Can Work for Management, N.A.C.A.-Bulletin 1951 (1), Section 1, S. 525; *N.A.C.A.-Bulletin 1953 (4)*, No. 23, Section 3, S. 1079 f. Auch *J. A. Beckett*, Direct Costing ...; a. a. O., S. 655, bezeichnet die Definition *W. W. Neikirks* als die beste.

[195] Vgl. hierzu *NAA-Research Report 37*, Current Application ..., a. a. O., S. 89: Direct is, of course, not widely used at present."

[196] Vgl. hierzu *NAA-Research Report 37*, Current Application ..., a. a. O., S. 89 und 1.

[197] *C. Gillespie*, Standard and Direct Costing, a. a. O., S. 13.

[198] Vgl. *I. W. Keller*, Management Accounting ..., a. a. O., S. 121; *A. Matz*, Planung ..., a. a. O., S. 286; *W. J. Vatter*, Toward a Generalized Break-Even Formula, NAA-Bulletin 1961 (12), Section 1, S. 5. In gleicher Weise äußert sich auch *G. O. Wentworth*, An Evaluation ..., a. a. O., S. 214. Auch in den amerikanischen Lehrbüchern über Kostenrechnung findet das „direct costing" zunehmende Beachtung.

winnplanung gewesen sein, die die ersten Impulse zum „direct costing“ ausgelöst haben. Die neue Entwicklung hat diese These eindeutig bestätigt.
Einige Autoren haben allerdings zunächst auch die Verbesserung der Kostenkontrolle als die Hauptzielsetzung des „direct costing“ angesehen[199].
Heute dürften aber die Gründe, die amerikanische Betriebe in zunehmendem Maße zur Einführung des „direct costing“ veranlassen, wie folgt gestaffelt sein:
1. Verbesserung der Erfolgsanalyse und der Gewinnplanung einschließlich der hiermit verbundenen absatzpolitischen Entscheidungen.
2. Verbesserung der Kostengrundlage für alle übrigen Entscheidungsprobleme bei unveränderten betrieblichen Kapazitäten.
3. Verbesserung des Aufbaus der Kostenkontrolle.
Von diesen drei Zielen wird in den USA zweifellos dem ersten die größte Bedeutung zugemessen. Im Gegensatz zu der auf Vollkosten basierenden Standardkostenrechnung soll das „direct costing“ die Geschäftsleitung laufend über die Preisuntergrenzen der betrieblichen Produkte informieren, Fehlentscheidungen in bezug auf „Verlustartikel“ vermeiden, den Ausweis falscher Gewinne durch aktivierte Fixkosten (overabsorbed burden) vermeiden und die Gewinnplanung übersichtlicher gestalten. Durch die laufende Planung und Kontrolle der „profit contributions“ aller Artikel sollen die „cost - volume - profit relationships“ klar und übersichtlich dargestellt werden. Wie stark die Störungen empfunden wurden, welche die willkürliche Fixkostenzurechnung des „absorption costing“ in der Gewinnplanung und Erfolgsanalyse verursachten, läßt bereits das folgende Zitat von J. N. Harris erkennen: “Direct cost accounting is regular standard cost accounting after an operation for chronic appendicitis. The useless appendix known to many readers, as unabsorbed or overabsorbed factory burden, has been eliminated. By this operation standard cost accounting requires ability to provide management with truthful income statements where, before, the real results are obscured by technicalities.”[200]
Die klarere und richtigere Gestaltung der Gewinnplanung und Erfolgsanalyse ist in den USA für die meisten Firmen mit „direct costing“ der Hauptgrund gewesen, der sie zur Einführung dieses Systems veranlaßt hat: “A majority of the companies participating in this study adopted direct costing primarily for its usefulness in profit planning.”[201] Besonders wichtig erscheint hierbei amerikanischen Kostenfachleuten

[199] Vgl. *J. A. Beckett*, Direct Costing ..., a. a. O., S. 655, wo die Zielsetzung des „direct costing“ wie folgt gegliedert wird:

Cost control	The primary emphasis
Profit measurement Economic analyses Pricing	The secondary emphases and optional aspects

[200] Entnommen bei *H. W. Luenstroth*, The Case for Direct Costing, N.A.C.A.-Bulletin 1952 (8), S. 1484.

[201] Vgl. *NAA-Research Report 37*, Current Application ..., a. a. O., S. 22, 23 und 77; *N.A.C.A.-Bulletin 1953 (4)*, No. 23, Section 3, S. 1103; *N.A.C.A. Research Series*, The Analysis of Cost-Volume-Profit Relationships, N.A.C.A.-Bulletin 1949 (12), No. 17, Section 3, S. 525; *R. E. Longenecker*, Direct Costing in a Glass Container Plant, N.A.C.A.-

die Tatsache, daß der Periodengewinn beim „direct costing" von Bestandsveränderungen unabhängig und proportional zum Absatzvolumen wird[202].
Der zweite Grund für die Tendenz zum „direct costing" ist zweifellos durch die Erkenntnis begründet, daß nicht nur bei absatzpolitischen Entscheidungen, sondern auch bei der Lösung aller übrigen Entscheidungsprobleme auf der Basis gegebener Kapazitäten das „absorption costing" versagen muß[203]. Auch die mathematischen Planungsmodelle des Operations Research erfordern in vielen Fällen Grenzkosten, so daß dieses neue Gebiet zweifellos die Verbreitung des „direct costing" fördern wird.
Als dritter Vorteil des „direct costing" wird in den USA die Verbesserung der Kostenkontrolle hervorgehoben. Gegenüber der auf Vollkosten basierenden flexiblen Standardkostenrechnung wird beim direct costing der Soll-Ist-Kosten-Vergleich durch das Weglassen der fixen Kosten einfacher und durch die Konzentration auf die vom Kostenstellenleiter in erster Linie beeinflußbaren Kosten wirkungsvoller gestaltet[204]. Die Verbesserung der Kostenkontrolle hat aber, gemessen an den übrigen Vorteilen des „direct costing", nur eine relativ geringe Bedeutung.

3. Trotz der zunehmenden Anerkennung, die das „direct costing" in den USA in den letzten 10 Jahren erlangt hat, sind naturgemäß kritische Stellungnahmen nicht ausgeblieben. Insbesondere sind die folgenden Ansatzpunkte der Kritik hervorzuheben[205]:
a) Das „direct costing" führt nicht zu allgemein anerkannten Wertansätzen für die Bestandsbewertung in der Handels- und Steuerbilanz.
b) Grenzkostenkalkulationen sind als Grundlage für die langfristige Preispolitik ungeeignet.
c) Grenzkostenkalkulationen lösen die latente Gefahr von Preissenkungen aus, die der Angebots- und Nachfragesituation eines Betriebes nicht entsprechen.
Obwohl bereits die Definition W. W. Neikirks zum Ausdruck gebracht hat, daß es dem „direct costing" nicht in erster Linie darauf ankommt, eine Bewertungsmethode zu

Bulletin 1953 (6), Section 1, S. 1291, der über die Erfolgsanalyse schreibt: "Its most important use lies in focussing sales attention and consequent sales effort on the most lucrative markets and on the most lucrative bottles within markets." *W. Wright,* Direct Standard Costs..., a. a. O., S. 30. Gleicher Ansicht sind auch *F. C. Lawrence* und *E. N. Humphreys,* Marginal Costing, a. a. O., S. 5.

[202] Vgl. *NAA-Research Report 37,* Current Application..., a. a. O., S. 81: "Under direct costing, periodic net income tends to follow sales volume and is not affected by changes in the inventory of manufactured goods."

[203] Vgl. *NAA-Research Report 37,* Current Application..., a. a. O., S. 23, 32, 35 ff. und 89; *W. Wright,* Direct Standard Costs..., a. a. O., S. 1. Im übrigen sei auf unsere Ausführungen im sechsten Teil verwiesen.

[204] Vgl. *R. E. Longenecker,* Direct Costing ..., a. a. O., S. 1293.

[205] Die Kritik am „direct costing" konzentriert sich auf die von R. E. Longenecker gestellte Frage: "With your direct costing, how do you develop cost estimates for setting sales prices, and what do you do about realistic inventory valuation?", vgl. *R. E. Longenecker,* Direct Costing ..., a. a. O., S. 1295.

sein, erfordert dieses System für die Erfolgsanalyse und Gewinnplanung eine Bewertung der Halb- und Fertigfabrikatebestände zu Grenzherstellkosten. Für den Jahresabschluß erkennt aber das American Institute of Certified Public Accountants Grenzkosten nicht als ordnungsgemäße Wertansätze an[206]. Auch die amerikanische Börsenaufsichtsbehörde lehnt zur Zeit noch Bilanzen mit Grenzkostenbewertung ab. Steuerlich ist zwar in den USA die Grenzkostenbewertung gelegentlich anerkannt worden, hierbei handelt es sich aber um Ausnahmen. Die Rechtslage ist zur Zeit noch nicht völlig geklärt, und in der Mehrzahl der Fälle ist damit zu rechnen, daß die Steuerbehörden eine Grenzkostenbewertung ablehnen. Mit Recht weist daher A. Matz darauf hin, daß der Wechsel in den Bestandswerten das Hauptargument der Gegner des „direct costing" in den Vereinigten Staaten ist[207]. Hierbei ist noch zu berücksichtigen, daß es in den USA eine strenge organisatorische Trennung in Finanzbuchhaltung und Betriebsabrechnung, wie sie in Deutschland üblich ist, nicht gibt. Daher ist in den USA die Abneigung, in beiden Teilgebieten des Rechnungswesens unterschiedliche Bewertungsprinzipien anzuwenden, viel größer als in Deutschland. Diese Einstellung hindert offensichtlich viele Betriebe in den USA daran, zum „direct costing" überzugehen.

Zweitens wird von den Kritikern des „direct costing" angezweifelt, daß Grenzkosten für die langfristige Preispolitik ausreichen. Die Vertreter des „direct costing" haben aber nie einen Zweifel daran gelassen, daß langfristig die Preise nach Möglichkeit so zu stellen sind, daß neben den proportionalen auch die fixen Kosten gedeckt sind. Bereits im N.A.C.A.-Forschungsbericht von 1953 wird zu diesem Problem wie folgt Stellung genommen: "It is evidently that unless the combination of price and volume obtainable returns all costs in the long run, there will be no profits. For this reason, all costs are alike in their significance for determining costs as guides to long range pricing policy." [208]

Auch langfristig ist es aber keineswegs erforderlich, die Vollkostendeckung durch eine artikelindividuelle Zurechnung der fixen Kosten herbeizuführen. Im übrigen werden wir die Bedeutung von Grenzkosten für die betriebliche Preispolitik im neunzehnten Kapitel, Abschnitt A, behandeln.

Weiterhin ist der Grenzkostenrechnung in den USA immer wieder vorgeworfen worden, daß sie trotz der Zielsetzung der Vollkostendeckung mit der latenten Gefahr unnötiger Preisreduktionen verbunden sei: "If you use only marginal contribution, you can very readily get to the point where you are making no profit." [209] Diese Gefahr besteht in manchen Fällen tatsächlich. Wir werden zu diesem

[206] Vgl. *NAA-Research Report 37*, Current Application..., a.a.O., S. 86 ff. und 97 ff., sowie *A. Matz*, Planung.., a.a.O., S. 275 ff. Im übrigen werden wir das Bewertungsproblem auf S. 665 ff. behandeln.

[207] Vgl. *A. Matz*, Planung..., a.a.O., S. 279. Im übrigen vgl. hierzu unsere Ausführungen in Abschnitt C im 20. Kapitel.

[208] Vgl. *N.A.C.A.-Bulletin 1953(4)*, No. 23, Section 3, S. 1108.

[209] Vgl. *N.A.C.A.-Bulletin 1952(9)*, Accounting Treatment of Fixed Costs in Product Costing – The Direct Cost Plan, 1952 Conference Proceedings- 3, S. 163; *N.A.C.A.-Bulletin 1953(4)*, No. 23, Section 3, S. 1110: "One of the criticisms most frequently

Problem in unserem Abschnitt über die Bedeutung der Grenzkostenrechnung für die betriebliche Preispolitik zurückkommen.

Faktisch haben die Vor- und Nachteile dazu geführt, daß man heute in den USA die folgenden vier Ansichten unterscheiden kann[210]:

a) „The absorption costing school." Hierunter werden starre Vollkostensysteme verstanden, die noch keine Auflösung der Kosten in fixe und proportionale Bestandteile verwenden.

b) „The modified absorption costing school." Hierunter sind flexible Ausgestaltungsformen der Vollkostenrechnung zu verstehen, die zwar für die Zwecke der Kostenkontrolle eine Kostenauflösung in fixe und proportionale Bestandteile vorgenommen haben, bei denen aber Kalkulation, Gewinnplanung und Erfolgsanalyse mit Hilfe von Vollkosten durchgeführt werden.

c) „The direct-costing-for-internal-use-only school." Hierunter ist eine Grenzplankostenrechnung zu verstehen, deren Ergebnisse aber nicht für außerbetriebliche Berichte verwendet werden. In Handels- und Steuerbilanz und in sonstigen externen Berichten werden die Halb- und Fertigfabrikate zu Vollkosten geführt.

d) „The direct costing school." Die Anhänger dieser Gruppe fordern die Grenzkostenbewertung auch für die externe Berichterstattung einschließlich der Handels- und Steuerbilanz.

Die Mehrzahl der Betriebe mit „direct costing" dürfte zur Gruppe 3 gehören, d.h. sie nutzen bei innerbetrieblichen Entscheidungen die Vorteile des Grenzkostenprinzips, beugen sich aber bei der externen Berichterstattung der z. Z. noch vorherrschenden Meinung, daß hierfür das Vollkostenprinzip richtiger sei[211]. Wir werden allerdings später sehen, daß es bereits kritische Stellungnahmen gegen die These gibt, daß für die externe Berichterstattung eine Bewertung zu Vollkosten sachlich richtiger ist.

III. Die Entstehung der Grenzplankostenrechnung in Deutschland

1. Auch in Deutschland hat es schon sehr früh Ansätze dafür gegeben, in der laufenden Kostenrechnung die kapazitätsabhängigen fixen Kosten und die beschäftigungsabhängigen variablen Kosten getrennt zu verrechnen.

Bereits im Jahre 1899 hat E. Schmalenbach in einem Vortrag das Fixkostenproblem behandelt und vorgeschlagen, nur die „primären Unkosten" zu kalkulieren und die „sekundären Unkosten" durch den „Rohgewinn" zu decken[212]. Auch in einer spä-

leveled against direct costing is that it may lead to disregard for the need to recover fixed costs in pricing."

210 Vgl. *NAA-Research Report 37*, Current Application ..., a. a. O., S. 8 f.

211 Vgl. *NAA-Research Report 37*, Current Application ..., a. a. O., S. 91. In diesem Sinne äußert auch *J. A. Mauriello*, Convertibility of Direct and Conventional Costing, N.A.C.A.-Bulletin 1954 (3), Section 1, S. 894: "No conflict between direct costing and conventional costing" und "Each type possesses desirable features which the other lacks."

212 Vgl. *E. Schmalenbach*, Buchführung ..., a. a. O. Auf diesen Aufsatz hat E. Kosiol in

teren Veröffentlichung hat E. Schmalenbach vorgeschlagen, die fixen Kosten von den Kostenstellen unter Umgehung der Kalkulation auf ein Fixkosten-Sammelkonto der Erfolgsrechnung zu buchen[213]. In fast allen späteren Arbeiten über Kostenrechnung und Preispolitik hat E. Schmalenbach die Forderung erhoben, daß die betriebliche Absatzpolitik mit Hilfe des „proportionalen Satzes", d. h. der Grenzkosten zu steuern ist. Nach E. Schmalenbachs Theorie soll das Preisangebot einer Unternehmung stets auf der Basis der jeweiligen Grenzkosten erfolgen, da sich hierdurch die Beschäftigung langfristig im Stückkostenminimum einspielt[214]. Die preispolitische Konzeption, die auf der Annahme s-förmiger Kostenverläufe basiert, erweiterte E. Schmalenbach im Laufe der Zeit zu einem dezentralen Organisationssystem, welches das Grenzkostenprinzip nicht nur für die Absatzpolitik, sondern auch für die innerbetriebliche Lenkung als Regulativ verwendet[215]. Wenn spätere Untersuchungen auch zeigten, daß die Lehren E. Schmalenbachs nur in Sonderfällen gültig sind[216], so bleibt es doch E. Schmalenbachs großes Verdienst, den Grenzkostenbegriff in die betriebswirtschaftliche Literatur und Praxis eingeführt zu haben. Hierdurch wurde eine wesentliche Grundlage für die später einsetzende Entwicklung der Grenzplankostenrechnung geschaffen.

Ein weiterer Vorläufer des Grenzkostengedankens ist die von J. F. Schär vorgeschlagene „Berechnung des toten Punktes" einer Unternehmung. Dieses Verfahren entspricht der anglo-amerikanischen „Break-even-Analyse". Der „tote Punkt" gibt diejenige Absatzmenge an, von der an eine Unternehmung bei gegebenen Marktpreisen und proportionalen Stückkosten Gewinne erzielt. Er wird bestimmt, indem man den Fixkostenblock durch die Differenz aus dem Produktpreis und den proportionalen Selbstkosten dividiert. J. F. Schär hat in diesem Zusammenhang in Deutschland als erster den Begriff „Bruttogewinn" für die Differenz zwischen Umsatz und proportionalen Kosten verwendet[217].

Weiterhin hat bereits W. Hasenack zur Verbesserung der Kostenbudgetierung im Jahre 1929 die Forderung erhoben: „Ihrer Natur nach nicht beeinflußbare Kosten

einem Vortrag auf der 4. Plankostentagung 1954 in Frankfurt hingewiesen; vgl. *E. Kosiol*, Neuere Ziele ..., a. a. O., S. 669.

213 Vgl. *E. Schmalenbach*, Der Kontenrahmen, 4. Aufl., Leipzig 1935, Anlage 18: Beispiel einer Unterteilung des Kontenrahmens; zit. n. *E. Kosiol*, Kostenrechnung, Wiesbaden 1964, S. 101.

214 Vgl. *E. Schmalenbach*, Selbstkostenrechnung und Preispolitik, 6. Aufl., Leipzig 1934, S. 53 ff.

215 Vgl. hierzu die Lehre vom „Betriebswert", *E. Schmalenbach*, Selbstkostenrechnung ..., a. a. O., S. 10 ff., und die Lehre von der „pretialen Wirtschaftslenkung", *E. Schmalenbach*, Pretiale Wirtschaftslenkung, Bd. I, Die optimale Geltungszahl, Bd. II, Pretiale Lenkung des Betriebes, Bremen-Horn 1947.

216 Vgl. *H. Möller*, Die Grenzkosten als Grundlage der Preispolitik der Betriebe, ZfN 1939, S. 541 ff.; *H. v. Stackelberg*, Grundlagen einer reinen Kostentheorie, Wien 1932, S. 119, und zur Kritik an der absatzpolitischen Konzeption E. Schmalenbachs vor allem *E. Gutenberg*, Grundlagen der Betriebswirtschaftslehre, 2. Bd., Der Absatz, 8. Aufl., Berlin–Heidelberg–New York 1965, S. 352.

217 Vgl. *J. F. Schär*, Allgemeine Handelsbetriebslehre, 5. Aufl., Leipzig 1923, S. 169 ff.

sollten aus der Unkostenbudgetierung herausgelassen werden."[218] In ähnlicher Weise hat auch T. Beste darauf hingewiesen, daß der kostenstellenweise Soll-Ist-Vergleich klarer wird, wenn man die fixen Kosten um ihn herumleitet und sie direkt auf das Gewinn- und Verlustkonto übernimmt: „Eine wirksamere Kontrolle, als sie durch diese Abrechnung möglich ist, kann durch die Trennung der proportionalen und fixen Gemeinkosten erreicht werden. Den Betriebskonten werden die proportionalen Ist-Gemeinkosten belastet, die proportionalen Soll-Gemeinkosten gutgeschrieben."[219]

2. Auch in der deutschen Praxis sind zweifellos schon seit mehreren Jahrzehnten Grenzkostenüberlegungen angestellt worden.

Wie wir bereits bei der Erörterung des Fixkostenproblems nachgewiesen haben, führten die hervorragenden Kostenanalysen K. Rummels bei dem Versuch, die Weiterverrechnung von Kosten auf die einheitliche „Grundlage einer vorausgesetzten Proportionalität der Kosten zu betrieblichen Größen" zu stellen, zu der Erkenntnis, daß das Verursachungs- oder Proportionalitätsprinzip für die Verrechnung von fixen Kosten auf die betrieblichen Produkte nicht gültig ist. Hieraus zog K. Rummel den Schluß, daß man die fixen Kosten am besten ganz aus der Kostenträgerrechnung herausläßt, und bezeichnete eine derartige Form der Kostenrechnung als „Blockkostenrechnung"[220]. Durch die Gedankengänge K. Rummels, die bereits in den frühen dreißiger Jahren entstanden sind, wurde zweifellos das theoretische Fundament für den späteren Übergang zur Grenzplankostenrechnung geschaffen.

Zu ähnlichen Folgerungen wie K. Rummel gelangte auch H. Kreis[221]. Auch er erkannte die Grenzen des Verursachungsprinzips und erörterte die Frage, ob es nicht zugleich richtiger und einfacher ist, nur die variablen Kosten zu kalkulieren. Allerdings erkannte H. Kreis die absatzpolitischen Vorteile einer solchen Rechnung nicht, sondern lediglich die hiermit verbundenen Gefahren, die seiner Ansicht nach darin bestehen, daß im Betrieb und im Verkauf das „Denken in Gesamtkosten" bald völlig aufhören würde. Bei der Preisstellung und der Bestandsbewertung kann man aber nach H. Kreis auf die Kenntnis der Gesamtkosten nicht verzichten. Trotz der von ihm aufgezeigten Grenzen des Verursachungsprinzips gelangte daher H. Kreis im Grunde zu einer Ablehnung einer Kostenrechnung, bei der keine fixen Kosten auf die betrieblichen Produkte verteilt werden, da seiner Ansicht nach hierdurch eine „gefährliche Lücke in die Kostenrechnung getragen wird"[222].

Erst nach dem zweiten Weltkrieg wurde der Grenzkostengedanke wieder aufgegriffen. Im Jahre 1950 wies W. Stepf darauf hin, daß es nicht die Aufgabe der Stückerfolgsrechnung ist, den absoluten Gewinn zu errechnen, sondern festzustellen, ob die proportionalen Kosten hereingekommen sind und darüber hinaus ein Rest zur

[218] Vgl. *W. Hasenack*, Budgeteinführung..., a. a. O., S. 398.
[219] Vgl. *T. Beste*, Die Produktionsplanung, a. a. O., S. 363.
[220] Vgl. *K. Rummel*, Einheitliche Kostenrechnung, a. a. O., S. 192 ff.
[221] Vgl. *H. Kreis*, Die Aufstellung ..., a. a. O., S. 357 ff.
[222] Vgl. *H. Kreis*, Die Aufstellung..., a. a. O., S. 359.

Fixkostendeckung bleibt. Er schlägt daher vor, die laufende Kostenrechnung als eine „Proportional-Kostenrechnung“ zu führen, da hierdurch die Rechenarbeit erleichtert wird und alle Kostenteile aus der Kostenträgerrechnung eliminiert werden, die „... einer proportionalen Verteilung widerstreben und damit jede andere Rechnung zwangsläufig stören“ [223].

Weiterhin hat P. Kreuzer die von ihm aufgebaute flexible Plankostenrechnung so ausgestaltet, daß die Betriebsergebnisrechnung den „Absatzrohüberschuß“, d. h. den Gewinn, „... der sich ergibt, wenn man die festen Kosten außer Betracht läßt ...“, ausweisen kann [224].

Trotz der oben beschriebenen Ansätze zu Grenzkostenüberlegungen und der zunehmenden Erkenntnis, daß Grenzkosten für absatzpolitische Entscheidungen bedeutsam sein können, gab es bis etwa 1950 in Deutschland keine Anzeichen für die Weiterentwicklung zur Grenzkostenrechnung. Selbst fortschrittliche Betriebe, die die Bedeutung von Grenzkostenüberlegungen erkannten, folgten der von A. Müller geäußerten Ansicht, daß die Rechnung mit Grenzkosten eine „Unternehmer-Rechnung auf höchster Ebene“ ist, die immer Sonderrechnung sein wird und sich für eine laufende Durchführung nicht eignet [225].

3. Geschlossene Systeme der Grenzplankostenrechnung werden in Deutschland erst seit etwa 1950 verwendet. Als erster dürfte H. G. Plaut in deutschen Firmen Grenzplankostenrechnungen eingeführt haben. Er stellte das von ihm zunächst empfohlene Verfahren der flexiblen Plankostenrechnung auf Vollkostenbasis von 1950 an auf Grenzkostenbasis um. Die so entstandene neue Form der flexiblen Plankostenrechnung bezeichnete er als Grenzplankostenrechnung. Der Aufbau und die Funktionsweise dieses Kostenrechnungssystems entspricht dem amerikanischen „direct costing“.

Im Jahre 1953 berichtete H. G. Plaut zum erstenmal ausführlich über seine Erfahrungen mit der Grenzplankostenrechnung [226]. Das große Interesse, das bereits dieser ersten Veröffentlichung und dem inzwischen bekannt gewordenen „direct costing“ entgegengebracht wurde, veranlaßte die Arbeitsgemeinschaft Plankostenrechnung e. V. (AGPLAN) auf ihrer 4. Plankostentagung, die Grenzplankostenrechnung auf die Tagesordnung zu setzen [227].

Die Gründe, welche H. G. Plaut zum Übergang zur Grenzplankostenrechnung veranlaßten, sind im wesentlichen die gleichen, die in den USA zur Entwicklung des „direct costing“ führten.

Erstens erkannte auch H. G. Plaut die große Gefahr von Fehlentscheidungen, die mit einer auf Vollkosten basierenden Erfolgsanalyse und Gewinnplanung verbunden

[223] Vgl. *W. Stepf*, Die Proportionalkostenrechnung ..., a. a. O., S. 173.
[224] Vgl. *P. Kreuzer*, Plankosten im Verkauf, ZfB 1950, S. 424.
[225] Vgl. *A. Müller*, Rechnung mit Grenzkosten als wirtschaftliche Gefahrenquelle?, Frankfurt/M. 1950, S. 39.
[226] Vgl. *H. G. Plaut*, Die Grenz-Plankostenrechnung, a. a. O., S. 347 ff., S. 402 ff.
[227] Vgl. *H. G. Plaut*, Die Grenzplankostenrechnung (1955), a. a. O., S. 25.

ist. Viele praktische Fälle, in denen entweder absatzpolitische Fehlentscheidungen bereits getroffen waren, oder in denen die Geschäftsleitung nur mit Mühe daran gehindert werden konnte, ließen ihn an der Richtigkeit des Vollkostenprinzips zweifeln[228]. H. G. Plaut wußte, daß ein entsprechend geschulter Betriebswirt die Zusammenhänge zwischen der Beschäftigung, den Kosten und dem Gewinn auch bei einer Vollkostenrechnung entwirren kann, fragte aber, warum man überhaupt erst eine Rechnung durchführt, die später entwirrt werden muß. Auf Grund dieser Überlegung erhob er daher die Forderung, „... daß man eine Kostenrechnung so anlegen sollte, daß solche falschen Schlüsse daraus nicht zu ziehen sind, daß es zumindest nicht notwendig ist, erst weitere Überlegungen anzustellen, um zu richtigen Entscheidungen zu gelangen. Dies ist aber nur mit einer Grenzkostenrechnung möglich." [229] Nur sie gibt die Preisuntergrenzen der betrieblichen Produkte an und bildet die richtige Grundlage für absatzpolitische Entscheidungen.

Zweitens erkannte er, daß auch alle übrigen Entscheidungen, bei denen Kosten eine Rolle spielen und die auf der Basis gegebener Kapazitäten zu treffen sind, nur bei Anwendung des Grenzkostenprinzips richtig werden[230].

Drittens weist H. G. Plaut darauf hin, daß der Übergang zur Grenzplankostenrechnung auch mit Vorteilen für die laufende Kostenkontrolle verbunden ist: „Die Grenzplankostenrechnung bietet also für den Soll-Ist-Vergleich folgende Vorteile:

1. Das Verständnis des Soll-Ist-Vergleiches insbesondere für den Meister wird erleichtert.
2. Er kann seine Sollkosten leicht selbst ausrechnen.
3. Die Schwierigkeiten bei der Festlegung der Planbeschäftigung entfallen.
4. Die Durchführung des monatlichen kostenartenweisen Soll-Ist-Vergleiches wird erleichtert." [231]

Allerdings mißt dieser Autor den Vorteilen, die die Grenzplankostenrechnung für den Soll-Ist-Kosten-Vergleich bietet, eine relativ geringe Bedeutung zu, da diese Aufgabe der Kostenkontrolle auch von der auf Vollkosten basierenden flexiblen Plankostenrechnung recht gut erfüllt wurde[232].

Ob ein Betrieb neben der Grenzkostenrechnung für die Zwecke der Bestandsbewertung Vollkosten verwendet, oder die Grenzkostenrechnung in irgendeiner Form durch Fixkostendeckungsrechnungen ergänzt, ist für H. G. Plaut eine Verfahrensfrage von sekundärer Bedeutung: „Wichtig ist vor allem, daß bei der Grenzkostenrechnung das Grenzkostenergebnis, also die Spanne zwischen Grenzkosten und Erlösen, gezeigt wird. Wie die Betriebe dann mit ihren fixen Kosten weiterverfahren, ob sie sie in der Kostenträgerrechnung nicht nur in einer Summe zeigen, sondern nach dem

[228] Vgl. *H. G. Plaut,* Die Grenzplankostenrechnung (1955), a. a. O., S. 32 f.; *H. G. Plaut,* Die Grenz-Plankostenrechnung, a. a. O., S. 404 ff., und *H. G. Plaut,* Unternehmenssteuerung ..., a. a. O., S. 469 ff.

[229] Vgl. *H. G. Plaut,* Die Grenzplankostenrechnung (1955), a. a. O., S. 33.

[230] Vgl. *H. G. Plaut,* Unternehmenssteuerung ..., a. a. O., S. 474 und 482.

[231] Vgl. *H. G. Plaut,* Die Grenzplankostenrechnung (1955), a. a. O., S. 31.

[232] Vgl. *H. G. Plaut,* Unternehmenssteuerung ..., a. a. O., S. 462 und 481.

einen oder anderen Verfahren noch umlegen, weil sie sich davon nicht lösen können, ist dann nicht so interessant." [233]

4. In der Übersicht 2 haben wir die Ursachen und Grundlagen, die in Deutschland zur Grenzplankostenrechnung geführt haben, zusammenfassend dargestellt.

Als Ursachen sind die Mängel der Vollkostenrechnung aufgeführt, die wir bereits bei der Kritik der auf Vollkosten basierenden flexiblen Plankostenrechnung analysiert haben. Die Verbesserungsmöglichkeiten der Kostenkontrolle haben wir in der Übersicht 2 weggelassen, weil sie für den Übergang von der Voll- zur Grenzkostenrechnung nur von sekundärer Bedeutung sind.

Weiterhin enthält die Übersicht 2 E. Schmalenbachs Grenzkostentheorie und K. Rummels Einheitliche Kostenrechnung, also insbesondere seine Stellungnahme zum Fixkostenproblem und seine Ausführungen über das Verursachungsprinzip. H. G. Plaut wurde zweifellos von den Gedankengängen K. Rummels beeinflußt, wie er selbst hervorhebt[234]. Aber auch die Einführung des Grenzkostengedankens in die Betriebswirtschaftslehre durch E. Schmalenbach dürfte den Übergang zur Grenzplankostenrechnung vorbereitet haben. Die von H. G. Plaut gewählte Bezeichnung „Grenzplankostenrechnung" deutet ebenfalls auf eine Beeinflussung durch E. Schmalenbachs Grenzkostenlehre hin, denn an sich wären Bezeichnungen wie „Direktplankostenrechnung" oder „Proportionalplankostenrechnung" ebenso naheliegend gewesen; die erste als Anlehnung an die amerikanische Bezeichnung „direct costing" und die zweite, weil nur proportionale Kosten auf die Kostenträger verrechnet werden.

Die in Deutschland empfundenen Mängel der Vollkostenrechnung stimmen im wesentlichen mit den Ansatzpunkten der Kritik überein, die in den USA zum „direct costing" geführt haben. Da in Deutschland in den fünfziger Jahren die amerikanische Diskussion über das „direct costing" bekannt wurde, hat dieses Verfahren zweifellos auch auf die Entstehung der Grenzplankostenrechnung einen Einfluß gehabt, der ebenfalls in der Übersicht 2 angedeutet wird. Auch H. G. Plaut hat Anregungen durch die Veröffentlichungen des NAA erhalten, und er versäumt es nie darauf hinzuweisen, daß die Grenzplankostenrechnung zuerst in USA entwickelt worden ist[235]. Seit den ersten Anfängen der Grenzplankostenrechnung haben die Versuche ständig zugenommen, aus den Erfahrungen zu lernen, die amerikanische Betriebe mit dem „direct costing" gemacht haben.

Obwohl die Zahl der Betriebswirte, die einen Übergang zur Grenzplankostenrechnung fordern, ständig wächst, ist die Verbreitung dieses Verfahrens noch relativ gering. In Deutschland dürften 200 bis 300 Betriebe über eine geschlossene Grenz-

[233] Vgl. *H.G. Plaut,* Die Grenzplankostenrechnung (1955), a.a.O., S. 39; *H.G. Plaut,* Unternehmenssteuerung . . ., a. a. O., S. 467.

[234] Vgl. *H. G. Plaut,* Die Grenz-Plankostenrechnung, a. a. O., S. 404, und *H. G. Plaut,* Die Grenzplankostenrechnung (1955), a. a. O., S. 32.

[235] Vgl. *H. G. Plaut,* Die Grenz-Plankostenrechnung, a. a. O., S. 348, und *H. G. Plaut,* Die Grenzplankostenrechnung (1955), a. a. O., S. 26.

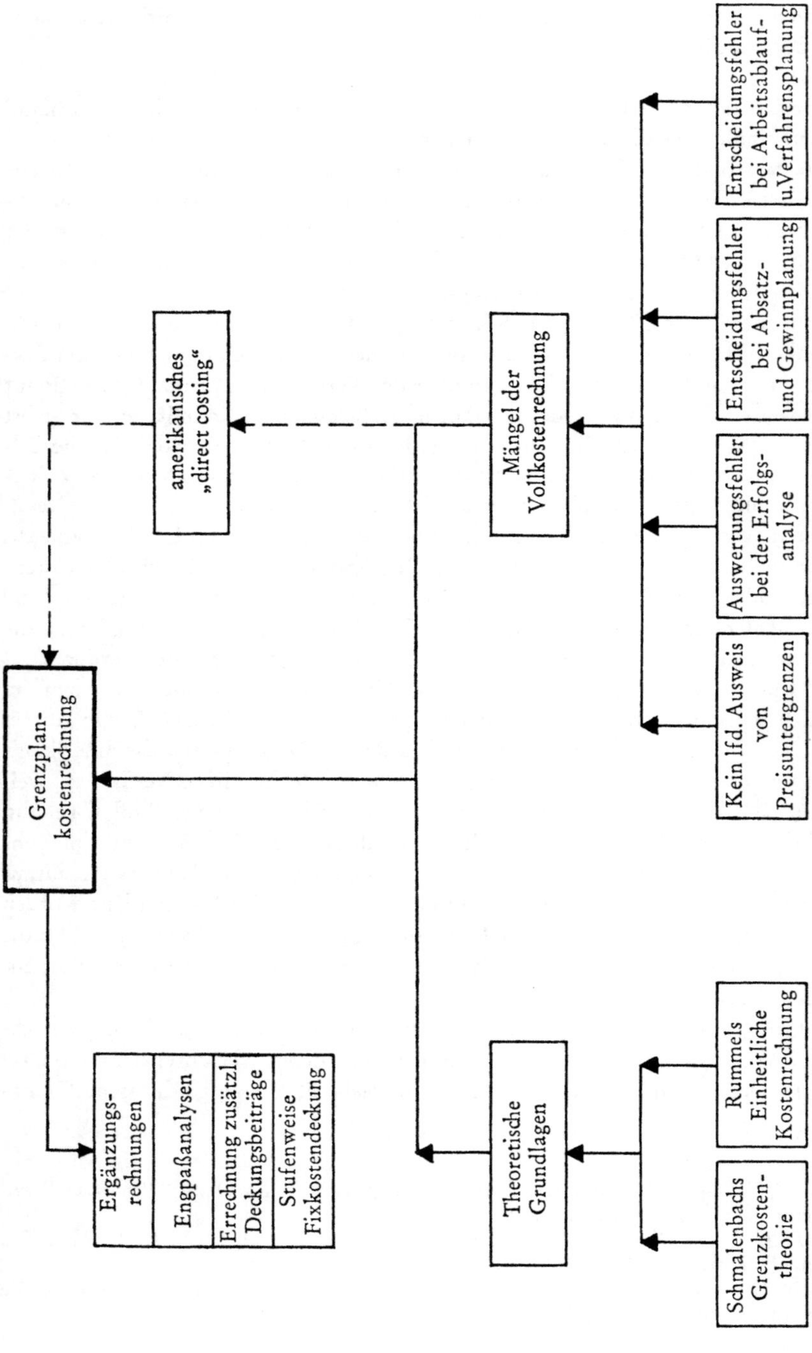

Übersicht 2: Ursachen und Grundlagen für die Entstehung der Grenzplankostenrechnung

kostenplanung verfügen. Trotzdem zeichnet sich deutlich ab, daß die Entwicklung der Kostenrechnung in Richtung auf die Grenzplankostenrechnung verläuft[236]. Allerdings gibt es auch immer noch sehr kritische Stellungnahmen zur Grenzplankostenrechnung. Wir werden aber in den ausführenden Teilen dieses Buches den Beweis erbringen, daß sich alle Ansatzpunkte der Kritik widerlegen lassen.
Von der grundsätzlichen Kritik am Grenzkostenprinzip sind die Versuche scharf zu trennen, die Grenzplankostenrechnung durch zusätzliche Rechnungen zu ergänzen. Hierzu gehört z. B. die in den USA entwickelte und auch von H. G. Plaut verwendete Engpaßanalyse, die H. H. Böhm und F. Wille zu einem eigenständigen Kostenrechnungsverfahren ausbauen wollen. Weiterhin zählt hierzu der Versuch von P. Riebel, die Kostenrechnung zu einem System mit mehreren verschiedenen Arten von Deckungsbeiträgen zu erweitern, und die von K. Mellerowicz und K. Agthe vorgeschlagene stufenweise Fixkostendeckungsrechnung. Diese Verfahren haben wir bereits in der Übersicht 2 angedeutet; wir werden sie im zwanzigsten und einundzwanzigsten Kapitel behandeln.

[236] So erhebt z. B. K. Mellerowicz die Forderung, daß an die Stelle des Durchschnittskostenprinzips das Grenzkostenprinzip gesetzt wird, vgl. *K. Mellerowicz*, Planung ..., Bd. 1, a. a. O., S. 461 ff. Auch für die Klein- und Mittelbetriebe wird bereits der Übergang zur Grenzplankostenrechnung gefordert. Vgl. *H. Lemke*, Deckungsbeitragsrechnung ..., a. a. O.

4. Kapitel

Zusammenfassender Überblick über die Entwicklungsformen der Kostenrechnung

1. Die in den vorigen Kapiteln beschriebene Entwicklung von der Ist- zur Plankostenrechnung haben wir in der Übersicht 3 zusammengefaßt, um abschließend einige typische Merkmale des kostenrechnerischen Entwicklungsprozesses aufzeigen zu können.

Betrachten wir zunächst, wie sich die Zielsetzung der Kostenrechnung im Zeitablauf verändert hat. Bei der Grundform der Istkostenrechnung lag der Schwerpunkt der kostenrechnerischen Zielsetzung zweifellos auf der Nachkalkulation der betrieblichen Erzeugnisse und der mit nachkalkulierten Istkosten durchgeführten Erfolgsrechnung. Die Zielsetzung der Kostenkontrolle lag noch nicht im Blickfeld des Kostenrechners, worauf bereits E. Michel hingewiesen hat: „Das Objekt oder der Kostenträger war alleiniger Gegenstand der Analyse, die sich fast ausschließlich darauf beschränkte, ob und inwieweit die Nachrechnung der Artikelkosten einen Gewinn oder einen Verlust erbrachte. Woher das Ergebnis kam, danach wurde wenig gefragt.“ [237]

Die ersten Stufen des Entwicklungsprozesses der Kostenrechnung, so z. B. die Einführung von Festpreisen, der Übergang zu geplanten Einzelkosten und die Normalisierung der Kostenstellenverrechnungssätze, dienten im wesentlichen zur Vereinfachung der Kostenrechnung. Hierbei ging man aber in Betrieben mit standardisierten Fertigungsprogrammen zugleich schrittweise von der Zielsetzung der laufenden Nachkalkulation ab. Man betrachtete die Unter- und Überdeckungen der Kostenstellen sowie die übrigen Kostenabweichungen als „globale Maßstäbe“ für die Richtigkeit der mit Hilfe von Festpreisen, geplanten Einzelkosten und normalisierten Kostenstellensätzen aufgebauten Kalkulationen.

Mit der zunehmenden Einführung von Plankosten, endgültig aber mit dem Übergang zur Plankostenrechnung, trat die Zielsetzung der laufenden Kostenkontrolle stark in den Vordergrund. Insbesondere der Übergang zur flexiblen Plankostenrechnung wurde durch die Zielsetzung der Kostenkontrolle ausgelöst.

Die Weiterentwicklung der flexiblen Plankostenrechnung zur Grenzplankostenrechnung erhielt ihre wesentlichen Impulse durch das Ziel, richtige Kostenunterlagen für die Erfolgsanalyse, die Gewinnplanung und alle übrigen unternehmerischen Entscheidungen, die auf der Basis gegebener Kapazitäten zu treffen sind, zu erhalten.

[237] Vgl. *E. Michel,* Handbuch der Plankostenrechnung, Berlin 1937, S. 306.

1. Istkostenrechnung 11. Grundform:	Istkosten				
12. mit Festpreisen für von außen bezogene Produktionsfaktoren:	Istkosten, bewertet zu Festpreisen	Preis-abweichungen			
13. mit Festpreisen (wie unter 12.) und geplanten Einzelkosten:	Planeinzelkosten und Istgemeinkosten, bewertet zu Festpreisen	Einzelkosten-abweichung	Preis-abweichungen		
2. Normalkostenrechnung (starr):	Planeinzelkosten und Normalgemeinkosten	Unter- und Überdeckungen d. Kostenstellen	Einzelkosten-abweichungen	Preis-abweichungen	
3. Plankostenrechnung 31. Starre Plankostenrechnung:	Plankosten	Gemeinkosten Planabweichungen der Kostenstellen	Einzelkosten-abweichungen	Preis-abweichungen	
32. Flexible Plankostenrechnung auf Vollkostenbasis:	Plankosten	Beschäftigungs-abweichung	Verbrauchs-abweichungen	Einzelkosten-abweichungen	Preis-abweichungen
33. Grenzplankostenrechnung:	Proportionale Plankosten	Fixe Plankosten	Verbrauchs-abweichungen	Einzelkosten-abweichungen	Preis-abweichungen

Übersicht 3: Zusammenfassender Überblick über die Entwicklungsformen der Kostenrechnung

2. Der oben beschriebene Wandel der kostenrechnerischen Zielsetzung und der durch ihn ausgelöste kostenrechnerische Entwicklungsprozeß hat im Laufe der Zeit eine zunehmende Verwendung geplanter Kostenbeträge und damit eine immer weitergehende Aufspaltung der Kosten nach der Formel

(13) $$\text{Istkosten} = \text{Plankosten} \pm \Sigma \text{ Abweichungen}$$

bewirkt, wie im einzelnen die Übersicht 3 erkennen läßt[238].

In der Grundform der Istkostenrechnung gab es noch keine Kostenabweichungen. Die ersten Abweichungen entstanden durch die Einführung von Festpreisen, und zwar in Form von Preisabweichungen. Die Einführung geplanter Einzelkosten führte zu Einzelkostenabweichungen. Die Normalisierung der Kostenstellensätze führte neben den Preis- und Einzelkostenabweichungen erstmalig auch zu Abweichungen in der Kostenstellenrechnung, die als Über- und Unterdeckungen bezeichnet wurden. Mit dem Übergang zur starren Plankostenrechnung wurden hieraus echte Planabweichungen der Gemeinkosten. Wir haben sie in der Übersicht 3 größer als die Unter- und Überdeckungen der Normalkostenrechnung angegeben, weil in den Normalkostensätzen in der Regel auch die Einflüsse von Unwirtschaftlichkeiten enthalten sind, die durch eine Kostenplanung ausgeschaltet werden. Die flexible Ausgestaltung der Plankostenrechnung führte zu einer Auflösung der Kostenstellenabweichungen in Beschäftigungs- und Verbrauchsabweichungen. Besonders gut ausgebaute Systeme der flexiblen Plankostenrechnung spalten von den Verbrauchsabweichungen noch weitere Spezialabweichungen, so z.B. Seriengrößen- und Verfahrensabweichungen, ab[239].

Mit dem Übergang zur Grenzplankostenrechnung werden nicht nur die zuwenig kalkulierten fixen Kosten, d.h. die Beschäftigungsabweichungen, sondern die gesamten fixen Plankosten aus den Kalkulationen und der Erfolgsrechnung herausgelassen. Damit entfällt in der Grenzplankostenrechnung die Beschäftigungsabweichung. Im Gegensatz zu den früheren Entwicklungsstufen handelt es sich beim Übergang von der auf Vollkosten basierenden flexiblen Plankostenrechnung zur Grenzplankostenrechnung nicht um eine Weiterführung der Abweichungsabspaltung, sondern um die getrennte Verrechnung einer ganzen Kostenkategorie.

3. Wie weitgehend die Differenzierung der Gesamtkosten bei den verschiedenen Entwicklungsformen der Kostenrechnung auch sein mag, die Istkosten fallen in *jeder* Kostenrechnung an. Die durch Gleichung (13) ausgedrückte Identität der Istkosten mit den Plankosten und der Summe der Abweichungen gilt aber nur unter

[238] Mit Recht sagt daher K. Rummel: „Von der theoretischen reinen Istrechnung bis zur flexiblen (dynamischen) Plankostenrechnung gibt es eine Fülle von Möglichkeiten. Bereits die Einführung von Verrechnungspreisen war ein Vorläufer der Planrechnung und jede weitere Einfügung von Planzahlen gibt neue Abweichungen von der Istrechnung." Vgl. *K. Rummel,* Einige Fragen an die Verfechter der Plankostenrechnung, ZfhF 1951, S. 487 f.

[239] Vgl. hierzu unsere Ausführungen im fünften Teil, S. 532 ff.

der Voraussetzung für *alle* Teilgebiete des innerbetrieblichen Rechnungswesens einschließlich der Kalkulation und der Ergebnisrechnung, daß nachträglich alle Abweichungen auf die Erzeugnisse verteilt werden und in der Grenzplankostenrechnung auch die fixen Kosten nachträglich den Erzeugnissen angelastet werden. Verzichtet man auf die obigen Zurechnungen, so gilt die Identität nach Gleichung (13) für die Kostenträger- und Erfolgsrechnung nicht. Kostenabweichungen, die den betrieblichen Produkten nicht zugerechnet werden, sind nicht in den Wertansätzen für die Bewertung der Halb- und Fertigfabrikatebestände enthalten. Sie werden daher nicht bestandsmäßig abgegrenzt, sondern gehen in voller Höhe in das Betriebsergebnis ein. Das gleiche geschieht in einer Grenzplankostenrechnung mit den fixen Kosten, wenn man auf eine nachträgliche Fixkostenverteilung verzichtet. In beiden Fällen weichen die Periodengewinne der kurzfristigen Erfolgsrechnung von den Ergebnissen auf Istkostenbasis ab, sofern Lagerbestandsveränderungen eingetreten sind[240].

Da die meisten Plankostenrechnungen durch eine nachträgliche Abweichungsverteilung ergänzt werden, ist es nicht sinnvoll, von einer Antithese zwischen Plankostenrechnung und Istkostenrechnung zu sprechen[241]. Bereits auf der zweiten Plankostentagung der AGPLAN im Jahre 1950 nahm K. W. Hennig hierzu wie folgt Stellung: „Da nun Plankosten ± Abweichungen nichts anderes darstellen als Ist-Kosten, unterschied sich die Plankostenrechnung von der Ist-Kostenrechnung eigentlich nur dadurch, daß die Ist-Kosten in Plankosten und Abweichungen aufgespalten werden“[242]. Auch später hat H. G. Plaut mehrfach darauf hingewiesen, „... daß die Plankostenrechnung nichts anderes ist als eine Istkostenrechnung, die durch eine nachträgliche Einführung von Planwerten oder Sollwerten erweitert wird“, und daß es ein Widersinn ist, von einem Gegensatz zwischen Istkostenrechnung und Plankostenrechnung zu sprechen, denn: „Es gibt keine Plankostenrechnung ohne Ist-Kostenrechnung“[243]. Heute hat sich allgemein die Ansicht durchgesetzt, daß zwischen der Ist- und der Plankostenrechnung kein grundlegender Gegensatz besteht, sondern daß die flexible Plankostenrechnung nichts anderes als eine folgerichtige Weiterentwicklung der Istkostenrechnung ist[244].

Allerdings ziehen aus dieser Tatsache manche Autoren den Schluß, daß die Plankostenrechnung weniger eine neue Form der Kostenrechnung als vielmehr eine „Ergänzung“, „Erweiterung“ oder „Auswertung“ der bestehenden Istkostenrechnung sei[245]. Hierbei wird jedoch verkannt, daß die Gleichung (13) im Grunde nur eine

[240] Vgl. hierzu unsere Ausführungen im sechsten Teil.

[241] Vgl. *H. G. Plaut*, Die Plankostenrechnung in der Praxis des Betriebes, ZfB 1951, S. 532. In gleicher Weise äußert sich auch *W. Müller*, „Die Plankostenrechnung in der Praxis“, ZfB 1951, S. 598.

[242] Vgl. *H. G. Plaut*, Die Plankostenrechnung ..., a. a. O., S. 531.

[243] Vgl. *H. G. Plaut*, Die Grenzplankostenrechnung, ZfB 1955, S. 25.

[244] Vgl. *H. G. Plaut*, Unternehmenssteuerung mit Hilfe der Voll- oder Grenzplankostenrechnung, ZfB 1961, S. 461. Im gleichen Sinne äußert sich auch *K. Käfer*, Standardkostenrechnung, 2. Aufl., Zürich 1964, S. 47.

[245] Vgl. *E. Kosiol*, Neuere Ziele und Methoden der Kostenplanung, ZfB 1954, S. 657; *A. Müller*, Istkosten-, Normalkosten- und Plankostenrechnung in vergleichender Betrach-

sehr formale Identität zum Ausdruck bringt und daß materiell zwischen den einzelnen kostenrechnerischen Entwicklungsformen, insbesondere aber zwischen Plan- und Istkostenrechnung, erhebliche Unterschiede bestehen[246]. Die Entwicklung der Kostenrechnung ist zwar ein zwangsläufiger und folgerichtiger Prozeß gewesen, der von der Zielsetzung gesteuert wurde, die Erfüllung der kostenrechnerischen Aufgaben zu verbessern[247]; die modernen Formen der Plankostenrechnung sind aber trotzdem mehr als „ergänzte", „erweiterte" oder „ausgewertete" Istkostenrechnungen. Sie sind neue und weitaus zweckentsprechendere kostenrechnerische Entwicklungsformen. Dies gilt ganz besonders für die Grenzplankostenrechnung. Auch sie ist das konsequente Ergebnis eines kostenrechnerischen Entwicklungsprozesses[248]. Die Fixkostenproblematik mußte zwangsläufig zum Grenzkostenprinzip führen, nachdem durch die flexible Ausgestaltung der Kostenrechnung eine Trennung in fixe und proportionale Kosten bereits in die laufende Kostenrechnung eingeführt worden war. So wenig wie eine Plankostenrechnung auf Istkosten „verzichtet", bedeutet der Übergang zur Grenzplankostenrechnung „einen Verzicht auf Vollkostendeckung". Die Fixkostendeckung erfolgt in einer Grenzplankostenrechnung vielmehr *bewußter, und sie ist flexibler*[249] denn sie ordnet die fixen Kosten nicht willkürlich nach einem für alle Erzeugnisse gleichen Schlüssel zu und ermöglicht damit einen kalkulatorischen Ausgleich zwischen den Erzeugnissen.

Der Übergang zur Grenzplankostenrechnung ist aber trotz seiner Folgerichtigkeit für die meisten Kostenrechner ein „revolutionärer Schritt". Schon F. C. Lawrence und E. N. Humphreys haben hierzu gesagt: "In conclusion it is said that it needs a revolution of thought and conception."[250] Dies liegt zweifellos daran, daß der Übergang zum Grenzkostenprinzip nicht eine weitere Abweichungsdifferenzierung ist, sondern daß hierbei eine ganze Kostenkategorie aus der Kostenträgerrechnung ausgeklammert wird. Trotzdem wird sich die Grenzplan- und Deckungsbeitragsrechnung im Laufe der Zeit immer mehr durchsetzen, da nur sie die richtigen kostenrechnerischen Grundlagen für unternehmerische Entscheidungen auf der Basis bestehender Kapazitäten zur Verfügung stellen kann.

tung, DB 1952, S. 561: „Damit zeigt sich, daß die Plankostenrechnung in ihrem Wesen kein besonderes System der Kostenrechnung, sondern ein solches der Auswertung ist."

246 Hierauf hat bereits *K. Schwantag*, Zur Theorie und Praxis der Plankostenrechnung, ZfB 1952, S. 78, hingewiesen.

247 In diesem Sinne äußert sich vor allem *P. Nowak*, Kritische Bemerkungen zur Plankostendiskussion, ZfB 1949, S. 124; und *P. Nowak*, Kostenrechnungssysteme in der Industrie, Köln und Opladen 1954, S. 109.

248 *H. G. Plaut*, Unternehmenssteuerung . . ., a. a. O., S. 468.

249 Vgl. *H. Lemke*, Deckungsbeitragsrechnung auch für kleinere Betriebe, FAZ, BdW vom 18. 10. 1965.

250 Vgl. *F. C. Lawrence* und *E. N. Humphreys*, Marginal Costing, London 1947, S. 89.

ZWEITER TEIL

Theoretische Grundlagen der flexiblen Plankostenrechnung

5. KAPITEL

Produktions- und kostentheoretische Grundlagen der flexiblen Plankostenrechnung

A. Die Kostenbestimmungsfaktoren der flexiblen Plankostenrechnung

1. Viele Mißverständnisse in bezug auf die flexible Plankostenrechnung, insbesondere bei ihrer Ausgestaltung als Grenzplankostenrechnung, resultieren daraus, daß keine Klarheit über die produktions- und kostentheoretischen Grundlagen der Kostenrechnung bestehen[251]. Diese Grundlagen wollen wir daher kurz darstellen, ohne daß es sich dabei um einen vollständigen Überblick über die betriebswirtschaftliche Produktions- und Kostentheorie handeln kann.

Eine wirksame Kostenkontrolle und die Ermittlung richtiger Kostendaten für Entscheidungsprobleme, also die Hauptziele der flexiblen Plankostenrechnung, lassen sich nur erreichen, wenn Klarheit darüber besteht, welche *Kostenbestimmungsfaktoren* die Kosten einer Planungs- oder Abrechnungsperiode verursachen, und welche funktionalen Zusammenhänge hierbei wirksam werden. In der Übersicht 4 haben wir die wichtigsten Kostenbestimmungsfaktoren zusammengefaßt, die beim Aufbau einer flexiblen Plankostenrechnung berücksichtigt werden müssen[252].

Zunächst folgt bereits aus der Kostendefinition, daß die Gesamtkosten stets das Produkt aus Verbrauchsmengen und den zugehörigen Faktorpreisen sind. Bezeichnen wir die Mengen, wozu auch der Zeitverbrauch von Arbeitskräften zählen möge, mit r_ν und die Preise mit q_ν, so gilt für die Gesamtkosten einer Periode:

$$K = \sum_{\nu=1}^{z} r_\nu q_\nu \tag{14}$$

[251] So vertritt z.B. *K. Käfer*, Standardkostenrechnung, 2. Aufl., Zürich 1964, S. 489, die Ansicht, daß für eine vollständige Würdigung und Kritik der flexiblen Plankostenrechnung noch die theoretischen Grundlagen fehlen. Die umfangreiche betriebswirtschaftliche Literatur über Produktions- und Kostentheorie, insbesondere aber die grundlegenden Arbeiten E. Gutenbergs, dürften eindeutig zeigen, daß diese Ansicht K. Käfers nicht haltbar ist.

[252] In der Literatur über Kostenrechnung vgl. zum Problem der Kostenbestimmungsfaktoren vor allem: *F. Henzel*, Kosten und Leistung, 2. Aufl., Bühl (Baden) 1941, S. 160 ff., hier sind etwa 50 Kostenbestimmungsfaktoren angeführt; *F. Henzel*, Der Unternehmer als Disponent seiner Kosten, ZfB 1936, S. 139 ff.; *E. Heinen*, Betriebswirtschaftliche Kostenlehre, Bd. I, Begriff und Theorie der Kosten, 2. Aufl., Wiesbaden 1965, S. 481 ff.; *F. Henzel*, Die Kostenrechnung, 4. Aufl., Essen 1964, S. 492 und 495 ff.; *M. R. Lehmann*, Industriekalkulation, 4. Aufl., Stuttgart 1951, S. 90 ff.; *W. Kilger*, Der theoretische Aufbau der Kostenkontrolle, ZfB 1959, S. 457 ff.; *A. Schnettler*, Kostenverlauf und Ertragsentwicklung bei schwankender Beschäftigung, ZfhF 1954, S. 361. Im übrigen vergleiche die Literatur über Produktions- und Kostentheorie, auf die wir hier im einzelnen nicht eingehen können.

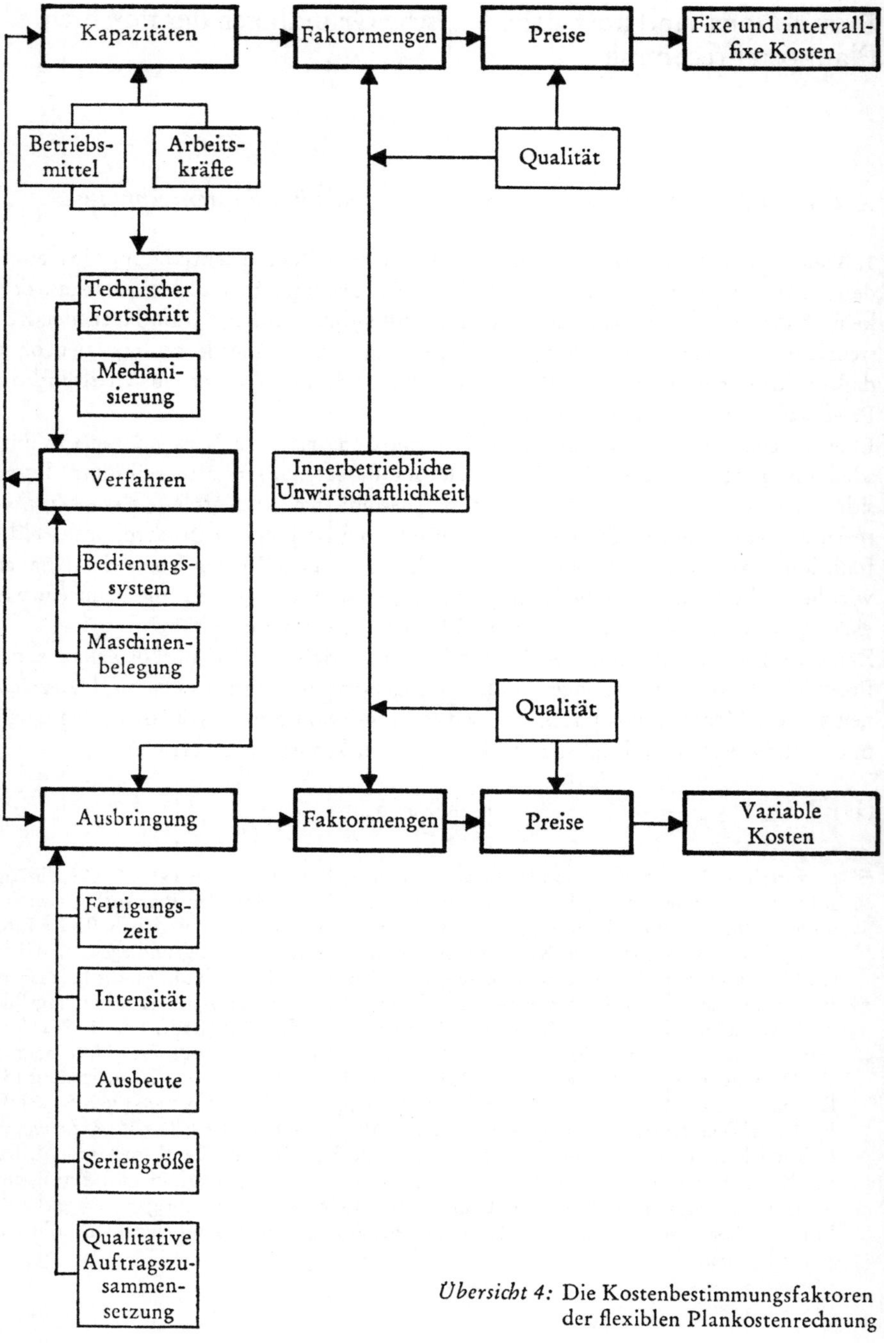

Übersicht 4: Die Kostenbestimmungsfaktoren der flexiblen Plankostenrechnung

Zur Gleichung (14) sei angemerkt, daß es Kostenarten gibt, deren Mengengerüst praktisch nicht leicht bestimmbar ist. Hierzu gehören z. B. Dienstleistungen, Versicherungsschutz, Gebühren und Kostensteuern. Theoretisch läßt sich aber jede Kostenart auf eine Mengeneinheit zurückführen.

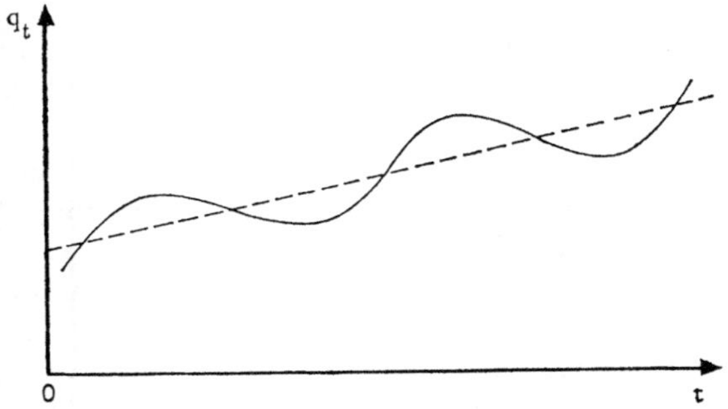

Abb. 6: Beispiel einer saisonalen Preisbewegung

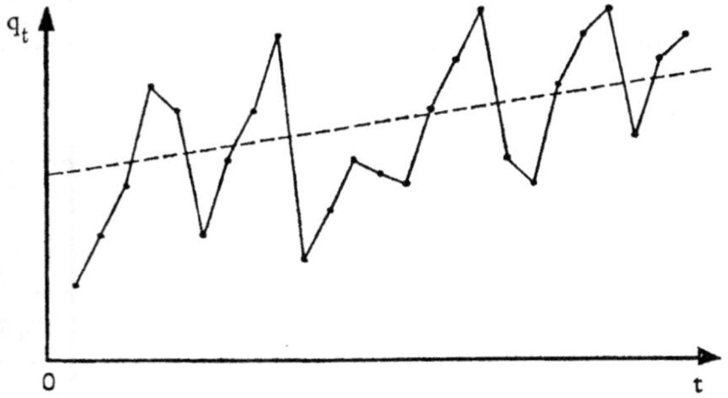

Abb. 7: Beispiel einer oszillierenden Preisbewegung

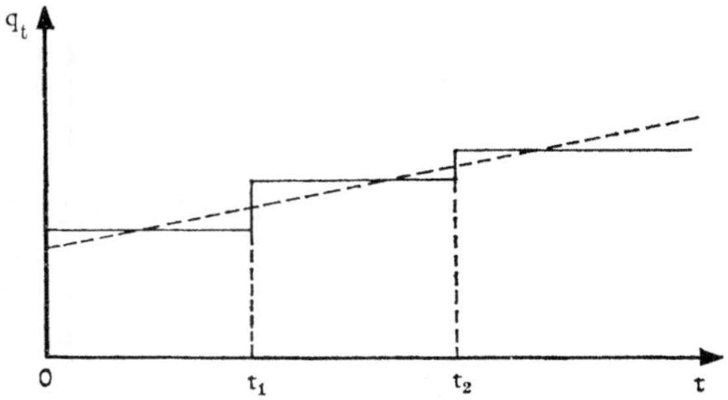

Abb. 8: Beispiel einer stufenförmigen Preisbewegung

2. Als erste Gruppe von Kostenbestimmungsfaktoren wollen wir die *Preise für Produktionsfaktoren* betrachten, wozu auch die Löhne und Gehälter zählen[253].
Die Preise für Produktionsfaktoren bilden sich in marktwirtschaftlich orientierten Wirtschaftssystemen durch den Ausgleich von Angebot und Nachfrage auf den Beschaffungsmärkten. Der Preisbildungsprozeß ist ein makroökonomischer Prozeß, der von vielen außerbetrieblichen Faktoren bestimmt wird, und im Regelfall vom Einzelbetrieb nur geringfügig beeinflußt werden kann.
Die Preisentwicklung im Zeitablauf kann verschiedene Grundformen aufweisen. Fast stets liegt ihr eine langfristige Trendbewegung zugrunde, die für die meisten Produktionsfaktoren steigend verläuft. Der Trend einer Preisbewegung kann von Konjunkturschwankungen überlagert werden. Auf der Basis dieser Grundentwicklung können wir saisonal schwankende, oszillierende und stufenförmige Preisbewegungen unterscheiden, wie wir sie in den Abbildungen 6, 7 und 8 dargestellt haben. Saisonschwankungen treten z. B. bei Produktionsfaktoren auf, deren Bedarf jahreszeitlich wiederkehrenden Schwankungen unterworfen ist. Oszillierende Schwankungen sind typisch für Naturrohstoffe, wie z. B. Baumwolle, Kautschuk, NE-Metalle usw. Die Größe der Schwankungen wird hierbei oftmals auch von politischen Ereignissen stark beeinflußt. So ist z. B. in der Korea-Krise der Preis für Naturkautschuk (Standardsorte cif Hamburg) von 1,80 DM/kg im Januar 1950 auf 7,15 DM/kg im November 1950 gestiegen. Im Dezember 1950 war der Kautschukpreis auf 5,73 DM/kg, im Dezember 1951 auf 4,40 DM/kg und im Dezember 1952 auf 2,95 DM/kg gefallen. Ähnlich stark reagierten in der Korea-Krise auch die meisten anderen Grundstoffpreise. So stieg z. B. der Kupferpreis um das Vierfache.
Löhne und Gehälter weisen keine laufenden Schwankungen auf, sondern werden zwischen den Vertretern der Gewerkschaften und der Arbeitgeber für die Dauer von Tarifverträgen ausgehandelt. Sie sind für alle Arbeitnehmer während dieses Zeitraums verbindlich. Löhne und Gehälter verändern sich daher im Zeitablauf stufenförmig, so wie wir es in Abbildung 8 dargestellt haben. Einschränkend ist allerdings zu bemerken, daß in Zeiten, in denen Arbeitskräfte knapp sind, von vielen Unternehmungen innerbetriebliche Zuschläge gezahlt werden, die den stufenförmigen Verlauf der Abbildung 8 überlagern. Auch bei Werkstoffen und Betriebsmitteln können stufenförmige Preisbewegungen auftreten. Dies gilt insbesondere, wenn feste Lieferverträge vereinbart werden.
Von der Preisbewegung im Zeitablauf sind Preisveränderungen zu unterscheiden, die auf Grund von wechselnden Bezugsquellen, Variationen der Werkstoffqualitäten und durch Mengenrabatte infolge veränderter Bezugsmengen entstehen. In der Abbildung 9 haben wir eine typische Rabattstaffel wiedergegeben.
Diese Preisveränderungen überlagern die Preisbewegung im Zeitablauf, wobei beide Einflußgrößen gegenläufig wirken können.
Ähnliche Veränderungen treten auch bei den Löhnen und Gehältern ein, da diese nicht nur von der zu leistenden Arbeit, sondern auch von spezifischen Eigenschaften

[253] Welche Bestandteile im einzelnen in diese Preise einzubeziehen sind, insbesondere inwieweit Beschaffungsnebenkosten dazu gehören, werden wir im dritten Teil erörtern.

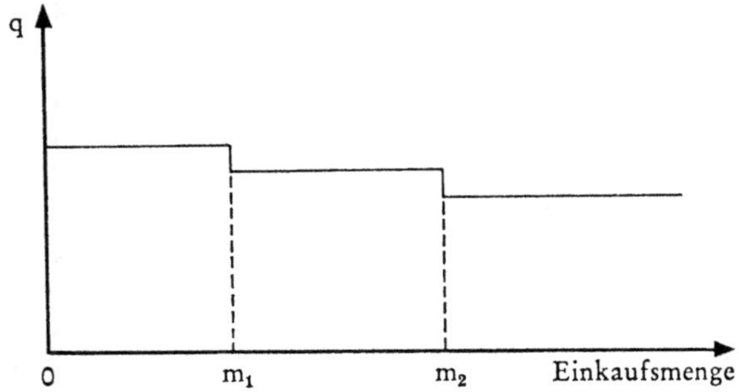

Abb. 9: Beispiel einer Rabattstaffel in Abhängigkeit von der Abnahmemenge

der Arbeitskräfte abhängig sind. Diese Tatsache führt oft dazu, daß trotz konstanter Tarifsätze Lohn- und Gehaltsabweichungen als Folge den Arbeitsplatz wechselnder Arbeitskräfte auftreten. Die Ursache solcher Personalverschiebungen können Krankheit, Urlaub und Facharbeitermangel sein. Die hieraus resultierenden Änderungen der Löhne und Gehälter wollen wir als Lohnabweichungen infolge von Arbeitskräfteverschiebungen bezeichnen.

In ähnlicher Weise verändern sich die Lohnsätze, wenn die tariflich festgelegte Arbeitszeit in Form von Überstunden, Nachtarbeit bzw. Feiertagsarbeit überschritten wird. Die hierbei zusätzlich zu den Tariflöhnen zu zahlenden Mehrarbeitszuschläge wollen wir als Lohnabweichungen infolge besonderer Arbeitszeiten bezeichnen.

Preise und Löhne dienen in der Kostenrechnung nicht nur dazu, unterschiedliche Produktionsfaktoren addierbar zu machen, sondern sie erfüllen die wichtige ökonomische Aufgabe, aus mehreren möglichen Mengenkombinationen die jeweils kostengünstigste auszuwählen. Wirtschaftlich richtige Entscheidungen über das Mengen- und Zeitgerüst der Kosten sind ohne Berücksichtigung der Faktorpreise nicht möglich. »Damit aber greifen ökonomische Daten, nämlich die Beschaffungspreise, als Regulativ in den an sich technischen Kombinationsprozeß ein und damit erhält auch das Kombinationsproblem jenes ökonomische Interesse, von dem Pareto spricht.«[254]

3. Der mengenmäßige Verbrauch an Produktionsfaktoren läßt sich auf die drei Hauptbestimmungsfaktoren: Kapazität oder Betriebsbereitschaft, Ausbringung oder Beschäftigung und das Produktionsverfahren zurückführen. Von einfachen Fällen abgesehen, lassen sich diese drei Hauptbestimmungsfaktoren nur jeweils für einzelne Abteilungen einer Unternehmung angeben, die artähnliche Produktionsbeiträge leisten.

Die *Kapazität* oder *Betriebsbereitschaft* einer Abteilung gibt die bei einer bestimmten Intensität während einer Produktionsperiode maximal realisierbare Ausbrin-

[254] Vgl. *E. Gutenberg*, Grundlagen der Betriebswirtschaftslehre, 1. Bd., Die Produktion, 10. Aufl., Berlin–Heidelberg–New York 1965, S. 303 f.

gung an. Die realisierbare Kapazität einer Abteilung resultiert stets aus Betriebsmittelkapazitäten *und* den Kapazitäten menschlicher Arbeitskräfte.

Zur Bestimmung der quantitativen Betriebsmittelkapazitäten einer Abteilung, die artähnliche Produktionsbeiträge leistet, bezeichnen wir die Anzahl der verfügbaren Maschinen mit M. Für den Laufzeitfaktor, d. h. die bei Berücksichtigung der erforderlichen Zeiten für Rüsten und Einrichten, Reinigung, Störungen und Reparaturen realisierbare Relation zwischen Maschinenlaufzeit und Kalenderzeit, wollen wir das Symbol μ einführen. Weiterhin ist die Intensität λ, d. h. die Ausbringung an Beschäftigungseinheiten (Stück, Gewicht, Meter, Vorgabeminuten usw.) pro Einheit der Arbeitszeit für die Kapazitätsbestimmung erforderlich. Für die Betriebsmittelkapazität B_M eines Normalmonats mit 30 Tagen oder 720 Kalenderstunden erhalten wir daher den folgenden Ausdruck:

$$(15) \qquad B_M = M \cdot 720 \cdot \mu \cdot \lambda$$

In einer Dreherei mit 10 Revolverdrehbänken würde z. B. bei einem Laufzeitfaktor von 85 % und einer Intensität von 12 Stück/Ftg.-Std. die Betriebsmittelkapazität 73 440 Stück/Monat betragen. Eine Kapazitätsangabe in Stück ist aber nur bei homogener Produktion möglich. In allen anderen Fällen müßten die verschiedenen Produktarten auf andere Ausbringungsmaßstäbe, so z. B. auf Vorgabezeiten, Maschinenstunden, Kilogramm usw. umgerechnet werden. In einer Dreherei wird man in der Regel Akkordstunden als Bezugsgröße verwenden. Bei einem durchschnittlichen Leistungsgrad von 130 % erhalten wir im obigen Beispiel als Betriebsmittelkapazität 10 Maschinen · 720 Std./Monat · 60 Min./Std. · 0,85 · 1,30 = 477 360 Akkordminuten/Monat oder 7 956 Akkordstunden/Monat.

Betriebsmittelkapazitäten stehen während der gesamten Kalenderzeit zur Verfügung. Für die Arbeitskräfte gilt das jedoch nicht. Arbeitskräfte können nur während der tariflich festgelegten Normalarbeitszeit von z. B. 4,3 Wochen/Monat · 40 Std./Woche = 172 Std./Monat zuzüglich eventueller Überstunden eingesetzt werden. Sonn- und Feiertagsarbeit scheidet in vielen Betrieben aus und oftmals sind nur Arbeitskräfte für zwei oder eine Schicht vorhanden. Die Kapazitäten der Arbeitskräfte liegen daher in der Regel unter den Betriebsmittelkapazitäten.

Bezeichnen wir die Schichtzahl pro Tag, die sich in einer Abteilung mit den verfügbaren Arbeitskräften realisieren läßt, mit S und die Arbeitstage pro Monat, die als tarifliche Arbeitszeit geleistet werden können, mit D, so erhalten wir als die bei normaler Arbeitszeit mit den vorhandenen Arbeitskräften realisierbare Kapazität:

$$(16) \qquad B_A = M \cdot 8 \cdot S \cdot D \cdot \mu \cdot \lambda$$

Hierbei gilt in der Regel $B_M \geq B_A$.

Für das obige Beispiel einer Dreherei mit 10 Drehbänken erhalten wir unter der Annahme, daß nur Facharbeiter für 2 Schichten/Tag bei einer tariflich festgelegten Arbeitszeit von 40 Std./Woche zur Verfügung stehen, etwa 3 440 Arbeitsstd./Monat. Von 7 200 Kalenderstunden stehen nur 3 440 Arbeitsstd./Monat zur Verfügung. Die realisierbare Kapazität beträgt daher nur 47,8 % der Betriebsmittelkapazität. Sie sinkt im Beispiel auf 228 178 Akkordminuten/Monat oder 3 802 Akkordstd./Mon. – Neben den Facharbeitern, welche die Betriebsmittel bedienen, können auch die in einer Abteilung als Potentialfaktoren eingesetzten und mit Hilfs- und Leitungsaufgaben betrauten Arbeitskräfte die realisierbare Kapazität begrenzen. Solche Arbeitskräfte sind z.B. Meister, Vorarbeiter, Einrichter, Transportarbeiter und Handwerker.

Bei der kapazitätsbegrenzenden Wirkung von Arbeitskräften ist stets zu bedenken, daß viele Arbeitskräfte zwischen mehreren Abteilungen ausgetauscht werden können. Auf Grund dieser Möglichkeit besteht eine Interdependenz zwischen den realisierbaren Kapazitäten aller Abteilungen mit artähnlichen Produktionsbeiträgen; denn durch die Umsetzung von Arbeitskräften kann jeweils die realisierbare Kapazität einer Abteilung zu Lasten der realisierbaren Kapazitäten anderer Abteilungen erhöht werden und umgekehrt.

Ähnliche, oftmals aber noch viel weitergehende Interdependenzen bestehen zwischen den Kapazitäten der ausführenden, d. h. unmittelbar in den Produktionsprozeß eingeschalteten Abteilungen und den Kapazitäten von Hilfsbereichen, die innerbetriebliche Leistungen, wie z.B. Raum, Energie, Transport oder Reparaturleistungen zur Verfügung stellen.

Wir wollen uns nun der für die flexible Plankostenrechnung grundlegenden Frage zuwenden, welche Verbrauchsmengen und Kosten aus der Bereitstellung bestimmter Kapazitäten resultieren. Da Betriebsmittel und Arbeitskräfte die kapazitätsbestimmenden Faktoren sind, liegt der Schluß nahe, den gesamten Betriebsmittelverschleiß und alle geleisteten Arbeitszeiten als kapazitätsdeterminierte Verbrauchsmengen anzusehen. Dieser Schluß würde jedoch theoretisch falsch sein und bei der praktischen Ausgestaltung der Kostenrechnung zu schwerwiegenden Fehlern führen.

Die Zahl der vorhandenen Betriebsmittel bestimmt zwar die Betriebsmittelkapazität einer Abteilung, die „Verbrauchsmenge" des Faktors Betriebsmittel wird aber durch zwei Komponenten, und zwar den Zeitverschleiß und den Gebrauchsverschleiß, ausgelöst. Hierbei gibt der Zeitverschleiß die Entwertung infolge wirtschaftlichen Veraltens und durch andere beschäftigungsunabhängige Einflüsse, wie z.B. Korrosion, an. Der Gebrauchsverschleiß eines Betriebsmittels dagegen ist von der Ausbringung oder Beschäftigung abhängig. Er entfällt, wenn nicht produziert wird. Nur die auf den Zeitverschleiß zurückgehenden Kosten der Betriebsmittel sind kapazitätsabhängig und damit fix.

Bei gemieteten Betriebsmitteln (Leasing) entfällt die Unterscheidung in Zeit- und Gebrauchsverschleiß, wenn die Mieten von der effektiven Nutzung unabhängig sind. In diesem Fall sind die gesamten Betriebsmittelkosten, d.h. die Mieten, kapazitätsabhängig und damit fix.

Als indirekte fixe Kosten der Betriebsmittelkapazitäten fallen Raumkosten, kalkulatorische Zinsen für das durch die Betriebsmittel gebundene Anlagevermögen und beschäftigungsunabhängige Wartungskosten an.

Bei den Arbeitskräften ist die Frage, welche Arbeitszeiten und Kosten von der Beschäftigung oder Ausbringung unabhängig sind, ungleich viel schwerer zu beantworten als bei den Betriebsmitteln. Die Zuordnung hängt hier von den folgenden beiden interdependenten Tatbeständen ab. Erstens ist die Länge des Betrachtungszeitraums und zweitens die Fungibilität der Arbeitskräfte, d. h. die Möglichkeit ihrer Austauschbarkeit zwischen den Abteilungen, entscheidend. Wählt man als Planungsperiode einen kurzen Zeitraum, z. B. einen Tag oder eine Woche, so ist zweifellos die Anzahl der Arbeitskräfte konstant, und deren Kosten sind dann ausbringungsunabhängig. Mit zunehmender Länge der Planungsperiode nimmt auch die Möglichkeit zu, den Bestand an Arbeitskräften zu variieren oder Arbeitskräfte zwischen den Abteilungen auszutauschen. Schon bei einer monatlichen Betrachtung läßt sich daher der Arbeitseinsatz zum Teil an die Beschäftigung oder Ausbringung der Abteilungen anpassen. Dies gilt insbesondere für die Fertigungsabteilungen, aber auch für viele Hilfsbereiche einer Unternehmung. Bedenkt man weiterhin, daß die Kostenplanung der flexiblen Plankostenrechnung stets auf einen einjährigen Planungszeitraum abgestellt ist, so erkennt man, daß es im Rahmen einer Kostenplanung richtig ist, alle Fertigungslöhne und einen Teil der Hilfslöhne ausbringungsproportional und nicht in Form fixer Kapazitätskosten vorzugeben. Diese These ist unabhängig davon, ob Akkord- oder Zeitlohn bezahlt wird. Hierdurch sollen die laufende Kostenkontrolle und die Lösung von Entscheidungsproblemen so gesteuert werden, daß Leerkosten des Arbeitseinsatzes weitgehend vermieden werden[255].

Bei Angestellten ist die Fungibilität meistens geringer, so daß ihre Kosten in der Regel im Rahmen einer Jahresplanung als fixe Kosten anzusetzen sind. Lediglich in großen Abteilungen mit relativ vielen Angestellten, die repetitive Tätigkeiten ausüben, sind Ausnahmen von dieser Regel möglich, worauf später im einzelnen noch einzugehen sein wird.

Für die kapazitätsdeterminierten Kosten ist charakteristisch, daß sie sich nur bei einer Erhöhung oder Verringerung betrieblicher Teilkapazitäten verändern. Bei konstanten Kapazitäten sind diese Kosten *absolut fix*. Ihre Höhe ist sowohl vom Umfang als auch von der Zusammensetzung der Ausbringung unabhängig. Die fixen Kosten sind Periodenkosten bzw. kalenderzeitproportionale Kosten, da die betrieblichen Teilkapazitäten jeweils für bestimmte Kalenderzeitabschnitte bereitgehalten werden und die Möglichkeit der Kapazitätsnutzung proportional zur Kalenderzeit erlischt.

Ändert man betriebliche Teilkapazitäten, führt man also quantitative Anpassungsprozesse durch, so verändern sich auch die fixen Kosten. Hierbei erfolgt aber die Kostenveränderung wegen der begrenzten Teilbarkeit von Betriebsmitteln und Arbeitskräften nicht stetig, sondern unstetig, d. h. in Form von Kostensprüngen. Bei

[255] Einschränkend zu der obigen These ist jedoch zu bemerken, daß es auch Entscheidungsprobleme gibt, die kurzfristigerer Natur sind und bei denen die Fertigungslöhne wie fixe Kosten behandelt werden müssen. Hierzu zählen z. B. die täglich oder wöchentlich zu treffenden Entscheidungen über die Maschinenbelegung und das anzuwendende Bedienungssystem. Vgl. hierzu unsere Ausführungen über die optimale Verfahrenswahl im sechsten Teil auf S. 717 ff.

quantitativen Anpassungsprozessen werden daher die kapazitätsabhängigen Kosten zu *intervall-, stufen- oder sprungfixen Kosten*[256].

4. Quantitative Anpassungsprozesse sind meistens mit einer Veränderung der in den betrieblichen Teilbereichen angewandten *organisatorischen und fertigungstechnischen Verfahren* verbunden. Ein solcher Verfahrenswechsel wird durch den technischen Fortschritt ausgelöst und ist häufig mit einer zunehmenden Mechanisierung des Arbeitsprozesses verbunden. Der Verfahrenswechsel im Rahmen quantitativer Anpassungsprozesse ist daher ein bedeutsamer Kostenbestimmungsfaktor. Die angewandten organisatorischen und fertigungstechnischen Verfahren bestimmen wesentlich die Kostenstruktur einer Unternehmung und führen häufig dazu, daß infolge zunehmender Mechanisierung eine Senkung der variablen Stückkosten durch eine Zunahme der kapazitätsdeterminierten fixen Kosten erreicht wird.
Verfahrensänderungen können aber nicht nur im Zusammenhang mit Kapazitätsvariationen, sondern auch auf der Basis konstanter Kapazitäten erfolgen. So können z.B. im Fertigungsbereich das Bedienungssystem und die für den Arbeitsablauf gewählte Maschinenbelegung variiert werden.
Verfahrensänderungen in Verbindung mit quantitativen Anpassungsprozessen beeinflussen die fixen *und* die variablen Kosten, Verfahrenswechsel bei gegebenen Kapazitäten dagegen nur die variablen Kosten.

5. Bei gegebenen Kapazitäten und Verfahren ist die *Ausbringung* oder *Beschäftigung* der wichtigste Kostenbestimmungsfaktor. In gleicher Weise wie die Kapazität läßt sich auch die Ausbringung nur in seltenen Ausnahmefällen für die gesamte Unternehmung en bloc angeben. In der Regel muß sie jedoch differenziert nach betrieblichen Teilbereichen oder Kostenstellen mit artähnlicher Leistungserstellung erfaßt werden. Ist die Leistung eines solchen Teilbereichs homogen, so kann die produzierte Stückzahl unmittelbar als Ausbringungsmaßstab verwendet werden. Laufen dagegen unterschiedliche Produktarten durch eine Abteilung, so ist eine Umrechnung mit Hilfe von Äquivalenzziffern der Kostenverursachung erforderlich. Bezeichnen wir die produzierten Mengen mit x_i und die Äquivalenzziffern der Kostenverursachung mit b_i, so erhalten wir für die Ausbringung x einer Abteilung den folgenden Ausdruck:

$$x = \sum_{i=1}^{n} b_i x_i \tag{17}$$

Als Äquivalenzziffern für die Kostenverursachung kommen Akkordzeiten, Maschinenlaufzeiten, Durchsatzgewichte sowie Längen-, Flächen- oder Kubikmaße der erzeugten Produkte in Frage[257].

[256] Vgl. hierzu insbesondere *E. Gutenberg*, Grundlagen der Betriebswirtschaftslehre, 1. Bd., a.a.O., S. 338 und S. 367 ff.; *W. Kilger*, Produktions- und Kostentheorie, Wiesbaden 1958, S. 95 ff.

[257] Vgl. hierzu im einzelnen unsere Ausführungen über die Bezugsgrößenwahl auf S. 327 ff.

Die gleiche Ausbringung kann unter verschiedenen Prozeßbedingungen realisiert werden, wobei jeweils die Kostenstruktur unterschiedlich ist[258]. In der flexiblen Plankostenrechnung werden vor allem die in Übersicht 4 angegebenen Komponenten der Ausbringung berücksichtigt.

In allen Abteilungen, in denen die *Intensität* des Produktionsprozesses variiert werden kann, läßt sich eine beliebige Ausbringung x durch unterschiedliche Kombinationen der Intensität und der Arbeitszeit realisieren. Die Intensität eines Fertigungsprozesses wollen wir wie folgt definieren[259]:

$$\text{(18)} \qquad \text{Intensität} = \frac{\text{Anzahl gleichartiger Produktionsbeiträge}}{\text{hierfür verbrauchte Arbeitszeit}}\, 100$$

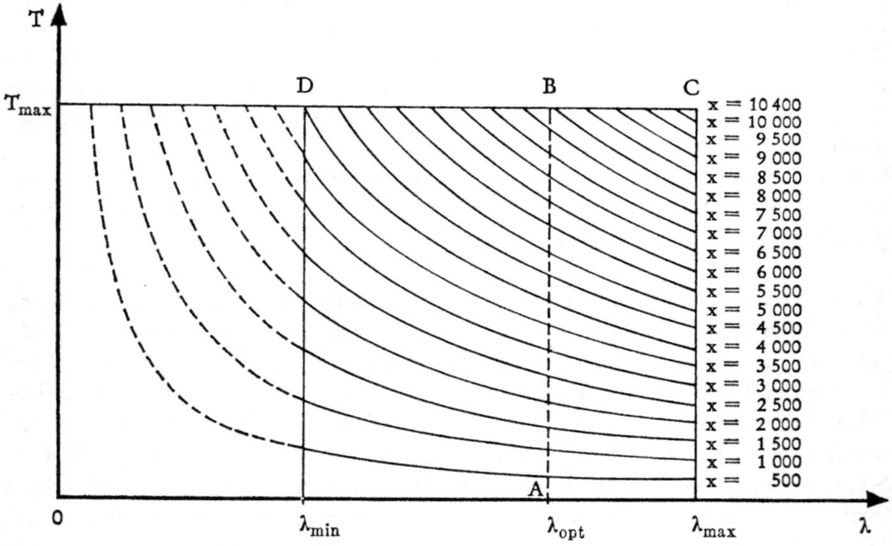

Abb. 10: Beispiel von Ausbringungsisoquanten

[258] *G. Shillinglaw,* Cost Accounting: Analysis and Control, Homewood, Ill. 1961, weist auf dieses für die Kostenrechnung bedeutsame Problem auf S. 85 wie folgt hin: "The relationship between cost and volume is seldom simple. Neither cost nor volume is homogeneous."

[259] Statt Intensität wird vielfach auch in Anlehnung an die Physik die Bezeichnung *Leistung* verwendet. Auch die Bezeichnung *Lastgrad* ist üblich. Der Begriff *Leistung* wird aber in der Betriebswirtschaftslehre nicht einheitlich im Sinne von Intensität verwendet. Manche Autoren bezeichnen z. B. die Produktion oder Ausbringung einer Periode als die „erstellte Leistung". Vgl. zum Leistungsbegriff *T. Beste,* Was ist Leistung in der Betriebswirtschaftslehre?, ZfhF 1944, S. 1 ff.; *S. Lorentz,* Der betriebswirtschaftliche Leistungsbegriff, ZfB 1932, S. 372 ff.; *K. Rummel,* Einheitliche Kostenrechnung, 3. Aufl., Düsseldorf 1949, S. 61 ff. K. Rummel verwendet statt Intensität die Bezeichnung *Lastgrad. K. W. Hennig,* Betriebswirtschaftliche Organisationslehre, 4. Aufl., Wiesbaden, 1965, S. 36.

Bezeichnen wir die effektiv verbrauchte Arbeitszeit mit $T^{(i)}$ und die effektive Intensität mit $\lambda^{(i)}$, so gilt für eine beliebige Istausbringung stets:

(19) $$x^{(i)} = \lambda^{(i)} T^{(i)}$$

Die Gleichung (19) kann auch in Prozent der zugehörigen Maximalgrößen angegeben werden. Der Beschäftigungsgrad $x^{(i)}/x_{max}$ ist dann das Produkt aus dem Zeitgrad $T^{(i)}/T_{max}$ und dem Intensitätsgrad $\lambda^{(i)}/\lambda_{max}$[260].

Die Gleichung (19) kann man innerhalb der zulässigen Intervallgrenzen graphisch in Form eines Ausbringungsisoquanten-Diagramms darstellen, wie wir es in der Abbildung 10 wiedergegeben haben[261].

Im Beispiel der Abbildung 10 kann die Arbeitszeit zwischen $T=0$ und $T_{max} = 800$ Ftg.-Std. variiert werden. Die Intensität muß mindestens $\lambda_{min} = 5$ Stck./Ftg.-Std. betragen und kann höchstens bei $\lambda_{max} = 13$ Stck./Ftg.-Std. liegen. Die optimale Intensität des Prozesses beträgt $\lambda_{opt} = 10$ Stck./Ftg.-Std. Für diese Intensität ist die Kostenstruktur des Betriebsmittels am günstigsten.

In Betrieben, deren Betriebsmittel ohne nachteilige Beeinflussung der Kostenstruktur beliebig ein- und ausgeschaltet werden können, wie das z.B. in den meisten Kostenstellen des Maschinen- und Apparatebaues, der Textilindustrie und vielen anderen Branchen der Fall ist, wird man die Ausbringung stets in der Weise variieren, daß man die Arbeits- oder Maschinenlaufzeit bei optimaler Intensität verändert. E. Gutenberg bezeichnet dieses Vorgehen als *zeitliche Anpassung*[262]. Bei optimaler Intensität kann die Produktion höchstens $x_{opt} = \lambda_{opt} T_{max}$ betragen. In unserem Beispiel würden wir eine Maximalausbringung bei optimaler Intensität in Höhe von 800 Ftg.-Std. · 10 Stck./Ftg.-Std. = 8 000 Stück erhalten. In der Abbildung 10 ist die zeitliche Anpassung durch die Gerade AB charakterisiert.

Der zur Verfügung stehende Spielraum der Arbeitszeit zwischen Null und T_{max} besteht aus der tariflich fixierten Normalarbeitszeit und Zusatzstunden in Form von Überstunden bzw. von Sonn- und Feiertagsarbeit. Bei einer zeitlichen Anpassung über die tarifliche Arbeitszeit hinaus treten neben die normalen Bruttolöhne besondere Zusatzvergütungen.

Soll die Produktion über die Maximalausbringung bei optimaler Intensität erhöht

[260] Diese Auflösung des Beschäftigungsgrades ist in der deutschsprachigen Literatur aber schon seit langem bekannt. Vgl. hierzu vor allem *K.W. Hennig,* Betriebswirtschaftslehre der industriellen Fertigung, Braunschweig 1946, S. 137 ff.; *K. Käfer,* Standardkostenrechnung, Stuttgart 1955, S. 162 und 169; *F.K. Patterson,* Die Ermittlung der Planzahlen für die Plankostenrechnung, Diss. Köln 1954, S. 22; *K. Rummel,* Die Kennzeichnung des Beschäftigungsgrades, Archiv für das Eisenhüttenwesen 1933/34, S. 151 ff.; *K. Rummel,* Einheitliche Kostenrechnung, a.a.O., S. 70 ff.; *E. Schäfer,* Die Unternehmung, Bd. 2, Köln und Opladen 1949, S. 179; *E. Schneider,* Industrielles Rechnungswesen, 2. Aufl., Tübingen 1954, S. 207; *H. Steinmann,* Die Plankostenrechnung, Diss. Berlin 1939, S. 59: „Jeder Beschäftigungsgrad ist daher bestimmt durch die beiden Komponenten Fertigungsintensität und Zeit."

[261] Vgl. *E. Schneider,* Einführung in die Grundlagen des industriellen Rechnungswesens, Kopenhagen 1939, S. 115.

[262] Vgl. *E. Gutenberg,* Grundlagen der Betriebswirtschaftslehre, 1. Bd., a.a.O., S. 359.

werden, so ist das nur durch eine entsprechende Erhöhung der Intensität möglich. E. Gutenberg spricht in diesem Fall von einer *intensitätsmäßigen Anpassung*[263]. Mit Hilfe der intensitätsmäßigen Anpassung kann die Produktion höchstens auf $x_{max} = \lambda_{max} T_{max}$ erhöht werden. Im Beispiel der Abbildung 10 erhalten wir als Maximalausbringung 10 400 Stück.

In Abteilungen, deren Betriebsmittel beliebig ein- und ausgeschaltet werden können, kommt die intensitätsmäßige Anpassung grundsätzlich erst in Frage, wenn Produktmengen realisiert werden sollen, die größer sind als die maximale Ausbringung bei optimaler Intensität. Im Beispiel der Abbildung 10 geht man also erst dann zur intensitätsmäßigen Anpassung über, wenn die Notwendigkeit besteht, mehr als 8 000 Stck./Monat zu produzieren. Diese kombinierte Form der Beschäftigungsveränderung wollen wir als *zeitlich-intensitätsmäßige Anpassung* bezeichnen. Sie ist in der Abbildung 10 durch den gebrochenen Linienzug A B C charakterisiert.

In Betrieben, deren Aggregate aus technischen Gründen in drei Schichten „durchproduzieren" müssen, weil der Produktionsprozeß nicht beliebig unterbrochen werden kann, scheidet die zeitliche Anpassungsform aus. Dies ist z. B. bei Hochöfen, Koksbatterien und Schwefelsäurefabriken der Fall. In Betrieben dieser Art kommt nur eine *rein intensitätsmäßige Anpassung* bei konstanter Arbeitszeit in Frage. Bei einem realisierbaren Intensitätsspielraum von λ_{min} bis λ_{max} kann die Produktion höchstens $x_{max} = \lambda_{max} T_{max}$ betragen. Unter $x_{min} = \lambda_{min} T_{max}$ kann die Produktion nicht verringert werden, solange die betreffenden Aggregate nicht aus dem Produktionsprozeß ausgeschaltet werden. In der Abbildung 10 ist die rein intensitätsmäßige Anpassung durch die Gerade D C charakterisiert. Die Mindestausbringung beträgt in diesem Beispiel 4 000 Stck./Monat.

Als weitere kostenbestimmende Komponente ist der *Ausbeutekoeffizient* zu berücksichtigen, den wir wie folgt definieren wollen:

$$(20) \qquad \text{Ausbeutekoeffizient} = \frac{\text{verwertbare Erzeugnismenge}}{\text{bearbeitete Erzeugnismenge}}$$

Die sich ergebende Differenz zwischen den bearbeiteten und den verwertbaren Produkteinheiten ist gleich Ausschuß[264]. Der reziproke Wert des Ausbeutekoeffizienten wird in der Kalkulation als Einsatzfaktor verwendet. Beträgt z. B. in einer Kostenstelle der Ausbeutekoeffizient 0,90, so muß in der Kalkulation der betreffende Arbeitsgang und das dort eingesetzte Material mit einem Einsatzfaktor von 1,11 multipliziert werden.

Bezeichnen wir den effektiven Ausbeutekoeffizienten mit $\beta^{(i)}$, so erhalten wir für die Ausbringung folgenden Ausdruck:

[263] Vgl. hierzu *E. Gutenberg*, Grundlagen der Betriebswirtschaftslehre, 1. Bd., a. a. O., 349 ff., und *W. Kilger*, Produktions- und . . ., a. a. O., S. 98 ff.

[264] Zu den verwertbaren Erzeugnissen im Sinne der Gleichung (20) zählen auch Produkte, die nur als zweite und dritte Qualität und damit zu geringeren Preisen veräußert werden können, da diese Erzeugnisse die gleichen Kosten wie die erste Qualität verursachen.

(21) $$x^{(i)} = \lambda^{(i)} T^{(i)} \beta^{(i)}$$

Zwischen dem Ausbeutekoeffizienten und der Intensität können funktionale Beziehungen bestehen. So kann z. B. bei Überschreitung der Optimalintensität der Ausbeutekoeffizient infolge erhöhter Ausschußproduktion abnehmen. Die gleiche Wirkung kann bei Überstunden und Nachtarbeit eintreten. In ähnlicher Weise wie für die Intensität kann es auch für den Ausbeutekoeffizienten ein Optimum geben. Dies ist insbesondere bei Extraktionsprozessen und ähnlichen Arbeitsgängen der Fall.
In Betrieben mit Serienproduktion tritt neben den Maßstab für die mengenmäßige Ausbringung die *quantitative Auftragszusammensetzung* oder *Seriengröße* als zusätzlicher Kostenbestimmungsfaktor. Durchlaufen pro Monat n verschiedene Erzeugnisarten eine Abteilung, so müssen mindestens n Serien aufgelegt werden. Jede Erzeugnisart x_i kann aber auch mehr als einmal aufgelegt werden. Bezeichnen wir für eine beliebige Produktart i die Auflegungszahl pro Periode mit z_i, so tritt neben die Ausbringungsgleichungen (17), (19) und (21) folgender zusätzlicher Maßstab für die Kostenverursachung:

(22) $$z = \sum_{i=1}^{n} b_{Ri}\, z_i$$

In dieser Gleichung ist b_{Ri} die Äquivalenzziffer für die Kostenverursachung während der Auflegung einer Serie. Werden die geplanten Ausführungszeiten $t_F^{(p)}$ als Maßstab für die Fertigung und die geplanten Rüstzeiten $t_R^{(p)}$ für das Einrichten verwendet, so erhalten wir als Ausdruck für die Ausbringung einer Abrechnungsperiode nebeneinander folgende Gleichungen:

(23) $$T_F = \sum_{i=1}^{n} t_{Fi}^{(p)}\, x_i$$

(24) $$T_R = \sum_{i=1}^{n} t_{Ri}^{(p)}\, z_i$$

In der Gleichung (24) kann man bei konstanten Seriengrößen s_i die Auflegungszahl z_i durch x_i/s_i ersetzen. Im Bereich der Fertigung sind die Kosten für $z_i = 1$ am geringsten. Berücksichtigt man aber auch den Einfluß der Seriengrößen auf die Lager- und Zinskosten der Halb- und Fertigfabrikatebestände, so gibt es auch für die Seriengrößen Optimalwerte[265].
Gelingt es, in einer Kostenstelle *eine* Äquivalenzziffernreihe zu finden, die zur Kostenverursachung *aller* Kostenarten proportional ist, wie das z. B. häufig für die Fertigungs- oder Maschinenlaufzeiten der Fall ist, so reicht die Gleichung (7) für die Quantifizierung der Ausbringung aus. Wirken dagegen mehrere Einflußgrößen nebeneinander, z. B. Fertigungsstunden und Durchsatzgewichte, so muß die Gleichung (17) für jede Einflußgröße gesondert angesetzt werden, damit der Einfluß

[265] Vgl. hierzu die umfangreiche Literatur über die Bestimmung optimaler Seriengrößen.

der *qualitativen Auftragszusammensetzung* bei der Beschäftigungsmessung berücksichtigt wird[266].

6. Wie die Übersicht 4 erkennen läßt, wirken auch die *Qualitäten der Produktionsfaktoren* auf die Kostenentstehung ein[267]. Sie bestimmen sowohl die Verbrauchsmengen, weisen in vielen Fällen aber auch Beziehungen zu den Faktorpreisen auf.
Zu den qualitativen Eigenschaften von Betriebsmitteln zählen insbesondere die technischen Eigenschaften, die Präzision mit der ein Betriebsmittel arbeitet und die bisherige Nutzungsdauer. Hierdurch werden vor allem die Ausbeutekoeffizienten, der Energieverbrauch, der Verbrauch an Hilfs- und Betriebsstoffen und der Reparaturanfall beeinflußt.
Die Qualität von Arbeitskräften wird vor allem durch die Begabung, Ausbildung, Erfahrung, Leistungsbereitschaft und durch die körperliche und seelische Verfassung bestimmt. Auch sie beeinflußt die Wirtschaftlichkeit des Faktorverbrauchs.
Die qualitativen Eigenschaften der Werkstoffe beeinflussen unmittelbar die Werkstoffverbrauchsmengen und weisen oftmals eine Beziehung zu den Werkstoffpreisen auf. Mittelbar beeinflussen die Werkstoffqualitäten auch die Intensitätsgrade und den Faktorverbrauch der Fertigung.

7. Als letzten Kostenbestimmungsfaktor enthält die Übersicht 4 die *innerbetriebliche Unwirtschaftlichkeit*. Hierunter wollen wir Handlungen der in einem Betrieb eingesetzten Arbeitskräfte verstehen, die zu Faktorverbrauchsmengen führen, welche bei wirtschaftlichem Handeln vermeidbar gewesen wären. Werden alle übrigen Kostenbestimmungsfaktoren planmäßig wirksam, so entstehen infolge der innerbetrieblichen Unwirtschaftlichkeit Istkosten, die über den Plankosten liegen. Gründe für die innerbetriebliche Unwirtschaftlichkeit können Unachtsamkeit, Ungeschicklichkeit, Gleichgültigkeit, Hortung von Beständen und Diebstahl sein. Wie wir bereits im ersten Teil nachgewiesen haben, zählt das Erkennen und Ausschalten solcher Unwirtschaftlichkeiten zu den Hauptzielen einer flexiblen Plankostenrechnung.

B. Die Prämisse linearer Kostenverläufe

1. Die flexible Plankostenrechnung verwendet für die Kostenkontrolle lineare Kostenverläufe, wie wir sie in den Abbildungen 2 und 4 dargestellt haben. In ihrer Ausgestaltungsform als Grenzkostenrechnung verwendet sie zur Lösung von Entscheidungsproblemen konstante Grenzkosten, wie sie linearen Kostenverläufen entsprechen. Die Richtigkeit dieser Linearitätsprämisse ist gelegentlich angezweifelt

[266] Vgl. hierzu unsere Ausführungen über die Verwendung mehrerer Bezugsgrößen auf S. 335 ff.
[267] Vgl. hierzu *E. Gutenberg*, Grundlagen der Betriebswirtschaftslehre, 1. Bd., a. a. O., zur Qualität von Arbeitskräften, S. 14 ff., zur Qualität von Betriebsmitteln, S. 70 ff., und zur Qualität von Werkstoffen, S. 121 ff.

worden[268], so daß wir sie nun vom kostentheoretischen Standpunkt überprüfen wollen.
Zunächst ist die Tatsache hervorzuheben, daß in der flexiblen Plankostenrechnung die Linearitätsprämisse nicht für Ist- sondern für *Sollkostenverläufe* vorausgesetzt wird, die ex definitione Funktionen sind, bei denen viele der in Übersicht 4 zusammengefaßten Kostenbestimmungsfaktoren konstant, d. h. in der Planung fest vorgegeben sind.
Dies gilt von vornherein für alle Preise und Löhne, die in der Plankostenrechnung durch ein Planpreissystem fixiert sind. Eine gleiche Annahme gilt für die Faktorqualitäten. Weiterhin werden für alle Abteilungen normalerweise konstante Kapazitäten geplant[269], so daß alle intervall- oder sprungfixen Kosten zu absolut fixen Plankosten werden. Mit den Kapazitäten liegen zugleich die verwendeten organisatorischen und technischen Verfahren fest. Auch das Bedienungssystem und die in der Arbeitsablaufplanung vorgegebene Maschinenbelegung sind vorgeplant. Weiterhin liegen der Kostenplanung bestimmte Annahmen über die innerbetriebliche Unwirtschaftlichkeit zugrunde. Je nachdem wie der „Anspannungsgrad" der Kostenplanung gewählt wird, werden die Kosten infolge innerbetrieblicher Unwirtschaftlichkeiten entweder gar nicht oder lediglich in Höhe unvermeidbarer Mindestmengen in die Kostenvorgaben einbezogen.
Wie die Übersicht 4 erkennen läßt, bleibt unter diesen Voraussetzungen als variabler Kostenbestimmungsfaktor nur die Ausbringung mit ihren Unterkomponenten übrig. Es ist daher die Frage zu prüfen, unter welchen Prämissen es richtig ist, die Abhängigkeit der variablen Kosten von der Ausbringung in Form linearer Kostenkurven vorzugeben, und ob diese Prämissen repräsentativ für die Mehrzahl der Unternehmungen sind.
Unterstellen wir, daß die Intensitäten, die Ausbeutekoeffizienten, die Seriengrößen und die qualitative Auftragszusammensetzung konstant sind, so ist die Ausbringung eine Funktion der Fertigungszeit. Es liegt unter diesen Voraussetzungen also rein zeitliche Anpassung vor, für die E. Gutenberg eindeutig lineare Kostenverläufe nachgewiesen hat[270]. Wie wir im einzelnen bei der Behandlung der Bezugsgrößenwahl zeigen werden[271], kann die flexible Plankostenrechnung auch dann mit linearen Kostenverläufen arbeiten, wenn man auf die Prämisse konstanter qualitativer Auftragszusammensetzung und konstanter Seriengrößen verzichtet. Allerdings wird es hierbei erforderlich, einer Kostenstelle nicht nur eine, sondern mehrere lineare Kostenverläufe vorzugeben, die jeweils von verschiedenen Einflußgrößen abhängig sind.

[268] Zweifel daran, daß lineare Kostenverläufe als Grundlage der flexiblen Plankostenrechnung geeignet sind, äußert z. B. *K. Käfer*, Standardkostenrechnung, 2. Aufl., a. a. O., S. 495.
[269] Von dieser Regel gibt es Ausnahmen, wenn für die Personalkosten einer Kostenstelle quantitative Anpassungsprozesse als Soll vorgegeben werden. Vgl. hierzu unsere Ausführungen auf S. 487 ff.
[270] Vgl. *E. Gutenberg*, Grundlagen der Betriebswirtschaftslehre, 1. Bd., a. a. O., S. 367.
[271] Vgl. insbesondere unsere Ausführungen über die Verwendung mehrerer Bezugsgrößen auf S. 335 ff.

Für die Ausbeutekoeffizienten ist es in der Mehrzahl aller Fälle richtig, feste Planprozentsätze vorzugeben, so daß nichtlineare Kostenfunktionen ausgeschaltet werden. Nur in Ausnahmefällen, so z. B. bei Extraktionsprozessen, in denen die Ausbeutekoeffizienten durch dispositive Entscheidungen variiert werden, kann die Kostenplanung nicht mehr von linearen Sollkostenvorgaben ausgehen.
Sehen wir von diesen Ausnahmefällen ab, so bleibt zur Begründung nichtlinearer Sollkostenverläufe lediglich die Intensität übrig. Hierbei sind oszillative Intensitätsschwankungen von dispositiv gesteuerten intensitätsmäßigen Anpassungsprozessen zu unterscheiden, wovon nur die letzteren die Notwendigkeit nichtlinearer Sollkostenverläufe begründen können.
Die meisten Unternehmungen setzen in ihren Kostenstellen Betriebsmittel ein, die ohne nachteilige Folgen für die Kostenstruktur beliebig ein- oder ausgeschaltet werden können und für die daher von vornherein innerhalb der Kapazitätsgrenzen nur eine zeitliche Anpassung bei optimaler und damit konstanter Intensität in Frage kommt. Nur in Engpaßsituationen ist ein Übergang zur zeitlich-intensitätsmäßigen Anpassung erforderlich. Die Erfahrung lehrt aber, daß hiervon in der Praxis nur sehr selten Gebrauch gemacht wird, da man den ungünstigen Einfluß auf die Kostenstruktur fürchtet[272].
Es gibt aber Unternehmungen, die über Produktionsabteilungen verfügen, in denen eine zeitliche Anpassung so unwirtschaftlich ist, daß sie praktisch ausscheidet. Hierzu gehören, z. B. Hochöfen, Koksbatterien und Schwefelsäurefabriken, bei denen ein zeitliches Unterbrechen der Produktion aus kostenwirtschaftlichen Gründen nicht möglich ist. Hier bleibt daher nur die rein intensitätsmäßige Anpassung übrig, wenn die Ausbringungsmenge variiert werden soll.
In Engpaßkostenstellen mit zeitlich-intensitätsmäßiger Anpassung und in Abteilungen, die aus fertigungstechnischen Gründen nur die rein intensitätsmäßige Anpassung anwenden können, ist die Linearitätsprämisse der Sollkostenfunktionen nicht erfüllt, wie wir im einzelnen im nächsten Abschnitt zeigen werden.

2. Viele empirische Kostenuntersuchungen haben aber gezeigt, daß die intensitätsmäßige Anpassung relativ selten ist und in der Mehrzahl aller Fälle die Prämissen linearer Kostenverläufe erfüllt sind[273].
Auch die meisten Kostenfachleute haben seit jeher die Ansicht vertreten, daß in der Praxis normalerweise die Linearitätsprämisse erfüllt ist. Schon vor der Entwicklung der Plankostenrechnung ist dise Ansicht von zahlreichen Autoren hervorgehoben worden. So untersuchte z. B. P. Rott bereits im Jahre 1914 die Kostenstruktur von vier großen Maschinenfabriken und gelangte dabei zu linearen Kostenkurven[274]. Auch die Kostenuntersuchungen von H. Simon, K. Seyderhelm

[272] Vgl. *E. Gutenberg*, Grundlagen der Betriebswirtschaftslehre, 1. Bd., a. a. O., S. 356.
[273] Vgl. *E. Gutenberg*, Grundlagen der Betriebswirtschaftslehre, 1. Bd., a. a. O., S. 378 ff. und die dort angegebene Literatur.
[274] Vgl. *P. Rott*, Unkosten- und Lohnverschiebung bei wechselnder Produktion, Technik und Wirtschaft 1914, S. 681 ff.

und G. Schlesinger führten zu linearen Gesetzmäßigkeiten[275]. Weiterhin wurde die Frage der Kostenverläufe von R. Hildebrandt ausführlich untersucht, wobei er zu folgendem Ergebnis gelangt: „Die wieder und wieder beobachtete Erscheinung, daß neben den Werkstoffen und Fertigungslöhnen auch die Gemeinkosten einen in Abhängigkeit vom Beschäftigungsgrade im wesentlichen geradlinigen Verlauf zeigten und bei gleichen Beschäftigungsgraden immer annähernd dieselben Werte wieder erreichten, konnte nicht gut eine Einzelerscheinung nur weniger Werke sein." [276] Auch K. Rummel betrachtete die Gemeinkosten innerhalb bestimmter Bezugsgrößenintervalle als geradlinig[277]. Zum gleichen Ergebnis gelangte auch G. Kritzler bei seinen Untersuchungen über die Platzkostenrechnung: „Das Vorhandensein überproportionaler Kosten spielt meines Erachtens keine so bedeutsame Rolle, daß es sich rechtfertigen würde, dafür eine besondere Klasse vorzunehmen." [278]

Im Zusammenhang mit der Plankostenrechnung hat F. Peters bereits im Jahre 1927 in seinem Bericht über die Kostenrechnung amerikanischer Betriebe darauf aufmerksam gemacht, daß dort grundsätzlich keine Kostenprogressionen vorgegeben werden, da sich die Betriebe an permanente Beschäftigungszunahmen stets zeitlich anpassen[279]. Ferner wies E. Michel darauf hin, daß eventuelle Krümmungen des Kostenverlaufs in der Plankostenrechnung praktisch vernachlässigt werden können[280]. In der anglo-amerikanischen Literatur über die Standardkostenrechnung bezeichnet T. Carrol die linearen Plankostenkurven als "the common type of expense volume relation" [281]. In Deutschland hat insbesondere H. G. Plaut darauf hingewiesen, daß den Sollkostenverläufen der flexiblen Plankostenrechnung, von Ausnahmen abgesehen, lineare Funktionen zugrunde zu legen sind, da sich bei Zehntausenden von Soll-Ist-Vergleichen nur selten Kostenprogressionen gezeigt haben[282].

Auch in der neueren Literatur über die Plankostenrechnung hat sich die Ansicht immer mehr durchgesetzt, daß in der Mehrzahl aller Fälle die Linearitätsprämisse erfüllt ist. Das Institute of Cost and Works Accountants schreibt z.B. hierüber: "For

[275] Vgl. *H. Simon*, Selbstkosten und Rentabilität industrieller Betriebe in Abhängigkeit vom Beschäftigungsgrad, Technik und Wirtschaft 1924, S. 180 ff.; *K. Seyderhelm*, Unkostensätze und Nebenbetriebskosten in Maschinenfabriken und verwandten Betrieben unter besonderer Berücksichtigung des Beschäftigungsgrades, Berlin 1929 (hier werden besonders die Kostenverläufe von Eisengießereien, mechanischen Werkstätten und Schmieden untersucht), und *G. Schlesinger*, Die Zukunft des deutschen Werkzeugmaschinenbaues, VDI-Zeitschrift 1930, 2. Halbjahr, S. 1629 ff.

[276] *Vgl. R. Hildebrandt*, Geschäftspolitik auf mathematischer Grundlage, Technik und Wirtschaft 1931, S. 127.

[277] Vgl. *K. Rummel*, Die Kostenfunktion, Archiv für das Eisenhüttenwesen 1932/33, S. 127.

[278] Vgl. *G. Kritzler*, Die Platzkostenrechnung im Dienste der Kalkulation, Diss. Darmstadt 1928, S. 6.

[279] Vgl. *F. Peters*, Über Industriekalkulation und Preispolitik in den Vereinigten Staaten von Amerika, ZfhF 1927, S. 125.

[280] Vgl. *E. Michel*, Handbuch der Plankostenrechnung, Berlin 1937, S. 234.

[281] Vgl. *T. Carrol*, How to Control Production Costs, New York–Toronto–London 1953, S. 83 f. sowie Fig. 20 a.

[282] Vgl. *H. G. Plaut*, Die Grenz-Plankostenrechnung, ZfB 1953, S. 353; *H. G. Plaut*, Die Grenzplankostenrechnung, ZfB 1955, S. 29 ff.

practical purposes the total variable cost can generally be regarded as the total marginal cost"[283], woraus Linearität des Kostenverlaufes folgt. Auch A. Matz weist darauf hin, daß innerhalb der Kapazitätsgrenzen lineare Kostenverläufe den häufigsten Fall in der Praxis des Industriebetriebes darstellen[284]. Auch K. Mellerowicz äußert die Ansicht, daß für praktische Zwecke Grenzkosten und variable Stückkosten gleichgesetzt werden können[285]. Die National Association of Accountants nimmt zum Problem der Linearität von Sollkostenfunktionen wie folgt Stellung: "Within limited ranges of volume, this variation in cost tends to be proportional to volume and hence unit cost tends to be constant in amount."[286]

C. *Nichtlineare und unstetige Kostenfunktionen als Grundlage der flexiblen Plankostenrechnung?*

1. Nichtlineare Kostenfunktionen können in der Praxis vor allem durch intensitätsmäßige Anpassungsprozesse verursacht werden, wie E. Gutenberg durch seine Theorie der Verbrauchsfunktionen nachgewiesen hat[287]. Diese Theorie basiert auf der empirisch nachweisbaren Tatsache, daß bei Intensitätsvariationen der Faktorverbrauch bestimmter Produktionsfaktoren pro Ausbringungseinheit variabel ist. Dies gilt insbesondere für Energie und Brennstoffe, aber auch für einige andere Produktionsfaktoren. Die typische Verbrauchsfunktion verläuft u-förmig, hat also für eine Optimalintensität λ_{opt} ein Minimum. Da bei *rein intensitätsmäßiger Anpassung* nach Gleichung (19) wegen der Konstanz des Zeitgrades die Ausbringung proportional zur Intensität sein muß, verursachen bei dieser Anpassungsart u-förmige Verbrauchsfunktionen zwangsläufig einen u-förmigen Verlauf der variablen Stückkosten k_v und einen s-förmigen der Gesamtkosten K, wie wir sie in den Abbildungen 11 und 12 wiedergegeben haben. Unter der Annahme, daß die Intensität nicht unter λ_{min} verringert werden kann, beginnen die Kostenfunktionen erst bei x_{min}, wie die Abbildungen 11 und 12 zeigen.

Wie die Abbildung 12 erkennen läßt, stimmen bei rein intensitätsmäßiger Anpassung die variablen Stückkosten k_v und die Grenzkosten K' nur noch bei optimaler Intensität überein.

[283] Vgl. *The Institute of Cost and Works Accountants,* A. Report on Marginal Costing, 3. Aufl., London 1965, S. 9; die gleiche Ansicht äußerte auch *J. Batty,* Standard Costing London 1960, S. 294.

[284] Vgl. *A. Matz,* Planung und Kontrolle von Kosten und Gewinn, AGPLAN, Bd. 7, Wiesbaden 1964, S. 28.

[285] Vgl. *K. Mellerowicz,* Planung und Plankostenrechnung, Bd. 1, Betriebliche Planung, Freiburg 1961, S. 472.

[286] Vgl. *NAA-Research Report 37,* Current Application of Direct Costing, New York 1961, S. 6 f.; in gleicher Weise äußert sich auch *W. Wright,* Direct Standard Costs for Decision Making and Control, New York–Toronto–London 1962, S. 58.

[287] Vgl. *E. Gutenberg,* Grundlagen der Betriebswirtschaftslehre, 1. Bd., a. a. O., S. 340, und *W. Kilger,* Produktions- und . . ., a. a. O., S. 98 ff.

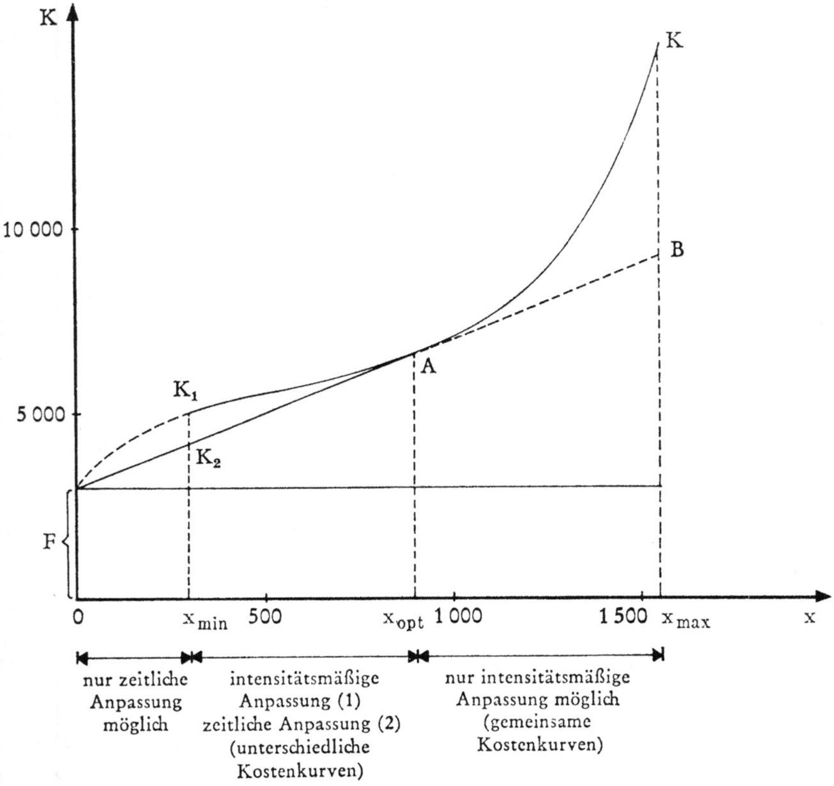

Abb. 11: Gesamtkostenverläufe bei rein intensitätsmäßiger und zeitlich-intensitätsmäßiger Anpassung

Wie wir bereits früher sahen, scheidet in Kostenstellen, in denen eine zeitliche Anpassung möglich ist, die intensitätsmäßige Anpassung innerhalb der Kapazitätsgrenze (bei optimaler Intensität) grundsätzlich aus. Hier kommt lediglich in Engpaßsituationen die zeitlich-intensitätsmäßige Anpassung in Frage. Wie die Abbildungen 11 und 12 zeigen, ist bei dieser Anpassungsform der Gesamtkostenverlauf im Ausbringungsintervall von Null bis x_{opt} linear. Die Grenzkosten stimmen in diesem Bereich mit den variablen Stückkosten überein. Erst im Ausbringungsintervall zwischen der Maximalausbringung bei optimaler Intensität und der Maximalausbringung bei maximaler Intensität wird die für intensitätsmäßige Anpassungsprozesse typische Kostenprogression wirksam.

Häufig wird jedoch der Progressionseffekt dadurch verringert, daß nur für einige spezielle Produktionsfaktoren u-förmige Verbrauchsfunktionen auftreten und der Einsatz der übrigen Produktionsfaktoren intensitätsunabhängig ist.

In ähnlicher Weise wie bei intensitätsmäßigen Anpassungsprozessen können s-för-

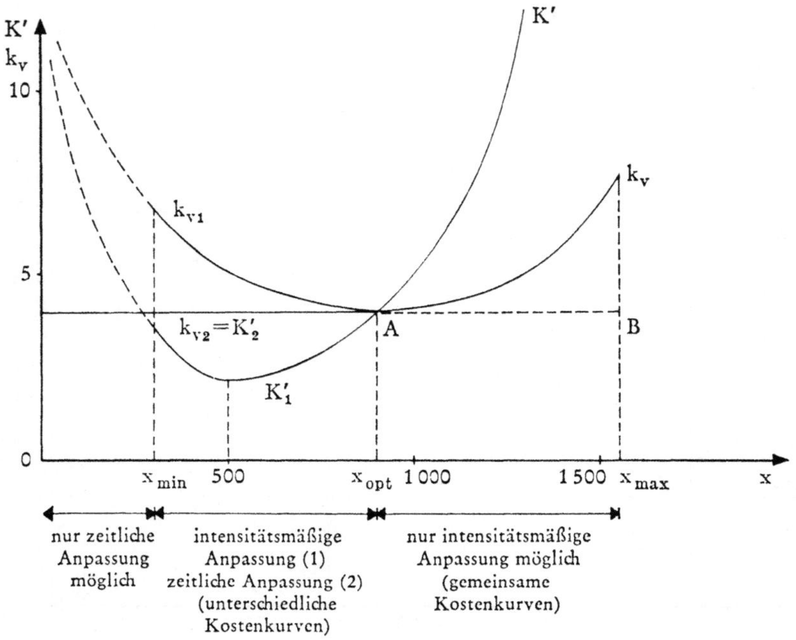

Abb. 12: Verlauf der variablen Stückkosten und der Grenzkosten bei rein intensitätsmäßiger und zeitlich-intensitätsmäßiger Anpassung

mige Gesamtkosten auch bei dispositiven Variationen der Ausbeutekoeffizienten auftreten[288]. Da diese Fälle jedoch selten sind, wollen wir hierauf nicht im einzelnen eingehen.

Unsere Ausführungen lassen erkennen, daß es nicht korrekt ist, in Kostenstellen lineare Sollkostenverläufe zu verwenden, deren Kostenverläufe infolge entsprechender dispositiver Maßnahmen nicht linear sind. Diese Tatsache ist gelegentlich als kritischer Einwand gegen die flexible Plankostenrechnung hervorgehoben worden[289]. Hierzu ist allerdings zu bemerken, daß auch kein anderes Verfahren der Kostenrechnung in der Lage ist, gekrümmte Kostenverläufe im System der laufenden Kostenrechnung zu berücksichtigen. Wir glauben aber, daß die flexible Plankostenrechnung stets so erweitert werden kann, daß sie in den wenigen Ausnahmefällen, in denen gekrümmte Gesamtkostenverläufe auftreten, entsprechende nichtlineare Sollkostenfunktionen vorgibt[290]. Weiterhin besteht immer die Möglichkeit, in der

[288] Vgl. hierzu *K. W. Hennig*, Betriebswirtschaftlehre ..., a. a. O., S. 115.

[289] So schreibt z. B. *R. L. Brummet*, Direct Costing – Its Weaknesses and Its Strengths, NAA-Bulletin 1962 (3), Section 1, S. 63: "There is no practical way under the direct costing procedure to recognize this sort of a pattern." Vgl. auch *K. Käfer*, Standardkostenrechnung, 2. Aufl., a. a. O., S. 495.

[290] Wir werden hierfür im fünften Teil auf S. 494 ff. ein praktisches Beispiel wiedergeben.

Kostenplanung auch beim Auftreten von intensitätsmäßigen Anpassungsprozessen an der Linearität festzuhalten und dafür sowohl in der Kostenkontrolle als auch bei der Lösung von Entscheidungsproblemen die nichtlinearen Kostenarten durch eine besondere Abweichungsverrechnung zu berücksichtigen[291].

2. Unstetige Kostenverläufe entstehen bei der Variation betrieblicher Teilkapazitäten, d. h. durch *quantitative Anpassungsprozesse*[292].
Hierbei kann es sich erstens um Veränderungen der Betriebsmittelkapazitäten *und* der Kapazitäten der Arbeitskräfte handeln. Ändern sich hierbei die Verfahren, so spricht E. Gutenberg von einer mutativen und bei gleichbleibenden Verfahren von einer multiplen Betriebsgrößenvariation[293]. Solche Kapazitätsveränderungen beeinflussen die Kostenstruktur der betreffenden Kostenstellen so stark, daß sie sich nicht in Form von Sollkostenkurven vorgeben lassen. Die Beurteilung, ob Betriebsgrößenvariationen wirtschaftlich sind oder nicht, kann nicht durch die laufende Kostenrechnung entschieden werden. Hierfür sind vielmehr besondere Wirtschaftlichkeits- und Investitionsrechnungen erforderlich. In der flexiblen Plankostenrechnung werden die Betriebsmittelkapazitäten der einzelnen Kostenstellen und die organisatorischen und fertigungstechnischen Verfahren grundsätzlich als gegeben angenommen. Werden während der Planungsperiode Kapazitäts- oder Verfahrensänderungen vorgenommen, so muß die Kostenplanung entsprechend revidiert werden.

3. In der Praxis finden wir zweitens häufig den Fall, daß bei konstanten Betriebsmittelkapazitäten und unveränderter Verfahrenstechnik die personellen Kapazitäten variiert werden. Dies kann für den Gesamtbetrieb gelten, häufiger aber handelt es sich um Verschiebungen von Arbeitskräften zwischen den einzelnen Kostenstellen. Hierbei treten im Bereich der Personalkosten Kostensprünge auf. Im Gegensatz zu den zuerst genannten Formen der quantitativen Anpassung, lassen sich Variationen der personellen Kapazitäten oftmals auch kurz- oder mittelfristig realisieren.
Dies ist z. B. der Fall, wenn in einer Kostenstelle häufig die Schichtzahl variiert werden muß. Jede Schicht erfordert neben den als proportional anzusetzenden Fertigungsarbeitern in der Regel einen Meister oder Hilfsmeister, sowie mehrere Einrichter, Werkstattschreiber, Schichtschlosser und Transportarbeiter, deren Kosten ganz oder zum Teil ausbringungsunabhängig sind. Können diese Arbeitskräfte bei einem Wechsel der täglichen Schichtzahl in anderen Abteilungen eingesetzt werden, so erhalten wir einen treppenförmigen Sollkostenverlauf, wie ihn die Abbildung 13 zeigt. In der flexiblen Plankostenrechnung kann ein häufiger Wechsel der Schichtzahl durch entsprechende Alternativpläne berücksichtigt werden, ein Verfahren, das in den USA gelegentlich zu finden ist. Hierbei geht man von einer Basis-Sollkostenkurve ("base

[291] Diese Möglichkeit deutet z. B. *G. Shillinglaw*, Cost Accounting . . ., a. a. O., auf S. 92 an.
[292] Vgl. hierzu *E. Gutenberg*, Grundlagen der Betriebswirtschaftslehre, 1. Bd., a. a. O., S. 367 ff., und *W. Kilger*, Produktions- und . . ., a. a. O., S. 96 ff.
[293] Vgl. *E. Gutenberg*, Grundlagen der Betriebswirtschaftslehre 1. Bd., a. a. O., S. 412 ff. und S. 416 ff.

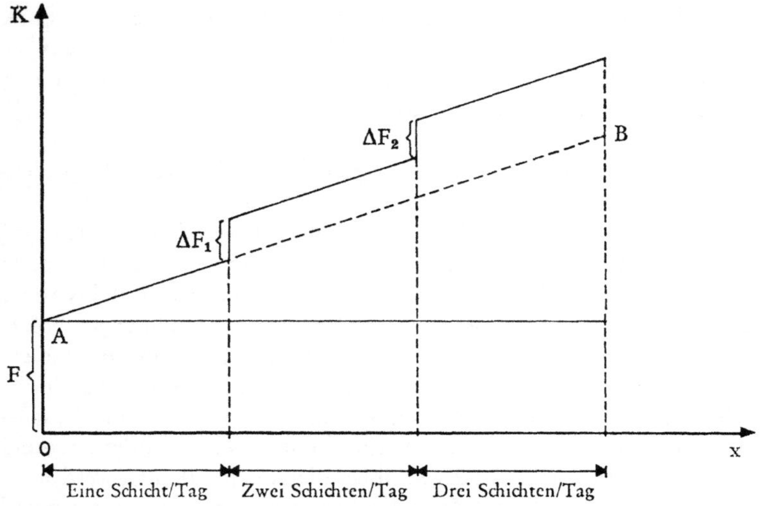

Abb. 13: Gesamtkostenverlauf bei Veränderung der täglichen Schichtzahl

budget") aus, wie dies in der Abbildung 13 durch die Gerade A B angedeutet ist. Weiterhin werden die Fixkostensprünge (ΔF_1 und ΔF_2) vorgegeben, die bei abweichender Schichtzahl auftreten sollen[294].

Weiterhin gibt es Abteilungen, in denen eine relativ große Anzahl menschlicher Potentialfaktoren für die Erfüllung repetitiver, artähnlicher Aufgaben eingesetzt wird. Dies gilt z. B. für die Arbeitsvorbereitung, Kalkulationsabteilungen, Finanzbuchhaltung und Rechnungsschreibung. In Abteilungen dieser Art sollte die Kapazität der Arbeitskräfte zwar nicht monatlich, aber doch bereits innerhalb der Planungsperiode von einem Jahr in der Sollvorgabe an die Beschäftigung angepaßt werden, um Leerkosten bei den Gehältern weitestgehend zu vermeiden. Aus diesem Grunde neigen manche Vertreter der flexiblen Plankostenrechnung dazu, Teile der Gehaltskosten bei der Vorgabe von Sollkostenkurven künstlich zu proportionalisieren. Hierbei werden in der Regel die Gehälter für die personelle Mindestbesetzung (z. B. ein Abteilungsleiter, vier Sachbearbeiter, eine Sekretärin und zwei Schreibkräfte) als fixe

294 Die Möglichkeit stufenförmiger Sollkostenvorgabe deuten folgende Autoren an: *K. Agthe,* Kostenplanung und Kostenkontrolle im Industriebetrieb, Baden-Baden 1963, der auf S. 106 Sprungvariatoren für Kostensprünge empfiehlt; *H. C. Heiser,* Budgetierung, Grundsätze und Praxis der betriebswirtschaftlichen Planung, Berlin 1964, S. 160 und Abb. 7 auf S. 176; *C. T. Horngren,* Cost Accounting, A Managerial Emphasis, Englewood Cliffs, N. J. 1963, S. 197; *C. T. Horngren,* Accounting for Management Control: An Introduction, Englewood Cliffs, N. J. 1965, S. 242 f.; *I. W. Keller,* Management Accounting for Profit Control, New York – Toronto – London 1957, S. 191 und 192, und *R. L. Brummet,* Direct Costing..., a. a. O., S. 62, sowie Exh. 1, Type 4. Im übrigen vergleiche für die praktische Durchführung das von uns auf S. 489 ff. im fünften Teil wiedergegebene Beispiel.

Kosten und die Gehälter, die hierüber hinaus zur Realisierung einer bestimmten Planbeschäftigung erforderlich sind, als „proportionale" Kosten angesetzt. Graphisch betrachtet, entspricht dieses Verfahren der näherungsweisen Wiedergabe eines treppenförmigen Kostenverlaufs durch eine Gerade, wie die Abbildung 14 erkennen läßt[295].

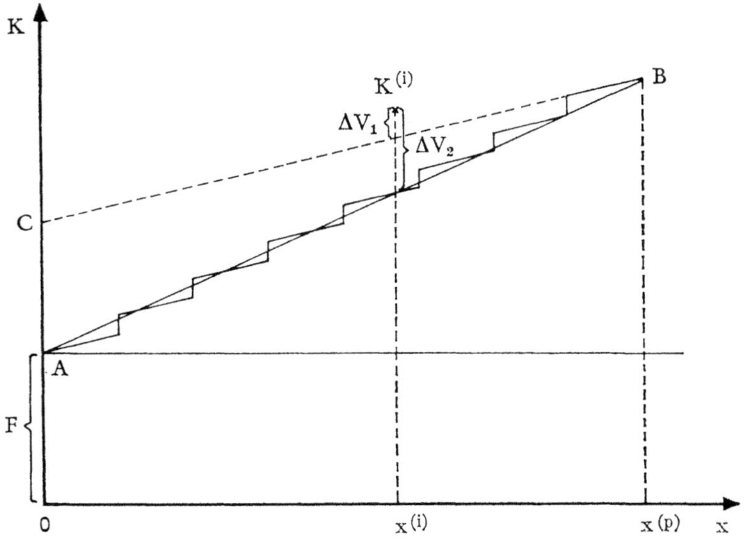

Abb. 14: Beispiel zur teilweisen Proportionalisierung sprungfixer Personalkosten

In der Abbildung 14 entspricht die Gerade CB der Sollkostenkurve, die man erhält, wenn man der Kostenplanung konstante Personalkapazitäten zugrunde legt. Die Abbildung läßt weiterhin erkennen, daß bei rückläufiger Beschäftigung abbaufähige, aber nicht abgebaute Personalkosten in die Verbrauchsabweichungen eingehen. Auf diese Weise soll der Soll-Ist-Kosten-Vergleich dazu führen, daß remanente Personalkosten vermieden und quantitative Anpassungsprozesse auch bei rückläufiger Beschäftigung rechtzeitig durchgeführt werden. Bei zunehmender Beschäftigung beantragen die Abteilungsleiter in der Regel von selbst zusätzliches Personal. Auch dieser Tatsache wird die künstliche Proportionalisierung der Stufenkosten gerecht. Für die Zwecke der Kostenkontrolle erscheint diese Methode daher vertretbar.
Wie aber ein Vergleich der Geraden AB und CB in Abbildung 14 erkennen läßt, werden durch die proportionalisierten stufenfixen Personalkosten die „Grenzkosten"

295 Vgl. hierzu *W. Kilger,* Der heutige Stand der Grenzplankostenrechnung, AGPLAN, Bd. 6, Wiesbaden 1962, S. 72ff., und *C. T. Horngren,* Accounting ..., a. a. O., S. 242f.: "How many clerks do we need? How flexible should we be? How divisible is the task? Should we use part-time help? Should we hire and fire as the volume of work fluctuates?"

erhöht[296]. Da sich quantitative Veränderungen des Angestelltenbestandes in der Regel nur mit Fristen von mehr als drei oder sechs Monaten realisieren lassen und auch ein Austausch von Angestellten zwischen den Abteilungen weitaus schwerer ist als z. B. bei den Fertigungsarbeitern, sind die durch proportionalisierte Sprungkosten erhöhten Grenzkosten für viele kurzfristig zu treffenden Entscheidungen problematisch. In den USA und auch in vielen deutschen Betrieben werden daher bei der Kostenplanung meistens konstante „Angestelltenkapazitäten" zugrunde gelegt.

[296] Bei der alternativen Vorgabe sprungfixer Schichtkosten, wie wir sie in der Abb. 13 wiedergegeben haben, werden die Grenzkosten nicht beeinflußt.

6. Kapitel

Der theoretische Aufbau der Kostenkontrolle

A. *Die Errechnung von Gesamtabweichungen und das Problem der Abweichungs-Interdependenz*

1. Die Aufgabe der Kostenkontrolle wird durch die flexible Plankostenrechnung in der Weise erfüllt, daß den Istkosten bestimmter Abrechnungsperioden Plan- oder Sollkosten gegenübergestellt und die so errechneten Kostenabweichungen analysiert, d. h. auf ihre Ursachen zurückgeführt werden. Im folgenden Abschnitt wollen wir untersuchen, welche theoretischen Möglichkeiten es für den Aufbau der Kostenkontrolle gibt und welche Probleme hierbei auftreten [297].
Wie unsere Ausführungen im Abschnitt A des fünften Kapitels zeigten, werden die Gesamtkosten, die während einer Abrechnungsperiode in einer Kostenstelle anfallen, durch das Zusammenwirken zahlreicher Kostenbestimmungsfaktoren verursacht. Bezeichnen wir die quantitativen Maßgrößen dieser Kostenbestimmungsfaktoren mit y und ihre Anzahl mit n, so können wir die Gesamtkosten K durch folgende Funktion ausdrücken:

$$(25) \qquad K = f(y_1, y_2, y_3, \ldots, y_n)$$

In dieser Gleichung können zum Beispiel y_1 die Betriebsmittelkapazität, y_2 die personelle Kapazität, y_3 bis y_6 die Ausbringung mit ihren Unterkomponenten und die folgenden y-Werte die Preise für Produktionsfaktoren sein.
Setzt man alle Kostenbestimmungsfaktoren in die obige Funktion mit realisierten Maßgrößen ein, so erhält man die *Istkosten* einer bestimmten Abrechnungsperiode. Für geplante Maßgrößen der Kostenbestimmungsfaktoren gibt die Gleichung (25) die *Plankosten* eines bestimmten Zeitraumes an. Die Differenz der Istkosten und der Plankosten bildet die *Gesamtabweichung* der Kosten einer Kostenstelle. Verwenden wir für Istgrößen den Index (i) und für Plangrößen den Index (p), so erhalten wir nach Gleichung (25) für die Gesamtabweichung der Kosten folgenden Ausdruck:

$$(26) \qquad K^{(i)} - K^{(p)} = f(y_1^{(i)}, y_2^{(i)}, y_3^{(i)}, \ldots, y_n^{(i)}) - f(y_1^{(p)}, y_2^{(p)}, y_3^{(p)}, \ldots, y_n^{(p)})$$

Die Ermittlung von Gesamtabweichungen ist zwar für eine wirksame Kostenkontrolle notwendig, aber nicht hinreichend, da sie nicht erkennen läßt, auf welche Kostenbestimmungsfaktoren die Abweichungen zurückzuführen sind. Die Gesamtab-

[297] Vgl. hierzu insbesondere *W. Kilger*, Der theoretische Aufbau der Kostenkontrolle, ZfB 1959, S. 457 ff.

weichungen müssen zum Zwecke der Ursachenanalyse in Teilabweichungen aufgespalten werden, von denen jede den Einfluß eines bestimmten Kostenbestimmungsfaktors erkennen läßt.

2. Bei dem Versuch, Gesamtabweichungen in Teilabweichungen aufzuspalten, treten schwierige Zurechnungsprobleme auf, die darauf zurückzuführen sind, daß zwischen vielen Kostenbestimmungsfaktoren funktionale Beziehungen bestehen. Diese Tatsache führt zu einem Problem, das wir als *Abweichungs-Interdependenz* bezeichnen wollen.
Da Kosten stets das Produkt aus Faktormengen und -preisen sind, wie die Gleichung (14) erkennen läßt, besteht immer eine multiplikative Beziehung zwischen *den* Kostenbestimmungsfaktoren, die Verbrauchsmengen verursachen, und den Preisen oder Löhnen. Zur Vereinfachung des Problems wollen wir zunächst von der Annahme ausgehen, daß alle mengenbestimmenden Einflußgrößen wie ein einheitlicher Kostenbestimmungsfaktor behandelt werden können, da zwischen ihnen keine Interdependenzen bestehen. Unter dieser Voraussetzung erhalten wir nach Gleichung (14) für die Gesamtabweichung einer Kostenstelle folgenden Ausdruck:

$$K^{(i)} - K^{(p)} = \sum_{\nu=1}^{z} (r_\nu^{(i)} q_\nu^{(i)} - r_\nu^{(p)} q_\nu^{(p)}) \tag{27}$$

Hierfür können wir schreiben:

$$K^{(i)} - K^{(p)} = \sum_{\nu=1}^{z} \Big((r_\nu^{(p)} + \Delta r_\nu)(q_\nu^{(p)} + \Delta q_\nu) - r_\nu^{(p)} q_\nu^{(p)} \Big) \tag{28}$$

oder:

$$K^{(i)} - K^{(p)} = \sum_{\nu=1}^{z} (\Delta r_\nu q_\nu^{(p)} + \Delta q_\nu r_\nu^{(p)} + \Delta r_\nu \Delta q_\nu) \tag{29}$$

Die Gesamtabweichung besteht also erstens aus Überschreitungen oder Einsparungen der Verbrauchsmengen, ausgelöst durch die mengenbestimmenden Kosteneinflußgrößen, bewertet zu geplanten Preisen. Zweitens enthält die Gesamtabweichung die Planverbrauchsmengen, bewertet mit den Preisabweichungen, und als dritte Abweichungskomponente sogenannte Abweichungen zweiten Grades, die aus den Produkten der Mengenabweichungen und der Preisabweichungen gebildet werden. Die erste Komponente der Gesamtabweichung wäre nicht entstanden, wenn die mengenauslösenden Einflußgrößen planmäßig eingehalten worden wären und ist daher diesen eindeutig zurechenbar. Die zweite Komponente wäre bei Einhaltung der Planpreise entfallen und kann daher dem Kostenbestimmungsfaktor Preis- bzw. Lohnniveau eindeutig zugeordnet werden. Die dritte Abweichungskomponente der Gleichung (29) wäre sowohl für $\Delta r_\nu = 0$ als auch für $\Delta q_\nu = 0$ nicht entstanden. Hier ist daher eine Zurechnung nicht möglich.
Dieses Problem ist seit langem bekannt und wurde in der amerikanischen Literatur

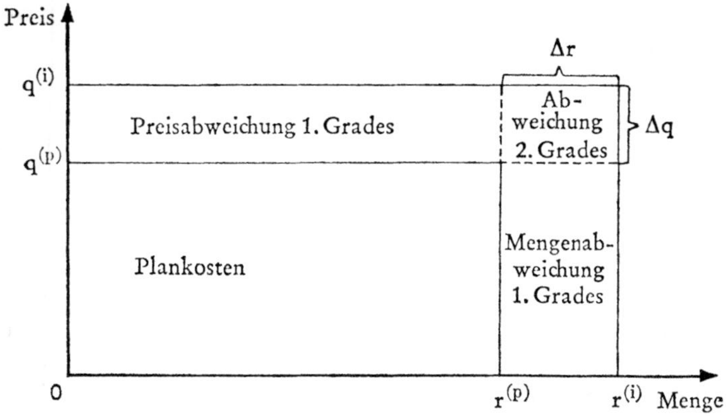

Abb. 15: Graphische Darstellung der Abweichungsaufspaltung in Abweichungen ersten und zweiten Grades

zuerst von H. W. Maynard und E. A. Camman beschrieben, wobei E. A. Camman die Abweichung zweiten Grades als „incidental variation" bezeichnet[298].
In der deutschen Literatur hat A. Müller die Abweichungs-Interdependenz zuerst beschrieben[299]. Für eine bestimmte Kostenart kann man die Abweichungs-Interdependenz wie in Abbildung 15 graphisch darstellen[300].
In der Abbildung 15 entspricht das Rechteck $r^{(p)}\,q^{(p)}$ den Plankosten und das Rechteck $r^{(i)}\,q^{(i)}$ den Istkosten.

[298] Vgl. *H. W. Maynard,* The Accounting Technique for Standard Costs, N.A.C.A.-Bulletin 1927 (12), Section 1, S. 550 ff.; *E. A. Camman,* Basic Standard Costs, New York 1932, S. 60; weiterhin wird das Problem der Abweichungs-Interdependenz von folgenden Autoren behandelt: *D. Coward,* Økonomisk risiko og usikkerhet, Bergen 1953; *A. Danielsson,* On Measurement and Analysis of Standard Costs, Stockholm 1963, S. 19; *C. Gillespie,* Standard and Direct Costing, 3. Aufl., Englewood Cliffs, N. J. 1962, S. 22; *C. T. Horngren,* Cost Accounting, A Managerial Emphasis, 3. Aufl., Englewood Cliffs, N. J. 1963, S. 136; *C. T. Horngren,* Accounting for Management Control: An Introduction, Englewood Cliffs, N. J. 1965, S. 127; *K. Käfer,* Standardkostenrechnung, 2. Aufl., Zürich 1964, S. 141; *D. Solomons,* Standard Costing Needs Better Variances, NAA-Bulletin 1961 (12), Section 1, S. 36, bezeichnet die Abweichung zweiten Grades als „composite variance"; *L. L. Vance,* The Fundamental Logic of Primary Variance Analysis, N.A.C.A.-Bulletin 1950 (1), Section 1, S. 627; *K. Weber,* Amerikanische Standardkostenrechnung, Winterthur 1960, S. 36; *K. Weber,* Zur Abweichungsermittlung bei der Standardkostenrechnung, Industrielle Organisation 1961, S. 435 f., bezeichnet die Abweichungen zweiten Grades als „Sekundärabweichungen".

[299] Vgl. *A. Müller,* Die Isolierung der Einflüsse auf die Selbstkosten im Eisenhüttenwesen, Diss. Köln 1933, S. 11.

[300] Diese Abbildung verwenden folgende Autoren: *C. Gillespie,* Standard and Direct Costing, a. a. O., S. 22; *C. T. Horngren,* Cost Accounting ..., a. a. O., S. 136; *C. T. Horngren,* Accounting ..., a. a. O., S. 217; *H. W. Maynard,* The Accounting ..., a. a. O., S. 550 ff.; *K. Weber,* Zur Abweichungsermittlung ..., a. a. O., S. 435.

L. L. Vance hat vorgeschlagen, die Abweichungen zweiten Grades nach folgenden Formeln proportional auf die Primärabweichungen zu verteilen: [301]

$$(30) \qquad \text{Mengenabweichung} = \Delta r q^{(p)} \left(1 + \frac{\Delta r \Delta q}{\Delta r q^{(p)} + \Delta q r^{(p)}}\right)$$

$$(31) \qquad \text{Preisabweichung} = \Delta q r^{(p)} \left(1 + \frac{\Delta r \Delta q}{\Delta r q^{(p)} + \Delta q r^{(p)}}\right)$$

Addiert man die Gleichungen (30) und (31), so erhält man die Gesamtabweichung nach Gleichung (29) [302]. Dieses Verfahren ist aber erstens für die praktische Anwendung zu kompliziert und basiert zweitens auf einer willkürlichen, d. h. nicht kausal begründbaren Zuordnung der Sekundärabweichungen. Eine Verteilung dieser Abweichungen auf die primären Abweichungen ist genau so wenig lösbar, wie die Kalkulation von Kuppelprodukten und die Verrechnung fixer Kosten auf die Erzeugnisse einer Mehrproduktunternehmung.

Unsere bisherige Analyse des Interdependenz-Problems der Abweichungen basierte auf der vereinfachenden Annahme, daß alle mengenbestimmenden Einflußgrößen wie *ein* einheitlicher Kostenbestimmungsfaktor wirken. Wie die Übersicht 4 erkennen läßt, wird das Mengengerüst der Kosten stets durch mehrere Bestimmungsfaktoren gleichzeitig determiniert. Hierdurch wird erstens die Zuordnung der sekundären Abweichungen noch mehr erschwert. Zweitens bestehen auch zwischen einigen Einflußgrößen des Mengengerüstes funktionale Beziehungen, so daß auch hier Abweichungs-Interdependenzen wirksam werden. Hängt z. B. die Verbrauchsmenge eines Produktionsfaktors r in folgender Weise von der Intensität und der Fertigungszeit ab: $r = \alpha \lambda \beta T$ und werden die Intensität und die Fertigungszeit gleichzeitig variiert, so treten Abweichungskomponenten auf, in denen $\Delta\lambda$ und ΔT multiplikativ verbunden sind, so daß auch hier keine kausale Verteilung der Abweichungen höheren Grades auf die primären Intensitäts- oder Zeitabweichungen möglich ist.

[301] Vgl. *L. L. Vance*, The Fundamental..., a. a. O., S. 627; sowie das System 3 bei *K. Weber*, Zur Abweichungsermittlung ..., a. a. O., S. 435.

[302] Der Beweis läßt sich wie folgt erbringen:

$$\Delta r\, q^{(p)} + \frac{\Delta r^2 \Delta q\, q^{(p)}}{\Delta r\, q^{(p)} + \Delta q\, r^{(p)}} + \Delta q\, r^{(p)} + \frac{\Delta r\, \Delta q^2\, r^{(p)}}{\Delta r\, q^{(p)} + \Delta q\, r^{(p)}}$$

$$= \frac{\Delta r^2\, q^{(p)2} + \Delta r\, \Delta q\, r^{(p)} q^{(p)} + \Delta r^2\, \Delta q\, q^{(p)} + \Delta r\, \Delta q\, r^{(p)} q^{(p)} + \Delta q^2\, r^{(p)2} + \Delta r\, \Delta q^2\, r^{(p)}}{\Delta r\, q^{(p)} + \Delta q\, r^{(p)}}$$

$$= \frac{[\Delta r\, q^{(p)} + \Delta q\, r^{(p)}]^2 + \Delta r\, \Delta q [\Delta r\, q^{(p)} + \Delta q\, r^{(p)}]}{\Delta r\, q^{(p)} + \Delta q\, r^{(p)}}$$

$$= \Delta r\, q^{(p)} + \Delta q\, r^{(p)} + \Delta r\, \Delta q$$

B. Die alternative Abweichungsanalyse

1. Trotz des Problems der Abweichungs-Interdependenz müssen die Gesamtabweichungen der Kostenstellen in Teilabweichungen aufgelöst werden, um eine wirksame Kostenkontrolle durchführen zu können. Hierbei sind prinzipiell zwei Methoden anwendbar, von denen wir zunächst die sogenannte *alternative Abweichungsanalyse* behandeln wollen.

Bei dieser Methode geht man so vor, daß von den Istkosten alternativ theoretisch errechnete Maßkosten subtrahiert werden, die als Sollkosten angemessen sind, wenn jeweils *ein* Kostenbestimmungsfaktor planmäßig, alle übrigen aber wie in den Istkosten wirksam geworden wären. Auf diese Weise erhält man für jeden Kostenbestimmungsfaktor eine Abweichung, die angibt, welche Kosten dadurch mehr oder weniger entstanden sind, daß die betreffenden Einflußgrößen effektiv anders als im Plan gewirkt haben.

Bezeichnen wir diese Abweichungen mit $\Delta\overline{K}$, so erhalten wir nach Gleichung (26):

$$
\begin{aligned}
\Delta\overline{K}_1 &= K^{(i)} - f(y_1^{(p)}, y_2^{(i)}, y_3^{(i)}, \ldots, y_{n-1}^{(i)}, y_n^{(i)}) \\
\Delta\overline{K}_2 &= K^{(i)} - f(y_1^{(i)}, y_2^{(p)}, y_3^{(i)}, \ldots, y_{n-1}^{(i)}, y_n^{(i)}) \\
\Delta\overline{K}_3 &= K^{(i)} - f(y_1^{(i)}, y_2^{(i)}, y_3^{(p)}, \ldots, y_{n-1}^{(i)}, y_n^{(i)}) \\
&\;\;\vdots \\
\Delta\overline{K}_{n-1} &= K^{(i)} - f(y_1^{(i)}, y_2^{(i)}, y_3^{(i)}, \ldots, y_{n-1}^{(p)}, y_n^{(i)}) \\
\Delta\overline{K}_n &= K^{(i)} - f(y_1^{(i)}, y_2^{(i)}, y_3^{(i)}, \ldots, y_{n-1}^{(i)}, y_n^{(p)})
\end{aligned}
\qquad (32)
$$

Hierbei kann es sich z. B. bei der ersten Abweichung um eine Kostendifferenz handeln, die infolge einer Beschäftigungsschwankung entstanden ist[303]. Die zweite Abweichung kann z. B. auf eine Kapazitätsvariation zurückzuführen sein. Bei den übrigen Abweichungen kann es sich um Abweichungen infolge von Intensitätsschwankungen, außerplanmäßigen Seriengrößen, Preis- und Lohnvariationen und Schwankungen der innerbetrieblichen Unwirtschaftlichkeit handeln.

Jede der im Gleichungssystem (32) ausgewiesenen Abweichungen wäre nicht entstanden, wenn der jeweils kontrollierte Kostenbestimmungsfaktor planmäßig gewirkt hätte.

2. In der Literatur wurde die alternative Abweichungsanalyse zuerst von A. E. Camman erwähnt[304]. Rechentechnisch weist dieses Verfahren schwerwiegende Nachteile

[303] Diese Abweichung hat nichts mit der in einer auf Vollkosten basierenden flexiblen Plankostenrechnung auftretenden Beschäftigungsabweichung zu tun. Sie entspricht vielmehr der Differenz aus den proportionalen Sollkosten bei Ist- und den proportionalen Plankosten bei Planbeschäftigung.

[304] Vgl. *E. A. Camman*, Basic Standard Costs, a. a. O., S. 59 und 60; K. Weber bezeichnet

auf. Erstens ist die praktische Anwendung sehr kompliziert, da die Plankosten jeweils für (n - 1) Einflußgrößen gesondert zu Maßgrößen abgewandelt werden müssen. Zweitens werden bei der alternativen Abweichungsanalyse Abweichungen ausgewiesen, die zwar nicht entstanden wären, wenn der jeweils kontrollierte Kostenbestimmungsfaktor planmäßig wirksam geworden wäre, die aber stets auch Teile enthalten, die nicht entstanden wären, wenn die übrigen Kostenbestimmungsfaktoren planmäßig gewirkt hätten. Die auf Abweichungs-Interdependenzen zurückgehenden Abweichungen zweiten Grades sind daher jeweils in mehreren Teilabweichungen gleichzeitig enthalten, so daß die Summe der Teilabweichnungen stets entsprechend größer sein muß als die Gesamtabweichung $K^{(i)} - K^{(p)}$.

Wenden wir wiederum die vereinfachenden Prämissen der Gleichung (27) an, so erhalten wir bei der alternativen Abweichungsanalyse für die Preisabweichung $\Delta \overline{K}_q$ und die Mengenabweichung $\Delta \overline{K}_r$ folgende Ausdrücke:

$$\text{(33)} \qquad \Delta\overline{K}_q = \sum_{\nu=1}^{z} (r_\nu^{(i)} q_\nu^{(i)} - r_\nu^{(i)} q_\nu^{(p)})$$

$$\text{(34)} \qquad \Delta\overline{K}_r = \sum_{\nu=1}^{z} (r_\nu^{(i)} q_\nu^{(i)} - r_\nu^{(p)} q_\nu^{(i)})$$

Addiert man beide Gleichungen, so läßt sich die Summe der Abweichungen durch eine einfache Umformung in folgende Form überführen:

$$\text{(35)} \qquad \Delta\overline{K}_q + \Delta\overline{K}_r = \sum_{\nu=1}^{z} \left((r_\nu^{(i)} q_\nu^{(i)} - r_\nu^{(p)} q_\nu^{(p)}) + \Delta r_\nu \Delta q_\nu \right)$$

wofür wir unter Berücksichtigung der Gleichung (27) schreiben können:

$$\text{(36)} \qquad \Delta\overline{K}_q + \Delta\overline{K}_r = K^{(i)} - K^{(p)} + \sum_{\nu=1}^{z} \Delta r_\nu \Delta q_\nu$$

Die Gesamtabweichung ist also um die Abweichung zweiten Grades, d. h. um die mit den Preisabweichungen bewerteten Mengenabweichungen, zu hoch. Die Abweichungen zweiten Grades werden sowohl den Mengen- als auch den Preisabweichungen zugerechnet und sind daher einmal zu viel im System der Abweichungsanalyse enthalten.

Wegen der Doppelerfassung von Teilabweichungen und wegen der hierdurch ausgelösten Abstimmungsschwierigkeiten ist die alternative Abweichungsanalyse nicht als Grundlage für die Kostenkontrolle der flexiblen Plankostenrechnung zu empfehlen.

dieses Verfahren als System 4, vgl. *K. Weber*, Zur Abweichungsermittlung ..., a. a. O., S. 436; auch D. Coward hat dieses Verfahren beschrieben, wie *A. Danielsson*, On Measurement..., a. a. O., S. 22, nachweist: "He therefore suggests that the analysis should be made several times and that each time a different variable should be taken as the starting-point."

C. Die kumulative Abweichungsanalyse

1. Um die Folgen der Abweichungs-Interdependenz rechentechnisch sinnvoll zu berücksichtigen, gibt es keine andere Möglichkeit, als die Reihenfolge der Abweichungsermittlung nach bestimmten Gesichtspunkten festzulegen[305]. Hierdurch werden die Abweichungen zweiten Grades stets den zuerst ermittelten Abweichungen zugeordnet.
Wie das Gleichungssystem (37) erkennen läßt, geht man bei dieser Methode wie folgt vor. Zuerst werden von den Istkosten Maßkosten subtrahiert, die entstanden wären, wenn alle anderen Kostenbestimmungsfaktoren zwar wie in den Istkosten wirksam geworden wären, der zuerst kontrollierte Kostenbestimmungsfaktor aber seinen Planwert eingehalten hätte. Diese erste Abweichung ist daher genauso groß, wie bei der alternativen Abweichungsanalyse, d. h. sie enthält auch alle Abweichungen höheren Grades.

$$
(37)\quad
\begin{aligned}
\Delta K_1 &= f(y_1^{(i)}, y_2^{(i)}, y_3^{(i)}, \ldots, y_{n-1}^{(i)}, y_n^{(i)}) - f(y_1^{(p)}, y_2^{(i)}, y_3^{(i)}, \ldots, y_{n-1}^{(i)}, y_n^{(i)})\\
\Delta K_2 &= f(y_1^{(p)}, y_2^{(i)}, y_3^{(i)}, \ldots, y_{n-1}^{(i)}, y_n^{(i)}) - f(y_1^{(p)}, y_2^{(p)}, y_3^{(i)}, \ldots, y_{n-1}^{(i)}, y_n^{(i)})\\
\Delta K_3 &= f(y_1^{(p)}, y_2^{(p)}, y_3^{(i)}, \ldots, y_{n-1}^{(i)}, y_n^{(i)}) - f(y_1^{(p)}, y_2^{(p)}, y_3^{(p)}, \ldots, y_{n-1}^{(i)}, y_n^{(i)})\\
&\vdots\\
\Delta K_{n-1} &= f(y_1^{(p)}, y_2^{(p)}, y_3^{(p)}, \ldots, y_{n-1}^{(i)}, y_n^{(i)}) - f(y_1^{(p)}, y_2^{(p)}, y_3^{(p)}, \ldots, y_{n-1}^{(p)}, y_n^{(i)})\\
\Delta K_n &= f(y_1^{(p)}, y_2^{(p)}, y_3^{(p)}, \ldots, y_{n-1}^{(p)}, y_n^{(i)}) - f(y_1^{(p)}, y_2^{(p)}, y_3^{(p)}, \ldots, y_{n-1}^{(p)}, y_n^{(p)})\\
\hline
\Delta K &= f(y_1^{(i)}, y_2^{(i)}, y_3^{(i)}, \ldots, y_{n-1}^{(i)}, y_n^{(i)}) - f(y_1^{(p)}, y_2^{(p)}, y_3^{(p)}, \ldots, y_{n-1}^{(p)}, y_n^{(p)})
\end{aligned}
$$

Im Gegensatz zur alternativen Abweichungsanalyse schaltet man zur Ermittlung der zweiten Abweichung die planmäßige Wirkung der ersten Einflußgröße nicht wieder aus. Von den Maßkosten, die man zur Isolierung des ersten Kostenbestimmungsfaktors verwendete, subtrahiert man Maßkosten, die entstanden wären, wenn der erste *und* der zweite Kostenbestimmungsfaktor planmäßig gewirkt hätten. Von diesen zieht man wiederum Maßkosten ab, die entstanden wären, wenn der erste, zweite *und* dritte Kostenbestimmungsfaktor jeweils seinen Planwert eingehalten hätte usw. Man schaltet also nacheinander immer mehr Plangrößen in die Kostenkontrolle ein, deren isolierende Wirkung sich kumuliert. Aus diesem Grunde wollen wir diese Methode als *kumulative Abweichungsanalyse* bezeichnen.
Unter der vereinfachenden Prämisse der Gleichung (27) erhalten wir bei der kumulativen Abweichungsanalyse für die Preisabweichung ΔK_q und die Mengenabweichung ΔK_r folgende Ausdrücke:

[305] Hierauf hat schon *A. Müller*, Die Isolierung . . ., a. a. O., S. 39, hingewiesen.

(38) $$\Delta K_q = \sum_{\nu=1}^{z} (r_\nu^{(i)} q_\nu^{(i)} - r_\nu^{(i)} q_\nu^{(p)})$$

(39) $$\Delta K_r = \sum_{\nu=1}^{z} (r_\nu^{(i)} q_\nu^{(p)} - r_\nu^{(p)} q_\nu^{(p)})$$

Addiert man die Gleichungen (38) und (39), so erhält man die Gesamtabweichung $K^{(i)} - K^{(p)}$.

Die Abweichungs-Interdependenz bleibt zwar auch bei dieser Methode bestehen, ihr liegt aber das Zuordnungsprinzip zugrunde, daß Abweichungen höheren Grades stets in voller Höhe in die zuerst ermittelten Abweichungen eingehen und daher nur einmal verrechnet werden. Aus diesem Grunde muß die Summe der Teilabweichungen stets gleich der zugehörigen Gesamtabweichung sein, wie dies im übrigen auch das Gleichungssystem (37) erkennen läßt. Es ist aber darauf zu achten, daß die Höhe der einzelnen Teilabweichungen von der Reihenfolge abhängig ist, in der man die Abweichungen ermittelt[306].

Für die Praxis der Plankostenrechnung hat sich der Grundsatz als zweckmäßig erwiesen, zuerst sämtliche Preis- und Lohnabweichungen zu eliminieren, die sich gegenüber den geplanten Festpreisen ergeben. Damit werden alle Preis- und Lohnabweichungen, die den Mengen- und Zeitabweichungen entsprechen, den primären Preisabweichungen zugeordnet[307]. Dieses Vorgehen entspricht dem Grundsatz, daß die Kostenstellenleiter nur für die zu Festpreisen bewerteten Verbrauchsabweichungen verantwortlich sind und daß sie Preis- oder Lohnschwankungen (als exogene Kostenbestimmungsfaktoren) nicht beeinflussen können. Hierbei darf aber nicht übersehen werden, daß Mengenüberschreitungen faktisch doch die Istpreise und nicht die Planpreise kosten[308].

Da dieser Grundsatz seit jeher in der Praxis angewandt wurde und die störende Doppelerfassung von Abweichungen höheren Grades entfällt, basiert die Kostenkontrolle der flexiblen Plankostenrechnung auf dem theoretischen Grundprinzip der kumulativen Abweichungsanalyse.

2. Theoretisch kann man für jeden Kostenbestimmungsfaktor im System der Kostenkontrolle eine Abweichung errechnen, indem man für ihn entsprechende Maß-

[306] Wie *A. Danielsson*, On Measurement . . ., a. a. O., S. 22, zeigt, hat hierauf bereits *D. Coward*, Ökonomisk . . ., a. a. O., hingewiesen: "Coward [1953] claims that the result of the analysis depends on which of the variables has been taken as the starting-point, i. e. in which direction the relationship points."

[307] Dieses Verfahren hat schon *H. W. Maynard*, The Accounting . . ., a. a. O., S. 550 ff., empfohlen. Vgl. weiterhin *K. Käfer*, Standardkostenberechnung, 2. Aufl., a. a. O., S. 141: „Nach der üblichen Methode wird die Abweichung 2. Grades zur Preisabweichung gerechnet und diese als Istmenge mal Zusatzpreis definiert"; *K. Weber*, Zur Abweichungsermittlung . . ., a. a. O., S. 436, bezeichnet dieses Verfahren als System 3.

[308] *C. T. Horngren*, Accounting . . ., a. a. O., schreibt hierüber auf S. 216: "However, we should be aware that the conventional variance analysis, which includes the joint price-quantity variance . . . as a part of an over-all price variance, has logical deficiencies."

kosten plant[309]. In einer gut ausgebauten flexiblen Plankostenrechnung sollten alle Kostenbestimmungsfaktoren in die Kostenkontrolle einbezogen werden, die wir in der Übersicht 4 aufgeführt haben.

Vernachlässigt man zum Zwecke der Vereinfachung Kostenbestimmungsfaktoren, z. B. den Einfluß schwankender Seriengrößen, unterschiedlicher qualitativer Auftragszusammensetzungen oder den Einfluß von Abweichungen gegenüber den Arbeitsablaufplänen, so entsteht bei Durchführung der Kostenkontrolle ein entsprechender Fehler, da die Einflüsse dieser Faktoren jeweils in die Kostenabweichung des zuletzt analysierten Kostenbestimmungsfaktors eingehen[310]. Nur wenn alle wesentlichen Kostenbestimmungsfaktoren vorher als Abweichungen isoliert wurden, bildet die zuletzt ermittelte „Verbrauchsabweichung“ einen Maßstab für die innerbetriebliche Unwirtschaftlichkeit. Vernachlässigt man dagegen bedeutsame Kostenbestimmungsfaktoren, so wird sie zu einer undurchsichtigen „Restabweichung“, in der sich die Einflüsse innerbetrieblicher Unwirtschaftlichkeiten und die der vernachlässigten Kostenbestimmungsfaktoren mischen.

Praktisch läßt sich die Kostenkontrolle nur selten so weit verfeinern, daß die zuletzt ermittelte Verbrauchsabweichung ein völlig reiner Maßstab der innerbetrieblichen Unwirtschaftlichkeit ist. Aus diesem Grunde muß die Abweichungs*ermittlung stets* durch eine *Auswertung und Beurteilung der Abweichungen ergänzt* werden.

309 T. Carrol sagt hierzu: "You can show variances for every detail you have set some measure for"; vgl. *T. Carrol,* How to Control Production Costs, New York – Toronto – London 1953, S. 140.

310 Vgl. *H. Müller,* Kostenplanung und Plankostenrechnung, WPg 1951, S. 439.

7. Kapitel

Der Grundsatz von den relevanten Kosten

1. Neben der Kostenkontrolle besteht die Hauptzielsetzung der flexiblen Plankostenrechnung darin, die für unternehmerische Entscheidungen erforderlichen Kostendaten kurzfristig zur Verfügung zu stellen. Wie wir im Abschnitt C des dritten Kapitels nachgewiesen haben, waren es insbesondere diese dispositiven Aufgaben, die zur Entstehung der Grenzplankostenrechnung führten. Wir wollen nunmehr die Frage untersuchen, welchen Grundsätzen die für Entscheidungsprobleme erforderlichen Kosten genügen müssen, um beurteilen zu können, ob die Grenzplankostenrechnung besser geeignet ist als andere Kostenrechnungssysteme, um solche Kosten zur Verfügung zu stellen.

Hierbei ist zunächst klarzustellen, daß für viele Entscheidungsprobleme Kostendaten zwar notwendig, aber nicht hinreichend sind. Bei den meisten Entscheidungen müssen neben Kosten auch andere Größen, z. B. Erlöse, Lieferverpflichtungen, Termine, Kapazitätsbeschränkungen und die Aufrechterhaltung der Liquidität berücksichtigt werden[311]. Von der Kostenrechnung kann man aber grundsätzlich nur Angaben über den für Entscheidungsprobleme bedeutsamen bewerteten Verzehr von Produktionsfaktoren fordern. Diese These steht im Widerspruch zu dem Versuch mancher Autoren, aus der Kostenrechnung auch sogenannte *„ausgabewirksame Kosten"* zu entnehmen, um ihr auch die Aufgaben der Finanzplanung und der Liquiditätsüberwachung zu übertragen[312]. Diese Versuche sind eine Fehlentwicklung der Kostenrechnung, und wir stimmen K. Käfer zu, wenn er hierüber schreibt: „Als Irrweg erscheint mir ... die von Riebel und anderen zusätzlich vorgeschlagene Berücksichtigung des Zahlungsaspektes, ..." und an anderer Stelle: „Diese Gliederung nach

[311] Vgl. hierzu die interessante Studie von *H. Langen*, Gedanken zu einer betriebswirtschaftlichen Dispositionsrechnung, Mitteilungen der Gesellschaft der Freunde der Wirtschaftshochschule Mannheim e. V., 1965, Nr. 2, S. 27 ff.

[312] Eine Aufspaltung in „ausgabewirksame" und „nicht ausgabewirksame" Kosten empfehlen z. B. folgende Autoren: *K. Agthe*, Stufenweise Fixkostendeckung im System des Direct Costing, ZfB 1959, S. 410; *H. Hax*, Preisuntergrenzen im Ein- und Mehrproduktbetrieb, ZfhF 1961, S. 424 ff.; *F. Henzel*, Die Kostenrechnung, 4. Aufl., Essen 1964, S. 240; *H. Langen*, Gedanken ..., a. a. O., S. 30; *K. Mellerowicz*, Planung und Plankostenrechnung, Bd. 1, Betriebliche Planung, Freiburg 1961, S. 477; *P. Riebel*, Das Rechnen mit Einzelkosten und Deckungsbeiträgen, ZfhF 1959, S. 229 f.; *H. Vormbaum*, Preispolitik auf der Basis von Voll- oder Teilkosten, Wirtschaftlich führen – Wirtschaftlich investieren, Vorträge des 13. Deutschen Betriebswirtschafter-Tages, Berlin 1960, S. 302.

der Zahlungsfrist kompliziert die Kostenrechnung nicht nur, sondern bürdet ihr eine Aufgabe auf, die sie nicht lösen kann." [313] Die Planung und Kontrolle der Liquidität ist Aufgabe einer besonderen Rechnung, bei der zwar, wie in einer Plankostenrechnung, ein Soll-Ist-Vergleich durchgeführt wird, für die aber eine Gliederung nach Kostenstellen und Kostenträgern nicht sinnvoll ist; denn nicht Kostenstellen oder Kostenträger werden illiquide, sondern die gesamte Unternehmung. Verbrauchs- und Zahlungsaspekte sind zweifellos für viele Entscheidungsprobleme von gleich großer Bedeutung, und in besonderen Situationen können sogar Liquiditätsprobleme dominieren, trotzdem gilt aber der Grundsatz, daß Daten des Zahlungsverkehrs aus einer von der Kostenrechnung getrennt durchzuführenden Finanzplanung und -kontrolle bezogen werden müssen.

2. Nach dieser Abgrenzung wollen wir uns der Frage zuwenden, ob sich für die Ermittlung der für Entscheidungsprobleme erforderlichen Kosten ein allgemeingültiger Grundsatz aufstellen läßt.

Wie unsere Ausführungen im Abschnitt A des fünften Kapitels gezeigt haben, werden die Gesamtkosten einer Planungsperiode durch zahlreiche Kostenbestimmungsfaktoren verursacht. Entscheidungsprobleme bedeuten oft ein Wählen zwischen mehreren Variationsmöglichkeiten dieser Kostenbestimmungsfaktoren. Hierdurch werden in der Regel jeweils nur *Teile* der Gesamtkosten beeinflußt, während andere Kostenkategorien unberührt bleiben. Die von den Handlungsparametern eines Entscheidungsproblems abhängigen Kosten wollen wir als *relevante Kosten* oder *Differenzkosten* bezeichnen. In der angelsächsischen Literatur werden hierfür die Ausdrücke „relevant costs", „differential costs", „incremental costs" oder „alternative costs" verwendet. Das Prinzip, nur die von unternehmerischen Entscheidungen betroffenen Kosten zu verwenden, ist schon seit langem bekannt und wurde in der angelsächsischen Literatur bereits im Jahre 1923 von J. M. Clark wie folgt formuliert: "It represents the cost that must be incurred if that business is taken and which need not be incurred if that business is not taken." [314]. Zweifellos basiert auch E. Schmalenbachs Lehre vom „proportionalen Satz" und die gesamte volkswirtschaftliche Marginalanalyse auf diesem Grundprinzip.

Seitdem hat sich das Prinzip der relevanten Kosten auf breiter Basis durchgesetzt, wozu nicht zuletzt die Intensivierung von Entscheidungsmodellen durch das Operations Research beigetragen hat [315].

[313] Vgl. *K. Käfer*, Standardkostenrechnung, 2. Aufl., Zürich 1964, S. 492 und S. 493. Ähnlich äußern sich auch *B. Hardorp*, Kleine Theorie der fixen Kosten im Hinblick auf die Unternehmenspolitik, n. n. veröffentlichte Arbeit, Bielefeld 1964, S. 15, und *F. Wille*, Direktkostenrechnung mit stufenweiser Fixkostendeckung? Eine kritische Stellungnahme, ZfB 1959, S. 740.

[314] Vgl, *J. M. Clark*, Studies in the Economics of Overhead Costs, Chicago 1923, S. 49.

[315] Vgl. *B. J. Belda*, Operations Research at Work, NAA-Bulletin 1965 (8), Section 1, S. 52; *C. W. Churchman, R. L. Ackoff, E. L. Arnoff*, Operations Research, Deutsche Übersetzung, 2. Aufl., Wien 1964, S. 158, 159, 191, 192 und 341; *D. R. C. Halford*, Differential Costs and Management Decisions, London 1959, S. 43 ff.; *H. C. Heiser*, Budgetierung,

Relevante Kosten müssen immer Plankosten sein, da Entscheidungen nur für die Zukunft, nicht aber für die Vergangenheit getroffen werden.
Nicht-relevante Kosten, wozu stets auch Istkosten vergangener Perioden zählen, bezeichnet man in der angelsächsischen Literatur als „sunk costs“ [316].

3. Welche Kosten im Einzelfall für ein Entscheidungsproblem relevant sind, kann nicht generell bestimmt werden, sondern hängt jeweils von der speziellen Problemstellung ab. In der angelsächsischen Literatur wird diese Tatsache durch den Slogan: "Different costs for different purposes" zum Ausdruck gebracht [317].
In der Übersicht 5 haben wir versucht, diejenigen Kostenkategorien zusammenzufassen, die bei Entscheidungsproblemen relevant sein können.
Man kann zwei große Gruppen von Entscheidungsproblemen unterscheiden. Erstens kann es sich um Entscheidungsprobleme handeln, bei denen über *alle Produktionsfaktoren frei* verfügt werden kann, so daß keine Produktionsfaktoren als Engpässe oder Restriktionen wirksam werden. Durch diese Entscheidungen werden daher keine anderen Verwendungsmöglichkeiten ausgeschlossen. Es ist in diesem Fall lediglich darüber zu entscheiden, ob ein Einsatz von Produktionsfaktoren erfolgen soll oder nicht, d. h. es ist zwischen „Null“ und einer bestimmten Aktivität zu wählen. Ein typisches Beispiel dieser Art ist die Entscheidung darüber, ob bei einem bestimmten Marktpreis ein Auftrag angenommen werden soll oder nicht, wobei ausreichende Kapazitäten der Produktionsfaktoren zur Verfügung stehen. Unter dieser Voraussetzung entsprechen die relevanten Kosten den Kosten der laufenden Kosten-

Grundsätze und Praxis der betrieblichen Planung, Berlin 1964, S. 51; *C. T. Horngren*, Costs Accounting, A Managerial Emphasis, 3. Aufl., Englewood Cliffs, N. J. 1963, der auf S. 370 das Prinzip der „relevant costs“ als „A Key Concept in Special Decisions“ bezeichnet. Auf S. 375 definiert C. T. Horngren die relevanten Kosten wie folgt: "Thus, relevant costs may be defined as those future costs that will be different under available alternatives"; vgl. auch *C. T. Horngren*, Accounting for Management Control: An Introduction, Englewood Cliffs, N. J. 1965, S. 322 ff.; *K. Käfer*, Standardkostenrechnung, 2. Aufl., a. a. O., S. 40 und 499; *I. W. Keller*, Management Accounting for Profit Control, New York – Toronto – London 1957, S. 360; *A. Matz*, Planung und Kontrolle von Kosten und Gewinn, AGPLAN, Bd. 7, Wiesbaden 1964, S. 253, schreibt hierzu folgendes: „Das Abwägen von Alternativen verlangt einen anderen Kostentyp, nämlich die Differenzkosten“; *A. Matz*, *O. J. Curry*, *G. W. Frank*, Cost Accounting Management's Operational Tool for Planning, Control, and Analysis, 3. Aufl., Chicago-Dallas-u. a. 1962, S. 760 bis 764; *NAA-Research Report 37*, Current Application of Direct Costing, New York 1961, S. 18, 35 und 36; *G. Shillinglaw*, Cost Accounting: Analysis and Control, Homewood, Ill. 1961, der auf S. 95 schreibt: "The cost concept that fits requirement is the concept of incremental cost, the difference in total cost that will result from selecting one alternative instead of another"; *H. G. Plaut*, Unternehmenssteuerung mit Hilfe der Voll- oder Grenzplankostenrechnung, ZfB 1961, S. 475. Interessanterweise wird das Prinzip der relevanten Kosten neuerdings auch in der Bewertungslehre verwendet, vgl. hierzu unsere Ausführungen auf den S. 668 ff.

[316] Diese plastische Bezeichnung verwenden z. B. *C. T. Horngren*, Accounting . . ., a. a. O., S. 326, und *G. Shillinglaw*, Cost Accounting . . ., a. a. O., S. 96.

[317] C. T. Horngren verwendet diesen Ausdruck auf dem Schutzumschlag seiner Einführung in die Kostenrechnung, vgl. *C. T. Horngren*, Cost Accounting . . ., a. a. O.

rechnung, die wir in diesem Zusammenhang als *objektive Kosten* bezeichnen wollen. Nur bei Entscheidungsproblemen dieser Art sind die Kosten der laufenden Kostenrechnung zugleich notwendig *und* hinreichend.
Zweitens kann es sich um Entscheidungsprobleme handeln, bei denen nicht alle Produktionsfaktoren in beliebigen Mengen zur Verfügung stehen, sondern bei denen *einige Produktionsfaktoren Engpässe oder Restriktionen* sind. In diesen Fällen lautet das Entscheidungsproblem nicht, *ob* Produktionsfaktoren eingesetzt werden sollen

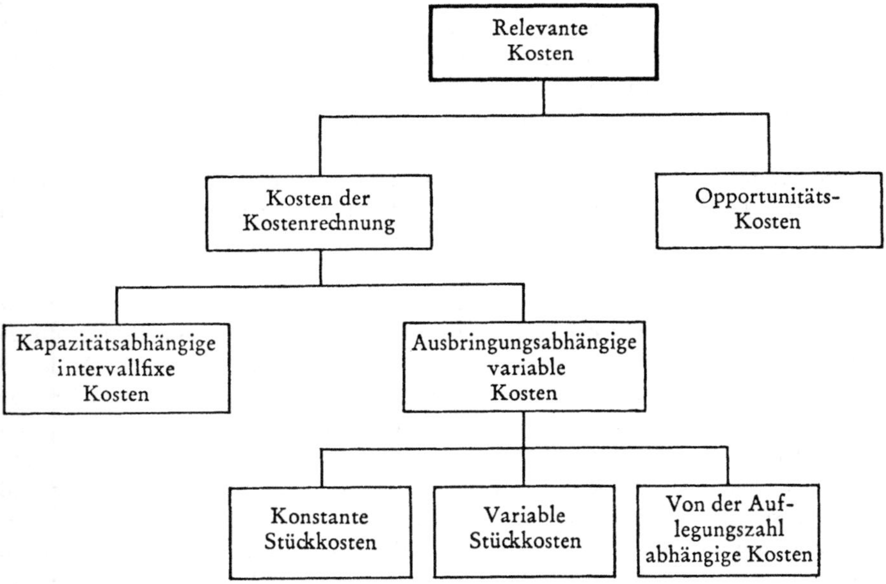

Übersicht 5: Einteilung der für Entscheidungsprobleme relevanten Kosten

oder nicht, sondern *wie* die knappen Faktoren verwendet werden sollen. Die Wahl erfolgt hier nicht mehr zwischen „Null“ und einer bestimmten Aktivität, sondern zwischen mehreren Aktivitäten, die miteinander um die knappen Produktionsfaktoren konkurrieren. Ein typisches Beispiel für ein Entscheidungsproblem dieser Art ist die Frage, welche Aufträge ein Betrieb, in dem Kapazitätsengpässe vorhanden sind, annehmen soll. Für derartige Entscheidungsprobleme reichen die objektiven Kosten der Kostenrechnung allein nicht mehr aus. Hier ist vielmehr für die Entscheidung auch der „*Nutzenentgang*“ zu berücksichtigen, der entweder dem Gewinn der nicht gewählten Handlungsmöglichkeit oder einer nicht eintretenden Kostensenkung entspricht. In Anlehnung an die angelsächsische Literatur wollen wir diesen Nutzenentgang als *Opportunitätskosten* bezeichnen. G. Shillinglaw definiert diesen Begriff wie folgt: “In its broadest sense, opportunity cost is the profit that is lost by the diversion of an input factor from one use to another” und C. T. Horngren verwendet hierfür folgende Definition: "Opportunity cost is the measurable sacrifice of rejecting an alternative"[318].

Wie wir später im einzelnen zeigen werden, stimmen Opportunitätskosten häufig mit dem Bruttogewinn pro Einheit knapper und durch Entscheidungen der bisherigen Verwendung entzogener Produktionsfaktoren überein[319].

Die Ermittlung von Opportunitätskosten setzt in der Regel die Kenntnis der entscheidungsrelevanten objektiven Kosten voraus, so daß für Entscheidungsprobleme des zweiten Typs *beide* Kostenkategorien in simultaner Weise relevant sind.

Die Unterscheidung in objektive Kosten und Opportunitätskosten entspricht dem Grundgedanken der von E. Schmalenbach entwickelten „Lehre vom Betriebswert", die auf der Erkenntnis basiert, daß der für Entscheidungsprobleme relevante „Betriebswert" ohne „Hemmungen im Beschaffungs- oder Verwendungsbereich" gleich den Grenzkosten, beim Auftreten solcher „Hemmungen" aber gleich dem „Grenznutzen" ist[320].

Opportunitätskosten sind grundsätzlich keine Kosten der laufenden Kostenrechnung. Ihre Ermittlung muß immer durch Sonderrechnungen erfolgen, wobei neben objektiven Kosten meistens auch Erlöse zu berücksichtigen sind.

4. Wir wollen uns nunmehr der Frage zuwenden, welche im System der Kostenrechnung erfaßbaren objektiven Kostenkategorien zur Lösung von Entscheidungsproblemen relevant sein können. Hierbei muß gleich zu Beginn mit Nachdruck darauf hingewiesen werden, daß die Vertreter der Grenzplankostenrechnung bzw. des „direct costing" keineswegs die Ansicht vertreten, daß die geplanten Grenzkosten in *jedem* Fall gleich den relevanten Kosten sind[321]. Es herrscht vielmehr Einigkeit darüber, daß die kapazitätsdeterminierten fixen Kosten nur dann nicht relevant sind, wenn es sich um *Entscheidungen auf der Basis unveränderter Kapazitäten* handelt. In Anlehnung an die kostentheoretischen Ausführungen von A. Marshall wollen wir in diesen Fällen von *kurzfristigen Entscheidungen* sprechen[322]. Bei kurzfristigen Entscheidungen sind die kapazitätsdeterminierten fixen Kosten ex definitione unverän-

[318] Vgl. *G. Shillinglaw,* Cost Accounting ..., a. a. O., S. 100, und *C. T. Horngren,* Cost Accounting ..., a. a. O., S. 388, sowie *C. T. Horngren,* Accounting ..., S. 335.

[319] Vgl. hierzu unsere Ausführungen auf S. 679 ff.

[320] Vgl. *E. Schmalenbach,* Kostenrechnung und Preispolitik, 8. Aufl, Köln und Opladen 1963, S. 145 ff. und insbesondere S. 150 und S. 164.

[321] Insbesondere Schweizer Autoren neigen dazu, diese „Einseitigkeit" den Vertretern der Grenzplankostenrechnung vorzuwerfen. Vgl. hierzu insbesondere *W. Hill,* Direct Costing oder Standardkosten?, Betriebswirtschaftliche Mitteilungen 31, Bern 1964, S. 16, und *K. Käfer,* Standardkostenrechnung, 2. Aufl., a. a. O., S. 496.

[322] Vgl. *A. Marshall,* Principles of Economics, 8. Aufl., London 1964, S. 314 f.; vgl. hierzu auch *E. Gutenberg,* Grundlagen der Betriebswirtschaftslehre, 1. Bd., Die Produktion, 10. Aufl., Berlin – Heidelberg – New York 1965, S. 409 f. Wie E. Gutenberg nachweist, bedeutet die Bezeichnung „kurzfristig" in diesem Zusammenhang nicht, daß es sich um Entscheidungen mehr oder weniger kurzer Zeiträume handelt, sondern darum, daß es sich um Entscheidungen auf der Basis unveränderter Kapazitäten handelt.

dert, d.h. für alle Entscheidungsmöglichkeiten gleich hoch und daher für das Entscheidungskalkül nicht relevant.
Im Gegensatz hierzu sind für *Entscheidungen,* bei denen betriebliche Teilkapazitäten verändert werden und die wir analog als *langfristige Entscheidungen* bezeichnen wollen, selbstverständlich auch die hierdurch verursachten Fixkostensprünge relevante Kosten[323]. Allerdings besteht bei Entscheidungsproblemen dieser Art niemals die Notwendigkeit, die zusätzlichen fixen Kosten einzelnen Produkten zuzurechnen. Es ist nicht einzusehen, warum z.B. eine Erweiterungsinvestition nur dann wirtschaftlich sein soll, wenn alle zusätzlichen Produktmengen in gleicher Weise zur Fixkostendeckung beitragen. Auch hier genügt es, daß die Summe der zusätzlichen Deckungsbeiträge insgesamt gesehen um so viel über den zusätzlichen fixen Kosten liegt, daß eine ausreichende Verzinsung des zusätzlich gebundenen Kapitals entsteht. Im übrigen bestimmt man die Wirtschaftlichkeit von Investitionen theoretisch richtig nicht mit Hilfe von Kosten, sondern durch eine Zahlungsstromanalyse. Nur näherungsweise können hierfür auch Kostenvergleichsrechnungen verwandt werden, wobei mit zunehmender Nutzungsdauer und mit steigenden Zinssätzen die Gefahr von Fehlern zunimmt, worauf jedoch hier im einzelnen nicht eingegangen werden kann.
Die meisten Vertreter der Grenzplankostenrechnung weisen mit Recht darauf hin, daß in der Praxis weitaus häufiger kurzfristige als langfristige Entscheidungen zu treffen sind. Entscheidungen über die kurzfristige Variation des Fertigungsprogramms, die Annahme oder Ablehnung von Zusatzaufträgen, die Alternative „Kaufen“ oder „Selbsterstellen“, die optimale Maschinenbelegung usw. wiederholen sich in vielen Betrieben häufig; Entscheidungen, bei denen zugleich die vorhandenen betrieblichen Teilkapazitäten variiert werden, sind dagegen weitaus seltener. Ein amerikanischer Autor schreibt hierüber: "Management decisions are divided into two general groups: short-term and long-term. The great majority of day-to-day decisions are short-term"[324].

[323] Folgende Autoren weisen darauf hin, daß bei langfristigen Entscheidungen auch die fixen Kosten relevante Kosten sind: *D. Hahn,* Direct Costing und die Aufgaben der Kostenrechnung, NB 1964, S. 12; *D. R. C. Halford,* Differential Costs ..., a.a.O., S. 43 ff.; *C. T. Horngren,* Cost Accounting ..., a.a.O., S. 379; *C. T. Horngren,* Accounting ..., a.a.O., S. 328: "Fixed costs are relevant whenever they differ under the alternatives at hand"; *A. Matz,* Planung ..., a.a.O., S. 258: „Fixe Kosten werden jedoch nur dann ein Teil der Differenzkosten, wenn sie speziell infolge der zusätzlichen Produktionsmenge entstehen“; *A. Matz, O. J. Curry, G. W. Frank,* Cost Accounting ..., a.a.O., S. 764: "Variable costs are the differential costs unless the additional business involves additional fixed cost outlay"; *NAA-Research Report 37,* Current Application ..., a.a.O., S. 18; *G. Shillinglaw,* Cost Accounting ..., a.a.O., S. 98: "Fixed costs are often sunk costs, but not always."

[324] Vgl. *W. Wright,* Direct Standard Costs for Decision Making and Control, New York – Toronto – London 1962, S. 1. In ähnlicher Weise äußern sich folgende Autoren: *C. Gillespie,* Standard and Direct Costing, 3. Aufl., Englewood Cliffs, N. J. 1962, S. 153, der „capacity decisions“ und „operating decisions“ unterscheidet; *C. T. Horngren,* Cost Accounting ..., a.a.O., S. 196: "In general, few short-run decisions affect fixed costs";

Für die Fülle der kurzfristig zu lösenden Entscheidungsprobleme muß eine gut funktionierende Kostenrechnung stets bereit sein, die relevanten objektiven Kosten anzugeben. Da intensitätsmäßige Anpassungsprozesse und eine dispositive Steuerung der Ausbeutekoeffizienten relativ selten auftreten, kann in der Mehrzahl der Betriebe mit konstanten Grenzkosten gerechnet werden. Aus diesem Grunde dürfte die Grenzkostenrechnung das für Entscheidungsprobleme am besten geeignete Verfahren der Kostenrechnung sein. Für Entscheidungsprobleme, die zu nichtlinearen Kostenverläufen oder zu Kostensprüngen führen, reicht naturgemäß die normale Ausgestaltungsform der Grenzplankostenrechnung nicht aus. In diesen Fällen sind vielmehr Sonderrechnungen erforderlich. Kein anderes Kostenrechnungsverfahren ist aber in der Lage, derartig komplizierte Angaben unmittelbar aus der laufenden Kostenrechnung abzuleiten. Insbesondere kann eine Vollkostenrechnung ja nicht einmal in zuverlässiger Weise konstante Grenzkosten angeben. Es ist einleuchtend, daß bei Anwendung einer Grenzplankostenrechnung, die auf einer konsequenten Trennung in fixe und proportionale Kosten basiert, Sonderrechnungen zur Ermittlung intervallfixer Kostenbeträge leichter und schneller als in einer Vollkostenrechnung durchgeführt werden können[325]. Das gleiche gilt auch für Sonderrechnungen zur Ermittlung relevanter Kosten bei nichtlinearen Kostenverläufen.

A. Matz, Planung ..., a. a. O., S. 257, wo hervorgehoben wird, daß die proportionalen Kosten meistens gleich den Differenzkosten sind; *A. Matz, O. J. Curry, G. W. Frank*, Cost Accounting ..., a. a. O., S. 788; *NAA-Research Report 37*, Current Application ..., a. a. O., S. 22; *G. Shillinglaw*, Cost Accounting ..., a. a. O., S. 98.

325 Es ist unverständlich, wieso K. Käfer bei seiner Kritik an der Grenzplankostenrechnung diese naheliegende Schlußfolgerung übersehen konnte. Vgl. *K. Käfer*, Standardkostenrechnung, 2. Aufl., Zürich 1964, S. 496.

Dritter Teil

Die Isolierung von Preis- und Lohnschwankungen im System der flexiblen Plankostenrechnung

8. KAPITEL

Begriff und Inhalt von Verrechnungspreisen

A. Verrechnungspreise für Sachgüter

1. Der *Inhalt von Preisen* für Produktionsfaktoren läßt sich nicht so leicht bestimmen, wie es zunächst erscheinen mag. Dies liegt erstens daran, daß manche von außen bezogene Wirtschaftsgüter nicht in quantitativ gleichbleibenden Mengeneinheiten bezogen werden und daß zweitens neben dem eigentlichen Lieferantenpreis außer- und innerbetriebliche Beschaffungsnebenkosten auftreten, die sich nicht immer eindeutig bestimmten Bezugs- oder Verbrauchsmengen zuordnen lassen.
Wir wollen zunächst die Verrechnungspreise für Sachgüter behandeln. Bei Sachgütern, zu denen insbesondere die Roh-, Hilfs- und Betriebsstoffe, Ersatzteile, fremdbezogene Zubehörteile, Werkzeuge und Betriebsmittel gehören, sind die Mengeneinheiten, in denen sie von den Beschaffungsmärkten bezogen werden, eindeutig bestimmbar. Als Maßgrößen kommen Stückzahlen, Gewichts-, Flächen-, Längen- oder Raummaße in Frage.
Die Verrechnungspreise für Sachgüter können die in der Übersicht 6 zusammengefaßten Komponenten enthalten[326].

Einkaufspreis (Rechnungspreis abzüglich Rabatte)	
+ Außerbetriebliche Beschaffungsnebenkosten für Transport + Außerbetriebliche Beschaffungsnebenkosten für Versicherung + Sonstige außerbetriebliche Beschaffungsnebenkosten	} Außerbetriebliche Preisbestandteile
= Einstandspreis frei Lager	
+ Innerbetriebliche Beschaffungseinzelkosten + Lagereinzelkosten	} Innerbetriebliche Preisbestandteile (Kosten)
= Nettoabgabepreis	
+ Kosten der Kostenstellen des Einkaufsbereichs + Kosten der Kostenstellen der Warenannahme und -prüfung + Kosten der Kostenstellen des Lagerbereichs + Sonstige Gemeinkosten des Materialbereichs	
= Bruttoabgabepreis oder Verbrauchspreis	

Übersicht 6: Aufbau von Verrechnungspreisen

[326] Die Übersicht 6 weicht nur geringfügig von einem ähnlichen Schema K. Schwantags ab; vgl. *K. Schwantag,* Stoffwirtschaft und Plankostenrechnung, ZfB 1950, S. 412f. K. Schwantag verwendet jedoch die Bezeichnung „Verbrauchspreis" nicht. Vgl. weiterhin *M. R. Lehmann,* Industriekalkulation, 4. Aufl., Stuttgart 1951, S. 169ff., wo die Zusam-

Die wichtigste Komponente des Faktorpreises ist der *Rechnungspreis* lt. Lieferantenrechnung. Er wird häufig um Rabatte und Skonti gekürzt. Hierbei haben die Rabatte den Charakter von Preiskorrekturen. Den Rechnungspreis abzüglich der Rabatte bezeichnet man als *Einkaufspreis*. Skonti werden von den Lieferanten gewährt, wenn die Käufer die eingeräumten Zahlungsziele nicht ausnutzen. Den Skontobeträgen stehen die den zugehörigen Liquiditätseinbußen entsprechenden (tatsächlichen oder potentiellen) Zinsverluste der Käufer gegenüber, so daß Skontobeträge keine echten Preiskorrekturen sind. Wir wollen deshalb unter dem Einkaufspreis den Rechnungspreis abzüglich Rabatte, aber nicht abzüglich Skonti verstehen.
Zu den Einkaufspreisen kommen noch mehrere außerbetriebliche Beschaffungsnebenkosten, so z. B. Transport-, Versicherungs- und Verpackungskosten, sofern letztere gesondert in Rechnung gestellt werden. Die Summe aus dem Einkaufspreis und den auf eine Einkaufseinheit entfallenden außerbetrieblichen Beschaffungsnebenkosten bezeichnet man als *Einstandspreis*. Da die außerbetrieblichen Beschaffungsnebenkosten häufig für mehrere verschiedenartige Wirtschaftsgüter gleichzeitig berechnet werden, können die auf die einzelnen Mengeneinheiten entfallenden Anteile nicht immer von vornherein aus den Rechnungen ersehen werden. Es sind vielmehr erst Umrechnungen erforderlich. Dies ist z. B. bei den Transportkosten der Fall, wenn verschiedene Materialien in einem Lkw oder einem Eisenbahnwaggon geliefert werden.
Der Einstandspreis gibt den Preis frei Lager an; das bedeutet, er enthält alle außerbetrieblichen Preisbestandteile. Neben den außerbetrieblichen Beschaffungsnebenkosten fallen auch innerhalb des Betriebes Kosten der Beschaffung an, so z. B. die Kosten der Einkaufsabteilung, der Warenannahme, der Warenprüfung und eventuell die Kosten einer betrieblichen Transportabteilung, falls die Waren mit eigenen Fahrzeugen von den Lieferanten abgeholt werden. Ferner haben die Wirtschaftsgüter mit dem Eintritt in das Lager ihren Verwendungszweck noch nicht erreicht. Dies ist vielmehr erst beim Verbrauch für die Produktion der Fall. Bis dahin verursachen sie Lagerkosten. Der weitaus größte Teil aller innerbetrieblichen Beschaffungs- und Lagerkosten wird als Gemeinkosten des Materialbereichs den Einstandspreisen zugeschlagen. Lediglich in besonderen Fällen werden auch innerbetriebliche Beschaffungs- oder Lagereinzelkosten verrechnet. Zu den letzteren gehören z. B. besondere Lagerverluste und Lagermanipulationskosten[327].
Addiert man alle auf eine Mengeneinheit entfallenden innerbetrieblichen Beschaffungs-, Lager- und Transportkosten zu den Einstandspreisen, so erhält man die *Bruttoabgabe-* oder *Verbrauchspreise*. Wie die Übersicht 6 erkennen läßt, enthält der

mensetzung von Kosten und Ertragspreisen analysiert und in Tafel 18 zusammengefaßt wurde. Den Verbraucherpreis bezeichnet der Verfasser als „Einsatzpreis". Das gleiche Schema wie in Übersicht 6 verwendet der Arbeitskreis Diercks der Schmalenbach-Gesellschaft, von dem auch die Bezeichnung „Verbrauchspreis" geprägt wurde. Vgl. *Arbeitskreis Diercks* der Schmalenbach-Gesellschaft, Verrechnungspreis in der Plankostenrechnung, ZfbF 1964, S. 626.

[327] Vgl. hierzu *K. Schwantag*, Stoffwirtschaft ..., a. a. O., S. 413. Der Arbeitskreis Diercks weist darauf hin, daß Einzelkosten im Materialbereich außerordentlich selten sind; vgl. *Arbeitskreis Diercks*, Der Verrechnungspreis ..., a. a. O., S. 626.

Bruttoabgabe- oder Verbrauchspreis sowohl (außerbetriebliche) Preisbestandteile als auch (innerbetriebliche Preisbestandteile) Kosten. Die Grenze zwischen beiden Komponenten liegt beim Einstandspreis frei Lager. Lediglich der Einkaufspreis und der Einstandspreis sind reine Marktpreise für Kostengüter, während der Verbrauchspreis eine Mischgröße aus Kosten und Marktpreisen darstellt.
Bei Betriebsmitteln, insbesondere bei Maschinen und Anlagen, kommen zu den Einstandspreisen noch Kosten für den innerbetrieblichen Transport, die Fertigstellung der Fundamente und die Installation. Die Kosten gehen nach dem Schema der Übersicht 6 als Beschaffungseinzelkosten in den Bruttoabgabepreis ein. Eine weitere Besonderheit der Betriebsmittel besteht darin, daß Lagerkosten entfallen.

2. Wir wollen uns nunmehr der Frage zuwenden, welcher Inhalt der Verrechnungspreise für Sachgüter in der Plankostenrechnung besonders zweckmäßig ist[328].
Der Einkaufspreis kommt als Verrechnungspreis nicht in Frage, da die außerbetrieblichen Beschaffungsnebenkosten bei der steuerlichen Bestandsbewertung zu berücksichtigen sind. Auch für die Kalkulation würde es unzweckmäßig sein, wenn die außerbetrieblichen Beschaffungsnebenkosten gesondert verrechnet werden müßten. Es gilt daher der Grundsatz, daß mindestens alle **außer**betrieblichen Preiskomponenten in die Verrechnungspreise für Sachgüter einzubeziehen sind. Diese Bedingung ist für die Einstandspreise erfüllt, die daher auch in der Praxis am häufigsten den Inhalt von Verrechnungspreisen bilden[329]. Einstandspreise haben den großen Vorteil, daß sie für die Bestandsbewertung am besten geeignet sind, da sie alle außerbetrieblichen Preiseinflüsse zusammenfassen. Für die Kalkulation wirkt sich bei ihrer Verwendung aber nachteilig aus, daß die Materialgemeinkosten auf das Einzelmaterial gesonders verrechnet werden müssen; denn sie sind nicht in den Verrechnungspreisen enthalten. Die auf Hilfs- und Betriebsstoffe entfallenden Materialgemeinkosten erfordern als sekundäre Kostenarten eine Einbeziehung in die innerbetriebliche Leistungsverrechnung.
Diese Nachteile kann man vermeiden, wenn man Verbrauchspreise als Verrechnungspreise wählt. Wie der Arbeitskreis Diercks der Schmalenbach-Gesellschaft nachgewiesen hat, sind Verbrauchspreise für eine Plankostenrechnung als Verrechnungspreise besonders gut geeignet: „Für den Verbrauchspreis als Verrechnungspreis bietet die Plankostenrechnung eine bessere Basis als jedes andere System der Kostenrechnung; denn hier stehen sämtliche drei Teilbeträge (Einkaufspreis, Beschaffungsnebenkosten und Materialgemeinkosten) in geplanter bzw. standardisierter Höhe zur Verfügung." [330] Der Verbrauchspreis hat allerdings zwei Nachteile: erstens müssen für Bewertungszwecke die innerbetrieblichen Beschaffungsnebenkosten eliminiert wer-

[328] Zu diesem Problem hat der Arbeitskreis Diercks ausführlich Stellung genommen. Vgl. *Arbeitskreis Diercks,* Der Verrechnungspreis . . ., a. a. O., S. 627 ff.
[329] So empfiehlt z. B. *K. Käfer,* Standardkostenrechnung, 2. Aufl., a. a. O., auf S. 134 Einstandspreise als Inhalt von Verrechnungspreisen. Auch *H. G. Plaut,* Wo steht die Plankostenrechnung in der Praxis?, ZfhF 1952, S. 403, empfiehlt die Verwendung von Einstandspreisen als Verrechnungspreise.
[330] Vgl. *Arbeitskreis Diercks,* Der Verrechnungspreis . . ., a. a. O., S. 628.

den, da nur die Einstandspreise für die Bestandsbewertung zulässig sind, und zweitens enthalten die Preisabweichungen neben außerbetrieblichen Komponenten auch Kostenstellenabweichungen [331].
Die Entscheidung darüber, ob ein Betrieb Verbrauchs- oder Einstandspreise als Inhalt von Verrechnungspreisen wählt, hängt davon ab, ob den Vereinfachungen, die der Verbrauchspreis in der Kostenstellenrechnung und der Kalkulation ermöglicht, oder ob einer übersichtlichen Bestandsbewertung größere Bedeutung zugemessen wird. Nach Ansicht des Verfassers dürfte dem Verbrauchspreis vor allem in Betrieben mit vielen Einzelmaterialpositionen in den Kalkulationen der Vorzug zu geben sein.

B. Verrechnungspreise für Arbeitsleistungen

1. Dem Mengengerüst von Sachgütern entsprechen beim Einsatz von Arbeitskräften die vergüteten Arbeitszeiten [332]. Hierbei ist zu berücksichtigen, daß es sich um die tariflich vereinbarte Normalarbeitszeit, Überstunden, Sonn- und Feiertagsarbeit handeln kann.
Bei Arbeitern, die im Zeitlohn eingesetzt werden, bildet die effektive Arbeitsstunde die Grundlage der Entlohnung. Wird dagegen im Zeitakkord gearbeitet, so entsprechen die erarbeiteten Vorgabe- oder Akkordminuten dem Mengengerüst der Lohnkosten. Für Angestellte ist die tarifliche Arbeitszeit pro Kalendermonat gleich der Mengeneinheit der Gehaltskosten. Das gleiche gilt für sogenannte „fixe Monatslöhne", wie sie gelegentlich für Pförtner und Kraftfahrer zu finden sind.
Erhalten Arbeitskräfte Prämien, so bildet die Einheit der Prämienbemessungsgrundlage, so z.B. „DM Kostenersparnis" oder „kg eingespartes Material", das Mengengerüst für die Prämienzahlung.
Die Übersicht 7 läßt erkennen, daß auch die Personalkosten pro Arbeitszeiteinheit aus mehreren außerbetrieblichen und innerbetrieblichen Komponenten bestehen.
Für Lohnempfänger ist in der Übersicht 7 als Zeiteinheit die Arbeitsstunde oder die Fertigungsminute und für Gehaltsempfänger der Monat zu verwenden.

Tarifsatz (Bruttolohn oder Bruttogehalt pro Arbeitszeiteinheit)	Außerbetriebliche Lohnbestandteile
+ Gesetzliche Sozialabgaben	
+ Gesetzliche Soziallohnrate	
= Tarifbetrag zuzüglich gesetzlichem Sozialaufwand	
+ Freiwillige Sozialabgaben, primär	Innerbetriebliche Lohnbestandteile (Kosten)
+ Freiwillige Sozialabgaben, sekundär (Gemeinkosten der Sozialkostenstellen)	
= Gesamte Personalkosten pro Arbeitszeiteinheit	

Übersicht 7: Aufbau der Personalkosten pro Arbeitszeiteinheit

[331] Vgl. *Arbeitskreis Diercks,* Der Verrechnungspreis . . ., a. a. O., S. 629.
[332] Eine Ausnahme hierzu bildet lediglich der früher übliche Geldakkord.

Die Grundlage der Entlohnung bilden die zwischen Arbeitgeberverbänden und Gewerkschaften vereinbarten Tariflöhne und Tarifgehälter. An ihrer Stelle werden in Zeiten guter Konjunktur übertarifliche Sätze gezahlt, um die Abwanderung qualifizierter Arbeitskräfte zu verhindern.

Die Tarifbeträge oder die an ihre Stelle tretenden übertariflichen Sätze sind vom Standpunkt des Arbeitnehmers Bruttowerte, da von ihnen noch die Lohnsteuer und die vom Arbeitnehmer zu tragenden gesetzlichen Sozialabgaben abgezogen werden, so daß sie als Bruttolöhne oder Bruttogehälter bezeichnet werden[333].

Vom Standpunkt des Arbeitgebers und damit vom Kostenstandpunkt sind die Bruttolöhne oder Bruttogehälter Nettogrößen, da durch den Arbeitseinsatz weitere Personalkosten verursacht werden. Hierzu gehören die vom Unternehmen zu tragenden gesetzlichen Sozialabgaben, wozu die Arbeitgeberanteile der Beiträge zu den Sozialversicherungen der Angestellten- und Invalidenversicherung, der Unfallversicherung, der Lohnfortzahlung für Arbeiter im Krankheitsfalle und der Arbeitslosenversicherung gehören.

Weiterhin zählen hierzu die gesetzlichen Soziallohnraten, die sich daraus ergeben, daß neben der reinen Arbeitszeit Urlaubs- und Feiertagslöhne bezahlt werden müssen. Rechnet man diese Beträge auf die Einheit der Arbeitszeit um, so erhält man die gesetzliche Soziallohnrate. Addiert man den Bruttolohnsatz bzw. das Bruttogehalt, die gesetzlichen Sozialabgaben und die gesetzliche Soziallohnrate, so erhält man einen Lohnsatz, den der Arbeitgeber auf Grund gesetzlicher Bestimmungen und tariflicher Vereinbarungen für eine geleistete Arbeitszeiteinheit aufzuwenden hat.

Darüber hinaus werden freiwillige Sozialabgaben aufgewandt, bei denen sich primäre und sekundäre unterscheiden lassen. Zu den primären freiwilligen Sozialabgaben gehören z.B. Jubiläumsgratifikationen, Ausgaben für Feiern der Betriebsangehörigen, Spenden an Mitarbeiter, Trennungsgelder, Zuschüsse bei Krankheit, Ausbildungsbeihilfen, Weihnachtsgratifikationen und Pensionszuschüsse. Diese freiwilligen Sozialabgaben bezeichnet man deshalb als primär, weil sie ohne den rechentechnischen Umweg über die Kostenstellenrechnung prozentual direkt auf die Bruttolohnsumme bzw. die Bruttogehaltssumme bezogen werden können. Im Gegensatz hierzu werden alle freiwilligen Sozialkosten, die erst auf besonderen Hilfs- oder Nebenkostenstellen gesammelt werden müssen, als sekundär bezeichnet. Hierzu gehören z.B. die Kosten für Werkswohnungen, Kantinen, Werksbüchereien, werkseigene Badeanstalten, eigene Sportplätze und für sonstige soziale Einrichtungen. Verrechnet man die primären und die sekundären freiwilligen Sozialabgaben prozentual auf die Bruttolöhne bzw. Bruttogehälter, so erhält man die *gesamten Personalkosten pro Arbeitszeiteinheit.* Sie sind in ähnlicher Weise eine Mischgröße aus außerbetrieblichen Lohnanteilen und innerbetrieblich verursachten Kosten, wie wir das für den Verbrauchspreis der Sachgüter beschrieben haben.

[333] Wegen dieser in der Praxis üblichen Bezeichnung haben wir davon absehen müssen, beim Lohnaufbau die Zusätze „Brutto-“ und „Netto-“ in analoger Weise zu verwenden wie beim Aufbau des Bruttoabgabepreises für Sachgüter.

2. Als Inhalt des Verrechnungspreises für Arbeitsleistungen kommen die Bruttobeträge pro Zeiteinheit, die Bruttobeträge pro Zeiteinheit einschließlich der außerbetrieblich bedingten Sozialkosten oder die gesamten Personalkosten pro Zeiteinheit in Frage[334].
Die Verwendung der reinen Bruttobeträge hat den Vorteil, daß die der Kostenstellenrechnung belasteten Lohn- und Gehaltskosten stets mit der Lohnabrechnung abgestimmt werden können. Aus diesem Grunde verwenden die meisten Betriebe Bruttolohnsätze und Bruttogehälter als Inhalt der Verrechnungspreise für Arbeitsleistungen. Der Nachteil dieser Methode besteht aber darin, daß für die gesetzlichen und freiwilligen Sozialaufwendungen besondere Kostenarten erforderlich sind. Diesen Nachteil könnte man vermeiden, wenn man die gesamten Personalkosten pro Arbeitszeiteinheit in die Verrechnungspreise für Arbeitsleistungen einbezieht. Wir empfehlen jedoch diese Methode wegen der mit ihr verbundenen Abstimmungsschwierigkeiten nicht, sondern die parallele Verwendung von zwei Verrechnungspreisen, und zwar erstens die Verwendung von Bruttolohnsätzen bzw. Bruttogehältern und zweitens diejenige von geplanten Durchschnittssätzen für die gesamten Personalnebenkosten in Form prozentualer Zuschläge auf die Bruttosätze[335].

C. *Verrechnungspreise für sonstige Produktionsfaktoren*

1. Neben Sachgütern und Arbeitsleistungen werden in den Betrieben insbesondere Dienstleistungen der verschiedensten Art und fremdbezogene Energie eingesetzt. Wie wir später noch im einzelnen zeigen werden, kommen grundsätzlich nur Produktionsfaktoren für die Einbeziehung in ein Verrechnungspreissystem in Frage, die in gleichbleibenden Mengeneinheiten relativ häufig bezogen werden. Damit scheiden die meisten Dienstleistungen, wie z. B. Beratungsleistungen (von Werbeagenturen, freiberuflich tätigen Ingenieuren, Wirtschaftsprüfern, Steuerberatern und Betriebsberatern), Fremdreparaturen, Versicherungsdienste, Reise- und Bewirtungsleistungen, Post- und Fernmeldeleistungen, gebührenpflichtige Behördendienste, Leistungen von Verbänden und Organisationen usw., für eine Einbeziehung in das Verrechnungspreissystem grundsätzlich aus[336]. Verrechnungspreise für Dienstleistungen kommen in der Regel nur für im Lohn vergebene Arbeits- und Transportleistungen in Frage. Hierbei entspricht der Preisaufbau der Übersicht 6, wobei jedoch einige Kostenkomponenten, so z. B. Lagerkosten, entfallen. Werden die gleichen Leistungen teilweise innerbetrieblich erstellt und zum Teil von außen bezogen, so empfiehlt es sich, aus den Plangrenzherstellkosten der Eigenerstellung und den Einstandspreisen gewogene Mittelwerte zu bilden und als Verrechnungspreise zu verwenden.

[334] Vgl. hierzu *Arbeitskreis Diercks*, Der Verrechnungspreis ..., a. a. O., S. 636 f.
[335] Zur Bildung dieser Sätze vgl. unsere Ausführungen auf den S. 431 ff.
[336] Vgl. hierzu *Arbeitskreis Diercks*, Der Verrechnungspreis ..., a. a. O., S. 633.

2. Fremdbezogene Energie, wie Elektrizität, Dampf, Gas und Wasser, wird regelmäßig in das Verrechnungspreissystem der Plankostenrechnung einbezogen. Auch hier gilt grundsätzlich die Übersicht 6 für die Inhaltsbestimmung der Verrechnungspreise, wobei jedoch die Materialgemeinkosten entfallen. An ihre Stelle pflegen die Kosten innerbetrieblicher Versorgungs- und Verteilungskostenstellen zu treten, die alle Kosten enthalten, die vom Eintritt der Energie in den Betrieb bis zum Verbrauch an den einzelnen Arbeitsplätzen entstehen[337].
Bei der Berechnung von Einstandspreisen für den Strombezug pflegen folgende Besonderheiten aufzutreten[338]. Beim Strompreis sind der Grundpreis und der Arbeitspreis zu unterscheiden. Der Grundpreis ist das Entgelt für die bereitgehaltene Leistung in kW. Der Arbeitspreis bildet dagegen das Entgelt für die verbrauchten kWh. Hierzu kommt noch, daß der Arbeitspreis oftmals einer zeitlichen Preisdifferenzierung in Tag- und Nachtstrom bzw. in Werktags- und Sonntagsstrom unterliegt. Auch eine Differenzierung nach der Verwendungsart, so z. B. in Schmelz-, Kraft- und Lichtstrom findet man häufig. Der Grundpreis des Strombezugs sollte nicht in den Verrechnungspreis einbezogen, sondern der Stromversorgungsstelle als Fixkostenbetrag belastet werden. Die zeitliche Preisdifferenzierung des Arbeitspreises sollte durch eine gewogene Mittelwertbildung ausgeglichen werden. Für die Differenzierung nach der Verwendungsart ist jedoch eine Mittelwertbildung nicht zu empfehlen. Hier sind vielmehr die einzelnen „Stromarten" wie verschiedene Produktionsfaktoren zu behandeln und für jeden ein besonderer Verrechnungspreis zu bilden, damit die Belastung in der Kostenstellenrechnung dem Verursachungsprinzip entspricht.
Wird Energie teils selbst erstellt, teils von auswärts bezogen, so empfiehlt sich in den meisten Fällen das gewogene Mittel aus den Plangrenzherstellkosten der Eigenerstellung und den Einstandspreisen für den Fremdbezug als Inhalt der Verrechnungspreise festzulegen.

D. Plan- oder Tagespreise als Grundlage der flexiblen Plankostenrechnung?

1. Wir haben bisher lediglich untersucht, welche Komponenten in die Verrechnungspreise einbezogen werden sollen und wollen uns nunmehr der Frage zuwenden, ob Verrechnungspreise Vergangenheits-, Gegenwarts- oder Planpreise sein sollen, wobei im letzten Falle die Zusatzfrage zu klären ist, ob es sich um kurz-, mittel- oder langfristig erwartete Durchschnittspreise handeln soll.
Bereits lange bevor die flexible Plankostenrechnung entstand, wurde der Grundsatz aufgestellt, daß nicht die in der Vergangenheit effektiv bezahlten Preise für Produktionsfaktoren, sondern nur davon abweichende Verrechnungspreise die richtige Grundlage für die Erfüllung der kostenrechnerischen Aufgaben bilden können[339].

[337] Vgl. hierzu unsere Ausführungen auf S. 395 ff.
[338] Vgl. hierzu *Arbeitskreis Diercks,* Der Verrechnungspreis . . ., a. a. O., S. 633 und 634.
[339] Vgl. hierzu bereits *E. Schmalenbach,* Über Verrechnungspreise, ZfhF 1908/09, S. 170 ff.

Eine Ausnahme von diesem Grundsatz bildet lediglich die Bestandsbewertung. Alle übrigen Aufgaben der Kostenrechnung erfordern dagegen Verrechnungspreise, die T. Beste schon 1924 wie folgt definiert hat: „Verrechnungspreise sind Preise, die sich nicht, wie die natürlichen Preise, durch das freie Spiel der wirtschaftlichen Kräfte bilden, sondern die von Trägern der Wirtschaft zur Erzielung einer bestimmten Wirkung festgesetzt werden.“ [340]

Gleichzeitig erkannte man, daß die verschiedenen Aufgaben der Kostenrechnung, die wir in Übersicht 1 zusammengestellt haben, nicht mit *einem* Typ von Verrechnungspreisen erfüllt werden können, sondern daß hierzu *mehrere* verschiedene Arten von Verrechnungspreisen erforderlich sind [341]. Wie wir im einzelnen noch für die verschiedenen Aufgaben der Kostenrechnung zeigen werden, unterscheiden sich hierbei die erforderlichen Verrrechnungspreise durch die Zeitpunkte oder Perioden, für die sie gültig sind oder erwartet werden. Der *Widerstreit zwischen verschiedenartigen Verrechnungspreisen* läßt sich auf die Tatsache zurückführen, daß einige kostenrechnerische Aufgaben Tagespreise und andere dieser Aufgaben Planpreise mit verschieden langen Planungsperioden erfordern. Stets aber kann nur *eine* Art von Verrechnungspreisen als Grundlage der laufenden Kostenarten-, Kostenstellen- und Kostenträgerrechnung gewählt werden [342]. Hieraus folgt aber, daß diejenigen Aufgaben der Kostenrechnung, die andere als in der laufenden Abrechnung verwendete Verrechnungspreise erfordern, sich stets nur mit Hilfe von Sonderrechnungen erfüllen lassen.

340 Vgl. *T. Beste,* Die Verrechnungspreise in der Selbstkostenrechnung industrieller Betriebe, Berlin 1924, S. 1; vgl. auch *M. R. Lehmann,* Das Wesen und das System der betriebswirtschaftlichen Verrechnungspreise, ZfB 1930, S. 721 ff.

341 Vgl. *T. Beste,* Die Verrechnungspreise ..., a. a. O., S. 2: „Man hat bei Beurteilung der verschiedenen Verrechnungspreise vor allem nach dem Zweck der Selbstkostenrechnung zu fragen“; vgl. ferner *H. Kreis,* Der Widerstreit der Verrechnungspreiszwecke in der Praxis, Archiv für das Eisenhüttenwesen 1930/31, S. 449 ff. Hier werden als Zwecke der Verrechnungspreise herausgestellt:
1. Ermöglichung wirtschaftlicher Preisstellung
2. Betriebsanleitung
   a) zu richtiger Produktionsverteilung,
   b) zu richtiger Roh- und Hilfsstoffverwendung
3. Prüfung der Kostenstellen im Hinblick auf die Betriebsgebarung
   a) technische Betriebskontrolle,
   b) Kostenkontrolle
4. Ermittlung des Erfolges
   a) nach Werken,
   b) nach Erzeugnissen
5. Erleichterung und Beschleunigung der Abrechnung.

Die Zwecke 1, 2 und 4 erfordern Tagespreise, die Zwecke 3 und 5 dagegen feste Verrechnungspreise; vgl. auch *W. Bos,* Innerbetriebliche Verrechnungspreise in der Kostenrechnung, DB 1951, S. 411.

342 Hierauf hat bereits A. Müller hingewiesen; vgl. *A. Müller,* Istkosten-, Normalkosten- und Plankostenrechnung in vergleichender Betrachtung, DB 1952, S. 560. Ähnlich äußert sich auch *L. Schmidt,* Das Rechnen mit Tageswerten in der Plankostenrechnung, ZfB 1954, S. 700 ff.

2. Wir wollen nunmehr im einzelnen untersuchen, welcher Inhalt Verrechnungspreisen für die Erfüllung der wichtigsten Aufgaben der Kostenrechnung beizumessen ist.
Die Aufgabe der *Kostenkontrolle* besteht darin, Wirkungen der einzelnen Kostenbestimmungsfaktoren voneinander zu isolieren, um die innerbetriebliche Wirtschaftlichkeit beurteilen zu können. Wie bereits unsere Ausführungen über den theoretischen Aufbau der Kostenkontrolle im sechsten Kapitel des zweiten Teils zeigten, sind die Preise für Produktionsfaktoren außerbetrieblich bedingte Kostenbestimmungsfaktoren, für die die Leiter der verbrauchenden Kostenstellen nicht verantwortlich gemacht werden können. Hieraus folgt, daß Preis- und Lohnsatzveränderungen während bestimmter Vergleichszeiträume aus der innerbetrieblichen Kostenkontrolle ferngehalten werden müssen. Als Verrechnungspreise sind daher für die Zwecke der Kostenkontrolle am besten *mittel- bis langfristige Planpreise* geeignet. Diese Preise sollten mindestens für ein Jahr unverändert beibehalten und erst im Falle größerer Preis- und Lohnsatzänderungen angepaßt werden.
Falsch ist die früher häufig vertretene Ansicht, daß für die Zwecke der Kostenkontrolle „feste Verrechnungspreise beliebiger Höhe" ausreichen [343]; denn auch der Kostenkontrolle muß in einer *Plan*kostenrechnung eine mittelfristige Aktualität zugrunde liegen [344]. Sie ist ihrem Wesen nach keine reine Mengenrechnung, sondern soll die Mehr- oder Minderverbrauchsmengen stets zu Preisen bewerten, die mittel- bis langfristigen Planvorstellungen entsprechen. Lediglich laufende Änderungen der Preise und Lohnsätze stören die Kostenkontrolle, da hierdurch die Ergebnisse der Kostenauswertung im Zeitablauf nicht mehr sinnvoll vergleichbar sind [345]. Innerhalb einer bestimmten Planungsperiode werden daher für die Zwecke der Kostenkontrolle die Preise und Lohnsätze konstant gehalten, gleichgültig, wie sich die effektiven Preise und Löhne auch verändern mögen. Man bezeichnet daher die Verrechnungspreise der Kostenkontrolle in der Regel als *Festpreise* und die Bewertungsmethode als *Festwertrechnung* oder *Festpreissystem* [346]. Wir wollen jedoch diese Bezeichnungen nicht verwenden, da sie den Planungscharakter der Verrechnungspreise nicht erkennen lassen, der auch den Verrechnungspreisen zum Zwecke der Kostenkontrolle zugrunde liegen sollte.

343 In den früheren Auflagen dieses Buches hat der Verfasser auf S. 137 diese Ansicht selbst geäußert.

344 Vgl. hierzu auch unsere Ausführungen über den Unterschied zwischen der „Standardkostenrechnung" und der „Prognosekostenrechnung" auf S. 84 ff.

345 *T. Beste*, Die Verrechnungspreise ..., a. a. O., sagt auf S. 65 hierzu: „Vorbedingung der Betriebskontrolle durch die Selbstkostenrechnung ist die Vergleichbarkeit der Produktionskosten. Daher müssen alle Einflüsse, die die Vergleichbarkeit stören, ... ausgeschaltet werden." Hierzu gehören vor allem die Preisschwankungen. Auch *F. Schmidt*, Kalkulation und Preispolitik, Berlin – Wien 1930, S. 92, weist darauf hin, daß ein System fester Verrechnungspreise die Voraussetzung für eine Kostenkontrolle ist. Im übrigen wird diese Ansicht von allen Vertretern der Plankostenrechnung geteilt.

346 Vgl. z. B. *J. Fuchs*, Festwerte und Standards in der Plankostenrechnung, ZfB 1955, S. 2; dort wird die Festwertrechnung als „Das Rechnen mit festen Verrechnungssätzen a) für den Lohn, b) für das Material und c) bei der Umlage der Hilfskostenstelle auf die Hauptkostenstellen" bezeichnet.

Unumstritten ist, daß für die *Vorkalkulation und Erfolgsplanung* Planpreise zur Bewertung der Produktionsfaktoren verwendet werden müssen[347].
Hierbei kann es sich um mittel- bis kurzfristige Planpreise, ja im Grenzfall sogar um Tagespreise handeln, je nachdem für welche Zukunftsperiode Erzeugnisse vorkalkuliert oder Gewinne geplant werden sollen und für welchen Zeitpunkt eine Wiederbeschaffung der Produktionsfaktoren vorgesehen ist. Für die jährliche Erfolgsplanung und die hierfür verwendeten Plankalkulationen können die gleichen Planpreise wie für die Kostenkontrolle verwendet werden. Für kurzfristigere Vorkalkulationen und erfolgswirksame Entscheidungen müssen dagegen aktuellere Planpreise verwendet werden.
Ähnlich wie für die Vorkalkulation und die Erfolgsplanung liegen die Dinge auch für andere *dispositive Aufgaben der Kostenrechnung.* Da solche Entscheidungen stets für zukünftige Perioden zu treffen sind, kommen auch für sie nur Planpreise in Frage. Je nach den Dispositionszeiträumen kann es sich hierbei um mittel- bis kurzfristig erwartete Planpreise oder bei Sofortmaßnahmen um Tagespreise handeln. Die für die Kostenkontrolle verwendeten Planpreise sind für die meisten dispositiven Aufgaben der Kostenrechnung zu langfristig. Hierauf ist von den Kritikern der Plankostenrechnung von jeher mit Nachdruck hingewiesen worden. Insbesondere in Betrieben, in denen Substitutionsmöglichkeiten der Produktionsfaktoren bestehen, d. h. in denen Produktionsfaktoren „peripher" oder „alternativ" gegeneinander ausgetauscht werden können, tritt das Problem der richtigen Kostengüterwahl auf[348]. Schon die Lehre von der Minimalkostenkombination in der klassischen Produktions- und Kostentheorie zeigte, daß für Entscheidungsprobleme dieser Art kurzfristige Planpreise als wirtschaftliche Regulative erforderlich sind; denn die Kostenstruktur erreicht ihr Optimum, wenn sich die Grenzproduktivitäten der Produktionsfaktoren proportional zu den Kostengüterpreisen verhalten[349]. Auch die Planungsmodelle, die statt analytischer numerische Lösungsmethoden verwenden, wie z. B. Mischungsrechnungen mit Hilfe der linearen Programmierung, benötigen kurzfristige Planpreise als Daten.
Verwendet die laufende Kostenrechnung langfristige Planpreise oder gar die früher üblichen „Festpreise", so kann sie für Entscheidungsprobleme der Kostengüterwahl nicht die richtigen Daten liefern. Bereits A. Müller hat hierauf hingewiesen: „Besondere Bedenken habe ich gerade hinsichtlich der Güterwahl gegen die Normalisierung der Einsatzpreise. Ob ich für einen bestimmten Verwendungszweck den einen oder den anderen Einsatzstoff wähle, hängt vielfach von dem gegenseitigen Preisverhältnis der zur Wahl stehenden Güter ab. Wenn in der Kostenrechnung aber nicht

[347] Hierauf hat bereits *T. Beste,* Die kurzfristige Erfolgsrechnung, Grundriß der Betriebswirtschaftslehre, Bd. 5/B, Leipzig 1930, S. 47, hingewiesen.

[348] Vgl. zum Problem der Substitution vor allem *E. Gutenberg,* Grundlagen der Betriebswirtschaftslehre, 1. Bd., Die Produktion, 10. Aufl., Berlin – Heidelberg – New York 1965, S. 289, 300 ff. und 391 ff.

[349] Vgl. *E. Gutenberg,* Grundlagen der Betriebswirtschaftslehre, 1. Bd., a. a. O., S. 301 ff.; *W. Kilger,* Produktions- und Kostentheorie, Wiesbaden 1958, S. 29 ff.

die Gegenwartspreise, sondern vielleicht veraltete Verrechnungspreise zur Verfügung stehen, dann kann diese Güterwahl nicht richtig getroffen werden." [350] In ähnlicher Weise äußern sich auch andere Autoren [351].

Für kurzfristige Entscheidungsprobleme müssen die Daten der Kostenrechnung jeweils auf die entscheidungsrelevanten Planpreise und Planlohnsätze umgewertet werden. Für sie ist jedes schematische Bewertungssystem falsch, gleichgültig, ob Istpreisdurchschnitte, Tagespreise oder Festpreise verwendet werden. Lediglich für mittelfristige Entscheidungsprobleme können eventuell die gleichen Planpreise wie für die Kostenkontrolle verwendet werden.

Die *Nachkalkulation* und die *kurzfristige Erfolgsrechnung* basieren in Betrieben mit einer Istkostenrechnung auf den durchschnittlichen Istpreisen für Produktionsfaktoren. Wie jedoch bereits die bahnbrechenden Arbeiten von F. Schmidt gezeigt haben, ist eine nominalistische Ausgestaltung von Nachkalkulation und Erfolgskontrolle im Falle von Preis- und Lohnerhöhungen mit der Gefahr verbunden, daß Scheingewinne ermittelt und ausgeschüttet werden [352]. Seit den Untersuchungen F. Schmidts setzte sich in der Kostenrechnung immer mehr die Erkenntnis durch, daß man nicht zu richtigen Ergebnissen gelangt, wenn man in der Nachkalkulation die effektiv gezahlten Istpreise und Istlohnsätze verwendet. Als die theoretisch richtigen Wertansätze erkannte man vielmehr die Wiederbeschaffungspreise. Diese sind ihrer Art nach aber Plangrößen. Wegen der Schwierigkeit, laufend Planpreise für verschiedene zukünftige Wiederbeschaffungszeitpunkte zu ermitteln, wird von vielen Kostenfachleuten empfohlen, die laufenden Tagespreise als Wertansätze der Nachkalkulation zu verwenden. Praktisch kann es sich hierbei aber aus abrechnungstechnischen Gründen entweder nur um durchschnittliche Tagespreise der letzten Abrechnungsperiode oder um repräsentative Tagespreise handeln, die zu bestimmten Stichtagen, z.B. am 15. des jeweils abzurechnenden Monats, ermittelt werden.

Dem Rechnen mit „Festpreisen" ist in diesem Zusammenhang vorgeworfen worden, daß der laufenden Kostenrechnung im Hinblick auf die Preis- und Lohnschwankungen „jede Aktualität genommen wird". [353] Auf diese Einwände ist jedoch zu ent-

[350] Vgl. *A. Müller*, Istkosten-, Normalkosten- und Plankostenrechnung ..., a.a.O., S. 560, sowie *A. Müller*, Die Isolierung der Einflüsse auf die Selbstkosten im Eisenhüttenwesen, Diss. Köln 1933, S. 51.

[351] Vgl. *C. E. Schulz*, Korreferat zum Ref. v. *H. Müller:* Kostenplanung ..., a. a. O., WPg 1951, S. 542: „Sondert man aber die Preisabweichungen gegenüber Standardpreisen aus den Kosten aus, so wird die wirtschaftlich günstige Lenkung der Kostengüterwahl behindert"; und *H. Glaszinski*, Richtkostenrechnung in einem Eisenhüttenwerk, ZfhF 1952, S. 450: „Gegen die Anwendung von festen Verrechnungspreisen bestehen aber im Bereich der Eisen schaffenden Industrie beträchtliche Bedenken. Einmal erschweren sie dem Betrieb die Güterwahl, wenn die Preisrelationen sich grundsätzlich verschieben, was z. Z. laufend vorkommt."

[352] Vgl. *F. Schmidt*, Der Wiederbeschaffungspreis des Umsatztages in Kalkulation und Volkswirtschaft, Berlin 1923, und *F. Schmidt*, Organische Tageswertbilanz, 3. Aufl., Leipzig 1929. Vgl. auch *K. Hax*, Die Substanzerhaltung der Betriebe, Köln und Opladen 1957, S. 20 ff.

[353] Vgl. *A. Müller*, Die Isolierung ..., a.a.O., S. 46; *C. E. Schulz*, Korreferat ..., a.a.O., S. 542.

gegnen, daß die festen Verrechnungspreise bei richtiger Ermittlung mittel- bis langfristige Planpreise sind. Dies bedeutet, daß mit der Verwendung fester Verrechungspreise die Aktualität der Kostenrechnung im Hinblick auf die Preise keineswegs grundsätzlich aufgegeben wird, sondern daß man von einer kurzfristigen Aktualität zu einer geplanten, auf die Planperiode befristeten Aktualität übergeht; denn stets besteht das Ziel darin, die geplanten Verrechnungspreise so vorauszubestimmen, daß sich die erwarteten Preisschwankungen innerhalb der Planungsperiode weitestgehend ausgleichen. Im übrigen besteht in der kurzfristigen Erfolgsrechnung auch bei der Verwendung geplanter Verrechnungspreise stets die Möglichkeit, durch eine Verteilung von Preisabweichungen nachträglich eine Umwertung auf das Istpreisniveau vorzunehmen. Entsprechend ist auch eine Umwertung auf ein bestimmtes Tagespreisniveau möglich.

3. Wie unsere Ausführungen gezeigt haben, reicht die Skala der für die einzelnen Aufgaben der Kostenrechnung in Frage kommenden Wertansätze von kurz- bis zu mittel- und langfristigen Planpreisen. Da für kurzfristige Entscheidungsprobleme jeweils entscheidungsindividuelle Planpreise mit unterschiedlichen Fristigkeiten erforderlich sind, bleibt die Frage zu klären, ob für die laufende Kostenrechnung Tagespreise einerseits oder mittel- bis langfristige Planpreise verwendet werden sollen. Verwendet man in der laufenden Abrechnung Planpreise, so läßt sich zwar die Kostenkontrolle ohne Schwierigkeiten durchführen, man muß aber im Falle von Preisschwankungen die Ergebnisse der Kostenträgerkalkulation und der Erfolgsrechnung auf Tagespreisniveau umwerten.

Bewertet man dagegen bereits in der laufenden Abrechnung mit *Tagespreisen*, so entsprechen diese Wertansätze zwar den Aufgaben von Kalkulation und Erfolgsrechnung, dafür müssen aber die Plan- und Sollkosten, die als Meßzahlen der Kostenkontrolle dienen, in jeder Abrechnungsperiode auf das gleiche Tagespreisniveau, das den zu kontrollierenden Istkosten zugrunde liegt, umgewertet werden. Die errechneten Abweichungen sind dann wiederum auf ein bestimmtes Planpreisniveau umzurechnen, damit die Ergebnisse der Kostenkontrolle im Zeitablauf vergleichbar werden. Beide Wege sind in der Kostenrechnung beschritten worden.

Für die Verwendung von Tagespreisen als Grundlage der laufenden Kostenrechnung wird in der Regel folgendes Verfahren empfohlen[354]. In jeder monatlichen Abrechnungsperiode verwendet man jeweils die an einem bestimmten Stichtage, z. B. am 15. oder 20., auf den Märkten registrierten Einstandspreise als „repräsentative Tagespreise". Um zufällige Schwankungen auszugleichen, kann man stattdessen auch die

[354] Vgl. *A. Müller*, Die Isolierung ..., a. a. O., S. 46; *H. Glaszinski*, Richtkostenrechnung ..., a. a. O., S. 449; *P. Kreuzer*, Vor- und rückschauende Erfolgsrechnung mit Ergebnisspaltung, ZfhF 1953, S. 393. Eine ausführliche Beschreibung dieser Methode einschließlich ihrer organisatorischen Durchführung mit Hilfe von Lochkarten findet man bei *L. Schmidt*, Das Rechnen mit Tageswerten in der Plankostenrechnung, ZfB 1954, S. 698 ff. Den Ausführungen L. Schmidts liegen die Erfahrungen der von P. Kreuzer aufgebauten Plankostenrechnung zugrunde.

Tagespreisdurchschnitte mehrerer Tage verwenden. Existieren verschiedene Preise gleichzeitig, so wählt man den niedrigsten, falls bei dem betreffenden Lieferanten der erforderliche Bedarf gedeckt werden kann. Andernfalls müssen die den Beschaffungsmöglichkeiten entsprechenden gewogenen Tagespreisdurchschnitte errechnet werden. Der Stichtag sollte so dicht wie möglich an das Monatsende gelegt werden, ohne daß hierdurch jedoch die Abrechnung zu sehr verzögert wird.

Bis zum Tagespreisstichtag bleiben sämtliche Faktormengen unbewertet, denn erst nach Festlegung der repräsentativen Tagespreise kann die Bewertung erfolgen.

Die Bestandsführung in der Klasse 3 und die Verbuchung der Materialkosten erfolgt bei Verwendung von Tagespreisen in der Regel wie wir es in der Übersicht 8 dargestellt haben. Hiernach werden die Zugänge zu Isteinstandspreisen bewertet, dem Materialbestandskonto belastet und einem Finanzkonto gutgeschrieben. Bis zur Mitte des Monats werden keine Materialabgänge verbucht. Am 15. 1. wird der repräsentative Tagespreis in Höhe von 11 DM/Einheit ermittelt. Mit diesem Preis werden alle Materialverbrauchsmengen bewertet, dem Materialkostenkonto der Klasse 4 belastet und dem Materialbestandskonto erkannt. In unserem Beispiel beträgt der gesamte Materialverbrauch zu Tagespreisen 41 800 DM. Dieser Betrag wird in der Kostenrechnung weiterverrechnet.

Um das Materialbestandskonto am Monatsende abschließen zu können, muß die den Abgängen entsprechende Differenz zwischen dem Tagespreis von 11 DM/Einheit und dem durchschnittlichen Istpreis des Anfangbestandes und der Zugänge ausgebucht werden. Hierzu dividiert man zunächst die bisherige Sollverkehrszahl des Materialbestandskontos in Höhe von 76 030 DM durch die zugehörigen Mengeneinheiten in Höhe von 7 100 Stck., wodurch man als durchschnittlichen Istpreis des Monats Januar 10,7085 DM/Einheit erhält. Multipliziert man hiermit den mengenmäßigen Endbestand in Höhe von 3 300 Einheiten, so erhält man als bewerteten Endbestand 35 340 DM. Auf dem Materialbestandskonto bleibt im Soll ein Restbetrag von 1 110 DM übrig. Dieser Betrag ist gleich dem Produkt aus den mengenmäßigen Abgängen des Monats Januar (3 800 Einheiten) und der Differenz: durchschnittlicher Istpreis ./. verrechneter Tagespreis (10,7085 DM/Einheit ./. 11 DM/Einheit = ./. 0,2915 DM/Einheit), so daß wir ihn als Tagespreisdifferenz bezeichnen wollen. Liegt – wie in unserem Beispiel – der verrechnete Tagespreis über dem durchschnittlichen Istpreis, so entsteht eine negative, andernfalls eine positive Tagespreisabweichung. Die Tagespreisabweichung wird von dem Materialbestandskonto auf ein besonderes Tagespreisdifferenzkonto der Klasse 9 übernommen. Durch diese Buchung wird erreicht, daß die Materialbestandskosten zu durchschnittlichen Istpreisen geführt werden, genau wie das auch bei anderen Methoden der Materialverrechnung der Fall ist. Für eine artikelweise Verteilung in der kurzfristigen Erfolgsrechnung kommen die Tagespreisdifferenzen naturgemäß nicht in Betracht.

Die Tagespreisbewertung führt bei der kostenstellenweisen Kostenkontrolle zu folgenden Schwierigkeiten. Da die Istkosten jeweils den repräsentativen Tagespreisen entsprechen, müssen auch sämtliche Sollvorgaben auf dieses Preisniveau umgerechnet werden. Auch die errechneten Verbrauchsabweichungen gelten daher zunächst

S		Materialbestandskonto, Klasse 3			H
AB zum 1. 1.	2 600×10,50	27 300	2. 1. per Materialkosten	100×11,—	1 100
5. 1. an Lieferanten	2 400×10,70	25 680	3. 1. per Materialkosten	400×11,—	4 400
12. 1. an Lieferanten	1 200×10,80	12 960	4. 1. per Materialkosten	200×11,—	2 200
22. 1. an Lieferanten	800×11,20	8 960	6. 1. per Materialkosten	300×11,—	3 300
29. 1. an Lieferanten	100×11,30	1 130	10. 1. per Materialkosten	400×11,—	4 400
31. 1. an Tagespreis-differenz-konto	3 800×0,2915	1 110	12. 1. per Materialkosten	700×11,—	7 700
			18. 1. per Materialkosten	200×11,—	2 200
			20. 1. per Materialkosten	400×11,—	4 400
			24. 1. per Materialkosten	600×11,—	6 600
			27. 1. per Materialkosten	200×11,—	2 200
			28. 1. per Materialkosten	300×11,—	3 300
			EB zum 31. 1.	3 300×10,7085	35 340
		77 140			77 140

S	Materialkostenkonto, Klasse 4			H
2. 1. an Materialbestandskonto	1 100	31. 1. per Kostenrechnung	3 800×11,—	41 800
3. 1. an Materialbestandskonto	4 400			
4. 1. an Materialbestandskonto	2 200			
6. 1. an Materialbestandskonto	3 300			
10. 1. an Materialbestandskonto	4 400			
12. 1. an Materialbestandskonto	7 700			
18. 1. an Materialbestandskonto	2 200			
20. 1. an Materialbestandskonto	4 400			
24. 1. an Materialbestandskonto	6 600			
27. 1. an Materialbestandskonto	2 200			
28. 1. an Materialbestandskonto	3 300			
	41 800			41 800

S	Tagespreisdifferenzkonto, Klasse 9		H
31. 1. an Betriebsergebnisrechnung	1 110	31. 1. per Materialbestandskonto	1 110
	1 110		1 110

Übersicht 8: Buchungsschema zur Methode der Tagespreisbewertung

nur für die jeweiligen Tagespreise. Analog zu Gleichung (39) erhalten wir für die Abweichungen einer Kostenstelle folgenden Ausdruck, wobei die repräsentativen Tagespreise mit $q_\nu^{(t)}$ bezeichnet werden:

(40)
$$\Delta K_r = \sum_{\nu=1}^{z} (r_\nu^{(i)} - r_\nu^{(p)})\, q_\nu^{(t)}$$

Da $q_\nu^{(t)}$ in jeder Periode geändert wird, sind bei der Verwendung von Tagespreisen die Verbrauchsabweichungen im Zeitablauf nicht vergleichbar. Um die Vergleichbarkeit zu erreichen, müssen nachträglich alle Verbrauchsabweichungen durch die zugehörigen Tagespreisindizes dividiert werden, die man als Quotienten aus den repräsentativen Tagespreisen und bestimmten Planpreisen erhält. Im Beispiel der Tabelle 10 beträgt der Planpreis 10 DM/Einheit. Den Istkosten und den umgewerteten Sollkosten liegen die in der zweiten Spalte angegebenen repräsentativen Tages-

Tabelle 10: Beispiel zur Umwertung von Verbrauchsabweichungen für die Kostenkontrolle

Monat	Tagespreis	Tagespreis-index	Verbrauchsabweichung	
			zu Tagespreisen	zu Planpreisen
1	11,—	1,10	+ 3 597	+ 3 270
2	11,80	1,18	+ 2 856	+ 2 420
3	12,10	1,21	+ 3 933	+ 3 250
4	12,20	1,22	— 1 342	— 1 100
5	11,60	1,16	— 940	— 810
6	11,40	1,14	— 1 995	+ 1 750

preise zugrunde. Erst durch Division der Verbrauchsabweichungen durch die Tagespreisindizes erhält man vergleichbare Ergebnisse, d. h. die zu Planpreisen bewerteten Verbrauchsabweichungen.

Für die Kalkulation und die kurzfristige Erfolgsrechnung bedeutet die Methode der Tagespreisbewertung, daß alle Erzeugnisse in jedem Monat neu kalkuliert werden müssen. Hierdurch werden nicht nur die Kalkulation und die kurzfristige Erfolgsrechnung, sondern insbesondere auch die Bestandsführung der Halb- und Fertigfabrikate erheblich erschwert. Hierzu kommt noch die rechnerische Mehrarbeit bei Durchführung der Kostenkontrolle. Alle Vorteile der rechnerischen Vereinfachung, die wir bereits im entwicklungsgeschichtlichen Teil der flexiblen Plankostenrechnung beschrieben haben, werden durch die Tagespreisbewertung wieder aufgegeben. Einige Vertreter dieser Methode haben daher vorgeschlagen, das Tagespreisprinzip nur auf einige, wenige Materialarten zu beschränken, in denen Preisschwankungen besonders stark ins Gewicht fallen. So gibt z. B. L. Schmidt als Voraussetzung für die Tagespreisbewertung in der Plankostenrechnung häufige Wertschwankungen und mehr als 3 % Wertanteil am Kostenträger an[355]. Damit kommt die Tagespreisbewertung in der Regel nur für das Einzelmaterial und ausnahmsweise auch für einige, wichtige Energieträger in Frage. Für das Gemeinkostenmaterial lohnt sich der rechnerische Aufwand nicht.

Zusammenfassend kommen wir daher zu dem Ergebnis, daß grundsätzlich *mittelfristige Planpreise die zweckmäßigste Wertbasis der flexiblen Plankostenrechnung* bilden. Das Tagespreisprinzip sollte auf Sonderfälle beschränkt bleiben, in denen wichtige Rohstoffe starken Preisschwankungen ausgesetzt sind (z. B. Kupfer, sonstige NE-Metalle, Baumwolle, Kautschuk)[356]. Dies gilt um so mehr, als mindestens für die wichtigsten Faktorarten durch Sonderrechnungen eine Umwertung auf das

[355] Vgl. *L. Schmidt,* Das Rechnen . . ., a. a. O., S. 699.

[356] Ähnlich äußert sich auch der *Arbeitskreis Diercks,* Der Verrechnungspreis . . ., a. a. O., S. 630, indem er darauf hinweist, daß in der laufenden Abrechnung die Verrechnungspreise meistens konstant gehalten werden und für die Zwecke der Preiskalkulation und der Erfolgsrechnung Umwertungen mit Hilfe von Preisindizes erfolgen. Für die NE-Metallindustrie weist der Arbeitskreis sogar nach, daß die Grundmetalle zunächst mit Null bewertet und erst später mit Tagespreisen eingesetzt werden.

durchschnittliche Istpreisniveau der Vergangenheit oder auf ein bestimmtes Tagespreisniveau möglich ist.

Eine Ausnahme des Grundsatzes, in der Plankostenrechnung mittelfristige Planpreise als Wertansätze zu verwenden, bilden jedoch langfristig eingesetzte Betriebsmittel. Hier steht der Kostenrechner vor der Schwierigkeit, daß infolge langfristiger Preisbewegungen die Anschaffungswerte als Abschreibungsbasis nicht in Frage kommen, andererseits aber die zukünftigen Wiederbeschaffungspreise nur sehr schwer geplant werden können[357]. Aus diesem Grunde hat sich in der Praxis mit Recht der Tagespreis als Wertbasis der Abschreibungsberechnung durchgesetzt. Bezeichnen wir den im Zeitpunkt 0 gezahlten Anschaffungspreis eines Betriebsmittels mit A_0, so erhalten wir hieraus den im Zeitpunkt t gültigen Zeitwert A_t durch Multiplikation mit dem Quotienten aus dem im Zeitpunkt t und im Zeitpunkt 0 für die bestimmte Maschinengruppe gültigen Tagespreisindex. Weiterhin ist bei vielen Aggregaten zu berücksichtigen, daß im Zuge des technischen Fortschritts die Leistungsfähigkeit steigt. Da nur die Wiedergewinnung, nicht aber auch der technische Fortschritt in der Abschreibungsbasis zu berücksichtigen ist, sollte die Abschreibungsbasis entsprechend der Leistungssteigerung verringert werden. Bezeichnen wir den Tagespreisindex im Zeitpunkt t mit q_t, den Tagespreisindex im Zeitpunkt 0 mit q_0 und die prozentuale Erhöhung der Leistungsfähigkeit mit $\Delta\lambda_t$, so erhalten wir für den Zeitwert eines Aggregats folgenden Ausdruck:

$$A_t = A_o \frac{q_t}{q_o} (1 - \Delta\lambda_t) \tag{41}$$

Beträgt z. B. der Anschaffungswert eines Aggregates 30 000 DM bei einem Maschinenpreisindex von 200 %, und ist inzwischen der Maschinenpreisindex auf 280 % gestiegen, so erhalten wir als Wertbasis 42 000 DM. Hat sich gleichzeitig die Leistungsfähigkeit um 15 % erhöht, so wird dieser Betrag um 15 % gekürzt, so daß wir als Abschreibungsbasis 35 700 DM erhalten. Die Maschinenpreisindizes lassen sich entweder mit Hilfe von Angaben der Produzenten oder der amtlichen Branchenindizes ermitteln. Entsprechendes gilt für die Baupreisindizes. Bei Gebäuden entfällt in der Gleichung (41) der Koeffizient zur Berücksichtigung der Leistungssteigerung.

357 Vgl. *Arbeitskreis Diercks*, Der Verrechnungspreis ..., a. a. O., S. 638.

9. Kapitel

Die Isolierung von Preisschwankungen durch geplante Verrechnungspreise

A. Die Ermittlung geplanter Verrechnungspreise

I. Voraussetzungen und Vorbereitungen für die Anwendung eines Planpreissystems

1. Grundsätzlich kann die innerbetriebliche Kostenkontrolle von störenden Schwankungen der Kostengüterpreise nur dann freigehalten werden, wenn für *sämtliche* von außen bezogene Produktionsfaktoren geplante Verrechnungspreise gebildet werden. Praktisch läßt sich diese Forderung jedoch nur selten ganz erfüllen, da es stets eine Anzahl von Kostengüterarten gibt, für die es nicht möglich oder nicht wirtschaftlich ist, sie in das Planpreissystem einzubeziehen.
Das Kriterium dafür, ob für einen Produktionsfaktor in sinnvoller Weise ein Planpreis gebildet werden kann, ist die Mengenkomponente der Gleichung: Kosten = Menge · Preis.
Es gibt zahlreiche Kostengüter, die kein fest umrissenes Mengengerüst haben. Hierzu gehören z. B. die meisten Gebühren, Fremdreparaturen, sowie der größte Teil der von außen bezogenen Dienstleistungen. Diese Produktionsfaktoren werden in Mengeneinheiten bezogen, deren Qualität von Fall zu Fall variiert. In den Rechnungspreisen wirken sich daher sowohl alle Unterschiede der Leistungsinanspruchnahme als auch Veränderungen des Preisniveaus aus. Ein Planpreis läßt sich daher für diese Kostengüter nicht ermitteln, so daß stets die effektiven Rechnungsbeträge in der laufenden Abrechnung verrechnet werden müssen. Dies bedeutet aber, daß es für alle Produktionsfaktoren, denen kein konstant wiederkehrendes, eindeutig bestimmbares Mengengerüst zugrunde liegt, nicht möglich ist, die innerbetriebliche Kostenkontrolle von störenden Preiseinflüssen freizuhalten[358].
Ähnlich liegen die Dinge bei Spezialwerkzeugen, Walzen, Formen und Montageteilen, die zwar relativ oft benötigt werden, bei denen aber jedes einzelne Stück eine andere technische Ausgestaltung und damit einen anderen Preis aufweist. Auch hier ist daher die Bildung geplanter Verrechnungspreise nicht sinnvoll.
Weiterhin können aus Gründen der Wirtschaftlichkeit Produktionsfaktoren aus dem Planpreissystem ausgeschlossen werden, denen zwar ein fest umrissenes Mengengerüst zugrunde liegt und die auch relativ häufig bezogen werden, deren Kosten aber so niedrig sind, daß ihre Preisschwankungen die Kostenkontrolle nur unwesentlich stören können. Derartige Kostengüter sind in erster Linie billige Kleinmaterialien[359].

[358] Welche Konsequenzen sich hieraus für die Kostenplanung und den Soll-Ist-Kosten-Vergleich ergeben, werden wir im einzelnen auf S. 503 ff. untersuchen.
[359] Hierauf weist z. B. *R. Gater,* Die Entrümpelung der Kostenrechnung, DB 1954, S. 178,

Zusammenfassend kommen wir also zu dem Ergebnis, daß praktisch nur Produktionsfaktoren in die Planpreisbildung einbezogen werden, denen erstens ein fest umrissenes Mengengerüst zugrunde liegt, die zweitens regelmäßig in größeren Stückzahlen bezogen werden und die drittens kostenmäßig so stark ins Gewicht fallen, daß ihre Preisschwankungen, wenn sie nicht durch Planpreise isoliert werden, die Kostenkontrolle stören würden[360]. Grundsätzlich werden in einer Plankostenrechnung fast alle Roh-, Hilfs- und Betriebsstoffe sowie die meisten Zubehör- und Ersatzteile in das Planpreissystem einbezogen.
Für die Durchführung der Abrechnung hat es sich als zweckmäßig erwiesen, die nicht mit Planpreisen abzurechnenden Leistungen und Lieferungen von auswärts unter besonderen Kostenarten zu kontieren, von denen man weiß, daß bei ihnen die Preisschwankungen nicht isoliert werden.

2. Nachdem festgelegt worden ist, welche Kostengüter in das Planpreissystem einbezogen werden sollen, wird eine *Planpreisübersicht* angelegt. Hierin werden sämtliche Kostengüter systematisch geordnet und mit einer Material- oder Werkstoffnummer gekennzeichnet. Der Nummernschlüssel wird so aufgebaut, daß die ersten Ziffern die Materialgruppen und Untergruppen erkennen lassen und die folgenden Ziffern zur laufenden Numerierung dienen. Für eine Textilfabrik kann ein solcher Nummernschlüssel z. B. die folgenden Hauptgruppen enthalten:

00000–09999	Spinnstoffe
10000–19999	Zugekaufte Garne
20000–29999	Zugekaufte Rohgewebe
30000–39999	Farbstoffe und Chemikalien
40000–49999	Treib- und Heizstoffe
50000–59999	Schmieröle und Fette
60000–69999	Betriebsstoffe und Werkzeuge
70000–79999	Baustoffe
80000–89999	Elektromaterial
90000–99999	Reparaturmaterial

Die erste Ziffer bezeichnet jeweils die Hauptgruppe, während die beiden folgenden Ziffern die Untergruppen angeben. Die Gruppe 3 kann z. B. in die Untergruppen Farbstoffe (30) und Chemikalien (31) unterteilt werden, wobei für die Untergruppe 31 folgende weitere Unterteilung festgelegt wird:

310	Säuren
311	Salze
312	Alkalien
313	Oxydations-, Reduktionsmittel, Fermente
314	Netz-, Reinigungs-, Lösungsmittel und Seifen
315	Färbereihilfs- und Egalisiermittel

hin. Im übrigen ist es interessant, daß *E. Michel,* Handbuch der Plankostenrechnung, Berlin 1937, nur von einer eventuellen Einbeziehung der Hilfsmaterialpreise in die Festwertrechnung spricht.

360 Im gleichen Sinne äußert sich auch *J. Fuchs,* Die Plankostenrechnung, Taschenbuch für den Betriebswirt, Berlin-Stuttgart 1954, S. 309.

In großen Betrieben enthält der Materialnummernschlüssel in der Regel Zehntausende von Positionen.
Beim Aufbau eines Nummernschlüssels ist darauf zu achten, daß die Materialgruppen so gebildet werden, daß die in ihnen zusammengefaßten Werkstoffe nach Möglichkeit gleichgerichtete und gleich starke Preisbewegungen aufweisen, weil hierdurch die Auswertung und Weiterverrechnung der Preisabweichungen erheblich erleichtert wird[361]. Weiterhin müssen allen Materialnummern gleichbleibende Materialbezeichnungen, Dimensions- oder Abmessungsangaben und Mengeneinheiten (Stück, Gewichts-, Längen-, Flächen- oder Raummaße) zugeordnet werden. Bei kontinuierlich variierbaren Dimensionen, Abmessungen und Qualitäten sind eventuell Intervalle festzulegen, wobei sich die Planpreise auf die jeweiligen Intervallmitten beziehen.
Als Beispiel haben wir in der Tabelle 11 einen Ausschnitt aus der Planpreisübersicht eines kunststoffverarbeitenden Betriebes wiedergegeben.
Bei der praktischen Durchführung ist es üblich, für die Bildung von Planpreisen Abrundungsregeln festzulegen, die z. B. wie folgt lauten können[362]:

Preise	bis	1 DM sind abzurunden auf volle 0,05 DM
Preise von 1	bis	10 DM sind abzurunden auf volle 0,10 DM
Preise von 10	bis	30 DM sind abzurunden auf volle 0,50 DM
Preise von 30	bis	100 DM sind abzurunden auf volle 1,00 DM
Preise	über	100 DM sind abzurunden auf volle 5,00 DM

In *Großbetrieben, deren Zweigwerke weit verteilt* sind, ist vor der Ermittlung der Planpreise die Frage zu klären, welches örtliche Preisniveau den Planpreisen zugrunde zu legen ist und ob für den gesamten Konzern nur eine Planpreisübersicht herausgegeben werden soll, die für alle Zweigwerke gültig ist, oder ob für jedes Zweigwerk gesonderte, den örtlichen Preisverhältnissen entsprechende Planpreise gebildet werden sollen. Je ähnlicher die Produktionsaufgaben der Zweigwerke sind, je enger ihre stufenweise Zusammenarbeit ist, desto größer sind zwar die Vorteile einer zentralen Planpreisbildung, da sie die Vergleichbarkeit der Kalkulationsergebnisse und der Materialbestände erleichtert, trotzdem sollten aber durch eine zentrale Planpreisbildung die für den jeweiligen Standort typischen Preisverhältnisse nicht nivelliert werden[363]. Allerdings sollten in diesen Fällen einheitliche Grundsätze und Richtlinien für die Festlegung der Planpreise aufgestellt werden. Für heterogen aufgebaute Konzerne mit fertigungstechnisch unterschiedlichen und

[361] Vgl. hierzu *H.G. Plaut,* Wo steht die Plankostenrechnung in der Praxis?, ZfhF 1952, S. 403; *J. Fuchs,* Festwerte und Standards in der Plankostenrechnung, ZfB 1955, S. 6 ff.; *R. Gater,* Behandlung von Preisschwankungen, ZfB 1953, S. 25 ff., und *R. Gater,* Die Entrümpelung . . ., a. a. O., S. 178.

[362] Vgl. hierzu *H. G. Plaut,* Wo steht . . ., a.a.O., S. 403, und *Arbeitskreis Diercks* der Schmalenbach-Gesellschaft, Der Verrechnungspreis in der Plankostenrechnung, ZfbF 1964, S. 623.

[363] Hierauf weist der *Arbeitskreis Diercks,* Der Verrechnungspreis . . ., a. a. O., S. 623, hin. J. Fuchs setzt sich dagegen für die zentrale Bildung von Planpreisen ein und führt hierfür zahlreiche Gründe an; vgl. *J. Fuchs,* Festwerte . . ., a. a. O., S. 4 ff.

Tabelle 11: Beispiel einer Planpreisübersicht (Ausschnitt)

Material-nummer	Material-bezeichnung	Dimension, Abmessung	Mengen-einheit	Planpreis pro Mengeneinheit
	Kunststoffe			
10 000	Trolit A		kg	5,00
10 001	Cellidor A		kg	5,00
10 002	Trolit B		kg	7,00
10 003	Cellidor B		kg	7,00
10 004	Trolen		kg	5,00
10 005	Lupolen		kg	5,00
10 006	Trolitul		kg	3,00
10 007	Polystyrol		kg	3,00
10 008	Vestyron		kg	3,00
10 009	Plexigum		kg	7,00
10 010	Ultramid A		kg	14,00
10 011	Ultramid B		kg	11,00
	Messingmaterial			
20 300	Messingdraht	0,50–1,00	kg	4,40
20 301	Messingdraht	1,10–1,50	kg	4,20
20 302	Messingdraht	1,60–2,00	kg	4,00
20 303	Messingdraht	2,10–3,50	kg	3,90
20 304	Messingdraht	3,60–4,00	kg	3,80
20 305	Messingdraht	4,10–4,50	kg	3,70
20 306	Messingdraht	4,60–5,00	kg	3,60
20 307	Messingdraht	5,10–5,50	kg	3,50
20 308	Messingdraht	5,60–6,00	kg	3,40
20 310	Messingblech	0,50–1,00	kg	3,80
20 311	Messingblech	1,10–1,50	kg	3,70
20 312	Messingblech	1,60–2,00	kg	3,60
20 313	Messingblech	2,10–2,50	kg	3,50
20 320	Messingstreifen	12×0,30–1,00	kg	4,00
20 321	Messingstreifen	12×1,10–1,50	kg	3,90
20 322	Messingstreifen	12×1,60–2,00	kg	3,80
20 323	Messingstreifen	12×2,10–2,50	kg	3,70
20 324	Messingstreifen	12×2,60–3,00	kg	3,60
.	.	.	.	.
.	.	.	.	.
.	.	.	.	.

voneinander unabhängigen Zweigwerken sind in jedem Fall nach Werken differenzierte Planpreisübersichten zu empfehlen.

II. Die Methoden zur Ermittlung geplanter Verrechnungspreise

1. Für die Ermittlung von Verrechnungspreisen in der Plankostenrechnung lassen sich zwei Gruppen von Verfahren unterscheiden, deren Unterschiede aus einer verschiedenartigen Beurteilung der Zwecke des Verrechnungspreissystems resultieren.

Der ersten Gruppe von Verfahren liegt allein die Zielsetzung zugrunde, die Kostenkontrolle von Preisschwankungen freizuhalten. Dieses Ziel ist mit beliebig hohen, aber im Zeitablauf konstant gehaltenen Verrechnungspreisen erreichbar. Man kann daher sowohl Istpreisdurchschnitte vergangener Perioden, Gegenwartspreise zur Zeit der Festlegung oder auch geplante Preise verwenden. Vertreter der Plankostenrechnung, die in der Kostenkontrolle in erster Linie eine Mengenrechnung sehen, neigen dazu, die Verrechnungspreise auch dann konstant zu halten, wenn sie sich wesentlich von den Marktpreisen unterscheiden. Mit einer solchen langfristigen Lösung der Verrechnungspreise von den Marktpreisen sind ohne Zweifel gewisse rechnerische Vorteile verbunden, denen aber schwerwiegende Nachteile gegenüberstehen. Erstens haben bei dieser Methode die Preisabweichungen keinerlei Aussagewert, weil sie keine echten Planabweichungen sind[364]. Zweitens werden die Mengenabweichungen mit Preisen bewertet, die sich relativ weit von den effektiven Preisen entfernt haben, so daß der Abweichungsanalyse keine gegenwartsnahen Wertvorstellungen zugrunde liegen. Drittens verliert durch diese Methode die Plankostenrechnung den Zusammenhang mit der gesamtbetrieblichen Planungsrechnung, worauf wir bereits an anderer Stelle hingewiesen haben[365].
Um die oben beschriebenen Mängel des Verrechnungspreissystems zu beseitigen, ist es erforderlich, als Verrechnungspreise Planpreise zu wählen, die für bestimmte Planungsperioden erwartet werden. Hierdurch werden die Preisabweichungen zu Differenzen zwischen erwarteten und tatsächlichen Marktpreisen und gewinnen daher erheblich an Aussagewert[366]. Der Aussagewert der Preisdifferenzen als echte Planungsabweichungen überträgt sich im Falle einer Verteilung auf die Kostenträger auch auf die Ergebnisse der Kostenträgerrechnung. Planpreise beeinträchtigen die Gegenwartsnähe der Kostenrechnung in bezug auf das Preisniveau weit weniger als langfristig konstant gehaltene Festpreise. Sie ermöglichen weiterhin den Einbau der Plankostenrechnung in ein gesamtbetriebliches Planungssystem[367]. Allerdings ist die Verwendung geplanter Verrechnungspreise mit dem Nachteil verbunden, daß die Verrechnungspreise nach Ablauf bestimmter Planungsperioden revidiert werden müssen. Dieser Nachteil fällt aber gegenüber den Vorteilen geplanter Verrechnungspreise nicht ins Gewicht, so daß alle modernen Systeme der Plankostenrechnung heute Planpreise als Verrechnungspreise verwenden.

2. Ein wichtiges Hilfsmittel für die Planung von Verrechnungspreisen sind in der Einkaufsabteilung geführte *Istpreisstatistiken*, die Aufschluß über Preisbewegungen

[364] Vgl. *E. Kosiol,* Neuere Ziele und Methoden der Kostenplanung, ZfB 1954, S. 661.
[365] Vgl. hierzu unsere Ausführungen auf S. 83 ff.
[366] Vgl. hierzu *E. Kosiol,* Neuere Ziele ..., a. a. O., S. 661, und *J. Fuchs,* Festwerte ..., a. a. O., S. 2.
[367] Wie wir bereits auf S. 85 ausführten, bezeichnet E. Kosiol eine Form der Plankostenrechnung, die ein Teil der gesamtbetrieblichen Planung ist, als Prognosekostenrechnung. Hierbei sagt er über die Bildung von Verrechnungspreisen: „Die Prognosekostenrechnung hingegen bewertet den geplanten Verbrauch zu erwarteten Marktpreisen ...", vgl. *E. Kosiol,* Neuere Ziele ..., a. a. O., S. 661.

vergangener Perioden geben. Meistens ist es nicht erforderlich, für sämtliche Materialarten Istpreisstatistiken zu führen, da es häufig Produktionsfaktoren gibt, die gleichgerichtete Preisbewegungen aufweisen. Dies ist z.B. bei Produktionsfaktoren der Fall, die aus dem gleichen Grundmaterial bestehen und sich nur in ihren Dimensionen unterscheiden.

Beschränkt man sich in Fällen der obengenannten Art auf repräsentative Istpreisstatistiken, so verringert sich die Zahl der erforderlichen Statistiken zwar erheblich, sie bleibt aber für die praktische Durchführung immer noch zu groß. Es ist daher eine weitere Beschränkung erforderlich, die darin besteht, daß man bei allen kostenmäßig nur relativ wenig ins Gewicht fallenden Produktionsfaktoren auf Istpreisstatistiken verzichtet. Dies gilt in der Regel für die Mehrzahl der Hilfs- und Betriebsstoffe sowie für Ersatzteile und Reparaturmaterialien. Stehen keine Istpreisstatistiken zur Verfügung, so bildet in der Regel der letzte Rechnungspreis oder der gegenwärtige Angebotspreis den Ausgangspunkt der Preisplanung. C. T. Horngren schreibt hierüber: "Material price standards are usually based either on expected prices for the period in question (usually a year) or on prices prevailing at the time that standards are set." [368]

Die als Tabellen oder in der Form graphischer Darstellungen geführten Istpreisstatistiken sollten bei weit auseinanderliegenden Beschaffungszeitpunkten nicht nur die Istpreise der Beschaffungszeitpunkte, sondern auch die zwischenzeitlich registrierten Angebotspreise enthalten. Am zweckmäßigsten ist es, sich von den Beschaffungszeitpunkten völlig zu lösen und monatlich die Angebotspreise an bestimmten Stichtagen zu registrieren oder monatliche Durchschnittspreise aus täglich erfaßten Marktpreisen zu errechnen. Auf diese Weise erreicht man, daß die Eintragungen im Zeitablauf gleichmäßig und weder in zu großen noch in zu kleinen Abständen erfolgen.

Verwendet man, wie wir es vorschlagen, als Planpreise Einstandspreise, so sollten auch den Istpreisstatistiken Einstandspreise zugrunde gelegt werden. Hierbei kann aber die Schwierigkeit auftreten, daß Beschaffungsnebenkosten für mehrere Produktionsfaktoren gleichzeitig anfallen. Diese komplexen Beschaffungsnebenkosten müssen verursachungsgemäß auf die einzelnen Kostengüter aufgeteilt werden, ehe man die Einstandspreise errechnen kann.

3. Unter Verwendung der Istpreisstatistiken wird die *Planung der Verrechnungspreise* in folgenden Stufen durchgeführt.

Erstens wird die Planungsperiode festgelegt, für welche die geplanten Verrechnungspreise gültig sein sollen. In der Regel ist es zu empfehlen, daß Planpreise für die Dauer von einem Jahr festgelegt werden. Lediglich bei sehr starken, unregelmäßigen Preisbewegungen könnten kürzere Planungsperioden in Erwägung gezogen werden. Für längere Perioden sind die Preiserwartungen meistens zu unsicher, so daß die Planpreise für die laufende Abrechnung nicht in Frage kommen.

[368] Vgl. *C. T. Horngren*, Cost Accounting, A Managerial Emphasis, 3. Aufl., Englewood Cliffs, N. J. 1963, S. 140.

Zweitens ist darüber zu entscheiden, wie groß der vergangene Zeitraum sein soll, dessen Istpreisstatistiken man bei der Preisplanung zugrunde legen will. Beträgt der Planungszeitraum ein Jahr, so sollte der Ausgangszeitraum ebenfalls mindestens ein Jahr, besser jedoch mehrere Jahre umfassen. Stets jedoch sollte der Ausgangszeitraum aus einer ganzzahligen Anzahl von Jahren bestehen, damit sich periodisch wiederkehrende Saisonschwankungen bei der Auswertung nicht störend bemerkbar machen können.

Drittens müssen die Istpreisstatistiken von störenden Zufallswerten bereinigt werden. Sind besondere Ereignisse eingetreten, wie z. B. seinerzeit die Koreakrise, so können sich ganze Teile einer Istpreisentwicklung für die weiteren Berechnungen als unbrauchbar erweisen. J. Fuchs sagt hierzu: „Es ist sehr davor zu warnen, das Preisniveau unruhiger Zeiten zugrunde zu legen. Die Zeit der Korea-Krise, in der das Kupfer beispielsweise bei 800 stand und viele andere Materialien, die in der Fabrikation gebraucht wurden, keine entsprechende oder überhaupt keine Steigerungen im Preis erfahren haben, ist ungeeignet, als Festpreisbasis zu gelten." [369] Nur wenn in der Vergangenheit „normale" Preisbewegungen stattgefunden haben, sind statistische Unterlagen der Preisplanung geeignet. In anderen Fällen ist man dagegen auf reine Schätzungen angewiesen.

Liegen bereinigte Istpreisstatistiken als Grundlage vor, so werden sie zum Zwecke der Preisplanung zunächst mit Hilfe statistischer Methoden extrapoliert. Ein mit Hilfe der Extrapolation ermittelter Durchschnittspreis des Planungszeitraums ist aber keineswegs ohne weiteres als Planpreis zu betrachten. Er ist lediglich ein Hilfswert für die eigentliche Preisplanung. Der extrapolierte Preis würde nur unter der Bedingung zugleich ein Planpreis sein, wenn die seiner Berechnung zugrunde liegenden Voraussetzungen tatsächlich auch in der zukünftigen Planungsperiode Gültigkeit haben würden. Inwieweit das jedoch der Fall ist, kann durch keine rechnerische Methode entschieden werden. Hier beginnt vielmehr die eigentliche Aufgabe des Preisplaners, der versuchen muß, die zukünftigen Preistendenzen im voraus zu erkennen. Am zweckmäßigsten erfolgt die endgültige Festsetzung der Planpreise durch ein „Kollegium von marktkundigen Einkäufern" [370]. Diese endgültige Preisfestsetzung ist eine Planungsentscheidung, deren Ergebnis auf unsicheren Erwartungen beruht.

Die Praxis der Preisplanung hat gezeigt, daß die Unsicherheit der Preiserwartungen zwei gegenläufige Tendenzen auslöst, von der eine im Zweifelsfall zu möglichst niedrigen und die andere zu möglichst hohen Preisfestsetzungen führt.

Die Tendenz, innerhalb des Entscheidungsspielraums möglichst niedrige Planpreise zu wählen, resultiert aus der Tatsache, daß stets dann, wenn der zukünftige durchschnittliche Istpreis unter dem Planpreis liegt, die Bestandsbewertung gegen das Niederstwertprinzip verstößt, sofern man nicht eine anteilige Verteilung der Preisabweichungen auf die Bestände durchführt; bei niedrigeren Planpreisen genügt dagegen die Planpreisbewertung dem Niederstwertprinzip ohne besondere Korrektu-

[369] Vgl. *J. Fuchs*, Festwerte ..., a. a. O., S. 3.
[370] Hierauf weist *K. Käfer*, Standardkostenrechnung, 2. Aufl., Zürich 1964, S. 133, hin.

Tabelle 12: Beispiel zur Preisplanung

Monat	Monatlicher Durchschnittspreis DM	Gleitender Zwölf-Monats-Durchschnitt DM	Werte des Trends zweiten Grades DM
1	2,70	–	3,01
2	3,40	–	3,14
3	4,00	–	3,26
4	3,60	–	3,38
5	3,80	–	3,40
6	3,40	–	3,60
7	2,90	3,37	3,70
8	3,20	3,48	3,80
9	2,70	3,56	3,89
10	3,40	3,64	3,98
11	3,00	3,73	4,06
12	3,80	3,84	4,14
1	3,80	3,98	4,21
2	4,80	4,08	4,28
3	4,50	4,20	4,34
4	5,00	4,30	4,40
5	4,80	4,39	4,45
6	5,20	4,50	4,50
7	4,30	–	4,54
8	4,20	–	4,58
9	4,50	–	4,61
10	4,00	–	4,64
11	4,60	–	4,66
12	4,70	–	4,68
Summe	94,30	47,07	97,34
Durchschnitt	3,94	3,93	4,05

ren. Da aber eine Verteilung von Abweichungen auf die Bestände ohne besondere Schwierigkeiten möglich ist, sollte man dieser Tendenz zu niedrigen Planpreisen nicht folgen.

Die Tendenz zu überhöhten Planpreisen findet man insbesondere bei den Rohstoffen materialintensiver Betriebe. Sie wird ausgelöst durch die Gefahr, daß die Verkäufer im Falle steigender Istpreise die Preisabweichungen nicht gebührend bei der Absatzpolitik berücksichtigen, selbst wenn sie ihnen nachdrücklich mitgeteilt werden. Auch dieser Tendenz sollte man jedoch bei der Festlegung von Planpreisen nicht stattgeben, sondern statt dessen die Verkäufer so schulen, daß sie die Preisabweichungen in jedem Fall bei ihren absatzpolitischen Entscheidungen berücksichtigen.

4. Wir wollen nunmehr die rechnerischen Grundlagen der Preisplanung im einzelnen betrachten und insgesamt drei verschiedene Methoden erörtern. Als Grundlage dient

hierbei das in der Tabelle 12 wiedergegebene Zahlenbeispiel. Die 2. Spalte der Tabelle 12 enthält die von allen Zufälligkeiten bereinigten monatlichen Istpreisdurchschnitte q_j für zwei zurückliegende Jahre. Graphisch dargestellt, ergeben diese Werte die in Abbildung 16 mit a gekennzeichnete Zeitreihe. Diese Zeitreihe läßt deutlich erkennen, daß der dargestellten Preisentwicklung neben unregelmäßig wirksamen Einflüssen Saisonschwankungen und eine aufsteigende Trendbewegung zugrunde liegen.

a) Betrachten wir zunächst die *Methode der reinen Durchschnittsbildung*. Nach dieser Methode wird einfach aus den Beobachtungswerten des Basiszeitraums der Mittelwert gebildet. Unser Zahlenbeispiel führt hierbei zu $q_1^{(p)} = 3{,}94$ DM/Stck. Dieser Wert ist als Planpreis nur dann richtig, wenn die Zeitreihe erkennen läßt, daß die Preise um einen festen Mittelwert schwanken und wenn auch für die Zukunft nicht mit dem Einsetzen einer Trendbewegung zu rechnen ist. In unserem Beispiel liegen die Voraussetzungen hierfür aber nicht vor, da die Zeitreihe a Trendbewegungen enthält. In solchen Fällen ist die Methode der reinen Durchschnittsbildung nicht anwendbar. Sie muß vielmehr durch Methoden ersetzt werden, die eine Eliminierung des Trends ermöglichen.

b) Die einfachsten statistischen Verfahren, mit denen man eine Trendbewegung freilegen kann, sind die *Methoden der gleitenden Durchschnittsbildung*. Nach diesen Methoden geht man so vor, daß man anstelle der Beobachtungswerte einer Zeitreihe, also im Beispiel anstelle der Preise, jeweils das arithmetische Mittel aus einem Beobachtungswert und seinen Nachbarwerten betrachtet. Da bei Preisstatistiken vielfach Saisoneinflüsse wirksam werden, empfiehlt es sich, gleitende Durchschnitte aus 12 aufeinander folgenden Monaten zu bilden. Dieses Verfahren wird als die Methode der gleitenden 12 Monatsdurchschnitte bezeichnet. Bei dieser Methode ergeben sich die gleitenden Mittelwerte der Preise q_j einer Zeitreihe, die wir als $\overline{q}_j$ bezeichnen wollen, nach der folgenden Formel:

$$(42) \qquad \overline{q}_j = \frac{1}{12}\left(\frac{1}{2}\, q_{j-6} + q_{j-5} + \ldots + q_j + \ldots + q_{j+5} + \frac{1}{2} q_{j+6}\right)$$

Den gleitenden Mittelwert für den Monat Juli erhält man z. B. in der Weise, daß man den halben Preis des Monats Januar, die Preise der folgenden 11 Monate Februar bis Dezember und wiederum den halben Preis des Monats Januar des nächsten Jahres addiert und die so erhaltene Summe durch 12 dividiert. Die Methode der gleitenden 12 Monatsdurchschnitte erfordert mindestens die Beobachtungswerte von 24 Monaten.

Wir haben die unserem Beispiel entsprechenden gleitenden 12 Monatsdurchschnitte in die dritte Spalte der Tabelle 12 eingetragen. Hierbei fehlen naturgemäß die Werte für die ersten und die letzten 6 Monate. Die Methode der gleitenden 12 Monatsdurchschnitte bereinigt die Zeitreihe der Istpreise mit ziemlich guter Genauigkeit von Saisonschwankungen und läßt die Trendbewegung erkennen. Graphisch erhalten wir die in Abbildung 16 mit b gekennzeichnete, gekrümmt verlaufende Kurve. Diese Kurve haben wir in der Abbildung 16 linear extrapoliert, wie die Verlänge-

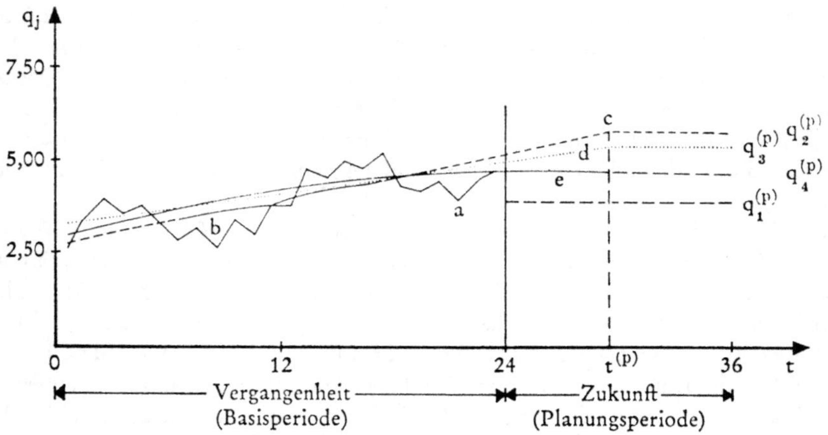

Abb. 16: Beispiel zur Preisplanung mit Hilfe statistischer Methoden

rung c erkennen läßt. Für die Mitte der Planungsperiode führt die Extrapolationsgerade zu einem Preis von $q_2^{(p)} = 5{,}74$ DM. Rechnet man damit, daß die ermittelte Trendbewegung auch in der Planungsperiode anhält, kann dieser Preis als Verrechnungspreis festgesetzt werden. Im anderen Fall sind Korrekturen erforderlich.

Die Methode der gleitenden 12 Monatsdurchschnitte ist zwar rechnerisch einfach zu handhaben, hat aber den großen Nachteil, daß bei ihr die Extrapolation sehr schwierig ist, da die gleitenden 12 Monatsdurchschnitte 6 Monate vor Beginn der Planungsperiode nicht mehr mit Hilfe von Istwerten berechnet werden können. Diesen Mangel kann man aber in der Weise beseitigen, daß man die Preisentwicklung für die 6 nächsten Monate schätzt und in die Durchschnittsberechnung einbezieht.

c) Das genaueste Verfahren der Trendermittlung ist die *Berechnung des Trends* nach der Methode der kleinsten Quadrate. Bekanntlich unterscheidet man in der mathematischen Statistik Trendfunktionen ersten, zweiten und höheren Grades. Für die Preisplanung sind jedoch die Trendfunktionen höheren Grades praktisch nicht anwendbar, da ihre Berechnung zu kompliziert ist. Wir wollen daher im Rahmen unserer Ausführungen lediglich den Trend ersten Grades und den Trend zweiten Grades betrachten. Für unser Beispiel erhalten wir für den Trend ersten Grades die folgende Gleichung[371]:

$$q_j = 3{,}26 + 0{,}07\, t_j \qquad (43)$$

Diesen linearen Trend haben wir als Kurve d in die Abbildung 16 eingetragen. Für den Monat mit der Kennzahl 30, also für den mittleren Monat der Planungsperiode, ergibt der Trend ersten Grades einen Extrapolationswert von $q_3^{(p)} = 5{,}36$ DM/Einheit.

[371] Auf die Wiedergabe der Ausrechnung wurde verzichtet. Vgl. zur mathematischen Methode der Trendberechnung die einschlägigen Lehrbücher der Statistik.

Je nachdem, ob man mit einer zukünftigen Trendveränderung rechnet oder nicht, werden noch Zu- bzw. Abschläge vorgenommen oder dieser Wert in abgerundeter Form als Planpreis angesetzt.

In vielen Fällen dürfte man bei der Preisplanung mit einer Trendberechnung ersten Grades auskommen. Wir wollen aber für unser Beispiel noch kurz die Ergebnisse einer Trendberechnung zweiten Grades wiedergeben:

$$q_j = 3{,}01 + 0{,}13\, t_j - 0{,}0025\, t_j^2 \qquad (44)$$

Die Monatswerte dieses Trends haben wir in der letzten Spalte der Tabelle 12 zusammengestellt und in der Abbildung 16 durch die Kurve e wiedergegeben. Die erkennbare Rechtskrümmung kann auf konjunkturelle Einflüsse zurückzuführen sein, die der Trend ersten Grades nicht zum Ausdruck bringt. Für den mittleren Monat der Planungsperiode ergibt der Trend zweiten Grades einen Extrapolationswert von $q_4^{(p)} = 4{,}66$ DM/Einheit, der je nach den Zukunftserwartungen unverändert beibehalten oder noch korrigiert wird.

Die Extrapolationspreise der statistischen Methode sind stets nur Hilfswerte für die eigentliche Preisplanung. Sie stellen als solche die äußerste Grenze des Berechenbaren dar, an der die Unwägbarkeiten der Planung beginnen.

In der Praxis der Plankostenrechnung wird man die statistische Fundierung der Preisplanung stets auf einige wichtige Werkstoffe beschränken müssen, da sonst der Arbeitsumfang der Preisplanung zu groß wird[372]. Praktisch kommen diese Methoden nur für die wichtigsten Einzelmaterialarten in Frage. Für alle übrigen Produktionsfaktoren werden die Planpreise durch Schätzungen der Einkäufer aus den gegenwärtig vorliegenden Preisangeboten abgeleitet.

III. Die Gültigkeitsdauer geplanter Verrechnungspreise

1. Wir wollen nunmehr die Frage untersuchen, für welchen Zeitraum man geplante Verrechnungspreise unverändert beibehalten kann. Problematisch ist die Gültigkeitsdauer geplanter Verrechnungspreise naturgemäß nur dann, wenn man neben der Ausschaltung von Preisschwankungen zum Zwecke der Kostenkontrolle die Kostenrechnung im Hinblick auf die Preisgestaltung wenigstens im Jahresdurchschnitt möglichst „gegenwartsnah“ gestalten will, d. h. wenn man mittelfristige Planpreise und nicht langfristig konstante Festpreise als Grundlage der Plankostenrechnung verwendet.

Wenn während der Planungsperiode, die in der Regel ein Jahr beträgt, die effektiven Preise lediglich um die Planpreise oszillieren, so werden sich im Zeitablauf die Preisabweichungen weitestgehend ausgleichen. Ein Beispiel hierfür stellt der Kurvenzug a in der Abbildung 17 dar. Hier liegt der (erst am Ende des Jahres

[372] Ein praktisches Beispiel der Preisplanung mit Hilfe einer Trendberechnung wird von *K. Traub*, Die Grenzplankostenrechnung in Gießereibetrieben, Diss. Saarbrücken 1964, S. 157, für die Preisplanung bei sinkenden Schrottpreisen wiedergegeben.

feststellbare) effektive Durchschnittspreis $q_1^{(d)}$ nur geringfügig über dem geplanten Verrechnungspreis $q_1^{(p)}$. In derartigen Fällen besteht während des laufenden Rechnungsjahres kein Anlaß, die Planpreise zu verändern. Lediglich am Ende des Jahres wird überprüft, ob man die bisherigen Planpreise auch für die nächstfolgende Planungsperiode beibehalten kann.

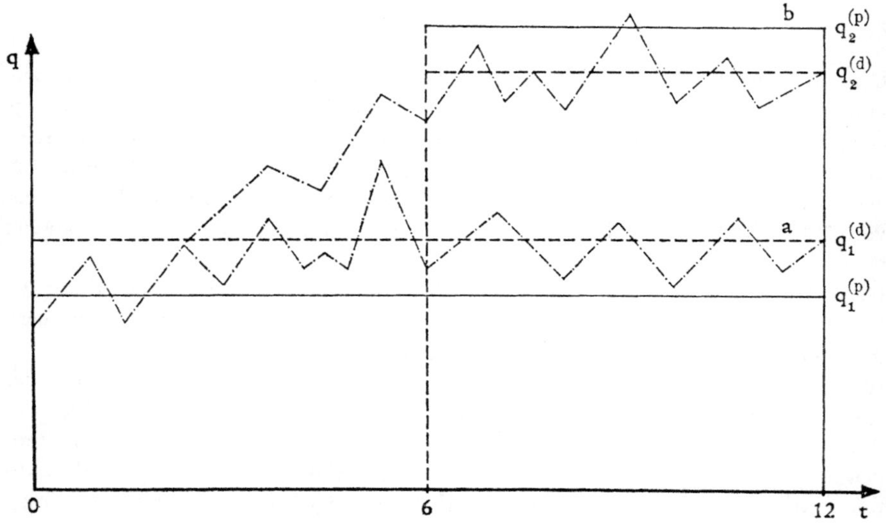

Abb. 17: Beispiele zur Gültigkeitsdauer von Planpreisen

2. Anders liegen die Verhältnisse, wenn sich während eines Rechnungsjahres die effektiven Preise systematisch von den zugehörigen Planpreisen entfernen, so daß die effektiven Durchschnittspreise erheblich von den Planpreisen abweichen und sich die Preisabweichungen im Zeitablauf nicht mehr ausgleichen, sondern zu immer größeren Beträgen kumulieren. Ein Beispiel hierfür stellt der Kurvenzug b in der Abbildung 17 dar. Hierin liegt der effektive Durchschnittspreis $q_2^{(d)}$ des zweiten Halbjahres erheblich über dem Planpreis $q_1^{(p)}$. In derartigen Fällen scheint es dem Grundsatz der Gegenwartsnähe der Kostenrechnung am besten zu entsprechen, wenn man für den Rest der Planungsperiode einen neuen Planpreis festsetzt, im Falle der Abbildung 17 z.B. $q_2^{(p)}$. Gegen ein solches Vorgehen lassen sich aber folgende Einwände erheben. Planpreisänderungen während des laufenden Rechnungsjahres lösen im System der Plankostenrechnung eine Kette von weiteren Änderungen aus, die in der Regel mit sehr viel Rechenarbeit verbunden sind. Dies gilt insbesondere für den Soll-Ist-Kosten-Vergleich und für die Plankalkulationen.

Weiterhin spricht gegen eine Veränderung der Planpreise innerhalb eines Rechnungsjahres die Tatsache, daß in der Plankostenrechnung stets die Möglichkeit besteht, die Gegenwartsnähe der Kostenträgerrechnung auch bei Preisschwankungen dadurch aufrechtzuerhalten, daß man eine verursachungsgemäße Verrechnung der Preisabweichungen auf die Kostenträger vornimmt. Lediglich in rohstoffintensiven Betrieben kann es bei starken Preisschwankungen zweckmäßig sein, bereits während des Jahres die Planpreise zu korrigieren. In der Mehrzahl aller Fälle ist es jedoch zu empfehlen, die Planpreise bis zum Jahresende konstant zu halten. Diese Meinung überwiegt zweifellos auch in der Literatur über Plankostenrechnung[373].

3. In der Regel werden die Plangrößen und Vorgabewerte einer Plankostenrechnung nach einem Jahr, spätestens jedoch nach zwei Jahren, im Zuge einer Planungsüberholung neu festgelegt. Hierbei werden grundsätzlich auch alle Planpreise überprüft. Stellt man hierbei fest, daß die bisherigen Planpreise den Planvorstellungen für die nächste Planungsperiode nicht mehr entsprechen, so müssen sie neu festgesetzt werden. Hierbei werden die gleichen Grundsätze und Verfahren wie bei der Erstplanung angewandt, wobei jedoch die registrierten Preisabweichungen und die daraus errechneten Preisabweichungsprozentsätze die Ermittlung der während der Basisperiode angefallenen Istpreise erheblich erleichtern.

B. Die Erfassung und Auswertung von Preisabweichungen

I. Die Erfassung der Preisabweichungen beim Zugang

1. Die Erfassung beim Zugang bei Verwendung von Einstandspreisen

1. Die Verwendung geplanter Verrechnungspreise führt dazu, daß bei der laufenden Abrechnung Differenzen zwischen den zu Istpreisen und den zu Planpreisen bewerteten Materialmengen auftreten, die man als *Preisabweichungen* bezeichnet. Für die Errechnung dieser Abweichungen sind mehrere Methoden entwickelt worden[374], die sich erstens dadurch unterscheiden, daß die Preisabweichungen beim Zugang oder beim Abgang der Produktionsfaktoren erfaßt werden. Zweitens unterscheiden sich diese Methoden dadurch, daß man entweder Einstands- oder Verbrauchspreise als Verrechnungspreise wählt.
Weiterhin können Preisabweichungen entweder im Kontensystem der Finanzbuch-

[373] In diesem Sinne bezeichnet K. Käfer mindestens für das Abrechnungsjahr geltende feste Preise, deren Höhe „einen ungefähren Ausgleich der Jahrespreisschwankung erwarten läßt", als kennzeichnend für die Plankostenrechnung. Vgl. *K. Käfer,* Standardkostenrechnung, 1. Aufl., Stuttgart 1955, S. 90 f. Auch *E. A. Camman,* Basic Standard Costs, New York 1932, S. 52, und *E. Michel,* Handbuch . . ., a. a. O., S. 132, haben bereits darauf hingewiesen, daß nach Möglichkeit Korrekturen der Verrechnungspreise während des laufenden Rechnungsjahres vermieden werden sollten.

[374] Eine vollständige Zusammenstellung der möglichen Verfahren zur Erfassung von Preisabweichungen hat der Arbeitskreis Diercks der Schmalenbach-Gesellschaft erarbeitet. Vgl. *Arbeitskreis Diercks,* Der Verrechnungspreis . . ., a. a. O., S. 649 ff.

haltung oder statistisch-tabellarisch in der Betriebsbuchhaltung ermittelt werden. Hierbei handelt es sich aber lediglich um einen Unterschied der organisatorischen Durchführung, durch den der Aufbau der gewählten Methode nicht beeinflußt wird. Beide organisatorische Regelungen haben sich in der Praxis bewährt. Da jedoch die Errechnung und Auswertung der Preisabweichungen in zunehmendem Maße mit Hilfe von Lochkarten durchgeführt wird, neigen die meisten Kostenfachleute dazu, die Ermittlung von Preisabweichungen außerhalb des Kontensystems der Finanzbuchhaltung durchzuführen. Trotzdem wollen wir zur Darstellung der verschiedenen Methoden die Kontenform wählen, da sich hierbei die Unterschiede dieser Methoden am besten verdeutlichen lassen.

2. Die am weitesten verbreitete Methode ist die Erfassung der Preisabweichungen beim Zugang unter Verwendung von Einstandspreisen. Bei dieser Methode werden bereits die in der Warenannahme eingehenden Produktionsfaktoren auf Planpreise umgewertet. Das Planpreissystem setzt also unmittelbar beim Materialzugang und nicht erst beim Materialverbrauch ein[375].
Die Verrechnung der Preisabweichungen beim Zugang wird so durchgeführt, daß die eingehenden Lieferantenrechnungen nicht dem Materialbestandskonto belastet werden, wie das bei einer Bestandsführung zu Istpreisen üblich ist, sondern einem vorgeschalteten *Preisdifferenzbestandskonto.* Die Gegenbuchungen erfolgen jeweils auf den zugehörigen Lieferantenkonten. Die den Rechnungen entsprechenden Materialmengen werden mit den Planpreisen bewertet, dem Materialbestandskonto belastet und dem Preisdifferenzbestandskonto gutgeschrieben. Auf diese Weise verbleiben auf dem Preisdifferenzbestandskonto die den Zugängen entsprechenden Preisdifferenzen der jeweiligen Abrechnungsperiode. Betrachten wir hierzu das Beispiel der Übersicht 9. In diesem Beispiel gehen zu vier verschiedenen Zeitpunkten die Mengen 2400, 1200, 800 und 100 zu. Diesen Zugangsmengen entsprechen die Rechnungswerte von 25680, 12960, 8960 und 1130 DM, die dem Preisdifferenzbestandskonto belastet werden. Die gleichen Mengen werden auf Planpreise in Höhe von 10 DM umgewertet und dem Materialbestandskonto belastet. Die Gutschrift erfolgt auf dem Preisdifferenzbestandskonto. Am Ende der Abrechnungsperiode enthält daher das Preisdifferenzbestandskonto folgende Preisdifferenz des Zugangs:

Zugänge zu Rechnungswerten	./. Zugänge zu Planpreisen	= Preisdifferenz des Zugangs
25 680	24 000	+ 1 680
12 960	12 000	+ 960
8 960	8 000	+ 960
1 130	1 000	+ 130
		+ 3 730

[375] Diese Methode wird in der Literatur von folgenden Autoren beschrieben: *Arbeitskreis Diercks,* Der Verrechnungspreis ..., a. a. O., S. 649; *F. Henzel,* Die Kostenrechnung, 4. Aufl., Essen 1964, S. 554; *C. T. Horngren,* Accounting for Management Control: An Introduction, Englewood Cliffs, N. J. 1965, S. 212 ff.; *K. Käfer,* Standardkostenrechnung, 2. Aufl., a. a. O., S. 150; *I. W. Keller,* Management Accounting for Profit Control, New

Wie das Beispiel zeigt, entstehen die Preisabweichungen nach folgender Gleichung:

(45) Preisabweichung des Zugangs
$= \Sigma$ Zugangsmengen · (Isteinstandspreis ./. Planeinstandspreis)

Das Vorzeichen einer Preisabweichung ist positiv, wenn die Istpreise über den Planpreisen liegen, und negativ, wenn die Istpreise kleiner als die Planpreise sind. Positive Preisabweichungen bedeuten, daß die verrechneten Istkosten zu niedrig sind; negative Preisabweichungen stellen zuviel verrechnete Kosten dar.
In unserem Beispiel ist aus Zugängen des Vormonats auf dem Preisdifferenzbestandskonto ein Anfangsbestand in Höhe von 1 300 DM verblieben. Im Monat Januar erhalten wir daher einen Vorsaldo von 3 730 + 1 300 = 5 030 DM. Dieser Saldo entspricht dem Anfangsbestand und den Zugängen des Materialbestandskontos, die in unserem Beispiel zusammen 71 000 DM betragen. Wir erhalten daher einen *Preisdifferenzprozentsatz* von:

$$\frac{5\,030}{71\,000}\,100 = 7{,}085\,\%$$

Allgemein erhält man den Preisdifferenzprozentsatz des Zugangs nach folgender Formel:

$$(46)\quad \begin{matrix}\text{Preisdifferenz-}\\ \text{prozentsatz}\\ \text{des Zugangs}\end{matrix} = \frac{\text{Vorsaldo des Preisdifferenzbestandskontos}}{\text{Anfangsbestand} + \text{Zugänge des Materialbestandskontos}}\,100$$

Wie die Übersicht 9 erkennen läßt, wurden während des Monats Januar 3 800 Mengeneinheiten zum Planwert von 38 000 DM verbraucht. Dieser Betrag wird (entweder differenziert nach Einzelbelegen, meistens aber als zusammengefaßter Monatsbetrag) dem Materialbestandskonto gutgeschrieben und dem Materialkostenkonto der Klasse 4 belastet. Diesem Verbrauch entsprechen in unserem Beispiel 7,085 % · 38 000 = 2 690 DM Preisabweichungen. Da dieser Betrag zu den Materialkosten gehört, wird er als *Preisdifferenzkosten* bezeichnet. Allgemein erhält man die Preisdifferenzkosten einer Periode nach folgender Gleichung[376]:

(47)
Preisdifferenzkosten = Materialverbrauch zu Planpreisen · Preisdifferenzprozentsatz

Die Preisdifferenzkosten werden im Falle einer positiven Preisabweichung dem Preisdifferenzbestandskonto gutgeschrieben und im Falle einer negativen Preisabweichung dem Preisdifferenzbestandskonto belastet. Die Gegenbuchung erfolgt auf einem besonderen Preisdifferenzkostenkonto der Klasse 4, sofern die dem Ver-

York – Toronto – London 1957, S. 140 ff.; *A. Matz,* Planung und Kontrolle von Kosten und Gewinn, AGPLAN, Bd. 7, Wiesbaden 1964, S. 130, bevorzugt die Erfassung der Preisabweichung beim Zugang gegenüber der Erfassung beim Abgang; *W. Medicke,* Materialabrechnung mit Festpreisen, Betriebswirtschafts-Magazin 1965, S. 11 ff.; *W. Wright,* Direct Standard Costs for Decision Making and Control, New York – Toronto – London 1962, S. 115.

376 Vgl. *H. G. Plaut,* Wo steht . . ., a. a. O., S. 403.

S	Materialbestandskonto, Klasse 3				H
AB zum 1. 1. 2 600 × 10	26 000	2. 1. per Materialkosten	100 × 10	1 000	
2. 1. an Preisdifferenzbestand 2 400 × 10	24 000	3. 1. per Materialkosten	400 × 10	4 000	
12. 1. an Preisdifferenzbestand 1 200 × 10	12 000	4. 1. per Materialkosten	200 × 10	2 000	
22. 1. an Preisdifferenzbestand 800 × 10	8 000	6. 1. per Materialkosten	300 × 10	3 000	
29. 1. an Preisdifferenzbestand 100 × 10	1 000	10. 1. per Materialkosten	400 × 10	4 000	
		12. 1. per Materialkosten	700 × 10	7 000	
		18. 1. per Materialkosten	200 × 10	2 000	
		20. 1. per Materialkosten	400 × 10	4 000	
		24. 1. per Materialkosten	600 × 10	6 000	
		27. 1. per Materialkosten	200 × 10	2 000	
		28. 1. per Materialkosten	300 × 10	3 000	
		EB zum 31. 1.	3 300 × 10	33 000	
	71 000			71 000	

S	Preisdifferenzbestandskonto, Klasse 3			H
AB zum 1. 1.		1 300	2. 1. per Materialbestand	24 000
2. 1. an Lieferanten	2 400 × 10,70	25 680	12. 1. per Materialbestand	12 000
12. 1. an Lieferanten	1 200 × 10,80	12 960	22. 1. per Materialbestand	8 000
22. 1. an Lieferanten	800 × 11,20	8 960	29. 1. per Materialbestand	1 000
29. 1. an Lieferanten	100 × 11,30	1 130	31. 1. per Preisdifferenzkosten	2 690
			EB zum 31. 1.	2 340
		50 030		50 030

S	Materialkostenkonto, Klasse 4		H
2. 1. an Materialbestandskonto	1 000	31. 1. per Kostenrechnung	38 000
3. 1. an Materialbestandskonto	4 000		
4. 1. an Materialbestandskonto	2 000		
6. 1. an Materialbestandskonto	3 000		
10. 1. an Materialbestandskonto	4 000		
12. 1. an Materialbestandskonto	7 000		
18. 1. an Materialbestandskonto	2 000		
20. 1. an Materialbestandskonto	4 000		
24. 1. an Materialbestandskonto	6 000		
27. 1. an Materialbestandskonto	2 000		
28. 1. an Materialbestandskonto	3 000		
	38 000		38 000

S	Preisdifferenzkostenkonto, Klasse 4 oder 9		H
31. 1. an Preisdifferenzbestand	2 690	31. 1. per Kostenrechnung oder per Betriebsergebnisrechnung	2 690
	2 690		2 690

Übersicht 9: Beispiel zur Erfassung von Preisabweichungen beim Zugang bei Verwendung von Einstandspreisen

brauch entsprechenden Preisabweichungen in der Kostenrechnung weiterverrechnet werden. Ist dies nicht der Fall, so werden die dem Verbrauch entsprechenden Preisabweichungen auf ein Preisdifferenzkostenkonto der Klasse 9 oder direkt auf das Betriebsergebniskonto übernommen[377].
Nachdem die Preisabweichungen des Verbrauchs vom Preisdifferenzbestandskonto ausgebucht worden sind, kann dieses Konto abgeschlossen werden. Der Endbestand entspricht den zum Materialbestand gehörenden Preisabweichungen. Saldiert man das Materialbestandskonto mit dem Preisdifferenzbestandskonto, so erhält man den zu durchschnittlichen Istpreisen bewerteten Materialbestand. In unserem Beispiel erhalten wir einen Materialbestand zu Planpreisen von 33 000 DM und einen Endbestand an Abweichungen von 2 340 DM, so daß der effektive Wert des Materialbestandes 35 340 DM beträgt.

3. Für die Praxis der Erfassung von Preisabweichungen beim Zugang seien die folgenden *Besonderheiten* hervorgehoben. In unserem Beispiel wird auf dem Materialbestandskonto nur eine Materialart mit dem gleichen Planpreis geführt. Praktisch ist das aber nur für wenige wichtige Rohstoffarten möglich, weil sonst die Anzahl der erforderlichen Konten viel zu groß sein würde. Die meisten Materialarten müssen zu Materialgruppenkonten zusammengefaßt werden, denen jeweils ein zugehöriges Preisdifferenzbestandskonto entspricht. Um zu verhindern, daß sich gegenläufige Preisabweichungen eines Gruppenkontos saldieren, werden die Materialgruppen nach Möglichkeit so gebildet, daß sie Werkstoffe mit gleichgerichteten Preisbewegungen enthalten.
Bei der praktischen Durchführung der Erfassung von Preisabweichungen nach der oben beschriebenen Methode wirkt sich fast immer die Tatsache störend aus, daß für die während einer bestimmten Abrechnungsperiode laut Wareneingangsschein erfaßten Zugangsmengen noch nicht alle Lieferantenrechnungen eingegangen oder verbucht sind. Werden aber dem Preisdifferenzbestandskonto zu Planpreisen bewertete Zugänge gutgeschrieben, ohne daß die zugehörigen Lieferantenrechnungen bereits verbucht sind, so müssen falsche Preisabweichungen entstehen. Um das zu verhindern, müssen die Zugänge und die Rechnungen zeitlich derart aufeinander abgestimmt werden, daß alle Zugänge, für die noch keine Rechnungen vorhanden sind, mit Hilfe einer besonderen Liste erfaßt und vor Errechnung des Preisdifferenzprozentsatzes abgezogen werden. Entsprechendes gilt für den selteneren Fall, daß Rechnungen vor den Zugängen eintreffen.
Weiterhin kommt es praktisch häufig vor, daß neben den regulären Warenrechnungen gesonderte Rechnungen für Beschaffungsnebenkosten, insbesondere für Frachten, gestellt werden. Da bei der obigen Methode die Planpreise anteilige Beschaffungsnebenkosten enthalten, sind diese Rechnungen in gleicher Weise dem Preisdifferenzkonto zu belasten, wie alle übrigen Rechnungen.
Ein Vorteil der Erfassung von Preisabweichungen beim Zugang liegt darin, daß die Materialbestandskonten sowohl im Soll als auch im Haben zu Planpreisen geführt

[377] Vgl. hierzu unsere Ausführungen über die Verteilung von Preisabweichungen auf S. 217 f.

werden können. Hierdurch wird die Abrechnung vereinfacht und die Bestandsführung klarer[378]. Für die Zwecke der Bilanzbewertung können jederzeit die Istwerte der Materialbestände durch Saldierung der Preisdifferenzbestands- und der Materialbestandskonten ermittelt werden.
Ein Nachteil der Erfassung von Preisabweichungen beim Zugang besteht darin, daß bei diesem Verfahren die dem Verbrauch entsprechenden Preisabweichungen durch eine Sonderrechnung ermittelt werden müssen. Dieser Nachteil wiegt aber die Vorteile dieser Methode nicht auf. Weiterhin kann als Nachteil der oben beschriebenen Methode die Verwendung von Einstandspreisen angesehen werden, wie bereits unsere Ausführungen über den Inhalt von Verrechnungspreisen gezeigt haben.

2. Die Erfassung beim Zugang bei Verwendung von Verbrauchspreisen

1. Wir wollen nunmehr untersuchen, wie sich die Erfassung von Preisabweichungen beim Zugang verändern läßt, wenn man als Inhalt der Planpreise Verbrauchspreise verwendet. Wie der Arbeitskreis Diercks der Schmalenbach-Gesellschaft nachgewiesen hat, sind hierbei zwei Unterformen zu unterscheiden, die wir nacheinander behandeln wollen[379].
Erstens besteht die Möglichkeit, daß man beim Zugang nach wie vor mit Einstandspreisen bewertet und die Verbrauchspreisbewertung auf die abgehenden Materialmengen beschränkt. Zur Darstellung dieser Methode wollen wir das im vorigen Abschnitt verwendete Beispiel beibehalten. Der Materialgemeinkostenzuschlag möge 6,5 % betragen, so daß wir einen Verbrauchspreis von 10,65 DM/Einheit erhalten. Den Buchungsgang haben wir in Übersicht 10 wiedergegeben[380].
Nach dieser Methode werden die Preisabweichungen des Zugangs in der gleichen Weise wie bei dem im vorigen Kapitel beschriebenen Verfahren mit Hilfe des Preisdifferenzbestandskontos eliminiert. Alle Materialabgänge werden aber mit Verbrauchspreisen bewertet. Die Summe des bewerteten Materialverbrauchs beträgt in unserem Beispiel 40 470 DM. Dieser Betrag wird dem Materialbestandskonto gutgeschrieben und dem Materialkostenkonto belastet. Auf dem Materialbestandskonto werden daher im Soll und im Haben unterschiedliche Wertansätze verwendet. Der Abschlußsaldo würde daher ohne zusätzliche Korrekturrechnungen falsch werden. Den erforderlichen Korrekturbetrag erhält man, indem man den zu Verbrauchspreisen bewerteten Materialabgang mit dem Materialgemeinkostenzuschlag „von oben" multipliziert. Dieser Prozentsatz beträgt in unserem Beispiel $\frac{0{,}065}{10{,}65}\,100 = 6{,}103\,\%$.

[378] Auf diesen Vorteil weist u a. *J. Fuchs,* Festwerte ..., a. a. O., S. 4, hin. Vgl. weiterhin zur Beurteilung dieser Methode *Arbeitskreis Diercks,* Der Verrechnungspreis ..., a. a. O., S. 649. *K. Käfer,* Standardkostenrechnung, 2. Aufl., a. a. O., S. 151, schreibt hierüber: „Ein besonderer Vorteil dieser Methode liegt darin, daß auf den Materialbestandskonten zu Standardpreisen gebucht werden kann."

[379] Vgl. *Arbeitskreis Diercks,* Der Verrechnungspreis ..., a. a. O., S. 649 und 650.

[380] Vgl. auch das Zahlenbeispiel vom *Arbeitskreis Diercks,* Der Verrechnungspreis ..., a. a. O., S. 654, wo diese Methode zum erstenmal dargestellt wurde.

S — Materialbestandskonto, Klasse 3 — H

Soll		Haben		
AB zum 1. 1. 2600×10	26 000	2. 1. per Materialkosten	100×10,65	1 065
2. 1. an Preisdifferenzbestand 2400×10	24 000	3. 1. per Materialkosten	400×10,65	4 260
12. 1. an Preisdifferenzbestand 1200×10	12 000	4. 1. per Materialkosten	200×10,65	2 130
22. 1. an Preisdifferenzbestand 800×10	8 000	6. 1. per Materialkosten	300×10,65	3 195
29. 1. an Preisdifferenzbestand 100×10	1 000	10. 1. per Materialkosten	400×10,65	4 260
31. 1. an Verr. Materialgmk. 6,103 % v. 40 470	2 470	12. 1. per Materialkosten	700×10,65	7 455
		18. 1. per Materialkosten	200×10,65	2 130
		20. 1. per Materialkosten	400×10,65	4 260
		24. 1. per Materialkosten	600×10,65	6 390
		27. 1. per Materialkosten	200×10,65	2 130
		28. 1. per Materialkosten	300×10,65	3 195
		Summe zum 31. 1.	3 800×10,65	40 470
		EB zum 31. 1.	3 300×10	33 000
	73 470			73 470

S — Preisdifferenzbestandskonto, Klasse 3 — H

Soll			Haben	
AB zum 1. 1.		1 300	2. 1. per Materialbestand	24 000
2. 1. an Lieferanten	2400×10,70	25 680	12. 1. per Materialbestand	12 000
12. 1. an Lieferanten	1200×10,80	12 960	22. 1. per Materialbestand	8 000
22. 1. an Lieferanten	800×11,20	8 960	29. 1. per Materialbestand	1 000
29. 1. an Lieferanten	100×11,30	1 130	31. 1. per Preisdifferenzkosten	2 690
			EB zum 31. 1.	2 340
		50 030		50 030

S — Materialkostenkonto, Klasse 4 — H

Soll		Haben	
31. 1. an Materialbestand	40 470	31. 1. per Kostenrechnung	40 470
	40 470		40 470

S — Preisdifferenzkostenkonto, Klasse 4 oder 9 — H

Soll		Haben	
31. 1. an Preisdifferenzbestand	2 690	31. 1. per Kostenrechnung oder per Betriebsergebnisrechnung	2 690
	2 690		2 690

S — Verrechnete Materialgemeinkosten, Klasse 5 — H

Soll		Haben	
31. 1. an Kostenstellenrechnung (Istkosten d. Materialkostenstellen)	2 795	31. 1. per Materialbestandskonto (Sollkosten d. Materialkostenstellen)	2 470
		31. 1. Kostenstellenabweichungen	325
	2 795		2 795

Übersicht 10: Beispiel zur Erfassung von Preisabweichungen beim Zugang bei Verwendung von Einstandspreisen beim Zugang und Verbrauchspreisen beim Abgang

Als Korrekturbetrag erhalten wir daher 40 470 DM · 6,103% = 2 470 DM. Dieser Betrag wird dem Materialbestandskonto belastet und dem Konto „Verrechnete Materialgemeinkosten" in der Klasse 5 gutgeschrieben. Damit erhält das Materialbestandskonto einen zu Planeinstandspreisen bewerteten Abschlußsaldo, der in unserem Beispiel 33 000 DM beträgt. Dem Konto „Verrechnete Materialgemeinkosten" werden die Istkosten der Materialkostenstellen belastet. Die Gutschrift in Höhe von 2 470 DM ist gleich der Sollkostensumme der Materialkostenstellen. Als Saldo erhalten wir daher auf dem Konto „Verrechnete Materialgemeinkosten" die Summe der Kostenstellenabweichungen des Materialbereichs. Dieser Betrag wird entweder bei einer Abweichungsverteilung in der Kostenrechnung weiterverrechnet oder direkt auf das Betriebsergebniskonto übernommen.
Die Ermittlung der Preisabweichungen des Verbrauchs erfolgt grundsätzlich wie beim vorigen Verfahren. Der Vorsaldo des Preisdifferenzbestandskontos wird zunächst durch die Summe der Anfangsbestände und Zugänge des Materialbestandskontos dividiert, wobei wir den gleichen Preisdifferenzprozentsatz des Zugangs wie bei der ausschließlichen Verwendung von Einstandspreisen erhalten. Im Beispiel beträgt dieser Prozentsatz 7,085%. Zur Errechnung der Preisdifferenzkostenabweichung ist aber im Gegensatz zur vorigen Methode der Materialabgang zunächst durch den um eins vermehrten Materialgemeinkostenzuschlag zu dividieren, da sich der Preisdifferenzprozentsatz nicht auf die Verbrauchs-, sondern auf die Einstandspreise bezieht. Sie erhalten daher als Preisdifferenzkostenabweichung:

$$\frac{40\,470 \times 0{,}07085}{1{,}065} = 2\,690 \text{ DM},$$

also den gleichen Betrag wie bisher[381].
Die Vorteile dieses Verfahrens bestehen darin, daß weder in der Kostenstellenrechnung noch in der Kalkulation eine gesonderte Verrechnung der Materialgemeinkosten erforderlich ist. Hierdurch kann die Durchführung der Kostenrechnung erheblich erleichtert werden. Als Nachteil dieser Methode ist die Tatsache anzusehen, daß das Materialbestandskonto zunächst mit zwei verschiedenen Wertansätzen im Soll und Haben geführt werden muß und daß vor der Saldierung eine Korrekturrechnung erforderlich ist. Trotzdem dürfte dieses Verfahren für die praktische Anwendung sehr gut geeignet sein.

2. Man kann die Erfassung der Preisabweichungen beim Zugang auch in der Weise durchführen, daß man sowohl beim Zugang als auch beim Abgang des Materials Verbrauchspreise als Wertansätze verwendet. Unter Verwendung des gleichen Zahlenbeispiels haben wir diese Methode in Übersicht 11 wiedergegeben.
Die Lieferantenrechnungen werden nach wie vor Preisdifferenzbestandskonten belastet und Lieferantenkonten gutgeschrieben. Die Zugänge werden jedoch nicht auf Einstands-, sondern auf Verbrauchspreise umgewertet und dem Materialbestands-

[381] Dieser Betrag wurde um 2 DM abgerundet.

S		Materialbestandskonto, Klasse 3			H
AB zum 1. 1.					
2600 × 10,—	26 000	2. 1. per Materialkosten	100 × 10,65		1 065
2. 1. an Preisdifferenzbestand		3. 1. per Materialkosten	400 × 10,65		4 250
2400 × 10,65	25 560	4. 1. per Materialkosten	200 × 10,65		2 130
12. 1. an Preisdifferenzbestand		6. 1. per Materialkosten	300 × 10,65		3 195
1200 × 10,65	12 780	10. 1. per Materialkosten	400 × 10,65		4 260
22. 1. an Preisdifferenzbestand		12. 1. per Materialkosten	700 × 10,65		7 455
800 × 10,65	8 250	18. 1. per Materialkosten	200 × 10,65		2 130
29. 1. an Preisdifferenzbestand		20. 1. per Materialkosten	400 × 10,65		4 260
100 × 10,65	1 065	24. 1. per Materialkosten	600 × 10,65		6 390
		27. 1. per Materialkosten	200 × 10,65		2 130
		28. 1. per Materialkosten	300 × 10,65		3 195
		Summe zum 31. 1.	3 800 × 10,65		40 470
		Materialgemeinkosten des Bestandes			455
		EB zum 31. 1.	3 300 × 10,—		33 000
	73 925				73 925

S			Preisdifferenzbestandskonto, Klasse 3	H
AB zum 1. 1.		1 300	2. 1. per Materialbestand	25 560
2. 1. an Lieferanten	2400 × 10,70	25 680	12. 1. per Materialbestand	12 780
12. 1. an Lieferanten	1200 × 10,80	12 960	22. 1. per Materialbestand	8 520
22. 1. an Lieferanten	800 × 11,20	8 960	29. 1. per Materialbestand	1 065
29. 1. an Lieferanten	100 × 11,30	1 130	31. 1. per Preisdifferenzkosten	2 690
31. 1. an Diverse		2 925	EB zum 31. 1.	2 340
		52 955		52 955

S	Materialkostenkonto, Klasse 4		H
31. 1. an Materialbestand	40 470	31. 1. per Kostenrechnung	40 470
	40 470		40 470

S	Preisdifferenzkostenkonto, Klasse 4 oder 9		H
31. 1. an Preisdifferenzbestand	2 690	31. 1. per Kostenrechnung oder per Betriebsergebnisrechnung	2 690
	2 690		2 690

S	Verrechnete Materialgemeinkosten, Klasse 5		H
31. 1. an Kostenstellenrechnung (Istkosten d. Materialkostenstellen)	2 795	31. 1. per Preisdifferenzbestand (Sollkosten d. Materialkostenstellen)	2 470
		31. 1. Kostenstellenabweichungen	325
	2 795		2 795

Übersicht 11: Beispiel zur Erfassung von Preisabweichungen beim Zugang bei Verwendung von Verbrauchspreisen beim Zugang und beim Verbrauch

konto belastet. Die Materialabgangsmengen werden zu Verbrauchspreisen bewertet, dem Materialbestandskonto gutgeschrieben und dem Materialkostenkonto belastet. Das Preisdifferenzbestandskonto enthält auf der Sollseite Isteinstandspreise und auf der Habenseite Planverbrauchspreise als Wertansätze. Aus diesem Grunde kann man die Preisabweichungen des Zugangs erst nach Durchführung der folgenden Korrekturrechnung ermitteln. Der Zugang zu Verbrauchspreisen in Höhe von 47 925 DM wird mit dem Materialgemeinkostenprozentsatz „von oben" multipliziert, der in unserem Beispiel 6,103 % beträgt. Der so erhaltene Betrag in Höhe von 2 925 DM wird dem Preisdifferenzbestandskonto als Korrekturposten belastet. Die Gegenbuchungen müssen auf zwei verschiedenen Konten vorgenommen werden, da der Zugang zum Teil verbraucht wird und zum Teil zu einer Erhöhung der Bestände führt. Auf den Materialverbrauch entfallen in unserem Beispiel

$$\frac{40\,470 \times 2\,925}{47\,925} = 2\,470 \text{ DM.}$$

Dieser Betrag wird dem Konto „Verrechnete Materialgemeinkosten" in der Klasse 5 gutgeschrieben. Der Restbetrag in Höhe von 455 DM wird auf der Habenseite des Materialbestandskontos verbucht. Saldiert man nach dieser Buchung das Materialbestandskonto, so erhält man den Endbestand, bewertet zu Planeinstandspreisen.

Der Preisdifferenzprozentsatz des Zugangs und die Preisdifferenzkosten lassen sich nicht mehr so leicht wie bei den früheren Methoden ermitteln. Der Vorsaldo des Preisdifferenzkontos beträgt zwar nach Durchführung der Korrekturbuchung (im Soll in Höhe von 2 925 DM) wie bisher 5 030 DM, der Anfangsbestand auf dem Materialbestandskonto in Höhe von 26 000 DM ist aber zu Planeinstandspreisen bewertet, während als Wertansatz für die Zugänge Planverbrauchspreise gewählt wurden. Den Preisdifferenzprozentsatz des Zugangs erhält man daher erst nach folgender Rechnung:

$$\frac{5\,030}{26\,000 + \frac{73\,925 - 26\,000}{1{,}065}}\,100 = 7{,}085\,\%$$

Die Preisdifferenzkosten werden in der gleichen Weise wie bei der vorigen Methode ermittelt. Sie betragen auch hier 2 690 DM.

Diese Methode weist gegenüber der Verwendung von Einstandspreisen beim Zugang und von Verbrauchspreisen beim Abgang lediglich den Vorteil auf, daß im Soll und Haben des Materialbestandskontos bei den Zu- und Abgängen gleiche Wertansätze verwendet werden. Im übrigen ist diese Methode rechnerisch komplizierter, so daß wir sie für nicht empfehlenswert halten.

II. Die Erfassung der Preisabweichungen beim Abgang

1. Die Erfassung beim Abgang bei Verwendung von Einstandspreisen

1. Man kann die Preisabweichungen grundsätzlich auch beim Abgang oder Verbrauch erfassen[382]. Auch hier können, wie der Arbeitskreis Diercks nachgewiesen hat, entweder Einstands- oder Verbrauchspreise als Wertansätze verwendet werden, wovon wir zunächst den ersten Fall betrachten wollen.
Im Gegensatz zu den bisher beschriebenen Verfahren werden bei dieser Methode die Lieferantenrechnungen nicht dem Preisdifferenzbestandskonto, sondern dem Materialbestandskonto belastet. Die Errechnung der Preisabweichungen setzt erst mit dem Abgang an die Produktion ein, indem die Abgabemengen mit gewogenen Istpreisdurchschnitten bewertet, den Preisdifferenzkonten belastet und den Materialbestandskonten gutgeschrieben werden.
Parallel hierzu werden die Abgabemengen zu Planeinstandspreisen bewertet, dem Materialkostenkonto belastet und dem Preisdifferenzkonto gutgeschrieben. Auf diese Weise bleiben auf dem Preisdifferenzkonto als Saldo die den Abgabemengen entsprechenden Preisdifferenzen. Dieses Konto ist daher gleich dem Preisdifferenzkostenkonto der in den vorigen Kapiteln beschriebenen Methoden. Ein Bestandskonto zur Speicherung von Preisabweichungen ist nicht mehr erforderlich, da das Materialbestandskonto zu Istpreisen geführt wird und somit bereits die zu den Beständen gehörenden Preisabweichungen enthält.

2. In der Übersicht 12 haben wir für das gleiche Zahlenbeispiel die Erfassung von Preisabweichungen bei Verwendung von Einstandspreisen wiedergegeben.
Addiert man im Beispiel der Übersicht 12 den zu Istpreisen bewerteten Anfangsbestand und die zu Isteinstandspreisen bewerteten Lieferantenrechnungen, so erhält man einen Betrag von 76 030 DM, dem 7 100 Mengeneinheiten entsprechen. Wir erhalten daher einen durchschnittlichen Istpreis von 76 030 : 7 100 = 10,7085 DM/Einheit. Die Materialabgangsmengen werden am Monatsende addiert und mit diesem durchschnittlichen Istpreis bewertet. Die so erhaltenen Materialkosten zu Istpreisen in Höhe von 40 690 DM werden dann dem Preisdifferenzkonto belastet und dem Materialbestandskonto gutgeschrieben. Als Saldo des Materialbestandskontos erhält man einen zu durchschnittlichen Istpreisen bewerteten Endbestand in Höhe von 35 340 DM. Für die Kostenrechnung werden die Materialabgangsmengen auf Planeinstandspreise umgewertet, wobei wir 38 000 DM erhalten. Dieser Betrag wird dem Materialkostenkonto belastet und dem Preisdifferenzkonto gutgeschrieben. Nach dieser Buchung erhält man nun auf dem Preisdifferenzkonto eine dem Abgang entsprechende Preisdifferenz von 2 690 DM. Ein Vergleich mit den früheren

[382] Genauer ist der Ausdruck Abgang, da die Abgabe an die Fertigung und nicht der eigentliche Verbrauch für die Erfassung der Preisabweichungen maßgebend ist. Wenn sich im Bereich der Fertigung Material staut, so können Differenzen zwischen Abgang und Verbrauch auftreten.

S			Materialbestandskonto, Klasse 3			H
AB zum 1. 1.	2 600×10,50	27 300	2. 1. Materialabgang	100		
2. 1. an Lieferanten	2 400×10,70	25 680	3. 1. Materialabgang	400		
12. 1. an Lieferanten	1 200×10,80	12 960	4. 1. Materialabgang	200		
22. 1. an Lieferanten	800×11,20	8 960	6. 1. Materialabgang	300		
29. 1. an Lieferanten	100×11,30	1 130	10. 1. Materialabgang	400		
			12. 1. Materialabgang	700		
			18. 1. Materialabgang	200		
			20. 1. Materialabgang	400		
			24. 1. Materialabgang	600		
			27. 1. Materialabgang	200		
			28. 1. Materialabgang	300		
			31. 1. per Preisdifferenz	3 800×10,708		40 690
			EB zum 31. 1.			35 340
		76 030				76 030

S		Materialkostenkonto, Klasse 4	H
31. 1. an Preisdifferenz	38 000	31. 1. per Kostenrechnung	38 000
	38 000		38 000

S			Preisdifferenzkonto, Klasse 4		H
31. 1. an Materialbestand	3 800×10,708	40 690	31. 1. per Materialkosten	3 800×10	38 000
			31. 1. per Kostenrechnung oder per Betriebsergebnisrechnung		2 690
		40 690			40 690

Übersicht 12: Beispiel zur Erfassung von Preisabweichungen beim Abgang bei Verwendung von Einstandspreisen

Beispielen läßt erkennen, daß wir die gleiche Preisdifferenz des Abgangs erhalten wie bisher.

3. Ein schwerwiegender Nachteil der Erfassung von Preisabweichungen beim Abgang besteht darin, daß die monatliche Errechnung von durchschnittlichen Istpreisen erhebliche Schwierigkeiten bereitet. Diese Tatsache ist zwar aus unserem Zahlenbeispiel nicht ohne weiteres ersichtlich, weil dort auf dem Materialbestandskonto nur *eine* Materialart geführt wird. Praktisch sind aber infolge der großen Zahl unterschiedlicher Werkstoffe die Materialbestandskonten Gruppenkonten, so daß man nicht ohne weiteres in der beschriebenen Weise aus der Sollverkehrszahl des Materialbestandskontos einen „Istpreisdurchschnitt" errechnen kann, da verschiedenartige Mengen nicht addierbar sind. Um diese Schwierigkeit zu beseitigen, müssen entweder die Materialbestandskonten in Einzelkonten aufgelöst werden, oder es

müssen viele nach Materialarten differenzierte Kontoauszüge angefertigt werden. In jedem Falle stellt die Notwendigkeit, Istpreisdurchschnitte zu errechnen, gegenüber der Erfassung beim Zugang einen großen Nachteil dar. Hierzu kommt noch, daß bei dieser Methode sämtliche Verbrauchsmengen doppelt bewertet werden müssen. Die mit dem Übergang zur Planpreisrechnung angestrebte Vereinfachung der Abrechnung geht hierdurch völlig verloren. Weitere Nachteile der Erfassung der Preisabweichungen beim Abgang bestehen darin, daß die dem Zugang entsprechenden Preisabweichungen nirgends errechnet werden, so daß die Preisabweichungen nicht im Zeitpunkt ihrer Entstehung erkannt werden können, und daß die Materialbestände zu schwankenden Istpreisen bewertet werden.

2. Die Erfassung beim Abgang bei Verwendung von Verbrauchspreisen

1. Nach der Einteilung des Arbeitskreises Diercks sind bei der Erfassung beim Abgang unter Verwendung von Verbrauchspreisen die folgenden beiden Varianten zu unterscheiden [383].

Erstens kann die Verbrauchspreisbewertung auf dem Preisdifferenzkostenkonto vorgenommen werden, wobei das Materialbestandskonto im Soll und im Haben zu Istpreisen geführt wird, genau wie bei der vorigen Methode. Wir haben diese Verfahren für das bereits bisher verwendete Zahlenbeispiel in der Übersicht 13 dargestellt. Dem Preisdifferenzkostenkonto werden die Materialabgänge, zu gewogenen Istpreisen bewertet, belastet. Die Gegenbuchung erfolgt auf dem Materialbestandskonto im Haben. Anschließend werden die Abgangsmengen auf Verbrauchspreise umgewertet und dem Preisdifferenzkostenkonto erkannt. Die Gegenbuchung erfolgt auf dem Materialkostenkonto, das daher zu Planverbrauchspreisen belastet und erkannt wird. Die zu Planverbrauchspreisen bewerteten Abgangsmengen betragen in unserem Beispiel 40 470 DM. Dieser Betrag geht in die Kostenrechnung ein, in der daher die Materialgemeinkosten nicht gesondert verrechnet zu werden brauchen. Bei der hier beschriebenen Verrechnungsmethode enthält das Preisdifferenzkostenkonto im Soll und Haben Verrechnungspreise mit unterschiedlichem Inhalt, und zwar im Soll effektive Planeinstandspreise und im Haben geplante Verbrauchspreise. Vor Errechnung der Preisabweichungen müssen daher die dem Verbrauch entsprechenden Planmaterialgemeinkosten dem Preisdifferenzkostenkonto belastet werden. Sie werden in der gleichen Weise berechnet, wie wir das bereits für das Zahlenbeispiel in der Übersicht 10 beschrieben haben, und sie betragen in unserem Beispiel 2 470 DM. Dieser Betrag wird dem Konto „Verrechnete Materialgemeinkosten" gutgeschrieben. Als Saldo verbleibt nach dieser Korrekturbuchung auf dem Preisdifferenzkostenkonto die dem Verbrauch zu Einstandspreisen entsprechende Preisabweichung in Höhe von 2 690 DM.

[383] Vgl. *Arbeitskreis Diercks,* Der Verrechnungspreis ..., a. a. O., S. 651 und die Beispiele auf S. 656 und S. 657.

S			Materialbestandskonto, Klasse 3			H
AB zum 1. 1.	2 600×10,50	27 300	2. 1. Materialabgang	100		
2. 1. an Lieferanten	2 400×10,70	25 680	3. 1. Materialabgang	400		
12. 1. an Lieferanten	1 200×10,80	12 960	4. 1. Materialabgang	200		
22. 1. an Lieferanten	800×11,20	8 960	6. 1. Materialabgang	300		
29. 1. an Lieferanten	100×11,30	1 130	10. 1. Materialabgang	400		
			12. 1. Materialabgang	700		
			18. 1. Materialabgang	200		
			20. 1. Materialabgang	400		
			24. 1. Materialabgang	600		
			27. 1. Materialabgang	200		
			28. 1. Materialabgang	300		
			31. 1. per Preisdifferenzkosten		3 800×10,708	40 690
			EB zum 31. 1.			35 340
		76 030				76 030

S	Materialkostenkonto, Klasse 4		H
31. 1. an Preisdifferenzkosten	40 470	31. 1. per Kostenrechnung	40 470
	40 470		40 470

S		Preisdifferenzkostenkonto, Klasse 4	H
31. 1. an Materialbestand 3 800×10,708	40 690	31. 1. per Materialkosten 3 800×10,65	40 470
31. 1. an Verr. Materialgmk. 6,103% v. 40 470	2 470	31. 1. per Kostenrechnung oder per Betriebsergebnisrechnung	2 690
	43 160		43 160

S		Verrechnete Materialgemeinkosten, Klasse 5	H
31. 1. an Kostenstellenrechnung (Istkosten der Materialkostenstellen)	2 795	31. 1. per Preisdifferenzkosten (Sollkosten der Materialkostenstellen)	2 470
		31. 1. Kostenstellenabweichungen	325
	2 795		2 795

Übersicht 13: Beispiel zur Erfassung von Preisabweichungen beim Abgang bei Verwendung von Verbrauchspreisen auf dem Preisdifferenzkostenkonto

2. Ferner kann man die Bewertung zu Planverbrauchspreisen bereits auf der Habenseite des Materialbestandskontos einführen, wie wir das für unser Zahlenbeispiel in der Übersicht 14 wiedergegeben haben. Bei dieser Methode wird dem Materialbestandskonto der zu Planverbrauchspreisen bewertete Abgang gutgeschrieben und direkt dem Materialkostenkonto belastet. Anschließend wird der mengen-

S — Materialbestandskonto, Klasse 3 — H

S			H		
AB zum 1. 1.	2 600 × 10,50	27 300	2. 1. Materialabgang	100	
2. 1. an Lieferanten	2 400 × 10,70	25 680	3. 1. Materialabgang	400	
12. 1. an Lieferanten	1 200 × 10,80	12 960	4. 1. Materialabgang	200	
22. 1. an Lieferanten	800 × 11,20	8 960	6. 1. Materialabgang	300	
29. 1. an Lieferanten	100 × 11,30	1 130	10. 1. Materialabgang	400	
			12. 1. Materialabgang	700	
			18. 1. Materialabgang	200	
			20. 1. Materialabgang	400	
			24. 1. Materialabgang	600	
			27. 1. Materialabgang	200	
			28. 1. Materialabgang	300	
			31. 1. per Materialkosten	3 800 × 10,65	40 470
			31. 1. per Preisdifferenzkosten		220
			EB zum 31. 1.		35 340
		76 030			76 030

S — Materialkostenkonto, Klasse 4 — H

S		H	
31. 1. an Materialbestand	40 470	31. 1. per Kostenrechnung	40 470
	40 470		40 470

S — Preisdifferenzkostenkonto, Klasse 4 — H

S		H	
31. 1. an Materialbestand	220	31. 1. per Kostenrechnung oder per Betriebsergebnisrechnung	2 690
31. 1. an Verr. Materialgmk.	2 470		
	2 690		2 690

S — Verrechnete Materialgemeinkosten, Klasse 5 — H

S		H	
31. 1. an Kostenstellenrechnung (Istkosten der Materialkostenstellen)	2 795	31. 1. per Preisdifferenzkosten (Sollkosten der Materialkostenstellen)	2 470
		31. 1. Kostenstellenabweichungen	325
	2 795		2 795

Übersicht 14: Beispiel zur Erfassung von Preisabweichungen beim Abgang bei Verwendung von Verbrauchspreisen auf dem Materialbestandskonto

mäßige Buchbestand von 3 300 Einheiten auf die durchschnittlichen Isteinstandspreise umgewertet, ein Verfahren, das man als „Menge–Wert–Saldierung" bezeichnet[384].
Multiplizieren wir den mengenmäßigen Endbestand des Materialbestandskontos

[384] Vgl. *Arbeitskreis Diercks,* Der Verrechnungspreis . . ., a. a. O., S. 651.

von 3 300 Einheiten mit dem durchschnittlichen Istpreis von 10,708 DM/Stck., so erhalten wir (auf volle 10 DM aufgerundet) einen zu Istpreisen bewerteten Endbestand von 35 340 DM. Die Umwertungsdifferenz von 220 DM ist gleich dem Saldo aus den verrechneten Materialgemeinkosten und den Preisabweichungen des Verbrauchs. Sie wird dem Materialbestandskonto gutgeschrieben und dem Preisdifferenzkostenkonto belastet. Weiterhin werden die verrechneten Materialgemeinkosten von 2 470 DM dem Preisdifferenzkostenkonto belastet und dem Konto „Verrechnete Materialgemeinkosten" gutgeschrieben. So erhält man nach diesen beiden Belastungen auf dem Preisdifferenzkostenkonto die dem Verbrauch zu Einstandspreisen entsprechenden Preisabweichungen in Höhe von 2 690 DM.

3. Die beiden zuletzt beschriebenen Methoden haben die Vorteile der Verbrauchspreisbewertung gemeinsam, d.h. bei ihnen ist in der Kostenrechnung keine gesonderte Verrechnung der Materialgemeinkosten erforderlich. Die zweite Methode weist gegenüber der ersten den Vorteil auf, daß bei ihr keine Doppelbewertung der Verbrauchsmengen vorzunehmen ist. Diesem Vorteil steht aber der Nachteil gegenüber, daß eine monatliche Umwertung der Materialbestandskonten durchgeführt werden muß. Beide Methoden haben jedoch den schwerwiegenden Nachteil, der für alle Verfahren der Erfassung von Preisabweichungen beim Abgang typisch ist, daß für sämtliche Roh-, Hilfs- und Betriebsstoffe monatlich gewogene Istpreisdurchschnitte ermittelt werden müssen, wodurch die rechentechnischen Vorteile einer Planpreisbewertung völlig verloren gehen.
Zusammenfassend kommen wir daher zu dem Ergebnis, daß die Erfassungsmethoden beim Abgang gegenüber den Erfassungsmethoden beim Zugang unzweckmäßiger sind. Grundsätzlich sollten daher in der flexiblen Plankostenrechnung die Preisabweichungen bereits beim Zugang erfaßt werden. Ob hierbei Einstands- oder Verbrauchspreise verwendet werden sollen, muß unter Berücksichtigung der betriebsindividuellen Verhältnisse entschieden werden.

III. Die Auswertung und Weiterverrechnung von Preisabweichungen

1. Um die Auswertungsmöglichkeiten der Preisabweichungen erkennen zu können, ist zu beachten, daß die Preisabweichungen aus Mengenkomponenten (Zugangs- oder Abgangsmengen bestimmter Kostengüterarten) und aus Preiskomponenten (Differenzen zwischen Ist- und Planpreisen) bestehen[385].
Betrachten wir unter Berücksichtigung dieser Tatsache zunächst die den Zugängen

[385] Es sei an dieser Stelle darauf hingewiesen, daß die Preisabweichungen noch eine weitere Komponente enthalten können, wenn sich bei Kostengütern mit zahlreichen Dimensionen, Abmessungen oder Qualitäten die Planpreise auf die Mittelwerte bestimmter Dimensions-, Abmessungs- oder Qualitätsintervalle beziehen. Sofern in solchen Fällen die Dimensionen, Abmessungen oder Qualitäten der bezogenen Kostengüter nicht um diese Mittelwerte schwanken, sondern systematische Abweichungen nach oben oder unten eintreten, wird hinsichtlich der Preisabweichungen der gleiche Effekt erzielt, wie durch

entsprechenden Preisabweichungen und untersuchen wir die Frage, *inwieweit die Einkäufer für die Entstehung von Preisabweichungen verantwortlich sind.* Hierbei sind zwei Fälle zu unterscheiden. Erstens können die Marktpreisverhältnisse so sein, daß es für die Einkäufer keine Möglichkeit gibt, die Kostengüterpreise zu beeinflussen. Wenn sich in einer solchen Marktsituation die Preise im Zeitablauf verändern, können aber die Einkäufer versuchen, die Zeitpunkte der Kaufabschlüsse und die Einkaufsmengen so auszuwählen, daß möglichst geringe positive Preisabweichungen entstehen oder sogar Unterschreitungen der geplanten Preise erzielt werden. Häufiger ist der zweite Fall, bei dem die Marktverhältnisse den Einkäufern auch noch eine aktive Einkaufspolitik in Form von Preisverhandlungen ermöglichen. In jedem Fall können die Einkäufer innerhalb gewisser, durch die jeweiligen Marktsituationen determinierter Grenzen die Höhe der Preisabweichungen beeinflussen[386].
Diese Verantwortung gilt aber stets nur für einen relativ kleinen Teil der Preisabweichungen; denn trotz der zweifellos bedeutsamen Möglichkeiten einer geschickten Einkaufspolitik bleibt die Tatsache bestehen, daß die Kostengüterpreise stark durch exogene Faktoren mitbestimmt werden. Diese außerbetrieblichen Einflüsse mischen sich in den Preisabweichungen mit einkaufspolitischen Erfolgen oder Mißerfolgen, ohne daß eine Trennung dieser beiden Einflüsse möglich ist. Hieraus folgt, daß die Preisabweichungen keinen Maßstab für die Beurteilung des Einkaufserfolgs bilden können. Die geplanten Verrechnungspreise sind somit ihrer Art nach keine Sollwerte für den Einkauf[387]. Auch in den USA herrscht diese Ansicht vor, wie folgende Stellungnahme C. T. Horngrens zeigt: "Thus, price variances are probably more a measure of forecasting ability than of failure to buy at standard prices."[388]
Sollwerte für den Einkauf dürften aufgrund der ständig schwankenden Marktverhältnisse niemals Preise sein, die für ein Jahr konstant gehalten werden können. Sie müßten vielmehr in Form von „optimalen Zielpreisen“ jeweils der herrschenden Marktsituation angepaßt und vor jeder Einkaufsverhandlung neu festgesetzt werden[389]. Derartige Sollwerte lassen sich aber praktisch nicht ermitteln.

eine Preiserhöhung oder eine Preissenkung. Diese „unechten Preisabweichungen“ fallen bei richtiger Wahl der Dimensions- und Abmessungsintervalle aber größenordnungsmäßig nicht ins Gewicht.

386 Hierbei ist jedoch noch zu beachten, daß einkaufspolitischen Preiserfolgen häufig erhöhte Lager- und Zinskosten gegenüberstehen.

387 Vgl. *Arbeitskreis Diercks*, Der Verrechnungspreis ..., a. a. O., S. 649: „Deshalb werden die Preisabweichungen nur selten als Maßstab für die Wirtschaftlichkeit der Einkaufstätigkeit herangezogen.“ *K. Käfer*, Standardkostenrechnung, 2. Aufl., a. a. O., S. 134, wo der Verfasser darauf hinweist, daß Planpreise keine Sollgrößen, d. h. keine optimalen Zielpreise sind, und S. 143, wo der Verfasser „oft überragende außerbetriebliche Einflüsse“ hervorhebt.

388 Vgl. *C. T. Horngren*, Cost Accounting ..., a. a. O., S. 141, und *C. T. Horngren*, Accounting ..., a. a. O., S. 213. Auch D. Solomons vertritt die Ansicht, daß keine Rückschlüsse von der Höhe der Preisabweichungen auf die Wirtschaftlichkeit der Einkaufstätigkeit möglich sind, vgl. *D. Solomons*, Standard Costing Needs Better Variances, NAA-Bulletin 1961 (12), Section 1, S. 32.

389 Vgl. *K. Käfer*, Standardkostenrechnung, 2. Aufl., a. a. O., S. 134.

Gewisse Möglichkeiten einer Kontrolle der Einkaufspolitik mit Hilfe der Preisabweichungen des Zugangs bestehen lediglich dort, wo man mehrere gleichartige Betriebe miteinander vergleichen kann, wie das insbesondere bei Konzernen der Fall ist. Hierauf weist vor allem J. Fuchs hin und beschreibt die von ihm entwickelte Methode der „Zugangsindex-Übersicht“ [390]. Hierbei hebt allerdings auch J. Fuchs hervor, daß die einkaufspolitischen Erfolge oft von anderen Einflüssen überlagert werden, so daß man die Ergebnisse verschiedener Niederlassungen nicht immer miteinander vergleichen kann. Man sollte sich daher darauf beschränken, bei guten Ergebnissen nach den Ursachen zu suchen, und aus diesen Erkenntnissen Empfehlungen für die übrigen Einkaufsabteilungen ableiten [391].

2. D. Solomons hat auf die Möglichkeit hingewiesen, die Preisabweichungen des Zugangs in zwei Komponenten aufzuspalten, von denen die eine auf eigentliche Preiserhöhungen und die andere auf den Einfluß unterschiedlicher Mengenrabatte zurückzuführen ist. Diese *Rabattabweichung* bezeichnet er als „quantity rebate variance“.[392] Werden von den Lieferanten Rabattstaffeln eingeräumt, wie wir sie in der Abbildung 9 auf Seite 131 dargestellt haben, so muß bei der Planung von Einstandspreisen festgelegt werden, welcher Rabattsatz den vorgesehenen Planbeschaffungsmengen entspricht. Hiernach läßt sich eine Rabattabweichung in der Weise ermitteln, wie wir dies im Beispiel der Abbildung 18 dargestellt haben [393].
Die Abbildung 18 gibt auf der Abszisse die mit r gekennzeichneten Einkaufsmengen an [394]. Die Ordinate enthält die bewerteten Einkaufsmengen einer Abrechnungsperiode. Wir wollen der Einfachheit halber unterstellen, daß die Rabatte auf die monatliche Bezugsmenge gewährt werden. Ist das nicht der Fall und wird während eines Monats in mehreren, unterschiedlich großen Einzelpositionen bezogen, so ist die im folgenden dargestellte Errechnung von Rabattabweichungen etwas komplizierter, sie läßt sich aber grundsätzlich in der gleichen Weise durchführen.
Die im unteren und oberen Teil gestrichelt eingezeichnete Gerade 0D gibt für jede beliebige Zugangsmenge $r^{(i)}$ den geplanten Wert zu Einstandspreisen an. Den Planeinstandspreisen liegt sowohl ein geplantes Preisniveau als auch ein bestimmter Planrabattsatz zugrunde. Aus diesem Grunde haben wir sie in der Abbildung 18 mit zwei oben angesetzten Planindizes (pp) gekennzeichnet. Die ausgezeichnete „Sägekurve“ gibt den Zugangswert unter Berücksichtigung der effektiven Rabattsätze, aber bei geplantem Preisniveau an. Wir haben daher den zugehörigen Einstandspreis sowohl mit einem Plan- als auch mit einem Istindex (pi) versehen. Die gestrichelte

[390] Vgl. *J. Fuchs,* Festwerte ..., a. a. O., S. 7 ff.
[391] Vgl. *J. Fuchs,* Festwerte ..., a. a. O., S. 8 ff.
[392] Vgl. *D. Solomons,* Standard Costing ..., a. a. O., S. 34.
[393] Der Kurvenverlauf in Abbildung 18 entspricht den Vorschlägen D. Solomons', wobei jedoch D. Solomons nicht mit Stufenkurven, sondern mit kontinuierlich gekrümmt verlaufenden Kurven arbeitet. Vgl. hierzu *D. Solomons,* Standard Costing ..., a. a. O., Anmerkung auf S. 34.
[394] Es ist darauf zu achten, daß wir bisher das Symbol r für Verbrauchsmengen verwendet haben.

Sägekurve entspricht dem effektiven Preisniveau unter Berücksichtigung der Rabattstaffel. Die zugehörigen Preise geben daher in doppelter Weise Isteinflüsse wieder und sind mit dem Index (ii) gekennzeichnet[395].
Wird die Menge $r_1^{(i)}$ während einer bestimmten Abrechnungsperiode bezogen, so gibt die Abbildung 18 eine Preisabweichung des Zugangs von $\Delta Q = B_1A_1$ an. Diese Abweichung ist positiv, da das Preisniveau gestiegen ist und der Betrieb infolge geringerer Abnahmemengen in eine ungünstigere Rabattklasse geraten ist. Diese

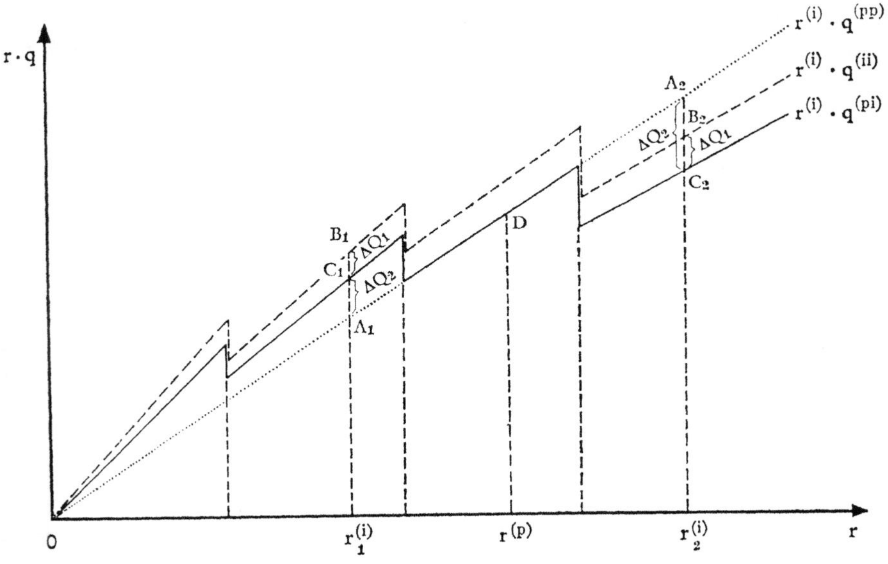

Abb. 18: Beispiel zur Ermittlung einer Rabattabweichung

Abweichung wird in zwei Komponenten zerlegt. Die Teilabweichung $\Delta Q_1 = B_1C_1$ gibt die generelle Preiserhöhung und die Teilabweichung $\Delta Q_2 = C_1A_1$ den Einfluß des gesunkenen Rabattsatzes an. Wird dagegen eine über dem planmäßigen Rabattintervall gelegene Materialmenge $r_2^{(i)}$ bezogen, so entsteht eine negative Rabattabweichung, die wir in Abbildung 18 durch die Strecke $\Delta Q_2 = A_2C_2$ gekennzeichnet haben. Diese Einsparung infolge höherer Rabattsätze wird aber zum Teil durch die positive Abweichung infolge des gestiegenen Preisniveaus, die in Abbildung 18 der Strecke $\Delta Q_1 = B_2C_2$ entspricht, kompensiert. Als gesamte Preisabweichung ΔQ erhalten wir daher nur $\Delta Q = A_2B_2$.
Die gesonderte Errechnung von Rabattabweichungen wird in der Praxis nur für die wichtigsten Materialarten durchgeführt werden können. Im übrigen ist der Aussage-

[395] Auch die Rabattintervalle können sich im Zeitablauf verändern, wovon jedoch in Abbildung 18 abgesehen wurde.

wert von Rabattabweichungen begrenzt, weil Kosteneinsparungen durch hohe Rabattsätze infolge größerer Bezugsmengen zum Teil oder ganz durch ein Ansteigen der Lager- und Zinskosten kompensiert werden können.

3. Wir haben zwar nachgewiesen, daß die Preisabweichungen des Zugangs keinen Maßstab zur Kontrolle der Einkaufspolitik bilden, trotzdem sind sie aber eine wichtige Maßgröße zur Beurteilung von Preisbewegungen. Um aus den Preisabweichungen des Zugangs Rückschlüsse auf die Veränderungen der Kostengüterpreise ziehen zu können, ist es erforderlich, die Preisdifferenzen prozentual auf die entsprechenden Zugänge zu beziehen. Diesen Prozentsatz wollen wir nach J. Fuchs als *Zugangsindex* bezeichnen[396].
Den Zugangsindex einer Materialart erhält man nach folgender Formel:

(48)
$$\text{Zugangsindex} = \frac{\text{Saldo des Preisdifferenzbestandskontos vor Abzug der zum Verbrauch gehörenden Anteile} \;./.\; \text{Anfangsbestand des Preisdifferenzbestandskontos}}{\text{Sollverkehrszahl des Materialbestandskontos} \;./.\; \text{Anfangsbestand des Materialbestandskontos}} \, 100$$

Im Zähler dieser Gleichung können auch Habenwerte auftreten, die in der Rechnung mit einem Minuszeichen (negative Preisabweichungen) zu versehen sind. Für das in der Übersicht 9 wiedergegebene Beispiel erhalten wir nach der Gleichung (48):

$$\text{Zugangsindex} = \frac{5\,030 \;./.\; 1\,300}{71\,000 \;./.\; 26\,000} \, 100 = 8{,}3\,\%$$

Das durchschnittliche Istpreisniveau der Zugänge liegt also um 8,3 % über den Planpreisen. Der durchschnittliche Istpreis der Zugänge beträgt absolut 10,83 DM/Mengeneinheit.
Die mit Hilfe der Zugangsindizes errechneten monatlichen Istpreisdurchschnitte faßt man zweckmäßigerweise zu tabellarischen oder graphischen Übersichten zusammen, die einen guten Überblick über die zeitliche Entwicklung der Materialpreise geben. Diese Istpreisstatistiken können als Grundlage für die Preisplanung der folgenden Planungsperioden benutzt werden.
Dividiert man den Saldo des Preisdifferenzbestandskontos durch den Saldo des zugehörigen Materialbestandskontos, so erhält man die dem Endstand entsprechende durchschnittliche Istpreisveränderung in Prozent vom Planpreis. Diesen Prozentsatz wollen wir als *Bestandsindex* bezeichnen:

(49)
$$\text{Bestandsindex} = \frac{\text{Saldo des Preisdifferenzbestandskontos}}{\text{Saldo des Materialbestandskontos}} \, 100$$

[396] Vgl. *J. Fuchs*, Festwerte . . ., a. a. O., S. 7.: „Zugangsindex = die Preisabweichungen der Materialeinkäufe des letzten Monats gegenüber dem den Verrechnungspreisen zugrunde liegenden Preisniveau." Die folgenden Methoden der indexmäßigen Auswertung von Preisabweichungen lehnen sich ebenfalls an die zuerst von J. Fuchs beschriebenen Verfahren an.

Man erhält den gleichen Bestandsindex auch nach den folgenden beiden Gleichungen:

$$\text{(50)}\quad \text{Bestandsindex} = \frac{\text{Saldo des Preisdifferenzbestandskontos vor Abzug der zum Verbrauch gehörenden Anteile}}{\text{Sollverkehrszahl des Materialbestandskontos}}\,100$$

$$\text{(51)}\quad \text{Bestandsindex} = \frac{\text{Saldo des Preisdifferenzkostenkontos}}{\text{Saldo des Materialkostenkontos}}\,100$$

Die Übereinstimmung dieser Gleichungen gilt, da der Saldo des Preisdifferenzbestandskontos gleich dem Saldo des Preisdifferenzbestandskontos vor Abzug der zum Verbrauch gehörenden Anteile abzüglich des Saldos des Preisdifferenzkostenkontos ist und weiterhin der Saldo des Materialbestandskontos gleich der Sollverkehrszahl des Materialbestandskontos abzüglich des Saldos des Materialkostenkontos ist[397]. Für das Beispiel der Übersicht 9 erhalten wir in allen drei Fällen den gleichen Wert:

$$\text{Bestandsindex} = \frac{2\,340}{33\,000}\,100 = 7{,}08\,\%$$

$$\text{Bestandsindex} = \frac{5\,030}{71\,000}\,100 = 7{,}08\,\%$$

$$\text{Bestandsindex} = \frac{2\,690}{38\,000}\,100 = 7{,}08\,\%$$

Dieser Wert besagt, daß der durchschnittliche Istwert der Bestände um 7,08 % über dem Betrag liegt, der dem Planpreisniveau entspricht.

Die Gleichung (51) läßt erkennen, daß der Bestandsindex zugleich angibt, um wieviel Prozent die zu durchschnittlichen Istpreisen bewerteten Materialkosten von den zu Planpreisen bewerteten Materialkosten abweichen. Wir können daher den Bestandsindex mit gleichem Recht auch als Abgangsindex oder als *Kostenindex* bezeichnen[398].

4. Betrachten wir noch kurz die grundsätzlichen Möglichkeiten, die für die *Weiterverrechnung von Preisabweichungen bestehen*[399].

[397] Der mathematische Beweis kann daher nach dem folgenden Ansatz vorgenommen werden:

$$\frac{a - c}{b - d} = B\ (49) \quad \text{und} \quad \frac{a}{b} = B\ (50)$$

hieraus folgt aber zwangsläufig

$$\frac{a - c}{b - d} = \frac{a}{b};\ ab - cb = ab - ad;\ \frac{a}{b} = \frac{c}{d} = B\ (51)$$

[398] Die Bezeichnung „Kostenindex" verwendet *J. Fuchs,* Festwerte ..., a. a. O., S. 6: „Kostenindex = Index zur Ermittlung der Preisabweichung im Einstandswert des Gesamtbestandes gegenüber dem den Verrechnungspreisen zugrunde liegenden Preisniveau."

[399] Vgl. *Arbeitskreis Diercks,* Der Verrechnungspreis ..., a. a. O., S. 663. Im übrigen werden wir die Weiterverrechnung von Preisabweichungen im einzelnen in Kapitel 19 des sechsten Teiles behandeln.

Die bei der Erfassung beim Zugang anfallenden, zu den Beständen gehörenden Preisabweichungen bleiben am zweckmäßigsten zunächst auf den Preisdifferenzbestandskonten. Am Jahresende sollten die Salden der Preisdifferenzkonten auf die zugehörigen Materialbestandskonten übernommen werden, um die Materialbestände, bewertet zu Istpreisen, in die Bilanz übertragen zu können. Auf keinen Fall sind die zu den Beständen gehörenden Preisabweichungen in das Ergebniskonto auszubuchen.

Die den Abgängen entsprechenden Preisabweichungen sind Bestandteile der effektiven Materialkosten. Aus diesem Grunde sollten sie auch wie Materialkosten behandelt und nachträglich auf die produzierten Halb- und Fertigfabrikate verteilt werden. Dies gilt ganz besonders für die Preisabweichungen des Einzelmaterials. Lediglich aus Gründen der Vereinfachung können geringfügige Preisabweichungen im Entstehungsmonat auf das Betriebsergebniskonto ausgebucht werden. Dies gilt z. B. für die Preisabweichungen wertmäßig unbedeutender Hilfs- und Betriebsstoffe.

10. Kapitel

Die Isolierung von Lohnerhöhungen

1. Die während eines Monats verbrauchten Arbeitszeiten sind innerbetrieblich determinierte Größen. Die Lohn- und Gehaltshöhe sind exogene Größen, die durch Tarifverträge und die Arbeitsmarktsituation bedingt und daher nicht von den Kostenstellenleitern zu verantworten sind. Lohnsatzschwankungen sind deshalb ebenso wie Preisschwankungen für die übrigen Produktionsfaktoren vor Durchführung der Kostenkontrolle zu isolieren; gegenüber dem Planpreissystem bestehen jedoch einige wesentliche Unterschiede[400].
Zunächst ist die Frage zu klären, welchen Inhalt man Planpreisen für menschliche Arbeitsleistungen geben soll. Wie unsere Ausführungen im Abschnitt B des achten Kapitels gezeigt haben, wählt man aus abrechnungstechnischen Gründen die vereinbarten Bruttolohnsätze oder Bruttogehälter als Inhalt von Verrechnungspreisen. Für die Verrechnung der gesetzlichen und freiwilligen Sozialabgaben werden in der Plankostenrechnung gesonderte Planverrechnungssätze gebildet und zwar als Prozentsätze auf die Bruttolöhne bzw. auf die Bruttogehälter. Da diese Sozialkostenverrechnungssätze neben den primären Sozialkosten auch die Kosten der betrieblichen Sozialabteilungen enthalten, sind sie keine reinen Verrechnungspreise für von außen bezogene Leistungen. Sie werden im System der Plankostenrechnung in ähnlicher Weise verrechnet, wie die Verrechnungssätze für innerbetriebliche Leistungen, so daß wir die Planung der Sozialkostenverrechnungssätze erst im fünften Teil behandeln wollen[401].

2. Eine weitere Besonderheit der Lohnsätze gegenüber Materialpreisen besteht darin, daß auch bei konstantem Lohn- und Gehaltsniveau gleiche Arbeitsleistungen häufig unterschiedlich vergütet werden. Dies liegt einmal daran, daß sich die vereinbarten Lohn- und Gehaltstarife auf die tariflich vereinbarte Normalarbeitszeit beziehen. Für Überstunden, Nacht-, Sonntags- und Feiertagsarbeit müssen *Mehrarbeitszuschläge* gezahlt werden. Diese zusätzlichen Arbeitszeiten sind innerbetrieblich bedingt und sollten von den Kostenstellenleitern verantwortet werden. Sie werden

[400] Vgl. hierzu die Ausführungen des *Arbeitskreises Diercks* der Schmalenbach-Gesellschaft, Der Verrechnungspreis in der Plankostenrechnung, ZfbF 1964, S. 661 ff.; *A. Matz,* Planung und Kontrolle von Kosten und Gewinn, AGPLAN, Bd. 7, Wiesbaden 1964, S. 133.
[401] Vgl. hierzu unsere Ausführungen auf S. 431 ff.

deshalb im System der Plankostenrechnung als eine besondere Personalkostenart im Soll vorgegeben und im Ist auf die einzelnen Kostenstellen kontiert.
Ein weiterer Grund dafür, daß auch bei konstantem Lohn- und Gehaltsniveau trotz gleicher Arbeit und Leistung für die Arbeitszeiteinheit unterschiedliche Lohn- oder Gehaltssätze gezahlt werden müssen, folgt aus der Personenbezogenheit der Lohn- und Gehaltssätze. An sich sollte für jeden Arbeitsplatz und für jede Art der an ihm zu verrichtenden Arbeit genau festliegen, welcher Lohnsatz in Frage kommt[402]. Praktisch läßt sich dieses Ziel aber nie ganz erreichen, weil die Lohn- und Gehaltshöhe oftmals von den Eigenschaften der Arbeitnehmer, wie z.B. Geschlecht, Art der Ausbildung, Dauer der Betriebszugehörigkeit und Alter, mitbestimmt wird. Treten aus irgendwelchen Gründen gegenüber der geplanten Personalstruktur Arbeitskräfteverschiebungen ein, weil z. B. ältere Arbeitskräfte wegen Erreichen der Altersgrenze ausscheiden und dafür jüngere Arbeitskräfte eingesetzt werden, weil Arbeitskräfte aus personenbezogenen Gründen in höhere Tarifsätze aufrücken oder weil Versetzungen in andere Abteilungen notwendig werden, so entstehen trotz konstanter Tarifsätze Lohn- bzw. Gehaltssatzschwankungen. Da derartige Kostenabweichungen vorwiegend durch betriebsindividuelle Umstände bestimmt werden, sollten sie sich im Soll-Ist-Kosten-Vergleich voll auswirken. Sie werden daher in der Regel nicht durch das Planpreissystem für Löhne und Gehälter eliminiert.

3. Wir wollen nunmehr die Frage behandeln, wie *Lohn- und Gehaltserhöhungen* im System der Plankostenrechnung zu berücksichtigen sind. Hierbei sind zwei Fälle zu unterscheiden: Erstens betriebsindividuelle, außertarifliche Lohn- bzw. Gehaltserhöhungen, die insbesondere in der Hochkonjunktur als Folge fehlender Arbeitskräfte auftreten, und zweitens generelle Tariferhöhungen.
Die außertariflichen Lohn- und Gehaltserhöhungen werden in den meisten Fällen von den Meistern und Abteilungsleitern mit dem Hinweis befürwortet, daß ihre Arbeitskräfte bei Nichtgewährung höherer Löhne bzw. Gehälter zu Konkurrenzbetrieben abwandern würden. Die Entscheidung darüber, ob diese Gefahr tatsächlich besteht, liegt im Ermessen der Kostenstellenleiter, wenn auch in Zusammenarbeit mit der Personalabteilung. Aus diesem Grunde erscheint es uns richtig, alle außertariflichen Lohn- und Gehaltserhöhungen voll im Soll-Ist-Kostenvergleich zur Auswirkung gelangen zu lassen.
Für eine rechentechnische Isolierung mit Hilfe von Plansätzen bleiben somit nur die *generellen Tariferhöhungen* übrig, deren stufenförmigen Verlauf wir in der Abbildung 8 auf Seite 129 wiedergegeben haben.
Nehmen wir zunächst an, daß bei der Kostenplanung keine zukünftige Lohn- und Gehaltserhöhung erkennbar ist, so werden die geltenden Tarife unmittelbar als Plantarife übernommen. Eine besondere „Preisplanung", wie wir sie für die Materialpreise beschrieben haben, erübrigt sich hier.
Sind dagegen bei der Kostenplanung bereits die geltenden Tarife gekündigt und

[402] Vgl. hierzu *J. Fuchs*, Festwerte und Standards in der Plankostenrechnung, ZfB 1955, S. 3ff.

neue Tarife vereinbart, so werden, selbst wenn für die ersten Monate der Planungsperiode noch die alten Sätze gelten, bei der Ermittlung der Kostenvorgaben bereits die zukünftigen Tarife verwendet. Hierdurch entstehen in den ersten Monaten bei den Personalkosten unechte Kosteneinsparungen, was bei der Auswertung des Soll-Ist-Kosten-Vergleichs entsprechend berücksichtigt werden muß.
Schwierig ist dagegen eine Situation, in der zwar damit gerechnet wird, daß während der Planungsperiode eine Lohn- und Gehaltserhöhung eintritt, in der man aber noch nicht weiß, um wieviel Prozent sich die Löhne und Gehälter erhöhen werden. In solchen Fällen sollte man entweder die voraussichtliche Erhöhung schätzen und bei den Vorgaben verwenden, oder sie bei der Planung völlig unberücksichtigt lassen. Das letztere empfiehlt sich vor allem dann, wenn der erwartete Zeitpunkt der Tariferhöhung erst in die zweite Hälfte der Planungsperiode fällt. Der Ansatz geschätzter Erhöhungsprozentsätze hat den Nachteil, daß man den schwebenden Tarifverhandlungen vorgreift, was von der Arbeitnehmerseite als Anerkennung ihrer Ansprüche ins Feld geführt werden kann.

4. Tritt während der Planungsperiode, also innerhalb eines Zeitraums von ein oder zwei Jahren, für den die Kostenvorgaben festgelegt worden sind, eine *nicht eingeplante Lohn- und Gehaltserhöhung* ein, so sind hierfür folgende Maßnahmen möglich.
Erstens besteht die Möglichkeit, sofort eine *Planungsüberholung* durchzuführen, indem man alle Kostenvorgaben auf die neuen Lohn- und Gehaltssätze umrechnet. Dieses Verfahren hat aber den Nachteil, daß die Planungsperiode nicht mehr mit dem Rechnungsjahr übereinstimmt. Weiterhin ist eine Planungsüberholung mit sehr viel Rechenarbeit verbunden, insbesondere wenn man bedenkt, daß auch die Kalkulationen geändert werden müssen. Diesen Weg wählt man daher in der Praxis meistens nicht. Er dürfte höchstens für sehr lohnintensive Betriebe unvermeidlich sein.
Zweitens lassen sich Tariferhöhungen durch eine *doppelte Bruttolohn- bzw. Bruttogehaltsabrechnung* eliminieren. Hierbei wird die Bruttolohn- bzw. Bruttogehaltsabrechnung einmal zu den bisherigen und anschließend noch einmal zu den neuen Sätzen durchgeführt. Die Lohn- und Gehaltssumme zu neuen Sätzen wird einem Tarifdifferenzkonto belastet. Die Lohn- und Gehaltssumme zu den bisherigen Sätzen (die der Planung entsprechen) wird diesem Konto gutgeschrieben und den Kostenkonten für Löhne und Gehälter belastet, von wo sie auf die Kostenstellen weiterverrechnet werden[403]. Die Mehrkosten infolge der Tariferhöhung fallen als Saldo auf dem Tarifdifferenzkonto an. Die Methode der doppelten Bruttoabrechnung zeichnet sich durch eine sehr große Genauigkeit aus. Sie läßt sich praktisch aber in den meisten Betrieben nicht durchführen, weil sie den für die Bruttolohn- und Bruttogehaltsabrechnung anfallenden Arbeitsaufwand verdoppelt, der für die Mehrzahl der Betriebe nicht tragbar ist.

[403] Es sei bereits an dieser Stelle darauf hingewiesen, daß in der Plankostenrechnung zweckmäßigerweise auch die Einzellöhne auf Kostenstellen kontiert werden. Vgl. hierzu unsere Ausführungen auf S. 271 ff. des vierten Teiles.

Drittens kann man so vorgehen, daß man im Anschluß an die Bruttolohnabrechnung die (auf den neuen Sätzen basierende) *effektive Bruttolohnsumme* jeder Kostenstelle *durch den Lohnerhöhungsfaktor dividiert.* Auf diese Weise erhält man die Bruttolohnbelastung der betreffenden Kostenstelle, wie sie ohne die Lohnerhöhung wäre. Der Differenzbetrag ist gleich der Tarifabweichung, die bei dieser Methode ähnlich wie eine Preisabweichung abgefangen wird. Die Tarifabweichung kann entweder in der Kostenträgerergebnisrechnung anteilig auf die Kostenträger verrechnet oder direkt auf das Betriebsergebniskonto übernommen werden.

Wir haben in der Tabelle 13 ein vereinfachtes Beispiel für die Errechnung einer Tarifabweichung wiedergegeben. In diesem Beispiel entfällt auf eine Kostenstelle eine effektive Bruttolohnsumme in Höhe von 4708 DM. Die Lohnerhöhung hat 10 % betragen, so daß den Sollvorgaben der Löhne entsprechend niedrigere Lohnsätze zugrunde liegen. Aus diesem Grunde wird der Betrag von 4708 DM durch 1,10 dividiert, wodurch wir 4280 DM erhalten. Dieser Betrag wird der Kostenstelle als „Istlohnkostensumme" belastet. Der Differenzbetrag in Höhe von + 428 DM wird als Tarifabweichung von der Kostenkontrolle ferngehalten.

Die vierte Möglichkeit besteht darin, daß man die *effektiven Bruttolöhne den Kostenstellen belastet,* ohne sich hierbei zunächst um die eingetretene Lohnerhöhung zu kümmern. Hierdurch werden im Soll-Ist-Kosten-Vergleich Verbrauchsabweichungen ausgewiesen, die die Tarifabweichungen enthalten. Bei der Auswertung des Soll-Ist-Kosten-Vergleichs muß diese Tatsache berücksichtigt werden, indem man die zunächst ermittelten Verbrauchsabweichungen um die retrograd aus den Istlöhnen errechneten Tarifabweichungen kürzt. Die Vorteile dieser Methode bestehen darin, daß sie relativ einfach ist und daß bei ihr die Tarifabweichungen zusammen mit den Verbrauchsabweichungen weiterverrechnet werden können. Andererseits stört die Vermischung dieser beiden Abweichungsarten die Klarheit der Plankostenrechnung, so daß der dritten beschriebenen Lösung der Vorzug gegeben werden sollte.

5. Gegen die Isolierung von Tarifabweichungen in der laufenden Abrechnung sind die gleichen Einwände erhoben worden, die wir im Abschnitt D des achten Kapitels für die Verwendung geplanter Verrechnungspreise für Werkstoffe diskutiert haben. Auch für die Löhne wird darauf hingewiesen, daß die Kostenrechnung, insbesondere die Kostenträgerrechnung, ihre Aktualität verliert, wenn Lohn- und Gehaltssätze verrechnet werden, die der Wirklichkeit nicht entsprechen. A. Müller hat darauf hingewiesen, daß hierdurch die Steuerung des Arbeitseinsatzes beeinträchtigt wird[404]. Diesen Hinweis ergänzt A. Müller durch ein Zahlenbeispiel, in welchem vor der Lohnveränderung männliche und nach der Lohnerhöhung weibliche Arbeitskräfte unter Berücksichtigung der verschiedenen Leistungsgrade billiger sind. Hierauf ist jedoch zu entgegnen, daß die Lohnsätze für derartige Entscheidungsprobleme nicht unbedingt aus der laufenden Abrechnung entnommen zu wer-

[404] Vgl. *A. Müller,* Die Isolierung der Einflüsse auf die Selbstkosten im Eisenhüttenwesen, Diss. Köln 1933, S. 51 ff.

Tabelle 13: Beispiel zur Errechnung einer Tarifabweichung

Arbeiter-Nr.	Std.	DM/Std.	DM
311	60	4,00	240
350	200	3,40	680
351	180	3,40	612
352	170	3,40	578
368	170	3,40	578
379	170	3,60	612
412	180	3,60	648
413	100	3,80	380
415	100	3,80	380
Effektive Bruttolohnsumme			4 708
Zu kontierender Bruttolohn			4 280
Tarifabweichung			+ 428

den brauchen. Lohnerhöhungen werden im Betrieb mit Sicherheit auch dann nicht übersehen, wenn aus Gründen der Kostenkontrolle und der Stabilität der Abrechnung zunächst die alten Sätze weiterverrechnet werden. Die verantwortlichen Abteilungsleiter sollten bei jeder Lohnerhöhung die eventuellen Konsequenzen hinsichtlich der Steuerung des Arbeitseinsatzes überprüfen. Im übrigen läßt sich die Aktualität der Kostenträgerrechnung dadurch herbeiführen, daß man die Tarifabweichungen nachträglich verteilt.

Vierter Teil

Die Planung und Kontrolle der Einzelkosten in der flexiblen Plankostenrechnung

11. Kapitel

Die Planung und Kontrolle der Einzelmaterialkosten

A. Grundlagen für die Planung und Kontrolle der Einzelmaterialkosten

I. Die Stellung der Einzelmaterialkosten in der flexiblen Plankostenrechnung

1. Die Einzelmaterialkosten bedürfen für ihre Verrechnung auf die Kostenträger im Gegensatz zu den Gemeinkosten keiner Verteilung auf Kostenstellen. Sie können an der Kostenstellenrechnung vorbeigeleitet und direkt von der Kostenartenrechnung in die Kostenträgerrechnung übernommen werden[405]. Da die flexible Plankostenrechnung in erster Linie ein Instrument der abteilungsweisen Kostenkontrolle ist, wurde bei ihrer Anwendung die Kontrolle der Einzelmaterialkosten über die bereits vor der Plankostenrechnung vorhandenen Ansätze hinaus nicht weiterentwikkelt, sondern der Schwerpunkt der kostenrechnerischen Entwicklung wurde auf die Methoden zur Planung und Kontrolle der Gemeinkosten gelegt. Diese *Vernachlässigung der Kontrolle von Einzelmaterialkosten* bei gleichzeitiger Forcierung der Gemeinkostenkontrolle zeichnet sich in Deutschland schärfer ab als in den USA. Auf dieses Mißverhältnis hat insbesondere K. Käfer hingewiesen: „Die in der deutschen Literatur und Praxis der Plankostenrechnung deutlich werdende Tendenz zur Konzentration auf die Gemeinkosten, die die Kontrolle der Einzelkosten in den Hintergrund treten läßt, ist m. E. gegenüber der vielgestaltigen amerikanischen Entwicklung zu einseitig."[406] K. Käfer hebt in diesem Zusammenhang hervor, daß „... die deutsche Plankostentheorie fast ausschließlich eine Lehre von der Planung und Kontrolle der Gemeinkosten an den Stellen" ist[407]. Einschränkend ist hierzu allerdings folgendes zu bemerken. Da es bereits vor der Plankostenrechnung geplante Einzelmaterialkosten und damit die Grundlage für eine Einzelmaterialkontrolle in Deutschland gegeben hat[408], und da es auch heute noch viele deutsche Unternehmungen gibt, die, ohne daß sie über eine vollständige Plankostenrechnung verfügen, geplante Einzelmaterialkosten verwenden, betrachtet man in Deutschland die Planung und Kontrolle der Einzelmaterialkosten nicht als ein Charakteristikum der Plankostenrechnung.

Trotzdem bleibt aber die Tatsache bestehen, daß in der deutschen Plankostenrechnung im Gegensatz zur amerikanischen Standardkostenrechnung, in der gerade die Einzelmaterialkosten besonders scharf kontrolliert werden und häufig sogar „täg-

[405] Vgl. hierzu die Übersicht 1 auf S. 22.

[406] Vgl. *K. Käfer*, Standardkostenrechnung, Stuttgart 1955, S. 44, sowie die 2. Aufl., Zürich 1964, S. 130.

[407] Vgl. *K. Käfer*, Standardkostenrechnung, 1. Aufl., a. a. O., S. 87 f.

[408] Vgl. hierüber unsere Ausführungen im Abschnitt C des 1. Kapitels.

liche Stoffberichte" an die Betriebsleitungen gehen, die Planung und Kontrolle der Einzelmaterialkosten entwicklungsmäßig hinter der Planung und Kontrolle der Gemeinkosten zurückgeblieben ist[409].

2. In vielen Betrieben werden die Einzelmaterialkosten zwar für die Zwecke der Kalkulation differenziert nach Kostenträgern geplant, eine nachträgliche Abweichungsanalyse erfolgt jedoch nicht. Wegen der unmittelbaren Beziehung zwischen den Kostenträgern und den Einzelmaterialkosten wird oftmals übersehen, daß auch für die Einzelmaterialkosten die Entstehung von Abweichungen weitgehend von Arbeitskräften beeinflußt wird, die in den einzelnen Kostenstellen tätig sind. Diese Tatsache hat vielfach dazu geführt, daß in Betrieben mit einer gut ausgebauten, auf die Kontrolle der Gemeinkosten zugeschnittenen flexiblen Plankostenrechnung, eine kostenstellenweise Kontrolle der Einzelmaterialkosten entweder ganz fehlt oder nur mit Hilfe unzulänglicher Methoden durchgeführt wird. Aus dem gleichen Grunde gibt es auch in der deutschen Literatur nur relativ wenig ausführliche Beschreibungen einer nach Kostenstellen differenzierten Einzelmaterial-Kostenkontrolle[410]. Eine

409 Allerdings scheinen auch amerikanische Autoren mit dem Entwicklungsstand der Planung und Kontrolle von Einzelmaterialkosten in den USA nicht zufrieden zu sein, wie folgendes Zitat von *W. Wright*, Direct Standard Costs for Decision Making and Control, New York–Toronto–London 1962, S. 112, zeigt: "One of the most important elements, and one that is most often neglected in setting up standard costs, is the cost of direct materials."

410 Zur deutschsprachigen Literatur über die Planung von Einzelmaterialkosten vgl. *K. Agthe*, Kostenplanung und Kostenkontrolle im Industriebetrieb, Baden-Baden 1963, S. 115 ff.; *H. C. Heiser*, Budgetierung, Grundsätze und Praxis der betriebswirtschaftlichen Planung, Übers. W. Sommer, H. E. Holzer, Berlin 1964, S. 266 ff.; *K. Käfer*, Standardkostenrechnung, 2. Aufl., a. a. O., S. 129 ff.; *U. Kühn*, Kostenplanung im Materialbereich, ZfB 1954, S. 34 ff.; U. Kühn fordert eine nach Maschinenplätzen differenzierte Erfassung und Prämiierung der Materialersparnisse und ergänzt seine Ausführungen durch ein Beispiel aus der Lackisolierung feiner Drähte. Vgl. ferner *A. Matz*, Planung und Kontrolle von Kosten und Gewinn, AGPLAN, Bd. 7, Wiesbaden 1964, S. 111 ff.; *F. K. Patterson*, Die Ermittlung der Planzahlen für die Plankostenrechnung, AGPLAN, Bd. 3, Wiesbaden 1961, S. 36 ff. (auch Diss. Köln 1954); *W. Rocker*, Grundsätzliches zur Plankosten-Abrechnung und ihre Anwendung in der Edelstahlindustrie, Stahl und Eisen 1952, S. 134 ff.

In der amerikanischen Literatur hat bereits *E. A. Camman*, Basic Standard Costs, New York 1932, S. 82 ff., die Planung und Kontrolle der Einzelmaterialkosten dargestellt. Vgl. ferner aus der neueren Literatur *S. R. Cave*, Budgetary Control, Standard Costing and Factory Administration, 2. Aufl., London 1960, S. 119 ff.; *S. B. Henrici*, Standard Cost for Manufacturing, 3. Aufl., New York – Toronto – London 1960, S. 163 ff.; *C. T. Horngren*, Cost Accounting, A Managerial Emphasis, 3. Aufl., Englewood Cliffs, N. J., 1963, S. 142 ff.; *I. W. Keller*, Management Accounting for Profit Control, New York – Toronto — London 1957, S. 158 ff.; *I. W. Keller*, The Critical Areas of Material Cost Control, N.A.C.A.-Bulletin 1948, Section 1, S. 1409; *A. Matz, O. J. Curry, G. W. Frank*, Cost Accounting, Management's Operational Tool for Planing, Control, and Analysis, 3. Aufl., Chicago – Dallas – u. a. 1962, S. 108 ff.; *G. Shillinglaw*, Cost Accounting: Analysis and Control, Homewood, Ill. 1961, S. 155 ff.; *W. Wright*, Direct Standard Costs . . ., a. a. O., S. 112 ff.

geschlossene Theorie der Planung und Kontrolle von Einzelmaterialkosten fehlt bisher völlig.
Diese Mängel sind besonders deshalb schwerwiegend, weil es viele Branchen gibt, in denen die Einzelmaterialkosten mehr als 40 bis 50 % der Herstellkosten ausmachen [411]. So betragen die Einzelmaterialkosten z. B. in der Tapetenindustrie 40 bis 45 %, in der Gummiindustrie 40 bis 70 %, in Spinnereien 70 bis 90 %, in Webereien 40 bis 60 % und in der Kabelindustrie 30 bis 50 % der Herstellkosten. Auch in der Stahlerzeugung und im Stahlbau machen die Einzelmaterialkosten einen großen Teil der Herstellkosten aus [412]. Bedenkt man, daß die Wirtschaftlichkeit des Verbrauchs der Einzelmaterialmengen von den Arbeitskräften der Kostenstelle stark beeinflußt werden kann, so erkennt man, daß ganz besonders in materialintensiven Unternehmungen der kostenstellenweisen Einzelmaterial-Kostenkontrolle mindestens eine ebenso große, wenn nicht sogar eine größere Bedeutung als der Gemeinkostenkontrolle zuzumessen ist [413].
Wir wollen deshalb in den folgenden Abschnitten zunächst den theoretischen Aufbau der Planung und Kontrolle der Einzelmaterialkosten behandeln und im Anschluß hieran einige praktische Beispiele aus verschiedenen Branchen wiedergeben [414]. Die Ergänzung der theoretischen Ausführungen durch praktische Beispiele erscheint uns gerade bei den Einzelmaterialkosten besonders wichtig, weil die Vielgestaltigkeit der Einzelmaterialkosten infolge betriebsindividueller Besonderheiten sehr groß ist [415].

II. Der theoretische Aufbau der Einzelmaterialkostenplanung

1. Unter *Einzelmaterial* wollen wir sowohl die innerbetrieblich zu bearbeitenden und umzuformenden Werkstoffe als auch die einbaufertig, von fremden Firmen bezogenen Einzelteile verstehen, deren Kosten den Produkten in der Kalkulation direkt zugerechnet werden.

[411] *I. W. Keller*, The Critical..., a. a. O., S. 1409, weist darauf hin, daß Einzelmaterialkosten oftmals mehr als 40 % des Umsatzes betragen können.

[412] Vgl. *W. Rocker*, Grundsätzliches ..., a. a. O., S. 137, sowie *J. H. Wimmer*, Eine einfache Mengenkostenrechnung als Hilfsmittel zur Reorganisation einer Stahlgießerei, ZfhF 1933, S. 475: „Stahlguß ist im wesentlichen ein Materialgeschäft.“

[413] In diesem Sinne sagt z. B. für die Edelstahlindustrie *W. Rocker*, Grundsätzliches..., a. a. O., S. 137: „Das Schwergewicht liegt in der Edelstahlindustrie bei der Vorgabe des Werkstoffeinsatzes für die Erschmelzung der einzelnen Blöcke.“ *I. W. Keller*, The Critical ..., a. a. O., S. 1420, kennzeichnet den gleichen Sachverhalt wie folgt: "Material is cash in another form. It should have the same care and control as cash."

[414] In der Literatur weist *K. Berg* in seinem Aufsatz, Die Entwicklung der Plankostenrechnung, BFuP 1954, S. 146, darauf hin, daß bei der Kontrolle der Einzelmaterial- und der Einzellohnkosten z. Z. noch mehr ungelöste Probleme als bei der Gemeinkostenkontrolle bestehen und daß gerade hier ein noch dankenswerteres Feld als bei den verschiedenen Arten der Gemeinkosten gegeben ist.

[415] *T. Carrol*, How to Control Production Costs, New York – Toronto – London 1953, S. 101, schreibt hierzu: "Variations in material costs are sometimes greater than all the others combined."

Die Planung der Einzelmaterialkosten erfolgt im Gegensatz zur Planung der Gemeinkosten nicht kostenstellenweise, sondern bezogen auf die Kalkulationseinheiten der Kostenträger. Durch die Planung der Einzelmaterialkosten werden für jede Produktart die nach Arten differenzierten Einzelmaterialmengen festgelegt, die bei planmäßiger Produktgestaltung, bei planmäßigen Materialeigenschaften und bei planmäßigem Ablauf der Fertigung, insbesondere hinsichtlich der Wirtschaftlichkeit der Materialhandhabung, für die Erstellung einer Kalkulationseinheit verbraucht werden dürfen. Werden die oben genannten Einflußgrößen nicht in der geplanten Weise wirksam, so müssen Verbrauchsabweichungen des Einzelmaterials auftreten.
Die geplanten Einzelmaterialverbrauchsmengen werden mit den durch das Planpreissystem fixierten Verrechnungspreisen bewertet.
Die Einzelmaterialplanung wird je nach der Art der Fertigung und dem Schwierigkeitsgrad des Produktaufbaus von Konstrukteuren, Betriebsingenieuren, Chemikern, Arbeitsvorbereitern oder technisch vorgebildeten Kalkulatoren durchgeführt. Bei komplizierten und aus vielen Einzelteilen zusammengesetzten Kostenträgern, z. B. im Maschinenbau, bilden die technischen Berechnungen und die Stücklisten die Grundlage der Einzelmaterialplanung. Bei chemischen Prozessen und dem Einsatz von Materialmischungen basiert die Planung auf Rezepturen.

2. So vielgestaltig, wie zahlreiche industriellen Produkte und ihre Fertigungsprozesse sind, so unterschiedlich ist naturgemäß auch der Einzelmaterialaufbau der Produkte. Aus diesem Grunde läßt sich *kein allgemeingültiges Schema der Einzelmaterialplanung* angeben. Trotzdem wollen wir versuchen, mit Hilfe eines Schemas und unter Verwendung einiger Formeln einen allgemeinen Aufbau der Einzelmaterialkosten zu entwerfen, der für viele Branchen gültig sein dürfte, wenn noch zusätzlich betriebsindividuelle Besonderheiten berücksichtigt werden.
In den meisten Fällen ist es zweckmäßig, bei der Einzelmaterialplanung von den *Nettoplaneinzelmaterialmengen* eines Kostenträgers auszugehen. Hierunter verstehen wir die Einzelmaterialmengen, die bei planmäßiger Produktgestaltung und bei planmäßigen Materialeigenschaften nach der Fertigungstellung effektiv in einem Kostenträger enthalten sein sollen. Die Nettoplaneinzelmaterialmengen lassen sich aus den technischen und chemischen Angaben über die planmäßige Produktgestaltung ableiten. Sie können daher mit Hilfe von Formeln errechnet werden.
In fast allen Fertigungsprozessen müssen jedoch größere Materialmengen eingesetzt werden, da Materialabfälle auftreten. Der zweite Schritt der Einzelmaterialplanung besteht daher darin, für jede Einzelmaterialart die Abfallursachen und die zugehörigen, auch bei planmäßigem Fertigungsverlauf unvermeidbaren Abfallmengen pro Kostenträger festzulegen. Diese *Abfallmengenplanung* darf nicht in Form oberflächlicher Schätzungen vorgenommen werden, sondern sie muß stets auf den Ergebnissen exakter *Abfallanalysen* beruhen. In der Praxis führt man diese Abfallanalysen häufig in der Weise durch, daß man die Planabfallmengen aus den Ergebnissen von Abfallstatistiken früherer Perioden ableitet; hierbei kann man aber nicht ohne weiteres die bei normalem wirtschaftlichem Verhalten vermeidbaren von den

unvermeidbaren Abfallmengen trennen. Die Abfallanalysen sollten daher stets in Form technischer Berechnungen durchgeführt werden, bei denen die effektiven Abfallmengen früherer Perioden nur als Hilfswerte dienen; denn nur so kann man sicher sein, daß keine Unwirtschaftlichkeiten in die Planvorgaben gelangen.
Addiert man zu den Nettoplaneinzelmaterialmengen der einzelnen Materialarten die nach Ursachen differenzierten Planabfallmengen, so erhält man die *Bruttoplaneinzelmaterialmengen,* die bei planmäßigem Ablauf der Fertigung für die Erzeugung einer Kalkulationseinheit verbraucht werden dürfen. Multipliziert man die Bruttoplaneinzelmaterialmengen mit den zugehörigen Planpreisen, so erhält man die *Bruttoplaneinzelmaterialkosten.* Für die Bruttoplaneinzelmaterialkosten einer beliebigen Materialart erhalten wir bei s planmäßig vorgegebenen Abfallursachen den folgenden Aufbau:

Nettoplaneinzelmaterialmenge
\+ Planabfallmenge, Ursache 1
\+ Planabfallmenge, Ursache 2
. . . .
. . . .
. . . .
\+ Planabfallmenge, Ursache s

Bruttoplaneinzelmaterialmenge

Bruttoplaneinzelmaterialmenge · Planpreis = Bruttoplaneinzelmaterialkosten

Bezeichnen wir die Bruttoplaneinzelmaterialmenge einer Materialart ν mit $m_\nu^{(p)}$, die Nettoplaneinzelmaterialmenge mit $m_{n\nu}^{(p)}$ und die Planabfallprozentsätze der Abfallursachen j mit $\alpha_{\nu j}^{(p)}$, so erhalten wir für die Bruttoplaneinzelmaterialmenge den folgenden Ausdruck:

(52) $$m_\nu^{(p)} = m_{n\nu}^{(p)}\left(1 + \frac{1}{100}\sum_{j=1}^{s}\alpha_{\nu j}^{(p)}\right)$$

Bei Materialarten, für die keine Abfallmengen anfallen, wie das z.B. bei fertig bezogenen Montageteilen der Fall sein kann, ist in der Gleichung (52) der Abfallprozentsatz gleich Null. Weiterhin gibt es Materialarten mit nur einer Abfallursache bzw. Materialarten, bei denen mehrere Abfallursachen derart komplex zusammenwirken, daß sich nur ein pauschaler Planprozentsatz angeben läßt. In diesem Fall vereinfacht sich die Gleichung (52) wie folgt:

(53) $$m_\nu^{(p)} = m_{n\nu}^{(p)}\left(1 + \frac{\alpha_\nu^{(p)}}{100}\right)$$

Die Abfallprozentsätze α in den Gleichungen (52) und (53) beziehen sich auf die Nettoplaneinzelmaterialmengen; sie sind also Prozentsätze im Hundert.
Multipliziert man die Einzelmaterialmengen pro Kalkulationseinheit mit den zugehörigen Planpreisen, so erhält man die *Bruttoplaneinzelmaterialkosten* der einzelnen Materialarten:

(54) $$e_{m\nu}^{(p)} = m_\nu^{(p)} q_\nu^{(p)}$$

Häufig werden Rohstoffe in Form von Mischungen eingesetzt. So verarbeitet z. B. die Gummiindustrie Mischungen aus verschiedenen Kautschuksorten, Füllstoffen und Chemikalien. In Spinnereien werden Baumwollmischungen verarbeitet, die aus verschiedenen Baumwollqualitäten bestehen. Weitere Beispiele für den Einsatz von Werkstoffmischungen finden sich in der Eisen- und Stahlindustrie und insbesondere in der chemischen Industrie.

Bezeichnen wir den prozentualen Mengenanteil eines Werkstoffes ν mit $\mu_\nu^{(p)}$ und werden insgesamt z Mischungsbestandteile verwendet, so erhalten wir für die auf eine Kalkulationseinheit entfallenden Bruttoplaneinzelmaterialkosten den folgenden Ausdruck:

$$e_m^{(p)} = m_n^{(p)} \left(1 + \frac{\alpha^{(p)}}{100}\right) \sum_{\nu=1}^{z} \frac{\mu_\nu^{(p)}}{100} q_\nu^{(p)} \qquad (55)$$

Werden z. B. drei Mischungsbestandteile eingesetzt, deren Anteile 20 %, 30 % und 50 % betragen und für die jeweils Planpreise in Höhe von 2,50 DM/Einheit, 4 DM/Einheit und 1,40 DM/Einheit festgesetzt wurden, so erhalten wir Nettoplaneinzelmaterialkosten in Höhe von 2,40 DM/Einheit. Beträgt der geplante Abfall 10 % der Nettoeinsatzmengen, so erhalten wir als Bruttoplaneinzelmaterialkosten 2,64 DM/Einheit. Die Gleichung (55) gilt nur für einen globalen Abfallprozentsatz der Mischung, läßt sich aber leicht entsprechend der Gleichung (52) erweitern. Weiterhin setzt die Gleichung (55) voraus, daß für die Mischungsbestandteile die gleichen Mengeneinheiten, z. B. kg, gelten. Ist das nicht der Fall, so müssen Umrechnungsfaktoren eingeführt werden.

Das Ergebnis der Einzelmaterialplanung besteht in den nach Material- und Produktarten differenzierten Bruttoplaneinzelmaterialkosten. Bei Kostenträgern, die aus mehreren selbstgefertigten Einzelteilen bestehen, die erst später zusammengefügt werden, wird die Einzelmaterialplanung in der beschriebenen Weise für jedes Einzelteil gesondert durchgeführt.

Die Bruttoplaneinzelmaterialkosten bilden erstens die *Grundlage für die Plankalkulation.* Sie können, wie im einzelnen unsere Ausführungen im sechsten Teil zeigen werden, unmittelbar in die Plankalkulationen übernommen werden und müssen dort lediglich um eventuelle Abfallerlöse und die Materialgemeinkosten ergänzt werden.

Zweitens bilden die Bruttoplaneinzelmaterialkosten die *Grundlage für die laufende Einzelmaterial-Kostenkontrolle,* die wir im folgenden Abschnitt beschreiben wollen.

III. Der theoretische Aufbau der Einzelmaterialkostenkontrolle

1. Die Einzelmaterialplanung wird zwar direkt auf die Produkteinheiten bezogen; der Materialeinsatz hingegen erfolgt in den einzelnen Kostenstellen und ist stets von den Arbeitskräften mehr oder weniger stark beeinflußbar. Die laufende Kontrolle

der Einzelmaterialkosten muß daher differenziert „nach verantwortlichen Personen" durchgeführt werden[416].
Die Kostenkontrolle des Einzelmaterials erfolgt, indem man den Isteinzelmaterialkosten einer Kostenstelle die retrograd aus der Produktion der Kontrollperiode abgeleiteten Solleinzelmaterialkosten gegenüberstellt. Für die Einzelmaterialkostenkontrolle sollte die Kontrollperiode möglichst kurz gewählt werden. In rohstoffintensiven Betrieben und beim Einsatz hochwertiger Materialien sind tägliche oder mindestens wöchentliche Soll-Ist-Kosten-Vergleiche des Einzelmaterials durchzuführen. Nur auf diese Weise kann beim Auftreten außerplanmäßiger Materialverluste die Betriebsleitung rechtzeitig eingreifen.
Die gesamte Einzelmaterialverbrauchsabweichung einer Kostenstelle sollte nach Möglichkeit nach Produktarten, Materialarten und Abweichungsursachen differenziert werden. Hierbei ist insbesondere die Aufspaltung nach Abweichungsursachen von betriebsindividuellen Besonderheiten der Fertigung abhängig, so daß sich hierfür nur Grundsätze angeben lassen. Hinsichtlich der Durchführung verweisen wir auf die praktischen Beispiele im nächsten Abschnitt.

2. Lassen wir die Differenzierung nach Abfallursachen zunächst außer acht, so gelten in den meisten Betrieben für die Ermittlung von Einzelmaterialverbrauchsabweichungen die folgenden Formeln.
Betrachten wir als ersten Fall eine Kostenstelle, in der der Einzelmaterialeinsatz für *nur eine Produktart* bei Verwendung *nur einer Einzelmaterialart* erfolgt. Unter diesen einfachen Voraussetzungen erhält man die Solleinzelmaterialkosten der betreffenden Kostenstelle dadurch, daß man die Bruttoplaneinzelmaterialkosten pro Produkteinheit mit der während der Abrechnungsperiode produzierten Anzahl der Kostenträger multipliziert. Bezeichnen wir die Anzahl der Kostenträger mit $x^{(i)}$ und entnehmen wir die Bruttoplaneinzelmaterialkosten der Gleichung (54), so erhalten wir für die Solleinzelmaterialkosten $M^{(s)}$:

$$(56) \qquad M^{(s)} = x^{(i)} m^{(p)} q^{(p)}$$

In Gleichung (56) entfällt der Index für die Materialart, da nur eine Werkstoffart eingesetzt wird. Bei Durchführung einer Einzelmaterialkostenplanung für eine bestimmte Periode ist in Gleichung (56) die Istproduktion durch die Planproduktion zu ersetzen, so daß man statt der Sollkosten einer bestimmten Istproduktion die Plankosten des Einzelmaterials für die Planperiode erhält.
Zum Ansatz der Istproduktion in Gleichung (56) ist noch zu bemerken: Entstehen keine Halbfabrikatebestandsveränderungen, so stimmt während der Betrachtungsperiode die Anzahl der begonnenen und der zu Ende bearbeiteten Produkteinheiten überein. Bilden sich dagegen Halbfabrikatebestände mit jeweils unterschiedlichen Reifegraden, so können sich einerseits die Halbfabrikate von den zu Ende bearbeiteten Kostenträgern nicht im Materialeinsatz unterscheiden, da dieser gleich zu Be-

[416] Hierauf weist *K. Käfer*, Standardkostenrechnung, 2. Aufl., a. a. O., S. 138, hin.

ginn der Produktion erfolgt, sondern nur im Reifegrad der technischen Bearbeitung. In diesem Fall muß in die Gleichung (56) die Anzahl der begonnenen Kostenträger eingesetzt werden, gleichgültig, ob sie zu Ende bearbeitet wurden oder nicht. Unterscheiden sich andererseits die Halbfabrikate untereinander und gegenüber den fertiggestellten Kostenträgern auch im Materialeinsatz, so sind die Halbfabrikate der verschiedenen Reifestadien wie besondere Kostenträger zu behandeln, was jedoch die Gleichung (56) nicht berücksichtigt.

Die Solleinzelmaterialkosten bilden einen Maßstab für die zu Planpreisen bewerteten Isteinzelmaterialkosten, die wie folgt ermittelt werden. Zu Beginn jeder Abrechnungsperiode werden die unmittelbar in der Fertigung lagernden Einzelmaterialmengen inventurmäßig erfaßt und mit den zugehörigen Planpreisen bewertet. Hierzu werden die während der Abrechnungsperiode vom Lager bezogenen, belegmäßig erfaßten und ebenfalls mit Planpreisen bewerteten Materialmengen addiert. Am Ende der Abrechnungsperiode werden wiederum die unmittelbar in der Fertigung lagernden Mengen inventurmäßig erfaßt, bewertet und von der Summe aus den Anfangsbeständen und den Zugängen subtrahiert. Hierdurch erhält man die Einzelmaterialkosten der betreffenden Abrechnungsperiode[417]. Bezeichnen wir den mengenmäßigen Anfangsbestand mit B_A, die Summe der Zugänge mit B und den Endbestand mit B_E, so erhalten wir die *Isteinzelmaterialkosten* $M^{(i)}$ für *eine* Materialart:

$$M^{(i)} = (B_A + B - B_E)\, q^{(p)} \tag{57}$$

Läßt sich der Materialfluß so organisieren, daß im Bereich der Fertigung grundsätzlich kein unbearbeitetes Fertigungsmaterial gelagert wird, so entfallen in der Gleichung (57) die Bestandsglieder, und die Isteinzelmaterialkosten entsprechen dem wertmäßigen Abgang vom Lager.

Subtrahiert man von den Isteinzelmaterialkosten einer Kostenstelle die zugehörigen Solleinzelmaterialkosten, so erhält man die *gesamte Einzelmaterialverbrauchsabweichung* der betreffenden Abrechnungsperiode, die wir als ΔM bezeichnen wollen:

$$\Delta M = M^{(i)} - M^{(s)} \tag{58}$$

Ist diese Abweichung positiv, so ist ein Mehrverbrauch eingetreten, ist sie negativ, so liegt eine Einsparung vor.

Betrachten wir als zweiten Fall eine Kostenstelle, in der wiederum nur der Materialeinsatz für *eine Produktart* erfolgt, wobei jedoch im Gegensatz zum vorigen Beispiel nicht nur eine, sondern *mehrere Einzelmaterialarten* v eingesetzt werden. In diesem Fall läßt sich die Gleichung (58) für jede Materialart gesondert anwenden.

[417] Wenn wir hier und in unseren folgenden Ausführungen ohne besondere Zusätze von Istkosten sprechen, so handelt es sich stets um zu Planpreisen bewertete Istmengen, für die sich in der Plankostenrechnung der Begriff „Istkosten“ durchgesetzt hat, ohne daß es sich hierbei um Istkosten im ursprünglichen Sinne des Wortes handelt.

Für z Einzelmaterialarten erhalten wir daher die folgende, nach Materialarten differenzierte Gesamtabweichung der Einzelmaterialkosten:

(59)
$$\Delta M = \sum_{\nu=1}^{z} (M_\nu^{(i)} - M_\nu^{(s)})$$

Als dritten und kompliziertesten Fall wollen wir eine Kostenstelle betrachten, in der *mehrere Einzelmaterialarten* ν *für mehrere verschiedene Produktarten* i eingesetzt werden. Auch hier werden die Solleinzelmaterialkosten in der Weise ermittelt, daß die Anzahl gleichartiger Kostenträger mit den zugehörigen Materialvorgaben multipliziert wird. Bezeichnen wir die Anzahl der Produktarten mit n, die Anzahl jeweils gleichartiger Kostenträger mit x_i, wobei der Index i die Kostenträgerart kennzeichnet, so erhalten wir für die Solleinzelmaterialkosten einer bestimmten Materialart ν den folgenden Ausdruck:

(60)
$$M_\nu^{(s)} = \sum_{i=1}^{n} x_i^{(i)} m_{\nu i}^{(p)} q_\nu^{(p)}$$

Die zugehörigen Isteinzelmaterialkosten lassen sich auch hier nach der Gleichung (57) bestimmen. Unter Berücksichtigung der Gleichung (60) erhalten wir für die gesamte Einzelmaterialverbrauchsabweichung folgenden Ausdruck:

(61)
$$\Delta M = \sum_{\nu=1}^{z} (M_\nu^{(i)} - \sum_{i=1}^{n} x_i^{(i)} m_{\nu i}^{(p)} q_\nu^{(p)})$$

Wie die Gleichung (61) erkennen läßt, ist im Gegensatz zu den früheren beiden Fällen eine Differenzierung der Einzelmaterialverbrauchsabweichungen nach Produktarten nur möglich, wenn man von vornherein die Isteinzelmaterialkosten bei der Erfassung nach Kostenträgern differenziert. Diese Differenzierung wird dadurch herbeigeführt, daß man auf den Materialentnahmescheinen die Artikelnummern vermerkt. Schwierigkeiten können lediglich auftreten, wenn im Bereich der Fertigung Bestandsveränderungen lagernder Werkstoffe auftreten. Führen wir in die Gleichung (61) die nach Produktarten differenzierten Isteinzelmaterialkosten $M_{\nu i}^{(i)}$ ein, so erhalten wir die folgenden, nach Produkt- und Einzelmaterialarten differenzierten Teilabweichungen:

(62)
$$\Delta M_{\nu i} = M_{\nu i}^{(i)} - M_{\nu i}^{(s)}$$

Die Differenzierung der Einzelmaterialverbrauchsabweichungen nach Material- und Produktarten bildet zugleich die Grundlage für die Abweichungsanalyse und für eine spätere Weiterverrechnung auf die zugehörigen Produktgruppen in der Kostenträgererfolgsrechnung.

3. In den meisten Fällen wird eine Differenzierung der Einzelmaterialverbrauchsabweichungen nach gleichartigen Kostenträgern ausreichen. Es gibt aber Fälle, in denen eine weitergehende Differenzierung zweckmäßig sein kann. Dies ist der Fall, wenn die gleichen Erzeugnisse während der Kontrollperiode in verschiedenen Serien,

Partien oder Chargen erstellt werden. Will man in solchen Fällen die Einzelmaterialverbrauchsabweichungen differenziert nach Serien, Partien oder Chargen erfassen, so ist das bei den Sollkosten ohne besondere Schwierigkeit möglich, indem man die Serien-, Partie- oder Chargengröße mit den Planeinzelmaterialkosten pro Produkteinheit multipliziert. Eine entsprechende Differenzierung der Istkosten bereitet dagegen oftmals Schwierigkeiten. Dies gilt insbesondere bei Einzelmateriallagerbildungen im Bereich der Fertigung. Eine serien-, partie- oder chargenweise Differenzierung der Einzelmaterialverbrauchsabweichungen ist aber nur dort sinnvoll, wo kausale Beziehungen zwischen den Serien, Partien oder Chargen und den von ihnen verursachten Abweichungen bestehen. Dies ist z.B. bei der Edelstahlerzeugung und bei manchen chemischen Prozessen der Fall. In der Mehrzahl der Fälle ist es jedoch zufallsbedingt, wie groß die Einzelmaterialverbrauchsabweichungen sind, die gerade bei einer bestimmten Serie, Partie oder Charge entstehen, so daß eine kostenarten- und kostenträgerweise Gliederung der Einzelmaterialverbrauchsabweichungen genügt.
In der Kleinserien- und Einzelfertigung unterscheiden sich die Kostenträger bzw. ihre Einzelteile in der Regel so stark voneinander, daß eine kostenträgerweise Differenzierung der Einzelmaterialverbrauchsabweichungen stets zugleich einer Differenzierung nach Serien oder Aufträgen entspricht.

4. Unabhängig von der Differenzierung der Einzelmaterialverbrauchsabweichungen nach Produkt- und Materialarten kann man die folgenden Gruppen von Abweichungsarten unterscheiden:
a) *Auftragsbedingte Einzelmaterialverbrauchsabweichungen.* Hierbei handelt es sich um Abweichungen infolge außerplanmäßiger Produktgestaltung. Aus technischen Gründen oder wegen nachträglich geäußerter Kundenwünsche kann es vorkommen, daß gegenüber den Planvorgaben größere oder geringere Einzelmaterialmengen benötigt oder andere Materialqualitäten eingesetzt werden müssen. Die hieraus entstehenden Abweichungen sind kostenträgerbezogen und von den Arbeitskräften einer Kostenstelle nicht zu verantworten. In der Praxis bezeichnet man derartige Einzelmaterialverbrauchsabweichungen häufig als „auftragsbedingte Mehrkosten". [418]
Von der technisch oder absatzbedingten außerplanmäßigen Produktgestaltung streng zu unterscheiden sind Abweichungen in der Produktausführung auf Grund fertigungstechnischer Fehler oder Unachtsamkeiten bei der Produktion. Ein typisches Beispiel hierfür liegt vor, wenn in einer Drahtzieherei nicht darauf geachtet wird, daß die Ziehsteine abgenutzt sind und daher die Drahttoleranzen überschritten werden. In Fällen dieser Art liegen keine auftragsbedingten Abweichungen, sondern Einzelmaterialverbrauchsabweichungen infolge innerbetrieblicher Unwirtschaftlichkeiten vor, die wir unter d) behandeln werden.

[418] Vgl. *H. G. Plaut,* Die Plankostenrechnung in der Praxis des Betriebes, ZfB 1951, S. 540; sowie *W. Kilger,* Die Verteilung der Abweichungen auf die Kostenträger innerhalb der Plankostenrechnung, ZfB 1952, S. 509.

b) *Einzelmaterialmischungsabweichungen.* In Betrieben, die Einzelmaterialmischungen einsetzen, liegen den Materialvorgaben Plan- oder Standardmischungszusammensetzungen zugrunde. Schwankungen der Rohstoffpreise, der Rohstoffqualitäten oder fertigungstechnische Gründe können aber dazu führen, daß im Ist von der geplanten Mischungszusammensetzung abgewichen werden muß, ohne daß dadurch die Produktqualität in äußerlich erkennbarer Weise verändert wird. Die hierdurch entstehenden Abweichungen wollen wir als Einzelmaterialmischungsabweichungen bezeichnen [419]. In der anglo-amerikanischen Literatur bezeichnet man diese Abweichungen als „mixture sub-variances" oder auch als „blend variances". In manchen Branchen spricht man auch von Gattierungs- bzw. Rezepturabweichungen.
Häufig entstehen Einzelmaterialmischungsabweichungen als Folge veränderter Rohstoffpreise oder -qualitäten. Hierdurch werden Substitutionsprozesse ausgelöst, die zu Abweichungen von der Standardzusammensetzung führen. So ist z.B. in Spinnereien eine solche Substitution möglich, ohne daß sich die Produktqualität in erkennbarer Weise verändert. In anderen Fällen führen Einzelmaterialmischungsabweichungen zugleich zu veränderten Produktqualitäten, so daß sie ihrer Art nach mit den unter a) beschriebenen auftragsbedingten Abweichungen übereinstimmen.
Da die Mischungsabweichungen meistens dispositionsbestimmt sind und sie somit bereits vor dem Einsatz des Materials im Fertigungsbereich verursacht werden, sind die Mischungsabweichungen von den Kostenstellenleitern der Einsatzkostenstelle nicht zu verantworten. Sie sollten daher bereits vor der kostenstellenweisen Kontrolle der Einzelmaterialkosten isoliert werden.
c) *Einzelmaterialverbrauchsabweichungen infolge außerplanmäßiger Materialeigenschaften.* Häufig werden die vorgegebenen Einzelmaterialmengen über- oder unterschritten, weil z.B. das spezifische Gewicht, die Maße und die Toleranzen, die Reißfestigkeit, der Feuchtigkeitsgehalt sowie die chemischen und physikalischen Eigenschaften des Materials nicht mit den Planvorgaben übereinstimmen [420]. Die hieraus entstehenden Einzelmaterialverbrauchsabweichungen sind rein materialabhängig, so daß wir sie als materialbedingte Einzelmaterialverbrauchsabweichungen bezeichnen wollen. Diese Abweichungen sind in der Regel nicht von den Arbeitskräften der

[419] Zur Errechnung von Mischungsabweichungen vgl. *J. D. Auffermann,* Kostenauswertung, Stuttgart 1953, S. 35; *J. Batty,* Standard Costing, London 1960, S. 46; *A. Matz, O. J. Curry, G. W. Frank,* Cost Accounting . . ., a. a. O., S. 609; *A. Matz,* Planung, . . ., a. a. O., S. 151 und S. 155, wo darauf hingewiesen wird, daß Materialmischungsabweichungen insbesondere durch Veränderungen von Rezepturen in der Textil-, Gummi- und chemischen Industrie entstehen; *K. Traub,* Die Grenzplankostenrechnung in Gießereibetrieben, Diss. Saarbrücken 1964, S. 189, wo als Beispiel eine „Gattierungsabweichung" beschrieben wird, die auf Schwierigkeiten der Rohstoffbeschaffung, Preis- oder Qualitätsvariationen oder auf schmelz- bzw. gießtechnische Gründe zurückzuführen ist; *W. Wright,* Direct Standard Costs . . ., a. a. O., S. 121, der die Mischungsabweichung eines Stahlwerkes als „metallurgical practice variance" bezeichnet.

[420] Hierauf hat schon *E. A. Camman,* Basic Standard Costs, a. a. O., auf S. 87 wie folgt hingewiesen: "The material used may not be exactly the size, kind or grade specified in the basic standard costs."

ausführenden Kostenstellen zu verantworten. Soweit jedoch die Einkaufs- und Lagerabteilungen die Materialeigenschaften beeinflussen können, tragen sie die Verantwortung für materialbedingte Einzelmaterialabweichungen. Abweichungen der Materialeigenschaften verursachen in vielen Fällen zugleich Überschreitungen der Fertigungskosten. Dies ist z. B. der Fall, wenn Gußstücke der spanabhebenden Fertigung mit zu großen Toleranzen angeliefert werden.

d) *Einzelmaterialverbrauchsabweichungen infolge von Schwankungen der innerbetrieblichen Unwirtschaftlichkeit.* Wie unsere Ausführungen im vorigen Abschnitt gezeigt haben, setzen sich die Einzelmaterialkostenvorgaben aus den Nettoplaneinzelmaterialkosten und den geplanten Einzelmaterialabfallkosten zusammen. Hierbei enthalten die Abfallkomponenten sowohl innerbetrieblich nicht beeinflußbare als auch von den Arbeitskräften einer Kostenstelle beeinflußbare Teile. Die ersteren haben häufig den Charakter von technisch bedingten Mindestabfallmengen, während zu den letzteren alle von der Sorgfalt und der Sparsamkeit der Materialhandhabung abhängigen Abfallarten gehören. Für diese Abfallarten wird bei der Materialplanung ein ganz bestimmter Grad innerbetrieblicher Unwirtschaftlichkeit vorausgesetzt, der bei einiger Sorgfalt von den Arbeitskräften eingehalten werden kann. Handeln sie unwirtschaftlicher, so entstehen positive und im umgekehrten Fall negative Einzelmaterialverbrauchsabweichungen, die von den Arbeitskräften zu verantworten sind. Diese Art der Abweichungen wollen wir daher als kostenstellenbedingte Einzelmaterialverbrauchsabweichungen bezeichnen [421].

Wie unsere Ausführungen gezeigt haben, gibt es stets eine relativ große Anzahl von Ursachen für Einzelmaterialverbrauchsabweichungen. Theoretisch ist es möglich, aus den Gesamtabweichungen die Anteile der einzelnen Abweichungsursachen zu isolieren. Man müßte hierzu jedoch eine große Anzahl verschiedener Sollwerte errechnen, die jeweils einen Teil der Bestimmungsfaktoren der Einzelmaterialkosten planmäßig und die übrigen genau wie in den Istmaterialkosten wirksam werden lassen [422]. Bei der praktischen Durchführung der Einzelmaterialkostenkontrolle ist in der Regel eine Beschränkung auf die wichtigsten Einflußgrößen erforderlich.

Zunächst sollten diejenigen Teilabweichungen eliminiert werden, die nicht von den Arbeitskräften der materialverbrauchenden Abteilungen zu verantworten sind. Hierzu zählen insbesondere die auftragsbedingten Abweichungen und die Einzelmaterialmischungsabweichungen.

Die auftragsbedingten Einzelmaterialverbrauchsabweichungen sollten auftrags- oder kostenträgergruppenweise durch besondere Kostenbelege erfaßt werden, die gleich-

[421] Hierbei bezieht sich die Bezeichnung „kostenstellenbedingt“ auf die Kostenstellen, in denen das Einzelmaterial eingesetzt wird. Diese Abgrenzung ist notwendig, da es Fälle gibt, in denen auch die materialbedingten Einzelmaterialverbrauchsabweichungen „kostenstellenbedingt“ sind, nämlich dann, wenn der Einkauf oder das Lager Abweichungen in den qualitativen Materialeigenschaften zu vertreten hat.

[422] Vgl. hierzu auch unsere Ausführungen im 6. Kapitel über den theoretischen Aufbau der Kostenkontrolle, die entsprechend für die Analyse der Einzelmaterialkosten gelten. Auch hier tritt das Problem der Abweichungsinterdependenz auf.

zeitig die Grundlage für eine spätere Verteilung auf die entsprechenden Kostenträger bilden.

Einzelmaterialmischungsabweichungen lassen sich in den meisten Fällen durch die folgende Rechnung eliminieren[423]. Bezeichnen wir den Istverbrauch einer Mischungskomponente ν mit $m_\nu^{(i)}$, so erhalten wir unter Berücksichtigung der Gleichung (55) für die Istproduktionsmenge $x^{(i)}$ folgende Gesamtabweichung des Einzelmaterials:

$$(63) \qquad \Delta M = \sum_{\nu=1}^{z} m_\nu^{(i)} q_\nu^{(p)} - x^{(i)} m_n^{(p)} \left(1 + \frac{\alpha^{(p)}}{100}\right) \sum_{\nu=1}^{z} \frac{\mu_\nu^{(p)}}{100} q_\nu^{(p)}$$

In dieser Gleichung ist der Ausdruck $\sum_{\nu=1}^{z} \frac{\mu_\nu^{(p)}}{100} q_\nu^{(p)}$ der gewogene Mischungsplanpreis, der der Standardzusammensetzung der Mischung entspricht. Durch folgende Rechenoperation kann man die Gesamtabweichung in eine Mischungsabweichung und in die restlichen Verbrauchsabweichung des Einzelmaterials aufspalten:

$$(64) \qquad \Delta M = \left[\sum_{\nu=1}^{z} m_\nu^{(i)} q_\nu^{(p)} - \sum_{\nu=1}^{z} m_\nu^{(i)} \cdot \sum_{\nu=1}^{z} \frac{\mu_\nu^{(p)}}{100} q_\nu^{(p)}\right] + \left[\sum_{\nu=1}^{z} m_\nu^{(i)} - x^{(i)} m_n^{(p)} \left(1 + \frac{\alpha^{(p)}}{100}\right)\right] \sum_{\nu=1}^{z} \frac{\mu_\nu^{(p)}}{100} q_\nu^{(p)}$$

Der Ausdruck in der ersten eckigen Klammer in Gleichung (64) gibt die Mehrkosten an, die dadurch entstanden sind, daß die Standardzusammensetzung nicht eingehalten wurde. Diese erste Komponente enthält die Differenz aus den zu Planpreisen bewerteten Istverbrauchsmengen der Mischungskomponenten und der zum Standardmischungspreis bewerteten gesamten Istmenge. Die zweite Komponente der Gleichung (64) gibt die zum Mischungspreis der Standardzusammensetzung bewerteten mengenmäßigen Verbrauchsabweichungen an. Sie kann durch eine Abweichungsanalyse noch weiter untergliedert werden.

Nach der Eliminierung der auftragsbedingten Einzelmaterialverbrauchsabweichungen und der Mischungsabweichungen bestehen die restlichen Einzelmaterialverbrauchsabweichungen aus den materialbedingten und aus den kostenstellenbedingten Abweichungen. Das Ziel der weiteren Aufspaltung muß darin bestehen, diese beiden Teile voneinander zu trennen, um die kostenstellenbedingten Komponenten erkennen zu können. Im Rahmen der laufenden Abrechnung läßt sich jedoch diese Aufspaltung wegen der Vielgestaltigkeit der wirksamen Einflüsse in der Regel nicht durchführen. Sie muß vielmehr durch gesonderte Abweichungsanalysen vorgenommen werden. In materialintensiven Betrieben sollte man hierfür einen besonderen Sachbearbeiter einsetzen, der auch die Errechnung der von den einzelnen Kostenstellenleitern zu verantwortenden Abweichungsanteile durchführt. Für diese Ab-

[423] Vgl. hierzu die in Anm. 419 angegebene Literatur.

spaltung läßt sich wegen der mannigfaltigen fertigungstechnischen Unterschiede der Betriebe kein allgemeingültiges Schema angeben. Wir verweisen jedoch auf einige branchenspezifische Beispiele im folgenden Abschnitt. Hier sei lediglich angemerkt, daß man die Ergebnisse der rechentechnischen Aufspaltung der Einzelmaterialverbrauchsabweichungen zweckmäßigerweise durch eine nach Ursachen differenzierte monatliche Abfallmengenerfassung ergänzen sollte.
Zusammenfassend können wir feststellen, daß die Ergebnisse der Einzelmaterialkostenkontrolle in auftragsbedingten, mischungsabhängigen, materialbedingten und kostenstellenbedingten Einzelmaterialverbrauchsabweichungen bestehen, für deren Ermittlung wir in den folgenden Abschnitten einige praktische Beispiele betrachten wollen.

B. Beispiele für die Planung und Kontrolle der Einzelmaterialkosten

I. Die Planung und Kontrolle der Papierkosten in einer Tapetenfabrik

1. Als erstes Beispiel wollen wir die Planung und Kontrolle der Papierkosten in einer Tapetenfabrik betrachten. Hierzu ist es erforderlich, daß wir zunächst einen kurzen technologischen Überblick über die Tapetenproduktion geben.
Tapeten werden in Rollen hergestellt, die 56 cm breit und 10,05 m lang sind. Eine Tapetenrolle besteht daher aus 5,628 m² Papierfläche.
Die Tapetenfabrikation ist ein typisches Beispiel der Serienproduktion. Die einzelnen Tapetensorten unterscheiden sich erstens in der Qualität und in der Stärke des Papiers. Die Papierstärke wird im Grammgewicht pro m² angegeben. Weiterhin unterscheiden sich die Tapetensorten in der Art der Verarbeitung. Hierbei bilden sowohl die Anzahl der erforderlichen Maschinengänge als auch die Art des Farbansatzes weitere Einteilungskriterien. Die meisten Tapetensorten werden in zwei Arbeitsgängen bedruckt.
Der Papiereinsatz erfolgt an den Tapetendruckmaschinen. Die Rohpapierballen werden vom Papierlager angeliefert und durch die Fertigungsarbeiter in die Maschine eingelegt. Das Papierband läuft durch die Druckwerke der Maschine in etwa 50 m lange Trockenhänge, in denen es mit Hilfe von Heißluft getrocknet und anschließend wieder aufgerollt wird.
Vor Beginn der Produktion werden Probedrucke so lange durchgeführt, bis die Farbansätze der Druckwerke völlig mit den Farbstellungen der Originalzeichnung abgestimmt sind. Diese Probedrucke bezeichnet man als Abschläge. Es können bis zu acht Abschläge erforderlich werden.
Die fertig bedruckten Ballen werden von den Tapetendruckmaschinen zu den Rollmaschinen transportiert, von denen sie auf Länge geschnitten und aufgerollt werden. Im Rollsaal werden fehlerhafte Stücke herausgeschnitten. Die fertigen Rollen werden gebündelt, verpackt und versandt.
Die Tapetenfabrikation gehört zu den materialintensiven Fertigungszweigen, da

etwa 40 bis 50 % der Herstellkosten auf Einzelmaterialkosten, und zwar insbesondere auf die Papierkosten entfallen. Aus diesem Grunde sind die Planung und die Kontrolle der Papierkosten für Tapetenfabriken besonders wichtig.

2. Betrachten wir zunächst die *Planung der Papierkosten* für 1000 Rollen fertige Tapeten. Der Nettoplanpapierverbrauch pro 1000 Rollen, also die tatsächlich in 1000 Rollen eingehende Papiermenge, erhält man nach folgender Formel [424]:

$$\text{Nettoplanpapierverbrauch pro 1000 Rollen (kg)}$$
$$= 5{,}628\ \text{m}^2/\text{Rolle} \cdot 1000\ \text{Rollen} \cdot \text{Papiergewicht (kg/m}^2\text{)}$$

Bezeichnen wir den Nettoplanpapierverbrauch pro 1000 Rollen mit m_n und das Papiergewicht mit s, so erhalten wir

$$m_n = 5628 \cdot s \quad \text{(kg/1000 Rollen)} \tag{65}$$

Es ist zunächst die Frage zu klären, welcher Wert als Planpapiergewicht in die obige Formel eingesetzt werden soll. Hierbei zeigt sich, daß die als Qualitätsbezeichnungen verwendeten Grammgewichte nicht als Planwerte in Frage kommen; denn diese Grammgewichte sind Mindestwerte, die nicht planmäßig zu erwarten sind. Die effektiven Grammgewichte liegen vielmehr stets um 1 % bis 2 % höher als die zur qualitativen Kennzeichnung angegebenen. So schwanken z. B. die Grammgewichte von 90-g-Papier, 100-g-Papier und 110-g-Papier um etwa 92 g/m², 103 g/m² und 114 g/m². Diese planmäßig zu erwartenden Grammgewichte werden daher umgerechnet auf kg/m² als Planpapiergewichte für die Papierkostenplanung verwendet.

Insgesamt kommen für das Tapetenpapier fünf verschiedene Abfallursachen in Frage.

Die erste Ursache für die Entstehung von Papierabfall ist darin begründet, daß jeder Papierballen im Innern einen Pappkern hat und daß die Ballen in Packpapier eingeschlagen sind. Der Pappkern und das Packpapier werden üblicherweise gewichtsmäßig wie das Tapetendruckpapier berechnet und zählen daher kostenmäßig zum Papierabfall. Dieser Abfall ist unvermeidbar und die Menge kaum beeinflußbar.

Eine weitere Abfallursache besteht darin, daß beim Drucken für eine Partie in der Regel mehrere Rollen verwendet werden, so daß das Ende des abgelaufenen Ballens an den Anfang des folgenden Ballens geklebt werden muß, wobei das geklebte Stück zu Abfall wird. Auch dieser Abfall ist unvermeidbar und nur geringfügig von den Arbeitern beeinflußbar. Sowohl der Papierabfall durch den Kern und durch die Verpackung als auch der Abfall beim Ballenwechsel fallen für jeden Ballen an.

Drittens entsteht Papierabfall, weil zu Beginn einer jeden Partie mehrere Farbprobedrucke (Abschläge) erforderlich sind. Das probeweise bedruckte Papier und die

[424] Da es sich bei allen in diesem Abschnitt verwendeten Größen um Planwerte handelt, haben wir zur Vereinfachung der Formeln auf eine besondere Kennzeichnung durch den oben angesetzten Index (p) verzichtet.

unbedruckten Zwischenstücke sind Abfall. Dieser Abfall fällt für jede Partie und für jeden Druckdurchgang an. Seine Höhe hängt sowohl von der Anzahl der erforderlichen Abschläge als auch von der Sparsamkeit der Drucker ab, denn die Drucker können sowohl die für die Beurteilung der Farben notwendige Mindestlänge bedrucken als auch aus Bequemlichkeit längere Stücke zur Probe durchlaufen lassen. Hierfür sind die Drucker verantwortlich. Für die Anzahl der Abschläge dagegen sollte man niemanden verantwortlich machen, da hierdurch die Sorgfalt bei der Beurteilung der Farbübereinstimmung zwischen Original und Abschlag beeinträchtigt würde.

Viertens entsteht am Schluß einer jeden Partie ein sogenannter Schlußabfall, da das durch die Tapetendruckmaschine laufende Papier nicht bis zuletzt bedruckt werden kann. Dieser Schlußabfall ist unvermeidbar und seine Höhe nur wenig beeinflußbar.

Fünftens fällt Papierabfall an, weil beim Kontrollieren der fertig bedruckten Bahnen vielfach beschmutzte oder beschädigte Stellen festgestellt werden, die im Rollsaal herausgeschnitten werden müssen. Die Ursache hierfür liegt vor allem darin, daß die Rohballen oder die fertig bedruckten Ballen unsachgemäß transportiert werden oder daß Hangstörungen die trocknenden Papierbahnen beschädigen[425]. Dieser Abfall für schadhafte oder beschmutzte Stellen kann durch Sorgfalt der Arbeiter eingeschränkt, wenn auch nicht ganz vermieden werden. Insbesondere können die Arbeiterinnen im Rollsaal, wo die fehlerhaften Stücke herausgeschnitten werden, sparsam oder großzügig vorgehen, wodurch die Höhe des Abfalls nicht unerheblich beeinflußt wird.

Bezeichnen wir den Bruttoplanpapierverbrauch pro 1000 Rollen mit m und die aus den obigen fünf Abfallursachen resultierenden Planabfallmengen pro 1000 Rollen der Reihe nach mit n_1 bis n_5, so können wir für die Bruttoplanpapierverbrauchsmenge m in kg pro 1000 Rollen schreiben:

$$(66) \qquad m = m_n + n_1 + n_2 + n_3 + n_4 + n_5 \qquad \text{(kg/1000 Rollen)}$$

Nachdem bereits m_n nach Gleichung (65) ermittelt ist, besteht die weitere Aufgabe der Planung darin, auch die Abfallmengen pro 1000 Rollen festzulegen. Hierzu wird zunächst durch Wägungen im Betrieb festgestellt, wieviel der Pappkern und das Packpapier eines Ballens durchschnittlich wiegen. Der hierbei ermittelte Wert wird als Planwert festgelegt. Weiterhin wird ausgemessen, wieviel Papierfläche bei wirtschaftlicher Durchführung des Ballenwechsels verlorengehen darf. Diese Fläche wird unter Zugrundelegung eines mittleren Papiergewichts (eine Differenzierung nach verschiedenen Papiergewichten lohnt sich hier nicht) in ein Plangewicht pro Ballen umgerechnet. Da sich sowohl der Kern- und Verpackungsabfall als auch der Abfall des Ballenwechsels auf einen Ballen bezieht, müssen beide Planwerte noch auf 1000 Rollen umgerechnet werden. Hierbei muß von einer durchschnittlichen Ballengröße ausgegangen werden, die sich leicht aus den Wiegekarten des Papier-

[425] Diese Art des Papierabfalls stellt an sich Ausschuß dar. Es erweist sich aber für Tapetenfabriken als zweckmäßig, sie in die Papierkostenkontrolle einzubeziehen.

lagers errechnen läßt. Bezeichnen wir das Planballengewicht mit w, den planmäßigen Kern- und Verpackungsabfall pro Ballen mit a_1 und den Planabfall pro Ballenwechsel mit a_2, so bleibt von einem Ballen nur w $-(a_1+a_2)$ als nutzbares Papier übrig. Dieses Gewicht kann man aber einer Umrechnung auf Rollen noch nicht zugrunde legen, da noch die übrigen Abfallmengen berücksichtigt werden müssen. Bezeichnen wir den auf einen Ballen entfallenden Planabfall der übrigen drei Abfallarten mit x, so bleibt von einem Ballen als Nutzpapier w $-(a_1+a_2+x)$ übrig. Dieses Gewicht ergibt, dividiert durch das Plan-kg-Gewicht/m², das wir mit s bezeichnet haben, und dividiert durch die Papierfläche einer Rolle, die 5,628 m² beträgt, die Anzahl Rollen, die planmäßig auf einen Ballen entfallen. Bezeichnen wir diese Anzahl Rollen mit y, so erhalten wir:

(67) $$y = \frac{w - a_1 - a_2 - x}{s \cdot 5{,}628}$$

In dieser Formel ist zunächst noch die Größe x unbekannt. Dies bedeutet, daß wir erst die Planabfallmengen n_3, n_4 und n_5 berechnen müssen, ehe wir n_1 und n_2 ermitteln können.

Die auf eine Partie bei einem Druckdurchgang entfallende Abfallmenge für Probedrucke (Abschläge) wird in der Weise geplant, daß man zunächst die Anzahl der durchschnittlich erforderlichen Abschläge festlegt, wobei man sich weitestgehend an die Erfahrungen vergangener Perioden halten muß. Im Anschluß hieran wird ausgemessen, welche Papierlänge bei einem wirtschaftlich durchgeführten Abschlag verlorengehen darf. Diese Länge wird mit der Papierbreite von 56 cm multipliziert. Die so errechnete Papierfläche ergibt, multipliziert mit dem zugehörigen Plan-kg-Gewicht/m², den mengenmäßigen Planpapierabfall eines Abschlages. Multipliziert man diesen mit der Anzahl Abschläge, so erhält man den Planabfall der Abschläge für eine Partie, den wir als a_3 bezeichnen wollen. Zur Umrechnung auf 1000 Rollen muß die planmäßig im Durchschnitt zu erwartende Partiegröße festgelegt werden. Bezeichnen wir die Partiegröße mit l, so erhalten wir für die auf 1000 Rollen entfallende Planabfallmenge für Abschläge den folgenden Ausdruck:

(68) $$n_3 = \frac{a_3}{l} 1000$$

Der Schlußabfall pro Partie wird ebenfalls zunächst längenmäßig im Betrieb ausgemessen und hieraus das entsprechende Gewicht errechnet. Bezeichnen wir den mengenmäßigen Planschlußabfall pro Partie mit a_4, so erhalten wir für die auf 1000 Rollen entfallende Planabfallmenge für Abschläge den folgenden Wert:

(69) $$n_4 = \frac{a_4}{l} 1000$$

Am schwierigsten läßt sich der Abfall für beschädigtes und verschmutztes Papier planen, da er weitestgehend von Zufälligkeiten abhängt. Hier kann man nur so vorgehen, daß man alle Abfälle dieser Art für eine nicht zu kurze Periode statistisch erfaßt und eine Analyse der Entstehungsursachen durchführt. Alle bei wirtschaftlichem Handeln vermeidbaren Abfallmengen werden eliminiert, und der Rest wird durch die im gleichen Zeitraum produzierten Rollen dividiert. Auf diese Weise erhält man die Planabfallmenge für beschädigtes und verschmutztes Papier pro 1000 Rollen, die wir mit n_5 bezeichnet haben.

Nachdem wir die Planabfallmengen n_3, n_4 und n_5 ermittelt haben, können wir auch mit Hilfe der Gleichung (67) die Werte für n_1 und n_2 errechnen. Die Summe $(n_3+n_4+n_5)$ gibt die Planabfallmengen der Abfallursachen 3, 4 und 5 pro 1000 Rollen an. Der Wert x in Gleichung (67) dagegen gibt die entsprechende Abfallmenge für y Rollen an. Wir können daher in der Gleichung (67) x durch $(n_3+n_4+n_5)\frac{y}{1000}$ ersetzen und erhalten:

$$(70) \qquad y = \frac{w - a_1 - a_2 - (n_3 + n_4 + n_5)\frac{y}{1000}}{s \cdot 5{,}628}$$

Löst man diese Gleichung nach y auf, so erhält man:

$$(71) \qquad y = \frac{1000\,(w - a_1 - a_2)}{s \cdot 5{,}628 + (n_3 + n_4 + n_5)}$$

Der auf diese Weise errechnete Wert für y gibt an, wie viele einwandfreie Rollen planmäßig aus einem Ballen hergestellt werden können. Dividiert man die auf einen Ballen entfallenden Abfallmengen a_1 für den Kern und für die Verpackung und die Abfallmengen a_2 für den Ballenwechsel durch y und multipliziert man sie jeweils mit 1000, so erhält man die entsprechenden Planabfallmengen n_1 und n_2 pro 1000 Rollen:

$$(72) \qquad n_1 = \frac{a_1}{y}\,1000$$

$$(73) \qquad n_2 = \frac{a_2}{y}\,1000$$

Setzen wir die nach den obigen Formeln errechneten Werte für die fünf verschiedenen Abfallmengen in die Gleichung (66) ein und multiplizieren wir sie mit dem zugehörigen Planpapierpreis pro kg, den wir mit q bezeichnen wollen, dann erhalten wir die Planpapierkosten e in DM pro 1000 Rollen:

$$(74) \qquad e = (m_n + n_1 + n_2 + n_3 + n_4 + n_5)\,q$$

Nachdem wir die Bestimmungsgleichungen für die Papierkostenplanung einer Tapetenfabrik abgeleitet haben, wollen wir unsere Ausführungen durch ein Zahlenbeispiel ergänzen. Hierbei legen wir eine Tapetensorte zugrunde, die aus 90-g-Papier hergestellt und nur einmal bedruckt wird. Im einzelnen seien die folgenden Daten gegeben:

Planpapiergewicht	$s = 0{,}092$ kg/m²
Planpartiegröße	$l = 2\,000$ Rollen
Durchschnittliches Planballengewicht	$w = 150$ kg/Ballen
Planabfall für Kern und Verpackung	$a_1 = 8{,}00$ kg/Ballen
Planabfall für Ballenwechsel	$a_2 = 1{,}00$ kg/Ballen
Planabfall für Abschläge (diesem Wert liegen drei Abschläge pro Partie zugrunde)	$a_3 = 2{,}50$ kg/Partie
Planabfall für Partieschluß	$a_4 = 0{,}50$ kg/Partie
Planabfall für beschädigtes und verschmutztes Papier	$a_5 = 4{,}00$ kg/1000 Rollen
Planpapierpreis	$q = 0{,}90$ DM/kg

Setzen wir diese Werte in die entsprechenden Gleichungen ein, so erhalten wir folgende Ergebnisse: Die Nettoplanpapiermenge pro 1000 Rollen beträgt 5 628m²/1000 Rollen · 0,092 kg/m² = 517,78 kg/1000 Rollen. Für die Abfallmengen der Ursachen 3, 4 und 5 erhalten wir $n_3 = 1{,}25$ kg/1000 Rollen, $n_4 = 0{,}25$ kg/1000 Rollen und $n_5 = 4{,}00$ kg/1000 Rollen. Aus der Gleichung (71) erhalten wir den Hilfswert $y = 269{,}5$ Rollen pro Ballen und hieraus für $n_1 = 29{,}67$ kg/1000 Rollen sowie $n_2 = 3{,}71$ kg/1000 Rollen. Fassen wir die Ergebnisse zusammen und bewerten wir die Mengen mit dem Planpreis von 0,90 DM/kg, so ergibt sich der in Tabelle 14 wiedergegebene Papierkostenplan. Dieser Plan bildet die Grundlage für die Plankalkulation und für die monatliche *Papierkostenkontrolle,* die wir jetzt behandeln wollen[426].

3. Wir unterstellen, daß der von uns betrachtete Betrieb nur Tapetensorten mit 90 g schwerem Normaltapetenpapier herstellt, die einen Druckvorgang erforderlich machen. Für Betriebe mit einer stärkeren Sortendifferenzierung lassen sich die Rechnungen entsprechend erweitern.

Tabelle 14: Beispiel eines Papierkostenplanes pro 1000 Rollen aus der Tapetenindustrie

Art des Papierverbrauchs pro 1000 Rollen	Verbrauch kg/1000 Rollen	Papierkosten DM/1000 Rollen	Verbrauchsprozentsätze
Nettoplanpapierverbrauch	517,78	466,00	100,00
Planabfall für Kern und Verpackung	29,67	26,70	5,72
Planabfall für Ballenwechsel	1,25	1,13	0,72
Planabfall für Abschläge	3,71	3,34	0,24
Planabfall für Partieschluß	0,25	0,23	0,05
Planabfall für beschädigtes und verschmutztes Papier	4,00	3,60	0,77
Planabfall gesamt	38,88	35,00	7,50
Bruttoplanpapierverbrauch	556,66	501,00	107,50

[426] In der Plankalkulation müssen noch die Materialgemeinkosten berücksichtigt und die Planerlöse für verwertbare Abfälle gutgeschrieben werden, um die gesamten Planpapierkosten zu erhalten.

Nehmen wir an, in einem bestimmten Monat seien insgesamt zehn Partien mit zusammen 28 280 Rollen hergestellt, die in der Tabelle 15 aufgeführt sind[427]. Für jede Partie wird die Anzahl der fehlerfreien Tapetenrollen, die Anzahl der verbrauchten Ballen, das effektive Papiereinsatzgewicht, das sich durch die Addition der entsprechenden Ballengewichte ergibt, und die Anzahl der durchgeführten

Tabelle 15: Beispiel zur Papierkostenkontrolle in der Tapetenindustrie

Tapetensorte/Partienummer	Istpartiegröße Rollen	Ballen Istanzahl	Istpapiereinsatz kg	Abschläge Istanzahl
B/113	2 500	9	1 370,20	3
D/114	2 680	10	1 531,40	5
A/115	2 700	10	1 533,70	5
W/116	3 160	12	1 815,10	4
L/117	3 200	13	2 006,30	2
F/118	2 950	11	1 643,50	6
J/119	2 870	11	1 646,40	5
Z/120	3 100	12	1 823,40	4
U/121	2 900	11	1 645,50	5
X/122	2 220	8	1 210,10	6
Summe	28 280	107	16 225,60	45

Abschläge erfaßt. Zu der Erfassung des effektiven Papiereinsatzgewichtes ist zu bemerken, daß für jede Partie eine bestimmte Anzahl Ballen an die Druckmaschinen geliefert wird, die etwa der gewünschten Partiegröße entspricht. Diese Ballen werden in der Regel restlos für die betreffende Partie verarbeitet, und zwar auch dann, wenn die gewünschte Partiegröße bereits erreicht ist. Ballenreste werden nach Möglichkeit nicht übriggelassen. Aus diesem Grunde gibt es keine Papierbestände in der Fertigung. Man kann in der Tapetenindustrie die Papierkostenkontrolle sehr leicht partieweise durchführen, da die Istpapierverbrauchsmengen ohnehin partieweise erfaßt werden. Notwendig ist jedoch eine partieweise Differenzierung nicht. Es genügt vielmehr, mit Ausnahme eventueller auftragsbedingter Papierkostenabweichungen, die Papierkostenkontrolle für alle während einer Abrechnungsperiode produzierten Partien zusammen durchzuführen.

Hierzu errechnet man zunächst die Gesamtpapierkostenabweichung, und zwar sowohl gewichtsmäßig als auch wertmäßig. Die Tabelle 15 zeigt, daß insgesamt 16 225,60 kg Papier verbraucht worden sind. Multipliziert man diese Menge mit dem Planpreis von 0,90 DM/kg, so erhält man 14 603,04 DM Istpapierkosten zu Planpreisen. Die entsprechenden Sollpapierkosten lassen sich errechnen, indem man die in der Tabelle 14 enthaltene Planvorgabe von 501 DM/1000 Rollen mit der Gesamtproduktion in 1000 Rollen multipliziert. In unserem Beispiel erhalten wir

[427] Diese Zahl liegt weit unter der monatlichen Produktion der meisten Tapetenfabriken. Wir haben jedoch absichtlich eine so kleine Produktionszahl gewählt, damit das Beispiel nicht zu unübersichtlich wird.

501 DM/1000 Rollen · 28 280 Rollen = 14 168,28 DM. Entsprechend ergibt sich für den mengenmäßigen Planpapierverbrauch 556,66 kg/1000 Rollen · 28 280 Rollen = 15 742,54 kg. Wir erhalten also folgende mengenmäßige und wertmäßige Papierverbrauchsabweichung:

	kg	DM
Istpapierverbrauch	16 225,60	14 603,04
./. Sollpapierverbrauch	15 742,54	14 168,28
Gesamte Papierverbrauchsabweichung	+ 483,06	+ 434,76

Die gesamte Papierkostenüberschreitung von +434,76 DM ist das komplexe Ergebnis mehrerer Abweichungseinflüsse, von denen wir jetzt die wichtigsten durch die Errechnung entsprechender Teilabweichungen eliminieren wollen.
Erstens kann ein Teil der gesamten Papierkostenabweichung darauf zurückgehen, daß für eine oder mehrere Partien auf Grund besonderer Kundenwünsche statt 90 g-Papier z. B. 100 g-Papier verwendet worden ist. Derartige Fälle müssen gesondert erfaßt werden. Man wertet nachträglich den Planansatz für 90 g-Papier, welcher der Errechnung der gesamten Papierkostenabweichung zugrunde liegt, auf den Planansatz für 100 g-Papier um. Die Differenz beider Werte stellt die *auftragsbedingte Papierkostenabweichung* der betreffenden Partie dar. In unserem Beispiel ist keine derartige Abweichungsursache enthalten.
Zweitens kann die Papierkostenabweichung zum Teil dadurch verursacht sein, daß das Planpapiergewicht pro m^2 nicht eingehalten worden ist. Für 90 g-Papier haben wir als Planpapiergewicht 0,092 kg/m^2 angesetzt. Praktisch sind Schwankungen zwischen 0,091 und 0,093 kg/m^2 möglich, wodurch die Höhe der Papierkostenabweichung beeinflußt wird. Es ist allerdings nur mit Schwierigkeiten möglich, das effektive durchschnittliche Papiergewicht pro m^2 der während einer Abrechnungsperiode verbrauchten Ballen zu erfassen; denn hierzu sind laufende Gewichtsproben erforderlich. Da das Papiergewicht pro m^2 selbst innerhalb eines Ballens unterschiedlich sein kann, ist immer nur eine näherungsweise Erfassung des effektiven durchschnittlichen Papiergewichts pro m^2 möglich. In unserem Beispiel wollen wir annehmen, das effektive Papiergewicht habe während der betrachteten Abrechnungsperiode 0,0925 kg/m^2 betragen. Dies bedeutet, daß den Istpapierkosten das Istpapiergewicht in Höhe von 0,0925 kg/m^2 und den Planpapierkosten das Planpapiergewicht von 0,0920 kg/m^2 jeweils zugrunde liegen. Der Einfluß dieser Gewichtsdifferenz pro m^2 läßt sich wie folgt gesondert erfassen. Zunächst dividiert man das geplante Papiergewicht von 0,0920 kg/m^2 durch das effektive Papiergewicht von 0,0925 kg/m^2, wobei man einen Umrechnungsfaktor von 0,9946 erhält. Subtrahiert man diesen Faktor von 1, so erhält man 0,0054. Mit diesem Wert müssen die Istpapierkosten multipliziert werden, damit man den Teil der gesamten Papierkostenabweichung erhält, der nicht entstanden wäre, wenn das Planpapiergewicht mit dem effektiven Papiergewicht übereingestimmt hätte. In unserem Beispiel erhalten wir für diese *Papiergewichtsabweichung* + 78,86 DM.
Drittens beeinflußt die effektive Partiegröße die Höhe der Papierkostenabweichung,

da ein Teil der Abfallarten von der Anzahl der Partien abhängt, gleichgültig, wieviel Rollen insgesamt produziert worden sind. In unserem Beispiel wurden während der betrachteten Abrechnungsperiode effektiv zehn Partien produziert. Da die Planpartiegröße 2000 Rollen beträgt, wurden aber in den Planpapierkosten die Abfallvorgaben für 28 280 Rollen: 2000 Rollen/Planpartie = 14,14 Partien, also für 4,14 Partien zuviel, vorgegeben. Multipliziert man diesen Wert mit der Planabfallvorgabe pro Partie in Höhe von 2,70 DM (= 2,50 kg/Partie für Abschläge und 0,50 kg/Partie für Partieschluß bei 0,90 DM/kg), so erhält man einen Betrag von 11,18 DM. Dieser Betrag hätte infolge der Tatsache, daß die effektiv produzierten Partien größer als die geplante Durchschnittspartie waren, in der Abrechnungsperiode gegenüber den Planpapierkosten gespart werden müssen, so daß wir ihn mit einem negativen Vorzeichen versehen müssen. Wir wollen den Betrag von ./. 11,18 DM als *Partiegrößenabweichung* bezeichnen. Bei einer unter dem Planwert liegenden effektiven durchschnittlichen Partiegröße entsteht eine positive Partiegrößenabweichung, die den Charakter einer Erhöhung der gesamten Planvorgabe hat.

Viertens kann die Höhe der effektiven Ballengewichte die Papierkostenabweichung beeinflussen, da der Kernabfall völlig und der Verpackungsabfall zum größten Teil pro Ballen konstant ist und somit pro 1000 Rollen mit veränderten Ballengewichten variiert. Da jedoch die Ballengewichte in der Regel nur geringfügig schwanken, kann diese Einflußgröße bei der Auswertung der gesamten Papierkostenabweichung vernachlässigt werden. Sie ist in der von den Arbeitskräften zu verantwortenden Restabweichung enthalten.

Fünftens beeinflussen die Anzahl der Abschläge und die Wirtschaftlichkeit ihrer Durchführung die Papierkostenabweichung. Hiervon soll der Einfluß, den die Anzahl der Abschläge ausübt, als nicht zu verantwortende Teilabweichung eliminiert werden, damit die Sorgfalt der Farbabstimmung nicht dadurch beeinträchtigt wird. In unserem Beispiel sind laut Tabelle 15 insgesamt 45 Abschläge ausgeführt worden. Planmäßig hätten pro Partie drei Abschläge, also zusammen 30 Abschläge, anfallen dürfen. Wegen der 15 überschüssigen Abschläge müßte planmäßig eine Papierkostenabweichung von + 11,25 DM (= 2,50 kg/3 Abschläge · 0,90 DM/kg = 2,25 DM/3 Abschläge, 2,25 · 5 = 11,25 DM) entstehen, die den Charakter einer nachträglichen Planvorgabe hat. Wir wollen sie als *Abschlagsabweichung* bezeichnen. Die Abschlagsabweichung bringt lediglich den Einfluß der Abweichung zwischen der Istanzahl und der Plananzahl der Abschläge, nicht dagegen auch den Einfluß der mehr oder weniger großen Wirtschaftlichkeit zum Ausdruck, die bei der Durchführung der Abschläge angewandt wird. Dieser letzte Einfluß geht daher in die von den Arbeitskräften zu vertretende Restabweichung ein.

Diese Restabweichung ergibt sich in unserem Beispiel wie folgt:

			DM
Istpapierkosten			14 603,04
./. Planpapierkosten			14 168,28
Gesamtpapierkostenabweichung		+	434,76
	DM		
./. Auftragsbedingte Papierkostenabweichungen [428]	–		
./. Papiergewichtsabweichung	./. 78,86		
./. Partiegrößenabweichung	+ 11,18		
./. Abschlagsabweichung	./. 11,25		
./. Summe der nicht zu verantwortenden Papierkostenabweichung		./.	78,93
Zu verantwortende Papierkostenabweichung		+	355,83

In der zu verantwortenden Papierkostenabweichung in Höhe von + 355,83 DM wirkt sich, von einigen, wegen ihrer relativen Geringfügigkeit vernachlässigten Einflüssen abgesehen, die Wirtschaftlichkeit beim Ballenwechsel und bei den Abschlägen sowie die Folgen über- oder unterplanmäßig starker Beschädigungen und Verschmutzungen aus. Sie stellt daher einen guten Maßstab für die Wirtschaftlichkeit des innerbetrieblichen Papiereinsatzes dar. Schwierig ist in der Tapetenindustrie jedoch die kostenstellen- oder arbeitsplatzweise Aufteilung der von den Arbeitskräften zu verantwortenden Papierkostenabweichungen, da die einzelnen Abfallursachen sehr stark ineinandergreifen. So werden z. B. beim Drucken oder Trocknen in der Kostenstelle „Drucksaal" entstandene Beschädigungen oder Verschmutzungen erst im Rollsaal festgestellt und die betreffenden Stücke herausgeschnitten. Hierbei wird das effektiv herausgeschnittene Stück zu Abfall, welches von dem notwendigerweise auf Grund der im Drucksaal entstandenen Fehler herauszuschneidenden Stück abweichen kann. Im übrigen läßt sich hinterher gerade bei Verschmutzungen und Beschädigungen oft nicht mehr erkennen, wo sie entstanden sind. Aus diesem Grunde empfiehlt es sich, in der Tapetenindustrie auf den Versuch zu verzichten, die Gesamtpapierkostenabweichung kostenstellen- oder kostenplatzweise aufzuspalten. Es läßt sich daher auch keine nach dem Prinzip der individuellen Verantwortung vorgehende Prämiierung, sondern nur eine kollektive Prämiierung der zu verantwortenden Papierkostenabweichung durchführen [429].

II. Die Planung und Kontrolle der Bleikosten in einem Kabelwerk

1. Als nächstes Beispiel der Einzelmaterialplanung und -kontrolle wollen wir die Planung und Kontrolle der Bleikosten in einem Kabelwerk betrachten. Hierzu ist zunächst ein kurzer technologischer Überblick über die Kabelproduktion erforderlich.

[428] Falls auftragsbedingte Papierkostenabweichungen auftreten, werden sie nach Partien gestaffelt aufgeführt.

[429] Vgl. hierzu unsere Ausführungen im Abschnitt C dieses Kapitels.

Das Fertigungsprogramm größerer Kabelwerke ist in der Regel außerordentlich mannigfaltig. Hierbei unterscheidet man als zwei große Gruppen die Starkstromkabel und die Schwachstromkabel; im Rahmen unserer weiteren Ausführungen soll nur die erste Gruppe interessieren, da für Starkstromkabel größere Bleimengen verbraucht werden.

Jedes Starkstromkabel muß nach den VDE-Richtlinien hergestellt werden.

Es ist für unsere Zwecke nicht erforderlich, den Fertigungsprozeß der Starkstromkabelproduktion von Beginn an zu beschreiben, da es hier nur auf die Art des Bleieinsatzes ankommt. Wir gehen also davon aus, daß die Kabelseele bereits fertiggestellt ist und der nächstfolgende Arbeitseinsatz darin besteht, die Kabelseele mit einem Bleimantel zu versehen. Dieser Arbeitsgang wird an einer sogenannten Bleipresse durchgeführt. Die Kabelseele gelangt auf großen Trommeln an die Bleipresse. Die Kabelseele wird in die Bleipresse eingeführt und durchläuft einen beweglichen Konus und einen Spritzmund, wie es die Abbildung 19 schematisch andeutet. Die Bleipresse enthält einen geheizten Kessel mit flüssigem Blei, aus dem das Blei durch ein ebenfalls geheiztes Zulaufrohr zwischen den Spritzmund und den beweglichen Konus gepreßt wird. Hierbei wird der Abstand zwischen dem Konus und dem Spritzmund so eingestellt, daß die Wandstärke des Bleimantels genau die vorgeschriebene Dicke hat. Weiterhin muß der Konus zentriert werden, damit sich der Bleimantel an allen Seiten gleich stark um die Kabelseele legt. Nachdem die richtige Einstellung der Bleipresse an einigen zur Probe umspritzten Stücken überprüft worden ist, wird die gesamte Kabellänge automatisch durch die Bleipresse gezogen. Hierbei liegt die Preßgeschwindigkeit je nach der Stärke des Bleimantels zwischen 1,4 und 70 m/min. In der Regel wird eine Bleipresse von drei Arbeitskräften bedient. Die mit Blei umspritzte Kabelseele wird an der anderen Seite der

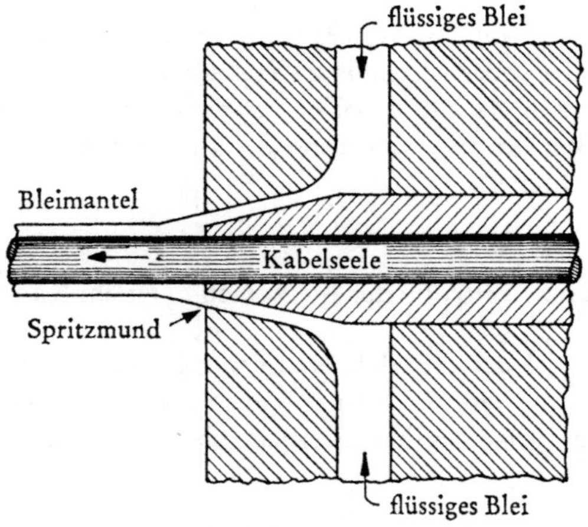

Abb. 19: Schematische Darstellung des Arbeitsganges „Bleipressen“ in der Starkstromkabelproduktion

Bleipresse wiederum auf eine Kabeltrommel aufgerollt und wird von hier an die Arbeitsplätze, welche die folgenden Arbeitsgänge durchführt, weitertransportiert. Durch die Endkontrolle wird unter anderem auch die effektive Stärke des Bleimantels genau nachgemessen und mit der vorgegeben Stärke verglichen. Hierauf kommen wir im Zusammenhang mit der Bleikostenkontrolle noch im einzelnen zurück.

2. Betrachten wir zunächst die *Planung der Bleikosten* für 1000 m Kabel. Der Nettoplanbleiverbrauch läßt sich formelmäßig leicht berechnen, wenn man bedenkt, daß der Bleimantel eines Kabels volumenmäßig die Differenz der Inhalte zweier gleich langer Zylinder darstellt, deren Radien sich um die Wandstärke des Bleimantels unterscheiden. Wir bezeichnen den Nettoplanbleiverbrauch pro 1000 m Kabel mit m_n (kg), die Wandstärke des Bleimantels mit w (cm), den Seelendurchmesser des Kabels mit 2r (cm) und das spezifische Gewicht des Bleis mit j (g/cm^3).
Der Flächeninhalt eines ringförmigen Bleimantels beträgt $\pi w\,(2r+w)$. Für ein Kabel mit beliebigem Seelen- und Kabeldurchmesser und mit einer Planlänge von 1000 m beträgt das Nettoplanbleigewicht[430]:

(75) $$m_n = 100 \cdot 3{,}14 \cdot w\,(2r+w)\,j \quad \text{(kg/1000 m)}$$

Beim Schmelzen des Bleis geht ein bestimmter Prozentsatz des Bleidurchsatzes infolge von Oxydationsprozessen als Abbrand verloren. Die Höhe dieses Abbrandprozentsatzes wird von mehreren technischen Daten beeinflußt, er ist aber nahezu konstant.
Die zweite Ursache für Bleiabfälle besteht im sogenannten Längengefälle der Kabel. In der Regel bildet die Länge von 1000 m in der Kabelindustrie nur die Kalkulationseinheit. Um aber als Endergebnis der Produktion, also in der letzten Produktionsstufe, 500 m einwandfreies Kabel zu erhalten, müssen in den Vorstufen größere Längen produziert werden, da in der Regel bei jedem Arbeitsgang an den Enden ein nicht einwandfreies Stück als Abfall anfällt. Auf Grund des Längengefälles wird die Bleipresse nicht von der Nettoplanproduktionslänge, sondern von einer entsprechend größeren Bruttoplanproduktionslänge durchlaufen. Die Differenz beider Planlängen ist gleich dem planmäßig an der Bleipresse und in den folgenden Produktionsstufen auftretenden Abfallängen. Diese planmäßigen Abfallängen werden auf Grund besonderer Abfallanalysen ermittelt und in Form von Prozentsätzen festgelegt. Auf den Bleiverbrauch wirkt sich das Längengefälle in Form eines entsprechenden Bleimehrverbrauchs aus, der jedoch, prozentual betrachtet, unter dem Planprozentsatz des längenmäßigen Abfalles liegt, da das erste Stück der Abfallängen noch keinen Bleimantel erhält. Während der Abbrandabfall verloren ist, wird der Bleiabfall infolge des Längengefälles später fast hundertprozentig wiedergewonnen. Für die Kalkulation könnte er daher völlig außer Ansatz gelassen werden, da ja später eine fast gleich hohe Gutschrift erfolgen muß. Für die Bleikosten-

[430] Da es sich bei allen in diesem Abschnitt verwendeten Größen um Planwerte handelt, haben wir zur Vereinfachung der Formeln auf eine besondere Kennzeichnung mit dem oben angesetzten Index (p) verzichtet.

kontrolle in der Kostenstelle Bleipresse ist es jedoch erforderlich, den Abfall infolge des Längengefälles in die Plankostenvorgaben einzubeziehen, da von dieser Kostenstelle das Blei zunächst an den Kostenträger abgegeben wird und die Rücklieferung der wiedergewonnenen Bleimengen in einer späteren Abrechnungsperiode erfolgen kann, wo sie dann besonders als Zugänge erfaßt werden müssen.
Bezeichnen wir den Prozentsatz für den planmäßigen Abbrandabfall mit α_1 und den Prozentsatz für den Planabfall infolge des Längengefälles mit α_2, so erhalten wir für den Bruttoplanbleiverbrauch pro 1000 m:

$$(76) \qquad m = 314\, w\, (2r + w)\, j \left(1 + \frac{\alpha_1}{100} + \frac{\alpha_2}{100}\right) \quad (\text{kg}/1000\ \text{m})$$

Multipliziert man den Bruttoplanbleiverbrauch mit dem Planpreis, so erhält man die Bruttoplanbleikosten für 1000 m Kabel.
Nachdem wir den allgemeinen Ansatz für die Bleikostenplanung der Bleikabelproduktion abgeleitet haben, wollen wir unsere Ausführungen durch ein Zahlenbeispiel ergänzen. Hierbei gehen wir von folgenden Werten aus:

Planmäßiges spezifisches Gewicht des verwendeten Bleis	$j = 11{,}37\ \text{g/cm}^3$
Planmäßiger Abbrandabfall	$\alpha_1 = 1{,}00\ \%$
Planabfall infolge des Längengefälles	$\alpha_2 = 1{,}40\ \%$
Planbleipreis	$q = 1{,}00\ \text{DM/kg}$

Setzen wir diese Zahlenwerte in die Gleichung (76) ein, so erhalten wir eine Formel, welche den Bruttoplanbleiverbrauch pro 1000 m Bleikabel in Abhängigkeit vom Seelendurchmesser 2r und von der Wandstärke w des Bleimantels angibt[431].

$$(77) \qquad m = 3\,655{,}9\, w\, (2r + w) \quad (\text{kg}/1000\ \text{m})$$

Um für alle möglichen Seelendurchmesser 2r und für alle praktisch vorkommenden Wandstärken w sofort den zugehörigen Bruttobleiverbrauch pro 1000 m Kabel zur Hand zu haben, empfiehlt es sich, die Gleichung (77) in Form eines oder mehrerer Nomogramme darzustellen, wie es die Abbildung 20 zeigt. Das Nomogramm der Abbildung 20 reicht für den Seelendurchmesser 2r von 29 bis 40 mm und für die Wandstärke w von 1,0 bis 2,0 mm. Hiermit ist zwar keineswegs der gesamte Abmessungsbereich von Bleikabeln erfaßt, aber es empfiehlt sich aus Maßstabsgründen, den gesamten Abmessungsbereich in Teilbereiche zu zerlegen und für jeden Teilbereich ein gesondertes Nomogramm aufzustellen[432]. In der linken Hälfte des in der Abbildung 20 dargestellten Nomogramms wird mit Hilfe von parallelen Additionsstrahlen die Rechenoperation (2r + w) ausgeführt. Das hierbei gewonnene Teilergebnis wird in die rechte Hälfte des Nomogramms projiziert, wo mit Hilfe von Multiplikationszahlen mit 3655,9 w multipliziert wird. Will man für ein bestimmtes Kabel den Bruttoplanbleiverbrauch pro 1000 m ermitteln, so geht man von der linken,

[431] Diese Gleichung gilt nur für das oben angegebene spezifische Gewicht von Blei und für die oben angegebenen Abfallwerte.

[432] Hinsichtlich des Aufbaues und der Arbeitsweise von Nomogrammen vgl. *H. Diercks* und *E. Euler*, Praktische Nomographie, 2. Aufl., Düsseldorf 1942.

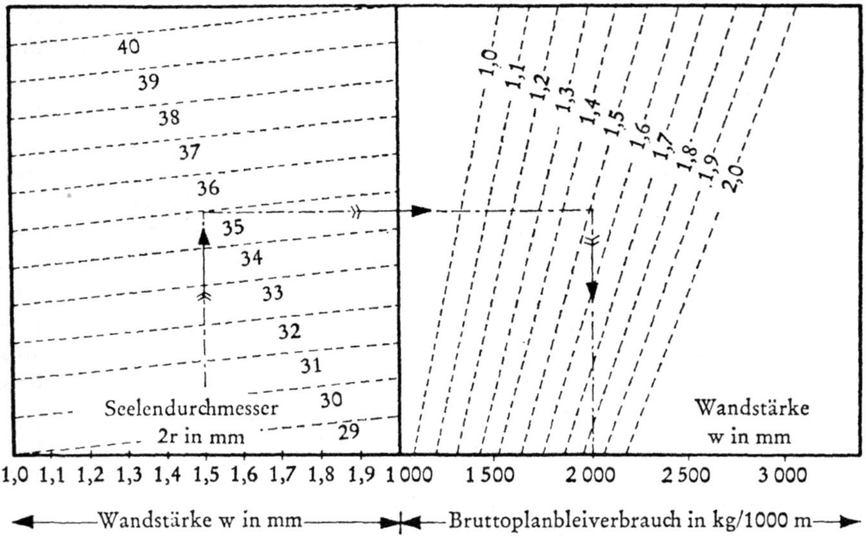

Abb. 20: Nomogramm zur Bestimmung des geplanten Bruttobleiverbrauchs von Bleikabeln

horizontalen Wandstärkenskala aus, verfolgt hier den zu dem Kabel gehörenden Wert senkrecht nach oben, bis man auf den Additionsstrahl stößt, der dem Kabel entspricht, geht von hier rechtwinklig hinüber in die rechte Nomogrammhälfte bis zu dem mit der entsprechenden Wandstärke gekennzeichneten Multiplikationsstrahl und liest auf der waagerechten Bruttoplanbleiverbrauchsskala den zugehörigen Wert als Ergebnis ab. In der Abbildung 20 haben wir den Ablesevorgang für eine Wandstärke von 1,5 mm und einen Seelendurchmesser von 35 mm durch einen gestrichelten und mit Pfeilen versehenen Rechnungsweiser gekennzeichnet. Als Ergebnis erhalten wir in diesem Fall 2 001,6 kg/1000 m. Für eine Wandstärke von 1,0 mm erhalten wir bei einem Seelendurchmesser von 30 mm 1 133,3 kg/1000 m, während sich bei einer Wandstärke von 2,0 mm und einem Seelendurchmesser von 40 mm 3 070,9 kg/1000 m ergeben.
Treten Zwischengrößen auf, wie z. B. Seelendurchmesser von 31,5 oder 38,5 mm, so muß zwischen den entsprechenden Additions- oder Multiplikationsstrahlen interpoliert werden.
Multipliziert man den mengenmäßigen Bruttoplanbleiverbrauch mit dem Verrechnungspreis pro kg, so erhält man die Bruttoplanbleikosten pro 1000 m. In unserem Beispiel entstehen hierbei numerisch gleiche Werte, da der Verrechnungspreis für Blei 1 DM/kg beträgt. Die Ergebnisse der Bleikostenplanung bilden die Grundlage für die Plankalkulation und für die Bleikostenkontrolle, welche wir jetzt näher betrachten wollen [433].

[433] In der Plankalkulation müssen lediglich noch die zugehörigen Materialgemeinkosten berücksichtigt und die verwertbaren Bleiabfälle gutgeschrieben werden, um die gesamten Planbleikosten pro 1000 m Kabel zu erhalten.

3. Die *Bleikostenkontrolle* sollte sowohl für jede Bleipresse als auch für jeden Auftrag erfolgen. Weiterhin empfiehlt es sich, die Bleikostenkontrolle wegen ihrer großen Bedeutung nicht monatlich, sondern mindestens wöchentlich durchzuführen.
In unserem Beispiel, dessen Zahlenangaben in der Tabelle 16 zusammengestellt sind, wurden während der Abrechnungsperiode an einer Bleipresse insgesamt die vier Kabeltypen U, V, R und S in zehn Aufträgen produziert. Für jeden einzelnen Auftrag wird die an die nachfolgende Fertigungsstufe abgelieferte Istlänge in m festgestellt, wobei zugleich angegeben wird, aus wieviel Einzellängen der Auftrag besteht (z.B. 1000 m je 2 × 500 m oder 1000 m je 4 × 250 m). Weiterhin wird durch die Ablieferungskontrolle der Vorstufe der effektive Seelendurchmesser der an die Bleipresse weitergeleiteten Kabelseele festgestellt, da Schwankungen im Seelendurchmesser den Bleiverbrauch erheblich beeinflussen können. Dem Istseelendurchmesser wird der Planseelendurchmesser gegenübergestellt. In entsprechender Weise wird durch die Ablieferungskontrolle nach dem Arbeitsgang Bleipressen die effektive Wandstärke der einzelnen Kabel gemessen und in die Tabelle 16 eingetragen sowie ihnen die zugehörigen Planwerte gegenübergestellt[434]. Die Unterschiede zwischen den effektiven und den geplanten Wandstärken müssen zwangsläufig den Bleiverbrauch sehr stark beeinflussen.
Als nächstes werden die Bruttoplanbleikosten pro 1000 m aus den entsprechenden Nomogrammen (vgl. Abbildung 20) oder tabellarischen Bleikostenplänen entnommen und in die Tabelle 16 eingetragen. Mit diesen Werten multipliziert man die abgelieferte Istmenge (in 1000 m) und erhält so die Bruttoplanbleikosten jedes einzelnen Auftrages. In unserem Beispiel betragen die gesamten Bruttoplanbleikosten der Abrechnungsperiode 39 377,29 DM.
Der folgende Rechenschritt besteht in der Erfassung der gesamten Istbleikosten der Abrechnungsperiode. Für den mengenmäßigen Istbleiverbrauch erhalten wir in unserem Beispiel auf Grund der Anfangs- und Endinventuren und der Zugangsbelege den folgenden Wert:

Anfangsbestand lt. Inventur	5 780,90 kg
+ Zugänge lt. Belege	38 776,73 kg
Anfangsbestand + Zugänge	44 557,63 kg
./. Endbestand lt. Inventur	3 690,20 kg
Mengenmäßiger Istbleiverbrauch	40 867,43 kg

Im Zusammenhang mit den Inventuren ist zu bemerken, daß nicht nur die an der Bleipresse lagernden, sondern auch die im Schmelzkessel befindlichen Bleimengen inventurmäßig so genau wie möglich berücksichtigt werden müssen. Die Zugänge enthalten nicht nur das vom Lager bezogene Blockblei, sondern auch das wiedergewonnene Blei aus den abgefallenen Kabelenden[435]. Da hier der Verrechnungs-

[434] Hierbei entstehen bei der praktischen Durchführung aber erhebliche technische Schwierigkeiten.
[435] Hierdurch erfolgt keine Doppelverrechnung von Bleikosten, da die Plankalkulationen entsprechend entlastet werden.

Tabelle 16: Beispiel der Bleikostenkontrolle an einer Bleipresse in einem Kabelwerk

Kabel-type/ Auf-trags-num-mer	Abge-lieferte Ist-menge	An-zahl Län-gen	Seelen-durchmesser mm		Wand-stärke mm		Bruttoplan-bleikosten DM		Seelen-abweichung		Wandstärken-abweichung	
	m		Plan	Ist	Plan	Ist	pro 1000 m	pro Auftrag	pro 1000 m	pro Auftrag	pro 1000 m	pro Auftrag
U/1163	1 130	4	30,0	31,5	1,0	1,0	1 133,329	1 280,66	+ 54,839	+ 61,97	-	-
V/1164	4 520	10	40,0	39,0	2,0	2,0	3 070,956	13 880,72	— 73,118	— 330,49	-	-
R/1165	411	1	35,0	35,0	1,5	1,6	2 001,605	822,66	-	-	+ 139,290	+ 57,25
S/1166	1 250	4	33,0	33,0	1,3	1,5	1 630,166	2 037,71	-	-	+ 261,762	+ 327,20
V/1167	1 305	5	40,0	40,5	2,0	2,2	3 070,956	4 007,60	+ 36,559	+ 47,71	+ 326,837	+ 426,52
U/1168	400	1	30,0	32,0	1,0	1,0	1 133,329	453,33	+ 73,118	+ 29,25	-	-
R/1169	2 673	7	35,0	34,0	1,5	1,5	2 001,605	5 350,29	— 54,839	— 146,59	-	-
U/1170	1 384	4	30,0	30,0	1,0	1,0	1 133,329	1 568,53	-	-	-	-
S/1171	5 641	14	33,0	33,0	1,3	1,4	1 630,166	9 195,77	-	-	+ 130,515	+ 736,24
V/1172	254	1	40,0	39,0	2,0	2,0	3 070,956	780,02	— 73,118	— 18,57	-	-
Summe	18 968	51	-	-	-	-	-	39 377,29	-	— 356,72	-	+ 1 547,21

preis für Blei 1 DM/kg beträgt, erhalten wir für die betrachtete Abrechnungsperiode 40 867,43 DM Istbleikosten. Subtrahieren wir davon die gesamten Sollbleikosten in Höhe von 39 377,29 DM, so erhalten wir als gesamte Bleikostenabweichung der Periode einen Mehrverbrauch von +1 490,14 DM. Um diese Gesamtabweichung beurteilen zu können, müssen wir sie auf ihre Einflußgrößen hin analysieren.

In der Kabelindustrie lassen sich innerhalb bestimmter Grenzen liegende Abweichungen zwischen dem geplanten und dem effektiven Seelendurchmesser in der Regel nicht vermeiden, wodurch der Bleiverbrauch bei der Ummantelung stark beeinflußt werden kann. Weicht der Istseelendurchmesser vom Planseelendurchmesser nach oben ab, so muß eine positive und im umgekehrten Fall eine negative Bleikostenabweichung an der Bleipresse entstehen. Diese Abweichung, welche wir als *Seelenabweichung* bezeichnen wollen, ist nicht von den Arbeitskräften an der Bleipresse zu verantworten, da die Abweichung des Seelendurchmessers bereits in der Vorfertigung verursacht worden ist. Sie muß daher von der gesamten Bleikostenabweichung getrennt werden.

Hierbei kann man erstens so vorgehen, daß man die Bruttosollbleikosten pro 1000 m ermittelt, welche dem effektiven Seelendurchmesser und der zugehörigen Planwandstärke entsprechen, und diese von den vorgegebenen Bruttosollbleikosten subtrahiert. Im Beispiel des Auftrags U/1163 der Tabelle 16 betragen die vorgegebenen Bruttoplanbleikosten 1 133,329 DM/1000 m. Dieser Wert bezieht sich auf einen Seelendurchmesser von 30,0 mm und eine Wandstärke von 1,0 mm. Für einen Seelendurchmesser von 31,5 mm ergeben sich bei gleicher Wandstärke Bruttosollbleikosten von 1 188,168 DM/1000 m. In diesem Fall entsteht also eine positive Seelenabweichung von 54,839 DM/1000 m. Für den gesamten Auftrag erhält man daher eine Seelenabweichung von 54,839 · 1,130 = + 61,97 DM. Entsprechend werden auch die Seelenabweichungen der übrigen Aufträge errechnet. Für alle Aufträge der Abrechnungsperiode zusammen erhalten wir in unserem Beispiel eine gesamte Seelenabweichung von ./. 356,72 DM.

Den soeben beschriebenen Weg zur auftragsweisen Errechnung der Seelenabweichung wird man gehen, wenn man die den effektiven Seelendurchmessern entsprechenden Bruttosollbleikosten nicht gesondert zu errechnen braucht, sondern wenn sich diese direkt oder mit Hilfe von Interpolationen aus den Nomogrammen oder Tabellen der Bleikostenplanung ablesen lassen. Im anderen Fall empfiehlt es sich, die Seelenabweichung pro 1000 m Kabel nach einer aus der Gleichung (77) abgeleiteten Formel zu berechnen, wobei man die gleichen Werte wie nach der ersten Methode erhält[436].

Weiterhin wird der effektive Bleiverbrauch durch die Längen der gefertigten Kabel beeinflußt. Der Abfall infolge des Längengefälles ist in seiner absoluten Höhe nahezu unabhängig von der Kabellänge, d. h. für ein 500 m langes Kabel fällt in etwa der

[436] Ersetzen wir in der Gleichung (77) auf Seite 252 den geplanten Seelendurchmesser 2 r der Einfachheit halber durch d und bezeichnen wir den effektiven Seelendurchmesser mit $d+\Delta d$ und die Planwandstärke mit w, so erhalten wir zur Bestimmung der Seelenabweichung Δm_s pro 1000 m Kabel die folgende Gleichung:

$$\Delta m_s = 3655{,}9\ w \cdot \Delta d$$

gleiche Abfall an wie für ein 250 oder 100 m langes Kabel. Den Planvorgaben liegt für den Abfall infolge des Längengefälles ein Prozentsatz von 1,4 zugrunde. Dieser Satz bezieht sich auf eine planmäßige Kabellänge von 500 m. Liegen die effektiven Kabellängen unter 500 m, so kann der Prozentsatz von 1,4 nicht eingehalten werden. Bei 250 m müßte z.B. ein doppelt so hoher und bei 100 m sogar ein fünfmal so hoher Planprozentsatz für den Abfall infolge des Längengefälles vorgegeben werden. Da es aber praktisch nicht möglich ist, für jede denkbare Kabellänge eine gesonderte Vorgabe zu planen, bezieht man sämtliche Vorgaben auf die planmäßige Kabellänge von 500 m und korrigiert nachträglich die gesamte Bleikostenabweichung entsprechend. Hierzu dividiert man die Summe der abgelieferten Istmengen aller Aufträge durch die Gesamtzahl der gefertigten Längen. In unserem Beispiel erhalten wir hierbei 18 968 : 51 = 372 m. Diese Zahl gibt die durchschnittliche Kabellänge der Abrechnungsperiode an. Nach der Proportion 372 m : 500 m = 1,4% : x% erhalten wir für x etwa 1,9%. Dieser Prozentsatz entspricht der effektiven durchschnittlichen Kabellänge von 372 m. Die Vorgaben enthalten aber nur 1,4%, also 0,5% zu wenig, wobei sich diese 0,5% auf die Nettoplanbleikosten beziehen; umgerechnet auf die Bruttoplanbleikosten von 102,4% erhält man etwa 0,49%. Um diese 0,49% sind die gesamten Bruttoplanbleikosten zu niedrig, da die Abweichung der durchschnittlichen Kabellänge nicht von den an der Bleipresse tätigen Arbeitern zu verantworten ist. 0,49% der gesamten Bruttoplanbleikosten sind also als nicht zu verantwortende *Abweichung infolge außerplanmäßiger Kabellängen* von der gesamten Bleikostenabweichung der Abrechnungsperiode zu eliminieren[437]. In unserem Beispiel erhalten wir für diese Abweichung 0,0049 · 39 377,29 = + 192,95 DM.

Während die Seelenabweichung und die Abweichung infolge außerplanmäßiger Kabellängen von der gesamten Bleikostenabweichung eliminiert werden müssen, weil sie nicht von den Arbeitern an der Bleipresse beeinflußbar sind, muß von der verbleibenden Restabweichung noch eine weitere Abweichung abgespalten werden, weil ihre Entstehung in ganz besonderem Maße von den Arbeitern an der Bleipresse zu verantworten ist. Diese Abweichung entsteht, wenn die effektive Wandstärke des Bleimantels größer ist als die Planwandstärke, so daß wir sie als *Wandstärkenabweichung* bezeichnen wollen. Überschreitungen der geplanten Wandstärke treten vor allem dann ein, wenn in der Bleipresse der Abstand zwischen dem beweglichen Konus und dem Spritzmund (vgl. Abbildung 19) von vornherein zu weit eingestellt wird oder sich während des Arbeitsvorganges verändert[438]. Bei der großen Länge der Kabel führen bereits geringfügige Wandstärkenüberschreitungen zu erheblichen Verbrauchsabweichungen, so daß eine Kontrolle dieses Einflusses besonders wichtig ist.

Die Eliminierung der Wandstärkenabweichung kann erstens in der Weise vorgenommen werden, daß man die „Bruttosollbleikosten" pro 1000 m ermittelt, die dem

[437] Diese Abweichung hat keinen Kostencharakter, da die entsprechenden Bleimengen wiedergewonnen werden. Sie ist nur eine Hilfsgröße der Bleikostenkontrolle und wird bei der Verteilung auf die Kostenträger nicht mit berücksichtigt.

[438] In ähnlicher Weise können beim Ziehen von Kupferdrähten infolge ausgeweiteter Ziehsteine zu verantwortende Kupferverbrauchsabweichungen entstehen.

effektiven Seelendurchmesser und der effektiven Wandstärke entsprechen, und diese von den Bruttosollbleikosten pro 1000 m subtrahiert, welche dem effektiven Seelendurchmesser und der Planwandstärke entsprechen würden[439]. Betrachten wir hierzu den Auftrag V/1167. Nach Gleichung (77) erhalten wir für den effektiven Seelendurchmesser von 40,5 mm und für die Planwandstärke von 2,0 mm Bruttosollbleikosten von 3 107,515 DM/1000 m, während sich bei gleichem Seelendurchmesser, aber bei der effektiven Wandstärke von 2,2 mm „Bruttosollbleikosten" von 3 434,352 DM/1000 m ergeben. Die Differenz beträgt + 326,837 DM/1000 m, was umgerechnet auf den Auftrag einen Betrag von + 426,52 DM ergibt. Entsprechend werden auch die Wandstärkenabweichungen der übrigen Aufträge errechnet. Für alle Aufträge der Abrechnungsperiode erhalten wir in unserem Beispiel eine gesamte Wandstärkenabweichung von ingesamt + 1 547,21 DM.

Den soeben beschriebenen Weg zur auftragsweisen Errechnung der Wandstärkenabweichung wird man gehen, wenn die den effektiven Seelendurchmessern und den effektiven Wandstärken entsprechenden Bruttosollbleikosten nicht gesondert errechnet werden müssen, sondern wenn sich diese direkt oder mit Hilfe von Interpolationen aus den Nomogrammen oder Tabellen der Bleikostenplanung ablesen lassen. Im anderen Fall empfiehlt es sich, die Wandstärkenabweichung pro 1000 m Kabel nach einer aus der Gleichung (77) abgeleiteten Formel zu berechnen, wobei man die gleichen Werte wie nach der ersten Methode erhält[440]. Nach Durchführung der Abweichungsaufspaltungen erhalten wir in unserem Beispiel als Ergebnis der Bleikostenkontrolle:

Istbleikosten		40 867,43 DM
./. Gesamte Sollbleikosten		39 377,29 DM
Gesamtbleikostenabweichung		+ 1 490,14 DM
./. Seelenabweichungen	./. 356,72 DM	
./. Abweichung infolge veränderter Kabellängen	+ 192,95 DM	
./. Summe der nicht zu verantwortenden Bleikostenabweichungen		+ 163,77 DM
Summe der zu verantwortenden Bleikostenabweichungen		+ 1 653,91 DM
Davon Wandstärkenabweichungen		+ 1 547,21 DM
Davon Restabweichung		+ 106,70 DM

439 Diese Kosten sind in bezug auf die Wandstärke keine „Soll"-Kosten, denn die Wandstärke „sollte" ja geringer sein; sie sind aber in bezug auf die sonstigen, noch nicht eingeplanten Einflüsse Sollkosten.

440 Diese Gleichung erhält man dadurch, daß man zunächst die Bruttoplanbleikosten für den effektiven Seelendurchmesser $d+\Delta d$ und die effektive Wandstärke $w+\Delta w$ nach Gleichung (77) bildet und hiervon die Planvorgabe abzieht:

$$\Delta m = 3\,655{,}9\,[(d+\Delta d)\,(w+\Delta w) + (w+\Delta w)^2 - dw - w^2]$$

Aufgelöst erhält man:

$$\Delta m = 3\,655{,}9\,[\Delta d w + \Delta w\,(d+\Delta d+2w+\Delta w)]$$

Hierbei ist Δm die Summe aus der Seelenabweichung und der Wandstärkenabweichung. Zieht man von Δm die nach der Formel $\Delta m_S = 3\,655{,}9\, w \cdot \Delta d$ errechnete Seelenabweichung ab, die wir in der Anmerkung 436 abgeleitet haben, so erhält man als Gleichung für die

Die auftragsweise Gliederung der Seelenabweichungen und der Wandstärkenabweichungen ist aus der Tabelle 16 zu ersehen. Wie die Zusammenstellung zeigt, besteht die insgesamt zu verantwortende Bleikostenabweichung zum weitaus größten Teil aus Wandstärkenabweichungen; für den Rest von + 106,70 DM lassen sich die Ursachen im einzelnen nicht angeben. Da sich die zu verantwortenden Bleikostenabweichungen der Kostenplätze „Bleipressen" mit genügender Genauigkeit lokalisieren lassen, besteht die Möglichkeit, eine nach dem Prinzip der individuellen Verantwortung vorgehende Prämiierung anzuwenden. Hierbei müßte allerdings berücksichtigt werden, daß keine negativen Wandstärkenabweichungen auftreten dürfen und daß die Einhaltung der geplanten Wandstärken bereits ein zu prämiierender Erfolg ist.

III. Die Probleme der Planung und Kontrolle des Einzelmaterials im Maschinenbau

1. Bereits vor Entstehung der flexiblen Plankostenrechnung waren die Planung und die Kontrolle der Einzelmaterialkosten in den Unternehmungen des Maschinenbaus eingeführt[441]. Heute kann daher im Gegensatz zu vielen anderen Branchen im Maschinenbau die Einzelmaterialplanung und -kontrolle als organisatorisch gelöst angesehen werden.

Das Fertigungsprogramm der Unternehmungen des Maschinenbaus ist in der Regel mannigfaltig; es besteht aus den unterschiedlichsten maschinellen Anlagen, Maschinen und Maschinenteilen, die meistens in Einzel- oder in Kleinserienfertigung produziert werden. Eine besondere Stellung nimmt die langfristige Einzelfertigung des Großmaschinenbaus ein.

Trotz der großen Mannigfaltigkeit der Erzeugnisse ist der Ablauf der Auftragserledigung und der Produktion in fast allen Unternehmungen des Maschinenbaus ähnlich.

Handelt es sich um einen im Markt eingeführten Standardartikel, so liegen die Konstruktionszeichnungen für den betreffenden Artikel bereits zum Zeitpunkt des Auftragseingangs vor.

Bei den Kundenaufträgen für Einzelfertigung bildet dagegen die Kundenanfrage über ein bestimmtes Projekt, z. B. über eine Walzwerksanlage, den Ausgangspunkt der Planung im weitesten Sinne. Auf Grund der Anfrage werden unter Berücksichtigung der relevanten Daten vorläufige, nicht detaillierte Projektzeichnungen angefertigt, die die Grundlage für die Vorkalkulation und für die Preisverhandlungen bilden. Die endgültigen, detaillierten Konstruktionszeichnungen werden erst nach

Wandstärkenabweichung Δm_w pro 1000 m Kabel:

$\Delta m_w = 3\,655{,}9\ \Delta w\ (d + \Delta d + 2w + \Delta w)$

Für den Auftrag V/1167 erhalten wir hieraus z. B.:

$\Delta m_w = 3\,655{,}9 \cdot 0{,}02\ (4{,}05 + 0{,}40 + 0{,}02)$

$\Delta m_w = 3\,655{,}9 \cdot 0{,}0894 = +326{,}837$ DM/1000 m

[441] Vgl. hierzu unsere Ausführungen im Abschnitt C des 1. Kapitels.

Auftragseingang angefertigt. Der Gesamtauftrag wird für die Vorkalkulation in Teilaufträge zerlegt, und eine nach Materialgruppen differenzierte (z. B. für eine Walzwerksanlage: der erforderliche Grau- und Stahlguß, das Walz- und Schmiedematerial und die wichtigsten Fertigteile) Grobplanung des Einzelmaterialverbrauchs durchgeführt. Eine Feinplanung des Materialbedarfs ist erst nach Fertigstellung der Konstruktionszeichnungen möglich. Für die Vorkalkulation von Einzelmaterialmengen können ggf. Nachkalkulationen ähnlicher, früherer Aufträge herangezogen werden. Zur Umrechnung verwendet man dann Äquivalenzziffern. Trotz dieser groben Methoden erweisen sich die so ermittelten Einzelmaterialmengen in der Praxis als ziemlich genau.

Nach Vertragsabschluß wird das Projekt, intern auch als Hauptauftrag bezeichnet, in Hauptgruppenaufträge unterteilt. Jede Hauptgruppe besteht aus Unter- und Anbaugruppen. Für alle Gruppen werden Zeichnungen erstellt. In den entsprechenden Stücklisten wird nach Art und Menge jeweils festgelegt, welche Roh- und Fertigteile für die Fertigstellung und für die Montage der verschiedenen Einzelteile erforderlich sind.

Die aus den Konstruktionszeichnungen abgeleiteten Stücklisten stellen im Maschinenbau das Mengengerüst der Einzelmaterialpläne dar. Bewertet man die geplanten Verbrauchsmengen mit den zugehörigen Planpreisen, so erhält man den Einzelmaterialkostenplan des betreffenden Auftrages. Die fertigen Stücklisten werden in der Arbeitsvorbereitung weiterbearbeitet. Hierbei wird zunächst für jede Materialvorgabe festgestellt, ob das Material aus dem Lager verfügbar ist oder ob es erst bestellt werden muß. Im ersten Fall werden Materialentnahmescheine ausgestellt; diese enthalten die Materialart bzw. die Art des betreffenden Teiles, die Dimensionen, die Qualitätsbezeichnungen, die Rohabmessungen, die Lagernummer, die vorgegebenen Mengen- oder Stückzahlen, den Planpreis, die Auftragsnummer, die laufende Belegnummer, das Ausstellungsdatum, das Entnahmedatum sowie eine Spalte für die Unterschrift des Meisters der beziehenden Kostenstelle und für die Gegenzeichnung des Lageristen. Handelt es sich dagegen um von außen zu beziehendes Material oder um von außen zu beziehende Einzelteile, so werden Bestellkarten für den Einkauf ausgestellt; diese Karten enthalten die Art des betreffenden Teiles, seine Dimensionen, seine qualitativen Eigenschaften, seine Zeichnungsnummer, den Lieferanten, das Bestelldatum, den Liefertermin, das Eingangsdatum, die Auftragsnummer, eine laufende Belegnummer, den Preis und eine Spalte für die Unterschrift des empfangenden Meisters. So wird der zunächst in Stücklistenform erstellte Einzelmaterialplan eines Auftrages in Materialentnahmescheine und Planbestellkarten aufgelöst. Hiermit ist die Einzelmaterialplanung zunächst abgeschlossen. Neben der Einzelmaterialplanung dienen im Maschinenbau die Stücklisten als Grundlage für die Fertigungsplanung, insbesondere der Fertigungszeitplanung.

2. Nachdem in Form der *Planmaterialentnahmescheine* und der Planbestellkarten für jeden einzelnen Auftrag die Planeinzelmaterialkosten festgelegt worden sind, wird die laufende Kontrolle der Einzelmaterialkosten in der Weise durchgeführt,

daß zunächst nur die geplanten Verbrauchsmengen an die Fertigung ausgeliefert werden. Werden in einer Kostenstelle zusätzliche Materialmengen oder Einzelteile benötigt, so müssen hierfür außerplanmäßige *Zusatzmaterialentnahmescheine* ausgefüllt werden. Diese Zusatzmaterialentnahmescheine unterscheiden sich in der Regel von den Planmaterialentnahmescheinen durch ihre Farbe; sie enthalten alle Angaben über die Art und die Menge des Mehrverbrauchs, die Auftragsnummer, den Planpreis, das Ausstellungsdatum und insbesondere eine Begründung des Mehrverbrauchs, die von dem verantwortlichen Meister, Arbeitsvorbereiter oder Konstrukteur unterschrieben sein muß [442].

Im einzelnen entstehen *Einzelmaterialverbrauchsabweichungen* im Maschinenbau aus folgenden Gründen.

Erstens können im Bereich der Fertigung Materialmengen oder kleinere Einzelteile verlorengehen oder unbrauchbar werden. Zweitens kommt es vor, daß im Lager statt der geplanten andere Abmessungen vorrätig sind und hierdurch ein entsprechender Mehrverbrauch entsteht. Dieser Fall tritt z.B. leicht bei Stangenmaterial ein, wo bei außerplanmäßigen Längen erhöhte Abfallmengen auftreten. Drittens können Einzelmaterialverbrauchsabweichungen dadurch verursacht werden, daß die geplanten Materialqualitäten am Lager nicht vorrätig sind und aus Termingründen höherwertiges Material eingesetzt werden muß. Viertens entsteht die Notwendigkeit, Zusatzmaterialentnahmescheine auszufüllen, wenn Einzelteile zu Ausschuß werden [443]. Die bisher genannten Einzelmaterialverbrauchsabweichungen fallen meist nicht besonders ins Gewicht.

Größere Einzelmaterialverbrauchsabweichungen treten vielmehr in der Regel nur dann auf, wenn während der Fertigung Konstruktionsänderungen vorgenommen werden. Hierdurch werden meistens andere Materialmengen und -arten erforderlich, als in der ursprünglichen Stückliste vorgesehen waren, so daß zahlreiche Zusatzmaterialentnahmescheine ausgestellt werden müssen. Derartige Konstruktionsänderungen treten insbesondere bei langfristiger Einzelfertigung auf. Am häufigsten werden sie dadurch verursacht, daß der Kunde noch während der Fertigung Änderungen wünscht; die entsprechenden Einzelmaterialabweichungen sind dann rein auftragsbedingt. Ferner können fertigungstechnisch bedingte Änderungen zu Abweichungen gegenüber dem geplanten Einzelmaterialverbrauch führen.

Die *Einzelmaterialkontrolle* erfolgt im Maschinenbau in erster Linie auftragsweise, wobei sich der projektorientierten Gliederung der durch die Zusatzmaterialentnahmescheine erfaßten Einzelmaterialverbrauchsabweichungen die Gliederung nach Materialarten, Kostenstellen und Abweichungsursachen unterordnet. Die Zusatzmaterial-

[442] Auf die Verwendung solcher Zusatzentnahmescheine für Einzelmaterialmehrverbrauch weist im Zusammenhang mit der Plankostenrechnung *T. Ellinger,* Rationalisierung durch Standardkostenrechnung, Stuttgart 1954, S. 52, hin. T. Ellingers Ausführungen sind vorwiegend auf den Maschinenbau bzw. ihm fertigungstechnisch verwandte Branchen zugeschnitten.

[443] Auf die Planung und Verrechnung von Ausschuß werden wir im 14. Kapitel gesondert eingehen.

entnahmescheine werden auftragsweise gesammelt und zu monatlichen Übersichten zusammengestellt, die so abzufassen sind, daß man aus ihnen die anteilmäßige Bedeutung der einzelnen Abweichungsursachen erkennen kann. Unabhängig von diesen monatlichen Übersichten werden die geplanten Einzelmaterialkosten nach Fertigstellung der einzelnen Aufträge den effektiven Einzelmaterialkosten gegenübergestellt. Hierbei kann man im einzelnen so vorgehen, wie es das folgende Beispiel zeigt.

3. Als Beispiel für eine auftragsweise Einzelmaterialkontrolle im Maschinenbau wollen wir eine Walzwerksanlage betrachten.
Für jeden Hauptgruppenauftrag wurden aus den zugehörigen Stücklisten die zugehörigen Planmaterialentnahmescheine und die Planbestellkarten abgeleitet und mit den zugehörigen Planpreisen bewertet. Addiert man die der ursprünglichen Planstückliste entsprechenden Einzelmaterialmengen und Einzelmaterialkosten, so erhält man den mengen- bzw. wertmäßigen Planeinzelmaterialverbrauch der einzelnen Hauptgruppenaufträge. Hierbei werden folgende Materialarten zu Gruppen zusammengefaßt wie: Grauguß, Stahlguß, Rotguß, Walzmaterial, Schmiedestücke sowie diverses Material und von auswärts bezogenes Fertigungsmaterial. Neben dem gewichtsmäßigen und dem wertmäßigen Planeinzelmaterialverbrauch werden auch die Planeinzelkosten pro 100 kg Planeinzelmaterialverbrauch angegeben. Weiterhin werden alle Zusatzmaterialentnahmescheine jedes Hauptgruppenauftrages ebenfalls nach den genannten Materialgruppen differenziert erfaßt. Hierbei werden die folgenden drei Gruppen gebildet: Einzelmaterialverbrauchsabweichungen infolge von Konstruktionsänderungen, aus innerbetrieblichen Gründen und aus sonstigen Gründen. Addiert man alle Einzelmaterialverbrauchsabweichungen zu dem Planeinzelmaterialverbrauch laut Planstückliste, so erhält man den Isteinzelmaterialverbrauch.
Der Materialbedarf für die elf Hauptgruppenaufträge wird, wie in Tabelle 17, zu einer Gesamtübersicht zusammengestellt. Die Tabelle 17 zeigt, daß die Blockstraße laut Planstückliste 1 556 194 kg wiegen und 1 328 000 DM Einzelmaterialkosten verursachen soll[444].
Infolge nachträglicher Kundenwünsche mußten die Konstruktionspläne geändert und Materialentnahmescheine im Werte von 4 562 DM von Grauguß auf Stahlguß umgewandelt und zugleich für 7 820 DM ./. 4 562 DM = 3 258 DM Zusatzmaterialentnahmescheine für Stahlguß ausgestellt werden. Aus dem gleichen Grunde wurden für 19 290 DM Rotguß und bei den anderen Einzelmaterialarten insgesamt 9 430 DM zusätzlich benötigt. Im Gegensatz zu den Einzelmaterialverbrauchsabweichungen infolge von Konstruktionsänderungen auf Kundenwunsch fallen die übrigen beiden Gruppen von Einzelmaterialverbrauchsabweichungen in unserem

[444] In die Übersicht der Tabelle 17 werden häufig auch die vorkalkulierten Einzelmaterialverbrauchsmengen und -kosten einbezogen. Weiterhin stellt die Übersicht der Tabelle 17 in der Regel einen Ausschnitt aus einer entsprechend aufgebauten Übersicht über die gesamten Selbstkosten des betreffenden Auftrages dar.

Tabelle 17: Ergebniszusammenfassung der Einzelmaterialkontrolle für eine Walzwerksanlage

Auftrag: W 1417 Blockstraße Beginn: 5. 2. 1966 Fertigstellung: 15. 9. 1966	Planeinzelmaterialverbrauch lt. Planstückliste		Einzelmaterialverbrauchsabweichungen: infolge von Konstruktionsänderungen – auf Kundenwunsch		Einzelmaterialverbrauchsabweichungen: infolge von Konstruktionsänderungen – aus innerbetrieblichen Gründen		Einzelmaterialverbrauchsabweichungen: aus sonstigen Gründen		Isteinzelmaterialverbrauch	
Einzelmaterialart	kg	DM	kg	DM	kg	DM	kg	DM	kg	DM
Grauguß	201 314	146 390	— 6 240	— 4 562	–	–	–	–	195 074	141 828
Stahlguß	545 320	525 136	+ 8 130	+ 7 820	–	–	–	–	553 450	532 956
Rotguß	21 780	130 660	+ 3 215	+ 19 290	–	–	–	–	24 995	149 950
Walzmaterial	460 680	162 540	+ 8 240	+ 3 480	+ 480	+ 210	+ 340	+ 140	469 740	166 370
Schmiedestücke	306 460	312 140	+ 2 980	+ 3 260	+ 270	+ 305	+ 225	+ 255	309 935	315 960
Diverses Material und Fertigungsmaterial von auswärts	20 640	51 734	+ 864	+ 2 690	+ 543	+ 1 444	+ 410	+ 1 150	22 457	57 018
Summe	1 556 194	1 328 600	+ 17 189	+ 31 978	+ 1 293	+ 1 959	+ 975	+ 1 545	1 575 651	1 364 082

Beispiel kaum ins Gewicht. Die durch den Kunden verursachten Abweichungen müßten, soweit sie kostenmäßig bedeutsam sind, wie das in unserem Beispiel der Fall ist, nachträglich im Preis berücksichtigt werden. Die sonstigen Einzelmaterialverbrauchsabweichungen dagegen vermindern den Gewinn des Betriebes. Ihnen gilt daher die besondere Aufmerksamkeit. Materiell betrachtet, sind nur sie echte Einzelmaterialverbrauchsabweichungen, wohingegen die Einzelmaterialverbrauchsabweichungen infolge der Konstruktionsänderungen auf Kundenwunsch mehr den Charakter einer nachträglichen, der veränderten Produktgestaltung entsprechenden Erhöhung oder Verminderung des Planeinzelmaterialverbrauchs haben. Jede Ergebniszusammenstellung in Form der Tabelle 17 sollte durch einen besonderen Bericht erläutert werden, der die relevanten Einzelmaterialverbrauchsabweichungen begründet.

IV. Die Errechnung von Mischungsabweichungen in Spinnereibetrieben

1. In Spinnereien entfallen ca. 70 bis 90 % der Herstellkosten auf das Einzelmaterial, z.B. auf Baumwolle, Zellwolle oder Schafwolle. Hieraus folgt, daß der Gewinn eines Spinnereibetriebes vorwiegend von dem rational gesteuerten Rohstoffeinsatz abhängt. Die verschiedenartigen Rohstoffe werden in der Regel zu Rohstoffmischungen zusammengestellt. Eine Baumwollspinnerei verarbeitet normalerweise etwa drei bis acht verschiedene Baumwollmischungen, denen jeweils bestimmte Garnqualitätsgruppen entsprechen. Da bei Naturfasern von Ernte zu Ernte die Qualität mehr oder weniger starken Veränderungen ausgesetzt ist und die Einstandspreise im Zeitablauf ständig schwanken, muß die Spinnereileitung häufig die Mischungszusammensetzungen ändern, um einen wirtschaftlichen Rohstoffeinsatz zu gewährleisten. Hierbei treten Mischungsabweichungen auf; die rechnerische Erfassung dieser Mischungsabweichungen wollen wir an Hand des folgenden Beispiels betrachten.
In einer Spinnerei werden insgesamt die fünf Baumwollmischungen I bis V versponnen. Obwohl im Ist die Mischungszusammensetzungen variiert werden, liegt für jede Mischung eine Standardzusammensetzung fest, welche die Basis für die Plankalkulation bildet. In unserem Beispiel gelten für die Mischung I die aus der Tabelle 18 ersichtlichen Plananteile.
Multipliziert man die prozentualen Plananteile mit den Planeinstandspreisen der einzelnen Rohstoffe und addiert man die hierdurch erhaltenen gewogenen Planeinstandspreise, so ergibt sich der Mischungsplanpreis von 3,10 DM/kg für die Mischung I.
Der Mischungsplanpreis dient als Verrechnungspreis in der Plankalkulation. Er stimmt mit den effektiven Einzelmaterialkosten für ein Kilogramm Mischung nur dann überein, wenn die Planeinstandspreise gleich den Isteinstandspreisen der einzelnen Rohstoffe sind *und* die Plananteile im Ist genau eingehalten werden. Abweichungen der Isteinstandspreise von den Planeinstandspreisen führen zu Preisabweichungen, deren Ermittlung wir bereits im dritten Teil beschrieben haben. Weicht im Ist die Mischungs-

Tabelle 18: Zahlenbeispiel zur Errechnung eines Mischungsplanpreises in Spinnereibetrieben

Rohstoffbezeichnung	Plananteil %	Planeinstandspreis DM/kg	Gewogener Planeinstandspreis DM/kg
Syrische Baumwolle	50	3,28	1,64
Mexikanische Baumwolle	10	3,20	0,32
Amerikanische Baumwolle	36	3,00	1,08
Fremdabfall	4	1,50	0,06
Summe	100	–	3,10

zusammensetzung von der Standardzusammensetzung ab, so entstehen Mischungsabweichungen, die sich so ermitteln lassen, wie dies das in Tabelle 19 wiedergegebene Beispiel zeigt.

In der dem Beispiel zugrunde liegenden Abrechnungsperiode wurden für die Mischung I insgesamt 215 800 kg in die Fertigung gegeben[445], die sich laut Mischungskartei so auf die einzelnen Baumwollarten verteilt, wie es die Mengenspalte der Tabelle 19 erkennen läßt. Die Mischungszusammensetzung weicht von der Standardzusammensetzung ab, und zwar insbesondere deshalb, weil infolge von Preis- und Qualitätsverschiebungen der Anteil der syrischen Baumwolle von 50 auf 24 % verringert und der Anteil der mexikanischen Baumwolle von 10 auf 38 % erhöht worden ist.

Bewertet man die effektiven Verbrauchsmengen mit ihren Planpreisen, so erhält man die der Istmischungsrelation entsprechenden Einzelmaterialkosten in Höhe von 661 560 DM. Dieser Betrag wird dem Materialbestandskonto gutgeschrieben.

Tabelle 19: Zahlenbeispiel zur Errechnung einer Mischungsabweichung in Spinnereibetrieben

Rohstoffbezeichnung	Istverbrauch		Planpreis DM/kg	Rohstoffkosten DM
	kg	%		
Istverbrauch lt. Mischungskartei:				
Syrische Baumwolle	52 000	24,0	3,28	170 560
Mexikanische Baumwolle	82 000	38,0	3,20	262 400
Amerikanische Baumwolle	70 600	32,8	3,00	211 800
Fremdabfall	11 200	5,2	1,50	16 800
Summe	215 800	100,0	–	661 560
./. Istverbrauch, bewertet zu gewogenem Planeinstandspreis (lt. Tabelle 18)	215 800		3,10	668 980
Mischungsabweichung	–		–	./. 7 420

[445] Der Einsatz erfolgt in der Kostenstelle „Mischung und Batteur".

Bewertet man den mengenmäßigen Istverbrauch von 215 800 kg mit dem Mischungsplanpreis lt. Tabelle 18 in Höhe von 3,10 DM/kg, so erhält man diejenigen Einzelmaterialkosten, die hätten entstehen müssen, wenn die Standardzusammensetzung eingehalten worden wäre. In unserem Beispiel erhalten wir hierfür 668 980 DM. Dieser Betrag wird als Äquivalent für die in den Plankalkulationen verrechneten Rohstoffkosten dem Einzelmaterialkostenkonto belastet. Subtrahiert man die zum Mischungsplanpreis bewertete Istverbrauchsmenge von den zu Rohstoffplanpreisen bewerteten Verbrauchsmengen laut Mischungskartei, so erhält man die gesuchte Mischungsabweichung, die in unserem Beispiel ./. 7 420 DM beträgt. Diese Mischungsabweichung sagt aus, daß infolge der eingetretenen Substitution syrischer Baumwolle eine Kostensenkung in Höhe von 7 420 DM eingetreten ist.
Bei der Beurteilung einer Mischungsabweichung ist darauf zu achten, ob die Mischungsabweichung durch Preisverschiebungen auf den Beschaffungsmärkten ausgelöst wurde. Sofern das der Fall ist, entstehen gleichzeitig Preisabweichungen. Es empfiehlt sich daher, die Mischungsabweichung mit der zugehörigen Preisabweichung zu saldieren, weil man nur so den kostenmäßigen Gesamteffekt der Substitution beurteilen kann. Auch für die Weiterverrechnung auf die Kostenträger erweist sich eine Zusammenfassung beider Abweichungen hier als zweckmäßig.

C. Die Prämiierung und Verrechnung von Einzelmaterialverbrauchsabweichungen

1. Das Ziel der Einzelmaterialkontrolle besteht in erster Linie darin, den durch innerbetriebliche Stellen beeinflußbaren Einzelmaterialverbrauchsabweichungen entgegenzuwirken. Wie wir sahen, sollte zu diesem Zweck eine Aufteilung in auftragsbedingte, mischungsbedingte und kostenstellenbedingte Einzelmaterialverbrauchsabweichungen vorgenommen und eine möglichst weitgehende Analyse der Abweichungsursachen durchgeführt werden. Hierbei steht die Frage im Vordergrund, welche innerbetriebliche Stelle die Entstehung einer bestimmten Einzelmaterialverbrauchsabweichung zu verantworten hat und wie man diese Stelle veranlassen kann, derartige Abweichungen in Zukunft zu vermeiden. Oft genügt es, die verantwortlichen Angestellten oder Arbeiter über die eingetretenen Abweichungen lediglich zu informieren und ihnen die Ursachen zu erklären. Dies dürfte insbesondere für die Angestellten gelten, soweit sie für Einzelmaterialverbrauchsabweichungen verantwortlich sind; so z. B. für die Einkäufer und Lagerleiter im Falle von materialbedingten Einzelmaterialverbrauchsabweichungen, die sich durch entsprechende einkaufs- oder lagerpolitische Maßnahmen vermeiden lassen würden. Ähnlich liegen die Dinge bei auftragsbedingten Einzelmaterialverbrauchsabweichungen, denen keine entsprechenden Preiserhöhungen gegenüberstehen und denen die Verkaufsabteilung entgegenwirken sollte.
Bei den kostenstellenbedingten Einzelmaterialverbrauchsabweichungen im Bereich der Fertigung besteht – wie unsere praktischen Beispiele zeigten – besonders in ma-

terialintensiven Branchen die Notwendigkeit, den Materialverbrauch zu beeinflussen. Diese Beeinflussungsmöglichkeiten liegen vorwiegend in den Händen von Arbeitern und sind aber zugleich von den Meistern und Vorarbeitern zu überwachen. Allein die Information kann je nach der Einstellung der Arbeitskräfte zum Betrieb auch im Bereich der Fertigung ausreichen. In der Regel erweist es sich jedoch als wirkungsvoller, der Entstehung von Einzelmaterialverbrauchsüberschreitungen durch ein *Prämiensystem* entgegenzuwirken. Hierbei sind die individuelle Prämiierung und die kollektive Prämiierung zu unterscheiden.

Bei der *individuellen Prämiierung* werden nach dem Grundsatz der unmittelbaren Verursachung für jede einzelne Arbeitskraft einer Kostenstelle Ersparnisprämien errechnet. Voraussetzung hierfür ist, daß sich die Einzelmaterialverbrauchsabweichungen einer Kostenstelle nach Arbeitsplätzen gliedern lassen. Die individuelle Prämiierung ist das gerechteste und daher auch das wirksamste Verfahren. In der Mehrzahl der Fälle ist jedoch eine individuelle Prämienberechnung entweder nicht durchführbar oder für die Praxis zu kompliziert und daher unwirtschaftlich.

Ist die individuelle Prämiierung nicht praktikabel, so kann man die Methode der *Kollektivprämiierung* anwenden. Hiernach wird auf Grund der Einzelmaterialabweichungen zunächst ein Prämienbetrag für mehrere Arbeitsplätze oder für eine Kostenstelle errechnet. Dieser Betrag wird auf alle diejenigen Arbeitskräfte aufgeschlüsselt, die in dem betreffenden Arbeitsbereich die Einzelmaterialverbrauchsabweichungen beeinflussen können. Bei dieser Verteilung sind auch die Meister und Vorarbeiter entsprechend zu berücksichtigen. Bei der Wahl der Verteilungsschlüssel muß man auf Hilfsgrößen, wie z. B. Arbeitslöhne oder Fertigungslöhne, zurückgreifen, da es für den effektiven Anteil des einzelnen Arbeiters an der insgesamt erzielten Einzelmaterialeinsparung keine verursachungsgemäße Maßgröße gibt. Dennoch bietet die Verteilung nach Hilfsgrößen einen Anreiz zu Materialeinsparungen. Die fehlende Bezugnahme auf die individuelle Leistung wird oft dadurch ausgeglichen, daß die Arbeitskräfte in verstärktem Maße aufeinander achten.

Der gesamte Prämienbetrag einer Abrechnungsperiode läßt sich am einfachsten so ermitteln, indem man von der erzielten zu verantwortenden Einzelmaterialverbrauchseinsparung einen konstanten prozentualen Anteil als Prämienbetrag festsetzt[446]. Ist z. B. eine Einzelmaterialverbrauchsabweichung in Höhe von 1000 DM erzielt worden, so kann man hiervon beispielsweise 30, 40 oder 50 % als Ersparnisprämie an die Arbeitnehmer ausschütten und den Rest dem Betrieb als Kostenersparnis zukommen lassen. Eine derartige *lineare Prämienberechnung* hat den Nachteil, daß hier die ersten 1000 DM Einzelmaterialeinsparung genauso hoch prämiiert werden wie alle weiteren. Wenn die Planeinzelmaterialkosten richtig festgesetzt worden sind, kann das Ziel aber nicht darin bestehen, sie möglichst weit zu unterschreiten; denn größere Unterschreitungen werden unter dieser Voraussetzung gar nicht möglich sein. Es ist vielmehr schon ein Erfolg, wenn die Planwerte überhaupt eingehal-

[446] Vgl. zum Aufbau von Prämiensystemen für die Prämiierung von Kostenabweichungen unsere Ausführungen auf S. 529 ff. über die Prämiierung von Gemeinkostenabweichungen, die hier entsprechend gelten.

ten oder nur geringfügig unterschritten werden. Aus diesem Grunde ist der linearen Prämienberechnung eine *nichtlineare oder degressive Prämienberechnung* vorzuziehen, nach der die Prämienbeträge für relativ geringe Einzelmaterialeinsparungen nahezu 100 % der Einsparung betragen, wohingegen die Prämien für größere Einsparungen immer geringer werdende prozentuale Anteile an der Gesamteinsparung ausmachen[447].

Um zu verhindern, daß Arbeitskräfte in einer Periode Einzelmaterialüberschreitungen bewußt vornehmen, indem sie die zuviel bezogenen Mengen als Reserven für die folgenden Perioden speichern, um auf diese Weise später Einzelmaterialeinsparungen zu erzielen, empfiehlt es sich, einen Teil der jeweiligen Prämienbeträge nicht auszuschütten. Diese nicht ausgeschütteten Prämienbeträge können dann im Falle von Einzelmaterialüberschreitungen mit Prämienabzügen saldiert werden. Hierbei läßt man die Prämienabzüge nicht bereits bei geringfügigen Überschreitungen einsetzen, sondern gibt einen Freibetrag vor. Im übrigen werden die Prämienabzüge auf die gleiche Weise errechnet wie die Prämienbeträge, wobei man jedoch in der Regel die lineare Berechnung anwendet, um nicht bereits bei geringen Überschreitungen zu große Abzüge zu erhalten.

Als Beispiel haben wir in der Tabelle 20 Einzelmaterialverbrauchsabweichungen von sechs Monaten wiedergegeben und für sie eine Prämienberechnung durchgeführt.

Im Januar wurde eine Ersparnis von 5 000 DM erzielt. Der zugehörige Prämienbetrag beträgt 56 % oder + 2 800 DM. Hiervon werden 70 %, das sind 1 960 DM, an die verantwortlichen Arbeitskräfte verteilt. Der Rest von 840 DM wird gespeichert. Im Februar fällt eine Überschreitung von 2 000 DM an. Der zugehörige Prämienabzug beträgt 25 % oder 500 DM; er wird von dem Rest des Vormonats abgesetzt, eine Auszahlung erfolgt nicht. Im März wurde eine Ersparnis von 4 000 DM erzielt. Der zugehörige Prämienbetrag beträgt +2 500 DM. Hierzu wird der Restbetrag von +340 DM addiert. Von dem Gesamtbetrag werden 70 %, das sind 1 988 DM, ausgezahlt und der Rest von +852 DM gespeichert. In gleicher Weise wird die Berechnung auch für die folgenden Monate durchgeführt.

Tabelle 20: Beispiel zur Prämienberechnung

Monat	Einzelmaterialverbrauchsabweichung	Prämienbetrag		Auszahlung	Restbetrag
	DM	%	DM	DM	DM
Januar	— 5 000	56,0	+ 2 800	1 960	+ 840
Februar	+ 2 000	25,0	— 500	–	+ 340
März	— 4 000	62,5	+ 2 500	1 988	+ 852
April	— 1 000	90,0	+ 900	1 226	+ 526
Mai	+ 2 000	25,0	— 500	–	+ 26
Juni	— 5 000	56,0	+ 2 800	1 978	+ 848

[447] Vgl. hierzu die Abbildung 40 auf S. 531.

S		Einzelmaterialkosten, Klasse 4	H
2. 1. an Materialbestandskonto	1 000	31. 1. per Kostenträgerrechnung (Planeinzelmaterialkosten)	39 600
3. 1. an Materialbestandskonto	4 000		
4. 1. an Materialbestandskonto	2 000		
6. 1. an Materialbestandskonto	3 000		
10. 1. an Materialbestandskonto	4 000		
12. 1. an Materialbestandskonto	7 000		
18. 1. an Materialbestandskonto	2 000		
20. 1. an Materialbestandskonto	4 000		
24. 1. an Materialbestandskonto	6 000		
27. 1. an Materialbestandskonto	2 000		
28. 1. an Materialbestandskonto	3 000		
31. 1. an Einzelmaterialverbrauchsabweichungen	1 600		
	39 600		39 600

S		Einzelmaterialverbrauchsabweichungen, Klasse 4	H
31. 1. an Einzelmaterialverbrauchsprämien	800	31. 1. per Einzelmaterialkosten	1 600
31. 1. an Kostenträgerrechnung oder an Betriebsergebnis	800		
	1 600		1 600

S		Einzelmaterialverbrauchsprämien, Klasse 1 oder 2	H
31. 1. an Kasse	560	31. 1. per Einzelmaterialverbrauchsabweichungen	800
EB am 31. 1.	240		
	800		800

Übersicht 15: Beispiel zur buchhalterischen Verrechnung von Einzelmaterialverbrauchsabweichungen und Prämien

2. Wir wollen noch kurz auf die *buchhalterische Verrechnung der Einzelmaterialverbrauchsabweichungen und der Prämien* eingehen. Die kontenmäßige Verbuchung der Einzelmaterialverbrauchsabweichungen erfolgt am zweckmäßigsten entsprechend unserem Beispiel in der Übersicht 15.

Dem Einzelmaterialkostenkonto der Klasse 4 werden die effektiven, zu Planpreisen bewerteten Einzelmaterialverbrauchsmengen belastet und die der geleisteten Produktion entsprechenden Planeinzelmaterialkosten erkannt. In unserem Beispiel betragen die zu Planpreisen bewerteten Isteinzelmaterialkosten insgesamt 38 000 DM und die in der Kostenträgerrechnung verrechneten Planeinzelmaterialkosten 39 600 DM. Sind im Bereich der Fertigung keine Bestandsveränderungen aufgetreten, dann stellt die Differenz von ./. 1 600 DM die gesamte Einzelmaterialeinsparung der betreffenden Abrechnungsperiode dar; hier sei diese Voraussetzung erfüllt. Wäre das nicht der Fall, so müßte in der Klasse 3 ein besonderes Konto für „noch nicht bearbeitetes Einzelmaterial im Bereich der Fertigung" eröffnet werden, auf das die inventurmäßig im Bereich der Fertigung festgestellten Einzelmaterialbestandsveränderungen jeweils zu verbuchen wären. Bei einer Bestandszunahme müßte die Gegenbuchung im Haben und bei einer Bestandsabnahme eine solche im Soll des Einzelmaterialkostenkontos erfolgen. Erst nach dieser Buchung ist dann der Saldo des Einzelmaterialkostenkontos gleich der gesamten Einzelmaterialverbrauchsabweichung, die auf das Konto „Einzelmaterialverbrauchsabweichungen" der Klasse 4 übernommen wird. Nach der außerhalb der Buchführung durchzuführenden Analyse und Prämiierung der Einzelmaterialverbrauchsabweichungen wird der Prämienbetrag von diesem Konto auf das Konto „Einzelmaterialverbrauchsprämien" der Klasse 1 oder 2 gebucht. Nur der nach dieser Buchung auf dem Konto „Einzelmaterialverbrauchsabweichungen" verbleibende Restbetrag, der in unserem Beispiel 800 DM beträgt, hat den Charakter einer Kostenersparnis; denn für den Betrieb ist nur die gesamte Einzelmaterialverbrauchsabweichung abzüglich der hierfür gezahlten Prämie wirklich gespart worden. Der auf dem Konto „Einzelmaterialverbrauchsabweichungen" verbleibende Saldo wird entweder direkt auf das Betriebsergebniskonto der Klasse 9 bzw. auf ein vorgeschaltetes Sammelkonto übernommen oder nach einer vorherigen statistisch durchzuführenden Aufgliederung ganz oder teilweise in der Kostenträgerrechnung verrechnet[448]. Das Konto „Einzelmaterialverbrauchsprämien" ist kein Kostenkonto, sondern ein Schuldkonto; denn die anerkannten Prämien stellen Forderungen der Belegschaftsmitglieder an die Unternehmung dar. Die gezahlten Beträge werden diesem Konto belastet und der Kasse erkannt. In unserem Beispiel werden 70 % von 800 DM, das sind 560 DM, ausbezahlt und der Rest in Höhe von 240 DM als Vortrag in die folgende Periode übernommen. Im Falle von Einzelmaterialüberschreitungen fallen die Prämienbuchungen weg, und bei der Verbuchung der Einzelmaterialverbrauchsabweichungen werden die Seiten vertauscht. Im übrigen gelten unsere Ausführungen entsprechend.

[448] Zur Verrechnung von Einzelmaterialverbrauchsabweichungen auf die Kostenträger in der kurzfristigen Erfolgsrechnung vgl. unsere Ausführungen im 20. Kapitel des sechsten Teils.

12. Kapitel

Die Planung und Kontrolle der Einzellohnkosten

A. Die Planung der Einzellohnkosten

1. Die Kosten menschlicher Arbeitsleistungen, die sich den auszuführenden Arbeitsgängen und damit den betrieblichen Produkten direkt zuordnen lassen, werden als *Einzellohnkosten* geplant und verrechnet.
Die Planung und Verrechnung von Einzellohnkosten erfolgt differenziert nach Produktarten und nach den durch die Arbeitsvorbereitung festgelegten Arbeitsgängen. Als Planungseinheiten werden die Produkteinheiten verwendet. Das *Ziel der Einzellohnplanung* besteht darin, für jeden Arbeitsgang die auf eine Kalkulationseinheit bei planmäßigem Arbeitsablauf, normalen oder geplanten Leistungsgraden der ausführenden Arbeitskräfte und bei geplanten Tarifsätzen entfallenden Lohnkosten im voraus zu bestimmen [449].
Wie wir bereits im Abschnitt C des ersten Kapitels zeigten, ist die Planung von Lohnkosten entwicklungsmäßig älter als die flexible Plankostenrechnung. Die Lohnkostenplanung wurde zunächst vorwiegend zum Zwecke der leistungsgerechten Entlohnung in Betrieben eingeführt. Zu einer Zeit, in der die flexible Plankostenrechnung noch in den Anfängen steckte und nur in wenigen Betrieben bekannt war, hatte die arbeitswissenschaftliche Planung von Arbeitszeiten und Löhnen bereits einen hohen Grad der Vervollkommnung erreicht. Aus diesem Grunde empfindet man heute in Deutschland die Planung der Einzellöhne keineswegs als ein Charakteristikum der flexiblen Plankostenrechnung. Umgekehrt kann es aber keine Plankostenrechnung geben, in der nicht zugleich eine Einzellohnplanung durchgeführt wird. Diese These

[449] Vgl. zur Planung der Fertigungslohnkosten *K. Agthe*, Kostenplanung und Kostenkontrolle im Industriebetrieb, Baden-Baden 1963, S. 121 ff.; *S. R. Cave*, Budgetary Control, Standard Costing and Factory Administration, 2. Aufl., London 1960, S. 83 ff.; *H. C. Heiser*, Budgetierung, Grundsätze und Praxis der betriebswirtschaftlichen Planung, Berlin 1964, S. 278 ff.; *S. B. Henrici*, Standard Costs for Manufacturing, 3. Aufl., New York – Toronto – London 1960, S. 127 ff.; *C. T. Horngren*, Cost Accounting A Managerial Emphasis, 3. Aufl., Englewood Cliffs, N. J. 1963, S. 147 ff.; *K. Käfer*, Standardkostenrechnung, 2. Aufl., Zürich 1964, S. 165 ff.; *I. W. Keller*, Management Accounting for Profit Control, New York – Toronto – London 1957, S. 173 ff.; *A. Matz, O. J. Curry, G. W. Frank*, Cost Accounting, Management's Operational Tool for Planning, Control, and Analysis, 3. Aufl., Chicago – Dallas u. a. 1962, S. 191 ff.; *A. Matz*, Planung und Kontrolle von Kosten und Gewinn, AGPLAN, Bd. 7, Wiesbaden 1964, S. 56 ff.; *F. K. Patterson*, Die Ermittlung der Planzahlen für die Plankostenrechnung, AGPLAN, Bd. 3, Wiesbaden 1961 (auch Diss. Köln 1954), S. 46 ff.

ist unabhängig vom jeweiligen Lohnsystem. Auch in Abteilungen, die sich für ein Akkordlohnsystem nicht eignen, müssen in einer Plankostenrechnung die Lohnkosten der auszuführenden Arbeitsgänge geplant werden.
Obwohl die Einzellöhne in der Plankalkulation direkt auf die betrieblichen Produkte verrechnet werden können, hat es sich dennoch aus zwei Gründen in der flexiblen Plankostenrechnung als zweckmäßig erwiesen, sie über die Fertigungskostenstellen abzurechnen und in die Kalkulationssätze der Kostenstellen einzubeziehen[450]. Erstens ist die kostenstellenweise Abrechnung für eine wirksame Lohnkostenkontrolle erforderlich; denn die Lohnkostenabweichungen können von den Meistern und Abteilungsleitern beeinflußt werden. Zweitens sind zu den geplanten Fertigungszeiten, die das Mengengerüst der Planeinzellöhne bilden, meistens nicht nur die Löhne, sondern auch andere Fertigungsgemeinkosten proportional. Aus diesem Grunde ist es zweckmäßig, *alle* fertigungszeitabhängigen Kosten mit Hilfe zusammengefaßter Kalkulationssätze auf die Produkte zu verrechnen. Wie wir jedoch im Zusammenhang mit der Auswahl von Bezugsgrößen zeigen werden, kann eine solche Zusammenfassung insbesondere bei schwankenden Bedienungssystemen die gleichzeitige Verwendung mehrerer Bezugsgrößen erforderlich machen.

2. Da es über die Einzellohnplanung infolge ihrer engen Beziehungen zum Akkordlohn viele ausgezeichnete Spezialveröffentlichungen gibt, wollen wir uns hier nur auf einen kurzen Überblick beschränken.
Grundlage der Einzellohnplanung ist stets die Planung oder Vorgabe von Arbeitszeiten pro Arbeitsgang und Produkteinheit. Hierbei sind folgende Varianten und Methoden zu unterscheiden.
In der Mehrzahl der Fertigungskostenstellen werden die *geplanten Arbeitszeiten zugleich als Grundlage eines Akkordlohnsystems* verwendet. Hierbei ist jedoch darauf zu achten, daß die *Planarbeitszeiten* in der Regel nicht mit den *Vorgabezeiten* übereinstimmen. Wie wir im einzelnen noch zeigen werden, liegen den Akkordzeiten „normale" Leistungsgrade zugrunde, die jedoch meistens von den Arbeitern überschritten werden, so daß die folgende Beziehung besteht:

$$\text{Planarbeitszeit} = \frac{\text{Vorgabezeit}}{\text{Planleistungsgrad}} \tag{78}$$

Beträgt eine Vorgabezeit bei Normalleistung z. B. 4,42 min./Stck. und wird ein Planleistungsgrad des betreffenden Arbeiters in Höhe von 130 % erwartet, so liegt die geplante Arbeitszeit nur bei 3,40 min./Stck.
In Abteilungen mit wechselnden Arbeitsbedingungen, wie z. B. bei der Montage großer Einzelprodukte oder bei Färbeprozessen, lassen sich in der Regel die Fertigungszeiten nicht mit dem Genauigkeitsgrad vorherbestimmen, der für die Anwendung eines Akkordlohnsystems ausreicht. Die in solchen Abteilungen tätigen Arbeits-

[450] Hierauf weist auch *K. Käfer*, Standardkostenrechnung, 2. Aufl., a. a. O., S. 82, 107 und 165 hin.

kräfte werden daher im Zeitlohn entlohnt. Trotzdem ist es aber in einer flexiblen Plankostenrechnung erforderlich, Plan- oder Standardarbeitszeiten für alle Arbeitsgänge festzulegen, weil sie für die Kontrolle und kalkulatorische Weiterverrechnung der Lohnkosten erforderlich sind[451]. Hierbei werden jedoch meistens keine durchschnittlichen Normalleistungsgrade verwendet. Man stellt die Fertigungszeitplanung vielmehr von vornherein auf die planmäßig zu erwartenden Leistungsgrade ab, so daß die Umrechnung nach Gleichung (78) entfällt. Die älteren Methoden der Arbeitszeitvorgabe für Akkordlohnsysteme kann man als *betriebs-* und *arbeitsplatzbezogene Verfahren* bezeichnen, da sie auf Zeitmessungen und Leistungsgradschätzungen an bestimmten Arbeitsplätzen und jeweils für bestimmte Produkte basieren. Die Vorgabezeiten werden hierbei aus betriebs- und arbeitsplatzindividuellen Teilzeiten aufgebaut. Zu dieser Gruppe von Verfahren gehörten die in Deutschland weitverbreitete Zeitvorgabe nach REFA sowie das Bedaux-System.

Neuere Methoden der Arbeitszeitvorgabe, die in den letzten beiden Jahrzehnten in den USA entwickelt wurden, kann man als *überbetriebliche Verfahren* bezeichnen. Hierzu gehört z.B. das MTM-Verfahren (MTM = Methods Time Measurement oder Motion Time Measurement). Weiterhin gehören in diese Gruppe das von General Electric entwickelte DMT- und MTS-Verfahren, das kanadische BMT-System und das amerikanische Work Factor System[452]. Charakteristisch für diese Verfahren ist die Ableitung der Vorgabezeiten aus überbetrieblich ermittelten Normalzeiten. Nach dem MTM-Verfahren, das auf die Bewegungsstudien von F.B. Gilbreth zurückgeht, werden für elf Grundbewegungen, auf die sich unter Berücksichtigung weiterer Beeinflussungsfaktoren und bestimmter Regeln sämtliche Arbeitsgänge zurückführen lassen, mit Hilfe von Filmaufnahmen Normalzeiten festgesetzt. Aus diesen Normalzeiten lassen sich die Vorgabezeiten der einzelnen Arbeitsgänge zusammensetzen. Der Vorteil dieses Verfahrens liegt darin, daß im Gegensatz zu den früheren Verfahren keine laufenden innerbetrieblichen Leistungsgradschätzungen erforderlich sind. Die Normalleistungsgrade sind vielmehr bereits in den überbetrieblich ermittelten Normzeiten der Grundbewegungen enthalten. Dafür ist aber in der Regel der Zeitaufbau des MTM-Verfahrens komplizierter als bei den „klassischen" Methoden, weil nur mit Hilfe einer sehr weitgehenden Arbeitszerlegung die Zurückführung auf wenige einheitliche Grundbewegungen gelingt.

Es würde im Rahmen dieses Buches zu weit führen, die Verfahren der Vorgabezeitermittlung im einzelnen darzustellen und zu vergleichen. Für die Zwecke der Plankostenrechnung dürften die meisten Verfahren zur Bestimmung von Zeitvor-

[451] *K. Käfer*, Standardkostenrechnung, 2. Aufl., a.a.O., S. 171, weist darauf hin, daß zwar der Zeitakkord einer Plankostenrechnung am besten entspricht, aber ein Akkordlohnsystem keine Vorbedingung für die Plankostenrechnung ist: „Auch sehr sorgfältig ermittelte Standardzeiten brauchen nicht gleichzeitig Entlöhnungsgrundlage zu sein." Ähnlich äußert sich auch *A. Matz*, Planung ..., a.a.O., S. 113 und 119.

[452] DMT = Dimensional Motion Time; MTS = Motion Times Standards; BMT = Basic Motion Times.

gaben gleichwertig sein. Da in Deutschland die Mehrzahl der Betriebe mit den Zeitgleichungen und der Verfahrenstechnik nach REFA vertraut ist, wollen wir uns an die Ausführungen von REFA anlehnen[453].

3. Durchläuft ein Produkt mehrere Kostenstellen nacheinander und werden hierbei in jeder Kostenstelle ein oder mehrere Arbeitsgänge ausgeführt, so besteht die Aufgabe der Einzellohnplanung zunächst darin, für jeden dieser Arbeitsgänge die zugehörige Planarbeits- oder Vorgabezeit zu ermitteln. Bei Anwendung eines Akkordlohnsystems basiert die Einzellohnplanung auf den Vorgabezeiten. Hierunter sind diejenigen Zeiten zu verstehen, die ein Arbeiter für die ordnungsgemäße und planmäßige Erledigung eines ihm übertragenen Arbeitsganges bei Realisierung der Normalleistung benötigt. Die genaue Ermittlung der Vorgabezeiten für Arbeitsgänge ist grundsätzlich nicht global möglich. Die Vorgabezeiten müssen vielmehr aus einzelnen Teilzeiten analytisch aufgebaut werden. Der hierfür von REFA festgelegte Zeitaufbau ist nicht nur für die Vorgabezeitermittlung, sondern auch für die Bezugsgrößentechnik der flexiblen Plankostenrechnung von Bedeutung, so daß wir diesen Zeitaufbau im folgenden kurz wiedergeben wollen[454].
Die gesamte Vorgabezeit zur Erledigung eines Auftrages, z. B. zur Verrichtung eines Arbeitsganges an einer Serie von Erzeugnissen in einer bestimmten Abteilung, bezeichnet man als *Auftragszeit.* Die gesamte Auftragsausführung läßt sich in die Vorbereitung und die eigentliche Ausführung oder Bearbeitung gliedern.
Arbeitszeiten, die u. a. für Empfang und Lesen der Auftragsunterlagen (Auftragsschein, Zeichnung, Arbeitsanweisung usw.), für das Bereitlegen von Werkzeugen und das Einrichten von Maschinen anfallen, bezeichnet man als *Rüstzeiten.* Die Rüstzeiten sind von der Auftrags- oder Seriengröße unabhängig. Mit zunehmender Auftrags- oder Seriengröße nehmen die auf eine Produkteinheit entfallenden Rüstzeiten hyperbelförmig ab. Diesen Effekt bezeichnet man als *Auflagen-* oder *Seriengrößendegression.*
Alle nach dem Rüsten anfallenden Arbeitszeiten bezeichnet man nach REFA als *Ausführungszeiten.*
Multipliziert man die Vorgabezeit je Einheit mit der Seriengröße, so erhält man die gesamte Ausführungszeit eines Auftrags. Bezeichnen wir nach REFA die Auftragszeit mit T, die Rüstzeit mit t_r, die Ausführungszeit pro Einheit mit t_e und die Seriengröße mit s, so erhalten wir für die Auftragszeit folgenden Ausdruck:

$$T = t_r + s \cdot t_e \tag{79}$$

Im Gegensatz zu REFA wollen wir jedoch bei unseren Ausführungen die Auftragszeit je Einheit betrachten, was sich für kalkulatorische Zwecke als vorteilhafter erweist. Allerdings ist hierbei darauf zu achten, daß die Auftragszeit je Einheit eine Funktion der Seriengröße ist. Bezeichnen wir die *Auftragszeit je Einheit* mit t, so erhalten wir die folgende Gleichung:

[453] Vgl. das *REFA*-Buch, Bd. 2, Zeitvorgabe, 8. Aufl., München 1958.
[454] Vgl. das *REFA*-Buch, Bd. 2, a. a. O., Bild 1 auf S. 11 und Bild 2 auf S. 12.

(80) $$t = \frac{t_r}{s} + t_e$$

Nach der von REFA entwickelten Arbeitszeitgliederung werden alle Teilarbeitszeiten in Grundzeiten und Verteilzeiten zerlegt. Unter *Grundzeiten* versteht man alle Teilzeiten, die bei jeder Wiederholung eines Arbeitsganges regelmäßig anfallen und direkt durch Zeitaufnahmen oder Berechnungen vorgegeben und dem Arbeitsgang zugeordnet werden können. Die *Verteilzeiten* enthalten dagegen alle Zeiten, die unregelmäßig auftreten und nicht bei jeder Zeitaufnahme oder Zeitberechnung ordnungsmäßig erfaßt werden. Hierzu gehört z. B. gelegentliches Warten auf Transportmittel oder Warten an der Werkzeugausgabe sowie sonstige unregelmäßig auftretende Arbeitsverrichtungen. Die Verteilzeiten lassen sich im Gegensatz zu den Grundzeiten nicht direkt einem Arbeitsgang zuordnen, sondern nur indirekt mit Hilfe prozentualer Zuschlagssätze. Der Unterschied zwischen Grund- und Verteilzeiten ist ähnlicher Art wie der Unterschied zwischen Einzel- und Gemeinkosten.

Bezeichnen wir die Summe der Rüstgrundzeiten mit t_{rg}, die Summe der Rüstverteilzeiten mit t_{rv}, die Summe der Ausführungsgrundzeiten mit t_g und die Summe der Ausführungsverteilzeiten mit t_v, so können wir die Gleichung (80) für die Auftragszeit je Einheit wie folgt erweitern:

(81) $$t = \frac{1}{s}(t_{rg} + t_{rv}) + (t_g + t_v)$$

Für die Ausführungsgrundzeiten ist eine weitere Unterteilung in der Regel erforderlich. Erstens ist es bei vielen Arbeitsgängen zweckmäßig, Haupt- und Nebenzeiten zu unterscheiden. Unter *Hauptzeiten* sind die Teilzeiten der gesamten Ausführungsgrundzeiten zu verstehen, in denen ein unmittelbarer Fortschritt an den betreffenden Produkten erreicht wird, indem z.B. der eingesetzte Werkstoff bearbeitet oder transportiert wird. *Nebenzeiten* dagegen sind die Teilzeiten der gesamten Ausführungsgrundzeit, die zwar regelmäßig auftreten, aber nur mittelbar zur Fertigstellung eines Produktes beitragen; hierzu zählen z. B. Arbeitszeiten, die dazu dienen, den zu bearbeitenden Werkstoff in die richtige Lage zu bringen, die Betriebsmittel zu beschicken und zu entleeren sowie Meßvorgänge auszuführen. Bezeichnen wir die Summe der Hauptgrundzeiten mit t_h und die Summe der Nebengrundzeiten mit t_n, so erhalten wir für die Auftragszeit je Einheit den folgenden Ausdruck:

(82) $$t = \frac{1}{s}(t_{rg} + t_{rv}) + (t_h + t_n) + t_v$$

Zweitens hat es sich für die Arbeitszeitplanung als zweckmäßig erwiesen, die Haupt- und Nebenzeiten eines Arbeitsganges zusätzlich nach den von den ausführenden Arbeitskräften *beeinflußbaren* und *unbeeinflußbaren Teilarbeitszeiten* zu gliedern. Im ersten Fall können die Arbeiter die Arbeitsgeschwindigkeit und damit den Leistungsgrad beeinflussen, mit dem der Arbeitsgang ausgeführt wird. Im zweiten

Fall dagegen handelt es sich um Teilarbeitszeiten, die allein vom Betriebsmittel bestimmt werden. Die Unterscheidung in beeinflußbare und unbeeinflußbare Teilarbeitszeiten ist für die Planung deshalb von Bedeutung, weil sich die unbeeinflußbaren Teilarbeitszeiten fast immer aus technischen Daten errechnen lassen, so daß bei ihnen das Leistungsgradschätzen entfällt. Auch für die Lohnkostenkontrolle wird sich diese Unterscheidung als sehr zweckmäßig erweisen, wie unsere Ausführungen im folgenden Abschnitt zeigen werden. Die Rüstzeiten stellen stets beeinflußbare Arbeitszeiten dar und bedürfen daher keiner entsprechenden Aufgliederung.
Bezeichnen wir die Summe der beeinflußbaren Hauptgrundzeiten mit t_{bh}, die Summe der unbeeinflußbaren Hauptgrundzeiten mit t_{uh}, die Summe der beeinflußbaren Nebengrundzeiten mit t_{bn} und die Summe der unbeeinflußbaren Nebengrundzeiten mit t_{un}, so können wir die Gleichung zur Bestimmung der Auftragszeit je Einheit wie folgt erweitern:

$$(83) \qquad t = \frac{1}{s}(t_{rg} + t_{rv}) + [(t_{bh} + t_{uh}) + (t_{bn} + t_{un})] + t_v$$

Weiterhin besteht die Möglichkeit, die auf einen Arbeitsgang entfallenden Ausführungsverteilzeiten t_v in sachlich und persönlich bedingte Verteilzeiten zu gliedern. Zu den ersteren gehören z. B. die Arbeitszeiten für das Abschmieren der Maschine, das Ingangsetzen bei Arbeitsbeginn, das Umtauschen von Werkzeugen, die Beseitigung kleinerer Fehler, das Säubern der Maschine am Schichtende und Zeiten für die arbeitsbedingte persönliche Säuberung. Die persönlich bedingten Ausführungsverteilzeiten sind vom Arbeitsgang unabhängig und dienen den persönlichen Bedürfnissen der Arbeiter. Zu ihnen gehören z. B. die für den Lohnempfang erforderlichen Zeiten.
Wie die Ausführungen des REFA zeigen, ist es bei manchen Arbeitsgängen zweckmäßig, daß an die Differenzierung der Ausführungsgrundzeiten in Haupt- und Nebenzeiten eine Einteilung in Bearbeitungs- und Zwischenzeiten oder in Tätigkeits- und Wartezeiten tritt. Hierauf soll jedoch im einzelnen nicht eingegangen werden[455]. Die in Gleichung (83) enthaltenen Teilzeiten werden bei komplizierten Arbeitsgängen oftmals noch weiter differenziert. Für jede Teilzeit wird durch Zeitstudien, d. h. durch eine Kombination von Zeitmessungen und Leistungsgradschätzungen, der Vorgabewert ermittelt. Anschließend werden die Teilzeiten zur gesamten Auftragszeit zusammengefaßt.
Die *Zeitmessungen* bestehen darin, daß für die einzelnen Teilvorgänge eines Arbeitsganges zu verschiedenen Tageszeiten mehrfach hintereinander die von den Arbeitern aufgewandten Istarbeitszeiten mit der Stoppuhr gemessen werden. Hierbei wird jede Istzeit notiert, gleichgültig, ob sie dem Zeitnehmer außergewöhnlich lang oder kurz erscheint. Die Zeitmessungen stellen somit noch keine Planung oder Vorgabe dar, sondern lediglich eine Registrierung von Istwerten. In die Zeitstudien gelangen erst durch die zugleich mit den Zeitmessungen durchgeführten Leistungs-

[455] Vgl. hierzu das *REFA*-Buch, Bd. 2. a. a. O., S. 15 ff.

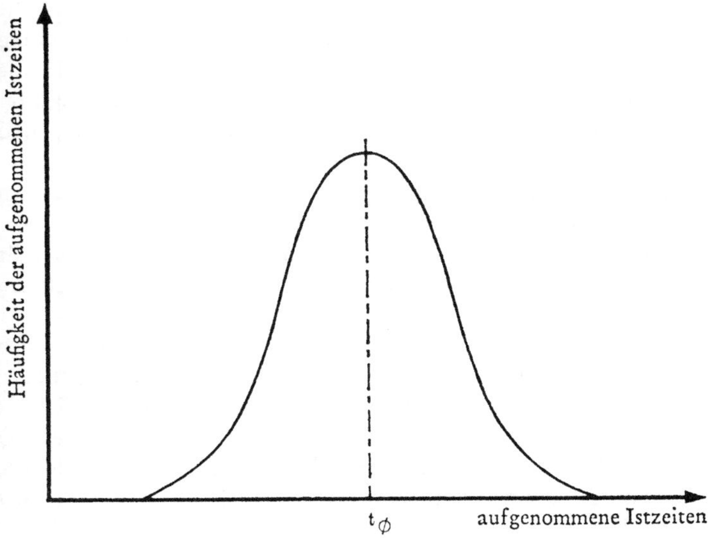

Abb. 21: Auswertung gemessener Istzeiten nach der Häufigkeitsmethode

gradschätzungen Planungselemente. Unter dem Leistungsgrad bei einem Arbeitsgang ist folgender Quotient zu verstehen:

$$\text{(84)} \qquad \text{Leistungsgrad} = \frac{\text{beobachtete Leistung}}{\text{Normalleistung}}\ 100$$

Die Leistung eines manuell ausgeführten Arbeitsganges ist eine komplexe Größe, die nicht quantitativ erfaßbar ist. Sie kann daher nicht gemessen, sondern nur geschätzt werden[456]. Hierzu muß der Zeitstudieningenieur eine klare Vorstellung von dem Niveau der menschlichen „Normalleistung" haben. Nach REFA bezeichnet man diejenige Arbeitsintensität als normal, mit der ein Arbeiter auf die Dauer und im Mittel der täglichen Schichtzeit ohne Gesundheitsschädigung arbeiten kann, wenn er die in der Vorgabezeit berücksichtigten Zeiten für persönliche Bedürfnisse und Erholung einhält[457]. Arbeitet ein Arbeiter nach der Schätzung des Zeitnehmers während einer aufgenommenen Istarbeitszeit mit normaler Intensität, so wird dieser Arbeitszeit ein Leistungsgrad von 100 % zugeordnet. Ist die während der Zeitmessung beobachtete Arbeitsintensität geringer, so wird ein entsprechend niedriger, im umgekehrten Fall ein entsprechend höherer Leistungsprozentsatz angesetzt. Der Leistungsgrad wird in der Regel nicht für jede aufgenommene Teilzeit gesondert,

[456] Vgl. hierzu das Leistungsgradschema nach E. Bramesfeld im *REFA*-Buch, Bd. 2, a. a. O., S. 23. Die menschliche Leistung entspricht dem Kostenbestimmungsfaktor Intensität nach Übersicht 4 auf S. 128.

[457] Vgl. *REFA*-Buch, Bd. 2, a. a. O., S. 28.

sondern meistens für eine Gruppe homogener Teilzeiten pauschal geschätzt. Die Schätzungsergebnisse verschiedener Zeitstudieningenieure dürfen sich höchstens um 5 % voneinander unterscheiden. Das richtige Leistungsgradschätzen stellt die eigentliche Schwierigkeit der Zeitstudie dar. Während das Zeitmessen eine relativ leicht zu erlernende Technik ist, erfordert das Leistungsgradschätzen Übung und Erfahrung.

Der geschätzte Leistungsgrad dient dazu, die gemessenen Istzeiten auf Vorgabezeiten umzurechnen. Würden verschiedene Arbeiter den gleichen Arbeitsgang mit verschiedenen Leistungsgraden ausführen, so müßte bei richtigem Leistungsgradschätzen die Multiplikation aller Istzeiten mit den zugehörigen prozentualen Leistungsgraden stets die gleiche Vorgabezeit ergeben.

Vor dieser Umrechnung werden jedoch die durch Zeitmessungen ermittelten Istzeiten statistisch ausgewertet. Hierfür sind mehrere graphische und algebraische Methoden entwickelt worden, deren Ziel darin besteht, auf sinnvolle Weise aus der Vielzahl aufgenommener Einzelzeiten Istzeitmittelwerte zu bilden[458]. Am weitesten verbreitet dürfte die Häufigkeitsmethode sein, die wir in der Abbildung 21 dargestellt haben. Unter dem Maximum der Häufigkeitsverteilung liegt der häufigste Istwert, den wir mit t_{ϕ} gekennzeichnet haben.

Falls häufiger Leistungsgradschätzungen vorgenommen werden, wird nach ähnlichen Methoden der mittlere oder häufigste Leistungsgrad ermittelt.

Multipliziert man die mittlere Istarbeitszeit mit dem mittleren Leistungsgrad, so erhält man die *Normal- oder Vorgabezeit* eines Arbeitsganges:

$$(85) \qquad \begin{matrix}\text{Normal- oder}\\ \text{Vorgabezeit}\end{matrix} = \begin{matrix}\text{mittlere}\\ \text{Istarbeitszeit}\end{matrix} \cdot \begin{matrix}\text{mittlerer}\\ \text{Leistungsgrad}\end{matrix} \cdot \frac{1}{100}$$

Die nach Gleichung (85) ermittelten Normal- oder Vorgabezeiten können nur bedingt als Planzeiten bezeichnet werden, da in der Regel für die meisten Arbeitsgänge Leistungsgrade erwartet werden, die über dem Normalleistungsgrad nach REFA liegen. Erst Umrechnungen mit Hilfe der Gleichung (78) würden die wirklichen Planarbeitszeiten ergeben. Vom Kostenstandpunkt sind aber die Vorgabezeiten zugleich „Planarbeitszeiten", da bei Anwendung eines Akkordlohnsystems nur die Vorgabezeiten vergütet und in der Kostenrechnung kalkuliert werden. Wir wollen daher die mit Hilfe von Vorgabezeiten ermittelten Einzellöhne als Plankosten im Sinne der Plankostenrechnung bezeichnen. Es ist aber stets darauf zu achten, daß Unterschiede zwischen den planmäßig zu erwartenden Leistungsgraden und den den Vorgabezeiten zugrundeliegenden Normalleistungsgraden auftreten werden.

Es sei nochmals darauf hingewiesen, daß eine Arbeitszeitplanung für die Durchführung einer Plankostenrechnung auch dann erforderlich ist, wenn der Betrieb kein Akkordlohnsystem verwendet; geplante Arbeitszeiten sind für die Arbeitsablaufplanung, für die Bezugsgrößenplanung und für den Aufbau einer Plankalkulation unentbehrlich.

[458] Vgl. *REFA*-Buch, Bd. 2, a. a. O., S. 56 ff.

4. Wir wollen auf folgende *Spezialprobleme* der Arbeitszeitplanung hinweisen, die für die Verwendung geplanter Arbeitszeiten in der Plankostenrechnung von Bedeutung sind.

Die Durchführung von Zeitstudien erfordert einen nicht unerheblichen Arbeitsaufwand und sollte daher so weit wie möglich vereinfacht werden[459]. Hierfür wird von REFA das *Zusammensetzverfahren* empfohlen, nach dem die Vorgabezeiten neuer Arbeitsgänge aus bereits vorhandenen Teilzeiten aufgebaut werden. Weiterhin dient das *Interpolationsverfahren* zur Verringerung des Arbeitsaufwandes der Zeitstudien. Dieses Verfahren wird besonders dann angewandt, wenn das Fertigungsprogramm artähnliche Produkte enthält, die sich vorwiegend in ihren Dimensionen unterscheiden. Nur für einen Teil der Produkte werden exakte Zeitstudien durchgeführt. Die ermittelten Vorgabezeiten werden in Abhängigkeit von bestimmten Einflußgrößen graphisch dargestellt, die eine Beziehung zu den Dimensionen oder sonstigen Eigenschaften der Produkte aufweisen, und die Vorgabezeiten der zwischen den Meßwerten liegenden Produkte werden durch graphische oder rechnerische Interpolation ermittelt.

Aus den gleichen Gründen, die wir bereits bei der Einzelmaterialplanung aufgezeigt haben, bestehen Unterschiede hinsichtlich der Zeitpunkte der *Vorgabezeitermittlung bei Markt- und Auftragsfertigung*. Bei der Marktfertigung standardisierter Erzeugnisse kann und muß die Vorgabezeitermittlung grundsätzlich vor der Auftragserteilung durchgeführt werden. Bei der Auftragsfertigung dagegen ist das nicht möglich, da zunächst die Konstruktionszeichnungen, die Stücklisten und die Arbeitsablaufpläne erstellt werden müssen. Hier kann daher die Ermittlung der Vorgabezeiten erst nach dem Auftragseingang und zum Teil sogar erst nach Produktionsbeginn erfolgen. Für die Kleinserien- und Einzelfertigung sind das Zusammensetz- und das Interpolationsverfahren für die Vereinfachung der Vorgabezeitermittlung von großer Bedeutung.

Bei der Entwicklung neuer Produkte, die infolge des technischen Fortschritts in zunehmenden Stückzahlen verlangt werden, wie das z. B. in der Flugzeug-, der elektronischen Industrie und in artverwandten Branchen der Fall ist, haben in den USA in letzter Zeit sogenannte *Lernkurven für die Arbeitszeitplanung* zunehmende Bedeutung gewonnen[460].

Die Theorie der „learning curves" geht von der Hypothese aus, die insbesondere in

[459] Vgl. *REFA*-Buch, Bd. 2, a. a. O., S. 69 ff.

[460] Vgl. hierzu *W. H. Boren,* Some Applications of the Learning Curve to Government Contracts, NAA-Bulletin 1964 (10), Section 1, S. 21 f,; *T. Fässler,* Ein Beitrag zur Quantifizierung der Einübung, Industrielle Organisation 1962, S. 5 ff.; *C. T. Horngren,* Cost Accounting ..., a. a. O., S. 156 ff.; *D. W. Neal,* Straight-Line Projections with the Learning Curve, NAA-Bulletin 1961 (6), Section 1, S. 62; *D. Schneider,* Lernkurven und ihre Bedeutung für Produktionsplanung und Kostentheorie, ZfbF 1965, S. 501 ff.; *V. J. Shroad Jr.,* Control of Labor Costs Through the Use of Learning Curves, NAA-Bulletin 1964 (10), Section 1, S. 15 ff.; *M. L. Taylor,* The Learning Curve – A Basic Cost Projection Tool, NAA-Bulletin 1961 (2), Section 1, S. 21 ff.; *R. Wyer,* Learning Curve Helps Figure Profit, Control Costs, N.A.C.A.-Bulletin 1953 (12), Section 1, S. 490 ff.; *E. C. Keachie,* Manufacturing Cost Reduction Through the Curve of Natural Productivity Increase. Prepared by the Institute of Business and Economic Research, University

Betrieben mit wachsender Serienfertigung verifiziert werden konnte, daß der Zeitbedarf für Arbeitsgänge der Fertigung mit zunehmenden Gesamtstückzahlen infolge eines Lerneffektes degressiv fällt: "... every time you do a job you will do it better than the last time."[461] Die Theorie der Lernkurven versucht für diesen Lerneffekt quantitativ faßbare Gesetzmäßigkeiten aufzustellen.

Die ersten Untersuchungen dieser Art wurden bereits 1936 in der amerikanischen Flugzeugindustrie durchgeführt[462]. Erst in den letzten beiden Jahrzehnten folgte eine größere Anzahl Analysen, die zu folgender Hypothese über den Verlauf des Lerneffektes geführt haben: "... every time you double the quantity, the unit hours will be reduced by a fixed percentage."[463] Als häufigster „Lernprozentsatz" wird 80 % angegeben[464].

Der Lerneffekt beeinflußt zwar im Zeitablauf vorwiegend die Fertigungszeiten und damit die Lohnkosten, so daß wir ihn im Zusammenhang mit der Planung der Einzellohnkosten behandeln, er kann sich aber auch auf die Einzelmaterialkosten auswirken, wobei jedoch in der Regel weitaus schwächere Lerneffekte wirksam werden[465]. Parallel zur Verringerung der Fertigungszeiten erfolgt aber stets auch eine Verminderung der fertigungszeitproportionalen Fertigungsgemeinkosten, was in der Plankalkulation zu berücksichtigen ist. Lerneffekte verringern im Zeitablauf die Grenzselbstkosten pro Einheit, worin aber keineswegs ein Einwand gegen die Grenzplankostenrechnung zu sehen ist, da die Plankalkulation jeweils nur für bestimmte Planungsperioden gültig ist[466].

Zur mathematischen Ableitung des Funktionsgesetzes einer Lernkurve wollen wir die folgenden Symbole einführen[467]:

x = kumulierte Produktmenge
t_1 = Vorgabezeit für die 1. Produkteinheit
t_x = Vorgabezeit für die x-te Produkteinheit
γ = prozentuale Abnahme der Vorgabezeit bei Verdopplung der kumulierten Produktion

of California, Berkeley, under the Small Business Administration Management Research Grant Programm, 1964; *H. Asher,* Cost-Quantity Relationships in the Airframe Industry, Project Rand, R–291, July 1, 1956. Einen ähnlichen Effekt, wie er durch die Theorie der Lernkurven ausgedrückt wird, weisen für die Sortenproduktion im Walzwerk *H. H. Billen, K. H. Sandhöfer* und *V. Steinecke,* Der Einfluß der Walzlosgröße auf die Umwandlungskosten vollkontinuierlicher Feinstahlstraßen, ZfB 1965, Ergänzungsheft, S. 53 ff., nach.

461 Vgl. *M. L. Taylor,* The Learning ..., a. a. O., S. 22.

462 Vgl. *T. P. Wright,* Factors Affecting the Cost of Airplanes, Journal of the Aeronautical Sciences 1936, zit. n. *D. Schneider,* Lernkurven ..., a. a. O., S. 507.

463 Vgl. *M. L. Taylor,* The Learning ..., a. a. O., S. 24.

464 Vgl. hierzu *D. Schneider,* Lernkurven ..., a. a. O., S. 507. Auch *R. Wyer,* Learning ..., a. a. O., S. 490, sagt hierzu, daß die Theorie des Lernprozesses meistens die „Curtiss 80 Per Cent Curve" unterstellt.

465 Vgl. *D. Schneider,* Lernkurven ..., a. a. O., S. 503 und 504.

466 Die Bedeutung der Lernkurven für die Produktions- und Kostentheorie hat insbesondere *D. Schneider,* Lernkurven ..., a. a. O., S. 501 ff., untersucht.

467 Wir beschränken uns auf die sogenannten „Einheitslernkurven", neben denen es auch sogenannte „Durchschnittslernkurven" gibt, die wir jedoch nicht behandeln wollen. Vgl. *D. Schneider,* Lernkurven ..., a. a. O., S. 505 und 506.

Der Hypothese der Lernkurven entsprechen folgende Gleichungen:

(86) $$t_x = t_1\,(1-\gamma)^i$$

(87) $$x = 2^i \qquad (i = 0, 1, 2, \ldots, n)$$

Die Gleichung (87) läßt sich wie folgt nach i auflösen:

(88) $$i = \frac{\log x}{\log 2}$$

Eingesetzt in (86) erhält man:

(89) $$t_x = t_1\,(1-\gamma)^{\frac{\log x}{\log 2}}$$

Durch Potenzieren (mit log 2) und Logarithmieren ergibt sich folgende Identität:

(90) $$(1-\gamma)^{\frac{\log x}{\log 2}} = x^{\frac{\log (1-\gamma)}{\log 2}}$$

Aus Gleichung (89) erhält man daher als *Funktionsgesetz* einer Lernkurve:

(91) $$t_x = t_1 x^{\frac{\log (1-\gamma)}{\log 2}}$$

Da $(1-\gamma) < 1$ ist, muß stets $\log (1-\gamma) < 0$ sein. Daher ist in Gleichung (91) der Exponent stets negativ, so daß die Lernkurve degressiv verlaufen muß.
Betrachten wir ein Zahlenbeispiel mit $t_1 = 10$ min./Stck. und $\gamma = 15\,\%$, dann lautet das Funktionsgesetz der zugehörigen Lernkurve:

(92) $$t_x = 10\,x^{-0{,}23446}$$

Hieraus lassen sich für die Vorgabezeiten der x-ten Einheit die in Tabelle 21 angegebenen Werte errechnen.
In der Abbildung 22 haben wir für das Zahlenbeispiel den Verlauf der Lernkurve graphisch wiedergegeben. Wählt man für die Abszisse eine logarithmische Skala, so erhält man eine lineare Lernkurve, da in Gleichung (92) der Exponent konstant ist.

Tabelle 21: Beispiel zum Verlauf einer Lernkurve

x	t_x
2	8,500
4	7,225
8	6,141
16	5,220
32	4,437
64	3,771
128	3,206
256	2,727
512	2,318

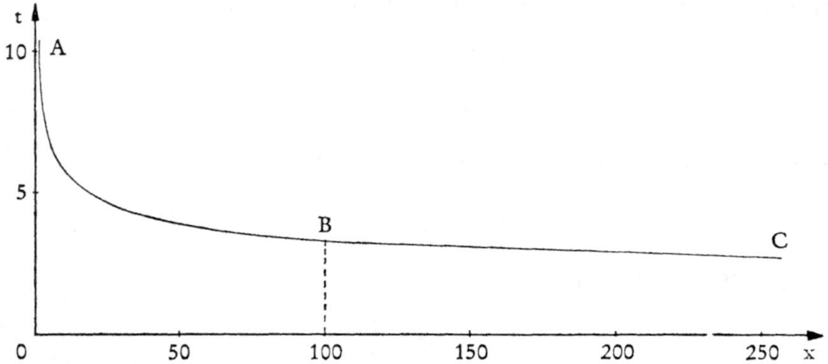

Abb. 22: Beispiel einer Lernkurve

Die Abbildung 22 läßt erkennen, daß bei neuen Produkten zunächst eine relativ starke Verringerung der erforderlichen Fertigungszeiten zu erwarten ist. Hieraus folgt, daß während dieser Zeit infolge des noch nicht abgeschlossenen Lern- oder Einübungsprozesses die betreffenden Arbeitsgänge noch nicht „akkordreif" sind[468]. Dies gilt im Beispiel der Abbildung 22 für das Kurvenstück AB. In dieser Zone werden zwar Arbeitszeiten für die Planung ermittelt; sie können jedoch nicht Grundlage eines Akkordlohnsystems sein. Auch REFA hat diese Tatsache bereits berücksichtigt, ohne jedoch von der Theorie der Lernkurven auszugehen, da als Voraussetzung für die „Wirksamkeit des Arbeitsvollzuges" gefordert wird, „... daß der Arbeiter oder die Arbeitsgruppe einen solchen Übungsgrad erreicht hat, daß ein weiterer wesentlicher Leistungsanstieg durch weiteres Üben nicht mehr erzielt werden kann"[469].

Problematisch ist an der Theorie der Lernkurven erstens die „Linearitätshypothese", worunter man die Konstanz des Lerneffektes im Zeitablauf versteht, und zweitens die empirische Ermittlung numerischer Werte für den Lerneffekt[470]. Insbesondere dürfte irgendwo mit einem Ende des Lerneffektes zu rechnen sein. Trotzdem scheint aber die These gleichbleibender Lerngrade für die Praxis brauchbar zu sein. Diese Tatsache hat in den USA dazu geführt, daß Lernkurven als Grundlage für die Kostenberechnung bei Regierungsaufträgen, besonders dann, wenn Anschlußaufträge über gleiche Arbeiten vorgesehen sind, verwendet werden[471].

5. Nachdem für die verschiedenen Arbeitsgänge der einzelnen Produktarten die zugehörigen Planarbeitszeiten ermittelt worden sind, ist die erste Stufe der Einzel-

[468] Hierauf weist auch *D. Schneider,* Lernkurven..., a. a. O., S. 502, hin, indem er eine Serie erst für „akkordreif" erklärt, „... nachdem der größte Teil der Übungsgewinne erreicht ist."

[469] Vgl. *REFA*-Buch, Bd. 2, a. a. O., S. 25 und S. 29.

[470] Vgl. hierzu vor allem *D. Schneider,* Lernkurven ..., a. a. O., S. 507 ff.

[471] Hierauf weisen *W. H. Boren,* Some Applications..., a. a. O., S. 21, *D. Schneider,* Lernkurven..., a. a. O., S. 502, und *V. J. Shroad Jr.,* Control..., a. a. O., S. 17, hin.

lohnplanung abgeschlossen. Der zweite Schritt besteht in der Bewertung der Planarbeitszeiten mit den geplanten Lohnsätzen, deren Ermittlung wir im zehnten Kapitel beschrieben haben. Bei Verwendung eines Akkordlohnsystems erhält man die geplanten Einzellohnkosten eines Arbeitsganges durch Multiplikation der Vorgabezeiten mit den geplanten Lohnsätzen. Da die Vorgabezeiten meistens in Minuten angegeben werden, rechnet man auch die Planlohnsätze in DM/Minute (Minutenfaktoren) um. Wird kein Akkordlohnsystem angewandt, so werden entsprechend die Planarbeitszeiten mit den Minutenfaktoren multipliziert.

Bezeichnen wir die gesamte, auf eine Kalkulationseinheit bezogene Vorgabe- oder Planarbeitszeit eines Arbeitsganges mit $t^{(p)}$, den zugehörigen Planlohnsatz mit $l^{(p)}$ und die Planeinzellohnkosten mit $e_l^{(p)}$, so gilt folgende allgemeine Formel:

$$e_l^{(p)} = t^{(p)}\, l^{(p)} \tag{93}$$

Für den Fall, daß die Planarbeitszeit aus mehreren Teilzeiten besteht, für die unterschiedliche Lohnsätze gelten, muß die rechte Seite der Gleichung (93) entsprechend aufgespalten werden.

Sind in einer Abteilung Arbeitskräfte mit unterschiedlichen Lohnsätzen für die gleichen Arbeitsgänge eingesetzt, so kann es erforderlich sein, gewogene Planlohnsätze zu verwenden. Bezeichnen wir die geplanten prozentualen Anteile der einzelnen Lohnarten mit $\mu_\nu^{(p)}$ und die Anzahl der verschiedenen Lohnarten mit z, so erhalten wir für die Planeinzellohnkosten eines Arbeitsganges folgenden Ausdruck:

$$e_l^{(p)} = t^{(p)} \sum_{\nu=1}^{z} \frac{\mu_\nu^{(p)}}{100}\, l_\nu^{(p)} \tag{94}$$

Die *Verwendungen der Planeinzellohnkosten* im System der flexiblen Plankostenrechnung lassen sich wie folgt zusammenfassen.

Erstens dienen die Planeinzellohnkosten als Grundlage für die Erstellung von Plankalkulationen, wenn die Einzellöhne nicht über die Kostenstellen abgerechnet werden. Wie wir aber bereits hervorgehoben haben, werden in der Mehrzahl aller Fälle die Fertigungslöhne in die Kalkulationssätze der Fertigungskostenstellen einbezogen.

Zweitens bildet die Einzellohnplanung das Fundament für die Kostenplanung des Fertigungsbereichs. Bereits im dritten Kapitel haben wir nachgewiesen, daß die Übertragung arbeitswissenschaftlicher Methoden auf die Gemeinkostenplanung entwicklungsmäßig zu den Grundlagen der Plankostenrechnung zählt. Unsere Ausführungen über die arbeitswissenschaftliche Planung der Einzellöhne haben gezeigt, daß hierbei der gesamte Fertigungsprozeß eines Betriebes in Teilprozesse, Arbeitsgänge und Teilarbeitsgänge zerlegt und zugleich sein Zeitaufbau in allen Einzelheiten analysiert wird. Eine derartige Fertigungszeitanalyse bildet aber, wie wir im fünfzehnten Kapitel, Abschnitt C, II nachweisen werden, in sehr vielen Fällen auch für die Gemeinkostenplanung des Fertigungsbereichs eine unerläßliche Voraussetzung; denn in der Regel sind es Fertigungszeiten oder darin enthaltene Teilzeiten, z. B. Rüstzeiten, Maschinenlaufzeiten, Handarbeitszeiten, zu denen die Fertigungsgemeinkosten proportional sind. Die Auswahl, die Planung und nicht zuletzt die laufende Erfassung der Beschäftigungsmaßstäbe oder der Bezugsgrößen der Kostenstellen im Fertigungsbereich muß daher in der Regel auf arbeitswissenschaftlich ermittelten Fertigungszeiten basieren. Man kann den allgemeinen Grundsatz aufstellen, daß für die Mehrzahl der Betriebe eine gut funktionierende arbeitswissenschaftliche Abteilung zu den wichtigsten Voraussetzungen für die Einführung einer flexiblen Plankostenrechnung gehört.

Drittens bilden die kostenträgerweise und nach Arbeitsgängen gegliederten Planeinzellohnkosten die Grundlage für die kostenstellenweise Einzellohnkontrolle, die wir im Abschnitt B dieses Kapitels erörtern werden.

Viertens bildet das Zeitgerüst der Planeinzellohnkosten die Grundlage der Entlohnung, sofern ein Akkordlohnsystem verwendet wird.

B. Die Kontrolle der Einzellohnkosten

1. Wie wir bereits hervorgehoben haben, muß eine wirksame Lohnkostenkontrolle kostenstellenweise durchgeführt werden. Trotz ihrer direkten Beziehung zu den betrieblichen Produkten werden die Einzellohnkosten in der Plankostenrechnung in der Regel über die Kostenstellen abgerechnet. Hierdurch wird die Einzellohnkontrolle in den kostenstellenweisen Soll-Ist-Kosten-Vergleich einbezogen. Trotzdem wollen wir die Einzellohnkontrolle bereits hier und nicht erst im fünften Teil dieses Buches im Zusammenhang mit der Gemeinkostenkontrolle beschreiben.

2. Wir wollen zunächst davon ausgehen, daß die geplanten Einzellöhne Akkordlöhne sind. Die insgesamt während einer Abrechnungsperiode angefallenen Akkordlöhne einer Kostenstelle werden in der Weise erfaßt, daß man für alle im Akkord ausgeführten Arbeitsgänge Akkordscheine ausstellt, die folgende Angaben enthalten:

1. Nummer des ausführenden Arbeiters
2. Kostenträgernummer
3. Kostenstellennummer
4. Kostenartennummer
5. Abgelieferte Stückzahl
6. Vorgabezeit pro Stück
7. Minutenfaktor
8. Lohnbetrag
9. Abrechnungsperiode
10. Unterschrift des Meisters

Für die kostenstellenweise Kontrolle werden die Akkordlohnscheine nach Kostenstellennummern und für die Lohnabrechnung nach Arbeiternummern zusammengefaßt. Wird die Lohnabrechnung mit Hilfe von Lochkarten durchgeführt, so werden als Akkordscheine Lochkarten verwandt, die sowohl nach Kostenstellennummern als auch nach Arbeiternummern tabelliert werden.

In der Tabelle 22 haben wir ein vereinfachtes Beispiel einer Akkordlohnerfassung wiedergegeben. Hiernach werden zunächst alle in einer bestimmten Kostenstelle angefallenen Akkordlohnscheine nach Arbeiternummern und Kostenträgernummern sortiert. Für den Arbeiter mit der Stammnummer 212 und für den Kostenträger 6020 mögen insgesamt zwölf Scheine ausgestellt worden sein; die Stückzahl beträgt ingesamt 1 344 und die zugehörige Vorgabezeit 5 Min./Stck., so daß wir 6 720 erarbeitete Akkordminuten erhalten, die in der Tabelle 22 eingetragen werden. Entsprechend wird für alle übrigen Arbeiter- und Kostenträgernummern verfahren. Die Horizontaladdition ergibt die während der betreffenden Abrechnungsperiode von den einzelnen Arbeitern insgesamt erarbeiteten Akkordminuten. Multipliziert man diese mit den zugehörigen Minutenfaktoren, so erhält man die Lohnbeträge der Arbeiter jeweils für eine Kostenstelle. Hat ein Arbeiter während einer Abrechnungsperiode noch in anderen Kostenstellen gearbeitet, so müssen mehrere Kostenstellenbeträge für die Lohnabrechnung zusammengefaßt werden. Sind die Minutenfaktoren der Arbeiter bei den einzelnen Kostenträgern unterschiedlich, so lassen sich die Akkordminuten nicht unmittelbar addieren; jede Kostenträgerspalte muß mit dem zugehörigen Minutenfaktor multipliziert werden.

Tabelle 22: Beispiel einer kostenstellenweisen Akkordlohnerfassung

Kostenträger Nr. / Arbeiter-Nr.	Erarbeitete Akkordminuten pro Monat							Minutenfaktor DM/Min.	Löhne DM/Mon.
	6020	6021	6022	6023	6024	6025	Summe		
212	6 720	3 070	2 100	–	–	–	11 890	0,070	832,30
240	2 620	3 900	1 130	1 610	–	–	9 260	0,070	648,20
248	–	–	–	8 625	2 775	–	11 400	0,070	798,00
267	–	–	8 000	–	–	4 200	12 200	0,072	878,40
268	3 235	–	–	4 140	–	2 370	9 745	0,075	730,88
269	–	–	–	–	10 250	–	10 250	0,080	820,00
270	–	4 240	–	–	2 620	5 310	12 170	0,080	973,60
Summe	12 575	11 210	11 230	14 375	15 645	11 880	76 915	–	5 681,38

Im Beispiel der Tabelle 22 erhalten wir für die betreffende Kostenstelle einen monatlichen Bruttolohngesamtbetrag in Höhe von 5 681,38 DM. Diesen Betrag wollen wir als die der monatlichen Istbeschäftigung entsprechenden *Solleinzellohnkosten* einer Kostenstelle bezeichnen.

Zur Erfassung der Solleinzellohnkosten sei an dieser Stelle bemerkt, daß für die kostenstellenweise Kontrolle der Löhne in der Regel der Kalendermonat als Bezugszeitraum gewählt wird, während die Lohnabrechnung in vielen Betrieben noch wöchentlich erfolgt. Um Abgrenzungsschwierigkeiten zwischen der Bruttolohnabrechnung und der Kostenstellenrechnung zu vermeiden, die sich daraus ergeben, daß vier Lohnwochen mit einem Monat nicht übereinstimmen, empfiehlt es sich, auch für die Lohnabrechnung den Monat als Abrechnungszeitraum zu wählen und wöchentliche Abschläge zu zahlen[472]. Formelmäßig läßt sich die Erfassung der Solleinzellohnkosten einer Kostenstelle wie folgt darstellen.

Als einfachster Fall ist eine Kostenstelle denkbar, in der nur eine Produktart bearbeitet wird, wobei nur ein Arbeitsgang auszuführen ist, dessen Arbeitszeiten mit dem gleichen Lohnsatz bewertet werden. Bezeichnen wir die Anzahl der wäh-

[472] Dies gilt nicht nur für die Einzellöhne, sondern auch für alle übrigen Löhne.

rend einer Abrechnungsperiode bearbeiteten Kostenträger mit $x^{(i)}$ und die Planeinzellohnkosten für einen Arbeitsgang pro Kostenträger nach der Gleichung (93) mit $t^{(p)}\, l^{(p)}$, so erhalten wir unter den obigen Voraussetzungen für die der Istbeschäftigung entsprechenden Solleinzellohnkosten $L^{(s)}$ einer Kostenstelle den folgenden Ausdruck:

(95) $$L^{(s)} = x^{(i)}\, t^{(p)}\, l^{(p)}$$

Werden in einer Kostenstelle n verschiedene Kostenträger bearbeitet, so erhalten wir für die Solleinzellohnkosten einer Kostenstelle folgende Bestimmungsgleichung:

(96) $$L^{(s)} = \sum_{i=1}^{n} x_i^{(i)}\, t_i^{(p)}\, l^{(p)}$$

In dieser Gleichung gibt der Index i die Kostenträgernummer an. Der Minutenfaktor hängt nur von der Art des Arbeitsganges ab, aber nicht von der Art des Kostenträgers oder davon, welcher Arbeiter ihn ausführt. Praktisch sind allerdings auch diese Fälle möglich; sie lassen sich in der Gleichung (96) berücksichtigen.
Unter der Voraussetzung, daß die Vorgabezeiten leistungsgerecht sind, haben die den ausgeführten Arbeitsgängen zugrunde liegenden Istarbeitszeiten keine Bedeutung für die Lohnzahlung[473]. Die Arbeiter erhalten keinen Lohn für die Abweichungen zwischen den Istarbeitszeiten und den vorgegebenen Planarbeitszeiten, nur die Planarbeitszeiten werden ihnen vergütet. Einzellohnabweichungen in Form von Mehr- oder Minderlohnkosten als Folge von Über- oder Unterschreitungen der Planarbeitszeiten kann es unter diesen Voraussetzungen nicht geben. Die Solleinzellohnkosten der Kostenstelle sind zugleich ihre Isteinzellohnkosten.

3. Obwohl bei leistungsgerechten Vorgabezeiten die Lohnkosten durch Abweichungen zwischen den Istarbeitszeiten und den Planarbeitszeiten nicht beeinflußt werden, ist eine laufende kostenstellenweise Gegenüberstellung der Ist- und der Planarbeitszeiten keineswegs überflüssig; denn der Quotient beider Größen gibt Aufschluß über den *durchschnittlichen Leistungsgrad der Arbeiter* einer Kostenstelle und über das Verhältnis zwischen der effektiven und der geplanten zeitlichen Belastung ihrer Arbeitsplätze und Betriebsmittel. An die Stelle der wegfallenden Abweichungserrechnung tritt daher eine Leistungsgradanalyse.
Hierzu ermittelt man für jede Kostenstelle die während einer Abrechnungsperiode insgesamt erarbeiteten Akkordminuten, die sich leicht aus den Unterlagen der Lohnabrechnung ableiten lassen. Aus der Tabelle 22 erhalten wir z. B. 76915 Minuten.
Dieser Summe der Planarbeitszeiten müssen zum Vergleich die ihnen entsprechenden Istarbeitszeiten gegenübergestellt werden. Diese Istarbeitszeiten werden am einfachsten dadurch ermittelt, daß man zunächst die Istanwesenheitsstunden sämtlicher in der Kostenstelle mit Akkordarbeiten beschäftigten Arbeitskräfte erfaßt, indem man zum Beispiel die Stunden der Stempelkarten addiert oder besondere Anwesen-

[473] Eine Ausnahme kann bei garantierten Mindestlöhnen auftreten.

heitslisten anlegt. Von den gesamten Anwesenheitsstunden werden die Zeiten für Pausen sowie sämtliche Zeitlohnstunden und unbezahlte Wartezeiten abgezogen. Die Differenz ist dann gleich der Istarbeitszeit, die der Summe aller Vorgabezeiten der betreffenden Kostenstelle entsprechen müßte.

Dividiert man die gesamten Planarbeitszeiten $T^{(p)}$ durch die ihnen entsprechende Summe der Istarbeitszeiten $T^{(i)}$, so erhält man den durchschnittlichen Leistungsgrad λ_g (in %) für die gesamten Akkordarbeitszeiten einer Kostenstelle[474]:

(97) $$\lambda_g = \frac{T^{(p)}}{T^{(i)}} 100$$

Liegt λ_g über 100 %, so ist in der vergangenen Abrechnungsperiode durchschnittlich mit einem höheren Leistungsgrad gearbeitet worden, als es den Normalleistungsgraden entspricht, die den einzelnen Vorgabezeiten zugrunde gelegt wurden bzw. umgekehrt. Der effektive durchschnittliche Leistungsgrad der gesamten Akkordarbeitszeiten kann monatlich und für jede Lohnabrechnungsperiode oder Schicht ermittelt werden. Weiterhin kann es oft sehr nützlich sein, den Leistungsgrad nicht nur kostenstellenweise zu errechnen, sondern auch noch nach einzelnen Arbeitskräften oder nach Arbeitskräftegruppen. Stets ist es von Interesse, die Bewegungen der effektiven durchschnittlichen Leistungsgrade im Zeitablauf zu verfolgen. Nach REFA wird der durchschnittliche Leistungsgrad einer größeren Gruppe von Arbeitern durch die folgenden Faktoren bestimmt[475]:

1. Eignung der Arbeiter
2. Körperlicher und geistiger Gesundheitszustand
3. Altersaufbau der Gruppe
4. Leistungswillen
5. Übung und Einarbeitung der Arbeiter
6. Anteil der unbeeinflußbaren Zeiten an den Gesamtzeiten
7. Erfassungsfehler

Löst man den durchschnittlichen Leistungsgrad einer Kostenstelle in die Teilleistungsgrade für die einzelnen Arbeitskräfte auf, so kann man erkennen, durch welche Arbeitskräfte der gesamte Leistungsgrad in besonders starkem Maße positiv oder negativ beeinflußt wird.

Je höher der Anteil der von den Arbeitskräften nicht beeinflußbaren Teilarbeitszeiten ist, desto mehr wird der auf die Arbeitskräfte zurückgehende Leistungseinfluß verdeckt. B. Heimansberg schlägt daher vor, die Summe der gesamten Planarbeitszeiten $T^{(p)}$ in einen beeinflußbaren und in einen unbeeinflußbaren Teil aufzuspalten und nur die gesamten beeinflußbaren Planarbeitszeiten, welche wir als $T_b^{(p)}$ bezeichnen

[474] Vgl. *REFA*-Buch, Bd. 2, a. a. O., S. 101. Nach REFA wird der Quotient aus der vorgegebenen Zeit und der verbrauchten Zeit bei Akkordarbeit als „Zeitgrad" bezeichnet. Besonders ausführlich wird die leistungsmäßige Kontrolle von Akkordarbeitern von *B. Heimansberg*, Statistische Überwachung von Akkordlöhnen, Stahl und Eisen 1954, S. 158 ff., beschrieben. Hierbei bezeichnet B. Heimansberg den Quotienten aus der gesamten Vorgabezeit und der aufgewandten Zeit als den „Gesamtleistungsgrad".

[475] Vgl. *REFA*-Buch, Bd. 2, a. a. O., S. 102 ff.

wollen, mit den entsprechenden Istarbeitszeiten zu vergleichen[476]. Hierzu muß von den gesamten Istarbeitszeiten die Summe der unbeeinflußbaren Teilzeiten abgezogen werden, die wir als $T_u^{(i)}$ bezeichnen wollen. Diese Größe dürfte aber praktisch nur schwer zu ermitteln sein. Man kann sie allerdings näherungsweise stets durch die unbeeinflußbaren Planzeiten ersetzen. Dividiert man die gesamten beeinflußbaren Planarbeitszeiten $T_b^{(p)}$ durch die ihnen entsprechende Summe der gesamten Istzeiten abzüglich der unbeeinflußbaren Istzeiten, so erhält man den durchschnittlichen Leistungsgrad λ_b der beeinflußbaren Akkordarbeitszeiten einer Kostenstelle[477]:

$$\lambda_b = \frac{T_b^{(p)}}{T^{(i)} - T_u^{(i)}} 100 \qquad (98)$$

Zu der Gleichung (98) ist aber kritisch zu bemerken, daß die Trennung zwischen den beeinflußbaren und den unbeeinflußbaren Arbeitszeiten nicht immer mit genügender Genauigkeit möglich ist.
Überschreiten die effektiven durchschnittlichen Leistungsgrade bestimmte Toleranzen, so muß untersucht werden, ob die vorgegebenen Planarbeitszeiten noch den wirklichen Verhältnissen entsprechen. Falls das nicht der Fall ist, müssen sie neu ermittelt werden. Die leistungsgradmäßige Kontrolle der Einzellohnkosten kann darüber hinaus auch für die Planung und Kontrolle der Fertigungsgemeinkosten von Bedeutung sein, wenn als Bezugsgrößen der Gemeinkostenverursachung Fertigungszeiten oder Teile von Fertigungszeiten verwendet werden.

4. Wir haben bisher unterstellt, daß entweder keine Rüstzeiten in den Arbeitszeiten enthalten sind oder daß die durchschnittlichen Istseriengrößen nur geringfügig von den Planseriengrößen, die den Planrüstzeiten pro Kalkulationseinheit zugrunde liegen, abweichen. Betrachten wir nunmehr den Fall, daß größere Schwankungen der quantitativen Auftragszusammensetzung zu veränderten Seriengrößen führen.
Würde man bei größeren Abweichungen zwischen den geplanten und den effektiven Seriengrößen bei der Errechnung der Akkordlöhne die geplanten Seriengrößen zugrunde legen, so würde man gegen den Grundsatz der leistungsgerechten Entlohnung verstoßen. Sind z. B. während einer Abrechnungsperiode 1 200 Kalkulationseinheiten produziert worden und beträgt die Planseriengröße 100 Stück, so würde dem Arbeiter zwölfmal die Vorgabezeit eines gesamten Rüstvorganges vergütet. Beträgt nun aber die effektive Seriengröße im Durchschnitt nur 60 Einheiten, so muß der gesamte Rüstvorgang zwanzigmal wiederholt werden. Dem Arbeiter würden also acht Rüstvorgänge zuwenig vergütet werden. Beträgt die Planarbeitszeit für einen Rüstvorgang 20 Minuten und liegt der Minutenfaktor bei 0,07 DM/min., so wäre der gezahlte Lohn um $8 \cdot 20 \cdot 0{,}07 = 11{,}20$ DM zu niedrig. Hätte die effektive Seriengröße über der planmäßigen Seriengröße gelegen, so wäre der gezahlte Lohnbetrag gegenüber der Leistung zu hoch gewesen.

[476] Vgl. *B. Heimansberg*, Statistische . . ., a. a. O., S. 159.
[477] B. Heimansberg bezeichnet diesen Quotienten als „persönlichen Leistungsgrad“, vgl. *B. Heimansberg*, Statistische . . ., a. a. O., S. 159.

Man muß daher überall dort, wo größere Abweichungen zwischen den geplanten und den effektiven Seriengrößen auftreten, die effektiven Seriengrößen der Lohnberechnung zugrunde legen. In der Plankalkulation verrechnet man jedoch auch in diesen Fällen die auf die Planseriengrößen bezogenen Einzellohnkosten, so daß zwangsläufig eine Abweichung zwischen den gezahlten und den kalkulierten Einzellohnkosten auftreten muß. Da diese Abweichung auf Schwankungen der Seriengrößen zurückgeht, wollen wir sie als *Einzellohnabweichung infolge außerplanmäßiger Seriengrößen* bezeichnen.

Bezeichnen wir die Einzellohnabweichung infolge außerplanmäßiger Seriengrößen einer Kostenstelle für eine bestimmte Kostenträgerart i als ΔL_{Ri}, die auf die effektiven Seriengrößen bezogenen gesamten Solleinzellohnkosten dieser Kostenträgerart, welche als Akkordlöhne ausbezahlt werden, als $L_i^{(s)}$ und die auf die geplanten Seriengrößen bezogenen gesamten Planeinzellohnkosten, welche in der Plankalkulation verrechnet werden, als $L_i^{(p)}$, so können wir schreiben:

$$\Delta L_{Ri} = L_i^{(s)} - L_i^{(p)} \tag{99}$$

Unter der vereinfachenden Annahme, daß innerhalb der Kostenstelle für alle Vorgabezeiten des Kostenträgers i der gleiche Minutenfaktor gilt, erhalten wir hieraus mit Hilfe der Gleichungen (80) und (95) folgenden Ausdruck:

$$\Delta L_{Ri} = x_i \left(\frac{t_{ri}^{(p)}}{s_i^{(i)}} + t_{ei}^{(p)} \right) l^{(p)} - x_i \left(\frac{t_{ri}^{(p)}}{s_i^{(p)}} + t_{ei}^{(p)} \right) l^{(p)} \tag{100}$$

oder zusammengefaßt:

$$\Delta L_{Ri} = t_{ri}^{(p)}\, l^{(p)} \left(\frac{x_i}{s_i^{(i)}} - \frac{x_i}{s_i^{(p)}} \right) \tag{101}$$

Die obige Rechnung führt zu dem Ergebnis, daß die Einzellohnabweichung für eine bestimmte Kostenträgerart infolge außerplanmäßiger Seriengrößen einer Kostenstelle gleich der Summe der Produkte aus den Planeinzellohnkosten pro Rüstgang (t_r l) und den zugehörigen Differenzen zwischen der effektiven und der geplanten Anzahl Rüstvorgänge ist. Die gesamte Einzellohnabweichung infolge außerplanmäßiger Seriengrößen ΔL_R einer Kostenstelle ergibt sich durch Addition der nach Kostenträgerarten gegliederten Teilabweichungen ΔL_{Ri}.

5. Die unseren Betrachtungen bisher zugrunde liegende Annahme leistungsgerechter Vorgabezeiten ist in der Praxis nicht erfüllt. Praktisch muß vielmehr jedes Akkordlohnsystem durch besondere *Zusatzlöhne* ergänzt werden, da selbst die exakteste arbeitswissenschaftliche Lohnplanung die wechselnden Einflußgrößen des wirklichen Betriebsgeschehens nicht im voraus genau genug festzulegen vermag. Diese Zusatzlöhne stellen bezahlte Einzellohnzeitabweichungen dar. Im einzelnen lassen sich die folgenden Gruppen von Zusatzlöhnen unterscheiden:

a) *Zusatzlöhne infolge von Leistungsgarantien,* die stets dann auftreten, wenn der Leistungsgrad eines Arbeiters so weit sinkt, daß ein garantierter Mindestverdienst unterschritten wird.

b) *Auftragsbedingte Zusatzlöhne,* die infolge von Abweichungen zwischen der geplanten Produktgestaltung, welche den Vorgabezeiten der einzelnen Arbeitsgänge zugrunde liegt, und der effektiven Produktgestaltung der Kostenträger bezahlt werden. Hierzu gehören insbesondere Vorgabezeitüberschreitungen infolge von Konstruktionsänderungen, die vor allem in der Einzel- und Kleinserienfertigung des Großmaschinenbaues einen großen Prozentsatz der gesamten Einzellohnzeitabweichungen ausmachen.
c) *Materialbedingte Zusatzlöhne.* Die Vorgabezeiten basieren vielfach auf planmäßigen Materialabmessungen und planmäßigen Materialeigenschaften. Stimmen diese mit der Wirklichkeit nicht überein, so können die Bearbeitungszeiten nicht eingehalten werden[478]. Dies ist der Fall, wenn beispielsweise bei Gußstücken Toleranzen überschritten werden. Der Vorgabe können stets nur mittlere Toleranzen zugrunde gelegt werden. Bei Toleranzüberschreitungen müssen entsprechende Zusatzlöhne gezahlt werden.
d) *Kostenstellenbedingte Zusatzlöhne.* Hierzu gehören sämtliche, von den Arbeitern nicht zu vertretende Verzögerungen des Arbeitsvollzugs, wie z. B. Wartezeiten infolge von Betriebsstörungen, Maschinenschäden und Stockungen im Material- oder Auftragsfluß. Weiterhin zählen hierzu Arbeitsverzögerungen und -erschwerungen infolge fehlender oder mangelhafter Modelle, Lehren, Vorrichtungen und Werkzeuge, deren Vorhandensein und Einsatzbereitschaft bei der Ermittlung der Vorgabezeiten unterstellt worden war, sowie alle Arbeitsverzögerungen, welche dadurch auftreten, daß neue Arbeitskräfte angelernt werden.
e) *Zusatzlöhne infolge fehlerhafter Vorgabezeiten.* Es ist nicht in allen Fällen möglich, die Akkordzeiten durch genaue Zeitstudien zu erfassen. In der Einzel- und Kleinserienfertigung muß ein großer Teil der Vorgabezeiten durch Schätzungen ermittelt werden, was oft zu fehlerhaften Vorgabezeiten führt, die durch entsprechende Zusatzlöhne ausgeglichen werden müssen. Betrachten wir hierzu zwei Beispiele aus dem Großmaschinenbau. Bei Schweißarbeiten können sich Schweißkonstruktionen verziehen, so daß nachträgliche Richtarbeiten erforderlich werden. Es kann oft nicht genau vorausgesehen werden, wieviel Richtarbeiten anfallen. Hier sind Zusatzlöhne für Richtarbeiten in der Regel unvermeidbar. Ein weiteres Beispiel bildet die Montage bei Großprojekten; hierbei können Einzelteile nicht ganz passen. Die für die erforderlich werdenden Anpassungsarbeiten anfallenden Arbeitszeiten können nur relativ ungenau vorausgeschätzt werden, so daß Zusatzlöhne gezahlt werden müssen.

Werden aus einem der oben beschriebenen Gründe für einen Arbeitsgang Zusatzlöhne erforderlich, so wird die Ausstellung eines Zusatzlohnscheines auf Veranlassung des zuständigen Vorarbeiters, Meisters oder Arbeitsvorbereiters beantragt. Jeder Zusatzlohnschein ist von dem verantwortlichen Sachbearbeiter der Arbeitsvorbereitung und von dem Meister der empfangenden Kostenstelle zu unterschreiben. Statt

[478] Vgl. hierzu vor allem *T. Ellinger,* Rationalisierung durch Standardkostenrechnung, Stuttgart 1954, S. 19 ff., wo die Entstehung und Auswertung von Einzellohnabweichungen ausführlich beschrieben wird.

der Verwendung besonderer Zusatzlohnscheine kann man auch die ursprünglichen Akkordscheine mit einem Mehrzeitstempel versehen. Auf keinen Fall jedoch dürfen die Eintragungen des Akkordscheins um die Einzellohnzeitabweichungen korrigiert werden[479].

T. Ellinger schlägt vor, sämtliche Einzellohnabweichungen einer Abrechnungsperiode in besonderen Erfassungsbögen zusammenzustellen[480]. Hierbei empfiehlt es sich, die Einzellohnzeitabweichungen nach Kostenstellen, Lohnarten, Kostenträgerarten und insbesondere nach Entstehungsursachen zu gliedern und entsprechend auszuwerten.

Zusatzlöhne und die zugehörigen Akkordlöhne werden stets als getrennte Kostenarten verrechnet. Wenn die Akkordlöhne über die Kostenstellen verrechnet werden, dann treten dort keine Abweichungen auf, da die Zusatzlöhne gesonderte Kostenartennummern erhalten. Die Zusatzlöhne werden, soweit sie nicht ausgesprochen auftrags- und kostenträgerbedingt sind, wie Gemeinkostenlöhne behandelt und im Ist auf die Kostenstelle ihrer Entstehung kontiert. Soweit planmäßig mit bestimmten Zusatzlöhnen, z.B. für Maschinenstörungen, Wartezeiten, Anlernen usw., zu rechnen ist und man die Einflüsse nicht bereits bei der Festlegung der Akkorde berücksichtigen konnte, werden den Kostenstellen entsprechende Planzusatzlohnbeträge vorgegeben. Ausgesprochen auftrags- oder kostenträgerbedingte Zusatzlöhne sollten auf die Aufträge bzw. Kostenträgerarten verteilt werden, durch welche sie verursacht worden sind.

6. Wir haben bei unseren bisherigen Ausführungen noch nicht die Möglichkeit berücksichtigt, daß die gleichen Arbeitsgänge von Arbeitskräften mit unterschiedlichen Minutenfaktoren ausgeführt werden. Ist das der Fall, so können *Lohnsatzmischungsabweichungen* auftreten[481].

Bezeichnen wir die Arbeiterkategorie mit ν, die Anzahl verschiedener Arbeiterkategorien mit z, die Produktart mit i und die Anzahl verschiedener Produktarten mit n, so erhalten wir unter Berücksichtigung der Gleichungen (94) und (96) für die Lohnsatzmischungsabweichung einer Kostenstelle folgenden Ausdruck:

$$\Delta L_M = \sum_{i=1}^{n} \sum_{\nu=1}^{z} x_{i\nu}^{(i)} t_i^{(p)} l_\nu^{(p)} - \sum_{i=1}^{n} x_i^{(i)} t_i^{(p)} \cdot \sum_{\nu=1}^{z} \frac{\mu_\nu^{(p)}}{100} l_\nu^{(p)} \tag{102}$$

wobei $x_i = \sum_{\nu=1}^{z} x_{i\nu}^{(i)}$

[479] Vgl. *T. Ellinger,* Rationalisierung ..., a.a.O., S. 29.

[480] Vgl. *T. Ellinger,* Rationalisierung ..., a.a.O., Tabelle I, S. 36, und die Tabellen II und III auf S. 41; hinsichtlich der weiteren Auswertung vgl. dort vor allem die Abbildungen 8, 9, 10 und 11 auf den S. 44 ff. und die Abweichungskurven bei wechselnden Fertigungsplänen in der Abbildung 14 (S. 59) und auf S. 68/69.

[481] Vgl. hierzu *K. Käfer,* Standardkostenrechnung, 2. Aufl., a.a.O., S. 177, und das Beispiel auf S. 191, wo K. Käfer von „Mehrkosten aus relativer Zunahme der Männerarbeit" spricht; auch *J. Batty,* Standard Costing, London 1960, S. 46, beschreibt eine „mixture

Der erste Summand gibt die Akkordlohnsumme bei effektiver Lohnsatzmischung an und wird der Kostenstelle als Istkosten belastet. Der zweite Summand entspricht der Akkordlohnsumme bei geplanter Lohnsatzmischung. Er wird der Kostenstelle als Sollkosten gutgeschrieben. Die Lohnsatzmischungsabweichung wird in der Kostenstelle als „Verbrauchsabweichung" unter der Kostenart „Fertigungslohn" ausgewiesen.

Betrachten wir hierzu das folgende Zahlenbeispiel. In einer Kostenstelle sind die Arbeitergruppen 1 und 2 eingesetzt, deren Minutenfaktoren 0,06 DM/Min. und 0,08 DM/Min. betragen. Die Arbeitseinsatzplanung sieht vor, daß 60 % der Planarbeitszeiten auf die erste und 40 % auf die zweite Arbeitergruppe entfallen. Wir erhalten also einen geplanten Durchschnittslohn von 0,068 DM/Min. In der Tabelle 23 werden die Stückzahlen, differenziert nach Arbeitergruppen, mit den zugehörigen Vorgabezeiten pro Stück multipliziert. Die Summe der Vorgabezeiten der Arbeitergruppen 1 und 2 werden zunächst mit den zugehörigen Planlohnsätzen multipliziert. Addiert man die Teilbeträge, so erhält man die Lohnkostensumme bei Istmischung; sie beträgt 9 303,84 DM in der Tabelle 23. Beide Arbeitergruppen haben zusammen 130 688 Akkordminuten geleistet, die, mit 0,068 DM/Min. bewertet, die Lohnkostensumme bei Planmischung ergeben, für die wir dann in unserem Beispiel 8 886,78 DM erhalten. Die Lohnsatzmischungsabweichung beträgt daher + 417,06 DM. Sie ist darauf zurückzuführen, daß im Ist die Einsatzrelation der Arbeitsgruppen 1 und 2 nicht 60:40, sondern 44:56 betragen hat.

7. Wir haben bisher unterstellt, daß alle Fertigungsarbeiter im Akkord bezahlt werden. Unter dieser Voraussetzung können in einer Kostenstelle (abgesehen von eventuellen Zusatzlöhnen) nur Lohnsatzmischungsabweichungen auftreten. Dies gilt nicht für Kostenstellen, in denen Arbeitsgänge verrichtet werden, die „nicht akkordreif" sind und in denen die Arbeitskräfte daher im Zeitlohn bezahlt werden. Wie wir bereits an anderer Stelle hervorgehoben haben, werden für die Zwecke der Kostenplanung auch in diesen Fällen geplante Arbeitszeiten festgelegt und der Kostenstelle als Zeitgerüst der Sollfertigungskosten vorgegeben. Die Istlöhne allerdings werden in Form von Zeitlöhnen bezahlt. In diesen Fällen entstehen Fertigungslohnabweichungen, die wir als *Arbeitszeitabweichungen* oder *Arbeitsleistungsabweichungen* bezeichnen[482].

Bezeichnen wir die Zeitlohnstunden einer Kostenstelle mit $T^{(i)}$, so erhalten wir (unter der Voraussetzung eines einheitlichen Lohnsatzes) für die Arbeitszeitabweichung einer Kostenstelle folgenden Ausdruck:

sub-variance for labor". Desgleichen *G. Shillinglaw,* Cost Accounting: Analysis and Control, 3. Aufl., Homewood, Ill. 1961, S. 197. G. Shillinglaw spricht von „labor mix variances".

482 In der amerikanischen Literatur wird diese Abweichung als „labor efficiency variance" bezeichnet. Vgl. hierzu *C. Gillespie,* Standard and Direct Costing, 3. Aufl., Englewood Cliffs, N. J. 1962, und *S. B. Henrici,* Standard Costs . . ., a. a. O., S. 272; *K. Käfer,* Standardkostenrechnung, 2. Aufl., a. a. O., S. 183, bezeichnet diese Abweichung als „Arbeitsleistungsabweichung".

Tabelle 23: Beispiel zur Errechnung einer Lohnsatzmischungsabweichung

Arbeitergruppe 1				Arbeitergruppe 2			
Produktart	Stückzahl	Vorgabezeit Min./Stück	Vorgabezeit Minuten	Produktart	Stückzahl	Vorgabezeit Min./Stück	Vorgabezeit Minuten
1	1 500	4,0	6 000	3	2 770	2,4	6 648
2	3 000	3,0	9 000	4	6 150	4,2	25 830
3	4 500	2,4	10 800	5	3 125	5,2	16 250
4	2 300	4,2	9 660	6	4 200	3,0	12 600
5	4 250	5,2	22 100	7	2 950	4,0	11 800
Summe			57 560	Summe			73 128
Lohnkosten Gruppe 1			3 453,60	Lohnkosten Gruppe 2			5 850,24
Lohnkostensumme bei Istmischung							9 303,84
Lohnkostensumme bei Planmischung							8 886,78
Lohnsatzmischungsabweichung							+ 417,06

$$\Delta L = (T^{(i)} - \sum_{i=1}^{n} x_i^{(i)} t_i^{(p)}) l^{(p)} \tag{103}$$

Beträgt z. B. die Summe der Zeitlöhne 10 064,80 DM und entspricht den Planzeiten der Istproduktion nur ein Lohnbetrag von 8 886,78 DM, so erhalten wir eine Fertigungslohnabweichung in Höhe von 1 178,02 DM.

Gelten für die gleichen Arbeiten infolge individueller Unterschiede der Arbeitskräfte mehrere verschiedene Lohnsätze, so läßt sich die Lohnabweichung unter Berücksichtigung der Gleichung (102) wie folgt in eine Lohnsatzmischungsabweichung und in eine Arbeitszeitabweichung zerlegen:

$$\Delta L = \sum_{\nu=1}^{z} T_\nu^{(i)} l_\nu^{(p)} - \sum_{i=1}^{n} \sum_{\nu=1}^{z} x_{i\nu}^{(i)} t_i^{(p)} l_\nu^{(p)} + \sum_{i=1}^{n} \sum_{\nu=1}^{z} x_{i\nu}^{(i)} t_i^{(p)} l_\nu^{(p)} - \sum_{i=1}^{n} x_i^{(i)} t_i^{(p)} \sum_{\nu=1}^{z} \frac{\mu_\nu^{(p)}}{100} l_\nu^{(p)} \tag{104}$$

Im Beispiel der Tabelle 23 sind 63 480 Istminuten für die Arbeitergruppe 1 und 78 200 Istminuten für die Arbeitergruppe 2 angefallen. Die Istlohnkosten der betreffenden Periode betragen 10 064,80 DM. Subtrahiert man hiervon die Lohnkosten bei Istmischung des Arbeitseinsatzes, die 9 303,84 DM nach Tabelle 23 betragen, so erhält man als Arbeitszeitabweichung + 790,96 DM. Hierzu kommt noch die bereits in Tabelle 23 ausgewiesene Lohnsatzmischungsabweichung in Höhe von + 417,06 DM, so daß die Gesamtabweichung 1 178,02 DM beträgt.

In die Fertigungslohnzeitabweichungen der Kostenstellen gehen sowohl die von den Arbeitern zu vertretenden als auch die von ihnen nicht zu vertretenden Überschreitungen der Planarbeitszeiten ein. Eine Isolierung der nicht zu vertretenden Arbeitszeitüberschreitungen, wie sie bei der Anwendung eines Akkordlohnsystems durch die Vergütung besonderer Zusatzlöhne möglich ist, kann bei der Anwendung von Zeitlohn nicht durchgeführt werden, wodurch die Kontrolle der Einzellohnkosten beeinträchtigt wird.

13. Kapitel

Die Planung und Kontrolle der Sondereinzelkosten

A. *Die Planung und Kontrolle der Sondereinzelkosten der Fertigung*

1. Der Grundsatz, möglichst viele Kostenarten als Einzelkosten zu verrechnen, hat in der Plankostenrechnung dazu geführt, neben den Planeinzelmaterialkosten und den Planeinzellohnkosten möglichst viele weitere Kostenarten in die Einzelkosten einzubeziehen. Diese Kostenarten bezeichnet man als Sondereinzelkosten und unterscheidet die Sondereinzelkosten der Fertigung und die des Vertriebs. Als Sondereinzelkosten der Fertigung treten vorwiegend die folgenden Kostenarten auf.

2. Bei manchen Fertigungsprozessen lassen sich die *Kosten für Energie*, d.h. Strom-, Wasser- und Dampfkosten als Einzelkosten planen und kontrollieren. Dies gilt insbesondere für chemische Prozesse und Schmelzvorgänge, bei denen die Energiekosten einen relativ großen Anteil an den Gesamtkosten ausmachen und sich den gefertigten Produkten direkt zurechnen lassen[483]. K. Käfer beschreibt als Beispiel für direkt verrechnete Energiekosten eine Aluminiumhütte, in der die Stromkosten des Schmelzprozesses für eine Tonne Aluminium direkt vorgeplant und abgerechnet werden[484]. Die Planung und Kontrolle unterscheidet sich in Fällen dieser Art nicht wesentlich von der Planung und Kontrolle der Energiekosten, die als Gemeinkosten verrechnet werden, so daß wir diesbezüglich auf unsere Ausführungen im fünften Teil verweisen können.

3. In vielen Betrieben müssen für neue Produkte erhebliche *Forschungs- und Entwicklungskosten* aufgewandt werden. Dies ist insbesondere in der chemischen Industrie, in der Elektroindustrie sowie im Maschinen-, Apparate- und Fahrzeugbau der Fall[485]. Hier gilt daher der Grundsatz, einen möglichst großen Teil dieser Kosten den betrieblichen Produkten als Sondereinzelkosten direkt zuzurechnen. Bei dieser

[483] Die Tendenz, bei chemischen Prozessen den Produkten möglichst viele Fertigungskosten als Einzelkosten anzulasten, findet man z. B. bei *H. Beckmann,* Plankostenrechnung in der Chemischen Industrie, ZfB 1953, S. 33 ff.; ferner wird dieses Problem von *K. Käfer,* Standardkostenrechnung, 2. Aufl., Zürich 1964, S. 194 ff., erörtert.

[484] Vgl. *K. Käfer,* Standardkostenrechnung, 2. Aufl., a. a. O., S. 196.

[485] *F. Henzel,* Die Kostenrechnung, 4. Aufl., Essen 1964, S. 110, weist darauf hin, daß in Unternehmungen der Chemie im Durchschnitt 5 bis 6 % und in pharmazeutischen Unternehmungen sogar 10 bis 12 % des Umsatzes als Forschungs- und Entwicklungskosten aufgewandt werden.

Verrechnung treten hinsichtlich der Forschungskosten jedoch große Schwierigkeiten auf, weil sich in der Regel noch nicht im voraus bestimmen läßt, in welchen Produktarten ein bestimmter Forschungsauftrag letztlich seinen Niederschlag findet. Im einzelnen sollte die Verrechnung von Forschungs- und Entwicklungskosten in Form der folgenden Abrechnungstechnik vorgenommen werden [486].

Jeder von der Unternehmungsleitung genehmigte Forschungs- oder Entwicklungsauftrag erhält eine Auftragsnummer und wird in der Betriebsabrechnung als statistisches Konto geführt, das aufgebaut sein kann wie die Tabelle 24. Die in den Forschungs- und Entwicklungskostenstellen, wie chemische und physikalische Laboratorien, Konstruktionsabteilungen, Ateliers usw., angefallenen Kosten sollten mit Stundenaufschreibungen auf die von ihnen bearbeiteten Forschungs- und Entwicklungsaufträge verrechnet werden. In die Stundensätze gehen die Personalkosten und die laufenden Betriebskosten dieser Stellen ein. In der Regel wird man mehrere verschieden hohe Kostensätze bilden müssen, so z. B. in einer Konstruktionsabteilung Konstrukteurstunden und Zeichnerstunden. Alle für Forschungs- und Entwicklungsaufträge anfallenden Fremdrechnungen für gekaufte Zeichnungen und Entwürfe, Fremdanalysen, in fremden Laboratorien ausgeführte Versuche usw. werden nicht auf die Forschungs- und Entwicklungsstellen kontiert, sondern den Auftragsnummern direkt belastet. Das gleiche gilt für alle in größeren Mengen verbrauchten Materialmengen. Werden in einem Forschungs- oder Entwicklungsauftrag Fertigungsstellen oder Hilfsbetriebe, wie z. B. die Schlosserei oder die Elektrowerkstatt, eingeschaltet, so werden die hierbei anfallenden Kosten ebenfalls den betreffenden Auftragsnummern belastet.

Wie das in der Tabelle 24 wiedergegebene Beispiel erkennen läßt, enthält jede Auftragskarte das Datum des Beginns und des Abschlusses des betreffenden Forschungs- oder Entwicklungsauftrages. Weiterhin wird der im voraus veranschlagte Kostenbetrag festgehalten, der im Beispiel 18 400 DM beträgt. Alle angefallenen Chemiker- und Laborantenstunden, alle Fremdrechnungen und die Kosten der direkt für den betreffenden Auftrag angefallenen Chemikalien werden der Auftragsnummer belastet. Wird der Betriebsabrechnung der Abschluß des Forschungs- oder Entwicklungsauftrages gemeldet, so werden zunächst die angefallenen Kosten addiert und

[486] In der Literatur wird von den meisten Autoren eine auftragsweise Planung und Kontrolle der Forschungs- und Entwicklungskosten empfohlen. Vgl. hierzu *E. Gau*, Handbuch der praktischen Betriebsabrechnung, Stuttgart 1965, S. 160 ff.; *H. C. Heiser*, Budgetierung, Grundsätze und Praxis der betriebswirtschaftlichen Planung, Berlin 1964, S. 318 ff., und insbesondere S. 332; *F. Henzel*, Die Kostenrechnung, a. a. O., S. 107 ff.; *F. L. Heuser*, Direct-Labor Control in Research and Development, NAA-Bulletin 1964 (10), Section 1, S. 7 ff.; *C. T. Horngren*, Cost Accounting, A Managerial Emphasis, 3. Aufl., Englewood Cliffs, N. J. 1963, S. 532 ff.; *I. W. Keller*, Management Accounting for Profit Control, New York – Toronto – London 1957, S. 243 ff.; *E. Kosiol*, Verrechnung innerbetrieblicher Leistungen, Wiesbaden 1951, S. 35: „Versuchs- und Entwicklungskosten werden ebenfalls möglichst nach Aufträgen abgerechnet"; *K. Raasch*, Die Konstruktions- und Entwicklungskosten in Buchhaltung und Kostenrechnung, Hamburg 1940; *G. Shillinglaw*, Cost Accounting: Analysis and Control, 3. Aufl., Homewood, Ill. 1961, S. 410 ff.; *F. Wille*, Plan- und Standardkostenrechnung, 2. Aufl., Essen 1963, S. 131.

Tabelle 24: Beispiel zur Planung und Verrechnung von Sondereinzelkosten der Entwicklung

210 374 (Auftrags-Nr.)		Farbstoff, Spezialrot 114 (Auftragsbezeichnung)	Beginn: 3. 8. 19.. Abschluß: 21. 10. 19..	18 400 DM (Voranschlag)
Beleg		Kostenartenbezeichnung	Istkosten	Verrechnete Plankosten
Nr.	Datum		DM	DM
411	31. 8.	Chemikerstunden 80 Std. · 12 DM	960	
412	31. 8.	Laborantenstunden 320 Std. · 8 DM	2 560	
–	31. 8.	Chemikalien (lt. Materialabrechnung)	2 235	
781	3. 9.	Fremdrechnung (Versuch)	2 340	
444	30. 9.	Chemikerstunden 110 Std. · 12 DM	1 320	
445	30. 9.	Laborantenstunden 445 Std. · 8 DM	3 560	
–	30. 9.	Chemikalien (lt. Materialabrechnung)	5 673	
–	8. 10.	Probe in der Fertigung	835	
785	16. 10.	Fremdrechnung	560	
476	31. 10.	Chemikerstunden 70 Std. · 12 DM	840	
477	31. 10.	Laborantenstunden 130 Std. · 8 DM	1 040	
–	31. 10.	Chemikalien (lt. Materialabrechnung)	735	
			22 658	
–	30. 11.	Produktion 850 kg · 0,38 DM		323
–	31. 12.	Produktion 1 100 kg · 0,38 DM		418
–	31. 12.	Saldo		21 917
			22 658	21 917
–	1. 1.	Saldovortrag 19..	21 917	–
–	31. 1.	Produktion 1 100 kg · 0,38 DM		418
–	28. 2.	Produktion 800 kg · 0,38 DM		304
–	31. 3.	Produktion 900 kg · 0,38 DM		342
	.	. .		.
	.	. .		.
	.	. .		.

mit dem Voranschlag verglichen. Hierbei ergibt sich in unserem Beispiel eine Überschreitung von 22 568 ./. 18 400 = + 4 258 DM. Bei besonders großen Abweichungen sind die Ursachen zu klären.

Als nächstes muß entschieden werden, wie der angefallene Istkostenbetrag in Höhe von 22 658 DM weiter zu verrechnen ist. Hierbei sind folgende drei Fälle zu unterscheiden:

a) Bezog sich der Forschungs- oder Entwicklungsauftrag auf ein ganz bestimmtes Produkt und ist er erfolgreich verlaufen, so wird die zukünftig zu erwartende Gesamtproduktion geschätzt, wobei im Zweifel abgerundet und der angefallene Kostenbetrag durch die Planproduktmenge dividiert wird. Auf diese Weise erhält man die Sondereinzelkosten für Forschung und Entwicklung pro Kostenträgereinheit. In unserem Beispiel ergibt sich hierbei folgender Betrag:

$$\frac{22\,658 \text{ DM}}{60\,000 \text{ kg}} = 0{,}38 \text{ DM/kg}$$

Dieser Kostensatz wird in der Plankalkulation als Sondereinzelkosten verrechnet. Monatlich wird die Produktmenge mit diesem Satz multipliziert und der Auftragsnummer gutgeschrieben. Endet die Produktion, bevor der Gesamtbetrag (im Beispiel: 22 658 DM) abgedeckt ist, wird der Restbetrag der Betriebsergebnisrechnung belastet. Wurde dagegen die Planproduktion (im Beispiel: 60 000 kg) zu gering angesetzt, so muß im Zuge späterer Planungsüberholungen der Verrechnungssatz gesenkt werden. Tritt trotzdem eine Überdeckung der Auftragsnummer ein, so ist der betreffende Betrag dem Betriebsergebnis gutzuschreiben.

b) Bezog sich ein erfolgreich verlaufener Forschungs- und Entwicklungsauftrag nicht auf ein bestimmtes Produkt, sondern auf eine Produktgruppe, so lassen sich keine kostenträgerindividuellen Verrechnungssätze bilden. Die Kosten derartiger Auftragsnummern werden vielmehr in Form von Forschungs- und Entwicklungszuschlägen verrechnet, deren Basis entweder die Herstellkosten oder die Fertigungskosten der Erzeugnisse sind. Die Deckungsrechnung wird entsprechend wie unter a) durchgeführt.

c) Ein besonderes Problem bilden Forschungs- und Entwicklungsaufträge, die nicht zu produktiv verwertbaren Ergebnissen geführt haben. Hier kann man zwei Ansichten vertreten. Erstens kann man die Kosten solcher Auftragsnummern über die Ergebnisrechnung als Kosten ausbuchen, denen keine Erträge gegenüberstehen; das bedeutet, daß diese Kosten aus dem Gesamtgewinn der Unternehmung zu decken sind. Zweitens kann man aber auch der Ansicht sein, daß unmöglich jeder Forschungs- oder Entwicklungsauftrag erfolgreich verlaufen kann; dann müßte eine bestimmte Anzahl Mißerfolge auf eine erfolgreiche Auftragsnummer, die die Kosten der Fehlschläge mit zu tragen hat, entfallen. Diese Ansicht ist dann richtig, wenn für die Entwicklung eines bestimmten Produktes oder einer Produktgruppe systematische Versuchsreihen ausgeführt werden, die aus vielen Einzelaufträgen bestehen. Im übrigen muß von Fall zu Fall entschieden werden, wie die Kosten von Forschungs- und Entwicklungsaufträgen verrechnet werden sollen.

4. Im Maschinenbau und artverwandten Branchen fallen *Kosten für Spezialwerkzeuge*, wie beispielsweise für Lehren, Modelle, Vorrichtungen, die nur für ganz bestimmte Kostenträger oder Kostenträgergruppen verwendet werden, an. Auch in anderen Fertigungszweigen werden Spezialwerkzeuge benötigt, die jeweils nur der Herstellung bestimmter Produktarten dienen. Typische Beispiele hierfür sind die Gummiindustrie, in der zahlreiche Heiz- und Vulkanisierformen (z. B. für verschiedene Autoreifen) verwandt werden, die Kunststoffspritzgußfabrikation, wo für jeden Spritzgußartikel eine besondere Spritzgußform eingesetzt wird, und die Tapetenindustrie, in der jede Tapetensorte mehrere nur für sie verwendbare Druckwalzen erfordert. In diesen Fällen sollten die Kosten solcher Sonderwerkzeuge und Spezialeinrichtungen als Sondereinzelkosten der Fertigung auf die betreffenden Kostenträger verrechnet werden.

Sonderwerkzeuge und Spezialeinrichtungen können selbst erstellt oder von außen bezogen werden. In jedem Falle sollte die rechentechnische Behandlung ähnlich erfolgen, wie wir sie für die Forschungs- und Entwicklungskosten beschrieben haben. Für jedes Sonderwerkzeug oder jede Spezialeinrichtung wird eine Auftragsnummer eröffnet, die als statistisches Konto in der Betriebsabrechnung geführt wird. Dieser Auftragsnummer werden alle Kosten belastet, die für die Fertigstellung des betreffenden Gegenstandes angefallen sind.
Ist der Werkzeugauftrag abgeschlossen, so wird die Erzeugnismenge geschätzt, von der die Kosten des betreffenden Spezialwerkzeuges zu tragen sind. Bei derartigen Schätzungen sind zwei Fälle zu unterscheiden. Liegt die voraussichtliche Absatzmenge über der Produktmenge, für die das Spezialwerkzeug maximal ausreicht, so werden die Kosten zur Bildung des Verrechnungssatzes durch die pro Werkzeug maximal mögliche Produktmenge, nach deren Erstellung ein neues Werkzeug angefertigt werden muß, dividiert. Liegt dagegen die Absatzmenge unter der technisch möglichen Produktionsmenge, was z. B. in der Einzelfertigung stets und in der Serienfertigung oft der Fall ist, so werden die Kosten der betreffenden Auftragsnummer durch die Absatzmenge dividiert.
Kostet z. B. die Spritzgußform eines bestimmten Spritzgußartikels 3 500 DM und sind zunächst nur 50 000 Spritzgußartikel dieser Art bestellt worden, während die Form für insgesamt 250 000 Stück ausreichen würde, so hängt es von der Sicherheit ab, mit welcher weitere Aufträge zu erwarten sind, auf welche Menge zwischen minimal 50 000 Stück und maximal 250 000 Stück man den Betrag von 3 500 DM bezieht. Sind keine weiteren Aufträge zu erwarten, so kalkuliert man mit 3 500 DM durch 50 000 Stück = 0,07 DM/Stück. Ist dagegen mit einer vollen Abnutzung der Form zu rechnen, so setzt man einen Planverrechnungssatz von 0,014 DM/Stück an. Ähnlich ist auch zu verfahren bei der Verrechnung der Druckwalzen in der Tapetenindustrie. Hier reicht ein Druckwalzensatz in der Regel für eine weit größere Produktion als voraussichtlich abzusetzen sein wird, so daß die Planbezugsgröße der Walzenkosten die geschätzte Absatzmenge der betreffenden Sorte ist.

5. In vielen Betrieben werden Produkte erzeugt oder Fertigungsverfahren angewandt, die nicht in eigenen Forschungs- und Entwicklungsstellen entwickelt worden sind und für die *Lizenzen* an fremde Betriebe gezahlt werden müssen. In der Kostenrechnung werden Lizenzen zweckmäßigerweise als Sondereinzelkosten der Fertigung verrechnet. Es lassen sich folgende Lizenzarten unterscheiden.
Bei der *Pauschallizenz* wird die Lizenzgebühr in Form eines fixen Betrages für den Abrechnungszeitraum (Jahr oder Monat) entrichtet, der unabhängig ist von der effektiven Ausbringung. Die periodisch anfallenden Lizenzbeträge werden einem in der Betriebsabrechnung zu führenden statistischen Konto belastet.
Der Planverrechnungssatz wird ermittelt, indem man die fixe Lizenzgebühr durch die geplante monatliche Durchschnittsproduktion bzw. durch die geplante Jahresproduktion dividiert. Multipliziert man mit diesem Satz die monatliche Istproduktion, so erhält man die verrechneten Planlizenzkosten, die dem Lizenzkonto gutgeschrie-

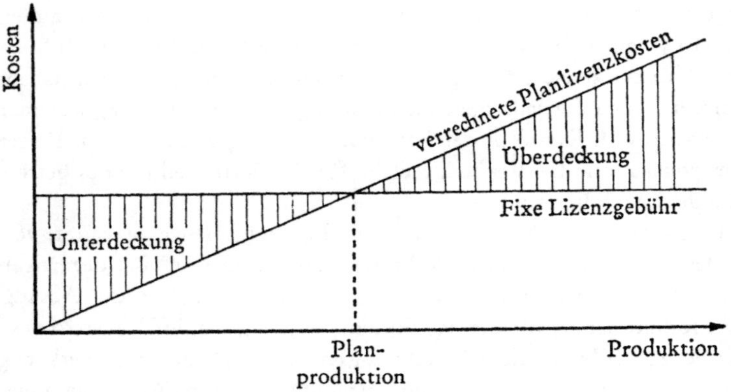

Abb. 23: Beispiel einer Pauschallizenz

ben werden. Wie die Abbildung 23 erkennen läßt, entstehen auf diesem Konto je nach der Beschäftigungslage in Form von Unter- oder Überdeckungen zuwenig oder zuviel verrechnete Lizenzkosten; auf diese Weise läßt sich die Richtigkeit des Lizenzverrechnungssatzes kontrollieren.

Bei der *Quotenlizenz* wird im Gegensatz zur Pauschallizenz die Lizenzgebühr proportional zur Nutzung festgelegt. Die verbreitetste Form der Quotenlizenz ist die Stücklizenz, bei der die Lizenzgebühr pro Ausbringungseinheit zu zahlen ist. Bei der Stücklizenz kann der effektiv pro Produkteinheit zu zahlende Lizenzbetrag unmittelbar als Planverrechnungssatz der Kalkulation festgesetzt werden. In der Abbildung 23 würde bei der Stücklizenz die Kurve der verrechneten Lizenzkosten mit der Kurve der zu zahlenden Lizenzkosten übereinstimmen. Eine besondere Kontrolle der Lizenzkosten ist nicht erforderlich; es muß lediglich überwacht werden, daß die Zahlungen pünktlich geleistet werden.

Als Beispiel einer Stücklizenz sei die in der Textilindustrie (Weberei mit Ausrüstung) gezahlte Sanforisier-Lizenz genannt[487]. Der Lizenzgeber erhält für 100 m sanforisiertes Gewebe (bis 1 m breit) 0,50 DM; der Lizenznehmer hat zudem noch die Umsatzsteuer zu tragen.

Weitere Formen der Quotenlizenz sind die Wertlizenz und die Gewinnlizenz. Im ersten Fall ist der Erlös pro Einheit und im zweiten Fall der Stückgewinn die Basis der Lizenzberechnung.

Ist nicht die Produktion, sondern der Vertrieb bestimmter Erzeugnisse lizenziert, so sind die Lizenzkosten als Sondereinzelkosten des Vertriebs zu kalkulieren. Wert- und Gewinnlizenzen treten in der Regel nur in dem zuletzt genannten Fall auf.

6. Kostentheoretisch nehmen die *Sondereinzelkosten der Fertigung eine Sonderstellung* ein, die für ihre Verrechnung auf die betrieblichen Produkte von Bedeutung

[487] Unter Sanforisieren versteht man eine maschinelle Gewebebehandlung, nach der ein Gewebe nicht mehr bei der ersten Wäsche einläuft.

ist. Diese Sonderstellung läßt sich zu der Frage verdichten, ob die Sondereinzelkosten der Fertigung zu den proportionalen oder zu den fixen Kosten zu rechnen sind. Lediglich direkt auf die Produkte verrechnete Energiekosten und Quotenlizenzen sind eindeutig proportionale Kosten. Sondereinzelkosten dieser Art sind daher stets auch in Grenzkostenkalkulationen einzubeziehen.

Pauschallizenzen für bestimmte Produkte sind artikelindividuelle fixe Kosten und daher in Grenzkostenkalkulationen nicht zu berücksichtigen. Für sie kommt im Rahmen einer stufenweisen Fixkostenverteilung in der kurzfristigen Erfolgsrechnung lediglich eine Verrechnung auf die betreffenden Produkte in Frage.

Alle übrigen Sondereinzelkosten der Fertigung, insbesondere Forschungs- und Entwicklungskosten, sowie Kosten für Spezialwerkzeuge, die nur einmalig für bestimmte Aufträge anfallen, sind dagegen weder eindeutig den proportionalen noch den fixen Kosten zuzuordnen. Sie bilden vielmehr eine besondere Kostenkategorie, die ihrer Art nach den auflagefixen Kosten nahesteht, aber in der Regel langfristigerer Natur als die üblichen Rüstkosten der Fertigung sind[488]. So fallen z. B. die Entwicklungskosten für ein neues Pkw-Modell für die zukünftige Gesamtproduktion an, wobei die Höhe dieser Kosten unabhängig vom Produktions- und Absatzvolumen ist. Trotzdem sind keineswegs sämtliche Forschungs- und Entwicklungskosten fixe Bereitschaftskosten. Dies gilt vielmehr nur für die laufenden Kosten ständig unterhaltener Forschungs- und Entwicklungsabteilungen. Alle speziell und zusätzlich für bestimmte Forschungs- und Entwicklungsaufträge anfallenden Kosten sind dagegen ihrer Art nach „langfristige Auflegungskosten". Diese Kosten haben aber mit den fixen Bereitschaftskosten gemeinsam, daß sie für Vorleistungen anfallen. Sie sind daher in Kalkulationen, die zur Bestimmung von Preisuntergrenzen und zur Lösung von Entscheidungsproblemen in Perioden *nach* Aufwendung der Forschungs- und Entwicklungskosten dienen sollen, nicht einzubeziehen. Lediglich bei kalkulatorischen Überlegungen, die zeitlich *vor* den Entscheidungen liegen, die Forschungs- und Vertriebs in der Regel Kosten für Verpackungsmaterial, Vertreterprovisionen und die Frachten.

B. Die Planung und Kontrolle der Sondereinzelkosten des Vertriebs

1. Auch im Vertriebsbereich sollten möglichst alle den Kostenträgern direkt zurechenbaren Kosten als Sondereinzelkosten verrechnet werden. Von den Sondereinzelkosten des Vertriebs sind die Erlösschmälerungen, wie z. B. Rabatte, Preisnachlässe und Skonti, zu unterscheiden. Im einzelnen zählen zu den Sondereinzelkosten des Vertriebs in der Regel Kosten für Verpackungsmaterial, Vertreterprovisionen und die Frachten.

[488] In diesem Sinne äußert sich auch *F. Wille,* Direktkostenrechnung mit stufenweiser Fixkostendeckung. Eine kritische Stellungnahme, ZfB 1959, S. 741. F. Wille weist darauf hin, daß Entwicklungs- und Versuchskosten keine Periodenkosten sind, daß sie allerdings wegen ihres Vorleistungscharakters in Preisuntergrenzen wegfallen sollten.

2. Die *Verpackungsmaterialkosten,* wie z. B. Kosten für Versandkisten, Dosen, Flaschen, Packpapier werden nicht über die Kostenstelle „Versand“ verrechnet, sondern den Kostenträgern in der Plankalkulation mit Hilfe von Planverrechnungssätzen direkt belastet. Die Planverpackungskostensätze werden durch eine besondere Kostenplanung ermittelt, die von den Verpackungsvorschriften für die einzelnen Produktarten ausgeht und hierfür den bei wirtschaftlichem Handeln anfallenden Packmaterialverbrauch pro Kostenträgereinheit festlegt.

Als vereinfachtes Beispiel wollen wir die Planung der Verpackungskosten für eine Weberei betrachten, in der insgesamt drei verschiedene Verpackungsvorschriften existieren, die jeweils für bestimmte Gewebegruppen gültig sind [489].

Verpackungsvorschrift I
(Paket mit 30 m Gewebe)

	DM
Schnur 0,0025 kg · 8 DM/kg	0,02
Packpapier 0,14 kg · 2 DM/kg	0,28
Zierband 1,50 m · 0,04 DM/m	0,06
Wickelpappe 0,40 kg · 0,80 DM/kg	0,32
1 Anhängeetikett	0,01
Summe	0,69

69 DM : 30 m → 2,30 DM/100 m

Verpackungsvorschrift II
(Paket mit 30 m Gewebe)

	DM
Schnur 0,0060 kg · 8 DM/kg	0,05
Packpapier 0,21 kg · 2 DM/kg	0,42
Zierband 2 m · 0,05 DM/m	0,10
1 Papphülse	0,40
1 Anhängeetikett	0,01
1 Stirnetikett	0,01
Summe	0,99

99 DM : 30 m → 3,30 DM/100 m

Verpackungsvorschrift III
(Paket mit 30 m Gewebe)

	DM
Schnur 0,0060 kg · 8 DM/kg	0,05
Packpapier 0,40 kg · 2 DM/kg	0,80
Zierband 2 m · 0,05 DM/m	0,10
Wellpappe 0,75 kg · 1 DM/kg	0,75
1 Papphülse mit Goldrand	1,38
2 rote Firmenbänder je 0,10 DM/Stück	0,20
1 Anhängeetikett	0,01
1 Stirnetikett	0,01
Summe	3,30

330 DM : 30 m → 11 DM/100 m

Die obigen Verrechnungssätze werden in den Plankalkulationen kalkuliert. Die effektiv anfallenden Verpackungsmaterialkosten werden mit Hilfe von Materialentnahmescheinen (zu Planpreisen bewertet) einem statistischen Konto der Betriebsabrechnung belastet, das etwa der Tabelle 25 entspricht. Dieses Konto wird jeweils mit dem Produkt aus den abgesetzten Erzeugnismengen und den Planpackmaterialsätzen entlastet. Der Saldo gibt den wertmäßigen Mehr- oder Minderverbrauch

[489] In der Praxis ist die Zahl der verschiedenen Verpackungsvorschriften meistens erheblich größer.

an Packmaterial an und bildet damit einen Maßstab für die Wirtschaftlichkeit der Packerei. Im Beispiel der Tabelle 25 erhalten wir einen Mehrverbrauch von 2 733 DM.

Die monatlichen Verbrauchsabweichungen der Verpackungsmaterialkosten sind direkt oder nach Kostenträgergruppen differenziert in das Betriebsergebnis übernommen.

Als Ergänzung zu der oben beschriebenen Verrechnung der Packmaterialkosten ist zu bemerken, daß die Personalkosten und die sonstigen Kosten der Packerei in der Praxis meistens als Gemeinkosten verrechnet werden, indem man sie in die Vertriebsgemeinkostenzuschläge einbezieht. Diese Art der Verrechnung ist aber ungenau, da die auf die einzelnen Verpackungsarten entfallenden Arbeitszeiten oft sehr unterschiedlich sind. Man sollte daher die Kostenstelle „Packerei" mit einem proportionalen Stundensatz abrechnen, für jede Verpackungsvorschrift Standardzeiten festlegen und diese, bewertet mit dem Stundensatz, zu den Packmaterialkosten addieren.

3. Eine weitere, wichtige Sondereinzelkostenart des Vertriebs bilden die *Vertreterprovisionen,* die in der Regel prozentual vom Umsatz berechnet werden. Hierbei hängt die Höhe der Provisionssätze meistens von der Art des Erzeugnisses, der Höhe des Gesamtumsatzes eines Vertreters, den erzielten Preisen und sonstigen Bestimmungsfaktoren ab. In den Plankalkulationen werden nur kostenträgerbedingte Unterschiede der Provisionssätze berücksichtigt. Alle übrigen Unterschiede werden durch eine gewogene Durchschnittsbildung ausgeschaltet. Die effektiv gezahlten Provisionen werden einem statistischen Konto der Betriebsabrechnung belastet, dem die Produkte aus den monatlichen Umsätzen und den zugehörigen Planprovisionssätzen gutgeschrieben werden. Als Saldo dieses Kontos erhält man eine Provisionskostenabweichung, die monatlich in die Betriebsergebnisrechnung übernommen wird.

4. Als weitere Sondereinzelkostenart des Vertriebs sind die *Frachtkosten* anzusehen, sofern diese den Kunden nicht direkt in Rechnung gestellt werden. Da gleichartige Kostenträger mit verschieden hohen Frachtkosten belastet werden können, je nach-

Tabelle 25: Beispiel für die Kontrolle von Verpackungsmaterialkosten

Monat	Verpackungskostenart			Istkosten DM	Verrechnete Plankosten DM
Januar	Belastung lt. Materialabrechnung:			65 954	
	Ver-	I	7 520 · 100 m · 2,30		17 296
	packungs-	II	6 250 · 100 m · 3,30		20 625
	vorschrift	III	2 300 · 100 m · 11,00		25 300
	per Betriebsergebnisrechnung				2 733
	Summe			65 954	65 954
Februar					

dem wohin sie versandt werden, kann man in der Plankalkulation nur durchschnittliche Frachtkosten pro Erzeugniseinheit verrechnen. Die effektiven Frachtkosten werden den verrechneten Frachtkosten in der gleichen Weise gegenübergestellt, wie wir es für die übrigen Sondereinzelkosten des Vertriebs beschrieben haben.

5. Früher gehörte noch die *Umsatzsteuer* zu den Sondereinzelkosten des Vertriebs. Für die Inlandumsätze der meisten Industriebetriebe galt der allgemeine Satz von 4 %. Seit Einführung der Mehrwertsteuer durch das Umsatzsteuergesetz vom 20. Mai 1967 hat die Umsatzsteuer keinen Kostencharakter mehr, so daß diese Sondereinzelkostenart entfällt.

6. Im Gegensatz zu den Sondereinzelkosten der Fertigung sind alle oben aufgeführten Sondereinzelkosten des Vertriebs eindeutig proportionale Kosten und gehen daher in voller Höhe in die Grenzkostenkalkulationen ein.

14. Kapitel

Die Planung und Kontrolle der Ausschußkosten

1. Unter *Ausschuß* versteht man Produkteinheiten, die infolge von Mängeln nicht ihrem planmäßigen Verwendungszweck, also der Weiterverarbeitung im Betrieb oder der Veräußerung auf Absatzmärkten, zugeführt werden können. Man kann zwei Arten von Ausschuß unterscheiden. Erstens gibt es Ausschuß, der nur als Schrott verwertet werden kann. Zweitens können Fehlprodukte entstehen, die durch *Nacharbeit*, d. h. durch Aufwendung zusätzlicher Arbeitsgänge, zu brauchbaren Produkten aufgearbeitet werden können. Da diese letzte Möglichkeit in vielen Betrieben besteht, wollen wir Ausschuß- und Nacharbeitskosten zusammen behandeln. Unter kostenrechnerischen Gesichtspunkten wollen wir den Ausschuß von solchen Produkten abgrenzen, die auf den Absatzmärkten infolge qualitativer Mängel nur als „2. oder 3. Wahl" verkauft werden können. Diese Erzeugnisse unterscheiden sich von der „1. Wahl" nicht in ihrer Kostenverursachung, sondern lediglich in bezug auf ihre Verwertungsmöglichkeit. Folglich liegt hier kein Problem der Kostenrechnung, sondern der Preisbildung und Erfolgsplanung vor.
Vom Ausschuß ist begrifflich der Abfall zu trennen, den wir bereits bei der Einzelmaterialplanung behandelt haben. Unter Abfall versteht man lediglich für die Fertigung unbrauchbar gewordene Einzelmaterialmengen. Ausschußkosten enthalten dagegen auch die für unbrauchbare Erzeugnisse aufgewandten Fertigungskosten. Eine genaue Abgrenzung zwischen Abfall und Ausschuß ist in der Praxis oft schwierig.
Ausschuß- und Nacharbeitungskosten bestehen aus Einzelmaterial-, Materialgemein-, Fertigungslohn- und Fertigungsgemeinkosten. Ihre Verrechnung kann sowohl als Sondereinzelkosten der Fertigung als auch durch Einbeziehung in die Kalkulationssätze der Kostenstellen erfolgen. Beide Methoden können sinnvoll sein und sollen im folgenden behandelt werden. An sich gehört nur die erste Verrechnungsart in den vierten Teil dieses Buches. Es erschien uns aber sinnvoll, den schwierigen Problemkreis der Ausschußverrechnung geschlossen zu behandeln.
Wie die Abbildung 24 erkennen läßt, kumulieren sich die Herstellkosten k im Zeitablauf.
Zu Beginn der Fertigung und nach dem ersten Arbeitsgang werden im Beispiel der Abbildung 24 die Einzelmaterialkosten e_{m1} und e_{m2} aufgewandt, zu denen noch die Materialgemeinkosten d_m gerechnet werden müssen. Jeder Arbeitsgang verursacht zusätzliche Fertigungskosten $t_j d_j$. In einer Grenzkostenrechnung wird der Ausschuß grundsätzlich mit proportionalen Kostensätzen bewertet.

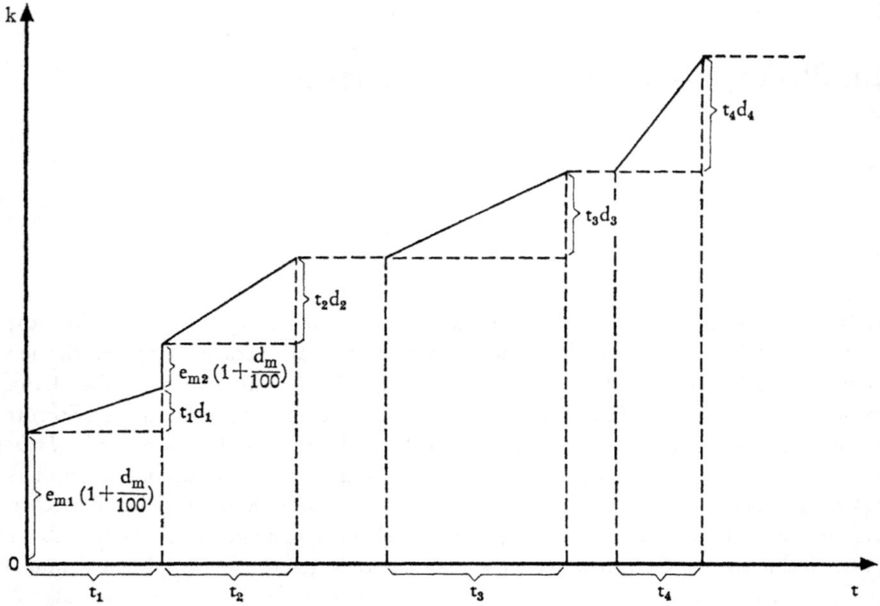

Abb. 24: Beispiel zur Entstehung von Ausschußkosten

Aus der Abbildung 24 folgt, daß Ausschuß um so kostspieliger wird, je später er erkannt wird. Insbesondere sollte vermieden werden, daß entstandener Ausschuß unerkannt weiterbearbeitet wird. Aus diesem Grunde ist im Bereich der Fertigung eine wirtschaftlich vertretbare Höchstzahl von Zwischenkontrollen zu empfehlen.
In der angelsächsischen Literatur ist umstritten, ob Ausschuß- und Nacharbeitskosten wirklich *Plan*kosten sind. Manche Autoren sehen Ausschuß- und Nacharbeitskosten als „innerbetriebliche Verluste“ an. Die Mehrzahl neigt aber mit Recht dazu, einen gewissen Mindestausschuß als unvermeidbar anzusetzen und für ihn Kostenvorgaben zu planen[490]. Lediglich Ausschußüberschreitungen werden als Verlustabweichungen angesehen. Der geplante Ausschuß ist den betrieblichen Produkten in den Plankalkulationen zu belasten. Die effektiven Ausschuß- und Nacharbeitskosten werden ausgewertet und auf ihre Ursachen zurückgeführt, wobei die verantwortlichen Kostenstellen anzugeben sind.
Im einzelnen lassen sich für die Planung, Erfassung und Kalkulation der Ausschußkosten die in Übersicht 16 angegebenen Methoden unterscheiden.

[490] Vgl. bereits die Ausführungen bei *C. Gillespie,* Accounting Procedure for Standard Costs, New York 1935, S. 160, sowie *S. B. Henrici,* Standard Costs for Manufacturing, 3. Aufl., New York – Toronto – London 1960, S. 179; *K. Käfer,* Standardkostenrechnung, 2. Aufl., Zürich 1964, S. 159 ff., 343 ff. und 449; *F. K. Patterson,* Die Ermittlung der Planzahlen für die Plankostenrechnung, AGPLAN, Bd. 3, Wiesbaden 1961, S. 57.

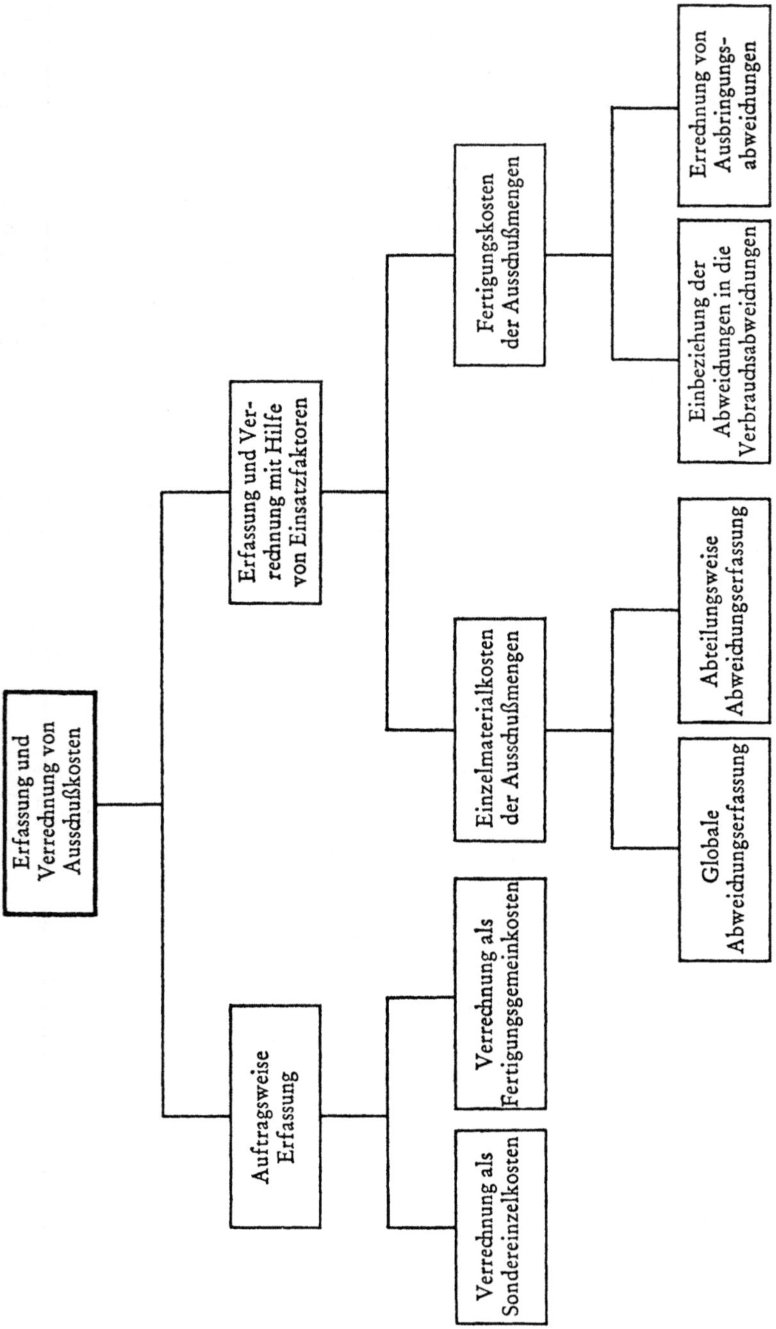

Übersicht 16: Verfahren zur Erfassung und Verrechnung von Ausschußkosten

2. Es ist eine *auftragsweise Erfassung der Ausschuß- und Nacharbeitskosten* möglich. Hierbei werden die effektiven Ausschuß- und Nacharbeitskosten, differenziert nach Einzelprodukten und Serien, erfaßt. Diese Methode ist typisch für Betriebe mit Einzel- oder Kleinserienfertigung, also insbesondere für den Maschinenbau und verwandte Branchen.

Erfaßt die Fertigungskontrolle Ausschuß, der nicht nacharbeitsfähig ist, so wird hierfür eine Ausschußkosten-Nachkalkulation durchgeführt. Diese Kalkulation enthält neben den Einzelmaterialkosten nach Gleichung (54) die Einzellohn- und Fertigungsgemeinkosten der bereits durchgeführten Arbeitsgänge. Bezeichnen wir die Anzahl der durchgeführten Arbeitsgänge mit r, die Arbeitsgang-Nummer mit j, die Planbezugsgröße pro Arbeitsgang mit $b_j^{(p)}$ und den proportionalen Kalkulationssatz zur Verrechnung der Fertigungslöhne und der Fertigungsgemeinkosten mit $d_j^{(p)}$, so erhalten wir für die Ausschußkosten pro Einheit (k_A) folgenden Ausdruck:

$$k_A = \sum_{r=1}^{z} e_{mr}^{(p)} \left(1 + \frac{d_m^{(p)}}{100}\right) + \sum_{j=1}^{r} b_j^{(p)} d_j^{(p)} \qquad (105)$$

Die Ausschußkalkulation erhält die gleiche Auftragsnummer wie der Fertigungsauftrag, aus dem der Ausschuß entstanden ist. Sie wird aber als Ausschußbeleg kenntlich gemacht. Jede Ausschußkalkulation wird durch eine Ursachenanalyse ergänzt, aus der ersichtlich ist, welche Kostenstelle den Ausschuß verursacht hat.

In der Tabelle 26 haben wir ein Beispiel für eine Ausschußkalkulation wiedergegeben. In diesem Falle wurden nach Durchführung der ersten vier Arbeitsgänge in

Tabelle 26: Beispiel einer Ausschußkalkulation

Nr.: 58 107		Teilbezeichnung: Kurbelwelle	Stück: 4
			DM/Stück
Einzelmaterialkosten (einschl. Mat. Gmk.) lt. Plankalkulation			2,55
Fertigungskosten lt. Plankalkulation			
Arbeitsgang	Kostenstelle	Art der Bearbeitung	
1	302	2 Seiten auf Länge fräsen	0,72
2	302	2 Seiten zentrieren	0,18
3	303	Schaft vordrehen und anfasen	0,65
4	303	Hubzapfen vordrehen und anfasen	0,50
6	–	–	–
7	–	–	–
8	–	–	–
Summe			4,60
Gesamtausschußkosten			18,40
Datum: Ko. St.:		Ursache: Materialfehler Verantwortlich: Einkauf	Unterschrift:

der Kontrolle Materialfehler entdeckt, die in der Materialprüfung übersehen worden waren. Die Folgearbeitsgänge Schleifen und Läppen wurden daher nicht mehr ausgeübt. Die vier Kurbelwellen können nur als Schrott verwertet werden.
Zur auftragsweisen Erfassung von Nacharbeitskosten kann der Aufbau der Tabelle 26 übernommen werden.
Für die *Weiterverrechnung von Ausschuß und Nacharbeitskosten* gibt es zwei Verfahren. Erstens kann eine *Verrechnung als Sondereinzelkosten der Fertigung* erfolgen. Diese Methode ist insbesondere bei der Einzel- oder Kleinserienfertigung großer Objekte zweckmäßig[491]. Bei dieser Verrechnungsmethode gehen die effektiven Ausschuß- und Nacharbeitskosten in die auftragsweisen Nachkalkulationen ein. Im Zahlenbeispiel der Tabelle 26 würde daher der Betrag in Höhe von 18,40 DM der zugehörigen Auftragsnummer der Serie belastet. In die Plankalkulationen gehen in entsprechender Weise geplante Sondereinzelkosten für Ausschuß- und Nacharbeit ein, die auf einer gründlichen Ausschußanalyse basieren und nur den unvermeidbaren Ausschuß berücksichtigen. In unserem Beispiel mögen die geplanten Ausschuß- und Nacharbeitskosten 0,80 % der Herstellkosten betragen. Die vier zu Ausschuß gewordenen Kurbelwellen entstammen einer Serie mit einer Stückzahl von 100. Die Planherstellkosten pro Stück liegen bei 5,45 DM. Planmäßig hätte der Ausschuß nur $545 \cdot 0{,}80\,\% = 4{,}36$ DM betragen dürfen, so daß wir eine Abweichung in Höhe von 14,04 DM erhalten.
Werden Ausschuß- und Nacharbeitskosten als Sondereinzelkosten verrechnet, so erscheinen sie auf den verursachenden Kostenstellen nicht. Daher ist ein gesonderter Ausschußbericht erforderlich, in dem die Abweichungen zwischen den effektiven und den geplanten Ausschuß- und Nacharbeitskosten nach verursachenden Kostenstellen zusammengefaßt werden.
Zweitens können die Ausschuß- und Nacharbeitskosten als *Fertigungsgemeinkosten* verrechnet werden. Diese Methode ist insbesondere bei der Fertigung mittlerer und großer Serien zu empfehlen[492]. Bei dieser Methode werden bereits bei der Durchführung der Kostenplanung für eine besondere Kostenart „Ausschuß- und Nacharbeitskosten" Planvorgaben für den auch bei wirtschaftlichem Handeln unvermeidbaren Ausschuß angesetzt, die in voller Höhe den proportionalen Kosten zugeordnet werden sollten. Die Istkosten für Ausschuß und Nacharbeit werden genauso erfaßt wie bei der ersten Methode, aber den verursachenden Kostenstellen als Istkosten belastet. Im Beispiel der Tabelle 26 würde der Betrag in Höhe von 18,40 DM der verantwortlichen Kostenstelle des Einkaufsbereichs belastet. Die Differenz aus den effek-

[491] So fordern z. B. die Kostenrechnungs-Richtlinien für die Gießerei-Industrie, Düsseldorf 1949, S. 47, daß Ausschuß- und Nacharbeitskosten auf Kostenträger-Ausschußkonten gesammelt und von dort als Sondereinzelkosten der Fertigung in Prozent auf die Herstellkosten weiterverrechnet werden sollen.

[492] Zur Verrechnung von Ausschuß- und Nacharbeitskosten als Fertigungsgemeinkosten vgl. *C. Gillespie,* Accounting . . ., a. a. O., S. 160; *K. Käfer,* Standardkostenrechnung, 2. Aufl., a. a. O., S. 344; *K. Traub,* Die Grenzplankostenrechnung in Gießereibetrieben, Diss. Saarbrücken 1964, S. 143, wo darauf hingewiesen wird, daß Ausschuß- und Nacharbeit meistens als Gemeinkosten der betreffenden Kostenstellen verrechnet werden.

tiven und den an die Istbeschäftigung der Abrechnungsperiode angepaßten Sollausschuß- und -nacharbeitskosten wird im Soll-Ist-Kosten-Vergleich der Kostenstellen als Verbrauchsabweichung ausgewiesen. Die geplanten Ausschuß- und Nacharbeitskosten sind in den geplanten Kalkulationssätzen der Kostenstellen enthalten und erscheinen daher in den Plankalkulationen nicht gesondert.

3. In Betrieben mit Großserien- oder Massenproduktion ist eine auftragsweise Erfassung und Verrechnung der Ausschußkosten in der Regel weder erforderlich noch möglich. Hier erfolgt vielmehr eine *kostenträgergruppenweise Erfassung der Ausschußkosten mit Hilfe von Einsatzfaktoren.*
Für artähnliche Produktgruppen, z.B. in einer Spinnerei für alle ungekämmten Baumwollgarne, oder in einer Porzellanfabrik für die Artikelgruppen Teller, Tassen usw., werden *Einsatzfaktoren* festgelegt, die die Relation von Einsatz- und Ausbringungsmengen angeben, die bei wirtschaftlichem Handeln realisiert werden sollte. Für diese Einsatzfaktoren $f_j^{(p)}$ gilt die folgende Gleichung:

$$f_j^{(p)} = \frac{\text{Planeinsatzmenge der Kostenstelle j}}{\text{Planausbringungsmenge der Kostenstelle j}} \qquad (106)$$

In der dritten Spalte der Tabelle 27 haben wir Einsatzfaktoren für die Tellerproduktion einer Porzellanfabrik angegeben. Die letzte Spalte dieser Tabelle enthält die multiplikativ verknüpften Einsatzfaktoren. So ist z.B. 1,040 · 1,058 = 1,100 usw.

Tabelle 27: Beispiel für Einsatzfaktoren in einer Porzellanfabrik

Arbeitsgang	Kostenstelle	Einsatzfaktoren der Kostenstelle	Multiplikativ verknüpfte Einsatzfaktoren
1	Elevator-Dreherei	1,014	1,400
2	Glühofen	1,104	1,380
3	Glasiererei	1,000	1,250
4	Glattofen	1,136	1,250
5	Sortiererei	1,058	1,100
6	Schleiferei	1,040	1,040

Die geplanten Einsatzfaktoren werden in der Plankalkulation zur Multiplikation mit den Bezugsgrößen pro Produkteinheit verwendet[493]. Damit sind die geplanten Ausschußkosten (allerdings kombiniert mit den Einzelmaterialabfällen) in den Plankalkulationen berücksichtigt.
Für die Erfassung, Verrechnung und Auswertung der effektiven Ausschußkosten gibt es mehrere Möglichkeiten. In jedem Fall ist jedoch eine differenzierte Behandlung der Material- und der Fertigungskosten des Ausschusses zu empfehlen.

[493] Vgl. hierzu das Kalkulationsbeispiel auf S. 590 ff. im sechsten Teil.

Die dem Ausschuß entsprechenden Einzelmaterialabweichungen werden hierbei (zusammen mit dem außerplanmäßigen Abfall) in ganz ähnlicher Weise erfaßt, wie wir es im Abschnitt A, III des elften Kapitels für den Abfall beschrieben haben.
Nehmen wir an, es wird eine Einzelmaterialmischung (z. B. Porzellanerde, Gummi- oder Baumwollmischungen) zu Beginn des Fertigungsprozesses eingesetzt, um n Produktarten herzustellen; sie durchläuft nacheinander m Fertigungsstellen, die wir mit dem Index j kennzeichnen wollen. Bei planmäßigen Einsatzfaktoren $f_j^{(p)}$ erhalten wir bei einer Nettomaterialmenge $m_{ni}^{(p)}$ pro Produkteinheit und einem Plan-Mischungspreis $q^{(p)}$ die folgende Gesamtabweichung des Einzelmaterials[494]:

(107) $$\Delta M = M_1^{(i)} - \sum_{i=1}^{n} x_{mi}^{(i)} f_1^{(p)} f_2^{(p)} \ldots f_m^{(p)} m_{ni}^{(p)} q^{(p)}$$

Oftmals müssen die Einsatzfaktoren zusätzlich nach Produktgruppen differenziert werden. Betrachten wir folgendes Beispiel, das nur von einer Produktart ausgehen soll. In einer Porzellanfabrik wird eine Serie mit einer geplanten Endausbringung von 3 000 Tellern aufgelegt. Der Nettoverbrauch an Mischung beträgt 0,35 kg/Stck. und der Mischungspreis 0,40 DM/kg. Wir erhalten also Nettoeinzelmaterialkosten in Höhe von 0,14 DM/Stck., worin bereits die Materialgemeinkosten enthalten sein mögen. Für die in der Tabelle 27 angegebenen Planeinsatzfaktoren beträgt der Solleinsatz an Material in der ersten Fertigungsstelle 3 000 · 1,400 · 0,14 = 588 DM. Würden die geplanten Materialansätze in allen Fertigungsstellen eingehalten, so müßten 3 000 Produkteinheiten von der letzten Fertigungsstelle abgeliefert werden. In Wirklichkeit werden aber nur 2 700 Teller erstellt, so daß die der Istproduktion entsprechenden Sollmaterialkosten nur 2 700 · 1,400 · 0,15 = 529,20 DM betragen. Wir erhalten also nach Gleichung (107) eine Gesamtabweichung in Höhe von 58,50 DM.
Weitaus schwieriger als die Errechnung einer Gesamtabweichung ist eine Abweichungsdifferenzierung nach Kostenstellen, da hierzu erstens die Istausbringung jeder einzelnen Stelle erfaßt werden muß und zweitens komplizierte sekundäre Abweichungen eliminiert werden müssen. Wir haben diese Aufspaltung für das obige Beispiel in der Tabelle 28 wiedergegeben.
In den Spalten 2 und 3 sind die Isteinsatz- und die Istausbringungsmengen der sechs Abteilungen angegeben. Aus den Isteinsatzmengen kann man die zugehörigen Sollausbringungsmengen errechnen, indem man sie durch die Planeinsatzfaktoren dividiert. So erhalten wir für die erste Abteilung 4 200 : 1,014 = 4 142 Stück, für die zweite Abteilung 4 020 : 1,104 = 3 641 Stück usw. Die Sollausbringungsmengen sind in der Tabelle 28 in der Spalte 4 wiedergegeben. Subtrahiert man diese von den zugehörigen Istproduktmengen, so erhält man die von den einzelnen Kostenstellen zu verantwortenden *Stückzahlabweichungen*, die wir in Spalte 5 ausgewiesen

[494] Zur Bestimmung des Mischungspreises vgl. Gleichung (55). Im übrigen sei darauf hingewiesen, daß die obige Abweichung auch die auf erhöhten Abfall zurückzuführenden Einzelmaterialabweichungen enthält.

haben[495]. Die Summe der Spalte 5 liegt um 73 höher als die wirkliche Stückzahlabweichung des Fertigungsprozesses, die nur 3000 ./. 2700 = 300 Stück beträgt. Dieser Effekt liegt daran, daß jede Ausschußeinheit einer vorgeschalteten Abteilung planmäßig angesetzte Verluste in den folgenden Abteilungen „einspart". Wir haben daher die bisher errechneten Abweichungen als primäre Abweichungen bezeichnet. Für sie sollten die Kostenstellenleiter verantwortlich gemacht werden.

Zur Abstimmung mit der Gesamtabweichung ist aber folgende Korrekturrechnung erforderlich. Die erste Kostenstelle bringt 120 Einheiten zu wenig aus, die im Falle ihrer Produktion noch die Abteilungen 2 bis 6 durchlaufen müßten. Hiervon würden nur $\frac{122}{1{,}38} = 87$ Einheiten übrigbleiben. Die Differenz von 35 Einheiten entspricht dem „vermiedenen Ausschuß" der folgenden Abteilungen, so daß wir sie als Sekundärabweichung bezeichnen wollen. Die Sekundärabweichung der zweiten Kostenstelle erhalten wir wie folgt: $161 \;./.\; \frac{161}{1{,}25} = 32$ Stück.

In der Spalte 7 der Tabelle 28 haben wir die Summe aus den primären und den sekundären Einzelmaterialverbrauchsabweichungen ausgewiesen; die gesamte Fehlmenge beträgt 300 Stück.

Die Mengenabweichungen müssen mit den Nettoeinzelmaterialkosten von 0,14 DM/Stück und den kumulierten Einsatzfaktoren von 1,400 multipliziert werden, um die zugehörige Einzelmaterialkostenabweichung zu ermitteln. Als Summe erhalten wir wieder die Gesamtabweichung von ./. 58,80 DM.

Die obige Aufspaltung der Gesamtabweichung der Einzelmaterialkosten ist nicht nur relativ schwierig, sondern zugleich auch problematisch, da die Abweichungen *den* Kostenstellen zugeteilt werden, in denen sie *erfaßt* und nicht in denen sie *verursacht* werden. Eine verursachungsgemäße, kostenstellenweise Zuordnung der auf Ausschuß und Abfälle zurückgehenden Einzelmaterialabweichungen ist bei Massen- und Großserienproduktion in den meisten Fällen praktisch unmöglich. Dies gilt um so mehr, als zwischen den einzelnen Abteilungen Halbfabrikatebestandsveränderungen häufig entstehen. Daher beschränkt man sich praktisch meistens auf die globale Errechnung nach Gleichung (107).

Für die Verrechnung und Kontrolle der zum Ausschuß gehörenden Fertigungskosten gibt es zwei Möglichkeiten. Erstens kann man die *Fertigungskosten des Ausschusses zusammen mit den Verbrauchsabweichungen der Kostenstellen ausweisen.* Bei diesem Verfahren verwendet man für die Fertigungskostenstellen Bezugsgrößen, die retrograd aus den Istausbringungsmengen abgeleitet werden, indem man diese mit den Planbezugsgrößen pro Produkteinheit multipliziert[496]. In der ersten Abteilung des in Tabelle 28 wiedergegebenen Zahlenbeispiels möge als Bezugsgrößenmaßstab die Fertigungszeit verwendet werden, und es mögen 2 Minuten pro Stück eingeplant sein.

[495] *K. Käfer,* Standardkostenrechnung, 2. Aufl., a. a. O., S. 159 und 160, spricht in diesem Zusammenhang von „Produktmengenabweichungen" oder „Fehlstückabweichungen".

[496] Vgl. hierzu unsere Ausführungen auf S. 520 ff. im fünften Teil.

Tabelle 28: Beispiel für die Ermittlung von Einzelmaterialkostenabweichungen infolge von Ausschuß

Abteilung	Isteinsatz Stück	Istausbringung Stück	Sollausbringung Stück	Stückzahlabweichung			Kostenabweichung		
				primär	sekundär	gesamt	primär	sekundär	gesamt
1	2	3	4	5	6	7	8	9	10
1	4 200	4 020	4 142	./. 122	+ 35	./. 87	./. 23,91	+ 6,86	./. 17,05
2	4 020	3 480	3 641	./. 161	+ 32	./. 129	./. 31,55	+ 6,27	./. 25,28
3	3 480	3 480	3 480	–	–	–	–	–	–
4	3 480	2 943	3 063	./. 120	+ 9	./. 111	./. 23,52	+ 1,76	./. 21,76
5	2 943	2 880	2 781	+ 99	./. 3	+ 96	+ 19,40	./. 0,59	+ 18,81
6	2 880	2 700	2 769	./. 69	–	./. 69	./. 13,52	–	./. 13,52
Summe	–	–	–	./. 373	+ 73	./. 300	./. 73,10	+ 14,30	./. 58,80

Als Istbezugsgröße dieser Stelle würden wir daher 4 020 · 2 = 8 040 Fertigungsminuten erhalten. Die Fertigungszeit, die für überhöhten Ausschuß aufgewandt wurde, verursacht zwar Istkosten, denen aber keine Sollkosten gegenüber stehen. Damit gehen die zur Ausschußabweichung gehörenden Mehrkosten der Fertigung in den Verbrauchsabweichungen unter. Diese Methode hat den großen Vorteil, daß sie den Soll-Ist-Kosten-Vergleich nicht durch zusätzliche Rechenoperationen belastet. Ihr Nachteil besteht darin, daß die den Ausschußabweichungen entsprechenden Abweichungen der Fertigungskosten nicht gesondert ausgewiesen werden.

Diesen Nachteil vermeidet die zweite Methode, bei der eine besondere *Ausbringungsabweichung* der Kostenstellen ermittelt wird. Hierzu wird die Istbezugsgröße nicht aus der fehlerfreien Produktmenge abgeleitet, sondern unmittelbar erfaßt[497]. In unserem Beispiel mögen effektiv 8 400 Fertigungsminuten angefallen sein. Subtrahiert man hiervon das Produkt aus der Stückzahl und der Planarbeitzeit pro Stück, so erhält man 8 040 Fertigungsminuten. Die Zeitdifferenz in Höhe von +360 Fertigungsminuten multipliziert mit dem proportionalen Kostensatz der Fertigungsstelle, der z. B. 0,20 DM/Min. betragen möge, führt zu einer Ausbringungsabweichung von + 72 DM. Zu dieser Abweichung ist allerdings kritisch zu bemerken, daß sie nicht nur auf erhöhte Ausschußmengen, sondern auch auf Leerlaufzeiten und verminderte Intensitätsgrade zurückgehen kann[498].

Abschließend sei darauf hingewiesen, daß die Planung, Verrechnung und Kontrolle der Ausschußkosten zu den kompliziertesten Teilbereichen der Kostenrechnung gehört. Die Ausschußverrechnung lehnt sich sehr stark an die fertigungstechnischen Besonderheiten der Betriebe an, so daß die obigen Ausführungen kaum allgemeingültigen Charakter haben, sondern nur Grundtypen der Ausschußverrechnung aufzeigen können.

497 Im einzelnen werden wir auf diese Abweichung im Zusammenhang mit der Kontrolle der Gemeinkosten zurückkommen.

498 Aus diesem Grunde wird diese Abweichung auch als „Intensitätsabweichung" bezeichnet. Vgl. hierzu unsere Ausführungen im fünften Teil auf S. 553 ff.

Fünfter Teil

Die Planung und Kontrolle der Gemeinkosten in der flexiblen Plankostenrechnung

15. Kapitel

Grundlagen der Gemeinkostenplanung

A. Allgemeine Grundsätze für die Durchführung einer Gemeinkostenplanung

1. Bevor wir die Methoden der Gemeinkostenplanung darstellen, wollen wir einige allgemeine Grundsätze behandeln, die bei der Durchführung einer kostenstellenweisen Gemeinkostenplanung beachtet werden sollten.

Vor Beginn der Kostenplanung ist der *Planungszeitraum* festzulegen, für den die Kostenpläne gültig sein sollen. Grundsätzlich ist es zu empfehlen, als Planungszeitraum ein Jahr zu verwenden. Die Plan- und Sollkosten der Kostenstellen werden während dieser Zeit nur geändert, wenn der Übergang zu anderen Produktionsmethoden, Kapazitätserweiterungen oder tiefgreifende organisatorische Umstellungen die Kostenstruktur verändert haben. In diesen Fällen erfolgen *partielle Planungsüberholungen*, die auf die betroffenen Kostenstellen beschränkt sind. Jeweils am Ende des einjährigen Planungszeitraums erfolgt eine *totale Planungsüberholung*, bei der die Plan- und Sollkosten *aller* Kostenstellen revidiert werden. Aus Gründen der Arbeitsersparnis führen jedoch einzelne Betriebe nur alle zwei Jahre eine totale Planungsüberholung durch.

Der Planungszeitraum wird in *Abrechnungsperioden* unterteilt, für welche die Istkosten erfaßt und die laufende Kostenkontrolle durchgeführt werden sollen. Für die Zwecke der Kostenkontrolle wäre eine möglichst kurze Abrechnungsperiode anzustreben, denn je schneller der laufende Soll-Ist-Kosten-Vergleich einsetzt, desto leichter lassen sich die Gründe für Kostenabweichungen feststellen [499]. Jedoch wird die zeitliche Abgrenzung bei einer Verkürzung der Abrechnungsperiode immer schwieriger. In der Mehrzahl der Betriebe wird daher für die flexible Plankostenrechnung als Abrechnungsperiode der Kalendermonat verwendet.

In den Anfängen der Plankostenrechnung ist die Frage untersucht worden, inwieweit die unterschiedliche Länge der Kalendermonate den Soll-Ist-Kosten-Vergleich stört und ob es nicht zweckmäßiger ist, die zwölf Kalendermonate eines Jahres durch dreizehn gleichlange Abrechnungsperioden zu ersetzen [500]. Da jedoch die fixen Kosten zum größten Teil als monatliche Periodenkosten anfallen und die variablen Kosten von den realisierten Bezugsgrößen abhängen, kann die unterschiedliche Länge der

[499] Hierauf hat bereits H. Ludwig im Zusammenhang mit der Budgetrechnung hingewiesen, vgl. *H. Ludwig,* Budgetkontrolle in industriellen Unternehmungen, Berlin – Leipzig – Wien 1930, S. 9.

[500] Vgl. hierzu vor allem *H. Steinmann,* Die Plankostenrechnung, Diss. Berlin 1939, S. 66.

Kalendermonate die Kostenkontrolle nicht stören. Die Versuche, vom Kalendermonat abzugehen, haben sich daher nicht durchgesetzt.
Der Kalendermonat als Teilperiode des Planungszeitraums ist aber aus anderen Gründen problematisch. Er ist für die Kontrolle bestimmter Kostenarten zu lang und für die Überwachung der Kalkulationssätze zu kurz. Welche Konsequenzen hieraus für die laufende Abrechnung zu ziehen sind, werden wir im achtzehnten Kapitel behandeln. Für die Durchführung der Gemeinkostenplanung ist es nach wie vor zweckmäßig, den Kalendermonat als Teilperiode des Planungszeitraums zu verwenden.

2. Ein sehr wichtiger Grundsatz der Gemeinkostenplanung besteht darin, daß der Aufbau von Kostenplänen für die einzelnen Kostenstellen stets *nach Kostenarten differenziert* durchzuführen ist. Denn „globale Planungsmethoden", mit denen versucht wird, alle oder mehrere Gemeinkostenarten in einem Zuge zu planen, führen viel leichter zu Fehlern als differenzierte Planungsmethoden. Weiterhin erhält man bei globalen Planungsmethoden Sollgemeinkosten, die nicht in genügendem Maße nach Kostenarten unterteilt sind, so daß man infolge von Saldierungen beim späteren Soll-Ist-Kosten-Vergleich die Ursachen, die zu Kostenabweichungen geführt haben, nicht erkennen kann.
Die Gemeinkostenplanung muß ferner genau *mit dem Aufbau und den Grundsätzen der Kostenarteneinteilung und -erfassung* abgestimmt sein. Insbesondere müssen die geplanten Kosten streng dem Kostenartenplan und den Kontierungsvorschriften entsprechen, damit sichergestellt ist, daß die effektiven Gemeinkostenbeträge unter der gleichen Kostenartennummer verbucht werden, unter der die ihnen entsprechenden Sollkosten vorgegeben worden sind. Nur wenn diese Vorschrift streng eingehalten wird, läßt sich der spätere Soll-Ist-Kosten-Vergleich von Kontierungsfehlern freihalten. Weiterhin ist bei allen Kostenarten, die im Ist zeitlich oder kalkulatorisch abgegrenzt werden, zu überprüfen, ob man auch bei der Kostenplanung die gleiche Abgrenzungsmethode verwenden soll. Zeitlich oder kalkulatorisch abgegrenzte Kostenartenbeträge sind keine Istkosten mehr, sondern werden durch die Abgrenzung zu Sollkosten. Eine Gleichschaltung der Abgrenzungsmethode im Ist und im Soll führt daher dazu, daß der Soll-Ist-Kosten-Vergleich dieser Kostenarten von der laufenden Kostenstellenrechnung auf statistisch oder im System der doppelten Buchhaltung geführte Konten verlagert wird. Für manche Kostenarten ist dieser Effekt ohne Zweifel erwünscht; dies ist z. B. der Fall bei kalkulatorischen Abschreibungen von Großreparaturen, bei Beiträgen und Versicherungsprämien. Es gibt aber auch Kostenarten, die man trotz ihres stoßweisen und saisonal schwankenden Anfallens im Ist nicht zeitlich abgrenzt, und zwar einmal, um die rechentechnische Arbeit der zeitlichen Abgrenzung nicht zu groß werden zu lassen, und zum anderen, weil man die Stöße und Schwankungen dieser Kostenarten in der laufenden Kostenkontrolle beobachten will. Dies ist z.B. bei allen Kosten für kleinere Reparaturen der Fall, die zwar stoßweise auftreten, bei denen man aber in etwa den jährlichen Sollbetrag planen kann, ohne jedoch die zeitliche Verteilung dieser Kostenarten auf die ein-

zelnen Monate vorausbestimmen zu können. Hier wird grundsätzlich bei der Gemeinkostenplanung eine gleichmäßige, zeitliche Verteilung angenommen, im Ist dagegen werden die effektiven Beträge verbucht. Ähnlich liegen die Dinge bei allen von der Jahreszeit beeinflußten Kosten [501]. So sind z. B. die Kosten für Heizmaterial, für Bedienung von Heizungsanlagen, für Lichtstrom und für spezielle Arbeitsbekleidung im Winter regelmäßig höher als in den Sommermonaten. Im Sommer erhöhen sich in der Regel z. B. die Reisekosten der Verwaltungsabteilungen sowie die Getränkekosten für Arbeiter, die Hitzeeinflüssen besonders ausgesetzt sind. Derartige jahreszeitlich oder saisonal bedingte Kostenschwankungen werden bei der Gemeinkostenplanung grundsätzlich nur im Jahresdurchschnitt vorgegeben. Im Ist dagegen werden die effektiven Beträge der Abrechnungsperioden verbucht.

3. Weiterhin ist für die Gemeinkostenplanung die Frage bedeutsam, *wer die Planung durchführen soll.*
In diesem Zusammenhang ist zunächst zu untersuchen, ob *Techniker oder Kaufleute* zur Gemeinkostenplanung herangezogen werden sollen. J. A. de Haas sagt hierüber: "It is the engineer's domain." [502] Diese Ansicht ist jedoch zu einseitig, wenn man bedenkt, daß für die Kostenplanung im Verwaltungs- und Vertriebsbereich eher eine kaufmännische als eine technische Ausbildung erforderlich ist. W. Wolff weist daher mit Recht darauf hin, daß der Kosteningenieur keineswegs ein Ingenieur alter Prägung sein darf, sondern daß er ein ausgeprägt betriebswirtschaftlich vorgebildeter Ingenieur sein muß [503]. Umgekehrt gilt für die Betriebswirtschaftler, die an Kostenplanungen mitwirken sollen, daß sie über naturwissenschaftliche und technologische Grundkenntnisse verfügen müssen. Bereits K. Rummel und H. Kreis haben auf die Notwendigkeit hingewiesen, daß für die Durchführung der Kostenrechnung Ingenieure kaufmännisches und die Kaufleute mathematisch-technisch-naturwissenschaftliches Denken lernen müssen [504].
Weiterhin muß vor Durchführung einer Kostenplanung entschieden werden, ob *außerbetriebliche oder innerbetriebliche Kostenplaner* die Kostenplanung durchführen sollen. Die erste Kostenplanung, also der Übergang von einer Ist- oder Normalkostenrechnung zu einer flexiblen Plankostenrechnung, sollte aus folgenden Gründen von fachkundigen Kostenplanern einer Betriebsberatungs-Gesellschaft durchgeführt werden. Erfahrungsgemäß ist die erste Kostenplanung in einem Betrieb relativ zeitaufwendig; da sie jedoch in einer gewissen Mindestzeit vollendet

[501] Vgl. hierzu *K. Klinger,* Der Einfluß der Jahreszeit auf die Kostengestaltung, Betriebswirtschaftliche Rundschau 1927, S. 13 f.

[502] Vgl. *J. A. de Haas,* Standard Costs as a Basis of Management and Industrial Control, Annalen der Betriebswirtschaft 1927, S. 32; im gleichen Sinne äußern sich auch *K. W. Hennig,* Betriebswirtschaftslehre der industriellen Fertigung, Braunschweig 1946, S. 139, und *W. Wolff,* Die Plankostenrechnung als Mittel der Betriebspsychologie, NB 1953, S. 8.

[503] Vgl. *W. Wolff,* Die Plankostenrechnung ..., a. a. O., S. 8.

[504] Vgl. *K. Rummel,* Ingenieur und Kaufmann, Stahl und Eisen 1935, S. 86, und *H. Kreis,* Das Zusammenwirken von Ingenieur und Kaufmann bei der Aufstellung und Auswertung der monatlichen Kosten- und Erfolgsrechnung, Stahl und Eisen 1937, S. 514.

sein muß, ist für die Durchführung eine entsprechend große Zahl von Kostenplanern erforderlich. Für die späteren Abrechnungen braucht der Betrieb keine so große Anzahl qualifizierter Kostenplaner. Weiterhin werden aus psychologischen Gründen Plananȧtze außerbetrieblicher Kostenfachleute von den Abteilungsleitern leichter akzeptiert als Vorgaben von Mitarbeitern des Betriebes. Man sollte daher mit der ersten Kostenplanung außerbetriebliche Kostenplaner betreuen und diesen zur Einarbeitung betriebseigene Kostenfachleute beiordnen. Ist in einem Betrieb eine flexible Plankostenrechnung eingeführt, so können die Gemeinkostenplanungen der folgenden Jahre in der Regel allein durch innerbetriebliche Arbeitskräfte durchgeführt werden, da der Zeitbedarf für eine Planungsüberholung weit unter dem Zeitbedarf für eine Erstplanung liegt.

Unabhängig davon, ob die Kostenplanung von eigenen oder außerbetrieblichen Kostenplanern durchgeführt wird, gilt der Grundsatz, daß die Kostenvorgaben stets in enger *Zusammenarbeit mit den verantwortlichen Kostenstellenleitern* festgelegt werden sollen. Dies hat erstens den Vorteil, daß die Kostenplaner auf die reichhaltigen fertigungstechnischen Erfahrungen der Betriebsleiter und Meister zurückgreifen können. Zweitens wirkt sich diese Zusammenarbeit psychologisch günstig aus, da bei den Kostenstellenleitern das Gefühl vermieden wird, es würde über „ihre Köpfe hinweg disponiert“ [505]. C. T. Horngren schreibt hierüber: "When a person accepts a goal as being fair, he will be more likely to co-operate in trying to reach that goal." [506]

Das Mitwirken der verantwortlichen Kostenstellenleiter soll nach außen dadurch dokumentiert werden, daß den Kostenstellenleitern nach Abschluß der Kostenplanung die Kostenstellenpläne zur Unterschrift vorgelegt werden. Allerdings darf die Zusammenarbeit zwischen den Kostenplanern und den Kostenstellenleitern nicht dazu führen, daß die Kostenstellenleiter die Vorgabewerte zu ihren Gunsten beeinflussen.

Ein weiterer Grundsatz der Kostenplanung besteht darin, daß *auf Rationalisierungsmöglichkeiten geachtet werden muß*. Bei der weitgehenden „Durchleuchtung“ aller Betriebsteile, die mit jeder gründlichen Kostenplanung verbunden ist, soll der Kostenplaner Möglichkeiten einer Kostensenkung aufdecken und der Betriebsleitung entsprechende Vorschläge unterbreiten. In vielen Betrieben führen die während der Kostenplanung erarbeiteten Rationalisierungsvorschläge zu Kosteneinsparungen, die größer sind als der mit der Kostenplanung verbundene Aufwand [507].

4. Ein weiteres Problem der Gemeinkostenplanung, dem heute vorwiegend theoretische Bedeutung beizumessen ist, ist die Festsetzung des *Anspannungs- oder Plan-*

[505] Hierauf hat z. B. *A. Matz,* Plankostenrechnung, Wiesbaden 1954, S. 39, hingewiesen.

[506] Vgl. *C. T. Horngren,* Cost Accounting, A Managerial Emphasis, 3. Aufl., Englewood Cliffs, N. J. 1963, S. 138.

[507] Vgl. hierzu *J. Fuchs,* Die Plankostenrechnung, Taschenbuch für den Betriebswirt, Berlin – Stuttgart 1954, S. 330; *E. Michel,* Handbuch der Plankostenrechnung, Berlin 1937, S. 277, sowie *H. G. Plaut,* Die Plankostenrechnung als Hilfsmittel zur rationellen Betriebsgestaltung, Eisen- und Metallverarbeitung 1949, S. 352.

wirtschaftlichkeitsgrades, den man den Planvorgaben zu Grunde legt. Hierunter versteht man den „Grad der Anstrengung", mit dem es möglich ist, die Sollvorgaben einzuhalten. Hierbei werden verschiedene Wirtschaftlichkeitsgrade unterschieden, von denen der größte nur bei höchstmöglicher Anstrengung erreichbar ist. Derartige Sollkosten bezeichnet man als Ideal- oder Optimalstandardkosten[508]. Eine besondere Methode, sie zu erreichen, wurde in der ersten Entwicklungsphase der Plankostenrechnung von J. M. Clark in Form der sogenannten „progressiven Gemeinkostenvorgabe" empfohlen. Hiernach werden zunächst über den Ideal- und Optimalkosten liegende Vorgaben angesetzt, die jedoch im Verlauf mehrerer Perioden sukzessiv durch niedrigere Vorgabewerte ersetzt werden, bis die Ideal- oder Optimalwerte erreicht sind[509].

In den USA setzte sich jedoch sehr früh die Erkenntnis durch, daß der Gemeinkostenplanung nicht der höchstmögliche Anspannungs- oder Planwirtschaftlichkeitsgrad zu Grunde zu legen ist, sondern daß die Planvorgaben „attainable targets" sein sollen[510]. Auch in Deutschland gilt heute generell der Grundsatz, daß der Anspannungs- oder Planwirtschaftlichkeitsgrad der Gemeinkostenplanung weder zu hoch noch zu niedrig gewählt werden darf. Wie K. W. Hennig hierzu ausgeführt hat, dürfen die Sollgemeinkosten nicht zu leicht und auch nicht nur unter ungewöhnlichen Anstrengungen erreichbar sein. Das Erreichen der Planvorgaben soll aber stets ernstes Bemühen erfordern[511]. Werden die Kostenvorgaben zu knapp angesetzt, so besteht die Gefahr, daß die flexible Plankostenrechnung von den Abteilungsleitern als „Antreibersystem" empfunden wird, so daß mit ihrem passiven Widerstand gerechnet werden muß[512]. Sind dagegen die Sollkosten zu hoch angesetzt, so enthalten sie Unwirtschaftlichkeiten und sind daher für die Kostenkontrolle un-

[508] Vgl. hierzu *K. Käfer,* Standardkostenrechnung, 2. Aufl., Zürich 1964, S. 92 f. Der Begriff „Planwirtschaftlichkeitsgrad" wird von *K. Agthe,* Kostenplanung und Kostenkontrolle im Industriebetrieb, Baden-Baden 1963, S. 56, verwendet. Vgl. ferner *W. Wright,* Direct Standard Costs for Decision Making and Control, New York – Toronto – London 1962, der auf S. 102 folgende Arten von "... levels of performance on which flexible standards ... may be based" unterscheidet:
1. "Average actual"
2. "Attainable target"
3. "Ideal"

[509] Vgl. *J. M. Clark,* Studies in the Economics of Overhead Costs, Chicago 1923, S. 242.

[510] Hierauf haben bereits *J. A. de Haas,* Standard Costs ..., a. a. O., S. 33, *C. F. Schlatter,* Zur Theorie der Standardkosten, Die Betriebswirtschaft 1931, S. 345, und *E. A. Camman,* Basic Standard Costs, New York 1932, S. 37, hingewiesen; E. A. Camman schrieb hierzu: "It therefore follows that in business a standard cannot be an impossible ideal, a criterion of excellence, or even an ultimate object; it must be reduced to the point of ordinary fulfilment."

[511] Vgl. *K. W. Hennig,* Betriebswirtschaftslehre ..., a. a. O., S. 138. In ähnlicher Weise äußern sich auch *T. Beste,* Die Produktionsplanung, ZfhF 1938, S. 365, und *F. Wille,* Plan- und Standardkostenrechnung, Essen 1952, S. 27.

[512] Vgl. *W. Wolff,* Die Plankostenrechnung ..., a. a. O., S. 9. W. Wolff weist hier auf die psychologischen Schäden der Plankostenrechnung hin, die entstehen, wenn Überbeanspruchungen nicht vermieden werden.

brauchbar. Der Gemeinkostenplanung ist stets ein realisierbarer Anspannungs- oder Planwirtschaftlichkeitsgrad zu Grunde zu legen, der sich jedoch quantitativ nicht genau bestimmen läßt, sondern im „Kostenempfinden“ erfahrener Kostenplaner wurzelt.

5. Jede Kostenplanung wird durch die Art der angewandten organisatorischen und technischen Verfahren und insbesondere durch den Differenzierungsgrad des Fertigungsprogramms beeinflußt. Es stellt sich die Frage, *ob in allen Betrieben und Branchen die Durchführung einer flexiblen Plankostenrechnung* möglich ist.
In den ersten Entwicklungsphasen der Plankostenrechnung wurde häufig die Ansicht vertreten, daß eine Plankostenrechnung nur für Betriebe mit Massen-, Sorten- und Serienfertigung anwendbar ist. So schrieb z. B. noch H. Steinmann hierüber: „Die Ermittlung von Standardkosten und damit die Anwendung der Plankostenrechnung rechtfertigt sich also aufwandsmäßig nicht in Betrieben mit ausgesprochener Einzelfertigung, sie ist problematisch bei wechselnder Serienfertigung, hier jedoch nur im Einzelfalle zu entscheiden.“ [513] Andere Kostenfachleute erkannten jedoch schon sehr früh, daß auch bei extremer Einzelfertigung eine kostenstellenweise Planung der Gemeinkosten durchgeführt werden kann. So führte E. A. Camman bereits 1932 den Nachweis, daß es unabhängig vom Differenzierungsgrad des Fertigungsprogramms in fast allen Betrieben möglich ist, Kostenplanungen durchzuführen, denn: “... the activities of making them are mainly similar.“ [514] Auch L. P. Alford hat schon 1938 die Ablehnung der Plankostenrechnung für Betriebe mit Einzelfertigung als „a fallacious opinion” bezeichnet und darauf hingewiesen, daß es praktisch in vielen Betrieben mit Einzelfertigung funktionierende Plankostenrechnungen gibt: “Many practical applications of standard cost methods in plants producing non-standard products refute this theory.” [515] Inzwischen wird die Anwendbarkeit der Plankostenrechnung in Betrieben mit Einzel- und Kleinserienfertigung fast allgemein anerkannt [516]. Allerdings kann in Abhängigkeit vom Differenzierungsgrad des Fertigungsprogramms und von den angewandten organisatorischen und technischen Verfahren die Durchführung der Kostenplanung, insbesondere die Bezugsgrößenwahl, mehr oder weniger schwierig sein. In Betrieben mit Massen- und Sortenproduktion werden in der Regel einfache Mengen-, Gewichts- oder Stückzahlbezugsgrößen ausreichen,

[513] Vgl. *H. Steinmann*, Die Plankostenrechnung, a. a. O., S. 107. Die gleiche Ansicht vertritt auch *F. Henzel*, Nachdenkliches zur Plankostenrechnung, ZfB 1953, S. 528. Auch in den USA wurde die Ansicht geäußert, daß die Plankostenrechnung bei Einzelfertigung nicht anwendbar sei, vgl. *J. G. Blocker, W. K. Weltmer*, Cost Accounting, 3. Aufl., New York – Toronto – London 1954, S. 343 ff.

[514] Vgl. *E. A. Camman*, Basic Standard Costs, a. a. O., S. 23.

[515] Vgl. *Cost and Production Handbook*, Hrsg. L. P. Alford, 8. Aufl., New York 1938, S. 1122. Die gleiche Ansicht vertreten auch *E. Schneider*, Grundsätzliches zur Planung und Standardkostenrechnung, ZfhF 1940, S. 242, und *F. C. Lawrence, E. N. Humphreys*, Marginal Costing, London 1957, S. 59 ff.

[516] Vgl. *K. Käfer*, Standardkostenrechnung, 2. Aufl., a. a. O., S. 436.

während in Betrieben mit komplizierteren Verfahren und in Betrieben der Serien- und Einzelfertigung kompliziertere Bezugsgrößensysteme erforderlich sind[517]. Zusammenfassend kann man feststellen, daß eine Kostenplanung überall dort durchgeführt werden kann, wo es gelingt, Bezugsgrößen für die Kostenverursachung zu finden. Dies ist theoretisch zweifellos in allen und praktisch in der Mehrzahl der Betriebe möglich[518]. K. Käfer sieht die Grenzen für die Anwendbarkeit einer Kostenplanung in Betrieben mit „...*nicht vorhersehbarer* oder *ständig wechselnder Produktion*...“, wozu er Bergwerke und Minen, Hoch- und Schiffbau, manche Textilveredlungsbetriebe, Reparaturwerkstätten, Hotels, Speiserestaurants und die Filmindustrie zählt[519]. Zweifellos können die von K. Käfer aufgezeigten Grenzen für die Durchführung einer Kostenplanung in seltenen Fällen auftreten, wir glauben jedoch, daß dies nicht in allen von K. Käfer aufgeführten Beispielen der Fall ist. So wird z. B. sowohl in den USA als auch in Deutschland für den Steinkohlenbergbau eine Plankostenrechnung empfohlen[520]. Auch im Hoch- und Schiffbau und in Reparaturwerkstätten müssen sich in fast allen Fällen Zeitbezugsgrößen finden lassen, die die Durchführung einer Kostenplanung ermöglichen.
In der Diskussion über die Grenzen für die Durchführung einer flexiblen Plankostenrechnung ist unbedingt zwischen der Durchführung einer kostenstellenweisen Planung der Gemeinkosten und dem Aufbau von Plankalkulationen scharf zu unterscheiden. Der Aufbau einer kostenstellenweisen Gemeinkostenplanung und die darauf aufbauende monatliche Kostenkontrolle sind nur in seltenen Ausnahmen nicht möglich. Wie wir jedoch im einzelnen im sechsten Teil nachweisen werden, können eigentliche Plankalkulationen nur in Betrieben mit vorwiegend standardisierten Erzeugnissen aufgebaut werden.

B. Die Kostenstelleneinteilung und ihre Bedeutung für die Gemeinkostenplanung

1. Die wichtigste Grundlage für die Planung und Kontrolle der Gemeinkosten bilden die Einteilung eines Betriebes in Kostenstellen und die Bestimmung von Maßgrößen für die Kostenverursachung. Hierbei bestehen zwischen der Feinheit der Kostenstelleneinteilung und der Bezugsgrößenwahl enge Beziehungen und Wechsel-

517 Im einzelnen vgl. unsere Ausführungen zur Bezugsgrößenwahl in Abschnitt C dieses Kapitels.

518 Dies folgt bereits aus folgender These von *K. Rummel*, Einheitliche Kostenrechnung, 3. Aufl., Düsseldorf 1949, S. 186: „Man kann sagen, daß alle Schwierigkeiten dieser so verschiedenartigen Betriebstypen sich lösen, wenn man sich stets fragt, welchen Größen die Kosten der einzelnen Kostenarten proportional sind.“

519 Vgl. *K. Käfer*, Standardkostenrechnung, 2. Aufl., a. a. O., S. 440.

520 Vgl. *W. M. Walker*, Cost Control Standards for a Coal Mine, NAA-Bulletin 1955 (9), Section 1, S. 55 ff., und vom gleichen Verfasser, Equipment Maintenance Cost Control in Coal Mining, NAA-Bulletin 1959, sowie *D. Graner*, Plankostenrechnung und Deckungsbeitragsrechnung als neue Verfahren im Bergbau, Glückauf 1964, S. 1203 ff.

wirkungen, so daß zweckmäßigerweise in der Praxis beide Aufgaben simultan durchgeführt werden sollten.

Im Grunde gelten für die Kostenstelleneinteilung in einer flexiblen Plankostenrechnung die gleichen Regeln wie in jeder anderen Form der Kostenrechnung. Zwei Grundsätze der Kostenstelleneinteilung treten aber beim Aufbau einer flexiblen Plankostenrechnung besonders in den Vordergrund.

Wegen der Zielsetzung der Kostenkontrolle ist bei der Kostenstelleneinteilung einer flexiblen Plankostenrechnung besonders darauf zu achten, daß die Kostenstellen *klar gegeneinander abgegrenzte Verantwortungsbereiche* sind. Dieser Grundsatz wurde bereits in den Anfängen der Plankostenrechnung formuliert und gilt heute als allgemein anerkannte Regel beim Aufbau jeder Plankostenrechnung. Die Bildung klar gegeneinander abgegrenzter Verantwortungsbereiche ist in erster Linie für die Durchführung der laufenden Kostenkontrolle bedeutsam und erleichtert auch die Kostenplanung selbst; denn ohne die Auskünfte und die Zustimmung verantwortlicher Abteilungsleiter und Meister ist eine Kostenplanung nur schwer durchführbar. Der Grundsatz der Verantwortlichkeit wurde bereits von E. Michel formuliert: „Wir bauen deshalb unsere in oder neben dem Fertigungsfluß gelegenen Stellen so aus, grenzen und stimmen sie funktionell so ab, als ob jede Stelle ein kleines selbständiges Unternehmen für sich wäre“ [521], und H. Steinmann schrieb zum Problem der Kostenstelleneinteilung: „Die Plankostenrechnung erfordert eine Weiterbildung des Stellenprinzips nach dem Gesichtspunkt der Verantwortlichkeit.“ [522]

Auch in der anglo-amerikanischen Literatur wird von fast allen Autoren darauf hingewiesen, daß die Kostenstellen „areas of responsibility“ sein sollen. Man bezeichnet in diesem Zusammenhang die Standardkostenrechnung auch häufig als „responsibility accounting“ [523].

[521] Vgl. *E. Michel,* Handbuch ..., a. a. O., S. 59.

[522] Vgl. *H. Steinmann,* Die Plankostenrechnung, a. a. O., S. 37. Weiterhin wird in der deutschen Literatur auf den Grundsatz der Verantwortlichkeit von folgenden Autoren hingewiesen: *K. Agthe,* Kostenplanung ..., a. a. O., S. 33; *T. Beste,* Die Produktionsplanung, a. a. O., S. 370; *J. Fuchs,* Die Plankostenrechnung, a. a. O., S. 320; *F. Henzel,* Die Kostenrechnung, 4. Aufl., Essen 1964, S. 545; *K. Käfer,* Standardkostenrechnung, 2. Aufl., a. a. O., S. 127, 204 und 206; *H. Knoblauch,* Die Kostenstellenbildung unter besonderer Berücksichtigung des Arbeitens mit Ausgliederungsstellen, ZfB 1954, S. 203; *H. Tigges,* Betriebsüberwachung durch Plankostenrechnung, ZfhF 1951, S. 196; *F. Wille,* Plan- und Standardkostenrechnung, 2. Aufl., Essen 1963, S. 28.

[523] Vgl. *E. A. Camman,* Basic Standard Costs, a. a. O., S. 190; *C. T. Horngren,* Cost Accounting ..., a. a. O., S. 31; *I. W. Keller,* Management Accounting for Profit Control, New York – Toronto – London 1957, S. 98: “The use of standards presupposes the clear placement of responsibility for cost control by operations.”; *A. Matz, O. J. Curry, G. W. Frank,* Cost Accounting, Management's Operational Tool for Planning, Control, and Analysis, 3. Aufl., Chicago – Dallas – u. a. 1962, S. 330 ff.; *A. Matz,* Planung und Kontrolle von Kosten und Gewinn, AGPLAN, Bd. 7, Wiesbaden 1964, S. 18 und 28; *NAA-Research Report 37,* Current Application of Direct Costing, New York 1961, S. 59; *G. Shillinglaw,* Cost Accounting: Analysis and Control, Homewood, Ill. 1961, S. 26; *W. Wright,* Direct Standard Costs ..., a. a. O., S. 51.

Für die Kostenstelleneinteilung ist es unerheblich, ob einem Meister oder einem Abteilungsleiter gleichzeitig mehrere Kostenstellen unterstehen; dies ist bei feingliedrigen Kostenstelleneinteilungen häufig nicht zu vermeiden. Werden Maschinengruppen, die räumlich getrennt stehen, zu einer Kostenstelle zusammengefaßt, so ist dies nicht unbedingt ein Verstoß gegen den Grundsatz der Verantwortlichkeit, obwohl man dies nach Möglichkeit vermeiden sollte.

2. Weiterhin muß die Kostenstelleneinteilung so erfolgen, daß sich für jede Kostenstelle exakte *Maßgrößen der Kostenverursachung* bilden lassen. Dieser Grundsatz ist, materiell betrachtet, keineswegs ein Charakteristikum der Plankostenrechnung, da er sich inhaltlich mit der bereits für gut ausgebaute Istkostenrechnungen erhobenen Forderung deckt, die Kostenstellen so zu bilden, daß sich exakte Bezugsgrundlagen für die Kalkulation ermitteln lassen; denn eine richtige Zuschlagsgrundlage ist zugleich das reinste und idealste Beschäftigungsmaß [524]. Die These der Identität zwischen Beschäftigungsmaßstab und Kalkulationsbezugsgröße darf aber nicht zu dem Fehlschluß führen, daß es in allen Kostenstellen gelingen muß, nur mit *einer* Maßgröße der Kostenverursachung auszukommen. Dieser Fehlschluß ist insbesondere in der älteren Literatur über Kostenrechnung weit verbreitet. Wie unsere Ausführungen im Abschnitt A des fünften Kapitels gezeigt haben, ist die Beschäftigung oder Ausbringung einer Kostenstelle keineswegs eine homogene Größe. Sie hängt vielmehr von zahlreichen Unterkomponenten ab, so z. B. von der Intensität, dem Zeitgrad, den Ausbringungskoeffizienten, der Seriengröße und der qualitativen Auftragszusammensetzung. Nicht immer gelingt es daher, eine einheitliche Bezugs- oder Maßgröße der Kostenverursachung für eine Kostenstelle zu finden, wie insbesondere die bahnbrechende Arbeit „Einheitliche Kostenrechnung“ von K. Rummel gezeigt hat [525]. Die Möglichkeit, mit nur *einem* homogenen Beschäftigungsmaßstab auszukommen, nimmt aber zweifellos mit der Feinheit der Kostenstelleneinteilung zu. Dies gilt insbesondere, wenn man sich bei der Kostenstelleneinteilung darum bemüht, daß die in den Kostenstellen zusammengefaßten Betriebsmittel und Arbeitsplätze entweder die gleiche Kostenstruktur aufweisen, oder daß die durchlaufenden Produkte innerhalb dieser Kostenstellen stets die gleichen Fertigungswege nehmen müssen [526]. Die zweite Bedingung ist insbesondere in Kostenstellen mit Fließfertigung erfüllt. Hier schadet die kostenstellenweise Zusammenfassung von Betriebsmitteln und Arbeitsgängen mit unterschiedlicher Kostenstruktur weder der Kalkulations-

[524] Vgl. *A. M. Wolter*, Das Rechnen mit fixen und proportionalen Kosten, Köln und Opladen 1948, S. 20; *A. Angermann*, Gleichgewichtskalkulation, Meisenheim 1952, S. 118; *H. Koch*, Grundprobleme der Kostenrechnung, Köln und Opladen 1966, S. 71.

[525] Vgl. *K. Rummel*, Einheitliche Kostenrechnung, a. a. O., S. 118.

[526] Vgl. hierzu *H. Diercks* und *F. Petzold*, Betriebsüberwachung durch Plankostenrechnung, ZfhF 1951, S. 491; *J. Fuchs*, Die Plankostenrechnung, a a. O., S. 320; *H. G. Plaut*, Die Plankostenrechnung in der Praxis des Betriebes, ZfB 1951, S. 532 ff.; *H. G. Plaut*, Die Grenz-Plankostenrechnung, ZfB 1953, S. 340 ff.; *F. Wille*, Plan- und Standardkostenrechnung, 2. Aufl., a. a. O., S. 28 ff. und insbesondere die Beispiele auf den Seiten 29 ff.

genauigkeit noch der Kostenkontrolle. Je differenzierter jedoch das Fertigungsprogramm einer Unternehmung ist, desto unterschiedlicher sind im allgemeinen die Fertigungswege der einzelnen Produkte; entsprechend feingliedrig muß dann auch die Kostenstelleneinteilung sein, damit ein nach Kostenstellen differenziertes, für die Planung und Kontrolle der Gemeinkosten verwertbares System von Maßgrößen der Kostenverursachung geschaffen werden kann. Hierauf hat bereits H. Steinmann wie folgt hingewiesen: „Daher ist der beste Weg der, die Auswirkung des Beschäftigungswechsels auf die Gemeinkosten von vornherein zu verhindern, indem die Kostenstelleneinteilung bis auf Gruppen einheitlicher Produktionsmittel verfeinert wird.“ [527]

In speziellen Fällen lassen sich auch bei einer sehr weitgehenden Kostenstellendifferenzierung die Einflüsse veränderter qualitativer Auftragszusammensetzungen nicht allein mit *einer* Maßgröße der Kostenverursachung erfassen, wie unsere Ausführungen im nächsten Abschnitt dieses Kapitels im einzelnen noch zeigen werden.

Darüber hinaus besteht innerhalb gewisser Grenzen die Möglichkeit, den Feinheitsgrad der Kostenstelleneinteilung und die Maß- oder Bezugsgrößendifferenzierung gegeneinander zu substituieren [528]. Wenig untergliederte Kostenstelleneinteilungen erfordern entsprechend mehr Bezugsgrößen der Kostenverursachung und umgekehrt. Grundsätzlich ist die Kostenstellendifferenzierung der Maßgrößendifferenzierung vorzuziehen, da sie eine bessere Kostenauswertung in der Kostenkontrolle ermöglicht. Eine weitgehende Kostenstellendifferenzierung erschwert aber die laufende Durchführung der Kostenkontrolle, insbesondere die Erfassung der Istkosten. Nur wenn die Kostenstellendifferenzierung zu Kostenstellen führen würde, für die eine laufende Erfassung der Istkosten abrechnungstechnisch zu schwierig ist, sollte die Maßgrößendifferenzierung gegenüber der Kostenstellendifferenzierung vorgezogen werden [529].

[527] Vgl. *H. Steinmann,* Die Plankostenrechnung, a. a. O., S. 78; in gleichem Sinne *N.A.C.A. Research Series,* The Variation of Costs with Volume, N.A.C.A.-Bulletin 1949 (6), No. 16, Section 3, S. 1226.

[528] Auch *K. Käfer,* Standardkostenrechnung, 2. Aufl., a. a. O., hat auf S. 243 darauf hingewiesen, daß die Bezugsgrößendifferenzierung wie eine Kostenplatzdifferenzierung wirkt.

[529] Hierin besteht der Grundgedanke der „Kostenplatzrechnung“, die wir bereits im entwicklungsgeschichtlichen Teil der Plankostenrechnung im Abschnitt B des 3. Kapitels beschrieben haben. Auch *K. Käfer,* Standardkostenrechnung, 2. Aufl., a. a. O., weist auf S. 319 darauf hin, daß sich bei einer „Kostenplatzrechnung“ entgegengesetzte Planungsfehler und Abweichungen kompensieren können.

C. *Die Auswahl von Bezugsgrößen der Kostenverursachung*

I. Grundsätze und Verfahren der Bezugsgrößenwahl

1. Simultan mit der Kostenstelleneinteilung sind für jede Kostenstelle eine oder mehrere Maßgrößen der Kostenverursachung festzulegen. Diese Maßgrößen müssen unter der Voraussetzung konstanter Betriebsbereitschaft und fester Preise bzw. Lohnsätze zu den variablen Kosten der einzelnen Kostenstellen in einer proportionalen Beziehung stehen. Sie dürfen keine „komplexen Beschäftigungsmaßstäbe" im Sinne der klassischen Produktions- und Kostentheorie sein, sondern müssen stets soweit differenziert sein, daß mit ihrer Hilfe die Einflüsse wechselnder Auftragszusammensetzungen, unterschiedlicher Seriengrößen, veränderter Bedienungsverhältnisse und intensitätsmäßiger Anpassungsprozesse meßbar gemacht werden können. Daher wird in der flexiblen Plankostenrechnung die früher übliche Bezeichnung „Beschäftigungsmaßstab" in zunehmendem Maße durch die Ausdrücke „Maßgrößen", „Bezugsgrößen" oder „Einflußgrößen" der Kostenverursachung ersetzt. In der deutschen Literatur und Praxis hat sich vor allem die Bezeichnung *Bezugsgröße* durchgesetzt, die wir daher auch im Rahmen unserer weiteren Ausführungen verwenden wollen[530].

Die kostenstellenweise Auswahl von Bezugsgrößen ist ein vielgestaltiges und grundlegendes Problem in der Plankostenrechnung, wie dies der breite Raum zeigt, den dieses Gebiet in der kostenrechnerischen Fachliteratur einnimmt[531].

[530] K. Rummel, auf dessen grundlegenden Arbeiten die Bezugsgrößentechnik der modernen Plankostenrechnung weitgehend basiert, verwendet die Bezeichnungen „Schlüssel"- und „Bezugsgrößen". Hierbei wird jedoch der Begriff „Bezugsgröße" in einem etwas anderen Sinne verwendet, als er sich inzwischen in der Literatur und Praxis durchgesetzt hat. K. Rummel versteht unter einer Bezugsgröße eine Grundlage für die Verrechnung von Kosten, die nicht auf proportionalen Gesetzmäßigkeiten basiert. Dies ist vielmehr nur bei den Schlüsselgrößen im Sinne von K. Rummel der Fall. Vgl. hierzu *K. Rummel,* Einheitliche Kostenrechnung, a. a. O., S. 52. K. Rummels Terminologie hat sich jedoch nicht durchgesetzt. Die in der Plankostenrechnung, insbesondere in der Grenzplankostenrechnung, verwendeten Bezugsgrößen sollen stets Schlüsselgrößen im Sinne von K. Rummel sein, d. h. auf proportionalen Gesetzmäßigkeiten basieren. Statt dessen spricht man von Schlüsselgrößen meistens gerade im umgekehrten Fall, d. h. wenn Kosten ohne proportionale Gesetzmäßigkeiten verteilt werden.

[531] Zu den Problemen der Bezugsgrößenwahl vgl. *K. Agthe,* Die Abweichungen in der Plankostenrechnung, Freiburg 1958, S. 44 ff.; *K. Agthe,* Kostenplanung . . ., a. a. O., S. 39 ff.; *K. Ballendat,* Plankosten im Stahlwerk, ZfB 1954, S. 336; *O. Bredt,* Produktion, Beschäftigung, Leistung und Kapazität, in: Technik und Wirtschaft 1943, S. 91 ff.; *H. H. Böhm,* Dynamische Kostensenkung im Betrieb, München 1960, S. 163 ff.; *T. Carrol,* How to Control Production Costs, New York – Toronto – London 1953, S. 35; *D. F. Evans-Hemming,* Flexible Budgetary Control and Standard Costs, London 1952, S. 12; *A. Heese,* Die Grenzplankostenrechnung im industriellen Rechnungswesen. Dargestellt an Beispielen aus der Textilindustrie, in: Industriebetrieb und industrielles Rechnungswesen, Festschrift für E. Geldmacher, Köln und Opladen 1961, S. 42; *S. B. Henrici,* Standard Costs for Manufacturing, 3. Aufl., New York – Toronto – London 1960, S. 49; *F. Henzel,* Die Kostenrechnung, a. a. O., S. 545; *C. T. Horngren,* Cost Accounting . . ., a. a. O., S. 201 ff.,

2. Die *Bezugsgrößenwahl*, die für eine flexible Plankostenrechnung, insbesondere für deren Ausgestaltungsform als Grenzplankostenrechnung erforderlich ist, beruht auf der These, daß das *Verursachungsprinzip* das *alleinige Grundprinzip der laufenden Kostenrechnung* ist. In Deutschland sind es insbesondere die grundlegenden Arbeiten von K. Rummel gewesen, die zur Postulierung dieses Grundprinzips geführt haben. Nach K. Rummel sind Kosten stets eine Funktion der auf sie wirkenden Einflußgrößen. Im einzelnen schreibt K. Rummel hierüber: „Solche Einflüsse sind die Mengen, irgendwelche Zeiten (Laufzeit, Leerlaufzeit, Arbeiterstunden, Maschinenstunden), Beschäftigungsgrad, Arbeitsintensität, Losgröße (Auftragsstückelung) usw." [532] und an anderer Stelle: „Eine Kalkulation ist überhaupt nur möglich, wenn es gelingt, die Abhängigkeit zwischen den Kosten und den auf sie wirkenden Einflüssen durch lineare Gesetze darzustellen." [533] Die auf eine Bezugsgrößeneinheit entfallenden proportionalen Kosten sind die Proportionalitätsfaktoren dieser linearen Gesetzmäßigkeiten. Früher war es in der Kalkulation üblich, nur *eine* Bezugsgröße zu verwenden. Eine genaue Kalkulation und die Durchführung einer wirksamen Kostenkontrolle, wie sie von der flexiblen Plankostenrechnung angestrebt werden, macht es jedoch in vielen Kostenstellen erforderlich, daß mehrere Maßgrößen der Kostenverursachung nebeneinander verwendet werden [534]. Für die Bereitschaftskosten gilt das Verursachungsprinzip nur für eine Verteilung auf Kostenstellen. Wie wir bereits im Abschnitt C, III des dritten Kapitels gezeigt haben, gibt es für eine Verteilung fixer Kosten auf die betrieblichen Produkte keine proportionalen Gesetzmäßigkeiten im Sinne des Verursachungsprinzips. Daher gelten die Bezugsgrößen der Plankostenrechnung grundsätzlich nur für die proportionalen Kosten, woraus zugleich folgt, daß eine flexible Plankostenrechnung stets eine Grenzplankostenrechnung sein muß. Die Grenzplankostenrechnung basiert eindeutig auf dem von K. Rummel postulierten Verursachungsprinzip, das von allen Vertretern dieses Abrechnungssystems als das alleinige Grundprinzip der laufenden Kostenrechnung anerkannt wird.

und 289 ff.; *K. Käfer*, Standardkostenrechnung, 2. Aufl., a. a. O., S. 214 ff.; *E. Kosiol*, Plankostenrechnung als Instrument moderner Unternehmungsführung, Berlin 1956, S. 31; *I. W. Keller*, Management Accounting ..., a. a. O., S. 189 ff.; *W. Medicke*, Die Gemeinkosten in der Plankostenrechnung, Berlin 1956, S. 27 ff.; *E. Michel*, Handbuch ..., a.a.O., S. 53; *H. E. Pferdekämper*, Der Beschäftigungsgrad der Teilkapazitäten – Ein Beitrag zur Wahl der richtigen Bezugsgröße in der Plankostenrechnung, Kostenrechnungspraxis 1965, S. 67 ff.; *H. G. Plaut*, Die Plankostenrechnung ..., a. a. O., S. 532; *H. G. Plaut*, Die Grenz-Plankostenrechnung (1953), a. a. O., S. 349 ff.; *K. Rummel*, Die Kennzeichnung des Beschäftigungsgrades, Archiv für das Eisenhüttenwesen 1933/34, S. 145 ff.; *K. Rummel*, Einheitliche Kostenrechnung, a. a. O., S. 10 ff.; *K. Traub*, Die Grenzplankostenrechnung in Gießereibetrieben, Diss. Saarbrücken 1964, S. 61 ff.; *F. Wille*, Plan- und Standardkostenrechnung, 2. Aufl., a. a. O., S. 36 ff.

[532] Vgl. *K. Rummel*, Einheitliche Kostenrechnung, a. a. O., S. 17.

[533] Vgl. *K. Rummel*, Einheitliche Kostenrechnung, a. a. O., S. 18.

[534] K. Rummel hält in diesem Zusammenhang den klassischen Kostenrechnern die Frage vor: „Aber warum so einseitig? Muß denn innerhalb eines Betriebstyps jede Kostenart dem gleichen Proportionalitätsgesetz, d. h. derselben Maßgröße, gehorchen?", vgl. *K. Rummel*, Einheitliche Kostenrechnung, a. a. O., S. 118.

Hierin liegt eine Bestätigung der von K. Rummel geschaffenen theoretischen Konzeption der Kostenrechnung.
Die Kostenkonzeption von K. Rummel, insbesondere aber die Dominanz des Verursachungsprinzips, ist jedoch nicht ohne Kritik geblieben.
So hat z. B. E. Kosiol die Bezeichnung „Verursachungsprinzip“ kritisch analysiert und sie als unlogisch abgelehnt, weil nicht die erstellten Leistungen die Kosten verursachen, sondern der Kostengütereinsatz zur Leistungserstellung führt. E. Kosiol schlägt die Bezeichnung „Kosteneinwirkungsprinzip“ vor[535]. Diese Kritik hat jedoch lediglich terminologische Bedeutung.
Im Gegensatz hierzu hat H. Koch grundsätzliche Einwände gegen das Verursachungsprinzip vorgebracht[536]. Er fordert eine „Gesamtkostenanteilsrechnung“, bei der die Kosten mit Hilfe des „Leistungsentsprechungsprinzips“ auf die betrieblichen Produkte verrechnet werden. Hierunter versteht H. Koch eine „... Verteilung der Gesamtkosten nach Maßgabe der Größenrelationen der Leistungseinheiten“. Auch nach diesem Prinzip werden Schlüsselgrößen verwendet, wobei aber gegenüber dem von K. Rummel postulierten Verursachungsprinzip die folgenden beiden Unterschiede gelten.
Erstens legt H. Koch sein „Leistungsentsprechungsprinzip“ stets so aus, daß für jede Kostenstelle nur *eine* Schlüsselgröße verwendet wird, jedoch verkennt er nicht, daß es oftmals mehrere Einflußgrößen sind, die die Kosten einer Abteilung bestimmen. Er will aus diesen Einflußgrößen nur eine, und zwar die „optimale Schlüsselgröße“ auswählen. Seine Forderung lautet: Wähle die Schlüsselgröße „... bei der das Ausmaß der Gemeinkostenstreuung am geringsten ist.“ Für extreme „alternativ-hypothetische Auftragsstrukturen“ wird dieses Kriterium getestet, und zwar stets auf der Basis von Vollkosten. H. Koch spricht vom „Prinzip der minimalen Gemeinkostenstreuung“ oder kurz von dem „Kostenstreuungsprinzip“. H. Koch versucht, die Kostenrechnung zu einer „statistischen Durchschnittsrechnung“ auszubauen. Dies erscheint uns theoretisch nicht haltbar. Zunächst ist nicht einzusehen, warum sich die Kostenrechnung auf nur *eine* Schlüssel- oder Maßgröße beschränken soll, wenn mehrere Einflußgrößen zugleich auf die Kostenstruktur einer Kostenstelle einwirken. Ein so einseitiges Vorgehen kann niemals zu einer Kostenrechnung führen, die genaue Kalkulationsergebnisse liefert, eine wirksame Kostenkontrolle ermöglicht und zugleich die kostenrechnerischen Grundlagen für Modelle des Operations Research liefert. Hinzu kommt noch, daß H. Koch seine an sich recht eindrucksvolle Bezeichnung „Leistungsentsprechungsprinzip“ stets im Sinne eines Vollkostenprinzips verwendet. Wendet man das Leistungsentsprechungsprinzip kurzfristig, also auf der

[535] Vgl. *E. Kosiol,* Kritische Analyse der Wesensmerkmale des Kostenbegriffs, in: Betriebsökonomisierung, Festschrift für R. Seyffert, Köln und Opladen 1958, S. 7 ff., und *E. Kosiol,* Kostenrechnung, Wiesbaden 1964, S. 29. Vgl. auch *H. Koch,* Grundprobleme ..., a. a. O., S. 99 f.

[536] Vgl. *H. Koch,* Grundprobleme ..., a. a. O., Abschnitt: Zum Problem des Gemeinkostenverteilungsschlüssel, S. 63 ff., und insbesondere S. 70; vgl. auch *H. Koch,* ZfbF 1965, S. 169 ff., wo dieser Abschnitt als Aufsatz abgedruckt ist.

Basis vorhandener Kapazitäten an, so dürfte es kaum anders ausgelegt werden können, als das von K. Rummel postulierte Verursachungsprinzip; denn auch K. Rummel ordnet die Kosten den betrieblichen Produkten „leistungsgerecht" zu, wobei er sich allerdings nicht auf jeweils nur eine Schlüsselgröße beschränkt. Auch langfristig läßt sich das „Leistungsentsprechungsprinzip" anwenden, kann dann aber kein Prinzip der Kostenrechnung, sondern lediglich ein Prinzip der langfristigen Wirtschaftlichkeitsrechnung, der Investitionsrechnung, sein[537].

In ähnlicher Weise wie H. Koch versucht auch M. R. Lehmann das seiner Ansicht nach einseitige Proportionalitätsdenken K. Rummels durch ein „kalkulatorisches Denken in Mittel-Zweck-Beziehungen" zu ergänzen, nach dem „optimale Vollkosten" den betrieblichen Produkten zugerechnet werden können[538].

Weder die Einwände H. Kochs noch die Ergänzungsversuche M. R. Lehmanns haben die Allgemeingültigkeit des Verursachungsprinzips und insbesondere seine Bedeutung für die Grenzplankostenrechnung beeinträchtigen können[539].

Mehrere Autoren haben versucht, dem für die proportionalen Kosten gültigen Verursachungsprinzip ein zweites für die Verrechnung fixer Kosten anzuwendendes Grundprinzip zur Seite zu stellen, das als *Tragfähigkeits- oder Kostendeckungsprinzip* bezeichnet wird[540]. Nach diesem Prinzip sollen die fixen Kosten proportional zu den Bruttogewinnen auf die betriebliche Produkte verteilt werden. Dem Tragfähigkeits- oder Kostendeckungsprinzip entspricht auch die Methode der Kuppelkalkulation mit Hilfe von Marktpreis-Äquivalenzziffern. In der Literatur zur Kostenrechnung besteht nahezu Einmütigkeit darüber, daß die Marktpreis-Äquivalenzziffernmethode zu Kalkulationsergebnissen führt, die keine sinnvolle Erfolgsanalyse ermöglichen und nicht als Grundlage für unternehmerische Entscheidungen dienen können. Die gleiche Kritik gilt auch für den Versuch, mit Hilfe des Tragfähigkeits- oder Deckungsprinzips fixe Kosten auf betriebliche Erzeugnisse zu verrechnen[541]. Der Verfasser neigt heute der Ansicht zu, daß die Schlüsselung von fixen Kosten auf die betrieblichen Produkte nach dem Tragfähigkeits- oder Dekkungsprinzip lediglich für die Bestandsbewertung in der Finanzbuchhaltung vertretbar sein kann, die traditionsgemäß nach dem Vollkostenprinzip erfolgt. Für die

537 Zu den beiden letzten Absätzen vgl. *H. Koch*, Grundprobleme . . ., a. a. O., S. 76 ff.

538 Vgl. *M. R. Lehmann*, Die Problematik der Preispolitik auf Grenzkosten- und auf Vollkostenbasis, ZfB 1950, S. 338.

539 Zu diesem Ergebnis kommt auch D. Schneider in seiner Kritik an der von H. Koch vertretenen Kostenkonzeption. Vgl. *D. Schneider*, Kostentheorie und verursachungsgemäße Kostenrechnung, ZfhF 1961, S. 684 ff.

540 Vgl. *K. Agthe*, Zur stufenweisen Fixkostendeckung, ZfB 1959, S. 743; *H. H. Böhm*, Zur Deckung und Aktivierung fixer Kosten im System der Grenz-Planungsrechnung, ZfB 1955, S. 414 ff., und S. 494 ff.; *H. H. Böhm* und *F. Wille*, Direct Costing und Programmplanung, München 1960, S. 42 ff., und *W. Kilger*, Flexible Plankostenrechnung, 2. Aufl., Köln und Opladen 1961, S. 605 ff.

541 Auch H. Koch weist darauf hin, daß Kalkulationen, in denen fixe Kosten nach dem Tragfähigkeits- oder Deckungsprinzip auf Erzeugnisse verrechnet wurden, für die kurzfristige Erfolgsanalyse unbrauchbar sind. Vgl. *H. Koch*, Grundprobleme . . ., a. a. O., S. 74.

Zwecke der Erfolgsanalyse und für die Bestimmung von Selbstkosten, die als Grundlage unternehmerischer Entscheidungen dienen sollen, ist dieses Prinzip unbrauchbar. Lassen wir zunächst die Bewertungsprinzipien in der Handels- und Steuerbilanz außer acht, so ist das Verursachungsprinzip nach wie vor das einzig richtige Grundprinzip der laufenden Kostenrechnung.

3. Wir wollen uns nunmehr den *Verfahren der Bezugsgrößenwahl* zuwenden. Hierbei ist zunächst die Frage zu klären, ob die Relationen zwischen den zu wählenden Bezugsgrößen und den durch sie ausgelösten proportionalen Kosten auf bestehenden oder geplanten Gesetzmäßigkeiten beruhen. Da die Bezugsgrößen die Grundlage der Kostenplanung und der späteren Abwandlung von Plan- zu Sollkosten bilden, können sich die Bezugsgrößen nur auf *geplante Gesetzmäßigkeiten* beziehen.
Hieraus folgt, daß die Bezugsgrößenwahl in erster Linie auf einer *technisch-kostenwirtschaftlichen Analyse* des Produktionsprozesses basieren muß. Diese Analyse besteht darin, daß entsprechend geschulte Kostenplaner die Produktionsprozesse in den einzelnen Kostenstellen daraufhin untersuchen, welche proportionalen Beziehungen zwischen produktionstechnischen Größen und variablen Kostenarten bestehen *sollen*. In komplizierten Fällen kann es jedoch empfehlenswert sein, daß die technisch-kostenwirtschaftliche Analyse durch *statistische Methoden* ergänzt wird[542]. Bei diesen Methoden werden zunächst für die zu untersuchenden Kostenstellen die Istkosten und die Istwerte der möglicherweise als Bezugsgrößen in Frage kommenden Maßgrößen für einen längeren Zeitraum statistisch erfaßt. Vor einer statistischen Auswertung müssen die Istkosten von Zufälligkeiten, Falschkontierungen, Kostensprüngen und den Einflüssen innerbetrieblicher Unwirtschaftlichkeiten bereinigt werden. Die Auswertung der erfaßten Größen kann graphisch mit Hilfe von Streupunkt-Diagrammen erfolgen. Hierbei werden die Maßgrößen als Abszissenwerte und die Kosten als Ordinatenwerte in ein Diagramm eingetragen und eine lineare Ausgleichskurve eingezeichnet. Diese Methode ist zwar relativ einfach, führt aber nicht zu exakten Ergebnissen. Zu besseren Ergebnissen gelangt man, wenn man die Beziehungen zwischen den in Frage kommenden Maßgrößen und den Istkosten mit Hilfe der Korrelationsrechnung analysiert[543]. Hierbei lassen die Korrelationskoeffizienten erkennen, welche Bezugsgrößen am besten geeignet sind. Die Anwendung statistischer Methoden bei der Bezugsgrößenwahl setzt jedoch voraus, daß die Bereinigung der Istkosten gelingt, daß für einen längeren Zeitraum Istwerte der zu

[542] Auch in den USA werden die „logical analysis“ und die „correlation techniques“ als Methoden der Bezugsgrößenwahl unterschieden, vgl. *N.A.C.A.-Bulletin 1949 (6),* No. 16, Section 3, S. 1226.

[543] Die Verwendung der Korrelationsrechnung bei der Bezugsgrößenwahl in der Plankostenrechnung ist in der Praxis nicht weit verbreitet. Zu den grundsätzlichen Problemen der Verwendung der Korrelationsrechnung in der Kostenrechnung vgl. *W. Bindemann,* Kostensynthese, ZfhF 1951, S. 392 ff. Zu den Grundlagen der Korrelationsrechnung vgl. *H. Stevens,* Einflußgrößenrechnung, Düsseldorf 1939. Im übrigen vgl. zu den statistischen Methoden der Bezugsgrößenwahl auch *K. Käfer,* Standardkostenrechnung, 2. Aufl., a. a. O., S. 220 ff.

untersuchenden Maßgrößen zur Verfügung stehen und daß diese Werte sich nicht innerhalb zu enger Intervallgrenzen bewegen. Diese Bedingungen sind jedoch nur in relativ wenigen Betrieben erfüllt. Auf jeden Fall sind statistische Methoden nur als Ergänzung der technisch-kostenwirtschaftlichen Analysen des Produktionsprozesses anzusehen.

II. Direkte Bezugsgrößen

1. Direkte Bezugsgrößen bei homogener Kostenverursachung

1. Unter *direkten Bezugsgrößen* verstehen wir Maßgrößen, die unmittelbar aus den erstellten oder bearbeiteten Produktmengen abgeleitet werden können. Bei der Bezugsgrößenwahl sollte man zunächst versuchen, direkte Bezugsgrößen zu finden. Erst wenn das nicht gelingt, kommen indirekte Bezugsgrößen in Frage, die wir im nächsten Abschnitt behandeln werden.
Von *homogener Kostenverursachung* wollen wir sprechen, wenn in einer Kostenstelle die Möglichkeit besteht, die Kostenverursachung aller variablen Kostenarten mit nur *einer Bezugsgröße* zu messen. Unter der Voraussetzung, daß der Preiseinfluß bereits durch ein Planpreissystem eliminiert wurde, die betrieblichen Teilkapazitäten konstant sind und keine intensitätsmäßigen Anpassungsprozesse durchgeführt werden, wollen wir untersuchen, welche Bedingungen erfüllt sein müssen, damit eine Kostenstelle mit homogener Kostenverursachung vorliegt.

2. Im einfachsten Falle liegt eine Kostenstelle mit homogener Kostenverursachung vor, wenn in der Kostenstelle stets nur gleichartige Produktionsbeiträge geleistet werden. Dies ist in allen Fertigungkostenstellen von Betrieben der Fall, die nur eine Produktart erstellen, so z. B. in Zementwerken mit nur einer Zementsorte und in Brauereien, die nur eine Sorte Bier brauen. In diesen Fällen ist die bearbeitete Stückzahl oder die Anzahl der erstellten Gewichtseinheiten die zweckmäßigste Maßgröße der Kostenverursachung. Aber nicht nur in Einproduktunternehmungen können Fertigungskostenstellen gebildet werden, deren Produktionsbeiträge völlig homogen sind. Auch in der Sorten- und Serienfertigung lassen sich oftmals Fertigungsbereiche ausgliedern, in denen homogene Arbeitsgänge ausgeführt werden, so z. B. Drehen, Fräsen, Hobeln oder Schleifen gleichartiger Einzelteile, Schneiden gleichartiger Gewinde, Montieren, Prüfen oder Sortieren gleichartiger Artikel. Auch in diesen Fällen können die Anzahl der bearbeiteten Einzelteile oder die Anzahl der ausgeführten Produktionsbeiträge unmittelbar als Bezugsgröße verwendet werden.
Weiterhin gibt es in vielen Unternehmungen Hilfs- und Nebenkostenstellen, die homogene innerbetriebliche Leistungen erzeugen, so z. B. kWh mit einer bestimmten Spannung, t Dampf mit bestimmter Temperatur und bestimmtem Druck und m^3 Preßluft. Für derartige Hilfs- und Nebenkostenstellen bildet die Anzahl der innerbetrieblichen Leistungseinheiten unmittelbar die beste Maßgröße der Kostenverursachung.

3. Eine Kostenstelle mit homogener Kostenverursachung liegt auch dann vor, wenn zwar verschiedenartige Produktionsbeiträge geleistet werden, deren mengenmäßige Relation aber konstant ist. In solchen Fällen kann man trotz der möglicherweise verschiedenen Kostenverursachung der einzelnen Produktionsbeiträge die Kostenverursachung mit nur einer Mengen- oder Stückbezugsgröße erfassen. Allerdings dürften derartige Fälle relativ selten sein, da sich die quantitative Auftragszusammensetzung in fast allen Mehrproduktunternehmungen normalerweise laufend verändert.

4. Am häufigsten findet der Kostenplaner Kostenstellen vor, die mehr oder weniger unterschiedliche Produktionsbeiträge leisten, so z.B. in Betrieben mit Serien- und Einzelfertigung. Beispielsweise werden in den Kostenstellen eines Maschinenbaubetriebes Dreh-, Fräs-, Hobel- oder Schleifvorgänge an verschiedenen Einzelteilen durchgeführt. In Fällen dieser Art ist es nicht möglich, die Anzahl der Produktionsbeiträge einer Kostenstelle als Maßgröße der Kostenverursachung zu verwenden, da den verschiedenartigen Produktionsbeiträgen in bezug auf ihre Kostenverursachung eine unterschiedliche Gewichtung beizumessen ist. Trotzdem können auch in diesen Fällen die Bedingungen einer homogenen Kostenverursachung erfüllt sein.
Dies ist der Fall, wenn sich *alle* variablen Kostenarten einer Kostenstelle zu einer, und zwar der gleichen Bezugsgröße proportional verhalten. Bezeichnen wir die Mengeneinheiten dieser Bezugsgröße, die auf eine Produkteinheit der Art i entfallen, mit b_i, die Produktmengen mit x_i und die Anzahl unterschiedlicher Produktarten mit n, so erhalten wir als Grundformel für einen homogenen Maßstab der Kostenverursachung[544]:

(108)
$$b = \sum_{i=1}^{n} b_i x_i$$

Die Bezugsgröße b reicht jedoch als einzige Bezugsgröße nur aus, wenn folgende Voraussetzungen erfüllt sind. Erstens muß die Kostenverursachung für alle Kostenarten von der Zusammensetzung des Fertigungsprogramms unabhängig sein. Jede beliebige Kombination der Produktmengen x_i, die nach Gleichung (108) zu dem gleichen Bezugsgrößenwert b führt, muß die gleichen proportionalen Kosten verursachen. Zweitens dürfen entweder keine anderen Einflußgrößen auf die Kostenentstehung einwirken, oder diese Einflußgrößen müssen für alle Produktarten in den gleichen Relationen wirksam werden. Fallen z.B. in einer Kostenstelle Kostenarten an, die von der Fertigungszeit, und solche Kostenarten, die vom durchgesetzten Produktgewicht abhängen, so ist der Tatbestand homogener Kostenverursachung trotz des gleichzeitigen Wirksamwerdens dieser beiden Einflußgrößen erfüllt, wenn für alle Produktarten die Relation zwischen Zeitbedarf und Gewicht gleich groß ist. In

[544] Die Gleichung (108) stimmt mit der im Abschnitt A des 5. Kapitels abgeleiteten Gleichung (17) überein. Weiterhin ist darauf hinzuweisen, daß in den Gleichungen (1) bis (7) und (10) bis (11) die Bezugsgrößen pro Produkteinheit als 1 angenommen wurden, so daß die Produktmenge x unmittelbar als Bezugsgröße verwendet werden konnte.

Fällen dieser Art gilt das von K. Rummel formulierte *Gesetz der Austauschbarkeit von Maßgrößen*, nach dem zueinander proportionale Bezugsgrößen gegeneinander ausgetauscht werden können und jeweils eine dieser Bezugsgrößen ausreicht[545]. Welche Bezugsgröße man in diesen Fällen wählt, ist vom Standpunkt der kostenrechnerischen Genauigkeit gleichgültig.

Die Praxis der Plankostenrechnung hat gezeigt, daß in einer relativ großen Anzahl von Kostenstellen *Fertigungszeiten als homogene Bezugsgrößen* verwendet werden können.[546] Hierbei handelt es sich grundsätzlich um Vorgabe- oder Planarbeitszeiten, deren Ermittlung wir im Abschnitt A des zwölften Kapitels beschrieben haben. Iststunden sind als Bezugsgrößen ungeeignet; denn hierdurch könnten die Kostenstellenleiter durch eine unwirtschaftliche Gestaltung des Arbeitseinsatzes die Istbezugsgrößen und damit die Sollkostenvorgaben für ihre Kostenstellen erhöhen. Dann würde aber eine wirksame Kostenkontrolle illusorisch[547]. Auch in Kostenstellen ohne Akkordlohn sind den verschiedenen Arbeitsgängen jeweils geplante Arbeitszeiten zuzuordnen und diese als Bezugsgröße zu verwenden.

Werden geplante Fertigungszeiten als Bezugsgröße verwendet, so geht die Gleichung (108) in folgende Form über:

$$T^{(s)} = \sum_{i=1}^{n} t_i^{(p)} x_i^{(i)} \tag{109}$$

In dieser Gleichung ist $t_i^{(p)}$ die in der betreffenden Kostenstelle für eine Einheit der Produktart i planmäßig aufzuwendende Vorgabezeit. $T^{(s)}$ ist gleich der Summe der einzelnen Vorgabezeiten. Die Summe der Planfertigungsstunden reicht als einzige Bezugsgröße nur aus, wenn jede Vorgabestunde die gleichen proportionalen Kosten verursacht, unabhängig davon, für welche Produktart sie angefallen ist. Diese Homogenität der Kostenverursachung pro Einheit der Planfertigungszeit läßt sich leichter durch eine feine als durch eine gröbere Kostenstelleneinteilung herbeiführen. Weiterhin ist bei der Verwendung geplanter Fertigungszeiten als Bezugsgrößen zu berücksichtigen, daß sich die Gesamtzeiten aus Teilzeiten, nämlich aus Rüstzeiten,

545 Vgl. *K. Rummel*, Einheitliche Kostenrechnung, a. a. O., S. 10 ff.

546 Hierauf weisen z. B. folgende Autoren hin: *T. Carrol*, How ..., a. a. O., S. 45 f.; *D. F. Evans-Hemming*, Flexible ..., a. a. O., S. 52 ff.; *K. W. Hennig*, Betriebswirtschaftslehre ..., a. a. O., S. 137 ff.; *S. B. Henrici*, Standard Costs ..., a. a. O., S. 52; *C. T. Horngren*, Cost Accounting ..., a. a. O., S. 289: "Most overhead costs are more closely related to time expiration than to any other factor."; *K. Käfer*, Standardkostenrechnung, 1. Aufl., Stuttgart 1955, S. 166 f.; *A. Matz*, Planung ..., a. a. O., S. 105; *F. K. Patterson*, Die Ermittlung der Planzahlen für die Plankostenrechnung, AGPLAN, Bd. 3, Wiesbaden 1961, S. 41 ff.; *H. G. Plaut*, Die Plankostenrechnung ..., a. a. O., S. 532; *K. Rummel*, Kostenrechnung auf Zeitgrundlage, Archiv für das Eisenhüttenwesen 1929/30, S. 787; *F. Wille*, Plan- und Standardkostenrechnung, 2. Aufl., a. a. O., S. 36; *A. M. Wolter*, Das Rechnen ..., a. a. O., S. 33.

547 Folgende Autoren weisen darauf hin, daß Zeitbezugsgrößen auf Plan- oder Standardzeiten basieren sollen: *C. T. Horngren*, Cost Accounting ..., a. a. O., S. 202; *S. B. Henrici*, Standard Costs ..., a. a. O., S. 52; *K. Käfer*, Standardkostenrechnung, 2. Aufl., a. a. O., S. 223.

Handarbeitszeiten, Maschinenlaufzeiten usw., zusammensetzen. Hierbei ist in der Regel die Kostenverursachung in den einzelnen Zeitkategorien unterschiedlich. So sind z.B. die Kosten für eine Rüststunde niedriger als die Kosten für eine Maschinenlaufstunde. Man kann daher die gesamte Fertigungszeit nur dann als alleinige Bezugsgröße einer Kostenstelle verwenden, wenn sich die Planarbeitszeiten der verschiedenen Produktionsbeiträge prozentual aus den gleichen Teilarbeitszeiten zusammensetzen, wenn nämlich z.B. für alle Produktarten die Relation zwischen Rüst-, Handarbeits- und Maschinenzeiten konstant ist; dann gilt zwischen ihnen das Gesetz der Austauschbarkeit von Maßgrößen[548]. Zudem dürfen keine weiteren Einflußgrößen, wie z. B. die Werkstoffgewichte, wirksam werden oder es muß auch für sie eine proportionale Beziehung zu den Fertigungszeiten bestehen.
Weiterhin gibt es viele Kostenstellen, in denen das durchgesetzte Materialgewicht als Bezugsgröße der Kostenverursachung ausreicht. Bezeichnen wir das Planmaterialgewicht einer Einheit der Produktart i mit $m_i^{(p)}$, so erhalten wir als Gewichtsbezugsgröße $M^{(s)}$ einer bestimmten Istproduktion folgenden Ausdruck:

$$M^{(s)} = \sum_{i=1}^{n} m_i^{(p)} x_i^{(i)} \tag{110}$$

Jede andere Maßgröße, die als homogene Bezugsgröße angesehen werden kann, läßt sich analog in die Bezugsgrößengleichung (108) einsetzen.
Stets wird man beim Aufbau einer flexiblen Plankostenrechnung versuchen, in möglichst vielen Kostenstellen mit nur einer Bezugsgröße auszukommen[549]. Allerdings darf hierdurch weder die Kalkulationsgenauigkeit noch die Durchführung einer wirksamen Kostenkontrolle beeinträchtigt werden.

2. Direkte Bezugsgrößen bei heterogener Kostenverursachung

1. Von *heterogener Kostenverursachung* wollen wir sprechen, wenn es in einer Kostenstelle nicht gelingt, die Kostenverursachung für alle variablen Kostenarten mit nur einer Bezugsgröße zu messen. In derartigen Kostenstellen werden dann stets *mehrere Bezugsgrößen* erforderlich[550]. Von der Vielzahl möglicher Bezugsgrößen-

548 Vgl. hierzu *K. Rummel*, Kostenrechnung . . ., a. a. O., S. 787 ff.

549 Auch *F. Wille*, Plan- und Standardkostenrechnung, 2. Aufl., a. a. O., hebt auf S. 36 hervor, daß Kostenstellen, „. . . deren Leistung in zwei verschiedenen Maßgrößen gemessen werden muß . . .“, zu den Ausnahmen gehören sollten.

550 Dies folgt vor allem aus den grundlegenden Untersuchungen von *K. Rummel*, Einheitliche Kostenrechnung, a. a. O., S. 93 ff. Im Zusammenhang mit der Plankostenrechnung weisen die folgenden Autoren darauf hin, daß vielfach mehrere Bezugsgrößen für eine Kostenstelle erforderlich sind: *K. Agthe*, Kostenplanung . . ., a. a. O., S. 41 und S. 72 ff.; *T. Beste*, Die Produktionsplanung, a. a. O., S. 366; *H. H. Böhm*, Dynamische Kostensenkung . . ., a. a. O., S. 166; *E. Falter*, Kostentheorie und Betriebskontrolle, Die Betriebswirtschaft 1930, S. 230; *F. Henzel*, Nachdenkliches . . ., a. a. O., S. 526; *C. T. Horngren*, Cost Accounting . . ., a. a. O, S 290: “Thus there can be two (or more) bases used for applying different classes of overhead.”; *H. G. Plaut*, Die Grenz-Plankostenrechnung (1953), a. a. O., S. 351; *H. G. Plaut*, Die Plankostenrechnung . . ., a. a. O., S. 533; *H. G.*

kombinationen wollen wir im folgenden Bezugsgrößenkombinationen behandeln, die in der Praxis der Plankostenrechnung besonders häufig auftreten.

2. Am häufigsten dient die Verwendung mehrerer Bezugsgrößen zur Erfassung von *Veränderungen der qualitativen Auftragszusammensetzung.* Wenn sich Schwankungen der qualitativen Auftragszusammensetzung in einer Kostenstelle nicht mit Hilfe einer Bezugsgröße erfassen lassen, so können dafür die beiden folgenden Gründe maßgebend sein.
Erstens kann der Fall vorliegen, daß sich zwar alle Kostenarten einer Kostenstelle zu einem bestimmten Bezugsgrößentyp, so z. B. zu den Fertigungszeiten oder den Durchsatzgewichten, proportional verhalten, daß aber jeweils für bestimmte Produktgruppen die Kostenverursachung pro Bezugsgrößeneinheit unterschiedlich ist. Ist die Anzahl dieser Produktgruppen nicht zu groß, so versucht man die verschiedenartigen Produktionsbeiträge einer Kostenstelle zu Gruppen zusammenzufassen, deren Kostenverursachung für eine bestimmte Bezugsgrößenart homogen ist. Jede Gruppe erhält dann eine gesonderte Bezugsgröße. Nehmen wir an, daß sich alle Kostenarten einer Kostenstelle zeitproportional verhalten und daß sich alle n Produktarten, die insgesamt eine Kostenstelle durchlaufen können, in die Gruppen 1 bis r_1, (r_1+1) bis r_2 und (r_2+1) bis n zerlegen lassen, für die eine jeweils unterschiedliche, aber in der Gruppe homogene Kostenverursachung vorliegt, so läßt sich der Einfluß unterschiedlicher Auftragszusammensetzungen in der Weise ausschalten, daß man für die drei oben genannten Gruppen die Bezugsgrößengleichung (109) jeweils gesondert ansetzt. Wir erhalten daher die folgenden drei Bezugsgrößengleichungen:

$$T_1^{(s)} = \sum_{i=1}^{r_1} t_i^{(p)} x_i^{(i)}$$

(111)
$$T_2^{(s)} = \sum_{i=r_1+1}^{r_2} t_i^{(p)} x_i^{(i)}$$

$$T_3^{(s)} = \sum_{i=r_2+1}^{n} t_i^{(p)} x_i^{(i)}$$

Für die betreffende Kostenstelle werden nebeneinander die drei Bezugsgrößen „Fertigungsstunden-Produktgruppe 1“, „Fertigungsstunden-Produktgruppe 2“ und „Fertigungsstunden-Produktgruppe 3“ verwendet. Eine entsprechende Differenzierung läßt sich auch bei der Verwendung von Mengenbezugsgrößen vornehmen.
Der Grund für die unterschiedliche Kostenverursachung pro Bezugsgrößeneinheit für

Plaut, Wo steht die Plankostenrechnung in der Praxis?, ZfhF 1952, S. 401; besonders ausführlich wird die Verwendung mehrerer Bezugsgrößen beschrieben von *W. Medicke,* Die Gemeinkosten..., a. a. O., S. 37 ff.; weiterhin weisen auf die Verwendung mehrerer Bezugsgrößen hin: *A. Matz,* Planung..., a. a. O., S. 199 ff.; *F. Wille,* Plan- und Standardkostenrechnung, 2. Aufl., a. a. O., S. 36 ff. Zur Verwendung mehrerer Bezugsgrößen in Gießereibetrieben vgl. *K. Traub,* Die Grenzplankostenrechnung..., a. a. O., S. 61 ff.

verschiedene Produktarten, die eine Kostenstelle durchlaufen, kann erstens auf eine zu grobe Kostenstelleneinteilung zurückzuführen sein. Wie wir jedoch bereits früher hervorgehoben haben, ist es in diesen Fällen besser, die Kostenstelleneinteilung nach Möglichkeit so weit zu verfeinern, daß man dann jeweils mit nur einer Bezugsgröße auskommt. Zweitens kann die unterschiedliche Kostenverursachung pro Bezugsgrößeneinheit aber auch in der Verschiedenheit der Produktionsbeiträge selbst begründet sein, so daß mehrere Bezugsgrößen auch in Kostenstellen, die nur aus homogenen Aggregaten oder sogar nur aus einem einzigen Arbeitsplatz bestehen, nicht zu vermeiden sind. In diesen Fällen können die Einflüsse von Schwankungen der qualitativen Auftragszusammensetzung nur mit Hilfe entsprechender Bezugsgrößendifferenzierungen ausgeschaltet werden. Hierzu wollen wir die folgenden beiden Beispiele betrachten.

In der Kostenstelle einer Gummifabrik, in der Auto- und Kraftradschläuche vulkanisiert werden, sind in der Regel die Planheizstunden als Bezugsgröße am besten geeignet. Hierbei ist aber zu beachten, daß die Kostenverursachung pro Heizstunde davon abhängt, ob Naturgummi- oder Butylschläuche vulkanisiert werden. Butylschläuche erfordern vor dem Einführen in die Heizformen einen zusätzlichen Arbeitsgang. Ihre Zusammensetzstellen müssen in einer Kühlanlage tiefgekühlt werden, da sich bei Butylgummi die Zusammensetzstellen beim Vorspannen viel stärker dehnen als bei Naturgummi. Würde diese Kühlung unterbleiben, so würden beim Heizen die Zusammensetzstellen zu dünn. Ein weiterer Unterschied wird beim Heizen selbst erforderlich. Naturgummischläuche werden bei 4 atü und Butylschläuche bei 6,8 atü Druck geheizt. Aus den oben genannten Gründen ist eine Differenzierung in die beiden Bezugsgrößen „Planheizstunden für Naturgummischläuche" und „Planheizstunden für Butylschläuche" erforderlich.

Aus ähnlichen Gründen ist eine Bezugsgrößendifferenzierung in der Kostenstelle „Drahtwalzwerk" eines Kabelwerks, in dem auf der gleichen Anlage abwechselnd Kupfer- und Aluminiumdrähte gewalzt werden, erforderlich. Als Bezugsgrößentyp kommt in einer solchen Kostenstelle die Maschinenlaufzeit in Frage. Die Kostenverursachung beim Kupferwalzen unterscheidet sich von derjenigen beim Aluminiumwalzen. Dies liegt erstens daran, daß die spezifischen Gewichte beider Metalle stark voneinander abweichen. Hierdurch werden alle gewichtsabhängigen Kostenarten unterschiedlich beeinflußt. So liegen z. B. beim Kupferwalzen die Abschreibungsbeträge und die Reparaturkosten für die Walzen sowie die Stromkosten für den Walzenantrieb höher als beim Aluminiumwalzen. Zweitens ist der Gasverbrauch des Schrittmacher-Ofens beim Kupfer etwa doppelt so hoch wie beim Aluminium, da die Walztemperatur des Kupfers höher ist als diejenige des Aluminiums[551]. Drittens ist die Adhäsion beim Walzen beider Metalle unterschiedlich. Aluminium „klebt" stärker an den Walzen. Die Walzen können daher nicht mit Wasser gekühlt werden, wie das beim Kupferwalzen der Fall ist, sondern die Füh-

[551] Diese Temperaturen verhalten sich in etwa zueinander wie die Schmelzpunkte beider Metalle Al: 660° C und Cu: 1083° C.

rungen müssen mit besonderen Fettmischungen geschmiert werden. Aus diesen drei Gründen muß in der genannten Kostenstelle eine Aufspaltung in die beiden Bezugsgrößen „Planmaschinenlaufstunden Kupferwalzen" und „Planmaschinenlaufstunden Aluminiumwalzen" vorgenommen werden, um den Einfluß veränderter Auftragszusammensetzungen bei der Planung und Kontrolle der Kosten richtig berücksichtigen zu können.

Die zweite Gruppe von Fällen, in denen eine Bezugsgröße zur Berücksichtigung von Veränderungen der qualitativen Auftragszusammensetzung nicht ausreicht, liegt vor, wenn nebeneinander mehrere verschiedene Einflußgrößen wirksam werden. Besonders häufig kommt es vor, daß ein Teil der Kostenarten gewichts- und ein anderer Teil fertigungszeitabhängig ist, wobei zwar die Kostenverursachung pro Gewichtseinheit bzw. pro Fertigungszeiteinheit für alle Produktionsbeiträge gleich ist, aber das Verhältnis zwischen dem verarbeiteten Gewicht und den zugehörigen Fertigungszeiten bei den einzelnen Produktarten unterschiedlich ist. In diesen Fällen müssen die Bezugsgrößen „Durchsatzgewicht" und „Fertigungsstunden" nebeneinander als Bezugsgrößen verwendet werden. Für die zeitabhängigen Kosten gilt die Gleichung (109) und für die gewichtsabhängigen Kosten die Gleichung (110). Entsprechend können auch andere Bezugsgrößen, wie z. B. Längen-, Flächen- oder Raummaße der bearbeiteten Produkte mit verschiedenartigen Zeitbezugsgrößen kombiniert werden.

Typische Beispiele für Kostenstellen, in denen zur Berücksichtigung wechselnder Auftragszusammensetzungen nebeneinander Gewichts- und Zeitbezugsgrößen verwendet werden müssen, sind die Kostenstellen „Formerei" und „Kernmacherei" in Gießereibetrieben[552]. Allerdings wird hier in manchen Betrieben die Gewichtsbezugsgröße auch durch „m^3 Formstoff" oder „m^3 Kern" ersetzt[553]. Diese Bezugsgrößendifferenzierung ist erforderlich, da in Kundengießereien mit Auftragsfertigung das Gewicht und der Aufbau der einzelnen Gußstücke sehr unterschiedlich ist. Hieraus folgt, daß die Relation zwischen der Verursachung gewichtsabhängiger und zeitabhängiger Kosten stark von der Auftragszusammensetzung abhängt. Gewichtsproportional sind z.B. die Löhne der Gießereihilfsarbeiter, der Sandaufbereiter, der Transportarbeiter, die Sandkosten und die innerbetrieblichen Transportkosten. Fertigungszeitabhängig sind in erster Linie die Fertigungslöhne und die Lohnnebenkosten. Um in den Kostenstellen „Formerei" und „Kernmacherei" die Einflüsse wechselnder Auftragszusammensetzungen richtig berücksichtigen zu können, ist die Verwendung der beiden Bezugsgrößen „Fertigungsstunden" und „t guter Guß" erforderlich.

3. In Betrieben mit wechselnder Serienfertigung, in denen die Rüstkosten für das Einrichten oder Umrüsten von Maschinen einen wesentlichen Kostenfaktor darstel-

[552] Vgl. *H. Jordan*, Das Rechnen mit gleitenden Unkostensätzen in Gießereibetrieben, Archiv für das Eisenhüttenwesen 1931/32, S. 222; *H. G. Plaut*, Wo steht ..., a. a. O., S. 401, und *H. G. Plaut*, Die Grenz-Plankostenrechnung (1953), a. a. O., S. 350.

[553] Vgl. *K. Traub*, Die Grenzplankostenrechnung ..., a. a. O., S. 64.

len, läßt sich der *Einfluß schwankender Seriengrößen* in vielen Kostenstellen nur richtig berücksichtigen, wenn man nebeneinander die Bezugsgrößen „Rüststunden" und „Ausführungsstunden" verwendet. Während der Rüstvorgänge überwiegen stets Handarbeitszeiten, insbesondere für Einrichter, Maschinensteller und Vorarbeiter. Maschinenkosten fallen höchstens für kurze Probeläufe an. Während der Ausführungszeiten dagegen entstehen neben den Kosten des Bedienungspersonals die gesamten direkten Betriebsmittelkosten für Strom, Werkzeuge, Hilfs- und Betriebsstoffe, Reparaturkosten und Abschreibungen. Die variablen Kosten für eine Stunde Ausführungszeit liegen daher in der Regel höher als die variablen Kosten für eine Rüststunde. Nur wenn die Relation zwischen Rüst- und Ausführungszeiten für alle Kostenträger in etwa gleich ist, kann auf eine Bezugsgrößendifferenzierung verzichtet werden. In allen anderen Fällen dagegen werden Kostenplanung und -kontrolle nur richtig, wenn die beiden Bezugsgrößen „Rüststunden" und „Ausführungsstunden" nebeneinander verwendet werden[554]. Typische Beispiele hierfür bilden in der Kabelindustrie die Kostenstellen „Aderverseilmaschinen", „Bleipressen" und „Bandmaschinen" sowie viele Kostenstellen in Maschinenfabriken, Schraubenfabriken und Emballagenfabriken. Auch in Betrieben, in denen Druckvorgänge ausgeführt werden, wie z. B. in Tapeten- und Stoffdruckereien, müssen diese beiden Bezugsgrößen nebeneinander verwendet werden. Es sei jedoch darauf hingewiesen, daß die Verwendung von Rüst- und Ausführungszeiten als getrennte Bezugsgrößen abrechnungstechnisch eine Mehrbelastung bedeutet. In allen Fällen, in denen sich die Relationen zwischen Rüst- und Ausführungszeiten im Zeitlauf nicht sehr stark verändern, sollte man sich daher mit nur einer Bezugsgröße begnügen.

4. Zur Berücksichtigung des Einflusses *wechselnder Bedienungsverhältnisse* ist es in vielen Kostenstellen erforderlich, die Bezugsgrößen „Fertigungszeit" und „Maschinenlaufzeit" nebeneinander zu verwenden[555].
Ein typisches Beispiel hierfür ist die Kostenstelle „Webautomaten" in Textilbetrieben. Hier kann das Bedienungsverhältnis in Abhängigkeit von der Gewebeart zwischen zehn und sechzig Webautomaten pro Weber schwanken. Empfindliche Gewebe

[554] Zum Kostenbestimmungsfaktor „Seriengröße" vgl. *F. Henzel,* Der Unternehmer als Disponent seiner Kosten, ZfB 1936, S. 143. Im Zusammenhang mit der Bezugsgrößenwahl in der Plankostenrechnung weisen folgende Autoren auf die Bezugsdifferenzierung in Rüst- und Ausführungsstunden hin: *K. Agthe,* Kostenplanung ..., a. a. O., S. 72 ff.; *K. Käfer,* Standardkostenrechnung, 2. Aufl., a. a. O., S. 244; *H. G. Plaut,* Die Grenz-Plankostenrechnung (1953), a. a. O., S. 352. Auch K. Rummel hat bereits die Einflußgrößen Rüst- und Ausführungszeit voneinander getrennt, vgl. *K. Rummel,* Kostenrechnung ..., a. a. O., S. 792: „Eine Bestimmung derjenigen Kosten zum Beispiel, die nur der Einrichtezeit proportional sind, ermöglicht eine Ausschaltung des Einflusses der wechselnden Größen der Aufträge bei Reihen- und Sortenfertigung." Vgl. auch *K. Rummel,* Einheitliche Kostenrechnung, a. a. O., S. 99.

[555] Hierauf hat bereits *K. Rummel,* Einheitliche Kostenrechnung, a. a. O., S. 161, hingewiesen: „Man kommt hier mit einem Sollwert der Platzkosten für jeden Arbeitsplatz nicht aus und muß unterscheiden zwischen den Maßgrößen der Maschinenzeit und der Arbeiterzeit."

mit hoher Fadenbruchhäufigkeit erfordern relativ viel Bedienungsarbeit; andere Gewebe lassen sich ziemlich störungsfrei weben, so daß bei diesen ein Weber erheblich mehr Webstühle bedienen kann. Da die Kostenverursachung während einer Arbeitsstunde des Webers und einer Laufstunde des Webstuhls unterschiedlich ist, muß eine entsprechende Bezugsgrößendifferenzierung vorgenommen werden, wenn man den Einfluß wechselnder Bedienungssysteme, die durch unterschiedliche Auftragszusammensetzungen ausgelöst werden, bei der Planung und Kontrolle der Kosten richtig berücksichtigen will. Allerdings empfiehlt es sich nicht, für Webstuhlgruppen Maschinenstunden als Bezugsgröße zu verwenden. Die von der Maschinenlaufzeit abhängigen Kosten der Webstühle setzt man vielmehr zu der Bezugsgröße „10^3 Schuß" in Beziehung und verwendet für die Fertigungslöhne und Personalnebenkosten die Bezugsgröße „Fertigungsstunden". Hierbei kann die Fertigungszeitbezugsgröße eines Websaals gleichzeitig für mehrere Stuhlgruppen mit unterschiedlichen Kostensätzen verwendet werden.
Ähnlich wie in Webereien wechselt auch im Maschinenbau, insbesondere in Kostenstellen mit Fertigungsautomaten, das Bedienungsverhältnis häufig in Abhängigkeit von der Auftragszusammensetzung. Hierbei werden dann entsprechend die Bezugsgrößen „Fertigungsstunden" und „Maschinenstunden" nebeneinander verwendet.

5. In manchen Kostenstellen ist es erforderlich, *mehr als zwei Bezugsgrößen kombiniert* zu verwenden, da die bisher behandelten *Bezugsgrößendifferenzierungen* nicht ausreichen.
So gibt es z.B. Kostenstellen, in denen bei der Kostenplanung gleichzeitig die Wirkungen von Seriengrößenschwankungen, wechselnden Bedienungssystemen und von Zeit- und Gewichtseinflüssen berücksichtigt werden müssen. Beispiele hierfür sind die Kostenstellen „Ringspinnerei" und „Flyer" eines Spinnereibetriebes. In diesen Kostenstellen werden die Maschinenkosten in der Bezugsgröße „10^3 Spindelstunden" gemessen. Die Bedienungslöhne einschließlich der zugehörigen Sozialkosten sowie einige weitere Kostenarten verhalten sich dagegen fertigungszeitproportional, so daß für sie die Bezugsgröße „Fertigungsstunde" anzusetzen ist. Eine dritte Gruppe von Kostenarten, so z.B. Hilfslöhne für Transport, ist vom Garngewicht abhängig. Für sie wird die Bezugsgröße „100 kg Garn" verwendet. In manchen Fällen kann man allerdings die gewichtsabhängigen Kostenarten in die fertigungszeitabhängige Bezugsgröße einbeziehen, so daß die zuletzt genannte Bezugsgröße entfällt.
Besonders komplizierte Bezugsgrößenkombinationen werden erforderlich, wenn gleichzeitig zeit- und gewichts- oder mengenbedingte Kosten anfallen und infolge wechselnder Verfahrenstechniken die Kostenverursachung pro Fertigungsstunde und pro Mengeneinheit jeweils für bestimmte Produktgruppen unterschiedlich ist. Derartige Fälle kommen beispielsweise in der Chemischen Industrie und bei Verhüttungsprozessen vor[556].
Ein Beispiel hierfür ist die Kostenstelle „Schachtofen" in einem NE-Verhüttungs-

[556] Vgl. *H. G. Plaut*, Die Grenz-Plankostenrechnung (1953), a. a. O., S. 350.

betrieb. Hier ist ein Teil der Kosten gewichtsabhängig, so daß für ihn das Einsatzgewicht in t die beste Bezugsgröße ist. Der andere Teil der Gemeinkosten ist dagegen von den Betriebsstunden des Schachtofens abhängig. Hierbei ist jedoch zu beachten, daß in dem betrachteten Schachtofen sechs verschiedene Gruppen von Verhüttungsvorgängen durchgeführt werden, wobei sowohl die Kostenverursachung pro t Einsatzgewicht als auch die Kostenverursachung pro Betriebsstunde für jede dieser sechs Gruppen unterschiedlich ist. Dies liegt insbesondere daran, daß die Art der Arbeitsgänge variiert. Hierdurch wird die Höhe und Zusammensetzung der Lohnkosten und der sonstigen arbeitszeitabhängigen Kosten beeinflußt. Weiterhin ist der Koksverbrauch in jeder Gruppe verschieden. Man benötigt daher für diese Kostenstelle die folgenden zwölf Bezugsgrößen, um dem Einfluß wechselnder Auftragszusammensetzung gerecht zu werden:

1a)	t Eintrag	Kupferroharbeit
1b)	Betriebsstunden	
2a)	t Eintrag	Kupferbleiarbeit
2b)	Betriebsstunden	
3a)	t Eintrag	blaue Bleiarbeit
3b)	Betriebsstunden	
4a)	t Eintrag	grüne Bleiarbeit
4b)	Betriebsstunden	
5a)	t Eintrag	rote Bleiarbeit
5b)	Betriebsstunden	
6a)	t Eintrag	Speißarbeit
6b)	Betriebsstunden	

Ähnliche Differenzierungen der Bezugsgrößen in Verfahrensgruppen werden u.a. in vielen Kostenstellen der Chemischen Industrie erforderlich.

6. Mit Hilfe einer zweckentsprechenden Kombination von Kostenstelleneinteilung und Bezugsgrößenwahl lassen sich unter der Voraussetzung gegebener Kapazitäten, konstanter Verrechnungspreise bzw. Lohnsätze und unveränderter Intensitätsgrade alle ausbringungsabhängigen Kosteneinflüsse für die Planung und Kontrolle der Gemeinkosten mit genügender Genauigkeit berücksichtigen.
Abschließend bleibt noch die Frage zu klären, wie die Bezugsgrößenwahl beeinflußt wird, wenn in einem Betrieb intensitätsmäßige Anpassungsprozesse planmäßig vorgegeben werden sollen. Entscheidend ist hierbei, ob Intensitätsvariationen zu nichtlinearen Kostenverläufen führen oder nicht.
Überwiegen in einer Kostenstelle Kostenarten, bei denen die variablen Gemeinkosten pro Bezugsgrößeneinheit von Intensitätsschwankungen nicht beeinflußt werden, so kann die gleiche Bezugsgrößentechnik angewandt werden, wie wir sie bisher beschrieben haben. Intensitätsunabhängige Kostenarten sind z.B. Akkordlöhne. Aber auch Stromkosten können hierzu gehören. So berichtet z.B. J. Witthoff, daß bei einem Förderbandlötofen unabhängig von der Intensität jedes gelötete Stück einen konstanten Stromverbrauch verursacht. Die Stromkosten des Lötofens sind

daher, unabhängig von der Intensität, zu der Bezugsgröße „Anzahl Lötstücke" proportional [557].

Verändern sich dagegen die proportionalen Kosten pro Ausbringungseinheit in Abhängigkeit von der Intensität, wie es der Theorie der Verbrauchsfunktionen nach E. Gutenberg entspricht, so ist der Kostenverlauf einer Kostenstelle nicht mehr linear. Bei rein intensitätsmäßiger Anpassung muß in diesen Fällen die Bezugsgröße „Intensität" verwendet und es müssen nichtlineare Sollkostenkurven vorgegeben werden [558].

III. Indirekte Bezugsgrößen für Hilfs- und Nebenkostenstellen

1. In jedem Betrieb gibt es Hilfs- und Nebenkostenstellen, für deren Produktionsbeiträge sich keine quantitativ bestimmbaren Maßgrößen der Kostenverursachung angeben lassen, obwohl ihre variablen Kosten proportionale Sollbeziehungen zum Produktionsvolumen aufweisen. Hierzu gehören in erster Linie die Leitungsstellen im Fertigungsbereich, wie z. B. die Betriebsleitung, Arbeitsvorbereitung, Meisterbereichsstellen und Kontrollabteilungen. Weiterhin zählen Hilfs- und Betriebsstofflager sowie Werkzeugausgaben zu dieser Kategorie.

Weiterhin gibt es Hilfs- und Nebenkostenstellen, deren Produktionsbeiträge zwar an sich quantifizierbar sind, bei denen aber in den empfangenden Kostenstellen keine wirtschaftlich vertretbare Möglichkeit der Messung und Erfassung besteht. Hierzu zählen insbesondere die Kostenstellen der Energieversorgung und des innerbetrieblichen Transports. Man könnte für diese Stellen bei der Kostenplanung zwar direkte Bezugsgrößen vorsehen, wie z. B. für die Energieversorgung kWh oder für eine innerbetriebliche Transportstelle tkm, eine laufende quantitative Erfassung dieser Bezugsgrößen ist aber in den empfangenden Kostenstellen meist nicht vertretbar. Andernfalls wären in allen Kostenstellen Stromzähler und für den innerbetrieblichen Transport umfangreiche Aufschreibungen der Istleistungen erforderlich.

In solchen Kostenstellen bleibt daher nur die Möglichkeit, *indirekte Bezugsgrößen* zu verwenden. Unter indirekten Bezugsgrößen verstehen wir Bezugsgrößen, die nicht unmittelbar aus den Produktionsbeiträgen der leistenden Stellen abgeleitet werden können, sondern die man aus den Produktionsbeiträgen der empfangenden Kostenstellen ermittelt [559]. Hierbei sind die beiden folgenden Fälle zu unterscheiden.

2. Zunächst wollen wir eine Hilfs- und Nebenkostenstelle betrachten, deren Leistungen zwar quantifiziert, in den empfangenden Kostenstellen aber nicht gemessen werden. Diese leistende Hilfskostenstelle möge insgesamt m andere Kostenstellen j

[557] Vgl. *J. Witthoff*, Zur Kritik der Zuschlagskalkulation, ZfB 1950, S. 204 ff. Die Bezugsgröße „Anzahl Lötstücke" gilt nur, wenn die Lötstücke annähernd gleichartig sind.

[558] Vgl. hierzu unsere kostentheoretischen Ausführungen im Abschnitt C des 5. Kapitels.

[559] Zur Verwendung indirekter Bezugsgrößen vgl. *A. Heese*, Die Grenzplankostenrechnung ..., a. a. O., S. 43, *K. Käfer*, Standardkostenrechnung, 2. Aufl., a. a. O., S. 310, und *F. Wille*, Plan- und Standardkostenrechnung, 2. Aufl., Essen 1963, S. 61.

mit Leistungen versorgen. Bezeichnen wir die den Planbezugsgrößen der empfangenden Kostenstellen j entsprechenden proportionalen Mengenvorgaben der sekundären Kostenart H mit $r_{Hpj}{}^{(p)}$, die fix angesetzten Verbrauchsmengen dieser Kostenart mit $r_{HFj}{}^{(p)}$ und den proportionalen Plankostensatz der leistenden Stelle mit $d_H{}^{(p)}$, so erhalten wir folgende Gleichung, da die proportionalen Plankosten der leistenden Hilfskostenstelle mit der Plankostensumme der zugehörigen sekundären Kostenart übereinstimmen muß:

$$V_H^{(p)} = \sum_{j=1}^{m} (r_{HFj}^{(p)} + r_{Hpj}^{(p)})\, d_H^{(p)} \tag{112}$$

Die proportionalen Plankosten $V_H{}^{(p)}$ der leistenden Hilfs- oder Nebenkostenstelle entsprechen den Planbezugsgrößen der empfangenden Kostenstellen, die wir mit $b_j{}^{(p)}$ bezeichnen wollen. Der Betrag $V_H{}^{(p)}$ wird daher als (indirekte) Planbezugsgröße dieser Stelle angesetzt. Da dieser Betrag unter der Voraussetzung, daß alle empfangenden Kostenstellen ihre Planbezugsgrößen realisieren, von den Plankosten der empfangenden Kostenstellen „gedeckt" wird, kennzeichnet man eine indirekte Bezugsgröße in der Regel durch den Zusatz „DM Deckung Grenzkosten". Für beliebige Istbezugsgrößen $b_j{}^{(i)}$ der empfangenden Kostenstellen ändert sich der Dekkungsbetrag, da die proportionalen Vorgaben in allen empfangenden Kostenstellen entsprechend der Istbezugsgröße umgewandelt werden. Da die effektiven Verbrauchsmengen an innerbetrieblichen Leistungseinheiten in den von uns betrachteten Fällen nicht gemessen werden können, besteht auch keine Möglichkeit, die Istkosten der zugehörigen sekundären Kostenarten zu erfassen. Diese Kostenarten müssen vielmehr „Soll = Ist" abgerechnet werden, d. h. man setzt die Sollkosten gleich den Istkosten. Damit können aber auf den verbrauchenden Kostenstellen keine Abweichungen entstehen, diese fallen vielmehr global auf den leistenden Hilfskostenstellen an. Bei dieser Art der Abrechnung muß stets die Sollkostensumme der sekundären Kostenart mit den gesamten proportionalen Sollkosten der leistenden Kostenstelle übereinstimmen, so daß die folgende Gleichung gilt:

$$V_H^{(s)} = \sum_{j=1}^{m} \left(r_{HFj}^{(p)} + r_{Hpj}^{(p)} \frac{b_j^{(i)}}{b_j^{(p)}} \right) d_H^{(p)} \tag{113}$$

Den Istbeschäftigungsgrad der leistenden Hilfs- oder Nebenkostenstelle erhält man als Quotienten der proportionalen Sollkosten und der proportionalen Plankosten dieser Stelle:

$$b_H^{(i)} = \frac{V_H^{(s)}}{V_H^{(p)}}\, 100 \tag{114}$$

Als typisches Beispiel für die oben beschriebene Bezugsgrößentechnik haben wir in der Tabelle 29 die indirekte Bezugsgrößenermittlung für eine Kostenstelle „Stromversorgung" wiedergegeben. Für Energiekostenstellen kommt grundsätzlich nur dann eine indirekte Bezugsgröße in Frage, wenn der Energieverbrauch in den empfangenden Kostenstellen nicht gemessen wird.

Im Beispiel der Tabelle 29 versorgt die Stromkostenstelle die in den ersten beiden

Spalten mit ihren Kostenstellennummern und -bezeichnungen angegebenen Kostenstellen. Die Stromkostenstelle soll bei Planbeschäftigung des Betriebes 63 000 kWh erzeugen. Hierfür sind 7 560 DM proportionale Kosten vorgegeben. Der proportionale Verrechnungssatz beträgt daher 0,12 DM/kWh. Würde der Stromverbrauch in den empfangenden Kostenstellen gemessen, so könnten als Planbezugsgröße der Stromkostenstelle 63 000 kWh angesetzt werden. Da das jedoch in unserem Beispiel nicht der Fall ist, erhält die Stromkostenstelle als indirekte Bezugsgröße „7 560 DM Deckung Grenzkosten". Die Spalten 6, 7 und 8 der Tabelle 29 lassen erkennen, wie sich die proportionalen Plankosten der Stromkostenstelle auf die empfangenden Kostenstellen verteilen und welche Anteile fix und welche Anteile proportional angesetzt werden. In der Spalte 9 sind die proportionalen Stromkosten der empfangenden Kostenstellen auf die zugehörigen Planbezugsgrößen bezogen. Multipliziert man in einem beliebigen Monat die Istbezugsgrößen der empfangenden Stellen, wie wir sie z. B. in der Spalte 5 angegeben haben, mit den proportionalen Stromkosten pro Bezugsgrößeneinheit, so erhält man die proportionalen Sollstromkosten bei Istbeschäftigung, die in Tabelle 29 in Spalte 10 stehen. Die Summe der proportionalen Sollstromkosten beträgt bei Istbeschäftigung 7 744 DM. Addiert man hierzu die fixen Plankosten in Höhe von 700 DM, so erhält man die gesamten Sollkosten, die bei den zugehörigen Istbezugsgrößen von den empfangenden Kostenstellen „gedeckt" werden. In unserem Beispiel erhalten wir 8 444 DM. Dividiert man diese Sollkosten der Stromstelle in Höhe von 8 444 DM durch 7560 DM, so erhält man den Istbeschäftigungsgrad dieser Stelle in Höhe von 111,7 %.

3. Ganz entsprechend erfolgt die indirekte Bezugsgrößenermittlung für sekundäre Kostenstellen, deren Leistungen weder durch einheitliche Maßgrößen ausgedrückt, noch in den empfangenden Kostenstellen gemessen werden können. Der einzige Unterschied gegenüber der vorigen Gruppe von Kostenstellen besteht darin, daß es für diese Stellen keine Kostensätze gibt. An die Stelle der zu proportionalen Plankostensätzen bewerteten Verbrauchsmengen in Gleichung (112) treten die planmäßig verteilten Kostenbeträge $K_{Hj}^{(p)}$ mit ihren proportionalen und fixen Komponenten $K_{Hpj}^{(p)}$ und $K_{HFj}^{(p)}$. Wir erhalten daher für die Planbezugsgröße einer solchen Kostenstelle den folgenden Ausdruck:

$$V_H^{(p)} = \sum_{j=1}^{m} (K_{HFj}^{(p)} + K_{Hpj}^{(p)}) \tag{115}$$

Auch diese Bezugsgröße wird durch den Zusatz „DM Deckung Grenzkosten" gekennzeichnet.

Für beliebige Istbezugsgrößen der empfangenden Kostenstellen muß wiederum die Sollkostensumme der sekundären Kostenart mit den variablen Sollkosten der leistenden Hilfs- oder Nebenkostenstelle übereinstimmen:

$$V_H^{(s)} = \sum_{j=1}^{m} \left(K_{HFj}^{(p)} + K_{Hpj}^{(p)} \frac{b_j^{(i)}}{b_j^{(p)}} \right) \tag{116}$$

Tabelle 29: Beispiel für die indirekte Bezugsgrößenermittlung einer Stromversorgungsstelle

Belastete Kostenstellen		Bezugsgrößen			Planstromkosten			Prop. Stromkosten pro Bezgr.-Einh.	Prop. Sollstromkosten bei Istbeschäftigung
Nr.	Bezeichnung	Bezeichnung	Plan	Ist	Gesamt	Prop.	Fix		
1	2	3	4	5	6	7	8	9	10
101	Arbeitsvorbereitung	DM Deckung GK	4 506	5 002	46	26	20	0,0058	29
200	Grundstücke und Gebäude	(Fixkostenstelle)	–	–	264	–	264	–	–
203	Reparaturabteilung	Ftg.-Stunden	1 000	1 300	144	134	10	0,1340	174
204	Innerbetrieblicher Transport	DM Deckung GK	2 760	2 800	300	270	30	0,0978	274
301	Material- und Teilelager	T DM Materialkosten	120	124	288	260	28	2,1667	269
302	Hilfs- und Betriebsstofflager	DM Deckung GK	3 450	3 680	84	84	–	0,0243	89
401	Dreherei	Ftg.-Stunden	3 300	3 750	540	513	27	0,1555	583
402	Revolverdreherei	Ftg.-Stunden	2 700	2 890	1 296	1 231	65	0,4559	1 318
403	Karusselldrehbänke	Ftg.-Stunden	1 200	1 420	1 104	1 049	55	0,8742	1 241
404	Automaten	Masch.-Stunden	1 500	1 725	1 092	1 030	62	0,6867	1 185
501	Bohrmaschinen	Ftg.-Stunden	1 700	1 810	264	250	14	0,1471	266
502	Feinstbohrwerk	Ftg.-Stunden	200	300	34	34	–	0,1700	51
503	Kleine Fräsmaschinen	Masch.-Stunden	1 600	1 850	270	255	15	0,1594	295
504	Große Fräsmaschinen	Masch.-Stunden	1 200	1 070	162	154	8	0,1283	137
505	Schleiferei	Ftg.-Stunden	1 200	1 460	696	660	36	0,5500	803
600	Schweißerei	Schweiß-Stunden	1 000	1 160	276	250	26	0,2500	290
610	Härterei	100 kg	150	180	288	260	28	1,7333	312
700	Montage	Ftg.-Stunden	3 600	3 850	412	400	12	0,1111	428
Summe					7 560	6 860	700	–	7 744
Gesamte Sollkosten bei Istbeschäftigung									8 444
Istbeschäftigungsgrad = 8 444 : 7 560									111,7 %

Der Istbeschäftigungsgrad der leistenden Kostenstelle ergibt sich auch hier nach Gleichung (114).

Als typisches Beispiel haben wir in der Tabelle 30 die indirekte Bezugsgrößenermittlung für die Kostenstelle „Arbeitsvorbereitung" einer Maschinenfabrik wiedergegeben. Gegenüber den Gleichungen (115) und (116) werden jedoch auf den empfangenden Kostenstellen die planmäßig verteilten Kosten der Arbeitsvorbereitung nur den proportionalen Kosten zugeordnet. Die Planbezugsgröße der Arbeitsvorbereitung ist in unserem Beispiel gleich „4 506 DM Deckung Grenzkosten". Dieser Betrag entspricht den Planvorgaben in den empfangenden Kostenstellen bei Planbeschäftigung. Für die in Spalte 5 angegebenen Istbezugsgrößen „decken" die empfangenden Kostenstellen insgesamt 5 002 DM proportionale Kosten der Arbeitsvorbereitung. Als Istbeschäftigungsgrad der Arbeitsvorbereitung erhalten wir 5 002 : 4 506 = 111 %.

Die Technik der indirekten Bezugsgröße ist im System der flexiblen Plankostenrechnung als „Notlösung" anzusehen und sollte grundsätzlich nur auf die Kostenstellen beschränkt werden, in denen keine direkten Bezugsgrößen verwendet werden können.

IV. Besonderheiten der Bezugsgrößenwahl für Material-, Verwaltungs- und Vertriebskostenstellen

1. Während für alle Fertigungskostenstellen und für die meisten Hilfs- und Nebenkostenstellen Bezugsgrößen der Kostenverursachung angegeben werden können, stößt die Bezugsgrößenwahl in den Kostenstellen des Material-, Verwaltungs- und Vertriebsbereiches auf große Schwierigkeiten.

In vielen Abteilungen des Material-, Verwaltungs- und Vertriebsbereichs werden vorwiegend dispositive Aufgaben erfüllt, deren Quantifizierung schwierig bzw. nicht möglich ist. Dies ist z. B. in den kaufmännischen und technischen Direktionsabteilungen, der Vertriebsleitung, Marktforschung und Werbung und in den meisten betriebswirtschaftlichen, volkswirtschaftlichen, technischen und juristischen Stabsstellen der Fall. In diesen Kostenstellen gibt es primär keine Bezugsgrößen, wie wir sie vom Fertigungsbereich und von den Hilfs- und Nebenkostenstellen her kennen[560]. Hier ist daher die Durchführung einer Kostenplanung und -kontrolle nach den Grundsätzen der *flexiblen* Plankostenrechnung nicht möglich. Die Kostenplanung erhält hier eher den Charakter einer Kostenbudgetierung[561].

[560] *C. T. Horngren,* Cost Accounting . . ., a. a. O., schreibt über die Schwierigkeiten der Bezugsgrößenwahl in diesen Bereichen auf S. 517: "... measurement problems are extremely troublesome." Im übrigen weisen auf diese Schwierigkeiten auch folgende Verfasser hin: *K. Agthe,* Kostenplanung . . ., a. a. O., S. 167; *K. Käfer,* Standardkostenrechnung, 2. Aufl., a. a. O., S. 320; *E. Kosiol,* Neuere Ziele und Methoden der Kostenplanung, ZfB 1954, S. 669; *F. Wille,* Plan- und Standardkostenrechnung, 2. Aufl., a. a. O., S. 36.

[561] Vgl. *F. Wille,* Plan- und Standardkostenrechnung, 2. Aufl., a. a. O., S. 37.

Tabelle 30: Beispiel für die indirekte Bezugsgrößenermittlung einer Arbeitsvorbereitung

Belastete Kostenstellen		Bezugsgrößen			Plankosten		Proportionale Sollkosten bei Istbeschäftigung
Nr.	Bezeichnung	Bezeichnung	Plan	Ist	DM	DM/Bezgr.-einheit	
1	2	3	4	5	6	7	8
401	Dreherei	Ftg.-Stunden	3 300	3 750	528	0,16	600
402	Revolverdreherei	Ftg.-Stunden	2 700	2 890	540	0,20	578
403	Karusselldrehbänke	Ftg.-Stunden	1 200	1 420	300	0,25	355
404/1	Automaten	Ftg.-Stunden	1 300	1 370	130	0,10	137
404/2	Automaten	Masch.-Stunden	1 500	1 725	600	0,40	690
501	Bohrmaschinen	Ftg.-Stunden	1 700	1 810	340	0,20	362
502	Feinstbohrwerk	Ftg.-Stunden	200	300	60	0,30	90
503	Kleine Fräsmaschinen	Masch.-Stunden	1 600	1 850	320	0,20	370
504	Große Fräsmaschinen	Masch.-Stunden	1 200	1 070	360	0,30	321
505	Schleiferei	Ftg.-Stunden	1 200	1 460	240	0,20	292
600	Schweißerei	Schweiß-Stunden	1 000	1 160	350	0,35	406
610	Härterei	100 kg	150	180	90	0,60	108
700	Montage	Ftg.-Stunden	3 600	3 850	648	0,18	693
Summe proportionale Plan- bzw. Sollbelastungen					4 506	–	5 002
Istbeschäftigungsgrad					5 002 : 4 506		111 %

Es gibt aber auch Kostenstellen des Material-, Verwaltungs- und Vertriebsbereiches, in denen wiederkehrende Arbeitsbeiträge verrechnet werden. Hierzu gehören z. B. die Einkaufs- und Lagerkostenstellen, die Abteilungen des Rechnungswesens und auch viele Vertriebskostenstellen.
Hier sollte man den Versuch unternehmen, Bezugsgrößen der Kostenverursachung mit Hilfe arbeitswissenschaftlicher Methoden zu finden.[562] Die Schwierigkeiten liegen bei Büroarbeiten vor allem darin, daß der Arbeitsgegenstand und der Arbeitsgang in der Regel viel schwerer zu planen sind als im Bereich der Fertigung. Aus diesem Grunde befindet sich hier sowohl die arbeitswissenschaftliche Erfassung als auch die Bezugsgrößenermittlung z. Z. noch in den Anfängen. In Abteilungen mit häufig wiederkehrenden, artähnlichen Arbeitsgängen lassen sich hingegen, ähnlich wie im Fertigungsbereich, Bezugsgrößen angeben, zu denen sich die variablen Gemeinkosten, wie insbesondere der Verbrauch von Formularen, Papier und Büromaterialien, proportional verhalten. In besonders einfachen Fällen gelingt es, als Bezugsgröße die „Anzahl der Bearbeitungsfälle“ zu verwenden[563]. Abteilungen, in denen derartig einfache Verhältnisse vorliegen können, sind z. B.:

Kostenstelle	*Bezugsgröße*
Auftragsbearbeitung im Einkauf	Anzahl erledigter Aufträge
Materiallager	Anzahl Zu- oder Abgänge
Finanzbuchhaltung	Anzahl Buchungen
Kalkulationsabteilung	Anzahl Kalkulationen
Zentrales Schreibbüro	Anzahl geschriebener DIN A4-Seiten (mit Berücksichtigung der Durchschläge)
Auftragsbearbeitung im Verkauf	Anzahl erledigter Aufträge
Poststelle	Anzahl abgefertigter Postausgänge
Versand	Anzahl versandter Einheiten

Strenggenommen gilt der obige Bezugsgrößenkatalog nur für Kostenstellen, in denen nur nahezu homogene Arbeitsgänge verrichtet werden. Dies ist aber nur in sehr wenigen Material-, Verwaltungs- und Vertriebskostenstellen der Fall. Werden dagegen verschiedenartige Arbeitsgänge erledigt, so kann die Zahl der Bearbeitungsfälle nicht mehr unmittelbar als Maßgröße für die Verursachung der variablen Gemeinkosten verwendet werden. Man müßte sie mit Äquivalenzziffern wichten oder nebeneinander mehrere Bezugsgrößen verwenden. Die Fertigungszeit ist in diesen Fällen im Vergleich zum Fertigungsbereich hier in viel geringerem Maße als Schlüssel anwendbar.

[562] Vgl. zur arbeitswissenschaftlichen Erfassung der Büroarbeit *H. Böhrs*, Rationalisierung der Büroarbeit, DB 1950, S. 525 ff.; *W. Bos*, Leistungssteigerung in der Bürowirtschaft, DB 1951, S. 626 ff.; *H. Bräckler*, Arbeitszeitkontrolle im Verwaltungsbetrieb, ZfO 1931, S. 121 ff.; *B. Falk*, Kostenplanung und Kostenkontrolle im amerikanischen Bürobetrieb, ZfB 1956, S. 631 ff.; *R. Rosenkranz*, Büroarbeit und Leistungslohn, NB 1949, S. 39 ff.

[563] In der deutschen Literatur über Plankostenrechnung hat als erster *W. Auler*, Die Plankostenrechnung in den Bereichen der Beschaffung und des Absatzes der industriellen Unternehmung, BFuP 1951, S. 416 ff., die Bezugsgrößenwahl bei Büroarbeiten beschrieben.

Verschiedentlich wird eine Punktbewertung vorgeschlagen, so z. B. von K. W. Hennig für Konstruktionsabteilungen: „Die Beschäftigung eines Konstruktionsbüros (entsprechend eines Berechnungsbüros) kann in ‚Punkten' gemessen werden. Ein Punkt ist diejenige Arbeitsmenge, die ein Angehöriger einer bestimmten Gruppe von Mitarbeitern im Konstruktionsbüro, z. B. ein Konstrukteur, in einer Stunde liefert, wenn er ernst arbeitet." [564] Für die übrigen Arbeitskräfte, wie z. B. für den Chefkonstrukteur, die Zeichner sowie für Maß- und Normprüfer müßten Äquivalenzziffern ermittelt werden. Mit diesen Punkten werden die geleisteten Arbeiten „auf einen Nenner" gebracht. Es dürfte aber sehr schwer sein, diese Punktbewertung so zu gestalten, daß die Summe der Punkte tatsächlich zu den variablen Gemeinkosten proportional ist, wie das der Fall sein muß, wenn es sich um eine Bezugsgröße im Sinne der flexiblen Plankostenrechnung handeln soll.

2. Aber auch wenn es in Kostenstellen des Material-, Verwaltungs- oder Vertriebsbereichs gelänge, eine oder mehrere Maßgrößen der Kostenverursachung zu finden, so führt in der Regel die folgende Besonderheit zu Schwierigkeiten. Diese Bezugsgrößen weisen zwar Proportionalitätsbeziehungen zu den variablen Kosten dieser Kostenstellen auf, nicht aber auch zum Produktions- oder Absatzvolumen; das folgt aus dem vorwiegend dispositiven Charakter dieser Abteilungen. Daher sind solche Bezugsgrößen zwar für die Zwecke der Kostenkontrolle, nicht aber auch für den Aufbau von Kalkulationen geeignet. Die für den Fertigungsbereich typische Identität von Kostenverursachungsmaßstäben und Kalkulationsbezugsgrößen gilt in den Kostenstellen des Material-, Verwaltungs- und Vertriebsbereichs in der Regel nicht[565]. Selbst wenn sich z. B. in einer Einkaufsabteilung die variablen Gemeinkosten vorwiegend proportional zur Anzahl der Bestellungen verhalten, kann man hieraus nicht ableiten, welche Kostenanteile auf die einzelnen Produktarten entfallen, da zum Zeitpunkt der Bestellung noch nicht feststehen muß, für welche betrieblichen Produkte das bestellte Material verwendet werden soll. Das gleiche gilt in der Finanzbuchhaltung, in der man die Anzahl der Buchungen als Bezugsgröße verwendet. Bei vielen Buchungen handelt es sich um Arbeitsgänge, die für eine große Anzahl von betrieblichen Produkten gemeinsam anfallen, so daß mit Hilfe dieser Bezugsgröße zwar die Kosten pro Buchung ermittelt werden können, nicht aber auch, welche Anteile der variablen Kosten der Finanzbuchhaltung auf die einzelnen Kostenträger entfallen. Ähnliches gilt für alle Bezugsgrößen im Bereich der Material-, Verwaltungs- und Vertriebskostenstellen.

[564] Vgl. *K. W. Hennig*, Betriebswirtschaftslehre ..., a. a. O., S. 20. Ferner sei in diesem Zusammenhang auf die Versuche von *K. Raasch*, Die Konstruktions- und Entwicklungskosten in Buchhaltung und Kostenrechnung, Hamburg 1940, S. 67, hingewiesen, das Bezugsgrößenproblem für die Kostenträgerrechnung einer Konstruktionsabteilung mit Hilfe von Stundenaufschreibungen zu lösen.

[565] Wahrscheinlich meint W. Auler diesen Tatbestand, wenn er von einer „Abstraktheit der endgültigen Leistung" dieser Bereiche spricht. Vgl. *W. Auler*, Die Plankostenrechnung ..., a. a. O., S. 416.

Selbst wenn man in den Kostenstellen dieser Bereiche zum Zwecke der Kostenplanung und -kontrolle mit einer oder mehreren kurzfristig wirksamen Maßgrößen der Kostenverursachung arbeitet, ist daher das Problem der kalkulatorisch richtigen Verrechnung auch noch nicht gelöst[566].

3. Man braucht vielmehr für die Kostenstellen des Material-, Verwaltungs- und Vertriebsbereichs neben den kurzfristig wirksamen, aus der „Anzahl der Bearbeitungsfälle" dieser Stellen abgeleiteten Bezugsgrößen der Kostenverursachung, für längere Zeiträume gültige Bezugsgrundlagen für die Kalkulation. Auf der Basis nur eines Monats besteht zwischen der „Anzahl der Bearbeitungsfälle" einer Material-, Verwaltungs- oder Vertriebskostenstelle und dem Produktions- oder Absatzvolumen einer Unternehmung zweifellos keine proportionale Beziehung. Über längere Zeiträume jedoch, und zwar bereits für ein Rechnungsjahr, muß in allen Material-, Verwaltungs- und Vertriebskostenstellen, in denen überhaupt variable Kosten anfallen, eine proportionale Beziehung zum Produktions- oder Umsatzvolumen des gesamten Unternehmens bestehen[567]. Aus diesem Grunde verwendet man für die Kostenstellen des Beschaffungs- und Materialsektors in der Regel die Hilfsgröße „DM Materialkosten" als Verrechnungsbasis der Materialgemeinkosten. Für die Verwaltungs- und Vertriebskostenstellen wählt man entweder „DM Plangrenzfertigungskosten des Umsatzes" oder „DM Plangrenzherstellkosten des Umsatzes" als Basis für die Verrechnung proportionaler Verwaltungs- und Vertriebsgemeinkostenzuschläge. Eine praktische Untersuchung des Verfassers zeigte, daß für die Verwaltungsgemeinkosten in den meisten der untersuchten Fälle die Grenzfertigungskosten und für die Vertriebsgemeinkosten die Grenzherstellkosten die bessere Kalkulationsbasis bilden. Hierbei haben die Plangrenzfertigungskosten als Zuschlagsgrundlage den Nachteil, daß in den Kalkulationen mehrstufiger Betriebe die Fertigungskosten der Vorstufen stets auch in den Anschlußkalkulationen der nachgelagerten Stufen gesondert ausgewiesen werden müssen. Die Verwendung der Grenzherstellkosten als Zuschlagsgrundlage führt insbesondere in Betrieben mit größeren Unterschieden in den Materialkostenanteilen zu Schwierigkeiten, da materialintensive Produkte relativ stark mit Verwaltungs- oder Vertriebsgemeinkosten belastet werden.
Die angeführten kalkulatorischen Hilfsgrößen sind als Maßgrößen der Kostenverursachung für die Durchführung der monatlichen Kostenkontrolle nicht geeignet. Entweder verwendet man daher für die Zwecke des monatlichen Soll-Ist-Kosten-Vergleichs der Material-, Verwaltungs- und Vertriebskostenstellen kurzfristig wirksame und aus den monatlichen Arbeitsbeiträgen dieser Stellen abgeleitete Bezugsgrößen, oder man verzichtet in diesen Kostenstellen auf eine flexible Ausgestaltung

566 Im gleichen Sinne äußert sich *F. Wille,* Plan- und Standardkostenrechnung, 2. Aufl., a. a. O., S. 37.

567 *G. Shillinglaw,* Cost Accounting ..., a. a. O., schreibt auf S. 399 hierzu: "Furthermore, even if costs could be traced this far, the task of tracing them further to each item in the order or each item in the shipment or each employee on the payroll is impossible."

der Plankostenrechnung und beläßt es bei einer starren Kostenbudgetierung im Sinne der starren Plankostenrechnung.
Die Verwendung der oben genannten Hilfsgrößen als Verrechnungsbasis der Material-, Verwaltungs- und Vertriebsgemeinkosten in den Kalkulationen bedeutet jedoch nicht, daß für den Aufbau einer richtigen Plankalkulation jeweils nur ein globaler, d. h. für alle Materialarten gültiger Materialgemeinkostenverrechnungssatz und für die Verwaltungs- und Vertriebsgemeinkosten jeweils nur ein, d. h. für alle Produktarten gültiger Verrechnungssatz ausreicht. Das starke Anwachsen der Kosten in diesen Bereichen führt vielmehr zu der Notwendigkeit, auch in diesen Bereichen genauer zu kalkulieren, als das allgemein bisher üblich gewesen ist. Im Abschnitt C des siebzehnten Kapitels werden wir zeigen, daß dieses Ziel nicht mit Hilfe einer Bezugsgrößendifferenzierung erreichbar ist, wie das hingegen in der Fertigung der Fall ist, sondern nur mit Hilfe einer Zuschlagssatzdifferenzierung, die im Anschluß an die Kostenplanung der Material-, Verwaltungs- und Vertriebskostenstellen durchgeführt wird.

D. Die Bestimmung der Planbezugsgrößen

I. Die Bestimmung der Planbezugsgrößen auf Grund vorhandener Kapazitäten (Kapazitätsplanung)

1. Nachdem für alle Kostenstellen die *Bezugsgrößenarten* ermittelt sind, müssen für diese Bezugsgrößen die zugehörigen Planwerte pro Monat, z. B. 100 000 kWh/Monat, 20 000 kg/Monat oder 6 000 Ftg.-Std./Monat festgelegt werden, da derartige Planwerte die Grundlage für die Kostenstellenplanung bilden. Diese Werte werden vielfach als die Planbeschäftigungen der Kostenstellen und die Methoden ihrer Festsetzung als *Beschäftigungsplanung* bezeichnet. Da die Bezeichnung „Beschäftigung" jedoch in der flexiblen Plankostenrechnung in zunehmendem Maße durch den neutralen Begriff „Bezugsgröße" ersetzt wurde, wollen wir von *Planbezugsgrößen* und *Bezugsgrößenplanung* sprechen.
Die Grundsätze und Verfahren der Bezugsgrößenplanung nehmen in der älteren Literatur zur Plankostenrechnung einen relativ breiten Raum ein. Bis zum Übergang zur Grenzplankostenrechnung wurde kein anderes Teilproblem der Plankostenrechnung mit derartiger Heftigkeit diskutiert, wie die Bestimmung der Planbezugsgrößen. Dies lag daran, daß in einer auf Vollkosten basierenden Plankostenrechnung die Kalkulationssätze durch die Wahl der Planbezugsgrößen wesentlich beeinflußt werden. In der Grenzplankostenrechnung werden dagegen die proportionalen Kostensätze durch die Wahl der Planbezugsgröße nicht beeinflußt. Damit hat die Bestimmung der Planbezugsgrößen in der Grenzplankostenrechnung stark an Bedeutung verloren[568].

[568] Hierauf weist *W. Medicke*, „Der Mythos von den fixen Kosten und die betriebswirtschaftliche Leistungs-Abrechnung", eine kritische Betrachtung zum gleichnamigen Auf-

Die in Literatur und Praxis empfohlenen Methoden zur Bestimmung von Planbezugsgrößen lassen sich zu zwei Gruppen zusammenfassen[569]. Nach der ersten Gruppe werden die Planbezugsgrößen vorwiegend auf Grund der vorhandenen Kapazität bestimmt, so daß man sie in der Regel unter dem Oberbegriff „Kapazitätsplanung" zusammenfaßt. Im Gegensatz hierzu werden die Planbezugsgrößen nach den Methoden der zweiten Gruppe auf Grund der zukünftig zu erwartenden Durchschnittsproduktion ermittelt.

2. Die *Kapazität einer Kostenstelle* wollen wir für die Zwecke der Plankostenrechnung definieren als den fertigungstechnisch realisierbaren Maximalwert der Bezugsgröße bei unveränderten Produktionsverfahren und bei konstanten Intensitätsgraden. Werden in einer Kostenstelle z.B. die Fertigungsstunden als Bezugsgröße der Kostenverursachung verwendet und stehen innerhalb eines bestimmten Zeitraums nur insgesamt 12000 Ftg.-Stunden zur Verfügung, so ist dieser Wert die Maßgröße der quantitativen Kapazität, bezogen auf den Betrachtungszeitraum.
Für Kostenstellen mit mehreren Bezugsgrößen ist eine Ergänzung dieser Kapazitätsdefinition erforderlich. Handelt es sich um Bezugsgrößen mit gleichartigen, zum Zwecke der Kapazitätsmessung addierbaren Dimensionen, wie z.B. „Fertigungsstunden Produktgruppe 1" und „Fertigungsstunden Produktgruppe 2" oder „Rüststunden" und „Fertigungsstunden", so kann die Kapazität einer solchen Kostenstelle als die maximal realisierbare Summe ihrer verschiedenen Bezugsgrößen

satz von Dr. E. Sonnefeld, ZfB 1963, S. 105, hin. Auch *H. G. Plaut,* Unternehmenssteuerung mit Hilfe der Voll- und Grenzplankostenrechnung, ZfB 1961, S. 478, weist darauf hin, daß in der reinen Grenzplankostenrechnung die Problematik, daß die Kalkulationssätze von der Festlegung der Planbeschäftigung abhängen, wegfällt.

569 Vgl. *K. Agthe,* Die Abweichungen ..., a.a.O., S. 44ff.; *K. Agthe,* Kostenplanung ..., a.a.O., S. 49; *G. L. Battista, G. R. Crowningshield,* Absorption, Direct or Relevant Costing?, NAA-Bulletin 1964 (8), Section 1, S. 13; *J. Batty,* Standard Costing, London 1960, S. 30ff.; *W. Bos,* Die Praxis der Plankostenrechnung, DB 1950, S. 407; *E. A. Camman,* Basic Standard Costs, a.a.O., S. 204ff.; *H. Diercks* und *F. Petzold,* Betriebsüberwachung..., a.a.O., S. 493; *J. Fuchs,* Die Plankostenrechnung..., a.a.O., S. 317ff.; *E. Heinen,* Betriebswirtschaftliche Kostenlehre, Bd. I, Wiesbaden 1959, S. 341ff.; *S. B. Henrici,* Standard Costs..., a.a.O., S. 63; *C. T. Horngren,* Cost Accounting..., a.a.O., S. 257ff.; *K. Käfer,* Standardkostenrechnung, 2. Aufl., a.a.O., S. 225ff.; *H. Koller,* Organisation der Plankostenrechnung, AGPLAN, Bd. 5, Wiesbaden 1961, S. 26ff.; *E. Kosiol,* Neuere Ziele..., a.a.O., S. 662; *E. Kosiol,* Plankostenrechnung..., a.a.O., S. 31 und S. 114ff.; *E. Kosiol,* Kostenrechnung, a.a.O., S. 233; *P. Kreuzer,* Kapazität, Beschäftigungsgrad und Plankosten, ZfB 1951, S. 656; *A. Matz, O. J. Curry, G. W. Frank,* Cost Accouting..., a.a.O., S. 529; *A. Matz,* Planung..., a.a.O., S. 81ff.; *W. Medicke,* Die Gemeinkosten..., a.a.O., S. 27ff.; *W. W. Neumayer,* Vollkommenheitsgrade der Plankostenrechnung, ZfB 1951, S. 592; *F. K. Patterson,* Die Ermittlung..., a.a.O., S. 19; *F. Petzold,* Prinzipien der Plankostenrechnung und Ergänzungen zu Begriffsbestimmungen, ZfB 1950, S. 399; *H. G. Plaut,* Die Plankostenrechnung..., a.a.O., S. 533; *H. G. Plaut,* Wo steht..., a.a.O., S. 399; *H. G. Plaut,* Die Grenz-Plankostenrechnung (1953), a.a.O., S. 353; *H. G. Plaut,* Die Grenzplankostenrechnung, ZfB 1955, S. 28ff., *H. G. Plaut,* Unternehmenssteuerung..., a.a.O., S. 477ff.; *F. Wille,* Plan- und Standardkostenrechnung, 2. Aufl., a.a.O., S. 40ff.

angegeben werden. Maximalwerte für die einzelnen Bezugsgrößen gibt es in diesen Fällen nur, wenn die quantitative und die qualitative Auftragszusammensetzung feststehen. Haben die Bezugsgrößen einer Kostenstelle unterschiedliche Dimensionen, beispielsweise, wenn mehrere Einflußgrößen gleichzeitig auf die Kosten einwirken, d. h. wenn die Bezugsgrößen „Fertigungsstunden" und „kg Durchsatzgewicht" nebeneinander verwendet werden müssen, so läßt sich in der Regel eine Bezugsgröße als Hauptbezugsgröße, deren Maximalwert die Kapazität angibt, wählen.
Die exakte Bestimmung von Maßgrößen der Kapazität zählt zu den schwierigsten Aufgaben in der betrieblichen Praxis der Plankostenrechnung[570]. Wie wir bereits im Abschnitt A des fünften Kapitels im Zusammenhang mit den Gleichungen (15) und (16) gezeigt haben, besteht die Kapazität einer Kostenstelle jeweils aus den beiden Komponenten Betriebsmittelkapazitäten B_M und Kapazitäten der vorhandenen Arbeitskräfte B_A. Die Betriebsmittel stehen grundsätzlich dreischichtig und für jeden Kalendertag zur Verfügung. Die Arbeitskräfte dagegen können nur während der tariflich vereinbarten Arbeitszeit zuzüglich der maximal zulässigen Überstunden eingesetzt werden. Ist für eine Kostenstelle die Betriebsmittelkapazität größer als die zugehörige Kapazität der verfügbaren Arbeitskräfte, so limitiert die Kapazität der Arbeitskräfte die Gesamtkapazität der Kostenstelle.
Zwischen den realisierbaren Kapazitäten der einzelnen Kostenstellen eines Betriebes bestehen in vielen Fällen komplizierte Interdependenzen. Derartige Interdependenzen liegen vor, wenn Arbeitskräfte zwischen mehreren Kostenstellen ausgetauscht werden können, wie das z. B. bei den Fertigungsarbeitern innerhalb bestimmter Grenzen möglich ist. Hier ist eine Abstimmung zwischen den Betriebsmittelkapazitäten und den Arbeitskräftekapazitäten nicht mehr isoliert für einzelne Kostenstellen durchführbar.
Weiterhin ist noch zu berücksichtigen, daß die Kapazitäten der Kostenstellen von den Intensitätsgraden und von den Laufzeitfaktoren, d. h. von der Relation zwischen Maschinenlaufzeit und Gesamtzeit, abhängig sind, wie im einzelnen bereits unsere Ausführungen im Zusammenhang mit den Gleichungen (15) und (16) gezeigt haben.

3. Den Ausgangspunkt für die Bestimmung der Planbezugsgrößen bei gegebenen Kapazitäten bilden in der Regel die *theoretischen Maximalkapazitäten* der Betriebs-

570 Die Probleme der Kapazitätsmessung können in diesem Zusammenhang nicht erschöpfend behandelt werden. Vgl. hierzu vor allem *E. Gutenberg*, Grundlagen der Betriebswirtschaftslehre, 1. Bd., Die Produktion, 10. Aufl., Berlin–Heidelberg–New York 1965, S. 73 ff.; *W. Kern*, Die Messung industrieller Fertigungskapazitäten und ihrer Ausnutzung. Grundlagen und Verfahren, Köln–Opladen 1962; *K. Mellerowicz*, Betriebswirtschaftslehre der Industrie, 1. Bd., 3. Aufl., Freiburg 1958, S. 239 ff.; *K. Mellerowicz*, Kosten und Kostenrechnung, Bd. 1, Theorie der Kosten, 3. Aufl., Berlin 1957, S. 207 ff.; *G. Oetting*, Beitrag zur Klärung des betriebswirtschaftlichen Kapazitätsbegriffes und zu den Möglichkeiten der Kapazitätsmessung, Diss. Mannheim 1951; *E. Schneider*, Industrielles Rechnungswesen, 2. Aufl., Tübingen 1954, S. 218 ff.; *J. Viel*, Betriebs- und Unternehmungsanalyse, 2. Aufl., Köln–Opladen 1958; *H. Vormbaum*, Die Messung von Kapazitäten und Beschäftigungsgraden industrieller Betriebe, Diss. Hamburg 1951.

mittel in den einzelnen Kostenstellen. Dieser Kapazität liegen durchschnittlich 30 Arbeitstage pro Monat bei dreischichtigem Betrieb und bei maximaler Intensität zugrunde. Praktisch kann die theoretische Maximalkapazität nicht realisiert werden; sie stellt lediglich eine Hilfsgröße im Rahmen der Kapazitätsplanung dar[571]. Um Kapazitätswerte zu erhalten, die als Grundlage der Kostenstellenplanung geeignet sind, müssen von den theoretischen Maximalkapazitäten der Kostenstellen folgende *Abschläge* vorgenommen werden:

a) *Berücksichtigung der optimalen Intensitäten.* Die maximal möglichen Intensitätsgerade der Betriebsmittel und Arbeitskräfte lassen sich praktisch nur kurzfristig realisieren und führen zu einer ungünstigen Kostenstruktur[572]. Daher sollten keine Maximalintensitäten der Kostenstellenplanung zugrunde gelegt werden. Die Bezugsgrößenplanung muß vielmehr von durchschnittlich realisierbaren Optimalintensitäten ausgehen.

b) *Berücksichtigung von Zeiten, in denen die Kapazitäten nicht genutzt werden können.* Die Kapazitätsformel für die Bestimmung der Maximalkapazität basiert auf der Prämisse, daß die gesamte Kalenderzeit als Fertigungszeit genutzt werden kann. Um aber zu realisierbaren Kapazitätsmaßstäben zu gelangen, müssen Abschläge für Reparatur-, Störungs-, Reinigungszeiten und sonstige Verteilzeiten berücksichtigt werden[573]. Bilden in einer Kostenstelle die Maschinenlaufstunden und nicht die gesamten Fertigungsstunden die Maßzahl der Kapazität, so sind auch die Rüstzeiten zu den Zeiten zu zählen, in denen die Kapazitäten nicht genutzt werden können. Wie wir bereits im fünften Kapitel im Zusammenhang mit den Kapazitätsgleichungen (15) und (16) gezeigt haben, wird zur Berücksichtigung von Zeiten, in denen die Kapazitäten nicht genutzt werden können, die Maximalkapazität mit dem sogenannten Laufzeitfaktor multipliziert.

c) *Abstimmung zwischen Betriebsmittel- und Arbeitskräftekapazitäten* (Festlegung der geplanten Schichtzahl). Für die Arbeitskräfte sind die gesetzlichen und tariflichen Bestimmungen über die Arbeitszeit zu berücksichtigen. Nur wenn für eine Kostenstelle Arbeitskräfte für dreischichtigen Betrieb zur Verfügung stehen und auch an Sonn- und Feiertagen gearbeitet werden darf, bleibt die Maximalkapazität unverändert, andernfalls ist von zwei oder nur von einer Schicht auszugehen. Weiterhin ist zu berücksichtigen, daß ggf. an Sonn- und Feiertagen nicht gearbeitet wird.

571 Vgl. das von *J. Fuchs,* Die Plankostenrechnung, a. a. O., S. 317 ff., entworfene Schema der Bezugsgrößenplanung. In der angelsächsischen Literatur wird die theoretische Maximalkapazität als „maximum –" oder „theoretical capacity" bezeichnet, vgl. *S. B. Henrici,* Standard Costs . . ., a. a. O., S. 63. Auf diese Möglichkeit, die theoretische Maximalkapazität unmittelbar für die Kostenplanung zu verwenden, weisen vor allem hin: *H. G. Plaut,* Die Grenz-Plankostenrechnung, ZfB 1953, S. 353, und *H. G. Plaut,* Die Grenzplankostenrechnung (1955), a. a. O., S. 29, sowie *W. W. Neumayer,* Vollkommenheitsgrade . . ., a. a. O., S. 592.

572 Vgl. hierzu unsere Ausführungen im 5. Kapitel auf S. 144 ff. und die dort angegebene Literatur über den Einfluß intensitätsmäßiger Anpassungsprozesse auf die Kostenstruktur.

573 Vgl. hierzu *J. Fuchs,* Die Plankostenrechnung . . ., a. a. O., S. 318, und *W. W. Neumayer,* Vollkommenheitsgrade . . ., a. a. O., S. 592.

In der Kapazitätsformel nach Gleichung (16) haben wir die realisierbare Tageszahl mit D bezeichnet.

d) *Berücksichtigung von Engpässen im Produktionsablauf.* In den meisten Betrieben ist es nicht gelungen, die Kapazitäten aufeinanderfolgender Fertigungsstellen vollständig aufeinander abzustimmen, so daß Engpässe entstehen. Engpässe im Produktionsablauf führen aber dazu, daß andere Kostenstellen so lange unterbeschäftigt sein müssen, bis der Engpaß beseitigt ist. Es wird daher von manchen Autoren empfohlen, auch aus diesem Grunde die theoretische Maximalkapazität entsprechend zu verringern[574]. Wir empfehlen jedoch dieses Verfahren nur im Falle von abbaufähigen Überkapazitäten. In allen anderen Fällen sollten keine Abschläge berücksichtigt werden, da die Engpaßstruktur einer Unternehmung weitgehend von der Zusammensetzung des Fertigungsprogramms abhängt, so daß sich richtige Abschläge bei der kostenstellenweisen Kapazitätsplanung nicht berücksichtigen lassen.

Als Beispiel für die Kapazitätsplanung wollen wir die Kostenstelle „Dreherei" einer Maschinenfabrik betrachten, in der 18 Drehbänke installiert sind. Für diese Kostenstelle beträgt die theoretische Maximalkapazität:

18 Maschinen · 720 Std./Monat · Maschine · 1,50 = 19 440 Akk.-Std./Monat.

Hierbei gibt der Faktor 1,50 an, daß der maximale Leistungsgrad 150 % beträgt, d. h. daß in einer Istminute maximal 1,5 Akkordminuten erarbeitet werden können. Dieser Leistungsgrad ist jedoch nur ausnahmsweise erreichbar. Im Mittel der Planungsperiode wird nur ein Leistungsgrad in Höhe von 130 % erwartet. Weiterhin ist zu berücksichtigen, daß 12 % der Schichtzeit für Reparaturen, Reinigungsarbeiten und sonstige Verteilzeiten verloren gehen. Wir erhalten daher als realisierbare Betriebsmittelkapazität:

18 Maschinen · 720 Std./Monat · Maschine · 1,30 · 0,88 = 14 826 Akk.-Std./Monat.

Wenn nur Arbeitskräfte für einen zweischichtigen Betrieb zur Verfügung stehen, muß die Betriebsmittelkapazität mit einem Schichtfaktor in Höhe von 66,67 % multipliziert werden. Weiterhin ist zu berücksichtigen, daß an Sonn- und Feiertagen die Arbeitskräfte normalerweise nicht arbeiten. Bei 365 Tagen pro Jahr, 52 Sonntagen und 10 gesetzlichen Feiertagen, erhält man dann einen Arbeitszeitfaktor in Höhe von 303 : 365 = 83 %. Unter Berücksichtigung der Arbeitskräftekapazitäten erhalten wir dann für die Kostenstelle „Dreherei" eine realisierbare Kapazität in Höhe von:

14 826 Akk.-Std./Monat · 0,6667 · 0,83 = 8 204 Akk.-Std./Monat.

Als Planbezugsgröße würde man der Kostenstelle „Dreherei" im Beispiel 8 200 Akkordstunden zuordnen. Bei der Festlegung dieser Bezugsgröße ist die zu erwartende Absatzlage nicht berücksichtigt worden.

[574] Vgl. hierzu *E. A. Camman,* Basic Standard Costs, a. a. O., S. 204 und S. 208, sowie *J. Fuchs,* Die Plankostenrechnung. . ., a. a. O., S. 318.

4. In Deutschland wird die Bestimmung der Planbezugsgrößen auf Grund der vorhandenen Kapazitäten vor allem von W. Bos, J. Fuchs, H. Diercks, P. Kreuzer, W. W. Neumayer und F. Petzold befürwortet[575]. Hierbei wird die nach dem oben beschriebenen Verfahren errechnete Kapazität oft als *Normalkapazität* bezeichnet. Wie jedoch H. G. Plaut nachgewiesen hat, ist dieser Begriff logisch nicht haltbar; denn „normal" kann wohl die beschäftigungsmäße Auslastung einer Kostenstelle, nicht aber die Kapazität sein[576]. In der angelsächsischen Literatur wird häufig die Bezeichnung *„normal capacity"* verwendet[577]. Das folgende Zitat von C. T. Horngren zeigt aber, daß in der amerikanischen Literatur die Bezeichnung „normal capacity" vorwiegend im Sinne einer Normalbeschäftigung verwendet wird: "In practice, *normal capacity* has two meanings: (1) for most companies, it is the average rate of activity needed to meet average sales demand over a business cycle; (2) for other companies, it is the term used to describe *expected annual volume*." [578] S. B. Henrici bezeichnet daher die nach dem oben beschriebenen Verfahren errechnete Kapazität als „practical plant capacity" und hebt sie von der „capacity based on normal sales expectancy" ab [579]. Nur die praktisch realisierbare Kapazität kann das Ergebnis einer Kapazitätsplanung sein; die normale Auslastung der Kapazität läßt sich nur im Zusammenhang mit der Absatzplanung ermitteln und stellt daher keine reine Kapazitätsplanung mehr dar. Wir wollen daher die Bezeichnung „Normalkapazität" nicht verwenden.

Eine besondere Stellung im Rahmen der Kapazitätsplanung hat früher die sogenannte Bezugsgrößenplanung auf Grund der „Optimalbeschäftigung" eingenommen[580]. Diese Form der Bezugsgrößenplanung geht grundsätzlich von der Annahme aus, daß die Stückkostenkurven der Kostenstellen u-förmig verlaufen, so daß es stets eine optimale Auslastung der Kapazität geben muß. Sie hat ihre Bedeutung heute verloren, da die Produktions- und Kostentheorie gekrümmte Kostenverläufe als praktisch selten anzutreffende Sonderfälle herausgestellt hat. Im übrigen ist sie in der oben beschriebenen Methode der Kapazitätsplanung enthalten, wenn man im Falle möglicher Intensitätsvariationen der Kapazitätsplanung stets optimale Intensitäten zugrunde legt. Hiermit verliert die Bezugsgrößenplanung auf Grund der „Optimalbeschäftigung" ihre bisherige Sonderstellung im Rahmen der Kapazitätsplanung.

[575] Vgl. hierzu die auf S. 352 angegebenen Literaturstellen.

[576] Vgl. *H. G. Plaut*, Die Grenz-Plankostenrechnung (1953), a. a. O., S. 354, und *H. G. Plaut*, Die Grenzplankostenrechnung (1955), a. a. O., S. 30 ff.

[577] Vgl. *C. T. Horngren*, Cost Accounting ..., a. a. O., S. 257.

[578] Vgl. *C. T. Horngren*, Cost Accounting ..., a. a. O., S. 257.

[579] Vgl. *S. B. Henrici*, Standard Costs ..., a. a. O., S. 63.

[580] Vgl. *W. Auler*, Die Kostenkehren in der Optimalkalkulation, ZfB 1930, S. 895 ff., und *W. Auler*, Optimalkalkulation, Stuttgart 1933. Auch E. Michel forderte bei der Festlegung der Planbezugsgrößen den „günstigsten Punkt", der einen „Kompromiß" zwischen technischem und absatzmäßigem Optimum darstellt, vgl. *E. Michel*, Handbuch ..., a. a. O., S. 161 f. und 276.

II. Die Bestimmung der Planbezugsgrößen auf Grund des erwarteten Minimumsektors der Planung (Engpaßplanung)

1. Wie bereits unsere Ausführungen im Abschnitt B, III des dritten Kapitels gezeigt haben, soll die Kostenplanung Bestandteil einer gesamtbetrieblichen Planungsrechnung sein. K. Käfer sagt über die Plankostenrechnung in diesem Zusammenhang: „In ihrer höchstentwickelten Form ist sie Bestandteil einer umfassenden Planungsrechnung" und an anderer Stelle: „Auf besonders hoher Stufe der Planung werden die Standards und die Standardkosten aus einem allumfassenden Unternehmungsbudget abgeleitet." [581] Die wichtigsten Nahtstellen zwischen der Kostenplanung und den übrigen betrieblichen Teilplänen bilden die der Kostenplanung zugrunde gelegten Planbezugsgrößen.

In der Übersicht 17 haben wir die wichtigsten betrieblichen Teilpläne zusammengestellt[582]. Zwischen diesen Teilplänen bestehen zahlreiche gegenseitige Abhängigkeiten, so daß stets die Notwendigkeit besteht, die Teilpläne aufeinander abzustimmen. Hierbei gilt nach E. Gutenberg das „Ausgleichgesetz der Planung", nach dem stets der Minimumsektor der Planung dominiert und die gesamte Planung auf die wirksamen Engpässe abgestellt werden muß[583]. Zwar liegt es in marktwirtschaftlich orientierten Wirtschaftssystemen nahe, die gesamte Planung auf dem Absatzplan aufzubauen[584], hierbei dürfen aber die Einflüsse der übrigen Planungsbereiche nicht vernachlässigt werden: „Würde ein Unternehmen die Planung seines Produktionsprogramms am Absatzsektor orientieren, dann würde eine solche Planung dem Grundsatz der Simultaneität widersprechen, wenn nicht die konkreten betrieblichen Bedingungen kapazitätsmäßiger, finanzieller und beschaffungswirtschaftlicher Art in sie einbezogen würden." [585] Nicht nur die Absatzmöglichkeiten, sondern die Betriebsmittel- und Arbeitskräftekapazitäten, Rohstoff- und Energiekontingente, finanzielle Restriktionen und andere Planungsengpässe können das System der gesamtbetrieblichen Planung limitieren. Hierbei besteht zwar langfristig die Tendenz, Planungsengpässe zu beseitigen, bei der jährlichen Planungsrechnung sind aber die jeweils wirksamen Planungsengpässe zu berücksichtigen.

Erst nachdem die Absatzplanung mit den übrigen betrieblichen Teilplänen abgestimmt worden ist, kann aus ihr die Produktionsplanung abgeleitet werden. Durch die Produktionsplanung werden die den voraussichtlichen Absatzmengen entspre-

[581] Vgl. *K. Käfer*, Standardkostenrechnung, 2. Aufl., a. a. O., S. 45 und S. 70. Im gleichen Sinne äußert sich auch *K. Mellerowicz*, Planung und Plankostenrechnung, Bd. 1, Betriebliche Planung, Freiburg 1961, S. 461.

[582] Dieses Schema wurde in verkürzter Form entnommen bei *W. Kilger*, Planungsrechnung und Entscheidungsmodelle des Operations Research, AGPLAN, Bd. 9, Wiesbaden 1965, S. 61.

[583] Vgl. *E. Gutenberg*, Grundlagen der Betriebswirtschaftslehre, 1. Bd., a. a. O., S. 163.

[584] Vgl. O. *Bredt*, Das Entwerfen der Planung, in: Technik und Wirtschaft 1939, S. 129: „Im Brennpunkt der Planung muß die Bestimmung des Absatzes stehen."

[585] Vgl. *E. Gutenberg*, Grundlagen der Betriebswirtschaftslehre, 1. Bd., a. a. O., S. 163.

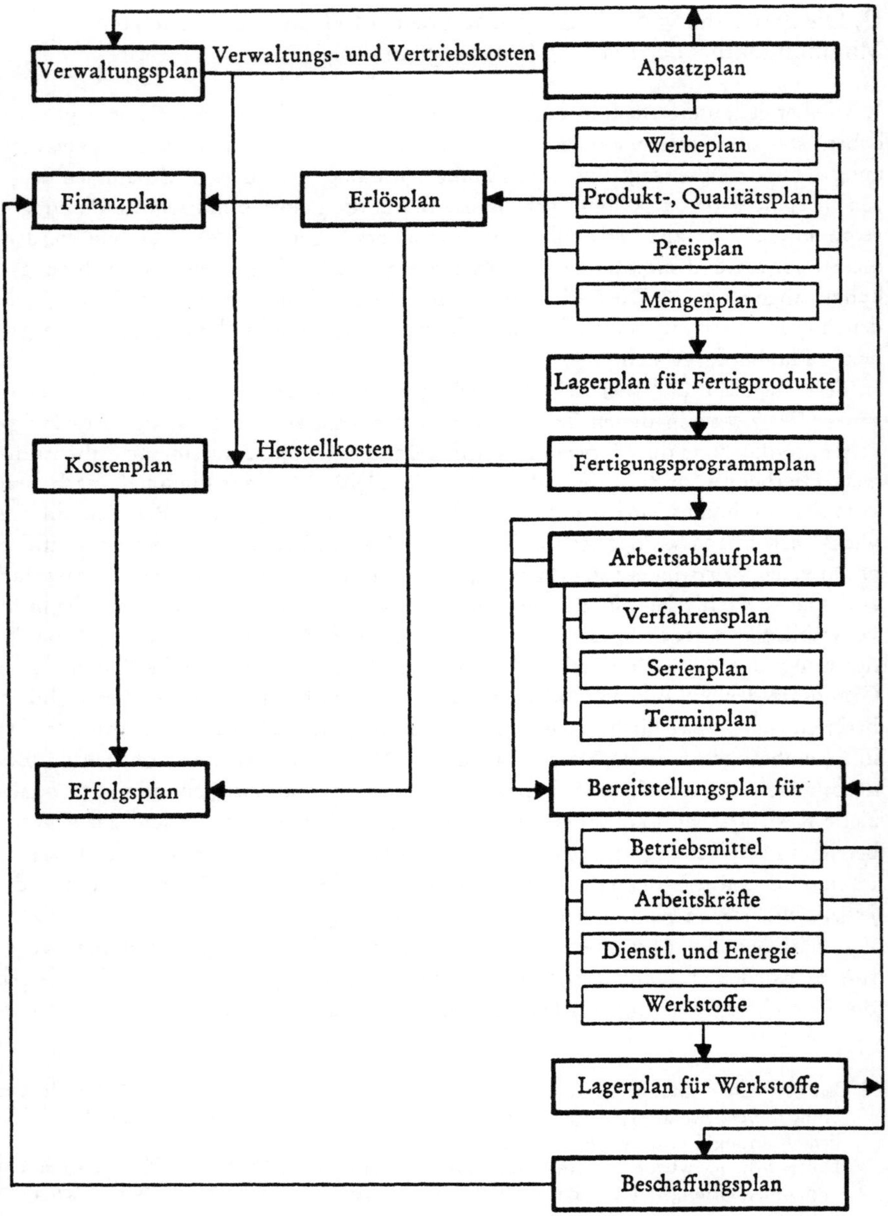

Übersicht 17: Das System der betrieblichen Teilpläne

chenden Produktionsmengen festgelegt, wobei in vielen Betrieben das Problem besteht, den erwarteten Auftragsanfall zeitlich auf die Fertigung zu verteilen[586].
An das unter Berücksichtigung des Ausgleichsgesetzes der Planung aus dem Gesamtsystem der betrieblichen Planung abgeleitete Planfertigungsprogramm einer Unternehmung knüpft die zweite Methode der Bezugsgrößenplanung an, deren Ziel darin besteht, die Planbezugsgrößen der einzelnen Kostenstellen auf Grund der zukünftig zu erwartenden Durchschnittsproduktion zu bestimmen. Da diese Methode alle Engpässe berücksichtigt, wurde sie von F. Petzold als *Engpaßplanung* bezeichnet. Sie wird in Deutschland insbesondere von H. G. Plaut, F. Wille und H. Tigges befürwortet und ist auch in den USA stark verbreitet[587]. Auch K. Käfer hält es bei der Festlegung von Planbezugsgrößen für notwendig, „... in der Nähe der wirklichen Produktionshöhe zu planen“[588]. H. G. Plaut charakterisiert die Engpaßplanung wie folgt: „Als Planbeschäftigung ist also der Beschäftigungsgrad festzulegen, den man glaubt, im vorzuplanenden Geschäftsjahr unter Berücksichtigung der Kapazität wie des zu erreichenden Absatzes sowie aller sonstigen Engpässe durchschnittlich innehalten zu können.“[589]
Es wäre falsch, die Bestimmung der Planbezugsgrößen auf Grund der zukünftig zu erwartenden Durchschnittsproduktion generell als *Festlegung der Planbezugsgrößen nach der Absatzplanung* zu bezeichnen. Diese Methode ist vielmehr nur ein Sonderfall der Engpaßplanung, die unter der Voraussetzung richtig ist, daß der Absatzsektor den Planungsengpaß bildet. Liegen Planungsengpässe hingegen weder im Absatz- noch im Beschaffungssektor, sondern bei den Fertigungskapazitäten, so sind die Planbezugsgrößen nach der Engpaßplanung mit den Planbezugsgrößen nach der Kapazitätsplanung identisch.

2. In Betrieben mit *Marktfertigung,* in denen für ein geplantes Sortiment bereits vor Beginn der Planungsperiode nach Produkten differenzierte Arbeitsablaufpläne erstellt sind, kann die Bezugsgrößenplanung als *Engpaßplanung in abgestimmter Form* durchgeführt werden. Als Grundlage dieser Methode dienen die Jahresmengen des Produktionsplanes, die, unabhängig von einer eventuellen monatlichen Aufgliederung, durch die Anzahl Monate der Planperiode dividiert werden. Hierbei werden alle auf Saisonschwankungen und sonstige planmäßig berücksichtigte Absatzverschiebungen zurückgehenden monatlichen Produktionsschwankungen von

[586] Vgl. *T. Beste,* Die Produktionsplanung, a. a. O., S. 344 ff.; *H. Koch,* Betriebliche Planung, Grundlagen und Grundfragen der Unternehmungspolitik, Wiesbaden 1961, S. 47 ff., und *E. Gutenberg,* Grundlagen der Betriebswirtschaftslehre, 1. Bd., a. a. O., S. 165.
[587] Vgl. *H. G. Plaut,* Die Plankostenrechnung ..., a. a. O., S. 534; *H. G. Plaut,* Die Grenz-Plankostenrechnung (1953), a. a. O., S. 355; *H. G. Plaut,* Grenzplankostenrechnung (1955), a. a. O., S. 31; *F. Wille,* Plan- und Standardkostenrechnung, 2. Aufl., a. a. O., S. 41; *H. Tigges,* Betriebsüberwachung ..., a. a. O., S. 196 ff.; *E. A. Camman,* Basic Standard Costs, a. a. O., S. 214; *C. T. Horngren,* Cost Accounting ..., a. a. O., S. 257, und *S. B. Henrici,* Standard Costs ..., a. a. O., S. 63.
[588] Vgl. *K. Käfer,* Standardkostenrechnung, 2. Aufl., a. a. O., S. 230.
[589] Vgl. *H. G. Plaut,* Die Plankostenrechnung ..., a. a. O., S. 534.

der Bezugsgrößenplanung ferngehalten. Dies ist deshalb erforderlich, weil die Planbezugsgrößen nicht von Monat zu Monat geändert werden, sondern während der gesamten Planungsperiode, die meistens ein Jahr beträgt, konstant bleiben und somit Durchschnittswerte sein müssen.

Bezeichnen wir die geplanten Produktmengen der Produktarten i (i = 1, 2, ..., n) mit $x_i^{(p)}$, die Bezugsgrößen pro Produkteinheit in den Kostenstellen j (j = 1, 2, ..., m) mit $b_{ij}^{(p)}$, so erhalten wir nach der Bezugsgrößengleichung (108) für die Planbeschäftigung einer beliebigen Kostenstelle j den folgenden Ausdruck:

$$b_j^{(p)} = \sum_{i=1}^{n} b_{ij}^{(p)} x_i^{(p)} \tag{117}$$

Diese Gleichung gibt die den Planproduktionsmengen entsprechenden Planbezugsgrößen nur unter der Voraussetzung an, daß kein Ausschuß produziert und keine Nacharbeit erforderlich wird. Entfällt ein bestimmter Teil der Produktionsbeiträge einer Kostenstelle auf Ausschuß und Nacharbeit, so ist hierfür bei der Errechnung der Planbezugsgrößen ein Zuschlag zu berücksichtigen.

In der Tabelle 31 haben wir die Bestimmung der Planbezugsgröße nach der Methode der Engpaßplanung für das Beispiel wiedergegeben, das wir auch unseren Ausführungen über die Kapazitätsplanung zugrundegelegt haben. In diesem Beispiel sind insgesamt 10 verschiedene Produktarten vorgesehen, deren durchschnittliche Planproduktionsmengen pro Monat in der zweiten Spalte stehen. Die dritte Spalte enthält die Akkordminuten pro Stück, die sowohl für die Bezugsgrößenerfassung als

Tabelle 31: Beispiel für die Bezugsgrößenplanung einer Dreherei auf Grund der zukünftig zu erwartenden Durchschnittsproduktion (Engpaßplanung)

Produkt-art	Durchschnittliche Planproduktion pro Monat	Akk.-Min. pro Stück	Durchschnittliche Akk.-Min. pro Monat
1	8 200	5,0	41 000
2	4 000	6,2	24 800
3	4 500	8,5	38 250
4	8 050	10,0	80 500
5	2 500	8,0	20 000
6	6 700	11,2	75 040
7	1 400	14,0	19 600
8	3 800	11,0	41 800
9	2 700	8,7	23 490
10	4 800	13,0	62 400
Summe			426 880
Zuschlag für Ausschuß (4 %)			17 075
Summe			443 955
Planbezugsgröße in Akk.-Std./Monat			7 400

auch für die spätere Durchführung der Plankalkulation von Bedeutung sind. Unter Berücksichtigung eines Zuschlages von 4 % für Ausschuß und Nacharbeit erhalten wir 443 955 Akkordminuten bzw. 7 400 Akkordstunden pro Monat. Dieser Wert wird als Planbezugsgröße der Kostenstellenplanung zugrunde gelegt. Für das gleiche Beispiel erhielten wir bei der Kapazitätsplanung 8 204 Akkordstunden pro Monat. Bei der Engpaßplanung wird in unserem Beispiel daher nur ein Beschäftigungsgrad von 90 % vorgegeben, der mit der Absatzplanung abgestimmt ist.

In Betrieben mit Massen- und Sortenproduktion, in denen die Erzeugnisse nacheinander die gleichen Kostenstellen durchlaufen, kann die Bezugsgrößenplanung in der Weise aufgebaut werden, daß man entweder die Planbezugsgröße einer vorgelagerten Kostenstelle aus der Planbezugsgröße der jeweils nachgelagerten Kostenstelle errechnet, oder umgekehrt. Im ersten Fall kann man von einer retrograden und im zweiten Fall von einer progressiven Form der abgestimmten Bezugsgrößenplanung sprechen. Die Planbezugsgröße der letzten Kostenstelle muß mit den Produktmengen des Fertigungsprogrammplans abgestimmt werden. Bei der Ableitung der Planbezugsgröße einer nachgelagerten Kostenstelle aus der Planbezugsgröße einer vorgelagerten Stelle ist jeweils das Mengengefälle infolge von Ausschuß zu berücksichtigen.

In Betrieben mit *Auftragsfertigung* läßt sich eine mit der Fertigungsprogrammplanung abgestimmte Bezugsgrößenplanung nur für *den* Zeitraum im voraus ermitteln, für den ein bekannter Auftragsbestand vorliegt. Ist dieser Zeitraum kleiner als die der Kostenstellenplanung zugrunde gelegte Planungsperiode, so kann für die Zeitdifferenz nur eine globale, d. h. auf generellen Absatzerwartungen basierende und nicht nach Produktarten differenzierte Bezugsgrößenplanung durchgeführt werden, da in Betrieben mit Auftragsfertigung die Art der Aufträge für diesen Zeitraum nicht geplant werden kann. Dasselbe gilt für Betriebe mit Marktfertigung, in denen vor Durchführung der Kostenplanung kein Absatz- und Fertigungsprogrammplan vorliegen. Hier geht die Bezugsgrößenplanung in der Regel von den durchschnittlichen Istbezugsgrößen vergangener Perioden aus und korrigiert sie global auf Grund der bestehenden Absatzerwartungen.

3. Besonderheiten der Bezugsgrößenplanung auf Grund des Minimumsektors der Planung treten bei allen Kostenstellen auf, deren Leistungen nicht unmittelbar in die betrieblichen Produkte eingehen. Hierzu gehören die Kostenstellen des Material-, Verwaltungs- und Vertriebsbereiches. Wie wir im Abschnitt C, IV dieses Kapitels gezeigt haben, lassen sich für diese Kostenstellen entweder überhaupt keine exakten Maßgrößen der Kostenverursachung bestimmen, oder wenn es solche Bezugsgrößen gibt, besteht für sie keine Möglichkeit der quantitativen Abstimmung mit dem Produktions- oder Absatzvolumen. Damit ist für solche Bezugsgrößen auch keine Einbeziehung in das abgestimmte Bezugsgrößensystem der Engpaßplanung möglich. Sie lassen sich vielmehr nur unmittelbar aus Arbeitsablaufanalysen in diesen Kostenstellen ableiten.

Wie wir weiterhin im Abschnitt C, IV dieses Kapitels gezeigt haben, sind für die Kostenstellen des Material-, Verwaltungs- und Vertriebsbereichs auch dann gesonderte „kalkulatorische Bezugsgrößen" erforderlich, wenn es gelingt, für diese Bereiche exakte Bezugsgrößen der Kostenverursachung zu finden. Für diese Bezugsgrößen ist eine exakte Abstimmung mit dem System der betrieblichen Planung möglich.

Für die im Materialbereich verwendete Bezugsgröße „DM Planeinzelmaterialkosten" läßt sich der zugehörige Planwert leicht aus den Ergebnissen der Einzelmaterialplanung ableiten, die wir im Abschnitt A des elften Kapitels beschrieben haben. Man braucht hierzu lediglich die durchschnittlichen Planproduktmengen pro Monat mit den geplanten Bruttoeinzelmaterialkosten pro Produkteinheit zu multiplizieren und die Summe zu bilden[590].

Werden für die Verwaltungs- und Vertriebskostenstellen als kalkulatorische Bezugsgröße die „DM Plangrenzfertigungskosten des Umsatzes" verwendet, so kann der Planwert dieser Bezugsgröße unmittelbar aus den Ergebnissen der Kostenplanung im Fertigungsbereich abgeleitet werden, sofern für die Planungsperiode keine Lagerbestandsveränderungen vorgesehen sind. Man braucht lediglich nach Abschluß der Kostenplanung die proportionalen Plankosten sämtlicher Hauptkostenstellen der Fertigung zu addieren. Unterscheidet sich das geplante Produktionsvolumen vom geplanten Absatzvolumen, so sind entsprechende Korrekturen vorzunehmen.

Werden für die Verwaltungs- und Vertriebskostenstellen als kalkulatorische Bezugsgröße die „DM Plangrenzherstellkosten des Umsatzes" verwendet, so läßt sich der zugehörige Planwert wie folgt bestimmen:

	Summe Planeinzelmaterialkosten (einschließlich Kosten für fremdbezogene Teile)
+	Summe der proportionalen Plankosten der Hauptkostenstellen des Materialbereiches
+	Summe der proportionalen Plankosten der Hauptkostenstellen des Fertigungsbereiches
+	Sondereinzelkosten der Fertigung
	Summe Plangrenzherstellkosten

Bei der Addition der proportionalen Plankosten der Kostenstellen ist erstens darauf zu achten, daß die Plankosten der Hilfs- und Nebenkostenstellen, die als sekundäre Kostenarten in den Plankosten der Hauptkostenstellen enthalten sind, nicht doppelt erfaßt werden. Zweitens ist darauf zu achten, daß die Planung im Fertigungsbereich auf Bezugsgrößen basiert, die aus der durchschnittlichen Planproduktion abgeleitet wurden. Nur wenn für den Planungszeitraum vorgesehen ist, daß die geplanten Produktmengen auch abgesetzt werden, können die nach dem obigen Schema ermittelten Plangrenzherstellkosten als Plangrenzherstellkosten des Umsatzes angesehen werden. Trifft dies nicht zu, so müssen entsprechende Korrekturen vorgenommen werden.

590 Hierzu kann als Bestimmungsgleichung die Gleichung (60) verwendet werden. In dieser Gleichung müssen die Istproduktmengen durch die durchschnittlichen Planproduktmengen ersetzt werden. Hierbei erhält man die Planeinzelmaterialkosten einer bestimmten Materialart. Summiert man die nach Gleichung (60) erhaltenen Beträge, so erhält man die gesamten Planeinzelmaterialkosten der Planproduktion.

Im Gegensatz zur Kapazitätsplanung nimmt in der Engpaßplanung auch die Bestimmung der Planbezugsgrößen für Hilfs- und Nebenkostenstellen eine Sonderstellung ein. Die Planbezugsgröße einer Hilfs- oder Nebenkostenstelle ist gleich der Summe der von ihr erzeugten innerbetrieblichen Leistungseinheiten, die unter Berücksichtigung der Planbezugsgrößen allen übrigen Kostenstellen, einschließlich der Hilfs- und Nebenkostenstellen, vorgegeben werden. Diese Summe läßt sich aber exakt erst im Zusammenhang mit der Kostenstellenplanung ermitteln. Betrachten wir als Beispiel die Kostenstelle „Stromerzeugung". Erst die Kostenplanung zeigt, wie groß der Stromverbrauch in den einzelnen Haupt- und Hilfskostenstellen sein soll, der ihren Planbezugsgrößen entspricht. Hieraus folgt erstens, daß sich die Planbezugsgrößen der Hilfs- und Nebenkostenstellen erst ermitteln lassen, nachdem im Zuge der Kostenstellenplanung der Verbrauch an innerbetrieblichen Leistungseinheiten für sämtliche Hauptkostenstellen festgelegt worden ist. Zweitens folgt hieraus aber, daß in den Hilfskostenstellen die Planung der bei Realisation ihrer Planbezugsgröße zu verbrauchenden innerbetrieblichen Leistungseinheiten und die Ermittlung ihrer Planbezugsgrößen auf Grund der Gegenseitigkeit des innerbetrieblichen Leistungsaustausches theoretisch nur simultan durchführbar sind. Zum Aufbau des hierfür erforderlichen linearen Gleichungssystems dienen uns folgende Symbole:

j = Index der Kostenstellennummer

m = Anzahl der Kostenstellen

s = Anzahl der Hilfs- und Nebenkostenstellen

$b_j^{(p)}$ = Planbezugsgröße der Kostenstelle j

$r^{(p)}$ = gesamter Planverbrauch an innerbetrieblichen Leistungseinheiten

$r_F^{(p)}$ = fixer Planverbrauch an innerbetrieblichen Leistungseinheiten

$\rho^{(p)}$ = proportionaler Planverbrauch an innerbetrieblichen Leistungseinheiten pro Bezugsgrößeneinheit der verbrauchenden Kostenstelle

Unter Verwendung dieser Symbole läßt sich für die simultane Bestimmung der Planbezugsgrößen von Hilfs- und Nebenkostenstellen das auf Seite 364 wiedergegebene lineare Gleichungssystem (118) angeben.

Im Gleichungssystem (118) sind die Planbezugsgrößen $b_1^{(p)}, b_2^{(p)}, \ldots, b_s^{(p)}$ unbekannt. Da insgesamt s Gleichungen zur Verfügung stehen, können die Unbekannten mit Hilfe der Verfahren zur Auflösung linearer Gleichungssysteme ermittelt werden. Praktisch wendet man allerdings bei der Bezugsgrößenplanung der Hilfs- und Nebenkostenstellen Näherungsmethoden an. Hierbei geht man so vor, daß man zu Beginn der Kostenplanung die Planbezugsgrößen der Hilfs- und Nebenkostenstellen „frei plant", d. h. sie ohne Abstimmung mit den Verbrauchsmengen der empfangenen Kostenstellen festlegt. Der hierbei entstehende „Fehler" der Planbezugsgrößen der Hilfs- und Nebenkostenstellen wird später durch eine Abstimmung mit den geplanten innerbetrieblichen Verbrauchsmengen aller empfangenden Kostenstellen korrigiert.

(118)

$$
\begin{aligned}
b_1^{(p)} &= \sum_{j=s+1}^{m} r_{1j}^{(p)} + \sum_{j=1}^{s} \left(r_{1Fj}^{(p)} + \rho_{1j}^{(p)} b_j^{(p)}\right) \\
b_2^{(p)} &= \sum_{j=s+1}^{m} r_{2j}^{(p)} + \sum_{j=1}^{s} \left(r_{2Fj}^{(p)} + \rho_{2j}^{(p)} b_j^{(p)}\right) \\
b_3^{(p)} &= \sum_{j=s+1}^{m} r_{3j}^{(p)} + \sum_{j=1}^{s} \left(r_{3Fj}^{(p)} + \rho_{3j}^{(p)} b_j^{(p)}\right) \\
&\vdots \\
b_s^{(p)} &= \underbrace{\sum_{j=s+1}^{m} r_{sj}^{(p)}}_{\substack{\text{Planverbrauch} \\ \text{der Haupt-} \\ \text{kostenstellen}}} + \underbrace{\sum_{j=1}^{s} \left(r_{sFj}^{(p)} + \rho_{sj}^{(p)} b_j^{(p)}\right)}_{\substack{\text{Planverbrauch der} \\ \text{Hilfs- und} \\ \text{Nebenkostenstellen}}}
\end{aligned}
$$

III. Vergleich von Kapazitäts- und Engpaßplanung

1. Von vielen Autoren wird als großer Nachteil der Engpaßplanung angesehen, daß eine Festlegung von Planbezugsgrößen auf Grund des erwarteten Minimumsektors der Planung stets eine exakte Absatzplanung voraussetzt und daher die gleichen Unsicherheiten aufweist, wie die Absatzplanung selbst. Die Engpaßplanung wird daher als schwieriger und ungewisser angesehen als die Kapazitätsplanung, die auf den relativ konstanten technischen und organisatorischen Daten der vorhandenen Produktionsfaktoren und -verfahren aufbauen kann. Schon E. A. Camman schrieb hierzu: "Capacity to manufacture is more definitely ascertainable than capacity to sell"[591]; F. Petzold gelangt aus den gleichen Gründen zu der Feststellung: „Die überwiegende Meinung ist heute, daß eine Plankostenrechnung auf einer Kapazitätsplanung aufbauen muß, weil der Absatz bei den schwankenden deutschen Verhältnissen nicht genügend genau geplant werden kann.“[592]

2. Als weiterer Vorteil der Kapazitätsplanung wird von vielen Autoren die Tatsache angesehen, daß eine „Stabilität“ der Kalkulationssätze erreicht wird, d. h. daß die Kalkulationssätze von den unsicheren und im Zeitablauf schwankenden Ergebnissen der Absatzplanung unabhängig sind. Manche Autoren heben in diesem Zusammenhang sogar hervor, daß der Bildung von Kalkulationssätzen die gleiche langfristige Betrachtungsweise zugrunde liegen soll, wie sie in Investitionsrechnungen üblich

591 Vgl. *E. A. Camman,* Basic Standard Costs . . ., a. a. O., S. 204.
592 Vgl. *F. Petzold,* Prinzipien . . ., a. a. O., S. 399. Vgl. auch *W. Wolff,* Absatzerwartungen oder Normalkapazität als Grundlage der Plankostenrechnung?, ZfB 1953, S. 380.

ist[593]. Zugleich wird bei der Festlegung von Planbezugsgrößen auf der Basis vorhandener Kapazitäten erreicht, daß keine „Kosten der Unterbeschäftigung" in die Kalkulationssätze eingehen. Diesen Vorteil heben besonders H. Diercks und F. Petzold hervor: „Sind nun einzelne Abteilungen oder Betriebsteile infolge Absatzstockungen schlecht beschäftigt, so ergeben sich für die hier gefertigten Erzeugnisse unnatürlich hohe Kosten. Das ist ein durchaus unerwünschtes Ergebnis."[594] Diese „Vorteile" werden aber nur wirksam, wenn man die flexible Plankostenrechnung als Vollkostenrechnung durchführt. Im übrigen darf nicht übersehen werden, daß in der Vollkostenrechnung Planbezugsgrößen auf der Basis vorhandener Kapazitäten in der Regel zu relativ hohen Beschäftigungsabweichungen führen, durch welche die Aussagefähigkeit der kurzfristigen Erfolgsrechnung gestört wird[595].

Die Grenzplankostenrechnung weist gegenüber der auf Vollkosten basierenden Plankostenrechnung den Vorteil auf, daß bei der Entscheidung über die Methoden zur Festlegung von Planbezugsgrößen die Wirkung der Fixkostendegression außer acht gelassen werden kann. Den hieraus resultierenden Freiheitsgrad bei der Bestimmung von Planbezugsgrößen heben manche Autoren als einen bedeutsamen Fortschritt der Grenzplankostenrechnung hervor. So schreibt z. B. W. Wright: "One of the principal advantages of direct standard costs is the latitude for selection of the normal level of activity."[596]

Die bei Anwendung der Grenzplankostenrechnung bestehenden kalkulatorischen Freiheitsgrade für die Bestimmung von Planbezugsgrößen sollten stets in der Weise genutzt werden, daß man die Planbezugsgrößen unmittelbar mit dem System der betrieblichen Teilpläne abstimmt. Hierdurch wird die Grenzplankostenrechnung Bestandteil einer umfassenden betrieblichen Planungsrechnung. Dieses Ziel läßt sich aber nicht mit der Kapazitäts-, sondern nur mit der Engpaßplanung erreichen.

[593] Vgl. hierzu *W. Hill*, Direct Costing oder Standardkosten, Betriebswirtschaftliche Mitteilungen 31, Bern 1964, S. 10, und *K. Käfer*, Standardkostenrechnung, 2. Aufl., a. a. O., S. 230.

[594] Vgl. *H. Diercks* und *F. Petzold*, Betriebsüberwachung . . ., a. a. O., S. 493.

[595] W. Förster schreibt hierzu, daß die Alternative, Absatz- oder Kapazitätsplanung, am Kern der Sache vorbeigeht, wenn sie die Beziehungen zu den Beschäftigungsabweichungen nicht beachtet, vgl. *W. Förster*, Das Problem der Gemeinkosten in der Plankostenrechnung, WP 1954, S. 33.

[596] Vgl. *W. Wright*, Direct Standard Costs . . ., a. a. O., S. 99.

16. Kapitel

Die Methoden der Gemeinkostenplanung

A. Die statistischen Methoden der Gemeinkostenplanung

I. Gemeinkostenplanung mit Hilfe von Streupunktdiagrammen

1. Für die Gemeinkostenplanung gibt es zwei Gruppen von Methoden. Bei den Verfahren der ersten Gruppe geht man von den Istkosten vergangener Perioden aus und leitet hieraus mit Hilfe statistischer Methoden die Sollkosten der Kostenstellen ab. Da hierbei die Sollkosten stets die Ergebnisse von „Analysen von Istkosten" sind, bezeichnet K. Schwantag die statistischen Methoden der Gemeinkostenplanung als *analytische Methoden*[597]. Bei den Verfahren der zweiten Gruppe werden die Sollkosten unabhängig von den Istkosten vergangener Perioden mit Hilfe von Verbrauchsstudien geplant. Da die Sollkosten hierbei stets aus den Elementen derartiger Kostenuntersuchungen zusammengesetzt werden, faßt K. Schwantag diese Methoden unter dem Oberbegriff *synthetische Methoden* der Gemeinkostenplanung zusammen[598].

Der erste Schritt der statistischen Gemeinkostenplanung besteht darin, daß für alle Kostenstellen die nach Kostenarten differenzierten Istkosten und die zugehörigen Istbezugsgrößen für eine größere Anzahl von Abrechnungsperioden erfaßt werden. Bei einer Planungsperiode von einem Jahr empfiehlt es sich, stets die Istkosten und die Istbezugsgrößen der letzten zwölf Monate als Grundlage zu verwenden. Hiermit erreicht man, daß sich eventuelle Saison- und Jahreszeiteinflüsse ausgleichen.

Der zweite Schritt der statistischen Gemeinkostenplanung besteht darin, die erfaßten Istkosten zu bereinigen, d. h. die Einflüsse aller Kostenbestimmungsfaktoren mit Ausnahme der gewählten Bezugsgröße zu eliminieren. Liegen den erfaßten Istkosten noch keine Planpreise zugrunde, so müssen sie zunächst auf das Planpreisniveau der Planungsperiode umgerechnet werden. Das gleiche gilt, wenn zwar bereits in der Vergangenheit ein Planpreissystem bestand, die Planpreise aber in Zukunft geändert werden müssen. Weiterhin sind die Istkosten von erkennbaren Fehlkontierungen und von den Einflüssen innerbetrieblicher Unwirtschaftlichkeiten zu bereinigen. Hat sich gegenüber der Vergangenheit die Kapazität, das Fertigungsver-

[597] Vgl. *K. Schwantag*, Der heutige Stand der Plankostenrechnung in deutschen Unternehmungen, ZfB 1950, S. 395.

[598] Vgl. *K. Schwantag*, Der heutige Stand ..., a. a. O., S. 395: „Synthetisch ist die Ermittlung dagegen, wenn ein Gemeinkostensatz auf Grund technisch-wirtschaftlicher Betriebsuntersuchungen aus seinen einzelnen letzten Kostenelementen errechnet wird." Ähnlich wie K. Schwantag teilt auch F. Zeidler die Methoden der Gemeinkostenplanung ein, vgl. *F. Zeidler*, Altes und Neues zur Plankostenrechnung, WPg 1949, S. 301.

fahren oder der organisatorische Aufbau einer Kostenstelle geändert, so müssen die Istkosten entsprechend korrigiert, d. h. an die neue Kostenstruktur angepaßt werden. Durch solche Umrechnungen und Bereinigungen erreicht man, daß die Istkosten schrittweise zu geplanten Kosten werden.
Die bereinigten Istkosten und die zugehörigen Istbezugsgrößen werden mit statistischen Methoden ausgewertet und die Sollkostenfunktionen abgeleitet.
Die einfachste Auswertungsmethode ist das sogenannte „*Streupunktdiagramm*"[599]. Dieses Verfahren ist in den USA relativ stark verbreitet und wird dort als „Statistical Scattergraph-Method" bezeichnet[600]. Die Verwendung von Streupunktdiagrammen wird auch von deutschen Autoren empfohlen, insbesondere dann, wenn „theoretische Ermittlungen" zu schwierig sind und zu viel Zeit erfordern[601].
Ein Streupunktdiagramm enthält auf der Abszisse die erfaßten Istbezugsgrößen und auf der Ordinate die zugehörigen bereinigten Istwerte der betreffenden Kostenarten. Durch das hierin abgebildete Streuband einzelner Kostenpunkte wird eine gerade Linie gezogen, die die Streuung nach dem „Augenmaß" möglichst gut ausgleicht. C. Nebelung empfiehlt hierbei so vorzugehen, daß man zunächst das arithmetische Mittel aller Istbezugsgrößen und aller Istkostenbeträge ermittelt und um diesen Durchschnittspunkt eine Gerade so lange dreht, bis der Ausgleich richtig erscheint[602]. Die so ermittelten linearen Gemeinkostenkurven werden entweder unmittelbar als Sollkostenkurven vorgegeben oder noch um vermutete Unwirtschaftlichkeiten, die sich bei der Bereinigung nicht erfassen ließen, korrigiert.

2. Als Beispiel für die statistische Gemeinkostenplanung mit Hilfe eines Streupunktdiagramms wollen wir die Planung der Kokskosten in der Kostenstelle „Schmelzbetrieb" einer Eisengießerei betrachten. Der Koksverbrauch dieser Kostenstelle fällt als Schmelz- und Füllkoksverbrauch an. Hierbei verhält sich der Schmelzkoksverbrauch rein tonnenproportional, während der Füllkoksverbrauch auch fixe Teile enthält. Die Tabelle 32 gibt für 12 Monate die bereinigten monatlichen Kokskosten und die zugehörigen Bezugsgrößen an.
Die Werte der Tabelle 32 ergeben ein Streupunktdiagramm (vgl. die Abbildung 25). Durch die gestrichelt miteinander verbundenen Streupunkte haben wir eine Ausgleichsgerade gelegt. Für die Planbezugsgröße von 2 000 t erhalten wir aus Abbildung 25 als porportionale Kokskosten 29 500 DM ./. 9 500 DM = 20 000 DM. Bei einer Planbezugsgröße 2000 t erhält man als proportionale Kokskosten pro Bezugs-

599 Streupunktdiagramme sind in fast allen amerikanischen Lehrbüchern über die Standardkostenrechnung enthalten.

600 Vgl. *R. Gächter*, Die Standardkostenrechnung als Grundlage einer neuzeitlichen Betriebskontrolle und Preispolitik, Zürich–St. Gallen 1954, S. 32: „Die statistische Kostenanalyse nimmt in der amerikanischen Literatur einen relativ breiten Raum ein . . ."

601 Vgl. *C. Nebelung*, Statistische Ermittlung der fixen und variablen Kosten in Betrieben der Großserienfertigung, ZfB 1950, S. 416 ff., und *H. Beckmann*, Plankostenrechnung in der chemischen Industrie, ZfB 1953, S. 46.

602 Vgl. *C. Nebelung*, Statistische . . ., a. a. O., S. 419.

Tabelle 32: Zeitliche Entwicklung der Kokskosten in der Kostenstelle „Schmelzbetrieb" einer Eisengießerei

Monat	Flüssiges Gußeisen t	Kokskosten DM
Januar	2 130	30 800
Februar	2 410	32 130
März	2 330	33 100
April	1 920	29 020
Mai	1 630	25 300
Juni	1 120	19 680
Juli	1 250	21 520
August	1 450	24 910
September	1 830	28 600
Oktober	2 010	30 010
November	2 350	33 130
Dezember	2 260	31 200

größeneinheit 10 DM/t. Der Ausgleichsgeraden liegt daher die Funktion K = 9 500 + 10x zugrunde. Da dem Kostenplaner der fixe Bestandteil des Füllkoksverbrauchs zu hoch erschien, wurden als fixer Bestandteil nur 9 000 DM angesetzt. Wir erhalten daher in unserem Beispiel für die Sollgemeinkosten $K^{(s)}$ die Gleichung:

(119) $$K^{(s)} = 9000 + 10x$$

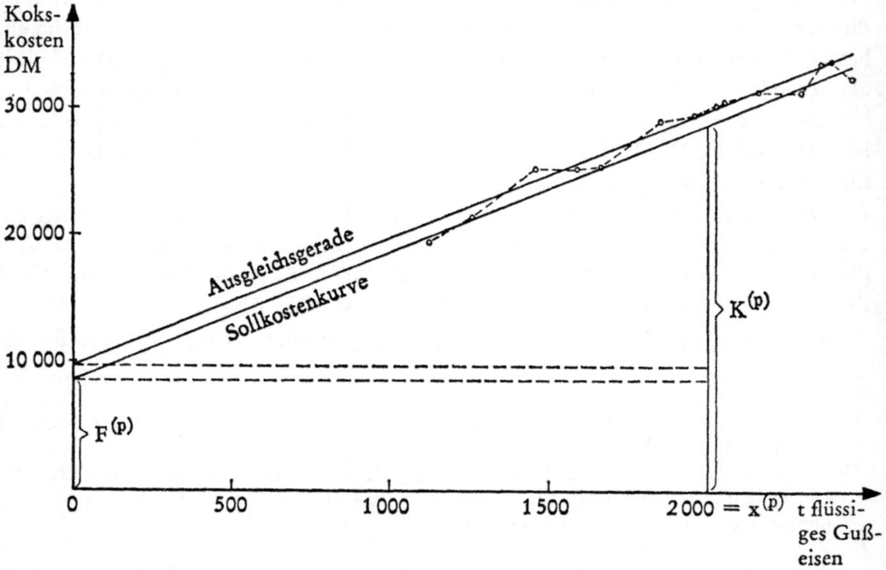

Abb. 25: Streupunktdiagramm für die Kokskosten der Kostenstelle „Schmelzbetrieb" einer Eisengießerei

3. Im Zusammenhang mit den Streupunktdiagrammen wird in der amerikanischen Literatur die sogenannte „High-Low Points Method" beschrieben[603].
Diese Methode entspricht der von E. Schmalenbach vorgeschlagenen mathematischen Kostenauflösung[604]. Hiernach werden von den Istkosten und den zugehörigen Istbezugsgrößen zwei Paare ausgewählt, deren Bezugsgrößen möglichst weit auseinanderliegen. Bezeichnen wir diese beiden Koordinaten mit x_1, K_1 und x_2, K_2, so werden hieraus nach E. Schmalenbach zunächst die proportionalen Kosten pro Bezugsgrößeneinheit wie folgt errechnet:

$$d = \frac{K_2 - K_1}{x_2 - x_1} = \frac{\Delta K}{\Delta x} \tag{120}$$

Multipliziert man die proportionalen Kosten pro Bezugsgrößeneinheit, die E. Schmalenbach als den „proportionalen Satz" bezeichnet, mit x_1 oder x_2 und subtrahiert man die so erhaltenen proportionalen Kosten von den Gesamtkosten K_1 oder K_2, so erhält man die fixen Kosten F:

$$\begin{aligned} F &= K_1 - dx_1 \\ \text{oder } F &= K_2 - dx_2 \end{aligned} \tag{121}$$

Wie die Abbildung 26 erkennen läßt, wird die Ausgleichsgerade der Beobachtungswerte durch die Größen F und d festgelegt. Auch hier lassen sich Korrekturen anbringen, wie wir sie bereits für die Methode der Streupunktdiagramme beschrieben haben. Gegenüber jener Methode hat die mathematische Kostenauflösung den Vorteil, daß sie ohne graphische Darstellung auskommt. Dieser Vorteil wird aber durch den Nachteil aufgewogen, daß die mathematische Kostenauflösung stets nur auf 2 Punkten beruht und damit in viel stärkerem Maße zufallsabhängig ist, als die Methode der Streupunktdiagramme, bei der die Ausgleichsgeraden das Ergebnis aller verfügbaren Beobachtungswerte sind.

[603] Vgl. *H. C. Heiser*, Budgetierung, Grundsätze und Praxis der betriebswirtschaftlichen Planung, Berlin 1964, S. 176; *C. T. Horngren*, Cost Accounting, A Managerial Emphasis, 3. Aufl., Englewood Cliffs, N. J. 1963, S. 208; *C. T. Horngren*, Accounting for Management Control: An Introduction, Englewood Cliffs, N. J. 1965, S. 195; *A. Matz, O. J. Curry, G. W. Frank*, Cost Accounting, Management's Operational Tool for Planing, Control, and Analysis, 3. Aufl., Chicago–Dallas–u. a. 1962, S. 535; *A. Matz*, Planung und Kontrolle von Kosten und Gewinn, AGPLAN, Bd. 7, Wiesbaden 1964, S. 88; *G. Shillinglaw*, Cost Accounting: Analysis and Control, Homewood, Ill. 1961, S. 233; *W. Wright*, Direct Standard Costs for Decision Making and Control, New York – Toronto – London 1962, S. 60.

[604] Vgl. *E. Schmalenbach*, Selbstkostenrechnung, ZfhF 1919, S. 294 ff., und *E. Schmalenbach*, Kostenrechnung und Preispolitik, 8. Aufl., Köln und Opladen 1963, S. 76 ff. Ohne auf die Problematik der Kostenauflösung nach E. Schmalenbach an dieser Stelle im einzelnen eingehen zu können, sei jedoch darauf hingewiesen, daß die mathematische Kostenauflösung im Gegensatz zu früheren Ansichten zur Abspaltung eines Fixkostenbetrages nur bei linearen Kostenverläufen geeignet ist und daß der „fixe Bestandteil" bei E. Schmalenbach nur unter dieser Voraussetzung gleich den fixen Kosten ist. Dieser Tatbestand wurde am kürzesten und prägnantesten von *H. v. Stackelberg*, Grundlagen einer reinen Kostentheorie, Wien 1932, S. 118 ff., bewiesen.

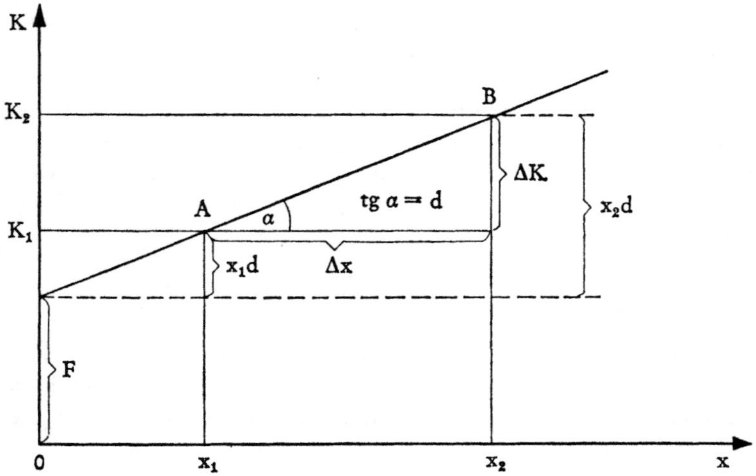

Abb. 26: Graphische Darstellung der mathematischen Kostenauflösung

II. Gemeinkostenplanung mit Hilfe von Trendberechnungen

1. Bedenkt man, daß für eine Kostenstelle im Durchschnitt etwa 15 bis 20 Kostenarten getrennt voneinander zu planen sind und daß die Anzahl der Kostenstellen in der Plankostenrechnung meistens größer ist als bei anderen Formen der Kostenrechnung, so erkennt man, daß praktisch stets nur für die wichtigsten Kostenarten genauere und kompliziertere Methoden der statistischen Gemeinkostenplanung angewandt werden können.

Bessere Verfahren, aus den bereinigten Istzahlen vergangener Perioden Sollkostenkurven abzuleiten, sind mathematisch-statistische Einflußgrößenrechnungen und hier insbesondere die Trendberechnung nach der Methode der kleinsten Quadrate. Die Anwendung dieser zuletzt genannten Methode wird vorwiegend in der amerikanischen Literatur beschrieben und ist auch dort nur auf die wichtigsten Kostenarten beschränkt[605]. Da als Sollkostenkurven in der Regel nur lineare Funktionen vom Typ $K = F + dx$ vorgegeben werden, kommt für die Gemeinkostenplanung vorwiegend die Trendberechnung ersten Grades in Frage.

[605] Vgl. *R. Gächter*, Die Standardkostenrechnung ..., a. a. O., S. 34, wo in Anlehnung an *Cost Accountants' Handbook*, Hrsg. T. Lang, New York 1945, S. 298, eine lineare Trendberechnung beschrieben wird; *H. C. Heiser*, Budgetierung ..., a. a. O., S. 172; *C. T. Horngren*, Cost Accounting ..., a. a. O., S. 215; *A. Matz, O. J. Curry, G.W. Frank*, Cost Accounting ..., a. a. O., S. 540; *A. Matz*, Planung ..., a. a. O., S. 91; *G. Shillinglaw*, Cost Accounting ..., a. a. O, S. 234; *W. Wright*, Direct Standard Costs ..., a. a. O., S. 62. In der deutschen Literatur beschreibt *K. Ballendat*, Plankostenrechnung im Stahlwerk, ZfB 1954, S. 345, für die Kostenstelle „Ofenbetrieb" eines Stahlwerkes ein der Trendberechnung ähnliches Verfahren, bei dem er jedoch von Ausgleichskurven zweiten Grades ausgeht.

Für die Koeffizienten F und d der Kostenfunktion bei n Paaren von Beobachtungswerten für K_i und x_i bei $i = 1, 2, \ldots, n$ gelten die beiden Bestimmungsgleichungen[606]:

(122)
$$Fn + d\sum_{i=1}^{n} x_i = \sum_{i=1}^{n} K_i$$
$$F\sum_{i=1}^{n} x_i + d\sum_{i=1}^{n} x_i^2 = \sum_{i=1}^{n} x_i K_i$$

Die durch F und d bestimmte Ausgleichsgerade wird entweder unverändert oder nach Eliminierung von vermuteten Unwirtschaftlichkeiten, die bei der Bereinigung der Istkosten noch nicht erfaßt werden konnten, als Sollkostenfunktion verwendet.

2. In der Tabelle 33 haben wir für das gleiche Beispiel, das wir bereits zur Erklärung der Methode der Streupunktdiagramme verwendet haben, die Hilfsgrößen der Trendberechnung zusammengefaßt.

Tabelle 33: Hilfswerte zur Trendberechnung der Kokskosten in der Kostenstelle „Schmelzbetrieb" einer Eisengießerei

Monat	x_i	x_i^2	K_i	$x_i K_i$
Januar	2 130	4 536 900	30 800	65 604 000
Februar	2 410	5 808 100	32 130	77 433 300
März	2 330	5 428 900	33 100	77 123 000
April	1 920	3 686 400	29 020	55 718 400
Mai	1 630	2 656 900	25 300	41 239 000
Juni	1 120	1 254 400	19 680	22 041 600
Juli	1 250	1 562 500	21 520	26 900 000
August	1 450	2 102 500	24 910	36 119 500
September	1 830	3 348 900	28 600	52 338 000
Oktober	2 010	4 040 100	30 010	60 320 100
November	2 350	5 522 500	33 130	77 855 500
Dezember	2 260	5 107 600	31 200	70 512 000
Summe	22 690	45 055 700	339 400	663 204 400

Mit den Hilfsgrößen der Tabelle 33 ergeben sich die Bestimmungsgleichungen für F und d:

$$F \cdot 12 + d \cdot 22690 = 339400$$
$$F \cdot 22690 + d \cdot 45055700 = 663204400$$

Löst man diese beiden Gleichungen auf, so erhält man die Funktion für die Ausgleichsgerade:

(123)
$$K^{(s)} = 9438 + 9{,}967\,x$$

606 Vgl. die Ableitung der Trendberechnung nach der Methode der kleinsten Quadrate in den einschlägigen Lehrbüchern der Statistik.

Im Vergleich hierzu führte das Streupunktdiagramm zu der Ausgleichsgraden $K = 9500 + 10x$. In unserem Beispiel sind die Unterschiede der Ergebnisse beider Verfahren relativ gering, was immer der Fall ist, wenn die Punktstreuung nicht sehr groß ist. Streuen dagegen die Beobachtungswerte stärker, so wird der optische Ausgleich schwieriger, so daß nur die Trendberechnung zu genauen Ausgleichsgeraden führen kann[607].

III. Kritische Beurteilung der statistischen Gemeinkostenplanung

1. Als Vorteil der statistischen Gemeinkostenplanung wird ihre Einfachheit im Vergleich zu den übrigen Verfahren der Kostenplanung hervorgehoben, bei denen stets umfangreiche Mengen- und Zeitplanungen sowie kompliziert erscheinende Kostenauflösungen erforderlich sind. Es muß aber bezweifelt werden, ob statistische Methoden der Gemeinkostenplanung zu brauchbaren Sollkostenvorgaben führen können. Betrachten wir hierzu zunächst die Voraussetzungen, die erfüllt sein müssen, damit aus den Istkosten vergangener Perioden Sollkosten abgeleitet werden können, die den Ansprüchen der flexiblen Plankostenrechnung genügen.

Zunächst müssen die nach Kostenstellen und Kostenarten differenzierten Istkostenbeträge für zwölf Monate zur Verfügung stehen, in denen die gleiche Kostenstellen- und Kostenarteneinteilung verwendet wurde, die auch nach Einführung der Plankostenrechnung Anwendung finden wird. Da bei der Einführung einer Plankostenrechnung die Kostenstelleneinteilung aber in den meisten Fällen verfeinert werden muß und häufig auch der Kostenartenplan verändert wird, entstehen bei der ersten Kostenplanung für die statistische Erfassung der Istkosten hieraus bereits große Schwierigkeiten. Die nachträgliche Anpassung an eine neue Kostenstelleneinteilung ist stets mit sehr viel Arbeit verbunden und in vielen Fällen undurchführbar.

Weiterhin ist es für die statistische Gemeinkostenplanung erforderlich, daß sich die zu den Istkosten gehörenden Istbezugsgrößen exakt erfassen lassen. Bei einer Neueinführung der Plankostenrechnung fehlen hierfür aber meistens die entsprechenden Aufschreibungen, da solche in der Regel vorher nicht erforderlich waren. Die Istbezugsgrößen müßten aus den Produktions- und Absatzzahlen rekonstruiert werden, was insbesondere bei komplizierten Fertigungsverfahren sehr mühsam ist. Im übrigen wirken sich auch hierbei Veränderungen der Kostenstelleneinteilung störend aus.

Die größten Schwierigkeiten bereiten jedoch die für die statistische Gemeinkostenplanung erforderlichen Bereinigungen der Istkosten, d. h. die Eliminierung von Kontierungsfehlern und Kostenstößen sowie die Umrechnung, die durch Veränderungen der Planpreise, Kapazitäten, Verfahren, Arbeitszeitverhältnisse, Leistungsgrade usw. erforderlich werden. Nur wenn man diese Bereinigungen gründlich durchführt, kann

[607] Auch im *N.A.C.A.-Bulletin 1949 (6),* No. 16, Section 3, S. 1234, wird darauf hingewiesen, daß beide Methoden in vielen Fällen zu nahezu gleichen Ergebnissen führen.

man mit Hilfe der statistischen Gemeinkostenplanung Sollkosten erhalten. Eine gründliche Behandlung der Bereinigung setzt aber praktisch in den meisten Fällen nahezu genausoviele Mengen- und Zeitplanungen voraus, wie die übrigen Verfahren der Gemeinkostenplanung, ohne daß der gleiche Grad an Genauigkeit erreicht werden kann. Die statistische Gemeinkostenplanung ist daher, wenn man sie wirklich mit der erforderlichen Exaktheit durchführt, keineswegs einfacher als die synthetischen Verfahren.

2. Selbst wenn man aber die Istkosten und die Istbezugsgrößen genau erfaßt und durch exakte Umrechnungen und Bereinigungen auf die Planungsperiode abgestimmt hätte, dann würden trotzdem noch weitere große Nachteile der statistischen Gemeinkostenplanung bestehen. Der erste Nachteil besteht darin, daß sich die Istkosten stets nur selten von den Einflüssen stoßweiser oder permanent auftretender Unwirtschaftlichkeiten bereinigen lassen, da man diese Einflüsse nur äußerst schwer erkennen kann, wenn man bei der Gemeinkostenplanung von den Istkosten ausgeht. Dies gilt ganz besonders für permanente Unwirtschaftlichkeiten. Selbst wenn man aber das Vorhandensein von Unwirtschaftlichkeiten erkennt, ist man bei den statistischen Methoden der Gemeinkostenplanung nicht in der Lage, die Einflüsse dieser Unwirtschaftlichkeiten quantitativ zu bestimmen. Dies ist vielmehr nur möglich, wenn die Sollkosten unabhängig von den Istkosten vergangener Perioden durch besondere Planungsmethoden aufgebaut werden. Die Vergangenheitsorientierung der Istkosten ist heute der Hauptgrund dafür, daß die statistischen Methoden der Gemeinkostenplanung weitgehend abgelehnt werden[608].
Aber noch aus einem anderen Grund ist die statistische Gemeinkostenplanung in vielen Fällen nicht anwendbar, nämlich dann, wenn die Beschäftigungslage in den einzelnen Kostenstellen relativ stabil war; dann treten *Streupunktballungen* wie im Beispiel der Abbildung 27 auf.
Durch solche Streupunktballungen werden die Methoden der statistischen Gemeinkostenplanung stark beeinträchtigt; denn es ist nur schwer zu entscheiden, wie man durch eine Streupunktballung eine Ausgleichsgerade legen soll, und auch die Trendberechnung führt in solchen Fällen zu problematischen Ergebnissen.

[608] Vgl. *R. Gächter*, Die Standardkostenrechnung ..., a. a. O., S. 32 ff.; *J. A. de Haas*, Standard Costs as a Basis of Management and Industrial Control, Annalen der Betriebswirtschaft 1927, S. 32; *H. C. Heiser*, Budgetierung ..., a. a. O., S. 176; *K. W. Hennig*, Betriebswirtschaftslehre der industriellen Fertigung, Braunschweig 1946, S. 139: „Bisherige Kostenaufzeichnungen können nur einen bedingten Wert haben, da man ja gerade einen Standard schaffen, also von den Istkosten loskommen will."; *C. T. Horngren*, Cost Accounting ..., a. a. O., S. 208: "Management wants to plan what costs should be, not what costs have been."; *A. Matz, O. J. Curry, G. W. Frank*, Cost Accounting ..., a. a. O., S. 542; *A. Matz*, Planung ..., a. a. O., S. 93; *H. G. Plaut*, Die Plankostenrechnung in der Praxis des Betriebes, ZfB 1951, S. 538; *H. G. Plaut*, Die Grenz-Plankostenrechnung, ZfB 1953, S. 403; *K. Schwantag*, Der heutige Stand ..., a. a. O., S. 395; *G. Shillinglaw*, Cost Accounting ..., a. a. O., S. 235; *F. Wille*, Plan- und Standardkostenrechnung, 2. Aufl., Essen 1963, S. 45.

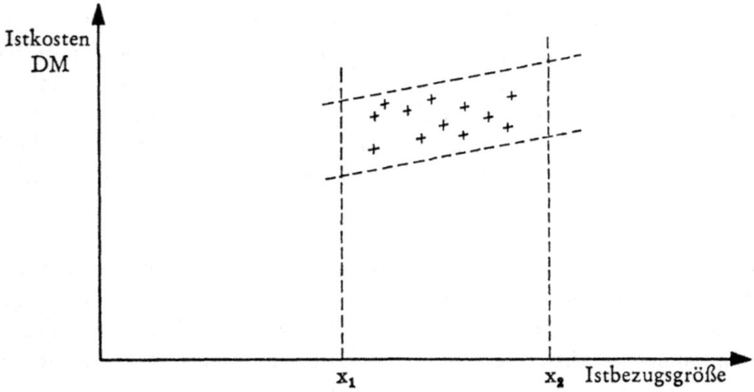

Abb. 27: Beispiel einer Streupunktballung

Aus den oben beschriebenen Gründen sollte daher die Gemeinkostenplanung grundsätzlich so weit wie möglich ohne Anlehnung an die Istkosten vergangener Perioden durchgeführt werden und niemals primär auf den Ergebnissen statistischer Methoden beruhen. Statistische Kostenanalysen sollten allenfalls als Ergänzung, nicht dagegen als Grundlage der Gemeinkostenplanung dienen.

B. Die mehrstufige synthetische Gemeinkostenplanung

1. Die ältere Form der synthetischen Gemeinkostenplanung, die mehrstufige Gemeinkostenplanung, wurde aus der starren Plankostenrechnung in die flexible Plankostenrechnung übernommen. Bei der starren Plankostenrechnung wurden die Plankosten nur für jeweils *eine* bestimmte Planbezugsgröße festgelegt, indem man die Verbrauchsmengen durch Verbrauchsanalysen, Messungen und Berechnungen bestimmte und anschließend die Bewertung zu Planpreisen durchführte. Für die übrigen Bezugsgrößenwerte verzichtete man in der starren Plankostenrechnung auf gesonderte Gemeinkostenvorgaben; sie wurden erst mit dem Übergang zur flexiblen Plankostenrechnung, in der jedem möglichen Bezugsgrößenwert ein bestimmter Sollkostenbetrag entsprechen muß, erforderlich. Hierbei lag es nahe, daß man zunächst versuchte, die Gemeinkostenplanung für alle übrigen Bezugsgrößenwerte auf die gleiche Weise durchzuführen, wie man es von der starren Plankostenrechnung her für die Planbezugsgröße kannte. Allerdings zwang die große Anzahl der möglichen Bezugsgrößenwerte zu einer Abstufung, die darin bestand, daß man etwa für einen Bereich von 40 % bis 130 % der Planbezugsgröße in Abständen von 10 % die zugehörigen Sollgemeinkosten gesondert ermittelte. Die fehlenden Zwischenwerte konnte man dann leicht durch lineare Interpolation ermitteln. Das Ergebnis einer solchen Gemeinkostenplanung bestand in einer stufenförmig aufgebauten Sollkostentabelle, wie wir sie schematisch in Form der Tabelle 34 wiedergegeben haben.

Tabelle 34: Schematischer Aufbau eines mehrstufigen Gemeinkostenplanes

x	40 %	50 %	60 %	70 %	80 %	90 %	100 %	110 %	120 %	130 %
$K^{(s)}$	$K^{(s)}_{40}$	$K^{(s)}_{50}$	$K^{(s)}_{60}$	$K^{(s)}_{70}$	$K^{(s)}_{80}$	$K^{(s)}_{90}$	$K^{(s)}_{100}$	$K^{(s)}_{110}$	$K^{(s)}_{120}$	$K^{(s)}_{130}$

Graphisch dargestellt, erhält man bei der mehrstufigen Gemeinkostenplanung häufig „stufenförmig geknickte" Sollgemeinkostenkurven, wie wir sie in der Abbildung 28 wiedergegeben haben.

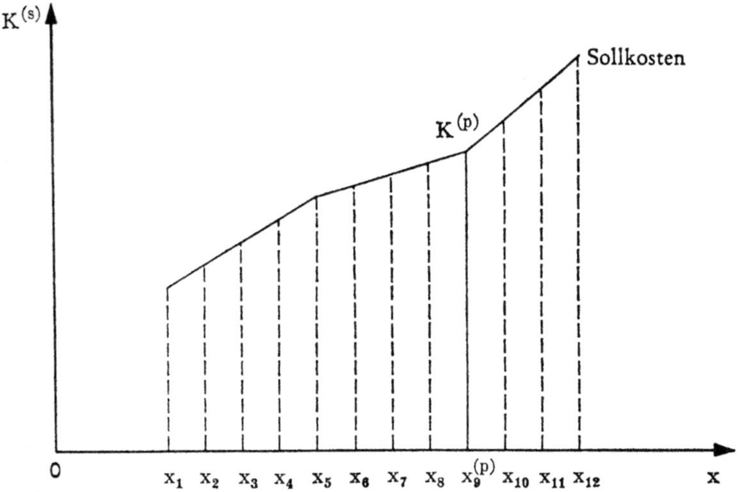

Abb. 28: Beispiel einer mehrstufig aufgebauten Sollgemeinkostenkurve

Da eine solche mehrstufig aufgebaute Sollgemeinkostenkurve die Vorgaben für mehrere, „eventuell" mögliche Bezugsgrößenwerte wiedergibt, wurde sie von H. Steinmann als *Eventualbudget* und von E. Michel als *Aufwandsbewegungsplan* bezeichnet[609]. Diese Ausdrücke wurden später durch die Bezeichnung *Stufenplan* ersetzt. In der amerikanischen Literatur spricht man von einem „flexible budget in columnar form".[610]

[609] Vgl. *H. Steinmann,* Die Plankostenrechnung, Diss. Berlin 1939, S. 151; *E. Michel,* Handbuch der Plankostenrechnung, Berlin 1937, S. 133; *K. Mellerowicz,* Plankostenrechnung und Betriebsvergleich, Berlin 1939, S. 33. Eine besonders ausführliche Analyse von Stufenplänen findet der Leser bei *W. Medicke,* Die Gemeinkosten in der Plankostenrechnung, Berlin 1956, S. 87 ff.

[610] Vgl. *N.A.C.A.-Research Series,* The Volume Factor in Budgeting Costs, N.A.C.A.-Bulletin 1950(6), No. 18, Section 3, S. 1302. *C. T. Horngren,* Cost Accounting . . ., a. a. O., S. 204 ff., bezeichnet den Stufenplan als „tabular (columnar) form".

2. Als besonderer Vorteil der mehrstufigen Gemeinkostenplanung wird in der Literatur hervorgehoben, daß es mit Hilfe dieser Methode leicht möglich sei, nichtlineare und unstetige Sollkostenfunktionen vorzugeben[611]. Dieser Ansicht stimmen wir jedoch nicht zu; denn die Stufenplanung erfolgt ohne eine bewußte Trennung in fixe und proportionale Kosten[612], so daß es als unwahrscheinlich anzusehen ist, daß gerade die mehrstufige Gemeinkostenplanung für die Vorgabe von Kostensprüngen und nichtlinearen Kostenverläufen besonders geeignet sein soll. Wir glauben vielmehr, daß nur auf der Basis einer entsprechend erweiterten einstufigen Kostenplanung eventuell zu berücksichtigende quantitative Anpassungsprozesse richtig erfaßt werden können und daß im übrigen bei nichtlinearen Kostenverläufen durch besondere Kostenuntersuchungen nichtlineare Funktionen ermittelt werden müssen. Im übrigen ist die mehrstufige Gemeinkostenplanung planungstechnisch sehr schwerfällig, so daß sie in Deutschland heute allgemein als ein veraltetes Verfahren angesehen wird.

C. *Die einstufige synthetische Gemeinkostenplanung*

I. Die planmäßige Kostenauflösung als Grundlage der einstufigen Gemeinkostenplanung

1. Die einstufige Gemeinkostenplanung unterscheidet sich von der Stufenplanung dadurch, daß man bei ihr nur die Sollkosten, die der Planbezugsgröße entsprechen, durch Verbrauchsanalysen, Messungen und Berechnungen plant und hieraus die Sollkosten der übrigen Bezugsgrößenwerte mit Hilfe einer Aufspaltung in fixe und proportionale Kosten ableitet. Formal betrachtet, geht man hierbei so vor, daß man für jede Kostenart einer Kostenstelle die Plangemeinkosten $K^{(p)}$ ermittelt. Der nächste Schritt besteht dann darin, diesen Betrag in einen fixen und in einen proportionalen Teil aufzuspalten. Zieht man von den Plangemeinkosten $K^{(p)}$ den Fixkostenanteil $F^{(p)}$ ab und dividiert man den Rest durch $x^{(p)}$, so erhält man die proportionalen Plangemeinkosten pro Bezugsgrößeneinheit, die wir als $d^{(p)}$ bezeichnet haben. Durch die Größen $F^{(p)}$ und $d^{(p)}$ ist die lineare Sollkostenfunktion der betreffenden Kostenart bestimmt. Die Abbildung 29 verdeutlicht die einstufige synthetische Gemeinkostenplanung graphisch. Von den Plankosten SD wird der Fixkostenanteil ED abgespalten und auf die Ordinate als OA übertragen. Die Verbindungsgerade AH stellt die lineare Sollkostenkurve dar.

[611] *C. T. Horngren*, Cost Accounting..., a. a. O., S. 204 und 206, schreibt hierüber: "Its chief advantage is that irregular or curvilinear cost patterns may be portrayed more effectively." Auch *K. Käfer* hat in der 1. Auflage seines Buches: Standardkostenrechnung, Stuttgart 1955, auf S. 158 die Ansicht vertreten, daß es mit Hilfe der mehrstufigen Gemeinkostenplanung möglich sei, „... Kosten jeden Charakters, mit beliebigen Degressionen und Progressionen oder Sprüngen, zu berücksichtigen". Vgl. hierzu auch *W. Medicke*, Die Gemeinkosten ..., a. a. O., S. 88 f.

[612] Vgl. *N.A.C.A.-Bulletin 1950 (6)*, No. 18, Section 3, a. a. O., S. 1302.

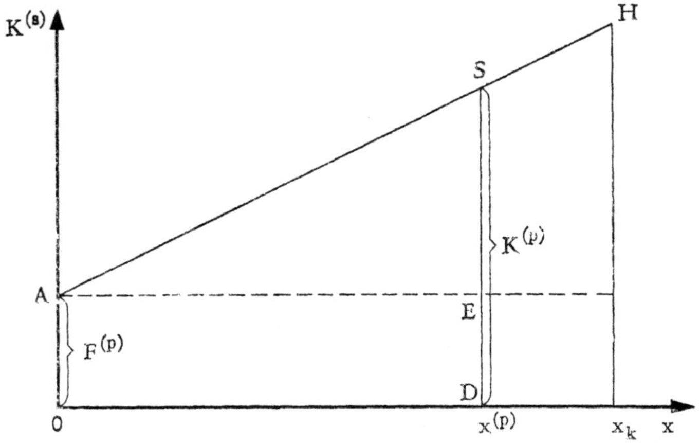

Abb. 29: Graphische Darstellung der einstufigen Gemeinkostenplanung

Die einstufige Gemeinkostenplanung wurde in der deutschen Literatur zuerst von W. Lorch und F. Sommer beschrieben[613]. Sie wurde auch bereits von E. Michel verwendet, wenn auch noch mehr oder weniger kombiniert mit der Stufenplanung[614]. Die einstufige Gemeinkostenplanung hat den großen Vorteil, daß bei ihr eine Kostenplanung lediglich für *einen* Bezugsgrößenwert durchgeführt zu werden braucht. Der einstufigen Gemeinkostenplanung liegen allerdings die Prämissen linearer Kostenverläufe zugrunde, die wir bereits im Abschnitt B des fünften Kapitels behandelt haben.

2. Die Spaltung der Kosten in fixe und in variable Bestandteile bezeichnet man in der Betriebswirtschaftslehre als *Kostenauflösung.* Hierbei werden die mathematische und die buchtechnische Kostenauflösung unterschieden.

Die *mathematische Kostenauflösung* ist ein „analytisches" Verfahren, da sie stets von zwei Punkten einer in der Vergangenheit realisierten Kostenkurve ausgeht[615]. Sie ist daher lediglich bei der statistischen Gemeinkostenplanung, nicht dagegen aber auch bei den analytischen Verfahren der Kostenplanung in sinnvoller Weise anwendbar[616]. Alle Autoren, die statistische Methoden der Gemeinkostenplanung ablehnen, sprechen sich zugleich gegen die mathematische Kostenauflösung aus.

613 Vgl. *W. Lorch* und *F. Sommer,* Rechnungswesen und technischer Betrieb, Die Grundlagen der Plankostenrechnung, Berlin 1929, S. 164.

614 Vgl. *E. Michel,* Handbuch . . ., a. a. O., S. 133 ff.

615 Vgl. *H. E. Kalischer,* Der Widerspruch zwischen mathematischer und buchtechnischer Kostenauflösung, ZfhF 1930, S. 6: „Man kann die mathematische Methode als Analyse, die buchtechnische als Synthese bezeichnen."

616 Lediglich bei „naturwissenschaftlich bestimmten Kosten" läßt sich auch für die Zwecke der Kostenplanung die mathematische Kostenauflösung anwenden, da die Kosten immer wieder nach der gleichen Gesetzmäßigkeit anfallen. Die Mehrzahl aller Kosten ist aber dispositionsabhängig und wird zugleich durch den Grad der innerbetrieblichen Wirt-

Die *buchtechnische Kostenauflösung* ist ein synthetisches Verfahren, da sie in ihrer ursprünglichen Form so durchgeführt wurde, daß alle „verbuchten Kostenbelege" von den Kostenplanern daraufhin untersucht wurden, ob sich die durch sie erfaßten Kostenartenbeträge bei Beschäftigungsschwankungen fix oder proportional verhalten. Ursprünglich war die buchtechnische Kostenauflösung zweifellos als ein Verfahren gedacht, mit dessen Hilfe Istkosten in fixe und in proportionale Bestandteile zerlegt werden sollten. Wegen der Dispositionsbestimmtheit der meisten Kostenarten kann aber die Kosten*auflösung* immer nur in Verbindung mit einer Kosten*planung* durchgeführt werden. Auch im Falle einer Ex post-Betrachtung ist die Zerlegung der Kosten in fixe und proportionale Bestandteile stets mit einer Interpretation früherer Planungsentscheidungen verbunden[617]. Wir wollen daher die Bezeichnung „buchtechnische Kostenauflösung" nicht verwenden, sondern im Zusammenhang mit der Plankostenrechnung von *planmäßiger Kostenauflösung* sprechen. Die planmäßige Kostenauflösung ist das für die einstufige Gemeinkostenplanung allein anwendbare Verfahren. Mit ihrer Hilfe soll festgestellt werden, welche Kostenarten sich in bezug auf Beschäftigungsschwankungen proportional verhalten *sollen*; es soll dagegen nicht festgestellt werden, welche Kostenarten sich in der Vergangenheit proportional zu Beschäftigungsschwankungen verhalten *haben*.

Die Durchführung der planmäßigen Kostenauflösung erfolgt in der Weise, daß die Kostenplaner jeden geplanten Kostenbetrag daraufhin untersuchen, ob seine Entstehung ganz oder zum Teil auch dann gerechtfertigt ist, wenn die Beschäftigung der betreffenden Kostenstelle, gemessen durch die Bezugsgröße, gegen Null tendiert, aber die geplante Betriebsbereitschaft oder Kapazität dieser Stelle unverändert aufrecht erhalten werden soll. Die hierbei ermittelten Beträge werden für die Planperiode als geplante absolut fixe Kosten angesetzt.

Wie die Kostentheorie lehrt, gibt es nur wenige absolut fixe Kostenarten; die meisten fixen Kosten haben intervall- oder sprungfixen Charakter und verändern sich infolge quantitativer Anpassungsprozesse[618]. Die durch die Kostenauflösung ermittelten fixen Kosten sind daher nicht ihrer Art nach absolut unveränderlich, sondern sie sind nur deshalb als fixe Kosten anzusehen, weil der einstufigen Gemein-

schaftlichkeit bestimmt, so daß hier die mathematische Kostenauflösung nicht anwendbar ist. Vgl. Diskussionsergebnis zu *G. Evers*, Möglichkeiten und Grenzen mathematisch-statistischer Verfahren der Kostenauflösung, AGPLAN, Bd. 6, Wiesbaden 1962, S. 112.

617 *W. Medicke*, „Der Mythos von den fixen Kosten und die betriebswirtschaftliche Leistungs-Abrechnung", Eine kritische Betrachtung zum gleichnamigen Aufsatz von Dr. E. Sonnefeld, ZfB 1963, schreibt hierzu auf S. 104: „Die Aufteilung der Kosten in fixe und proportionale Bestandteile ist immer eine Frage der *Kostenplanung*, niemals der Istkosten-Kontierung!" Auch *H. E. Kalischer*, Der Widerspruch ..., a. a. O., hat auf S. 4 die Ansicht vertreten, daß die Kostenauflösung stets zu *geplanten* fixen Kosten führt. In ähnlicher Weise hat K. Rummel hervorgehoben, daß „feste Kosten im wesentlichen Sollkosten" sind; vgl. *K. Rummel*, Proportionale Abschreibung, Archiv für das Eisenhüttenwesen 1937/38, S. 637; *K. Rummel*, Kosten, Preise, Werte, Archiv für das Eisenhüttenwesen 1936/37, S. 435; *K. Rummel*, Einheitliche Kostenrechnung, 3. Aufl., Düsseldorf 1949, S. 28 und 211.

618 Vgl. hierzu unsere Ausführungen im 5. Kapitel, S. 134 ff., 147 ff.

kostenplanung die dispositive Planungsentscheidung einer konstanten Betriebsbereitschaft zugrunde liegt. Der NAA-Research Report von 1961 enthält hierüber: "Costs are not inherently direct or period in nature, but acquire these characteristics as the result of managerial decisions with respect to organization and control of cost factors."[619]
Man kann diesen Sachverhalt auch so interpretieren, daß durch die planmäßige Kostenauflösung in fixe und proportionale Plankosten diejenigen Kosten als proportionale Kosten angesetzt werden sollen, für die vorgesehen ist, daß sie sich bei Bezugsgrößenschwankungen ohne besondere dispositive Maßnahmen proportional verändern, während die fixen Kosten so lange unverändert bleiben sollen, bis von der Geschäftsleitung gesteuerte quantitative Anpassungsprozesse vorgenommen und die Kostenpläne entsprechend revidiert werden. Im N.A.C.A.-Bulletin von 1953 steht hierüber: "For example, one company defines variable costs as those which follow volume without need for managerial decision once the budget has been approved. On the other hand, fixed costs are defined as costs which remain constant in total until a managerial decision to revise budget allowances is made."[620]
Dieser Grundsatz ist leichter formuliert als verifiziert; denn seine Anwendung hängt von der Fristigkeit der Betrachtung ab. Zweifellos ist die planmäßige Kostenauflösung beim Aufbau einer Plankostenrechnung ein „kurzfristiges Problem" im Sinne der klassischen Einteilung in „short run-" und „long run-" Betrachtungen. Es gibt daher Kostenbeträge, die ohne Schwierigkeiten als fixe Kosten angesetzt werden können, so z. B. die Abschreibung für Zeitverschleiß, kalkulatorische Zinsen auf Anlagevermögen und Raumkosten. Bei einigen Kostenarten, insbesondere bei den Personalkosten, hängt die Einteilung in fixe und proportionale Bestandteile aber entscheidend davon ab, *wie* kurzfristig man die Kosten planen will, oder anders ausgedrückt, welchen Grad quantitativer Anpassungsprozesse (im Personalsektor) man in die Sollkostenfunktionen einbeziehen will.
Für die Zwecke der Kostenkontrolle hat es sich als zweckmäßig erwiesen, den Fristigkeitsgrad der Kostenplanung bis an die Grenze zur mittelfristigen Planung auszudehnen. Hierbei werden alle Fertigungslöhne, ein großer Teil der Hilfslöhne und in einigen Abteilungen sogar Gehälter als proportionale Kosten angesetzt. Verhalten sich die entsprechenden Istkosten weniger flexibel, so entstehen Verbrauchsabweichungen, die den Betrieb zu quantitativen Anpassungsprozessen veranlassen sollen.
Für Entscheidungsprobleme sind allerdings häufig Plankosten erforderlich, denen eine kürzere Planungsperiode, z. B. ein Monat, zugrunde liegt. Wegen der Austauschbarkeit der Fertigungsarbeiter sind auch hier die Fertigungslöhne noch voll proportional anzusetzen, bei den Hilfslöhnen nehmen aber die Fixkostenbestandteile zu, und sämtliche Gehälter sind dann als fixe Kosten anzusetzen.

619 Vgl. *NAA-Research Report 37*, Current Application of Direct Costing, New York 1961, S. 11.
620 Vgl. *N.A.C.A.-Research Series*, Direct Costing, N.A.C.A.-Bulletin 1953 (4), No. 23, Section 3, S. 1088.

Es ist eine Ermessensfrage, welchen Grad der Proportionalisierung man im Bereich der Personalkosten beim Aufbau einer jährlichen Kostenplanung zugrunde legen will. Der Verfasser vertritt die Ansicht, daß für den Soll-Ist-Kosten-Vergleich und für den Aufbau von Plankalkulationen in der Regel eine möglichst weitgehende Proportionalisierung anzustreben ist. Hierbei ist aber darauf zu achten, daß die Grenzkosten bei kurzfristigen Entscheidungsproblemen entsprechend korrigiert werden müssen.

3. Wir wollen hier die Durchführung der einstufigen synthetischen Gemeinkostenplanung für das gleiche Beispiel betrachten, das wir bereits unseren früheren Ausführungen über die Methoden der Gemeinkostenplanung zugrunde gelegt haben. Für die Kokskosten der Kostenstelle „Schmelzbetrieb" einer Eisengießerei wird zunächst der Koksverbrauch bestimmt, der für das Schmelzen der Planbezugsgröße von 2 000 t erforderlich ist. Hierbei möge der Kostenplaner in unserem Beispiel zu dem Ergebnis gelangen, daß 9 % der Ausbringung als Schmelzkoks eingesetzt werden müssen. Für 2 000 t erhalten wir dann einen Planschmelzkoksverbrauch von 180 t. Die bei dem durchschnittlich zu erwartenden Mischungswechsel auf 2 000 t entfallende Anzahl Neufüllungen erfordert etwa 80 t. Der Gesamtplanverbrauch für 2 000 t Ausbringung beträgt somit 260 t Koks. Bei einem Planpreis von 110 DM pro t Koks erhalten wir daher 28 600 DM Plankosten der Planbezugsgröße. Dieser Betrag wird wie folgt in einen fixen und einen proportionalen Teil aufgespalten. Zunächst wird der gesamte Schmelzkoksverbrauch als rein proportional angesetzt, da er in einer festen Relation zur Ausbringungsmenge steht. Der Füllkoksverbrauch ist dagegen zum größten Teil fix, weil wegen der Sortendifferenzierung auch bei relativ geringer Beschäftigung Neufüllungen erforderlich werden. Lediglich die Kosten für etwa 10 t Füllkoks, also 1 100 DM, werden als proportionale Kosten vorgegeben, da sich diese Menge mit abnehmender Bezugsgröße einsparen läßt. Wir erhalten somit in unserem Beispiel 20 900 DM proportionale und 7 700 DM fixe Kosten. Die Sollgemeinkosten folgen daher der Gleichung:

$$K^{(s)} = 7\,700 + 10{,}45\,x$$

Ein Vergleich mit den Sollkosten, die für das gleiche Beispiel durch die statistische Methode ermittelt wurden, zeigt, daß wir dort höhere Fixkosten und etwas niedrigere proportionale Plankosten pro Bezugsgrößeneinheit erhalten haben.

II. Die Bedeutung von Variatoren für die einstufige Gemeinkostenplanung

1. Das Ergebnis der planmäßigen Kostenauflösung besteht aus der Angabe, welche Bestandteile der Plankosten einer bestimmten Kostenart den fixen und welche den porportionalen Kosten zuzuordnen sind. Um diesen Tatbestand in einfacher Weise ausdrücken zu können, ging man bereits sehr früh dazu über, „Veränderungsfaktoren" zu verwenden, die das Ergebnis der Kostenauflösung für jeden Kostenartenbetrag einer Kostenstelle in *einer* Kennziffer zum Ausdruck bringen. Bereits 1928 wurden

derartige Faktoren in den USA von H. W. Maynard in Form seiner „Factors of Expense Variability" beschrieben[621], ohne daß jedoch diese Faktoren zugleich in Deutschland bekannt wurden. So wurden hier, unabhängig von den USA, ähnliche Faktoren entwickelt, die man heute allgemein als *Variatoren* bezeichnet. Den Ausgangspunkt dieser Entwicklung dürften die von E. Michel im Zusammenhang mit seinen Aufwandsbewegungsplänen beschriebenen „Änderungsschlüssel" gebildet haben[622].

Ein Variator ist eine Kennziffer, die angibt, wieviel Prozent der Plankosten (bei Planbeschäftigung) sich proportional zur Bezugsgröße einer Kostenstelle verhalten sollen[623]. Ein Variator von 100 % bedeutet, daß sämtliche Plankosten proportional verlaufen sollen, während ein Variator von 0 % anzeigt, daß sämtliche Plankosten als fix anzusehen sind. Ein Zwischenwert von z. B. 60 % gibt an, daß die Plankosten der Planbezugsgröße zu 60 % aus proportionalen und zu 40 % aus fixen Kosten bestehen. Da sich diese Aussagen stets auf geplante Kosten beziehen und das Ergebnis einer planmäßigen Kostenauflösung sind, ist auch jeder Variator eine Plangröße.

Man unterscheidet Variatoren für einzelne Kostenarten einer Kostenstelle und Gesamtvariatoren, die sich auf alle Kostenarten einer Kostenstelle beziehen. Für die Gemeinkostenplanung interessieren nur die Variatoren einzelner Kostenarten, da die Gemeinkostenplanung stets kostenartenweise durchzuführen ist. Gesamtvariatoren haben allenfalls statistische Bedeutung.

Statt der prozentualen Schreibweise verwendet man häufig die „Zehner-Form". Hierbei werden z. B. die Werte 40 % bzw. 60 % durch 4 bzw. 6 ersetzt. Die Skala möglicher Variatoren reicht daher von 0 bis 10. Diese Zehnerform der Variatoren hat sich in der Plankostenrechnung aus einem besonderen Grunde durchgesetzt, den wir noch erörtern werden.

Mathematisch betrachtet, ist der in Zehnerform ausgedrückte Variator einer Kosten-

[621] Vgl. *H. W. Maynard,* What the Standard Costs and the Flexible Budget Are Doing for the Reduction of Costs in the Manufacturing Department. The Experience of the Gilette Safety Razor Company, N.A.C.A.-Yearbook 1928, New York 1928, S. 300 ff., zitiert nach *K. Weber,* Amerikanische Standardkostenrechnung, Winterthur 1960, S. 48.

[622] Vgl. *E. Michel,* Handbuch ..., a. a. O., S. 133 ff.

[623] Zum Variatorbegriff vgl. vor allem die folgenden Autoren: *K. Agthe,* Kostenplanung und Kostenkontrolle im Industriebetrieb, Baden-Baden 1963, S. 104 ff.; *K. Gans,* Die Kostenrechnung der Kalkindustrie, Diss. Hannover 1950, S. 90 ff.; *F. Henzel,* Die Kostenrechnung, 4. Aufl., Essen 1964, S. 548 ff.; *F. Henzel,* Nachdenkliches zur Plankostenrechnung, ZfB 1953, S. 525 ff.; *K. Käfer,* Standardkostenrechnung, 2. Aufl., Zürich 1964, S. 259 ff.; *E. Kosiol,* Kostenrechnung, a. a. O., S. 240 ff.; *W. Medicke,* Die Gemeinkosten ..., a. a. O., S. 80 ff.; *W. Müller,* „Die Plankostenrechnung in der Praxis des Betriebes". Eine Entgegnung, ZfB 1951, S. 600; *F. Petzold,* Prinzipien der Plankostenrechnung und Ergänzungen zu Begriffsbestimmungen, ZfB 1950, S. 398; *H. G. Plaut,* Die Plankostenrechnung ..., a. a. O., S. 537; *H. G. Plaut,* Unternehmenssteuerung mit Hilfe der Voll- oder Grenzplankostenrechnung, ZfB 1961, S. 464 f., und S. 481 f.; *H. Tigges,* Betriebsüberwachung durch Plankostenrechnung, ZfhF 1951, S. 199; *F. Wille,* Plan- und Standardkostenrechnung, 2. Aufl., a. a. O., S. 67 ff.

art gleich dem mit 10 multiplizierten Koeffizienten aus den proportionalen Plankosten der Planbezugsgröße $V_\nu^{(p)}$ und den gesamten Plankosten der Planbezugsgröße $K_\nu^{(p)}$. Bezeichnen wir den Variator mit φ_ν, so können wir ihn formelmäßig wie folgt ausdrücken:

$$\varphi_\nu = \frac{V_\nu^{(p)}}{K_\nu^{(p)}} 10 \qquad (\nu = 1, 2, \ldots, z) \tag{124}$$

Graphisch betrachtet, ist der Variator gleich dem zehnfachen Wert des Bruches der Strecken SE und SD in der Abbildung 29.

2. Zur Analyse des Variatorbegriffes wollen wir in der Gleichung (124) die Plankosten $K_\nu^{(p)}$ durch $F_\nu^{(p)} + V_\nu^{(p)}$ und die variablen Kosten $V_\nu^{(p)}$ durch $d_\nu^{(p)} x^{(p)}$ ersetzen und hierbei aus Gründen der Vereinfachung den Kostenartenindex ν weglassen. Hierbei erhalten wir aus der Gleichung (124) folgenden Ausdruck:

$$\varphi = \frac{d^{(p)} x^{(p)}}{F^{(p)} + d^{(p)} x^{(p)}} 10 \tag{125}$$

oder umgeformt:

$$\varphi = \frac{10}{1 + \dfrac{F^{(p)}}{d^{(p)} x^{(p)}}} \tag{126}$$

Die Gültigkeit der Gleichung (126) erkennt man daran, daß sie für $d^{(p)} = 0$ den Wert $\varphi = 0$ und für $F^{(p)} = 0$ den Wert $\varphi = 10$ annimmt[624]. Für alle übrigen Werte erhält man zwischen 0 und 10 liegende Variatoren. Die Gleichung (126) läßt erkennen, daß der Variator von insgesamt drei Faktoren bestimmt wird, und zwar von den geplanten fixen Kosten $F^{(p)}$, von den proportionalen Kosten pro Bezugsgrößeneinheit $d^{(p)}$ und von der Höhe der Planbezugsgröße $x^{(p)}$. Wir haben diese Abhängigkeit in den Abbildungen 30, 31 und 32 graphisch dargestellt.

Die Abbildung 30 zeigt, daß bei konstanter Planbezugsgröße und bei konstanten proportionalen Plankosten pro Bezugsgrößeneinheit der Variator, mit dem Wert 10 beginnend, flach hyperbelförmig fällt, wenn man sukzessive von Null an verschieden hohe Fixkostenbeträge ansetzt.

Wie die Abbildung 31 erkennen läßt, steigt bei festliegender Planbezugsgröße und gegebenen fixen Kosten der Variator, von Null beginnend, mit linear erhöhten proportionalen Plankostensätzen $d^{(p)}$ hyperbelförmig an.

Besonders bemerkenswert ist, daß selbst bei konstanten proportionalen Plankosten pro Bezugsgrößeneinheit und konstanten fixen Kosten, daß also bei einer gegebenen Sollkostenfunktion der Variator keine eindeutig bestimmte Größe ist; denn, wie die

[624] Für $d^{(p)} \rightarrow 0$ erhält man $\lim\limits_{d^{(p)} \rightarrow 0} \dfrac{10}{1 + \dfrac{F^{(p)}}{d^{(p)} x^{(p)}}} = 0$

da der Nenner des Bruches, wenn $d^{(p)} \rightarrow 0$, gleich unendlich ist.

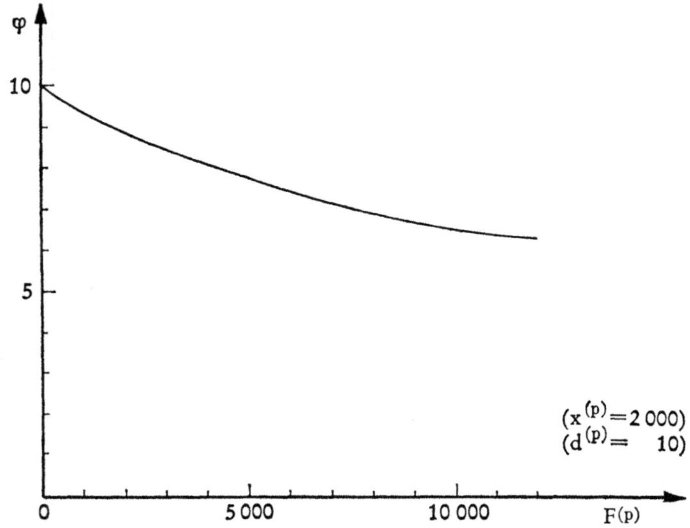

Abb. 30: Abhängigkeit des Variators von den geplanten fixen Kosten

Abbildung 32 erkennen läßt, hängt die Höhe des Variators von der gewählten Planbezugsgröße ab. Dies bedeutet, daß sich keiner Sollkostenkurve und damit keiner Kostenart generell ein bestimmter Variator zuordnen läßt. Man kann daher nicht sagen, daß eine bestimmte Kostenart in einer bestimmten Kostenstelle jeweils den

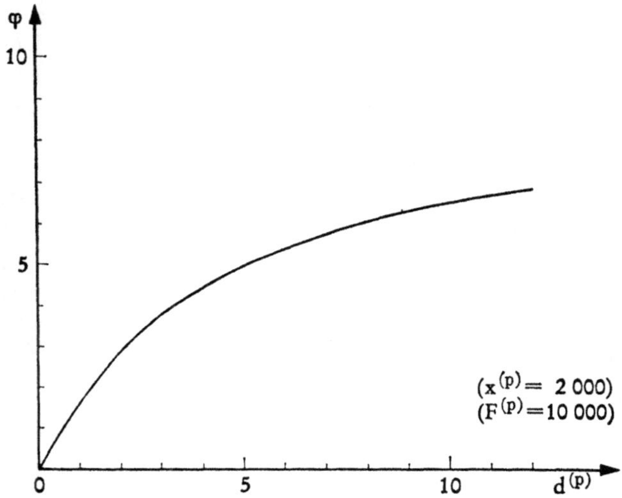

Abb. 31: Abhängigkeit des Variators von den proportionalen Kosten pro Bezugsgrößeneinheit.

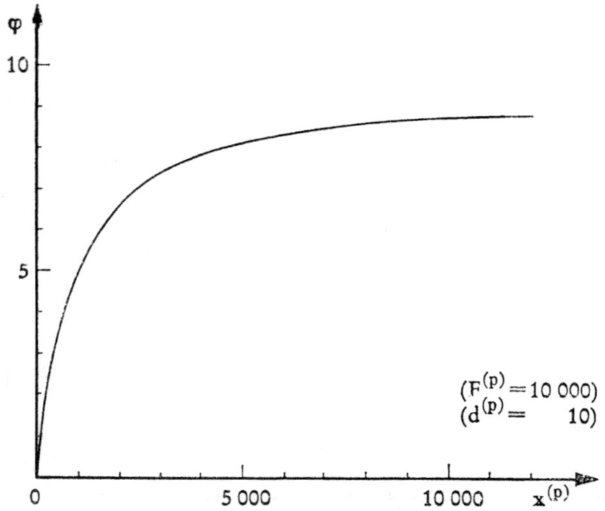

Abb. 32: Abhängigkeit des Variators von der Höhe der Planbezugsgröße

gleichen Variator erhalten muß, da sich die Angabe von Variatoren stets auf die jeweiligen Planbezugsgrößen der Kostenstellen bezieht. In diesem Sinne ist der Variator keineswegs eine absolute, sondern lediglich eine relative Größe, wodurch seine Bedeutung für die Gemeinkostenplanung stark beeinträchtigt wird[625].

3. Die Zehnerschreibweise der Variatoren geht wahrscheinlich auf die früher übliche stufenförmige Gemeinkostenplanung zurück. Dies zeigt z. B. die Variatordefinition von F. Petzold: „Der ‚Variator' kennzeichnet den Proportionalitätsgrad von Kosten, zum Beispiel: Variator 10 = proportionale Kosten; Variator 0 = feste Kosten; Variator 8 = 8 % Kostenänderung bei 10 % Beschäftigungsänderung."[626] Der letzte Teil dieser Definition zeigt, daß es bei der Zehnerform des Variators u. a. darum geht, sofort die prozentualen Veränderungen der Sollgemeinkosten erkennen zu können, die eintreten, wenn sich die zugehörige Bezugsgröße um jeweils 10 % ändert. Gerade durch diesen an sich nebensächlichen Effekt entstehen hinsichtlich des Variators immer wieder Irrtümer und Fehldeutungen[627]. Das liegt daran, daß in der Regel nicht klar genug hervorgehoben wird, daß der Variator nur dann gleich der einer 10%igen Bezugsgrößenveränderung entsprechenden prozentualen Sollgemeinkostenveränderung ist, wenn man als Prozentbasis stets die Plangemein-

[625] Auf die Relativität von Variatoren und insbesondere auf ihre Abhängigkeit von der Planbeschäftigung weist insbesondere *H. G. Plaut*, Unternehmenssteuerung ..., a. a. O., S. 464 f., hin.

[626] Vgl. *F. Petzold*, Prinzipien ..., a. a. O., S. 398.

[627] Vgl. *H. Beckmann*, Plankostenrechnung ..., a. a. O., S. 43, hier interpretiert der Verfasser den Variatorbegriff auf Grund von F. Petzolds Definition falsch, worauf *K. Käfer*, Standardkostenrechnung, 1. Aufl., Stuttgart 1955, S. 187, hingewiesen hat.

kosten der Planbeschäftigung wählt. Diesen Sachverhalt wollen wir formelmäßig wie folgt verdeutlichen. Für die Differenz $\Delta K^{(s)}$ der zu zwei Bezugsgrößenwerten x_1 und x_2 gehörenden Sollgemeinkosten $K_1^{(s)}$ und $K_2^{(s)}$ erhalten wir den folgenden Ausdruck:

(127)
$$\begin{array}{rcl} K_2^{(s)} & = & F^{(p)} + d^{(p)} x_2 \\ ./.\ K_1^{(s)} & = & F^{(p)} + d^{(p)} x_1 \\ \hline \Delta K^{(s)} & = & d^{(p)} (x_2 - x_1) \end{array}$$

Setzen wir in die Gleichung (127) die Bedingung $(x_1 - x_2) = (1/10)\, x^{(p)}$ ein, so erhalten wir:

(128)
$$\Delta K^{(s)} = \frac{1}{10} d^{(p)} x^{(p)}$$

Beziehen wir $\Delta K^{(s)}$ prozentual auf die Ausgangskosten $K_1^{(s)}$, so erhalten wir den Prozentsatz y, der angibt, um wieviel Prozent sich die Sollkosten infolge einer zehnprozentigen Bezugsgrößenvariation gegenüber der Ausgangslage verändern:

(129)
$$\Delta K^{(s)} : K_1^{(s)} = y : 100$$

woraus nach Einsetzen der Funktionsausdrücke für $\Delta K^{(s)}$ und $K_1^{(s)}$ folgt:

(130)
$$y = \frac{d^{(p)} x^{(p)}}{F^{(p)} + d^{(p)} x_1} 10$$

Dieser Ausdruck stimmt aber nur dann mit dem Variator φ überein, wenn $x_1 = x^{(p)}$ ist, d. h., wenn als prozentuale Vergleichsbasis der Sollkostenveränderungen stets die Plangemeinkosten der Planbezugsgröße verwendet werden.

4. Grundsätzlich sollte man bei der einstufigen Gemeinkostenplanung stets so vorgehen, daß zuerst die planmäßige Kostenauflösung durchgeführt wird und daß man erst dann die zugehörigen Variatoren errechnet. Geht man aber so vor, so ist die Frage berechtigt, ob Variatoren für die Gemeinkostenplanung nicht überhaupt überflüssig sind. Mit Recht haben daher einige Autoren darauf hingewiesen, daß man in der einstufigen Gemeinkostenplanung ganz ohne Variatoren auskommen kann[628]. Bedenkt man aber die Vielzahl der zu planenden Kostenartenbeträge, so ist es verständlich, daß die Kostenplaner nicht in jedem Fall aufs neue eine exakte Kostenauflösung durchführen wollen, sondern die Relationen zwischen den fixen und proportionalen Kosten bereits früher durchgeführter Planungen übernehmen wollen. Hierfür erschienen einfache Kennziffern, wie sie die Variatoren darstellen,

[628] So z. B. *W. Müller*, „Die Plankostenrechnung ...", a. a. O., S. 600: „Man kann auch ohne den Variator auskommen." In gleichem Sinne kritisiert auch *F. Henzel*, Nachdenkliches ..., a. a. O., S. 525, die Verwendung von Variatoren bei der einstufigen Gemeinkostenplanung.

recht gut geeignet. Dieser Schein trügt jedoch, wenn man die Beschäftigungsabhängigkeit der Variatoren berücksichtigt. Die Erfahrung hat gelehrt, daß die Verwendung von Variatoren bei der Kostenauflösung leicht zu schwerwiegenden Fehlern führen kann. Es hat sich als zweckmäßiger erwiesen, daß die Kostenplaner in jedem einzelnen Fall erneut über die Aufteilung der Kostenarten in fixe und proportionale Bestandteile nachdenken. Die Ergebnisse der planmäßigen Kostenauflösung sollten nicht in der Weise angegeben werden, daß man neben die gesamten Plankostenbeträge einen Variator schreibt, sondern es sollten jeweils in den Kostenplänen die proportionalen und fixen Kostenbeträge in absoluter Höhe angegeben werden. In der Praxis der Plankostenrechnung spielen heute Variatoren bei der Kostenplanung keine Rolle mehr[629]. Ihnen kann höchstens die Bedeutung statistischer Kennziffern zugemessen werden.

III. Grenzen der einstufigen Gemeinkostenplanung

1. Ein Vorteil der einstufigen Gemeinkostenplanung gegenüber der mehrstufigen besteht darin, daß bei der einstufigen jeweils nur für die Planbezugsgröße eine Kostenplanung durchgeführt zu werden braucht, aus deren Ergebnis man leicht mit Hilfe der planmäßigen Kostenauflösung die Sollkosten aller übrigen Beschäftigungsgrade rechnerisch ableiten kann. Ein weiterer Vorteil der einstufigen Gemeinkostenplanung ist die Tatsache, daß ihr jeweils eine genau vorgegebene Betriebsbereitschaft und konstante Intensitätsgrade zugrunde liegen. Sie gewinnt hierdurch gegenüber der Stufenplanung erheblich an Klarheit. Insbesondere für eine Grenzplankostenrechnung, die ohne eine exakte Trennung in fixe und proportionale Kosten nicht durchführbar ist, kann die einstufige Gemeinkostenplanung als das allein anwendbare Verfahren angesehen werden.

2. Als Nachteil der einstufigen Gemeinkostenplanung wird vielfach hervorgehoben, daß sie der „betrieblichen Wirklichkeit nicht gerecht würde", in der häufig Sprungkosten und degressive oder progressive Anstiegsänderungen der Kostenfunktionen auftreten, die bei der einstufigen Gemeinkostenplanung „vernachlässigt" werden. Wie unsere Ausführungen im fünften Kapitel über die Prämissen linearer Kostenfunktionen gezeigt haben, ist diese Kritik nur in Ausnahmefällen berechtigt.
Besteht in einem Betrieb die Notwendigkeit, Sollkostenfunktionen für verschiedene Kapazitäten oder nichtlineare Sollkostenfunktionen für intensitätsmäßige Anpassungsprozesse vorzugeben, so reicht die einstufige Gemeinkostenplanung hierfür nicht aus. Hier liegt eine Grenze ihrer Anwendbarkeit.
Intervallfixe Kostensprünge infolge quantitativer Anpassungsprozesse lassen sich aber ohne Schwierigkeiten vorgeben, indem man entsprechend gestaffelte Kostenpläne aufstellt. Bereits bei der Verwendung von Variatoren wurde in diesen Fällen

[629] Diese Ansicht vertritt auch *H. G. Plaut*, Unternehmenssteuerung . . ., a. a. O., S. 465.

u. a. von E. Michel vorgeschlagen, mehrere, verschiedene Variatoren nebeneinander zu verwenden, von denen sich jeder auf eine bestimmte Betriebsbereitschaft bezieht[630]. Einige Autoren sprechen in diesem Zusammenhang von „Sprungvariatoren“. Allerdings dürfte es auch in diesen Fällen zweckmäßiger sein, statt der Angabe von Variatoren mehrere Sollkostenfunktionen vorzugeben, die sich in der Höhe ihrer fixen Kosten unterscheiden.

Degressions- und Progressionseinflüsse, wie sie insbesondere bei intensitätsmäßigen Anpassungsprozessen auftreten, können dagegen mit der Methode der einstufigen Gemeinkostenplanung nicht mehr erfaßt werden. E. Michel hat an gleicher Stelle zwar darauf hingewiesen, daß man „kombinierte Schlüssel“ anwenden kann, „... sobald die Aufwandskurve von einer bestimmten Stelle an eine andere Richtung haben soll“; wie wir jedoch im Abschnitt E des siebzehnten Kapitels im einzelnen zeigen werden, reicht für Fälle dieser Art die Methode der einstufigen Gemeinkostenplanung nicht aus. In diesen Fällen muß vielmehr für die variablen Kosten eine nichtlineare Funktion ermittelt werden.

[630] Auf diese Möglichkeit hat bereits E. Michel im Zusammenhang mit seinen Aufwandsbewegungsplänen hingewiesen, indem er sagte: „Man kann auch Sprungziffern einführen, wenn an einer Stelle ein besonderes Ereignis eintritt.“ Vgl. *E. Michel*, Handbuch ..., a. a. O., S. 136. Weiterhin heben diese Möglichkeit folgende Autoren hervor: *K. Agthe*, Die Abweichungen in der Plankostenrechnung, Freiburg 1958, S. 66 f.; *K. Agthe*, Kostenplanung ..., a. a. O., S. 106; *H. Diercks* und *F. Petzold*, Betriebsüberwachung durch Plankostenrechnung, ZfhF 1951, S. 494; *W. Medicke*, Die Gemeinkosten ..., a. a. O., S. 84 ff.; *H. G. Plaut*, Die Plankostenrechnung ..., a. a. O., S. 537, und *F. Wille*, Plan- und Standardkostenrechnung, 2. Aufl., a. a. O., S. 72.

17. Kapitel

Der Aufbau von Kostenstellenplänen

A. Die Planung der wichtigsten Gemeinkostenarten

I. Die Planung der Personalkosten

1. Bevor wir den Aufbau von Kostenstellenplänen behandeln, wollen wir versuchen, einige Grundsätze und Verfahren der Kostenplanung für die wichtigsten Kostenartengruppen herauszuarbeiten, die von den betriebsindividuellen Besonderheiten der Kostenstellen weitestgehend unabhängig sind[631]. Auch in der Plankostenrechnung gilt die übliche Unterscheidung in primäre und sekundäre Kostenarten. Da jedoch bei der Bestimmung des Mengengerüstes zwischen diesen beiden Kostenkategorien keine grundsätzlichen Unterschiede auftreten, wollen wir in diesem Abschnitt sowohl primäre als auch sekundäre Kostenarten behandeln[632]. Eine Besonderheit bei der Mengenplanung sekundärer Kostenarten besteht lediglich darin, daß die Verbrauchsmengen der sekundären Kostenarten mit den Planbezugsgrößen der leistenden Hilfs- und Nebenkostenstellen abgestimmt werden müssen[633]. – Ein bedeutsamer Unterschied zwischen primären und sekundären Kostenarten besteht aber bei der Bewertung. Für primäre Kostenarten werden als Wertansätze die festen Verrechnungspreise des Planpreissystems verwendet. Für die sekundären Kostenarten müssen dagegen die Verrechnungspreise als Kostensätze der zugehörigen Hilfs- und Nebenkostenstellen erst in Verbindung mit der kostenstellenweisen Kostenplanung ermittelt werden, worauf wir bei der Behandlung dieser Kostenstellen im Abschnitt B dieses Kapitels im einzelnen eingehen werden.
Bei der Erörterung von Grundsätzen und Verfahren der Kostenplanung wollen wir als erste Kostenartengruppe die *Personalkosten* betrachten, wozu sämtliche Fertigungslöhne, Hilfslöhne, Zusatzlöhne, Mehrarbeitszuschläge, Gehälter und Sozialkosten gehören.

[631] Vgl. *K. Agthe,* Kostenplanung und Kostenkontrolle im Industriebetrieb, Baden-Baden 1963, S. 131 ff.; *H. C. Heiser,* Budgetierung, Grundsätze und Praxis der betriebswirtschaftlichen Planung, Berlin 1964, S. 291 ff.; *S. B. Henrici,* Standard Costs for Manufacturing, 3. Aufl., New York - Toronto - London 1960, S. 191 ff.; *W. Medicke,* Die Gemeinkosten in der Plankostenrechnung, Berlin 1956, S. 47 ff.; *F. K. Patterson,* Die Ermittlung der Planzahlen für die Plankostenrechnung, AGPLAN, Bd. 3, Wiesbaden 1961, S. 66 ff.; *F. Wille,* Plan- und Standardkostenrechnung, 2. Aufl., Essen 1963, S. 47 ff.

[632] Diese Feststellung gilt nur für sekundäre Kostenarten, für die sich ein quantifizierbares Mengengerüst angeben läßt. Bei den sogenannten Leitungskosten ist das nicht der Fall. Hier erfolgt daher die Planvorgabe simultan mit der Planung der betreffenden Leitungskostenstellen, so daß wir diesbezüglich auf den nächsten Abschnitt dieses Kapitels verweisen.

[633] Vgl. hierzu unsere Ausführungen in Abschnitt E dieses Kapitels.

2. Wie wir bereits im Abschnitt A des zwölften Kapitels nachgewiesen haben, werden die *Fertigungslöhne* in der Plankostenrechnung trotz ihrer Eigenschaft als Einzelkosten über die Kostenstellen verrechnet. Die Planung der Fertigungslöhne wird daher in den meisten Fällen doppelt durchgeführt. Erstens werden Vorgabezeiten und damit Einzellohnbeträge der Fertigungsarbeiter, differenziert nach Arbeitsgängen und bezogen auf die Mengeneinheiten der Produktion, festgelegt, wie wir das im zwölften Kapitel beschrieben haben. Zweitens muß bei der Kostenplanung die Vorgabezeit pro Monat für sämtliche Fertigungsarbeiter bestimmt werden, die in einer Kostenstelle zur Realisierung der Planbezugsgröße erforderlich sind. Hierbei lassen sich die folgenden Fälle unterscheiden:

a) Der einfachste Fall liegt vor, wenn in einer Kostenstelle die Summe der Planfertigungszeiten als Bezugsgröße verwendet wird; denn hierbei muß die Planbezugsgröße $x^{(p)}$ stets gleich der Planzeitvorgabe der Fertigungslöhne sein. Man kann diesen Tatbestand auch so interpretieren, daß zugleich mit der Planbezugsgröße das Zeitgerüst der Kostenart „Fertigungslöhne" vorgegeben wird. Beträgt in einer Kostenstelle die Planbezugsgröße z. B. 3 000 Fertigungsstunden, so wird der Kostenart „Fertigungslöhne" ebenfalls eine Planvorgabe von 3 000 Stunden zugrunde gelegt. Diese 3 000 Planfertigungsstunden können auf nur eine Lohngruppe entfallen, wobei man sie nur noch mit dem zugehörigen Planlohnsatz zu multiplizieren braucht, um die vorgegebenen Planfertigungslohnkosten zu erhalten. Häufig werden aber Fertigungsarbeiter mit unterschiedlichen Lohngruppen eingesetzt, so daß bei der Kostenplanung angegeben werden muß, wie sich die gesamten Planfertigungsstunden auf diese Lohngruppen verteilen. Vergleiche hierzu das folgende Beispiel:

1 500	Planfertigungsstunden	à	3,60 DM/Std.	5 400 DM
1 000	Planfertigungsstunden	à	3,50 DM/Std.	3 500 DM
500	Planfertigungsstunden	à	3,20 DM/Std.	1 600 DM
3 000	Planfertigungsstunden	à	3,50 DM/Std.	10 500 DM

b) Fallen in einer Kostenstelle Rüstzeiten an, so lassen sich die beiden folgenden Fälle unterscheiden. Beeinflussen die Rüstvorgänge die Kosten einer Kostenstelle nur geringfügig, so werden die Rüstzeiten entweder in die Fertigungszeit einbezogen oder für die Rüstlöhne wird eine besondere Lohnkostenart ausgewiesen. Im zuletzt genannten Fall gehen die Rüstzeiten in die Bezugsgröße der betreffenden Kostenstelle nicht ein. Es werden vielmehr nur Planausführungszeiten zur Beschäftigungsmessung verwendet. Die Planung erfolgt hierbei in der Weise, daß durch die Arbeitsvorbereitung unter Berücksichtigung der Seriengrößen und der Auftragszusammensetzung ein Planprozentsatz ermittelt wird, der angibt, wie hoch die prozentuale Relation zwischen Rüst- und Fertigungszeiten ist. Beträgt diese Relation z. B. 4 % und wurden in einer Kostenstelle insgesamt 3 000 Fertigungsstunden (ohne Rüstzeiten) vorgegeben, so werden unter der Kostenart „Rüstlöhne" 120 Rüststunden, bewertet mit dem zugehörigen Planlohnsatz, ausgewiesen.

Für Betriebe mit Serienfertigung, in denen relativ hohe Rüstzeiten anfallen mögen, haben wir bereits im Zusammenhang mit der Bezugsgrößenwahl nachgewiesen, daß sich die Einflüsse wechselnder Auftragszusammensetzung und schwankender Seriengrößen nur erfassen lassen, indem man die Bezugsgrößen „Fertigungsstunden" und „Rüststunden" nebeneinander verwendet. Für beide Bezugsgrößen gilt hierbei, daß sie zugleich das Zeitgerüst der betreffenden Lohnkostenarten bilden. Bei einer Planbezugsgröße von 6 000 Fertigungsstunden (ohne Rüstzeiten) und einer zweiten Planbezugsgröße von 2 000 Rüststunden erhalten wir daher bei einem Planlohnsatz von 3,60 DM/Std. für den Fertigungskostenplan 21 600 DM und für den Rüstkostenplan 7 200 DM Lohnkostenvorgaben.

c) Werden in einer Kostenstelle Maschinenstunden als Bezugsgrößen verwendet, so können wir die folgenden Fälle unterscheiden. Ist das Bedienungsverhältnis konstant, so besteht eine feste Planrelation zwischen Maschinen- und Fertigungszeiten, wobei wir zunächst davon ausgehen wollen, daß die Fertigungszeiten keine oder nur geringfügige Rüstkosten enthalten. Bedienen z. B. 6 Arbeiter jeweils eine Anlage, so muß die Maschinenlaufzeit mit 6 multipliziert werden, um aus ihr die Vorgabezeit für den Fertigungslohn ableiten zu können. Werden z. B. 2 000 Maschinenstunden als Planbezugsgröße angesetzt, so beträgt die Zeitvorgabe für den Fertigungslohn 12 000 Stunden. Bedient jeweils 1 Arbeiter ein Aggregat, so stimmen die Planfertigungs- und die Planmaschinenlaufzeiten überein. Bedient in einer Abteilung 1 Arbeiter mehrere Aggregate, so muß die Maschinenlaufzeit durch das Bedienungsverhältnis dividiert werden, wenn man hieraus die Zeitvorgabe des Fertigungslohns ableiten will. Bedient z. B. 1 Arbeiter drei Aggregate und wurden 4 500 Maschinenstunden geplant, so beträgt die Zeitvorgabe des Fertigungslohns 1 500 Stunden. Bei konstantem Bedienungsverhältnis gilt für die Maschinenlaufzeit und für die Fertigungszeit das Gesetz von der Austauschbarkeit der Maßgrößen, so daß es theoretisch gleichgültig ist, für welche Bezugsgrößenart man sich entscheidet.

Ist das Bedienungsverhältnis von der Auftragszusammensetzung abhängig, so müssen, wie unsere Ausführungen über die Bezugsgrößenwahl gezeigt haben, die Bezugsgrößen „Maschinenstunden" und „Fertg.-Stunden" nebeneinander verwendet werden. Nur der Kostenplan mit der Bezugsgröße „Fertg.-Stunden" enthält Kostenvorgaben für Fertigungslöhne. Hierbei stimmt die Zeitvorgabe mit der Planbezugsgröße wie im Fall a) überein. Unsere Ausführungen gelten auch dann, wenn statt der Bezugsgröße „Maschinenstunden" eine entsprechende Bezugsgröße, wie z. B. „10^3 Schuß" oder „10^3 Spindelstunden" verwendet werden, wie dies z. B. in Weberei- und Spinnereibetrieben der Fall ist. In manchen Betrieben werden Fertigungsarbeiter eingesetzt, die zwischen mehreren Maschinengruppen mit unterschiedlicher Kostenstruktur und variablem Bedienungsverhältnis ausgetauscht werden können. Dies ist z. B. in einem Websaal der Fall, in dem 30 Weber eingesetzt werden, die 6 verschiedene Webstuhlgruppen bedienen können. In Fällen dieser Art ist es zu empfehlen, den Kostenplänen der Maschinengruppen eine gemeinsame Bezugsgröße „Fertigungsstunden" zuzuordnen, unter der alle fertigungszeitabhängigen Kostenarten, also insbesondere die Fertigungslöhne, vorgegeben werden.

Abschließend sei darauf hingewiesen, daß die Fälle b) und c) kombiniert auftreten können, so daß die Fertigungszeitbezugsgröße in Ausführungs- und Rüstzeiten aufgespalten werden muß.

d) Aber nicht nur in Kostenstellen, deren Bezugsgrößen Zeitmaßstäbe sind, lassen sich die Einzellohnkosten in die Kostenstellenpläne einbeziehen. Dies ist vielmehr auch in allen übrigen Fällen möglich, in denen sich die Bezugsgrößen, ohne selbst Zeitmaßstäbe zu sein, proportional zu den Planfertigungszeiten verhalten. Ein typisches Beispiel hierfür ist die Kostenstelle „Schmelzbetrieb" einer Eisengießerei, in der als Bezugsgröße die erzeugten Tonnen flüssiges Eisen verwendet werden. Die Ofenbedienung arbeitet im Gruppenakkord und erhält 115 Planfertigungsminuten pro 600 kg. Für eine Planbezugsgröße von 1 600 t flüssiges Eisen erhalten wir daher eine Planfertigungszeitvorgabe von:

(131) $$T^{(p)} = \frac{115 \text{ Min.} \cdot 1\,600 \text{ t}}{0{,}6 \text{ t} \cdot 60 \text{ Min./Std.}} = 5\,111 \text{ Ftg.-Std.}$$

Beträgt der durchschnittliche Planlohnsatz 4 DM/Std., so erhalten wir in unserem Beispiel 20 444 DM Planfertigungslohnkosten.

Grundsätzlich sollten alle geplanten Fertigungslöhne den proportionalen Kosten in voller Höhe zugerechnet werden. Dies gilt auch dann, wenn die Fertigungsarbeiter einer Kostenstelle keinen Akkord- sondern Zeitlohn erhalten und die geplanten Arbeitszeiten pro Stück nur der Kostenrechnung, nicht aber auch der Lohnabrechnung zugrunde gelegt werden.

3. Bei der Anwendung von Akkordlohnsystemen muß berücksichtigt werden, daß Überschreitungen der geplanten Vorgabezeiten eintreten können und zwar aus Gründen, die die Arbeiter nicht zu vertreten haben. Für diese Zeitüberschreitungen werden den Arbeitern *Zusatzlöhne* vergütet. Diese Zusatzlöhne sind ihrer Art nach bezahlte Fertigungszeitabweichungen. Hieraus könnte man schließen, daß für sie keine Plankosten vorgegeben werden sollten. In vielen Betrieben fallen aber Zusatzlöhne an, die man als planmäßig zu erwartende Globalkorrekturen der Planfertigungszeiten auffassen muß, so daß für sie entsprechende Planvorgaben anzusetzen sind. Dies gilt insbesondere für die folgenden Zusatzlohnarten:

a) Zusatzlöhne infolge außerplanmäßiger Werkstoffeigenschaften (z. B. zu hartes Material oder Überschreitung der Toleranzen bei Gußstücken)
b) Zusatzlöhne für Maschinenstörungen
c) Zusatzlöhne für Störungen im Arbeitsablauf
d) Zusatzlöhne für zu geringe Seriengrößen
e) Zusatzlöhne für das Anlernen neuer Arbeitskräfte.

Es muß jedoch auf den Grundsatz hingewiesen werden, daß die Vorgaben für Zusatzlöhne so niedrig wie möglich gehalten werden sollten und nur die Zusatzstunden planmäßig anzusetzen sind, die sich bei wirtschaftlichem Verhalten nicht vermeiden lassen. Daher sollte man sich auf keinen Fall beim Ansatz von Zusatzlöhnen an den Istzusatzlöhnen vergangener Perioden orientieren, da sie häufig überhöht sind. Viele Meister und Abteilungsleiter neigen dazu, insbesondere in Zeiten mit Facharbeitermangel, in recht großzügiger Weise Zusatzlohnscheine auszustellen, um dadurch Arbeitskräfte zu halten. – Die Vorgabe von Zusatzlöhnen erfolgt in der Regel durch Festlegung eines planmäßigen Prozentsatzes von den Fertigungslöhnen. Die Planvorgaben für Zusatzlöhne sollten 3 % der Fertigungslöhne normalerweise nicht überschreiten. Sie werden in voller Höhe den proportionalen Kosten zugerechnet.

4. Neben den Fertigungslöhnen müssen in den meisten Kostenstellen *Hilfslöhne* für Vorarbeiter und Einrichter, Transportleistungen, Reinigungsarbeiten usw. vorgegeben werden. Die Hilfslöhne sind im Gegensatz zu den Fertigungslöhnen echte Gemeinkosten und werden nur selten im Akkord bezahlt.
Die Planung der Hilfslöhne erfolgt in der Weise, daß man für jede Art von Hilfsarbeiten, die in einer Kostenstelle ausgeführt werden müssen, diejenige Stundenzahl ermittelt, die bei Realisation der Planbezugsgröße gerechtfertigt ist. Bei vielen im Hilfslohn vergüteten Arbeitsleistungen kann man diese Stundenzahl aus Maßgrößen des geplanten Produktionsvolumens ableiten. Dies gilt z. B. bei Transportarbeiten, die eine Beziehung zu den durchgesetzten Stückzahlen oder Durchsatzgewichten aufweisen, bei Kontrollarbeiten, die ebenfalls eine Beziehung zu den produzierten Stückzahlen aufweisen, und bei Reinigungsarbeiten, die beschäftigungs- oder schichtzahlabhängig anfallen. Bei der Zeitvorgabe für derartige Arbeiten gilt in ganz besonders strengem Maße der Grundsatz, die Anlehnung an die effektiven Hilfslohnstunden früherer Perioden zu vermeiden, da gerade Hilfslöhne oft Einflüsse von Unwirtschaftlichkeiten und Kostenremanenzen enthalten.
Liegen die Planhilfslohnstunden der einzelnen Hilfslohnarten fest, so werden sie mit den zugehörigen Planlohnsätzen bewertet und in einen fixen und in einen proportionalen Bestandteil aufgespalten. Generelle Regeln zur Kostenauflösung von Hilfslöhnen lassen sich nicht angeben. Jeweils im Einzelfall ist zu überprüfen, wie sich die Hilfslohnstunden einer bestimmten Hilfslohnart verändern sollen, wenn die Beschäftigung zu- oder abnimmt. Nur die Löhne von Arbeitskräften, die spezifische Bereitschaftsdienste leisten und bei rückläufiger Beschäftigung nicht für andere Arbeiten eingesetzt werden können, wie das z. B. bei Schichtschlossern und Heizern der Fall sein kann, sind in voller Höhe fix anzusetzen. Umgekehrt gibt es auch Hilfslöhne, die nahezu vollständig den proportionalen Kosten zugeordnet werden können, so z. B. bei Arbeitskräften, die bei rückläufiger Beschäftigung einer Kostenstelle weitgehend in andere Abteilungen abgezogen werden können. Bei den meisten Hilfslöhnen verbleiben noch Hilfslohnstunden, die so lange nicht abgebaut werden können, wie die Betriebsbereitschaft aufrecht erhalten werden soll. So können z. B. die Arbeitsstunden von Werkstattschreibern, Kranführern, Transportarbeitern und von Reinigungspersonal im Falle von Beschäftigungsrückgängen meistens nicht völlig proportional zu den Bezugsgrößen vermindert werden. Wie groß die verbleibenden Reststunden der verschiedenen Hilfslohnarten sind, kann nur in konkreten Einzelfällen entschieden werden. Bei vielen Hilfslöhnen dürfte der fixe Bestandteil zwischen 20 % und 50 % schwanken. Bei der Kostenauflösung von Hilfslöhnen besteht

in fast allen Fällen ein Ermessensspielraum des Kostenplaners, der darauf zurückzuführen ist, daß man einer Kostenplanung verschiedene „Fristigkeitsgrade" zugrunde legen kann.

5. Erfordert die geplante Auftragssituation, daß in einer Kostenstelle Überstunden, Nachtarbeit oder Arbeiten an Sonn- und Feiertagen geleistet werden müssen, so sind bei der Kostenplanung entsprechende *Mehrarbeitszuschläge* vorzugeben. Diese Arbeitszeiten werden in der Kostenplanung zunächst wie normale tarifliche Arbeitszeiten behandelt. Die über die normale tarifliche Arbeitszeit hinausgehenden Arbeitszeiten werden unter der Kostenart „Mehrarbeitszuschläge" noch einmal vorgegeben und dort mit den zugehörigen Mehrarbeitszuschlägen bewertet. Fallen z.B. in einer Kostenstelle 200 Planstunden als Sonntagsarbeit, für die ein Zuschlag von 50% vergütet wird, an, und beträgt der geplante Lohnsatz 3,60 DM/Std., so werden 360 DM für Mehrarbeit vorgegeben. Die Kostenart „Mehrarbeitszuschläge" wird normalerweise in voller Höhe den proportionalen Kosten zugerechnet. Es gibt aber auch Fälle, so insbesondere in Hilfsbetrieben, die Reparaturen ausführen, in denen die Mehrarbeitskosten fixe Bestandteile enthalten, da auch bei geringen Beschäftigungsgraden ein Teil dieser Arbeiten nicht in der normalen Arbeitszeit durchgeführt werden kann.

6. Bei der Planung von *Gehältern* geht man so vor, daß man mit Hilfe der Gehaltslisten ermittelt, wieviel Angestellte in den einzelnen Kostenstellen beschäftigt sind und welche Monatsgehälter sie beziehen. Zugleich wird überprüft, ob es Angestellte gibt, deren Arbeitsleistungen sich auf mehrere Kostenstellen verteilen. Die Gehälter dieser Arbeitskräfte werden entsprechend aufgeteilt. Beispiele hierfür sind das Gehalt des Leiters einer Einkaufsabteilung, dem zugleich auch Werkstofflager unterstehen, und die Gehälter derjenigen Meister oder Abteilungsleiter in der Fertigung, die gleichzeitig mehrere Kostenstellen leiten. Denn die flexible Plankostenrechnung erfordert in vielen Bereichen eine stark differenzierte Kostenstelleneinteilung. In diesen Fällen geht man aber in der Regel nicht so vor, daß man die entsprechenden Gehälter prozentual auf die einzelnen Kostenstellen verteilt, sondern man schaltet diesen Kostenstellen eine sogenannte „Bereichsstelle" als Leitungskostenstelle vor, auf der man die oben genannten Gehälter zusammen mit anderen gemeinsam anfallenden Kostenarten vorgibt[634].
Solange die Betriebsbereitschaft einer Kostenstelle aufrechterhalten werden soll, sind alle Gehaltskosten absolut fixe Kosten. Lediglich in Kostenstellen mit einer größeren Anzahl von Angestellten, die gleichartige Arbeiten verrichten, könnte man einen Teil der Gehälter als proportional ansetzen, wenn man bei der Kostenplanung quantitative Anpassungsprozesse im Personalbereich berücksichtigen will.

7. Neben den Bruttolöhnen und den Bruttogehältern zählen auch die *Sozialkosten* zu den Personalkosten. Wie wir im achten Kapitel gezeigt haben, werden in einer Plankostenrechnung die Sozialkosten mit Hilfe geplanter Sozialkostendeckungs-

[634] Vgl. hierzu unsere Ausführungen in Abschnitt B, VII des 17. Kapitels.

zuschläge verrechnet[635]. Da diese Verrechnungssätze auch die Kosten der Sozialkostenstellen enthalten, wollen wir ihre Planung erst im Abschnitt B, II dieses Kapitels behandeln. Unterstellen wir, daß die Verrechnungssätze für die Sozialkosten bereits zur Verfügung stehen, so wird die Planung der Sozialkosten wie folgt durchgeführt. Man ermittelt die Summe aller geplanten Bruttolöhne einer Kostenstelle einschließlich eventueller Zusatzlöhne und Mehrarbeitskosten und multipliziert sie mit dem zugehörigen Sozialkostendeckungsprozentsatz für Lohnempfänger. In gleicher Weise multipliziert man die geplanten Gehaltskosten mit dem zugehörigen Sozialkostendeckungsprozentsatz für Gehaltsempfänger. Die Aufteilung der Sozialkosten in fixe und proportionale Bestandteile entspricht der Aufteilung der Löhne und Gehälter.

II. Die Planung der Hilfs- und Betriebsstoffkosten

1. Grundsätzlich sollten in der flexiblen Plankostenrechnung *Hilfsmaterialkosten*, also Kosten für Stoffe, die unmittelbar in die Kostenträger eingehen, wie z. B. Kosten für Kleinmaterial und für Material zur Oberflächenbehandlung, nicht über Kostenstellen abgerechnet, sondern als Einzelmaterialkosten vorgegeben werden. Nur in Fällen, in denen eine Verrechnung der Hilfsmaterialkosten als Einzelkosten die Kalkulationsgenauigkeit nicht verbessert und zugleich abrechnungstechnisch schwierig ist, sollten Hilfsmaterialkosten in die Gemeinkosten einbezogen werden. In diesen Fällen gelten unsere folgenden Ausführungen über die Planung von Hilfs- und Betriebsstoffkosten entsprechend.

2. Sehr eng verwandt mit den Hilfsmaterialkosten sind die *Hilfsstoffkosten*; denn die Hilfsstoffe unterscheiden sich von den Hilfsmaterialien lediglich dadurch, daß sie nicht unmittelbar in die Kostenträger eingehen, sie haben mit diesen aber gemeinsam, daß sie in gleicher Weise unmittelbar am Kostenträger anfallen. Typische Beispiele für Hilfsstoffe sind die Härtemittel in einer Vergüterei und die Formhilfsstoffe in einer Formerei, wie Steinkohlenstaub, Kokillenschlichte, Kernstützen, Formstifte und Kühlbleche. Oft ist die Grenze zwischen den Hilfsmaterialien und den Hilfsstoffen allerdings nur schwer zu ziehen.
Hilfsstoffkosten lassen sich in der Regel nicht je Kalkulationseinheit, sondern nur je Bezugsgrößeneinheit vorgeben. Sie werden genau wie die als Gemeinkosten verrechneten Hilfsmaterialkosten in voller Höhe als proportional angesehen.
Neben den Hilfsstoffkosten, die unmittelbar der Bearbeitung von Kostenträgern dienen, fallen in vielen Kostenstellen Kostenarten an, die dem Betrieb der Kostenstelle und den in ihr installierten Betriebsmitteln dienen, und die man daher als *Betriebsstoffkosten* bezeichnet. Im Gegensatz zu den Hilfsstoffkosten fällt ein Teil der Betriebsstoffkosten für die Aufrechterhaltung der Betriebsbereitschaft an, so daß die Betriebsstoffkosten in der Regel aus einem fixen und einem proportionalen Bestandteil bestehen, wobei jedoch meist die proportionalen Kosten überwiegen.

[635] Vgl. Übersicht 7 auf Seite 172.

In vielen Betrieben bilden die *Schmieröl-* und *Fettkosten* eine wichtige Betriebsstoffkostenart. Für Maschinen und maschinelle Anlagen sind Öle und Fette zum Abschmieren erforderlich. Bei spanabhebenden Arbeitsgängen kommen hierzu noch Verbrauchsmengen an Bohröl, Schneidöl usw. Die Grundlage der Schmieröl- und Fettkostenplanung bilden erstens die Schmier- und Ölpläne, in denen festgelegt ist, wie oft im Falle der Planbeschäftigung die Maschinen zu schmieren und zu ölen sind, sowie zweitens eine Öl- und Fettverbrauchsanalyse, nach der die angemessenen Verbrauchsmengen pro Schmier- oder Ölvorgang ermittelt werden. Für Öle und Fette, die als Kühlmittel bzw. für hydraulische Zwecke eingesetzt werden, muß im Rahmen einer besonderen Verbrauchsanalyse die Beziehung zur Planbezugsgröße festgestellt werden. Ein, wenn auch nur geringfügiger Anteil der Schmieröl- und Fettkosten dient zur Aufrechterhaltung der Betriebsbereitschaft, so daß die zugehörigen Kosten als fixe Kosten anzusetzen sind.

In Transportabteilungen und Kostenstellen, in denen Benzin- und Dieselmotore eingesetzt werden, fallen als wichtige Betriebsstoffkostenart *Kraftstoffkosten* an. Kraftstoffkosten können in den meisten Fällen rein proportional angesetzt werden. Die Vorgaben für Kraftstoffkosten werden durch eine Verbrauchsanalyse pro Bezugsgrößeneinheit ermittelt.

Als weitere Betriebsstoffkostenart fallen *Kosten für Reinigungsstoffe* an. Hierzu zählen auch die Kosten für geringwertige Reinigungsgeräte. Die Kosten der Reinigungsgeräte werden in der Weise geplant, daß man ihre erforderliche Anzahl mit den zugehörigen Planverrechnungspreisen multipliziert und durch die planmäßig zu erwartende Nutzungsdauer (in Monaten) dividiert. Der Verbrauch an Reinigungsmaterial wird durch eine besondere Verbrauchsanalyse ermittelt. Die Reinigungsstoffe für den Raum und für die Anlagegegenstände einer Kostenstelle dienen zum Teil der Aufrechterhaltung der Betriebsbereitschaft und werden daher teilweise als fixe Kosten vorgegeben. Die Reinigungsstoffe für Arbeitskräfte dagegen sollen sich in der Regel proportional zur Bezugsgröße verhalten.

In vielen Kostenstellen der Fertigung muß den Arbeitern besondere *Arbeitsschutzkleidung* gestellt werden, die ebenfalls zu den Betriebsstoffen zu zählen ist. Bei der Planung der Kosten für Arbeitsschutzkleidung geht man so vor, daß man für jede einzelne Kleiderart die bei Planbeschäftigung erforderliche Anzahl ermittelt, sie mit dem zugehörigen Planverrechnungspreis multipliziert und durch die planmäßige Nutzungsdauer (in Monaten) dividiert. Die Kosten für Arbeitsschutzkleidung sind überwiegend proportionale Kosten.

III. Die Planung der Energiekosten

1. In ähnlicher Weise wie die Betriebsstoffkosten dienen auch die Energiearten dem Betrieb der Kostenstellen und den in ihnen installierten Aggregaten. Zu den Energiekostenarten zählt man üblicherweise die Kosten für elektrische Energie, Heizgas, Druckluft und Wasser[636]. In der Regel werden die Verbrauchsmengen dieser Kosten-

arten entweder in besonderen Hilfskostenstellen selbst erstellt oder durch besondere Hilfskostenstellen von den Fremdlieferanten entgegengenommen und verteilt, so daß sie dann erst im Rahmen der innerbetrieblichen Leistungsverrechnung bewertet werden können.

Die Planung der *Stromverbrauchsmengen* einer Kostenstelle besteht in der Regel aus folgenden Schritten.

Erstens werden sämtliche stromverbrauchenden Aggregate unter Angabe der installierten kW listenmäßig erfaßt. Lichtstrom wird zweckmäßigerweise nicht auf den einzelnen Kostenstellen, sondern zusammengefaßt auf der Kostenstelle „Grundstücke und Gebäude" geplant.

Der zweite Schritt besteht darin, daß durch eine Laufzeitanalyse ermittelt wird, welche Laufzeiten der einzelnen Aggregate auf die Planbezugsgröße der Kostenstelle entfallen. Wurden z. B. in einer Kostenstelle 6 000 Fertigungsstunden als Planbezugsgröße angesetzt, so kann es sein, daß ein Aggregat ebenfalls während dieser 6 000 Stunden in Betrieb sein muß. In diesem Fall beträgt die Relation 100 %. Enthält die Planbezugsgröße aber z. B. Rüstzeiten, so stimmt die Laufzeit des Aggregates nicht mit der Planbezugsgröße überein, und es muß eine entsprechend geringere Relation angesetzt werden. Das gleiche gilt für Aggregate, die nur zeitweilig während eines Fertigungsprozesses eingeschaltet werden, wie z. B. Transport- oder Fördereinrichtungen.

Drittens wird für jedes Aggregat die Relation aus dem Stromverbrauch bei planmäßiger Durchschnittsleistung und der installierten Kilowattzahl ermittelt. Diese Relation wollen wir als Verbrauchsfaktor bezeichnen[637]. In der Regel liegt der Verbrauchsfaktor zwischen 60 % und 70 %. Es gibt aber auch Aggregate, die großen Belastungsschwankungen ausgesetzt sind und bei denen daher weitaus geringere Verbrauchsfaktoren auftreten. Ein typisches Beispiel hierfür bilden Vorwärmwerke für Gummimischungen. Wird ein Vorwärmwerk mit einem neuen Mischungsballen beschickt, so ist die zu leistende Reibungsarbeit etwa dreimal so groß wie während der späteren Laufzeiten, in denen die Gummimischung nur warmgehalten zu werden braucht. Der Maximalstromverbrauch eines Vorwärmwerkes liegt bei 110 kWh, im Durchschnitt der Laufzeit werden aber nur 33 kWh verbraucht, so daß der Verbrauchsfaktor 30 % beträgt.

Bezeichnen wir die Anzahl der stromverbrauchenden Aggregate einer Kostenstelle mit m, die Planbezugsgröße mit $x^{(p)}$, die Laufzeit pro Bezugsgrößeneinheit mit $t_j^{(p)}$, die installierten kW mit $s_{max\,j}$ und den Verbrauchsfaktor mit $v_j^{(p)}$, so kann man den Stromverbrauch einer Kostenstelle, der der Planbezugsgröße entspricht, formelmäßig wie folgt ausdrücken:

$$(132) \qquad \text{Stromverbrauch in kWh} = \sum_{j=1}^{m} x^{(p)}\, t_j^{(p)}\, s_{max\,j}\, \frac{v_j^{(p)}}{100}$$

636 Im physikalischen Sinne ist die Bezeichnung „Energiekosten" nur für die Strom-, Dampf- und Heizgaskosten richtig.

637 *S. B. Henrici,* Standard Costs..., a. a. O., S. 213, bezeichnet den Verbrauchsfaktor als „power factor".

Die gesamte Stromkostenvorgabe eines jeden Aggregates ist daraufhin zu untersuchen, ob sie Teile enthält, die von Bezugsgrößenvariationen unabhängig sind. Einen sehr hohen Fixkostenanteil enthält in fast allen Betrieben der Lichtstrom, der in der Regel auf der Kostenstelle „Grundstücke und Gebäude" für alle Kostenstellen zusammen ausgewiesen wird. In den meisten Fällen wird der Lichtstrom als absolut fix anzusetzen sein; ähnlich ist zu verfahren für Strom zum Zwecke der Raumheizung. Aber auch bei den Aggregaten der Fertigung kann es vorkommen, daß infolge erforderlicher Probe- und Anlaufzeiten die Stromkosten bei rückläufiger Beschäftigung nicht vollständig abgebaut werden können, sofern man die geplante Betriebsbereitschaft aufrechterhalten will. Dies gilt insbesondere bei Aggregaten, in denen der Strom nicht zum Antrieb, sondern zur Wärmeerzeugung eingesetzt wird. In Kostenstellen dieser Art können bis zu 10 % der bei Planbeschäftigung erforderlichen Stromkosten als fixe Kosten anzusetzen sein[638]. Auch in Kostenstellen, in denen der Strom ausschließlich zum Antrieb von Aggregaten dient, werden von vielen Kostenplanern einige Prozent der Stromkosten als fixe Kosten angesetzt.

Die Planung der *Verbrauchsmengen an Heizgas, Dampf, Druckluft und Wasser* erfolgt in ganz ähnlicher Weise wie die Planung der Stromverbrauchsmengen. Auch hier werden zunächst alle Aggregate und Arbeitsplätze einer Kostenstelle erfaßt, die derartige Energie verbrauchen. Der zweite Schritt besteht dann darin, daß durch eine besondere Verbrauchsanalyse ermittelt wird, welche Verbrauchszeiten der einzelnen Aggregate und Arbeitsplätze auf die Planbezugsgröße der Kostenstelle entfallen und wie groß der durchschnittliche Verbrauch je Zeiteinheit ist. Multipliziert man die Verbrauchszeiten mit den durchschnittlichen Planverbrauchsmengen je Zeiteinheit und summiert man die so erhaltenen Teilbeträge, so erhält man die Planverbrauchsmengen einer Kostenstelle. Diejenigen Energiemengen, die auch dann weiterhin anfallen sollen, wenn die Beschäftigung nahezu Null ist, aber die geplante Betriebsbereitschaft aufrechterhalten bleibt, sind als fixe Kosten anzusetzen.

IV. Die Planung der Werkzeugkosten

1. In vielen Branchen wird eine große Anzahl unterschiedlicher Werkzeuge und Kleingeräte eingesetzt, deren bewerteten Verschleiß man unter der Kostenart *Werkzeugkosten* zusammenfaßt. Trotz der Mannigfaltigkeit von Werkzeugen kann man folgende Gruppen unterscheiden:

a) Handwerkzeuge für manuell zu verrichtende Arbeitsprozesse
b) Handwerkzeuge zum Maschineneinrichten
c) Meßwerkzeuge
d) Maschinenwerkzeuge.

638 *F. Henzel,* Die Kostenrechnung, 4. Aufl., Essen 1964, weist auf S. 521 darauf hin, daß in Wärmebetrieben die Stromkosten zum Teil fix sind.

2. Für die *Hand- und Meßwerkzeuge* hat sich bei der Kostenplanung ein ähnliches Verfahren bewährt, wie die Abschreibung zur Erfassung des Betriebsmittelverschleißes. Man ermittelt zunächst, welche Werkzeuge zur Realisierung der Planbeschäftigung an den einzelnen Arbeitsplätzen einer Kostenstelle vorhanden sein müssen, und legt zugleich die planmäßig zu erwartenden Nutzungsdauern (in Monaten) fest. Bewertet man die Werkzeuge mit ihren Planpreisen, so kann man die der Planbezugsgröße entsprechenden Werkzeugkosten einer Kostenstelle wie folgt berechnen:

$$(133) \qquad \text{Planwerkzeugkosten} = \sum \frac{\text{Planstückzahl} \cdot \text{Planpreis}}{\text{Plannutzungsdauer}}$$

Die Kostenauflösung in fixe und proportionale Bestandteile hängt davon ab, ob bei den betreffenden Werkzeugen der Zeit- oder der Gebrauchsverschleiß überwiegt[639]. Da der Zeitverschleiß nicht ins Gewicht fällt, kann er vernachlässigt werden. Die Werkzeugkosten werden daher vorwiegend proportional vorgegeben[640].

3. Bei der Planung von *Maschinenwerkzeugen* ist die Abschreibungsmethode, die wir für die Handwerkzeuge empfohlen haben, meistens nicht genau genug. Hier sind vielmehr sorgfältige Verbrauchsanalysen erforderlich. Dies gilt insbesondere für die Werkzeugkostenplanung in den Kostenstellen von Maschinenbaubetrieben.
Hierbei ist zu berücksichtigen, daß abgenutzte Maschinenwerkzeuge durch Fremdleistungen oder in eigenen Werkstätten aufgearbeitet werden können. In manchen Betrieben werden auch neue Werkzeuge erstellt. Die Werkzeugkosten enthalten in Fällen der eigenen Aufarbeitung und der Selbsterstellung neben primären auch sekundäre Kostenarten. Die Kostensätze der betreffenden Hilfskostenstellen werden erst im Zuge der Kostenplanung ermittelt. Der mengenmäßige Werkzeugverbrauch wird bewertet mit gewogenen Mischpreisen aus den Planpreisen bei Neubezug oder den Plangrenzherstellkosten bei Eigenerstellung sowie den proportionalen Aufarbeitungskosten.
Die Höhe der Kosten für Maschinenwerkzeuge hängt von folgenden Faktoren ab. Sie wird erstens durch die Qualität der zu bearbeitenden Werkstoffe beeinflußt. Zweitens bildet die Art des durchzuführenden Arbeitsprozesses und das dabei angewandte Fertigungsverfahren eine Determinante des Werkzeugverschleißes. So können z. B. bei Zerspanungsvorgängen die Art der Formgebung und die Kühlung wesentlich auf den Werkzeugverschleiß einwirken. Einen weiteren Bestimmungsfaktor des Werkzeugverschleißes bildet die Intensität, mit der das betreffende Aggregat einen Arbeitsgang durchführt. Wird die Intensität über das Optimum erhöht, so steigt der Werkzeugverschleiß progressiv. Aber auch bei zu geringer Intensität kann die Kostenstruktur ungünstig beeinflußt werden[641]. Bei Schnittwerkzeugen

[639] Unsere späteren Ausführungen über die Aufteilung von Abschreibungen in fixe und proportionale Bestandteile gelten hier entsprechend.
[640] Vgl. *K. Rummel*, Platzkostenrechnung mit Plankosten, DB 1951, S. 157 ff.
[641] Dieser Tatbestand wird durch die Verbrauchsfunktionen E. Gutenbergs zum Ausdruck

lassen sich Optimalwerte der Intensität empirisch ermitteln. Bei über dem Optimalwert liegenden Schnittgeschwindigkeiten verkürzt sich die Standzeit der Werkzeuge infolge steigender Temperaturen. Bei zu niedrigen Schnittgeschwindigkeiten steigt der Verschleiß durch größere Aufbauschneiden. Bei überhöhten Intensitätsgraden können sich in Kostenstellen mit spanabhebender Fertigung die Werkzeugkosten vervielfachen. Der Kostenplanung werden stets optimale Intensitätsgrade zugrunde gelegt. Werden im Ist hiervon abweichende Intensitätsgrade gefahren, so sollen die hierdurch verursachten Mehrkosten als Verbrauchsabweichungen im Soll-Ist-Kosten-Vergleich sichtbar werden.

Werden sehr viele, verschiedene Werkzeugarten verwendet, wie das z. B. stets im Maschinenbau der Fall ist, wo die unterschiedlichen Werkzeugtypen in einer großen Anzahl verschiedener Dimensionen zur Verfügung stehen müssen, so ist es nicht möglich, den Werkzeugverschleiß für jede Werkzeugart gesondert zu planen. Man legt in diesen Fällen vielmehr planmäßig Äquivalenzziffern fest, die aus Verbrauchsstudien einiger ausgewählter Typen und Dimensionen abgeleitet werden.

In einer Maschinenfabrik wurden z. B. für jeweils einen bestimmten Maschinentyp folgende Planwerkzeugkosten in DM/Std. ermittelt:

Metallsägen	0,36
Scheren und Messer	0,12
Abstechbänke	0,28
Ständerbohrmaschinen	1,00
Radialbohrmaschinen	0,92
Flächenschleifmaschinen	1,14
Zahnradfräsmaschinen	1,86
Fräsmaschinen	1,14
Revolverdrehbänke	1,96
Drehbänke	1,00
Karusselldrehbänke	1,52

Die Werkzeugkostenanalyse führte weiterhin zu dem Ergebnis, daß innerhalb der Maschinengruppen die Werkzeugkosten eine Korrelation zur installierten Leistung der Maschine aufweisen. Man verwendet daher die installierten kW als Äquivalenzziffern, um aus den für bestimmte Maschinenstärken geplanten Werkzeugkosten die entsprechenden Werte größerer und kleinerer Maschinen abzuleiten. Für die Maschinengruppe „Drehbänke" wurden auf diese Weise die in der Tabelle 35 angegebenen Planwerkzeugkosten in DM/Std. ermittelt.

Entsprechende Tabellen werden für alle Maschinengruppen aufgestellt. Die Planwerkzeugkosten der Planbeschäftigung einer jeden Kostenstelle lassen sich in der Weise ermitteln, daß man die Planwerkzeugkosten pro Stunde mit den zugehörigen Planbeschäftigungen der betreffenden Kostenstellen multipliziert. Die Kosten für Maschinenwerkzeuge werden in voller Höhe den proportionalen Plankosten zugeordnet.

gebracht. Vgl. *E. Gutenberg*, Grundlagen der Betriebswirtschaftslehre, 1. Bd., Die Produktion, 10. Aufl., Berlin-Heidelberg-New York 1965, S. 322, wo als Beispiel für eine Verbrauchsfunktion der Verschleiß von Drehstählen angegeben wird.

Tabelle 35: Beispiel zur Werkzeugkostenplanung für Drehbänke

kW	Planwerkzeugkosten DM/Std.	kW	Planwerkzeugkosten DM/Std.
1,0	0,06	15,0	0,90
2,0	0,12	16,0	0,96
3,0	0,18	17,0	1,02
4,0	0,24	18,0	1,08
5,0	0,30	19,0	1,14
6,0	0,36	20,0	1,20
7,0	0,42	25,0	1,50
8,0	0,48	30,0	1,80
9,0	0,54	35,0	2,10
10,0	0,60	40,0	2,40
11,0	0,66	50,0	3,00
12,0	0,72	60,0	3,60
13,0	0,78	70,0	4,20
14,0	0,84	80,0	4,80

4. Ähnlich wie die Planung der Werkzeugkosten wird die Planung von Kosten für Kleinbetriebsmittel zum Transport von Halberzeugnissen durchgeführt. Hierzu zählen z. B. Transportbehälter, Spulen und Hülsen. In den meisten Fällen lassen sich jedoch die hierfür anfallenden Kosten nur bei der Kostenplanung, nicht dagegen auch bei der späteren Istkosten-Kontierung einzelnen Kostenstellen zuordnen, da sie dem Transport zwischen mehreren Abteilungen dienen. In der Praxis spricht man daher häufig vom sogenannten „umlaufenden Betriebsmaterial". Ein typisches Beispiel hierfür sind die Garnhülsen in einer Spinnerei, auf die in der Ringspinnerei das Garn gesponnen wird, um dann in die Abteilungen „Facherei", „Haspelei" und „Kreuzspulerei" weitergeleitet werden zu können. Wird der Ersatz solcher Hülsen erforderlich, so kann man nicht entscheiden, welchen der oben genannten Abteilungen die betreffenden Istkosten anzulasten sind. Das gleiche gilt auch für die Schußhülsen in einer Weberei, von denen man nicht sagen kann, auf welche der zahlreichen Webstuhlgruppen ein eventueller Istverbrauch entfällt.
In den Fällen umlaufenden Betriebsmaterials geht man daher so vor, daß man bei der Kostenplanung die Planbeträge solcher Kostenarten auf alle beteiligten Kostenstellen verteilt, beim späteren Soll-Ist-Kosten-Vergleich aber den Kostenstellen stets die den Istbeschäftigungsgraden entsprechenden Sollkosten als „Istkosten" belastet. Die wirklichen Istkosten werden außerhalb der Kostenstellenrechnung bestimmten Auftragsnummern, d. h. den statistisch in der Betriebsabrechnung geführten Konten, belastet, denen die Summe der Sollkosten monatlich gutgeschrieben wird. Der Soll-Ist-Kosten-Vergleich wird auf diese Weise von der Kostenstellenrechnung auf die Auftragsnummern verlagert, wodurch die Schwierigkeiten einer nach Kostenstellen differenzierten Istkosten-Kontierung vermieden werden.

V. Die Planung der Abschreibungen, Instandhaltungs- und Reparaturkosten

1. *Kalkulatorische Abschreibungen* stellen die Kosten für die Entwertung von langfristig nutzbaren Betriebsmitteln dar. Die Planung von Abschreibungen ist aus zwei Gründen mit besonderen Schwierigkeiten verbunden. Erstens bestimmen zwei Abschreibungsursachen gleichzeitig die Entwertung von Betriebsmitteln, und zwar der Zeitverschleiß und der Gebrauchsverschleiß[642]. Zweitens wird die Höhe des Gebrauchsverschleißes durch das Aufwenden von Reparatur- und Instandhaltungsleistungen beeinflußt: „Durch eine ausreichende Wartung und Instandhaltung läßt sich die ‚technische' Nutzungsdauer praktisch bis ins Unendliche verlängern." [643]
Würde die Entwertung von Maschinen, Anlagen und Einrichtungsgegenständen nur durch Zeitverschleiß, z. B. durch Korrosion infolge von Witterungseinflüssen, und durch wirtschaftliches Veralten als Folge des technischen Fortschritts verursacht, so müßten die monatlichen Abschreibungsbeträge von den Bezugsgrößen der Kostenstellen unabhängig und daher in voller Höhe fixe Kosten sein[644]. Bezeichnen wir den geplanten Wiederbeschaffungswert eines Betriebsmittels mit $A^{(p)}$ und die Plannutzungsdauer bei Zeitverschleiß (in Jahren) mit $t_Z^{(p)}$, so erhalten wir für den monatlichen Planabschreibungsbetrag $a_Z^{(p)}$ folgenden Ausdruck[645]:

(134) $$a_Z^{(p)} = \frac{A^{(p)}}{12\, t_Z^{(p)}}$$

Würde dagegen kein Zeitverschleiß, sondern nur Gebrauchsverschleiß wirksam werden, so wäre die Betriebsmittelentwertung also nur auf die Leistungsabgabe zurückzuführen, und die kalkulatorischen Abschreibungen müßten in voller Höhe als proportionale Kosten angesetzt werden. Einschränkend ist hierzu allerdings zu bemerken, daß infolge der engen Beziehungen zwischen Abschreibungen und Instandhaltungskosten proportionale Abschreibungen nur unter der Voraussetzung festgelegt werden können, daß vorher über die Art und den Umfang der geplanten Reparatur- und Instandhaltungsmaßnahmen entschieden wurde. D. Schneider hat mit Recht

[642] Hierauf hat bereits *J.S. Bain*, Depression Pricing and the Depreciation Function, The Quarterly Journal of Economics 1936/37, S. 705 ff., hingewiesen; neuerdings ist dieser Tatbestand insbesondere von *D. Schneider*, Kostentheorie und verursachungsgemäße Kostenrechnung, ZfhF 1961, S. 700 ff., analysiert worden.

[643] Vgl. *D. Schneider*, Kostentheorie ..., a. a. O., S. 703, und die dort angegebene Literatur, aus der hervorgeht, daß bereits O. Schulz-Mehrin, K. Rummel und V. Lutz auf den obigen Sachverhalt hingewiesen haben.

[644] Nach K. Rummel sind fixe Kosten kalenderzeitproportional: Der technische Fortschritt erfolgt aber in Wirklichkeit nicht proportional zur Kalenderzeit, sondern sprungweise je nach Entwicklungsintensität der Technik. Die kalenderzeitproportionale Berücksichtigung des durch den technischen Fortschritt bedingten Zeitverschleißes erscheint aber trotzdem gerechtfertigt, da die Sprünge nicht vorherzusehen und daher zeitlich auszugleichen sind. Vgl. *K. Rummel*, Die Laufstundenkalkulation, ZfhF 1954, S. 56.

[645] Sind ins Gewicht fallende Liquidationserlöse am Ende der Nutzungsdauer zu erwarten, so sind in den Gleichungen (134) und (135) die geplanten Wiederbeschaffungswerte um die geplanten Liquidationserlöse zu vermindern.

darauf hingewiesen, daß Abschreibungen nicht nur ein Kostenproblem, sondern in erster Linie ein investitionstheoretisches Problem darstellen; er folgert hieraus, daß Abschreibungen nur dann Grenzkosten sein können, „... wenn eine zusätzliche oder wegfallende Leistung zusätzliche oder wegfallende Abschreibungen erzwingt", was aber nur dann möglich ist, wenn die technische und wirtschaftliche Nutzungsdauer des Gebrauchsverschleißes übereinstimmen[646].

Bezeichnen wir die von einem Betriebsmittel insgesamt realisierbaren Bezugsgrößeneinheiten mit $B^{(p)}$ und die geplante monatliche Durchschnittsbeschäftigung mit $b^{(p)}$, so erhalten wir für den monatlichen Planabschreibungsbetrag des Gebrauchsverschleißes:

$$a_G^{(p)} = \frac{A^{(p)}}{B^{(p)}} b^{(p)} \tag{135}$$

Dieser Betrag würde in voller Höhe den proportionalen Kosten zugeordnet werden, wenn unter den genannten Prämissen jede in einem bestimmten Monat realisierte Bezugsgrößeneinheit die Realisierung einer Bezugsgrößeneinheit in einer späteren Periode unmöglich macht und umgekehrt.

Die großen Schwierigkeiten der Abschreibungsplanung bestehen nun darin, daß Gebrauchs- und Zeitverschleiß stets simultan auf die Entwertung eines Betriebsmittels einwirken, so daß nur schwer zu entscheiden ist, welche Abschreibungsbeträge fix und welche proportional vorzugeben sind[647].

J. S. Bain hat für diesen Fall vorgeschlagen, die Gleichungen (134) und (135) *nebeneinander* anzuwenden. Er gibt hierbei eine „kritische Beschäftigung" an, bis zu der die Abschreibungen voll fix sind und bei deren Überschreitungen proportionale Abschreibungen verrechnet werden sollen: "As long as a firm is operating at rates below its critical output, its total depreciation ... is a fixed cost. When it exceeds the critical output, the estimated increment to depreciation is a variable cost and enters into the marginal cost curve." [648]

[646] Vgl. *D. Schneider*, Kostentheorie ..., a. a. O., S. 704.

[647] Zum Problem der Kostenauflösung bei Abschreibungen vgl. *J. S. Bain*, Depression ..., a. a. O., S. 705 ff.; *K. Rummel*, Proportionale Abschreibung, Archiv für das Eisenhüttenwesen 1937/38, S. 630; *D. Schneider*, Kostentheorie ..., a. a. O., S. 700 ff.; *Arbeitskreis Diercks* der Schmalenbach-Gesellschaft, Der Verrechnungspreis in der Plankostenrechnung, ZfbF 1964, S. 639; *E. Bosshardt*, Leistungsmäßige Kostenrechnung, Zürich 1948, S. 71 ff.; O. *Bredt*, Abteilungsrechnung oder Plankostenrechnung im Arbeitsbereich der Herstellung?, Technik und Wirtschaft 1940, S. 144; *J. Fuchs*, Die Plankostenrechnung, Taschenbuch für den Betriebswirt, Berlin-Stuttgart 1954, S. 325 ff.; *F. Henzel*, Die Kostenrechnung, a. a. O., S. 77; *H. Ruchti*, Mengenkosten und Geldkosten. Ein Beitrag zur Problematik der festen und veränderlichen Kosten, BFuP 1951, S. 195; *K. Rummel*, Einheitliche Kostenrechnung, 3. Aufl., Düsseldorf 1949, S. 123; *N.A.C.A. Research Series*, The Variation of Costs with Volume, N.A.C.A.-Bulletin 1949 (6), No. 16, Section 3, S. 1218; hier wird die proportionale Abschreibung vor allem für die Fälle empfohlen, wo „the wear and tear due to use" die Abschreibungsursache darstellt.

[648] Vgl. *J. S. Bain*, Depression ..., a. a. O., S. 713. Vgl. auch die Kritik von *D. Schneider*, Kostentheorie ..., a. a. O., S. 701.

Unter der vereinfachenden Annahme, daß während der gesamten Nutzungszeit die gleiche monatliche Durchschnittsbezugsgröße $b^{(p)}$ erwartet wird, gilt für die Nutzungsdauer des Gebrauchsverschleißes $t_G^{(p)}$ in Jahren folgender Ausdruck[649]:

$$t_G^{(p)} = \frac{B^{(p)}}{12\, b^{(p)}} \tag{136}$$

Für die kritische Ausbringung b_k stimmen $a_Z^{(p)}$ und $a_G^{(p)}$ überein, so daß nach den Gleichungen (134) und (135) gilt:

$$\frac{A^{(p)}}{12\, t_Z^{(p)}} = \frac{A^{(p)}}{B^{(p)}}\, b_k \tag{137}$$

Ersetzt man $B^{(p)}$ nach Gleichung (136), so ergibt sich, daß sich die kritische zur geplanten Beschäftigung verhält wie die Nutzungsdauer des Gebrauchsverschleißes zur Nutzungsdauer des Zeitverschleißes:

$$\frac{b_k}{b^{(p)}} = \frac{t_G^{(p)}}{t_Z^{(p)}} \tag{138}$$

Bei der Planung und Kostenauflösung von Abschreibungen wollen wir die folgenden beiden Fälle unterscheiden.

Im ersten Fall möge es sich um ein Betriebsmittel handeln, das starkem Zeitverschleiß unterliegt, so daß die geplante Nutzungsdauer bei Zeitverschleiß kleiner ist als die bei Planbeschäftigung erwartete Nutzungsdauer bei Gebrauchsverschleiß. Dieser Fall tritt vor allem dann auf, wenn es sich um Betriebsmittel handelt, deren Einsatzdauer durch technische und modische Entwicklungen zeitlich begrenzt ist, ferner bei Betriebsmitteln, die stark korrosionsgefährdet sind, bei denen der Gebrauchsverschleiß relativ niedrig ist, oder die in Kostenstellen mit geringen Planbeschäftigungen installiert sind. Nach Gleichung (138) muß in diesem Fall die kritische Beschäftigung größer als die Planbeschäftigung sein. Gilt weiterhin, daß die maximal zu erwartende Istbeschäftigung ebenfalls kleiner als b_k sein muß, weil b_k z.B. außerhalb der Kapazitätsgrenze liegt, so sind die Abschreibungen allein nach Gleichung (134) zu berechnen und in voller Höhe als fix anzusetzen. Können die monatlichen Istbezugsgrößen auch über b_k liegen, so müßte die Sollkostenkurve der Abschreibungen dem Linienzug ABC in der Abbildung 33 entsprechen.

Da jedoch die Abschreibungsberechnung ihrer Art nach eine langfristige Rechnung ist und im obigen Fall erwartet werden kann, daß die Istbeschäftigungen um $b^{(p)}$ als Durchschnittswert schwanken, so sollten bei überwiegendem Zeitverschleiß die Abschreibungen auch dann vollständig als fix angesetzt werden, wenn in einigen Monaten die kritische Beschäftigung überschritten werden kann. Hierfür spricht auch die Tatsache, daß gebrochene Sollkostenfunktionen bei der praktischen Durchführung des Soll-Ist-Kosten-Vergleichs Schwierigkeiten bereiten. Als Sollkosten-

[649] Allgemein gilt für $t_G^{(p)}$ folgende Bestimmungsgleichung $\sum_{t=1}^{t_G} 12\, b_t^{(p)} = B^{(p)}$, woraus für konstantes $b_t^{(p)}$ die Gleichung (136) folgt.

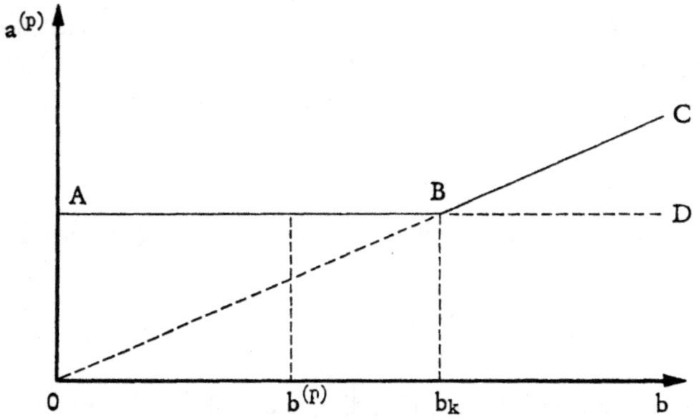

Abb. 33: Sollkostenverlauf von Abschreibungen bei überwiegendem Zeitverschleiß

kurve wäre daher die Linie AD in Abbildung 33 anzusetzen. Das gilt auch für den Grenzfall, in dem die Nutzungsdauer bei Gebrauchsverschleiß und die Nutzungsdauer bei Zeitverschleiß gleich groß sind.

Als zweiten Fall wollen wir ein Betriebsmittel betrachten, das überwiegend dem Gebrauchsverschleiß unterliegt, so daß die geplante Nutzungsdauer bei Zeitverschleiß größer ist als die geplante Nutzungsdauer bei Gebrauchsverschleiß (bei Planbeschäftigung). Dieser Fall tritt vor allem bei technisch ausgereiften Betriebsmitteln auf, bei denen es sich nicht um Spezialaggregate für kurzlebige, modische Artikel handelt, und die nur schwachen Korrosionseinflüssen ausgesetzt sind. Nach Gleichung (138) muß hierbei die kritische Beschäftigung stets kleiner als die Planbeschäftigung sein. Können wir weiterhin unterstellen, daß infolge einer günstigen Auftragslage die niedrigste, erwartete Istbeschäftigung nicht unter die kritische Beschäftigung absinken kann, so sind die Abschreibungen allein nach Gleichung (135) zu berechnen und in voller Höhe den proportionalen Kosten zuzuordnen. Ist dagegen die zweite Voraussetzung nicht erfüllt, könnten also auch Monate mit Istbeschäftigungen auftreten,

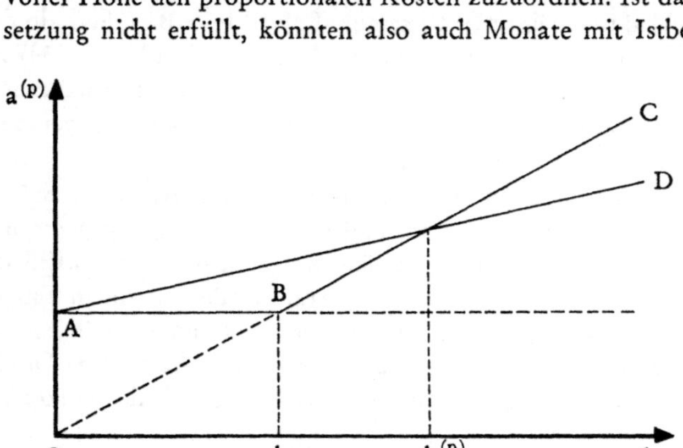

Abb. 34: Sollkostenverlauf von Abschreibungen bei überwiegendem Gebrauchsverschleiß

die kleiner als die kritische Beschäftigung sind, so müßte die Sollkostenvorgabe der Abschreibungen nach dem Linienzug ABC in der Abbildung 34 erfolgen.
Aus den bereits für den ersten Fall angeführten Gründen empfehlen wir jedoch auch hier, als „Näherungsmethode“ die Linie AD als Sollkostenfunktion der Abschreibungen vorzugeben, also die monatlichen Sollabschreibungen wie folgt zu berechnen:

(139)
$$K_A^{(s)} = a_Z^{(p)} + \frac{a_G^{(p)} - a_Z^{(p)}}{b^{(p)}} b^{(i)}$$

Als Beispiel einer Abschreibungsplanung haben wir in der Tabelle 36 die Abschreibungsberechnung für die Kostenstelle „Spritzgußmaschinen“ eines Kunststoffspritzgußwerkes wiedergegeben. In dieser Kostenstelle sind 24 vollhydraulische Spritzgußmaschinen installiert. Für sie wurden als Plannutzungsdauer des Gebrauchsverschleißes 10 Jahre und als Plannutzungsdauer des Zeitverschleißes 30 Jahre angesetzt. Dem Gebrauchsverschleiß liegt ein durchschnittlicher Beschäftigungsgrad von 10 000 Ftg.-Std./Monat zugrunde. Als Summe der Abschreibungen für den Zeitverschleiß erhalten wir 448,05 DM und als Summe der Abschreibungen für den Gebrauchsverschleiß 1 342,07 DM. Der zuletzt genannte Betrag wird in die Spalte „Gesamtkosten“ des Kostenplans der Kostenstelle „Spritzgußmaschinen“ übernommen. Subtrahiert man die Abschreibungen für den Zeitverschleiß, die nach der von uns empfohlenen Näherungsmethode zugleich den fixen Abschreibungsanteil darstellen, von den gesamten Abschreibungen, so erhält man die proportionalen Abschreibungskosten in Höhe von 894,02 DM.

2. In enger Beziehung zu den Abschreibungen stehen die *Instandhaltungs- und Reparaturkosten* für die Wartung, Überholung und Wiederinstandsetzung langfristig nutzbarer Betriebsmittel.
Bei *Instandhaltungskosten* handelt es sich um Kosten, die für vorbeugende Maßnahmen an betriebsbereiten Maschinen und Anlagen anfallen. Sie werden aufgewandt, um die Betriebsbereitschaft zu erhalten, indem jeder möglichen Störung durch vorzeitigen Austausch von Ersatzteilen planmäßig entgegengewirkt wird. Hierzu dienen systematisch aufgebaute Wartungs- und Überholungspläne. Durch Instandhaltungsmaßnahmen sollen unvorhergesehene Stillstände vermieden und die Reparaturkosten gesenkt werden. Handelt es sich hierbei um kleinere, in relativ kurzen Abständen wiederkehrende Maßnahmen, so wollen wir von kurzfristigen Instandhaltungskosten sprechen. Die Istkosten kurzfristiger Instandhaltungsmaßnahmen werden entweder direkt oder über Werkauftragsnummern den Kostenstellen belastet, ohne zeitlich abgegrenzt zu werden. Bei umfangreichen, kostspieligen Überholungsarbeiten, die nur in größeren Abständen wiederkehren, wollen wir von langfristigen Instandhaltungskosten sprechen. Die Istkosten langfristiger Instandhaltungsmaßnahmen werden stets über Werkauftragsnummern verrechnet und den Kostenstellen zeitlich abgegrenzt belastet[650].

[650] Auch in den USA werden die Kosten für größere Reparaturen und Instandhaltungsmaßnahmen zeitlich abgegrenzt. Vgl. *NAA-Research Report 37*, Current Application

Bei *Reparaturkosten* handelt es sich um Kosten, die zur Beseitigung von plötzlich aufgetretenen Betriebsmittelschäden aufgewandt werden. Statt Reparaturkosten wird häufig auch von Instandsetzungskosten gesprochen. Auch hier lassen sich – ebenso wie bei den *Instandhaltungskosten* – die Kosten für Klein-, Mittel- und Großreparaturen unterscheiden. Die Kosten für kleinere Reparaturen werden im Ist in der Regel ohne Verwendung von Werkauftragsnummern direkt auf die Kostenstellen kontiert. Bei mittleren und größeren Reparaturen dagegen erfolgt die Verrechnung stets über besondere Werkauftragsnummern, auf denen sämtliche Kosten der betreffenden Reparatur gesammelt werden. Von einer bestimmten Kostenhöhe an werden auch die Reparaturkosten zeitlich abgegrenzt auf die Kostenstellen kontiert. Die Höhe der Reparaturkosten hängt vom Alter der Betriebsmittel, von der Beschäftigung, der Intensität, der Behandlung durch die Arbeitskräfte und nicht zuletzt von der Sorgfalt ab, mit der die planmäßigen Instandhaltungsmaßnahmen ausgeführt werden[651].

3. Instandhaltungs- und Reparaturkosten werden wegen ihrer engen, gegenseitigen Beziehungen stets zu der gleichen Kostenart zusammengefaßt, wobei man jedoch nach Betriebsmittelgruppen differenzierte Unterkostenarten (z. B. für Gebäude, Maschinen, Transportanlagen und Einrichtungsgegenstände) bilden kann.
Die Instandhaltungs- und Reparaturkosten können folgende Kostenkomponenten enthalten:

a) Reparaturmaterial und Ersatzteile,
b) Instandhaltungs- und Reparaturleistungen fremder Betriebe,
c) Instandhaltungs- und Reparaturleistungen eigener Hilfsbetriebe.

Die Kosten der eigenen Hilfsbetriebe sind im Gegensatz zu den beiden ersten Kostenkomponenten sekundäre Kostenarten. Hierauf ist bei der kostenartenweisen Abstimmung der Kostenplanung und bei der späteren Durchführung des Soll-Ist-Kosten-Vergleichs zu achten.
Bei der Planung von Instandhaltungs- und Reparaturkosten geht man am zweckmäßigsten wie folgt vor[652]: Zunächst werden für jede Betriebsmittelart die Art und die Häufigkeit (pro Monat bei Planbeschäftigung) der zu erwartenden Instandhal-

of Direct Costing, New York 1961, S. 15, wo für die Abgrenzung ein „maintenance reserve account" vorgeschlagen wird.

651 Vgl. *W. W. Neumayer*, Planung und Verrechnung der Maschinenreparaturkosten, ZfB 1950, S. 55.

652 Vgl. *E. Bosshardt*, Leistungsmäßige..., a. a. O., S. 84 ff.; *G. Danert*, Praktische Fragen der Gemeinkostenanalyse und -beeinflussung, BFuP 1954, S. 9; *S. B. Henrici*, Standard Costs... a. a. O., S. 191; *I. W. Keller*, Management Accounting for Profit Control, New York-Toronto-London 1957, S. 193 ff.; *W. Medicke*, Die Gemeinkosten..., a. a. O., S. 55; *NAA-Research Report 37*, Current Application..., a. a. O., S. 15; *W. W. Neumayer*, Planung..., a. a. O., S. 54 ff.; *F. Wille*, Plan- und Standardkostenrechnung, 2. Aufl., a. a. O., S. 53.

Tabelle 36: Beispiel zur Abschreibungsplanung der Kostenstelle „Spritzgußmaschinen"

Abschreibungsgegenstand	Anzahl	Planwiederbeschaffungswert DM	Anzahl × Planwiederbeschaffungswert DM	Plannutzungsdauer bei Zeitverschleiß Monate	Plannutzungsdauer bei Gebrauchsverschleiß Monate	Planabschreibungen für Zeitverschleiß DM	Planabschreibungen für Gebrauchsverschleiß DM
40 g-Spritzgußmaschinen, vollhydraulisch	16	6 000	96 000	360	120	267,00	800,00
60 g-Spritzgußmaschinen, vollhydraulisch	5	7 000	35 000	360	120	97,22	291,66
80 g-Spritzgußmaschinen, vollhydraulisch	3	9 000	27 000	360	120	75,00	225,00
Maschinentische	2	150	300	360	120	0,83	2,49
Materialwaagen	2	200	400	240	84	1,67	4,76
Wägetische	2	100	200	240	84	0,83	2,38
Trockenschränke	2	200	400	240	84	1,67	4,76
Werkzeugspinde	2	90	180	360	120	0,50	1,50
Sekundenuhren für Spritzzeiten	2	300	600	240	84	2,50	7,14
Normaluhren	1	200	200	240	84	0,83	2,38
Summe	–	–	160 280	–	–	448,05	1 342,07
./. Fixe Planabschreibungen							448,05
Proportionale Planabschreibungen							894,02

tungen und Reparaturen geplant. Weiterhin wird für jeden Fall eine Kostenplanung durchgeführt, bei der die Plankosten pro Werkauftrag, differenziert nach Material und Ersatzteilen, Kosten fremder Betriebe und nach den Kosten eigener Hilfsbetriebe vorgegeben werden. Hierfür haben wir in der Tabelle 37 ein vereinfachtes Beispiel wiedergegeben, in dem sechs verschiedene Instandhaltungs- bzw. Reparaturmaßnahmen unterschieden werden.

Tabelle 37: Beispiel zur Planung von Instandhaltungs- und Reparaturkosten

Instand-haltungs- bzw. Rep.-maßnahme	Häufigkeit pro Monat	Material und Ersatzteile DM	Fremdrechnungen DM	Kosten eigener Hilfsbetriebe DM	Kosten pro Werkauftrag DM	Betrag pro Monat DM
A	6	14	–	6	20	240
B	2	30	–	15	45	90
C	1	140	60	80	280	280
D	1/2	210	40	110	360	180
E	1/12	810	410	220	1 440	120
F	1/24	2 400	840	660	3 900	163
Summe						1 073

Die zweite Spalte der Tabelle 37 gibt jeweils die Häufigkeit pro Monat an, mit der die Instandhaltungs- bzw. Reparaturmaßnahmen zu erwarten sind. In den folgenden drei Kostenspalten sind das Reparaturmaterial und die Ersatzteile mit den zugehörigen Planpreisen bewertet. Die Kosten der Hilfsbetriebe wurden aus dem geschätzten Stundenverbrauch und den proportionalen Kostensätzen der zugehörigen Kostenstellen ermittelt. Hieraus folgt, daß die Planung der Instandhaltungs- und Reparaturkosten erst durchgeführt werden kann, wenn die Kostenstellenplanung der Hilfsbetriebe abgeschlossen ist. Multipliziert man die Kosten pro Werkauftrag mit der zugehörigen Häufigkeit pro Monat, so erhält man die auf einen Monat im *Durchschnitt* entfallenden Kosten der betreffenden Instandhaltungs- bzw. Reparaturart. Die Summe dieser Beträge, die in unserem Beispiel 1 073 DM beträgt, wird der zugehörigen Kostenstelle unter der Kostenart „Instandhaltungs- und Reparaturkosten" als Gesamtkostenbetrag vorgegeben. Ist es bei der Kostenplanung nicht möglich, alle Reparatur- und Instandhaltungsfälle gesondert zu berücksichtigen, so beschränkt man sich auf die wichtigsten und erhöht die Summe der hierbei ermittelten Kosten um einen Zuschlag.

Zur Kontrolle sollte man die ermittelten Plankosten für Instandhaltungs- und Reparaturmaßnahmen stets mit Erfahrungswerten vergleichen, die entweder in Prozent der Anschaffungswerte[653] oder besser in Form von Relativziffern, bezogen

[653] Vgl. hierzu z. B. die von *G. Danert*, Praktische Fragen . . ., a. a. O., S. 9, angegebenen Prozentsätze.

auf eine Bezugsgrößeneinheit, festgehalten werden. Beträgt im Beispiel der Tabelle 37 die zugehörige Bezugsgröße 10 000 Fertigungsstunden, so entfallen auf eine Fertigungsstunde 0,1073 DM. Verfügt der Kostenplaner über verläßliche Erfahrungswerte, aus denen hervorgeht, daß bei wirtschaftlichem Einsatz der betreffenden Betriebsmittelart in anderen Betrieben 0,12 DM/Fertigungsstunde anfallen, so wird er überprüfen, ob er Kosten vergessen hat. Die Vorgabe von Reparatur- und Instandhaltungskosten ist die Aufgabe entsprechend geschulter Kosteningenieure und erfordert sehr viel praktische Erfahrung.

Instandhaltungs- und Reparaturkosten für Maschinen und maschinelle Anlagen werden überwiegend den proportionalen Kosten zugeordnet, da sie in erster Linie durch den Gebrauchsverschleiß der Betriebsmittel ausgelöst werden. Ein Teil der Instandhaltungs- und Reparaturmaßnahmen bleibt aber auch dann erforderlich, wenn die Beschäftigung des Betriebsmittels nahezu auf Null zurückgegangen ist, die Betriebsbereitschaft aber aufrechterhalten werden soll. Diese Maßnahmen sind z.B. darauf zurückzuführen, daß viele Betriebsmittelteile der Korrosion ausgesetzt sind. Zu den proportional vorgegebenen Instandhaltungs- und Reparaturkosten ist jedoch zu bemerken, daß es sich hierbei nicht um eine kurzfristig wirksame Proportionalitätsbeziehung handeln kann, da die meisten Reparatur- und Instandhaltungsmaßnahmen stoßweise auftreten: "Machine maintenance costs are reasonably variable when compared to production on a yearly basis, but not from month to month." [654] Hierauf ist bei der Auswertung des Soll-Ist-Kosten-Vergleichs zu achten.

Instandhaltungs- und Reparaturkosten für Gebäude und für die dem Gebrauchsverschleiß nur wenig ausgesetzten Einrichtungsgegenstände werden in voller Höhe den fixen Kosten zugeordnet.

VI. Die Planung der kalkulatorischen Zinsen

1. Das Problem, ob und in welcher Weise Zinsen in der laufenden Kostenrechnung zu verrechnen sind, wird in der Betriebswirtschaftslehre seit langem diskutiert, ohne daß hierbei bisher ein endgültiges Ergebnis erzielt wurde. Wie K. Mellerowicz zeigt, bestehen die folgenden drei Ansichten [655]:

a) Zinsen werden nicht als Kosten angesehen
b) Nur Fremdkapitalzinsen werden als Kosten angesehen
c) Zinsen für das gesamte Kapital werden als Kosten angesehen

Die erste Ansicht wird vorwiegend von Autoren vertreten, die grundsätzlich nur bewertete Verbrauchsmengen als Kosten betrachten und die Finanz- und Investitionsrechnung scharf von der Kostenrechnung abgrenzen [656].

[654] Vgl. *NAA-Research Report 37*, Current Application..., a. a. O., S. 15.

[655] Vgl. *K. Mellerowicz*, Kosten und Kostenrechnung, Bd. 1, Theorie der Kosten, 3. Aufl., Berlin 1957, S. 78.

[656] So kommt z. B. *E. Schneider*, Industrielles Rechnungswesen, 2. Aufl., Tübingen 1954, S. 34 ff., auf Grund seiner Kostendefinition, S. 38: „Unter den Kosten ... versteht man...

Die zweite Ansicht ist typisch für die Vertreter des pagatorischen Kostenbegriffes: „Die pagatorische Kostendefinition, nach der Kosten eine spezifische Auszahlungskategorie sind, muß die nicht mit Auszahlungen verbundenen kalkulatorischen Eigenkapitalzinsen als Kosten ausschalten. Die kalkulatorischen Eigenkapitalzinsen können nur Gewinnanteil darstellen." [657]

Die Mehrzahl der Autoren neigt heute der dritten Ansicht zu. Als Begründung hierfür wird vorwiegend angeführt, daß auch mit der Eigenkapitalnutzung zwangsläufig ein „... Gutsverbrauch verbunden (ist), zwar nicht in der positiven Form der Ausgabe, aber wohl in der negativen Form des Nutzenentganges." [658]

Es kann im Rahmen dieser Arbeit weder unsere Aufgabe sein, auf die Diskussion über das Zinsproblem im einzelnen einzugehen, noch eine vollständige Übersicht und Auswertung der umfangreichen Literatur darzubieten [659]. Wir wollen uns vielmehr auf einige grundsätzliche Hinweise beschränken und anschließend darstellen, wie kalkulatorische Zinskosten im System einer flexiblen Plankostenrechnung geplant und kontrolliert werden sollten.

Bezieht man kalkulatorische Zinsen auf das Eigenkapital in die Kostenrechnung ein, so muß man sich stets darüber im klaren sein, daß es sich hierbei um eine grundsätzlich andere Kostenkategorie handelt als bei den meisten übrigen Kostenarten, die aus Faktorverbrauchsmengen entstehen. Kalkulatorische Zinsen auf das Eigenkapital sind Opportunitäts- oder Alternativkosten, wie bereits die oben zitierte Begründung der kalkulatorischen Zinsen durch K. Mellerowicz erkennen läßt [660]. Der Investor verzichtet durch die Eigenkapitalbindung in einem bestimmten Betrieb auf die Renditen aus anderen möglichen Investitionsobjekten. Könnte er z. B. durch andere Investitionen im Durchschnitt eine 10%ige Rentabilität erwirtschaften, so müßte er nach der Lehre von den kalkulatorischen Zinskosten in der laufenden Kostenrechnung seines Betriebes eine 10%ige „Mindestrendite" als Kostenart berücksichtigen. Hierzu ist folgendes zu bemerken.

den ... in Geld bewerteten Verbrauch ... von außen zugeführten Kostengütern ...", zu einer Ablehnung der Eigenkapitalverzinsung als Kosten. Vgl. auch *W. Lücke*, Die kalkalkulatorischen Zinsen im betrieblichen Rechnungswesen, ZfB 1965, Erg.heft, S. 5.

657 Vgl. *W. Lücke*, Die kalkulatorischen Zinsen ..., a. a. O., S. 4 f.; vgl. auch *H. Koch*, Grundprobleme der Kostenrechnung, Köln und Opladen 1966, S. 9 ff.; *H. Seischab*, Demontage des Gewinns durch unzulässige Ausweitung des Kostenbegriffs, ZfB 1952, S. 27.

658 Vgl. *K. Mellerowicz*, Kosten ..., Bd. 1, a. a. O., S. 78. Ähnliche Begründungen findet man bei vielen betriebswirtschaftlichen Autoren.

659 Wir wollen uns darauf beschränken, auf die folgenden grundlegenden Stellungnahmen zum Problem der kalkulatorischen Zinsen hinzuweisen: *E. Heinen*, Zum Problem des Zinses in der industriellen Kostenrechnung, Köln-Berlin-Bonn-München 1952; *W. Lücke*, Die kalkulatorischen Zinsen ..., a. a. O., S. 3 ff.; *H. Seischab*, Demontage ..., a. a. O., S. 19 ff; *K. Schwantag*, Zins und Kapital in der Kostenrechnung, Berlin 1948; *K. Schwantag*, Zinsen als Kostenfaktor, ZfB 1953, S. 483 ff., *W. Wehe*, Der Kapitalzins als Gewinnfaktor, Berlin 1939; *F. Zeidler*, Betrachtungen über eine Kostenart: Kalkulatorische Zinsen, ZfhF 1949, S. 572 ff.

660 Vgl. hierzu auch *W. Lücke*, Die kalkulatorischen Zinsen ..., a. a. O., S. 6, der aus dem obengenannten Grunde kalkulatorische Zinsen auf das Eigenkapital den Charakter von „Als-ob-Kosten" zuspricht.

Erstens ist der kalkulatorische Zinssatz eine relative Größe, die praktisch nur sehr schwer bestimmt werden kann, wie die grundlegenden Arbeiten A. Moxters gezeigt haben[661]. Die Usance der Praxis, den „landesüblichen Zinssatz zuzüglich einer Risikoprämie" als kalkulatorischen Zinssatz zu verwenden, kann nur als Näherungsmethode angesehen werden.

Zweitens ist stets zu beachten, daß Opportunitätskosten und damit auch die kalkulatorischen Zinsen auf das Eigenkapital ihrer Art nach stets „entgangene Gewinne" sind[662]. Für die Zwecke der Kostenkontrolle stört diese Eigenschaft der kalkulatorischen Zinsen keineswegs. Hier ist es richtig, den Kostenstellenleitern zu zeigen, welche Kapitalbeträge in ihren Abteilungen gebunden sind und welche Zinsgewinne dem Investor hierdurch entgehen. Insbesondere für die beeinflußbaren Positionen des Umlaufvermögens ist ein laufender Soll-Ist-Kosten-Vergleich für die kalkulatorischen Zinsen zweckmäßig.

Störend kann sich der Opportunitätskostencharakter der kalkulatorischen Zinsen aber bei Entscheidungsproblemen auswirken, so z. B. bei der Ermittlung von Preisuntergrenzen zum Zwecke der Verkaufssteuerung. Kalkulatorische Zinsen, die proportional zum Umlaufvermögen vorgegeben werden, gehen in die Grenzkostenkalkulation und damit in die kurzfristige Preisuntergrenze der Erzeugnisse ein. Einerseits wird das Eigenkapital in der Regel langfristig zur Verfügung gestellt und auch dann nicht kurzfristig abgezogen, wenn die Preise so niedrig sind, daß sie nur die aus ausbringungsabhängigen Verbrauchsmengen resultierenden Grenzkosten decken, aber nicht auch die kalkulatorischen Zinsen auf das Umlaufvermögen. Andererseits kann aber die finanzielle Situation so sein, daß Schwankungen des Umlaufvermögens kurzfristig zusätzliches Fremdkapital binden oder freisetzen. Ohne daß wir diese Gedankengänge hier weiter vertiefen, scheint vieles dafür zu sprechen, kalkulatorische Zinsen für das Gesamtkapital zwar in der laufenden Kostenrechnung zu berücksichtigen, die kalkulatorischen Zinsen aber sowohl in den Grenzkostenkalkulationen als auch in der kurzfristigen Erfolgsrechnung nach Möglichkeit gesondert auszuweisen.

2. Die praktische Durchführung der Einbeziehung kalkulatorischer Zinsen in die Kostenrechnung setzt eine Abgrenzung zwischen den in der Finanzbuchhaltung verrechneten Effektivzinsen für Fremdkapital und den kalkulatorischen Zinsen auf das gesamte betriebsnotwendige Kapital voraus. Diese Abgrenzung wird in der Klasse 2 des Kontenrahmens vorgenommen, indem dort die Effektivzinsen für Fremdkapital

[661] Vgl. *A. Moxter,* Die Bestimmung des Kalkulationszinsfußes bei Investitionsentscheidungen, ZfhF 1961, S. 186 ff. Die Schwierigkeiten, die A. Moxter bei der Bestimmung von Kalkulationszinssätzen für Investitionsrechnungen nachweist, gelten entsprechend für die Ermittlung kalkulatorischer Zinsen in der Kostenrechnung, wenn die Begründung kalkulatorischer Zinsen als Nutzenentgang richtig sein soll.

[662] Zinsen sind objektiv als Kosten, subjektiv als Gewinn anzusehen, wie *J. Vernier,* Die buchmäßigen und die kalkulatorischen Zinsen, Betriebswirtschaftliche Studien, Heft 28, St. Gallen 1948, S. 22, nachweist. Zit. n. *W. Lücke,* Die kalkulatorischen Zinsen..., a. a. O., S. 6.

einem besonderen Konto belastet und die kalkulatorischen Zinsen einem besonderen Konto gutgeschrieben werden. Die Gegenbuchung der kalkulatorischen Zinsen erfolgt auf einem Kostenartenkonto in der Klasse 4 des Kontenrahmens. Der Saldo zwischen den nicht als Kosten verrechneten Effektivzinsen und den kalkulatorischen Zinsen wird auf das Abgrenzungssammelkonto als „Gewinnkorrektur" zwischen Finanzbuchhaltung und Betriebsabrechnung verbucht.

In traditionellen Systemen der Kostenrechnung erfolgt die Ermittlung der kalkulatorischen Zinsen in der Weise, daß man aus der Bilanz das „betriebsnotwendige Vermögen" ableitet, dieses um das sogenannte „Abzugskapital" vermindert und mit dem kalkulatorischen Zinssatz multipliziert[663]. Der so ermittelte Gesamtbetrag wird anschließend mit Hilfe von Kapitalschlüsseln auf die Kostenstellen verteilt.

In einer Plankostenrechnung sollte man jedoch diese globale Methode der Zinskostenberechnung nicht anwenden, sondern die Kapitalbindung nach Kostenstellen differenziert planen[664]. Hierbei sind die kalkulatorischen Zinsen auf das Anlagevermögen von denjenigen auf das Umlaufvermögen zu trennen, da bei beiden Vermögensarten unterschiedliche Probleme der kalkulatorischen Zinsberechnung auftreten.

3. Die *Planung von kalkulatorischen Zinsen für das Anlagevermögen* kann unmittelbar aus der Anlagenkartei abgeleitet werden, aus der ersichtlich ist, in welchen Kostenstellen die einzelnen Betriebsmittel eingesetzt sind. Hierbei lassen sich die beiden folgenden Verfahren anwenden.

Bei der *Restwertverzinsung* werden die auf ein Betriebsmittel entfallenden kalkulatorischen Zinsen stets auf den Restwert, d. h. auf die Differenz aus dem Anschaffungswert und der Summe der bisher verrechneten Abschreibungen bezogen[665]. Da die Kostenplanung in der Regel für ein Jahr erfolgt, berücksichtigt man die Verminderung der Restwerte nicht monatlich, sondern jährlich. Unterstellen wir, daß ein Betriebsmittel gerade zu Beginn einer Planungsperiode zum Anschaffungswert A_0 angeschafft wurde und betragen die monatlichen Planabschreibungen $K_A^{(p)}$, so erhalten wir bei einem kalkulatorischen Zinssatz i für die erste Planungsperiode die folgende Zinskostenvorgabe pro Monat[666]:

$$K_{ZR1} = (A_0 - 6\,K_{A1}^{(p)})\frac{i}{12} \tag{140}$$

[663] Vgl. hierzu *W. Lücke*, Die kalkulatorischen Zinsen ..., a. a. O., S. 8. Nach W. Lücke wird unter Abzugskapital die Summe von Beträgen verstanden, die dem Betrieb zinsfrei als Käuferanzahlungen sowie als Schulden aus Lieferungen und Leistungen zur Verfügung stehen.

[664] Das Abzugskapital kann man hierbei in der Regel vernachlässigen. Vgl. *W. Lücke*, Die kalkulatorischen Zinsen ..., a. a. O., S. 10.

[665] Hierbei ist auf eventuelle Unterschiede zwischen dem Anschaffungswert und dem als Abschreibungsbasis verwendeten Wiederbeschaffungs- oder Zeitwert zu achten. Bei unseren weiteren Ausführungen wollen wir jedoch eine Identität dieser Werte unterstellen.

[666] Eine ausführliche Analyse der Berechnungsmethoden kalkulatorischer Zinsen mit Hilfe von graphischen Darstellungen und Formeln findet man bei *F. Zeidler*, Betrachtungen ..., a. a. O., S. 572 ff.

Wie die Gleichung (140) erkennen läßt, wird nach dieser Methode der durchschnittliche jährliche Restwert verzinst. Bei der nächsten Planungsüberholung errechnet man die Wertbasis der kalkulatorischen Zinsen neu, indem der Anschaffungswert um die jährlichen Sollabschreibungen der letzten Abrechnungsperiode und um die Hälfte der geplanten Abschreibungen der folgenden (zweiten) Planungsperiode vermindert wird. Für die monatliche Zinskostenvorgabe der zweiten Planungsperiode K_{ZR2} erhalten wir daher den folgenden Ausdruck:

$$(141) \qquad K_{ZR2} = \left(A_0 - \sum_{t=1}^{12} K_{A1t}^{(s)} - 6\, K_{A2}^{(p)}\right) \frac{i}{12}$$

Entsprechend geht man in den folgenden Jahren vor.
Grundsätzlich werden kalkulatorische Zinsen auf das Anlagevermögen in voller Höhe den fixen Kosten zugeordnet. Bei kapitalbindenden Objekten, die im Zeitablauf keiner verschleißbedingten Entwertung unterworfen sind, wie das bei Grundstücken der Fall ist, vereinfacht sich die Zinsberechnung in der Weise, daß der Anschaffungs- oder Zeitwert stets in voller Höhe verzinst wird.
Die Restwertverzinsung hat den Vorteil, daß sie der effektiven Kapitalbindung des Anlagevermögens weitestgehend entspricht. Als Nachteil wird angesehen, daß die Zinsbelastung mit zunehmendem Alter der in einer Kostenstelle installierten Betriebsmittel abnimmt und Abteilungen mit neueren Betriebsmitteln mit hohen kalkulatorischen Zinsen belastet werden. Da jedoch die Zinsen auf das Anlagevermögen in voller Höhe den fixen Kosten zugeordnet werden, beeinflußt diese Tatsache die Kalkulationssätze der Grenzplankostenrechnung nicht. Die Abbildung 35 läßt erkennen, wie sich bei Restwertverzinsung die jährlichen Zinskostenvorgaben verändern, wenn wir von der vereinfachenden Annahme konstanter jährlicher Abschreibungen ausgehen.
Als zweites Verfahren ist die Methode der *Durchschnittsverzinsung* zu nennen. Hiernach wird für die gesamte Lebensdauer das „im Durchschnitt gebundene Kapital" verzinst. Wir erhalten daher für jede Planungsperiode die kalkulatorischen Zinskosten pro Monat nach folgender Gleichung:

$$(142) \qquad K_{ZD} = \frac{A_0}{2} \frac{i}{12}$$

Die Durchschnittsverzinsung hat den Vorteil, daß ihre Anwendung sehr einfach ist. Manche Kostenfachleute sehen als weiteren Vorteil die konstante Zinsbelastung der einzelnen Planungsperioden an. Da jedoch die Zinsen auf das Anlagevermögen in voller Höhe fixe Kosten sind und damit ohnehin keine Einbeziehung in die Kalkulationssätze im Rahmen der Grenzplankostenrechnung erfolgt, wird dieser Vorteil hier nicht wirksam. Ein großer Nachteil der Durchschnittsverzinsung besteht darin, daß die Zinsberechnung nicht einmal annähernd mit der wirklichen Kapitalbindung übereinstimmt. Dieser Nachteil wird allerdings in großen Kostenstellen mit einem gemischten Altersaufbau der Aggregate nicht voll wirksam, bleibt aber grundsätzlich auch dort bestehen. Wie die folgende Rechnung zeigt, werden nach beiden Methoden insgesamt die gleichen Zinssummen verrechnet, wobei wir aus Gründen der Vereinfachung konstante jährliche Beschäftigungsgrade unterstellen. Bezeichnen wir die Nutzungsdauer mit t_n, so gilt:

(143)

Periode	Zinsen nach der Restwertmethode
1	$(A_0 - \frac{1}{2}\frac{A_0}{t_n})\,i$
2	$(A_0 - \frac{1}{2}\frac{A_0}{t_n} - \frac{A_0}{t_n})\,i$
3	$(A_0 - \frac{1}{2}\frac{A_0}{t_n} - 2\frac{A_0}{t_n})\,i$
.	.
.	.
.	.
.	.
t_n	$(A_0 - \frac{1}{2}\frac{A_0}{t_n} - (t_n - 1)\frac{A_0}{t_n})\,i$
Zins-summe	$(t_n A_0 - \frac{1}{2} A_0 - \frac{(t_n - 1)\,t_n}{2}\frac{A_0}{t_n})\,i$

Hieraus ergibt sich

(144)
$$\text{Zinssumme} = t_n \frac{A_0\, i}{2}$$

also die gleiche Zinssumme wie bei der Durchschnittsverzinsung. Dieser Sachverhalt wird auch durch das in Tabelle 38 wiedergegebene Zahlenbeispiel verdeutlicht. Die Identität der während der gesamten Laufzeit verrechneten Zinsen darf aber nicht über die Tatsache hinwegtäuschen, daß die Zinskostenverteilung bei der Durchschnittsmethode im Hinblick auf die Kapitalbindung falsch ist. Dieser Fehler wirkt sich vor allem dann nachteilig aus, wenn man geplante Kosten für Investitionsentscheidungen verwendet. Zwar sollten Investitionsentscheidungen grundsätzlich auf Zahlungsstromanalysen und nicht auf Kosten aufbauen, näherungsweise kann man aber die laufenden Plankosten ohne Kapitaldienst den laufenden Auszahlungen gleichsetzen. Der Kapitaldienst nach der Annuitätenmethode mit Hilfe von Wiedergewinnungsfaktoren ist stets größer als der Kapitaldienst, den man bei linearer Abschreibung und durchschnittlicher Zinskostenberechnung erhält. Die Durchschnittsberechnung der Zinsen kann also Investitionsobjekte zu günstig erscheinen lassen, die in Wirklichkeit nicht wirtschaftlich sind. Die Berechnung der Zinsen nach der Restwertmethode führt dagegen zu dem gleichen Kapitaldienst wie die Annuitätenmethoden der Investitionsrechnung. Auch aus diesem Grunde empfehlen wir, die kalkulatorischen Zinsen auf das Anlagevermögen in einer Plankostenrechnung nach der Restwertmethode zu berechnen.

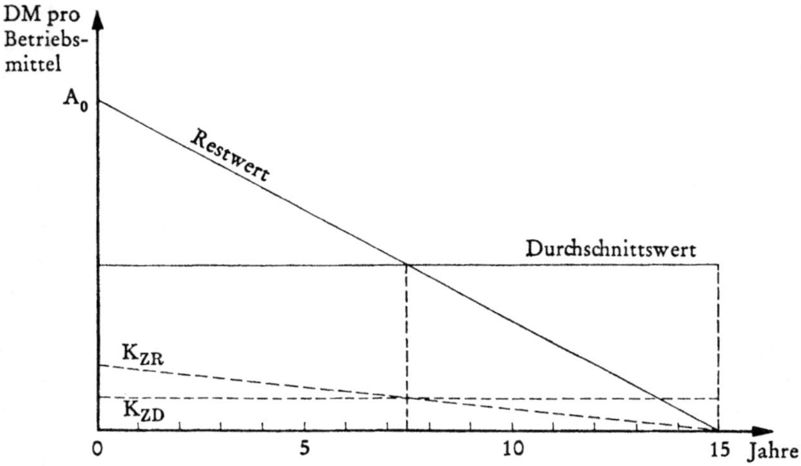

Abb. 35: Verlauf der Restwerte bei konstanten jährlichen Abschreibungen

4. Während die Berechnung der kalkulatorischen Zinsen für das Anlagevermögen relativ leicht durchgeführt werden kann, treten bei der Planung der *kalkulatorischen Zinsen für das Umlaufvermögen* nicht unerhebliche Schwierigkeiten auf, wenn man sie exakt durchführen will.

Am einfachsten lassen sich die kalkulatorischen Zinsen für die *Roh-, Hilfs- und Betriebsstoffbestände* ermitteln. Für jedes Werkstofflager wird ein Planbestandswert festgelegt. Hierbei wird der monatliche Planlagerabgang mit der geplanten durchschnittlichen Lagerdauer in Monaten multipliziert. Die Höhe der Planlager-

Tabelle 38: Vergleich der geplanten kalkulatorischen Zinsen nach der Durchschnitts- und nach der Restwertmethode

Periode	Durchschnittsverzinsung		Restwertverzinsung		
	Durchschnittl. Anlagevermögen DM	Zinsen DM/Jahr	Restwerte am Jahresende DM	Durchschnittl. Anlagevermögen DM	Zinsen DM/Jahr
1	60 000	4 800	108 000	114 000	9 120
2	60 000	4 800	96 000	102 000	8 160
3	60 000	4 800	84 000	90 000	7 200
4	60 000	4 800	72 000	78 000	6 240
5	60 000	4 800	60 000	66 000	5 280
6	60 000	4 800	48 000	54 000	4 320
7	60 000	4 800	36 000	42 000	3 360
8	60 000	4 800	24 000	30 000	2 400
9	60 000	4 800	12 000	18 000	1 440
10	60 000	4 800	–	6 000	480
Summe	–	48 000	–	–	48 000

dauer richtet sich nach den gegebenen Beschaffungsverhältnissen und danach, ob die Bestände eines Lagers auf viele unterschiedliche Werkstoffarten entfallen. Bei langen Beschaffungsdauern und in Lagern, die sehr viele unterschiedliche Werkstoffarten in relativ geringen Mengen enthalten, muß die Planlagerdauer höher angesetzt werden als in Lagern, die homogene Rohstoffe mit relativ kurzen Beschaffungsfristen enthalten.

Wir haben in der Tabelle 39 ein Beispiel zur Planung der kalkulatorischen Zinsen auf das Umlaufvermögen einer Tapetenfabrik wiedergegeben. Die Planpapierkosten betragen 360 000 DM je Monat. Da, wie wir unterstellen wollen, Papier relativ kurzfristig beschafft werden kann, wird der Planpapierbestand in Höhe des 1,5-fachen Monatsbedarfs angesetzt. Wir erhalten in unserem Beispiel daher einen Planpapierbestand von 540 000 DM. Bei einem Jahreszinsfuß von 8 % entfallen auf die Papierbestände monatlich 3 600 DM kalkulatorische Zinsen. Hiervon werden 80 % als proportionale Kosten angesetzt. Diese relativ starke Proportionalisierung der kalkulatorischen Zinsen ist deshalb gerechtfertigt, weil die Papierbestände sich nur auf einige unterschiedliche Sorten verteilen und weil die Lieferfristen relativ kurz sind, so daß die laufenden Bestände leicht an das Produktionsvolumen angepaßt werden können. Die kalkulatorischen Zinsen für Papierbestände werden der Kostenstelle „Papierlager“ belastet.

Als zweite Position des Umlaufvermögens enthält die Tabelle 39 die Farbstoff- und Chemikalienbestände. Da sich hier der gesamte Lagerbestand aus sehr vielen unterschiedlichen Stoffen zusammensetzt, von denen jeweils immer bestimmte Mindestmengen auf Vorrat vorhanden sein müssen, wurde die planmäßige Lagerdauer auf drei Monate festgesetzt. Aus dem gleichen Grunde lassen sich die Farbstoff- und Chemikalienbestände nur sehr viel geringer an das Produktionsvolumen anpassen als die Papierbestände, so daß von den auf sie entfallenden kalkulatorischen Zinsen nur 60 % in die proportionalen Kosten einbezogen wurden.

Weiterhin müssen in einer Tapetenfabrik die Bestände an Druckwalzen bei der Berechnung von kalkulatorischen Zinsen auf das Umlaufvermögen berücksichtigt werden. Die Kollektion einer Tapetenfabrik läuft in der Regel zwei Jahre. Während dieser Zeit müssen sämtliche Druckwalzen der Kollektion bereitgehalten werden. Aus diesem Grunde wurden als planmäßige Lagerdauer 24 Monate angesetzt und die auf Druckwalzen entfallenden kalkulatorischen Zinsen in voller Höhe als fixe Kosten betrachtet. Sie werden auf die Kostenstelle „Druckwalzenlager“ verrechnet.

Die Hilfs-, Betriebsstoff- und Ersatzteilbestände bestehen aus sehr vielen unterschiedlichen Teilpositionen, von denen jeweils immer bestimmte Mindestbestände bereitgehalten werden müssen. Aus diesem Grunde wurde die durchschnittliche Planlagerdauer mit sechs Monaten relativ hoch angesetzt. Die Hilfs-, Betriebsstoff- und Ersatzteilbestände lassen sich nur schwer an die Beschäftigung anpassen. Wir haben daher in der Tabelle 39 von den auf sie entfallenden kalkulatorischen Zinsen nur 40 % in die proportionalen Kosten einbezogen. Sie werden der Kostenstelle „Hilfs-, Betriebsstoff- und Ersatzteillager“ belastet.

Bei der kostenstellenweisen Planung der kalkulatorischen Zinsen für das *in der Fer-*

tigung gebundene Umlaufvermögen treten erhebliche Schwierigkeiten auf. Dies liegt daran, daß hier laufend Wertbewegungen stattfinden, in denen Material, Löhne, Hilfs- und Betriebsstoffe, Energie, Abschreibungen, innerbetriebliche Leistungen der verschiedensten Art und sonstige Kostengüter im Rahmen des betrieblichen Kombinationsprozesses Halb- und Fertigerzeugnisse ergeben.

Die hieraus für die Berechnung kalkulatorischer Zinsen resultierenden Probleme sind vor allem von F. Zeidler ausführlich untersucht worden[667]. Seine Ausführungen zeigen, daß der Wertefluß im Bereich der Fertigung so kompliziert ist, daß praktisch keine laufende Errechnung kalkulatorischer Zinsen des Umlaufvermögens für die einzelnen Fertigungskostenstellen möglich ist. Aus diesem Grunde geht man in der Plankostenrechnung so vor, daß man die kalkulatorischen Zinsen für das im Fertigungsbereich gebundene Umlaufvermögen den übergeordneten Leitungskostenstellen global belastet. Dies geschieht meistens in der Weise, daß man die zu Plangrenzherstellkosten bewertete Produktionsleistung eines Fertigungsbereichs mit einem Faktor multipliziert, der angibt, wie lange bei planmäßigem Ablauf der Fertigung die Halbfabrikate in der Fertigung gebunden sind.

Im Beispiel der Tabelle 39 wurden die kalkulatorischen Zinsen für die Halbfabri-

Tabelle 39: Beispiel zur Planung der kalkulatorischen Zinsen auf das Umlaufvermögen

Kostenstelle		Plan-verbrauch bzw. Plan-umsatz	Plan-lager-dauer	Plan-bestände	Kalkulatorische Zinsen auf das Umlaufvermögen DM/Monat	
Nr.	Benennung	DM/Monat	Monate	DM	Gesamt	Propor-tional
302	Papierlager	360 000	1,5	540 000	3 600	2 880
303	Farbstoff- und Chemikalienlager	75 000	3,0	225 000	1 500	900
304	Druckwalzenlager	12 500	24,0	300 000	2 000	–
305	Hilfs-, Betriebsstoff- und Ersatzteillager	10 000	6,0	60 000	400	160
500	Betriebsleitung: Drucksaal (Halbfabrikatebestände)	650 000	0,3	195 000	1 300	1 170
600	Betriebsleitung: Rollsaal (Halbfabrikatebestände)	690 000	0,1	69 000	460	414
806	Finanzbuchhaltung (Debitorenbestände)	1 250 000	1,0	1 250 000	8 333	5 833
903	Fertigwarenlager (Fertigwarenbestände)	690 000	2,5	1 725 000	11 500	9 200
Summe		–	–	4 364 000	29 093	20 557

[667] Vgl. *F. Zeidler*, Betrachtungen . . ., a. a. O., S. 572 ff.

kate für den Drucksaal und den Rollsaal der Tapetenfabrik getrennt ermittelt. Durch den Drucksaal läuft bei Realisierung der Planbeschäftigung ein Herstellkostenvolumen von 650000 DM und durch den Rollsaal ein solches von 690000 DM. Im Drucksaal sind die Tapetenpartien im Durchschnitt 0,3 Monate und im Rollsaal 0,1 Monate gebunden. Mit diesen Faktoren kann man aus dem angegebenen Herstellungsvolumen die Halbfabrikatebestände der beiden Fertigungsbereiche ermitteln. Die auf sie entfallenden kalkulatorischen Zinsen werden zu etwa 90 % in die proportionalen Kosten einbezogen, weil sich die Halbfabrikatebestände hier relativ leicht an Beschäftigungsschwankungen anpassen lassen.

Ein weiterer, relativ großer Posten des Umlaufvermögens entfällt auf die Debitorenbestände. Die planmäßige Höhe des Debitorenbestandes läßt sich am besten aus dem Planumsatz pro Monat ableiten. Unterstellt man, daß im Durchschnitt die Zahlung nach einem Monat erfolgt, so ist der planmäßige Debitorenbestand gleich dem geplanten Monatsumsatz. In unserem Beispiel erhalten wir dann auf diese Weise einen geplanten Debitorenbestand von 1250000 DM. Die kalkulatorischen Zinsen der Debitorenbestände werden in der Plankostenrechnung entweder der Vertriebsleitung oder der Finanzbuchhaltung belastet. Da in der Regel der Finanzbuchhaltung das Mahnwesen untersteht, sie also in der Lage ist, die Debitorenbestände zu beeinflussen, empfiehlt es sich, die kalkulatorischen Zinsen für Debitorenbestände der Finanzbuchhaltung zu belasten. Die Frage, inwieweit die kalkulatorischen Zinsen für Debitorenbestände in die proportionalen Kosten einzubeziehen sind, stellt ein relativ schwieriges Problem dar. Sicherlich bestehen keine kurzfristigen Beziehungen zwischen dem Umsatzvolumen und dem Debitorenbestand. Betrachtet man jedoch die Entwicklung während mehrerer Monate, so sollte sich im Falle von Umsatzrückgängen auch der durchschnittliche Debitorenbestand abbauen lassen. Aus diesem Grunde haben wir in unserem Beispiel 70 % der kalkulatorischen Zinsen für die Debitorenbestände in die proportionalen Kosten einbezogen.

Als letzte große Position des Umlaufvermögens enthält das Beispiel die Fertigwarenbestände, deren kalkulatorische Zinsen der Kostenstelle „Fertigwarenlager" belastet werden. Den Planbestand an Fertigwaren kann man aus der zu Plangrenzherstellkosten bewerteten, monatlichen Planproduktion ableiten, indem man diese mit der durchschnittlichen Planlagerdauer in Monaten multipliziert. Die Planlagerdauer der Erzeugnisse wird in den einzelnen Branchen recht unterschiedlich sein. Im Beispiel wurde für diese Kostenstelle mit einer durchschnittlichen Lagerdauer von 2,5 Monaten gerechnet.

Auch die Frage, inwieweit die kalkulatorischen Zinsen für Fertigwarenbestände in die proportionalen Kosten einzubeziehen sind, hängt davon ab, ob die Fertigerzeugnisse eines Betriebes auf sehr viele unterschiedliche Produktarten entfallen oder ob es sich um einen Betrieb der Massen- oder Großserienproduktion handelt. Im letzten Falle wird sich die Höhe der Fertigwarenbestände erheblich leichter an das jeweilige Umsatz- bzw. Produktionsvolumen anpassen lassen als in Betrieben mit einem sehr differenzierten Fertigungsprogramm. Im Beispiel der Tabelle 39 wurden 80 % proportional angesetzt.

VII. Die Planung der „Verschiedenen Gemeinkosten"

1. Besondere Planungsprobleme treten in der Regel bei der Kostengruppe „Verschiedene Gemeinkosten" auf, die im Kontenrahmen in den Kontengruppen 46 und 47 zusammengefaßt werden. Hierzu zählen u. a. Kostensteuern, Beiträge, Gebühren und Abgaben, Postkosten, Reise- und Bewirtungskosten, Werbekosten, Versicherungskosten und Mieten. Diese Planungsprobleme der „Verschiedenen Gemeinkosten" lassen sich wie folgt zusammenfassen.

Erstens entfallen die „Verschiedenen Gemeinkosten" zum großen Teil auf Kostenarten, deren Planbeträge sich auf ein *Rechnungsjahr beziehen.* Ist das der Fall, so muß für diese Kostenarten in der laufenden Kostenrechnung eine monatliche zeitliche Abgrenzung vorgenommen werden. Hierbei geht man in der Regel so vor, daß man den geplanten Jahresbetrag durch zwölf dividiert und den so erhaltenen Monatsbetrag als Planvorgabe in der Gemeinkostenplanung und als monatlichen Istkostenbetrag in der Kostenartenrechnung ansetzt. Die zeitliche Abgrenzung von jährlich nur einmal erfolgenden Zahlungen für diese Kostenarten wird entweder auf Abgrenzungskonten der Finanzbuchhaltung oder auf statistischen Abgrenzungskonten der Betriebsabrechnung vorgenommen. Diesen Abgrenzungskonten werden die monatlichen Sollbeträge der genannten Kostenarten gutgeschrieben und die jährlich einmal einsetzende Zahlung belastet. Am Jahresende wird überprüft, inwieweit die Summe der zwölf verrechneten Monatsbeträge mit dem effektiv gezahlten Betrag pro Jahr übereinstimmt.

Zweitens zeichnen sich diese Gemeinkosten zum großen Teil dadurch aus, daß sie vorwiegend auf die Verwaltungs- und Vertriebskostenstellen entfallen. Hierbei gibt es eine größere Anzahl von Kostenarten, welche die *gesamte Unternehmung* belasten und die sich nur schwer einzelnen Kostenstellen zuordnen lassen. Hierzu gehören z. B. die Gewerbesteuer, die Beiträge und die Kosten des Jahresabschlusses. Diese Kostenarten belastet man vielfach der Kostenstelle „Kaufmännische Leitung". Man kann für sie aber auch eine Verrechnungskostenstelle „Verwaltung allgemein" einrichten, weil sonst die Kosten der kaufmännischen Leitung sehr hoch erscheinen würden.

Drittens gilt für die meisten dieser Gemeinkosten, daß sie *keine eindeutige Beziehung zu Bezugsgrößen* aufweisen. Die Mehrzahl dieser Kostenarten muß daher budgetiert werden.

In der Praxis der Plankostenrechnung wird die Planung und Verrechnung der „Verschiedenen Gemeinkosten" in der Regel so durchgeführt, daß, unter Anlehnung an die entsprechenden Konten der Finanzbuchhaltung, ein Verrechnungsblatt aufgestellt wird, das vertikal die verschiedenen Gemeinkostenarten und horizontal die zu belastenden Kostenstellen enthält.

2. Wir haben in der Tabelle 40 ein Beispiel für die Planung und Verrechnung der verschiedenen Gemeinkosten in einer Textilfabrik wiedergegeben. Die Tabelle enthält zunächst die Kostensteuern. Die Kraftfahrzeugsteuer wird in voller Höhe der

Tabelle 40: Beispiel zur Planung der „Verschiedenen Gemeinkosten" einer Textilfabrik

Kostenarten / Kostenstellen		Planbeträge Gesamt		Grund-stücke und Gebäude	Kraft-fahr-zeug-dienst	Tech-nische Leitung	Spinne-rei Leitung	Webe[illegible] Leitu[illegible]
Nr.	Bezeichnung	pro Jahr DM	pro Monat DM	150 DM	170 DM	100 DM	400 DM	500 DM
4710	Kraftfahrzeugsteuer	9 840	820	—	820	—	—	—
4711	Lohnsummensteuer	—	—	—	—	—	—	—
4712	Gewerbeertragsteuer	415 200	34 600	—	—	—	—	—
4713	Gewerbekapitalsteuer	102 000	8 500	—	—	—	—	—
4714	Vermögensteuer	192 000	16 000	—	—	—	—	—
4715	Grundsteuer	33 600	2 800	2 800	—	—	—	—
4720	Beiträge Industrie- und Handelskammer	33 000	2 750	—	—	—	—	—
4721	Beiträge zum Textilverband	61 200	5 100	—	—	—	—	—
4722	Beiträge zur Arbeitsgem. der Weber	3 060	255	—	—	—	—	—
4729	Verschiedene Beiträge	4 560	380	—	—	—	—	—
4730	Gebühren für Abschlußprüfung	14 400	1 200	—	—	—	—	—
4731	Kosten für Hauptversammlung	5 400	450	—	—	—	—	—
4732	Kosten für Aufsichtsrat	34 800	2 900	—	—	—	—	—
4740	Beratungskosten	54 000	4 500	—	—	1 600	—	—
4741	Zeitschriften und Bücher	5 760	480	—	—	60	40	
4742	Postkosten	64 800	5 800	—	—	280	—	—
4750	Reise- und Bewirtungskosten	19 800	6 200	—	—	680	250	[illegible]
4751	Werbekosten	22 200	5 400	—	—	—	—	—
4760	Kraftfahrzeugversicherung	69 600	1 650	—	1 650	—	—	—
4761	Feuerversicherung	74 400	1 850	450	—	50	350	[illegible]
4762	Betriebshaftpflichtversicherung	3 000	250	250	—	—	—	—
4763	Sturmschädenversicherung	1 440	120	120	—	—	—	—
4764	Einbruchversicherung	1 200	100	100	—	—	—	—
4770	Mieten	57 600	4 800	—	—	—	—	—
Summe		1 282 860	106 905	3 720	2 470	2 670	640	[illegible]

Kostenstelle „Kraftfahrzeugdienst" belastet. Es folgt die Lohnsummensteuer, die an sich auf alle Kostenstellen verteilt werden sollte, für die Löhne und Gehälter geplant wurden. Eine so weitgehende kostenstellenweise Differenzierung der Lohnsummensteuer erschwert die Kostenplanung und die laufende Durchführung des Soll-Ist-Vergleichs, so daß man in der Regel von einer differenzierten Verteilung der Lohnsummensteuer absieht und diese Steuerbeträge in voller Höhe der Kostenstelle „Sozialdienst allgemein" belastet.

Die Lohnsummensteuer zählt zwar ihrer Art nach nicht zu den Sozialkosten; sie hat aber die gleiche Bezugsgrundlage wie der lohn- und der gehaltsbezogene Sozialaufwand. Zusammen mit den übrigen Kosten der Kostenstelle „Sozialdienst allgemein" geht die Lohnsummensteuer in die Verrechnungssätze für die Sozialkosten ein und wird auf diese Weise verursachungsgerecht auf sämtliche Kostenstellen verrechnet[668]. Die Gewerbeertragsteuer wird in Verbindung mit einer globalen Gewinnplanung

[668] Vgl. hierzu unsere Ausführungen im Abschnitt B, II dieses Kapitels.

…- …f- …r	Hilfs- u. Betriebs- stoff- lager	Einkauf	Kauf- männi- sche Leitung	Per- sonal- abtei- lung	Finanz- buch- haltung	Betriebs- abrech- nung	Loch- karten- abtei- lung	Ver- triebs- leitung	Wer- bung	Rech- nungs- abtei- lung	Garn- lager	Ge- webe- lager
…	201	300	900	901	902	903	904	910	911	912	920	930
…M	DM	DM	DM	DM	DM	DM	DM	DM	DM	DM	DM	DM
—	—	—	—	—	—	—	—	—	—	—	—	—
—	—	—	—	—	—	—	—	—	—	—	—	—
—	—	—	34 600	—	—	—	—	—	—	—	—	—
—	—	—	8 500	—	—	—	—	—	—	—	—	—
—	—	—	16 000	—	—	—	—	—	—	—	—	—
—	—	—	—	—	—	—	—	—	—	—	—	—
—	—	—	2 750	—	—	—	—	—	—	—	—	—
—	—	—	5 100	—	—	—	—	—	—	—	—	—
—	—	—	255	—	—	—	—	—	—	—	—	—
—	—	—	380	—	—	—	—	—	—	—	—	—
—	—	—	1 200	—	—	—	—	—	—	—	—	—
—	—	—	450	—	—	—	—	—	—	—	—	—
—	—	—	2 900	—	—	—	—	—	—	—	—	—
—	—	—	2 340	—	—	—	—	560	—	—	—	—
—	—	—	160	10	20	50	—	60	20	—	—	—
—	—	880	340	230	460	—	—	770	1 400	1 440	—	—
—	—	600	920	160	200	200	200	2 000	740	—	—	—
—	—	—	—	—	—	—	—	—	5 400	—	—	—
—	—	—	—	—	—	—	—	—	—	—	—	—
200	50	—	40	—	—	—	—	—	—	—	180	130
—	—	—	—	—	—	—	—	—	—	—	—	—
—	—	—	—	—	—	—	—	—	—	—	—	—
—	—	—	—	—	—	—	—	—	—	—	—	—
—	—	—	—	—	—	—	4 800	—	—	—	—	—
200	50	1 480	75 935	400	680	250	5 000	3 390	7 560	1 440	180	130

für die Planungsperiode ermittelt. In der Regel wird die Gewerbeertragsteuer in der Praxis der Plankostenrechnung auf die Kostenstelle „Kaufmännische Leitung" oder auf die Kostenstelle „Vertriebsleitung" verrechnet. Diese Lösung befriedigt jedoch nicht, da auf diese Weise gewinngünstige und weniger gewinngünstige Produkte über die Verwaltungs- bzw. Vertriebsgemeinkostenzuschläge in gleicher Weise belastet werden. Es wurde daher versucht, die Gewerbeertragsteuer in die Sondereinzelkosten des Vertriebs einzubeziehen. Hierbei könnte man die Erzeugnisse mit hohen Plangewinnen je Einheit stärker mit Gewerbeertragsteuern belasten als die weniger gewinngünstigen Produkte. Besteht das Fertigungsprogramm einer Unternehmung nur aus Erzeugnissen, die Gewinne erzielen, so führt die obige Verrechnung nicht zu Schwierigkeiten. Gibt es dagegen auch Erzeugnisse, die den Plangewinn vermindern, da ihre Preise die Kosten nicht decken, so müßte man bei konsequenter Durchführung dieses Verfahrens den Verlustartikeln in der Kalkulation „Gutschriften für ersparte Gewerbeertragsteuern" anrechnen.

Die Gewerbekapitalsteuer und die Vermögensteuer belasten das betriebsnotwendige

Kapital. Diese beiden Kostenarten müßten daher nach dem Verursachungsprinzip allen Kostenstellen gemäß der in ihnen gebundenen Kapitalbeträge belastet werden. Man könnte hierbei ähnlich vorgehen wie bei der Verrechnung der kalkulatorischen Zinsen. In der Praxis der Plankostenrechnung sieht man jedoch in der Regel von einer so differenzierten Verrechnung der Gewerbekapitalsteuer und der Vermögensteuer ab, weil hierdurch die laufende Abrechnung erheblich erschwert würde. Man betrachtet die Gewerbekapitalsteuer und die Vermögensteuer als Kosten, die die Unternehmung als ganze belasten, und verrechnet sie daher in der Kostenplanung vielfach auf die Kostenstelle „Kaufmännische Leitung" oder „Verwaltung allgemein".

Die Grundsteuer wird in voller Höhe der Kostenstelle „Grundstücke und Gebäude" belastet. Hierbei ist darauf zu achten, ob der Grundsteuerbetrag der Finanzbuchhaltung nicht auch zum Teil auf ungenutzte Grundstücke entfällt, die als Reserve für zukünftige Betriebserweiterungen bereitgehalten werden. Die Grundsteuer für ungenutzte Grundstücke darf bei der Kostenplanung nicht mitberücksichtigt werden; sie ist vielmehr als außerordentlicher Aufwand abzugrenzen.

Die Beiträge für die Industrie- und Handelskammer, die Arbeitgeberverbände usw. belasten die Unternehmung als ganze und werden daher für die Kostenstelle „Kaufmännische Leitung" oder „Verwaltung allgemein" vorgegeben. Das gleiche gilt für die Gebühren der Abschlußprüfung, die Kosten der Hauptversammlungen und die Kosten des Aufsichtsrates.

Auch Beratungskosten lassen sich nur sehr schwer auf einzelne Kostenstellen verteilen, da sich die Beratungen vielfach auf die Organisation bzw. auf die technische Ausgestaltung größerer Betriebsbereiche erstrecken können. In unserem Beispiel wurden daher sämtliche kaufmännischen Beratungskosten der Kostenstelle „Kaufmännische Leitung" und sämtliche technischen Beratungskosten der Kostenstelle „Technische Leitung" belastet.

Schwierigkeiten treten meistens auf, wenn man die Kosten für Zeitschriften und Fachbücher einzelnen Kostenstellen anlasten will, weil Zeitschriften vielfach in mehreren Kostenstellen nacheinander gelesen werden. Aus diesem Grunde sammelt man in der Regel die Kosten für Zeitschriften und Bücher nur auf den wichtigsten Leitungskostenstellen.

Die Frage, inwieweit man im Rahmen der Kostenplanung die Kosten für Telefongespräche, Telegramme, Fernschreiben und Briefe auf die einzelnen Verwaltungs- und Vertriebskostenstellen verteilen soll, hängt davon ab, wie differenziert man im Ist diese Kostenarten erfassen will. Nur wenn man auch die effektiven Postkosten differenziert nach den Kostenstellen ihrer Entstehung erfassen will, hat eine Verteilung der Plankosten auf einzelne Kostenstellen einen Sinn. Insbesondere in großen Betrieben verursacht jedoch eine nach Kostenstellen differenzierte Erfassung der Kosten für Telefongespräche, Telegramme, Fernschreiben und Briefe sehr viel Arbeit. Man beschränkt sich daher in der Praxis der Plankostenrechnung meistens darauf, statt die einzelnen Verwaltungs- und Vertriebskostenstellen nur die zugehörigen Leitungskostenstellen zu belasten. Im Beispiel der Tabelle 40 wurden die gesamten

Postkosten des Fertigungsbereichs auf die Kostenstelle „Technische Leitung" verrechnet. Die Postkosten des gesamten Materialsektors wurden der Kostenstelle „Einkaufsleitung" vorgegeben. Im Verwaltungs- und Vertriebsbereich dagegen wurden alle Kostenstellen gesondert mit den von ihnen verursachten Postkosten belastet.

Die Grundlage für die Planung und Verrechnung der Reise- und Bewirtungskosten bilden die Reise- und Spesenabrechnungen. Der größte Teil dieser Kostenart fällt in der Regel auf den Vertriebsbereich.

Die Kosten für Fremdwerbung werden in voller Höhe der Kostenstelle „Werbung" belastet. In Betrieben, die für die Werbung keine eigene Kostenstelle besitzen, werden die Werbekosten auf die Vertriebsleitung übernommen.

Eine weitere Gruppe besteht aus Versicherungsprämien. Hierzu gehören Prämien für Kraftfahrzeugversicherungen, die in voller Höhe der Kostenstelle „Kraftfahrzeugdienst" belastet werden. Weitaus schwieriger ist die verursachungsgemäße Verrechnung der Prämien für die Feuerversicherung, da in allen Kostenstellen eines Betriebes Gegenstände vorhanden sind, die gegen Feuer versichert wurden. Am exaktesten würde man die Prämien für die Feuerversicherung in der Weise verrechnen, daß man das in den einzelnen Kostenstellen gegen Feuer versicherte Kapital ermittelt und mit einem entsprechenden Prämienprozentsatz multipliziert. Die Grundlage hierfür könnten die Inventarzusammenstellungen für die Versicherungsgesellschaften bieten. Bei einer so weit differenzierten Methode würden jedoch vielfach auf die einzelnen Kostenstellen nur sehr geringfügige Teilbeträge entfallen. Aus diesem Grunde beschränkt man sich in der Praxis der Plankostenrechnung in der Regel bei der Planung und Verrechnung der Prämien für Feuerversicherungen darauf, nur einige Kostenstellen zu belasten. So werden z.B. die anteiligen Prämien für den Gebäudewert nur der Kostenstelle „Grundstücke und Gebäude" belastet. Die anteiligen Prämien für die Maschinenwerte und die Halbfabrikate sammelt man vielfach auf der Kostenstelle „Technische Leitung". In größeren Betrieben kann man sie auch auf die einzelnen Betriebsleitungen verteilen. Die anteiligen Feuerversicherungsprämien für die Roh-, Hilfs- und Betriebsstoffe werden den Lagerkostenstellen belastet; entsprechendes gilt für die Fertigwarenbestände. Die anteiligen Feuerversicherungsprämien für die Einrichtungsgegenstände der Verwaltungs- und Vertriebskostenstellen werden auf den Kostenstellen „Kaufmännische Leitung" und „Vertriebsleitung" gesammelt; eine differenzierte Aufteilung lohnt hier nicht.

Die allgemeine Betriebshaftpflichtversicherung wird vielfach der Kostenstelle „Grundstücke und Gebäude" belastet. Das gleiche gilt für Versicherungen gegen Sturmschaden und Einbruch.

Mietkosten für Gebäude oder Betriebsmittel werden entweder der Kostenstelle „Grundstücke und Gebäude" oder den Kostenstellen belastet, für die die Betriebsmittel gemietet wurden. Im Beispiel der Tabelle 40 fallen lediglich Mieten für Lochkartenmaschinen an, die in voller Höhe der Kostenstelle „Lochkartenabteilung" vorgegeben werden.

Wenn die Planung der „Verschiedenen Gemeinkosten" i.S. des Verrechnungsblattes der Tabelle 40 abgeschlossen ist, dann werden die einzelnen Beträge in die Gemeinkostenpläne der in der Kopfzeile angegebenen Kostenstellen übernommen.
Die Tabelle 40 dient aber nicht nur als Grundlage für die Kostenplanung der „Verschiedenen Gemeinkosten", sondern sie dient zugleich als Kontierungsvorschrift, da sie erkennen läßt, auf welche Kostenstellen die einzelnen Gemeinkostenarten der Kostengruppen 46 und 47 verplant sind. Bei der Verrechnung der Istkosten sind entsprechend dieselben Kostenstellen zu belasten.

B. Kostenpläne für sekundäre Kostenstellen (Planung der Verrechnungssätze für innerbetriebliche Leistungen)

I. Allgemeine Grundsätze und Probleme

1. Die Aufgabe der sekundären Kostenstellen besteht darin, innerbetriebliche Leistungen zu erzeugen und anderen Kostenstellen zur Verfügung zu stellen.
Hieraus folgt für die Durchführung der Kostenplanung der Grundsatz, daß der Aufbau von Kostenstellenplänen bei den sekundären Kostenstellen beginnen muß; denn für alle übrigen Kostenstellen kann die Kostenplanung erst abgeschlossen werden, wenn die geplanten Verrechnungssätze für innerbetriebliche Leistungen zur Verfügung stehen.
Das bekannte Problem der Interdependenz des innerbetrieblichen Leistungsaustausches, das bei einer Istkostenrechnung für jede Abrechnungsperiode erneut gelöst werden muß, führt auch bei der Durchführung einer jährlichen Kostenplanung zu Schwierigkeiten. Da die sekundären Kostenstellen ihre Leistungen nicht nur an die Hauptkostenstellen weiterleiten, sondern auch im gegenseitigen Leistungsaustausch stehen, kann der Kostenplan einer bestimmten Hilfskostenstelle erst abgeschlossen werden, wenn die geplanten Verrechnungssätze für innerbetriebliche Leistungen vorliegen, die von dieser Kostenstelle verbraucht werden. Diese Sätze lassen sich aber erst ermitteln, wenn der Planverrechnungssatz dieser Hilfskostenstelle selbst vorliegt. Hieraus folgt, daß sich die Planung der Verrechnungssätze für innerbetriebliche Leistungen theoretisch exakt nur simultan durchführen läßt.
Unter Verwendung der Symbole

$V_{j\nu}^{(p)}$ = proportionale, primäre Plankosten einer Sekundärstelle j der Kostenart ν

z = Anzahl primärer Kostenarten

s = Anzahl sekundärer Kostenstellen

$r_{jpj}^{(p)}$ = proportionale Verbrauchsmengen der sekundären Kostenstellen an innerbetrieblichen Leistungseinheiten (erster Index j = empfangende Stelle, zweiter Index j = leistende Stelle)

$d_j^{(p)}$ = proportionaler Planverrechnungssatz der sekundären Kostenstelle j

$b_j^{(p)}$ = Planbezugsgröße der sekundären Kostenstelle j

läßt sich für die simultane Bestimmung der proportionalen Planverrechnungssätze der sekundären Kostenstellen nach den Grundsätzen der Grenzplankostenrechnung das folgende lineare Gleichungssystem angeben[669]:

$$
(145)\qquad
\begin{array}{l}
\sum\limits_{\nu=1}^{z} V_{1\nu}^{(p)} + \sum\limits_{j=1}^{s} r_{1pj}^{(p)} d_j^{(p)} = b_1^{(p)} d_1^{(p)} \\
\sum\limits_{\nu=1}^{z} V_{2\nu}^{(p)} + \sum\limits_{j=1}^{s} r_{2pj}^{(p)} d_j^{(p)} = b_2^{(p)} d_2^{(p)} \\
\quad\vdots \qquad\qquad \vdots \qquad\qquad \vdots \\
\sum\limits_{\nu=1}^{z} V_{s\nu}^{(p)} + \sum\limits_{j=1}^{s} r_{spj}^{(p)} d_j^{(p)} = b_s^{(p)} d_s^{(p)}
\end{array}
$$

In diesem Gleichungssystem sind die Planverrechnungssätze $d_1^{(p)}$, $d_2^{(p)}, \ldots, d_s^{(p)}$ unbekannt. Da insgesamt s Gleichungen zur Verfügungen stehen, können die Unbekannten mit Hilfe der bekannten Verfahren zur Auflösung linearer Gleichungssysteme ermittelt werden.

Bei der praktischen Durchführung der Kostenplanung genügt es in vielen Fällen, anstelle der simultanen Lösung ein Näherungsverfahren anzuwenden[670]. Ähnlich wie nach dem bekannten Treppen- oder Stufenleiterverfahren der innerbetrieblichen Leistungsverrechnung einer Istkostenrechnung versucht man bei der Kostenplanung, die Reihenfolge der sekundären Kostenstellen nach Möglichkeit so zu wählen, daß man zuerst Kostenstellen plant, die keine oder nur sehr wenige innerbetriebliche Leistungsmengen von anderen Kostenstellen beziehen oder bei denen die empfangenen innerbetrieblichen Leistungen nur zu einem geringen Teil in die variablen Kosten eingehen bzw. ganz fix sind; denn nur die proportionalen Kostenarten beeinflussen in einer Grenzplankostenrechnung die Kostensätze. Weiterhin schätzt der

[669] Ein ähnliches Gleichungssystem hat *E. Schneider*, Die innerbetriebliche Leistungsverrechnung in Kostenarten- und Kostenstellenrechnung, ZfhF 1941, S. 260 ff., für die Zwecke einer auf Vollkosten basierenden Istkostenrechnung entwickelt.

[670] Auch bei Durchführung einer Istkostenrechnung wird das Gleichungsverfahren meistens durch Näherungsverfahren ersetzt. Von den vielen Veröffentlichungen über die Methoden der innerbetrieblichen Leistungsverrechnung wollen wir hier nur auf folgende Literatur hinweisen: *P. M. Atkins*, Textbook of Industrial Cost Accounting, New York 1924, wo bereits auf Seite 250 als Näherungsmethode das Treppen- oder Stufenleiterverfahren („Step-Ladder-Sheet") der innerbetrieblichen Leistungsverrechnung beschrieben wurde; *J. Denck*, Die Verrechnung gegenseitiger Leistungen innerhalb von Kostenstellen, Die Betriebswirtschaft 1942, S. 25 ff.; *H. Knoblauch*, Die Kostenstellenumlageverfahren, ZfhF 1954, S. 330 ff.; *E. Kosiol*, Verrechnung innerbetrieblicher Leistungen, Wiesbaden 1951; *H. Martin*, Die Umlegung der Hilfskostenstellen im Betriebsabrechnungsbogen, ZfhF 1949, S. 227 ff.; *E. Schneider*, Die innerbetriebliche Leistungsverrechnung ..., a. a. O., S. 253 ff.

Kostenplaner bei der Planung einer sekundären Kostenstelle jeweils die noch nicht festliegenden innerbetrieblichen Verrechnungssätze. Mit diesen geschätzten Sätzen baut er zunächst vorläufige Kostenstellenpläne auf. Werden später diejenigen sekundären Kostenstellen abgeschlossen, deren Kostensätze zunächst geschätzt werden mußten, so werden sich Differenzen ergeben. Die vorläufigen Kostenpläne müssen also noch entsprechend revidiert werden. Dies geschieht in der Weise, daß man die nunmehr endgültigen innerbetrieblichen Verrechnungssätze in die vorläufigen Kostenpläne einbezieht. Hierbei wird sich die Summe der variablen Kosten verändern. Ist diese Veränderung gering, so kann man sie ohne Änderung der Kostenpläne vermeiden, indem man bei anderen Kostenarten die Relation zwischen fixen und proportionalen Planvorgaben etwas verschiebt, so daß die ursprüngliche Summe des vorläufigen Kostenplans erhalten bleibt. Hierfür wollen wir das folgende Beispiel betrachten.

Der Kostenstellenplan einer Schlosserei, deren Planbezugsgröße 3 000 Stunden beträgt, sei bis auf die Kostenart „Stromkosten" abgeschlossen. Die Mengenvorgabe dieser Kostenart beträgt 3 600 kWh, wovon 3 300 kWh den proportionalen Kosten zugeordnet werden sollen. Es fehlt aber noch der Verrechnungssatz der Stromstelle, da diese Stelle noch nicht geplant ist. Um die Kostenstelle „Schlosserei" vorläufig abschließen zu können, schätzt der Kostenplaner den Verrechnungssatz für Strom auf 0,10 DM/kWh. Die proportionale Plankostensumme beträgt 20 400 DM, so daß wir einen vorläufigen proportionalen Kostensatz von 6,80 DM/Std. erhalten. Die spätere Planung der Stromkostenstellen möge nun aber zu einem Planverrechnungssatz in Höhe von 0,12 DM/kWh führen. Die proportionale Plankostensumme der Schlosserei ist in diesem Fall um 0,02 DM/kWh · 3 300 kWh = 66 DM zu niedrig, so daß die Planvorgabe an sich entsprechend erhöht werden müßte. Da aber der Fehler relativ gering ist, kann man ihn auch in der Weise ausgleichen, daß man zwar die Stromkosten entsprechend korrigiert, gleichzeitig aber bei einer anderen Kostenart, so zum Beispiel bei den Reparatur- und Instandhaltungskosten oder bei den Abschreibungen, die proportionale Kostenvorgabe zu Lasten der fixen Kosten um den Korrekturbetrag in Höhe von 66 DM verringert. Auf diese Weise bleibt die Plankostensumme in Höhe von 20 400 DM erhalten, so daß auch der geplante Verrechnungssatz von 6,80 DM/Std. beibehalten werden kann.

Treten allerdings größere Unterschiede auf, so läßt sich eine Korrektur aller vorläufig abgeschlossenen Kostenpläne nicht vermeiden.

2. In einer Grenzplankostenrechnung werden grundsätzlich alle Verrechnungssätze für innerbetriebliche Leistungen als Proportionalkostensätze geplant. Bei der Verwendung von Vollkostensätzen würden überall dort, wo auf den empfangenden Kostenstellen Verbrauchsmengen für innerbetriebliche Leistungen proportional vorgegeben werden, fixe Kosten der sekundären Kostenstellen in die „proportionalen Kosten" der Hauptkostenstellen eingehen, so daß für diese keine reinen Grenzkostensätze gebildet werden könnten.

Die fixen Kosten der sekundären Kostenstellen werden in einer reinen Grenzplan-

kostenrechnung monatlich dem Betriebsergebnis belastet. Will man jedoch neben den Grenzkostenkalkulationen auch Vollkosten kalkulieren und sich hierbei nicht auf globale Fixkostenzuschläge beschränken, so müssen für die Hauptkostenstellen neben den Grenzkostensätzen auch die Vollkostensätze ermittelt werden. Aus diesem Grunde ist es erforderlich, die geplanten fixen Kosten der sekundären Kostenstellen auf die Hauptkostenstellen zu verrechnen. Hierbei darf man aber keineswegs so vorgehen, daß man Vollkostensätze für innerbetriebliche Leistungen bildet. Die Verteilung sollte vielmehr so erfolgen, daß man auf den empfangenden Stellen die fixen Kosten der sekundären Kostenstellen unter einer besonderen Kostenart ausweist, die voll den fixen Kosten zugeordnet wird. Als Verteilungsschlüssel empfiehlt sich hierbei der Planverbrauch an innerbetrieblichen Leistungseinheiten.
Die Bewertung innerbetrieblicher Leistungen zu geplanten Grenzkostensätzen stellt die allein richtige Lösung dar, sowohl im Hinblick auf die Kostenkontrolle als auch im Hinblick auf die dispositiven Aufgaben der Kostenrechnung. Die Leiter der empfangenden Kostenstellen verantworten nicht die bereitgestellten Kapazitäten der sekundären Kostenstellen, sondern über ihre Verbrauchsmengen nur die proportionalen Kosten. Für die Lösung von Wirtschaftlichkeitsproblemen, so zum Beispiel für die Beantwortung der Frage, ob innerbetriebliche Leistungen auf vorhandenen Kapazitäten selbst erstellt oder fremdbezogen werden sollen, bildet allein die Grenzkostenbewertung die richtige Grundlage. Lediglich wenn Sekundärbereiche zu Engpässen werden, müssen die Grenzkosten um Opportunitätskosten ergänzt werden. In diesen Fällen sind aber stets besondere Wirtschaftlichkeitsrechnungen erforderlich. Wie insbesondere die Ausführungen von F. Henzel und W. Wolff gezeigt haben, ist in einer Plankostenrechnung kein Raum für eine „automatische Steuerung des Verbrauchs an innerbetrieblichen Leistungen" im Sinne von E. Schmalenbachs Theorie der pretialen Betriebslenkung[671].

II. Kostenpläne für Raumkostenstellen

1. Die Aufgabe der Kostenstelle „Grundstücke und Gebäude" besteht darin, für alle übrigen Betriebsabteilungen den erforderlichen Arbeitsraum in gereinigtem, instandgehaltenem, beleuchtetem und beheiztem Zustand bereitzustellen. Bei unveränderten betrieblichen Teilkapazitäten liegen Zahl und Größe der Fabrikations-, Lager- und Verwaltungsräume fest. Aus diesem Grunde ist die Kostenstelle „Grundstücke und Gebäude" eine reine Bereitschaftsstelle, für die es keine Bezugsgröße als Maßgröße

[671] Vgl. zu den Zusammenhängen zwischen der Plankostenrechnung und der pretialen Betriebslenkung vor allem *W. Wolff*, Plankostenrechnung und pretiale Betriebslenkung, ZfhF 1953, S. 224ff.; *F. Henzel*, Nachdenkliches zur Plankostenrechnung, ZfB 1953, S. 530; *E. Kosiol*, Neuere Ziele und Methoden der Kostenplanung, ZfB 1954, S. 658; *F. Krebs*, Aussagekraft und Grenzen der Plankostenrechnung, DB 1952, S. 683; *W. W. Neumayer*, Aussagekraft und Grenzen der Plankostenrechnung, DB 1952, S. 577ff. und 742ff.

Tabelle 41: Kostenplan der Kostenstelle „Grundstücke und Gebäude"

Carl Müller & Co. Kostenplanung: 1967	Grundstücke und Gebäude 120 (Kostenstellenbezeichnung) (Nr.)	Blatt 1
Planbezugsgröße: entfällt (Fixkostenstelle)	Kostenstellenleiter: Stellvertreter:	

Kostenarten		Einheit	Plan-verbrauchs-menge	Plan-preis DM/Einheit	Plankosten		
Nr.	Benennung				Gesamt	Propor-tional	Fix
4122	Hilfslöhne für Reinigung				2 958	—	2 958
	1 Putzfrau × 170 Std.	Std.	170	3,—	(510)		
	4 Putzfrauen × 170 Std.	Std.	680	2,80	(1 904)		
	1 Fensterputzer × 170 Std.	Std.	170	3,20	(544)		
4123	Sonstige Hilfslöhne				1 832	—	1 832
	2 Heizer × 170 Std.	Std.	340	3,80	(1 292)		
	1 Nachtwächter (Fixum)	—	—	—	(540)		
4129	Mehrarbeitszuschläge	—	—	—	60	—	60
4150	Gehälter (Pförtner) (610 + 90 f. Überstd.)	DM	—	—	700	—	700
4180	Kalkulatorische Sozialkosten für Arbeiter	DM	4 850	0,40	1 940	—	1 940
4181	Kalkulatorische Sozialkosten für Angestellte	DM	700	0,20	140	—	140
4221	Werkzeugkosten (Schaufeln, Handwerkzeuge usw.)	—	—	—	23	—	23
4223	Brennstoffkosten (Heizöl, Kohlen, Koks)	—	—	—	4 380	—	4 380
4225	Hilfs- und Betriebsstoffkosten (Putztücher, Besen, Pinsel, Bürsten, Aufnehmer, Schrubber, Seife usw.)	—	—	—	275	—	275
4560	Reparatur- und Instandhaltungskosten (einschl. kalkulatorische Großreparaturen)	(Sonderberechnung)			6 612	—	6 612
4710/90	Verschiedene Gemeinkosten				2 395	—	2 395
	Feuerversicherung				(680)		
	Sturmschädenversicherung				(75)		
	Kalkulatorische Grundsteuer				(760)		
	Kalkulatorische Vermögensteuer				(830)		
	Sonstige verschiedene Gemeinkosten				(50)		
4800	Kalkulatorische Abschreibungen				5 420	—	5 420
4801	Kalkulatorische Zinsen auf Anlagevermögen						
	Grundstücke	DM	500 000	6%:12			
	Gebäude	DM	3 050 000	6%:24	10 125	—	10 125
4820	Kalkulatorische Stromkosten	kWh	4 200	0,12	504	—	504
4840	Kalkulatorische Wasserkosten	m³	480	0,45	216	—	216
Kostendeckung: Raumkostenverteilung		Plankostensummen			37 580	—	37 580
Planung geprüft: (Datum) (Unterschrift)		Planverrechnungssatz DM/m² beheizt			2,60	—	—
Stellenleiter einverstanden: (Datum) (Unterschrift)		Planverrechnungssatz DM/m² unbeheizt			1,70	—	—

für die Kostenverursachung gibt. Sämtliche Kostenarten dieser Stelle werden den fixen Kosten zugeordnet. Bei der Kostenplanung wird in die Zeile Planbezugsgröße der Vermerk „Bereitschaftsstelle“ oder „Fixkostenstelle“ eingetragen.
Wir haben im Beispiel der Tabelle 41 den Kostenplan für die Kostenstelle „Grundstücke und Gebäude“ einer Unternehmung wiedergegeben. Zu diesem Planungsbeispiel sei folgendes angemerkt.
Da in der betreffenden Unternehmung kein Dampf für die Produktion benötigt wird, sondern das Kesselhaus lediglich Heizzwecken dient, wurden die Kosten für das Kesselhaus in den Kostenplan der Kostenstelle „Grundstücke und Gebäude“ einbezogen. In einem Betrieb, in dem das Kesselhaus nicht nur Dampf für Heizzwecke, sondern zum Beispiel auch für eine Stromerzeugungsanlage oder für die Produktion erzeugt, wird das Kesselhaus als selbständige Hilfskostenstelle behandelt. „Grundstücke und Gebäude“ erhält in diesem Fall eine Belastung unter der Kostenart „Dampfkosten“, die dem Heizdampfverbrauch entspricht.
Die Höhe der Brennstoffkosten wird durch eine Sonderplanung festgelegt, die sich auf ein Jahr bezieht. Die Kostenvorgabe der Tabelle entspricht einem monatlichen Durchschnittsbetrag, der von den Istkosten in Sommermonaten unter- und in Wintermonaten überschritten wird.
Besonders schwierig ist auf der Kostenstelle „Grundstücke und Gebäude“ die richtige Vorgabeermittlung für die Instandhaltungs- und Reparaturkosten, da die meisten Gebäudereparaturen stoßweise auftreten und in gewissen Abständen Großreparaturen, wie z. B. Dachreparaturen und Erneuerung der Fußböden, anfallen. Die Kostenvorgabe in Tabelle 41 in Höhe von 6612 DM ist daher ein zeitlich abgegrenzter Durchschnittswert.
Bei der Berechnung der kalkulatorischen Zinsen, die im Beispiel der Tabelle 41 nach der Durchschnittsmethode erfolgte, ist darauf zu achten, daß die Grundstückswerte in voller Höhe zu verzinsen sind, während bei den Gebäuden nur der halbe Wert in die Zinsberechnung einzubeziehen ist.
Die Stromkosten in Höhe von 504 DM entfallen zum Teil auf den Lichtstrom, der für alle Kostenstellen zusammen der Kostenstelle „Grundstücke und Gebäude“ belastet wird.
Im Beispiel der Tabelle 41 erhalten wir für die Kostenstelle „Grundstücke und Gebäude“ eine Plankostensumme in Höhe von 37580 DM. Dieser Betrag dient zur Bildung von Verrechnungssätzen für die innerbetriebliche Raumnutzung. Wenn in allen Kostenstellen des Betriebes die Kostenverursachung pro m^2 genutzte Fläche gleich groß ist, genügt es zur Bildung des Verrechnungssatzes, die gesamten Plankosten der Kostenstelle „Grundstücke und Gebäude“ durch die Anzahl der insgesamt genutzten m^2 des Betriebes zu dividieren. Hierbei werden in die Nutzflächen der einzelnen Kostenstellen nur die unmittelbar genutzten Flächen einbezogen. Die Flächen verbindender Raumteile, wie Korridore und Treppenhäuser, bleiben außer Ansatz.
In der Regel genügt jedoch die Bildung nur *eines* Raumkostensatzes nicht. In den meisten Betrieben muß mindestens eine Trennung in beheizte und unbeheizte Räume durchgeführt werden. Dies gelte auch für unser Beispiel.

Tabelle 42: Errechnung der Raumkosten-Deckungssätze

Carl Müller & Co. Kostenplanung: 1967	Errechnung der Raumkostendeckungssätze

Gesamtkosten der Kostenstelle „Grundstücke und Gebäude, 120"			37 580 DM
Hiervon entfallen auf Heizkosten:			
4123	Heizer	1 292 DM	
4129	Mehrarbeitszuschläge für Heizer	60 DM	
4180	Kalkulatorische Sozialkosten für Heizer	541 DM	
4221	Werkzeugkosten	12 DM	
4223	Heizstoffkosten	4 380 DM	
4225	Hilfs- und Betriebsstoffkosten	25 DM	
4560	Reparatur- und Instandhaltungskosten	3 168 DM	
4710/90	Verschiedene Gemeinkosten		
	a) Feuerversicherung	70 DM	
	b) Vermögensteuer	90 DM	
	c) Sonstige verschiedene Gemeinkosten	30 DM	
4800	Kalkulatorische Abschreibungen	785 DM	
4801	Kalkulatorische Zinsen	572 DM	
4820	Kalkulatorische Stromkosten	40 DM	
4840	Kalkulatorische Wasserkosten	55 DM	11 120 DM
Grundstücks- und Gebäudekosten ohne Heizkosten			26 460 DM
Gesamte Gebäudefläche der Kostenstellen			15 565 m²
Beheizte Gebäudefläche der Kostenstellen			12 355 m²

$$\text{Raumkostensatz für unbeheizte Fläche} = \frac{26\,460 \text{ DM}}{15\,565 \text{ m}^2} = 1{,}70 \text{ DM/m}^2$$

$$\text{Heizkostensatz} = \frac{11\,120 \text{ DM}}{12\,355 \text{ m}^2} = 0{,}90 \text{ DM/m}^2$$

$$\text{Raumkostensatz für beheizte Fläche} = 1{,}70 + 0{,}90 = 2{,}60 \text{ DM/m}^2$$

Probe:	Unbeheizte, bebaute Fläche	$3\,210 \text{ m}^2 \times 1{,}70 \text{ DM/m}^2$	5 457 DM
	Beheizte, bebaute Fläche	$12\,355 \text{ m}^2 \times 2{,}60 \text{ DM/m}^2$	32 123 DM
	Plankosten der Kostenstelle 120		37 580 DM

In die Tabelle 42 werden zunächst die gesamten Plankosten der Kostenstelle „Grundstücke und Gebäude" in Höhe von 37 580 DM übernommen. Durch eine Sonderplanung wird festgelegt, welche Teilbeträge der im Kostenplan dieser Kostenstelle enthaltenen Kostenarten speziell auf die Gebäudeheizung entfallen. Diese Plankostenteilbeträge sind in der Tabelle 42 zusammengestellt und ergeben 11 120 DM. Die Grundstücks- und Gebäudekosten ohne Heizkosten betragen daher 26 460 DM. Diesem Betrag wird die gesamte Nutzfläche von 15 565 m² gegenübergestellt. Dividiert man die Grundstücks- und Gebäudekosten ohne Heizkosten durch die gesamte

Nutzfläche, so erhält man den Raumkostensatz in Höhe von 1,70 DM/m^2 für die unbeheizte Fläche. Dividiert man die gesamten Heizkosten in Höhe von 11 120 DM durch die beheizte Nutzfläche aller Kostenstellen in Höhe von 12 355 m^2, so erhält man den Heizkostensatz pro m^2, hier 0,90 DM/m^2. Addiert man den Raumkostensatz für unbeheizte Fläche und den Heizkostensatz, so erhält man den Heizkostensatz für beheizte Fläche in Höhe von 2,60 DM/m^2.
Die gesamte Nutzfläche des Betriebes und deren Aufteilung in beheizte und unbeheizte Nutzflächen erfolgt mit Hilfe einer Raumverteilungstabelle. Aus dieser Raumverteilungstabelle läßt sich bei der Kostenplanung der nach Arten differenzierte Raumbedarf jeder Kostenstelle entnehmen. Dieser Raumbedarf wird unter der Kostenart „Kalkulatorische Raumkosten" in die Mengenspalte eingetragen und mit den geplanten Verrechnungssätzen bewertet.

2. Es gibt Betriebe, in denen die oben beschriebene Aufteilung der Raumkosten in Kosten für unbeheizte und beheizte Nutzfläche nicht genügt. Dies ist zum Beispiel in Betrieben der Fall, in denen sich die einzelnen Fabrikations- und Verwaltungsgebäude in ihrer Bauweise so wesentlich voneinander unterscheiden, daß die Kostenverursachung pro m^2 unterschiedlich groß ist. Insbesondere für Lagergebäude in Leichtbauweise müssen niedrigere Verrechnungssätze vorgegeben werden. Weiterhin gibt es in vielen Betrieben im Bereich der Fertigung Kostenstellen, die eine besondere Klimatisierung bzw. Luftbefeuchtung erhalten. In Fällen dieser Art genügt es nicht, nur zwei Raumkostenverrechnungssätze zu bilden. Man muß hier vielmehr eine weitergehende Differenzierung vornehmen. Hierbei geht man in ähnlicher Weise vor, wie wir das in der Tabelle 42 für die Auflösung in einen Raumkostensatz für unbeheizte Fläche und einen Raumkostensatz für beheizte Fläche beschrieben haben. Für Klima- oder Luftbefeuchtungsanlagen bildet man in der Regel gesonderte Raumkostenstellen, deren Plankosten zur Errechnung von Klimatisierungs- oder Luftbefeuchtungszuschlägen je m^2 dienen.
Abschließend sei darauf hingewiesen, daß in einer reinen Grenzkostenrechnung eine Verteilung von Raumkosten auf die übrigen Kostenstellen überflüssig ist, da die Raumkostenstellen reine Bereitschaftsstellen sind. Andererseits wird aber durch eine Raumkostenverteilung nicht gegen die Grundsätze der Grenzkostenrechnung verstoßen, da die Raumkosten auf den empfangenden Kostenstellen in voller Höhe den fixen Kosten zugeordnet werden.

III. Kostenpläne für Sozialkostenstellen und die Planung von Sozialkostenverrechnungssätzen

1. Die Planung von *Sozialkostenverrechnungssätzen* nimmt in der Kostenplanung insofern eine Sonderstellung ein, als in diese Kostensätze nicht nur die Kosten sekundärer Kostenstellen, sondern auch die primären Sozialkosten, die nicht über Kostenstellen abgerechnet werden, einbezogen werden.

Die Planung von Sozialkostenverrechnungssätzen wird grundsätzlich in Form einer Jahresdurchschnittsplanung durchgeführt, weil insbesondere die Soziallöhne (Urlaubs- und Feiertagslöhne) im Zeitablauf starken Schwankungen ausgesetzt sind, die in der Kostenrechnung zeitlich abgegrenzt werden müssen. Kostenrechnerisch ist es nicht richtig, während der Urlaubszeit und in Monaten mit relativ vielen gesetzlichen Feiertagen höhere Sozialkostensätze zu verrechnen als in anderen Monaten. Aus diesem Grunde übernimmt die Betriebsabrechnung nicht die primären Istsozialkosten von der Kostenartenrechnung in die Kostenstellenrechnung, sondern auf statistisch geführte Abgrenzungskonten. Diese Konten enthalten am Jahresende die gesamten primären Istsozialkosten. In der Kostenstellenrechnung werden nur kalkulatorische Sozialkosten verrechnet. Diese werden dadurch ermittelt, daß man die Bruttolöhne und die Bruttogehälter mit den geplanten Sozialkostenverrechnungssätzen für Lohn- und Gehaltsempfänger multipliziert. Am Jahresende werden die Istsozialkosten und die kalkulatorisch verrechneten Sozialkosten verglichen. Hierbei ist jedoch zu beachten, daß die verrechneten Sozialkosten sekundäre Bestandteile in Form der Kosten der Sozialkostenstellen enthalten. Diese sekundären Bestandteile sind vor dem Vergleich zu eliminieren. Die Unter- und Überdekkungen der Sozialkosten werden am Jahresende in der Regel in das Betriebsergebnis übernommen.

2. Zur Planung der Sozialkostenverrechnungssätze ist es erforderlich, für sämtliche Sozialkostenstellen eines Betriebes Kostenpläne aufzustellen. Die wichtigsten Sozialkostenstellen sind die Abteilungen: Sozialdienst allgemein, Kantine, Werkwohnungen, Betriebsrat, Werksbücherei, Erholungsheime usw. Zur Kostenstelle „Sozialdienst allgemein" zählen Aufenthaltsräume, Duschanlagen, Bäder und sonstige Einrichtungen, die der allgemeinen sozialen Betreuung der Belegschaft dienen.
Für jede dieser Kostenstellen wird ein Kostenplan erstellt, dessen proportionale Plankosten in die Sozialkostendeckungssätze einbezogen werden. Sofern eine Sozialkostenstelle Erlöse erzielt, wie das z. B. in der Kantine sein kann, werden diese Erlöse mit den Plankosten vor Errechnung der Sozialkostendeckungssätze saldiert.
Wir haben in der Tabelle 43 den Kostenplan für die Kostenstelle „Sozialdienst allgemein" wiedergegeben. Auf dieser Kostenstelle werden die Kosten für den Betriebsrat, für Belegschaftsversammlungen und die Kosten für Duschen, Garderoben und Aufenthaltsräume vorgegeben. Die gesamte Plankostensumme des Kostenplans beträgt 10 543 DM. Hiervon werden insgesamt 3 250 DM als proportionale Kosten angesetzt. Die fixen Kosten in Höhe von 7 293 DM werden in einer reinen Grenzplankostenrechnung monatlich direkt in das Betriebsergebnis übernommen. Wird die Plankalkulation als kombinierte Grenz-Vollkostenrechnung durchgeführt, so gehen diese fixen Kosten in die Fixkostenumlage ein.
In der Tabelle 44 haben wir ein Beispiel für die Zusammenfassung der primären und sekundären Sozialkosten zu den Sozialkostendeckungssätzen wiedergegeben. In diese Tabelle geht u. a. die Plankostensumme für die Kostenstelle „Sozialdienst allgemein" aus der Tabelle 43 ein.

Tabelle 43: Kostenplan der Kostenstelle „Sozialdienst allgemein"

Textilwerke GmbH Kostenplanung: 1967	Sozialdienst allgemein 140 (Kostenstellenbezeichnung) (Nr.)	Blatt 1
Planbezugsgröße: 325 000 DM (Monatliche Lohn- und Gehaltssumme)	Kostenstellenleiter: Stellvertreter:	

Kostenarten Nr.	Kostenarten Benennung	Einheit	Plan-verbrauchs-menge	Plan-preis DM/Einheit	Plankosten Gesamt	Plankosten Pro-por-tional	Plankosten Fix
4123	Sonstige Hilfslöhne				2 267	1 367	900
	Betriebsrat	Std.	160	3,80	(608)		
	Belegschaftsversammlungen (durchschnittliche Rate)	—	—	—	(1 200)		
	Reinigung für Duschanlagen und Belegschaftsraum	Std.	170	2,70	(459)		
4180	Kalkulatorische Sozialkosten für Arbeiter	DM	2 267	0,40	907	547	360
4225	Hilfs- und Betriebsstoffkosten (Reinigungsmittel)	—	—	—	35	30	5
4560	Reparatur- und Instandhaltungskosten (Duschanlagen, Garderoben usw.)	—	—	—	285	250	35
4690	Fremdleistungen (Sanitätsmaterial usw.)	—	—	—	130	95	35
4710/90	Verschiedene Gemeinkosten (Bewirtungskosten bei auswärtigen Sitzungen)	—	—	—	85	45	40
4800	Kalkulatorische Abschreibungen	—	—	—	720	233	487
4801	Kalkulatorische Zinsen auf Anlagevermögen	DM	121 000	6 %: 24	303	—	303
4830	Kalkulatorische Gaskosten (Duschen)	m^3	2 530	0,10	253	203	50
4840	Kalkulatorische Wasserkosten (Duschen, Waschen, Trinkwasser)	m^3	1 200	0,45	540	480	60
4870	Kalkulatorische Raumkosten	m^2	1 930	2,60	5 018	—	5 018
Kostendeckung: Verrechnete kalkulatorische Sozialkosten		Plankostensummen			10 543	3 250	7 293
Planung geprüft: (Datum) (Unterschrift)		Planverrechnungssatz %			—	1,0	—
Stellenleiter einverstanden: (Datum) (Unterschrift)							

Tabelle 44: Errechnung der Sozialkostendeckungssätze

Textilwerke GmbH Kostenplanung: 1967	Errechnung der Sozialkostendeckungssätze

I. Lohnbezogene Sozialkosten

Basis: Geplante Lohnsumme 1967		rd. 2 700 000 DM
1. Soziallöhne	405 000 DM = 15,0 %	
2. Gesetzliche Sozialabgaben	351 000 DM = 13,0 %	
3. Pensionen und Renten	27 000 DM = 1,0 %	
4. Krankengeldzuschüsse	40 500 DM = 1,5 %	
5. Weihnachtsgeld	40 500 DM = 1,5 %	
Summe	864 000 DM = 32,0 %	

II. Gehaltsbezogene Sozialkosten

Basis: Geplante Gehaltssumme 1967		rd. 1 200 000 DM
1. Gesetzliche Sozialabgaben	102 000 DM = 8,5 %	
2. Pensionen und Renten	24 000 DM = 2,0 %	
3. Weihnachtsgeld	18 000 DM = 1,5 %	
Summe	144 000 DM = 12,0 %	

III. Lohn- und gehaltsbezogene Sozialkosten

Basis: Geplante Lohn- und Gehaltssumme 1967		rd. 3 900 000 DM
1. Unfallversicherungen	50 700 DM = 1,3 %	
2. Kindergeld	27 300 DM = 0,7 %	
3. Unterstützungen und Beihilfen	11 700 DM = 0,3 %	
4. Sonstige freiwillige Sozialabgaben	62 400 DM = 1,6 %	
5. Sozialkostenstellen		
140 Sozialdienst allgemein	39 000 DM = 1,0 %	
141 Kantine	46 800 DM = 1,2 %	
142 Werkwohnungen	74 100 DM = 1,9 %	
Summe	312 000 DM = 8,0 %	

IV. Zusammenfassung

1. Verrechnungssatz auf Lohn	32,0 % + 8,0 % = 40,0 %
2. Verrechnungssatz auf Gehalt	12,0 % + 8,0 % = 20,0 %

Im Beispiel beträgt die geplante Lohnsumme für die gesamte Planungsperiode 2 700 000 DM. Diesem Betrag werden sämtliche geplanten primären Sozialkosten zugeordnet, die speziell für Lohnempfänger anfallen. Hierbei erhalten wir 864 000 DM, das sind 32 % der Lohnsumme.

Anschließend werden die speziell für Gehaltsempfänger anfallenden primären Sozialkosten auf die geplante jährliche Gehaltssumme in Höhe von 1 200 000 DM bezogen. Hierbei erhalten wir einen Gesamtbetrag von 144 000 DM, das sind 12 % der geplanten Gehaltssumme.

Nun werden die primären Sozialkosten, die für Lohn- und Gehaltsempfänger gemeinsam anfallen und sich nur schwer differenziert einer dieser beiden Vergütungskategorien zuordnen lassen, geplant. Hierzu gehören insbesondere die freiwilligen Sozialleistungen und die Kosten der Sozialkostenstellen. Da die Kostenpläne der Sozialkostenstellen auf den Monat bezogen werden, müssen sie bei der Errechnung der Sozialkostenzuschläge mit zwölf multipliziert werden. Für die Kostenstelle „Sozialdienst allgemein", deren proportionale Plankosten pro Monat 3 250 DM betragen, erhalten wir daher in der Tabelle 44 eine Vorgabe von 39 000 DM. Fassen wir die in Tabelle 44 ausgewiesenen partiellen Sozialkostenprozentsätze zusammen, so erhalten wir unter IV einen Verrechnungssatz auf Lohn in Höhe von 40 % und einen Verrechnungssatz auf Gehalt in Höhe von 20 %. In den Kostenstellenplänen werden sämtliche Lohn- und Gehaltsvorgaben mit diesen Prozentsätzen multipliziert und die so erhaltenen Sozialkosten unter den Kostenarten „Kalkulatorische Sozialkosten" für Lohn- und Gehaltsempfänger ausgewiesen.

IV. Kostenpläne für Energiekostenstellen

1. Zu den Energiekostenstellen zählen alle Abteilungen, die einen Betrieb mit Strom, Gas, Dampf, Wasser bzw. Preßluft versorgen. Hierbei kann die betreffende Energieart entweder selbst erstellt bzw. von außen bezogen werden. Bei Fremdbezug dient eine Energiekostenstelle lediglich zur Energieverteilung.

Als Beispiel für die Kostenplanung einer Energiekostenstelle wollen wir die Kostenstelle „Stromversorgung" einer mittelgroßen Unternehmung betrachten. (Vergleiche hierzu die Tabelle 45[672].)

Bei dieser Kostenstelle handelt es sich um eine mit Dampf betriebene Gegendruckturbine, mit deren Hilfe der gesamte Strombedarf der betreffenden Unternehmung erzeugt werden soll. Neben der Stromerzeugungsanlage gehört zu dieser Kostenstelle auch das Verteilungsnetz bis zu den Hauptanschlüssen der verbrauchenden Kostenstellen. Der erste Schritt der Kostenplanung besteht darin, daß für diese Kostenstelle die monatliche Planerzeugung in Kilowattstunden festgelegt wird. Hierfür ermittelt man in Form einer Grobplanung den monatlichen Gesamtverbrauch an elektrischer Energie, der den Planbeschäftigungsgraden des Betriebes entspricht. In unserem Beispiel erhalten wir so 220 000 kWh/Monat.

Die Gegendruckturbine wird von drei Maschinisten gewartet, die hierfür 30 % ihrer Arbeitszeit aufwenden; in den restlichen Arbeitsstunden sind sie im Kesselhaus und an der Pumpenstation beschäftigt.

Von besonderer Bedeutung für die Kostenstelle „Stromversorgung" ist die Kostenart „Dampf". Der Dampfverbrauch wird zweckmäßigerweise nicht in Tonnen, sondern

[672] Das Beispiel der Tabelle 45 wurde vom Verfasser in ähnlicher Form bereits an anderer Stelle veröffentlicht. Vgl. *W. Kilger*, Die Planung und Verrechnung von Stromkosten in der Grenzplankostenrechnung, Kostenrechnungspraxis 1958, S. 149 ff.

in Wärmeeinheiten (10^6 kcal) gemessen, da der Wärmeinhalt von Dampf unterschiedlich groß sein kann. Der Wärmeverbrauch einer Gegendruckturbine läßt sich wie folgt berechnen:

(146) Wärmebedarf
= Dampfdurchsatz x Laufzeit x (Wärmeinhalt v. d. Turb. ./. Wärmeinhalt n. d. Turb.)

Für unser Beispiel gelten folgende Daten:

Dampfdurchsatz	= 6 700 kg/Std.
Monatliche Laufzeit	= 580 Std.
Wärmeinhalt vor der Turbine (31 ata, 410° C)	= 772 kcal/kg
Wärmeinhalt nach der Turbine (5 ata, 220° C)	= 692 kcal/kg

Wir erhalten einen monatlichen Wärmeverbrauch von $310 \cdot 10^6$ kcal. Multipliziert man diesen Verbrauch mit dem proportionalen Wärmkostensatz von 22,50 DM/ 10^6 kcal, so erhält man für die Dampfkosten eine Vorgabe von 6 975 DM. Wir haben diesen Betrag in die proportionalen Kosten einbezogen. Man kann aber auch einen geringen Prozentsatz der Dampfkosten den fixen Kosten zuordnen, weil bei einer sehr geringen Stromerzeugung der Wirkungsgrad der Turbine schlechter wird, so daß der Dampfverbrauch nicht proportional auf Null absinkt.
Die proportionalen Plankosten betragen hier 8 800 DM, so daß wir einen Grenzkostensatz in Höhe von 0,04 DM/kWh erhalten. Mit diesem Satz wird der Stromverbrauch in allen Kostenstellen bewertet. Die fixen Kosten der Stromstelle in Höhe von 2 507 DM gehen entweder direkt in das monatliche Betriebsergebnis ein oder werden in einer Fixkostendeckungsrechnung weiterverrechnet.

2. Die Planbezugsgröße der Kostenstelle „Stromversorgung" in Höhe von 220 000 kWh wurde zunächst durch eine Grobplanung des gesamten Stromverbrauchs ermittelt. Später wird jedoch bei der Kostenplanung aller Kostenstellen für jede Kostenstelle im einzelnen ermittelt, wie hoch der Stromverbrauch bei Planbeschäftigung sein soll. Bei theoretisch exakter Planung müßte man hierbei als Summe der gesamten kWh-Vorgaben ebenfalls 220 000 kWh erhalten. Diese Übereinstimmung läßt sich jedoch in der Praxis nicht erreichen, weil der Genauigkeitsgrad der nach Kostenstellen differenzierten Stromkostenplanung größer ist als der Genauigkeitsgrad der Globalplanung. Weicht die Summe der differenzierten Stromvorgaben um mehr als 5 % von der durch die Globalplanung festgelegten Planerzeugungsmenge ab, so deutet eine solche Abweichung auf Planungsfehler hin. Geringere Differenzen gelten dagegen als normal. Um eine genaue Abstimmung der Einzelvorgaben mit der Planbezugsgröße zu erreichen, werden entweder die Stromvorgaben in den einzelnen Kostenstellen korrigiert, oder es wird eine veränderte Planbezugsgröße für diese Kostenstelle gewählt. Nach dieser Abstimmung beträgt die Summe der Kostenart „Kalkulatorische Stromkosten" aller Kostenstellen des Betriebes genau 8 800 DM.

Tabelle 45: Kostenplan der Kostenstelle „Stromversorgung"

Otto Meyer & Co.
Kostenplanung: 1967

Stromversorgung (Kostenstellenbezeichnung) 130 (Nr.) Blatt 1

Planbezugsgröße: 220 000 kWh
(8 800 DM Grenzkostendeckung)

Kostenstellenleiter:
Stellvertreter:

Kostenarten Nr.	Kostenarten Benennung	Einheit	Planverbrauchsmenge	Planpreis DM/Einheit	Plankosten Gesamt	Plankosten Proportional	Plankosten Fix
4121	Hilfslöhne	Std.	200	4,00	800	500	300
	30 % der Maschinistenlöhne						
4129	Mehrarbeitszuschläge				200	160	40
	Sonn- und Feiertagszuschläge (100 %)	Std.	35	4,00	(140)		
	Nachtzuschläge (20 %)	Std.	75	0,80	(60)		
4180	Kalkulatorische Sozialkosten für Arbeiter	DM	1 000	0,40	400	264	136
4220	Schmieröl- und Fettkosten						
	Schmieröl	kg	20	1,20	24	18	6
4560	Reparatur- und Instandhaltungskosten				687	526	161
	a) Schlosserkosten	Std.	25	6,20	(155)		
	b) Elektrikerkosten	Std.	40	6,00	(240)		
	c) Reparaturmaterial						
	Ersatzteile für Turbine, Ventile; Ersatz und Reparatur von Meßgeräten	DM	—	—	(130)		
	Direkte Ersatzteile, wie Stopfbuchsen, Kugellager usw.	DM	—	—	(27)		
	Sicherungen und Kontakte	DM	—	—	(55)		
	d) Fremdreparaturen	DM	—	—	(80)		
4800	Kalkulatorische Abschreibungen	—	—	—	875	335	540
	210 000 DM: (20 Jahre × 12)						
4801	Kalkulatorische Zinsen auf Anlagevermögen	DM	210 000	6 %:24	525	—	525
4840	Kalkulatorische Wasserkosten						
	Eigenwasser zum Kühlen	m^3	600	0,04	24	22	2
4860	Kalkulatorische Dampfkosten	10^6 kcal	310	22,50	6 975	6 975	—
4870	Kalkulatorische Raumkosten						
	Bebaute, unbeheizte Fläche	m^2	245	1,70	417	—	417
4881	Kalkulatorischer Leitungsanteil						
	Technisches Büro	DM	—	—	380	—	380
Kostendeckung: Verrechnete proportionale Stromkosten		Plankostensummen			11 307	8 800	2 507
Planung geprüft: (Datum) (Unterschrift)		Planverrechnungssatz DM/kWh			—	0,04	—
Stellenleiter einverstanden: (Datum) (Unterschrift)							

Dies bedeutet, daß die gesamten proportionalen Plankosten der Kostenstelle „Stromversorgung" auf alle übrigen Kostenstellen verrechnet wurden.
Kann in den verbrauchenden Kostenstellen der Stromverbrauch im Ist nicht genau ermittelt werden, so wird die direkte Bezugsgröße der Stromversorgungsstelle durch die Bezugsgröße „8 800 DM Grenzkostendeckung" ersetzt[673].
Ähnlich wie wir die Kostenplanung für die Kostenstelle „Stromversorgung" beschrieben haben, wird die Kostenplanung auch für alle übrigen Energiekostenstellen durchgeführt.
Bei der Planung der Energiekostenstellen ist grundsätzlich auch auf Unwirtschaftlichkeiten zu achten. Solche Unwirtschaftlichkeiten erkennt man oftmals an den oben erwähnten größeren Differenzen zwischen der global geplanten Energiemenge und der Summe der nach Kostenstellen differenziert festgelegten Energievorgaben.

V. Kostenpläne für Hilfsbetriebe

1. Zu den Hilfsbetrieben zählen sämtliche allgemeinen Handwerkerabteilungen, wie die Schlosserei, die Elektrowerkstatt, die Schreinerei usw.
Einer der wichtigsten Grundsätze bei der Planung von Hilfsbetrieben besteht darin, daß der Kostenplaner auf keinen Fall den Istbestand an Handwerkern ohne Überprüfung in die Kostenplanung einbeziehen darf. Gerade in den Hilfsbetrieben, deren Leistungen nur schwer quantitativ erfaßt und kontrolliert werden können, findet man vielfach eine personelle Überbesetzung. Mit Hilfe von Kennziffern für die Relation zwischen Fertigungsstunden und Handwerkerstunden in den betrieblichen Teilbereichen kann bereits zu Beginn der Kostenplanung überprüft werden, ob der Bestand an Betriebshandwerkern vertretbar ist.
In den meisten Fällen wird als Bezugsgröße dieser Handwerkerkostenstellen die Arbeitsstunde verwendet. In Ausnahmefällen kann es erforderlich sein, zwei Bezugsgrößen, so z. B. in einer Schlosserei „Schlosserstunden" und „Schweißstunden", nebeneinander zu verwenden.
Die Planbezugsgröße dieser Kostenstellen kann in der Regel nicht mit den betreffenden Stundenvorgaben, die unter der Kostenart „Instandhaltungs- und Reparaturkosten" auf den einzelnen Kostenstellen erscheinen, abgestimmt werden, da ein Teil der Handwerkerleistungen auf Werkaufträge entfällt, die aktiviert werden.
Grundsätzlich wird in die Kostenstellenpläne der Hilfsbetriebe kein Einzelmaterial, auch kein Reparaturmaterial, einbezogen. Diese werden vielmehr den Werkaufträgen für Instandhaltungsarbeiten und Reparaturen als Einzelkosten angelastet. Lediglich Hilfs- und Betriebsstoffe dürfen in die Kostenpläne der Hilfsbetriebe aufgenommen werden.
In vielen Fällen werden die Löhne der Hilfsbetriebe als Zeitlöhne vorgegeben, da sich die Ermittlung und die Vorgabe von Akkord- oder Standardzeiten für Instandhal-

[673] Vgl. hierzu unsere Ausführungen in Abschnitt C, III des 15. Kapitels.

Tabelle 46: Kostenplan der Kostenstelle „Schlosserei"

Maschinenfabrik K. Schulz Kostenplanung: 1967	Schlosserei 135 (Kostenstellenbezeichnung) (Nr.)	Blatt 1
Planbezugsgröße: 2700 Fertigungsstunden	Kostenstellenleiter: Stellvertreter:	

Kostenarten		Einheit	Plan-verbrauchs-menge	Plan-preis DM/Einheit	Plankosten		
Nr.	Benennung				Gesamt	Pro-portional	Fix
4105	Fertigungslohn für innerbetriebliche Leistungen				10 620	10 620	—
	1 Hobler × 180 Std.	Std.	180	4,20	(756)		
	1 Dreher × 180 Std.	Std.	180	4,20	(756)		
	6 Schlosser × 180 Std.	Std.	1 080	4,00	(4 320)		
	7 Schlosser × 180 Std.	Std.	1 260	3,80	(4 788)		
4122	Hilfslohn (1 Helfer)	Std.	170	3,10	527	527	—
4129	Mehrarbeitszuschläge	—	—	—	160	160	—
4150	Gehälter (1 Meister)	DM	—	—	900	—	900
4180	Kalkulatorische Sozialkosten für Arbeiter	DM	11 307	0,40	4 523	4 523	—
4181	Kalkulatorische Sozialkosten für Angestellte	DM	900	0,20	180	—	180
4220	Schmieröl- und Fettkosten (Getriebeöl, Bohröl, Maschinenöl)	—	—	—	27	24	3
4221	Werkzeugkosten (Sägeband, Drehlinge, Schleifsteine, direkte Handwerkzeuge)	Std.	2 700	0,12	324	304	20
4225	Hilfs- und Betriebsstoffe (Sauerstoff, Azetylen, Schweißdraht, Schmirgel, Kleinmaterial, Reinigungsstoffe)	—	—	—	72	66	6
4560	Reparatur- und Instandhaltungskosten				86	66	20
4800	Kalkulatorische Abschreibungen				462	298	164
4801	Kalkulatorische Zinsen auf Anlagevermögen	DM	115 200	6 %:24	288	—	288
4820	Kalkulatorische Stromkosten	kWh	3 350	0,12	402	402	—
4830	Kalkulatorische Gaskosten	m^3	1 300	0,10	130	130	—
4870	Kalkulatorische Raumkosten	m^2	157	2,60	408	—	408
4881	Kalkulatorischer Leitungsanteil (Technisches Büro)				160	160	—

		Gesamt	Proportional	Fix
Kostendeckung: Verrechnete proportionale Schlosserkosten	Plankostensummen	19 269	17 280	1 989
Planung geprüft: (Datum) (Unterschrift)	Planverrechnungssatz DM/Std.	—	6,40	—
Stellenleiter einverstanden: (Datum) (Unterschrift)				

tungs- und Reparaturleistungen nicht lohnen. Ausnahmen bilden Handwerkerstellen, in denen gleichartige, sich häufig wiederholende Reparaturen ausgeführt werden. Dies ist z. B. in der Kostenstelle „Zylindermacherei" eines Spinnereibetriebes der Fall.

2. Als Planungsbeispiel eines Hilfsbetriebes haben wir in der Tabelle 46 die Kostenplanung für die Kostenstelle „Schlosserei" einer Maschinenfabrik wiedergegeben.
In dieser Kostenstelle sind 13 Schlosser, 1 Hobler und 1 Dreher beschäftigt. Als durchschnittliche monatliche Arbeitszeit sind 180 Stunden angesetzt, so daß wir insgesamt 2700 Arbeitsstunden erhalten, die zugleich als Planbezugsgröße der Kostenstelle verwendet werden.
Wie die Summenspalte der Tabelle 46 erkennen läßt, betragen die proportionalen Plankosten der Schlosserei 17 280 DM, so daß wir einen proportionalen Verrechnungssatz in Höhe von 6,40 DM/Std. erhalten.

VI. Kostenpläne für Transportkostenstellen

1. Die Transportkostenstellen lassen sich in innerbetriebliche und außerbetriebliche Transportabteilungen einteilen.
Zu den innerbetrieblichen Transportabteilungen, die die Aufgabe haben, innerhalb eines Betriebes Werkstoffe, Halbfabrikate und Fertigerzeugnisse zwischen den einzelnen Kostenstellen zu transportieren, gehören z. B. Werksbahnen, Elektrokarren und Gabelstapler; Krananlagen und Lastenaufzüge, die ebenfalls mehreren Kostenstellen dienen, und deren Kosten aber nicht der Kostenstelle „Grundstücke und Gebäude" belastet werden, sind den innerbetrieblichen Transportabteilungen zuzurechnen. Die Kosten der „Transportarbeiterkolonne" sind ebenfalls hier zu verrechnen.
Die wichtigsten außerbetrieblichen Transportkostenstellen sind die Abteilungen „Pkw-" und „Lkw-Dienst".
Grundsätzlich sollte man versuchen, Transportkostenstellen mit direkten Bezugsgrößen abzurechnen, so z. B. mit Kilometern, Tonnenkilometern oder anderen quantitativen Maßstäben der auszuführenden Transportleistungen. Die Verwendung direkter Bezugsgrößen setzt aber voraus, daß für die spätere Durchführung des Soll-Ist-Kosten-Vergleichs die Istbezugsgrößen laufend differenziert nach empfangenden Kostenstellen erfaßt werden, damit sie, bewertet zu den proportionalen Kostensätzen der Transportstellen, diesen Stellen als Istkosten in Rechnung gestellt werden können. Für die außerbetrieblichen Transportabteilungen sollte die Verwendung direkter Bezugsgrößen ohne besondere Schwierigkeiten möglich sein, indem durch Fahrtenbücher festgehalten wird, für welche Abteilungen Fahrten ausgeführt wurden. Bei den innerbetrieblichen Transportkostenstellen treten Erfassungsschwierigkeiten auf. Für Gabelstapler oder für Deckenkrananlagen würde die Verwendung direkter Bezugsgrößen bedeuten, daß alle ausgeführten Transportleistungen laufend schriftlich festgehalten werden müssen. Hierbei müßte zugleich berücksichtigt werden, daß unter Umständen viele Transportleistungen nicht nur einer Kostenstelle,

sondern zugleich mehreren Kostenstellen dienen. Da die erforderliche Schreibarbeit und die zu lösenden Zurechnungsprobleme die Arbeitskräfte der innerbetrieblichen Transportabteilungen zu stark in Anspruch nehmen würden, verzichten viele Betriebe darauf, die innerbetrieblichen Transportkostenstellen mit direkten Bezugsgrößen abzurechnen. Eine Ausnahme hiervon sollte aber stets die Kostenstelle „Transportarbeiter“ bilden, deren Auslastung man mit Hilfe von Stundenaufschreibungen laufend überwachen sollte.
Verzichtet man in innerbetrieblichen Transportkostenstellen auf die Verwendung direkter Bezugsgrößen, so müssen retrograde oder indirekte Bezugsgrößen verwendet werden, die wir in C, III des fünfzehnten Kapitels beschrieben haben. Hierbei wird mit Hilfe einer sorgfältigen Analyse der erforderlichen Transportleistungen für jede Kostenstelle eine planmäßige durchschnittliche Belastung mit Transportleistungen festgelegt, die den Planbezugsgrößen entspricht. Hiernach werden die proportionalen Plankosten der Transportkostenstellen auf die übrigen Kostenstellen verteilt. Diese Verteilung kann entweder nach dem „Hol-“ oder nach dem „Bringprinzip“ erfolgen. Im ersten Fall werden die Transportkosten den empfangenden und im zweiten den abgebenden Kostenstellen zugeordnet. Das Ergebnis der planmäßigen Verteilung von innerbetrieblichen Transportkosten wird im sogenannten *kalkulatorischen Transportkostenanteil* festgehalten, dessen Aufbau mit dem kalkulatorischen Leitungsanteil übereinstimmt, den wir im nächsten Abschnitt dieses Kapitels beschreiben werden. In die Kostenpläne der Transportkostenstellen werden bei der Verwendung indirekter Bezugsgrößen die Summen der proportionalen Kosten mit dem Zusatz „DM Deckung Grenzkosten“ eingetragen. Im Ist werden die Solltransportkosten der einzelnen Kostenstellen gleich den Istkosten gesetzt, so daß eine Abweichungskontrolle der Kostenart „Kalkulatorische Transportkosten“ sich erübrigt. Alle Abweichungen werden bei diesem Verfahren vielmehr global auf den Transportkostenstellen festgehalten.

2. Als Beispiel haben wir in der Tabelle 47 (Blatt 1 und 2) die Kostenplanung für die Kostenstelle „Pkw-Dienst“ wiedergegeben. Wie die Tabelle erkennen läßt, gehören zu dieser Kostenstelle fünfzehn Personenkraftwagen, und zwar ein Mercedes 220 SE, zwei Mercedes 190 D, acht Opel Rekord und vier Volkswagen Export. Als Bezugsgröße sind die zu fahrenden Kilometer vorgesehen. Die Planbezugsgröße beträgt 60 000 km/Monat. Würde die Kostenstelle indirekt abgerechnet, so müßte sie als Planbezugsgröße „17 820 DM Deckung Grenzkosten“ erhalten.
Da die Kostenverursachung je km bei den einzelnen Wagentypen unterschiedlich ist, müßte die Kostenstelle „Pkw-Dienst“ strenggenommen so viele Teilbezugsgrößen erhalten, wie in ihr unterschiedliche Wagentypen eingesetzt sind. Man könnte auch bei einer Bezugsgröße bleiben, wenn für die gefahrenen km der einzelnen Wagentypen Kostenäquivalentziffern geplant würden. Im Beispiel wurde jedoch hiervon aus Gründen der Vereinfachung abgesehen.
Wie die Summenzeile der Tabelle 47 Blatt 2 erkennen läßt, betragen die gesamten proportionalen Plankosten 17 820 DM/Monat, so daß wir einen durchschnittlichen

Tabelle 47/1: Kostenplan der Kostenstelle „Pkw-Dienst"

Landmaschinen AG Kostenplanung: 1967	Pkw-Dienst (Kostenstellenbezeichnung)	150 (Nr.)	Blatt 1
Planbezugsgröße: 60 000 km (15 Personenkraftwagen je 4 000 km)	Kostenstellenleiter: Stellvertreter:		

Kostenarten		Einheit	Plan-ver-brauchs-menge	Plan-preis DM/ Einheit	Plankosten		
Nr.	Benennung				Gesamt	Pro-por-tional	Fix
4123	Sonstige Hilfslöhne				7 038	5 838	1 200
	3 Fahrer × 180 Std.	Std.	540	3,50	(1 890)		
	8 Fahrer × 180 Std.	Std.	1 440	3,20	(4 608)		
	1 Garagenarbeiter	Std.	180	3,00	(540)		
4129	Mehrarbeitszuschläge	—	—	—	280	280	—
4150	Gehälter (Kfz-Meister)	DM	—	—	750	—	750
4180	Kalkulatorische Sozialkosten für Arbeiter	DM	7 318	0,40	2 927	2 447	480
4181	Kalkulatorische Sozialkosten für Angestellte	DM	750	0,20	150	—	150
4220	Schmieröl- und Fettkosten				240	240	—
	1 Mercedes 220 SE	100 km	40	0,60	(24)		
	2 Mercedes 190 D	100 km	80	0,30	(24)		
	8 Opel Rekord	100 km	320	0,40	(128)		
	4 VW Export	100 km	160	0,40	(64)		
4221	Werkzeugkosten	—	—	—	50	40	10
4223	Brennstoffkosten				3 476	3 476	—
	1 Mercedes 220 SE	100 km	40	9,68	(387)		
	2 Mercedes 190 D	100 km	80	3,91	(313)		
	8 Opel Rekord	100 km	320	6,04	(1 933)		
	4 VW Export	100 km	160	5,27	(843)		
4225	Hilfs- und Betriebsstoffkosten (Reinigungs- und Pflegemittel)	—	—	—	185	160	25
4560	Reparatur- und Instandhaltungskosten				4 032	3 904	128
	a) Reifenersatz						
	1 Mercedes 220 SE	100 km	40	1,60	(64)		
	2 Mercedes 190 D	100 km	80	1,30	(104)		
	8 Opel Rekord	100 km	320	1,00	(320)		
	4 VW Export	100 km	160	0,80	(128)		
	b) Sonstige Reparatur- und Instandhaltungskosten						
	1 Mercedes 220 SE	100 km	40	6,80	(272)		
	2 Mercedes 190 D	100 km	80	6,00	(480)		
	8 Opel Rekord	100 km	320	5,10	(1 632)		
	4 VW Export	100 km	160	3,95	(632)		
	c) Rückstellung für Unfälle				(400)		

Kostendeckung: Verrechnete Transportkosten	Plankostensummen Übertrag	19 128	16 385	2 743
Planung geprüft: (Datum) (Unterschrift)	Planverrechnungssatz DM/km	—	—	—
Stellenleiter einverstanden: (Datum) (Unterschrift)				

Tabelle 47/2: Kostenplan der Kostenstelle „Pkw-Dienst"

Landmaschinen AG Kostenplanung: 1967	Pkw-Dienst (Kostenstellenbezeichnung)	150 (Nr.)	Blatt 2
Planbezugsgröße: 60 000 km (15 Personenkraftwagen je 4 000 km)	Kostenstellenleiter: Stellvertreter:		

Kostenarten		Einheit	Planverbrauchsmenge	Planpreis DM/Einheit	Plankosten		
Nr.	Benennung				Gesamt	Proportional	Fix
	Übertrag				19 128	16 385	2 743
4690	Fremdleistungen (ohne Reparatur- und Wartungskosten), z. B. Kauf von Zubehörteilen	—	—	—	136	121	15
4710/90	Verschiedene Gemeinkosten				888	—	888
	a) Kfz-Steuern						
	1 Mercedes 220 SE 317 DM/Jahr	—	—	—	(26)		
	2 Mercedes 190 D 274 DM/Jahr	—	—	—	(46)		
	8 Opel Rekord 216 DM/Jahr	—	—	—	(144)		
	4 VW Export 173 DM/Jahr	—	—	—	(58)		
	b) Haftpflicht-Versicherungen						
	1 Mercedes 220 SE 393 DM/Jahr	—	—	—	(33)		
	2 Mercedes 190 D 335 DM/Jahr	—	—	—	(56)		
	8 Opel Rekord 300 DM/Jahr	—	—	—	(200)		
	4 VW Export 185 DM/Jahr	—	—	—	(62)		
	c) Sonstige Versicherungen	—	—	—	(225)		
	d) Gebühren und Abgaben	—	—	—	(38)		
4800	Kalkulatorische Abschreibungen				2 355	1 284	1 071
	1 Mercedes 220 SE (fix) 14 400 DM	DM	14 400	1%	(144)		
	2 Mercedes 190 D (fix) 9 950 DM	DM	19 900	1%	(199)		
	8 Opel Rekord (fix) 6 545 DM	DM	52 360	1%	(524)		
	4 VW Export (fix) 4 600 DM	DM	18 400	1%	(184)		
	1 Mercedes 220 SE (proportional)	100 km	40	4,32	(173)		
	2 Mercedes 190 D (proportional)	100 km	80	2,99	(239)		
	8 Opel Rekord (proportional)	100 km	320	1,96	(627)		
	4 VW Export (proportional)	100 km	160	1,38	(221)		
	Einrichtungsgegenstände	DM	4 350	1%	(44)		
4801	Kalkulatorische Zinsen auf Anlagevermögen 105 060 DM Wagenwert + 4 350 DM Einrichtungsgegenstände	DM	109 410	6% : 24	274	—	274
4840	Kalkulatorische Wasserkosten	m^3	85	0,45	38	30	8
4870	Kalkulatorische Raumkosten (unbeheizt)	m^2	430	1,60	688	—	688
Kostendeckung: Verrechnete Transportkosten		Plankostensummen			23 507	17 820	5 687
Planung geprüft: (Datum) (Unterschrift)		Planverrechnungssatz DM/km			—	0,297	—
Stellenleiter einverstanden: (Datum) (Unterschrift)							

proportionalen Kostensatz in Höhe von 0,297 DM/km erhalten. Mit diesem Kostensatz werden die Kilometervorgaben aller übrigen Kostenstellen bewertet. Das gleiche gilt für die effektiven Kilometerleistungen, die diese Kostenstellen in den späteren Monaten in Anspruch nehmen. Die Bezugsgröße einer Transportkostenstelle muß stets mit der Summe der auf andere Kostenstellen verteilten Transportleistungen übereinstimmen.

VII. Kostenpläne für Leitungskostenstellen

1. Zu den Leitungskostenstellen gehören die Abteilungen: Technische Betriebsleitung, Meisterbereichstellen für Werkmeister, die mehrere Fertigungskostenstellen betreuen, Arbeitsvorbereitung, Terminbüro, Technische Planung usw. Diese Kostenstellen nehmen eine Sonderstellung in der Kostenplanung sekundärer Kostenstellen ein, da sich die von ihnen erbrachten Leistungen nicht quantifizieren lassen, so daß für sie nur indirekte Bezugsgrößen in Frage kommen, die wir bereits im Abschnitt C, III des fünfzehnten Kapitels beschrieben haben.
Als Planungsbeispiel für eine Leitungskostenstelle haben wir in Tabelle 48 den Kostenplan der Kostenstelle „Arbeitsvorbereitung" einer Maschinenfabrik wiedergegeben. Wie das Beispiel zeigt, bestehen die Kosten einer Arbeitsvorbereitung überwiegend aus Personalkosten. Gehaltskosten sind intervall- oder sprungfixe Kostenarten. Unterstellt man bei der Kostenplanung, daß die Kapazität einer Leitungsstelle konstant ist, so müßte man sämtliche Personalkosten den fixen Kosten zuordnen. Für die Zwecke der Kostenkontrolle hat es sich aber als zweckmäßig erwiesen, einen Teil der Personalkosten von Leitungsstellen zu proportionalisieren. Dies bedeutet, daß man Bezugsgrößenschwankungen automatisch mit quantitativen Anpassungsprozessen im Personalbereich koppeln will[674]. Im Beispiel wurden die Personalkosten für 5 Arbeitsvorbereiter und 4 Schreibkräfte aus den oben genannten Gründen den proportionalen Kosten zugeordnet. Hierdurch soll folgendes erreicht werden. Verringern sich die Istbezugsgrößen der von der Arbeitsvorbereitung betreuten Fertigungskostenstellen permanent gegenüber den Planbezugsgrößen, so sollen auf der Kostenstelle „Arbeitsvorbereitung" bei den Personalkosten Verbrauchsabweichungen entstehen, die sich im Zeitablauf kumulieren und schließlich einen quantitativen Anpassungsprozeß auslösen sollen. Die Proportionalisierung von Gehaltskosten ist eine dispositive Entscheidung, für die es keine Gesetzmäßigkeiten gibt[675].
Im Beispiel der Tabelle 48 erhalten wir für die Arbeitsvorbereitung insgesamt 9925 DM proportionale Plankosten. Dieser Betrag wird mit dem Zusatz „DM Deckung Grenzkosten" als Planbezugsgröße verwendet.

[674] Vgl. hierzu unsere Ausführungen in Abschnitt E dieses Kapitels.
[675] *K. Käfer*, Standardkostenrechnung, 2. Aufl., Zürich 1964, bezeichnet auf S. 312 die Teilproportionalisierung von Leitungsanteilen als „anscheinend oft vernünftig", glaubt aber, daß diese Proportionalisierung „nie nachweisbar richtig" ist. Er verkennt hierbei den dis-

2. Da es für Leitungskostenstellen keine quantitativ bestimmbaren Leistungseinheiten gibt, müssen deren proportionalen Kosten gemäß der planmäßig zu erwartenden Durchschnittsbelastung auf die betreuten Kostenstellen verteilt werden. Dies geschieht im sogenannten *kalkulatorischen Leitungsanteil*, für den wir in der Tabelle 49 ein Beispiel aus dem Maschinenbau wiedergegeben haben.
Die planmäßige Kostenverteilung erfolgt in enger Zusammenarbeit mit den Abteilungsleitern und den zugehörigen Sachbearbeitern der Leitungsstellen. Hierbei muß darauf geachtet werden, daß diese ihre Angaben nicht darauf abstellen, inwieweit sie gerade im Augenblick mit Problemen der einen oder anderen Fertigungskostenstelle beschäftigt sind. Die Verteilung der Leitungskosten soll vielmehr so erfolgen, daß sie der im Durchschnitt bei Planbeschäftigung des Betriebes langfristig zu erwartenden Belastung der Leitungsstellen entspricht. Die Ergebnisse der planmäßigen Leitungskostenverteilung kontrolliert man zweckmäßigerweise dadurch, daß man die Plankostenteilbeträge der belasteten Kostenstellen durch deren Planbezugsgrößen dividiert. Die so erhaltenen Kennziffern lassen einen Belastungsvergleich zwischen den einzelnen Kostenstellen zu. Sie sind im Beispiel der Tabelle 49 in den Spalten mit der Dimension „DM/Einheit" ausgewiesen.
Insgesamt enthält die Tabelle 49 die Kosten von 5 Leitungsstellen, die auf 22 Fertigungskostenstellen verteilt werden, mit einer proportionalen Plankostensumme von 35 273 DM/Monat. Die Zeilensummen, so z. B. für die Kostenstelle „Sägerei" der Betrag von 2 074 DM, werden unter der Kostenart „Kalkulatorische Leitungskosten" in die Fertigungskostenpläne der belasteten Kostenstellen übernommen und dort in der Regel in voller Höhe den proportionalen Kosten zugeordnet[676]. Im Soll-Ist-Kosten-Vergleich werden die Leitungskostenvorgaben an die jeweiligen Istbezugsgrößen angepaßt und die so erhaltenen Solleitungskosten zugleich als Istleitungskosten verwendet, so daß für die Kostenart „Kalkulatorische Leitungskosten" keine Verbrauchsabweichungen auf den belasteten Kostenstellen entstehen können.

C. *Kostenpläne für Fertigungskostenstellen*

I. Fertigungskostenpläne bei homogener Kostenverursachung

1. Unter der Voraussetzung homogener Kostenverursachung reicht für eine Kostenstelle *eine Bezugsgröße* aus. Diese Voraussetzung ist mit praktisch genügender Genauigkeit in vielen Fertigungskostenstellen erfüllt. Hierbei kann man in den meisten

positiven Charakter der planmäßigen Kostenauflösung. Im übrigen vgl. unsere Ausführungen in Abschnitt E dieses Kapitels.

[676] Wie unsere Ausführungen im Abschnitt C, III des 15. Kapitels über die Verwendung indirekter Bezugsgrößen gezeigt haben, kann man das Formblatt für den Aufbau kalkulatorischer Leitungsanteile gleichzeitig für die Erfassung der Istbezugsgrößen der Leitungskostenstellen verwenden. Vgl. hierzu die Tabelle 30.

Tabelle 48: Kostenplan der Kostenstelle „Arbeitsvorbereitung"

Maschinenfabrik AG Kostenplanung: 1967	Arbeitsvorbereitung (Kostenstellenbezeichnung)	102 (Nr.)	Blatt 1
Planbezugsgröße: 9 925 DM (DM Deckung Grenzkosten)	Kostenstellenleiter: Stellvertreter:		

Kostenarten		Einheit	Plan-verbrauchs-menge	Plan-preis DM/ Einheit	Plankosten		
Nr.	Benennung				Gesamt	Pro-por-tional	Fix
4150	Gehälter				18 100	7 400	10 700
	Leiter der AV	DM	—	—	(1 700)		(1 700)
	12 Refa-Ingenieure	DM	—	—	(12 000)	(5 000)	(7 000)
	1 technischer Zeichner	DM	—	—	(650)		(650)
	1 Sekretärin	DM	—	—	(750)		(750)
	5 Schreibkräfte	DM	—	—	(3 000)	(2 400)	(600)
4181	Kalkulatorische Sozialkosten für Gehaltsempfänger	DM	18 100	0,20	3 620	1 480	2 140
4227	Büromaterial (Formulare, Zeichenpapier usw.)	—	—	—	934	634	300
4560	Reparatur- und Instandhaltungskosten (für Büroeinrichtungen, Ormigmaschine, Lichtpausanlage, Rechenmaschinen usw.)	—	—	—	190	116	74
4690	Fremdleistungen	—	—	—	70	50	20
4710/90	Verschiedene Gemeinkosten				255	100	155
	a) Spesen und Reisekosten	—	—	—	(120)		
	b) Bücher und Zeitschriften	—	—	—	(60)		
	c) Beratungshonorare	—	—	—	(75)		
4800	Kalkulatorische Abschreibungen	—	—	—	244	80	164
4801	Kalkulatorische Zinsen auf Anlagevermögen	DM	35 700	6% : 24	89	—	89
4820	Kalkulatorische Stromkosten (für Ormigmaschine und Lichtpausanlage)	kWh	670	0,12	80	65	15
4870	Kalkulatorische Raumkosten (beheizt)	m²	240	2,60	624	—	624
Kostendeckung: Verrechnete Leitungskosten		Plankostensummen			24 206	9 925	14 281
Planung geprüft: (Datum) (Unterschrift)		Planverrechnungssatz			—	—	—
Stellenleiter einverstanden: (Datum) (Unterschrift)							

Tabelle 49: Aufbau des kalkulatorischen Leitungsanteils

Maschinenfabrik AG		Aufbau der kalkulatorischen Leitungsanteile										Kostenplanung: 1967			
Belast. Kostenstelle / Leitungskostenstelle		Bezugsgrößen		100 Betriebsleitung		101 Kontrolle		102 Arbeitsvorbereitung		105 Werkzeugausgabe		109 Halbfertiglager		Summe	
Nr.	Kostenstellenbezeichnung	Einheit	Menge	Grenzkosten	DM/Einheit	Grenzkosten	DM/Einheit	Grenzkosten	DM/Einheit	Grenzkosten	DM/Einheit	Grenzkosten	DM/Einheit	Grenzkosten	DM/Einheit
501	Sägerei	Sägestd.	1 700	85	0,05	—	—	255	0,15	1 530	0,90	204	0,12	2 074	1,22
511	Dreherei	Fertigungsstd.	4 000	200	0,05	880	0,22	600	0,15	600	0,15	—	—	2 280	0,57
512	Revolverdreherei	Fertigungsstd.	3 100	248	0,08	682	0,22	620	0,20	930	0,30	—	—	2 480	0,80
513	Kopfdrehbänke	Fertigungsstd.	500	40	0,08	100	0,20	75	0,15	150	0,30	—	—	365	0,73
514	Karusselldrehbänke	Fertigungsstd.	1 700	170	0,10	374	0,22	408	0,24	595	0,35	—	—	1 547	0,91
521	Automaten I	Maschinenstd.	4 500	360	0,08	1 125	0,25	675	0,15	225	0,05	540	0,12	2 925	0,65
522	Automaten II	Maschinenstd.	3 200	320	0,10	800	0,25	544	0,17	192	0,06	480	0,15	2 336	0,73
523	Automaten III	Maschinenstd.	1 500	180	0,12	450	0,30	300	0,20	120	0,08	270	0,18	1 320	0,88
531	Hobelmaschinen	Fertigungsstd.	800	88	0,11	80	0,10	112	0,14	160	0,20	—	—	440	0,55
532	Radial-Bohrmaschinen	Fertigungsstd.	420	63	0,15	42	0,10	126	0,30	168	0,40	—	—	399	0,95
533	Feinstbohrwerk	Fertigungsstd.	600	102	0,17	72	0,12	180	0,30	180	0,30	—	—	534	0,89
534	Kombinierte Fräsmaschinen	Fertigungsstd.	800	80	0,10	240	0,30	240	0,30	400	0,50	—	—	960	1,20
535	Kleine Fräsmaschinen	Fertigungsstd.	2 700	189	0,07	675	0,25	540	0,20	810	0,30	—	—	2 214	0,82
536	Große Fräsmaschinen	Fertigungsstd.	3 000	240	0,08	900	0,30	660	0,22	1 050	0,35	—	—	2 850	0,95
551	Kleine Pressen	Fertigungsstd.	2 200	550	0,25	770	0,35	880	0,40	—	—	550	0,25	2 750	1,25
552	Große Pressen	Fertigungsstd.	1 300	390	0,30	520	0,40	650	0,50	—	—	390	0,30	1 950	1,50
601	Härterei	t	250	300	1,20	625	2,50	325	1,30	—	—	250	1,00	1 500	6,00
602	Glüherei	t	30	42	1,40	90	3,00	45	1,50	—	—	30	1,00	207	6,90
603	Vergüterei	t	60	84	1,40	150	2,50	90	1,50	—	—	60	1,00	384	6,40
609	Schweißerei	Fertigungsstd.	2 200	264	0,12	330	0,15	660	0,30	—	—	—	—	1 254	0,57
701	Montage I	Fertigungsstd.	5 500	550	0,10	550	0,10	1 100	0,20	—	—	330	0,06	2 530	0,46
702	Montage II	Fertigungsstd.	4 200	420	0,10	420	0,10	840	0,20	—	—	294	0,07	1 974	0,47
Summe der Sollbelastungen		—	—	4 965	—	9 875	—	9 925	—	7 110	—	3 398	—	35 273	—
Summe der Planbelastungen		—	—	4 965	—	9 875	—	9 925	—	7 110	—	3 398	—	35 273	—
Istbeschäftigungsgrade der Leitungsstellen		—	—	100 %	—	100 %	—	100 %	—	100 %	—	100 %	—	100 %	—

Tabelle 50: Kostenplan der Kostenstelle „Jacquardstrickmaschinen"

Tovorb-Strickwaren GmbH Kostenplanung: 1967	Jacquardstrickmaschinen 614 (Kostenstellenbezeichnung) (Nr.)	Blatt 1
Planbezugsgröße: 3 600 Maschinenstunden	Kostenstellenleiter: Stellvertreter:	

Kostenarten		Einheit	Plan-ver-brauchs-menge	Plan-preis DM/ Einheit	Plankosten		
Nr.	Benennung				Gesamt	Pro-por-tional	Fix
4100	Fertigungslöhne	Std.	1 200	3,60	4 320	4 320	—
4110	Zusatzlöhne	DM	4 320	0,03	130	130	—
4120	Hilfslöhne für Maschinensteller	Std.	400	4,00	1 600	1 200	400
4122	Hilfslöhne für Reinigung	Std.	50	3,20	160	80	80
4180	Kalkulatorische Sozialkosten für Arbeiter	DM	6 210	0,40	2 484	2 292	192
4220	Schmieröl- und Fettkosten	—	—	—	11	8	3
4221	Werkzeugkosten	Std.	3 600	0,01	36	36	—
4225	Hilfs- und Betriebsstoffkosten	—	—	—	20	16	4
4560	Reparatur- und Instandhaltungskosten für Maschinen				431	391	40
	a) Reparaturmaterial	DM	—	—	(171)		
	b) Reparaturabteilung	Std.	30	6,00	(180)		
	c) Fremdreparaturen	DM	—	—	(80)		
4800	Kalkulatorische Abschreibungen	—	—	—	1 524	339	1 185
4801	Kalkulatorische Zinsen auf Anlagevermögen	DM	223 100	6 %:24	558	—	558
4820	Kalkulatorische Stromkosten	kWh	1 730	0,12	208	208	—
4870	Kalkulatorische Raumkosten	m²	95	2,40	228	—	228
4880	Kalkulatorische Transportkosten (E-Karren)	DM	—	—	100	100	—
4881	Kalkulatorische Leitungskosten				600	600	—
	a) Technische Leitung	DM	—	—	(250)		
	b) Meisterbereich Stricksaal	DM	—	—	(350)		
4890	Sekundäre Fixkosten				874	—	874
	a) Sozialstellen	DM	6 210	0,02	(124)		
	b) Reparaturabteilung	DM	180	0,25	(45)		
	c) Stromversorgung	DM	208	0,167	(35)		
	d) E-Karren	DM	100	0,20	(20)		
	e) Technische Leitung	DM	250	1,20	(300)		
	g) Meisterbereich Stricksaal	DM	350	1,00	(350)		

Kostendeckung: Verrechnete proportionale Planfertigungsgemeinkosten	Plankostensummen	13 284	9 720	3 564
Planung geprüft: (Datum) (Unterschrift)	Planverrechnungssatz DM/Std.	3,69	2,70	0,99
Stellenleiter einverstanden: (Datum) (Unterschrift)	Planverrechnungssatz DM/Min.	0,0615	0,045	0,0165

Fällen die Maschinen- oder Fertigungsstunden als Maßstab der Kostenverursachung verwenden.

Als erstes Beispiel für die Kostenplanung einer Fertigungskostenstelle mit homogener Kostenverursachung wollen wir die Kostenstelle „Jacquardstrickmaschinen" einer Strickwarenfabrik betrachten, deren Kostenplan wir in Tabelle 50 wiedergegeben haben. Als Planbezugsgröße dieser Kostenstelle wird die Maschinenlaufzeit verwendet. Hier fallen 400 Arbeitsstunden für Maschinensteller an, so daß in dieser Kostenstelle überprüft werden mußte, ob eine zweite Rüstzeitbezugsgröße erforderlich ist. Da sich hierbei aber herausgestellt hatte, daß die Seriengrößen nur relativ geringen Schwankungen unterworfen sind, konnte auf diese Bezugsgrößendifferenzierung verzichtet werden.

Da ein Arbeiter stets drei Maschinen bedient, betragen die Fertigungslohnstunden ein Drittel der Planbezugsgröße, also 1 200 Fertigungsstunden. Würde das Bedienungsverhältnis sich mit der Zusammensetzung des Produktionsprogrammes verändern, so müßten für diese Kostenstelle die beiden Bezugsgrößen Fertigungs- und Maschinenstunden nebeneinander verwendet werden.

Bei Jacquardstrickmaschinen der verwendeten Art ist die Gefahr des wirtschaftlichen Veraltens groß, da Jacquarderzeugnisse leicht aus der Mode kommen können. In diesem Fall kann eine Jacquardstrickmaschine wirtschaftlich nur noch wie eine gewöhnliche Strickmaschine benutzt werden, deren Wiederbeschaffungswert weit geringer ist. Aus diesem Grunde wurden im Beispiel der Tabelle 50 die kalkulatorischen Abschreibungen zum überwiegenden Teil den fixen Kosten zugeordnet.

Eine Besonderheit des Planungsbeispiels der Tabelle 50 besteht darin, daß in dem Betrieb eine kombinierte Grenz-Vollkostenrechnung durchgeführt wird. Aus diesem Grunde ist eine nachträgliche Umlage der sekundären Fixkosten erforderlich. Diese Umlage wird im Beispiel unter der Kostenart 4890 „Sekundäre Fixkosten" vorgenommen. Sie erfolgt durch proportionale Fixkostendeckungszuschläge auf die proportionalen Kosten der einzelnen Hilfs- und Nebenkostenstellen. Wie das Beispiel erkennen läßt, beeinflußt die nachträgliche Verteilung sekundärer Fixkosten die Grenzkostensätze der Fertigungskostenstellen nicht.

Die Summe der proportionalen Plankosten beträgt hier 9 720 DM, so daß wir einen proportionalen Planverrechnungssatz in Höhe von 2,70 DM/Stunde bzw. 0,045 DM/Minute erhalten. Der Vollkostensatz beträgt 3,69 DM/Stunde bzw. 0,0615 DM/Minute. In einer reinen Grenzplankostenrechnung würden die Kostenart 4890 und die Bildung von Vollkostensätzen entfallen.

2. Als zweites Beispiel für die Kostenplanung einer Kostenstelle mit homogener Kostenverursachung haben wir in Tabelle 51 den Kostenplan der Kostenstelle „Revolverdreherei" einer kleineren Maschinenfabrik wiedergegeben. Als Bezugsgröße werden die Fertigungsstunden verwendet, die weitgehend mit den Maschinenlaufstunden übereinstimmen. Der Rüstkosteneinfluß ist relativ gering und das Bedienungsverhältnis konstant, so daß die Voraussetzung homogener Kostenverursachung mit genügender Genauigkeit erfüllt ist.

Tabelle 51: Kostenplan der Kostenstelle „Revolverdreherei"

Maschinenbau GmbH Kostenplanung: 1967	Revolverdreherei (Kostenstellenbezeichnung)	402 (Nr.)	Blatt 1
Planbezugsgröße: 2 700 Fertigungsstunden	Kostenstellenleiter: Stellvertreter:		

Kostenarten Nr.	Kostenarten Benennung	Einheit	Plan-verbrauchs-menge	Plan-preis DM/Einheit	Plankosten Gesamt	Plankosten Pro-por-tional	Plankosten Fix
4100	Fertigungslohn (14 Dreher)	Std.	2 700	4,10	11 070	11 070	—
4110/19	Zusatzlohn für Akkordarbeiter (0,10 DM/Fertigungs-Std.)	Std.	2 700	0,10	270	270	—
4121/25	Sonstiger Hilfslohn				912	456	456
	Putzen	Std.	90	4,80	(432)		
	Eigene Instandsetzungen	Std.	100	4,80	(480)		
4126	Rüstlohn	Std.	150	4,10	615	615	—
4440	Werkzeuge und Geräte (Reibahlen, Drehlinge, Bohrer u. ä.) (0,83 DM/Fertigungs-Std.)				2 241	2 241	—
4443	Hilfs- und Betriebsstoffe				154	144	10
	Maschinen				(81)	(81)	—
	Bohröl (0,30 DM/Fertigungs-Std.)						
	Putzlappen, Nieten, Handwaschpaste, Besen, Petroleum,				(33)	(23)	(10)
	Nieten, Schrauben u. ä.				(40)	(40)	—
4450/59	Innerbetriebliche Leistungen und Reparaturen				286	191	95
	Reparaturabteilung	Std.	35	6,10	(214)		
	Material und Ersatzteile				(72)		
4800	Kalkulatorische Abschreibungen				2 090	1 390	700
4810	Kalkulatorische Zinsen auf Anlage- und Umlaufvermögen				1 037	—	1 037
4830	Kalkulatorische Sozialaufwendungen auf Lohn	DM	12 867	0,40	5 147	4 964	183
4840	Kalkulatorische Raumkosten	m^2	310	2,50	775	—	775
4851	Kalkulatorische Stromkosten	kWh	10 800	0,12	1 296	1 231	65
4860	Kalkulatorische Transportkosten				351	351	—
4870	Kalkulatorische Leitungsanteile				1 377	1 377	—
Kostendeckung: Verrechnete Planfertigungskosten		Plankostensummen			27 621	24 300	3 321
Planung geprüft: (Datum) (Unterschrift)		Planverrechnungssatz DM/Std.			—	9,00	—
Stellenleiter einverstanden: (Datum) (Unterschrift)		Planverrechnungssatz DM/Min.			—	0,150	—

Die Tabelle 51 führt zu einer proportionalen Plankostensumme in Höhe von 24 300 DM, so daß wir einen proportionalen Planverrechnungssatz von 9,00 DM/Stunde bzw. 0,150 DM/Minute erhalten. Eine sekundäre Fixkostenverteilung wurde im Beispiel der Tabelle 51 nicht vorgenommen. Die fixen Kosten in Höhe von 3 321 DM gehen entweder in eine globale Fixkostendeckungsrechnung oder in das monatliche Betriebsergebnis ein.

II. Fertigungskostenpläne bei heterogener Kostenverursachung

1. Fertigungskostenpläne bei variablen Seriengrößen

1. Bei heterogener Kostenverursachung sind für eine Kostenstelle stets *mehrere Bezugsgrößen* erforderlich. Für jede Bezugsgröße muß ein gesonderter Kostenplan erstellt werden. Die einzelnen Kostenarten einer Kostenstelle müssen hierbei auf mehrere Bezugsgrößen verteilt werden. Die proportionalen Kostenvorgaben lassen sich definitionsgemäß ohne Schwierigkeiten den verschiedenen Bezugsgrößen und damit den zugehörigen Kostenplänen zuordnen. Schwierigkeiten treten aber bei den fixen Kosten auf, die für die Aufrechterhaltung der Betriebsbereitschaft anfallen und zu keiner der gewählten Bezugsgrößen einer Kostenstelle eine proportionale Beziehung aufweisen. Denn es gibt fixe Kosten, die nur für die Realisierung der Betriebsbereitschaft einer bestimmten Planbezugsgröße erforderlich sind und die wir daher als „bezugsgrößengebundene fixe Kosten" bezeichnen wollen. Die Mehrzahl der fixen Kosten fällt für die Realisation aller Planbezugsgrößen gleichzeitig an, so daß wir sie als „bezugsgrößenungebundene fixe Kosten" bezeichnen wollen. Die erste Gruppe fixer Kosten wird jeweils der zugehörigen Bezugsgröße zugeordnet. Die zweite Gruppe kann man unterschiedlich behandeln; es hat sich in vielen Fällen als zweckmäßig erwiesen, eine Bezugsgröße als Hauptbezugsgröße zu betrachten und dem zugehörigen Kostenplan sämtliche Kosten der Betriebsbereitschaft mit Ausnahme eventueller bezugsgrößengebundener fixer Kosten zuzuordnen. In anderen Fällen ist es dagegen zweckmäßiger, die bezugsgrößenungebundenen fixen Kosten im Verhältnis der numerischen Werte der Planbezugsgrößen aufzuteilen. Wir zeigen für beide Verfahren Beispiele.

2. Ein besonders häufig auftretender Fall heterogener Kostenverursachung liegt in Kostenstellen mit Serienfertigung vor, in denen bei schwankenden Seriengrößen relativ hohe Auflegungs- oder Umrüstkosten anfallen. Wie wir bereits im Abschnitt C, II, 2 des fünfzehnten Kapitels gezeigt haben, kann man in solchen Kostenstellen die Einflüsse von Seriengrößenschwankungen nur durch die parallele Verwendung der beiden Bezugsgrößen „Rüststunden" und „Fertigungsstunden" richtig erfassen. Hierbei entspricht die Relation zwischen den geplanten Rüststunden und den geplanten Fertigungsstunden, die wir als Planrüstzeitrelation bezeichnen wollen, je-

weils bestimmten geplanten Seriengrößen und einer planmäßigen Auftragszusammensetzung[677].

Als Beispiel für Fertigungskostenpläne bei variablen Seriengrößen wollen wir die Kostenstelle „Bleipresse 600 kg" eines Kabelwerkes betrachten, deren Kostenpläne wir in den Tabellen 52 und 53 wiedergegeben haben. In der Kabelindustrie entspricht der Seriengröße die bei einer Auflegung gefertigte Kabellänge. Hierbei sind Schwankungen zwischen 500 m und 10 000 m möglich. In allen Kostenstellen, in denen der Rüstkostenanteil relativ hoch ist, muß daher eine Bezugsgrößendifferenzierung in „Rüstzeit" und „Maschinenlaufzeit" vorgenommen werden. Dies gilt insbesondere für die Kostenstelle „Bleipresse 600 kg". Beim Sortenwechsel fallen an der Bleipresse vor allem hohe Rüstzeiten für das Auswechseln von Spezialwerkzeugen (Matrize, Dorn) und für den Probelauf an, durch den sichergestellt werden soll, daß die geplante Stärke des Bleimantels genau eingehalten wird. Außer in den Dimensionen unterscheiden sich viele Kabeltypen auch in der Bleilegierung, so daß in gewissen Abständen ein zeitraubender Legierungswechsel erforderlich wird. In unserem Beispiel wurde aus den Planungsunterlagen der Fertigungsprogramm- und der Arbeitsablaufplanung abgeleitet, daß für die Planungsperiode im Durchschnitt auf 300 Maschinenstunden 150 Rüststunden pro Monat entfallen. Die Planrüstzeitrelation beträgt also 50 %.

Die Tabelle 52 gibt den Kostenplan für die Bezugsgröße „Rüststunden" an. Wie diese Tabelle erkennen läßt, wurde die Rüststundenbezugsgröße als Nebenbezugsgröße angesehen. Sie enthält daher keine bezugsgrößenungebundenen Bereitschaftskosten. Der größte Teil der Kosten dieses Kostenplans entfällt auf die für Rüstvorgänge erforderlichen Personalkosten. Abschreibungen wurden dem Rüstkostenplan nicht zugerechnet, obwohl auch während der Rüstvorgänge mit einem geringfügigen Verschleiß zu rechnen ist. Weiterhin wurden die gesamten Raumkosten der Hauptbezugsgröße zugeordnet, obwohl strenggenommen auch für die Rüstvorgänge Raum erforderlich ist. Da in den Kalkulationen aber ohnehin nur die Grenzkostensätze weiterverrechnet werden, ist eine „künstliche" Verteilung von Raumkosten auf die beiden Bezugsgrößen überflüssig. Da während der Rüstzeit der Heizstrom für den Rezipienten nicht abgeschaltet wird, da sonst das flüssige Blei erstarren würde, wurden der Rüststundenbezugsgröße entsprechende kalkulatorische Stromkosten zugeordnet. Insgesamt erhalten wir 3 240 DM proportionale Plankosten und damit einen Planverrechnungssatz von 21,60 DM/Stunde bzw. von 0,36 DM/Minute.

In der Tabelle 53 ist der Kostenplan für die Bezugsgröße „Maschinenstunden" wiedergegeben. In unserem Beispiel wird die Bezugsgröße „Maschinenstunden" als Hauptbezugsgröße angesehen, so daß ihr sämtliche bezugsgrößenungebundenen fixen Kosten zugeordnet werden. Der Kostenplan führt zu einer proportionalen Plankostensumme von 13 320 DM, so daß wir einen Planverrechnungssatz in Höhe von 44,40 DM/Stunde bzw. 0,74 DM/Minute erhalten.

[677] Vgl. hierzu unsere Ausführungen in Abschnitt E, I des 18. Kapitels.

Tabelle 52: Kostenplan für die Bezugsgröße „Rüststunden" der Kostenstelle „Bleipresse 600 kg"

Kabelwerke AG Kostenplanung: 1967	Bleipresse 600 kg (Kostenstellenbezeichnung)	613/I (Nr.)	Blatt 1
Planbezugsgröße: 150 Rüststunden (Bezugsgröße I)	Kostenstellenleiter: Stellvertreter:		

Kostenarten Nr.	Kostenarten Benennung	Einheit	Planverbrauchsmenge	Planpreis DM/Einheit	Plankosten Gesamt	Plankosten Proportional	Plankosten Fix
4100	Fertigungslohn				1 620	**1 620**	—
	Maschinenführer	Std.	150	4,00	(600)		
	Helfer	Std.	300	3,40	(1 020)		
4110	Zusatzlöhne für Betriebsstörungen, Wartezeiten, Anlernen	DM	1 620	0,03	49	49	—
4120	Hilfslöhne für Vorarbeiter	Std.	70	4,20	294	254	40
4129	Mehrarbeitszuschläge	—	—	—	30	30	—
4180	Kalkulatorische Sozialkosten für Arbeiter	DM	1 993	0,40	797	781	16
4221	Werkzeugkosten	—	—	—	6	6	—
4820	Kalkulatorische Stromkosten	kWh	3 060	0,12	367	335	32
4881	Kalkulatorische Leitungskosten				165	165	—
	a) Arbeitsvorbereitung	Std.	150	0,90	(135)		
	b) Betriebsleitung	Std.	150	0,20	(30)		
Kostendeckung: Verrechnete Planfertigungskosten		Plankostensummen			3 328	3 240	88
Planung geprüft: (Datum) (Unterschrift)		Planverrechnungssatz DM/Std.			—	21,60	—
Stellenleiter einverstanden: (Datum) (Unterschrift)		Planverrechnungssatz DM/Min.			—	0,36	—

Tabelle 53: Kostenplan für die Bezugsgröße „Maschinenstunden" der Kostenstelle „Bleipresse 600 kg"

Kabelwerke AG Kostenplanung: 1967	Bleipresse 600 kg (Kostenstellenbezeichnung)	613/II (Nr.)	Blatt 1
Planbezugsgröße: 300 Maschinenstunden (Bezugsgröße II)	Kostenstellenleiter: Stellvertreter:		

Kostenarten Nr.	Kostenarten Benennung	Einheit	Planverbrauchsmenge	Planpreis DM/Einheit	Plankosten Gesamt	Plankosten Proportional	Plankosten Fix
4100	Fertigungslöhne				3 240	3 240	—
	Maschinenführer	Std.	300	4,00	(1 200)		
	Helfer	Std.	600	3,40	(2 040)		
4110	Zusatzlöhne für Betriebsstörungen, Wartezeiten, Anlernen	DM	3 240	0,02	65	65	—
4120	Hilfslöhne für Vorarbeiter	Std.	25	4,20	103	70	33
4122	Hilfslöhne für Reinigung	Std.	40	3,40	136	111	25
4129	Mehrarbeitszuschläge	—	—	—	60	60	—
4180	Kalkulatorische Sozialkosten für Arbeiter	DM	3 604	0,40	1 441	1 418	23
4220	Schmieröl- und Fettkosten				127	115	12
	Maschinenöl	l	180	0,50	(90)		
	Staufferfett, Teeröl				(37)		
4221	Werkzeugkosten (ohne Matrizen und Dorne)				40	30	10
4225	Hilfs- und Betriebsstoffkosten				226	200	26
	Hydrit für Pumpen	l	100	1,50	(150)		
	Segeltuchhandschuhe	Paar	18	1,70	(31)		
	Reinigungsmittel (einschl. Bleiseife)	—	—	—	(45)		
4560	Reparatur- und Instandhaltungskosten				1 158	1 038	120
	Reparaturmaterial (Heizpatronen, Riemen, U-Manschetten, Deckring-Manschetten, Ventile, Material für Matrizen und Dorne)	DM	—	—	(420)		
	Kosten der Elektrowerkstatt	Std.	30	6,00	(180)		
	Kosten der Schlosserei	Std.	90	6,20	(558)		
4800	Kalkulatorische Abschreibungen	—	—	—	3 502	2 810	692
4801	Kalkulatorische Zinsen auf Anlagevermögen	—	—	—	1 893	—	1 893
4820	Kalkulatorische Stromkosten	kWh	31 500	0,12	3 780	3 282	498
4830	Kalkulatorische Gaskosten	m^3	600	0,10	60	54	6
4840	Kalkulatorische Wasserkosten	m^3	380	0,45	171	137	34
4870	Kalkulatorische Raumkosten (beheizt)	m^2	379	2,60	985	—	985
4880	Kalkulatorische Transportkosten	Std.	300	1,00	300	300	—
4881	Kalkulatorische Leitungskosten				390	390	—
	a) Arbeitsvorbereitung	Std.	300	0,90	(270)		
	b) Betriebsleitung	Std.	300	0,40	(120)		
Kostendeckung: Verrechnete Planfertigungskosten		Plankostensummen			17 677	13 320	4 357
Planung geprüft: (Datum) (Unterschrift)		Planverrechnungssatz DM/Maschinenstunde			—	44,40	—
Stellenleiter einverstanden: (Datum) (Unterschrift)		Planverrechnungssatz DM/Maschinenminute			—	0,74	—

Bei der geplanten Rüstzeitrelation von 50% entfallen daher auf eine Maschinenlaufstunde (44,40 + 0,5 · 21,60) = 55,20 DM/Stunde. Abweichungen von den optimalen Seriengrößen und die Veränderungen der Auftragszusammensetzung können aber zu erheblichen Abweichungen von diesem Durchschnittsatz führen, die jedoch durch die Bezugsgrößendifferenzierung in Rüst- und Maschinenstunden abgefangen werden.

2. Fertigungskostenpläne bei variablen Bedienungssystemen

1. Weitere typische Beispiele für eine heterogene Kostenverursachung sind Fertigungskostenstellen mit Mehrmaschinenbedienung, in denen das Bedienungsverhältnis bei Veränderung der Auftragszusammensetzung oder der Materialeigenschaften häufig geändert wird. So können in Spinnereibetrieben die Arbeitskräfte bei feinen Garnen, deren Abzugsgeschwindigkeit relativ gering ist, weitaus mehr Ringspinnmaschinen oder Flyer bedienen, als bei gröberen Garnen, bei denen die Spulen schneller voll werden. In Webereibetrieben gibt es z. B. Gewebegruppen, bei denen die Weber wegen großer Fadenbruchhäufigkeit nur zehn bis fünfzehn Webautomaten bedienen können, während bei anderen Geweben ein Weber dreißig bis fünfzig Webstühle bedienen kann. In gleicher Weise schwankt das Bedienungsverhältnis in den meisten Fertigungskostenstellen mit Automatenanfertigung.
Da die Kostenverursachung pro Fertigungsstunde der Arbeitskräfte, d. h. die Fertigungslöhne einschließlich der lohnbezogenen Nebenkosten, anders sein kann als die Kostenverursachung einer Maschinenlaufstunde und weil bei schwankenden Bedienungssystemen die Relation beider Einflußgrößen nicht konstant ist, müssen in Fällen dieser Art die Bezugsgrößen „Fertigungsstunden“ und „Maschinenstunden“ nebeneinander verwendet werden.
Häufig verwendet man bei variablen Bedienungssystemen *eine* Fertigungsstundenbezugsgröße gleichzeitig für mehrere verschiedene Automatengruppen. In Websälen mit z. B. fünf Webstuhltypen ist die Lohnkostenstruktur und damit die Kostenverursachung pro Fertigungsstunde meistens für alle Stuhlarten gleich, so daß man den fünf Webstuhlkostenstellen, für die als Bezugsgrößen „10^3 Schuß“ verwendet werden, eine gemeinsame Fertigungsstundenbezugsgröße vorschalten kann.
Die Relation aus den Planbezugsgrößen „Fertigungsstunden“ und „Maschinenstunden“ wird aus den Plandaten der Fertigungsprogramm- und aus der Arbeitsablaufplanung abgeleitet.

2. Als Beispiel für die Planung von Kostenstellen mit schwankenden Bedienungssystemen haben wir in den Tabellen 54 und 55 die Fertigungskostenpläne der Abteilung „Automaten“ einer Maschinenfabrik wiedergegeben. Hierin beträgt das planmäßige Bedienungsverhältnis 1:3, da 3 900 Maschinenstunden auf 1 300 Fertigungsstunden entfallen. Im planmäßigen Durchschnitt bedient also ein Arbeiter drei Automaten. Es gibt auch Erzeugnisse, bei denen ein Arbeiter nur einen bzw. zwei Automaten bedienen kann, und wieder andere, bei denen ein Bedienungsver-

Tabelle 54: Kostenplan für die Bezugsgröße „Fertigungsstunden" der Kostenstelle „Automaten"

Maschinenbau GmbH Kostenplanung: 1967	Automaten 404/I (Kostenstellenbezeichnung) (Nr.)	Blatt 1
Planbezugsgröße: 1 300 Fertigungsstunden (Bezugsgröße I)	Kostenstellenleiter: Stellvertreter:	

Kostenarten		Einheit	Plan-ver-brauchs-menge	Plan-preis DM/ Einheit	Plankosten		
Nr.	Benennung				Gesamt	Pro-por-tional	Fix
4100	Fertigungslohn 7 Dreher	Std.	1 300	4,40	5 720	5 720	—
4110/19	Zusatzlohn für Akkordarbeiter 0,12 DM/Ftg.-Std.	Std.	1 300	0,12	156	156	—
4120	Hilfslohn für Vorarbeiter und Einrichter 1 Einrichter	Std.	160	5,00	800	400	400
4121/25	Sonstiger Hilfslohn				1 352	752	600
	2 Helfer	Std.	320	3,60	(1 152)		
	Putzer	Std.	40	5,00	(200)		
4180	Kalk. Sozialaufwendungen auf Lohn	Std.	8 028	0,40	3 213	2 813	400
4870	Kalk. Leitungsanteile				221	221	—

Kostendeckung: Verrechnete Planfertigungskosten	Plankostensummen	11 462	10 062	1 400
Planung geprüft: (Datum) (Unterschrift)	Planverrechnungssatz DM/Std.	—	7,74	—
Stellenleiter einverstanden: (Datum) (Unterschrift)	Planverrechnungssatz DM/Min.	—	0,129	—

Tabelle 55: Kostenplan für die Bezugsgröße „Maschinenstunden" der Kostenstelle „Automaten"

Maschinenbau GmbH Kostenplanung: 1967		Automaten (Kostenstellenbezeichnung)				404/II (Nr.)		Blatt 1
Planbezugsgröße: 3 900 Maschinenstunden (Bezugsgröße II)		Kostenstellenleiter: Stellvertreter:						
Kostenarten		Einheit	Plan-verbrauchs-menge	Plan-preis DM/Einheit	Plankosten			
Nr.	Benennung				Gesamt	Pro-por-tional	Fix	
4440	Werkzeuge und Geräte				3 432	3 432	—	
	Schleifscheiben, Drehlinge, Bohrer, Feilen, Hämmer, Spannzangen usw. (0,88 DM/Masch.-Std.)							
4443	Hilfs- und Betriebsstoffe				804	746	58	
	Maschinenöl, Bohröl, Staufferfett (0,16 DM/Masch.-Std.)				(624)			
	Reinigungsstoffe				(70)			
	Schrauben, Muttern, Seile usw.				(110)			
4450/59	Innerbetriebliche Leistungen und Reparaturen				2 700	2 106	594	
	Reparaturabteilung	Std.	200	6,10	(1 220)			
	Fremdleistungen				(580)			
	Material und Ersatzteile				(900)			
4800	Kalk. Abschreibungen				3 806	3 206	600	
4810	Kalk. Zinsen auf Anlage- und Umlaufvermögen				1 470	—	1 470	
4840	Kalk. Raumkosten	m²	340	2,60	884	—	884	
4851	Kalk. Stromkosten	kWh	22 500	0,12	2 700	2 620	80	
4860	Kalk. Transportkosten				1 250	1 250	—	
4870	Kalk. Leitungsanteile				3 020	3 020	—	
Kostendeckung: Verrechnete Planfertigungskosten		Plankostensummen			20 066	16 380	3 686	
Planung geprüft: (Datum) (Unterschrift)		Planverrechnungssatz DM/Std.			—	4,20	—	
Stellenleiter einverstanden: (Datum) (Unterschrift)		Planverrechnungssatz DM/Min.			—	0,07	—	

hältnis von 1:4 bzw. 1:5 möglich ist. Jeweils mit der Zusammensetzung des Produktionsprogramms ändert sich daher auch das Bedienungssystem.
In dem Beispiel wird die Maschinenstundenbezugsgröße als Hauptbezugsgröße betrachtet, so daß ihr neben den bezugsgrößenbezogenen fixen Kosten auch sämtliche nicht bezugsgrößenbezogenen fixen Kosten zugeordnet werden. Als Ergebnis der Planung erhalten wir Kostensätze von 7,74 DM/Fertigungsstunde und 4,20 DM/Maschinenstunde. Wird das planmäßige Bedienungsverhältnis eingehalten, so entfallen auf eine Maschinenstunde $(4{,}20 + 0{,}33 \cdot 7{,}74) = 6{,}78$ DM/Stunde[678].

3. Fertigungskostenpläne bei heterogener Kostenverursachung und variabler Auftragszusammensetzung

1. Sehr oft ist die Heterogenität der Kostenverursachung in einer Kostenstelle darauf zurückzuführen, daß mehrere Einflußgrößen gleichzeitig auf die Kostenentstehung einwirken oder daß bei bestimmten Erzeugnisgruppen verfahrenstechnische Besonderheiten erforderlich sind, die zu einer unterschiedlichen Kostenverursachung pro Bezugsgrößeneinheit führen.
Bestimmen bei allen Erzeugnissen, die in einer Kostenstelle bearbeitet werden, gleichzeitig mehrere Einflußgrößen die Kostenverursachung, so z. B. die Fertigungszeit, das Durchsatzgewicht und die bearbeitete Oberfläche, so muß jeder dieser Einflußgrößen ein gesonderter Kostenplan mit einer entsprechenden Bezugsgröße zugeordnet werden, um die Einflüsse von Schwankungen der Auftragszusammensetzung in der Kalkulation und in der Kostenkontrolle berücksichtigen zu können.
Bei verfahrensbedingten Unterschieden in der Fertigung einzelner Produktgruppen ist eine entsprechende Bezugsgrößendifferenzierung vorzunehmen. Könnte z. B. für zwei Produktgruppen A und B an sich die Fertigungszeit als homogene Maßgröße für die Kostenverursachung verwendet werden, erfordern die Produktgruppen aber eine unterschiedliche fertigungstechnische Behandlung, die zu verschiedenen proportionalen Kosten pro Fertigungsstunde führt, so sind die Bezugsgrößen „Fertigungsstunden-Produktgruppe A" und „Fertigungsstunden-Produktgruppe B" nebeneinander zu verwenden.
Werden zugleich verfahrenstechnische Unterschiede und mehrere Einflußgrößen wirksam, so muß die Bezugsgrößendifferenzierung noch weiter gehen. Treten z. B. nebeneinander die Bezugsgrößen „Fertigungsstunden" und „Durchsatzgewicht" für zwei Produktgruppen A und B auf, die in bezug auf beide Bezugsgrößen fertigungstechnische Besonderheiten aufweisen, die zu unterschiedlichen proportionalen Kosten pro Fertigungsstunde und pro Einheit des Durchsatzgewichtes führen, so sind insgesamt vier Bezugsgrößen erforderlich.
Allgemein erhält man die Anzahl der erforderlichen Bezugsgrößen und damit die zu

678 In Monaten, in denen das planmäßige Bedienungsverhältnis nicht eingehalten wird, entstehen Kostenabweichungen, die wir im Abschnitt E, II des 18. Kapitels beschreiben werden.

erstellenden Kostenpläne, indem man die nebeneinander wirksam werdenden Einflußgrößen mit der Anzahl der fertigungstechnisch unterschiedlich zu behandelnden Produktgruppen multipliziert.

2. Als Beispiel der oben beschriebenen Art von heterogener Kostenverursachung wollen wir die Planung der Kostenstelle „Walzstraße" einer Drahtfabrik wiedergeben, auf der abwechselnd aus Kupfer- und aus Aluminiumbarren Drähte gewalzt werden. An sich müßten in dieser Kostenstelle insgesamt vier Bezugsgrößen berücksichtigt werden, da die Kosten zum Teil von der Maschinenlaufzeit und zum Teil vom Durchsatzgewicht abhängen und zugleich fertigungstechnische Unterschiede beim Walzen auftreten. Innerhalb der beiden Erzeugnisgruppen gilt aber jeweils für die Bezugsgrößen „Maschinenstunden" und „Durchsatzgewicht" das Gesetz von der Austauschbarkeit der Maßgrößen. Aus diesem Grunde genügt es, die Bezugsgrößen „Maschinenstunden Kupferwalzen" und „Maschinenstunden Aluminiumwalzen" nebeneinander zu verwenden. Die Einflüsse schwankender Seriengrößen sind in dieser Kostenstelle zu gering, als daß es erforderlich wäre, eine besondere Rüstzeitbezugsgröße einzuführen.
Die aus der Fertigungsprogramm- und Arbeitsablaufplanung abgeleitete Beschäftigungsplanung führt in unserem Beispiel zu dem Ergebnis, daß im Durchschnitt monatlich mit 200 Maschinenstunden für Kupferwalzen und mit 100 Maschinenstunden für Aluminiumwalzen gerechnet werden muß. Diese Größen wurden als Planbezugsgrößen in die Kostenpläne eingesetzt, die wir in den Tabellen 56 und 57 wiedergegeben haben. Zum Aufbau dieser Kostenpläne ist im einzelnen folgendes zu bemerken.
Sowohl beim Kupferwalzen als auch beim Aluminiumwalzen arbeiten insgesamt 17 Arbeiter an der Walzstraße, die sich auf drei Lohngruppen verteilen. Neben den normalen Fertigungslöhnen wird ein 5%iger Zuschlag für Rüsten und ein 2%iger Zuschlag für Zusatzlöhne vorgegeben. Die Fertigungslöhne einschließlich der genannten Zuschläge belasten die Bezugsgrößeneinheit in beiden Kostenplänen gleich stark.
Bei den Hilfslöhnen treten verfahrensbedingte und gewichtsabhängige Unterschiede der Kostenvorgaben auf. Lediglich die Hilfslöhne für Vorarbeiter, Reinigungs- und Aufräumungsarbeiten konnten im Verhältnis der Planbezugsgrößen auf die Gemeinkostenpläne I und II verteilt werden. Bei der Hilfslohnart „Walzendrehen" mußte dagegen berücksichtigt werden, daß die Walzen beim Kupferwalzen stärker beansprucht werden als beim Aluminiumwalzen. Daher wurden im Kostenplan I 200 und im Kostenplan II 60 Lohnstunden für Walzendreher angesetzt. Statt der Relation 2:1, die den Planbezugsgrößen entsprechen würde, ist die Relation 2:0,6 verwendet worden, die neben dem Verhältnis der Planbezugsgrößen auch die unterschiedliche Walzenbeanspruchung berücksichtigt.
Ein verfahrenstechnisch bedingter Unterschied gegenüber dem Kupferwalzen ist beim Aluminiumwalzen darauf zurückzuführen, daß Aluminium an den Walzen „klebt", so daß die Walzen nicht mit Wasser sondern mit einer fetthaltigen Masse

Tabelle 56/1: Kostenplan für die Bezugsgröße „Maschinenstunden Kupferwalzen" der Kostenstelle „Walzstraße"

Drahtwerke-AG Kostenplanung: 1967	Walzstraße (Kostenstellenbezeichnung) 621/I (Nr.)	Blatt 1
Planbezugsgröße: 200 Maschinenstunden Kupferwalzen (Bezugsgröße I)	Kostenstellenleiter: Stellvertreter:	

Kostenarten		Einheit	Planverbrauchsmenge	Planpreis DM/Einheit	Plankosten		
Nr.	Benennung				Gesamt	Proportional	Fix
4100	Fertigungslöhne				13 650	13 650	—
	2 Facharbeiter × 200 Std.	Std.	400	4,50	(1 800)		
	7 Facharbeiter × 200 Std.	Std.	1 400	4,00	(5 600)		
	8 Angelernte Arbeiter × 200 Std.	Std.	1 600	3,50	(5 600)		
	Zuschlag für Rüsten	DM	13 000	0,05	(650)		
4110	Zusatzlöhne für Betriebsstörungen, Wartezeiten, Anlernen	DM	13 650	0,02	273	273	—
4120	Hilfslöhne für Vorarbeiter	Std.	30	4,70	141	71	70
4122	Hilfslöhne für Reinigung, Aufräumungsarbeiten usw.	Std.	25	3,50	88	68	20
4123	Sonstige Hilfslöhne						
	Walzendrehen	Std.	200	4,00	800	720	80
4129	Mehrarbeitszuschläge	—	—	—	660	660	—
4150	Gehälter				1 800	—	1 800
4180	Kalkulatorische Sozialkosten für Arbeiter	DM	15 612	0,40	6 245	6 177	68
4181	Kalkulatorische Sozialkosten für Angestellte	DM	1 800	0,20	360	—	360
4220	Schmieröl- und Fettkosten				142	128	14
	Zylinderöl	kg	60	0,60	(36)		
	Staufferfett	kg	60	1,40	(84)		
	Getriebeöl	kg	20	1,10	(22)		
4221	Werkzeugkosten				743	710	33
	Walzenkosten	Std.	200	3,10	(620)		
	Sonstige Werkzeugkosten	—	—	—	(123)		
4225	Hilfs- und Betriebsstoffkosten				181	156	25
	Segeltuchhandschuhe	Paar	30	2,00	(60)		
	Holzschuhe	Paar	4	14,00	(56)		
	Reinigungsmittel	—	—	—	(65)		

		Gesamt	Proportional	Fix
Kostendeckung: Verrechnete Planfertigungskosten	Plankostensummen Übertrag	25 083	22 613	2 470
Planung geprüft: (Datum) (Unterschrift)	Planverrechnungssatz DM/Std.	—	—	—
Stellenleiter einverstanden: (Datum) (Unterschrift)	Planverrechnungssatz DM/Min.	—	—	—

Tabelle 56/2: Kostenplan für die Bezugsgröße „Maschinenstunden Kupferwalzen" der Kostenstelle „Walzstraße"

Drahtwerke-AG Kostenplanung: 1967	Walzstraße (Kostenstellenbezeichnung)	621/I (Nr.)	Blatt 2
Planbezugsgröße: 200 Maschinenstunden Kupferwalzen (Bezugsgröße I)	Kostenstellenleiter: Stellvertreter:		

Kostenarten Nr.	Kostenarten Benennung	Einheit	Plan-verbrauchs-menge	Planpreis DM/Einheit	Plankosten Gesamt	Plankosten Proportional	Plankosten Fix
	Übertrag				25 083	22 613	2 470
4560	Reparatur- und Instandhaltungskosten				3 292	2 792	500
	a) Reparaturmaterial						
	Schamott-, Form-, Plattensteine	—	—	—	(140)		
	Flachriemen (20 und 75 cm)	—	—	—	(34)		
	Brenner	—	—	—	(20)		
	Ofenschienen und Gabeln	—	—	—	(280)		
	Lagerschalen	—	—	—	(300)		
	Sonstiges Reparaturmaterial	—	—	—	(265)		
	b) Kosten der Elektrowerkstatt	Std.	40	6,00	(240)		
	c) Kosten der Schlosserei	Std.	330	6,10	(2 013)		
4800	Kalkulatorische Abschreibungen	—	—	—	2 838	2 038	800
4801	Kalkulatorische Zinsen auf Anlagevermögen	—	—	—	2 067	—	2 067
4820	Kalkulatorische Stromkosten	kWh	96 000	0,12	11 520	11 115	405
4830	Kalkulatorische Gaskosten	m^3	95 280	0,10	9 528	8 421	1 107
4840	Kalkulatorische Wasserkosten (Eigenwasser)	m^3	2 800	0,08	224	202	22
4870	Kalkulatorische Raumkosten	m^2	1 220	2,60	3 172	—	3 172
4880	Kalkulatorische Transportkosten	—	—	—	2 649	2 649	—
4881	Kalkulatorische Leitungskosten	—	—	—	2 010	2 010	—
Kostendeckung: Verrechnete Planfertigungskosten		Plankostensummen			62 383	51 840	10 543
Planung geprüft: (Datum) (Unterschrift)		Planverrechnungssatz DM/Std.			—	259,20	—
Stellenleiter einverstanden: (Datum) (Unterschrift)		Planverrechnungssatz DM/Min.			—	4,32	—

Tabelle 57/1: Kostenplan für die Bezugsgröße „Maschinenstunden Aluminiumwalzen" der Kostenstelle „Walzstraße"

Drahtwerke-AG Kostenplanung: 1967	Walzstraße (Kostenstellenbezeichnung) 621/II (Nr.)	Blatt 1
Planbezugsgröße: 100 Masch.-Std. Aluminiumwalzen (Bezugsgröße II)	Kostenstellenleiter: Stellvertreter:	

Kostenarten		Einheit	Plan-verbrauchs-menge	Plan-preis DM/Einheit	Plankosten		
Nr.	Benennung				Gesamt	Pro-portional	Fix
4100	Fertigungslöhne				6 825	6 825	—
	2 Facharbeiter × 100 Std.	Std.	200	4,50	(900)		
	7 Facharbeiter × 100 Std.	Std.	700	4,00	(2 800)		
	8 Angelernte Arbeiter × 100 Std.	Std.	800	3,50	(2 800)		
	Zuschlag für Rüsten	DM	6 500	0,05	(325)		
4110	Zusatzlöhne für Betriebsstörungen, Wartezeiten, Anlernen	DM	6 825	0,02	137	137	—
4120	Hilfslöhne für Vorarbeiter	Std.	15	4,70	71	36	35
4122	Hilfslöhne für Reinigung, Aufräumungsarbeiten usw.	Std.	12	3,50	42	32	10
4123	Sonstige Hilfslöhne				345	320	25
	Walzendrehen	Std.	60	4,00	(240)		
	Fettkochen	Std.	30	3,50	(105)		
4129	Mehrarbeitszuschläge	—	—	—	330	330	—
4150	Gehälter				900	—	900
4180	Kalkulatorische Sozialkosten für Arbeiter	DM	7 750	0,40	3 100	3 072	28
4181	Kalkulatorische Sozialkosten für Angestellte	DM	900	0,20	180	—	180
4220	Schmieröl- und Fettkosten				251	226	25
	Zylinderöl	kg	30	0,60	(18)		
	Staufferfett	kg	30	1,40	(42)		
	Getriebeöl	kg	10	1,10	(11)		
	Öl zum Fettkochen	kg	150	1,20	(180)		
4221	Werkzeugkosten				161	145	16
	Walzenkosten	Std.	100	1,00	(100)		
	Sonstige Werkzeugkosten				(61)		
4225	Hilfs- und Betriebsstoffkosten				138	118	20
	Segeltuchhandschuhe	Paar	15	2,00	(30)		
	Holzschuhe	Paar	2	14,00	(28)		
	Paraffin	kg	12	1,30	(16)		
	Ceresin	kg	12	1,70	(20)		
	Talkum	kg	60	0,20	(12)		
	Reinigungsmittel	—	—	—	(32)		

Kostendeckung: Verrechnete Planfertigungskosten	Plankostensummen Übertrag	12 480	11 241	1 239
Planung geprüft: (Datum) (Unterschrift)	Planverrechnungssatz DM/Std.	—	—	
Stellenleiter einverstanden: (Datum) (Unterschrift)	Planverrechnungssatz DM/Min.	—	—	—

Tabelle 57/2: Kostenplan für die Bezugsgröße „Maschinenstunden Aluminiumwalzen“ der Kostenstelle „Walzstraße“

Drahtwerke-AG Kostenplanung: 1967	Walzstraße 621/II (Kostenstellenbezeichnung) (Nr.)	Blatt 2
Planbezugsgröße: 100 Masch.-Std. Aluminiumwalzen (Bezugsgröße II)	Kostenstellenleiter: Stellvertreter:	

Kostenarten Nr.	Benennung	Einheit	Planverbrauchsmenge	Planpreis DM/Einheit	Plankosten Gesamt	Proportional	Fix
	Übertrag				12 480	11 241	1 239
4560	Reparatur- und Instandhaltungskosten				1 184	983	201
	a) Reparaturmaterial						
	Schamott-, Form-, Blattsteine	—	—	—	(35)		
	Flachriemen (20 und 75 cm)	—	—	—	(17)		
	Brenner	—	—	—	(5)		
	Ofenschienen und Gabeln	—	—	—	(70)		
	Lagerschalen	—	—	—	(75)		
	Sonstiges Reparaturmaterial	—	—	—	(87)		
	b) Kosten der Elektrowerkstatt	Std.	17	6,00	(102)		
	c) Kosten der Schlosserei	Std.	130	6,10	(793)		
4800	Kalkulatorische Abschreibungen	—	—	—	740	340	400
4801	Kalkulatorische Zinsen auf Anlagevermögen	—	—	—	1 033	—	1 033
4820	Kalkulatorische Stromkosten	kWh	40 000	0,12	4 800	4 560	240
4830	Kalkulatorische Gaskosten	m^3	17 940	0,10	1 794	1 704	90
4840	Kalkulatorische Wasserkosten (Eigenwasser)	m^3	75	0,08	6	6	—
4870	Kalkulatorische Raumkosten	m^2	610	2,60	1 586	—	1 586
4880	Kalkulatorische Transportkosten	—	—	—	441	441	—
4881	Kalkulatorische Leitungskosten	—	—	—	1 005	1 005	—
Kostendeckung: Verrechnete Planfertigungskosten		Plankostensummen			25 069	20 280	4 789
Planung geprüft: (Datum) (Unterschrift)		Planverrechnungssatz DM/Std.			—	202,80	—
Stellenleiter einverstanden: (Datum) (Unterschrift)		Planverrechnungssatz DM/Min.			—	3,38	—

gekühlt werden, die in der Kostenstelle „Walzstraße" hergestellt wird. Hier fallen Hilfslöhne für „Fettkochen" an, die zusätzlich im Kostenplan II vorgegeben werden müssen.

Da die Walzstraße über eine eigene Kostenstellenleitung verfügt, fallen hier Gehaltskosten an, und zwar 1200 DM für einen Meister, 900 DM für einen Hilfsmeister und 600 DM für einen Werkstattschreiber. Der fixe Gesamtbetrag in Höhe von 2700 DM wird im Verhältnis der Planbezugsgrößen auf die Kostenpläne I und II verteilt.

Als Schmieröl- und Fettkosten fallen in beiden Gemeinkostenplänen die Kosten für Zylinderöl, Staufferfett und Getriebeöl an; darüber hinaus müssen im Gemeinkostenplan II 150 kg für Spezialmaschinenöl vorgegeben werden, das die Grundsubstanz der für das Aluminiumwalzen erforderlichen Fettmasse bildet.

Bei der Vorgabe der Walzenkosten ist zu berücksichtigen, daß beim Aluminiumwalzen wegen des geringeren spezifischen Gewichtes die Kostenverursachung nur ein Drittel vom Walzenverschleiß beim Kupferwalzen beträgt.

Bei der Planung der Hilfs- und Betriebsstoffe wirken sich im Kostenplan für das Aluminiumwalzen die verfahrenstechnischen Besonderheiten aus. Hier müssen als zusätzliche Hilfs- und Betriebsstoffe Paraffin, Ceresin und Talkum vorgegeben werden, die zur Erstellung der Fettmasse benötigt werden.

Die Zusammensetzung der Reparatur- und Materialkosten ist unmittelbar aus den Positionen zu erkennen, die unter dieser Kostenartenbezeichnung in den beiden Kostenplänen aufgeführt sind. Da der Schmelzpunkt von Aluminium niedriger ist als der des Kupfers, werden beim Aluminiumwalzen die Ofenanlagen, die zum Erhitzen der Rohbarren dienen, weniger beansprucht. Aus diesem Grunde wurden alle ofenabhängigen Kosten für Reparaturmaterial nicht im Verhältnis 2:1, das den Planbezugsgrößen entspräche, sondern im Verhältnis 2:0,5 auf die beiden Kostenpläne verteilt. Weiterhin werden wegen des geringeren spezifischen Gewichtes des Aluminiums die Lagerschalen beim Aluminiumwalzen weniger verschlissen als beim Kupferwalzen, so daß die Kosten für Lagerschalen ebenfalls im Verhältnis 2:0,5 aufgeteilt wurden. Auch die Vorgabe für das sonstige Reparaturmaterial wurde so gestaffelt, daß der Kostenplan II relativ schwächer belastet wird. Das Aufteilungsverhältnis beträgt 2:0,67 statt 2:1.

Die Abschreibungsplanung führte zu einer monatlichen Gesamtabschreibung in Höhe von 3578 DM. Hiervon wurden 1200 DM als fixe und 2378 DM als proportionale Kosten angesetzt. Die fixen Abschreibungen wurden im Verhältnis der Planbezugsgrößen auf die Kostenpläne I und II verteilt, die proportionalen Abschreibungen dagegen nach den mit Äquivalenzziffern gewichteten Planbezugsgrößen verteilt. Hierbei wurde dem Kupferwalzen die Äquivalenzziffer 3 und dem Aluminiumwalzen die Äquivalenzziffer 1 zugeordnet. Wegen des höheren spezifischen Gewichtes des Kupfers ist beim Kupferwalzen der Gebrauchsverschleiß etwa dreimal so hoch wie beim Aluminiumwalzen.

Die kalkulatorischen Zinsen wurden im Verhältnis der Planbezugsgrößen auf die Kostenpläne I und II verteilt. Das gleiche gilt für die Raumkosten.

In der Walzstraße sind insgesamt 800 kW installiert. Beim Kupferwalzen beträgt der Planverbrauchsfaktor etwa 0,6 durchschnittlich; so beträgt der Stromverbrauch des Kostenplans I 800 kW · 0,6 · 200 Stunden = 96 000 kWh. Der Planverbrauchsfaktor des Aluminiumwalzens liegt wegen des niedrigeren spezifischen Gewichtes nur bei 0,5; wir erhalten hierfür also im Kostenplan II 800 kW · 0,5 · 100 Stunden = 40 000 kWh.

Der Schrittmacherofen bei Kostenstelle „Walzstraße" verbraucht zum Erhitzen von Kupferblöcken etwa 397 m^3 Gas je Stunde und muß für 200 Maschinenlaufstunden 240 Stunden in Betrieb sein, da erst nach einer bestimmten Vorwärmzeit der Walzprozeß beginnen kann. Für den Kostenplan I erhalten wir daher einen Gasverbrauch von 95 280 m^3. Für Aluminiumblöcke liegt wegen des niedrigeren Schmelzpunktes der Gasverbrauch nur bei 156 m^3/Std. Für 100 Maschinenlaufstunden muß der Schrittmacherofen 115 Stunden in Betrieb sein, so daß wir für den Kostenplan II einen Gasverbrauch von 17 940 m^3 erhalten.

Während des Kupferwalzens beträgt der Kühlwasserverbrauch 14 m^3/Stunde. Auf 200 Stunden entfallen daher 2800 m^3 Wasser. Beim Aluminiumwalzen ist der Wasserverbrauch nur gering, da die Walzen mit einer Fettmasse gekühlt werden. Der planmäßige Verbrauch an Wasser liegt bei 0,75 m^3/Stunde, so daß wir im Kostenplan II einen Wasserverbrauch von 75 m^3 erhalten.

Die innerbetrieblichen Transportkosten wurden proportional zum Werkstoffgewicht vorgegeben, das im Kostenplan I 900 Tonnen und im Kostenplan II 150 Tonnen beträgt.

Die Kosten der Leitungsstellen wurden im Verhältnis der Planbezugsgrößen aufgeteilt.

Addieren wir alle proportionalen Planvorgaben des Kostenplans I, so erhalten wir 51 840 DM. Der proportionale Planverrechnungssatz beträgt daher 259,20 DM/Stunde bzw. 4,32 DM/Minute. Für den Kostenplan II erhalten wir als proportionale Plankostensumme 20 280 DM. Der proportionale Planverrechnungssatz beträgt 202,80 DM/Stunde bzw. 3,38 DM/Minute. Ein Vergleich der Kostensätze zeigt deutlich, daß in der betrachteten Kostenstelle Störungen im Soll-Ist-Kosten-Vergleich und in der Plankalkulation entstehen müssen, wenn keine Bezugsgrößendifferenzierung zur Isolierung des Einflusses schwankender qualitativer Auftragszusammensetzungen durchgeführt worden wäre.

D. Kostenpläne für Material-, Verwaltungs- und Vertriebskostenstellen

I. Grundsätzliche Bemerkungen

1. Besondere Probleme der Kostenplanung im Material-, Verwaltungs- und Vertriebsbereich resultieren aus der von uns bereits im Abschnitt C, IV des fünfzehnten Kapitels gezeigten Tatsache, daß es für diese Abteilungen infolge ihrer überwiegend dispositiven Tätigkeiten entweder überhaupt keine exakten Bezugsgrößen der Ko-

stenverursachung gibt oder daß diese Bezugsgrößen keine quantitativ bestimmbaren, funktionalen Beziehungen zum Produktions- und Absatzvolumen aufweisen. Sowohl in den USA als auch in Deutschland wurde die Kostenplanung der Material-, Verwaltungs- und Vertriebskostenstellen gegenüber der des Fertigungsbereichs zunächst vernachlässigt. Hinsichtlich der Kalkulation hat diese Tatsache ihren Ausdruck darin gefunden, daß man die Kosten dieser Kostenstellen mit Hilfe globaler „Zuschlagsätze" auf die betrieblichen Produkte verrechnete. In der weiteren Entwicklung hat man jedoch erkannt, daß es nicht sinnvoll ist, für den Fertigungsbereich exakte Methoden der Kostenplanung und der Kalkulation anzuwenden, wenn man bei der Verrechnung der Verwaltungs-, Vertriebs- und Materialgemeinkosten nur grob plant. In den letzten Jahren wurden daher Versuche unternommen, sowohl die Methoden der Kostenplanung als auch die kalkulatorische Verrechnung der Verwaltungs-, Vertriebs- und Materialgemeinkosten zu verfeinern.

2. Die weit verbreitete Ansicht, daß in den Material-, Verwaltungs- und Vertriebskostenstellen ausschließlich fixe Kosten anfallen, ist zweifellos nicht richtig. Dies gilt lediglich für einen großen Teil der Gehälter und für die Kosten dauernder Einrichtungen in diesen Abteilungen[679].
Hingegen enthalten z. B. die Materialkostenstellen kalkulatorische Zinsen für Werkstoffbestände. Unterstellt man, daß die Werkstoffbestände wenigstens mittelfristig eine Beziehung zum Werkstoffverbrauch und damit zur Beschäftigung aufweisen sollen, so dürfte ein großer Teil der zugehörigen kalkulatorischen Zinsen zu den proportionalen Kosten zu zählen sein. Weiterhin müssen in den Kostenstellen „Rohstofflager" und „Materialprüfung" vielfach Arbeitsleistungen erbracht werden, die eine mehr oder weniger proportionale Beziehung zum Werkstoffverbrauch aufweisen. Das gleiche gilt für Transportleistungen.
Auch in den Verwaltungskostenstellen ist zwar der Anteil der fixen Kosten sehr hoch, in diesen Stellen fallen aber keineswegs nur fixe Kosten an. Einige Kostenarten, wie z. B. die Gewerbeertragsteuer, Beiträge zur Industrie- und Handelskammer und Beiträge zu Verbänden weisen proportionale Beziehungen zum Umsatzvolumen auf. Auch bei den Vertriebskostenstellen gibt es proportionale Kostenarten. Hierzu gehören z. B. die kalkulatorischen Zinsen auf die Fertigwarenbestände, wenn man unterstellt, daß die planmäßigen Lagerbestände, mittelfristig gesehen, mit zu- oder abnehmendem Umsatz ebenfalls zu- oder abnehmen sollen. Auch die Fertigungslöhne und die Hilfs- und Betriebsstoffe in den Abteilungen „Packerei" und „Versand" dürften zum großen Teil proportionale Kosten darstellen.
Obwohl die obigen Beispiele zeigen, daß Teile der Material-, Verwaltungs- und Vertriebsgemeinkosten nicht als fixe Kosten anzusehen sind, sondern mit dem Umsatz-

[679] Vgl. *A. Matz*, Plankostenrechnung, Wiesbaden 1954, S. 207: „Die Gehälter für den Verkaufsstab des Innen- und Außendienstes und die Gehälter der Lager-, Werbe-, Versand-, Rechnungserstellungs- und Kontokorrentbuchhaltungsabteilungen sind, genauso wie die Kosten ihrer dauernden Einrichtungen, als feste Kosten zu betrachten."

volumen variieren, besteht ein wesentlicher Unterschied gegenüber den variablen Kosten des Fertigungsbereichs. Im Fertigungsbereich besteht eine kurzfristige Beziehung zwischen den Bezugsgrößen und den variablen Plankosten. Verdoppelt sich in einem Monat die Bezugsgröße gegenüber dem Vormonat, so ist damit zu rechnen, daß im gleichen Monat doppelt so hohe variable Kosten anfallen. Im Gegensatz hierzu sind die Beziehungen zwischen den variablen Kosten des Material-, Verwaltungs- und Vertriebsbereiches und dem Umsatzvolumen mittelfristiger Natur. So können z. B. die Werkstoffbestände infolge von Deckungskäufen in einem Monat sehr stark anwachsen, obwohl der Verbrauch nur durchschnittlich war. Auch im Vertrieb besteht fast immer eine zeitliche Phasenverschiebung zwischen der Umsatzerzielung und den Arbeitsleistungen.

Trotzdem wird es, pro Jahr betrachtet, in den Kostenstellen des Material-, Verwaltungs- und Vertriebsbereichs immer Kostenarten geben, die eine proportionale Beziehung zum Jahresumsatz aufweisen. Da sich diese Proportionalitätsbeziehung aber nicht monatlich, sondern erst im Jahresdurchschnitt auswirkt, hat es in den Material-, Verwaltungs- und Vertriebskostenstellen keinen Sinn, die Sollkosten monatlich nach der Beschäftigung abzuwandeln. In diesen Kostenstellen sollte vielmehr der monatliche Soll-Ist-Kosten-Vergleich auf der Basis der Planbezugsgröße (Beschäftigungsgrad = 100 %) durchgeführt werden. Erst am Jahresende ist eine flexible Abwandlung der gesamten Kosten pro Jahr und ein Vergleich mit den Istkosten pro Jahr sinnvoll. Der Verzicht auf eine flexible Ausgestaltung des monatlichen Soll-Ist-Kosten-Vergleichs bei den Material-, Verwaltungs- und Vertriebskostenstellen darf jedoch keinesfalls dazu führen, daß man bei der Planung dieser Kostenstellen auf eine Aufteilung in fixe und proportionale Plankosten verzichtet; in die jährlichen Plankalkulationen sollten die variablen Kosten dieser Stellen einbezogen werden.

II. Kostenpläne für Materialkostenstellen

1. Kostenstellen des Materialbereichs sind solche Abteilungen, die der Beschaffung und der Lagerung von Werkstoffen dienen, wie z. B. die Einkaufsleitung, Einkaufsabteilungen, differenziert nach Werkstoffgruppen, Roh-, Hilfs- und Betriebsstofflager, Werkstoffprüfstellen und Materialkontrollabteilungen.

Als Beispiel für die Kostenplanung einer Materialstelle haben wir in Tabelle 58 den Kostenplan für das Rohstofflager einer Textilfabrik wiedergegeben. Als wichtigste Kostenart werden auf dieser Kostenstelle die kalkulatorischen Zinsen für Rohstoffbestände verrechnet. Da, abgesehen von einkaufspolitisch bedingten Bestandsschwankungen, die Rohstoffbestände weitgehend dem Produktionsvolumen angepaßt werden sollten, wurden in der Tabelle 58 etwa 75 % der kalkulatorischen Zinsen auf Umlaufvermögen in die proportionalen Kosten einbezogen.

Der zweitgrößte Kostenbetrag entfällt auf die kalkulatorischen Transportkosten, die für den An- und Abtransport der Rohstoffe anfallen. Sie wurden mit Hilfe eines

Tabelle 58: Kostenplan der Kostenstelle „Rohstofflager"

Spinnerei und Weberei AG Kostenplanung: 1967		Rohstofflager (Kostenstellenbezeichnung			311 (Nr.)			Blatt 1
Planbezugsgröße: 21 234 DM (DM Deckung Grenzkosten)		Kostenstellenleiter: Stellvertreter:						
Kostenarten		Einheit	Plan-verbrauchs-menge	Planpreis DM/Einheit	Plankosten			
Nr.	Benennung				Gesamt	Proportional	Fix	
4127	Hilfslöhne für Lagerarbeit	Std.	170	3,30	561	309	252	
4129	Mehrarbeitszuschläge	—	—	—	40	22	18	
4180	Kalkulatorische Sozialkosten für Arbeiter	DM	601	0,40	240	132	108	
4225	Hilfs- und Betriebsstoffkosten, Reinigungsmaterial	—	—	—	20	15	5	
4560	Reparatur- und Instandhaltungskosten	—	—	—	160	90	70	
4710/90	Verschiedene Gemeinkosten				620	500	120	
	Feuerversicherung für Bestände	—	—	—	(450)			
	Transportversicherung	—	—	—	(170)			
4800	Kalkulatorische Abschreibungen	—	—	—	47	—	47	
4801	Kalkulatorische Zinsen auf Anlagevermögen	—	—	—	14	—	14	
4802	Kalkulatorische Zinsen auf Umlaufvermögen Durchschnittlicher Bestand 2 979 000 DM × 7,0 % : 12	—	—	—	17 378	13 000	4 378	
4820	Kalkulatorische Stromkosten 2 Motoren (70 Std. Laufzeit)	kWh	60	0,12	7	7	—	
4870	Kalkulatorische Raumkosten (ungeheizt)	m²	2 070	1,60	3 312	—	3 312	
4880	Kalkulatorische Transportkosten	—	—	—	7 159	7 159	—	
4890	Sekundäre Fixkosten	—	—	—	1 600	—	1 600	
Kostendeckung: Verrechnete Planmaterialgemeinkosten		Plankostensummen			31 158	21 234	9 924	
Planung geprüft: (Datum) (Unterschrift)		Planverrechnungssatz			vgl. Sonderberechnung Tabelle 59			
Stellenleiter einverstanden: (Datum) (Unterschrift)								

kalkulatorischen Transportkostenanteils ermittelt, wie wir das in Abschnitt B, VI des siebzehnten Kapitels beschrieben haben.
Als Plankostensumme der Kostenstelle „Rohstofflager" erhalten wir 31 158 DM Gesamtkosten und 21 234 DM proportionale Plankosten. Hiervon gehen in einer Grenzplankostenrechnung nur die proportionalen Kosten in die Materialgemeinkostenzuschläge ein.

2. Da auf Materialkostenstellen, insbesondere auf Lagerstellen, fast immer Kostenarten anfallen, die sich zu verschiedenen Bezugsgrößen proportional verhalten, so z. B. zur mengenmäßigen oder zur wertmäßigen Lagerbewegung (Zu- oder Abgang) oder zu den mengen- oder wertmäßigen Lagerbeständen, wären für diese Stellen im Grunde genommen mehrere Bezugsgrößen erforderlich. Den Weg der Bezugsgrößendifferenzierung beschreitet man aber im Materialbereich in der Regel nicht direkt, sondern indirekt, indem man die proportionalen Plankostenbeträge der Materialkostenstellen nach Materialgruppen differenziert, wie wir das im Beispiel der Tabelle 59 beschrieben haben.
Die Tabelle 59 gibt den Aufbau der *Planverrechnungssätze für Materialgemeinkosten* einer Textilfabrik wieder, in der insgesamt für fünf Werkstoffgruppen unterschiedliche Zuschlagsätze geplant werden. Nur in sehr einfachen Fällen genügt es, für alle Werkstoffe einen gemeinsamen Durchschnittssatz zu verwenden. Für das Gemeinkostenmaterial wird in der Regel kein Materialgemeinkostenzuschlag errechnet, weil hierdurch die Verrechnung des Gemeinkostenmaterials auf den Kostenstellen erschwert würde. Man verrechnet vielmehr die auf das Gemeinkostenmaterial entfallenden Materialgemeinkosten auf diejenigen Kostenstellen, die Gemeinkostenmaterial verbrauchen, in ähnlicher Weise wie die Kosten der Leitungsstellen. Vielfach bezieht man die Materialgemeinkosten, die auf Gemeinkostenmaterial entfallen, unmittelbar in die Verrechnung der kalkulatorischen Leitungskosten ein. Als Verteilungsschlüssel dient hierbei der Planverbrauch an Gemeinkostenmaterial der einzelnen Kostenstellen.
Wie die Tabelle 59 erkennen läßt, erfolgt die Bildung der Materialgemeinkostenzuschläge in der Weise, daß die Plankosten der einzelnen Materialstellen zunächst auf die einzelnen Materialgruppen verteilt werden. Auch der Planmaterialverbrauch wird nach Materialgruppen differenziert.
Im Beispiel der Tabelle 59 enthält der Kostenplan für die Einkaufsleitung ausschließlich fixe Kosten in Höhe von 4 908 DM. Daher werden keine Teilbeträge auf die Werkstoffgruppen verteilt.
Die Kosten des Rohstoffeinkaufs entfallen nur auf die drei Baumwollsorten und auf die Zellwolle; sie werden proportional zu den Materialkosten auf die einzelnen Werkstoffgruppen verteilt. Die prozentualen Verteilungsschlüssel sind in der Tabelle 60 zusammengestellt. Die proportionalen Kosten der speziellen Einkaufsabteilungen für Farbstoffe und Chemikalien bzw. für Gemeinkostenmaterial werden direkt den zugehörigen Materialgruppen angelastet.
Um die proportionalen Plankosten des Rohstofflagers, dessen Kostenplan wir in

Tabelle 59: Aufbau der Planverrechnungssätze für Materialgemeinkosten

Materialkosten		Verteilungsbasis für die proportionalen Kosten	Plankosten		Baumwolle			Zellwolle	Farbstoffe u. Chemikalien	Gemeinkostenmaterial
Nr.	Benennung		Gesamt	Proportional	A	B	C			
300	Einkaufsleitung	–	4 908	–	–	–	–	–	–	–
301	Rohstoffeinkauf	Materialkosten DM	9 920	3 968	393	1 595	1 198	782	–	–
302	Farbstoff- u. Chemikalien-Einkauf	direkt	3 750	1 250	–	–	–	–	1 250	–
303	Einkauf von Gemeinkostenmaterial	direkt	6 160	3 080	–	–	–	–	–	3 080
311	Rohstofflager		31 158	21 234	3 116	9 703	5 844	2 571	–	–
	a) Zinsen u. Verschiedene Gmk.	Bestand (DM)	(17 998)	(13 500)	(2 660)	(7 236)	(2 727)	(877)	–	–
	b) sonstige Kostenarten	Verbrauch (kg)	(13 160)	(7 734)	(456)	(2 467)	(3 117)	(1 694)	–	–
312	Farbstoff- und Chemikalienlager	direkt	11 500	5 750	–	–	–	–	5 750	–
313	Hilfs- u. Betriebsstofflager	direkt	8 360	3 969	–	–	–	–	–	3 969
319	Abfallaufbereitung	Planstunden	7 533	5 580	999	3 066	1 358	157	–	–
Summe Materialgemeinkosten			83 289	44 822	4 508	14 364	8 400	3 510	7 000	7 049
Planmaterialkosten			2 454 000		196 000	798 000	600 000	390 000	250 000	220 000
Materialgemeinkostenzuschläge			(3,4 %)	(1,8 %)	2,3 %	1,8 %	1,4 %	0,9 %	2,8 %	(3,2 %)

Tabelle 60: Verteilungsgrundlagen für proportionale Materialgemeinkosten

Materialgruppe	DM/kg	Planverbrauchsmengen		Planmaterialkosten		Planmaterialbestände		Planstunden der Abfallaufbereitung
		kg	%	DM	%	DM	%	
Baumwolle A	5,60	35 000	5,9	196 000	9,9	588 000	19,7	333
Baumwolle B	4,20	190 000	31,9	798 000	40,2	1 596 000	53,6	1 022
Baumwolle C	2,50	240 000	40,3	600 000	30,2	600 000	20,2	52
Zellwolle	3,00	130 000	21,9	390 000	19,7	195 000	6,5	453
Summe	–	595 000	100,0	1 984 000	100,0	2 979 000	100,0	1 860

der Tabelle 58 wiedergegeben haben, nach dem Verursachungsprinzip auf die vier Rohstoffgruppen verteilen zu können, ist es erforderlich, die wertabhängigen und die mengenabhängigen Kosten voneinander zu trennen. Zu den wertabhängigen Kosten zählen die „Kalkulatorischen Zinsen“ und die „Verschiedenen Gemeinkosten“. Im Beispiel erhalten wir hierfür insgesamt 13 500 DM. Dieser Betrag wird nach den wertmäßigen Lagerbeständen auf die Werkstoffgruppen verteilt, die ebenfalls in der Tabelle 60 zusammengestellt wurden. Die Planmaterialbestände wurden aus den zugehörigen Planmaterialkosten durch Multiplikation mit Äquivalenzziffern abgeleitet, die sich umgekehrt proportional zu den geplanten Umschlagshäufigkeiten verhalten. Für die Baumwolle A ist die Relation zwischen Bestand und Verbrauch am ungünstigsten, da dieser Rohstoff nur für relativ kleine Partien eingesetzt wird, die schlecht im voraus disponiert werden können. Am günstigsten liegt die Relation zwischen den Beständen und dem Verbrauch bei der Zellwolle, da Zellwolle kurzfristig beschafft werden kann.

Alle übrigen proportionalen Plankosten des Rohstofflagers, die in unserem Beispiel 7 734 DM betragen, werden proportional zum Planverbrauch in kg verteilt, da sie zum größten Teil auf die gewichtsabhängigen Transportkosten entfallen.

Die proportionalen Kosten des Farbstoff- und Chemikalienlagers und die des Hilfs- und Betriebsstofflagers werden direkt den zugehörigen Werkstoffgruppen belastet.

In der Kostenstelle „Abfallaufbereitung“ werden die Produktionsabfälle der Rohstoffmischungen aufbereitet, damit sie wieder verwendet werden können. Es hat sich als zweckmäßig erwiesen, die Kosten dieser Kostenstelle in die Materialgemeinkostenzuschläge einzubeziehen. Die proportionalen Kosten der Abfallaufbereitung in Höhe von 5 580 DM werden nach den Planstunden auf die vier Rohstoffgruppen verteilt, die in der letzten Spalte der Tabelle 60 angegeben sind. Der proportionale Verrechnungssatz pro Stunde beträgt 3 DM. Die unterschiedliche Belastung der vier Rohstoffgruppen ist auf unterschiedliche Abfallprozentsätze zurückzuführen.

Nachdem die proportionalen Plankosten aller Materialstellen auf die Materialgruppen verteilt sind, dividiert man die Summen durch die zugehörigen Planmaterialkosten und erhält auf diese Weise die nach Materialgruppen differenzierten proportionalen Materialgemeinkostenzuschläge. Wie die letzte Zeile der Tabelle 59 ausweist, schwanken die Zuschlagssätze zwischen 0,9 % und 2,8 %. Im Durchschnitt entfallen auf die Planmaterialkosten 1,8 % proportionale Materialgemeinkosten. Der Zuschlagssatz für das Gemeinkostenmaterial in Höhe von 3,2 % wird in der Kalkulation nicht verwendet, da der absolute Kostenbetrag von 7049 DM in den Leitungskostenanteil einbezogen werden soll, wie wir das bereits weiter oben beschrieben haben.

In einer kombinierten Grenz- und Vollkostenrechnung werden in gleicher Weise, wie wir das für die proportionalen Materialgemeinkosten beschrieben haben, auch die gesamten Materialgemeinkosten auf die einzelnen Materialgruppen verteilt und hieraus Vollkostensätze abgeleitet. In einer reinen Grenzplankostenrechnung, wie sie der Tabelle 59 zugrundeliegt, werden die gesamten fixen Materialgemeinkosten in Höhe von 83 289 – 44 822 = 38 467 DM entweder in einer globalen Fixkostenverrechnung berücksichtigt oder monatlich direkt auf das Betriebsergebniskonto übernommen.

3. In allen Materialkostenstellen, deren Plankosten in die Zuschlagssätze verschiedener Materialgruppen eingehen, müßten strenggenommen genauso viele unterschiedliche Bezugsgrößen verwendet werden, wie man Zuschlagssätze bildet. Dies umgeht man jedoch, indem man die durch den Planmaterialverbrauch gedeckten proportionalen Materialgemeinkosten als „Hilfsbezugsgröße" verwendet, ähnlich wie wir das im Abschnitt C, III des fünfzehnten Kapitels für die Hilfs- und Nebenkostenstellen beschrieben haben. Hierbei erhalten wir z. B. für die Kostenstelle „Rohstofflager" als Planbezugsgröße „21 234 DM Deckung Grenzkosten". Dies bedeutet, daß die errechneten Materialgemeinkostenzuschläge im Falle des Planmaterialverbrauchs in der Kostenstelle „Rohstofflager" 21 234 DM proportionale Gemeinkosten decken. In den proportionalen Materialgemeinkostenzuschlägen der Tabelle 59 sind die in der zweiten Spalte der Tabelle 61 angegebenen Teilprozentsätze enthalten. Multipliziert man mit diesen Teilprozentsätzen den Planmaterial-

Tabelle 61: Beispiel für die Verwendung indirekter Bezugsgrößen bei Materialkostenstellen

Rohstoffgruppe	Anteil am prop. Mat.-Gmk.-Zuschlag %	Planmaterialkosten DM	Gedeckte prop. Mat.-Gmk. bei Planverbr. DM	Istmaterialkosten DM	Gedeckte prop. Mat.-Gmk. bei Istverbrauch DM
Baumwolle A	1,590	196 000	3 116	244 360	3 885
Baumwolle B	1,216	798 000	9 703	875 410	10 645
Baumwolle C	0,974	600 000	5 844	595 600	5 801
Zellwolle	0,659	390 000	2 571	287 630	1 895
Summe		1 984 000	21 234	2 003 000	22 226
Beschäftig.grad	–	–	100 %	–	104,7 %

verbrauch, so erhält man die bei Planbeschäftigung gedeckten proportionalen Materialgemeinkosten der Kostenstelle „Rohstofflager". Der Betrag in Höhe von 21 234 DM entspricht daher einem Beschäftigungsgrad von 100 %. Fallen in einem bestimmten Monat die in der vorletzten Spalte der Tabelle 61 angegebenen Istmaterialkosten, bewertet zu Planpreisen, an, so erhält man die gedeckten Beträge bei Istbeschäftigung, indem man die Istmaterialkosten mit den anteiligen proportionalen Materialgemeinkosten-Zuschlagsprozentsätzen multipliziert. Hierbei erhalten wir im Beispiel der Tabelle 61 einen Gesamtbetrag in Höhe von 22 226 DM. Dividiert man diesen Betrag durch 21 234 DM, so erhält man für die Kostenstelle „Rohstofflager" einen Istbeschäftigungsgrad von 104,7 %. Wie wir jedoch bereits an anderer Stelle hervorgehoben haben, erfolgt in Materialkostenstellen die Abwandlung der proportionalen Plankosten zu den Sollkosten der Istbeschäftigung nicht monatlich, sondern jährlich; denn in diesen Stellen ist eine mittelfristig wirksame Proportionalität der variablen Kosten zu erwarten.

III. Kostenpläne für Verwaltungskostenstellen

1. Zu den Verwaltungskostenstellen zählen alle kaufmännischen Abteilungen, die sich mit Aufgaben der Planung, der Organisation und des Rechnungswesens befassen, und die Stabsstellen[680].

Als Beispiel einer Kostenplanung im Verwaltungsbereich haben wir in Tabelle 62 den Kostenplan der Kostenstelle „Kaufmännische Leitung" einer Textilfabrik wiedergegeben. Als Planbezugsgröße dieser Kostenstelle werden die „Plangrenzherstellkosten des Umsatzes" verwendet, die in unserem Beispiel 4 800 000 DM betragen. Dieser Betrag wurde ermittelt, indem zu den gesamten monatlichen Planbeträgen aller Einzelkosten die proportionalen Plankostensummen der Material- und Fertigungskostenstellen addiert wurden. In dem Beispiel entfallen die Plankosten der kaufmännischen Leitung in erster Linie auf „Gehälter" und die „Verschiedenen Gemeinkosten". Bei den „Verschiedenen Gemeinkosten" muß man zwei Gruppen unterscheiden.

Die erste Gruppe enthält alle Kostenarten, die an sich nicht durch die „Kaufmännische Leitung" verursacht wurden, sondern die Unternehmung als ganze belasten und auf der Kostenstelle „Kaufmännische Leitung" lediglich gesammelt werden. Hierzu gehört insbesondere die Gewerbesteuer. Als Planbetrag der Gewerbeertragsteuer wurden in unserem Beispiel 34 600 DM vorgegeben. Dieser Betrag wurde

[680] Nicht zu den hier behandelten Verwaltungskostenstellen zählen die technischen Leitungsstellen, deren Kosten für die kalkulatorischen Leitungskostenanteile in die Kostenpläne der von ihnen betreuten Fertigungskostenstellen eingehen, wie wir das im Abschnitt B, VII des 17. Kapitels beschrieben haben.

[681] Strenggenommen handelt es sich bei der Gewerbeertragssteuer sogar um eine „überproportionale Kostenart", da die Gewinnerzielung und damit die Verursachung der Gewerbeertragssteuer erst nach Überschreiten des „break-even point" einsetzt.

Tabelle 62: Kostenplan der Kostenstelle „Kaufmännische Leitung"

Spinnerei und Weberei AG Kostenplanung: 1967	Kaufmännische Leitung 900 (Kostenstellenbezeichnung) (Nr.)	Blatt 1
Planbezugsgröße: 4 800 000 DM (Plangrenzherstellkosten des Umsatzes)	Kostenstellenleiter: Stellvertreter:	

Kostenarten		Einheit	Planverbrauchsmenge	Planpreis DM/Einheit	Plankosten		
Nr.	Benennung				Gesamt	Proportional	Fix
4150	Gehälter				16 350	—	16 350
4181	Kalkulatorische Sozialkosten für Angestellte	DM	16 350	0,20	3 270	—	3 270
4226	Büromaterialkosten				235	—	235
	Allgemeines Büromaterial				(130)		
	Formulare				(80)		
	Sonstiger Bürobedarf				(25)		
4560	Reparatur- und Instandhaltungskosten (für Büroeinrichtung und Büromaschinen)				45	—	45
4710/90	Verschiedene Gemeinkosten				75 935	40 350	35 585
	* Gewerbeertragsteuer				(34 600)	(34 600)	—
	* Gewerbekapitalsteuer				(8 500)	—	(8 500)
	* Vermögensteuer				(16 000)	—	(16 000)
	* Beiträge zur Industrie- u. Handelskammer				(2 750)	(2 750)	—
	* Beiträge zum Textilverband				(5 100)	(3 000)	(2 100)
	* Beiträge zur Arbeitsgemeinschaft der Weber				(255)	—	(255)
	* Verschiedene Beiträge				(380)	—	(380)
	* Gebühren für Abschlußprüfung				(1 200)	—	(1 200)
	* Kosten für Hauptversammlung				(450)	—	(450)
	* Kosten für Aufsichtsrat				(2 900)	—	(2 900)
	* Kaufmännische Beratungskosten				(2 340)	—	(2 340)
	Zeitschriften und Bücher				(160)	—	(160)
	Telefon-, Telegramm-, Postkosten				(340)	—	(340)
	Reise- und Bewirtungskosten				(920)	—	(920)
	Feuerversicherung				(40)	—	(40)
4800	Kalkulatorische Abschreibungen				385	—	385
4801	Kalkulatorische Zinsen auf Anlagevermögen				76	—	76
4870	Kalkulatorische Raumkosten (beheizt)	m²	285	2,60	741	—	741
4880	Kalkulatorische Transportkosten	km	6 500	0,297	1 931	435	1 496
4890	Sekundäre Fixkosten				772	—	772
	* Diese Kostenarten betreffen die Unternehmung als ganze						

Kostendeckung: Verrechnete Planverwaltungsgemeinkosten	Plankostensummen	99 740	40 785	58 955
Planung geprüft: (Datum) (Unterschrift)	Planverrechnungssatz	vgl. Sonderberechnung Tabelle 63		
Stellenleiter einverstanden: (Datum) (Unterschrift)				

durch eine Gewinnplanung ermittelt; er wird in voller Höhe den proportionalen Kosten zugeordnet, da der Gewinn sich in der Regel proportional zum Umsatz verhält[081]. Die Gewerbekapitalsteuer und die Vermögensteuer wurden in die fixen Kosten einbezogen, da diese Kostenarten vorwiegend auf das durch die Betriebsbereitschaft gebundene Kapital entfallen. Man könnte diese Kostenarten jedoch auch z. T. proportionalisieren, wenn man sich auf den Standpunkt stellt, daß das Umlaufvermögen z. T. eine proportionale Beziehung zum Umsatzvolumen aufweist.
Die Beiträge für die Industrie- und Handelskammer und für Fachverbände werden je nach ihrer Bemessungsgrundlage den fixen oder proportionalen Kosten zugeteilt. Beiträge, deren Höhe sich nach dem Umsatz richtet, werden in voller Höhe den proportionalen Kosten zugeordnet.
Die Gebühren für die Abschlußprüfung und die Kosten der jährlichen Hauptversammlung werden als fixe Kosten angesetzt, da sie von der Höhe des Umsatzvolumens relativ unabhängig sind. Das gleiche gilt für die Kosten des Aufsichtsrats.
Auch bei den kaufmännischen Beratungskosten läßt sich keine Beziehung zum Umsatzvolumen finden, so daß wir sie im Beispiel der Tabelle 62 in voller Höhe den fixen Kosten zugeteilt haben.
Alle Kostenarten, die das Unternehmen als ganzes belasten, wurden im Kostenplan der Tabelle 62 durch einen Stern gekennzeichnet. Man kann diese Kostenarten anstatt auf „Kaufmännische Leitung“ auf einer besonderen Verrechnungsstelle „Verwaltungskosten allgemein“ vorgeben.
Alle Kosten, die durch die kaufmännische Leitung selbst verursacht werden, werden zur zweiten Gruppe der „Verschiedenen Gemeinkosten“ gerechnet. Die Kosten für Zeitschriften und Bücher, die Postkosten sowie die Reise- und Bewirtungskosten werden durch die Kostenstelle „Kaufmännische Leitung“ selbst verursacht. Die Höhe dieser Kostenarten weist keine eindeutige Beziehung zum Umsatzvolumen auf, da sie in erster Linie dispositionsbestimmt sind. Aus diesem Grunde werden die Vorgabebeträge dieser Kostenarten den fixen Kosten zugeordnet.
Kalkulatorische Transportkosten werden für die Inanspruchnahme der Hilfskostenstelle „Pkw-Dienst“ angesetzt und nach gefahrenen Kilometern vorgegeben und abgerechnet. Etwa ein Viertel dieser Kosten wurde proportional budgetiert.
Als gesamte Plankosten der Kostenstelle „Kaufmännische Leitung“ erhalten wir im Beispiel der Tabelle 63 insgesamt 99740 DM, wovon 40785 DM auf proportionale Kosten entfallen.

2. Die Kosten dieser Kostenstelle gehen zusammen mit den Plankosten der übrigen Verwaltungskostenstellen in die *kalkulatorischen Verrechnungssätze für Verwaltungsgemeinkosten* ein. Wir haben in der Tabelle 63 als Beispiel den Aufbau dieser Verrechnungssätze für die gleiche Textilfabrik wiedergegeben, für die wir in Tabelle 62 den Kostenplan der Kostenstelle „Kaufmännische Leitung“ beschrieben haben. In dieser Unternehmung besteht der Verwaltungsbereich aus neun Kostenstellen.
Im Beispiel der Tabelle 63 fallen insgesamt 272500 DM Verwaltungsgemeinkosten an. Hiervon entfallen 110400 DM auf die proportionalen Verwaltungsgemein-

Tabelle 63: Aufbau der Planverrechnungssätze für die Verwaltungsgemeinkosten

Verwaltungskostenstelle		Plankosten		
Nr.	Benennung	Gesamt	Proportional	Fix
900	Kaufmännische Leitung	99 740	40 785	58 955
910	Personalabteilung	10 400	3 307	7 093
920	Rechtsabteilung	6 820	950	5 870
950	Leitung des Rechnungswesens	8 450	1 320	7 130
951	Finanzbuchhaltung (einschließlich kalkulatorische Zinsen für Debitorenbestände)	83 723	49 718	34 005
952	Betriebsabrechnung	30 977	7 320	23 657
953	Kalkulation	6 320	1 670	4 650
954	Statistik	6 220	1 580	4 640
959	Lochkartenabteilung	19 850	3 750	16 100
Summe Verwaltungsgemeinkosten		272 500	110 400	162 100
Planherstellkosten des Umsatzes		5 450 000	4 800 000	650 000
Verwaltungsgemeinkostenzuschlag		5,0 %	2,3 %	–

kosten. Dividiert man diese durch die Plangrenzherstellkosten des Umsatzes, die in unserem Beispiel 4 800 000 DM betragen, so erhält man einen proportionalen Verwaltungsgemeinkostenzuschlag von 2,3 %. In der Kalkulation einer reinen Grenzplankostenrechnung wird nur dieser proportionale Zuschlagssatz verwendet. Die fixen Verwaltungsgemeinkosten in Höhe von 162 100 DM würden entweder in eine globale Fixkostendeckungsrechnung oder direkt in das Betriebsergebnis eingehen; im Beispiel der Tabelle 63 möge es sich jedoch um eine Grenzplankostenrechnung handeln, bei der zugleich Vollkostensätze ermittelt werden. Aus diesem Grunde wurden die gesamten Verwaltungsgemeinkosten in Höhe von 272 500 DM auf die gesamten Herstellkosten von 5 450 000 DM bezogen, um den Vollkostenzuschlagssatz ermitteln zu können. Dieser Satz beträgt hier 5,0 %.

3. Wir haben in unserem Beispiel als Zuschlagsbasis für die Verwaltungsgemeinkosten die Herstellkosten des Umsatzes gewählt. Auf diese Weise werden die Kostenträger proportional zu ihren Herstellkosten pro Einheit mit Verwaltungsgemeinkosten belastet. Hierbei wird nicht berücksichtigt, inwieweit die Herstellkosten der einzelnen Erzeugnisse auf Material- und Fertigungskosten entfallen. Ist in einem Betrieb die Relation zwischen Material- und Fertigungskosten bei den verschiedenen Produktgruppen sehr unterschiedlich, so wird häufig das Argument vorgebracht, daß durch die Verrechnung der Verwaltungsgemeinkosten auf die Herstellkosten materialintensive Produkte zu stark belastet würden. Betragen z. B. die Herstellkosten von zwei Produkten A und B je 200 DM pro Einheit, so werden, bei einem Verwaltungsgemeinkostenzuschlag von 2,3 %, beide Produkte jeweils mit 4,60 DM belastet.

Unterstellen wir, daß sich bei der Produktart A die gesamten Herstellkosten mit je 50 % auf die Materialkosten und auf die Fertigungskosten verteilen, so werden bei dieser Produktart A die Fertigungskosten mit 4,6 % Verwaltungsgemeinkosten belastet. Setzen sich dagegen die Herstellkosten der Produktart B so zusammen, daß die Materialkosten 150 DM und die Fertigungskosten 50 DM betragen, so werden bei dieser Produktart B die Fertigungskosten mit 9,2 % Verwaltungsgemeinkosten belastet. Da ein großer Teil derjenigen Gemeinkosten, die durch die Beschaffung und Lagerung der Rohstoffe verursacht werden, bereits durch die Materialgemeinkosten abgedeckt wurde, entspricht es in diesen Fällen nicht dem Verursachungsprinzip, daß die materialintensiven Produkte genauso stark mit Verwaltungsgemeinkosten belastet werden, wie weniger materialintensive Produktarten. Aus diesem Grunde werden, insbesondere in Betrieben mit materialintensiven Produkten, bei denen sich die Relationen zwischen Material- und Fertigungskosten stark unterscheiden, die Verwaltungsgemeinkosten nicht auf die Herstellkosten, sondern auf die Fertigungskosten bezogen. Würde im obigen Beispiel der Verwaltungsgemeinkostenverrechnungssatz, bezogen auf die Fertigungskosten, z. B. 4,6 % betragen, so würde die Produktart A mit 4,60 DM je Kalkulationseinheit belastet, während die materialintensive Produktart B nur 2,30 DM je Kalkulationseinheit zu tragen hätte.

Für die Verwendung der Fertigungskosten als Verrechnungsbasis der Verwaltungsgemeinkosten wird weiterhin vielfach das Argument vorgetragen, daß die Verwaltungsgemeinkosten vorwiegend innerbetrieblich orientiert seien und somit stärker zu den Fertigungskosten proportional verlaufen als zu den Herstellkosten. Betrachtet man jedoch die Verwaltungsgemeinkosten genauer, so erkennt man, daß das obige Argument nicht stichhaltig ist. Denn große Teile der variablen Verwaltungsgemeinkosten weisen eher eine proportionale Beziehung zum Umsatzvolumen bzw. zu den Herstellkosten des Umsatzes auf als zu den Fertigungskosten. Variable Verwaltungsgemeinkosten sind z. B. die Gewerbeertragsteuer, die umsatzabhängigen Verbandsbeiträge, die Kosten der Finanzbuchhaltung, die zum überwiegenden Teil auf die Debitorenbuchhaltung entfallen, und kalkulatorische Zinsen für Debitorenbestände. Zahlreiche andere Verwaltungskostenarten weisen weder eine proportionale Beziehung zu den Fertigungskosten noch zu den Herstellkosten auf. Für ihre Verrechnung dürfte somit die größere Wertbasis, also die Herstellkosten, die bessere Grundlage sein. Lediglich die Kosten der Personalabteilung, der Betriebsabrechnung und eventuell die Kosten der Kalkulationsabteilung lassen eher eine proportionale Beziehung zu den Fertigungskosten als zu den Herstellkosten erkennen.

Der dem Verursachungsprinzip am besten entsprechende Weg der Verrechnung von Verwaltungsgemeinkosten besteht darin, daß man für einen Teil dieser Kosten die Herstellkosten und für den übrigen Teil die Fertigungskosten als Verrechnungsgrundlage wählt. Hierdurch würden aber die laufende Abrechnung und die Kalkulation erschwert.

Insbesondere in mehrstufigen Betrieben ist die Verrechnung der Verwaltungsgemeinkosten auf der Basis der Fertigungskosten schwierig. Dies liegt daran, daß die gesamten Herstellkosten je Kalkulationseinheit der Vorstufe in der Kalkulation der nachfolgenden Produktionsstufe in Materialkosten umgewandelt werden. In einem zweistufigen Textilbetrieb, der aus einer Spinnerei und einer Weberei besteht, wird z.B. in den Gewebekalkulationen der Garnverbrauch mit den Planherstellkosten der Garnkalkulationen bewertet. In den Planherstellkosten der Garnkalkulationen sind aber neben den Rohstoffkosten auch die Fertigungskosten enthalten. In den Gewebekalkulationen werden somit die Fertigungskosten der Spinnerei unter den Materialkosten ausgewiesen. Man kann daher in den Webereikalkulationen wohl erkennen, wie hoch die Fertigungskosten des Webereiprozesses sind, man erkennt aber nicht mehr ohne weiteres, wieviel anteilige Fertigungskosten der Spinnerei in die Gewebekalkulationen eingehen. Will man daher in mehrstufigen Betrieben die Verwaltungsgemeinkosten ganz oder teilweise auf die in allen Fertigungsstufen insgesamt angefallenen Fertigungskosten beziehen, so muß man in der Kalkulation die Verrechnungspreise für Produkte der Vorstufe in Fertigungskosten und Materialkosten aufspalten, wodurch die Kalkulation nicht unerheblich kompliziert wird.

IV. Kostenpläne für Vertriebskostenstellen

1. Zu den Vertriebskostenstellen zählen neben der Vertriebsleitung und den verschiedenen Verkaufsabteilungen, die organisatorisch nach Produktgruppen oder Absatzgebieten gegliedert sein können, u. a. die Abteilungen: Marktforschung, Werbung, Fertigwarenlager, Packerei, Versand und Rechnungsschreibung. Auch Kostenstellen, die der Produktgestaltung und der Erstellung von Mustern dienen, werden in der Regel zum Vertriebsbereich gerechnet. Der Aufbau von Kostenstellenplänen für Vertriebsabteilungen erfolgt in der gleichen Weise, wie wir das bereits für die Material- und Verwaltungskostenstellen beschrieben haben. Wir wollen daher auf ein besonderes Planungsbeispiel verzichten und lediglich den Aufbau der Planverrechnungssätze für die Vertriebsgemeinkosten behandeln.

Als Zuschlagsgrundlage kommen für die Vertriebsgemeinkosten entweder die Herstell- oder die Fertigungskosten in Frage; im Gegensatz zu den Verwaltungsgemeinkosten dürften aber in den meisten Betrieben die Herstellkosten als Basis für die Verrechnung der Vertriebsgemeinkosten besser geeignet sein. Von dieser Regel gibt es aber Ausnahmen. Dies gilt insbesondere für Betriebe, in denen das Einzelmaterial ähnlich wie ein „durchlaufender" Posten betrachtet wird, so daß die eigentliche Vertriebsaufgabe darin besteht, „Bearbeitungsleistungen" zu verkaufen. Dies ist zum Beispiel in Draht- und Kabelwerken der Fall, in denen z. B. das in den Produkten enthaltene Kupfer gesondert neben den Fertigungskosten in die Betriebsergebnisrechnung eingeht. Als Vertriebsleistung wird in diesen Betrieben in erster Linie der Fertigungsauftrag als solcher angesehen. In diesen Fällen kann es daher besser sein, die Fertigungskosten als Zuschlagsgrundlage zu wählen. Für die Mehrzahl der Betriebe bilden aber die Herstellkosten die zweckmäßigere Verteilungsgrundlage.

Wichtiger als die Verrechnungsbasis ist bei der Bildung von *Planverrechnungssätzen für Vertriebsgemeinkosten* der Grundsatz, daß man sich auf keinen Fall mit einem

Durchschnittssatz für alle Erzeugnisgruppen begnügen sollte. Man muß vielmehr differenzierte Zuschläge bilden, die folgende Unterschiede hinsichtlich der Kostenverursachung berücksichtigen[682].

Erstens sind in vielen Betrieben die Kosten der Verkaufsabteilungen, die auf die Einheit der zu Herstellkosten bewerteten Umsätze entfallen, unterschiedlich hoch. In allen Betrieben, die ihre Produkte exportieren, ist eine Zweiteilung der Vertriebsgemeinkostenzuschläge in Zuschläge für Inland- und Auslandgeschäfte erforderlich, da die Kosten von Exportabteilungen in der Regel relativ höher sind. Weiterhin können der Umfang und der Schwierigkeitsgrad der Verkaufstätigkeit für die einzelnen Produktgruppen unterschiedlich sein.

Zweitens müssen in den meisten Betrieben Unterschiede im Werbeeinsatz für die einzelnen Produktgruppen berücksichtigt werden. Dies gilt insbesondere, wenn neben einer allgemeinen Werbung für die Erzeugnisse eines bestimmten Betriebes spezielle Werbekosten für bestimmte Produktgruppen aufgewandt werden.

Drittens muß bei der Bildung von Planverrechnungssätzen für die Vertriebsgemeinkosten berücksichtigt werden, daß die Produktgestaltung und die Erstellung von Mustern und von Warenproben für die einzelnen Produktgruppen unterschiedlich teuer sein können. Hierbei gilt die Regel, daß sich die Musterkosten zur Sortimentsbreite einer Produktgruppe und zu der Höhe der Herstellkosten pro Produkteinheit entsprechend verhalten.

Viertens ist für die meisten Produktgruppen die Umschlagshäufigkeit der Lagerbestände unterschiedlich, so daß auf die zu Herstellkosten bewerteten Umsätze unterschiedliche Lager- und Zinskosten entfallen. Produktgruppen mit sehr vielen, unterschiedlichen Typen bzw. Dessins werden pro Umsatzeinheit im Durchschnitt größere Lagerbestände binden als solche Gruppen, zu denen nur wenige Artikelarten gehören und die in großen Posten verkauft werden. Für die Zinskostenbelastung ist neben der Umschlagshäufigkeit die Höhe der Herstellkosten pro Einheit von Bedeutung.

Fünftens bestehen für die einzelnen Produktgruppen in der Regel unterschiedliche

[682] Zur differenzierten Planung von Vertriebsgemeinkosten vgl.: *C. Dolce*, Packing and Sales Branch Cost Control Under Standards, N.A.C.A.-Bulletin 1956(11), Section 1, S. 404 ff.; *E. Gau*, Die Kalkulation der Vertriebskosten, Stuttgart 1959, S. 101 ff.; *C. Gillespie*, Standard and Direct Costing, 3. Aufl., Englewood Cliffs, N. J. 1962, S. 180 ff.; *C. T. Horngren*, Cost Accounting, A Managerial Emphasis, 3. Aufl., Englewood Cliffs. N. J. 1963, S. 517 ff.; *K. Käfer*, Standardkostenrechnung, 2. Aufl., a. a. O., 457 ff.; *C. H. Martin*, Looking Towards Standards for Control of Distribution Costs, NAA-Bulletin 1957(7), Section 1, S. 1423 ff.; *A. Matz*, Planung und Kontrolle von Kosten und Gewinn, AGPLAN, Bd. 7, Wiesbaden 1964, S. 195 ff.; *N.A.C.A. Research Series*, Cost Control for Marketing Operations – General Considerations, N.A.C.A.-Bulletin 1954(4), No. 25, Section 3, S. 1067 ff.; *N.A.C.A. Research Series*, Cost Control for Marketing Operations – Order Getting, N.A.C.A.-Bulletin 1954(6), No. 26, Section 3, S. 1351 ff.; *N.A.C.A. Research Series*, Cost Control for Marketing Operations – Order Filling, N.A.C.A.-Bulletin 1954(8), No. 27, Section 2, S. 1647 ff.; *H. G. Plaut*, Planungsrechnung im Verwaltungs- und Vertriebsbereich, AGPLAN, Bd. 8, Wiesbaden 1964, S. 32; *C. Sloat*, Marketing Cost Can Be Controlled, NAA-Bulletin 1958 (8), Section 1. S. 14 ff.

Verpackungs- und Versandvorschriften, die zu unterschiedlichen Kostenbelastungen der Kostenstellen „Packerei" und „Versand" führen. Hierbei handelt es sich jedoch nicht um eine unterschiedliche Belastung mit Verpackungsmaterial, da dieses meist als Sondereinzelkosten des Vertriebs den Produkten direkt zugerechnet wird. Die genaue Zurechnung der Packerei- und Versandkosten kann nur erreicht werden, wenn hier, ähnlich wie im Fertigungsbereich, direkte Bezugsgrößen verwendet werden. Dann müßten aber Planfertigungszeiten für die einzelnen Arbeitsgänge zur Verfügung stehen. Ist das nicht der Fall, so müssen die Kosten der Packerei und des Versands in die Vertriebsgemeinkostenzuschläge einbezogen werden.
Sechstens kann die Belastung einzelner Erzeugnisgruppen mit Kosten der Rechnungsschreibung unterschiedlich groß sein. Produktgruppen, die regelmäßig in größeren Positionen verkauft werden, belasten den Betrieb mit Fakturierungskosten erheblich weniger als Erzeugnisgruppen, die in vielen, kleinen Positionen an die Abnehmer geliefert werden.

2. Die oben beschriebenen Kostenunterschiede sollten in der Plankostenrechnung stets durch eine entsprechend weitgehende Differenzierung der geplanten Vertriebsgemeinkostenzuschläge berücksichtigt werden. Hierzu ist es in manchen Betrieben erforderlich, 50 bis 100 verschiedene Vertriebsgemeinkostenzuschläge für die einzelnen Produktgruppen und Produktuntergruppen zu verwenden. Wie man bei der Bildung dieser Verrechnungssätze vorgeht, wollen wir mit Hilfe eines vereinfachten Beispiels aus der Textilindustrie zeigen; Grundlage hierfür bilden die Daten der Tabelle 64. Da diese Unternehmung mit einer kombinierten Grenz- und Vollkostenrechnung arbeiten soll, werden in der Tabelle 64 sowohl proportionale als auch Vollkostensätze ermittelt.
Wie die Tabelle 64 erkennen läßt, enthält das Verrechnungsblatt für die Bildung von Vertriebsgemeinkostenzuschlägen vertikal die Vertriebskostenstellen und horizontal die Produktgruppen. Die gesamten Plankosten aller Vertriebskostenstellen betragen in unserem Beispiel 309 080 DM. Hiervon entfallen 154 698 DM auf die proportionalen Vertriebsgemeinkosten. Die Planherstellkosten des Umsatzes betragen auf Vollkostenbasis 5 450 000 DM und auf Grenzkostenbasis 4 800 000 DM. Würde man die gesamten Vertriebsgemeinkosten den Produktgruppen global zurechnen, so würde der durchschnittliche Vollkostensatz 5,7 % und der durchschnittliche Grenzkostensatz 3,2 % betragen. Diese Durchschnittssätze berücksichtigen aber nicht die produktgruppenindividuellen Unterschiede der Vertriebskostenverursachung. Aus diesem Grunde wurde in der Tabelle 64 eine Differenzierung nach Garn-, Rohgewebe- und Fertiggewebeverkäufen vorgenommen, wobei das Fertiggewebe in vier Untergruppen aufgeteilt wurde. Auf diese Produktgruppen werden die Kosten der Vertriebsabteilungen nach dem Verursachungsprinzip planmäßig verteilt. Hierbei ist es zu empfehlen, einzelne Kostengruppen einer Vertriebskostenstelle je nach Bedarf gesondert zu verteilen, sofern sie eine andere Verteilungsbasis erfordern als die übrigen Kosten der betreffenden Kostenstelle. Im einzelnen ist zu der in Tabelle 64 vorgenommenen Kostenaufteilung folgendes zu bemerken.

Tabelle 64: Aufbau der Planverrechnungssätze für die Vertriebsgemeinkosten

Vertriebskostenstelle		Plankosten		Garn		Rohgewebe		Fertiggewebe							
								Gruppe I		Gruppe II		Gruppe III		Gruppe IV	
Nr.	Benennung	Gesamt	Proportional	Gesamt	Proportional	Gesamt	Proportional	Gesamt	Proportional	Gesamt	Proportional	Gesamt	Proportional	Gesamt	Proportional
960	Vertriebsleitung	27 250	—	1 100	—	5 500	—	4 350	—	6 000	—	3 000	—	7 300	—
961	Werbung	61 800	28 100	—	—	2 200	1 000	17 400	8 030	20 400	9 540	7 200	3 120	14 600	6 410
	Allgemein	(10 460)	(4 592)	—	—	(2 290)	(1 000)	(1 740)	(730)	(2 400)	(1 060)	(1 200)	(520)	(2 920)	(1 282)
	Spezialwerbung	(51 340)	(23 508)	—	—	—	—	(15 660)	(7 300)	(18 000)	(8 480)	(6 000)	(2 600)	(11 680)	(5 128)
962	Mustermacherei	34 810	24 758	—	—	—	—	11 310	8 030	12 000	8 480	4 200	3 120	7 300	5 128
963	Garnverkauf	3 300	624	3 300	624	—	—	—	—	—	—	—	—	—	—
964	Gewebeverkauf	40 380	20 690	—	—	4 400	2 000	8 700	4 380	10 800	5 300	4 800	2 600	11 680	6 410
505	Garnlager (Bezugsgröße II)	2 860	1 248	2 860	1 248	—	—	—	—	—	—	—	—	—	—
605	Rohgewebelager (Bezugsgröße II)	4 400	2 000	—	—	4 400	2 000	—	—	—	—	—	—	—	—
970	Fertiggewebelager	81 960	42 574	—	—	—	—	27 840	14 600	28 800	14 840	7 800	4 160	17 520	8 974
	Zinsen	(53 535)	(34 500)	—	—	—	—	(18 255)	(11 764)	(18 523)	(11 937)	(5 193)	(3 347)	(11 564)	(7 452)
	Sonstige Kosten	(28 425)	(8 074)	—	—	—	—	(9 585)	(2 836)	(10 277)	(2 903)	(2 607)	(813)	(5 956)	(1 522)
971	Packerei und Versand (nur für Gewebe)	36 630	25 520	—	—	3 300	2 000	9 570	6 570	10 800	7 420	4 200	3 120	8 760	6 410
974	Rechnungsabteilung (nur für Gewebe)	15 510	9 184	—	—	3 300	2 000	2 610	1 460	3 600	2 120	1 800	1 040	4 380	2 564
Summe Vertriebsgemeinkosten		309 080	154 698	7 260	1 872	23 100	9 000	81 780	43 070	92 400	47 700	33 000	17 160	71 540	35 896
Planherstellkosten des Umsatzes		5 450 000	4 800 000	220 000	208 009	1 100 000	1 000 009	870 000	730 000	1 200 000	1 060 000	600 000	520 000	1 460 000	1 282 000
Vertriebsgemeinkostenzuschlag		(5,7%)	(3,2%)	3,3%	0,9%	2,1%	0,9%	9,4%	5,9%	7,7%	4,5%	5,5%	3,3%	4,9%	2,8%
Vertriebsgemeinkosten DM/100 m		—	—	—	—	4,62	1,80	58,25	30,68	41,85	21,60	24,76	12,87	17,30	8,68

Die Kostenstelle „Vertriebsleitung" verursacht ausschließlich fixe Kosten. Ihre Kosten dienen der Betriebsbereitschaft des Vertriebssektors. Aus diesem Grund wurden ihre Plankosten gleichmäßig auf die einzelnen Produktgruppen verteilt, indem die Planherstellkosten des Umsatzes als Verteilungsschlüssel gewählt wurden.
Die Kosten der Kostenstelle „Werbung" lassen sich in zwei Gruppen unterteilen. Ein Teil der Werbekosten bezieht sich auf das gesamte Fertigungsprogramm, denn für sie lassen sich keine Unterschiede der einzelnen Produktgruppen nachweisen. Diese allgemeinen Werbekosten werden daher gleichmäßig auf die einzelnen Produktgruppen verteilt, indem auch hier die Planherstellkosten des Umsatzes als Verteilungsbasis gewählt wurden. Hierbei wird jedoch das Garn nicht belastet, da für den Garnverkauf keine Werbung erfolgt. Die übrigen Kosten der Werbeabteilung entfallen auf die sogenannte Spezialwerbung, die nach Produktgruppen differenziert erfolgt. Für das Rohgewebe erfolgt jedoch keine Spezialwerbung, so daß diese Produktgruppe keinen Anteil an den speziellen Werbekosten enthalten darf. Die Verteilung auf die übrigen Gruppen erfolgt auf Grund der Werbekostenplanung. Die Fertiggewebegruppe II wird in Tabelle 64 am stärksten mit Werbekosten belastet.
Im Beispiel wurden die Kosten der Werbeabteilung und damit auch das Werbebudget teils den fixen und teils den proportionalen Kosten zugeordnet. Hierzu ist zu bemerken, daß die Kostenauflösung der Werbekosten rein dispositionsbestimmt ist. Ordnet die Vertriebsabteilung an, daß in der Planungsperiode ein bestimmter Prozentsatz des Umsatzes für Werbezwecke aufzuwenden ist, so sind alle Kosten der Werbeabteilung, die nicht zur unmittelbaren Aufrechterhaltung der Betriebsbereitschaft dienen, proportionale Kosten. Entscheidet sie dagegen, daß während der Planungsperiode unabhängig vom Umsatz ein bestimmter Werbeetat ausgegeben werden soll, so sind die Werbekosten in voller Höhe fix. Für das vorliegende Beispiel wurde angenommen, daß ein Teil des Werbebudgets fix und ein Teil vom Umsatz abhängig ist[683].
In Textilfabriken zählt zu den Vertriebskostenstellen auch die Mustermacherei. Hier werden für die einzelnen Gewebearten Muster geschnitten und zu Proben und Musterbüchern zusammengestellt. In unserem Beispiel werden für Rohgewebe keine Muster angefertigt, so daß diese Gruppe nicht mit Kosten der Mustermacherei zu belasten ist. Die Kosten der Kostenstelle „Mustermacherei" bestehen zum großen Teil aus Arbeitslöhnen für das Anfertigen von Mustern und aus den Kosten für die vom Fertigwarenlager entnommenen Gewebeproben. Die prozentualen Belastungsunterschiede für die einzelnen Gewebegruppen richten sich in erster Linie nach der Anzahl der Muster und Dessins, die für die einzelnen Gewebegruppen anzufertigen sind. Innerhalb der Gruppe II liegt die Anzahl der unterschiedlichen Gewebearten und Muster am höchsten, da es sich bei dieser Gruppe um modische Artikel handeln soll, die in sehr vielen, verschiedenen Mustern und Dessins angeboten werden müssen. In den übrigen Gewebegruppen liegt die prozentuale Belastung niedriger.

[683] In gleicher Weise äußert sich zum Problem der Kostenauflösung von Werbekosten auch *J. Dean*, Methods and Potentialities of Break-Even Analysis, in: D. Solomons (Hrsg.), Studies in Costing, London 1952, S. 261.

Die Kosten der Kostenstelle „Garnverkauf" entfallen nur auf die Planherstellkosten der Garnverkäufe.

Die Plankosten der Kostenstelle „Gewebeverkauf" werden auf die Produktgruppe Rohgewebe und auf die vier Fertiggewebegruppen verteilt. Hierbei wird das Rohgewebe erheblich weniger belastet als das Fertiggewebe, da Rohgewebe in der Regel in sehr großen Partien verkauft wird, so daß hierdurch die Verkaufsabteilungen nur wenig belastet werden. Bei der Belastung der Fertiggewebegruppen wurde eine relative Staffelung vorgenommen. Die höchste Belastung erhielt wiederum die Gruppe IV, weil hier sehr viele, unterschiedliche Gewebearten in relativ kleinen Partien zu verkaufen sind. Die niedrigste Belastung finden wir in der Gruppe III, in der die Produktdifferenzierung nur relativ gering ist und in der große Partien verkauft werden können.

Die Kosten des Garnlagers stellen nur anteilige Kosten dar. Das Garnlager enthält vor allem die gesamten Garnbestände für die eigene Weberei und zählt somit zu den Hilfskostenstellen der Fertigung. In unserem Beispiel wurde die Kostenstelle „Garnlager" mit zwei Bezugsgrößen versehen. Die Bezugsgröße I lautet „kg Garnabgang für die Weberei". Die Kosten dieser Bezugsgröße erscheinen in der Tabelle 64 nicht. Die Bezugsgröße II der Kostenstelle „Garnlager" lautet „208 000 DM Plangrenzherstellkosten des Umsatzes". Die auf diese Bezugsgröße entfallenden Kosten werden in voller Höhe der Verkaufsgruppe Garn zugeteilt.

Unsere Ausführungen hinsichtlich des Garnlagers gelten entsprechend für das Rohgewebelager. Rohgewebe, die nicht verkauft werden, sind Halberzeugnisse für die Ausrüstung und Färberei. Die erste Bezugsgröße des Rohgewebelagers wird daher wie eine Fertigungskostenstelle behandelt und die zweite beim Aufbau der Vertriebskostenzuschläge berücksichtigt. Die auf Rohgewebeverkäufe entfallenden Kosten des Rohgewebelagers werden in voller Höhe der Verkaufsgruppe Rohgewebe zugeteilt.

Die Plankosten der Kostenstelle „Fertiggewebelager" entfallen nur auf die Fertiggewebegruppen. Ihre Verrechnung muß differenziert nach kalkulatorischen Zinsen und nach den übrigen Kosten des Fertiggewebelagers erfolgen. Die Zinsen werden im Verhältnis der mit ihren durchschnittlichen Planherstellkosten bewerteten Beständen auf die einzelnen Gewebegruppen verteilt. Für die sonstigen Kosten des Fertiggewebelagers bildet dagegen der durchschnittliche Monatsbestand in Metern eine geeignete Verteilungsgrundlage. Die Tabelle 65 gibt an, welche Daten der Verteilung der Plankosten des Fertiggewebelagers in der Tabelle 64 zugrunde liegen. Hierbei wurden die planmäßigen durchschnittlichen Monatsbestände ermittelt, indem man den Monatsumsatz mit Faktoren multiplizierte, die der geplanten Umschlagshäufigkeit entsprechen. Diese Faktoren liegen in der Regel um so höher, je stärker die Produktdifferenzierung in einer Gewebegruppe ist. Aus dem durchschnittlichen Monatsbestand in Metern läßt sich der bewertete Durchschnittsbestand unmittelbar ableiten.

Da die Verkaufsgarne in der Spinnerei verpackt und von dort aus versandt werden, kommen die Kosten der Kostenstelle „Packerei und Versand" daher auf die Gewebe-

gruppen. Bei der Verteilung dieser Kosten wurde das Rohgewebe am geringsten und die Fertiggewebegruppe II am stärksten belastet, da Rohgewebe nur relativ einfache Verpackungsmethoden erfordert und es sich bei der Fertiggewebegruppe II um hochwertige Erzeugnisse mit komplizierten Verpackungsvorschriften handelt. Hierzu kommt noch, daß die Produkte der Gruppe II wegen der starken Produktdifferenzierung häufig in sehr kleinen Verpackungseinheiten versandt werden müssen.
Die Plankosten der Rechnungsabteilung fallen ebenfalls nur für die Gewebegruppen an, da die Rechnungen für Garnverkäufe unmittelbar in der Kostenstelle „Garnverkauf" erstellt werden. Sie belasten alle Gewebegruppen gleich. Die Tatsache, daß die Rechnungserstellung für die höherwertigen Gewebegruppen infolge der kleineren Partien und der höheren Produktdifferenzierung mehr Arbeit verursachen als die Rechnungserstellung für die übrigen Gewebearten, wird dadurch ausgeglichen, daß bei den höherwertigen Gewebegruppen auch die Zuschlagsbasis höher liegt.
Nachdem die Plankosten aller Vertriebskostenstellen auf die einzelnen Erzeugnisgruppen verteilt sind, wird für jede Erzeugnisgruppe die Summe der auf sie entfallenen Vertriebsgemeinkosten gebildet. Diese Summen werden durch die zuge-

Tabelle 65: Errechnung von Vertriebsgemeinkostenzuschlägen für Tabelle 64

Fertig-gewebe-gruppe	Plangrenz-herstellkosten des Umsatzes (auf 1000 DM aufgerundet) DM	Durch-schnitt-liche Plan-grenz-herstell-kosten DM/m	Umsatz m	Durchschnittlicher Monatsbestand m			
				m		DM	
				m	%	DM	%
1	2	3	4	5	6	7	8
I	730 000	5,20	140 400	702 000	28,2	3 650 400	34,1
II	1 060 000	4,80	220 800	772 800	31,1	3 709 440	34,6
III	520 000	3,90	133 300	266 600	10,7	1 039 740	9,7
IV	1 282 000	3,10	413 500	744 300	30,0	2 307 330	21,6
Summe	3 592 000	–	908 000	2 485 700	100,0	10 706 910	100,0

hörigen Planherstellkosten des Umsatzes dividiert. Auf diese Weise erhält man die Vertriebsgemeinkostenzuschläge. In der Textilindustrie bezieht man aus Gründen der besseren Vergleichbarkeit die Vertriebsgemeinkosten zusätzlich auch auf den mengenmäßigen Absatz in 100 Metern. Die beiden letzten Zeilen der Tabelle 64 lassen erkennen, wie stark sich die Vertriebskostenbelastung der einzelnen Produktgruppen voneinander unterscheidet. Am stärksten wird die Fertiggewebegruppe I mit Vertriebskosten belastet, da auf sie der relativ stärkste Werbeaufwand entfällt und da in ihr die Produktdifferenzierung und die erforderliche Lagerhaltung am höchsten liegen. Am geringsten ist die Vertriebskostenbelastung bei den Rohgeweben.

E. Der Aufbau von Kostenstellenplänen unter Berücksichtigung betrieblicher Anpassungsprozesse

I. Kostenpläne bei zeitlicher Anpassung

1. Wie wir im fünften Kapitel in Zusammenhang mit den produktions- und kostentheoretischen Grundlagen der flexiblen Plankostenrechnung gezeigt haben, wird der Kostenverlauf einer Kostenstelle wesentlich dadurch beeinflußt, ob sich ein Betrieb zeitlich, intensitätsmäßig oder quantitativ an wirtschaftliche Wechsellagen anpaßt. Dort wurde gezeigt, daß die *zeitliche Anpassung* bei konstanten Intensitätsgraden und bei gegebenen Kapazitäten die praktisch am häufigsten auftretende Form der betrieblichen Anpassung ist. Sie liegt daher auch der kostenstellenweisen Kostenplanung als Normalfall zugrunde. Jede Variation der Bezugsgröße einer Kostenstelle entspricht einer zeitlichen Anpassung, und zwar auch dann, wenn die Fertigungszeit nicht unmittelbar als Maßgröße der Kostenverursachung verwendet wird. Dies gilt auch, wenn zur richtigen Berücksichtigung von Veränderungen der Auftragszusammensetzung in einer Kostenstelle mehrere Bezugsgrößen erforderlich sind. Im Normalfall werden daher durch die Kostenplanung lineare Sollkostenkurven festgelegt, die den Prämissen rein zeitlicher Anpassung entsprechen. Hierbei ist aber die folgende Besonderheit zu berücksichtigen.

2. Werden in einer Kostenstelle als Folge eines zeitlichen Anpassungsprozesses Überstunden, Nachtstunden bzw. Arbeitszeiten an Sonn- und Feiertagen erforderlich, so treten bei den Personalkosten entsprechende Mehrarbeitszuschläge auf, die z. B. bei Überstunden 25 bis 50 %, für Sonntagsarbeit 50 % und für Feiertagsarbeit 100 bis 150 % der Bruttolöhne betragen können. Kostentheoretisch bedeutet das Auftreten dieser Mehrarbeitszuschläge, daß von den Beschäftigungsgraden an, bei deren Überschreiten solche zusätzlichen Arbeitszeiten erforderlich werden, Unstetigkeitsstellen der Sollkostenkurven auftreten. Im Beispiel der Abbildung 36 läßt sich mit Hilfe normaler Arbeitszeiten die Beschäftigung x_1 erreichen. Bei Einsatz von Überstunden kann die Beschäftigung auf x_2 und bei Sonn- und Feiertagsarbeit auf x_3 erhöht werden[684].

Als Sollkostenkurve müßte dann der gebrochene Linienzug ABCD vorgegeben werden. Für die praktische Ausgestaltung der Kostenstellenpläne würde das bedeuten, daß man einen Basiskostenstellenplan aufstellen muß, bei dem keine Mehrarbeitszuschläge berücksichtigt werden und daß neben diesen Basisplan, dem im Beispiel der Abbildung 36 der Linienzug AF entspricht, Ergänzungskostenpläne für die Mehrkosten der übertariflichen Arbeitszeit treten müssen. Diesen Weg beschreitet man jedoch in der Praxis der Plankostenrechnung aus zwei Gründen nicht. Erstens wird durch Ergänzungskostenpläne die Durchführung des Soll-Ist-Kosten-

[684] Zur Abbildung 36 vgl. *W. Kilger*, Produktions- und Kostentheorie, Wiesbaden 1958, S. 95.

Vergleichs nicht unerheblich erschwert. Dieser Mehraufwand lohnt sich vor allem dann nicht, wenn nur relativ geringfügige übertarifliche Arbeitszeiten geleistet werden. Zweitens ist es in vielen Betrieben schwer, die Relation zwischen normalen Überstunden und den an Sonn- und Feiertagen geleisteten Arbeitszeiten vorherzusehen, so daß die gleichen Beschäftigungsgrade mit unterschiedlichen Kombinationen dieser übertariflichen Arbeitszeiten realisiert werden können. Diese Schwierigkeit könnte man allerdings in der Weise umgehen, daß man im Soll grundsätzlich die kostengünstigste Reihenfolge der übertariflichen Arbeitszeiten vorgibt. Praktisch umgeht man die Notwendigkeit von Ergänzungskostenplänen dadurch, daß man eine Ausgleichsgerade als Sollkostenkurve vorgibt, der eine durchschnittlich zu erwartende Relation zwischen normalen und übertariflichen Arbeitszeiten zugrunde liegt. Im Beispiel der Abbildung 36 entspricht diese Ausgleichsgerade der

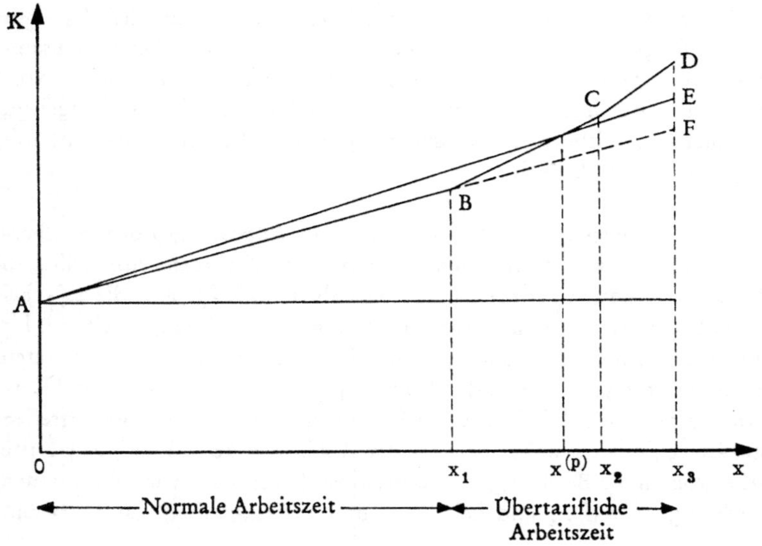

Abb. 36: Beispiel eines zeitlichen Anpassungsprozesses

Linie AE. In den Kostenstellenplänen erscheinen bei dieser Näherungslösung, wie die meisten Planungsbeispiele in den Abschnitten B und C dieses Kapitals erkennen lassen, die geplanten Mehrarbeitskosten für übertarifliche Arbeitszeiten als gesonderte Kostenart. Sie werden in voller Höhe den proportionalen Kosten zugeordnet. Die Verbrauchsabweichungen der Mehrarbeitskosten für übertarifliche Arbeitszeiten erfordern bei dem oben beschriebenen Verfahren im Soll-Ist-Kosten-Vergleich stets eine besondere Auswertung, bei der zu berücksichtigen ist, daß Istkosten bei dieser Kostenart grundsätzlich nur anfallen sollen, wenn die Istbeschäftigungsgrade entsprechend hoch gewesen sind.

II. Kostenpläne bei zeitlicher und quantitativer Anpassung

1. Im Abschnitt B, III des dritten Kapitels haben wir zur Kritik einer auf Vollkosten basierenden Plankostenrechnung die These vertreten, daß die laufende Kostenrechnung eine kurzfristige Rechnung auf der Basis vorhandener Kapazitäten sei. Wir wollen nun die Frage untersuchen, ob und inwieweit diese These von der Kurzfristigkeit der Kostenrechnung eine Berücksichtigung *quantitativer Anpassungsprozesse* beim Aufbau von Kostenstellenplänen zuläßt.
Wie unsere Ausführungen im fünften Kapitel gezeigt haben, können quantitative Anpassungsprozesse sowohl Veränderungen der Betriebsmittelkapazitäten als auch Variationen der personellen Kapazitäten sein.
Veränderungen der Betriebsmittelkapazitäten sind stets langfristige Maßnahmen, deren Wirtschaftlichkeit nicht durch die Daten der Kostenrechnung, sondern nur durch gesonderte Investitions- und Wirtschaftlichkeitsrechnungen beurteilt werden kann. Hieraus folgt, daß für die Berücksichtigung quantitativer Anpassungsprozesse der Betriebsmittel in der jährlichen Kostenplanung kein Raum sein kann. Hinsichtlich der Betriebsmittelkapazitäten gilt für die Kostenrechnung uneingeschränkt der Grundsatz, daß alle Kostenstellenpläne jeweils auf konstanten Kapazitäten basieren müssen. Wird durch Investitionen oder Stillegungen die Betriebsmittelkapazität einer Kostenstelle verändert, so muß der Kostenplan dieser Stelle revidiert werden.
Bei Veränderungen der personellen Kapazitäten der Kostenstellen lassen sich lang-, mittel- und kurzfristige quantitative Anpassungsprozesse unterscheiden.
Langfristige Veränderungen personeller Kapazitäten sind stets mit Neueinstellungen oder Entlassungen verbunden. Sie werden beim Aufbau von Kostenstellenplänen grundsätzlich nicht berücksichtigt, d. h. die Personalkosten von Arbeitskräften, deren Einsatz sich nur langfristig verändern läßt, werden in voller Höhe den fixen Kosten zugeordnet, ohne daß dabei Kostensprünge berücksichtigt werden, da diese nur langfristig realisierbar sind.

2. Bei mittel- und kurzfristig realisierbaren Veränderungen personeller Kapazitäten kann es sich zwar auch um Neueinstellungen oder Entlassungen handeln, oft liegen ihnen aber Versetzungen zwischen den Kostenstellen zugrunde. Nur für mittel- und kurzfristige quantitative Anpassungsprozesse im Personalbereich ist die Frage zu klären, ob und inwieweit die durch sie ausgelösten Kostenveränderungen beim Aufbau von Kostenstellenplänen zu berücksichtigen sind.
Mittelfristig realisierbare Veränderungen personeller Kapazitäten sind typisch für Abteilungen, in denen die als Potentialfaktoren eingesetzten Arbeitskräfte artähnliche Arbeiten verrichten. Beispiele hierfür sind die Abteilungen Arbeitsvorbereitung, Kalkulation, Fakturierung und eventuell auch große Einkaufs- und Verkaufsabteilungen. Würde man in Kostenstellen dieser Art der Kostenplanung eine kurzfristige Betrachtungsweise zugrunde legen, so müßten sämtliche Gehälter einschließlich der zugehörigen Sozialkosten den fixen Kosten zugeordnet werden. Im Beispiel der Abbildung 37 würde man hierbei als Sollkostenverlauf die Kostenkurve $K_1^{(s)}$ erhalten.

Geht man aber davon aus, daß der Kostenplanung ein Jahr normalerweise als Planungsperiode zugrunde liegt und daß bei einer jährlichen Betrachtung ein Teil der Gehaltskosten zum Arbeitsvolumen und damit zum durchschnittlichen monatlichen Beschäftigungsgrad in Beziehung stehen sollte, so scheint es gerechtfertigt, diesen Teil der intervallfixen Personalkosten den proportionalen Kosten zuzuordnen. Im Beispiel der Abbildung 37 würde man hierbei als Sollkostenverlauf die Kostenkurve $K_2^{(s)}$ erhalten.

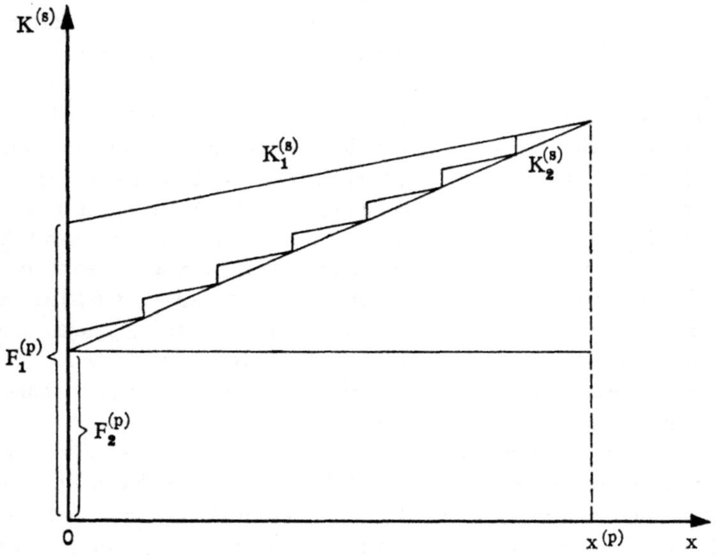

Abb. 37: Beispiel zur Proportionalisierung intervallfixer Personalkosten beim Aufbau von Kostenplänen

Als Planungsbeispiel einer Kostenstelle, in der das Problem der Proportionalisierung intervallfixer Personalkosten relevant ist, haben wir im Abschnitt B, VII des siebzehnten Kapitels den Kostenplan einer Arbeitsvorbereitung beschrieben. Nach Tabelle 48 erhalten wir als Fixkostenabschnitt der Sollkostenfunktion 14 281 DM. Würden sämtliche Personalkosten den fixen Kosten zugeordnet, so würden die fixen Kosten 23 161 DM betragen und statt 9 925 DM nur 1 045 DM proportionale Kosten übrigbleiben.

Die Proportionalisierung intervallfixer Kosten ist eine dispositive Entscheidung, für die es keine Gesetzmäßigkeiten gibt. C. T. Horngren spricht in diesem Zusammenhang von einer „programming decision“ und schreibt hierzu: "How many clerks do we need? How flexible should we be? How divisible is the task? Should we use part-time help? Should we hire and fire as the volume of work fluctuates?"[685]

[685] Vgl. *C. T. Horngren*, Accounting for Management Control: An Introduction, Englewood Cliffs, N. J. 1965, S. 242.

Auch G. Shillinglaw schreibt: "... the accountant may average out any 'steps' in enabling fixed costs, and add at least a portion of these costs to average variable costs."[686] Meistens geht man bei der Proportionalisierung der Personalkosten so vor, daß man die Personalkosten einer „Stammbesetzung" als fixe Kosten ansetzt und die übrigen Personalkosten proportionalisiert[687]. Hierbei besteht ein Ermessensspielraum, welche Mitarbeiter man der Stammbelegschaft zuordnen und welche man für quantitative Anpassungsprozesse vorsehen will.
Die Proportionalisierung intervallfixer Personalkosten hat für die Zwecke der Kostenkontrolle den Vorteil, daß Bezugsgrößenschwankungen automatisch mit mittelfristig realisierbaren quantitativen Anpassungsprozessen im Personalbereich gekoppelt werden. Verringern sich die Istbezugsgrößen einer Kostenstelle permanent gegenüber der Planbezugsgröße, so sollen bei den intervallfixen Personalkosten die remanenten Kosten in Form von Verbrauchsabweichungen sichtbar werden. Kumulieren sich im Zeitablauf solche remanenten Personalkosten, so soll hierdurch ein quantitativer Anpassungsprozeß ausgelöst werden.
Für die Lösung kurzfristiger Entscheidungsprobleme ist jedoch die Teilproportionalisierung intervallfixer Personalkosten und deren Einbeziehung in die Grenzkostensätze nicht unproblematisch; denn die zugrunde gelegten Anpassungsprozesse lassen sich nur mittelfristig realisieren. Für kurzfristige Entscheidungsprobleme müssen daher die Grenzkostensätze um die „künstlich proportionalisierten" Personalkosten „bereinigt" werden.

3. *Kurzfristig realisierbare Veränderungen personeller Kapazitäten* sind typisch für die Fertigungsabteilungen und Leitungsstellen im Fertigungsbereich, bei denen je nach der Beschäftigungslage im Zeitablauf die Schichtzahl variiert wird. Hierdurch entstehen Kostensprünge entsprechend unseren Ausführungen im Abschnitt C des fünften Kapitels (vgl. Abb. 13).
Für Fälle dieser Art wird in der Plankostenrechnung seit langem die Vorgabe von Sprungkosten oder der Aufbau alternativer Kostenpläne gefordert, denen unterschiedliche personelle Kapazitäten zugrunde liegen. So hat z. B. bereits E. Michel im Zusammenhang mit seinen Aufwandsbewegungsplänen auf diese Möglichkeit hingewiesen: „Man kann auch Sprungziffern einführen, wenn an einer Stelle ein besonderes Ereignis eintritt."[688] Ferner zeigte T. Beste, daß Sprungkosten in vielen Fällen auch sprungweise geplant werden müssen[689]. Seitdem wird von vielen Autoren die Planung von Kostensprüngen empfohlen[690].

[686] Vgl. *G. Shillinglaw*, Cost Accounting: Analysis and Control, Homewood, Ill. 1961, S. 93.
[687] Vgl. *W. Kilger*, Der heutige Stand der Grenzplankostenrechnung, AGPLAN, Bd. 6, Wiesbaden 1962, S. 72 ff.
[688] Vgl. *E. Michel*, Handbuch der Plankostenrechnung, Berlin 1937, S. 136.
[689] Vgl. *T. Beste*, Die Produktionsplanung, ZfhF 1938, S. 366.
[690] Vgl. *K. Agthe*, Die Abweichungen in der Plankostenrechnung, Freiburg 1958, S. 68 ff.; *K. Agthe*, Kostenplanung ..., a.a.O., S. 106, wo „Sprungvariatoren" empfohlen werden. *R. L. Brummet*, Direct Costing – Its Weaknesses and Its Strengths, NAA-Bulletin 1962(3), Section 1, S. 62; *H. Diercks, F. Petzold*, Betriebsüberwachung durch Plankostenrechnung,

Hierbei geht man zweckmäßigerweise so vor, daß man einen *Basiskostenplan* festlegt, der für einschichtigen Betrieb gilt, und daß man zugleich *Ergänzungskostenpläne* aufstellt, aus denen die *zusätzlichen Kosten* bei zwei- oder dreischichtigem Betrieb entnommen werden können.

Als Beispiel wollen wir hierzu die Kostenstelle „Härterei" einer Maschinenfabrik betrachten. In der Tabelle 66 haben wir den Basisplan dieser Kostenstelle wiedergegeben. Bei zweischichtigem Betrieb kann die Planbezugsgröße verdoppelt werden. Hierbei werden die in Tabelle 67 zusammengestellten Mehrkosten erforderlich, wenn der Betrieb an allen 22 Arbeitstagen eines Monats zweischichtig arbeitet. Wie die Tabelle 67 erkennen läßt, entfallen hierbei auf eine Schicht 33 DM. Beim Übergang vom ein- zum zweischichtigen Betrieb fallen zusätzlich nur fixe Kosten an, so daß sich der Grenzkostensatz nicht ändert.

Bei dreischichtiger Fertigung können Beschäftigungsgrade von $300 \cdot 10^2$ kg bis $450 \cdot 10^2$ kg realisiert werden. Die Mehrkosten der dritten Schicht haben wir in der Tabelle 68 zusammengestellt. Da die dritte Schicht nur Nachtschicht sein kann, müssen den Fertigungsarbeitern Nachtarbeitszuschläge von 0,46 DM/Std. vergütet werden. Dieser Satz gilt aber nur für regelmäßige Nachtarbeit, wie wir sie im Beispiel der Tabelle 68 unterstellt haben. Bei unregelmäßiger Nachtschicht würden 50 % der Bruttolöhne als Mehrarbeitskosten anfallen. Die übrigen zusätzlichen Kostenarten der dritten Schicht entfallen auf intervallfixe Kostenarten. Wie die Tabelle 68 erkennen läßt, erhöhen sich infolge der Nachtarbeitszuschläge in der dritten Schicht die Grenzkostensätze um 2,87 DM pro 100 kg[691].

Die Ergänzungspläne, Tabellen 67 und 68, gelten immer in Verbindung mit dem Basisplan. Wird zum Beispiel in einem Monat eine Istbeschäftigung von $350 \cdot 10^2$ kg realisiert, für die 44 normale und 8 Nachtschichten verfahren wurden, so werden die Sollkosten der Istbeschäftigung wie folgt ermittelt. Erstens multipliziert man alle proportionalen Kostenarten des Basisplans mit dem Beschäftigungsfaktor 2,33 (= 350 : 150), um aus ihnen proportionale Sollkosten abzuleiten. Zweitens werden alle Fixkostenbeträge um die Vorgaben des Ergänzungsplanes für die zweite Schicht erhöht. Drittens wird die Ausbringung der dritten Schicht, die im Beispiel $50 \cdot 10^2$ kg

ZfhF 1951, S. 494; *J. Fuchs*, Die Plankostenrechnung, a. a. O., S. 327; *H. C. Heiser*, Budgetierung..., a.a.O., S. 160 u. Abb. 7–5, S. 176; *I. W. Keller*, Management Accounting..., a. a. O., S. 191 und 192, wo ein „base budget" für eine Schicht und fünf Arbeitstage vorgeschlagen wird, das durch Ergänzungskostenpläne bei zusätzlichen Schichten erweitert wird. *A. Matz*, Plankostenrechnung, a. a. O., S. 93 und 111; *W. Medicke*, Die Gemeinkosten..., a. a. O., S. 86; *NAA-Research Report 37*, Current Application..., a. a. O., S. 63 ff., allerdings wird auf S. 64 darauf hingewiesen, daß nur relativ wenige der Firmen, die an der Kostenuntersuchung teilgenommen haben, „...step budgets for period or semi-variable costs" verwenden. *W. Oehm*, Der Beschäftigungsgrad bei der Kostenplanung, DB 1951, S. 38; *G. Shillinglaw*, Cost Accounting..., a. a. O., S. 302, wo in Abb. 10–4 geplante Sprungkosten gezeigt werden. *F. Wille*, Plan- und Standardkostenrechnung, 2. Aufl., a. a. O., S. 72, Abb. 10.

691 Beim Aufbau der Plankalkulation muß entweder ein Mischsatz verwendet werden, oder man muß für Erzeugnisse, die in der dritten Schicht gefertigt werden, Alternativkalkulationen aufbauen.

Tabelle 66/1: Kostenplan einer Härterei (Basisplan für einschichtigen Betrieb)

Maschinenbau GmbH Kostenplanung: 1967	Härterei (1. Schicht) (Kostenstellenbezeichnung)	610 (Nr.)	Blatt 1
Planbezugsgröße: 150 × 10² kg gehärtete Teile	Kostenstellenleiter: Stellvertreter:		

Kostenarten Nr.	Kostenarten Benennung	Einheit	Planverbrauchsmenge	Planpreis DM/Einheit	Plankosten Gesamt	Plankosten Proportional	Plankosten Fix
4100	Fertigungslohn				2 839	2 839	—
	2 Schichtführer	Std.	350	4,50	1575		
	1 Helfer	Std.	160	4,00	640		
	1 Helfer	Std.	160	3,90	624		
4125	Sonstiger Hilfslohn				30	20	10
	2 DM/t für Putzen und Sonstiges						
4200	Gehälter				1 000	—	1 000
	1 Meister						
4440	Werkzeuge und Geräte				18	18	—
	Handwerkzeuge						
4443	Hilfs- und Betriebsstoffe				568	508	60
	Härtepulver, Ammoniak, Propangas (2,80 DM/100 kg)				420	380	40
	Maschinenöl	kg	3	1,00	3	3	—
	Härteöl unter Berücksichtigung des Ölbadwechsels	kg	80	1,40	112	100	12
	Reinigungsmittel, Putztücher Handwaschpaste usw.				25	17	8
	Sonstige Hilfsstoffe				8	8	—
4450/59	Innerbetriebliche Reparaturen und Leistungen				749	624	125
	Reparaturabteilung	Std.	30	6,10	183		
	Retortenersatz einschl. Reparatur (Bemerkung: Diese Kosten sind kalkulatorisch über den Standardauftrag Nr. 99 980 zu verrechnen)				380		
	Sonstiges Material, Ersatzteile, Schamottsteine usw.				186		
Kostendeckung: Verrechnete Planfertigungskosten		Plankostensummen			5 204	4 009	1 195
Planung geprüft: (Datum) (Unterschrift)		Planverrechnungssatz			—	—	—
Stellenleiter einverstanden: (Datum) (Unterschrift)							

Tabelle 66/2: Kostenplan einer Härterei (Basisplan für einschichtigen Betrieb)

Maschinenbau GmbH Kostenplanung: 1967	Härterei (1. Schicht) (Kostenstellenbezeichnung)	610 (Nr.)	Blatt 2
Planbezugsgröße: 150×10^2 kg gehärtete Teile	Kostenstellenleiter: Stellvertreter:		

Kostenarten Nr.	Kostenarten Benennung	Einheit	Plan-verbrauchs-menge	Plan-preis DM/Einheit	Plankosten Gesamt	Plankosten Pro-portional	Plankosten Fix
	Übertrag				5 204	4 009	1 195
4690	Gemeinkosten von auswärts Gasverbrauch	m³	11 200	0,11	1 232	1 100	132
	(Bemerkung: Da die Härterei der alleinige Gasverbraucher ist, wurde keine besondere Hilfskostenstelle Gasversorgung eingerichtet)						
4800	Kalk. Abschreibungen				609	420	189
4810	Kalk. Zinsen auf Anlage- und Umlaufvermögen				380	—	380
4830	Kalk. Sozialaufwendungen auf Lohn	DM	2 869	0,40	1 148	1 144	4
4831	Kalk. Sozialaufwendungen auf Gehalt	DM	1 000	0,20	200	—	200
4840	Kalk. Raumkosten	m²	120	2,50	300	—	300
4851	Kalk. Stromkosten	kWh	2 400	0,12	288	260	28
4853	Kalk. Wasserkosten (in Raumkostensatz einbezogen) 340 m³ × 0,40 = 136,— DM	m³					
4860	Kalk. Transportkosten				375	375	—
4870	Kalk. Leitungsanteile				192	192	—

		Gesamt	Proportional	Fix
Kostendeckung: Verrechnete Planfertigungskosten	Plankostensummen	9 928	7 500	2 428
Planung geprüft: (Datum) (Unterschrift)	Planverrechnungssatz DM/100 kg	—	50	—
Stellenleiter einverstanden: (Datum) (Unterschrift)				

Tabelle 67: Kostenplan einer Härterei (Ergänzungsplan für zweischichtigen Betrieb)

Maschinenbau GmbH Kostenplanung: 1967		Härterei (2. Schicht) (Kostenstellenbezeichnung)			610 (Nr.)		Blatt 1
Planbezugsgröße: 150 bis 300 × 10² kg gehärtete Teile		Kostenstellenleiter: Stellvertreter:					
Kostenarten		Einheit	Plan-verbrauchsmenge	Planpreis DM/Einheit	Plankosten		
Nr.	Benennung				Gesamt	Proportional	Fix
4125	Sonstiger Hilfslohn				10	—	10
4200	Gehälter 1 Hilfsmeister				600	—	600
4830	Kalk. Sozialaufwendungen auf Lohn	DM	10	0,40	4	—	4
4831	Kalk. Sozialaufwendungen auf Gehalt	DM	600	0,20	120	—	120
Summe (für 22 Schichten/Monat)					734	—	734
Veränderung des Grenzkostensatzes					—	—	—
Fixe Kosten pro 2. Schicht					—	—	33

Tabelle 68: Kostenplan einer Härterei (Ergänzungsplan für dreischichtigen Betrieb)

Maschinenbau GmbH Kostenplanung: 1967		Härterei (3. Schicht) (Kostenstellenbezeichnung)			610 (Nr.)		Blatt 1
Planbezugsgröße: 300 bis 450 × 10² kg gehärtete Teile		Kostenstellenleiter: Stellvertreter:					
Kostenarten		Einheit	Plan-verbrauchsmenge	Planpreis DM/Einheit	Plankosten		
Nr.	Benennung				Gesamt	Proportional	Fix
4125	Sonstiger Hilfslohn				10	—	10
4129	Nachtarbeitszuschlag 670 Std. × 0,46 DM/Std.				308	308	—
4200	Gehälter 1 Hilfsmeister einschl. 15 % Nachtzuschlag				690	—	690
4830	Kalk. Sozialaufwendungen auf Lohn	DM	318	0,40	127	123	4
4831	Kalk. Sozialaufwendungen auf Gehalt	DM	690	0,20	138	—	138
Summe (für 22 Schichten/Monat)					1 273	431	842
Veränderung des Grenzkostensatzes					—	2,87	—
Fixe Kosten pro 3. Schicht					—		38

betragen möge, dazu verwendet, die variablen Vorgaben des Ergänzungsplanes für die dritte Schicht abzuwandeln. Im Beispiel beträgt der Beschäftigungsfaktor 0,33 (= 50 : 150). Da insgesamt 8 Nachtschichten verfahren wurden, kommen hierzu noch 8 · 38 = 304 DM fixe Kosten (differenziert nach Kostenarten). Alle Teilbeträge zusammen ergeben die Sollkosten der Istbeschäftigung unter Berücksichtigung der den realisierten Schichten entsprechenden personellen Kapazitäten.

III. Kostenpläne bei intensitätsmäßiger Anpassung

1. Wie unsere Ausführungen im Abschnitt C des fünften Kapitels gezeigt haben, führen intensitätsmäßige Anpassungsprozesse zu nichtlinearen Gesamtkostenverläufen. Hieraus folgt, daß in Kostenstellen, in denen intensitätsmäßige Anpassungsprozesse durchgeführt werden, die Grenzplankostenrechnung in ihrer normalen Ausgestaltungsform nicht ohne weiteres anwendbar ist. Dies gilt allerdings nur für Fälle, in denen es sich um dispositionsbestimmte intensitätsmäßige Anpassungsprozesse und nicht um geringfügige Schwankungen der Intensität handelt. Die Kosteneinflüsse von Intensitätsveränderungen, die nicht als Maßnahme der Anpassung von der Geschäftsleitung angeordnet wurden, sollen sich uneingeschränkt in den Verbrauchsabweichungen auswirken. Für Kostenstellen, für die keine dispositionsbestimmten intensitätsmäßigen Anpassungsprozesse vorgesehen sind, kommen daher grundsätzlich nur lineare Sollkostenverläufe in Frage. Wir haben an anderer Stelle nachgewiesen, daß dies für die überwiegende Zahl der Kostenstellen gilt.

Lediglich in Kostenstellen, bei denen die Intensität planmäßig verändert werden muß, damit sich unterschiedliche Ausbringungsmengen pro Monat realisieren lassen, sind nichtlineare Sollkostenfunktionen (vgl. Abb. 11 auf S. 145) erforderlich.

Wie bereits die Ausführungen von O. Bredt und H. Steinmann gezeigt haben, stellt die Berücksichtigung des Intensitätseinflusses in der flexiblen Plankostenrechnung ein schwieriges Problem dar[692].

Meistens vereinfacht sich dieses Problem aber dadurch, daß nicht alle Kostenarten einer Kostenstelle intensitätsabhängig sind. Es gibt vielmehr stets auch Kostenarten, bei denen der Verbrauch pro Ausbringungseinheit für alle Intensitätsgrade gleich ist[693]. Die Sollkostenfunktionen dieser Kostenarten sind daher auch im Falle intensitätsmäßiger Anpassungsprozesse linear.

[692] Vgl. O. *Bredt,* Abteilungsrechnung ..., a. a. O., S. 101 ff.; O. *Bredt,* Preisplanung oder Plankosten?, Technik und Wirtschaft 1938, S. 331 ff.; *H. Steinmann,* Die Plankostenrechnung, Diss. Berlin 1939, S. 59. In den USA hat *R. L. Brummet,* Direct Costing ..., a. a. O., S. 63, auf die Schwierigkeiten hingewiesen, die im System des Direct Costing entstehen, wenn man den Kosteneinfluß intensitätsmäßiger Anpassungsprozesse berücksichtigen will. In der deutschen Literatur über Kostenrechnung hat das Problem der Anpassungsprozesse im System der Plankostenrechnung vor allem *H. H. Böhm,* Dynamische Kostensenkung im Betrieb, München 1960, S. 67 ff., behandelt.

[693] Für diese Kostenarten stellt die Verbrauchsfunktion nach E. Gutenberg eine waagerechte Linie dar.

Intensitätsabhängig verhalten sich insbesondere Energiekostenarten, die Kosten für Maschinenwerkzeuge und einige Hilfsstoffarten. Eventuell kommen nichtlineare Kostenfunktionen auch für Instandhaltungskosten, Reparaturkosten und Abschreibungen in Frage.

2. Beim Aufbau der Kostenpläne in Kostenstellen mit dispositionsbedingten intensitätsmäßigen Anpassungsprozessen geht man zunächst genauso vor, wie wir das für den Normalfall der zeitlichen Anpassung beschrieben haben, indem man für eine bestimmte Planbeschäftigung die zugehörigen Planvorgaben ermittelt und durch eine planmäßige Kostenauflösung nach kapazitäts- und ausbringungsabhängigen Komponenten differenziert. Hierbei wählt man in der Regel als Planbeschäftigung diejenige Ausbringungsmenge, die der optimalen Intensität entspricht. Nach Durchführung der Kostenauflösung werden die ausbringungsabhängigen Kostenarten daraufhin untersucht, wie sie sich bei Intensitätsveränderungen verhalten. Intensitätsunabhängige Kostenarten werden in der üblichen Weise proportional vorgegeben. Für intensitätsabhängige Kostenarten dagegen muß der Kostenplaner durch besondere Kostenanalysen und Verbrauchsmessungen die nichtlinearen Gesetzmäßigkeiten ermitteln[694]. Hierbei geht man zweckmäßigerweise so vor, daß man zunächst die Verbrauchsfunktionen nach E. Gutenberg bestimmt, die den Faktorverbrauch einer Kostenart pro Ausbringungseinheit in Abhängigkeit von der Intensität angeben.
Wir wollen hierfür als Beispiel die Kostenart „Kokskosten" (abzüglich der zugehörigen Gichtgasgutschrift) eines Hochofens betrachten. Die Ausbringung eines Hochofens an flüssigem Roheisen kann nicht durch zeitliche Anpassung variiert werden, da ein Hochofen während der gesamten Kalenderzeit produzieren muß, solange man seine Betriebsbereitschaft aufrechterhält. Es bleibt daher nur die Möglichkeit, den Hochofenprozeß einer intensitätsmäßigen Anpassung zu unterwerfen[695]. Hiervon wird am stärksten die Kostenart „Kokskosten" beeinflußt. In dem technologisch zulässigen Bereich unterhalb der optimalen Ausbringung führen erhöhte Kühlverluste und eine schlechte Durchgasung des Gestellquerschnitts bei geringen Windaustrittsgeschwindigkeiten zu einem Anstieg der Kokskosten pro Ausbringungseinheit. Bei Überschreiten des Optimus führen ein Anstieg der Gichtgastemperaturen und eine Verschlechterung der indirekten Reduktion zu progressiven Kokskosten.

[694] Für den Ofenbetrieb in Gießereibetrieben, wo die Intensität zwischen 50% und 120% schwanken kann, beschreibt *K. Traub*, Die Grenzplankostenrechnung in Gießereibetrieben, Diss. Saarbrücken 1964, S. 71, einen interessanten Versuch, den Intensitätseinfluß durch die Verwendung von zwei Bezugsgrößen „t flüssiges Eisen" und „Schmelzstunden" zu eliminieren. Wir glauben jedoch nicht, daß sich die Einflüsse nichtlinearer Kostenfunktionen durch eine Bezugsgrößendifferenzierung in richtiger Weise erfassen lassen.

[695] An einem Hochofen ist die Ausbringung an flüssigem Roheisen pro Tag, die wir als durchschnittliche Intensität eines Produktionstages ansehen können, ihrerseits eine Funktion von zahlreichen Einflußgrößen, so daß strenggenommen mehrere verschiedene Formen der intensitätsmäßigen Anpassung unterschieden werden müßten. Auf diese Differenzierungen wollen wir jedoch im Rahmen unserer weiteren Ausführungen nicht eingehen.

Eine Kostenuntersuchung für einen bestimmten Hochofentyp führte zu dem Ergebnis, daß die optimale Intensität bei 600 t/Tag liegt und daß hierbei folgende Kokskosten und Gichtgasgutschriften pro t anfallen:

Kokskosten	88,78 DM/t
./. Gichtgasgutschrift	22,73 DM/t
Differenz	66,05 DM/t

Für das technisch realisierbare Intensitätsintervall, das von 275 t/Tag bis 925 t/Tag reicht, wurden die in der Spalte 3 der Tabelle 69 angegebenen Differenzen zwischen Kokskosten und Gichtgasgutschriften ermittelt.

Tabelle 69: Beispiel zur Planung der Kokskosten eines Hochofens bei intensitätsmäßiger Anpassung

Roheisenerzeugung		Kokskosten ./. Gichtgasgutschrift	
t/Tag	t/Monat	DM/t	DM/Monat
275	8 250	88,61	731 033
300	9 000	83,77	753 930
350	10 500	77,33	812 965
400	12 000	72,50	870 000
450	13 500	69,27	935 145
500	15 000	67,66	1 014 900
550	16 500	66,86	1 103 190
600*	18 000*	66,05*	1 188 900*
650	19 500	66,86	1 303 770
700	21 000	68,47	1 437 870
750	22 500	71,69	1 613 025
800	24 000	76,52	1 836 480
850	25 500	84,58	2 156 790
900	27 000	94,24	2 544 480
925	27 750	103,10	2 861 025

* Optimum

Die Spalte 2 gibt die zugehörigen monatlichen Tonnenzahlen an. Multipliziert man die Kosten pro t mit der Monatsproduktion, so erhält man die in der letzten Spalte der Tabelle 69 angegebenen Kosten pro Monat. In der Abbildung 38 haben wir diese Kosten in Abhängigkeit von der Monatsproduktion als Sollkostenfunktion graphisch dargestellt.

Im Beispiel der Abbildung 38 wurde die optimale Ausbringung $x_1^{(p)}$ zugleich als Planbeschäftigung angesetzt. Erwartet man jedoch, daß die Beschäftigungslage im Jahresdurchschnitt eine abweichende Intensität erfordern wird, so kann man entsprechend höhere oder niedrigere Planbezugsgrößen ansetzen. In der Abbildung 38 haben wir diese Möglichkeit durch die Planbeschäftigung $x_2^{(p)} = 22\,500$ t/Monat angedeutet.

Als Kalkulationssatz einer Kostenstelle mit intensitätsmäßiger Anpassung sollte man in einer Grenzplankostenrechnung grundsätzlich die variablen Stückkosten

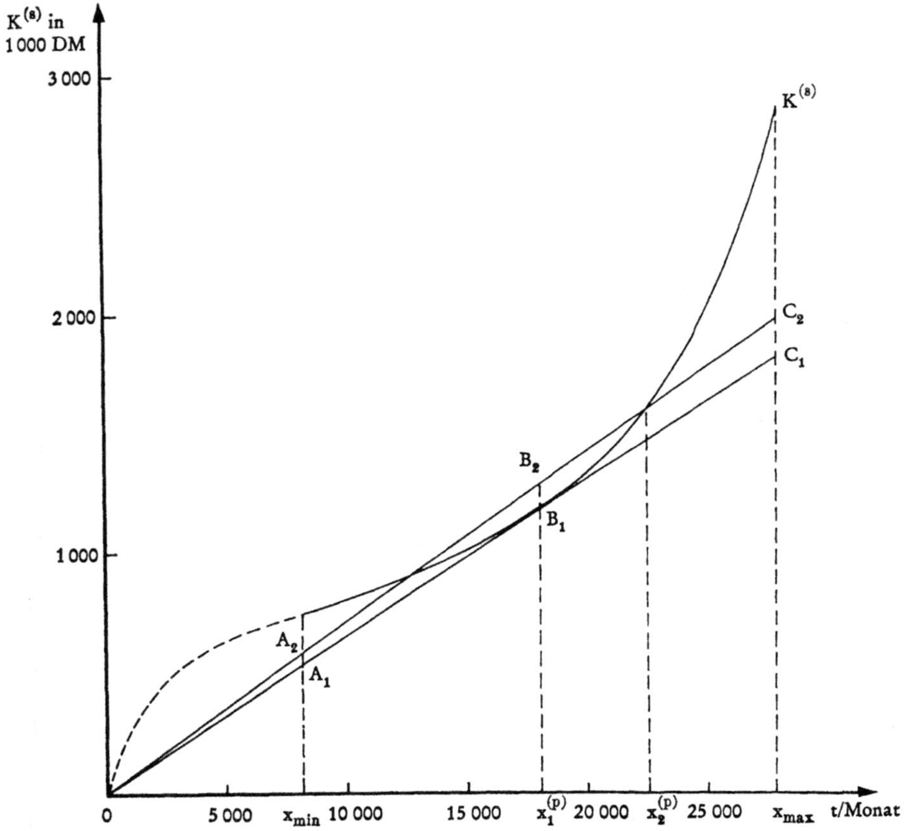

Abb. 38: Sollkostenverlauf für die Kokskosten (abzüglich Gichtgasgutschrift) eines Hochofens bei intensitätsmäßiger Anpassung

der Planbeschäftigung verwenden. In unserem Beispiel gehen in die Kosten pro t flüssigen Roheisens im Falle der Planbeschäftigung $x_1^{(p)}$ 66,05 DM und bei der Planbeschäftigung $x_2^{(p)}$ 71,69 DM als Kokskosten (abzüglich Gichtgasgutschrift) ein.
Der Kosteneinfluß intensitätsmäßiger Anpassungsprozesse wird im Rahmen der Kostenkontrolle durch eine besondere Intensitätsabweichung ermittelt, die wir im Abschnitt E, VI des achtzehnten Kapitels beschreiben werden.

F. Die Abstimmung der Kostenplanung

1. Ist die Kostenplanung abgeschlossen und liegen für sämtliche Kostenstellen eines Betriebes alle Kostenpläne vor, so ist eine Abstimmung der Kostenplanung erforderlich. Mit ihrer Hilfe sollen insbesondere eventuelle Rechen- und Übertragungs-

fehler aufgedeckt werden. Sie überprüft also die rechnerische, nicht dagegen die materielle Richtigkeit der Kostenplanung. In der Mehrzahl der Betriebe wird heute die Abstimmung der Kostenplanung mit Hilfe der elektronischen Datenverarbeitung durchgeführt.

Die *Abstimmung* der Kostenplanung besteht aus folgenden *Prüfvorgängen:*

a) Für alle Teilbereiche und für den gesamten Betrieb wird überprüft, ob in den Abstimmbögen die Spalten- mit der Zeilensumme übereinstimmt.

b) Es werden die Summen aus den proportionalen und aus den fixen Kosten gebildet und mit den zugehörigen Gesamtkostenbeträgen verglichen.

c) Man multipliziert die Summen der Lohnkostenvorgaben, differenziert nach fixen, proportionalen und gesamten Kosten, mit dem Planverrechnungssatz für die kalkulatorischen Sozialkosten für Lohnempfänger und vergleicht die hierbei errechneten Beträge mit den Summen der unter der Kostenart „Kalkulatorische Sozialkosten auf Lohn" vorgegebenen Kosten.

d) Die gleiche Kontrollrechnung wie für Löhne wird auch für die Gehaltskosten durchgeführt.

e) Die bei der Bildung der Verrechnungssätze lohnbezogener Sozialkosten verwendete Planlohnsumme wird durch 12 dividiert und mit der Lohnkostensumme der Kostenplanung verglichen.

f) Die gleiche Kontrollrechnung wie unter e) wird ebenfalls für die Gehaltskosten durchgeführt.

g) Man stimmt die Kostensumme der „Verschiedenen Gemeinkosten" mit der Summenzeile des Planungsblattes für „Verschiedene Gemeinkosten" ab.

h) Die Summe der kalkulatorischen Raumkosten wird mit den Gesamtkosten der Raumkostenstellen auf Identität geprüft.

i) Für alle Energieversorgungskostenstellen wird überprüft, ob deren proportionale Kosten mit der zugehörigen Summe der betreffenden Energiekostenart übereinstimmen.

k) Die Summe der kalkulatorischen Transportkosten muß mit der Summe der proportionalen Kosten der Transportkostenstellen übereinstimmen.

l) Die unter k) beschriebene Methode wird für die Leitungskostenstellen durchgeführt.

m) Die in die Plangrenzherstellkosten des Umsatzes, die zur Ermittlung der Verrechnungssätze für Verwaltungs- und Vertriebsgemeinkosten verwendet wurden, eingegangenen Grenzfertigungskosten müssen mit der Summe der proportionalen Kosten der Material- und Fertigungsstellen übereinstimmen.

Zum Abschluß der Kostenabstimmung werden die im Zuge der planmäßigen innerbetrieblichen Leistungsverrechnung doppelt verrechneten Kosten ermittelt und von der Gesamtkostensumme subtrahiert.

2. Als praktisches Beispiel für die Abstimmung der Kostenplanung haben wir in den Tabellen 70 und 71 Ausschnitte aus der Abstimmung der Kostenplanung in einer kleineren Maschinenfabrik wiedergegeben.

Additional information of this book

(Flexible Plankostenrechnung; 978-3-531-11221-3)

is provided:

EXTRA
MATERIALS
extras.springer.com

http://Extras.Springer.com

Die Tabelle 70 enthält die Teilabstimmung für die allgemeinen Hilfs- und Nebenstellen sowie für die Transportkostenstellen. Die Teilabstimmungen für die übrigen betrieblichen Bereiche werden entsprechend aufgebaut.
Die Tabelle 71 gibt die Zusammenfassung der Abstimmungsergebnisse wieder. Die Summen aller Teilabstimmungsbögen werden in die Tabelle 71 übertragen, wie ein Vergleich mit Tabelle 70 erkennen läßt. Anschließend werden in der Tabelle 71 die folgenden Abstimmungsberechnungen durchgeführt.
Die Spalten- und Zeilensummen betragen in Tabelle 71 für die Gesamtkosten 359 492 DM, für die proportionalen Kosten 225 196 DM und für die fixen Kosten 134 296 DM. Die Identität der Spalten- und Zeilensummen zeigt, daß keine Übertragungsfehler vorgekommen sind.
Addiert man die Summen der proportionalen und die der fixen Kosten, so erhält man im Beispiel der Tabelle 71 die Gesamtkosten in Höhe von 359 492 DM. Hiermit ist der Nachweis erbracht, daß in allen Kostenstellenplänen die Summen der proportionalen und der fixen Kosten mit den zugehörigen Gesamtkosten übereinstimmen.
Bei der Abstimmung der kalkulatorischen Sozialkosten auf Lohn erhalten wir folgende Ergebnisse:

Gesamt	116 058 DM × 0,40 = 46 423 DM
Proportional	104 011 DM × 0,40 = 41 604 DM
Fix	12 047 DM × 0,40 = 4 819 DM

Ein Vergleich mit der Kostenart 4830 in Tabelle 71 läßt erkennen, daß bei den proportionalen und bei den Gesamtkosten lediglich ein Abrundungsfehler von 1 DM eingetreten ist.
Bei der Abstimmung der kalkulatorischen Sozialkosten auf Gehalt erhalten wir folgende Beträge:

Gesamt	58 850 DM × 0,20 = 11 770 DM
Proportional	5 340 DM × 0,20 = 1 068 DM
Fix	53 510 DM × 0,20 = 10 702 DM

Diese Beträge stimmen mit den Vorgaben der Kostenart 4831 überein.
Bei der Bildung von Verrechnungssätzen für die kalkulatorischen Sozialkosten wurde eine geplante Jahreslohnsumme von 1 392 000 DM und eine geplante Jahresgehaltssumme von 708 000 DM zugrunde gelegt. Dividiert man diese Beträge durch 12, so erhält man für die Löhne 116 000 DM/Monat und für die Gehälter 59 000 DM/Monat. Die entsprechenden Beträge der Kostenplanung sind 116 058 DM Lohnkosten und 58 850 DM Gehaltskosten.
Unter der Kostenart 4710 wurden 13 202 DM vorgegeben. Dieser Betrag wird mit dem Planungsblatt für „Verschiedene Gemeinkosten" verglichen; er muß mit der dort enthaltenen Plankostensumme übereinstimmen.
Wie die erste Kostenstellenspalte der Tabelle 70 erkennen läßt, stimmen die Gesamtkosten der Kostenstelle „Grundstücke und Gebäude" in Höhe von 11 370 DM mit der Kostenvorgabe der Kostenart 4840 „Kalkulatorische Raumkosten" überein.

Da der kalkulatorische Raumkostensatz ein Vollkostensatz ist, müssen bei den Raumkosten die Gesamtkosten abgestimmt werden.
Für alle übrigen sekundären Kostenstellen werden dagegen in einer Grenzplankostenrechnung nur die proportionalen Kosten mit den zugehörigen sekundären Kostenarten abgestimmt.
So werden z.B. in der Tabelle 71 die kalkulatorischen Stromkosten in Höhe von 7560 DM/Monat mit der proportionalen Kostensumme der Kostenstelle 202 „Stromversorgung" verglichen.
Für die Reparaturabteilung ist eine solche Abstimmung nicht möglich, da deren Kosten auch auf Werkaufträge entfallen, die aktiviert werden und daher nicht in den Instandhaltungs- und Reparaturkostenvorgaben der Kostenplanung erscheinen.
Wie die letzte Summenspalte der Tabelle 70 erkennen läßt, beträgt die Summe der proportionalen Kosten der Transportstellen 9140 DM. Dieser Betrag erscheint in Tabelle 71 als Summe der Kostenart 4860 „Kalkulatorische Transportkosten" wieder.
In gleicher Weise stimmt die Summe der proportionalen Kosten sämtlicher Leitungskostenstellen mit der Summe der Kostenart 4870 „Kalkulatorische Leitungskosten" in Höhe von 10915 DM überein.
Für die Bildung der Verrechnungssätze für Verwaltungs- und Vertriebsgemeinkosten wurden als Basis 300000 DM Plangrenzherstellkosten verwendet. Hiervon entfallen 130000 DM auf Planeinzelmaterialkosten und auf geplante Sondereinzelkosten der Fertigung, so daß 170000 DM für die Plangrenzfertigungskosten übrigbleiben. Addiert man in Tabelle 71 die proportionalen Kostensummen der Material- und Fertigungskostenstellen, so erhält man 171540 DM, also nur 540 DM mehr, als in die Bezugsbasis für die Bildung der Verwaltungs- und Vertriebsgemeinkostenzuschläge einbezogen wurden. Eine genaue Übereinstimmung ist hier nicht erforderlich.
Abschließend ist in Tabelle 71 (dort unten links) angegeben, welche Kostenarten bei der planmäßigen innerbetrieblichen Leistungsverrechnung doppelt verrechnet wurden. Dies sind die Gesamtkosten der Kostenstelle „Grundstücke und Gebäude" und die proportionalen Kosten aller übrigen Sekundärstellen. Bei der Reparaturabteilung wurden nur 65 % der proportionalen Kosten als doppelt verrechnete Kosten angesetzt, da eine Überprüfung der Kostenpläne ergab, daß die übrigen proportionalen Kosten dieser Abteilung für zu aktivierende Werkaufträge vorgegeben wurden.
Nach Abschluß der Kostenabstimmung werden die Kostenpläne an folgende Abteilungen weitergeleitet: Von jedem Kostenplan bleibt mindestens ein Exemplar in der Betriebsabrechnung, da die Kostenpläne als Grundlage zur Durchführung des Soll-Ist-Kosten-Vergleichs benötigt werden. Wird der Soll-Ist-Kosten-Vergleich mit Hilfe von Lochkarten durchgeführt, so werden alle hierfür erforderlichen Daten der Kostenpläne auf Lochkarten übertragen. Weiterhin erhält jeder Abteilungsleiter ein Exemplar der Kostenpläne derjenigen Kostenstellen, für deren Kostenverursachung er verantwortlich ist. Die in den Kostenstellenplänen enthaltenen Kalkulationssätze werden zum Aufbau der Plankalkulationen an die Kalkulationsabteilung weitergeleitet.

18. Kapitel

Aufbau und Durchführung der kostenstellenweisen Kostenkontrolle (Soll-Ist-Kosten-Vergleich)

A. Grundsätze für die Durchführung des Soll-Ist-Kosten-Vergleichs

1. Das Ziel der kostenstellenweisen Kostenkontrolle besteht darin, Kostenbeträge sichtbar zu machen, die durch innerbetriebliche Unwirtschaftlichkeiten verursacht worden sind. Für die Kostenkontrolle wurden mehrere Methoden entwickelt.
Die ältesten Versuche einer Kostenkontrolle dürften in der Durchführung *innerbetrieblicher Zeitvergleiche der Kosten* zu sehen sein. Hierbei werden die in der Kostenstellenrechnung (BAB) erfaßten Istkosten im Zeitablauf statistisch ausgewertet. Eine solche Abweichungsanalyse läßt jedoch nur Abweichungen von Istkosten-Durchschnittswerten erkennen, aus denen keine Rückschlüsse auf die Wirtschaftlichkeit der Kostenstruktur gezogen werden können; denn bereits in den Durchschnittswerten können Einflüsse innerbetrieblicher Unwirtschaftlichkeiten enthalten sein.
Dies gilt auch für den Versuch, aus *zwischenbetrieblichen Kostenvergleichen* Rückschlüsse auf die innerbetriebliche Kostenwirtschaftlichkeit ziehen zu wollen. Das gleiche Argument gilt in noch verstärktem Maße, da die Angaben in Betriebsvergleichen erfahrungsgemäß Ungenauigkeiten enthalten. Selbst bei Betrieben der gleichen Branche können Standortunterschiede sowie geringfügige Unterschiede in den Betriebsgrößen, in den Fertigungsverfahren und in der Zusammensetzung des Fertigungsprogramms genügen, um die Vergleichbarkeit der Kosten erheblich zu beeinträchtigen. Zusammenfassend gilt also, daß Zeit- und Betriebsvergleiche für die Kostenkontrolle unbrauchbar sind, weil bei diesen Verfahren keine Maßkosten in Form geplanter Sollkosten vorhanden sind[696].
Der wichtigste Grundsatz für eine wirksame Kostenkontrolle besteht daher darin, daß den Istkosten innerbetrieblich festgelegte Plan- oder Sollkosten gegenübergestellt werden. Die Kostenkontrolle muß daher stets ein *Soll-Ist-Kosten-Vergleich* sein. Für den Soll-Ist-Kosten-Vergleich wurden zwei Verfahren entwickelt, und zwar erstens der *Kostenkennziffernvergleich* und zweitens die *Kostenabweichungsanalyse* der flexiblen Plankostenrechnung.
Beim Kostenkennziffernvergleich werden nach Kostenarten und Kostenstellen differenzierte Sollkosten pro Bezugsgrößeneinheit festgelegt, mit denen später die

[696] Diese Ansicht vertritt auch *K. Agthe,* Kostenplanung und Kostenkontrolle im Industriebetrieb, Baden-Baden 1963, S. 11. Im übrigen vgl. unsere Kritik an der Istkostenrechnung im ersten Teil.

entsprechenden Istwerte verglichen werden. Ein gewisser Vorteil der Kennziffernrechnung besteht darin, daß sie außerhalb einer geschlossenen, nach Soll- und Istkosten differenzierten Kostenstellenrechnung durchgeführt werden kann. Dieser Vorteil wiegt aber den großen Nachteil nicht auf, daß der Kennziffernvergleich nur relative, nicht aber absolute Kostenabweichungen erkennen läßt. Da andererseits auch für einen wirksamen Kennziffernvergleich, wenn er überhaupt wirksam sein soll, nach Kostenarten und Kostenstellen differenzierte Sollkosten zur Verfügung stehen müssen, dann sollte man die Kostenkontrolle stets gleich als geschlossene Abweichungsanalyse durchführen und Kennziffernvergleiche lediglich als Ergänzung oder Auswertungsmethode ansehen.

2. Ein weiterer Grundsatz der Kostenkontrolle besteht darin, daß die *Ergebnisse der Kostenkontrolle möglichst schnell vorliegen sollen.* K. Käfer schreibt hierzu: „Die allgemeine Erfahrung lehrt, daß der *Erfolg von Kontrollmaßnahmen* davon abhängt, ob sie *rasch* dem zu kontrollierenden Vorgang nachfolgen.“ [697] Je später die Kontrolle einsetzt, desto unwirksamer ist sie, weil sie die Abteilungsleiter dann gemeinhin an die Entstehungsgründe von Unwirtschaftlichkeiten nicht mehr erinnern; darüber hinaus setzen die Maßnahmen zur Verbesserung der Kostenstruktur zu spät ein.
In engem Zusammenhang mit einer schnellen Durchführung der Kostenkontrolle steht das Problem, *für welche Zeiträume die Kostenkontrolle durchgeführt werden soll.* Wählt man die Kontrollperiode kurz, so setzt die Kostenkontrolle entsprechend schnell ein, wodurch ihre Wirksamkeit erhöht wird. Gleichzeitig nehmen aber die Schwierigkeiten der Datenerfassung zu; dies gilt insbesondere für die Erfassung und Kontierung der Istkosten und für die Ermittlung der Istbezugsgrößen. Mit einer Verkürzung der Kontrollperiode treten in zunehmendem Maße Probleme der zeitlichen Abgrenzung auf, bei deren Nichtberücksichtigung die Kostenkontrolle den Störungen von „Kostenstößen“ ausgesetzt wäre.
In den USA und in Deutschland wird am häufigsten der Kalendermonat als Kontrollperiode verwendet[698]; dies ist vorwiegend traditionell bedingt. Für eine wirksame Kostenkontrolle ist ein Monat zu lang, insbesondere dann, wenn die Kostenstellenabrechnungen und damit die Ergebnisse der Kostenkontrolle selten früher als am zehnten Arbeitstage des Folgemonats zur Verfügung stehen; in vielen Betrieben werden sogar zwanzig und noch mehr Arbeitstage benötigt. In der weiteren Entwicklung der Plankostenrechnung ist daher eine wöchentliche Kostenkontrolle anzustreben.

[697] Vgl. *K. Käfer,* Standardkostenrechnung, 2 Aufl., Zürich 1964, S. 49. Im übrigen weisen folgende Autoren darauf hin, daß die Kontrolle möglichst kurzfristig einsetzen muß: *H. C. Heiser,* Budgetierung, Grundsätze und Verfahren der betriebswirtschaftlichen Planung, Berlin 1964, S. 182; *C. T. Horngren,* Cost Accounting: A Managerial Emphasis, 3. Aufl., Englewood Cliffs, N. J. 1963, S. 34; *A. Matz,* Planung und Kontrolle von Kosten und Gewinn, AGPLAN, Bd. 7, Wiesbaden 1964, S. 165.
[698] Vgl. *A. Matz,* Planung . . ., a. a. O., S. 172.

3. Ein weiteres Problem besteht darin, ob die Kostenkontrolle als *geschlossener* oder *partieller Soll-Ist-Kosten-Vergleich* durchgeführt werden soll. Bei einem geschlossenen Soll-Ist-Kosten-Vergleich werden aus Gründen der Vollständigkeit und zum Zwecke der besseren Abstimmungsmöglichkeiten *alle* Kostenarten in die Kostenvergleichsrechnung einbezogen. Hierbei ist es gleichgültig, ob Kostenarten vom Kostenstellenleiter beeinflußt werden können oder nicht. Die Kostenarten, die „Soll = Ist" abgerechnet werden, sind ebenfalls in einem geschlossenen Soll-Ist-Kosten-Vergleich enthalten.
Beim partiellen Soll-Ist-Kosten-Vergleich beschränkt sich die laufende Kontrolle auf die von den Kostenstellenleitern *beeinflußbaren* Kostenarten. Hierzu zählen vor allem Personalkosten, Hilfs- und Betriebsstoffkosten, Instandhaltungs- und Reparaturkosten und Energiekosten, sofern der Energieverbrauch in der Kostenstelle gemessen wird. Zu den nicht beeinflußbaren Kostenarten zählen dagegen kalkulatorische Abschreibungen, kalkulatorische Zinsen auf das Anlagevermögen und Raumkosten sowie kalkulatorische Leitungs- und Transportkosten. Der partielle Soll-Ist-Kosten-Vergleich entspricht dem amerikanischen „responsibility accounting"[699].
Ein bedeutsamer Vorteil des partiellen Soll-Ist-Kosten-Vergleichs besteht darin, daß er schneller durchgeführt werden kann als die geschlossene Form der Kostenkontrolle. Weiterhin entspricht er dem Grundsatz, daß sich eine Kontrollrechnung auf die vom Kontrollierten beeinflußbaren Größen beschränken soll. Alle nicht vom Kostenstellenleiter beeinflußbaren Kostenarten belasten die Durchführung und Auswertung der Kostenkontrolle unnötig. In einem partiellen Soll-Ist-Kosten-Vergleich treten die Abweichungen der beeinflußbaren Kostenarten stärker in den Vordergrund als in der geschlossenen Form der Kostenstellenrechnung, wo sie den Kostenstellenleitern leicht als relativ unbedeutend erscheinen mögen. Ein gewisser Nachteil des partiellen Soll-Ist-Kosten-Vergleichs besteht darin, daß die traditionelle Geschlossenheit und die damit verbundenen Abstimmöglichkeiten der Kostenstellenrechnung verlorengehen.
Da die Vorteile die Nachteile beim partiellen Soll-Ist-Kosten-Vergleich überwiegen, sollte die weitere Entwicklung der flexiblen Plankostenrechnung dazu führen, daß die Kostenkontrolle wöchentlich in partieller Form durchgeführt wird. Allerdings wäre es dann zu empfehlen, den wöchentlichen partiellen Soll-Ist-Kosten-Vergleich viertel- oder halbjährlich durch die geschlossene Form der Kostenstellenrechnung zu ergänzen.

4. Für die praktische Durchführung der Kostenkontrolle ist die Frage bedeutsam, ob die Kontrolle nach dem *Prinzip der Identität der Planungs- und Kontrollbereiche* erfolgen soll, oder ob man für die Kostenkontrolle größere Abrechnungsbereiche bil-

[699] Vgl. *C. T. Horngren*, Cost Accounting . . ., a. a. O., S. 228 ff.; *A. Matz, O. J. Curry, G. W. Frank*, Cost Accounting, Management's Operational Tool for Planning, Control, and Analysis, 3. Aufl., Chicago - Dallas - u. a. 1962, S. 643. *K. Käfer*, Standardkostenrechnung, 2. Aufl., a. a. O., S. 303, lehnt den partiellen Soll-Ist-Kosten-Vergleich ab, da er dem Grundsatz der Vollständigkeit der Kostenstellenrechnung widerspreche.

den kann, als sie für den Aufbau der Kostenplanung erforderlich sind. Wie unsere Ausführungen im Abschnitt B des fünfzehnten Kapitels gezeigt haben, erfordert die flexible Plankostenrechnung eine relativ weitgehende Kostenstellendifferenzierung, damit Bezugsgrößen gebildet werden können, durch die die Einflüsse aller Kostenbestimmungsfaktoren für die Zwecke der Kostenkontrolle und für den Aufbau der Kalkulation mit genügender Genauigkeit erfaßt werden. Für den Aufbau der Kostenpläne ist die Anzahl der Kostenstellen hinsichtlich des Arbeitsaufwandes nicht so erheblich, da die Kostenplanung für jede Planungsperiode nur einmal durchgeführt wird. Im Gegensatz hierzu wird die Erfassung und Verteilung der Istkosten in der laufenden Kostenrechnung mit zunehmender Differenzierung der Kostenstelleneinteilung schwieriger. Um diese Schwierigkeiten zu umgehen, sind zwei verschiedene Methoden vorgeschlagen worden: erstens die *Kostenplatzrechnung* von W. W. Neumayer und zweitens die Methode der *Bereichskostenstellen* von H. G. Plaut.

Bei der von W. W. Neumayer vorgeschlagenen Kostenplatzrechnung gilt das Prinzip von der Identität der Planungs- und Kontrollbereiche nicht. Beim Aufbau der Kostenpläne wird zwar die Kostenstelleneinteilung so fein gewählt, wie es den Grundsätzen einer richtigen Bezugsgrößenwahl entspricht; in der laufenden Abrechnung und damit bei der Durchführung der Kostenkontrolle begnügt man sich aber mit gröberen Kostenstelleneinteilungen, um die Rechenarbeit zu vermindern und Kontierungsschwierigkeiten zu vermeiden[700]. Die Bezeichnung „Kostenplatzrechnung" soll andeuten, daß man bei dieser Methode ohne Schwierigkeiten der Kostenplanung sehr weitgehende Differenzierungsgrade hinsichtlich der Kostenstelleneinteilung zugrunde legen und sogar für einzelne Arbeitsplätze gesonderte Kostenpläne erstellen kann. Die Vertreter der Kostenplatzrechnung weisen darauf hin, daß es ausreicht, der Kostenplanung eine relativ weitgehende Differenzierung der Kostenstellen zugrunde zu legen, um die Kostenkontrolle von den störenden Einflüssen schwankender Seriengrößen und veränderlicher Auftragszusammensetzung frei zu halten und genaue Plankalkulationen aufbauen zu können. Den gleichen Differenzierungsgrad halten sie dagegen für die Kostenkontrolle nicht für erforderlich. Die Sollkosten der Istbeschäftigung werden hier zwar nach Kostenplätzen differenziert erfaßt; vor Durchführung des Soll-Ist-Kosten-Vergleichs werden aber die Sollkosten größerer Betriebsbereiche zusammengefaßt und den entsprechenden Istkosten global gegenübergestellt. W. W. Neumayer sieht hierin eine Synthese zwischen den Verfeinerungsbestrebungen der Kostenrechnung und der „Entfeinerung" der Kostenstellen-

[700] Vgl. *W. W. Neumayer*, Berücksichtigung des „Auftrags"- und „Verfahrens"-Wechsels in der Fertigung durch „doppelt-flexible" Plankostenrechnung, ZfB 1950, S. 403 ff., und AGPLAN, Merkblatt 2, Frankfurt 1951. Weiterhin wird die Kostenplatzrechnung von folgenden Autoren befürwortet: *B. Christoph*, Die Plankostenrechnung in der NE-Metallindustrie, ZfB 1953, S. 59; *H. Diercks* und *F. Petzold*, Plankostenrechnung in der Eisenindustrie?, Archiv für das Eisenhüttenwesen 1953, S. 184 ff.; *H. Dierks* und *F. Petzold*, Betriebsüberwachung durch Plankostenrechnung, ZfhF 1951, S. 491 ff.; *K. Goldammer*, Platzkosten und Maschinenzeitsätze, ZfB 1953, S. 587; *K. H. Swenson*, Die Platzkostenrechnung in der Praxis, DB 1950, S. 465 ff.

einteilung: „Die ‚Synthese' zwischen der Verfeinerung und Entfeinerung, die beide ihre gewisse Berechtigung haben, liegt darin, daß mit den feineren ‚Kostenplätzen' nur in der einmalig stattfindenden Kosten-Vorrechnung (d. h. Planung) und mit den gröberen ‚Kostenstellen' in den laufenden Kostenabrechnungen gerechnet wird."[701] Die der Kostenplanung zugrunde liegenden betrieblichen Teilbereiche werden von den Vertretern der Kostenplatzrechnung als Kostenplätze bezeichnet, weil es sich bei ihnen keineswegs um eine „Art kleinerer Kostenstellen" handelt; denn das wäre nur der Fall, wenn auf sie auch Istkosten kontiert würden. Istkosten werden nach der Kostenplatzrechnung aber nur auf größeren Kostenstellenbereichen gesammelt. H. Diercks und F. Petzold schreiben hierüber: „Der Kostenplatz tritt nur als Planungseinheit in Erscheinung. Abrecheneinheit bleibt die Stelle, die sich mit dem Meisterverantwortungsbereich decken kann und aus mehreren Kostenplätzen besteht."[702] Im Gegensatz zu den Vertretern der Kostenplatzrechnung hält H. G. Plaut grundsätzlich an dem Prinzip der Identität der Planungs- und Kontrollbereiche fest. Hiernach stimmen der Differenzierungsgrad der Kostenplanung und der des Soll-Ist-Kosten-Vergleichs überein[703]. Die hierbei auftretenden Kontierungsschwierigkeiten werden bei der von H. G. Plaut vertretenen Methode in der Weise umgangen, daß jeweils mehreren Kostenstellen eine gemeinsame Bereichskostenstelle vorgeschaltet wird, auf der alle Kostenarten geplant und kontiert werden, deren direkte Zurechnung bei der Istkostenerfassung zu Kontierungsschwierigkeiten führen würde. Hierzu zählen neben den Meistergehältern und den Löhnen für Werkstattschreiber auch geringfügige Schmieröl- und Fettkosten sowie die Kosten für Reinigungsmaterial. Die Bereichskostenstellen werden als Leitungskostenstellen abgerechnet, wie wir das im Abschnitt B, VII des siebzehnten Kapitels beschrieben haben. Hiernach werden die oben genannten Kostenarten planmäßig richtig auf die betreuten Kostenstellen verteilt, ohne daß jedoch bei der Durchführung des Soll-Ist-Kosten-Vergleichs eine entsprechend differenzierte Kontierung der Istkosten erforderlich ist.

Durch die Methode der Bereichskostenstellen wird erreicht, daß der den Grundsätzen einer sorgfältigen Kostenplanung entsprechende Differenzierungsgrad der Kostenstelleneinteilung auch bei der Durchführung des Soll-Ist-Kosten-Vergleichs beibehalten werden kann, ohne daß dabei nennenswerte Kontierungsschwierigkeiten auftreten. Vergleicht man die Methode der Bereichskostenstellen mit der der Kostenplatzrechnung, so erkennt man, daß durch die Kostenplatzrechnung der Soll-Ist-Kosten-Vergleich stark an Aussagefähigkeit verliert, weil die Istkosten für betriebliche Teilbereiche zusammengefaßt werden, die vom Standpunkt der Kostenkontrolle zu groß sind. Hinzu kommt, daß es bei der Kostenplatzrechnung sehr viel schwerer ist, eventuelle Planungsfehler zu erkennen[704]. Weiterhin erstrecken sich die abrech-

[701] Vgl. *W. W. Neumayer,* Berücksichtigung . . ., a. a. O., S. 408.
[702] Vgl. *H. Diercks, F. Petzold,* Betriebsüberwachung . . ., a. a. O., S. 491.
[703] Vgl. *H. G. Plaut,* Die Grenz-Plankostenrechnung, ZfB 1953, S. 349.
[704] Vgl. *H. G. Plaut,* Die Grenz-Plankostenrechnung (1953), a. a. O., S. 349, der zur Kostenplatzrechnung sagt: „Bei einem solchen Vorgehen ist es naturgemäß nicht möglich, etwa aufgetretene Planungsfehler . . . zu erkennen und auszumerzen."

nungstechnischen Vorteile der Kostenplatzrechnung lediglich auf die Erfassung und Verteilung der Istkosten. Die Ermittlung der Sollkosten, denen der Differenzierungsgrad der Kostenplanung zugrunde liegt, wird nicht vereinfacht. Mit Recht weist daher H. G. Plaut darauf hin, daß es „unökonomisch" ist, die ohnehin vorhandene Differenzierung der Sollkosten im Soll-Ist-Kosten-Vergleich nicht voll auszunutzen[705]. Dies gilt um so mehr, als der Soll-Ist-Kosten-Vergleich heute in den meisten Betrieben mit Hilfe von Datenverarbeitungsanlagen durchgeführt wird, so daß einer großen Anzahl von abzurechnenden Kostenstellen keine wesentliche Bedeutung mehr zukommt.
Wir halten es daher für richtig, dem Soll-Ist-Kosten-Vergleich das Prinzip der Identität der Planungs- und Kontrollbereiche zugrunde zu legen, wie es am besten mit Hilfe der Methode der Bereichskostenstellen erreicht werden kann.

5. Wie die Übersicht 18 erkennen läßt, erfolgt die Durchführung des Soll-Ist-Kosten-Vergleichs in folgenden Stufen.

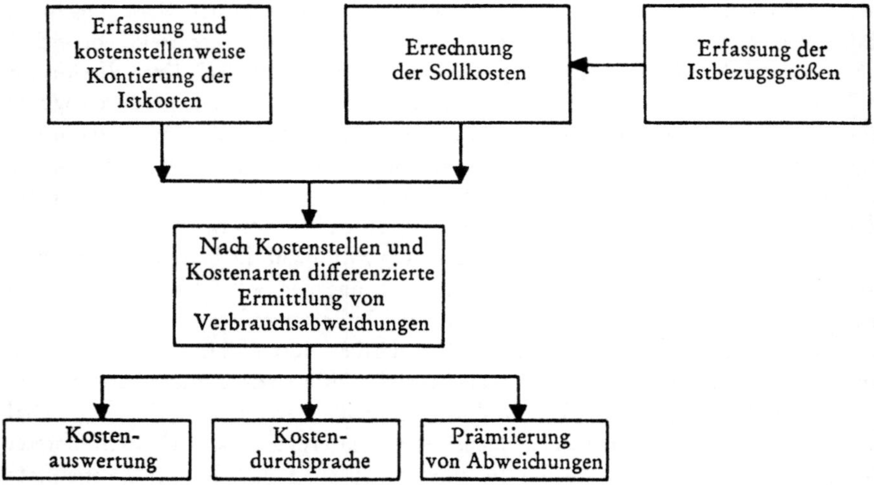

Übersicht 18: Aufbau des Soll-Ist-Kosten-Vergleichs

Erstens müssen für jede Kontrollperiode die nach Kostenarten differenzierten Istkosten erfaßt und nach dem Verursachungsprinzip auf die Kostenstellen verteilt werden. Zweitens werden die Istbezugsgrößen für alle Kostenstellen ermittelt und mit deren Hilfe die nach Kostenarten differenzierten Sollkosten der Istbeschäftigung errechnet. Drittens werden durch Gegenüberstellung der Ist- und Sollkosten für alle Kostenstellen nach Kostenarten differenzierte Kostenstellenabweichungen ausgewiesen, die man in der Regel als „Verbrauchsabweichungen" bezeichnet.

[705] Vgl. *H. G. Plaut,* Die Grenz-Plankostenrechnung (1953), a. a. O., S. 349.

Mit der Errechnung von Kostenabweichungen ist jedoch die Durchführung des Soll-Ist-Kosten-Vergleichs keineswegs beendet. Der rein rechnerischen Ermittlung von Kostenstellenabweichungen müssen vielmehr eine intensive Kostenauswertung, eine Kostendurchsprache unter Beteiligung aller verantwortlichen Stellen und u. U. noch eine Prämiierung der Abweichungen folgen. Im einzelnen werden wir die Durchführung des Soll-Ist-Kosten-Vergleichs in den folgenden Abschnitten behandeln.

B. Die Erfassung und kostenstellenweise Kontierung der Istkosten

1. Unter Istgemeinkosten sind in der Plankostenrechnung die mit Planpreisen bewerteten Istverbrauchsmengen zu verstehen, also keineswegs Istkosten im Sinne der Grundform der Istkostenrechnung. Die Istverbrauchsmengen oder -zeiten werden am Ende einer jeden Abrechnungsperiode mit Hilfe von Materialentnahmescheinen, Lohnscheinen, Gehaltslisten, Lieferlisten für innerbetriebliche oder von außen bezogene Leistungen und sonstigen Verbrauchsbelegen erfaßt und mit den zugehörigen Planpreisen bewertet. Handelt es sich um Kostenarten, die nicht in das Planpreissystem einbezogen wurden, so sind die effektiven oder die zeitlich abgegrenzten Ausgaben gleich den Istkosten.

Für die Erfassung und kostenstellenweise Kontierung der Istkosten gelten in der Plankostenrechnung die gleichen Grundsätze wie für jede andere Form der Kostenrechnung. Bei der zeitlichen und kalkulatorischen Abgrenzung von Kosten ist jedoch in der Plankostenrechnung darauf zu achten, daß die Abgrenzung der Istkosten stets genauso durchzuführen ist, wie die Abgrenzung der zugehörigen Plan- und Sollkosten. Hieraus folgt zwangsläufig, daß alle kalkulatorischen Kostenarten im Ist und im Soll übereinstimmen müssen, ihre Istkosten also zugleich Sollkosten sind.

Weiterhin treten in einer Plankostenrechnung bei der zeitlichen Abgrenzung folgende Probleme auf. Alle Kostenarten, die unregelmäßigen, d. h. nicht bezugsgrößenmäßig gekoppelten zeitlichen Schwankungen und Stößen ausgesetzt sind, müssen bei der Kostenplanung zeitlich ausgeglichen und daher auch im Ist zeitlich abgegrenzt werden. Dies gilt z. B. für Instandhaltungs- und Reparaturkosten. Damit jedoch die laufende Abrechnungsarbeit nicht zu groß wird, läßt es sich praktisch vielfach nicht vermeiden, auf eine zu weitgehende zeitliche Abgrenzung im Ist zu verzichten. Hierdurch gelangen die Einflüsse von Kostenstößen in den Soll-Ist-Vergleich, worauf bei der Kostenauswertung besonders zu achten ist.

Die Verteilung der Istkosten auf die Kostenstellen hat grundsätzlich so exakt wie möglich und nach den gleichen Verteilungsgrundsätzen zu erfolgen, die auch der Kostenplanung zugrunde gelegt wurden; denn wäre diese Bedingung nicht erfüllt, so müßten zwangsläufig im Soll-Ist-Kosten-Vergleich Störungen auftreten. Im übrigen erfolgt die kostenstellenweise Kontierung der Istkosten nach den gleichen Grundsätzen, die auch für andere Formen der Kostenrechnung gelten.

Die Ausgestaltung der flexiblen Plankostenrechnung zu einer Grenzplankostenrechnung führt zu folgender Besonderheit bei der Erfassung der Istkosten. Da in einer Grenzkostenrechnung die fixen und die proportionalen Sollgemeinkosten getrennt verrechnet und kontrolliert werden, müssen auch die Istkosten bei ihrer Verteilung auf die Kostenstellen entsprechend aufgeteilt werden. Hierbei sind zwei Fälle zu unterscheiden.

In dem einen Fall sind in einer Kostenstelle gegenüber der Planung keine Veränderungen der Kapazität eingetreten, so daß die fixen Istkosten mit den fixen Sollkosten übereinstimmen müssen. Man kann in diesem Fall die proportionalen Istkosten einfach dadurch ermitteln, daß man von den gesamten Istkostenbeträgen die zugehörigen fixen Sollkosten subtrahiert. Hierbei kann allerdings in der Praxis folgender störender Effekt auftreten. Handelt es sich um zeitlich abzugrenzende fixe Kosten und wird die Abgrenzung im Ist nicht genauso sorgfältig vorgenommen wie im Soll, so liegen in einigen Monaten die fixen Istbeträge über und in anderen Monaten unter den zugehörigen Sollkosten. Hierbei kann sogar der Fall eintreten, daß der fixe Sollbetrag einer Kostenart größer ist als die gesamten zugehörigen Istkosten, wodurch man zwangsläufig für die betreffende Periode einen „negativen proportionalen Istkostenbetrag" erhält, der sich allerdings in den folgenden Perioden wieder ausgleicht.

In dem anderen Fall haben gegenüber der Planung quantitative Anpassungsprozesse in einer Kostenstelle zu nicht in der Kostenplanung berücksichtigten Fixkostenveränderungen geführt, so daß man weder in der Grenzplankostenrechnung noch in einer auf Vollkosten basierenden Plankostenrechnung die den Sollgemeinkosten entsprechenden Istkosten erfassen kann, ohne zuvor die die Fixkosten verändernden Einflüsse dieser Anpassungsprozesse durch eine besondere Fixkostenanalyse zu eliminieren, wie wir sie in Abschnitt F dieses Kapitels beschreiben werden.

2. Wenn auch in der flexiblen Plankostenrechnung die laufende Erfassung und Kontierung der Istkosten in der gleichen Weise erfolgt, wie in anderen Formen der Kostenrechnung, so wollen wir trotzdem andeuten, auf welche Grundlagen bei der Erfassung der einzelnen Kostenarten zurückgegriffen werden kann.

Die Istlohnkosten lassen sich ohne Schwierigkeiten aus den Unterlagen der Lohnabrechnung ableiten, wenn auf allen Lohnscheinen die Nummer der ausführenden Kostenstelle angegeben wird. Bei allen im Akkord beschäftigten Arbeitskräften ist die kostenstellenweise Lohnerfassung nicht schwierig. Komplikationen treten lediglich bei Arbeitskräften auf, die im Zeitlohn vergütet werden und abwechselnd in mehreren verschiedenen Kostenstellen eingesetzt werden. Wird die Lohnabrechnung wöchentlich, der Soll-Ist-Kosten-Vergleich aber monatlich durchgeführt, so müssen die Löhne zeitlich abgegrenzt werden.

Die nach Kostenstellen gegliederten Istgehaltskosten werden im Zusammenhang mit der Gehaltsabrechnung erfaßt. Dies kann einfach in der Weise geschehen, daß in die Gehaltslisten die Nummern derjenigen Kostenstellen eingefügt werden, in denen die betreffenden Angestellten gearbeitet haben.

Die Istsozialkosten für Arbeiter und Angestellte werden mit Hilfe der geplanten

Verrechnungssätze für Sozialkosten ermittelt. Dies geschieht in der Weise, daß man die Istbeträge der Löhne und Gehälter, die auf die einzelnen Kostenstellen kontiert wurden, mit diesen Verrechnungssätzen multipliziert. Die so erhaltenen Sozialkosten sind keine reinen Istkosten, da die effektiv angefallenen Sozialkosten zeitlich abgegrenzt werden, wie wir das im Abschnitt B, III des siebzehnten Kapitels beschrieben haben.

Die gesamten Istkosten für sämtliche Produktionsfaktoren, d. h. für Hilfs- und Betriebsstoffe sowie für Werkzeuge, die von Lagern bezogen werden, erfaßt man mit Hilfe der monatlichen Materialabrechnung. Für sämtliche Entnahmen von Hilfs- und Betriebsstofflagern müssen Materialentnahmescheine ausgestellt werden, die die Nummern der verbrauchenden Kostenstellen enthalten. Diese Entnahmescheine werden mit den zugehörigen Planpreisen bewertet, nach Kostenstellennummern sortiert und kostenartenweise zusammengefaßt.

Eine nach Kostenstellen gegliederte Erfassung der Istenergiekosten, wie z. B. der Kosten für Strom, Dampf, Wasser und Preßluft, ist nur dann möglich, wenn in den einzelnen Kostenstellen Zähler installiert sind. Dies ist jedoch in der Regel nur für Kostenstellen wirtschaftlich, die große Energiemengen verbrauchen. In allen übrigen Kostenstellen werden dagegen die Istenergiekosten nicht ermittelt; dann werden die Energiekosten nach „Soll = Ist" abgerechnet. Dies bedeutet, daß man die nach der Istbeschäftigung abgewandelten Planbeträge der Energiekostenarten zugleich als Istbeträge verwendet. In den verbrauchenden Kostenstellen können also keine Verbrauchsabweichungen für Energie ausgewiesen werden. Die Summe der Verbrauchsabweichungen der Energiekostenarten wird vielmehr auf den zugehörigen Energieversorgungsstellen als Differenz zwischen den Istkosten dieser Stellen und den in der innerbetrieblichen Leistungsverrechnung gutgeschriebenen Sollkosten für Energie gesammelt. (Vgl. hierzu unsere Ausführungen über die indirekten Bezugsgrößen für Energieversorgungsstellen im Abschnitt C, III des fünfzehnten Kapitels.)

Da die Abschreibungen ihrer Art nach von jeher Plankosten gewesen sind, gibt es bei dieser Kostenart keinen Unterschied zwischen Ist- und Sollkosten. Aus diesem Grunde werden bei der Istkostenerfassung die nach der Istbeschäftigung abgewandelten Planabschreibungsbeträge als Istkosten übernommen. Auch bei der Kostenart „Abschreibungen" können daher keine Verbrauchsabweichungen auftreten.

Ähnlich wie bei den Abschreibungen geht man vielfach auch bei den kalkulatorischen Zinsen vor; sie werden häufig nach „Soll = Ist" abgerechnet. Diese Form der Abrechnung dürfte jedoch nur für die kalkulatorischen Zinsen auf das Anlagevermögen richtig sein, da es sich hier um fixe, von den Kostenstellenleitern nicht beeinflußbare Kosten handelt. Für die kalkulatorischen Zinsen auf das Umlaufvermögen ist dagegen zu empfehlen, die Verrechnung „Soll = Ist" nicht anzuwenden, da diese Kosten beeinflußbar sind. Die Istkosten für kalkulatorische Zinsen auf das Umlaufvermögen sollten stets aus den jeweiligen Istbeständen abgeleitet werden. Hierbei werden für die Kostenart „Kalkulatorische Zinsen auf das Umlaufvermögen" Verbrauchsabweichungen ausgewiesen, die erkennen lassen, wie hoch die Mehr- oder Minderkosten infolge überhöhter oder verringerter Bestände gewesen sind.

Besonders schwierig ist die Erfassung der Istkosten für Instandhaltungs- und Reparaturarbeiten. Diese Kosten bestehen in der Regel aus den Kosten für Reparaturmaterial, für Fremdleistungen und für Arbeitsleistungen eigener Hilfsbetriebe. Bei ihrer Erfassung sind folgende Fälle zu unterscheiden.

Kleinere Aufträge, z. B. unter 300 DM, werden sofort auf die empfangenden Kostenstellen kontiert. Bei diesen Kleinaufträgen werden auf allen Entnahmescheinen für Reparaturmaterial, auf allen Fremdrechnungen für Reparaturarbeiten und auf den Stundenaufschreibungen der Betriebshandwerker die Kostenstellennummern der empfangenden Stellen vermerkt.

Für alle größeren Reparatur- und Instandhaltungsaufträge erfolgt dagegen keine unmittelbare Kontierung auf die empfangenden Kostenstellen. Für ihre Abrechnung werden vielmehr Werkauftragsnummern eingerichtet, auf denen sämtliche Kosten, die bis zur Fertigstellung des einzelnen Auftrages angefallen sind, gesammelt werden. Diese Auftragsnummern sind aus zwei Gründen erforderlich. Erstens sollen sie die Kosten jeder einzelnen Instandhaltungs- und Reparaturarbeit als Summe sichtbar machen. Denn größere Instandhaltungs- und Reparaturarbeiten ziehen sich vielfach über mehrere Abrechnungsperioden hin, so daß man ihre Gesamtkosten nicht erkennen könnte, wenn man die für sie angefallenen Kosten monatlich auf die Kostenstellen übernehmen würde. Zweitens dienen die Werkauftragsnummern für Instandhaltungs- und Reparaturarbeiten dazu, diese Kostenart zeitlich abzugrenzen. Ist ein Auftrag abgeschlossen, so kann in der Betriebsabrechnung entschieden werden, ob man den für ihn angefallenen Gesamtbetrag in einem Monat der betreffenden Kostenstelle anlasten oder ob man ihn auf mehrere Monate verteilen will.

Bei werterhöhenden Großreparaturen kann man die Kosten der betreffenden Auftragsnummer auch aus der Kostenrechnung herauslassen, indem man sie aktiviert und in späteren Perioden als Abschreibungen verrechnet. Die Summe der Handwerkerstunden, die in die Instandhaltungs- und Reparaturkostenabrechnung eingegangen ist, deckt sich mit den Istbezugsgrößen der betreffenden Hilfsbetriebe. Die proportionalen Sollkosten dieser Hilfsbetriebe werden monatlich mit der Abrechnung der Werkauftragsnummern und mit der Kostenstellenrechnung abgestimmt.

Die Erfassung der Istkosten für die „Verschiedenen Gemeinkosten" der Kontenklassen 46 und 47 erfolgt zweckmäßigerweise in der Finanzbuchhaltung. Hierbei werden für alle zeitlich abgegrenzten Kostenarten, wie z. B. Versicherungsprämien, Kostensteuern und Beiträge, so lange die geplanten Monatsbeträge eingesetzt, bis man erkennen kann, ob eine Korrektur dieser Beträge erforderlich ist. Für alle übrigen Kostenarten dieser Kostengruppen, wie z. B. Reisekosten, Postkosten, Beratungshonorare, müssen monatlich von der Finanzbuchhaltung die Istkostenbeträge ermittelt und unter Angabe der Kostenstellennummern von dort an die Betriebsabrechnung weitergeleitet werden.

Bei den kalkulatorischen Leitungskosten handelt es sich um Kostenarten, denen sich kein eindeutig bestimmbares Mengengerüst zuordnen läßt und deren Höhe von den Kostenstellenleitern nicht beeinflußt werden kann. Aus diesem Grunde verzichtet man bei den kalkulatorischen Leitungskosten auf eine Erfassung von Istkosten-

beträgen und begnügt sich damit, die Sollkosten als Istkosten in die Kostenstellenabrechnung zu übernehmen.
Das gleiche gilt für die kalkulatorischen Transportkosten, wenn man die Transportkostenstellen nicht mit direkten Bezugsgrößen abrechnet. Ist dagegen die Verwendung direkter Bezugsgrößen für die Transportkostenstellen möglich, so werden die effektiv in Anspruch genommenen Transportleistungen monatlich ermittelt und, bewertet zu Plangrenzkostensätzen, den empfangenden Kostenstellen belastet.
In den meisten Betrieben mit einer flexiblen Plankostenrechnung wird die Erfassung und kostenstellenweise Verteilung der Istkosten mit Hilfe der Datenverarbeitung durchgeführt.

C. Die Errechnung der Sollkosten

1. Wie die Übersicht 18 erkennen läßt, setzt die nach Kostenarten und Kostenstellen differenzierte Errechnung der Sollkosten voraus, daß zuvor für alle Kostenstellen eine genaue Erfassung der *Istbezugsgrößen* durchgeführt wird.
In Kostenstellen *mit direkten Bezugsgrößen* müssen wir bei der Erfassung der Istbezugsgrößen zwei Fälle unterscheiden[706].
Erstens kann es sich um direkte Bezugsgrößen handeln, die im Ist aus den erstellten Produktmengen abgeleitet werden. W. Medicke spricht in diesem Fall von „Bezugsgrößen mit zwangsläufiger Übereinstimmung zwischen Soll-Istkosten-Vergleich, Plankalkulation und Kostenträgerrechnung"...[707]. Dieser Fall liegt stets dann vor, wenn es sich um Kostenstellen handelt, in denen die gefertigten oder bearbeiteten Stückzahlen unmittelbar als Maßgrößen der Kostenverursachung verwendet werden. Ein unmittelbarer Zusammenhang zwischen dem Produktionsvolumen und der Istbezugsgröße einer Kostenstelle liegt aber auch dann vor, wenn die gefertigten oder bearbeiteten Produktmengen durch Multiplikation mit den Planbezugsgrößen pro Produkteinheit gleichnamig gemacht und addiert werden[708]. Werden z. B von einer Kostenstelle insgesamt n verschiedene Produktarten bearbeitet, deren monatliche Istmengen wir mit $x_1^{(i)}, x_2^{(i)}, \ldots, x_n^{(i)}$ und deren Planbezugsgrößen pro Produkteinheit wir mit $b_1^{(p)}, b_2^{(p)}, \ldots, b_n^{(p)}$ bezeichnen wollen, so erhalten wir für die Istbezugsgröße $b^{(i)}$ einer Kostenstelle die folgende Gleichung[709]:

$$b^{(i)} = \sum_{i=1}^{n} b_i^{(p)} x_i^{(i)} \tag{147}$$

[706] Zu den Begriffen „direkte" und „indirekte Bezugsgrößen" vgl. Abschnitt C des 15. Kapitels.
[707] Vgl. W. *Medicke*, Geschlossene Kostenträgerrechnung und Artikelergebnisrechnung in der Grenzplankostenrechnung AGPLAN, Bd. 8, Wiesbaden 1964, S. 40.
[708] Wir haben diesen Fall in den früheren Auflagen des vorliegenden Buches (s. d. S. 503) als „retrograde Erfassung der Istbezugsgrößen" bezeichnet, wollen diese Bezeichnung jedoch nur noch für indirekte Bezugsgrößen verwenden.
[709] Vgl. auch die Gleichung (108) auf S. 333.

Wird in einer Kostenstelle die Beschäftigung in Vorgabestunden gemessen, so entsprechen in der Gleichung (147) die Größen $b_i^{(p)}$ den Vorgabezeiten $t_i^{(p)}$; wird dagegen das Durchsatzgewicht als Bezugsgröße verwendet, so sind für die Größen $b_i^{(p)}$ die Durchsatzgewichte $m_i^{(p)}$ einzusetzen[710]. Dies gilt entsprechend für alle übrigen Bezugsgrößenarten. In Kostenstellen mit mehreren Bezugsgrößen wird die Gleichung (147) für jede Bezugsgröße gesondert angesetzt.
Wir haben hierfür in der Tabelle 72 als Beispiel die Istbezugsgrößenerfassung einer Automatengruppe wiedergegeben, in der zur Eliminierung veränderlicher Bedienungsverhältnisse die Bezugsgrößen „Maschinenstunden“ und „Fertigungsstunden“ nebeneinander verwendet werden und für die wir die Ergebnisse der Kostenplanung in den Tabellen 54 und 55 zusammengefaßt hatten.

Tabelle 72: Beispiel zur Erfassung mehrerer Istbezugsgrößen

Auftrags-Nr.	Bearbeitete Stückzahl	Bedienungsverhältnis (Ist)	Fertigungsminuten		Maschinenminuten	
			Min./Stück	Ftg.-Min. gesamt	Min./Stück	Masch.-Min. gesamt
1	3 680	1 : 1	2,5	9 200	2,5	9 200
2	4 000	1 : 3	1,2	4 800	3,6	14 400
3	7 200	1 : 5	0,7	5 040	3,5	25 200
4	7 100	1 : 4	0,7	4 970	2,8	19 880
5	4 200	1 : 4	1,0	4 200	4,0	16 800
6	5 850	1 : 3	1,2	7 020	3,6	21 060
7	4 700	1 : 2	2,1	9 870	4,2	19 740
8	5 600	1 : 4	1,1	6 160	4,4	24 640
9	8 000	1 : 3	1,5	12 000	4,5	36 000
10	9 000	1 : 3	1,5	13 500	4,5	40 500
11	2 000	1 : 3	1,3	2 600	3,9	7 800
12	6 820	1 : 4	1,0	6 820	4,0	27 280
13	6 000	1 : 5	1,0	6 000	5,0	30 000
Summe (Min.)			–	92 180	–	292 500
Summe (Std.)			–	1 536	–	4 875
Planbezugsgröße (Std.)			–	1 300	–	3 900
Istbeschäftigungsgrad (Faktor)			–	1,1815	–	1,2500

Wie die Tabelle 72 erkennen läßt, erhalten wir für die Fertigungszeitbezugsgröße 118 % und für die Maschinenstundenbezugsgröße 125 % als Istbeschäftigungsgrad. Dividiert man die Istmaschinenstunden durch die Istfertigungsstunden, so erkennt man, daß sich das durchschnittliche Bedienungsverhältnis geringfügig erhöht hat, und zwar von 1:3 auf 1:3,17.

[710] Vgl. die Gleichungen (109) und (110) auf S. 334 und 335.

Besonders einfach ist die Erfassung der Istbezugsgrößen nach Gleichung (147) in Kostenstellen, in denen Vorgabezeiten als Bezugsgrößen verwendet werden, da man hier die Istbezugsgrößen unmittelbar aus der Akkordlohnabrechnung ableiten kann. Das gleiche gilt auch für Kostenstellen, in denen die Bezugsgrößen „Rüststunden" und „Fertigungsstunden" nebeneinander verwendet werden. Auch Maschinenstundenbezugsgrößen können in vielen Fällen aus den Unterlagen des Akkordlohnsystems abgeleitet werden, da sie in den Vorgabezeiten pro Stück als Teilzeiten enthalten sind. Andere Bezugsgrößen, so z. B. das Durchsatzgewicht, können aus dem Akkordlohnsystem nur abgeleitet werden, wenn zwischen ihnen und den Fertigungszeiten das Gesetz von der Austauschbarkeit der Maßgrößen gilt; in diesen Fällen hätte man aber auch die Fertigungsstunden unmittelbar als Bezugsgröße verwenden können.

Werden in einer Kostenstelle Planfertigungsstunden als Bezugsgrößen verwendet, ohne daß zugleich die Fertigungsarbeiter im Akkord arbeiten, so können die Istbezugsgrößen nicht aus der Lohnabrechnung abgeleitet werden. In diesen Fällen müssen vielmehr die bearbeiteten Stückzahlen in der Betriebsabrechnung mit den Planarbeitszeiten pro Stück multipliziert werden, die dann keine Vorgabezeiten für die Arbeiter sind. Hierbei sind Verbrauchsabweichungen bei der Kostenart „Fertigungslohn" in der Regel nicht zu vermeiden.

Zweitens wollen wir Bezugsgrößen betrachten, deren Istwerte nicht rechnerisch aus den Istproduktmengen abgeleitet werden, sondern durch direkte Messungen (ohne Abstimmung mit dem Produktionsvolumen) erfaßt werden. Dieses Verfahren zur Erfassung von Istbezugsgrößen sollte jedoch nur in Ausnahmefällen angewandt werden. Eine direkte Messung der Istbezugsgrößen ist insbesondere in Kostenstellen mit störungsanfälligen Produktionsprozessen erforderlich, in denen Maschinenstunden als Bezugsgrößen verwendet werden. In Kostenstellen dieser Art können größere Unterschiede zwischen den effektiv verfahrenen Maschinenstunden und den Sollmaschinenstunden, die dem erstellten Produktionsvolumen entsprechen, auftreten. Diese Unterschiede sind darauf zurückzuführen, daß Probeläufe und Maschinenzeiten, in denen Ausschuß produziert wird, unvermeidlich sind. Würde man den Kostenstellen als Istbezugsgröße die aus dem Produktionsvolumen abgeleiteten Maschinenstunden gutschreiben, so würde der Soll-Ist-Kosten-Vergleich seine Aussagefähigkeit verlieren. Aus diesem Grund schreibt man diesen Kostenstellen, die effektiv geleisteten und die in der Kostenstelle direkt gemessenen Maschinenstunden als Istbezugsgröße gut. W. Medicke spricht in diesen Fällen von „Bezugsgrößen ohne zwangsläufige Übereinstimmung"[711] zwischen Soll-Ist-Kosten-Vergleich, Plankalkulation und Kostenträgerrechnung.

Wie die Ausführungen im Abschnitt C, IV des fünfzehnten Kapitels gezeigt haben, sind in den Kostenstellen des Material-, Verwaltungs- und Vertriebsbereichs der Verwendung exakter Bezugsgrößen Grenzen gesetzt. Aus diesem Grunde verzichtet

[711] Vgl. *W. Medicke,* Geschlossene Kostenträgerrechnung ..., a. a. O., S. 40; im übrigen vgl. Abschnitt E, V dieses Kapitels über die Leistungs- oder Ausbeuteabweichungen.

man in diesen Stellen bei der Durchführung wöchentlicher oder monatlicher Soll-Ist-Kosten-Vergleiche auf eine flexible Ausgestaltung der Plankostenrechnung und vergleicht die Plankosten, die einer Beschäftigung von 100 % entsprechen, mit den Istkosten; die Erfassung von Istbezugsgrößen entfällt hier. Lediglich vierteljährlich oder eventuell sogar nur jährlich einmal werden auch die Plankosten der Material-, Verwaltungs- und Vertriebskostenstellen der durchschnittlichen Istbeschäftigung entsprechend in Sollkosten umgewandelt. Hierbei werden die Istbeschäftigungsgrade wie folgt ermittelt.

Für die Kostenstellen des Materialbereichs sind zwei Fälle zu unterscheiden. Wird für alle Einzelmaterialarten nur *ein* Materialgemeinkostenzuschlag verwendet, so erhält man die Istbeschäftigungsgrade aller Materialkostenstellen wie folgt:

(148) $$b^{(i)} = \frac{\text{Isteinzelmaterialkosten zu Planpreisen}}{\text{Planeinzelmaterialkosten}} \, 100$$

Betragen z.B. in einem Jahr die Isteinzelmaterialkosten 2 537 000 DM und die Planeinzelmaterialkosten nur 2 200 200 DM, so erhalten wir für alle an der Materialversorgung beteiligten Kostenstellen einen durchschnittlichen jährlichen Beschäftigungsgrad von 115,3 %.

Werden aus den proportionalen Kosten der Materialkostenstellen nach Rohstoffgruppen *differenzierte* Materialgemeinkostenzuschläge gebildet, so können die Istbeschäftigungsgrade der Materialstellen nur mit Hilfe einer Deckungsrechnung ermittelt werden, die wir im Abschnitt D, II des siebzehnten Kapitels beschrieben haben. (Vgl. hierzu Tabelle 61, S. 473.)

Werden für die Kostenstellen des Verwaltungs- und Vertriebsbereichs die Plangrenzherstellkosten des Umsatzes als Bezugsgröße verwendet, so lassen sich die Istbeschäftigungsgrade dieser Kostenstellen wie folgt ermitteln. Gehen die proportionalen Plankosten der Verwaltungs- und Vertriebskostenstellen jeweils nur in einen für alle Erzeugnisse gleichen Verwaltungs- und Vertriebsgemeinkostenzuschlag ein und bezeichnen wir die Istmengen der abgesetzten Produkte mit $x_A^{(i)}$, die Plangrenzherstellkosten mit $k_{hi}^{(p)}$ und die gesamten Plangrenzherstellkosten der Kontrollperiode mit $K_h^{(p)}$, so erhalten wir für die Verwaltungs- und Vertriebskostenstellen die Istbeschäftigungsgrade nach folgender Formel:

(149) $$b^{(i)} = \frac{\sum_{i=1}^{n} x_{Ai}^{(i)} k_{hi}^{(p)}}{K_h^{(p)}} 100$$

Der Zähler des Bruches in (149) ist gleich den Plangrenzherstellkosten des Istumsatzes. Werden für die Verwaltungs- und Vertriebskostenstellen die Plangrenzfertigungskosten des Umsatzes als Bezugsgröße verwendet, so müssen in der Gleichung (149) die Herstellkosten durch die Fertigungskosten ersetzt werden. Gehen die proportionalen Plankosten der Verwaltungs- oder Vertriebskostenstellen in mehrere, nach Produktgruppen differenzierte Zuschlagssätze ein, so können die Istbeschäfti-

gungsgrade dieser Stellen nur durch eine Deckungsrechnung ermittelt werden, wie wir sie bereits für die Materialkostenstellen beschrieben haben.
In Kostenstellen, für die sich nur *indirekte Bezugsgrößen* in Form gedeckter Grenzkostenbeträge angeben lassen, entfällt hier eine unmittelbare Erfassung der Istbezugsgrößen. Dies gilt z. B. für alle Leitungskostenstellen, für Transportabteilungen, deren Transportleistungen nicht direkt gemessen werden, und für Energieversorgungsstellen, deren Abgabemengen in den verbrauchenden Kostenstellen nicht gemessen werden. In Kostenstellen dieser Art müssen die Istbeschäftigungsgrade *retrograd* aus den Istbezugsgrößen der betreuten oder aus den mit innerbetrieblichen Leistungen versorgten Kostenstellen abgeleitet werden. Als Bestimmungsgleichung für die Istbeschäftigungsgrade von Hilfs- oder Nebenkostenstellen mit indirekten Bezugsgrößen gilt:

$$b^{(i)} = \frac{\text{DM Deckung Sollkosten}}{\text{DM Deckung Grenzkosten}} 100 \tag{150}$$

Den Zähler des Bruches (150) erhält man, indem man in allen leistungsempfangenden Kostenstellen die Sollbeträge der Istbeschäftigung addiert, die für die innerbetrieblichen Leistungen derjenigen Hilfs- oder Nebenkostenstelle vorgegeben werden, deren Istbeschäftigungsgrad errechnet werden soll. Wir haben diese Deckungsrechnung bereits ausführlich im Abschnitt C, III des fünfzehnten Kapitels beschrieben und können in diesem Zusammenhang auf die Gleichungen (112) bis (116) und auf die in den Tabellen 29 und 30 wiedergegebenen Zahlenbeispiele für die Errechnung von Istbeschäftigungsgraden in Leitungs- und Energieversorgungskostenstellen verweisen.
Abschließend sei darauf hingewiesen, daß die Erfassung der Istbezugsgrößen die Grundlage für die Errechnung der Sollgemeinkosten und damit das Fundament des gesamten Soll-Ist-Kosten-Vergleichs bildet. Hieraus folgt, daß bei der Ermittlung der Istbezugsgrößen Erfassungs- und Rechenfehler vermieden werden müssen, weil sonst der Soll-Ist-Kosten-Vergleich zu Fehlergebnissen führen muß.

2. Nachdem die Istbezugsgrößen aller Kostenstellen ermittelt worden sind, werden mit ihrer Hilfe aus den Kostenstellenplänen die nach Kostenstellen und Kostenarten differenzierten *Sollkosten der Istbeschäftigung* abgeleitet. Wie wir bereits im Abschnitt B, I des dritten Kapitels gezeigt haben, erfolgt die Bestimmung der Sollkosten $K_{j\nu}^{(s)}$ für jede Kostenart ν einer beliebigen Kostenstelle j wie folgt[712]:

$$K_{j\nu}^{(s)} = F_{j\nu}^{(p)} + V_{j\nu}^{(p)} \frac{b_j^{(i)}}{b_j^{(p)}} \tag{151}$$

Die Ableitung der Sollkosten kann sowohl graphisch als auch rechnerisch erfolgen. Bei der *graphischen Methode* wird für jede Kostenart einer Kostenstelle der Soll-

712 Vgl. zu Gleichung (151) auch die Gleichungen (3) bis (5) im Abschnitt B, I des 3. Kapitels. Da jedoch in diesen Gleichungen unterstellt wurde, daß es sich um eine Einproduktunternehmung handelt, konnte dort die Bezugsgröße b durch die Produktmenge x ersetzt werden.

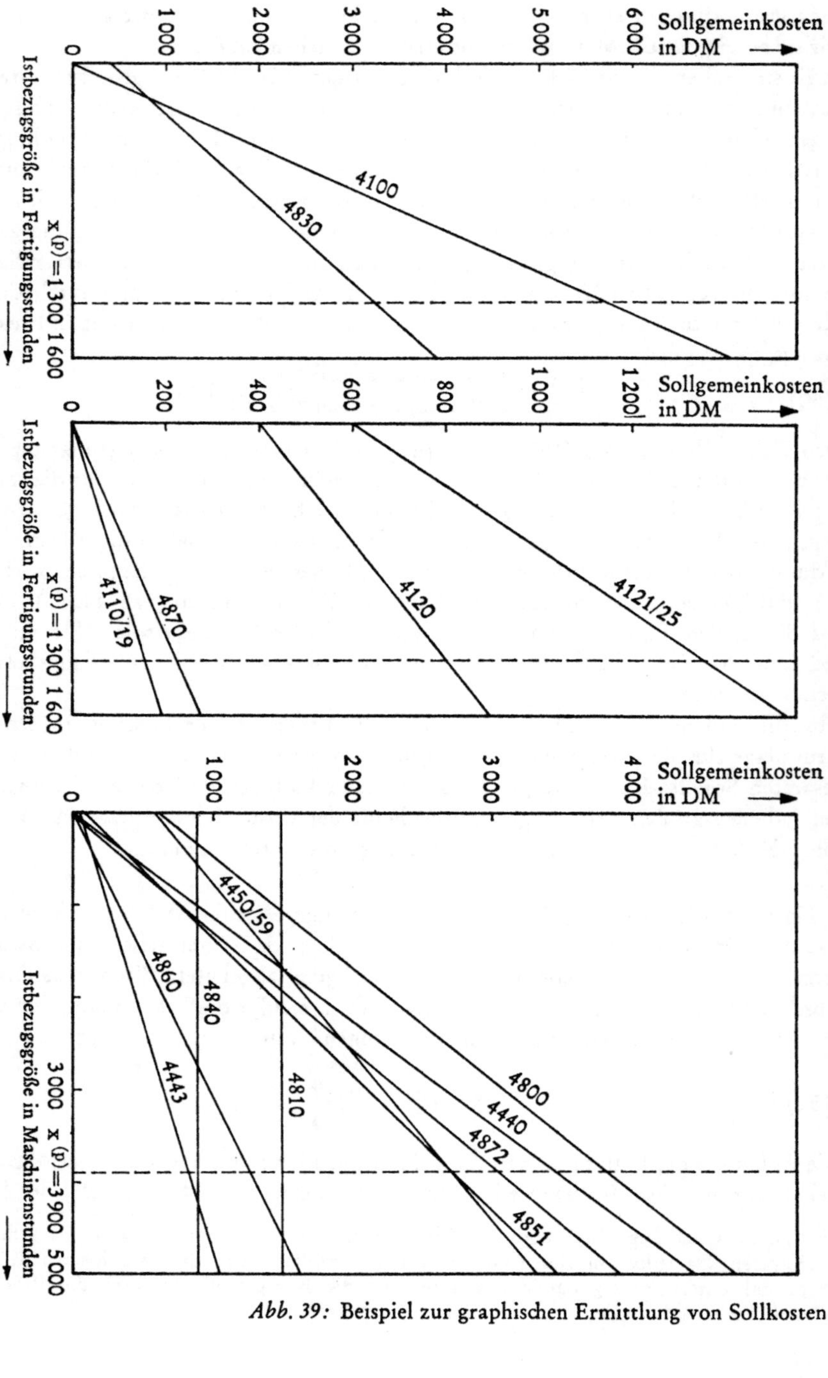

Abb. 39: Beispiel zur graphischen Ermittlung von Sollkosten

kostenverlauf in Abhängigkeit von der Bezugsgröße aufgezeichnet, wie wir das in der Abbildung 39 für die beiden Bezugsgrößen der Kostenstelle „Automaten" einer Maschinenfabrik wiedergegeben haben, deren Kostenpläne den Tabellen 54 und 55 entsprechen und deren Istbezugsgrößen in Tabelle 72 errechnet wurden. Die in Abbildung 39 neben den Kurvenzügen vermerkten Ziffern geben die Kostenartennummern an.

Bei der graphischen Methode erhält man die nach Kostenarten differenzierten Sollkostenbeträge der Istbeschäftigung, indem man die Istbeschäftigung auf der Abszisse abträgt und zu den Sollkostenkurven hochlotet. Diese Methode der Sollkostenermittlung hat jedoch folgende Nachteile. Erstens kann man in der Regel aus Maßstabsgründen nicht alle Kostenarten einer Kostenstelle in einem Diagramm zusammenfassen; denn hierbei würden bei allen Kostenarten mit relativ kleinen Planbeträgen Ableseschwierigkeiten auftreten. Zweitens erfordert die graphische Methode, daß für jede Kostenart jeder Kostenstelle eine besondere Sollkostenkurve gezeichnet wird, wobei insbesondere in größeren Betrieben ein ziemlich unhandliches „Kurvenalbum" entsteht. Drittens sind Ablesefehler und Ungenauigkeiten bei der graphischen Methode nur schwer zu vermeiden. Sie wird daher in der Praxis nur noch selten angewandt.

Die Bestimmung der Sollkosten erfolgt vielmehr in den meisten Betrieben nach der *rechnerischen Methode*. Hiernach werden sämtliche proportionalen Plankosten differenziert nach Kostenarten und Kostenstellen mit den zugehörigen Beschäftigungsfaktoren $b_j^{(i)} / b_j^{(p)}$ multipliziert. Auf diese Weise erhält man die proportionalen Sollkosten, zu denen sich leicht die fixen Kosten addieren lassen. Häufig geht man auch so vor, daß man für alle Kostenarten die Quotienten aus den proportionalen Plankosten $V_{j\nu}^{(p)}$ und der Planbeschäftigung $b_j^{(p)}$ bildet und hiermit die Istbezugsgrößen $b_j^{(i)}$ multipliziert.

Die Berechnung der Sollkosten wird heute vorwiegend mit Hilfe von Datenverarbeitungsanlagen durchgeführt.

Eine Besonderheit der Sollkostenberechnung tritt in Kostenstellen mit mehreren Bezugsgrößen auf. Hier wird die Abwandlung der Plankosten nach Gleichung (151) zunächst für jede Bezugsgröße gesondert durchgeführt. Anschließend addiert man gleiche Kostenarten der einzelnen Bezugsgrößen, da sich bei den Istkosten nur in Ausnahmefällen eine Differenzierung nach Bezugsgrößen durchführen läßt.

3. Wie wir im Abschnitt B, I des dritten Kapitels bereits gezeigt haben, spielen in einer auf Vollkosten basierenden flexiblen Plankostenrechnung die ***verrechneten oder kalkulierten Plankosten*** eine besondere Rolle. Bezeichnen wir die verrechneten oder kalkulierten Plankosten einer beliebigen Kostenstelle j mit $K_j^{(s)}$ und den Vollkostensatz dieser Stelle mit $h_j^{(p)}$, so gilt folgende Bestimmungsgleichung[713]:

$$(152) \qquad K_j^{(s)} = \sum_{i=1}^{n} (b_{ij}^{(p)} x_i^{(i)})\, h_j^{(p)}$$

[713] Vgl. auch die Gleichung (7) auf S. 74, bei der jedoch unterstellt wurde, daß es sich um

Die verrechneten oder kalkulierten Plankosten kann man auf zweifache Weise interpretieren, und zwar erstens als diejenigen Plankosten, die einer Kostenstelle bei einer bestimmten Istbeschäftigung gutgeschrieben werden, und zweitens als diejenigen Plankosten, die der Istproduktion einer bestimmten Abrechnungsperiode durch die Plankalkulation in der Kostenträgerrechnung belastet werden. Kostenstellen- und Kostenträgerrechnung sind nur dann abgestimmt, wenn beide Beträge übereinstimmen.
In einer Grenzplankostenrechnung treten die verrechneten oder kalkulierten Plankosten nicht als besondere Kostenkategorie in Erscheinung. Dies liegt daran, daß in einer Grenzplankostenrechnung nur proportionale Plankostensätze beim Aufbau der Plankalkulationen verwendet werden, so daß die verrechneten oder kalkulierten Plankosten stets mit den proportionalen Sollkosten der gleichen Abrechnungsperiode übereinstimmen müssen.

D. Die Errechnung von Verbrauchsabweichungen im Betriebsabrechnungsbogen

1. Die Bezugsgrößentechnik der flexiblen Plankostenrechnung ist so ausgestaltet, daß die nach Kostenstellen und Kostenarten differenzierten Sollkosten unmittelbar zur Errechnung von *Kostenstellenabweichungen* verwendet werden können, mit deren Hilfe sich die Kostenwirtschaftlichkeit beurteilen läßt. In Deutschland hat sich für diese Abweichungen die Bezeichnung „Verbrauchsabweichungen" durchgesetzt; in den USA bezeichnet man sie als „controllable-", „budget-" oder „spending variances". Durch die richtige Bezugsgrößenwahl, die in manchen Kostenstellen zur Verwendung mehrerer Bezugsgrößen führt, wie unsere Ausführungen im Abschnitt C des fünfzehnten Kapitels gezeigt haben, gelingt es, die Einflüsse folgender Kostenbestimmungsfaktoren vom Soll-Ist-Kosten-Vergleich fernzuhalten: Schwankungen der qualitativen Auftragszusammensetzung, Schwankungen der Seriengrößen, wechselnde Bedienungsverhältnisse, Abweichungen von den Arbeitsablaufplänen und Leistungs- oder Ausbeuteabweichungen. Werden die Bezugsgrößen nicht richtig gewählt oder rechnet man aus Gründen der Vereinfachung in Kostenstellen nur mit einer Bezugsgröße, in denen mehrere Bezugsgrößen zur Ausschaltung der oben genannten Einflüsse erforderlich wären, so sind die Verbrauchsabweichungen keine verläßlichen Maßstäbe für die Kostenwirtschaftlichkeit. Sie werden vielmehr zu undurchsichtigen „Restabweichungen", wie wir dies bereits auf S. 159 im Zusammenhang mit dem theoretischen Aufbau der Kostenkontrolle gezeigt haben. Werden z. B. in Kostenstellen mit Serienfertigung nicht die Bezugsgrößen „Rüststunden" und „Ausführungsstunden" nebeneinander verwendet, sondern nur die Bezugsgröße „Arbeitsstunden", so schlagen die Kosteneinflüsse schwankender Seriengrößen in die

eine Einproduktunternehmung handelt, so daß die Produktmenge x unmittelbar als Bezugsgröße verwendet werden konnte.

Verbrauchsabweichungen durch, obwohl sie nicht von den Kostenstellenleitern zu verantworten sind.
Welche Kostenabweichungen durch Planabweichungen der durch das Bezugsgrößensystem vom Soll-Ist-Kosten-Vergleich der Kostenstellenrechnung eliminierten Kostenbestimmungsfaktoren verursacht werden, muß durch die Errechnung von *Spezialabweichungen außerhalb der Kostenstellenrechnung* festgestellt werden. Wie unsere Ausführungen im Abschnitt E dieses Kapitels zeigen werden, handelt es sich bei diesen Spezialabweichungen in den meisten Fällen um zu Grenzkostensätzen bewertete Bezugsgrößendifferenzen, die zwischen der Kostenstellen- und der Kostenträgerrechnung entstehen.

2. Grundsätzlich soll die Errechnung von Verbrauchsabweichungen nach Kostenstellen und Kostenarten differenziert erfolgen, da nur auf diese Weise eine wirksame Kostenkontrolle möglich ist[714].
Bezeichnen wir die Istkosten einer Kostenart ν in einer Kostenstelle j mit $K_{j\nu}^{(i)}$ und die Sollkosten der Istbeschäftigung mit $K_{j\nu}^{(s)}$, so erhalten wir die Verbrauchsabweichungen $\Delta V_{j\nu}$ nach folgender Grundgleichung:

$$\Delta V_{j\nu} = K_{j\nu}^{(i)} - K_{j\nu}^{(s)} \qquad \begin{matrix} (j = 1, 2, \ldots, m) \\ (\nu = 1, 2, \ldots, z) \end{matrix} \tag{153}$$

Da den Sollkosten die gleichen Planverrechnungssätze wie den Istkosten zugrunde liegen, sind Verbrauchsabweichungen im Grunde zu Planpreisen (oder geplanten Verrechnungssätzen für innerbetriebliche Leistungen) bewertete Mengenabweichungen. Die Einflüsse von Lohnsatz- und Preisschwankungen sowie von Kostenabweichungen der Hilfs- und Nebenstellen werden durch das Planpreissystem vom Soll-Ist-Kosten-Vergleich ferngehalten[715].
Wie die Gleichung (153) erkennen läßt, haben Kostenüberschreitungen ein positives

[714] Zur Durchführung des Soll-Ist-Kosten-Vergleichs und zur Ermittlung und Auswertung von Verbrauchsabweichungen vgl. *K. Agthe*, Die Abweichungen in der Plankostenrechnung, Freiburg 1958, S. 15; *K. Agthe*, Kostenplanung . . ., a. a. O., S. 143 ff; *A. Gälweiler*, Die Auswertung der Ergebnisse beim Abrechnen mit Plankosten, ZfB 1954, S. 676 ff.; *H. C. Heiser*, Budgetierung . . ., a. a. O., S. 182 ff.; *S. B. Henrici*, Standard Costs for Manufacturing, 3. Aufl., New York–Toronto–London 1960, S. 253 ff.; *C. T. Horngren*, Cost Accounting . . ., a. a. O., S. 136 und 228 ff.; *K. Käfer*, Standardkostenrechnung, 2. Aufl., S. 271 ff., 316 ff. und 430 ff.; *A. Matz*, Planung . . ., a. a. O., S. 165 ff.; *W. Medicke*, Die Gemeinkosten in der Plankostenrechnung, Berlin 1956, S. 24; *H. Müller*, Kostenplanung und Plankostenrechnung, WPg 1951, S. 440 ff.; *H. G. Plaut*, Die Grenz-Plankostenrechnung, ZfB 1953, S. 349 ff.; *H. G. Plaut*, Die Plankostenrechnung in der Praxis des Betriebes, ZfB 1951, S. 538; *H. G. Plaut*, Wo steht die Plankostenrechnung in der Praxis?, ZfhF 1952, S. 401; *E. Schneider*, Industrielles Rechnungswesen, 2. Aufl., Tübingen 1954, S. 122 ff.; *B. Schrülkamp*, Die Kontrolle der Abweichungen im Rahmen einer Plankostenrechnung, BFuP 1954, S. 623; *H. Tigges*, Betriebsüberwachung durch Plankostenrechnung, ZfhF 1951, S. 193 ff.; *F. Wille*, Plan- und Standardkostenrechnung, 2. Aufl., Essen 1963, S. 83 ff.

[715] Vgl. hierzu unsere Ausführungen im dritten Teil.

Tabelle 73: Beispiel zur Durchführung des Soll-Ist-Kosten-Vergleichs in einem manuell erstellten Betriebsabrechnungsbogen

Zeilen-Nr.	Kostenarten			prop. Kosten		fixe Kosten	prop. Kosten	
	Gruppe	Nr.	Benennung	Soll	Ist		Soll	Ist
1	Maßzahlen			Meisterbereich I			401 Dreherei	
2								
3			Planbezugsgröße (100 % Beschäftigungsgrad)					3 300
4			Istbezugsgröße					3 960
5			Beschäftigungsgrad % (Zeilen 4:3 × 100)	Fertigungsstellen Summen				120 %
6	Kostenarten	4100	Fertigungslohn	42 657	42 657		16 236	16 236
7		4110/19	Zusatzlohn für Akkordarbeiter	1 060	1 326		317	340
8		4120	Hilfslohn für Vorarbeiter und Einrichter	473	875	400		
9		4121/25	Sonstiger Hilfslohn	2 315	2 340	1 546	576	610
10		4126	Rüstlohn	2 221	2 429		1 082	1 225
11		4128	Lohnzuschläge für Mehrarbeit, Nachtarbeit u. sonstige					
12		4200	Gehälter					
13		4440	Werkzeuge und Geräte	9 647	12 015		1 663	2 050
14		4443	Hilfs- und Betriebsstoffe	1 364	1 430	101	168	195
15		4447	Büromaterial					
16		4450/59	Innerbetriebliche Leistungen und Reparaturen	3 405	4 426	905	280	495
17		4690	Gemeinkosten von auswärts					
18		4710/90	Verschiedene Gemeinkosten					
19		4800	Kalk. Abschreibungen	8 122	8 122	2 441	1 043	1 043
20		4810	Kalk. Zinsen auf Anlage- und Umlaufvermögen			4 038		
21		4830	Kalk. Sozialaufwendungen auf Lohn	19 492	19 788	779	7 284	7 364
22		4831	Kalk. Sozialaufwendungen auf Gehalt					
23		4840	Kalk. Raumkosten			2 559		
24		4851	Kalk. Stromkosten	6 655	6 655	227	616	616
25		4860	Kalk. Transportkosten	2 632	2 632		475	475
26		4870	Kalk. Leitungsanteile	8 290	8 290		1 624	1 624
27	Ergebnisse		Soll-/Ist-Proportionale Kosten	108 333	112 985		31 364	32 273
28			Fixe Kosten			12 996		
29			Gesamt-Istfertigungskosten	125 981			34 529	
30			Kostenstellenabweichung	4 652 = 4,3 %			909 = 2,9 %	
31			Laufende Kostenstellenabweichung (ab 1. 1. 1967)	17 795			5 310	
32			Plan-/Istgrenzkostensatz				7,92	8,15

		Maschinenbau GmbH				Betriebsabrechnungsbogen			Monat: Mai 1967		
prop. Kosten		fixe Kosten	prop. Kosten		fixe Kosten	prop. Kosten		fixe Kosten	prop. Kosten		fixe Kosten
Soll	Ist		Soll	Ist		Soll	Ist		Soll	Ist	
402 Revolverdreherei			403 Karusselldrehbänke			404/1 Automaten			404/2 Automaten		
2 700			1 200			1 300			3 900		
3 186			1 500			1 536			4 875		
118 %			125 %			118,15 %			125 %		
13 063	13 063		6 600	6 600		6 758	6 758				
319	349		240	259		184	378				
						473	875	400			
538	563	456	313	327	250	888	840	600			
726	772		413	432							
2 644	3 837		1 050	1 430					4 290	4 698	
170	423	10	94		17				932	812	5
225	457	95	268	516	100				2 632	2 958	59
1 640	1 640	700	1 431	1 431	680				4 008	4 008	60
		1 037			831						1 47
5 858	5 858	183	3 026	3 026	100	3 324	3 540	400			
		775			300						88
1 453	1 453	65	1 311	1 311	55				3 275	3 275	8
414	414		180	180					1 563	1 563	
1 625	1 625		1 005	1 005		261	261		3 775	3 775	
28 675	30 454	3 321	15 931	16 517	2 333	11 888	12 652	1 400	20 475	21 089	3 68
33 775			18 850			14 052			24 775		
1 779 = 6,2 %			586 = 3,7 %			764 = 6,4 %			614 = 3,0 %		
7 527			2 483			1 120			1 355		
9,00	9,56		10,62	11,01		7,74	8,24		4,20	4,33	

und Kosteneinsparungen ein negatives Vorzeichen. Im System der doppelten Buchführung würden Kostenüberschreitungen im Soll und Kosteneinsparungen im Haben zu verbuchen sein.
Graphisch dargestellt, entsprechen die Verbrauchsabweichungen den Abständen der über den Abszissenwerten der Istbezugsgrößen eingezeichneten Istkostenpunkte von den zugehörigen Sollkostenfunktionen (Vgl. hierzu die Abbildungen 2 und 4 im dritten Kapitel).
Die praktische Durchführung des Soll-Ist-Kosten-Vergleichs und damit die Errechnung der nach Kostenarten und Kostenstellen differenzierten Verbrauchsabweichungen erfolgt im *Betriebsabrechnungsbogen.* Nur in Kleinbetrieben handelt es sich lediglich um *ein* Formular. Bei manueller Durchführung erscheinen in den Abrechnungsblättern der Kostenstellenrechnung jeweils mehrere Kostenstellen nebeneinander. Wird die Kostenstellenrechnung mit Hilfe von Datenverarbeitungsanlagen durchgeführt, so kann man für jede Kostenstelle ein gesondertes Abrechnungsblatt ausdrucken lassen.
Die Kostenstellenrechnung einer flexiblen Plankostenrechnung unterscheidet sich von den Betriebsabrechnungsbögen der Ist- oder der Normalkostenrechnung dadurch, daß für die einzelnen Kostenstellen nicht nur eine Istkostenspalte, sondern stets auch Spalten für Sollkosten und Verbrauchsabweichungen vorliegen[716].
Als Beispiel eines manuell erstellten Betriebsabrechnungsbogens haben wir in der Tabelle 73 den monatlichen Soll-Ist-Kosten-Vergleich für vier Fertigungskostenstellen einer kleineren Maschinenfabrik wiedergegeben. Die Kostenstellen 402 und 404 dieses Beispiels entsprechen den Kostenplänen der Tabellen 51, 54 und 55. Für Kostenstelle 404 ist die Erfassung der Istbezugsgrößen in Tabelle 72 dargestellt.
Aus Gründen der Vereinfachung werden in der Tabelle 73 die Verbrauchsabweichungen nicht nach Kostenarten differenziert ausgewiesen. Eine weitere Besonderheit liegt bei der Kostenstelle 404 vor, da hier die proportionalen Soll- und Istkosten nach Bezugsgrößen differenziert im Betriebsabrechnungsbogen erscheinen. Diese Differenzierung war möglich, da es sich um eine Lohnbezugsgröße handelt, deren Istkosten sich der Fertigungsstundenbezugsgröße ohne Schwierigkeiten zuordnen lassen.
Man kann im Betriebsabrechnungsbogen auch die Vollkostenbeträge der Soll- und Istkosten miteinander vergleichen, wobei man die gleichen Verbrauchsabweichungen erhält. Der alleinige Ausweis der proportionalen Soll- und Istkosten entspricht aber besser dem Grenzkostenprinzip.
In der Zeile 30 der Tabelle 73 sind die Summen der Kostenstellenabweichungen ab-

[716] Zum Aufbau von Betriebsabrechnungsbögen in der flexiblen Plankostenrechnung vgl. *W. Medicke*, Die Gemeinkosten ..., a. a. O., S. 98 ff.; *H. Tigges*, Betriebsüberwachung ..., a. a. O., S. 206 ff.; *F. Wille*, Plan- und Standardkostenrechnung, 2. Aufl., a. a. O., S. 96 ff. Die lochkartenmäßige Durchführung des Soll-Ist-Kosten-Vergleichs wurde erstmalig von *W. Medicke*, Die Plankostenrechnung – insbesondere die Anwendung des Lochkartenverfahrens für den Soll-Ist-Kosten-Vergleich, ADL-Nachrichten 1959, Heft 10 und 11, dargestellt; vgl. insbesondere dort den BAB auf S. 281 in Heft 11.

solut und prozentual von den proportionalen Sollkosten angegeben. Zum Zwecke der Kalkulationskontrolle wurden die den Istkosten entsprechenden Grenzkostensätze ausgewiesen. Obwohl in der Tabelle 73 die Verbrauchsabweichungen nicht nach Kostenarten differenziert erscheinen, läßt ein Vergleich der Soll- und Istkostenbeträge der einzelnen Kostenarten erkennen, bei welchen Kostenarten besonders große Abweichungen entstanden sind. Dies ist z. B. bei der Maschinenstundenbezugsgröße der Kostenstelle 404, bei den Werkzeugkosten und den Instandhaltungs- und Reparaturkosten der Fall. Bei den Fertigungslöhnen können bei Anwendung eines Akkordlohnsystems nur Verbrauchsabweichungen entstehen, wenn Arbeitskräfte mit unterschiedlichen Minutenfaktoren eingesetzt werden und wenn sich die Relationen zwischen den Arbeitergruppen mit höheren und mit niedrigeren Minutensätzen verändert haben. Dieser Fall ist im Beispiel der Tabelle 73 nicht behandelt.

Wie wir bereits an anderer Stelle ausführten, werden im Soll-Ist-Kosten-Vergleich für die kalkulatorischen Kostenarten, so z. B. für die kalkulatorischen Strom-, Transport- und Leitungskosten, keine Verbrauchsabweichungen ausgewiesen. In der ersten Kostenspalte der Tabelle 73 sind die Summenwerte des Meisterbereiches I angegeben, zu dem die Kostenstellen 401 bis 404 gehören.

Die Summen der betrieblichen Teilbereiche werden in der Regel in Sammelbögen zusammengestellt.

Als Beispiel für einen mit einer Datenverarbeitungsanlage durchgeführten Soll-Ist-Kosten-Vergleich haben wir in der Tabelle 74 das Kostenstellen-Verrechnungsblatt der Kostenstelle „Spritzgußmaschinen 40–80 g" eines Kunststoff-Spritzgußwerkes wiedergegeben. Alle kursiv gedruckten Zahlen und Texte der Tabelle 74 werden vom Druckwerk in das Formular eingetragen. Für die Berechnungen sind folgende Kartengruppen erforderlich. Zunächst werden Istkostenkarten verarbeitet, welche die Kostenarten- und Kostenstellennummern der verbrauchenden Kostenstellen und die Vollkostenbeträge der Istkosten enthalten. Sie werden kostenartenweise verdichtet, um die geplanten Fixkostenbeträge vermindert und als proportionale Istkosten ausgedruckt. Weiterhin werden die Stammlochkarten der Kostenplanung benötigt. Diese Stammkarten bestehen aus den nach Kostenarten und Kostenstellen differenzierten proportionalen und fixen Planvorgaben und aus den Planbezugsgrößen. Statt der proportionalen Plankostenarten und der Planbezugsgrößen können auch die Quotienten dieser Größen in Stammlochkarten festgehalten bzw. in periphere Datenspeicher übernommen werden. Schließlich müssen dem Rechner die Istbezugsgrößen eingegeben werden, die zur Umrechnung der proportionalen Plankosten in proportionale Sollkosten erforderlich sind. Die proportionalen Sollkosten werden von den Istkosten subtrahiert und die Differenzen als Verbrauchsabweichungen ausgewiesen.

Insgesamt wurde in dem Beispiel der Tabelle 74 eine Überschreitung in Höhe von 817 DM bzw. von 1,8 % der proportionalen Sollkosten ermittelt. Der Istgrenzkostensatz hat sich durch die Verbrauchsabweichungen um 0,07 DM/Stunde erhöht. Die letzte Zeile der Tabelle 74 gibt die Kosten und Verbrauchsabweichungen seit Jahresanfang an. Sie läßt erkennen, daß im Durchschnitt 1,4 % der Sollkosten als Ver-

brauchsabweichungen angefallen sind. Die Kumulierung der Verbrauchsabweichungen während der gesamten Planungsperiode zeigt, ob im Zeitablauf ein Ausgleich zwischen positiven und negativen Abweichungen erfolgt oder ob die Summen der Überschreitungen von Monat zu Monat größer werden.
Bei den Beispielen der Tabellen 73 und 74 handelt es sich um monatliche Soll-Ist-Kosten-Vergleiche, die in geschlossener Form durchgeführt werden. Wie wir an anderer Stelle ausgeführt haben, sollte jedoch die Entwicklung zu wöchentlichen partiellen Soll-Ist-Kosten-Vergleichen führen, die vierteljährlich oder eventuell sogar nur einmal im Jahr durch geschlossene Soll-Ist-Kosten-Vergleiche ergänzt werden. Die Formulare des Soll-Ist-Kosten-Vergleichs lassen sich hierfür leicht abwandeln.

3. Die Errechnung von Verbrauchsabweichungen ist für eine wirksame Kostenkontrolle notwendig, aber nicht hinreichend. Ihr müssen stets *Kostenauswertungen*, *Kostenberichte* und *Kostendurchsprachen* folgen. S. B. Henrici schreibt hierüber: "The variance itself is not a control, for costs are not controlled by compiling statistics about them." [717]
Auch in einer gut ausgebauten flexiblen Plankostenrechnung können aus den folgenden Gründen die errechneten Verbrauchsabweichungen nicht ohne weiteres als Maßstab für die Kostenwirtschaftlichkeit angesehen werden.
a) Es lassen sich bei manchen Kostenarten stoßweise auftretende Istkosten nicht vermeiden, so daß die Wirtschaftlichkeit dieser Kostenarten nur über längere Zeiträume kontrolliert werden kann. Dies gilt insbesondere für die Instandhaltungs- und Reparaturkosten.
b) Immer wieder kommt es vor, daß kleinere organisatorische oder fertigungstechnische Änderungen in einer Kostenstelle durchgeführt werden, die bei der Planung noch nicht vorhergesehen werden konnten und nicht groß genug sind, um eine Neuplanung der Kostenstelle zu rechtfertigen. Die hierdurch ausgelösten Kostenveränderungen können nur bei einer nachträglichen Kostenauswertung richtig beurteilt werden.
c) Es gibt Kostenstellen, für die zwar normalerweise eine Bezugsgröße ausreicht, bei denen aber gelegentlich Abrechnungsperioden auftreten können, in denen außerplanmäßige Kosteneinflüsse wirksam werden. Dies ist z. B. in einer Abteilung der Fall, bei der die Relation zwischen Rüst- und Ausführungsstunden infolge konstanter Seriengrößen normalerweise nahezu unverändert ist, so daß für sie die Bezugsgröße „Arbeitsstunden" angesetzt wurde. Werden ausnahmsweise in einem Monat viel kleinere Serien als geplant gefertigt, so entstehen in einer solchen Kostenstelle Verbrauchsabweichungen bei den Rüstlöhnen. Ob und inwieweit solche Abweichungen vom Kostenstellenleiter zu verantworten sind, kann nur durch eine sorgfältige Kostenauswertung entschieden werden.

[717] Vgl. *S. B. Henrici*, Standard Costs ..., a. a. O., S. 253. Im übrigen fordern fast alle in Anmerkung 714 angegebenen Autoren, daß der Errechnung von Verbrauchsabweichungen eine besondere Auswertung folgen muß.

Tabelle 74: Beispiel zur Durchführung des Soll-Ist-Kosten-Vergleichs mit Hilfe der Datenverarbeitung

Kunststoffspritzguß Müller & Co.					Betriebsabrechnungsbogen (in vollen DM)			
1967 Monat	BAB-Z	BAB-Z	Kostenstelle	Nr.				
					Planbeschäftigung:	Istbeschäftigung:		Beschäftigungsgrad
3	*01*	01	*Spritzgußmaschinen 40—80 g*	*511*	*10 000* Ftg.-Std.	*11 840* Ftg.-Std.		*118,4* %
	02	02						
					Planverrechnungssatz	Verrechnete Plankosten		Istverrechnungssatz
	03	03	Kostendeckung ——→		*3,80 DM/Std.*	*44 992 DM*		*3,87 DM/Std.*
	04	04	Kostenart	Nr.	proport. Istkosten	proport. Sollkosten	Fixe Kosten	Verbrauchsabweichung
	05	05	Fertigungslöhne	4100/05	*21 567*	*21 312*	—	+ *255*
	06	06	Zusatzlöhne	4110/18	*672*	*426*	—	+ *246*
	07	07	Hilfslöhne für Vorarbeiter, Einrichter	4120	*1 205*	*976*	*350*	+ *229*
	08	08	Hilfslöhne für Reinigung, Boten	4121/22	*310*	*328*	*120*	./. *18*
	09	09	Sonstige Hilfslöhne	4123	—	—	—	—
	10	10	Mehrarbeitszuschläge	4129	*136*	—	—	+ *136*
	11	11	Gehälter	4150	—	—	*1 600*	—
	12	12	Kalkulatorische Sozialkosten für Arbeiter	4180	*8 362*	*8 065*	*165*	+ *297*
	13	13	Kalkulatorische Sozialkosten für Angestellte	4181	—	—	*320*	—
	14	14	Öle, Fette, Werkzeuge, Brennstoffe, Hilfs- und Betriebsstoffe	4220/25	*165*	*133*	*30*	+ *32*
	15	15	Büromaterialkosten	4227	—	—	—	—
	16	16	Reparatur- und Instandhaltungskosten	4560/65	*702*	*1 062*	*300*	./. *360*
	17	17	Fremdleistungen	4690	—	—	—	—
	18	18	Verschiedene Gemeinkosten	4710/90	—	—	—	—
	19	19	Kalkulatorische Abschreibungen	4800	*1 507*	*1 507*	*540*	—
	20	20	Kalkulatorische Zinsen für AV und UV	4801/02	—	—	*890*	—
	21	21	Kalkulatorische Stromkosten	4820	*3 010*	*3 010*	*140*	—
	22	22	Kalkulatorische Preßwasserkosten	4830	*4 950*	*4 950*	—	—
	23	23	Kalkulatorische Wasserkosten	4840	—	—	—	—
	24	24	Kalkulatorische Dampfkosten	4860	—	—	—	—
	25	25	Kalkulatorische Raumkosten	4870	—	—	*840*	—
	26	26	Kalkulatorische Transportkosten	4880	*620*	*620*	—	—
	27	27	Kalkulatorische Leitungskosten	4881	*2 603*	*2 603*	—	—
	28	28	Summe	—	*45 809*	*44 992*	*5 295*	+ *817*
	29	29	Verbrauchsabweichung	—	—	—	—	+ *1,8%*
	30	30	Summe seit Jahresanfang	—	*153 499*	*151 320*	*15 885*	+ *2 179*

d) Besonders in der ersten Zeit nach Einführung einer Plankostenrechnung treten häufiger Fehlkontierungen auf, die zu unechten Verbrauchsabweichungen führen und die nur durch eine sorgfältige Kostenauswertung festgestellt werden können.

e) Ferner können Erfassungsfehler bei der Bestimmung der Istbezugsgrößen auftreten, die zu falschen Sollkosten und damit zu falschen Verbrauchsabweichungen führen. Solche Fehler treten z.B. auf, wenn Fertigungsaufträge nicht *den* Kostenstellen zugeteilt werden, die im Arbeitsablaufplan vorgesehen sind, und dieser Tatbestand der Betriebsabrechnung nicht gemeldet wird[718]. Fehler dieser Art können nur durch eine sorgfältige Kostenanalyse festgestellt werden.

f) Schließlich besteht die Möglichkeit, daß die Kostenplanung Fehler enthält, die beim Soll-Ist-Kosten-Vergleich zu falschen Verbrauchsabweichungen führen. Dies kann beispielsweise der Fall sein, wenn bei der Planung eine Kostenart nicht berücksichtigt wurde.

Eine sorgfältige Kostenauswertung ist nicht leicht und erfordert neben einer guten kostenrechnerischen Ausbildung der Bearbeiter vor allem gute Kenntnisse der organisatorischen und fertigungstechnischen Gegebenheiten eines Betriebes[719]. Für den Fertigungsbereich wird die Kostenauswertung in der Regel von besonderen *Kosteningenieuren* durchgeführt. Häufig muß bei der Auswertung der Verbrauchabweichungen bis auf die Einzelbelege der Istkosten zurückgegriffen werden.

Das Hauptziel der Kostenauswertung besteht darin, die Gründe sichtbar werden zu lassen, die zu Verbrauchsabweichungen geführt haben. Hierbei sollen zugleich die Verbrauchsabweichungen um alle, nicht von den Kostenstellenleitern zu verantwortenden Abweichungskomponenten bereinigt werden[720]. Bezeichnen wir die nicht vom Kostenstellenleiter zu verantwortenden Verbrauchsabweichungen der Kostenart ν in einer beliebigen Kostenstelle mit $\Delta V_{Nj\nu}$ und kennzeichnen wir die zu verantwortenden Verbrauchsabweichungen pro Kostenstelle mit ΔV_{Vj}, so erhalten wir aus der Gleichung (153) für die zu verantwortende Gesamtabweichung einer Kostenstelle j den folgenden Ausdruck:

$$(154) \qquad \Delta V_{Vj} = \sum_{\nu=1}^{z} (K_{j\nu}^{(i)} - K_{j\nu}^{(s)} \pm \Delta V_{Nj\nu}) \qquad (j = 1, 2, \ldots, m)$$

Die Ergebnisse der Kostenauswertung werden in monatlichen Kostenberichten zusammengefaßt, die den verantwortlichen Abteilungsleitern, den Betriebsleitern und den Direktoren zugestellt werden. Die Berichte für die Direktion sollen nach dem

[718] Vgl. hierzu unsere Ausführungen über die Verfahrens- oder Arbeitsablaufabweichungen im Abschnitt E, III dieses Kapitels.

[719] *H. Müller*, Kostenplanung ..., a.a.O., S. 440, schreibt hierzu: „Es wird erheblicher Einsicht in die Betriebsgebarung bedürfen, um die richtigen Schlüsse aus den Verbrauchsabweichungen zu ziehen."

[720] Hierauf weisen vor allem *A. Gähweiler*, Die Auswertung ..., a.a.O., S. 676 und *K. Schwantag*, Die gegenwärtige Lage der Kostenrechnung, ZfhF 1949, S. 156, hin; *K. Schwantag* schreibt hierzu: „Bei allen ist es aber nötig, die von den Abteilungsleitern zu verantwortenden von den nicht von ihnen zu verantwortenden Kosten zu trennen."

Grundsatz des „management by exception“ aufgestellt werden und daher auch nur die wichtigsten Kostenabweichungen in zusammengefaßter Form enthalten[721]. Neben den monatlichen Kostenberichten ist die Anfertigung langfristiger Kostenberichte zu empfehlen, aus denen Rückschlüsse auf die Entwicklung der Kostenstruktur im Zeitablauf gezogen werden können[722].
Nach der Auswertung der Verbrauchsabweichungen sollen monatliche *Kostendurchsprachen* mit den verantwortlichen Meistern, Abteilungsleitern und Betriebsdirektoren folgen. Um den Kostendurchsprachen das notwendige Gewicht zu verleihen, ist es empfehlenswert, daß auch Mitglieder der Geschäftsleitung und der Leiter des Rechnungswesens an ihnen teilnehmen[723]. Kosteneinsparungen sollten lobend hervorgehoben werden, im Falle von Kostenüberschreitungen sollte man jedoch allzu strenge Tadel vermeiden und das Schwergewicht auf Maßnahmen für die zukünftige Verbesserung der Kostenstruktur legen. Mit Recht wird von einigen Autoren darauf hingewiesen, daß die Errechnung von Verbrauchsabweichungen eine Kontrollmaßnahme gegenüber den Kostenstellenleitern darstellt, durch die zahlreiche psychologisch bedingte Probleme entstehen können[724].

4. Man kann die zu verantwortenden Teile der Verbrauchsabweichungen in ähnlicher Weise durch *Prämienzahlungen* honorieren, wie wir es im Abschnitt C des elften Kapitels für die Einzelmaterialverbrauchsabweichungen beschrieben haben. Hierbei sollten folgende Grundsätze beachtet werden[725]:
a) Bei richtigem Ansatz der Sollkostenvorgaben kommt es in erster Linie darauf an, daß die Sollkosten eingehalten oder geringfügig unterschritten werden. Erhebliche Kostenunterschreitungen sind normalerweise in der Regel nicht möglich. Aus diesem Grunde sollten kleinere Kostenabweichungen relativ hoch prämiiert werden, und der Prämiensatz sollte sich mit zunehmenden Kostenabweichungen verringern. Dies

[721] Vgl. *W. Wright,* Direct Standard Costs for Decision Making and Control, New York–Toronto–London 1962, S. 156.
[722] *W. Wright,* Direct Standard Costs ..., a. a. O., S. 170 ff., empfiehlt hierfür „manufacturing trend charts“.
[723] Hierauf weist auch *K. Käfer,* Standardkostenrechnung, 2. Aufl., a. a. O., S. 430, hin.
[724] Vgl. *O. Bredt,* Aufbau und Zusammenhänge der Planung, in: Technik und Wirtschaft 1938, S. 222; *W. Hasenack,* Budgeteinführung und Betriebspsyche, Annalen der Betriebswirtschaft 1929/30, S. 381 ff.; *A. Müller,* Istkosten-, Normalkosten- und Plankostenrechnung in vergleichender Betrachtung, DB 1952, S. 560 ff.; *F. K. Patterson,* Die Ermittlung der Planzahlen für die Plankostenrechnung, AGPLAN, Bd. 3, Wiesbaden 1961, S. 11 ff.
[725] Vgl. zur Abweichungsprämiierung: *H. Beckmann,* Plankostenrechnung in der chemischen Industrie, ZfB 1953, S. 50; *K. W. Hennig,* Betriebswirtschaftslehre der industriellen Fertigung, Braunschweig 1946, S. 126; *K. Käfer,* Standardkostenrechnung, 2. Aufl., a. a. O., S. 431 ff.; *E. Michel,* Handbuch der Plankostenrechnung, Berlin 1937, S. 300 ff.; *W. Staudinger,* Die Gemeinkostenplanung in der Praxis eines elektrotechnischen Großbetriebes, ZfB 1953, S. 120; *H. Steinmann,* Die Plankostenrechnung, Diss. Berlin 1939, S. 145; *H. Tigges,* Betriebsüberwachung ..., a. a. O., S. 222 ff.; *F. Wille,* Plan- und Standardkostenrechnung, 2. Aufl., a. a. O., S. 112 ff.

wird am besten durch parabolische Prämienstaffeln erreicht, wie wir sie in Form der Prämienkurven P_1, P_2 und P_3 in Abbildung 40 wiedergegeben haben[726].

b) Die Prämien sollen nicht auf die absoluten Beträge der Verbrauchsabweichungen berechnet werden, sondern auf die Verbrauchsabweichungen in Prozent der Sollkosten[727], „weil es sonst für den Leiter einer großen Kostenstelle unverhältnismäßig viel leichter wäre, hohe Prämien zu erhalten als für den Meister einer kleinen Werkstatt"[728].

c) Die absolute Höhe der Prämien sollte nach dem „Grad der Kostenverantwortlichkeit" gestaffelt werden, für den in der Regel die Höhe der proportionalen Plankosten einer Kostenstelle eine geeignete Maßgröße bildet. Man staffelt daher die Prämienkurven nach der Höhe der proportionalen Plankosten[729]. In der Abbildung 40 gilt die Kurve P_1 für die Kostenstellen mit proportionalen Plankosten bis zu 7 000 DM, die Kurve P_2 für 7 000 bis 16 000 DM und die Kurve P_3 für proportionale Plankosten über 16 000 DM.

d) Um zu verhindern, daß durch abwechselndes Herbeiführen von positiven und negativen Verbrauchsabweichungen („Kostenschaukelei"), also durch Akkumulation und Abbau von Kostengüterlagern innerhalb einer Kostenstelle, Prämien verdient werden können, sind Verlustabzüge vorzunehmen[730]. Diese können ebenfalls parabolisch verlaufen, werden meistens linear angesetzt, so wie wir das in der Abbildung 40 dargestellt haben. Hierbei sollte man die Verlustabzüge jedoch erst nach einem kleinen „Verlustpuffer" von etwa 5 % einsetzen lassen.

e) Weiterhin ist es zu empfehlen, die für eine Abrechnungsperiode ermittelten Prämien nur zur Hälfte auszuzahlen und die andere Hälfte als Reserve für spätere „Verlustabweichungen" zu speichern. Am Jahresende werden hierbei die verbleibenden Gewinnsalden ausgezahlt und die Verlustsalden auf das nächste Jahr vorgetragen. Selbstverständlich können Verlustvorträge für die Prämienberechnung nicht vom Gehalt abgezogen werden; sie dienen vielmehr nur zur späteren Aufrechnung gegen Prämien. Im übrigen werden die Prämienbeträge für Verbrauchsabweichungen in der gleichen Weise berechnet und verbucht, wie wir das bereits im Abschnitt C des elften Kapitels beschrieben haben (vgl. hierzu das Beispiel in Tabelle 20 auf S. 268).

Die Prämiierung von Verbrauchsabweichungen hat den Vorteil, daß durch sie ein materieller Anreiz geschaffen wird, der die Kostenstellenleiter veranlaßt, sich intensiv für den Aufbau und für die Funktionsweise der Plankostenrechnung zu interessieren, den Soll-Ist-Kosten-Vergleich sorgfältig auszuwerten und nach besten Kräften sparen zu helfen. Andererseits ist jedoch in der Praxis immer wieder festgestellt wor-

[726] Vgl. hierzu die von *K. W. Hennig*, *H. Tigges* und *F. Wille* in den in Fußnote 725 zitierten Werken entworfenen Prämienkurven.

[727] Also auf: $\Delta V/K^{(s)}$.

[728] Vgl. *F. Wille*, Plan- und Standardkostenrechnung, 2. Aufl., a. a. O., S. 113.

[729] Vgl. *H. Tigges*, Betriebsüberwachung . . ., a. a. O., S. 223; *F. Wille*, Plan- und Standardkostenrechnung, 2. Aufl., a. a. O., S. 114.

[730] Vgl. *H. Tigges*, Betriebsüberwachung . . ., a. a. O., S. 223; *F. Wille*, Plan- und Standardkostenrechnung, 2. Aufl., a. a. O., S. 114.

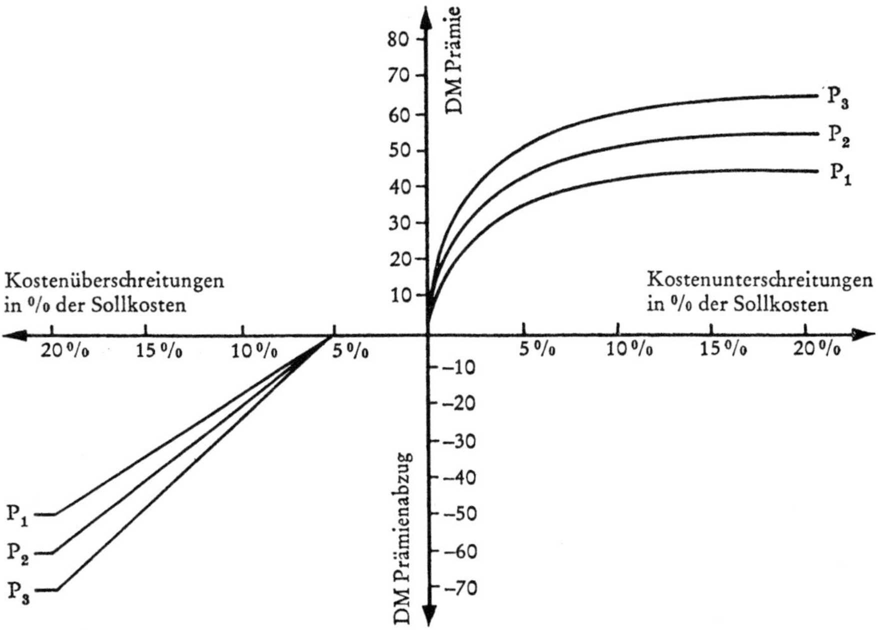

Abb. 40: Beispiel zur Prämienberechnung für die zu verantwortenden Teile der Verbrauchsabweichungen

den, daß die Prämiierung der Verbrauchsabweichungen das Betriebsklima beeinträchtigen kann. So wird z. B. häufig versucht, Kostenabweichungen auf andere Kostenstellen umzubuchen oder auf Kosten anderer zu sparen[731]. Manche Kostenstellenleiter werden sogar versuchen, notwendige Instandhaltungs- und Wartungskosten zu unterlassen, um ihre Prämien zu erhöhen. Auch die sachliche Mitwirkung der Meister und Abteilungsleiter bei der Kostenplanung kann durch ein Prämiensystem beeinträchtigt werden. Weiterhin vertreten viele Geschäftsleitungen den Standpunkt, daß Meister und Betriebsleiter so betriebsverbunden sein sollten, daß es keiner zusätzlichen Prämie bedarf, um sie zum Sparen zu veranlassen. Die Prämiierung von Verbrauchsabweichungen ist daher in Deutschland nicht sehr verbreitet[732].
Die Versuche von W. W. Neumayer und F. Kampschulte, die Verbrauchsabweichungen der Plankostenrechnung in irgendeiner Form als Grundlage für eine Gewinn-

[731] Hierauf hat W. Hasenack bereits 1929 hingewiesen, vgl. *W. Hasenack*, Budgeteinführung . . ., a. a. O., S. 384, sowie *F. Wille*, Plan- und Standardkostenrechnung, 2. Aufl., a. a. O., S. 117.

[732] Auch *K. Käfer*, Plan- und Standardkostenrechnung, 2. Aufl., a. a. O., S. 432, lehnt eine Prämiierung von Verbrauchsabweichungen ab. In den USA dagegen dürften Prämiensysteme für Verbrauchsabweichungen stärker verbreitet sein. Vgl. *S. B. Henrici*, Standard Costs . . ., a. a. O., S. 263; *A. Matz*, Planung . . ., a. a. O., S. 180.

beteiligung der Belegschaftsmitglieder zu verwenden, sind abzulehnen[733]. Der Gewinn einer Unternehmung hängt nicht nur von den Kosten, sondern weitgehend von den Erlösen der verkauften Erzeugnisse ab. Selbst wenn auf der Kostenseite der höchstmögliche Grad an Wirtschaftlichkeit erzielt ist, können Verluste entstehen und umgekehrt. Aus den Verbrauchsabweichungen der Plankostenrechnung können daher lediglich „Ersparnisprämien", aber keine Unterlagen für eine Gewinnbeteiligung der Belegschaftsmitglieder abgeleitet werden[734].

E. Die Errechnung spezieller Abweichungen der variablen Kosten

I. Kostenabweichungen infolge außerplanmäßiger Seriengrößen

1. Wie wir im Abschnitt C, II,2 des fünfzehnten Kapitels gezeigt haben, ist es in Kostenstellen mit Serienfertigung erforderlich, die Bezugsgrößen „Rüststunden" und „Ausführungsstunden" nebeneinander zu verwenden, damit weder die Einflüsse veränderter Auftragszusammensetzungen noch die außerplanmäßiger Seriengrößen den Soll-Ist-Kosten-Vergleich der Kostenstellenrechnung stören können.
Bezeichnen wir den Planwert der Rüststundenbezugsgröße einer Kostenstelle mit $T_R^{(p)}$ und den der Ausführungsstundenbezugsgröße mit $T_A^{(p)}$, so gibt der Quotient $T_R^{(p)}/T_A^{(p)}$ die durchschnittliche Planrüstzeitrelation an. Diese Relation entspricht erstens den geplanten Seriengrößen[735] aller Erzeugnisse, die in der betreffenden Kostenstelle bearbeitet werden, und zweitens der geplanten durchschnittlichen Auftragszusammensetzung. Im Soll-Ist-Kosten-Vergleich werden den Kostenstellen jeweils die effektiv geleisteten Vorgabestunden für Rüsten und Fertigen als Istbezugsgrößen gutgeschrieben, und zwar unabhängig davon, ob die geplanten Seriengrößen eingehalten wurden oder nicht. Seriengrößenabweichungen sind in der Regel von den Kostenstellenleitern nicht zu verantworten; sie werden meist von der Arbeitsvorbereitung veranlaßt. Stimmt in einer Abrechnungsperiode die Relation der Istbezugsgrößen für Rüsten und Ausführen nicht mit der Planrüstzeitrelation überein, so entsteht eine Abweichung, die wir als *Seriengrößen-* oder *Rüstkostenabweichung* bezeichnen wollen[736]. Diese Abweichung ist gleich den zum Grenzkostensatz der Rüststundenbezugsgröße bewerteten Mehr- oder Minderrüstzeiten.

[733] Vgl. hierzu *W. W. Neumayer,* „Voll-flexible" Plankostenrechnung zur Lösung der Kostenrechnungs- und Gewinnbeteiligungs-Probleme, ZFB 1951, S. 397 ff.; *W. W. Neumayer,* „Direkt"-Gewinnbeteiligung durch Leistungslohn und Plankostenrechnung, ZfB 1951, S. 269 ff.; *F. Kampschulte,* Leistungsgerechte Ertragsbeteiligung in der Praxis durch Plankostenrechnung, ZfB 1951, S. 578 ff. Vgl. auch die kritischen Stellungnahmen zu diesem Problem von *E. Kosiol,* Neuere Ziele und Methoden der Kostenplanung, ZfB 1954, S. 665, und *H. G. Plaut,* Wo steht . . ., a. a. O., S. 398.

[734] Vgl. *E. Kosiol,* Neuere Ziele . . ., a. a. O., S. 665.

[735] Unter geplanten Seriengrößen wollen wir in diesem Zusammenhang optimale Seriengrößen verstehen, ohne jedoch im einzelnen auf die Methoden ihrer Errechnung einzugehen.

[736] Vgl. zur Bestimmung von Seriengrößenabweichungen *K. Käfer,* Standardkostenrech-

Bezeichnen wir die Istvorgabestunden für Rüsten mit $T_R^{(i)}$, die Istvorgabestunden der Ausführung mit $T_A^{(i)}$ und den Grenzkostensatz des Rüstkostenplans mit $d_R^{(p)}$, so erhalten wir für die Seriengrößen- oder Rüstkostenabweichungen den folgenden Ausdruck[737]:

$$\Delta K_S = \left(T_R^{(i)} - T_A^{(i)} \frac{T_R^{(p)}}{T_A^{(p)}} \right) d_R^{(p)} \tag{155}$$

Der Klammerausdruck in Gleichung (155) gibt die Rüstzeitabweichung an, die in der betreffenden Kostenstelle während der Kontrollperiode entstanden ist. In der Abbildung 41 entspricht dieser Abweichung die Strecke AB; der Anstieg der Geraden 0A ist gleich der Planrüstzeitrelation $T_R^{(p)}/T_A^{(p)}$.
Beträgt in einer Kostenstelle die Planbezugsgröße des Rüstkostenplans z.B. 1 000 Stunden und die des Ausführungsplans 4 000 Stunden, so ist die Planrüstzeitrelation 25 %. Werden in einem Monat 5 000 Ausführungsstunden als Istbezugsgröße geleistet, so müßten planmäßig 5 000 · 0,25 = 1 250 Rüststunden angefallen sein.

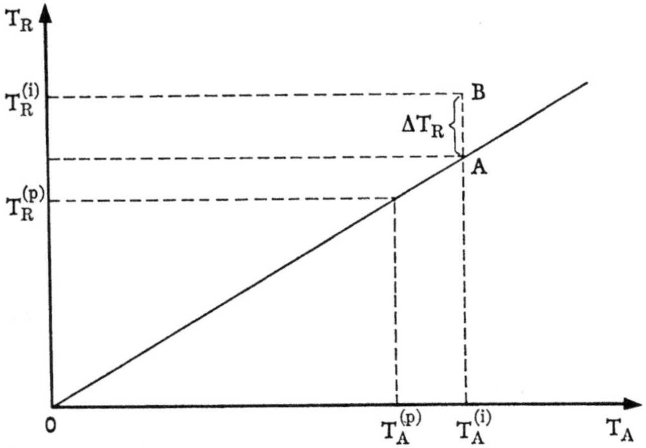

Abb. 41: Beispiel zur graphischen Ermittlung von Rüstzeitabweichungen

nung, 2. Aufl., a.a.O., S. 291 und insbesondere S. 400 ff.; *E. Kosiol*, Plankostenrechnung als Instrument moderner Unternehmensführung, Berlin 1956, S. 291; *W. Kilger*, Produktionsplanung, AGPLAN, Bd. 2, Wiesbaden 1959, S. 80 ff.; *K. Traub*, Die Grenz-Plankostenrechnung in Gießereibetrieben, Diss. Saarbrücken 1964, S. 203, wo für die Kostenstelle „Ofenbetrieb" einer Gießerei der Seriengrößeneinfluß durch die Bezugsgröße „Ofenschichten" oder „Schmelztage" ausgeschaltet werden soll, die neben den Bezugsgrößen „Schmelzstunden" und „t metallischer Einsatz" verwendet wird.

737 In der Gleichung (155) sind die Größen $T_R^{(i)}$ und $T_A^{(i)}$ Vorgabestunden, d.h. also geplante Zeiten. Der Index (i) soll daher nicht angeben, daß es sich um Istgrößen handelt. Es handelt sich vielmehr um die Planvorgabezeiten, die der Istbeschäftigung entsprechen. Besser wäre es daher gewesen, den Index (pi) zu verwenden, worauf wir jedoch aus Gründen der Vereinfachung verzichtet haben.

Wurden statt dessen 1 500 Rüststunden verfahren, so beträgt die Rüstzeitabweichung + 250 Stunden. Bei einem Grenzkostensatz von 9 DM/Rüststunde erhalten wir eine Rüstkostenabweichung von +2 250 DM. Diese Abweichung kann durch zwei Ursachen ausgelöst sein, und zwar erstens durch außerplanmäßige Seriengrößen und zweitens durch eine Veränderung der Auftragszusammensetzung zugunsten von Produktarten, deren optimale Seriengrößen unter dem Durchschnitt liegen. Wie K. Käfer nachgewiesen hat, reicht daher die Berechnung von Seriengrößenabweichungen nach Gleichung (155) nicht aus[738]. Es ist vielmehr erforderlich, diese Abweichung in *Rüstkostenabweichungen infolge außerplanmäßiger Seriengrößen* und in *Rüstkostenabweichungen infolge außerplanmäßiger Auftragszusammensetzung* zu zerlegen. Unter Verwendung der Symbole für (155) und

$x^{(i)}$ = Istproduktmenge
$s^{(i)}$ = Istseriengröße
$s^{(p)}$ = Planseriengröße
$t_R^{(p)}$ = Planrüstzeit pro Serie
i = Index der Produktart
n = Anzahl der Produktarten

läßt sich die gesamte Seriengrößenabweichung wie folgt zerlegen:

$$\text{(156)} \qquad \Delta K_s = \left(\sum_{i=1}^{n} \left(\frac{x_i^{(i)}}{s_i^{(i)}} - \frac{x_i^{(i)}}{s_i^{(p)}} \right) t_{Ri}^{(p)} \right) d_R^{(p)} + \left(\sum_{i=1}^{n} \frac{x_i^{(i)}}{s_i^{(p)}} t_{Ri}^{(p)} - T_A^{(i)} \frac{T_R^{(p)}}{T_A^{(p)}} \right) d_R^{(p)}$$

Hier gibt der erste Klammerausdruck die nach Produktarten differenzierten Rüstkostenabweichungen infolge außerplanmäßiger Seriengrößen an. Die Quotienten $x_i^{(i)}/s_i^{(i)}$ sind gleich den Istauflegungszahlen und die Quotienten $x_i^{(i)}/s_i^{(p)}$ gleich den Sollauflegungszahlen der Istbeschäftigung. Hieraus folgt, daß die Gleichung (156) nur unter der Voraussetzung anwendbar ist, daß gleiche Produktarten während der Kontrollperiode stets in gleich großen Serien gefertigt werden. Gilt diese Voraussetzung nicht, so ist eine entsprechend weitergehende Differenzierung der Gleichung (156) erforderlich.

Der zweite Klammerausdruck in Gleichung (156) gibt die Rüstkostenabweichung infolge außerplanmäßiger Auftragszusammensetzung an. In dieser Klammer werden die Sollrüstzeiten bei planmäßigen Serien und bei Istauftragszusammensetzung der Istausbringung vermindert um die Sollrüstzeiten, die bei planmäßigen Serien und bei planmäßiger Auftragszusammensetzung angefallen wären. Der Ausdruck $\sum_{i=1}^{n} \frac{x_i^{(i)}}{s_i^{(p)}} t_{Ri}^{(p)}$ ist gleich $T_R^{(i)}$ und die Sollrüstzeiten der Istauftragszusammensetzung sind einmal mit einem positiven und einmal mit einem negativen Vorzeichen enthalten, woraus folgt, daß die Abweichungssumme nach Gleichung (156) stets mit der nach Gleichung (155) errechneten Globalabweichung übereinstimmen muß.

738 Vgl. *K. Käfer*, Standardkostenrechnung, 2. Aufl., a. a. O., S. 405 und das Zahlenbeispiel auf S. 402 ff.

Werden in der Plankalkulation allen Erzeugnissen die Planrüstkosten mit Hilfe der durchschnittlichen Planrüstzeitrelation $T_R^{(p)} / T_A^{(p)}$ zugerechnet, was natürlich nur bei relativ geringfügigen Unterschieden der produktindividuellen optimalen Seriengrößen und der produktindividuellen Planrüstzeiten pro Serie zu einer genügenden Kalkulationsgenauigkeit führt, so ist die gesamte Seriengrößenabweichung ΔK_s eine Differenz zwischen der Kostenstellen- und der Kostenträgerrechnung. Verwendet man dagegen beim Aufbau der Plankalkulation die produktindividuellen Planrüstzeitrelationen, so gilt das nur für die Rüstkostenabweichung infolge außerplanmäßiger Seriengrößen.

2. Wir wollen nunmehr die Analyse der Rüstkostenabweichungen mit Hilfe eines Zahlenbeispiels darstellen. Die Tabelle 75 gibt die zugehörigen Daten der Bezugsgrößenplanung an. Hier sind insgesamt sechs Produktarten vorgesehen, für die die in Spalte 3 der Tabelle 75 angegebenen Planseriengrößen festgelegt wurden. Dividiert man die geplanten Stückzahlen durch die geplanten Seriengrößen, so erhält man die Planauflegungszahlen, aus denen sich durch Multiplikation mit den zugehörigen Planrüstzeiten pro Serie die Planbezugsgröße des Rüstkostenplans ableiten läßt, hier 60 000 Vorgabeminuten. Die Planbezugsgröße des Fertigungskostenplans erhält man durch Multiplikation der geplanten Stückzahlen mit den Planausführungszeiten pro Stück. Im Beispiel erhalten wir hierfür 240 000 Minuten. Die letzte Spalte der Tabelle 75 gibt die Planrüstzeitrelationen der einzelnen Produkte an und läßt zugleich erkennen, daß die durchschnittliche Planrüstzeitrelation bei planmäßigen Seriengrößen und geplanter Auftragszusammensetzung 25 % beträgt.
Die Tabelle 76 gibt die zur Abweichungsanalyse der Rüstkosten erforderlichen Ist- und Sollgrößen einer Kontrollperiode an. Dividiert man die Istproduktmengen durch die Istseriengrößen, so erhält man die Istauflegungszahlen. Der Quotient aus den Istproduktmengen und den geplanten Seriengrößen gibt dagegen die Soll-

Tabelle 75: Beispiel für eine nach Rüst- und Ausführungszeiten differenzierte Bezugsgrößenplanung

Produktart	Planmenge Stck./Mon.	Planseriengröße Stck./Serie	Planauflegungszahl	Planrüstzeit in Minuten pro Serie	Planrüstzeit in Minuten pro Monat	Planausführungszeit in Minuten pro Stück	Planausführungszeit in Minuten pro Monat	Planrüstzeitrelation %
1	2	3	4	5	6	7	8	9
1	10 000	400	25	400	10 000	4,0	40 000	25,00
2	30 000	1 000	30	500	15 000	1,5	45 000	33,33
3	12 000	400	30	600	18 000	3,0	36 000	50,00
4	18 000	900	20	300	6 000	2,0	36 000	16,67
5	5 000	500	10	400	4 000	4,0	20 000	20,00
6	14 000	400	35	200	7 000	4,5	63 000	11,11
Summe	–	–	–	–	60 000	–	240 000	Ø 25,00

Tabelle 76: Beispiel zur Errechnung von Rüstkostenabweichungen

Produktart	Istmenge Stück/Monat	Istseriengröße Stück/Serie	Auflegungszahl			Istbezugsgröße		Sollrüstzeit bei planmäßiger Seriengröße	Abweichung infolge außerplanmäßiger Seriengröße	
			Ist	Soll	Abweichung	Rüsten Min./Monat	Fertigen Min./Monat		Rüstminuten	Rüstkosten
1	2	3	4	5	6	7	8	9	10	11
1	8 000	320	25	20	+ 5	10 000	32 000	8 000	+ 2 000	+ 300
2	40 000	800	50	40	+ 10	25 000	60 000	20 000	+ 5 000	+ 750
3	20 000	400	50	50	–	30 000	60 000	30 000	–	–
4	9 000	450	20	10	+ 10	6 000	18 000	3 000	+ 3 000	+ 450
5	10 000	445	22,5*	20	+ 2,5	9 000	40 000	8 000	+ 1 000	+ 150
6	20 000	400	50	50	–	10 000	90 000	10 000	–	–
Summe	–	–	–	–	–	90 000	300 000	79 000	+ 11 000	+ 1 650
Abweichung infolge außerplanmäßiger Auftragszusammensetzung							× 25 % =	./. 75 000	+ 4 000	+ 600
Gesamte Rüstkostenabweichung									+ 15 000	+ 2 250

* Eine Auflegung wurde nur halb gerechnet, da am Periodenende erst die Hälfte der Serie gefertigt war.

auflegungszahlen an, die der Istbeschäftigung und der effektiven Auftragszusammensetzung entsprechen. Die Differenz beider Größen, die wir in der Spalte 6 der Tabelle 76 ausgewiesen haben, läßt erkennen, ob zu viele oder zu wenige Serien aufgelegt wurden. Multipliziert man diese Differenzen mit den zugehörigen Planrüstzeiten pro Serie, so erhält man die nach Produktarten differenzierten Rüstzeitabweichungen infolge außerplanmäßiger Seriengrößen, deren Summe in unserem Beispiel 11 000 Minuten beträgt. Durch Bewertung mit dem Plankostensatz pro Rüstminute in Höhe von 0,15 DM erhalten wir + 1 650 DM als Summe der Rüstkostenabweichung infolge außerplanmäßiger Seriengrößen (vgl. hierzu die Spalten 10 und 11 der Tabelle 76).

In den Spalten 7 und 8 der Tabelle 76 werden die Istbezugsgrößen errechnet. Hierbei erhalten wir 90 000 Minuten bzw. 1 500 Stunden für die Rüstkosten- und 300 000 Minuten bzw. 5 000 Stunden für die Fertigungskostenbezugsgröße. Die Spalte 9 gibt die Sollrüstzeiten bei planmäßigen Seriengrößen an, die man erhält, indem man die Sollauflegungszahlen der Spalte 6 mit den geplanten Rüstzeiten pro Serie (vgl. Tabelle 75, Spalte 5) multipliziert. In der vorletzten Zeile der Tabelle 76 wird die Abweichung infolge außerplanmäßiger Auftragszusammensetzung errechnet. Multipliziert man die Istbezugsgröße des Fertigungskostenplans in Höhe von 300 000 Minuten mit der Planrüstzeitrelation von 25 %, so erhält man diejenige Rüstzeit, die bei Istbeschäftigung anfallen müßte, wenn die Seriengrößen und die Auftragszusammensetzung planmäßig gewesen wären. In unserem Beispiel erhalten wir hierfür 75 000 Minuten. Die Differenz gegenüber den Sollrüstkosten bei planmäßigen Seriengrößen und bei Istauftragszusammensetzung beträgt + 4 000 Minuten und die zugehörige Kostenabweichung + 600 DM. Als Gesamtabweichung erhalten wir + 15 000 Minuten und + 2 250 DM. Diese Werte erhält man auch unmittelbar durch Anwendung der Gleichung (155). Würde in der betrachteten Kostenstelle auf eine Bezugsgrößendifferenzierung nach Rüst- und Ausführungsstunden verzichtet, so würde der Soll-Ist-Kosten-Vergleich um „unechte Verbrauchsabweichungen“ in Höhe von + 2 250 DM verfälscht, die durch Seriengrößenschwankungen verursacht und vom Kostenstellenleiter nicht zu verantworten sind.

Von den beiden Komponenten der Rüstkostenabweichung ist nur die Abweichung infolge außerplanmäßiger Seriengrößen eine echte Kostenerhöhung bzw. -verminderung. Bei der Auswertung dieser Abweichung muß berücksichtigt werden, daß durch Seriengrößenvariationen nicht nur die Rüstkosten, sondern auch die variablen Lager- und Zinskosten beeinflußt werden.

II. Kostenabweichungen infolge außerplanmäßiger Bedienungssysteme

1. Wie unsere Ausführungen im Abschnitt C, II, 2 des fünfzehnten Kapitels gezeigt haben, ist es in Kostenstellen mit wechselnden Bedienungsverhältnissen erforderlich, die Bezugsgrößen „Fertigungsstunden“ (der Arbeiter) und „Maschinenstunden“ nebeneinander zu verwenden, damit weder die Einflüsse veränderter Auftragszu-

sammensetzungen noch die Kostenabweichungen infolge außerplanmäßiger Bedienungsverhältnisse den Soll-Ist-Kosten-Vergleich stören können.
Bezeichnen wir den Planwert der Fertigungszeitbezugsgröße mit $T_F^{(p)}$ und den Planwert der Maschinenstundenbezugsgröße mit $T_M^{(p)}$, so gibt der Quotient $T_F^{(p)} / T_M^{(p)}$ die Planbedienungsrelation an. Diese Relation entspricht erstens den für die einzelnen Produktarten geplanten Bedienungsrelation[739] und zweitens der geplanten durchschnittlichen Auftragszusammensetzung. Im Soll-Ist-Kosten-Vergleich werden den Kostenstellen jeweils die effektiv geleisteten Vorgabestunden der bedienenden Arbeiter und der Maschinen als Istbezugsgröße gutgeschrieben, unabhängig davon, ob die geplanten Bedienungsverhältnisse eingehalten wurden oder nicht; denn Veränderungen der Bedienungsverhältnisse verantworten in der Regel die Kostenstellenleiter nicht. Sie werden von der Arbeitsvorbereitung veranlaßt. Verhalten sich in einem Monat die Istbezugsgrößen für den fertigungszeit- und den maschinenzeitbezogenen Kostenplan nicht wie die zugehörigen Planbezugsgrößen, so entsteht in einer Kostenstelle eine Abweichung, die wir als *Abweichung infolge außerplanmäßiger Fertigungszeit-Maschinenzeit-Relationen* bezeichnen wollen. Diese Abweichung ist gleich den zum Grenzkostensatz der Fertigungszeitbezugsgröße bewerteten Mehr- bzw. Minder-Fertigungszeiten der Arbeiter.
Bezeichnen wir die Istfertigungszeitbezugsgröße mit $T_F^{(i)}$, die Istmaschinenzeitbezugsgröße mit $T_M^{(i)}$ und den Grenzkostensatz pro Einheit der Fertigungszeitbezugsgröße mit $d_F^{(p)}$, so erhalten wir für die Abweichung infolge außerplanmäßiger Fertigungszeit-Maschinenzeit-Relationen den folgenden Ausdruck[740]:

$$\Delta K_B = \left(T_F^{(i)} - T_M^{(i)} \frac{T_F^{(p)}}{T_M^{(p)}} \right) d_F^{(p)} \tag{157}$$

Betragen die Planbezugsgrößen einer Kostenstelle mit wechselnden Bedienungsverhältnissen z. B. 1 300 Fertigungsstunden und 3 900 Maschinenstunden, wie das im Planungsbeispiel der Tabellen 54 und 55 auf den Seiten 456 und 457 der Fall ist, so ist das durchschnittliche Planbedienungsverhältnis 1:3. Werden in einem Monat 4 875 Maschinenstunden als Istbezugsgröße geleistet, so müßten planmäßig 4 875 · 0,33 = 1 625 Fertigungsstunden angefallen sein. Werden statt dessen nur 1 536,3 Fertigungsstunden verfahren, so beträgt die Fertigungszeitabweichung ./. 88,7 Stunden. Bei einem Grenzkostensatz von 7,74 DM/Fertigungsstunde erhalten wir eine Kostenabweichung von ./. 686 DM.
Diese Abweichung kann auf zwei Ursachen zurückzuführen sein, und zwar erstens auf außerplanmäßige Bedienungsverhältnisse und zweitens auf eine Veränderung

[739] Hierbei wollen wir von der Annahme ausgehen, daß die geplanten den optimalen Bedienungsverhältnissen entsprechen, ohne daß wir jedoch hier auf die Probleme der Bestimmung optimaler Bedienungsverhältnisse eingehen wollen.

[740] Bei Gleichung (157) ist darauf zu achten, daß die Größen $T_F^{(i)}$ und $T_M^{(i)}$ Vorgabe- und keine Istzeiten sind. Der Index (i) soll angeben, daß es sich um die Vorgabestunden der Istbeschäftigung handelt. Dieser Sachverhalt wäre besser zum Ausdruck gekommen, wenn wir den Index (pi) verwendet hätten, worauf jedoch aus Gründen der Vereinfachung verzichtet wurde.

der Auftragszusammensetzung zugunsten von Produktarten, bei denen die geplanten Bedienungsrelationen unter dem geplanten Durchschnitt liegen. Es ist daher erforderlich, die nach Gleichung (157) bestimmte Abweichung in *Fertigungskostenabweichungen infolge außerplanmäßiger Bedienungsverhältnisse* und in *Fertigungskostenabweichungen infolge außerplanmäßiger Auftragszusammensetzung* zu zerlegen.

Unter Verwendung der Symbole für (157) und

$x^{(i)}$ = Istproduktmenge
$r^{(i)}$ = Istbedienungsrelation
$r^{(p)}$ = Planbedienungsrelation
$t_M^{(p)}$ = Planmaschinenzeit pro Einheit
i = Index der Produktart
n = Anzahl der Produktarten

läßt sich die gesamte Abweichung infolge außerplanmäßiger Fertigungszeit- Maschinenzeit-Relationen wie folgt zerlegen:

$$(158) \qquad \Delta K_B = \left(\sum_{i=1}^{n} x_i^{(i)} t_{Mi}^{(p)} (r_i^{(i)} - r_i^{(p)}) \right) d_F^{(p)} + \left(\sum_{i=1}^{n} x_i^{(i)} t_{Mi}^{(p)} r_i^{(p)} - T_M^{(i)} \frac{T_F^{(p)}}{T_M^{(p)}} \right) d_F^{(p)}$$

Der erste Summand der Gleichung (158) gibt die nach Produktarten differenzierten Abweichungen der Fertigungszeitbezugsgröße an, die auf außerplanmäßige Bedienungsverhältnisse zurückzuführen sind[741].

Der zweite Summand in Gleichung (158) gibt die Fertigungskostenabweichung der bedienenden Arbeitskräfte infolge außerplanmäßiger Auftragszusammensetzung an. In der zweiten Klammer wurden die Sollfertigungsstunden bei planmäßigen Bedienungsrelationen und Istauftragszusammensetzung vermindert um die Fertigungszeiten, die bei planmäßigen Bedienungsverhältnissen und planmäßiger Auftragszusammensetzung angefallen wären. Es läßt sich leicht zeigen, daß die Gleichung (158) stets zu der gleichen Abweichungssumme führen muß, wie die Gleichung (157). Werden in der Plankalkulation die geplanten Bedienungsverhältnisse der einzelnen Produktarten berücksichtigt, so fällt nur die erste Komponente der Gleichung (158) als Differenz zwischen der Kostenstellen- und der Kostenträgerrechnung an.

2. Wir wollen nunmehr die bisher theoretisch dargestellte Abweichungsanalyse für Kostenstellen mit wechselnden Bedienungsverhältnissen mit Hilfe eines Zahlenbeispiels verdeutlichen. Die Tabelle 77 gibt für dieses Beispiel die Daten der Bezugsgrößenplanung an. Sie läßt erkennen, daß insgesamt dreizehn Produktarten vorgesehen sind, für die die in Spalte 3 der Tabelle 77 angegebenen Planbedienungsrelationen festgelegt wurden. Durch Multiplikation der geplanten Produktmengen mit den

741 Die Gleichung (158) ist nur anwendbar, wenn während der Kontrollperiode für gleiche Produktarten gleiche Bedienungsverhältnisse angewandt wurden. Ist diese Voraussetzung nicht erfüllt, so ist eine entsprechende Differenzierung der Gleichung (158) erforderlich.

Planfertigungszeiten und den Planmaschinenzeiten pro Stück, lassen sich die Planwerte der Bezugsgrößen ableiten. Für die Fertigungszeitbezugsgröße erhalten wir als Planwert 78 000 Minuten bzw. 1 300 Stunden und für die Maschinenzeitbezugsgröße 234 000 Minuten bzw. 3 900 Stunden. Diese Bezugsgrößen stimmen mit dem Planungsbeispiel überein, das wir in den Tabellen 54 und 55 auf den Seiten 456 und 457 wiedergegeben haben. Die Relation der Planbezugsgrößen läßt erkennen, daß die durchschnittliche Planbedienungsrelation bei planmäßiger Auftragszusammensetzung 1:3 beträgt.

Die Tabelle 78 gibt die zur Abweichungsanalyse erforderlichen Ist- und Sollgrößen einer Kontrollperiode an. Sie enthält in der Spalte 2 die Istproduktmengen und stellt in den Spalten 3 und 4 die Ist- und Planbedienungsverhältnisse einander gegenüber. Multipliziert man die in Spalte 6 der Tabelle 77 angegebenen Planmaschinenzeiten pro Stück mit den effektiven Bedienungsrelationen, so erhält man die den Istbedienungssystemen entsprechenden Fertigungszeiten pro Stück, die in Spalte 5 der Tabelle 78 enthalten sind. Bei allen Produktarten, die mit außerplanmäßigen Bedienungssystemen gefertigt wurden, treten Differenzen zwischen den Fertigungszeiten pro Stück auf, die in Spalte 7 der Tabelle 78 ausgewiesen wurden. Multipliziert man diese Abweichungen mit den zugehörigen Istproduktmengen, so erhält man die Fertigungszeitabweichungen infolge außerplanmäßiger Bedienungsrelation. Wie die Spalte 10 der Tabelle 78 erkennen läßt, fallen in unserem Zahlenbeispiel

Tabelle 77: Beispiel für eine nach Fertigungs- und nach Maschinenzeiten differenzierte Bezugsgrößenplanung

Produkt-art	Planmenge Stck./Monat	Planbedienungsrelation	Planfertigungszeit		Planmaschinenzeit	
			Min./Stck.	Min./Monat	Min./Stck.	Min./Monat
1	2	3	4	5	6	7
1	3 000	1 : 2	1,25	3 750	2,50	7 500
2	3 000	1 : 3	1,20	3 600	3,60	10 800
3	8 000	1 : 5	0,70	5 600	3,50	28 000
4	6 000	1 : 4	0,70	4 200	2,80	16 800
5	1 750	1 : 5	0,80	1 400	4,00	7 000
6	5 000	1 : 3	1,20	6 000	3,60	18 000
7	8 000	1 : 2,4*	1,75	14 000	4,20	33 600
8	3 000	1 : 4	1,10	3 300	4,40	13 200
9	4 000	1 : 3	1,50	6 000	4,50	18 000
10	6 000	1 : 3	1,50	9 000	4,50	27 000
11	6 000	1 : 3	1,30	7 800	3,90	23 400
12	2 000	1 : 4	1,00	2 000	4,00	8 000
13	4 540	1 : 2	2,50	11 350	5,00	22 700
Summe	–	Φ 1 : 3	–	78 000	–	234 000

* Für Produkt 7 wurde ein Mittelwert geplant, da das Optimum zwischen 1:2 und 1:3 schwanken kann.

Tabelle 78: Beispiel zur Errechnung von Fertigungskostenabweichungen infolge außerplanmäßiger Bedienungssysteme

Produkt-art	Istmenge Stück/Monat	Bedienungsrelation		Fertigungszeit Minuten/Stück			Istbezugs-größe Masch.-Min.	Soll-Ftg.-Min. bei Plan-bedienungs-verhältnis	Abweichungen inf. außer-planm. Bedienungsverhältn.	
		Ist	Plan	Ist	Plan	Abweichung			Ftg.-Min.	Ftg.-Kosten
1	2	3	4	5	6	7	8	9	10	11
1	3 680	1 : 1	1 : 2	2,50	1,25	+ 1,25	9 200	4 600	+ 4 600	+ 594
2	4 000	1 : 3	1 : 3	1,20	1,20	–	14 400	4 800	–	–
3	7 200	1 : 5	1 : 5	0,70	0,70	–	25 200	5 040	–	–
4	7 100	1 : 4	1 : 4	0,70	0,70	–	19 880	4 970	–	–
5	4 200	1 : 4	1 : 5	1,00	0,80	+ 0,20	16 800	3 360	+ 840	+ 108
6	5 850	1 : 3	1 : 3	1,20	1,20	–	21 060	7 020	–	–
7	4 700	1 : 2	1 : 2,4	2,10	1,75	+ 0,35	19 740	8 225	+ 1 645	+ 212
8	5 600	1 : 4	1 : 4	1,10	1,10	–	24 640	6 160	–	–
9	8 000	1 : 3	1 : 3	1,50	1,50	–	36 000	12 000	–	–
10	9 000	1 : 3	1 : 3	1,50	1,50	–	40 500	13 500	–	–
11	2 000	1 : 3	1 : 3	1,30	1,30	–	7 800	2 600	–	–
12	6 820	1 : 4	1 : 4	1,00	1,00	–	27 280	6 820	–	–
13	6 000	1 : 5	1 : 2	1,00	2,50	./. 1,50	30 000	15 000	./. 9 000	./. 1 161
Summe							292 500	94 095	./. 1 915	./. 247
Abweichung infolge außerplanmäßiger Auftragszusammensetzung							× 1/3 =	./. 97 500	./. 3 405	./. 439
Gesamtabweichung									./. 5 320	./. 686

für vier Produkte Abweichungen an, deren Summe ./. 1915 Ftg.-Min. beträgt. Multipliziert man die Zeitabweichungen mit dem zugehörigen Grenzkostensatz in Höhe von 0,129 DM/Minute, so erhält man die in Spalte 11 der Tabelle 78 ausgewiesenen Fertigungskostenabweichungen von insgesamt ./. 247 DM.

In der vorletzten Zeile der Tabelle 78 wird die Abweichungskomponente infolge außerplanmäßiger Auftragszusammensetzung ermittelt. Die Spalte 9 gibt die Sollfertigungsminuten bei planmäßigen Bedienungssystemen und effektiver Auftragszusammensetzung an, die man erhält, indem man die Spalten 2 und 6 miteinander multipliziert. Als Summe erhalten wir hierbei 94 095 Sollfertigungsminuten, die bei planmäßigen Bedienungsverhältnissen und effektiver Auftragszusammensetzung anfallen sollten. Wie die Spalte 8 erkennen läßt, wurden insgesamt 292 500 Maschinenminuten geleistet. Durch Multiplikation mit 1/3 erhält man hieraus 97 500 Fertigungsminuten, die der Istbeschäftigung entsprechen sollten, wenn sowohl die Bedienungsrelationen aller Produktarten als auch die Auftragszusammensetzung planmäßig gewesen wären. Subtrahiert man die Sollfertigungsminuten bei planmäßigen Bedienungsverhältnissen und bei planmäßiger Auftragszusammensetzung von den Sollfertigungsminuten bei planmäßigen Bedienungsverhältnissen und Istauftragszusammensetzung, so erhält man als Abweichung infolge außerplanmäßiger Auftragszusammensetzung ./. 3 405 Fertigungsminuten bzw. ./. 439 DM. Wie die letzte Zeile der Tabelle 78 erkennen läßt, beträgt die Gesamtabweichung ./. 5 320 Fertigungsminuten bzw. ./. 686 DM. Diese Werte erhält man auch unmittelbar durch Anwendung der Gleichung (157). Würde in der betrachteten Kostenstelle nur eine Bezugsgröße verwendet, so würde der Soll-Ist-Kosten-Vergleich „unechte Verbrauchsabweichungen" in Höhe von ./. 686 DM enthalten, die vom Kostenstellenleiter nicht zu verantworten sind.

Von den beiden Abweichungskomponenten ist nur die Fertigungskostenabweichung infolge außerplanmäßiger Bedienungsverhältnisse eine echte Kostenerhöhung bzw. -verminderung.

III. Verfahrens- oder Arbeitsablaufabweichungen

1. In vielen Betrieben werden Maschinen eingesetzt, von denen eine jede ähnliche Arbeitsgänge ausführen kann; die Kostenstruktur der einzelnen Maschinen bzw. -gruppen kann aber aus folgenden Gründen unterschiedlich sein. Erstens kann es sich um Betriebsmittel handeln, die artähnliche Arbeitsgänge für Produktarten mit verschiedenen Dimensionen ausführen, wobei in der Regel die größer dimensionierten Maschinen auch die kleineren Produktarten bearbeiten können, nicht aber umgekehrt. Zweitens können sich die Betriebsmittel in ihrer qualitativen Kapazität unterscheiden, z.B. in der Genauigkeit, mit der sie spanabhebende Arbeitsgänge durchführen. Auch hierbei kann man qualitativ höherwertige Betriebsmittel auch für Produkte einsetzen, für die ein geringeres qualitatives Niveau ausreicht, nicht aber umgekehrt. Drittens können sich die Betriebsmittel im Typ und im Alter unterscheiden.

Rein fertigungstechnisch gesehen, gibt es beim Aufbau von Arbeitsablaufplänen in Betrieben der genannten Art für viele Arbeitsprozesse mehrere Möglichkeiten der Maschinenbelegung. Die Arbeitsvorbereitung soll die Arbeitsablaufpläne stets so aufbauen, daß alle Fertigungsaufträge den für sie optimalen Betriebsmitteln und Arbeitsplätzen zugeteilt werden. In vielen Fällen kann die Arbeitsvorbereitung hierbei so vorgehen, daß sie für alle in Frage kommenden Prozeßvarianten die zu Grenzkosten bewerteten Planfertigungsminuten pro Stück miteinander vergleicht und jeweils die Betriebsmittel mit den niedrigsten Grenzfertigungskosten pro Stück in die Arbeitsablaufpläne einträgt; oftmals erfordert der Ausbau optimaler Arbeitsablaufpläne aber komplizierte Berechnungsmethoden[742]. Stets jedoch sind die Berechnungen auf der Grundlage von Grenzkosten durchzuführen, da es sich um Entscheidungen auf der Basis vorhandener Kapazitäten handelt. Bei der Verwendung von Vollkostensätzen müßten schwerwiegende Dispositionsfehler entstehen.

Die bei der Arbeitsablaufplanung festgelegten Kostenstellen werden den Plankalkulationen zugrunde gelegt.

Praktisch können Terminänderungen, Maschinenstörungen und Dispositionsfehler der Arbeitsvorbereitung dazu führen, daß ein Teil der Aufträge nicht den für sie optimalen Betriebsmitteln zugeordnet werden kann, sondern abweichend vom Plan auf kostenungünstigere Kostenstellen gelegt werden muß. Da hierbei die Plankalkulationen nicht entsprechend geändert werden, bei der Erfassung von Istbezugsgrößen für den Soll-Ist-Kosten-Vergleich aber stets die ausführenden und nicht die geplanten Kostenstellen zu berücksichtigen sind, entstehen Kostenabweichungen zwischen der Kostenstellen- und der Kostenträgerrechnung. Diese Abweichungen bezeichnet man als *Verfahrensabweichungen*[743]. Da es sich jedoch im Falle solcher Dispositionsänderungen nicht um Verfahrenswechsel, sondern um eine außerplanmäßige Gestaltung des Arbeitsablaufs handelt, wollen wir diese Abweichungen als *Arbeitsablaufabweichungen* bezeichnen. In der anglo-amerikanischen Literatur spricht man von „nonstandard operation-", „nonstandard practice-" oder „equipment substitution variances"[744]. S.B.Henrici schreibt[745]: "When the necessities of day-to-day shop

[742] Vgl. hierzu *W. Kilger*, Optimale Verfahrenswahl bei gegebenen Kapazitäten, in: Produktionstheorie und Produktionsplanung, Festschrift für K. Hax, Köln und Opladen 1966, S. 156ff., und die dort angegebene Literatur.

[743] Vgl. zur Verfahrensabweichung: *K. Agthe*, Die Abweichungen..., a.a.O., S.35 und 112; *K. Agthe*, Kostenplanung..., a.a.O., S. 78; *O. Bredt*, Der Dispositionserfolg im Arbeitsbereich der Herstellung und seine Ermittlung, in: Technik und Wirtschaft 1940, S. 189, wo die Verfahrensabweichung als „Dispositionsanteil des Arbeitserfolges" bezeichnet wird. *J. Fuchs*, Die Plankostenrechnung, in: Taschenbuch für den Betriebswirt, Berlin–Stuttgart 1954, S. 313; *K. Käfer*, Standardkostenrechnung, 2. Aufl., a.a.O., S. 406; *W. Kilger*, Produktionsplanung, a.a.O., S. 81ff.; *E. Kosiol*, Plankostenrechnung..., a.a.O., S. 329; *F. Petzold*, Prinzipien der Plankostenrechnung und Ergänzungen zu Begriffsbestimmungen, ZfB 1950, S. 400; *B. Schrülkamp*, Die Kontrolle..., a.a.O., S. 626.

[744] Vgl. *S.B.Henrici*, Standard Costs..., a.a.O., S. 111ff.; *W. Wright*, Direct Standard Costs..., a.a.O., S. 128 und 165; *G. Shillinglaw*, Cost Accounting: Analysis and Control, Homewood, Ill. 1961, S. 198.

[745] Vgl. *S. B. Henrici*, Standard Costs..., a.a.O., S. 112.

scheduling require the use of nonstandard operations, the equality of total work in process standard costs and standard unit product costs is destroyed."

Werden Fertigungsaufträge auf anderen als auf den in den Arbeitsablaufplänen vorgesehenen Aggregaten gefertigt, so müssen diese Fälle der Betriebsabrechnung unter Angabe von Gründen gemeldet werden, damit entsprechende Kostenabweichungen errechnet werden können. Ohne diese Meldungen würden bei der Erfassung der Istbezugsgrößen stets die geplanten Kostenstellen berücksichtigt, unabhängig davon, ob in Wirklichkeit Aufträge anderen Kostenstellen zugeteilt wurden. Die Folge wäre, daß die Istbezugsgrößen in den planmäßig vorgesehenen Kostenstellen zu hoch und in den ausführenden Kostenstellen zu niedrig errechnet werden. Entsprechend würden auch die Sollkostenvorgaben der Istbeschäftigung in den geplanten Kostenstellen zu hoch und in den ausführenden Kostenstellen zu niedrig werden. Der Soll-Ist-Kosten-Vergleich würde daher fehlerhafte Verbrauchsabweichungen ausweisen. In der Praxis erkennt man nicht gemeldete Arbeitsablaufabweichungen oftmals erst bei der Kostenauswertung, insbesondere, wenn die fehlerhaften Istbezugsgrößen der geplanten Kostenstellen über die Kapazitätsgrenzen ansteigen und auf den ausführenden Kostenstellen praktisch nicht realisierbare Einsparungen ausgewiesen werden. Zur rechnerischen Ermittlung von Arbeitsablaufabweichungen seien folgende Symbole eingeführt:

i = Index der Auftragsnummer
n = Anzahl der umdisponierten Aufträge
$s^{(i)}$ = Istseriengröße eines umdisponierten Auftrages i
$t_a^{(p)}$ = Planfertigungsminuten pro Einheit in der ausführenden Kostenstelle
$t_o^{(p)}$ = Planfertigungsminuten pro Einheit in der optimalen Kostenstelle
$d_a^{(p)}$ = proportionaler Plankostensatz der ausführenden Kostenstelle
$d_o^{(p)}$ = proportionaler Plankostensatz der optimalen Kostenstelle

Die Summe der in einer Kontrollperiode angefallenen Arbeitsablauf- oder Verfahrensabweichungen ΔK_V läßt sich wie folgt ermitteln:

(159)
$$\Delta K_V = \sum_{i=1}^{n} s_i^{(i)} \left(t_{ai}^{(p)} d_a^{(p)} - t_{oi}^{(p)} d_o^{(p)}\right)$$

Da die optimalen Kostenstellen geplant wurden, können nur positive Arbeitsablaufabweichungen entstehen. Die Gleichung (159) gilt nur für den Fall, daß Arbeitsablaufabweichungen zwischen *zwei* Kostenstellen auftreten. Sie läßt sich aber für kompliziertere Fälle entsprechend erweitern.

Der Gleichung (159) liegt die Prämisse zugrunde, daß als Bezugsgröße in beiden Kostenstellen die Fertigungszeit verwendet wird. Selbstverständlich lassen sich jedoch die Größen $t_{ai}^{(p)}$ und $t_{oi}^{(p)}$ leicht durch andere Bezugsgrößen pro Einheit ersetzen.

Addieren wir im Klammerausdruck der Gleichung (159) $t_{ai}^{(p)} d_o^{(p)}$ und subtrahieren wir dieses Glied wieder, so können wir die Gleichung (159) umformen:

(160)
$$\Delta K_V = \sum_{i=1}^{n} s_i^{(i)} \left(t_{ai}^{(p)} (d_a^{(p)} - d_o^{(p)}) + d_o^{(p)} (t_{ai}^{(p)} - t_{oi}^{(p)}) \right)$$

Diese Gleichung zeigt, daß jede Arbeitsablaufabweichung aus zwei Komponenten besteht, wovon die erste auf den unterschiedlichen Plankostensatz und der zweite auf die unterschiedlichen Planbezugsgrößen pro Einheit zurückzuführen ist.
Weiterhin lassen sich aus der Gleichung (160) zwei Sonderfälle ableiten. Im ersten Sonderfall stimmen die Kostensätze der ausführenden mit denen der optimalen Kostenstelle überein, so daß als Arbeitsablaufabweichung nur der zweite Summand übrigbleibt. Beim zweiten Sonderfall stimmen in beiden Kostenstellen die Planbezugsgrößen pro Einheit überein, so daß nur der erste Summand als Arbeitsablaufabweichung anfällt.

2. In der Tabelle 79 haben wir ein Beispiel für die auftragsweise Erfassung von Arbeitsablaufabweichungen wiedergegeben. In diesem Beispiel wird für eine Serie von 1 200 Stück der Arbeitsgang „Drehen“ von den planmäßig vorgesehenen normalen Drehbänken auf Karusselldrehbänke verlagert, wodurch Mehrkosten in Höhe von 109,80 DM verursacht werden.
Treten während eines Monats gleichartige Fälle von Arbeitsablaufabweichungen ein, so werden die Teilabweichungen der umdisponierten Serien zusammengefaßt, wie es die Tabelle 80 zeigt, in der die Produktart 1 dem Beispiel der Tabelle 79 entspricht. Insgesamt wurden zehn Aufträge von den planmäßig vorgesehenen normalen Drehbänken auf Karusselldrehbänke verlagert. Die hierdurch verursachten Mehrkosten betragen 1 382 DM/Monat. Würden die Arbeitsablaufabweichungen der Betriebsabrechnung nicht gemeldet, so würden bei der Erfassung der Istbezugsgrößen der Dreherei 42 540 Fertigungsminuten zuviel und der Kostenstelle „Karusselldrehbänke“ 39 535 Fertigungsminuten zuwenig gutgeschrieben. Im Soll-Ist-Kosten-Vergleich würden daher die Sollkosten der Dreherei um 5 615 DM zu hoch und die der Kostenstelle „Karusselldrehbänke“ um 6 997 DM zu niedrig ausgewiesen. Dieser

Tabelle 79: Beispiel zur auftragsweisen Erfassung von Arbeitsablaufabweichungen

Maschinenbau GmbH

	Teile-Nr.: 25-711 Arbeitsgang: Drehen Stück: 1 200				Kosten
Ist	Ausführende Kostenstelle	Kostensatz	Stückzeit	Minuten Gesamt	
	403 Karusselldrehbänke	0,177	3,5	4200	743,40
Plan	Geplante Kostenstelle	Kostensatz	Stückzeit	Minuten Gesamt	
	401 Dreherei	0,132	4,0	4800	633,60
Arbeitsablaufabweichung					109,80

Tabelle 80: Beispiel zur monatlichen Zusammenfassung von Arbeitsablaufabweichungen

Produktart	Istmenge Stück pro Monat	Ausführende Kostenstelle: 403			Geplante Kostenstelle: 401			Arbeitsablaufabweichung
		Minuten pro Stück	Minuten pro Monat	Fertigungskosten	Minuten pro Stück	Minuten pro Monat	Fertigungskosten	
1	1 200	3,5	4 200	743	4,0	4 800	634	109
2	800	4,0	3 200	567	4,0	3 200	422	145
3	1 600	2,6	4 160	736	3,0	4 800	634	102
4	750	3,4	2 550	451	3,8	2 850	376	75
5	450	6,7	3 015	534	7,0	3 150	416	118
6	900	5,0	4 500	797	5,2	4 680	617	180
7	1 600	2,6	4 160	736	3,0	4 800	634	102
8	1 850	3,8	7 030	1 244	4,0	7 400	977	267
9	560	4,5	2 520	446	4,5	2 520	332	114
10	700	6,0	4 200	743	6,2	4 340	573	170
Summe	–	–	39 535	6 997	–	42 540	5 615	1 382

Fehler bei der Sollkostenberechnung würde in gleicher Höhe zu falschen Verbrauchsabweichungen führen.

Die Errechnung von Arbeitsablaufabweichungen dient aber nicht nur dazu, den Soll-Ist-Kosten-Vergleich von Fehlern freizuhalten, sondern zugleich zur Kontrolle der laufenden Termin- und Arbeitsablaufdispositionen. Die Arbeitsablaufabweichungen zeigen Mehrkosten an, die durch ein Abweichen von den optimalen Arbeitsablaufplänen verursacht wurden.

IV. Verrechnungsabweichungen

Werden während der Planungsperiode organisatorische oder verfahrenstechnische Änderungen durchgeführt, die die Kostenstruktur wesentlich verändern, so müssen die Kostenpläne der hiervon betroffenen Kostenstellen bereits vor Ablauf der Planungsperiode korrigiert werden. Hierdurch verändern sich aber auch die Planverrechnungssätze der Kalkulation. Hieraus folgt, daß an sich auch die Plankalkulationen für alle diejenigen Erzeugnisse geändert werden müßten, die in den mit neuen Kostenplänen versehenen Kostenstellen bearbeitet werden. In Betrieben mit nur relativ wenigen Erzeugnisarten sollte man diese Kalkulationsänderungen auch durchführen, um hierdurch die laufende Übereinstimmung zwischen der Kostenstellen- und der Kostenträgerrechnung wiederherzustellen. Das gleiche gilt für Betriebe, in denen die Plankalkulationen mit Hilfe von Datenverarbeitungsanlagen erstellt werden, so daß der Rechenaufwand für die Kalkulationsänderungen nicht so stark ins Gewicht fällt.

Wird die Kalkulation jedoch nicht mit Hilfe der Datenverarbeitung durchgeführt und ist die Zahl der zu ändernden Plankalkulationen sehr groß, so verschiebt man in der Regel die Korrektur der Plankalkulationen bis zur nächsten Planungsüber-

holung. Da in der Zwischenzeit aber den geänderten Kostenstellen die den neuen Plankalkulationssätzen entsprechenden proportionalen Sollkosten im Soll-Ist-Kosten-Vergleich vorgegeben werden, entstehen hierdurch Kostenabweichungen zwischen der Kostenstellen- und der Kostenträgerrechnung. Wegen ihrer rein rechnerischen Bedeutung bezeichnet man diese Abweichungen als *Verrechnungsabweichungen.* In der anglo-amerikanischen Literatur spricht man von „revisions variances"[746].
Bezeichnen wir für eine beliebige Kostenstelle j den bisherigen Plankostensatz mit $d_{j2}^{(p)}$ und den Plankostensatz nach Änderung des Kostenplans mit $d_{j1}^{(p)}$, so erhalten wir für eine beliebige Istbezugsgröße $b_j^{(i)}$ folgende monatliche Verrechnungsabweichung:

$$\Delta K_{Rj} = b_j^{(i)} \left(d_{j1}^{(p)} - d_{j2}^{(p)}\right) \tag{161}$$

Hat sich z.B. infolge einer Rationalisierungsmaßnahme der proportionale Kostensatz einer Kostenstelle von 6,50 DM/Std. auf 5,80 DM/Std. vermindert, so beträgt bei einer Istbeschäftigung von 14 000 Std./Monat die Verrechnungsabweichung dieser Kostenstelle ./. 9 800 DM/Monat. Hierbei bedeutet das negative Vorzeichen, daß es sich um eine Einsparung handelt, die in der Kostenstellenrechnung gegenüber der Kostenträgerrechnung erzielt wurde.
Die Summe der während mehrerer Planungsperioden angefallenen Verrechnungsabweichungen gibt einen gewissen Anhalt dafür, welche Rationalisierungserfolge durch organisatorische und verfahrenstechnische Veränderungen erzielt wurden.

V. Leistungs- oder Ausbeuteabweichungen

1. Insbesondere in Kostenstellen, in denen Maschinenlaufzeiten als Bezugsgrößen verwendet werden, können Abweichungen zwischen den verfahrenen Iststunden und den der Istausbringung entsprechenden Sollmaschinenstunden entstehen; derartige Abweichungen führen zu Störungen des Soll-Ist-Kosten-Vergleichs, sofern sie nicht durch spezielle Kostenabweichungen eliminiert werden.
Bezeichnen wir für eine beliebige Kostenstelle j die Istmaschinenstunden pro Monat mit $T_{Mj}^{(i)}$, die Sollmaschinenstunden pro Monat mit $T_{Mj}^{(s)}$, die Istausbringungsmengen der Produktarten i (i = 1,2, . . . , n) mit $x_i^{(i)}$ und die geplanten Maschinenlaufzeiten pro Stück mit $t_{Mij}^{(p)}$, so erhalten wir als Maschinenzeitabweichung folgenden Ausdruck:

$$\Delta T_{Mj} = T_{Mj}^{(i)} - T_{Mj}^{(s)} \tag{162}$$

wobei nach Gleichung (147) auf S. 513 gilt:

$$T_{Mj}^{(s)} = \sum_{i=1}^{n} x_i^{(i)} t_{Mij}^{(p)} \tag{163}$$

[746] Vgl. u. a. *D. F. Evans-Hemming*, Flexible Budgetary Control and Standard Costs, London 1952, S. 29.

Wie unsere Ausführungen im Abschnitt A des fünften Kapitels gezeigt haben, ist die Ausbringung einer Kostenstelle stets das Produkt aus der Fertigungszeit, dem Intensitätsgrad und dem Ausbeutegrad. In Gleichung (19) auf S. 137 entspricht für eine Kostenstelle, die n verschiedene Produktarten bearbeitet und in der die Maschinenlaufzeiten als Bezugsgröße verwendet werden, der Istausbringung die Summe der Sollmaschinenlaufzeiten der Istproduktmengen, die wir mit $T_{Mj}^{(s)}$ bezeichnet haben. Wir erhalten daher nach Gleichung (19) folgende Beziehung zwischen den Ist- und den Sollmaschinenlaufzeiten:

$$T_{Mj}^{(s)} = \lambda_j \beta_j T_{Mj}^{(i)} \tag{164}$$

Setzt man in dieser Gleichung den geplanten durchschnittlichen Intensitätsgrad $\lambda_j^{(p)}$ und den geplanten durchschnittlichen Ausbeutegrad $\beta_j^{(p)}$ gleich 100 %, so erkennt man, daß in Abrechnungsperioden, in denen die geplante Intensität und die geplante Relation aus den verwertbaren und den bearbeiteten Produktmengen eingehalten wurden, keine Maschinenzeitabweichungen entstehen können. Abweichungen sind vielmehr nur in den folgenden drei Fällen möglich, und zwar erstens, wenn der durchschnittliche Istintensitätsgrad vom geplanten Intensitätsgrad abweicht, zweitens, wenn die durchschnittliche Istausbeuterelation nicht mit der geplanten Ausbeuterelation übereinstimmt, und drittens, wenn sowohl $\lambda_j^{(p)}$ als auch $\beta_j^{(p)}$ im Ist nicht eingehalten wurden.

Im ersten Fall kann es sich entweder um geringfügige, unkontrollierbare Schwankungen der Intensität oder um dispositionsgesteuerte intensitätsmäßige Anpassungsprozesse handeln. Oszillative Veränderungen der Intensität verursachen in der Regel nur relativ kleine Maschinenzeitabweichungen, deren Kosteneinflüsse von den Kostenstellenleitern zu vertreten sind, so daß sie sich voll im Soll-Ist-Kosten-Vergleich auswirken sollen. In den relativ seltenen Fällen dispositionsgesteuerter intensitätsmäßiger Anpassungsprozesse müssen dagegen spezielle Kostenabweichungen eliminiert werden. Welche Möglichkeiten es hierfür im System der Grenzplankostenrechnung gibt, wollen wir jedoch erst im nächsten Abschnitt dieses Kapitels untersuchen.

Im zweiten Fall ist die Intensität, z. B. die Drehzahl der Aggregate, während der gesamten Laufzeit konstant. Trotzdem entstehen Abweichungen zwischen den Ist- und den Sollmaschinenlaufzeiten infolge verminderter Ausbeutegrade, die z. B. durch einen erhöhten Anfall von Ausschuß bedingt sind.

Der dritte Fall stellt eine Kombination der ersten beiden Fälle dar. Hierbei kann es sich bei der Intensitätsvariation wiederum um geringfügige oszillative Schwankungen oder um dispositionsgesteuerte intensitätsmäßige Anpassungsprozesse handeln. Die Kosteneinflüsse oszillativer Intensitätsschwankungen sollte man auch hier in den Soll-Ist-Kosten-Vergleich eingehen lassen. Damit ist aber der dritte Fall auf den zweiten Fall zurückgeführt. Treten Ausbeuteschwankungen in Verbindung mit intensitätsmäßigen Anpassungsprozessen auf, so müssen beide Kosteneinflüsse gesondert durch spezielle Kostenabweichungen eliminiert werden. Da jedoch Fälle dieser Art relativ selten sind und die durchzuführende Abweichungsanalyse sehr kompliziert ist, wollen wir hierauf nicht näher eingehen[747].

2. Würde man in einer Kostenstelle, in der die Maschinenzeiten als Bezugsgröße verwendet werden und in der Maschinenzeitabweichungen entstehen, stets die Sollmaschinenstunden als Istbezugsgröße verwenden, so würden sich die Kosteneinflüsse der Maschinenlaufzeit-Differenzen uneingeschränkt in den Verbrauchsabweichungen des Soll-Ist-Kosten-Vergleichs auswirken. Im Beispiel der Abbildung 42 erhalten wir hierbei die Verbrauchsabweichung ΔV_1. In der amerikanischen Literatur bezeichnet man das zur Errechnung der Verbrauchsabweichung ΔV_1 verwendete Verfahren, das dem Normalfall des Soll-Ist-Kosten-Vergleichs entspricht, als „two variance method"[748]. In einer Grenzplankostenrechnung ist diese Bezeichnung nicht mehr zutreffend, da unter der zweiten Abweichung die der Istbezugsgröße $T_{Mj}^{(i)}$ entsprechende Beschäftigungsabweichung verstanden wird. Beschäftigungsabweichungen fallen aber nur in einer auf Vollkosten basierenden Plankosten-

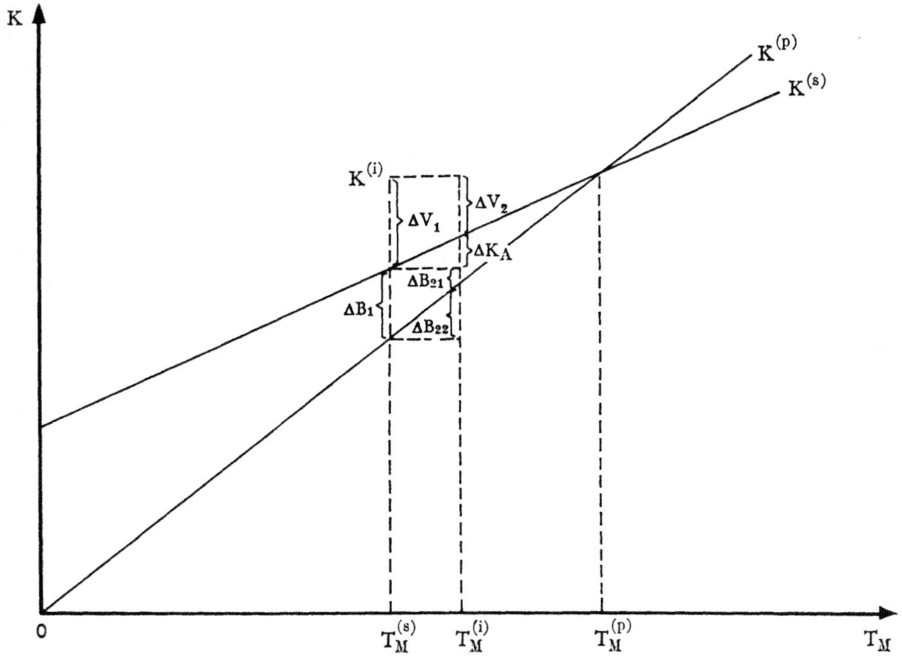

Abb. 42: Beispiel zur Bestimmung von Leistungs- oder Ausbeuteabweichungen

747 Diese Schwierigkeiten resultieren daraus, daß zwischen den Ausbeute- und den Intensitätsgraden Interdependenzen bestehen.

748 Zur Unterteilung der Abweichungsanalyse in die Verfahren der „Zwei-", „Drei-" und „Vier-Abweichungsmethode" vgl. die in Anmerkung 750 angegebene Literatur.

rechnung an. Sie sind keine echten Abweichungen der variablen Kosten, sondern Fixkosten-Verrechnungsdifferenzen zwischen der Kostenstellen- und der Kostenträgerrechnung[749]. In einer Grenzplankostenrechnung würde man daher besser die Bezeichnung „Ein-Abweichungsmethode“ verwenden.

Sind die Maschinenzeitabweichungen nur gering, so z. B. wenn sie lediglich aus oszillativen Intensitätsschwankungen resultieren, oder ist der Kostenstellenleiter voll für die Entstehungsgründe dieser Abweichungen verantwortlich, so sollte man stets die Sollmaschinenstunden als Istbezugsgröße verwenden und auf die Errechnung spezieller Kostenabweichungen verzichten.

Wie wir jedoch im Abschnitt C des achtzehnten Kapitels hervorgehoben haben, gibt es Kostenstellen, in denen der Produktionsprozeß starken Schwankungen der Ausbeutegrade ausgesetzt ist, die produktionsbedingt sind und vom Kostenstellenleiter nur geringfügig beeinflußt werden können. Für Kostenstellen dieser Art haben wir als Istbezugsgröße die effektiv verfahrenen Maschinenstunden $T_{Mj}^{(i)}$ empfohlen. Sie müssen an den Betriebsmitteln durch unmittelbare Laufzeitmessungen erfaßt werden. Da aber in der Plankalkulation die geplanten Maschinenlaufzeiten pro Stück berücksichtigt werden, entstehen Abweichungen zwischen der Kostenstellen- und der Kostenträgerrechnung. Diese Abweichungen bezeichnet man in der deutschsprachigen Literatur als *Leistungsabweichungen* und in der amerikanischen Literatur als „efficiency variances“ oder „machine effectiveness variations“[750]. Manche Autoren verwenden auch die Bezeichnung „Intensitätsabweichung“, obwohl es sich bei einer Leistungsabweichung auf keinen Fall um eine Kostenabweichung infolge intensitätsmäßiger Anpassungsprozesse handelt[751]. Da die Begriffe „Leistung“ und

[749] Vgl. unsere Ausführungen über die Beschäftigungsabweichung in einer auf Vollkosten basierenden Plankostenrechnung im Abschnitt F, I dieses Kapitels. In der Abbildung 42 wurde die Beschäftigungsabweichung mit ΔB_1 bezeichnet.

[750] Die Errechnung dieser Abweichungen wird von folgenden Autoren beschrieben, wobei zugleich die Differenzierung des Soll-Ist-Kosten-Vergleichs nach der „Zwei-“, „Drei-“ und „Vier-Abweichungsmethode“ verwendet wird: *K. Agthe*, Die Abweichungen ..., a. a. O., S. 31 ff.; *K. Agthe*, Kostenplanung ..., a. a. O., S. 162 ff.; *J. Batty*, Standard Costing, London 1960, S. 51; *O. Bredt*, Abteilungsrechnung oder Plankostenrechnung im Arbeitsbereich der Herstellung, in: Technik und Wirtschaft 1940, S. 101 ff.; *O. Bredt*, Preisplanung oder Plankosten?, in: Technik und Wirtschaft 1938, S. 334; *A. Gälweiler*, Die Auswertung ..., a. a. O., S. 675; *H. C. Heiser*, Budgetierung ..., a. a. O., S. 187; *W. Hill*, Direct Costing oder Standardkosten, Betriebswirtschaftliche Mitteilungen 31, Bern 1964, S. 10; *C. T. Horngren*, Cost Accounting ..., a. a. O., S. 265; *K. Käfer*, Standardkostenrechnung, 2. Aufl., a. a. O., S. 285; *A. Matz, O. J. Curry, G. W. Frank*, Cost Accounting ..., a. a. O., S. 569 ff.; *A. Matz*, Planung ..., a. a. O., S. 19 ff.; *E. Schneider*, Grundsätzliches zur Planung und Standardkostenrechnung, ZfhF 1940, S. 259; *G. Shillinglaw*, Cost Accounting ..., a. a. O., S. 298 ff.; *D. Solomons*, Standard Costing Needs Better Variances, NAA-Bulletin 1961 (12), Section 1, S. 37 ff.; *D. Solomons*, Flexible Plankostenrechnung und Analyse der Gemeinkosten-Abweichungen, Management International 1961, S. 98 ff. Die Bezeichnung „machine effectiveness variation“ wurde bereits 1932 von *E. A. Camman*, Basic Standard Costs, New York 1932, in Fig. 7 auf S. 20 verwendet.

[751] Die Bezeichnung „Intensitätsabweichung“ verwendet z. B. *A. Matz*, Planung ..., a. a. O., S. 120.

„Intensität" oft synonym verwendet werden, ist auch die Bezeichnung „Leistungsabweichung" nicht zweckmäßig. Wir haben sie nur beibehalten, da sie sich in der deutschsprachigen Literatur durchgesetzt hat. Besser entspräche den Entstehungsursachen dieser Abweichung die Bezeichnung „Ausbeuteabweichung".
Formelmäßig erhält man die Leistungs- oder Ausbeuteabweichung ΔK_A, indem man die Maschinenzeitdifferenz nach Gleichung (162) mit dem proportionalen Plankostensatz pro Maschinenlaufstunde multipliziert. Bezeichnen wir diesen Kostensatz mit $d_{Mj}^{(p)}$, so erhalten wir für die Kostenstelle j:

$$\Delta K_{Aj} = (T_{Mj}^{(i)} - T_{Mj}^{(s)})\, d_{Mj}^{(p)} \qquad (165)$$

Werden die Istmaschinenstunden nach Aufträgen differenziert erfaßt, so lassen sich auch die Leistungs- oder Ausbeuteabweichungen differenziert nach Aufträgen angeben. Die Summe der Teilabweichungen ΔK_{Aj} beträgt:

$$\Delta K_{Aj} = \sum_{i=1}^{n} (T_{Mij}^{(i)} - x_i^{(i)}\, t_{Mij}^{(p)})\, d_{Mj}^{(p)} \qquad (166)$$

Im Beispiel der Abbildung 42 wird bei Verwendung von $T_M^{(i)}$ als Istbezugsgröße statt ΔV_1 nur die Verbrauchsabweichung ΔV_2 ausgewiesen. Die Differenz beider Abweichungen wird als Leistungs- oder Ausbeuteabweichung eliminiert. In Abbildung 42 haben wir diese Abweichung als ΔK_A gekennzeichnet. In der anglo-amerikanischen Literatur bezeichnet man einen Soll-Ist-Kosten-Vergleich, bei dem Leistungs- oder Ausbeuteabweichungen eliminiert werden, als „three-" oder „four-variance method"[752]. Vom Standpunkt der Grenzplankostenrechnung sind diese Bezeichnungen abzulehnen, denn es werden hier nur zwei Abweichungen der variablen Kosten errechnet. Die übrigen Abweichungen sind Beschäftigungsabweichungen, die nur in einer auf Vollkosten basierenden Plankostenrechnung anfallen[753]. In einer Grenzplankostenrechnung käme daher allenfalls die Bezeichnung „Zwei-Abweichungsmethode" für die Eliminierung von Leistungs- oder Ausbeuteabweichungen in Frage. Auch diese Bezeichnung halten wir jedoch nicht für zweckmäßig, da in einer gut ausgebauten Grenzplankostenrechnung in vielen Fällen noch weitere Abweichungen der variablen Kosten vom Soll-Ist-Kosten-Vergleich ferngehalten werden, wie wir in den Abschnitten dieses Kapitels gezeigt haben.

[752] Vgl. hierzu die in Anmerkung 750 angegebene Literatur.
[753] Bei der „Drei-Abweichungsmethode" wird die Maschinenzeitabweichung mit dem geplanten Vollkostensatz pro Maschinenstunde multipliziert, so daß die „Leistungsabweichung" und die durch sie verursachte Beschäftigungsabweichung saldiert ausgewiesen werden. Bei der „Vier-Abweichungsmethode" wird dagegen die echte Leistungsabweichung ΔK_A ausgewiesen und die gesamte Beschäftigungsabweichung ΔB_1 in die Komponenten ΔB_{21} und ΔB_{22} zerlegt. Vgl. hierzu *A. Matz*, Planung..., a. a. O., S. 120 f. Vom Standpunkt der Grenzplankostenrechnung ist die Ermittlung und Zerlegung von Beschäftigungsabweichungen ebenso falsch wie überflüssig. Diese Ansicht vertritt auch *C. T. Horngren*, Cost Accounting..., a. a. O., S. 269: "...total fixed costs incurred are not changed by efficiency changes..."

Formal betrachtet ist die Leistungs- und Ausbeuteabweichung einer Intensitätsabweichung sehr ähnlich, was in der Literatur oft zu Verwechselungen geführt hat. Auch die Kritik von F. K. Patterson, der wir uns in den früheren Auflagen dieses Buches noch angeschlossen haben, basiert auf der Annahme, es handele sich bei der Leistungsabweichung um eine Kostenabweichung infolge intensitätsmäßiger Anpassungsprozesse[754]. Wie jedoch unsere Analyse mit Hilfe der Gleichung (164) gezeigt hat, dienen die nach den Gleichungen (165) und (166) errechneten Leistungs- oder Ausbeuteabweichungen nur zur Eliminierung der Kosteneinflüsse von Maschinenzeitdifferenzen, die bei konstanten Intensitätsgraden infolge veränderter Ausbeutekoeffizienten entstehen. Nur unter der Annahme konstanter Intensitätsgrade ist es richtig, die Ist- und die Sollmaschinenstunden mit dem gleichen Grenzkostensatz zu bewerten.

3. In der Tabelle 81 haben wir ein Zahlenbeispiel für die nach Aufträgen differenzierte Errechnung von Leistungs- oder Ausbeuteabweichungen wiedergegeben. Für insgesamt zehn Fertigungsaufträge wurden 192 000 Istmaschinenminuten verfahren, denen nur 178 382 Sollmaschinenminuten entsprechen. Die gesamte Maschinenzeitdifferenz beträgt daher + 13 618 Maschinenminuten; bewertet zu einem Grenzkostensatz von 0,35 DM/Minute, erhalten wir hieraus als Gesamtabweichung + 4 766 DM/Monat.

Verzichtet man bei der praktischen Durchführung darauf, die Istmaschinenzeiten auftragsweise zu erfassen, so lassen sich für die Spalten 5 bis 8 der Tabelle 81 nur die Summenwerte angeben.

Die Spalten 6 und 7 der Tabelle 81 lassen erkennen, daß insbesondere durch die Aufträge 4, 7, 8 und 9 größere Abweichungen verursacht wurden, während bei den Aufträgen 3, 5 und 10 nur geringe bzw. überhaupt keine Maschinenzeitabweichungen entstanden sind.

Die Spalte 8 der Tabelle 81 gibt die Istausbeutegrade in Prozent der Sollausbeutegrade an. Diese Prozentsätze erhält man, indem man die Sollmaschinenlaufzeiten durch die zugehörigen Istmaschinenlaufzeiten dividiert; denn unter der Annahme konstanter Intensitätsgrade können die Maschinenlaufzeitdifferenzen nach Gleichung (164) nur durch außerplanmäßige Ausbeutegrade entstanden sein. Besonders schlecht sind die Istausbeutegrade bei den Aufträgen 4, 7, 8 und 9. Der durchschnittliche Ausbeutegrad der Abrechnungsperiode beträgt 92,91 %.

Bei der Auswertung von Leistungs- oder Ausbeuteabweichungen ist stets eine genaue Ursachenanalyse erforderlich. Weiterhin ist zu überprüfen, ob entsprechende Abweichungen bei den Werkstoffkosten eingetreten sind.

Würden im Beispiel der Tabelle 81 keine Leistungs- oder Ausbeuteabweichungen errechnet, so würden der Kostenstelle nicht 192 000, sondern nur 178 382 Maschinen-

[754] Vgl. *F. K. Patterson,* Die Abweichungen innerhalb der Plankostenrechnung und ihre Verteilung auf die Kostenträger, ZfB 1955, S. 357 ff., sowie unsere Ausführungen in den früheren Auflagen dieses Buches auf S. 532.

minuten als Istbezugsgröße gutgeschrieben. Ihre Sollkostenvorgaben im Soll-Ist-Kosten-Vergleich würden hierbei um 4766 DM niedriger und die Verbrauchsabweichungen um den gleichen Betrag höher ausgewiesen.

Tabelle 81: Beispiel zur Errechnung einer nach Produktarten differenzierten Leistungs- oder Ausbeuteabweichung

Fertigungsauftrag	Istmenge	Sollmaschinenlaufzeit		Istmasch.-laufzeit	Leistungsabweichung		Istausbeutegrad
	Stck./Mon.	Min./Stck.	Min./Mon.	Min./Mon.	Minuten	DM	%
1	2	3	4	5	6	7	8
1	4500	1,40	6300	6650	350	122	94,74
2	3750	2,50	9375	9780	405	142	95,86
3	6280	1,75	10990	11000	10	3	99,91
4	7520	2,10	15792	17820	2028	710	88,62
5	6500	3,00	19500	20000	500	175	97,50
6	10300	2,10	21630	22700	1070	374	95,29
7	11250	3,20	36000	38900	2900	1015	92,54
8	7825	2,20	17215	21000	3785	1325	81,98
9	8250	2,80	23100	25670	2570	900	89,99
10	4400	4,20	18480	18480	–	–	100,00
Summe	–	–	178382	192000	13618	4766	Ø 92,91

VI. Kostenabweichungen infolge intensitätsmäßiger Anpassungsprozesse

1. Wie unsere Ausführungen im Abschnitt E, III des siebzehnten Kapitels gezeigt haben, sind für die seltenen Fälle, in denen Ausbringungsveränderungen einer Kostenstelle intensitätsmäßige Anpassungsprozesse erfordern, für alle intensitätsabhängigen Kostenarten nichtlineare Sollkostenfunktionen erforderlich. Hierbei wählt man in der Regel diejenige Ausbringungsmenge als Planbeschäftigung, die der optimalen Intensität entspricht, und verwendet zugleich die optimalen variablen Stückkosten als Planverrechnungssatz beim Aufbau der Plankalkulationen[755]. Da die Plankalkulationen in Monaten mit abweichenden Intensitätsgraden nicht geändert werden, entstehen Abweichungen der intensitätsabhängigen variablen Kostenarten, die wir als „Kostenabweichungen infolge intensitätsmäßiger Anpassungsprozesse" bezeichnen wollen. Hierbei sind folgende Abweichungsarten zu unterscheiden, die zweckmäßigerweise für jede intensitätsabhängige Kostenart gesondert errechnet werden. Wir wollen zur Vereinfachung auf die Verwendung besonderer Kostenartenindizes verzichten.

[755] Wird eine andere Planbeschäftigung gewählt, so lassen sich für diesen Fall unsere folgenden Ausführungen entsprechend abwandeln. Wir wollen uns jedoch auf die Vorgabe einer optimalen Beschäftigung beschränken.

Wird während einer Abrechnungsperiode mit einer zwar vom Optimum abweichenden, im übrigen aber konstanten Istintensität gearbeitet, so entsteht hierdurch eine Abweichung zwischen der nichtlinearen Sollkostenfunktion und der linearen Kurve der verrechneten proportionalen Plankosten. Diese Abweichung wollen wir als *Abweichung gegenüber der Optimalintensität* bezeichnen. Sie entspricht in Abbildung 38 auf S. 497 dem Abstand zwischen der Sollkostenkurve $K^{(s)}$ und der Strecke $0C_1$. Bezeichnen wir die Sollkosten einer bestimmten Durchschnittsintensität mit $K^{(s)}$, die Istausbringungsmenge mit $x^{(i)}$ und den optimalen Kalkulationssatz mit $d^{(p)}$, so erhalten wir für die Abweichung folgende Bestimmungsgleichung:

(167)
$$\Delta K_{I_1} = K^{(s)}(\lambda_{\varnothing}^{(i)}) - x^{(i)} d^{(p)}(\lambda_{opt})$$

Wird während eines Monats der Intensitätsgrad z-mal geändert, wobei jeweils während der Teilperioden T_t die konstanten Intensitätsgrade realisiert werden, so tritt eine weitere Kostenabweichung auf, die wir als *Abweichung infolge ungleicher Intensitätsgrade* bezeichnen wollen. Da für die einzelnen Intensitätsgrade $\lambda_t^{(i)}$ jeweils unterschiedliche Sollkosten pro Einheit anfallen, was wir durch $d_t^{(p)}(\lambda_t^{(i)})$ zum Ausdruck bringen wollen, läßt sich diese Abweichung nach folgender Formel errechnen:

(168)
$$\Delta K_{I_2} = \sum_{t=1}^{z} T_t \lambda_t^{(i)} d_t^{(p)}(\lambda_t^{(i)}) - K^{(s)}(\lambda_{\varnothing}^{(i)})$$

Die nach Gleichung (168) errechnete Abweichung entfällt, wenn während der gesamten Kontrollperiode mit einem konstanten Intensitätsgrad gearbeitet wurde[756]. Der erste Ausdruck in Gleichung (168) entspricht den Sollkosten, die im Falle ungleicher Intensitätsgrade den Istkosten im Soll-Ist-Kosten-Vergleich gegenüberzustellen sind. Die Verbrauchsabweichung erhalten wir daher nach folgender Gleichung:

(169)
$$\Delta V = K^{(i)} - \sum_{t=1}^{z} T_t \lambda_t^{(i)} d_t^{(p)}(\lambda_t^{(i)})$$

In Perioden mit konstanten Intensitätsgraden stimmt der zweite Ausdruck in Gleichung (169) mit $K^{(s)}(\lambda^{(i)}\varnothing)$ überein. In diesem Fall entspricht die Verbrauchsabweichung dem Abstand zwischen den Istkosten und der Sollkostenkurve $K^{(s)}$ in Abbildung 38.

2. Wir wollen nunmehr zur Ergänzung der theoretischen Darstellung der Abweichungsanalyse bei intensitätsmäßigen Anpassungsprozessen das Hochofen-Beispiel wieder heranziehen. Die zugehörigen Daten der Kostenplanung haben wir bereits

[756] Wie *H. Jacob*, Produktionsplanung und Kostentheorie, in: Zur Theorie der Unternehmung, Festschrift für E. Gutenberg, Wiesbaden 1962, S. 216, nachgewiesen hat, fallen bei homogener Intensität stets niedrigere Kosten an, als wenn die gleiche Ausbringung mit unterschiedlichen Intensitätsgraden erstellt wird. Daher muß die Abweichung infolge ungleicher Intensitätsgrade stets positiv sein.

im Abschnitt E, III des siebzehnten Kapitels beschrieben und in Tabelle 69 zusammengestellt. Zu diesem Beispiel ist jedoch zu bemerken, daß es Vereinfachungen enthält, da Anpassungsprozesse im Hochofenbetrieb weitaus komplexer sind, als wir sie hier darstellen könnten. Das Beispiel zeigt zumindest, wie man in einer flexiblen Plankostenrechnung auch bei nichtlinearen Kostenverläufen eine wirksame Kostenkontrolle durchführen kann.

Wie die Tabelle 82 erkennen läßt, muß zur Erfassung der den effektiven Intensitätsgraden entsprechenden Sollkosten die Abrechnungsperiode in drei Teilperioden zerlegt werden, in denen unterschiedliche Intensitätsgrade realisiert wurden. Als Maßstab für die Intensität verwenden wir hierbei die Ausbringung in Roheisen pro Tag. Multipliziert man die Ausbringung pro Tag mit der Länge der zugehörigen Teilperiode, so erhält man die Ausbringung pro Monat. Insgesamt wurden 22 500 t pro Monat ausgebracht. Die Spalte 4 enthält die den verschiedenen Tagesleistungen entsprechenden Kokskosten (abzüglich Gichtgasgutschrift) pro t Roheisen, die aus der Tabelle 69 entnommen wurden. Multipliziert man die Roheisenausbringung pro Monat mit den Kokskosten pro Tonne, so erhält man die „Sollkosten bei effektiven Intensitätsgraden“, die im Beispiel 1 723 572 DM betragen. Im Durchschnitt entfallen daher auf eine Tonne Roheisen 76,60 DM Kokskosten. Dividiert man die Gesamtausbringung von 22 500 t/Monat durch 30 Tage, so erkennt man, daß die gleiche Ausbringung auch bei einer konstanten Durchschnittsintensität von 750 t/Tag erreichbar ist.

Wie die Tabelle 69 zeigt, entspricht einer Durchschnittsintensität von 750 Tonnen/Tag aber nur ein Kostensatz von 71,69 DM pro Tonne. Multiplizieren wir die Monatsausbringung mit diesem Kostensatz, so erhalten wir die „Sollkosten bei gewogener Durchschnittsintensität“, die in unserem Beispiel 1 613 025 DM betragen. Da in der Plankalkulation die optimalen variablen Stückkosten in Höhe von 66,05 DM/Tonne kalkuliert wurden, betragen die „verrechneten Plankosten“ 22 500 Tonnen $\times$ 66,05 DM/Tonne = 1 486 125 DM.

Wie die Tabelle 83 erkennen läßt, sind während der Kontrollperiode variable Istkosten für Koks (bewertet zu Planpreisen und abzüglich der effektiv angefallenen Gichtgasgutschriften) in Höhe von 1 778 726 DM angefallen. Subtrahiert man hiervon die verrechneten Plankosten, so erhält man als Abweichungssumme eine Kostenüberschreitung von + 292 601 DM. Diese Gesamtabweichung läßt sich in drei Teilabweichungen zerlegen. Subtrahiert man von den variablen Istkosten die den effektiven Intensitätsgraden entsprechenden Sollkosten, so erhält man als Verbrauchsabweichung + 55 154 DM bzw. 3,2 % der Sollkosten. Diese Abweichung ist vom Kostenstellenleiter zu verantworten.

Die Differenz aus den Sollkosten bei effektiven Intensitätsgraden und den Sollkosten bei gewogener Durchschnittsintensität, die in unserem Beispiel + 110 547 DM beträgt, gibt die Mehrkosten an, die vermeidbar gewesen wären, wenn der Hochofen während des gesamten Monats eine konstante Durchschnittsintensität von 750 t Roheisen/Tag realisiert hätte. Subtrahiert man von den Sollkosten bei gewogener Durchschnittsintensität die verrechneten Plankosten, so erhält man die Kostenabweichung gegenüber der bei einer Ausbringung von 22 500 t Roheisen/Monat nicht realisierbaren Optimalintensität. Diese Abweichung beträgt hier + 126 900 DM. Im Gegensatz zur Verbrauchsabweichung und der Abweichung infolge ungleicher Intensitätsgrade kann diese Abweichung bei einer Monatsproduktion von 22 500 t Roheisen nicht eingespart werden. Sie hat daher lediglich kalkulatorische Bedeutung.

Tabelle 82: Beispiel zur Sollkostenermittlung der Kokskosten eines Hochofens bei intensitätsmäßiger Anpassung

Tage/Monat	t RE*/Tag	t RE/Monat	DM/t RE	DM/Monat
1	2	3	4	5
6	600	3 600	66,05	237 780
10	700	7 000	68,47	479 290
14	850	11 900	84,58	1 006 502
30	∅ 750	22 500	∅ 76,60	1 723 572

*RE = Roheisen

Tabelle 83: Beispiel zur Abweichungsanalyse der Kostenart „Kokskosten" (abzüglich Gichtgasgutschrift) eines Hochofens bei intensitätsmäßiger Anpassung

1	Variable Istkosten (zu Planpreisen)		1 778 726 DM
2	Sollkosten bei effektiven Intensitätsgraden		1 723 572 DM
3	Sollkosten bei gewogener Durchschnittsintensität	22 500 t × 71,69 DM/t	1 613 025 DM
4	Verrechnete Plankosten	22 500 t × 66,05 DM/t	1 486 125 DM
5	Verbrauchsabweichung	(1) ./. (2)	+ 55 154 DM
6	Abweichung infolge ungleicher Intensitätsgrade	(2) ./. (3)	+ 110 547 DM
7	Abweichung gegenüber Optimalintensität	(3) ./. (4)	+ 126 900 DM
8	Summe der Abweichungen	(5) + (6) + (7) = (1) ./. (4)	+ 292 601 DM

3. In unserem Beispiel haben wir die Abweichungsanalyse bei intensitätsmäßigen Anpassungsprozessen für nur eine Kostenart beschrieben. Fallen in einer Kostenstelle mehrere intensitätsabhängige Kostenarten an, so ist für sie die gleiche Analyse durchführbar. Für die intensitätsunabhängigen Kostenarten wird dagegen auch bei intensitätsmäßigen Anpassungsprozessen der übliche Soll-Ist-Kosten-Vergleich mit Hilfe linearer Sollkostenfunktionen durchgeführt.

Werden in einer Kostenstelle nur relativ wenige Kostenarten durch intensitätsmäßige

Anpassungsprozesse beeinflußt, so z.B. nur die Energiekosten, so sollte man für alle Kostenarten zunächst den normalen Soll-Ist-Kosten-Vergleich durchführen. Hierbei wird für die intensitätsabhängige Kostenart eine (in Wirklichkeit nicht realisierbare) lineare Sollkostenkurve verwendet, die der optimalen Intensität entspricht (vgl hierzu OC_1 in Abbildung 38). Hierbei geht die gesamte Differenz zwischen den variablen Istkosten der betreffenden Kostenart und den proportionalen Sollkosten, die den verrechneten Plankosten entsprechen, in die „Verbrauchsabweichung" ein. Erst bei der Kostenauswertung wird die von uns beschriebene Zerlegung in Teilabweichungen vorgenommen.
Abschließend sei darauf hingewiesen, daß die Abweichungsanalyse bei intensitätsmäßigen Anpassungsprozessen ein sehr kompliziertes Teilgebiet der flexiblen Plankostenrechnung ist, für das bisher kaum praktische Erfahrungen vorliegen. Unsere Ausführungen haben aber gezeigt, daß auch im Falle nichtlinearer Kostenfunktionen eine wirksame Kostenkontrolle grundsätzlich möglich ist. Die früher vom Verfasser empfohlene Vorgabe nach Intensitätsgraden gestaffelter linearer Sollkostenfunktionen führt nicht zum Ziel[757].

F. Die Kontrolle der fixen Kosten

I. Beschäftigungsabweichungen in einer auf Vollkosten basierenden flexiblen Plankostenrechnung

1. Wir wollen uns nunmehr der Frage zuwenden, welche Möglichkeiten zur Kontrolle der fixen Kosten im System der flexiblen Plankostenrechnung bestehen. Hierbei sind zwei Fälle zu unterscheiden, je nachdem, ob es sich um eine Kontrolle bei unveränderten Kapazitäten oder um eine Fixkostenkontrolle bei quantitativen Anpassungsprozessen handelt. Solange die der Kostenplanung zugrunde gelegten betrieblichen Teilkapazitäten nicht verändert werden, müssen in allen Kostenstellen die fixen Istkosten mit den fixen Plan- und Sollkosten übereinstimmen. Hieraus folgt, daß bei unveränderten Kapazitäten die Fixkostenkontrolle nur eine Dekkungs- oder Auslastungskontrolle sein kann, bei der keine echten Kostenabweichungen entstehen.
Wie unsere Ausführungen im Abschnitt B, I des dritten Kapitels gezeigt haben, führt die Einbeziehung von fixen Kosten in die Kalkulationssätze der Plankalkulation in einer auf Vollkosten basierenden flexiblen Plankostenrechnung bei Beschäftigungsschwankungen zu Differenzen zwischen den Sollkosten und den verrech-

[757] Vgl. hierzu unsere Ausführungen in den früheren Auflagen dieses Buches auf S. 533 bis 536. Die dort beschriebene Methode wird von *K. Käfer*, Standardkostenrechnung, 2. Aufl., a.a.O., S. 298, als theoretisch möglicher Weg angesehen. Verfahren der Kostenanalyse bei intensitätsmäßigen Anpassungsprozessen mit Hilfe nichtlinearer Kostenkurven hat *H. H. Böhm*, Dynamische Kostensenkung im Betrieb, München 1960, S. 73ff. und 177ff., vorgeschlagen.

neten Plankosten. Diese Differenzen bezeichnet man als *Beschäftigungsabweichungen*[758] bzw. als „volume variances"[759].
In einer Grenzplankostenrechnung fallen keine Beschäftigungsabweichungen an, da bei der Verwendung proportionaler Kosten als Kalkulationssätze die verrechneten Plankosten stets mit den proportionalen Sollkosten der Istbeschäftigung übereinstimmen müssen. Obwohl wir heute die Ansicht vertreten, daß eine auf Vollkosten basierende flexible Plankostenrechnung gegenüber der Grenzplankostenrechnung ein veraltetes System der Kostenrechnung darstellt, wollen wir in diesem Abschnitt den Aussagewert von Beschäftigungsabweichungen analysieren, weil nur so beurteilt werden kann, ob der Wegfall der Beschäftigungsabweichungen beim Übergang von einer Plankostenrechnung auf Vollkostenbasis zur Grenzplankostenrechnung als Nachteil zu werten ist.

2. In der Abbildung 43 haben wir die graphische Bestimmung von Beschäftigungsabweichungen dargestellt[760]. Wie sich nachweisen läßt, stimmen in Abbildung 43 die Abstände zwischen der Sollkostenfunktion $K^{(s)}$ und der Kurve der verrechneten Plankosten $K^{(p)}$ mit den Ordinatenwerten der Geraden AD überein. Die Abbildung läßt erkennen, daß bei Istbezugsgrößen unterhalb der Planbeschäftigung $b^{(p)}$ positive und bei solchen oberhalb $b^{(p)}$ negative Beschäftigungsabweichungen entstehen (vgl. hierzu die Beschäftigungsabweichungen ΔB_1 und ΔB_2, die den Istbezugsgrößen $b_1^{(i)}$ und $b_2^{(i)}$ entsprechen). Sinkt die Istbeschäftigung auf Null, so werden die gesamten fixen Kosten einer Kostenstelle als Beschäftigungsabweichung ausgewiesen. Stimmt dagegen die Ist- mit der Planbeschäftigung überein, so fällt keine Beschäftigungsabweichung an. Für jede beliebige Istbeschäftigung läßt sich bei gege-

[758] Zum Begriff der Beschäftigungsabweichung und den Verfahren ihrer Berechnung vgl.: *K. Agthe*, Die Abweichungen ..., a.a.O., S. 29 und 39 ff.; *K. Agthe*, Kostenplanung ..., a.a.O., S. 165; *T. Beste*, Die Produktionsplanung, ZfhF 1938, S. 358; *J. Fuchs*, Die Plankostenrechnung, a.a.O., S. 338 ff.; *D. Hahn*, Direct Costing und die Aufgaben der Kostenrechnung, NB 1965, S. 10; *F. Henzel*, Die Kostenrechnung, 4. Aufl., Essen 1964, S. 546; *K. Käfer*, Standardkostenrechnung, 2. Aufl., a.a.O., S. 276 ff. K. Käfer schlägt vor, die Bezeichnung „Beschäftigungsabweichung" durch „Produktionshöhenabweichung" zu ersetzen. *W. Kilger*, Die Verteilung der Abweichungen auf die Kostenträger innerhalb der Plankostenrechnung, ZfB 1952, S. 507; *E. Kosiol*, Plankostenrechnung ..., a.a.O., S. 59 f.; *W. Medicke*, Die Gemeinkosten ..., a.a.O., S. 24 und 125 ff.; *A. Müller*, Die Normalkostenrechnung als Hilfsmittel der Kostenauswertung, Archiv für das Eisenhüttenwesen 1938/39, S. 313; *F. Petzold*, Prinzipien ..., a.a.O., S. 399; *E. Schneider*, Grundsätzliches ..., a.a.O., S. 259; *B. Schrülkamp*, Die Kontrolle ..., a.a.O., S. 623.

[759] Vgl. neben der in Anmerkung 758 angegebenen Literatur: *R. L. Brummet*, Direct Costing – Its Weaknesses and Its Strengths, NAA-Bulletin 1962 (3), Section 1, S. 65 f.; *E. A. Camman*, Basic Standard Costs, a.a.O., S. 28 und 69; *S. B. Henrici*, Standard Costs ..., a.a.O., S. 117 ff.; *C. T. Horngren*, Cost Accounting ..., a.a.O., S. 261 f.; *I. W. Keller*, Management Accounting for Profit Control, New York–Toronto–London 1957, S. 117; *A. Matz*, Planung ..., a.a.O., S. 119 ff.

[760] Vgl. auch Abbildung 2 im Abschnitt B, I des 3. Kapitels, wo jedoch als Bezugsgröße die Produktmenge x verwendet wurde, da wir dort aus Gründen der Vereinfachung angenommen haben, daß es sich um eine Einproduktunternehmung handelt.

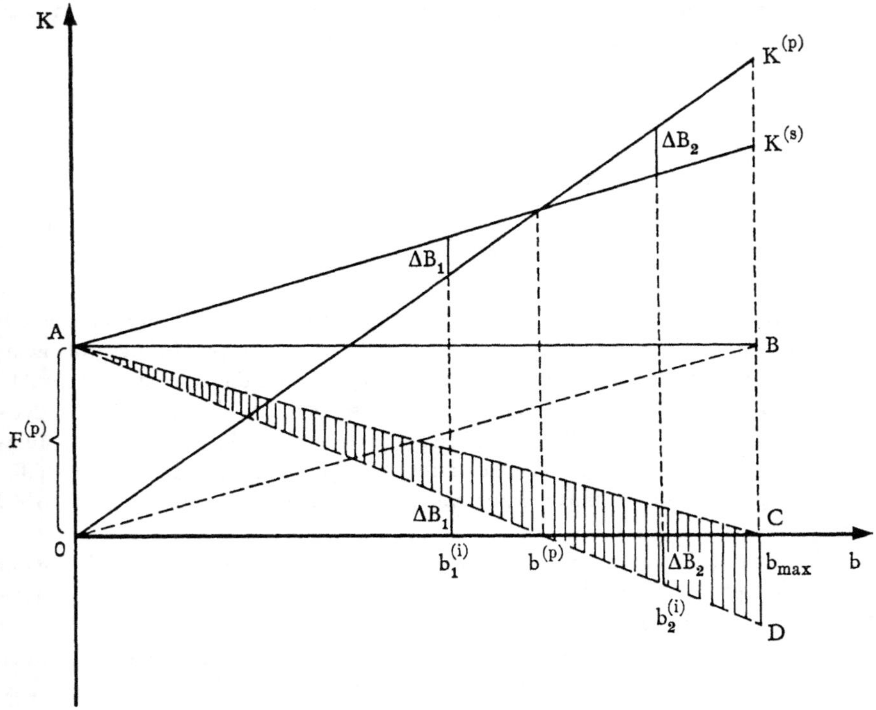

Abb. 43: Beispiel zur graphischen Ableitung von Beschäftigungsabweichungen

benen fixen Kosten die zugehörige Beschäftigungsabweichung einer Kostenstelle im voraus berechnen[761].

Bezeichnen wir die Sollkosten einer beliebigen Istbezugsgröße $b^{(i)}$ mit $K^{(s)}$ und die zugehörigen verrechneten Plankosten mit $K^{(p)}$, so gilt für die Beschäftigungsabweichung einer Kostenstelle folgende Bestimmungsgleichung:

$$(170) \qquad \Delta B = K^{(s)} - K^{(p)}$$

Löst man $K^{(s)}$ und $K^{(p)}$ nach den Gleichungen (151) und (152) auf, so erhält man

$$(171) \qquad \Delta B = F^{(p)} + V^{(p)} \frac{b^{(i)}}{b^{(p)}} - h^{(p)} b^{(i)}$$

[761] Vgl. *F. Petzold*, Prinzipien..., a. a. O., S. 399, und das von uns in Tabelle 5 auf S. 77 wiedergegebene Zahlenbeispiel.

Durch einfache Umformungen kann man aus Gleichung (171) die folgenden drei Formeln für die Beschäftigungsabweichung einer Kostenstelle ableiten:

$$\Delta B = \left(\frac{F^{(p)}}{b^{(i)}} - \frac{F^{(p)}}{b^{(p)}}\right) b^{(i)} \tag{172}$$

$$\Delta B = (h^{(p)} - d^{(p)})(b^{(p)} - b^{(i)}) \tag{173}$$

$$\Delta B = F^{(p)}\left(1 - \frac{b^{(i)}}{b^{(p)}}\right) \tag{174}$$

Die Gleichung (172) zeigt, daß die Beschäftigungsabweichung gleich der mit der Istbeschäftigung multiplizierten Differenz aus den fixen Kosten pro Bezugsgrößeneinheit bei Istbeschäftigung und bei Planbeschäftigung ist. Wie die Abbildung 3 im Abschnitt B, I des dritten Kapitels erkennen läßt, steigen mit abnehmender Beschäftigung die fixen Kosten pro Bezugsgrößeneinheit hyperbolisch. In der Plankalkulation werden aber unabhängig von der Istbeschäftigung stets die der Planbeschäftigung entsprechenden Vollkostensätze verrechnet, deren Fixkostenanteil $F^{(p)}/b^{(p)}$ beträgt.

Die Gleichung (173) zeigt, daß man eine Beschäftigungsabweichung auch als die mit dem Fixkostenbestandteil des geplanten Kalkulationssatzes bewertete Unter- oder Überbeschäftigung interpretieren kann[762].

Nach Gleichung (174) wird die Beschäftigungsabweichung als das Produkt aus den geplanten fixen Kosten und der prozentualen Unter- oder Überbeschäftigung ausgewiesen.

Da, unabhängig von den Beschäftigungsabweichungen, bei gegebenen Kapazitäten in allen Kostenstellen die geplanten fixen Kosten als Istkosten anfallen, kann es sich bei Beschäftigungsabweichungen nicht um echte Kostenabweichungen handeln, sondern nur um Verrechnungsdifferenzen zwischen der Kostenstellen- und der Kostenträgerrechnung. Bei Unterbeschäftigung einer Kostenstelle bleiben „ungedeckte", d. h. in der Kostenträgerrechnung zu wenig verrechnete fixe Kosten übrig; bei Überbeschäftigung dagegen „deckt" die Kostenträgerrechnung mehr fixe Kosten als in Wirklichkeit angefallen sind[763]. In der anglo-amerikanischen Literatur bezeichnet man daher Beschäftigungsabweichungen seit langem als „unabsorbed burden" bzw. „overabsorbed burden"[764].

Betragen z. B. die geplanten fixen Kosten einer Kostenstelle 8 400 DM und wurde

[762] *C. T. Horngren,* Cost Accounting..., a. a. O., S. 261: "It can also be expressed as the fixed overhead rate times the difference between normal hours and standard hours allowed."

[763] Fixkostendeckung bedeutet in diesem Zusammenhang lediglich Übereinstimmung zwischen der Kostenstellen- und der Kostenträgerrechnung. Die Frage, ob die gesamten fixen Kosten durch die Bruttogewinne gedeckt werden, hat mit der Fixkostendeckung im obigen Sinne nichts zu tun.

[764] Vgl. *E. A. Camman,* Basic Standard Costs, a. a. O., S. 28. Heute wird diese Bezeichnung in vielen amerikanischen Lehrbüchern der Kostenrechnung verwendet.

eine Planbezugsgröße von 10 500 Stunden festgelegt, so enthält der geplante Vollkostensatz fixe Kosten in Höhe von 0,80 DM/Std. Bei einer Istbeschäftigung von 7 000 Stunden, also bei einem Istbeschäftigungsgrad von 66,67 %, entfallen 1,20 DM fixe Kosten auf eine Stunde. 7 000 Stunden werden daher um 0,40 DM/Std. „zu niedrig kalkuliert“, so daß die Beschäftigungsabweichung 2 800 DM beträgt. Nach Gleichung (173) erhält man den gleichen Betrag, indem man den fixen Plankostensatz von 0,80 DM/Std. mit den gegenüber der Planbeschäftigung zu wenig angefallenen Stunden, also in unserem Beispiel mit 3 500 Stunden, multipliziert. Bildet man die Differenz aus dem Planbeschäftigungsgrad von 100 % und dem Istbeschäftigungsgrad von 66,67 % und multipliziert man hiermit die geplanten fixen Kosten, so erhält man ebenfalls eine Beschäftigungsabweichung von + 2 800 DM. Steigt in einem anderen Monat die Istbeschäftigung z. B. auf 11 550 Stunden, also auf 110 %, so entsteht eine negative Beschäftigungsabweichung in Höhe von ./. 840 DM. Die „Abweichung des Kalkulationssatzes“ beträgt hierbei ./. 0,0727 DM/Stunde.
Werden in einem Betrieb die Planbezugsgrößen nach der Engpaßplanung festgelegt, so können sowohl positive als auch negative Beschäftigungsabweichungen entstehen. Wird dagegen die Kapazitätsplanung angewandt, so sind nur positive Beschäftigungsabweichungen möglich, da keine Istbeschäftigungsgrade über 100 % entstehen können.

3. Zur Analyse der Fixkosten-Auslastung hat O. Bredt den Begriff der *Leerkosten* eingeführt, den E. Gutenberg später in die Kostentheorie übernahm und durch den komplementären Begriff der *Nutzkosten* ergänzte[765].
In Abbildung 43 gibt nach E. Gutenberg die Gerade OB die Nutzkosten-Komponente und die Gerade AC die Leerkosten-Komponente der fixen Kosten in Abhängigkeit vom Beschäftigungsgrad an. Die Summe aus den Nutz- und Leerkosten ist für jeden Beschäftigungsgrad gleich dem Fixkostenblock einer Kostenstelle. Bei Vollbeschäftigung sind die Leerkosten gleich Null, während die Nutzkosten den gesamten fixen Kosten entsprechen. Sinkt die Beschäftigung auf Null, so werden die gesamten fixen Kosten zu Leerkosten.
Rechnerisch erhält man nach E. Gutenberg die Leerkosten mit Hilfe der Gleichung (174), wenn man hierin die Planbezugsgröße $b^{(p)}$ durch die maximal realisierbare

765 Vgl. O. *Bredt*, Der endgültige Ansatz der Planung, in: Technik und Wirtschaft 1939, S. 261; *E. Gutenberg*, Grundlagen der Betriebswirtschaftslehre, 1. Bd., Die Produktion, 10. Aufl., Berlin–Heidelberg–New York 1965, S. 336 ff.; *E. Schneider*, Grundsätzliches . . ., a. a. O., S. 247; *E. Schneider*, Die Problematik der Lehre von den fixen Kosten, Weltwirtschaftliches Archiv 1944, S. 300 ff.; *E. Schneider*, Industrielles Rechnungswesen, a. a. O., S. 218; *K. Schwantag*, Zur Theorie und Praxis der Plankostenrechnung, ZfB 1952, S. 75; *F. Zeidler*, Feste Kosten oder Leerlaufkosten in der Kostenrechnung?, NB 1953, S. 141 ff. H. G. Plaut hat in früheren Veröffentlichungen die Bezeichnung „Leerkosten“ synonym für die fixen Kosten verwendet, weil die fixen Kosten auch bei „Leerstehen des Betriebes“ anfallen, vgl. *H. G. Plaut*, Die Grenz-Plankostenrechnung, a. a. O., S. 402. Wegen der Überschneidung mit dem Leerkostenbegriff im Sinne E. Gutenbergs und O. Bredts hat jedoch H. G. Plaut diese Bezeichnung inzwischen aufgegeben.

Bezugsgröße b_{max} ersetzt[766]. Hieraus folgt, daß für alle Kostenstellen die Leerkosten mit den Beschäftigungsabweichungen nur dann übereinstimmen, wenn bei der Beschäftigungsplanung das Verfahren der Kapazitätsplanung angewandt wurde[767]. Unter dieser Voraussetzung entspricht die Errechnung von Beschäftigungsabweichungen in einer auf Vollkosten basierenden flexiblen Plankostenrechnung der von E. Gutenberg vorgeschlagenen Leerkosten-Nutzkostenanalyse. Einschränkend ist allerdings zu bemerken, daß in vielen Kostenstellen die Teilkapazitäten der Potentialfaktoren nicht genau aufeinander abgestimmt sind[768]. Stimmen in einer Kostenstelle die maximal realisierbaren Kapazitäten einzelner Potentialfaktoren nicht mit der Planbezugsgröße überein, so muß auch bei Anwendung der Kapazitätsplanung die nach Gleichung (174) errechnete Beschäftigungsabweichung kleiner als die Leerkostensumme sein. In vielen Fällen wird man jedoch diese Unterschiede vernachlässigen können. Eine genauere Analyse ist nur möglich, wenn man nach Potentialfaktoren differenziert vorgeht. In diesem Zusammenhang empfiehlt E. Kosiol, Leerkosten infolge größerer kapazitativer Disharmonien und Leerkosten infolge von Markteinflüssen getrennt auszuweisen[769].

Geht man bei der Festlegung von Planbezugsgrößen nach der Engpaßplanung vor, so fallen Beschäftigungsabweichungen an, die stets niedriger als die Leerkosten sein müssen. In der Abbildung 43 sind die Differenzen zwischen den Leerkosten und den Beschäftigungsabweichungen gleich dem Abstand zwischen den Geraden AC und AD. Bezeichnen wir diese Differenzen mit ΔL, so gilt nach Gleichung (174):

$$\Delta L = F^{(p)}\left(1 - \frac{b^{(i)}}{b_{max}}\right) - F^{(p)}\left(1 - \frac{b^{(i)}}{b^{(p)}}\right) \tag{175}$$

oder

$$\Delta L = \left(\frac{F^{(p)}}{b^{(p)}} - \frac{F^{(p)}}{b_{max}}\right) b^{(i)} \tag{176}$$

Die Gleichung (176) läßt erkennen, daß es sich bei der Abweichung ΔL um „kalkulierte Leerkosten“ handelt, die bei einer bestimmten Istbeschäftigung anfallen.

Unterstellen wir für das bereits weiter oben wiedergegebene Zahlenbeispiel, daß die Maximalbezugsgröße 12 000 Std. beträgt, so erhalten wir für eine Istbezugsgröße von 7 000 Std. Leerkosten in Höhe von (1,000 ./. 0,5833) 8 400 = 3500 DM. Bei Vollbeschäftigung würden 0,70 DM fixe Kosten auf eine Bezugsgrößeneinheit ent-

[766] Vgl. *E. Gutenberg,* Grundlagen ..., 1. Bd., a. a. O., S. 337.

[767] Vgl. hierzu unsere Ausführungen im Abschnitt D des 15. Kapitels.

[768] Vgl. *E. Schneider,* Industrielles Rechnungswesen, a. a. O., S. 218: „Der Grad der Betriebsbereitschaft für Maschinen kann z. B. innerhalb einer bestimmten Periode mehr oder weniger von dem Grad der personellen Betriebsbereitschaft abweichen, so daß immer nur von einer bestimmten Bereitschaft für einen bestimmten Produktionsfaktor die Rede sein kann.“

[769] Vgl. *E. Kosiol,* Plankostenrechnung ..., a. a. O., S. 662.

fallen, so daß die kalkulierten Leerkosten einer Istbeschäftigung von 7000 Std. (0,80 ./. 0,70) 7000 = 700 DM betragen. Die Differenz von 2800 DM wird als Beschäftigungsabweichung ausgewiesen[770]. Würde b_{max} als Planbeschäftigung gewählt, so würden die gesamten Leerkosten von 3500 DM als Beschäftigungsabweichung anfallen; kalkulierte Leerkosten können im Falle der Kapazitätsplanung nicht auftreten.

II. Die Leer- und Nutzkostenanalyse in der Grenzplankostenrechnung

1. Die Leer- und Nutzkostenanalyse der fixen Kosten gibt einen guten Überblick über die Auslastung der betrieblichen Kapazitäten, so daß man auf ihre Durchführung auch in einer Grenzplankostenrechnung nicht verzichten sollte. Bereits E. Schneider hat darauf hingewiesen, daß die Betriebe stets ihre Leerkosten kennen sollten, denn: „Die Kenntnis der Leerkosten ist für die Leitung ein ständiger Antrieb, die Größe der Erzeugungsanlagen (die Produktionskapazität) dem erzielbaren Absatz anzupassen" (und umgekehrt)[771]. In der amerikanischen Literatur hat neuerdings A. Wright besonders auf die Notwendigkeit einer Auslastungskontrolle der fixen Kosten hingewiesen[772].

Zwar fallen in einer Grenzplankostenrechnung keine Beschäftigungsabweichungen als Differenzen zwischen der Kostenstellen- und der Kostenträgerrechnung an, trotzdem kann man aber ohne Schwierigkeiten mit Hilfe der Gleichungen (170) bis (174) laufend nach Kostenstellen differenzierte Beschäftigungsabweichungen errechnen[773].

Die bei Anwendung der Engpaßplanung für eine auf Vollkosten basierende Plankostenrechnung typische Aufteilung der gesamten Leerkosten in „kalkulierte Leerkosten" und „Beschäftigungsabweichungen" ist in der Grenzplankostenrechnung überflüssig. Man kann sie dadurch vermeiden, daß man bei der Leer- und Nutzkostenanalyse Istbeschäftigungsgrade verwendet, die sich auf die maximal realisierbaren Bezugsgrößen der Kostenstellen beziehen. Weiterhin ist es zweckmäßig, für jede Kostenstelle einen Leerkostenprozentsatz zu ermitteln, der angibt, wieviel Prozent ihrer fixen Kosten Leerkosten sind. Diese Prozentsätze geben für die Kostenstellen zugleich den Grad ihrer prozentualen Unterbeschäftigung an.

Addiert man die Leerkostenbeträge L aller Kostenstellen j eines betrieblichen Teil-

[770] Eine ähnliche Aufteilung liegt der von J. Fuchs vorgeschlagenen Differenzierung in eine „vorhersehbare" und „nicht vorhersehbare" Beschäftigungsabweichung zugrunde. Vgl. *J. Fuchs,* Die Plankostenrechnung ..., a. a. O., S. 338.

[771] Vgl. *E. Schneider,* Grundsätzliches ..., a. a. O., S. 247.

[772] Vgl. *A. Wright,* Control of Fixed Costs, NAA-Bulletin 1965 (3), Section 1, S. 34 ff.

[773] *D. Hahn,* Direct Costing ..., Teil 2, a. a. O., S. 10, hat darauf hingewiesen, daß der Wegfall der Beschäftigungsabweichungen in der Grenzplankostenrechnung unbedeutend ist, da die Fixkostenauslastung auch anders bestimmt werden kann. Vgl. hierzu auch *E. Kosiol,* Neuere Ziele ..., a. a. O., S. 670.

bereichs oder der gesamten Unternehmung, so erhält man als Leerkostensumme für insgesamt m Kostenstellen den folgenden Ausdruck:

$$L = \sum_{j=1}^{m} F_j^{(p)} \left(1 - \frac{b_j^{(i)}}{b_{jmax}}\right) \tag{177}$$

Setzt man die Leerkostensumme L zu dem zugehörigen Fixkostengesamtbetrag in Beziehung, so erhält man einen Prozentsatz ε, der angibt, zu wieviel Prozent in dem betreffenden Teilbereich oder in der gesamten Unternehmung die fixen Kosten während einer Abrechnungsperiode nicht genutzt waren. Für diesen Prozentsatz gilt:

$$\varepsilon = \frac{\sum_{j=1}^{m} F_j^{(p)} \left(1 - \frac{b_j^{(i)}}{b_{jmax}}\right)}{\sum_{j=1}^{m} F_j^{(p)}} 100 \tag{178}$$

2. Zur Ergänzung unserer theoretischen Ausführungen über die Leer- und Nutzkostenanalyse in einer Grenzplankostenrechnung wollen wir das in Tabelle 84 wiedergegebene Zahlenbeispiel betrachten. In diesem Beispiel erhalten wir für einen betrieblichen Teilbereich mit insgesamt zehn Kostenstellen und einem Fixkostengesamtbetrag von 153 700 DM für die in der Spalte 3 angegebenen Istbeschäftigungsgrade eine Leerkostensumme von 18 933 DM (Spalte 4). Am schlechtesten ist die Fixkostenauslastung in den Kostenstellen 3, 4, 8 und 9 gewesen. Die durchschnittliche Unterbeschäftigung für alle zehn Kostenstellen zusammen beträgt im Beispiel der Tabelle 84 12,3 %. Die letzte Spalte gibt die Abweichungen von diesem durch-

Tabelle 84: Beispiel zur Leerkostenanalyse in der Grenzplankostenrechnung

Kostenstelle	Fixe Kosten DM	Istbeschäftigungsgrad %	Leerkosten DM	Leerkosten % der fixen Kosten	Abweichung vom durchschnittlichen Leerkostenprozentsatz
1	10 500	90	1 050	10	— 2,3
2	20 100	95	1 005	5	— 7,3
3	23 500	80	4 700	20	+ 7,7
4	6 060	75	1 515	25	+ 12,7
5	8 920	86	1 249	14	+ 1,7
6	23 100	100	–	0	— 12,3
7	18 700	92	1 496	8	— 4,3
8	10 220	78	2 248	22	+ 9,7
9	15 600	80	3 120	20	+ 7,7
10	17 000	85	1 550	15	+ 2,7
Summe	153 700	–	18 933	–	–
Gesamtleerkostenprozentsatz				12,3	–

schnittlichen Leerkostenprozentsatz an. Negative Prozentsätze bedeuten eine überdurchschnittlich gute und positive Prozentsätze eine überdurchschnittlich schlechte Istbeschäftigung der betreffenden Kostenstelle. Die Leerkostenprozentsätze sollten im Zeitablauf beobachtet werden. Für Kostenstellen, bei denen in mehreren aufeinanderfolgenden Perioden größere positive Leerkostenprozentsätze angefallen sind, muß überprüft werden, ob in ihnen quantitative Anpassungsprozesse durchgeführt werden sollten.

III. Kapazitätsabweichungen bei quantitativen Anpassungsprozessen

1. Bei unseren bisherigen Ausführungen über die Kontrolle der fixen Kosten sind wir von der Annahme ausgegangen, daß während der Kontrollperiode keine quantitativen Anpassungsprozesse vorgenommen wurden, so daß eine Identität zwischen den fixen Istkosten und den fixen Sollkosten vorausgesetzt werden konnte. Wir wollen im folgenden untersuchen, wie die Analyse der fixen Kosten durch quantitative Anpassungsprozesse beeinflußt wird. Hierbei beschränken sich unsere Ausführungen aus den bereits in Abschnitt E, II des siebzehnten Kapitels angegebenen Gründen auf quantitative Anpassungsprozesse im Personalbereich. Im einzelnen wollen wir folgende Fälle unterscheiden.

Erstens kann es sich um planmäßig vorgesehene quantitative Anpassungsprozesse handeln, die mittelfristig realisiert werden sollen und deren Sprungkosten beim Aufbau der Kostenplanung proportionalisiert wurden, um hierdurch eine automatische Verbindung zwischen Beschäftigungsschwankungen und quantitativen Anpassungsprozessen herbeizuführen. Hierbei wird die Kontrolle der intervallfixen Personalkosten, für die im Falle nachhaltiger Beschäftigungsveränderungen quantitative Anpassungsprozesse vorgesehen sind, zum Bestandteil des normalen Soll-Ist-Kosten-Vergleichs. Werden bei diesen Kostenarten Verbrauchsabweichungen festgestellt, deren kumulierte Beträge im Zeitablauf zunehmen, so erkennt man daran, daß keine Übereinstimmung zwischen den personellen Kapazitäten der betreffenden Kostenstellen und den durchschnittlichen Beschäftigungsgraden besteht.

Zweitens kann es sich um planmäßig vorgesehene quantitative Anpassungsprozesse handeln, die kurzfristig realisiert werden sollen, wie das z.B. bei Veränderungen der täglichen Schichtzahl der Fall ist, und für deren intervallfixe Kostenarten Ergänzungskostenpläne festgelegt wurden[774]. Mit Hilfe dieser Ergänzungskostenpläne lassen sich für alle durch die betreffenden quantitativen Anpassungsprozesse veränderten intervallfixen Kostenarten fixe Sollkosten ermitteln, die der planmäßigen Durchführung der quantitativen Anpassung entsprechen. Die Differenzen aus den effektiv angefallenen fixen Kosten und den fixen Sollkosten wollen wir als *Kapazitätsabweichungen* bezeichnen[775]. Diese Abweichungen sind im Gegensatz zu den Be-

[774] Beispiele solcher Ergänzungspläne haben wir in den Tabellen 67 und 68 wiedergegeben.
[775] Bereits K. Rummel forderte eine derartige Fixkostenkontrolle, vgl. *K. Rummel*, Einheit-

schäftigungsabweichungen oder zu den Leerkosten echte Kostenabweichungen. Sie sind von den Stellen zu verantworten, die für die planmäßige Durchführung der betreffenden quantitativen Anpassungsprozesse zuständig sind.

Bezeichnen wir die fixen Istkosten mit $F_{j\nu}^{(i)}$ und die zugehörigen fixen Sollkosten mit $F_{j\nu}^{(s)}$, wobei der Index ν die Kostenart angibt, so erhalten wir für die Kapazitätsabweichungen ΔF einer Kostenstelle j:

$$\Delta F_j = \sum_{\nu=1}^{z} (F_{j\nu}^{(i)} - F_{j\nu}^{(s)}) \tag{179}$$

Drittens können quantitative Anpassungsprozesse auftreten, die bei der Kostenplanung nicht vorhergesehen wurden. In diesen Fällen werden beim laufenden Soll-Ist-Kosten-Vergleich den Sollkosten Kostenpläne zugrunde gelegt, in denen die inzwischen durchgeführten Anpassungsprozesse nicht vorgesehen sind. Die Kapazitätsabweichungen wirken sich daher als Verbrauchsabweichungen aus. Nur durch eine besondere Auswertung dieser Abweichungen kann beurteilt werden, ob die betreffenden quantitativen Anpassungsprozesse der Beschäftigungslage entsprechen und wirtschaftlich durchgeführt wurden.

liche Kostenrechnung, 3. Aufl., Düsseldorf 1949, S. 211: „Selbstverständlich sollte aber in der Nachkalkulation der Block der fixen Ist-Kosten mit dem Planungs-Soll verglichen werden."

Sechster Teil

Kalkulation, Erfolgskontrolle und optimale Programmplanung auf der Basis der flexiblen Plankostenrechnung

19. KAPITEL

Die Kalkulation im System der flexiblen Plankostenrechnung

A. Aufgaben und Grundsätze der Kalkulation

1. Die Bezeichnung „Kalkulation“ dient als Oberbegriff für alle Rechenverfahren, mit deren Hilfe Kosten betrieblichen Erzeugniseinheiten zugeordnet werden[776].
Erfolgt diese Zurechnung zeitlich *nach* der Leistungserstellung, so spricht man von einer *Nachkalkulation.* Beziehen sich die Nachkalkulationen auf relativ kurze Zeiträume, so weisen sie die Istselbstkosten der betrieblichen Produkte aus und werden als *Istkostenkalkulationen* bezeichnet. Kalkulationen auf der Basis von durchschnittlichen Istkosten mehrerer Abrechnungsperioden bezeichnet man als *Normalkalkulationen;* sie lassen sich im Gegensatz zu Istkostenkalkulationen als mittelfristige Nachkalkulationen auffassen. Erfolgt die Kalkulation zeitlich *vor* der Leistungserstellung, so erhält man als Kalkulationsergebnisse geplante Kosten pro Produkteinheit. Man spricht hierbei von *Vorkalkulationen,* wenn es sich um kurzfristig gültige Plankosten handelt, die nur für relativ kurze Zeiträume oder häufig sogar nur für bestimmte Aufträge gültig sind. In vielen Fällen müssen beim Aufbau von Vorkalkulationen Näherungsverfahren verwendet werden, da die für exakte Kalkulationen erforderlichen Unterlagen noch nicht zur Verfügung stehen. Werden den betrieblichen Produkten mittelfristig gültige Plankosten, so z. B. durchschnittliche Plankosten für eine einjährige Planungsperiode, zugeordnet, so spricht man von *Plankalkulationen.* Diesen Kalkulationen liegen im Gegensatz zur Vorkalkulation stets exakte Kalkulationsdaten zugrunde.
Der kostenrechnerische Entwicklungsprozeß, den wir im einzelnen im ersten Teil beschrieben haben, hat dazu geführt, daß in allen Betrieben mit standardisierten Fertigungsprogrammen (Marktfertigung) auf laufende Nachkalkulationen verzichtet werden kann. Zur Vereinfachung der Abrechnung ging man zunächst zu mittelfristig gültigen Normalkosten über, deren Übereinstimmung mit den effektiv angefallenen Kosten lediglich durch eine Beobachtung der Unter- und Überdeckungen kontrolliert wurde. Beim Übergang zur Plankostenrechnung wurde die Plankalkulation zur kalkulatorischen Grundrechnung; Nachkalkulationen wurden nur noch gelegentlich als Sonderrechnungen erstellt.
Etwas anders verlief die Entwicklung in Betrieben mit Einzelfertigung (Auftragsfertigung). Hier kann man auch nach Einführung einer Plankostenrechnung nicht

[776] Statt „Kalkulation“ wird auch die Bezeichnung „Kostenträger-Stückrechnung“ verwendet.

auf laufende Nachkalkulationen verzichten. Statt der früher üblichen Istkostenkalkulationen geht man dort so vor, daß man die Istverbrauchsmengen und -zeiten zunächst mit geplanten Preisen und Kostensätzen bewertet und anschließend eine Abweichungsverteilung durchführt. Dieses für die Einzelfertigung typische Kalkulationsverfahren der Plankostenrechnung wollen wir als *Standard-Nachkalkulation* bezeichnen[777].

Alle traditionellen Kalkulationsformen, gleichgültig, ob es sich um Ist-, Normal- oder Plankalkulationen handelte, waren *Vollkostenkalkulationen*. Ihre Ergebnisse waren daher stets von den Beschäftigungsschwankungen bzw. von den als normal angesetzten oder geplanten Beschäftigungsgraden abhängig. Wie unsere Ausführungen in Abschnitt B, III des dritten Kapitels gezeigt haben, verstoßen Vollkostenkalkulationen gegen das Verursachungsprinzip; sie sind daher für die meisten Kalkulationsaufgaben unbrauchbar. Diese Erkenntnis hat dazu geführt, daß die Plankostenrechnung zur Grenzplankosten- und Deckungsbeitragsrechnung weiterentwickelt wurde. Die kalkulatorische Grundrechnung der Grenzplankostenrechnung besteht aus der Ermittlung geplanter variabler Stückkosten, die bei linearen Kostenverläufen mit den Grenzselbstkosten übereinstimmen. Wir wollen daher die typische Kalkulation der Grenzplankostenrechnung als *Plangrenzkostenkalkulation* bezeichnen.

Parallel zu dem oben beschriebenen Entwicklungsprozeß haben sich auch die *Aufgaben der Kalkulation* gewandelt. Aufgaben der Kalkulation, denen man früher große Bedeutung zugemessen hatte, müssen heute aufgegeben werden; andere Aufgabenstellungen wurden erweitert bzw. präziser formuliert, neue Aufgaben kamen hinzu.

2. Als wichtigste Aufgabe der Kalkulation wurde früher die *Preisstellung für die betrieblichen Produkte* angesehen[778]. Fast alle älteren Standardwerke über das innerbetriebliche Rechnungswesen enthalten Abschnitte über „Kalkulation und Preispolitik", in denen Methoden zur Ermittlung von „Kostenpreisen" beschrieben werden. Dem „Kostenpreisdenken", das auch heute noch in der Praxis weit verbreitet ist, liegt die Vorstellung zugrunde, man könne die Angebotspreise für betriebliche Erzeugnisse ermitteln, indem man die Selbstkosten pro Stück um einen Gewinnzuschlag erhöht. Bezeichnen wir den „Kostenpreis" einer Produktart i mit p_i, die nach dem Vollkostenprinzip ermittelten Selbstkosten pro Einheit mit k_i^* und den Gewinnzuschlag mit $\frac{g}{100}$, so gilt:

(180) $$p_i = k_i^*\left(1 + \frac{g}{100}\right)$$

[777] Die Bezeichnung „Standard-Nachkalkulation" wurde von *W. Medicke,* Geschlossene Kostenträgerrechnung und Artikelergebnisrechnung in der Grenzplankostenrechnung, AGPLAN, Bd. 8, Wiesbaden 1964, S. 43, vorgeschlagen. Vgl. im übrigen unsere Ausführungen im Abschnitt B, III dieses Kapitels.

[778] Auch *P. Riebel,* Die Preiskalkulation auf Grundlage von „Selbstkosten" oder von rela-

Der „Kostenpreis" nach Gleichung (180) kann aber nur dann als wirtschaftlich richtiger Preis angesehen werden, wenn eine der beiden folgenden Voraussetzungen erfüllt ist. Er ist stets dann richtig, wenn mit dem Abnehmer vertraglich vereinbart wurde, daß die Preisstellung auf der Basis von Kosten erfolgen soll. Diese Vereinbarung ist in der Regel bei öffentlichen Aufträgen und bei Forschungs- und Entwicklungsaufträgen üblich[779]. Weiterhin gilt der Kostenpreis in einer Zentralverwaltungswirtschaft, in der der Preismechanismus durch ein Kostenpreissystem ersetzt ist[780]. Im ersten Fall wird vom Auftraggeber und im zweiten Fall vom Staat festgelegt, nach welchen Kalkulationsverfahren die Selbstkosten zu ermitteln sind und welche Gewinnzuschläge berechnet werden dürfen. Bei Leistungen an öffentliche Auftraggeber gelten in Deutschland zur Zeit die „Leitsätze für die Preisermittlung auf Grund von Selbstkosten" (LSP) vom 21. 11. 1953, die die vor dem Kriege erlassenenen „Leitsätze für die Preisermittlung auf Grund der Selbstkosten bei Leistungen für öffentliche Auftraggeber" (LSÖ) vom 12. 2. 1942 (letzte Fassung) abgelöst haben.

In einer Marktwirtschaft ist, abgesehen vom Sonderfall der öffentlichen Aufträge, die schematische Ableitung von Preisen aus den Ergebnissen der Kalkulation ebenso falsch wie gefährlich. Zwischen den Marktpreisen, die eine Unternehmung zur Realisierung des erwerbswirtschaftlichen Prinzips anstreben sollte, und den Selbstkosten der betrieblichen Produkte bestehen – weder kurzfristig noch langfristig – keine direkten funktionalen Beziehungen, mit deren Hilfe es möglich wäre, optimale Marktpreise aus Kalkulationsergebnissen abzuleiten[781].

Im einzelnen lassen sich gegen alle Versuche, Preise aus Kalkulationsergebnissen abzuleiten, folgende *Einwände* erheben.

Der wichtigste Einwand besteht darin, daß nach einer Preisstellung auf Grund der Kostenpreisgleichung (180) die *Markteinflüsse nicht berücksichtigt* werden. In einer Marktwirtschaft werden für alle betrieblichen Produkte einer Unternehmung Preisabsatzfunktionen wirksam, nach denen jedem Angebotspreis eine bestimmte Absatzmenge entspricht. Diese Funktionen sind das komplexe Ergebnis sowohl der Bedarfsstruktur der potentiellen Käufer als auch des Konkurrenzangebots; sie werden weiterhin vom Werbeeinsatz und von der Produktgestaltung der anbietenden Unternehmung beeinflußt und sind im Zeitablauf häufigen Veränderungen unterworfen[782]. In der Praxis ist die Bestimmung von Preisabsatzfunktionen mit

tiven Einzelkosten und Deckungsbeiträgen, ZfbF 1964, S. 553, weist darauf hin, daß die „Preiskalkulation" das ursprüngliche Ziel der Kostenrechnung war.

779 Vgl. *D. Hahn,* Direct Costing und die Aufgaben der Kostenrechnung, NB 1965, S. 8, und *R. L. Brummet,* Direct Costing – Its Weaknesses and Its Strengths, NAA-Bulletin 1962 (3), Section 1, S. 64, der darauf hinweist, daß Vollkosten für „government contract(s)" erforderlich sind.

780 Vgl. *M. Woitschach,* Möglichkeiten und Grenzen der Deckungsbeitragsrechnung, DB 1963, S. 1.

781 "... selling prices do not have an inflexible relationship to cost", vgl. *NAA-Research Report 37,* Current Application of Direct Costing, New York 1961, S. 41.

782 Vgl. zum Begriff der Preisabsatzfunktion und zum Begriff des absatzpolitischen Instru-

außerordentlich großen Schwierigkeiten verbunden, eine aktive Verkaufspolitik ist aber ohne gewisse Vorstellungen u. a. über Zusammenhänge zwischen Preisen, Absatzmengen, Werbeeinsatz und Produktgestaltung nicht möglich. Diese Vorstellungen müssen durch Kundenbesuche, Händlerbefragungen und durch die Marktforschung erarbeitet werden.

Die Existenz von Preisabsatzfunktionen führt stets dazu, daß bei einer Preisfestsetzung nach Gleichung (180) die Produktmengen bzw. die ihnen entsprechenden Planbezugsgrößen, die der Selbstkostenkalkulation zugrunde gelegt wurden, nicht mit den in einer bestimmten Marktsituation realisierbaren Verkaufsmengen übereinstimmen.

Wird im Zeitablauf die Kostenpreisformel der jeweiligen Beschäftigungslage angepaßt, so kann dies folgende Konsequenzen haben. Im günstigsten Fall wird eine Gleichgewichtssituation erreicht, die *nicht dem erwerbswirtschaftlichen Prinzip ent-*

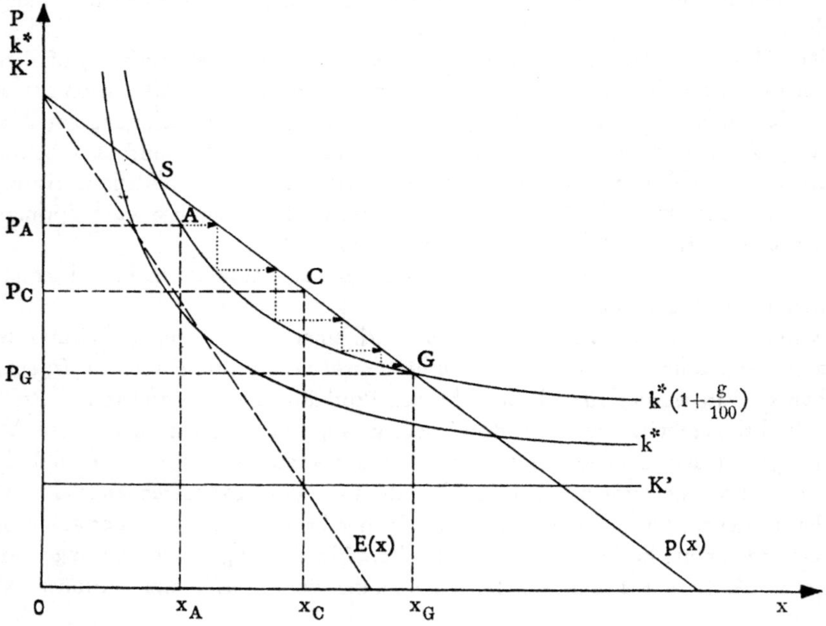

Abb. 44: Beispiel zur Kostenpreiskalkulation bei einer monopolistischen Preisabsatzfunktion

mentariums einer Unternehmung *E. Gutenberg*, Grundlagen der Betriebswirtschaftslehre, 2. Bd., Der Absatz, 8. Aufl., Berlin-Heidelberg-New York 1965, S. 123 ff. und 191 ff.

783 Vgl. hierzu die Untersuchungen von *E. Gutenberg*, Grundlagen der Betriebswirtschaftslehre, 2. Bd., a. a. O., S. 348 ff. und Abbildung 75, S. 348; *H. Jacob*, Preispolitik, Wiesbaden 1963, S. 105 ff. und Abbildung 20, S. 106. Diese Untersuchungen wurden inzwischen von *P. Riebel*, Die Preiskalkulation..., a. a. O., S. 558 ff., weitergeführt und ergänzt.

spricht. Oftmals führt dieses Verfahren aber dazu, daß sich eine Unternehmung mit den betreffenden Erzeugnissen „aus dem Markt kalkuliert". Um diesen Sachverhalt zu verdeutlichen, haben wir in der Abbildung 44 die Stückkostenkurve k*, die Grenzkostenkurve K' und die Angebotspreisfunktion $p = k^* (1 + \frac{g}{100})$ einer Unternehmung, die sich für ein bestimmtes Erzeugnis x einer monopolistischen Preisabsatzfunktion p(x) gegenübersieht, wiedergegeben[783].

Wie die Abbildung 44 erkennen läßt, führt die Kostenpreiskalkulation bei gleichbleibenden Kurvenverläufen im Zeitablauf zum Gleichgewichtspunkt G, sofern der Ausgangspreis unterhalb von A liegt. Dem gewinnmaximalen Preis entspricht dagegen p_C mit der Absatzmenge x_C. Dieses Beispiel zeigt, daß je nach Wahl des Gewinnzuschlages erhebliche Abweichungen vom erzielbaren Gewinnmaximum entstehen können. Ein Betrieb, der seine Angebotspreise mit Hilfe von Gewinnzuschlägen aus den Kosten ableitet, handelt daher nicht nach dem erwerbswirtschaftlichen Prinzip, sondern strebt „... Absatzmaximierung unter Einhaltung eines bestimmten Mindestgewinnes ..." an[784]. Wird der Ausgangspreis zu hoch gewählt – liegt er in der Abbildung 44 also oberhalb von S –, so kalkuliert sich die Unternehmung mit dem betreffenden Artikel aus dem Markt. Das ist auf die mit rückläufigen Beschäftigungsgraden ansteigenden fixen Kosten pro Einheit zurückzuführen.

Die Gefahr, daß sich eine Unternehmung durch die Preispolitik auf der Basis von Vollkosten aus dem Markt kalkuliert, kann abgeschwächt werden, indem man bei der Selbstkostenkalkulation eine stabile „Normal-" oder „Planbeschäftigung" zugrunde legt. Eine dem erwerbswirtschaftlichen Prinzip entsprechende Preispolitik kann hierdurch aber nicht erreicht werden[785].

Wie P. Riebel im einzelnen nachgewiesen hat, besteht die Gefahr, daß sich eine Unternehmung durch die Kostenpreiskalkulation aus dem Markt manövriert, auch dann, wenn der Anfangspreis zwar unterhalb der Preisabsatzfunktion liegt, aber infolge von Konjunktur- und Saisonschwankungen Verschiebungen der Preisabsatzfunktion im Zeitablauf eintreten[786].

Besonders groß ist die Gefahr der Kostenpreiskalkulation, wenn sich eine Unternehmung in einer Marktsituation befindet, in der infolge starker Konkurrenz die Preisabsatzfunktion ab einem bestimmten Grenzpreis stark elastisch wird, wie das bei der von E. Gutenberg entwickelten Preisabsatzfunktion bei polypolistischer Konkurrenz der Fall ist[787]. Wie die Abbildung 45 erkennen läßt, wird auch bei

[784] Vgl. *H. Jacob,* Preispolitik, a. a. O., S. 107.

[785] Im gleichen Sinne äußert sich *P. Riebel,* Die Preiskalkulation ..., a. a. O., S. 576.

[786] Vgl. *P. Riebel,* Die Preiskalkulation ..., a. a. O., S. 561 ff.

[787] Zur polypolistischen Preisabsatzfunktion vgl. *E. Gutenberg,* Grundlagen der Betriebswirtschaftslehre, 2. Bd., a. a. O., S. 233 ff., und *W. Kilger.* Die quantitative Ableitung polypolistischer Preisabsatzfunktionen aus den Heterogenitätsbedingungen atomistischer Märkte, in: Zur Theorie der Unternehmung, Festschrift für E. Gutenberg, Wiesbaden 1962, S. 269 ff. Auch *P. Riebel,* Die Preiskalkulation ..., a. a. O., S. 560, weist darauf hin, daß die Gefahren der Kostenpreiskalkulation bei polypolistischer Konkurrenz bebesonders groß sind.

polypolistischer Konkurrenz eine Gleichgewichtssituation G erreicht, wenn der Anfangspreis p_A unterhalb des oberen Grenzpreises liegt. Wegen der Existenz eines oberen Grenzpreises ist aber die Gefahr, daß Anfangspreise gebildet werden, die oberhalb der Preisabsatzfunktion liegen, weitaus größer als im Falle einer monopolistischen Preisabsatzfunktion.

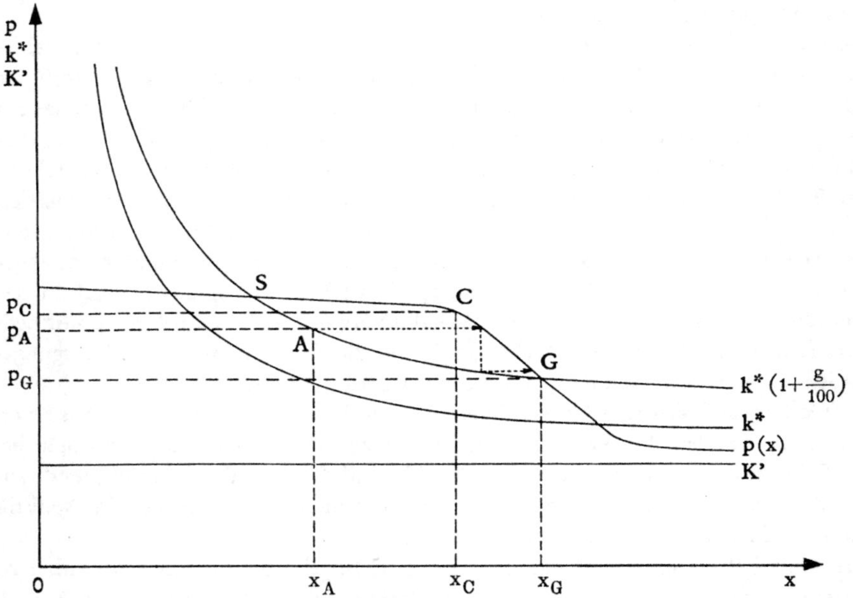

Abb. 45: Beispiel zur Kostenpreiskalkulation bei einer polypolistischen Preisabsatzfunktion

Die Tatsache, daß die Preisbildung auf der Basis von Selbstkosten die Markteinflüsse nicht berücksichtigt und dem erwerbswirtschaftlichen Prinzip nicht entspricht, gewinnt in allen Mehrproduktunternehmungen wegen des Fixkostenproblems besonderes Gewicht. Wie insbesondere P. Riebel hervorgehoben hat, liegt in der Unmöglichkeit, fixe Kosten nach dem Verursachungsprinzip den Produkteinheiten einer Mehrproduktunternehmung zuzurechnen, „... und in dem Zwang, im Preis – der ex definitione auf die Leistungseinheit abstellt – auch die fixen ... kosten und den Gewinn mit abzudecken, ... das Dilemma jeder Preiskalkulation“[788]. Nach der Formel der Kostenpreiskalkulation werden in der für die Vollkostenrechnung typischen Weise die fixen Kosten mit Hilfe der allein für die variablen Kosten gültigen Bezugsgrößen auf die Produkteinheiten verteilt. Damit wird willkürlich ein starres

[788] Vgl. *P. Riebel*, Die Preiskalkulation ..., a. a. O., S. 582. P. Riebel hebt an dieser Stelle hervor, daß die gleiche Problematik in bezug auf echte variable Gemeinkosten besteht, wie sie in Betrieben mit Kuppelproduktion auftreten.

Schema der Kostendeckung festgelegt und zwar für alle Erzeugnisse gleich, ohne deren unterschiedliche Stellung im Markt zu berücksichtigen[789]. Hierdurch wird der Preispolitik jede Elastizität im Sinne eines kalkulatorischen Ausgleichs der Erzeugnisse genommen; schwerwiegende Fehlentscheidungen können so bei der Verkaufssteuerung ausgelöst werden.

Wegen der Problematik der Fixkostenzurechnung ist die Kostenpreisgleichung in Betrieben mit einer Grenzplankostenrechnung dahingehend abgewandelt worden, daß man den Kostenpreis p_i aus den Grenzselbstkosten k_i mit Hilfe eines Bruttogewinnzuschlages g_B ableitet. In der angelsächsischen Literatur bezeichnet man hierbei den um 1 vermehrten prozentualen Bruttogewinnzuschlag als „markup factor". Als Kostenpreisgleichung erhalten wir[790]:

(181)
$$p_i = k_i \left(1 + \frac{g_B}{100}\right)$$

Die Gleichung (181) hat zwar den Vorteil, daß ihre Ergebnisse von Beschäftigungsschwankungen unabhängig sind, so daß sich, insbesondere bei rückläufiger Beschäftigung, der Einfluß ungedeckter fixer Kosten nicht auf die Preispolitik auswirken kann. Trotzdem ist diese Gleichung für die Zwecke einer marktkonformen Preispolitik ungeeignet. Dies gilt insbesondere, wenn man für alle Erzeugnisse gleichgroße Bruttogewinnprozentsätze verwendet. Hierauf hat bereits E. Schmalenbach im Jahre 1934 hingewiesen: „Der zugeschlagene Gewinn ist vielmehr eine veränderliche Größe, mit der der Kalkulator sich an den erzielbaren Marktpreis heranfühlt"[791]. Auch „flexible markup factors", wie sie vielfach in den USA gefordert werden, ändern nichts an der Tatsache, daß zwischen den Grenzselbstkosten und den erzielbaren bzw. optimalen Marktpreisen kein direkter Kausalzusammenhang besteht.

Die Bildung eines Bruttogewinnzuschlages für ein bestimmtes Erzeugnis setzt stets Vorstellungen über den Preis dieses Erzeugnisses voraus. Keine Kostenrechnung, auch nicht eine Grenzplankostenrechnung, ist in der Lage, die dem erwerbswirtschaftlichen

[789] Hierauf weist auch *K. Mellerowicz,* Planung und Plankostenrechnung, Bd. 1, Betriebliche Planung, Freiburg 1961, S. 215, hin. Ebenso *P. Riebel,* Die Preiskalkulation..., a.a.O., S. 553.

[790] Zu diesem Verfahren vgl. z. B. *M. Backer,* Flexible Costs for Pricing Decisions, NAA-Bulletin 1961 (5), Section 1, S. 60 ff., der jedoch auf die Notwendigkeit produktindividueller Gewinnzuschläge hinweist. Ferner *C. T. Horngren,* Accounting for Management Control, An Introduction, Englewood Cliffs, N. J. 1965, S. 338, der „target price(s)" fordert, die aus den Grenzselbstkosten mit Hilfe eines Bruttogewinnzuschlages abgeleitet werden. Auch *K. K. Knutzen,* Using Direct Cost Information for Pricing, NAA-Bulletin 1962 (8), Section 1, S. 40, empfiehlt die Ableitung von Preisen aus den Grenzkosten mit Hilfe von „markup factors", deren Höhe sich jedoch nach der Marktsituation richten soll. Auch der *NAA-Research Report 37,* Current Application..., a.a.O., enthält auf S. 46 die Gleichung: selling price = direct cost + required unit marginal income.

[791] Vgl. *E. Schmalenbach,* Selbstkostenrechnung und Preispolitik, 6. Aufl., Leipzig 1934, S. 273; ders., Kostenrechnung und Preispolitik, 8. Aufl., Köln und Opladen 1963, S. 486.

Prinzip entsprechenden Verkaufspreise aus den Kosten abzuleiten. Es hat sich daher immer mehr die Ansicht durchgesetzt, daß die Bildung von Verkaufspreisen nicht Aufgabe der Kalkulation sein kann[792]. Die Aufgabe des Kalkulators besteht vielmehr darin, für alle Erzeugnisse die Grenzselbstkosten zu ermitteln. Unabhängig hiervon ist es die Aufgabe des Verkaufs, aus den Marktgegebenheiten Preisvorstellungen abzuleiten, die dem erwerbswirtschaftlichen Prinzip entsprechen. Erst wenn diese Preise vorliegen, sei es in Form konstanter Marktpreise und geschätzter Absatzhöchstmengen oder sei es in Form geplanter Preisabsatzfunktionen, dann sollten die Plangrenzselbstkosten zur optimalen Steuerung des Verkaufs- und Produktionsprogramms herangezogen werden[793]. Zweifellos ist eine gegenüber der Kalkulation autonome Preispolitik sehr viel schwieriger als die schematische Anwendung von Kostenpreisformeln, aber nur mit ihrer Hilfe können Angebotspreise gefunden werden, die unter Berücksichtigung der Marktdaten dem erwerbswirtschaftlichen Prinzip entsprechen[794].

Gegen eine *kostenautonome Verkaufspreisbildung* werden jedoch die folgenden *Einwände* erhoben.

Viele Autoren erkennen die Notwendigkeit einer kurzfristigen, kostenautonomen Verkaufspreisbildung zwar an, fordern aber, daß mindestens die *langfristige Preisbildung* auf der Basis von Vollkosten zu erfolgen habe[795]. Aus der Tatsache, daß

[792] Diese Ansicht wird u. a. von folgenden Autoren vertreten: *K. Agthe*, Stufenweise Fixkostendeckung im System des Direct Costing, ZfB 1959, S. 416; *M. Backer*, Flexible Costs ..., a. a. O., S. 58; *A. Deyhle*, Grenz- oder relative Einzelkosten? Die Deckungsbeitragsrechnung von P. Riebel, ZfB 1962, S. 63, der darauf hinweist, daß die Deckungsbeitragsrechnung eine gegenüber der Kostenrechnung autonome Preispolitik voraussetzt. *Arbeitskreis Diercks der Schmalenbach-Gesellschaft*, Der Verrechnungspreis in der Plankostenrechnung, ZfbF 1964, S. 618; *C. T. Horngren*, Accounting ..., a. a. O., S. 338; *C. T. Horngren*, Cost Accounting, A Managerial Emphasis, 3. Aufl., Englewood Cliffs, N. J. 1963, S. 354; *A. Matz*, Planung und Kontrolle von Kosten und Gewinn, AGPLAN, Bd. 7, Wiesbaden 1964, S. 328; *K. Mellerowicz*, Planung ..., Bd. 1, a. a. O., S. 215; *R. E. Longenecker*, Converting to Direct Costing, NAA-Bulletin 1962 (8), Section 1, S. 33 f.; *P. Riebel*, Die Preiskalkulation ..., a. a. O., S. 550 und 604; *G. Shillinglaw*, Cost Accounting, Analysis and Control, Homewood, Ill. 1961, S. 624 ff.; *M. Woitschach*, Möglichkeiten ..., a. a. O., S. 1; *W. Wright*, Direct Standard Costs for Decision Making and Control, New York-Toronto-London 1962, S. 178.

[793] Vgl. hierzu unsere Ausführungen im 21. Kapitel.

[794] *A. Matz*, Planung ..., a. a. O., S. 328, bezeichnet die gegenüber der Kostenrechnung autonome Preispolitik als „Kunst".

[795] Vgl. hierzu *R. L. Brummet*, Direct Costing ..., a. a. O., S. 64; *K. Käfer*, Standardkostenrechnung, 2. Aufl., Zürich 1964, S. 518: „Für die *weitblickende Preiskalkulation sind deshalb die ‚Vollkosten' unentbehrlich ...*"; allerdings hält K. Käfer hierbei eine „gruppenweise Voll(kosten)deckung" für ausreichend; *M. R. Lehmann*, Die Problematik der Preispolitik auf Grenzkosten- und auf Vollkosten-Basis, ZfB 1950, S. 334, wo eine Preispolitik auf der Basis der „optimalen Vollkosten" gefordert wird; *H. Vormbaum*, Preispolitik auf der Basis von Voll- oder Teilkosten, in: Wirtschaftlich führen – Wirtschaftlich investieren, Vorträge des 13. Deutschen Betriebswirtschafter-Tages, Hrsg. Deutsche Gesellschaft für Betriebswirtschaft, Berlin 1960, S. 309.

langfristig neben den variablen Kosten auch alle fixen Kosten durch die Erlöse gedeckt werden müssen, folgt aber noch keineswegs, daß langfristig nur Preiskombinationen der betrieblichen Erzeugnisse zulässig sind, bei denen sich die Preise proportional zu den Vollkosten verhalten. Auch eine langfristige Preispolitik kann und muß flexibel im Sinne des kalkulatorischen Ausgleichs sein[796].

Ein weiterer Einwand gegen Grenzkostenkalkulationen ist die Problematik der *Preispolitik bei Einzelfertigung*. In derartigen Betrieben, z. B. im Großmaschinen- und Schiffbau, unterscheiden sich in der Regel alle Produkte so stark voneinander, daß eine Marktpreisbildung wie bei standardisierten Erzeugnissen hier nicht möglich ist. Hieraus wird der Schluß gezogen, daß die Angebotspreise bei Einzelfertigung aus vorkalkulierten Selbstkosten abgeleitet werden müssen[797]. Dieser Schluß ist aber aus zwei Gründen falsch. Erstens ist in Betrieben der Einzelfertigung im Zeitpunkt einer Kundenanfrage, für die es noch nicht sicher ist, ob sie zu einem Auftrag führen wird, eine genaue Kalkulation undurchführbar, weil die für eine Kalkulation erforderlichen Konstruktionszeichnungen, Stücklisten und Arbeitsablaufpläne dann nicht zur Verfügung stehen. Diese Unterlagen werden in Betrieben mit Einzelfertigung aus Kostengründen grundsätzlich nur für diejenigen Erzeugnisse erstellt, die fest in Auftrag gegeben sind und deren Preise daher schon festliegen[798]. Für die „Preiskalkulation" ist aus diesen Gründen hier nur eine relativ grobe Vorkalkulation möglich; häufig wird hier mit „Standardsätzen pro kg" der betreffenden Artikelgruppe, die aus Nachkalkulationen früherer Aufträge abgeleitet werden, gearbeitet. Zweitens gilt auch in der Einzelfertigung der Grundsatz, daß sich die fixen Kosten einzelnen Aufträgen nicht nach dem Verursachungsprinzip zurechnen lassen. Die Vorkalkulationen sollten daher mit Grenzkostensätzen durchgeführt werden. Dies hat den Vorteil, daß man Vorstellungen über die Preisuntergrenzen gewinnt. Aus den vorkalkulierten Grenzkosten kann man im Falle der Einzelfertigung die Angebotspreise mit Hilfe von Bruttogewinnzuschlägen ableiten, deren Höhe sich nach der jeweiligen Auftragslage und der Marktstellung der betreffenden Unternehmung richtet. Hierbei können zwar die durchschnittlichen Deckungsspannen als Anhaltspunkt dienen, die in der betreffenden Produktgruppe während vergangener Perioden erzielt wurden. Für jede einzelne Angebotskalkulation müssen diese Deckungsspannen aber erneut überprüft werden. Trotz fehlender Marktpreise handelt es sich bei dieser Form der Preisstellung daher keineswegs um ein Kalkulationsverfahren, sondern um aktive Verkaufspolitik, bei der die vorkalkulierten Grenzkosten nur als Preisuntergrenze dienen.

Ähnlich wie für die Preisstellung bei Einzelfertigung werden „Kostenpreise" auch

[796] Vgl. *G. Shillinglaw*, Cost Accounting..., a.a.O., S. 627: "Even in the long run it cannot be assumed that competitive conditions will be the same for all products."

[797] Vgl. *D. Hahn*, Direct Costing..., a.a.O., S. 8.

[798] Vgl. hierzu *H. G. Plaut*, Unternehmenssteuerung mit Hilfe der Voll- oder Grenzplankostenrechnung, ZfB 1961, S. 479: „Bei einer Einzelfertigung wird man in der Regel nicht einmal die Konstruktionszeichnung als Detailzeichnung vorliegen haben, wenn man den Angebotspreis abgibt."

für *neu entwickelte Produkte* gefordert[799]. Neue Produkte sollten zwar nur entwickelt werden, wenn erwartet werden kann, daß Verkaufsmengen und Preise erzielt werden können, die neben den proportionalen Selbstkosten und den Entwicklungskosten auch angemessene Anteile der fixen Kosten decken. Aber auch hier vermag kein Verfahren der Kostenrechnung den „richtigen" Verkaufspreis zu errechnen. Gerade die Verkaufspreise für neue Produkte sollten aus den Ergebnissen der Marktforschung und nicht aus Kosten abgeleitet werden, wie P. Riebel an einigen Beispielen aus der Praxis zeigt[800]. Oft besteht im Falle neuer Produkte die Aufgabe des Verkaufs darin, zwischen mehreren möglichen Verkaufsstrategien zu wählen. So kann man z. B. zunächst hohe Anfangspreise fordern und diese im Zeitablauf sukzessive senken. Es kann aber auch vorteilhafter sein, gleich mit relativ niedrigen Anfangspreisen zu beginnen und diese langfristig konstant zu halten. Auf keinen Fall lassen sich jedoch verkaufspolitische Entscheidungen dieser Art aus den Ergebnissen der Kostenrechnung ableiten.

Als weiterer Einwand gegen die Forderung, daß die laufende Kalkulation eine Grenzkostenrechnung sein soll, wird auf die Gefahr hingewiesen, daß Grenzkostenkalkulationen im Zeitlauf eine *Tendenz zu Preissenkungen* auslösen können, die der Marktsituation eines Betriebes nicht entsprechen und im Falle von Vollkostenkalkulationen vermeidbar gewesen wären. Bereits im N.A.C.A.-Bulletin von 1953 wurde hierüber geschrieben: "One of the criticisms most frequently levelled against direct costing is that it may lead to disregard for the need to recover fixed costs in pricing"[801]. H. G. Plaut räumt ein, daß der Hinweis auf mögliche Preiseinbrüche „... einen beachtenswerten Einwand ..." darstellt[802]. Diese Gefahr besteht aber nur, wenn man das Grenzkostenprinzip falsch versteht. Grundsätzlich sollten dem einzelnen Verkäufer die Grenzkosten der betrieblichen Erzeugnisse *nicht* bekanntgegeben werden. Es genügt, daß die Grenzkosten von der Verkaufsleitung für die Zwecke der Verkaufssteuerung eingesetzt werden. Weiterhin sollte allen verantwortlichen Mitarbeitern eines Betriebes durch entsprechende Schulung immer wieder klargemacht werden, daß die Grenzkostenrechnung keineswegs einen Verzicht auf die Deckung fixer Kosten bedeuten kann, sondern daß die Preispolitik immer darauf ausgerichtet sein muß, die Summe der Deckungsbeiträge zu maximieren. Hierbei dienen die Grenzkosten nicht nur als Preisuntergrenze, sondern auch als Daten für die gewinnmaximale Programmsteuerung.

Weiterhin hat es sich in der Praxis bewährt, daß man die Provisionen der Verkäufer nicht aus den erzielten Nettoumsätzen, sondern aus den erwirtschafteten Deckungsbeiträgen ableitet. C. T. Horngren schreibt hierüber: "One effective way to make

[799] Vgl. *D. Hahn*, Direct Costing ..., a. a. O., S. 9.

[800] Vgl. *P. Riebel*, Die Preiskalkulation ..., a. a. O., S. 550 und insbesondere 596 ff.

[801] Vgl. *N.A.C.A. Research Series*, Direct Costing, N.A.C.A.-Bulletin 1953 (4), No. 23, Section 3, S. 1110. *K. Agthe*, Zur stufenweisen Fixkostendeckung, ZfB 1959, S. 747; *H. C. Heiser*, Budgetierung, Grundsätze und Praxis der betriebswirtschaftlichen Planung, Übers. W. Sommer, H. E. Holzer, Berlin 1964, S. 52.

[802] Vgl. *H. G. Plaut*, Unternehmenssteuerung ..., a. a. O., S. 480.

salesmen profit-conscious is to tie commissions or bonuses to gross profit or contribution margin rather than to net sales"[803].

3. Nachdem wir die Preisstellung als Aufgabe des Verkaufs abgegrenzt haben, wollen wir im folgenden die *übrigen Aufgaben der Kalkulation* im einzelnen behandeln.

Erstens dienen die von der Kalkulation ermittelten Selbstkosten der betrieblichen Erzeugnisse als Grundlage für die *Erfolgskontrolle*, d. h. für die kurzfristige Erfolgsrechnung. Wie unsere Ausführungen im Abschnitt B, III des dritten Kapitels gezeigt haben, ist eine wirksame Erfolgskontrolle nur auf Grenzkostenbasis möglich. Bei Verfahren der kurzfristigen Erfolgsrechnung, bei denen die Halb- und Fertigfabrikatebestände mit den erfolgswirksam verrechneten Kosten abgestimmt werden, muß auch die Bestandsbewertung zu Grenzherstellkosten erfolgen.

Zweitens dienen die Kalkulationsergebnisse zur *Bewertung der Halb- und Fertigfabrikatebestände* in der Handels- und Steuerbilanz. Wir werden im einzelnen noch prüfen, ob sich die für die Erstellung von Handels- und Steuerbilanzen gültigen Bewertungsnormen mit dem Prinzip der Grenzkostenbewertung vereinbaren lassen.

Die dritte Aufgabe der Kalkulation besteht darin, die Kostendaten für *Planungsmodelle zur Bestimmung optimaler Fertigungs- und Verkaufsprogramme* zur Verfügung zu stellen. Diese Aufgabe der Kalkulation, die insbesondere durch die Unternehmensforschung an Bedeutung gewonnen hat, geht heute weit über die Bestimmung von Preisuntergrenzen für Zusatzaufträge hinaus.

Kalkulationen, die den Erfordernissen der Erfolgskontrolle und der Programmoptimierung entsprechen, müssen den folgenden *Kalkulationsgrundsätzen* genügen.

Wie bereits unsere Ausführungen im Abschnitt B, III des dritten Kapitels gezeigt haben, muß jede Kalkulation dem Verursachungsprinzip entsprechen und daher eine Grenzkostenkalkulation sein. Eine ergänzende Ausgestaltung der Kalkulation zu einer Vollkostenrechnung, so z. B. für die Bewertung der Halb- und Fertigfabrikate in der Handels- und Steuerbilanz, darf nur erfolgen, wenn der Ausweis der Grenzselbstkosten hierdurch nicht beeinträchtigt wird und sichergestellt ist, daß Vollkosten nicht zur Lösung von Entscheidungsproblemen herangezogen werden.

Ein zweiter, wichtiger Grundsatz besteht darin, daß beim Aufbau von Kalkulationen finanzwirtschaftliche Aspekte, also insbesondere die Unterscheidung in ausgabewirksame und nicht-ausgabewirksame Kosten, nicht berücksichtigt werden dürfen, da Planung und Kontrolle von Zahlungsströmen niemals Aufgabe einer auf die Produkteinheit bezogenen Rechnung sein kann[804].

Drittens wollen wir den Kalkulationsgrundsatz aufstellen, daß beim Aufbau von Kalkulationen nur „objektive Kosten", nicht dagegen auch Opportunitätskosten zu berücksichtigen sind. Wie wir bereits im siebten Kapitel im Zusammenhang mit dem Grundsatz von den relevanten Kosten nachgewiesen haben, spielen bei Entschei-

[803] Vgl. *C. T. Horngren*, Cost Accounting ..., a. a. O., S. 530. Auch *A. Matz*, Planung ..., a. a. O., S. 279, empfiehlt dieses Verfahren.

[804] Vgl. im übrigen hierzu unsere Ausführungen im 21. Kapitel auf S. 674 ff.

dungsproblemen in Engpaßsituationen neben den Grenzkosten stets auch Opportunitätskosten eine Rolle. Da Opportunitätskosten „verdrängte" Gewinne sind, hängt ihre Höhe – im Gegensatz zu den Grenzkosten – von den Daten des jeweiligen Entscheidungsproblems ab, so daß sie starken Schwankungen unterworfen sind. Weiterhin spielen für die meisten Entscheidungsprobleme die Opportunitätskosten nur eine indirekte Rolle, wie wir im einzelnen noch nachweisen werden. Sie sollten daher grundsätzlich nicht in die laufenden Kalkulationen einbezogen werden. Diese Ansicht wird auch von amerikanischen Kostenfachleuten vertreten; so schreibt z.B. C.T. Horngren: "Opportunity costs are rarely found as a part of conventional accounting records, nor do they ordinarily appear on income statements" [805].

B. Die Plankalkulation mit Grenzkosten als kalkulatorische Grundrechnung

I. Der theoretische Aufbau der Plankalkulation

1. In Betrieben mit standardisierten Erzeugnissen, deren technische Daten für die Dauer einer Planungsperiode im voraus festgelegt werden können, bildet die auf Grenzkostenbasis durchgeführte *Plankalkulation* die Grundlage der gesamten Kostenträgerrechnung. Sie hat im System der flexiblen Plankostenrechnung die Stellung einer *kalkulatorischen Grundrechnung*, aus der fallweise Vor-, Nach-, Sonder- und Vollkostenkalkulationen abgeleitet werden können.
In den meisten Betrieben werden Plankalkulationen für die Dauer einjähriger *Planungsperioden* erstellt. Lediglich in Betrieben, deren Fertigungsprogramm in kürzeren als in einjährigen Abständen geändert werden muß, so z. B. wenn Sommer- und Winterkollektionen hergestellt werden, liegen auch den Plankalkulationen kürzere Planungsperioden, z. B. sechs Monate, zugrunde. Länger als ein Jahr sollte man die Gültigkeitsdauer von Plankalkulationen nicht wählen, da sonst die Gefahr besteht, daß zu große Abweichungen gegenüber den Istkosten entstehen.
Während einer Planungsperiode sollten die Ergebnisse der Plankalkulationen nach Möglichkeit nicht geändert werden. Will man zwischenzeitlich Istkosten kalkulieren, so ist das stets in Form einer Abweichungsverteilung möglich, wie wir das im einzelnen noch im Abschnitt C, II dieses Kapitels beschreiben werden [806]. Lediglich bei sehr

[805] Vgl. *C. T. Horngren,* Cost Accounting ..., a.a.O., S. 389. Im übrigen vgl. zu diesem Problem unsere Ausführungen im Abschnitt B, III des 21. Kapitels, in dem wir uns mit der von F. Wille und H. H. Böhm vorgeschlagene Standard-Grenzpreiskalkulation auseinandersetzen.

[806] Werden während einer Planungsperiode Kostenstellenpläne geändert, weil sich z. B. infolge von Rationalisierungsmaßnahmen oder Erweiterungsinvestitionen größere Veränderungen der Kostenstruktur ergeben haben und ändert man nicht zugleich auch die Plankalkulationen, so entstehen Verrechnungsabweichungen, wie wir das im Abschnitt E, IV des 18. Kapitels beschrieben haben.

schwerwiegenden Veränderungen der Kostenstruktur, z. B. im Falle von unvorhergesehenen Erhöhungen der Rohstoffpreise, kann eine vorzeitige Anpassung der Plankalkulationen erwogen werden. Praktisch wird sich diese Revision jedoch nur in Betrieben durchführen lassen, die ihre Kalkulationen mit Hilfe der Datenverarbeitung erstellen oder deren Fertigungsprogramm nur eine geringe Anzahl unterschiedlicher Artikel enthält.

Für jede einzelne Produktart, die im geplanten Fertigungsprogramm vorgesehen ist, wird eine gesonderte Plankalkulation erstellt. Hierbei dienen die technischen Angaben der produktgestaltenden Abteilungen, die von der Arbeitsvorbereitung erstellten Arbeitsablaufpläne, die Planpreise und die bei der kostenstellenweisen Kostenplanung ermittelten Grenzkostensätze als Grundlagen. Obwohl der Kalkulationsaufbau von den Eigenschaften der zu kalkulierenden Produkte und von dem angewandten Fertigungsverfahren abhängt und daher die gleiche Vielgestaltigkeit aufweist wie die betriebliche Leistungserstellung selbst, lassen sich für den Aufbau von Plankalkulationen einige allgemeingültige Regeln angeben[807].

Der *generelle Kalkulationsgrundsatz,* möglichst viele Kostenarten als Kostenträgereinzelkosten zu verrechnen, gilt auch für die Plankalkulation. Eine Ausnahme von dieser Regel gilt jedoch für die Fertigungslöhne; die verfeinerte Bezugsgrößentechnik der flexiblen Plankostenrechnung ermöglicht es, Fertigungslöhne über die Kostenstellen zu verrechnen, ohne daß hierdurch die Kalkulationsgenauigkeit beeinträchtigt wird[808].

Bei der Kalkulation der variablen Gemeinkosten werden die gleichen Bezugsgrößen als Kalkulationsgrundlagen verwendet, die bei der kostenstellenweisen Kostenplanung und bei der Durchführung des Soll-Ist-Kosten-Vergleichs als Maßgrößen der Kostenverursachung dienen. Aus diesem Grunde wollen wir die Plankalkulation als *Bezugsgrößenkalkulation* bezeichnen[809]. Alle über Kostenstellen

807 Vgl. zum Aufbau von Plankalkulationen: *S. R. Cave,* Budgetary Control, Standard Costing and Factory Administration, 2. Aufl., London 1960, S. 128 ff.; *A. Heese,* Die Grenzplankostenrechnung im industriellen Rechnungswesen, dargestellt an Beispielen aus der Textilindustrie, in: Industriebetrieb und industrielles Rechnungswesen, Festschrift für E. Geldmacher, Köln und Opladen 1961, S. 53; *S. B. Henrici,* Standard Costs for Manufacturing, 3. Aufl., New York-Toronto-London 1960, S. 55; *C. T. Horngren,* Cost Accounting ..., a. a. O., S. 105 ff.; *K. Käfer,* Standardkostenrechnung, 2. Aufl., a. a. O., S. 395 ff.; *I. W. Keller,* Management Accounting for Profit Control, New York-Toronto-London 1957, S. 132 ff.; *W. Kilger,* Der heutige Stand der Grenzplankostenrechnung, AGPLAN, Bd. 6, Wiesbaden 1962, S. 76 ff.; *H. Koller,* Organisation der Plankostenrechnung, AGPLAN, Bd. 5, Wiesbaden 1961, S. 35 ff.; *E. Kosiol,* Plankostenrechnung als Instrument moderner Unternehmensführung, Berlin 1956, S. 174; *W. Medicke,* Geschlossene Kostenträgerrechnung ..., a. a. O., S. 43 ff.; *H. Tigges,* Betriebsüberwachung durch Plankostenrechnung, ZfhF 1951, S. 217; *F. Wille,* Plan- und Standardkostenrechnung, 2. Aufl., Essen 1963, S. 118 ff.; *W. Wright,* Direct Standard Costs ..., a. a. O., S. 125 ff.

808 Wie unsere Ausführungen im Abschnitt C des 15. Kapitels zeigen, sind hierzu eventuell mehrere Bezugsgrößen pro Kostenstelle erforderlich.

809 In gut ausgebauten Systemen der amerikanischen Standardkostenrechnung haben sich die früheren Kalkulationsformen des „process costing" und des „job costing" zum

abgerechneten Kosten werden beim Aufbau von Plankalkulationen in der Weise kalkuliert, daß die bereits zur Erfassung von Istbezugsgrößen erforderlichen Planbezugsgrößen pro Kostenträgereinheit mit den zugehörigen Grenzkostensätzen multipliziert werden.

Um den Aufbau von Plankalkulationen formelmäßig darstellen zu können, wollen wir die folgenden Symbole einführen:

$k_h^{(p)}$ = Plangrenzherstellkosten pro Produkteinheit
$m^{(p)}$ = Planeinzelmaterialmenge pro Produkteinheit
$q^{(p)}$ = Planpreis pro Einheit des Einzelmaterials
$d_m^{(p)}$ = proportionaler Plangemeinkostenverrechnungssatz
$b^{(p)}$ = Planbezugsgröße pro Produkteinheit
$d^{(p)}$ = Plangrenzfertigungskosten pro Bezugsgrößeneinheit
$e_{Ft}^{(p)}$ = Sondereinzelkosten der Fertigung pro Produkteinheit
i = Index der Produktart (Artikelnummer)
ν = Index der Einzelmaterialart (Materialnummer)
j = Index der Kostenstelle (Kostenstellennummer)
β = Index der Bezugsgrößenart (pro Kostenstelle bei mehreren Bezugsgrößen)
n = Anzahl unterschiedlicher Produktarten
z = Anzahl unterschiedlicher Einzelmaterialarten
m = Anzahl Hauptkostenstellen der Fertigung
s = Anzahl Bezugsgrößen pro Kostenstelle

Unterstellen wir, daß es sich bei der zu kalkulierenden Produktart um ein einteiliges Erzeugnis handelt, das nacheinander in mehreren Kostenstellen bearbeitet wird, ferner, daß keine Kuppelproduktion vorliegt und daß beim Aufbau der Kalkulation keine Mengenveränderungen zwischen den Kostenstellen zu berücksichtigen sind, dann gilt für die Ermittlung der *Plangrenzherstellkosten pro Produkteinheit i* die folgende *Grundgleichung der Plankalkulation*:

$$(182) \qquad k_{hi}^{(p)} = \sum_{\nu=1}^{z} m_{\nu i}^{(p)} q_{\nu}^{(p)} \left(1 + \frac{d_{m\nu}^{(p)}}{100}\right) + \sum_{j=1}^{m} \sum_{\beta=1}^{s} b_{j\beta i}^{(p)} d_{j\beta}^{(p)} + e_{Fti}^{(p)} \qquad (i = 1, 2, \ldots, n)$$

Für die Kalkulation der Plangrenzselbstkosten wollen wir die folgenden Symbole einführen:

$k_s^{(p)}$ = Plangrenzselbstkosten pro Produkteinheit
$d_{vw}^{(p)}$ = proportionaler Verwaltungsgemeinkostenverrechnungssatz (in % auf die Plangrenzherstellkosten)
$d_{vt}^{(p)}$ = proportionaler Vertriebsgemeinkostenverrechnungssatz (in % auf die Plangrenzherstellkosten)
$p^{(p)}$ = geplanter Marktpreis pro Produkteinheit
$v^{(p)}$ = geplanter Provisionssatz (in % des Umsatzes)
$e_{vp}^{(p)}$ = geplante Sondereinzelkosten der Verpackung pro Produkteinheit
$e_{Fr}^{(p)}$ = geplante Frachtkosten pro Produkteinheit

„operations cost system“ weiterentwickelt. Dieses Verfahren entspricht einer Bezugsgrößenkalkulation. Vgl. hierzu *C. T. Horngren*, Cost Accounting ..., a. a. O., S. 105 f.

Unter Verwendung dieser Symbole läßt sich für die Bestimmung der *Plangrenzselbstkosten pro Produkteinheit i* folgende *Grundgleichung der Plankalkulation* angeben:

$$(183) \qquad k_{si}^{(p)} = k_{hi}^{(p)}\left(1 + \frac{d_{vwi}^{(p)}}{100} + \frac{d_{vti}^{(p)}}{100}\right) + p_i^{(p)}\left(\frac{v_i^{(p)}}{100}\right) + e_{vpi}^{(p)} + e_{Fri}^{(p)} \quad (i = 1, 2, \ldots, n)$$

2. In der *Lehre von der Kalkulation* werden als Kalkulationsverfahren die Divisions-, die Äquivalenzziffern- und die Zuschlagskalkulation unterschieden und Betrieben mit Massen-, Sorten- und Serien- bzw. Einzelproduktion als typische Kalkulationsverfahren jeweils zugeordnet[810]. Es läßt sich zeigen, daß bei Gültigkeit der gleichen Prämissen die Grundformeln (182) und (183) alle traditionellen Kalkulationsformeln als Sonderfälle enthalten. Dieser Tatbestand wurde bereits für die Istkostenrechnung von H. Peiser und H. Koch nachgewiesen[811].

In einer Einproduktunternehmung mit einstufigem Produktionsprozeß würde in Gleichung (182) nur eine Fertigungskostenstelle erscheinen. Für diese Kostenstelle könnte unmittelbar die erstellte Produktmenge als Bezugsgröße verwendet werden. Der geplante Kalkulationssatz dieser Stelle müßte daher gleich dem Quotienten aus den geplanten proportionalen Fertigungskosten dieser Stelle und der insgesamt vorgesehenen Produktmenge sein. Die Planbezugsgröße pro Produkteinheit in Gleichung (182) ist in diesem Falle gleich 1, so daß die Kalkulation der Fertigungskosten dem Verfahren der *einstufigen Divisionskalkulation* entspricht.

Werden in einer Einproduktunternehmung mehrere Kostenstellen nacheinander durchlaufen, so lassen sich auch hier die Produktmengen unmittelbar als Bezugsgrößen verwenden. Die Planbezugsgrößen pro Einheit sind daher für alle Kostenstellen gleich 1, die Kostensätze der einzelnen Kostenstellen entsprechen den Quotienten aus den geplanten Fertigungskosten und den geplanten Gesamtstückzahlen. Die Fertigungskostenkalkulation entspricht daher dem Verfahren der *mehrstufigen Divisionskalkulation.*

In allen Mehrproduktunternehmungen ist es zum Zwecke der Kalkulation erforderlich, die unterschiedlichen Produktarten mit Hilfe von Äquivalenzziffern der Kostenverursachung „gleichnamig“ zu machen. In einfachen Fällen der Sortenproduktion wird das mit Hilfe von „Belastungsziffern“ versucht, mit deren Hilfe man die Sorten auf eine Einheitssorte umrechnet. Dieses Verfahren wird als *Äquivalenzziffernkalkulation* bezeichnet.

In Betrieben mit Serien- bzw. Einzelfertigung versuchte man zunächst, die Fertigungslöhne als Kalkulationsgrundlage für die Verrechnung von Fertigungsgemeinkosten zu verwenden. Hierbei wurden die Einzellöhne nicht über die Kostenstellen abgerechnet, sondern den Produkteinheiten direkt als Einzelkosten angelastet. Dieses Verfahren wird als *Lohnzuschlagskalkulation* bezeichnet. In der Gleichung (182)

810 Diese Unterteilung findet man in fast allen Standardwerken der Kostenrechnung, so z. B. bei *F. Henzel,* Die Kostenrechnung, 4. Aufl., Essen 1964, S. 159 ff.

811 Vgl. *H. Peiser,* Rechnungswesen im Maschinenbau, Berlin 1930, S. 64 ff.; *H. Koch,* Die industrielle Kostenkalkulation als Stufenrechnung, Diss. Hannover 1948, S. 12 ff.

müßten bei Anwendung dieses Verfahrens die Planbezugsgrößen pro Produkteinheit $b^{(p)}$ durch die Einzellohnkosten pro Produkteinheit der betreffenden Arbeitsgänge ersetzt werden. Die Kalkulationssätze bildet man nach diesem Verfahren, indem man die geplanten Fertigungskosten einer Stelle durch die auf den gleichen Planungszeitraum entfallenden Planeinzellohnkosten dividiert. In der Gleichung (182) müßten diese Lohnzuschlagssätze um 100 % erhöht werden, da die Gleichung die Einzellohnkosten pro Stück nicht gesondert enthält.
Die Lohnzuschlagskalkulation ist zwar heute in der Praxis noch weit verbreitet, für die flexible Plankostenrechnung ist sie aber aus folgenden Gründen ungeeignet. Erstens hängen die Zuschlagssätze vom jeweiligen Lohnniveau ab, so daß sie mit jeder Lohnerhöhung verändert werden müssen. Zweitens kann allenfalls die Fertigungszeit, niemals aber der Fertigungslohn, eine sinnvolle Maßgröße für die Verursachung von Fertigungsgemeinkosten sein. Drittens hat sich in vielen Abteilungen infolge der zunehmenden Mechanisierung die Maschinenzeit im Verhältnis zur Fertigungszeit stark erhöht, so daß die Fertigungszeit und damit natürlich auch der Fertigungslohn als Kalkulationsgrundlage völlig ungeeignet geworden ist. Viertens gibt es viele Kostenstellen, in denen entweder die Fertigungszeit überhaupt nicht als Bezugsgröße geeignet ist oder in denen neben der Fertigungszeit noch andere Bezugsgrößen zur Erzielung einer genügenden Kalkulationsgenauigkeit erforderlich sind.

3. Wir wollen uns nunmehr den wichtigsten *Spezialproblemen* zuwenden, die *beim Aufbau von Plankalkulationen* auftreten können.
In vielen Fällen lassen sich in den Grundgleichungen der Plankalkulation (182) und (183) folgende *Vereinfachungen* durchführen.
Wird für einen Kostenträger nur eine einzige Einzelmaterialart eingesetzt, so entfällt in Gleichung (182) das erste Summenzeichen. Das gleiche gilt, wenn mehrere Einzelmaterialarten vor ihrem Einsatz in der ersten verarbeitenden Kostenstelle zu Materialmischungen zusammengefaßt werden. In diesen Fällen wird der Herstellkostenkalkulation nach Gleichung (182) eine besondere *Mischungskalkulation* vorgeschaltet, in die neben den Einzelmaterialkosten und den Materialgemeinkosten auch die Grenzfertigungskosten der Mischungserstellung eingehen.
Die Materialgemeinkostenzuschläge, die wir in Gleichung (182) mit $d_{m\nu}^{(p)}$ bezeichnet haben, gelten meistens für Einzelmaterialgruppen. Wird für alle Einzelmaterialarten ein *gemeinsamer Materialgemeinkostenzuschlag* verwendet, so entfällt in Gleichung (182) an $d_{m\nu}^{(p)}$ der Index ν.
Eine weitere Vereinfachung der Gleichung (182) wird wirksam, wenn für alle Kostenstellen eines Betriebes *eine Bezugsgröße* ausreicht. In diesem Fall entfällt in Gleichung (182) das zweite Summenzeichen bei der Kalkulation der Fertigungskosten, da s gleich 1 ist; der Index β entfällt.
In Gleichung (183) gelten die *Zuschlagssätze* $d_{vw}^{(p)}$ und $d_{vt}^{(p)}$ stets *für mehrere Produktgruppen.* Das gleiche gilt für die Provisionssätze.

Für *mehrteilige Produkte* reicht die Gleichung (182) zur Bestimmung der Plangrenzherstellkosten nicht aus. Sie muß vielmehr für jedes selbsterstellte Einzelteil eines mehrteiligen Produktes gesondert angesetzt werden. So, wie im Fertigungsfluß die Einzelteile zu Funktionsgruppen und diese wiederum zum fertigen Endprodukt zusammengefügt werden, muß auch die Plankalkulation aus Einzelelementen aufgebaut werden. Hierzu zählen neben den Plangrenzherstellkosten der selbsterstellten Einzelteile, die sich nach Gleichung (182) ermitteln lassen, auch die Kosten für fremdbezogene Einzelteile einschließlich der zugehörigen Materialgemeinkosten und die Plangrenzherstellkosten der Montage. Weiterhin können noch Sondereinzelkosten der Fertigung anfallen. Sind diese Kosten zu den Plangrenzherstellkosten des Endproduktes zusammengefaßt, dann lassen sich hieraus die Plangrenzselbstkosten des Fertigproduktes mit Hilfe der Gleichung (183) ermitteln. Für selbsterstellte Einzelteile werden die Plangrenzselbstkosten nur kalkuliert, wenn sie für den Verkauf vorgesehen sind, wie das z. B. bei Ersatzteilen der Fall ist.

Wie unsere Ausführungen im Abschnitt C, II, 2 des fünfzehnten Kapitels gezeigt haben, sind für Kostenstellen mit *Serienfertigung* die Bezugsgrößen „Rüstzeiten" und „Ausführungszeiten" nebeneinander erforderlich. Beim Aufbau von Plankalkulationen ist zu beachten, daß die Planrüstzeit einer Serie von der Seriengröße unabhängig ist. Für die Rüstzeitbezugsgröße kann daher nur jeweils für eine bestimmte Seriengröße angegeben werden, wieviel Bezugsgrößeneinheiten auf eine Kalkulationseinheit entfallen. Bezeichnen wir die für eine Produktart i in einer Kostenstelle j vorgesehene Planrüstzeit pro Serie mit $t_{jRi}^{(p)}$, die geplante Seriengröße mit $s_i^{(p)}$, die geplante Ausführungszeit pro Produkteinheit mit $t_{jAi}^{(p)}$ und die zugehörigen Grenzkostensätze mit $d_{jR}^{(p)}$ und $d_{jA}^{(p)}$, so erhalten wir für die Plangrenzfertigungskosten des betreffenden Arbeitsganges (einschließlich Rüstkosten) $k_{Fji}^{(p)}$ die folgende Gleichung:

$$(184) \qquad k_{Fji}^{(p)} = \left(\frac{t_{jRi}^{(p)}}{s_i^{(p)}} d_{jR}^{(p)} + t_{jAi}^{(p)} d_{jA}^{(p)} \right) \qquad (i = 1, 2, \ldots, n)$$

In dieser Gleichung entsprechen die Größen $t_{jRi}^{(p)} / s_i^{(p)}$ und $t_{jAi}^{(p)}$ den Planbezugsgrößen pro Einheit $b_{j\beta i}^{(p)}$ in Gleichung (182). Es ist zu empfehlen, in den Plankalkulationen stets die Planrüstzeit pro Serie und die geplante Seriengröße anzugeben, damit Umrechnungen auf andere Seriengrößen jederzeit möglich sind[812].

Wie unsere Ausführungen im Abschnitt C, II, 2 des fünfzehnten Kapitels gezeigt haben, müssen in Kostenstellen mit *Mehrmaschinenbedienung*, in denen wechselnde Bedienungsverhältnisse möglich sind, nebeneinander die Bezugsgrößen „Maschinenstunden" und „Fertigungsstunden" verwendet werden. Beim Aufbau von Plankalkulationen ist jeweils diejenige Relation zwischen Maschinenminuten und Fertigungsminuten anzusetzen, die dem Bedienungsverhältnis entspricht, das für die betreffende Produktart in der Arbeitsablaufplanung festgelegt ist. Bedient z. B. ein Arbeiter fünf Einzelaggregate und beträgt die geplante Maschinenlaufzeit pro Produkteinheit

[812] Wie unsere Ausführungen im Abschnitt E, I des 18. Kapitels zeigen, führen sowohl außerplanmäßige Seriengrößen als auch Änderungen der Auftragszusammensetzung zu Rüstkostenabweichungen.

sechs Minuten, so entfallen auf die betreffende Produktart 1,2 Minuten Bedienungszeit[813].

Hat die Arbeitsablaufplanung für gleichartige Produkte wahlweise *mehrere verfahrenstechnische Möglichkeiten* vorgesehen, d.h. kommen für einen Arbeitsgang z.B. wahlweise mehrere Maschinen oder Arbeitsplätze mit unterschiedlichen Kostensätzen in Frage, oder muß infolge von Kapazitätsengpässen ein Teil der Arbeitsgänge in Lohnarbeit vergeben werden, so ist dieser Tatbestand beim Aufbau von Plankalkulationen wie folgt zu berücksichtigen. Ist die Mengenrelation, in der die verschiedenen verfahrenstechnischen Möglichkeiten eingesetzt werden sollen, bereits fest geplant, so sind in den Plankalkulationen entsprechend gewogene Durchschnittswerte der Plangrenzfertigungskosten zu berücksichtigen. Auch für die laufende Erfolgskontrolle genügen in der Regel solche Mischkalkulationen. Sollen dagegen die Ergebnisse der Plankalkulation für die optimale Verfahrenswahl verwendet werden, so muß für jede verfahrenstechnische Möglichkeit eine gesonderte Plankalkulation erstellt werden[814].

Wie wir bereits im vierzehnten Kapitel nachgewiesen haben, können die *Kosten für Ausschuß und sonstige Mengenverluste der Produktion* erstens in die Kalkulationssätze der Kostenstellen einbezogen werden, so daß diese Kosten in den Kalkulationen nicht gesondert erscheinen, zweitens als Sondereinzelkosten der Fertigung verrechnet werden oder drittens mit Hilfe von Einsatzfaktoren in die Kalkulationen eingehen. Nur die zuletzt genannte Methode wollen wir hier behandeln, da durch sie die Bestimmungsgleichung (182) der Plangrenzherstellkosten verändert wird. Wird ein Produkt nacheinander in den Fertigungsabteilungen j (j=1,2,...,m) bearbeitet, in denen die Einsatzfaktoren $f_j^{(p)}$ wirksam werden, so sind beim Aufbau der Plankalkulation die folgenden Produkte der Einsatzfaktoren zu berücksichtigen, die wir mit $f_j^{(p)'}$ bezeichnen wollen[815]:

Einzelmaterial	$f_0^{(p)'}$	=	$f_1^{(p)} f_2^{(p)} f_3^{(p)} \dots f_{m-1}^{(p)} f_m^{(p)}$
Fertigungskostenstelle 1	$f_1^{(p)'}$	=	$f_2^{(p)} f_3^{(p)} \dots f_{m-1}^{(p)} f_m^{(p)}$
Fertigungskostenstelle 2	$f_2^{(p)'}$	=	$f_3^{(p)} \dots f_{m-1}^{(p)} f_m^{(p)}$
Fertigungskostenstelle 3	$f_3^{(p)'}$	=	$f_{m-1}^{(p)} f_m^{(p)}$
.	.	.	.
.	.	.	.
.	.	.	.
Fertigungskostenstelle m-1	$f_{m-1}^{(p)'}$	=	$f_m^{(p)}$
Fertigungskostenstelle m	$f_m^{(p)'}$	=	1

[813] Wie unsere Ausführungen im Abschnitt E, II des 18. Kapitels zeigen, führen außerplanmäßige Bedienungsverhältnisse zu speziellen Kostenabweichungen.

[814] Wie unsere Ausführungen im Abschnitt E, III des 18. Kapitels zeigen, führen Abweichungen von den geplanten Arbeitsablaufplänen zu speziellen Kostenabweichungen, die wir als Verfahrens- oder Arbeitsablaufabweichungen bezeichnen. Im übrigen vgl. unsere Ausführungen zur optimalen Verfahrenswahl im 21. Kapitel.

[815] Für die Einsatzfaktoren $f_j^{(p)}$ haben wir im 14. Kapitel die Gleichung (106) abgeleitet. Vgl. im übrigen auch das Zahlenbeispiel in Tabelle 27 auf S. 310.

Führen wir die Produkte der Einsatzfaktoren in die Grundgleichung (182) ein, so erhalten wir folgende Bestimmungsgleichung der Plangrenzherstellkosten:

$$(185)\qquad k_{hi}^{(p)} = f_{0i}^{(p)'} \sum_{\nu=1}^{z} m_{\nu i}^{(p)} q_{\nu}^{(p)} \left(1 + \frac{d_{m\nu}^{(p)}}{100}\right) + \sum_{j=1}^{m} \sum_{\beta=1}^{s} f_{ji}^{(p)'} b_{j\beta i}^{(p)} d_{j\beta}^{(p)} + e_{Fti}^{(p)} \qquad (i = 1, 2, \ldots, n)$$

Sind für alle Produktarten i die kumulierten Einsatzfaktoren gleich groß, so entfällt an den Einsatzfaktoren der Index i.

Besondere Probleme treten beim Aufbau von *Plankalkulationen für Kuppelprodukte* auf. In der Literatur wird nahezu einstimmig die Ansicht vertreten, daß bei Fertigungsprozessen, die zu mehreren Kuppelprodukten führen, keine Möglichkeit besteht, die Einzelmaterial- und Fertigungskosten nach dem Verursachungsprinzip auf die einzelnen Kuppelprodukte zu verrechnen[816]. Daher sollte man sich grundsätzlich auch in der Grenzplankostenrechnung darauf beschränken, die Kalkulationsgleichung (182) für alle Kuppelprodukte, die aus einem Fertigungsprozeß resultieren, gemeinsam anzusetzen[817]. Hierbei erhalten wir für den Sonderfall der einstufigen Kuppelproduktion und unter der Annahme, daß n Kuppelproduktarten mit den Planmengen $x_1^{(p)}, x_2^{(p)}, \ldots, x_n^{(p)}$ entstehen, für die Plangrenzherstellkosten folgende Bestimmungsgleichung:

$$(186)\qquad K_h^{(p)} (x_1^{(p)} x_2^{(p)}, \ldots, x_n^{(p)}) = \sum_{\nu=1}^{z} m_{\nu}^{(p)} q_{\nu}^{(p)} \left(1 + \frac{d_{m\nu}^{(p)}}{100}\right) + \sum_{\beta=1}^{s} b_{\beta}^{(p)} d_{\beta}^{(p)}$$

Zur Lösung von Entscheidungsproblemen der Produktionsplanung darf stets nur die globale Kostengleichung (186) verwendet werden, da bei starrer Kuppelproduktion die Mengenrelationen der Produktion nicht beeinflußt werden können.

Lediglich für Bewertungszwecke und eventuell für die kurzfristige Erfolgskontrolle benötigt man auch für Kuppelprodukte differenzierte Grenzkosten, denn die festen Mengenrelationen gelten nur für die Leistungserstellung, nicht aber auch für die Lagerung und die Leistungsverwertung.

Für die Bestandsbewertung von Kuppelprodukten dürfte die bekannte *Marktpreisäquivalenzziffernmethode* am besten geeignet sein, da ihr die Annahme zugrunde liegt, daß für alle Kuppelprodukte die Relation der Bruttogewinne zu den Erlösen gleich ist. Bezeichnen wir die Marktpreise der Kuppelprodukte mit $p_i^{(p)}$, so erhalten

816 Vgl. hierzu *C. T. Horngren,* Cost Accounting ..., a. a. O., S. 445 ff.; *K. Käfer,* Standardkostenrechnung, 2. Aufl., a. a. O., S. 36; *I. W. Keller,* Management Accounting ..., a. a. O., S. 203; *A. Matz, O. J. Curry, G. W. Frank,* Cost Accounting, Management's Operational Tool for Planning, Control, and Analysis, 3. Aufl., Chicago – Dallas – u. a. 1962, S. 409: "... joint costs are indivisible"; *K. Rummel,* Einheitliche Kostenrechnung, 3. Aufl., Düsseldorf 1949, S. 199 ff.; *G. Shillinglaw,* Cost Accounting ..., a. a. O., S. 359 ff.

817 *A. Matz, O. J. Curry, G. W. Frank,* Cost Accounting ..., a. a. O., S. 423, schreiben hierüber: "The thought has been advanced that no attempt should be made to determine the cost of individual products up to the split-off point ..."

wir nach dieser Methode für die Plangrenzherstellkosten pro Produkteinheit i folgende Bestimmungsgleichung:

$$k_{hi}^{(p)} = \frac{K_h^{(p)}}{\sum_{i=1}^{n} x_i^{(p)} p_i^{(p)}} p_i^{(p)} \qquad (i = 1, 2, \ldots, n) \tag{187}$$

Stets muß man aber bedenken, daß nach Gleichung (187) keine kausale Kostenzurechnung im Sinne des Verursachungsprinzips erfolgt.

Fallen bei der Kuppelproduktion nur ein Hauptprodukt und ein oder mehrere geringwertige Nebenprodukte an, so kann beim Aufbau von Plankalkulationen für Bewertungszwecke auch die *Restwert- oder Subtraktionsmethode* eingesetzt werden, bei der man die Grenzherstellkosten des Kuppelprozesses um die Erlöse der Nebenprodukte vermindert. Gegenüber dem Rechnen mit Marktpreisäquivalenzziffern ist dieses Verfahren aber nur dann vorzuziehen, wenn es sich um sehr geringwertige Nebenprodukte handelt. Dies ist auch z. B. bei Einzelmaterialabfällen der Fall, deren Erlöse beim Aufbau von Plankalkulationen in der Regel von den Planeinzelmaterialkosten als Gutschrift abgesetzt werden.

In mehrstufigen Betrieben mit *marktgängigen Zwischenprodukten* sind beim Aufbau von Plankalkulationen selbsterstellte Vorprodukte grundsätzlich zu Plangrenzherstellkosten und nicht zu Marktpreisen zu bewerten, da Marktpreise erst erzielt werden, wenn Produkte an Dritte veräußert werden. Das „Durchrechnen mit Grenzkosten" ist sowohl vom Standpunkt der Erfolgsanalyse als auch für den Aufbau von Planungsmodellen der Programmoptimierung erforderlich[818].

II. Praktische Beispiele für den Aufbau von Plankalkulationen

1. Wir wollen nunmehr unsere theoretischen Ausführungen über den Aufbau von Plankalkulationen durch praktische Beispiele ergänzen.

Das erste Beispiel stammt aus einem *Kunststoffspritzgußwerk* und gibt die Plankalkulation einer einteiligen Lippenstifthülse wieder. Wie die Tabelle 85 erkennen läßt, handelt es sich um eine Grenzkostenkalkulation für das Planungsjahr 1967. Der Kalkulationsaufbau entspricht den Grundgleichungen (182) und (183). Abweichend von Gleichung (182) wurden jedoch Abfallerlöse nach der Restwert- oder Subtraktionsmethode verrechnet. Die Kalkulation der Planfertigungskosten ist relativ einfach, da nur drei Arbeitsgänge aufeinander folgen. Als Sondereinzelkosten der Fertigung werden Kosten für Spritzgußformen kalkuliert. Da eine Form 1 425 DM kostet und planmäßig für etwa 250 000 Hülsen ausreicht, entfallen 5,70 DM auf die Kalkulationseinheit von 1 000 Stück. Als Kalkulationsergebnis erhalten wir Plangrenzselbstkosten von 48,69 DM/1 000 Stück und einen Planbruttogewinn von 13,31 DM/1 000 Stück.

[818] Vgl. hierzu unsere Ausführungen im Abschnitt C des 21. Kapitels.

Tabelle 85: Plankalkulation eines Kunststoffspritzgußartikels

Kunststoffspritzgußwerk Otto Müller & Söhne		Plankalkulation 1967	
		Artikelgruppe:	Kosmetische Artikel
Artikelbezeichnung:	Lippenstifthülse, einteilig	Rohstoffart:	Trolyt A
Zeichnungsnummer:	4517	Farbbezeichnung:	elfenbein Nr. 93
Formennummer:	3695	Kalkulationseinheit:	1000 Stück

Auftraggeber: Kosmetik AG, Frankfurt a. M.

Kostenartenbezeichnung	Mengen Zeiten	Preise bzw. Kostensätze DM/Einheit	Rechen-spalte	Grenzkosten DM/Kalk.-Einh.
Planeinzelmaterialkosten				
Nettoeinzelmaterialverbrauch	3,850 kg			
Anguß und Abfall 8 %	0,308 kg			
Ausschuß 4 %	0,154 kg			
	4,312 kg	5,00	21,56	
./. Abfallgutschrift	0,462 kg	2,80	./. 1,29	20,27
Planmaterialgemeinkosten	20,27 DM	3%		0,61
Plangrenzfertigungskosten				
Spritzen (60–80 g-Maschinen)	134 Min.	0,072	9,66	
Nachbearbeitung, allgemein	81,2 Min.	0,025	2,03	
Poliererei	68 Min.	0,035	2,38	14,07
Planformenkosten	1425 DM	1:250		5,70
Plangrenzherstellkosten	–	–	–	40,65
Planverwaltungsgemeinkosten	40,65 DM	2%		0,81
Planvertriebsgemeinkosten	40,65 DM	5%		2,03
Sondereinzelkosten des Vertriebs				
Provision (1 % vom Umsatz)	62,00 DM	5%		3,10
Verpackungskosten	–	–		1,35
Frachtkosten	–	–		0,75
Plangrenzselbstkosten	–	–	–	48,69
Planbruttogewinn	–	–	–	+13,31
Planerlös (Umsatz)	–	–	–	62,00

2. Die nächsten drei Kalkulationsbeispiele stammen aus einer Unternehmung der *Textilindustrie* mit den drei Produktionsstufen Spinnerei, Weberei und Ausrüstungsbetrieb[819].

In Tabelle 86 haben wir ein Kalkulationsbeispiel für die erste Produktionsstufe, die *Spinnerei*, wiedergegeben. Als Kalkulationseinheit werden 100 kg Garn verwendet.

Bei der Berechnung der Planmaterialkosten muß berücksichtigt werden, daß zur Erstellung von 100 kg fertigen Garnes 115 kg Baumwolle erforderlich sind. Das Produkt der Einsatzfaktoren zu Beginn der Produktion beträgt daher 1,15. Im Beispiel setzt sich die Baumwollmischung aus drei verschiedenen Baumwollqualitäten zusammen, deren Einsatzmengen der Kalkulationsabteilung von der Produktionsplanung angegeben werden.

Vielfach ist es in Spinnereien üblich, die Mischungszusammensetzung nicht in den Kalkulationen auszuweisen, weil sie geheimgehalten werden soll. In diesen Fällen werden den Garnkalkulationen Sonderkalkulationen für Baumwollmischungen vorgeschaltet, deren Zusammensetzung der Kalkulationsabteilung nicht bekanntgegeben wird. Die Vorschaltung von Mischungskalkulationen empfiehlt sich auch dann, wenn die gleichen Mischungen für mehrere verschiedene Garnsorten eingesetzt werden. Wie die Tabelle 86 erkennen läßt, werden 3 % des Materialeinsatzes als Abfallerlöse gutgeschrieben. Auch hier wird die Restwert- oder Subtraktionsmethode angewandt.

Die Berechnung der Plangrenzfertigungskosten erfolgt analog der Kalkulationsgleichung (185), weil infolge der während der Produktion auftretenden Mengenverluste die Berücksichtigung von Einsatzfaktoren notwendig ist. Wegen der Feuchtigkeitsverluste treten Einsatzfaktoren auf, die kleiner als 1 sind. Durch die Zufuhr von Feuchtigkeit in den Kostenstellen „Garndämpfe" und „Garnbefeuchtung" werden diese Feuchtigkeitsverluste wieder ausgeglichen, wodurch die Reihe der Einsatzfaktoren auf 1,00 zurückgeführt wird. In den Kostenstellen „Flyer" und „Ringspinnerei" werden die Bezugsgrößen „Fertigungsstunden" und „Spindelstunden" nebeneinander verwendet, weil bei verschiedenen Garnsorten und Garnnummern die Relation zwischen der Bedienungs- und der Maschinenlaufzeit unterschiedlich ist. Die Spalte für Umrechnungsfaktoren ist für alle Kostenstellen erforderlich, in denen die Kalkulationseinheit nicht mit der Bezugsgröße übereinstimmt. Dies ist z. B. bei den „Strecken" der Fall, für die als Bezugsgröße 1 000 m Band angesetzt wurden. In unserem Beispiel entsprechen 100 kg des halbfertigen Garnes 25 400 m Streckenband, so daß der Umrechnungsfaktor 25,40 in die Kalkulation eingefügt wird. Für die Kostenstellen „Flyer" und „Ringspinnerei" geben die Umrechnungsfaktoren an, wieviel Fertigungs- bzw. Spindelstunden auf 100 kg Garn entfallen. Die Umrechnungsfaktoren entsprechen den Größen $b_{ji}^{(p)}$ in den Kalkulationsgleichungen (182) und (185). Zur Kalkulation der Plangrenzfertigungskosten multipliziert

[819] Kalkulationsformulare, die in ihrem Aufbau den Beispielen der Tabellen 86 bis 88 entsprechen, wurden von der Organisation Plaut unter Mitarbeit des Verfassers in mehreren Textilfabriken eingeführt.

Tabelle 86: Plankalkulation einer Spinnerei

Textilwerke AG Plankalkulation für 100 kg Garn	Bw Ideal Nm 28 (Garnbezeichnung)	126/28 (Kalkulationsnummer)	1967 (Jahr)

Berechnung der Planmaterialkosten	kg	DM/kg	Grenzkosten DM/Kalk.-Einh.
1. Baumwolle A	65	4,10	266,50
2. Baumwolle B	38	3,20	121,60
3. Baumwolle C	12	2,80	33,60
Summe Einzelmaterial (brutto)	115	–	421,70
./. Abfallerlöse (3 % vom Einzelmaterial, brutto)			./. 12,65
Summe Einzelmaterial (netto)			409,05
Materialgemeinkosten (2,8 % vom Material, brutto)			11,81
I. Planmaterialkosten			420,86

Berechnung der Plangrenzfertigungskosten

Kostenstelle Nr.	Kostenstelle Bezeichnung	Bezugsgröße	Einsatz-faktor	Umrechnungs-faktor	Kostensatz DM/Bzgr.-Einh.	Grenzkosten DM/Kalk.-Einh.
411	Mischung und Batteur	100 kg Wickel	1,09	–	6,25	6,81
412	Karden	100 kg Band	1,02	–	12,30	12,55
413	Kämmerei	100 kg Band	–	–	–	–
414	Strecken	1000 m Band	1,01	25,40	0,35	8,98
415	Flyer	Fertigungsstd.	1,00	2,90	2,60	7,54
		1000 Spindelstd.	1,00	0,32	13,45	4,30
416	Ringspinnerei	Fertigungsstd.	0,98	3,95	2,80	10,84
		1000 Spindelstd.	0,98	4,20	3,60	14,83
417	Garndämpfe	100 kg	0,99	–	1,30	1,29
418	Garnbefeuchtung	100 kg	1,00	–	0,65	0,65
419	Einlegerei	100 kg	1,00	–	3,30	3,30
II. Plangrenzfertigungskosten						71,09
III. Plangrenzherstellkosten (I + II) ≙ Planverrechnungspreis für Weberei						491,95

man die Einsatzfaktoren mit den zugehörigen Umrechnungsfaktoren und mit den Kostensätzen.

Addiert man die Planmaterialkosten und die Plangrenzfertigungskosten, also die Positionen I und II der Kalkulation, so erhält man die Plangrenzherstellkosten, die im Beispiel 491,95 DM betragen.

Wenn eine Spinnerei Garne nicht nur an die eigene Weberei weiterleitet, sondern auch verkauft, schließt sich an die Kalkulation der Plangrenzherstellkosten die übliche Berechnung der Verwaltungs- und Vertriebskosten, einschließlich der Sondereinzelkosten des Vertriebs, an.

Auf die in der eigenen Weberei weiterzuverarbeitenden Garne entfiel bis zur Einführung der Mehrwertsteuer eine Zusatzumsatzsteuer in Höhe von 4 %. Da diese Steuer auf die gesamten Herstellkosten berechnet wurde, mußten die Planfertigungskosten in Höhe von 71,09 DM mit Hilfe eines globalen Fixkostenzuschlags auf Vollkosten umgerechnet werden.

Die Plangrenzherstellkosten und die Zusatzumsatzsteuer bilden zusammen den Planverrechnungspreis für die eigene Weberei[820]. Die Leiter der Spinnereien vertreten zwar häufig die Ansicht, daß man der Weberei den geltenden Marktpreis anlasten müsse, damit die Weberei so gestellt wird, als müßte sie die Garne von außen beziehen. In Wirklichkeit werden aber Gewinne erst realisiert, wenn Erzeugnisse verkauft werden[821]. Durch die Marktpreisbewertung würden nicht-realisierte Gewinne in die Kalkulationen der nachgelagerten Stufen eingehen. Die Bewertung zu Grenzkosten schließt nicht aus, daß in der Erfolgsanalyse durch eine Sonderrechnung ermittelt wird, welcher Teil des Gesamtgewinns auf die eigene Spinnerei entfallen würde, wenn sie das Garn nicht an die Weberei weitergeleitet, sondern unmittelbar auf den Absatzmärkten veräußert hätte.

Auf die Garnkalkulation folgen in mehrstufigen Textilbetrieben die Plankalkulationen der Weberei.

Ein Beispiel für eine *Rohgewebekalkulation* haben wir in der Tabelle 87 wiedergegeben. In diese Kalkulation geht das in Tabelle 86 kalkulierte Garn als Rohstoff (Kettgarn) ein. In einer Rohgewebekalkulation wird zunächst der Kett- und Schußgarnbedarf ermittelt. Hierbei geht man beim Kettgarn von der Fadensumme aus, die in unserem Beispiel 1 975 beträgt. Bei der zugehörigen Garnnummer 28 wiegen 28 000 m Faden 1 kg; 1 975 Fäden à 100 m wiegen dann 1 975 : 280 = 7,05 kg. Durch den Webprozeß ist eine „Ketteinarbeitung“ bedingt, d. h. zur Erstellung von jeweils 100 m Gewebelänge ist eine Kettfadenlänge von mehr als 100 m erforderlich. In unserem Beispiel beträgt die Ketteinarbeitung 11 %. Dies bedeutet, daß wir nicht 7,05 kg, sondern 7,76 kg Kettgarn benötigen. Hierzu kommt noch ein Zuschlag

820 *W. Medicke,* Geschlossene Kostenträgerrechnung ..., a. a. O., S. 54, schreibt hierüber: „Die Weiterverrechnung der Kosten vorgelagerter Fertigungsstufen bei mehrstufiger Produktion kann richtig nur zu Grenzkosten erfolgen“. Auch *The Institute of Cost and Works Accountants,* A Report on Marginal Costing, 3. Aufl., London 1965, weist auf S. 23 darauf hin, daß in mehrstufigen Betrieben Fixkostenumlagen und Zwischengewinne die Grenzkosten der nachgelagerten Stufen nicht verfälschen dürfen und empfiehlt, mit Grenzkosten „durchzurechnen“.

821 Vgl. hierzu *K. Hax,* Konzernprobleme und Aktienrechtsform in theoretischer Sicht, in: Betriebsgröße und Unternehmungskonzentration, Nürnberg 1959, S. 57: „Diese Gewinne (aus konzerninternen Geschäften, d. Verf.) können aber für den gesamten Konzern erst als realisiert angesehen werden, wenn ein Umsatz an Außenstehende erfolgt.“

Tabelle 87: Plankalkulation einer Weberei (Rohgewebe)

Textilwerke AG Plankalkulation für 100 m Rohgewebe	Bw Spezial (Gewebebezeichnung)	298 (Kalkulationsnummer)	1967 (Jahr)

Berechnung des Garnbedarfs		kg
Kette	Fadensumme + Leiste / Nm×10 → kg + (%) Ketteinarbeitung → kg ohne Abfall + (%) Abfall =	
	1. Bw Ideal/28, 1 975:280 → 7,05 + (11 %) „ → 7,76 „ + (4,5 %) „ =	8,11
	2. / , → + (%) „ → „ + (%) „ =	–
Schuß	Fadenzahl/cm×Blattbreite → Fadenlänge / Nm×10 → kg ohne Abfall + (%) Abfall =	
	1. Bw Sport/28, 19×92 → 1 748:280 → 6,24 „ + (3,5 %) „ =	6,46
	2. / , → → „ + (%) „ =	–
Gesamter Garnbedarf (Kette + Schuß) für 100 m Rohgewebe		14,57

Berechnung der Planmaterialkosten		kg	Verrechnungspreis DM/100 kg	Grenzkosten DM/Kalk.-Einheit
Kette	1. Bw Ideal, Nm 28	8,11	512,83	41,59
	2. /	–	–	–
Schuß	1. Bw Sport, Nm 28	6,46	533,17	34,44
	2. /	–	–	–
I. Planmaterialkosten				76,03

Berechnung der Plangrenzfertigungskosten

Kostenstelle Nr.	Kostenstelle Bezeichnung	Bezugsgröße	kg	Umrechnungsfaktor	Kostensatz DM/Bzgr.-Einh.	Grenzkosten DM/Kalk.-Einheit
511	Kreuzspulerei (Kette)	Fertigungsstd.	8,11	0,10	2,35	1,91
		1000 Spindelstd.	8,11	0,00117	31,70	0,30
513	Zettlerei	Fertigungsstd.	8,11	0,0090	5,30	0,39
514	Schlichterei	kg	8,11	–	0,41	3,33
515	Einzieherei	1000 Fäden	–	0,0274	6,45	0,18
516	Knüpfmaschinen	Fertigungsstd.	–	0,097	3,70	0,36
511	Kreuzspulerei (Schuß)	Fertigungsstd.	6,46	0,10	2,35	1,52
		1000 Spindelstd.	6,46	0,00117	31,70	0,24
512	Schußspulautomaten	Fertigungsstd.	6,46	0,06	3,20	1,24
		1000 Spindelstd.	6,46	0,00117	85,20	0,64
523	Websaal	Fertigungsstd.	–	0,01		
				×190	4,40	8,36
		1000 Schuß	–	190	0,032	6,08
531	Schermaschinen	Maschinenstd.	–	0,083	4,50	0,37
532	Putzerei	m Putzen	–	100	0,045	4,50
539	Rohgewebelager	100 m	–	–	2,30	2,30
II. Plangrenzfertigungskosten						31,72
III. Plangrenzherstellkosten (I + II)						107,75

von etwa 4,5 % für den planmäßig zu erwartenden Abfall, so daß wir insgesamt einen Kettgarnbedarf von 8,11 kg haben.

Der Schußgarnbedarf wird ermittelt, indem man die Fadenzahl je cm mit der Blattbreite multipliziert; hier erhalten wir 1 748. Dividieren wir diesen Wert wiederum durch 280, so erhalten wir 6,24 kg Schußgarn. Hierzu kommt ein Zuschlag von 3,5 % für Abfall, so daß ein Schußgarnbedarf von insgesamt 6,46 kg zu planen ist.

Addiert man das Kett- und Schußgarngewicht, so erhält man das Gesamtgewicht von 100 m Rohgewebe, in unserem Beispiel 14,57 kg.

Die Kalkulation der Planmaterialkosten erfolgt in der Weise, daß man die Kett- und Schußgarngewichte mit den zugehörigen Verrechnungspreisen der vorgeschalteten Garnkalkulationen multipliziert. Wird Fremdgarn eingesetzt, so tritt an die Stelle des innerbetrieblichen Verrechnungspreises der geplante Einstandspreis.

Bei der Kalkulation der Plangrenzfertigungskosten ist auf folgende Besonderheit hinzuweisen. Das Kett- und Schußgarn muß vor dem Webprozeß auf Kreuz- bzw. Schußspulen übertragen werden. Daher ist in der Kalkulation eine besondere Spalte erforderlich, in die das Kett- und Schußgarngewicht übertragen wird. Bei allen Kostenstellen der Garnvorbereitung beziehen sich die in der Spalte „Umrechnungsfaktoren" angegebenen Planbezugsgrößen pro Produkteinheit auf 1 kg Kett- oder Schußgarn.

In der Kostenstelle „Kreuzspulerei" beträgt der Umrechnungsfaktor für die Bezugsgröße „Fertigungsstunden" z. B. 0,10. Dies bedeutet, daß für das Spulen von 1 kg des betreffenden Kettgarns 6 Minuten bzw. 0,10 Stunden vorgegeben werden. Der Kostensatz der Fertigungsstundenbezugsgröße der Kreuzspulerei muß daher mit dem zugehörigen Kett- bzw. Schußgarngewicht und mit dem Faktor 0,10 multipliziert werden.

Ein Unterschied hierzu besteht im Websaal, weil hier die Akkordzeiten je 1 000 Schuß berechnet werden. Bei einer Vorgabezeit von 0,6 Minuten pro 1 000 Schuß gehören 0,01 Fertigungsstunden zu jeweils 1 000 Schuß. Da in unserem Beispiel auf 1 cm Gewebelänge 19 Schuß entfallen sollen, sind für 100 m Gewebe 190×10^3 Schuß erforderlich. Der Umrechnungsfaktor für die Fertigungsstundenbezugsgröße des Websaals beträgt somit 1,90. Der Umrechnungsfaktor für die Schußbezugsgröße liegt dagegen bei 190.

Die Umrechnungsfaktoren für die Spindelstundenbezugsgrößen errechnet man in der Weise, daß man die Garnnummer Nm durch die Spindelleistung in m/Min. und durch den Faktor 60 Minuten pro Stunde dividiert:

$$\frac{\text{Nm}}{\text{Spindelleistung in m/Min.} \times 60 \text{ Min./Std.}} = 10^3 \text{ Spindelstunden/kg}$$

Da im Beispiel die Garnnummer 28 und die Spindelleistung 400 m je Minute beträgt, erhalten wir $28/(400 \times 60) = 0{,}00117 \times 10^3$ Spindelstunden je Kilogramm. Der Kostensatz für die Spindelstundenbezugsgröße muß daher mit 8,11 kg und mit $0{,}00117 \times 10^3$ Spindelstunden je Kilogramm multipliziert werden. Entsprechend erfolgt die Umrechnung für die Schußspulautomaten.

Für die Schermaschine erfolgt die Umrechnung wie folgt:

$$\frac{100}{\text{Laufgeschwindigkeit in m/Min.} \times 60 \text{ Min./Std.}} = \text{Maschinenstunden/100 m}$$

In unserem Beispiel beträgt die Laufgeschwindigkeit 15 m/Min., so daß wir einen Faktor von 0,167 Maschinenstunden je 100 m erhalten. Da jedoch das Rohgewebe die Schermaschine in doppelter Breite durchläuft, ist der oben errechnete Faktor noch mit 0,5 zu multiplizieren, so daß wir als endgültigen Umrechnungsfaktor 0,083 ansetzen müssen.

Addiert man in Tabelle 87 die Planmaterialkosten und die Plangrenzfertigungskosten, so erhält man als Plangrenzherstellkosten 107,75 DM/100 m.

Falls Rohgewebe verkauft wird, schließt sich an die Berechnung der Plangrenzherstellkosten die übliche Kalkulation der Plangrenzselbstkosten an. Für diejenigen Gewebe, die in der eigenen Färberei und Ausrüstung weiterverarbeitet werden, bilden die Plangrenzherstellkosten den Verrechnungspreis.

Die *Plankalkulation für Fertiggewebe* ist in der Regel so aufgebaut, wie es das Beispiel der Tabelle 88 zeigt. Hierbei wurde das Beispiel wiederum so gewählt, daß das in der Tabelle 87 kalkulierte Rohgewebe in das Fertiggewebe der Tabelle 88 eingeht.

Die Berechnung der Planmaterialkosten für Fertiggewebe enthält zunächst die Ermittlung der Rohgewebekosten. Wie die Tabelle 88 zeigt, sind für die Erstellung von 100 m Fertiggewebe 110 m Rohgewebe erforderlich, da durch Einlaufen während der Veredelung, insbesondere während des Sanforisierprozesses, und durch einen Ausschußprozentsatz von etwa 3 % eine Verkürzung um 10 m eintritt. Der Rohgewebeeinsatz wird mit dem Verrechnungspreis laut Rohgewebekalkulation multipliziert. Bei fremdbezogenem Rohgewebe tritt an die Stelle des innerbetrieblichen Verrechnungspreises der geplante Einstandspreis.

Weiterhin gehören zu den Planmaterialkosten für Fertiggewebe die bei der Stückfärbung und die bei der Naßausrüstung eingesetzten Farbstoffe und Chemikalien. In der Stückfärbung werden die Farbstoffe und Chemikalien für 100 kg Rohgewebe und in der Naßausrüstung diejenigen für 100 m Rohgewebe festgelegt. In beiden Fällen müssen der Fertiggewebekalkulation besondere Rezeptkalkulationen vorgeschaltet werden, auf deren Wiedergabe wir hier verzichten.

Insgesamt erhalten wir im Beispiel Planmaterialkosten von 136,85 DM.

Die Berechnung der Planfertigungskosten erfolgt in der üblichen Weise. Hierbei sind aber für die Stückfärbung und für die Naßausrüstung Sonderkalkulationen erforderlich, deren Ergebnisse in die Fertiggewebekalkulation übertragen werden, wie dies die ersten beiden Zeilen der Berechnung der Plangrenzfertigungskosten zeigen. Die Berechnung der Kosten für die Stückfärbung und für die Naßausrüstung ist aus der Fertiggewebekalkulation herausgelassen, da die Färbe- und Ausrüstungskosten für viele unterschiedliche Gewebearten gleichgroß sind.

Auf die Kosten der Stückfärbung und die der Naßausrüstung folgen die nach Kostenstellen differenzierten Plangrenzfertigungskosten der Trockenausrüstung. Als

Tabelle 88: Plankalkulation einer Weberei (Fertiggewebe)

Textilwerke AG Plankalkulation für 100 m Fertiggewebe	Bw Spezial Carmesin (Gewebebezeichnung)	298 146 (Kalkulationsnummer)	1967 (Jahr)

Berechnung der Planmaterialkosten

Materialart		Berechnungsgrundlagen					Verrechnungspreis DM/ME	Grenzkosten DM/Kalk.-Einh.
Rohgewebekosten		1,10	Rohgewebeeinsatz in 100 m	×	Verrechnungspreis lt. Rohgewebekalkulation	→	107,75	118,53
Farbstoffe und Chemikalien	Stückfärberei	1,10×14,57	Rohgewebegewicht in 100 kg	×	Verrechnungspreis lt. Rezeptkalkulation	→	78,60	12,60
	Naßausrüstung	1,10	Rohgewebeeinsatz in 100 m	×	Verrechnungspreis lt. Rezeptkalkulation	→	5,20	5,72
I. Planmaterialkosten								136,85

Berechnung der Plangrenzfertigungskosten

Kostenstelle Nr.	Kostenstelle Bezeichnung	Bezugsgrößen	Längenfaktor	Umrechnungsfaktor	Kostensatz DM/Bezgr.-Einh.	Grenzkosten DM/Kalk.-Einh.
610–619	Stückfärbung	100 kg	1,10	0,1457	55,20	8,85
620–629	Naßausrüstung	100 m	1,10	–	2,45	2,70
631	Quetschwerk	Fertigungsstd.	1,12	0,20	3,40	0,76
		Maschinenstd.	1,12	0,05	1,35	0,08
632	Trockner	Maschinenstd.	1,12	0,12	22,00	2,96
633	Planrahmen	Maschinenstd.	1,11	0,17	20,45	3,86
634	Kondensation	100 m	1,10	–	4,00	4,40
635	Sanforanlage	Maschinenstd.	1,03	0,32	29,20	9,62
639	Kontrolle	100 m	1,03	–	5,15	5,30
Sondereinzelkosten der Fertigung (Sanforlizenz: 1,05 DM/100 m)						1,05
II. Plangrenzfertigungskosten						39,58
III. Plangrenzherstellkosten (I + II)						176,43

Berechnung der Plangrenzselbstkosten

Verwaltungsgemeinkosten (2,2 % von III)		3,88
Vertriebsgemeinkosten (3,8 % von III)		6,70
Sondereinzelkosten des Vertriebs	Provision (3,5 % vom Planerlös VI)	10,85
	Verpackung (Vorschrift I) (2,30 DM/100 m)	2,30
	Ausgangsfracht (16 kg × 0,065 DM/100 kg)	1,04
IV. Plangrenzselbstkosten (III + Verwaltungs- und Vertriebskosten)		201,20
V. Plandeckungsbeitrag		108,80
VI. Planerlös		310,00

Sondereinzelkosten der Fertigung fallen Sanforisierlizenzkosten an, die in Form einer Stücklizenz berechnet werden und in unserem Beispiel 1,05 DM/100 m betragen.
Addiert man die Planmaterialkosten und die Plangrenzfertigungskosten, so erhält man im Beispiel der Tabelle 88 Plangrenzherstellkosten in Höhe von 176,43 DM.
Die Kalkulation der Plangrenzselbstkosten erfolgt in der bereits dargestellten Weise. Zu den Sondereinzelkosten des Vertriebs ist zu bemerken, daß die Verpackungskosten durch eine Sonderkalkulation ermittelt wurden, die wir im einzelnen als „Verpackungsvorschrift I" im Abschnitt B des dreizehnten Kapitels wiedergegeben haben.
Als Plangrenzselbstkosten erhalten wir 201,20 DM, so daß bei einem geplanten Marktpreis von 310 DM ein geplanter Deckungsbeitrag von 108,80 DM entsteht.

3. Wir wollen nunmehr Kalkulationsbeispiele betrachten, die typisch für den *Maschinenbau und artverwandte Branchen* sind.
In Tabelle 89 haben wir ein Beispiel für eine *Einzelteilkalkulation* wiedergegeben. Der Kalkulationsaufbau dieses Beispiels entspricht der Grundgleichung (182). Die Fertigungskostenstellen werden alle mit Vorgabezeitbezugsgrößen abgerechnet; Kostenstellen mit mehreren Bezugsgrößen treten nicht auf, da in dem betreffenden Betrieb die Rüstzeiten relativ gering sind und nur Einmaschinenbedienung vorkommt. Die Bezugsgrößen pro Stück sind zugleich die Grundlage für die Akkordlöhne und für die Arbeitsablaufplanung. Eine Besonderheit des Beispiels besteht darin, daß die Ausschußkosten als Sondereinzelkosten der Fertigung berücksichtigt sind. In den meisten Betrieben des Maschinenbaues ist es jedoch üblich, die Ausschußkosten über die Fertigungskostenstellen direkt zu verrechnen, so daß sie in den Kalkulationen nicht erscheinen.
Da das in Tabelle 89 kalkulierte Einzelteil nicht für den Verkauf vorgesehen ist, endet die Kalkulation hier mit der Ermittlung der Plangrenzherstellkosten.
In den Tabellen 90 und 91 haben wir ein einfaches Beispiel für die Plankalkulation eines *mehrteiligen Fertigproduktes* wiedergegeben. In dieser Kalkulation werden zunächst die Plangrenzherstellkosten der vorgefertigten Einzelteile zusammengefaßt. Für das Einzelteil Nr. 23 427 101 haben wir die Plankalkulation in Tabelle 89 wiedergegeben.
Die Kosten der fremdbezogenen Einzelteile werden im Beispiel auf der Rückseite des Kalkulationsformulars gesammelt, wie es die Tabelle 91 erkennen läßt. Insgesamt betragen die Kosten für fremdbezogene Teile einschließlich der zugehörigen Materialgemeinkosten 4,58 DM.
Im Kalkulationsaufbau folgen die Grenzfertigungskosten für die einzelnen Arbeitsgänge der Montage.
Insgesamt erhalten wir Plangrenzherstellkosten von 19,78 DM.
Die Kalkulation der Verwaltungs- und Vertriebskosten erfolgt in der üblichen Weise, wobei jedoch Verpackungs- und Frachtkosten entfallen, da sie hier den Käufern gesondert in Rechnung gestellt werden.

Tabelle 89: Plankalkulation eines Einzelteils im Maschinenbau

Maschinenbau GmbH Plankalkulation für Einzelteile	Artikelbezeichnung: Hubzapfen	Stück: 1
	Artikel-Nr.: 23 427 101	Datum: 31. 1. 1967

Berechnung der Planmaterialkosten	ME	Menge	Preis DM/ME	Grenzkosten DM/Stck.
Werkstoff VC 135, R 022 221	Stck.	1,03	2,10	2,16
I. Einzelmaterialkosten				2,16
+ Materialgemeinkosten (2,4 % von I)				0,05
./. Schrotterlöse (0,5 % von I)				./. 0,01
II. Planmaterialkosten, gesamt				2,20

Berechnung der Plangrenzfertigungskosten

Arbeitsgang	Kostenst.-Nr.	Art der Bearbeitung	Bezugsgröße Art	Bezugsgröße Menge	Kostensatz DM/Bezgr.-Einh.	Grenzkosten DM/Stck.
1	503	2 Seiten auf Länge fräsen	Min.	4,2	0,092	0,39
2	501	2 Seiten zentrieren	Min.	1,2	0,128	0,15
3	401	Schaft vordrehen	Min.	3,7	0,132	0,49
4	401	Hubzapfen vordreh.	Min.	3,0	0,132	0,40
5	400	Hubkontrolle	–	–	–	–
6	505	Schaft schleifen	Min.	5,9	0,210	1,24
7	505	Hubzapfen schleifen u. läppen	Min.	5,1	0,210	1,07
8	401	Schaft läppen	Min.	3,9	0,132	0,51
9	400	Kontrolle	–	–	–	–
III. Plangrenzfertigungskosten ohne Ausschuß						4,25
+ Zuschlag für Ausschuß (1,5 % von III)						0,06
IV. Plangrenzfertigungskosten						4,31
V. Plangrenzherstellkosten (II+IV)						6,51

Tabelle 90: Plankalkulation (Vorderseite) eines Fertigerzeugnisses im Maschinenbau

Maschinenbau GmbH Plankalkulation für Fertigerzeugnisse	Artikelbezeichnung: Pumpe Artikel-Nr.: 23 427	Stück: 1 Datum: 31. 1. 67

Selbsterstellte Einzelteile	ME	Menge	Grenzherstell-kosten DM/ME	Grenzkosten DM/Stck.
Nr. 23 427 101	Stck.	1	6,51	6,51
Nr. 23 427 102	Stck.	2	0,68	1,36
Nr. 23 427 103	Stck.	1	2,81	2,81
I. Plangrenzherstellkosten für selbsterstellte Einzelteile				10,68
II. Kosten für fremdbezogene Teile (vgl. Rückseite d. Formulars)				4,58
Berechnung der Montagekosten				
1. Arbeitsgang 22 Ftg.-Min.				
2. Arbeitsgang 16 Ftg.-Min.				
38 Ftg.-Min. × 0,119 DM/Min.				4,52
III. Montagekosten				4,52
IV. Plangrenzherstellkosten (I+II+III)				19,78
V. Verwaltungs- u. Vertriebs-GmK. (8,2 % von IV)				1,62
Verpackungskosten				–
Provision (4 % von VIII)				1,40
Frachtkosten				–
VI. Verwaltungs- u. Vertriebskosten				3,02
VII. Plangrenzselbstkosten (IV+VI)				22,80
VIII. Planerlös				35,00
XI. Plandeckungsbeitrag (VIII ./. VII)				12,20

Tabelle 91: Plankalkulation (Rückseite) eines Fertigerzeugnisses im Maschinenbau

Fremdbezogene Teile					
Bezeichnung	Technische Angaben	ME	Menge	Preis DM/ME	Grenzkosten DM/Stck.
1. Zugfeder	Maße, Bezeichnungen, Zeichnungs-Nr. usw.	Stck.	1	0,35	0,35
2. Dichtungen		Stck.	3	0,05	0,15
3. Patentöler		Stck.	1	0,22	0,22
4. Kronenmutter		Stck.	1	0,07	0,07
5. Zahnscheibe		Stck.	8	0,02	0,16
6. Sk. Schrauben		Stck.	8	0,06	0,48
7. Splint		Stck.	1	0,005	0,01
8. Kerbnagel		Stck.	4	0,01	0,04
9. Typenschild		Stck.	1	0,06	0,06
10. Buchse, kurz		Stck.	1	0,70	0,70
11. Buchse, lang		Stck.	1	1,00	1,00
12. Filzstreifen		Stck.	1	0,06	0,06
13. Kegelstift		Stck.	1	0,80	0,80
14. Ventilplättchen		Stck.	1	0,30	0,30
15. Ventilfeder		Stck.	1	0,07	0,07
I. ohne Materialgemeinkosten					4,47
+ Materialgemeinkosten (2,4 % von I)					0,11
II. Kosten für fremdbezogene Teile					4,58

Als Plangrenzselbstkosten des Fertigproduktes erhalten wir 24,20 DM und als geplanten Deckungsbeitrag 12,20 DM.

Der in den Tabellen 89 bis 91 wiedergegebene Kalkulationsaufbau gilt auch für Erzeugnisse, in die eine sehr viel größere Anzahl selbsterstellter und fremdbezogener Einzelteile eingebaut wird. Als Beispiel hierfür wollen wir die Plankalkulation eines Lastkraftwagens (1,5 t) betrachten, wobei wir uns auf die Standardausführung (ohne Plane und Spriegel) beschränken. Ein solcher Lastkraftwagen besteht aus über 2 500 Einzelteilen, von denen ein großer Teil als Serienartikel in der betreffenden Automobilfabrik selbst erstellt werden. Kleinteile mit Einzelmaterialcharakter, wie Schrauben, Nieten, Stifte usw., sind in den oben aufgeführten Einzelteilen nicht enthalten. Für jedes selbsterstellte Einzelteil werden in gleicher Weise die Plangrenzherstellkosten ermittelt, wie wir das im Beispiel der Tabelle 89 beschrieben haben. Die Einzelteile werden zu Teilegruppen erster Ordnung zusammengebaut, so daß für jede dieser Teilegruppen eine Plankalkulationskarte eingerichtet werden muß. Diese enthält die Herstellkostensummen der Einzelteilkalkulationen von sämtlichen selbsterstellten Einzelteilen, die zu der betreffenden Teilegruppe gehören, die Plankosten der fremdbezogenen Teile und die für die Fertigstellung der gesamten Teilegruppe unmittelbar anfallenden Planfertigungskosten. Die Teilegruppen erster Ordnung fließen zusammen mit selbsterstellten und fremdbezogenen Einzelteilen zu Teilegruppen zweiter Ordnung, diese wiederum zu Teilegruppen dritter Ordnung usw., bis schließlich der gesamte Lastkraftwagen fertiggestellt ist. Für jede Teilegruppe wird eine Plankalkulationskarte zur Erfassung ihrer Planherstellkosten eingerichtet, welche die Plangrenzherstellkosten aller vorgelagerten Kalkulationskarten und die neu hinzukommenden Plangrenzherstellkosten aufnimmt. Die Plangrenzherstellkosten der Teilegruppen höchster Ordnung werden auf eine Sammelkarte übernommen. Diese stellt die Planherstellkostenkalkulation des fertigen Lastkraftwagens dar. Erst auf ihr werden auch die Verwaltungs- und Vertriebskosten kalkuliert und damit die Plangrenzselbstkosten ermittelt.

Die Plankalkulationskarten der Einzelteile bilden die Grundlage der gesamten Plankalkulation. Sie haben den Charakter von Kalkulationsbausteinen, die sich vielfach auch für die Teilegruppen anderer Lkw-Ausführungen verwenden lassen. Es ist zu empfehlen, die Einzelkalkulationskarten von den Gruppenkarten farblich abzuheben.

Die Übersicht 19 zeigt, wie das Einzelteil „Lagerdeckel, vorn" über die Teilegruppe erster Ordnung „Vollständiges Zylinder-Kurbelgehäuse" in die Teilegruppe zweiter Ordnung „Motor-Aggregat" schließlich in das Gesamt-Aggregat eingeht, das etwa aus 450 Teilegruppen und Einzelteilen besteht.

Die Summenwerte der vorgeschalteten Plankalkulations-Gruppenkarten gehen

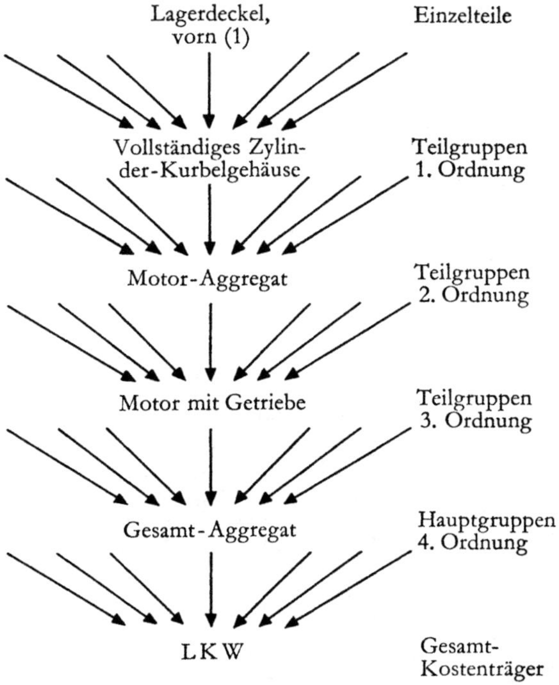

Übersicht 19: Schematischer Aufbau der Plankalkulation eines Lastkraftwagens

Tabelle 92: Plankalkulation (Blatt 1) der Herstellkosten für einen Lkw

Lastkraftwagen AG Plankalkulation 1967		Plankalkulations-Gruppenkarte, Gruppen-Nr.: 1							Blatt 1
		Gegenstand: Gesamt-Lkw, 1,5 t, Standardausführung mit Pritsche, ohne Plane und Spriegel							
Nr.	Einzelteile und Arbeitsgänge	Stck/ Lkw	Plan-einzelmaterial DM/ 100 Stck.	Plan-kosten für Fertigteile DM/ 100 Stck.	Ko-sten-stellen Nr.	DM / 100 Min.	Plan-stückzeit Min./Stck.	Plangrenz-fertigungs-kosten DM/ 100 Stck.	Plangrenz-kosten-summe DM/100 Stck.
1131	Kennzeichenhalter	1	70,00	102,00			4,40	19,78	191,78
1132	Schlußleuchtenhalter	1	22,00	90,00			2,60	12,10	124,10
1415	Kabel für Abzweigklemme 1	1		70,00					70,00
1416	Kabel für Deckenlampenschalter	1		35,00					35,00
1417	Kabel für Blinkerkontrolle	2		140,00					140,00
1418	Kabel für Blinker, links	2		65,00					65,00
1419	Kabel für Blinker, rechts	2		65,00					65,00
1420	Kabel für Abzweigklemme 2	1		70,00					70,00
1421	Kabel für Scheibenwischerschaltung	1		35,00					35,00
1133	Fahrtrichtungsanzeiger	4		1 120,00					1 120,00
1134	Scheibenwischer, vollständig	1		1 610,00					1 610,00
1135	Brems-Schluß-Kennzeichenleuchte	1		240,00					240,00
1136	Schlußleuchte	1		143,00					143,00
1780	Glühbirne F 12 V, 15 W	1		60,00					60,00
1781	Glühbirne L 12 V, 5 W	2		66,00					66,00
1137	Rückstrahler	2		96,00					96,00
10	Gesamtaggregat (Hauptgruppe)	1	110 387,50	229 154,30			11 780,45	65 784,89	405 326,69
11	Fahrgestellteile (Hauptgruppe)	1	13 809,00	120 613,21			1 348,14	7 361,10	141 783,31
12	Fahrerhausteile (Hauptgruppe)	1	16 890,00	29 468,17			1 712,50	7 915,97	54 274,14
13	Teile für Pritsche (Hauptgruppe)	1	12 340,70	5 940,50			1 910,20	8 102,10	26 383,30
14	Montage Rahmen (Hauptgruppe)	1			2430		680,10	3 681,97	3 681,97
15	Montage Fahrgestell (Hauptgruppe)	1			2430		760,13	3 910,10	3 910,10
—	Übertrag	—	153 519,20	389 183,18	—	—	18 198,52	96 788,01	639 490,39

Tabelle 93: Plankalkulation (Blatt 2) der Herstellkosten für einen Lkw

Lastkraftwagen AG Plankalkulation 1967		Plankalkulations-Gruppenkarte, Gruppen-Nr.: 1							Blatt 2
		Gegenstand: Gesamt-Lkw, 1,5 t, Standardausführung mit Pritsche, ohne Plane und Spriegel							
Nr.	Einzelteile und Arbeitsgänge	Stück/ Lkw	Plan-einzel-material DM/ 100 Stck.	Plan-kosten für Fertig-teile DM/ 100 Stck.	Ko-sten-stellen-Nr.	DM / 100 Min.	Plan-stückzeit Min./Stck.	Plangrenz-fertigungs-kosten DM/100 Stck.	Plangrenz-kosten-summe DM/100 Stck.
	Übertrag		153 519,20	389 183,18			18 198,52	96 788,01	639 490,39
16	Montage Vorderachse (Hauptgruppe)	1			2430		190,07	1 271,73	1 271,73
17	Montage Hinterachse (Hauptgruppe)	1			2430		310,10	1 698,91	1 698,91
18	Montage Kraftstoffbehälter (Hauptgruppe)	1			2431		6,20	28,40	28,40
1300	Farbe (vgl. Sonderkalkulation)		11 200,00						11 200,00
130	Komplett entfetten und grundieren, einschl. Fahrerhaus innen spritzen				2435	4,80	260,50	1 250,40	1 250,40
131	Fahrerhaus, Kühlermaske, Kotflügel, Teilmontage und Installation				2436	4,00	468,00	1 872,00	1 872,00
132	Fertigmontage				2436	4,00	326,10	1 304,40	1 304,40
140	Ausbesserung des gesamten Fahrzeugs				2435	4,80	95,00	456,00	456,00
Plangrenzherstellkosten, gesamt		—	164 719,20	389 183,18	—	—	19 854,49	104 669,85	658 572,23

schließlich in die Endkalkulationskarte des gesamten Lastkraftwagens ein, die wir in den Tabellen 92 und 93 wiedergegeben haben. Diese Endkalkulation enthält zunächst die Werte von zwei Einzelkalkulationen (Kennzeichenhalter und Schlußleuchtenhalter). Hierauf folgen die Plankosten für 14 fremdbezogene Teile, die erst bei der Endmontage benötigt werden und entweder Installations- oder Außenteile darstellen. Die größten Kostenpositionen werden durch die vier Hauptgruppen „Gesamtaggregat", „Fahrgestellteile", „Fahrerhausteile" und „Teile für Pritsche" gebildet. Die übrigen fünf Hauptgruppen stellen reine Montagekostengruppen dar, die zur Vereinfachung des Kalkulationsaufbaus aus den übrigen Hauptgruppen ausgegliedert wurden. Die Farbkosten fallen für das Grundieren und für das Lackieren des gesamten Lastkraftwagens an. Weiterhin enthält die Endkalkulationskarte die proportionalen Planfertigungskosten für vier Gruppen von Bearbeitungs- und Montagevorgängen.
Insgesamt erhalten wir für 100 fertiggestellte Lastkraftwagen Plangrenzherstellkosten von 658 572,23 DM. Die Kalkulation weist gleichzeitig aus, wieviel von dem Gesamtbetrag auf Einzelmaterial und auf fremdbezogene Teile entfällt. Da in fast allen Fertigungskostenstellen einer Automobilfabrik Fertigungszeitbezugsgrößen verwendet werden können, besteht die Möglichkeit, im Rahmen der Plankalkulation auch die Summen der Planstückzeiten auszuweisen. Wie die Tabelle 93 erkennen läßt, sind für die Erstellung eines fertigen Lastkraftwagens insgesamt 19 854 Planfertigungsminuten erforderlich.
An die Kalkulation der Plangrenzherstellkosten schließt sich auch hier die übliche Berechnung der Plangrenzselbstkosten an.

III. Die Standard-Nachkalkulation in der Einzelfertigung

1. Wie unsere Ausführungen über den theoretischen Aufbau und über die praktische Durchführung der Plankalkulation erkennen lassen, setzt die Erstellung von Plankalkulationen voraus, daß für alle betrieblichen Erzeugnisse die technischen Daten der Produktion und detaillierte Arbeitsablaufpläne im voraus und für die Dauer einer bestimmten Planungsperiode festgelegt werden können. Diese Voraussetzung ist in Betrieben mit Einzelfertigung (Auftragsfertigung) nicht erfüllt, so daß für sie die Erstellung der für die Plankostenrechnung typischen Plankalkulationen nicht in Frage kommen kann[822]. Uneingeschränkt gilt diese Feststellung allerdings nur für

[822] Vgl. hierzu *E. A. Camman*, Basic Standard Costs, New York 1932, S. 23; *F. Henzel*, Nachdenkliches zur Plankostenrechnung, ZfB 1953, S. 528; *W. Koch*, Kurzfristige Erfolgsrechnung und Standardkostenrechnung, Diss. Berlin 1939, S. 109; *W. Medicke*, Geschlossene Kostenträgerrechnung ..., a. a. O., S. 43; *H. Moehl*, Plankostenrechnung in der Gießereiindustrie, Die Gießerei 1952, S. 66 ff.; *H. Weritz*, Plankostenrechnung und Gießereiindustrie, Die Gießerei 1949, S. 214 ff. Die beiden zuletzt genannten Autoren weisen darauf hin, daß in Kundengießereien kein Aufbau von Plankalkulationen möglich ist.

die Enderzeugnisse. In vielen Betrieben mit Einzelfertigung werden standardisierte Einzelteile und Baugruppen eingesetzt, die in größeren Serien gefertigt werden und die für verschiedene Enderzeugnisse Verwendung finden können; dies kann z. B. bei Getriebeteilen der Fall sein. Für solche standardisierten Einzelteile und Baugruppen liegen im Gegensatz zu den Enderzeugnissen alle Voraussetzungen für die Erstellung von Plankalkulationen vor.

Wie wir bereits im Abschnitt A des fünfzehnten Kapitels gezeigt haben, ist aus der Tatsache, daß für Betriebe mit Einzelfertigung der Aufbau von Plankalkulationen nicht in Frage kommen kann, früher der Schluß gezogen worden, daß in diesen Betrieben die Durchführung einer flexiblen Plankostenrechnung generell unmöglich ist. Diese Schlußfolgerung ist jedoch falsch, da auch bei extremer Einzelfertigung eine nach Kostenstellen differenzierte Planung und Kontrolle der Kosten durchführbar ist. Lediglich für die Kalkulation sind im Falle der Einzelfertigung andere Verfahren erforderlich als in denjenigen Betrieben, die ausschließlich standardisierte Erzeugnisse produzieren.

2. Da sich in Betrieben mit Einzelfertigung nahezu alle Aufträge voneinander unterscheiden, und es sich in den meisten Fällen um größere, z. T. sogar um sehr große Produkteinheiten handelt, kann auf eine *auftragsweise Nachkalkulation* nicht verzichtet werden.

In Betrieben ohne eine flexible Plankostenrechnung werden diese Nachkalkulationen mit Hilfe von Ist- oder Normalkosten erstellt, so daß man aus den Kalkulationsergebnissen nicht entnehmen kann, in welchem Umfang Preisschwankungen und Veränderungen der Kostensätze die Kosten der einzelnen Aufträge beeinflußt haben. Weiterhin basieren diese Kalkulationen fast alle auf dem Vollkostenprinzip, so daß bei der Erfolgsanalyse keine nach Aufträgen oder Auftragsgruppen differenzierten Deckungsbeiträge ausgewiesen werden können.

Nach der Einführung einer flexiblen Plankostenrechnung sollte die auftragsweise Nachkalkulation zur *Standard-Nachkalkulation* weiterentwickelt werden[823]. Der Kalkulationsaufbau nach diesem Verfahren entspricht unseren Ausführungen über die Plankalkulation, wobei jedoch zu berücksichtigen ist, daß die Enderzeugnisse in der Einzelfertigung aus sehr vielen Einzelteilen bestehen. Inhaltlich weist jedoch die Standard-Nachkalkulation gegenüber der Plankalkulation die folgenden Unterschiede auf.

Während in der Plankalkulation geplante Verbrauchsmengen für Lagermaterial, fremdbezogene Teile und Sondereinzelkosten angesetzt werden, gehen in die Standard-Nachkalkulation die durch Materialentnahmescheine erfaßten Istmengen dieser Kostenarten ein. Die Bewertung allerdings erfolgt auch hier zu Planpreisen, soweit es sich um fremdbezogene Produktionsfaktoren handelt. Werden standardisierte, selbsterstellte Einzelteile eingesetzt, die über das Lager bezogen werden und für die sich Plankalkulationen erstellen lassen, dann werden diese zu Plangrenz-

[823] Vgl. W. *Medicke*, Geschlossene Kostenträgerrechnung ..., a. a. O., S. 43.

herstellkosten bewertet. In Fällen dieser Art liegt eine Kombination von Plankalkulation und Standard-Nachkalkulation vor. Standardisierte, vorgefertigte Teile und Baugruppen werden mit Plankalkulationen abgerechnet, wohingegen für die Enderzeugnisse Standard-Nachkalkulationen erstellt werden[824]. Ein zweiter Unterschied gegenüber der Plankalkulation besteht darin, daß bei der Kalkulation der Grenzfertigungskosten keine Plan- sondern Istbezugsgrößen pro Einheit verwendet werden. Die Bewertung erfolgt allerdings auch hier zu den geplanten Grenzkostensätzen pro Bezugsgrößeneinheit. Da im Gegensatz zur Plankalkulation die Aufgabe der Standard-Nachkalkulation in der Ermittlung von Istkosten besteht, wird im Rahmen der Standard-Nachkalkulation stets auch eine Abweichungsverteilung durchgeführt, mit deren Hilfe die wichtigsten Kostenabweichungen den einzelnen Aufträgen bzw. Auftragsgruppen nach dem Verursachungsprinzip zugeteilt werden (vgl. auch Abschnitt C, II dieses Kapitels).

Gegenüber den früheren Formen der Nachkalkulation hat die Standard-Nachkalkulation auf Grenzkostenbasis den Vorteil, daß mit ihrer Hilfe die Deckungsbeiträge der Aufträge ermittelt werden können und zugleich ausgewiesen wird, wie Preisschwankungen und innerbetriebliche Kostenabweichungen die Kalkulationsergebnisse beeinflußt haben.

C. Ergänzungsrechnungen zur Plankalkulation

I. Die Vorkalkulation

1. In *Betrieben mit standardisierten Erzeugnissen* (Marktfertigung), die ihre Marktpreise für die Dauer eines Rechnungsjahres im voraus in Form von Listenpreisen festlegen, erfüllt die reguläre Plankalkulation zugleich die Aufgaben der Vorkalkulation, so daß keine gesonderten Vorkalkulationen erforderlich sind. Werden zwischenzeitlich neue Produkte in das Fertigungsprogramm aufgenommen oder bisherige Produkte verändert, so müssen neue Plankalkulationen erstellt bzw. bereits vorhandene Plankalkulationen korrigiert werden.

Verändert ein Betrieb seine Angebotspreise in kürzeren Abständen als es der Gültigkeitsdauer der Plankalkulationen entspricht, also z. B. mehrfach während eines Jahres, so stimmt die Planungsperiode der Kalkulation nicht mit der Planungsperiode der Preispolitik überein. Trotzdem können die geplanten Grenzkosten auch unter dieser Voraussetzung als absolute Preisuntergrenzen und als Daten für die Verkaufssteuerung geeignet sein, sofern die Kostenstruktur eines Betriebes stabil ist. Erst wenn größere Kostenabweichungen entstehen, die sich im Zeitablauf nicht ausgleichen, erfüllen die Plankalkulationen die Aufgaben der Vorkalkulation nicht mehr uneingeschränkt. Typische Beispiele von Kostenveränderungen, die diesen Tatbestand auslösen können, sind unvorhergesehene Rohstoffpreisschwankungen und

[824] Vgl. *W. Medicke*, Geschlossene Kostenträgerrechnung ..., a. a. O., S. 43.

Lohnerhöhungen. Erscheinen dem Kalkulator infolge solcher Veränderungen der Kostenstruktur die Ergebnisse der Plankalkulation für die Preispolitik nicht mehr „aktuell genug", so sollte er gültige Vorkalkulationen kurzfristig erstellen.
Hierbei geht man zweckmäßigerweise so vor, daß man alle von Kostenveränderungen betroffenen Teilpositionen der Plankalkulationen mit Hilfe geplanter Abweichungsprozentsätze korrigiert[825]. Haben sich z. B. die Preise für Einzelmaterial verändert, so leitet man unter Berücksichtigung der bisherigen Preisentwicklung und der während der Planungsperiode der Preispolitik zu erwartenden Preisveränderungen kurzfristig geplante Preisindizes ab, mit denen man die Ansätze der Plankalkulationen auf das erwartete Preisniveau für Rohstoffe umrechnet. In ähnlicher Weise kann man die Grenzfertigungskosten mit Hilfe von Kostenstellenabweichungsindizes korrigieren, wenn Lohnerhöhungen oder sonstige Veränderungen der Kostenstruktur eingetreten sind bzw. während der Planungsperiode der Preispolitik erwartet werden.
Bei dem oben beschriebenen Verfahren der Vorkalkulation gilt für die kurzfristig vorkalkulierten Grenzselbstkosten:

kurzfristig vorkalkulierte Grenzselbstkosten	=	Plangrenzselbstkosten lt. Plankalkulation	±	während der Bezugsperiode erwartete Kostenabweichungen pro Kostenträgereinheit

Je weniger die Bezugsperiode, für die man vorkalkulierte Grenzkosten ermittelt, von der Planungsperiode der Plankalkulation abweicht, desto weniger weichen auch die Ergebnisse der Vorkalkulation von denen der Plankalkulation ab.

2. Eine besondere Stellung nimmt die Vorkalkulation in *Betrieben mit Einzelfertigung* (Auftragsfertigung) ein. Wie wir bereits in den Abschnitten A und B, III dieses Kapitels gezeigt haben, sind in diesen Betrieben weder die für den Aufbau von Plankalkulationen noch die für die Erstellung exakter Vorkalkulationen notwendigen Voraussetzungen erfüllt. In der Einzelfertigung lassen sich vielmehr für die einzelnen Kundenanfragen nur relativ grobe Vorkalkulationen erstellen, bei denen *Standard-Kennziffern* verwendet werden müssen, die u. a. aus den Standard-Nachkalkulationen artähnlicher Aufträge abgeleitet werden. Diese Kennziffern sind um so genauer, desto feiner man die Kostenträgergruppen bei der Bildung dieser Kennziffern nach artähnlichen Erzeugnissen differenziert. Häufig werden Kostensätze pro „kg Gewicht des Fertigerzeugnisses" gewählt.
Aus den Standard-Nachkalkulationen lassen sich zunächst nur Istkostenkennziffern ableiten. Zur Erstellung von Vorkalkulationen sind daher folgende Korrekturen dieser Kennziffern erforderlich. Erstens müssen sie von den effektiv eingetretenen Kostenabweichungen vergangener Perioden, wie sie in der Standard-Nachkalkulation ausgewiesen werden, auf die zukünftig zu erwartenden Abweichungsindizes

825 Auch *K. Käfer*, Standardkostenrechnung, 2. Aufl., a. a. O., weist auf S. 395 und 398 darauf hin, daß aus Standardkalkulationen mit Hilfe von Tagespreisindizes Vorkalkulationen abgeleitet werden können. Vgl. auch *H. Ramsler*, Probleme der Vorkalkulation, Diss. St. Gallen 1948, S. 9.

umgerechnet werden. Insbesondere müssen hierbei Werkstoffpreis- und Lohnerhöhungen berücksichtigt werden. Diese Umrechnung kann in ähnlicher Weise durchgeführt werden, wie wir das für die Ableitung von Vorkalkulationen aus den Ergebnissen der Plankalkulation beschrieben haben. Zweitens ist zu berücksichtigen, daß die konstruktiven und qualitativen Eigenschaften der vorzukalkulierenden Auftragseinheiten vom „Durchschnitt" der bisherigen Aufträge abweichen können. Ist eine bessere Ausführung vorgesehen, so werden die Kostenkennziffern entsprechend korrigiert.

Grundsätzlich sollten auch die Vorkalkulationen in Betrieben mit Einzelfertigung Grenzkostenkalkulationen sein, damit stets klare Vorstellungen über die absoluten Preisuntergrenzen bestehen. Ergänzend kann man allerdings die Vorkalkulationen auch als „Vollkosten"-Kalkulationen ausgestalten. Dies ist insbesondere dann von Vorteil, wenn zu erwarten ist, daß die Konkurrenzbetriebe die traditionelle Vollkostenrechnung als „branchenübliches Kalkulationsverfahren" anwenden und ihren Preisangeboten „normale Vollkosten" als Preisuntergrenzen zugrunde legen[826]. Hierbei lassen sich die gleichen Fixkostenverteilungsverfahren anwenden, die wir im Abschnitt C, III dieses Kapitels beschreiben werden.

II. Die Nachkalkulation (Verteilung von Kostenabweichungen auf betriebliche Produkte)

1. In Betrieben mit standardisierten Erzeugnissen wurde es zunächst als großer Vorteil gegenüber der Istkostenrechnung gewertet, daß bei Einführung einer Plankalkulation auf laufende Nachkalkulationen verzichtet werden kann; denn hierdurch wird die Durchführung der Kostenträgerrechnung einschließlich der Bewertung der Halb- und Fertigfabrikatebestände erheblich vereinfacht. H. Dierck s und F. Petzold haben hierauf hingewiesen: „Der Vorteil der Plankostenrechnung sollte aber gerade darin bestehen, daß die Nachkalkulation weitgehend in Fortfall kommt, nachdem einmal die Kostenträgerrechnung vorab durchgeführt worden ist"[827], und F. Petzold sagt: „Was dagegen die Plankostenrechnung bewußt nicht bringt, das sind die ‚Istkosten der Erzeugnisse'"[828].

Führt man die gesamte Kostenträgerrechnung einschließlich der Bestandsführung für Halb- und Fertigerzeugnisse allein mit Plankosten durch, so müssen sämtliche Kostenabweichungen im Monat ihrer Entstehung in das Betriebsergebnis ausgebucht werden. Dieses Verfahren, das insbesondere in der amerikanischen Praxis verbreitet zu sein scheint, hat zweifellos den Vorzug, sehr einfach zu sein. Weiterhin liegt in England und in den USA diesem Verfahren die Vorstellung zugrunde, nur die „standard

[826] Hierauf weist auch *P. Riebel*, Die Preiskalkulation ... a. a. O., S. 552, hin.

[827] Vgl. *H. Diercks, F. Petzold*, Betriebsüberwachung durch Plankostenrechnung, ZfhF 1951, S. 497.

[828] Vgl. *F. Petzold*, Prinzipien der Plankostenrechnung und Ergänzungen zu Begriffsbestimmungen, ZfB 1950, S. 401.

costs“ seien „echte“ Kosten, da nur sie für die Erfüllung der betrieblichen Aufgaben erforderlich sind[829]. Die meisten Abweichungen werden dagegen als innerbetrieblich entstandene Verluste oder Gewinne angesehen und mit dieser Begründung direkt in das Betriebsergebnis übernommen.

Eine ausschließlich auf Plankosten basierende Kostenträgerrechnung ist für eine wirksame Erfolgsanalyse aber nur geeignet, solange die Kostenabweichungen relativ geringfügig sind und sie sich im Zeitablauf ausgleichen. Treten größere Kostenabweichungen auf, so ist eine nach Kostenträgern bzw. Kostenträgergruppen differenzierte Analyse des Periodenerfolgs nur sinnvoll, wenn eine bestandsmäßige Abgrenzung der Kostenabweichungen durchgeführt wird. Überwiegend wird heute die Ansicht vertreten, daß auch Abweichungen von Plankosten Kostencharakter haben und, soweit sie nicht fixe Kosten sind, kausale Beziehungen zu den Kostenträgern aufweisen[830]. Schon relativ früh wurde daher das Problem erörtert, ob man in einer Plankostenrechnung die Kostenabweichungen auf die Kostenträger verteilen sollte, um auf diese Weise die Plankosten der betrieblichen Erzeugnisse zu Istkosten zu ergänzen. Bereits auf der Jahresversammlung 1925 der N.A.C.A. wurde von C. H. Knapp dieses Problem erörtert; dies zeigt, daß schon damals dem Problem der Abweichungsverteilung eine große Bedeutung zugemessen wurde[831]. In Deutschland finden wir die ersten Ansätze einer Abweichungsverteilung bei E. Michel und H. Steinmann[832].

Heute wird von den meisten Kostenfachleuten die Ansicht vertreten, daß für die Zwecke der Erfolgskontrolle die Plankosten allein nicht ausreichen, sondern daß ergänzend eine Abweichungsverteilung erforderlich ist[833].

[829] Wie *D. Solomons,* The Historical Development of Costing, in: D. Solomons (Hrsg.), Studies in Costing, London 1952, S. 42, nachweist, geht der Begriff „true or correct costs“, unter dem vorwiegend Standardkosten verstanden wurden, auf J. Whitmore zurück.

[830] Diese Ansicht vertritt z. B. auch *K. Käfer,* Standardkostenrechnung, 2. Aufl., a. a. O., S. 41 ff.

[831] Vgl. *A. Heber,* Über Gemeinkosten-Standards und die Verrechnung der Abweichungen, Betriebswirtschaftliche Rundschau 1926, S. 77 ff.; *C. F. Schlatter,* Zur Theorie der Standardkosten, Die Betriebswirtschaft 1931, S. 346.

[832] Vgl. *E. Michel,* Handbuch der Plankostenrechnung, Berlin 1937, S. 243; *H. Steinmann,* Die Plankostenrechnung, Diss. Berlin 1939, S. 125 ff.

[833] Vgl. hierzu *K. Agthe,* Die Abweichungen in der Plankostenrechnung, Freiburg 1958, S. 124 ff.; *J. Batty,* Standard Costing, London 1960, S. 283 ff.; *W. Bos,* Die Praxis der Plankostenrechnung, DB 1950, S. 407; *E. A. Camman,* Basic Standard Costs, a. a. O., S. 32; *H. Diercks, F. Petzold,* Umstrittene Fragen der Plankostenrechnung, ZfhF 1953, S. 490; *H. Diercks, F. Petzold,* Plankostenrechnung in der Eisenindustrie?, Archiv für das Eisenhüttenwesen 1953, S. 187; *H. Diercks, F. Petzold,* Betriebsüberwachung . . ., a. a. O., S. 497; *C. Gillespie,* Standard and Direct Costing, 3. Aufl., Englewood Cliffs, N. J. 1962, S. 121; *F. Henzel,* Die Kostenrechnung, a. a. O., S. 552 ff.; *C. T. Horngren,* Cost Accounting . . ., a. a. O., S. 236; *K. Käfer,* Standardkostenrechnung, 2. Aufl., a. a. O., S. 108 und 411 ff.; *W. Kilger,* Die Verteilung der Abweichungen auf die Kostenträger innerhalb der Plankostenrechnung, ZfB 1952, S. 503 ff.; *E. Kosiol,* Plankostenrechnung . . ., a. a. O., S. 44 und 179 ff.; *A. Matz,* Planung . . ., a. a. O., S. 137 ff.; *W. Medicke,* Geschlossene Kostenträgerrechnung . . ., a. a. O., S. 40 ff.; *P. Nowak,* Kritische Bemer-

Ebenso wie in allen übrigen Teilbereichen der Kostenrechnung, sollte auch bei der kostenträgerweisen Abweichungsverteilung das Verursachungsprinzip eingehalten werden. Hiernach kommen für die Verrechnung auf Kostenträger nur Abweichungen in Frage, die ein kausales Verhältnis zur Leistungserstellung und -verwertung der Kostenträger aufweisen[834]. Grundsätzlich sollte die Abweichungsverteilung zwar so genau wie möglich erfolgen, wobei aber der Rechenaufwand tragbar bleiben muß. Der höchstmögliche Genauigkeitsgrad der Abweichungsverteilung ist nur erreichbar, wenn, ausgehend von den Plankalkulationen jeder Produktart, die auf sie entfallenden Abweichungen gesondert zugerechnet werden. Dieses Verfahren entspräche einer laufenden „Nachkalkulation mit Kostenabweichungen".

Bezeichnen wir die nach Gleichung (182) ermittelten Plangrenzherstellkosten des Produktes i mit k_{hi}, die Herstellkostenabweichungen pro Produkteinheit mit $\Delta\ k_{hi}$, wobei ν die Abweichungsart und z die Anzahl der Abweichungsarten angibt, so erhalten wir für die Istgrenzherstellkosten $k_{hi}{}^{(i)}$ folgenden Ausdruck:

$$k_{hi}^{(i)} = k_{hi}^{(p)} \pm \sum_{\nu=1}^{z} \Delta k_{hi\nu} \qquad (i = 1, 2, \ldots, n) \tag{188}$$

Entsprechend können die Istgrenzselbstkosten durch Zurechnung der im Verwaltungs- und Vertriebsbereich entstandenen Kostenabweichungen ermittelt werden.

Praktisch ist eine laufende, produktindividuelle Abweichungsverteilung nur in Betrieben mit relativ wenigen Produktarten oder bei Durchführung der Kalkulation mit Datenverarbeitungsanlagen möglich. In vielen Betrieben kommt dagegen die produktindividuelle Abweichungsverteilung nur für fallweise zu erstellende Sonderkalkulationen in Frage. In der laufenden Kostenträgerrechnung muß man sich bei differenziertem Fertigungsprogramm und insbesondere bei manueller Durchführung auf eine kostenträgergruppenweise Abweichungsverteilung beschränken. Zur weiteren Vereinfachung werden hierbei vielfach alle Kostenabweichungen, durch welche die Istkosten nur geringfügig beeinflußt werden, weggelassen.

2. Wir wollen nunmehr im einzelnen die Verteilung der wichtigsten Abweichungsarten betrachten.

Die Verteilung der *Einzelmaterial-Preisabweichungen* ist relativ einfach. Sie läßt sich nach dem Verursachungsprinzip durchführen und wird von fast allen Vertretern der

kungen zur Plankostendiskussion, ZfB 1953, S. 132 ff.; *F. K. Patterson,* Die Abweichungen innerhalb der Plankostenrechnung und ihre Verteilung auf die Kostenträger, ZfB 1955, S. 375 ff.; *H. G. Plaut,* Die Grenz-Plankostenrechnung, ZfB 1953, S. 359; *H. G. Plaut,* Wo steht die Plankostenrechnung in der Praxis?, ZfhF 1952, S. 402 ff.; *G. Shillinglaw,* Cost Accounting . . ., a. a. O., S. 306 ff.; *F. Wille,* Plan- und Standardkostenrechnung, 2. Aufl., a. a. O., S. 148 ff.; *W. Wright,* Direct Standard Costs . . ., a. a. O., S. 166 ff.

834 *W. Medicke,* Geschlossene Kostenträgerrechnung . . ., a. a. O., S. 40, schreibt: „Es hat sich die Einstellung durchgesetzt, daß Abweichungen als ein Bestandteil der Istkosten zuzurechnen sind, soweit ein kausales Verhältnis zwischen Abweichungen und Kostenträgern feststellbar und eine Zurechnung praktisch durchführbar ist."

Plankostenrechnung befürwortet[835]. Am genauesten erfolgt die Verteilung der Einzelmaterial-Preisabweichungen in der Weise, daß man für jede Einzelmaterialart den Preisdifferenzprozentsatz des Abgangs ermittelt[836] und hiermit die entsprechenden Planeinzelmaterialkosten der Kostenträger bzw. Kostenträgergruppen multipliziert. Bei vielen, verschiedenen Einzelmaterialgruppen mit unterschiedlichen Preisdifferenzprozentsätzen und in Betrieben mit sehr vielen, unterschiedlichen Erzeugnisarten ist die Verteilung der Einzelmaterial-Preisabweichungen so kompliziert, daß sie praktisch nur mit Hilfe der Datenverarbeitung durchgeführt werden kann.
Schwieriger ist die Verteilung von *Gemeinkostenmaterial-Preisabweichungen*, weil sie nach dem Verursachungsprinzip hier nur unter Zwischenschaltung von Kostenstellen auf die Kostenträger verteilt werden können. Um die Gemeinkostenmaterial-Preisabweichungen exakt zu verteilen, sollte man sie im Soll-Ist-Kosten-Vergleich (unter dem Strich) auf die verbrauchenden Kostenstellen verteilen und zusammen mit den Verbrauchsabweichungen durch die zugehörigen Istbezugsgrößen dividieren, um zu erkennen, wie diese Abweichungen die Kostensätze der einzelnen Kostenstellen beeinflußt haben. Dieses Verfahren ist jedoch kompliziert. Man kann daher auf eine kostenträgerweise Zurechnung der Gemeinkostenmaterial-Preisabweichungen ganz verzichten, wenn ihr Einfluß auf die Istkosten relativ gering ist.
Die Verteilung von *Einzellohnsatzabweichungen* erfolgt ganz entsprechend wie die Verteilung der Einzelmaterial-Preisabweichungen, sofern die Einzellohnkosten gesondert kalkuliert werden. Werden die Einzellöhne über Kostenstellen abgerechnet, so muß für alle Fertigungskostenstellen ermittelt werden, wie sich die Grenzkostensätze pro Bezugsgrößeneinheit infolge von Lohnsatzabweichungen geändert haben. Globale Zuschläge auf die Fertigungs- oder Herstellkosten sollte man auf jeden Fall vermeiden. Da Lohnerhöhungen nicht laufend, sondern jeweils nur in bestimmten Zeitabständen erfolgen, kann man statt einer Abweichungsverteilung auch eine einmalige Korrektur der Plankalkulationen in Erwägung ziehen.
Für die Verteilung von *Gemeinkostenlohnsatzabweichungen* gelten unsere Ausführungen über Gemeinkostenmaterial-Preisabweichungen entsprechend.
Von den *Einzelmaterial-Verbrauchsabweichungen* lassen sich die auftragsbedingten Abweichungen unmittelbar an Hand der für den einzelnen Auftrag ausgestellten Zusatzmaterialscheine den verursachenden Kostenträgern zuordnen[837]. Die material-

[835] Vgl. *Arbeitskreis Diercks*, Der Verrechnungspreis ..., a.a.O., S. 663 ff.; *C. Gillespie*, Standard and Direct Costing, a. a. O., S. 121; *K. Käfer*, Standardkostenrechnung, 2. Aufl., a. a. O., S. 420; *W. Kilger*, Die Verteilung ..., a. a. O., S. 505 ff.; *A. Matz*, Planung ..., a. a. O., S. 142; *W. Medicke*, Geschlossene Kostenträgerrechnung ..., a. a. O., S. 40; *H. G. Plaut*, Die Grenz-Plankostenrechnung (1953), a. a. O., S. 360; *H. G. Plaut*, Wo steht ..., a. a. O., S. 403; *K. Schwantag*, Stoffwirtschaft und Plankostenrechnung, ZfB 1950, S. 416; *F. Wille*, Plan und Standardkostenrechnung, 2. Aufl., a. a. O., S. 149; *W. Wright*, Direct Standard Costs ..., a. a. O., S. 167.

[836] Zur Bestimmung der Preisdifferenzprozentsätze des Abgangs vgl. unsere Ausführungen auf S. 207 ff.

[837] Vgl. *H. G. Plaut*, Die Plankostenrechnung in der Praxis des Betriebes, ZfB 1951, S. 540, und *W. Kilger*, Die Verteilung ..., a. a. O., S. 510.

und kostenstellenbedingten Einzelmaterial-Verbrauchsabweichungen können in entsprechender Weise proportional zu den verrechneten Planeinzelmaterialkosten verteilt werden, wie wir das für die Einzelmaterial-Preisabweichungen beschrieben haben.
Die Verteilung *spezieller Kostenstellenabweichungen*, so z.B. diejenige von Abweiweichungen infolge außerplanmäßiger Seriengrößen, von Abweichungen infolge außerplanmäßiger Bedienungsverhältnisse und von Verfahrens- oder Arbeitsablaufabweichungen sowie von Leistungs- oder Ausbeuteabweichungen, läßt sich in den meisten Fällen relativ leicht nach dem Verursachungsprinzip durchführen. Denn diese Abweichungen werden von vornherein als Abweichungen zwischen der Kostenstellen- und der Kostenträgerrechnung ermittelt, so daß eine Differenzierung nach Kostenträgern bereits bei der Erfassung erfolgt.
Die kostenträgerweise Verteilung von *Verbrauchsabweichungen* der Kostenstellen wird von mehreren Autoren mit der Begründung abgelehnt, daß diese Abweichungen nicht von den Kostenträgern, sondern von den in einer Kostenstelle eingesetzten Arbeitskräften verursacht werden und daher nicht nach dem Verursachungsprinzip verteilt werden können. In England und in den USA werden diese Abweichungen nicht als Kosten, sondern als „innerbetriebliche Verluste oder Gewinne" angesehen[838]. Diese Argumentation erscheint uns jedoch heute nicht mehr stichhaltig. Die Kostenträger durchlaufen die einzelnen Abteilungen bei allen Unwirtschaftlichkeiten, die in diesen Abteilungen auftreten. Sie haben daher auch anteilige Verbrauchsabweichungen als Istkosten zu tragen. Dies gilt insbesondere dann, wenn man berücksichtigt, daß ein Teil der Verbrauchsabweichungen nicht einmal von den Kostenstellenleitern zu verantworten ist, sondern durch Planungsfehler oder durch Kostenstöße ausgelöst wird. Eine nach Kostenstellen differenzierte Verteilung der Verbrauchsabweichungen sollte so durchgeführt werden, indem man ermittelt, wie die Verbrauchsabweichungen die Grenzkostensätze pro Bezugsgrößeneinheit verändert haben, und dann die Kalkulationen mit den hierbei ermittelten Abweichungen pro Bezugsgrößeneinheit revidiert. Dieses Verfahren ist jedoch ohne Einsatz einer elektronischen Datenverarbeitung zu kompliziert, so daß man folgende Näherungsmethode anwendet.
Im Fertigungsbereich ermittelt man für Kostenstellengruppen, die jeweils von bestimmten Kostenträgergruppen gemeinsam beansprucht werden, die Verbrauchsabweichungen eines Abrechnungszeitraums und dividiert sie durch die zugehörigen verrechneten Plangrenzfertigungskosten. Mit den hierbei ermittelten Abweichungsprozentsätzen multipliziert man die Plangrenzfertigungskosten der Plankalkulation oder die verrechneten Plangrenzfertigungskosten der Kostenträgerrechnung, um die

[838] Vgl. hierzu u. a. *J. G. Blocker, W. K. Weltmer*, Cost Accounting, 3. Aufl., New York-Toronto-London 1954, S. 352. Die Verteilung der Verbrauchsabweichungen wird von folgenden Autoren abgelehnt: *H. Diercks, F. Petzold*, Plankostenrechnung ..., a. a. O., S. 187; *H. Diercks, F. Petzold*, Betriebsüberwachung ..., a. a. O., S. 497. *W. Kilger*, Die Verteilung ..., a. a. O., S. 509 ff.; die dort geäußerte Ansicht hält der Verfasser jedoch nicht mehr aufrecht, wie die folgenden Ausführungen zeigen. *P. Kreuzer*, Die Kostenabweichungen in der Plankostenrechnung, ZfB 1953, S. 20; *K. Schwantag*, Zur Theorie und Praxis der Plankostenrechnung, ZfB 1952, S. 77.

anteiligen Verbrauchsabweichungen zu erhalten. Die Verbrauchsabweichungen der Verwaltungs- und Vertriebskostenstellen werden in entsprechender Weise verrechnet, indem man sie auf die Plangrenzherstellkosten des Betrachtungszeitraums bezieht.
Die früher sehr umstrittene Frage, ob in einer auf Vollkosten basierenden Plankostenrechnung die *Beschäftigungsabweichungen* auf Kostenträger zu verrechnen sind, entfällt in einer Grenzplankostenrechnung [839].
Das Rechnen mit Plankosten und mit anteiligen Kostenabweichungen hat gegenüber der traditionellen Nachkalkulation mit Istkosten den großen Vorteil, daß die Einflüsse der einzelnen Kostenbestimmungsfaktoren sichtbar werden. Dieser Vorteil wirkt sich insbesondere bei der kurzfristigen Erfolgskontrolle aus, wie wir dies noch im einzelnen im Abschnitt B des zwanzigsten Kapitels zeigen werden. Ihr Nachteil besteht jedoch darin, daß sie einen relativ großen Rechenaufwand erfordert und praktisch nur anwendbar ist, wenn die Kalkulationen mit Hilfe der Datenverarbeitung erstellt werden.

III. Die „Vollkosten"-Kalkulation (Verteilung von fixen Kosten auf betriebliche Produkte)

1. Auch in Betrieben, deren Geschäftsleitungen erkannt haben, daß eine richtige Kostenträgerrechnung nur mit Hilfe geplanter Grenzkosten möglich ist, können aus folgenden Gründen *ergänzende „Vollkosten"-Kalkulationen* erforderlich werden. Erstens gilt dies für Betriebe, die öffentliche Aufträge ausführen, die nach dem Kostenpreisprinzip der LSP, denen die traditionelle Vollkostenrechnung zugrunde liegt, abgerechnet werden. Weiterhin gibt es Betriebe, die zwar selbst mit einer Grenzplankostenrechnung arbeiten, die aber als Konzerntöchter für ihre Konzernleitung regelmäßig Kostenberichte, die dem „konzernüblichen" Kalkulationsverfahren der Vollkostenrechnung entsprechen müssen, erstellen. Schließlich sind „Vollkosten"-Kalkulationen erforderlich, wenn die Bewertung der Halb- und Fertigfabrikatebestände in der Handels- und Steuerbilanz in Form einer Einzelbewertung auf Vollkostenbasis durchgeführt werden soll.
Als wichtigster Grundsatz gilt jedoch für die Erstellung ergänzender „Vollkosten"-Kalkulationen, daß hierdurch der Ausweis der reinen Grenzkosten nicht beeinträchtigt wird und daß die errechneten Vollkosten nicht für Entscheidungsprobleme, sondern nur für die oben genannten Zwecke verwendet werden [840].

[839] Vgl. hierzu unsere Ausführungen in der 2. Auflage des vorliegenden Buches auf den S. 598 ff. und die dort angegebene Literatur. Heute wird eine Verteilung der Beschäftigungsabweichung noch von *K. Käfer*, Standardkostenrechnung, 2. Aufl., a. a. O., S. 416, befürwortet.

[840] In der 2. Auflage dieses Buches haben wir auf S. 107 noch die Ansicht geäußert, daß grundsätzlich Grenz- und Vollkostenkalkulationen nebeneinander erstellt werden sollten. Auch in der amerikanischen Literatur wurde diese Ansicht gelegentlich vertreten, vgl. *J. A. Mauriello*, Convertibility of Direct and Conventional Costing, N. A. C. A.-

2. Das älteste Verfahren zur Erstellung ergänzender „Vollkosten"-Kalkulationen in Betrieben mit einer Grenzplankostenrechnung ist die *Doppel-* oder *Parallelkalkulation*[841]. Dieses Verfahren beruht darauf, daß alle Plankalkulationen sowohl mit Grenz- als auch mit Vollkostensätzen erstellt werden. Hierbei gelten die Grundformeln (182) und (183) unverändert, nur daß alle mit $d^{(p)}$ bezeichneten Grenzkostensätze in einer ergänzenden Kalkulation durch die Vollkostensätze $h^{(p)}$ ersetzt werden. In der Regel werden die Grenzkosten und die Vollkosten der einzelnen Arbeitsgänge nebeneinander in den gleichen Kalkulationsformularen kalkuliert, wie es das Beispiel der Tabelle 94 zeigt.

Damit neben den reinen Grenzkostensätzen auch die Vollkostensätze ermittelt werden können, ist im Anschluß an die kostenstellenweise Kostenplanung eine besondere *Verteilung der sekundären fixen Kosten* erforderlich; denn bei der Verwendung von Grenzkostensätzen für die innerbetriebliche Leistungsverrechnung bleiben die fixen Kosten der Hilfs- und Nebenkostenstellen zunächst unverrechnet, so daß die Vollkosten der Hauptkostenstellen im Sinne des Vollkostenprinzips „unvollständig" sind. Will man für die Hauptkostenstellen Vollkostensätze bilden, so müssen die sekundären fixen Kosten „anteilig" den Hauptkostenstellen angelastet werden. Hierbei geht man so vor, daß man die geplanten Verbrauchsmengen an innerbetrieblichen Leistungen als Verteilungsschlüssel wählt. Sollen z. B. die fixen Kosten einer Stromversorgungsstelle verteilt werden und verbraucht eine Fertigungskostenstelle bei Planbeschäftigung 5,5 % des gesamten Planverbrauchs an Energie, so werden dieser Kostenstelle auch 5,5 % der fixen Kosten der Stromversorgungsstelle zugeteilt. Bei der Verteilung der sekundären fixen Kosten ist aber zu beachten, daß sich die Hilfs- und Nebenkostenstellen auch gegenseitig mit innerbetrieblichen Leistungen versorgen. Es tritt hier das gleiche Interdependenzproblem der innerbetrieblichen Leistungsverrechnung auf, das sich bereits in der Istkostenrechnung störend bemerkbar machte, nur daß es hier auf die fixen Kosten beschränkt ist und nicht monatlich, sondern nur einmal in der Planungsperiode auftritt[842]. Die gleichen Rechenverfahren, die bereits für die Istkostenrechnung entwickelt wurden, lassen sich auch bei der Verteilung der sekundären fixen Kosten anwenden.

Genaue Ergebnisse erhält man nach dem Gleichungsverfahren. Bezeichnen wir die Planbezugsgrößen von insgesamt s Hilfs- und Nebenkostenstellen mit $b_1^{(p)}$, $b_2^{(p)}, \ldots, b_s^{(p)}$, die geplanten primären fixen Kosten dieser Stellen mit $F_1^{(p)}, F_2^{(p)}, \ldots, F_s^{(p)}$ und den geplanten Gesamtverbrauch einer Hilfs- oder Nebenkostenstelle i an Leistungseinheiten einer anderen Hilfs- oder Nebenkostenstelle j mit $r_{ij}^{(p)}$, so

Bulletin 1954 (3), Section 1, S. 888 ff. Wir vertreten jedoch heute die Ansicht, daß die kalkulatorische Grundrechnung eine Grenzplankostenrechnung sein sollte und „Vollkosten"-Kalkulationen nur den Charakter von Sonderrechnungen haben können.

841 Vgl. *F. Henzel,* Die Kostenrechnung, a. a. O., S. 558; *W. Kilger,* Der heutige Stand der Grenzplankostenrechnung, AGPLAN, Bd. 6, Wiesbaden 1962, S. 76; *J. M. Pompan,* Direct Absorption Costing in One System, NAA-Bulletin 1959 (3), Section 1, S. 5 ff.; *F. Wille,* Plan- und Standardkostenrechnung, 2. Aufl., a. a. O., S. 140.

842 Zum Interdependenzproblem der innerbetrieblichen Leistungsverrechnung vgl. die Anmerkungen 22 und 23 auf S. 36.

Tabelle 94: Beispiel einer Parallel- oder Doppelkalkulation

Maschinenbau GmbH Plankalkulation für Fertigerzeugnisse	Artikel- Bezeichnung: Ventil Artikel-Nr. 24 427	Stück: 1 Datum: 31. 1. 67

Berechnung der Planmaterialkosten	ME	Menge	Preis DM/ME	Gesamt-Ko. DM/Stck.	Grenzkosten DM/Stück
Materialart A	kg	1,54	2,—	3,08	3,08
Materialart B	kg	0,44	3,10	1,36	1,36
I. Einzelmaterialkosten				4,44	4,44
Materialgmk. (5 % Gesamt-Kosten u. 3 % Grenzkosten von I)				0,22	0,13
II. Planmaterialkosten				4,66	4,57

Berechnung der Planfertigungskosten

Fertigungsstelle		Bezugsgröße			Kostensatz		Kosten	
Nr.	Benennung	Art	Menge	Einsatz-faktor	Gesamt DM/ Bezgr.-Einh.	Grenz DM/ Bezgr.-Einh.	Gesamt- DM/Stück	Grenz- DM/Stück
411	Fertigungsstelle A	Ftg.-Std.	0,25	1,10	9,10	6,40	2,50	1,76
412	Fertigungsstelle B	Ftg.-Std.	0,35	1,07	7,—	5,30	2,62	1,98
514	Fertigungsstelle C	Masch.-Std.	0,15	1,05	21,80	15,10	3,43	2,38
515	Fertigungsstelle D	kg	1,80	1,02	0,65	0,50	1,19	0,92
521	Fertigungsstelle E	Ftg.-Std.	0,10	1,00	5,70	4,20	0,57	0,42
III. Planfertigungskosten							10,31	7,46

IV. Planherstellkosten (II + III)	14,97	12,03

Berechnung der Verwaltungs- und Vertriebskosten	Gesamt-Ko. DM/Stück	Grenzko. DM/Stück
Verwaltungsgmk. (5 % Gesamt-Ko. u. 2 % Grenzkosten von IV)	0,75	0,24
Vertriebsgmk. (13 % Gesamt-Ko. u. 5 % Grenzkosten von IV)	1,94	0,60
Verpackungskosten	0,10	0,10
Provision (7 % von VII)	1,51	1,51
Frachtkosten	0,30	0,30
V. Verwaltungs- und Vertriebskosten	4,60	2,75

VI. Planselbstkosten (IV + V)	19,57	14,78
VII. Planerlös	21,50	21,50
VIII. Planerfolg (VII ./. VI)	1,93	6,72

erhalten wir für die zu errechnenden fixen Plankosten pro Leistungseinheit $c_1^{(p)}$, $c_2^{(p)}, \ldots, c_s^{(p)}$ das folgende lineare Gleichungssystem, das in der üblichen Weise aufgelöst werden kann:

$$
\begin{array}{ll}
 & b_1^p \; c_1^{(p)} = F_1^{(p)} + \sum_{j=1}^{s} r_{1j}^{(p)} c_j^{(p)} \\
 & b_2^{(p)} c_2^{(p)} = F_2^{(p)} + \sum_{j=1}^{s} r_{2j}^{(p)} c_j^{(p)} \\
(189) & \cdot \quad \cdot \quad \cdot \quad \cdot \quad \cdot \\
 & \cdot \quad \cdot \quad \cdot \quad \cdot \quad \cdot \\
 & \cdot \quad \cdot \quad \cdot \quad \cdot \quad \cdot \\
 & b_s^{(p)} c_s^{(p)} = F_s^{(p)} + \sum_{j=1}^{s} r_{sj}^{(p)} c_j^{(p)}
\end{array}
$$

Mit Hilfe der geplanten Fixkostensätze der innerbetrieblichen Leistungseinheiten kann man die auf die Hauptkostenstellen i $(i=s+1, s+2, \ldots, s+m)$ entfallenden sekundären fixen Kosten, die wir mit $F_{Si}^{(p)}$ bezeichnen wollen, nach folgender Gleichung ermitteln:

$$
(190) \qquad F_{Si}^{(p)} = \sum_{j=1}^{s} r_{ij}^{(p)} c_j^{(p)} \qquad (i = s+1, s+2, \ldots, s+m)
$$

Die sekundären fixen Kosten werden den fixen Kosten auf den empfangenden Stellen stets in voller Höhe zugeordnet, damit die Grenzkostenrechnung durch das Umlageverfahren nicht beeinträchtigt wird. In der Regel bildet man für die sekundären fixen Kosten eine gesonderte Kostenart am Ende des Kostenarten-Nummernschlüssels.

So wie bereits in der Istkostenrechnung das Gleichungsverfahren durch Näherungsmethoden ersetzt wurde, kann man auch bei der Verteilung der sekundären fixen Kosten vereinfachte Methoden anwenden. Nach dem Stufenleiterverfahren vernachlässigt man bei der Bildung der Fixkostensätze für innerbetriebliche Leistungseinheiten jeweils die von bereits abgerechneten Hilfs- oder Nebenkostenstellen empfangenden Leistungen. Hierbei erhält man die folgenden Bestimmungsgleichungen:

$$
\begin{array}{ll}
 & c_1^{(p)} = \dfrac{F_1^{(p)}}{b_1^{(p)} - r_{11}^{(p)}} \\
 & c_2^{(p)} = \dfrac{F_2^{(p)} + r_{21}^{(p)} c_1^{(p)}}{b_2^{(p)} - r_{12}^{(p)} - r_{22}^{(p)}} \\
(191) & \cdot \quad \cdot \quad \cdot \\
 & \cdot \quad \cdot \quad \cdot \\
 & \cdot \quad \cdot \quad \cdot \\
 & c_s^{(p)} = \dfrac{F_s^{(p)} + r_{s1}^{(p)} c_1^{(p)} + r_{s2}^{(p)} c_2^{(p)} + \ldots + r_{s\,s-1}^{(p)} c_{s-1}^{(p)}}{b_s^{(p)} - r_{1s}^{(p)} - r_{2s}^{(p)} - \ldots - r_{ss}^{(p)}}
\end{array}
$$

Der Fehler gegenüber dem Gleichungsverfahren bleibt klein, wenn die im Nenner der Gleichungen abgezogenen Leistungsmengen klein sind und umgekehrt. Dies kann man durch eine entsprechende Reihenfolge erreichen, indem man mit den Kostenstellen beginnt, die keine oder nur geringfügige Mengen an innerbetrieblichen Leistungen von den übrigen Hilfs- und Nebenkostenstellen beziehen.
Zur *Kritik* an der Parallel- oder Doppelkalkulation ist zu bemerken, daß sie wegen der erforderlichen Verteilung der sekundären fixen Kosten und der Notwendigkeit, alle Kalkulationsspalten doppelt zu führen, sehr arbeitsaufwendig ist. Weiterhin verführt sie leicht dazu, die Vollkosten für Entscheidungsprobleme heranzuziehen, für die sie nicht geeignet sind. Bedenkt man, daß eine verursachungsgemäße Fixkostenzurechnung ohnehin nicht möglich ist, so sollte man bei der Erstellung ergänzender „Vollkosten"-Kalkulationen nach Möglichkeit weniger arbeitsaufwendige Verfahren anwenden[843]. Bei LSP-Kalkulationen für öffentliche Aufträge sind allerdings keine anderen Verfahren der Fixkostenzurechnung zulässig.

3. Ein zweites Verfahren für die Ableitung von „Vollkosten"-Kalkulationen aus den Ergebnissen der Plankalkulationen besteht in der *Verrechnung globaler Fixkostenzuschläge auf die Plangrenzherstellkosten*. Im Gegensatz zur Parallel- oder Doppelkalkulation verzichtet man bei diesem Verfahren darauf, die fixen Herstellkosten den betrieblichen Produkten nach Kostenstellen differenziert anzulasten. Lediglich bei den fixen Verwaltungs- und Vertriebsgemeinkosten hält man am Prinzip der Doppelbewertung fest, weil hier ohnehin keine nach Kostenstellen differenzierte Kostenzurechnung erfolgt.
Der globale, prozentuale Deckungszuschlag für die fixen Planherstellkosten, den wir mit $z_F^{(p)}$ bezeichnen wollen, enthält die fixen Plankosten der Material- und Fertigungskostenstellen. Seine Berechnung erfolgt nach folgender Gleichung:

$$(192) \qquad z_F^{(p)} = \frac{\sum \begin{array}{l}\text{primäre und sekundäre fixe Plankosten}\\ \text{der Material- und Fertigungskostenstellen}\end{array}}{\sum \text{proportionale Plankosten der Fertigungskostenstellen}} \, 100$$

Wie die Gleichung (192) erkennen läßt, ist auch bei der Verwendung eines globalen Fixkostenzuschlages eine Verteilung der sekundären fixen Kosten erforderlich. Allerdings genügt eine Zweiteilung in die auf den Herstell- und auf den Verwaltungs- und Vertriebsbereich entfallenden sekundären fixen Kosten, so daß man stets mit Näherungsmethoden der sekundären Fixkostenverrechnung auskommt. Will man die fixen Kosten der Materialkostenstellen nicht in den globalen Fixkostenzuschlag auf die Plangrenzfertigungskosten einbeziehen, so müssen Vollkostensätze für die Verrechnung der Materialgemeinkosten gebildet und in der Kalkulation neben den entsprechenden Grenzkostensätzen verrechnet werden.
Beträgt in einem Betrieb die Summe der geplanten fixen Herstellkosten 1 027 770 DM/

[843] Auch *F. Wille,* Plan- und Standardkostenrechnung, 2. Aufl., a. a. O., S. 140, fordert, die „individuelle Doppelbewertung" nach Möglichkeit zu vermeiden.

Monat und die Summe der proportionalen Planfertigungskosten 2 476 560 DM/Monat, so erhalten wir einen Fixkostendeckungsprozentsatz von 41,5 %.
In mehrstufigen Betrieben mit marktgängigen Zwischenprodukten ist es zweckmäßig, für die einzelnen Fertigungsstufen gesonderte Fixkostendeckungszuschläge zu errechnen.
Mit Hilfe des Fixkostendeckungszuschlages $z_F^{(p)}$ lassen sich aus der Gleichung (182) die „vollen Planherstellkosten" pro Produkteinheit, die wir mit $k_{hi}^{(p)*}$ bezeichnen wollen, wie folgt ermitteln:

$$(193) \qquad k_{hi}^{(p)*} = \sum_{\nu=1}^{z} m_{\nu i}^{(p)} q_\nu^{(p)} \left(1 + \frac{d_{m\nu}^{(p)}}{100}\right) + \sum_{j=1}^{m} \sum_{\beta=1}^{s} b_{j\beta i}^{(p)} d_{j\beta}^{(p)} \left(1 + \frac{z_F^{(p)}}{100}\right) + e_{Fti}^{(p)}$$

$$(i = 1, 2, \ldots, n)$$

Die „vollen Planselbstkosten", die wir mit $k_{si}^{(p)*}$ bezeichnen wollen, erhält man, indem man in Gleichung (193) die Vollkostensätze $h_{vwi}^{(p)}$ und $h_{vti}^{(p)}$ einfügt:

$$(194) \qquad k_{si}^{(p)*} = k_{hi}^{(p)*} \left(1 + \frac{h_{vwi}^{(p)}}{100} + \frac{h_{vti}^{(p)}}{100}\right) + p_i^{(p)} \left(\frac{v_i^{(p)}}{100}\right) + e_{vpi}^{(p)} + e_{Fri}^{(p)}$$

$$(i = 1, 2, \ldots, n)$$

Wie die Rechnung praktisch durchgeführt wird, läßt das Beispiel der Tabelle 95 erkennen.
In vielen Betrieben weichen die mit Hilfe globaler Fixkostendeckungszuschläge errechneten „Vollkosten" nur wenig von den Ergebnissen der Parallel- oder Doppelkalkulation ab. Hierbei ist aber zu berücksichtigen, daß beide Verfahren gegen das Verursachungsprinzip verstoßen. Gegenüber der Parallel- oder Doppelkalkulation zeichnet sich die Verrechnung globaler Fixkostenzuschläge nur dadurch aus, daß sie weit weniger Rechenarbeit erfordert. Dieses Verfahren ist daher allen Betrieben zu empfehlen, die „Vollkosten"-Kalkulationen ergänzend zu ihren Grenzkostenkalkulationen erstellen wollen. Lediglich für die Preisermittlung nach LSP ist dieses Verfahren nicht zulässig.

4. Ein weiteres Verfahren zur Verteilung von fixen Kosten auf betriebliche Produkte besteht darin, die fixen Kosten nach dem *Tragfähigkeitsprinzip* den betrieblichen Produkten zuzurechnen. Hierbei werden *Fixkostenzuschläge auf die geplanten Bruttogewinne* vorgenommen[844]. Auf keinen Fall jedoch darf dem Trag-

[844] Zum Tragfähigkeitsprinzip vgl.: *K. Agthe*, Stufenweise Fixkostendeckung . . ., a. a. O., S. 404 ff.; *K. Agthe*, Zur stufenweisen Fixkostendeckung, a. a. O., S. 743; *H. H. Böhm*, Zur Deckung und Aktivierung fixer Kosten im System der Grenzplanungsrechnung, ZfB 1955, S. 414 ff. und 494 ff.; *P. Heine*, Direct Costing – Eine anglo-amerikanische Teilkostenrechnung, ZfhF 1959, S. 523; *F. Henzel*, Die Kostenrechnung, a. a. O., S. 257 und 261, wo die Ansicht vertreten wird, daß Tragfähigkeitsüberlegungen grundsätzlich nicht in die Kostenrechnung gehören, sondern „Preispolitik" sind. *W. Kilger*, Der heutige Stand . . ., a. a. O., S. 79 ff.; *H. Koch*, Grundprobleme der Kostenrechnung,

Tabelle 95: Beispiel einer durch globale Fixkostenzuschläge ergänzten Plankalkulation

Maschinenbau GmbH Plankalkulation für Fertigerzeugnisse	Artikel- Bezeichnung: Ventil Artikel-Nr. 24 427	Stück: 1 Datum: 31. 1. 67

Berechnung der Planmaterialkosten	ME	Menge	Preis DM/ME	Grenzkosten DM/Stück
Materialart A	kg	1,54	2,—	3,08
Materialart B	kg	0,44	3,10	1,36
I. Einzelmaterialkosten				4,44
Materialgmk. (3 % Grenzkosten von I)				0,13
II. Planmaterialkosten				4,57

Berechnung der Planfertigungskosten

Fertigungsstelle		Bezugsgröße		Einsatz-faktor	Kostensatz DM/Bezgr.-Einh.	Kosten DM/Stück
Nr.	Benennung	Art	Menge			
411	Fertigungsstelle A	Ftg.-Std.	0,25	1,10	6,40	1,76
412	Fertigungsstelle B	Ftg.-Std.	0,35	1,07	5,30	1,98
514	Fertigungsstelle C	Masch.-Std.	0,15	1,05	15,10	2,38
515	Fertigungsstelle D	kg	1,80	1,02	0,50	0,92
521	Fertigungsstelle E	Ftg.-Std.	0,10	1,00	4,20	0,42
III. Plangrenzfertigungskosten						7,46
Fixkostenzuschlag (41,5 % von III)						3,10
IV. Plangrenzfertigungskosten + fixe Planherstellkosten						10,56

Berechnung der Planherstellkosten	Gesamt-Ko. DM/Stück	Grenzko. DM/Stück
V. Planherstellkosten (II+IV) bzw. (II+III)	15,13	12,03

Berechnung der Verwaltungs- und Vertriebskosten	Gesamt-Ko. DM/Stück	Grenzko. DM/Stück
Verwaltungsgmk. (4,9 % Gesamt-Ko. u. 2 % Grenzkosten von V)	0,74	0,24
Vertriebsgmk. (12,7 % Gesamt-Ko. u. 5 % Grenzkosten von V)	1,92	0,60
Verpackungskosten	0,10	0,10
Provision (7 % von VIII)	1,51	1,51
Frachtkosten	0,30	0,30
VI. Verwaltungs- und Vertriebskosten	4,57	2,75
VII. Planselbstkosten (V+VI)	19,70	14,78
VIII. Planerlös	21,50	21,50
IX. Planerfolg (VIII ./. VII)	1,80	6,72

fähigkeitsprinzip im System der Kostenrechnung die gleiche Bedeutung zugemessen werden, wie dem Verursachungsprinzip, da es nur für die Erstellung ergänzender „Vollkosten"-Kalkulationen in Frage kommt, deren Bedeutung gegenüber den Grenzkostenkalkulationen relativ gering ist.

Soll die Fixkostenzurechnung nach dem Tragfähigkeitsprinzip auch für Bewertungszwecke erfolgen, so müssen die fixen Herstellkosten und die fixen Kosten des Verwaltungs- und Vertriebsbereichs gesondert zugerechnet werden. Man benötigt daher für dieses Verfahren die gleiche Zweiteilung der sekundären fixen Kosten, wie wir sie bereits für die Doppel- oder Parallelkalkulation beschrieben haben.

Bezeichnen wir die Summe der fixen Planherstellkosten mit $F_h^{(p)}$, so gilt für den prozentualen Fixkostendeckungszuschlag, den wir mit $z_{Fh}^{(p)}$ bezeichnen wollen, die folgende Bestimmungsgleichung:

$$z_{Fh}^{(p)} = \frac{F_h^{(p)}}{\sum_{i=1}^{n} x_i^{(p)}(p_i^{(p)} - k_{si}^{(p)})} 100 \tag{195}$$

Hierbei enthält der Nenner die Summe der geplanten Bruttogewinne der betreffenden Planungsperiode.

Entsprechend erhält man als prozentualen Zuschlag für die fixen Verwaltungs- und Vertriebsgemeinkosten $z_{FV}^{(p)}$ folgenden Ausdruck:

$$z_{FV}^{(p)} = \frac{F_V^{(p)}}{\sum_{i=1}^{n} x_i^{(p)}(p_i^{(p)} - k_{si}^{(p)}) - F_h^{(p)}} 100 \tag{196}$$

In Gleichung (196) ist der Nenner gleich dem um die bereits verrechneten fixen Herstellkosten $F_h^{(p)}$ gekürzten Gesamtbruttogewinn.

Unter Berücksichtigung der mit Hilfe der Gleichungen (195) und (196) errechneten Fixkostendeckungszuschläge lassen sich die vollen Planherstellkosten und die vollen Planselbstkosten für das Produkt i nach folgenden Gleichungen bestimmen:

$$k_{hi}^{(p)*} = k_{hi}^{(p)} + (p_i^{(p)} - k_{si}^{(p)}) \frac{z_{Fh}^{(p)}}{100} \qquad (i = 1, 2, \ldots, n) \tag{197}$$

$$k_{si}^{(p)*} = k_{si}^{(p)} + (p_i^{(p)} - k_{si}^{(p)}) \frac{z_{Fh}^{(p)}}{100} + (p_i^{(p)} - k_{si}^{(p)} - k_{Fhi}^{(p)}) \frac{z_{FV}^{(p)}}{100} \qquad (i = 1, 2, \ldots, n) \tag{198}$$

Köln und Opladen 1966, S. 69; *E. Kosiol,* Kostenrechnung, Wiesbaden 1964, S. 150: „Der Verteilungsgesichtspunkt der Kostentragfähigkeit oder Kostenbelastbarkeit spielt in der Praxis eine größere Rolle, als man zunächst annehmen müßte." Auf die Bedeutung der Kostentragfähigkeit hat bereits *H. Möller,* Kalkulation, Absatzpolitik und Preisbildung, Wien 1941, S. 94 ff., hingewiesen. *P. Riebel,* Das Rechnen mit Einzelkosten und Deckungsbeiträgen, ZfhF 1959, S. 213 ff.; *F. Wille,* Direktkostenrechnung mit stufenweiser Fixkostendeckung, ZfB 1959, S. 737 ff.

Für die Bestimmung der Plangrenzherstellkosten $k_{hi}^{(p)}$ und der Plangrenzselbstkosten $k_{si}^{(p)}$ gelten die Gleichungen (182) und (183).
Betragen die geplanten fixen Herstellkosten einer Planungsperiode z. B. 1 027 770 DM und die geplanten Bruttogewinne 4 144 230 DM, so erhalten wir 24,8 % als Dekkungszuschlag nach Gleichung (195). Betragen für den gleichen Zeitraum die geplanten fixen Kosten des Verwaltungs- und Vertriebsbereiches 610 826 DM, so führt die Gleichung (196) zu einem Deckungszuschlag von 610 826 : 3 116 460 = 19,6 %.
Die Tabelle 96 läßt erkennen, wie die Verrechnung der fixen Kosten mit Hilfe der oben errechneten Zuschlagssätze durchgeführt wird. Die Positionen I bis V der in Tabelle 96 wiedergegebenen Kalkulation stimmen mit den entsprechenden Grenzkostenspalten der Tabelle 94 überein. Im Beispiel der Tabelle 96 werden der Produkteinheit nur 2,66 DM/Stck. fixe Kosten zugerechnet, während wir bei der Parallelkalkulation 4,79 DM/Stck. nach Tabelle 94 und bei Verwendung eines globalen Fixkostenzuschlages auf die Grenzfertigungskosten 4,92 DM/Stck. in Tabelle 95 erhalten. Dieser Unterschied ist darauf zurückzuführen, daß für das kalkulierte Erzeugnis die Relation aus geplantem Bruttogewinn und Planpreis nur 31,3 % beträgt, während im Durchschnitt des Fertigungsprogrammes 39,6 % der Planerlöse als Bruttogewinne erwirtschaftet werden. Für einen Planpreis von 28,60 DM/Stck. würden wir im Beispiel der Tabelle 96 einen geplanten Bruttogewinn von 13,33 DM/Stck. und eine Bruttogewinn-Erlös-Relation von 46,6 % erhalten. Dem Produkt würden in diesem Fall 5,27 DM/Stck. fixe Kosten zugeordnet, da bei einem Preis von 28,60 DM/Stck. die Tragfähigkeit überdurchschnittlich groß ist. Erzeugnisse, die nur ihre Grenzselbstkosten decken, erhalten nach dem Tragfähigkeitsprinzip keine fixen Kosten zugeteilt.
Die Fixkostenzurechnung nach dem Tragfähigkeitsprinzip kann so verfeinert werden, daß man den Grundsatz der *stufenweisen Fixkostendeckung* anwendet. Nach

Tabelle 96: Beispiel einer durch Fixkostenzuschläge auf den Bruttogewinn ergänzte Plankalkulation (Ausschnitt)

VI. Plangrenzselbstkosten (IV+V)	14,78
VII. Planerlös	21,50
VIII. Plandeckungsbeitrag	6,72
Berechnung von Fixkostenzuschlägen	
IX. Fixe Planherstellkosten (24,8 % von VIII)	1,67
X. Planherstellkosten (IV+IX)	13,70
XI. Fixe Verwaltungs- und Vertriebsgemeink. (19,6 % von [VIII ./. IX])	0,99
XII. Planselbstkosten (VI+IX+XI)	17,44
XIII. Plannettogewinn (VII ./. XII)	4,06

diesem Verfahren, das wir im einzelnen im Abschnitt B, III des zwanzigsten Kapitels behandeln, werden spezielle fixe Kosten, die nur für bestimmte Erzeugnisse bzw. Erzeugnisgruppen anfallen, vorab verteilt. Die Gleichungen (195) bis (198) werden zunächst nur für die speziellen fixen Kosten angewandt. Die bei dieser Verteilung übrigbleibenden „allgemeinen fixen Kosten" werden in einem zweiten Rechengang nach der bisher beschriebenen Methode verteilt, wobei jedoch die jeweilige Deckungsbasis um die vorab verteilten speziellen fixen Kosten zu vermindern ist. Entsteht bei der Verteilung von speziellen fixen Kosten für eine bestimmte Erzeugnisgruppe ein über 100 % liegender Deckungsprozentsatz, so decken die Bruttogewinne dieser Erzeugnisse nicht einmal die speziell für sie anfallenden fixen Kosten. Würden in diesem Fall alle speziellen fixen Kosten auf die Kostenträger verteilt, so würden Herstellkosten je Einheit entstehen, die über den Produktpreisen liegen. Derartige Werte widersprechen aber dem Tragfähigkeitsprinzip, denn ein Kostenträger kann nur so lange fixe Kosten decken, bis seine Bruttogewinnspanne erschöpft ist. Im übrigen wären über dem Produktpreis liegende Herstellkosten für die Zwecke der Bestandsbewertung ungeeignet, da sie nicht dem Niederstwertprinzip entsprechen. Man muß daher in derartigen Fällen die nicht gedeckten speziellen fixen Kosten in die folgende Deckungsrechnung für die allgemeinen fixen Kosten einbeziehen.

Ist in einer Planungsperiode die Summe der geplanten Bruttogewinne kleiner als die Summe der fixen Planherstellkosten, so würde die Gleichung (195) zu einem Zuschlagssatz führen, der größer als 100 % ist. In solchen Fällen darf man aber den nicht gedeckten Fixkostenbetrag nicht auf die betrieblichen Produkte verteilen, sondern in das Betriebsergebnis ausbuchen und mit einem Zuschlagsatz von 100 % für $z_{Fh}^{(p)}$ rechnen. Auch die fixen Verwaltungs- und Vertriebsgemeinkosten müssen in diesem Fall in das Betriebsergebnis ausgebucht werden, da sie durch die Bruttogewinne nicht gedeckt sind. Durch die Begrenzung des Zuschlagssatzes $z_{Fh}^{(p)}$ auf 100 % wird erreicht, daß keine vollen Herstellkosten entstehen, die über den Marktpreisen liegen. Auf diese Weise führt das Tragfähigkeitsprinzip stets zur Einhaltung des Niederstwertprinzips. Dies dürfte ein Vorteil der Fixkostenverteilung nach dem Tragfähigkeitsprinzip sein.

Ein Nachteil dieses Verfahrens besteht darin, daß es stets nur angewendet werden kann, wenn geplante Marktpreise zur Verfügung stehen. Weiterhin entstehen Schwierigkeiten bei der Bewertung von denjenigen Halbfabrikaten, für die keine Marktpreise und damit auch keine Deckungsbeiträge angegeben werden können. Man kann für die Halbfabrikate das Tragfähigkeitsprinzip wie folgt anwenden. Nachdem man für das zugehörige Fertigprodukt die fixen Herstellkosten pro Produkteinheit durch Multiplikation des Deckungsbeitrages mit dem Fixkostendeckungszuschlag ermittelt hat, dividiert man die fixen Herstellkosten pro Produkteinheit durch die Summe der Plangrenzfertigungskosten. Mit dem so erhaltenen Prozentsatz multipliziert man die dem jeweiligen Reifegrad von Halbfertigfabrikaten entsprechenden Grenzfertigungskosten. Im Beispiel der Tabelle 96 erhalten wir nach diesem Verfahren einen Fixkostenprozentsatz von 22,4 % (1,67 : 7,46). Sind erst die Arbeitsgänge der Fertigungskosten A und B ausgeführt, also erst 3,74 DM Grenzfertigungskosten pro

Stück angefallen, so werden dem betreffenden Halbfabrikat auch nur 0,84 DM fixe Herstellkosten zugeordnet.
Für Bewertungszwecke erscheint uns die Zurechnung der fixen Kosten nach dem Tragfähigkeitsprinzip am besten geeignet. Für LSP-Kalkulationen und für Konzernberichte kommt es dagegen nicht in Frage.
Abschließend sei hier nochmals darauf hingewiesen, daß alle von uns beschriebenen Verfahren zur Verteilung von fixen Kosten auf betriebliche Produkte gegen das Verursachungsprinzip verstoßen und daß die mit Hilfe dieser Verfahren errechneten „Vollkosten" für dispositive Aufgaben, insbesondere für die Produktions- und Verkaufssteuerung, nicht geeignet sind.

20. Kapitel

Die kurzfristige Erfolgsrechnung auf der Basis geplanter Grenzkosten

A. Aufbau und Verfahren der kurzfristigen Erfolgskontrolle

I. Überblick über die Entwicklungsformen der kurzfristigen Erfolgsrechnung

1. Das älteste Verfahren zur Ermittlung des betrieblichen Periodenerfolges ist die *Gewinn- und Verlustrechnung der Finanzbuchhaltung*. Nach diesem Verfahren wird der Erfolg einer Unternehmung in der Regel einmal pro Rechnungsjahr als Saldo des Gewinn- und Verlustkontos nach der Gleichung ermittelt:

(199) Erfolg = Ertrag ./. Aufwand

Für die Zwecke der Erfolgsanalyse ist die Gewinn- und Verlustrechnung der Finanzbuchhaltung nicht geeignet[845]. So stimmen einige Aufwandpositionen der Finanzbuchhaltung nicht mit den entsprechenden Kosten überein; es unterscheiden sich z. B. häufig die Buch- und Bilanzabschreibungen der Finanzbuchhaltung von den kalkulatorischen Abschreibungen der Kostenrechnung. Dieser Mangel läßt sich aber durch die Verwendung der Abgrenzungskonten in der Klasse 2 des Kontenrahmens bereits im System der Finanzbuchhaltung beseitigen. Hierbei wird der Gesamterfolg in den Betriebserfolg, in eine Abstimmdifferenz zwischen der Finanzbuchhaltung und Betriebsabrechnung und in den neutralen Erfolg zerlegt[846]:

(200) Erfolg = (Betriebsertrag ./. Kosten)
+ (Kalkulatorische Kosten ./. nicht als Kosten verrechneter Zweckaufwand)
+ (neutraler Ertrag ./. neutraler Aufwand)

Für die kurzfristige Erfolgskontrolle ist in erster Linie die Differenz aus dem Betriebsertrag und den Gesamtkosten von Bedeutung, die wir als den Betriebserfolg bezeichnen wollen. Die übrigen beiden Komponenten der Gleichung (200) werden wir hier nicht weiter behandeln.

Da der Betriebsertrag aus den Umsatzerlösen und aus den zu Herstellkosten bewerteten Bestandsveränderungen der Halb- und Fertigfabrikate besteht, gilt für die Bestimmung des Betriebserfolgs, den wir bei unseren weiteren Ausführungen mit G bezeichnen wollen, die folgende Grundgleichung:

[845] Vgl. *W. Kilger*, Kurzfristige Erfolgsrechnung, Wiesbaden 1962, S. 24 ff.
[846] Vgl. *W. Kilger*, Kurzfristige ..., a. a. O., S. 17 ff. und insbesondere dort Gleichung (12) auf S. 21.

(201) G = Erlöse
± Bestandsveränderungen der Halb- und Fertigfabrikate (bewertet zu Herstellkosten)
./. Gesamtkosten

Die Gleichung (201) entspricht dem sogenannten *Gesamtkostenverfahren der Erfolgsrechnung*[847]. Auch dieses Verfahren ist jedoch aus zwei Gründen für die kurzfristige Erfolgskontrolle ungeeignet. Erstens werden in Gleichung (201) für die einzelnen Komponenten des Erfolgs unterschiedliche Gliederungsprinzipien verwendet. Die Erlöse und die Bestandsveränderungen werden nach Produktarten bzw. Produktartengruppen differenziert. Die Gesamtkosten dagegen gehen nach Kostenarten bzw. nach Produktionsfaktoren gegliedert in das Betriebsergebnis ein. Daher können bei der Anwendung des Gesamtkostenverfahrens keine Erfolgsbeiträge einzelner Erzeugnisse bzw. Erzeugnisgruppen ermittelt werden. Zweitens erfordert das Gesamtkostenverfahren zu Beginn und am Ende jeder Abrechnungsperiode eine Inventur der Halb- und Fertigfabrikate, da beim Gesamtkostenverfahren keine rechnerische Bestandsführung möglich ist. In den meisten Betrieben lassen sich diese Inventuren aber nur mit großen Schwierigkeiten in relativ kurzen Abständen wiederholen, so daß auch aus diesem Grunde das Gesamtkostenverfahren für eine kurzfristige Erfolgsermittlung ungeeignet ist.

2. Die Mängel des Gesamtkostenverfahrens haben dazu geführt, daß die kurzfristige Erfolgsrechnung in folgender Weise weiterentwickelt wurde. Mit Hilfe der Ergebnisse der Kostenstellenrechnung und der Kalkulation wurden die Gesamtkosten in Gleichung (201) in die nach Kostenträgern differenzierten Selbstkosten der verkauften Erzeugnisse und in die den Lagerbestandsveränderungen der Halb- und Fertigfabrikatebestände entsprechenden Herstellkosten zerlegt. Die zu Herstellkosten bewerteten Bestandsveränderungen sind nach dieser Auflösung in Gleichung (201) mit positivem und negativem Vorzeichen enthalten, so daß sie aus der Erfolgsgleichung herausgelassen werden können. Als Grundgleichung für die Bestimmung des Betriebserfolgs erhalten wir daher:

(202) G = Erlöse ./. Selbstkosten der verkauften Erzeugnisse

Da in Gleichung (202) den Erlösen nur die Selbstkosten der verkauften Erzeugnisse gegenüberstehen, bezeichnet man dieses Verfahren als *Umsatzkostenverfahren der kurzfristigen Erfolgsrechnung*[848]. In Gleichung (202) können nicht nur die Erlöse, sondern auch die mit Hilfe der Kalkulationen ermittelten Selbstkosten der verkauften Erzeugnisse nach Produkten bzw. Produktgruppen differenziert werden. Auf diese Weise kann das gesamte Betriebsergebnis in Gewinnbeiträge einzelner

[847] Vgl. *W. Kilger*, Kurzfristige..., a.a.O., S. 29 ff.
[848] Vgl. *W. Kilger*, Kurzfristige..., a.a.O., S. 36 ff.

Erzeugnisse bzw. Erzeugnisgruppen zerlegt werden. Auf dieser Differenzierung beruht die große Bedeutung des Umsatzkostenverfahrens für die kurzfristige Erfolgskontrolle. Ein weiterer Vorteil des Umsatzkostenverfahrens besteht darin, daß die Bestände an Halb- und Fertigfabrikaten rechnerisch ermittelt werden können, so daß zum Zwecke der bestandsmäßigen Abgrenzung keine körperlichen Inventuren erforderlich sind.

Das Umsatzkostenverfahren kann mit Ist-, Normal- oder Plankosten durchgeführt werden. Kalkuliert man die Selbstkosten der verkauften Erzeugnisse zu Normal- oder zu Plankosten, so entstehen Kostenabweichungen gegenüber den Istkosten. Ein Teil dieser Abweichungen entfällt auf die Herstellkosten und muß daher den Bestandsveränderungen der Halb- und Fertigfabrikate zugerechnet werden. Bei unseren weiteren Ausführungen wollen wir stets davon ausgehen, daß das Umsatzkostenverfahren auf Plankostenbasis durchgeführt wird.

Hierbei kann dem Umsatzkostenverfahren eine auf Vollkosten basierende flexible Plankostenrechnung oder eine Grenzplankostenrechnung zugrunde gelegt werden. Wie jedoch unsere Ausführungen im Abschnitt B, III des dritten Kapitels gezeigt haben, ist die Vollkostenrechnung wegen der für sie typischen, künstlichen Proportionalisierung fixer Kosten für eine wirksame Erfolgsanalyse und für den Aufbau einer richtigen Gewinnplanung ungeeignet. In der Gleichung (202) verhalten sich zwar (bei konstanten Marktpreisen) die Erlöse, nicht aber auch die vollen Selbstkosten der verkauften Erzeugnisse proportional zu den Absatzmengen. Für die kurzfristige Erfolgsrechnung kommt daher allein das Umsatzkostenverfahren auf Grenzkostenbasis in Frage, bei dem das Betriebsergebnis nach folgender Grundgleichung bestimmt wird[849]:

(203)
$$G = \sum_{i=1}^{n} x_{ai} (p_i - k_{si}^{(p)}) - \sum_{j=1}^{m} F_j^{(p)}$$

Wie wir bereits in Abschnitt C, I des dritten Kapitels nachgewiesen haben, führt das Umsatzkostenverfahren auf Grenzkostenbasis nur dann zu dem gleichen Periodengewinn wie das Umsatzkostenverfahren auf Vollkostenbasis, wenn keine Bestandsveränderungen der Halb- und Fertigfabrikate eingetreten sind. Im Falle von Lagerbestandszunahmen führt die Vollkostenrechnung zu einem größeren Periodengewinn, da ein Teil der fixen Herstellkosten in die Bestände eingeht und daher nicht erfolgswirksam wird. Die Grenzkostenrechnung ordnet dagegen den Bestandsveränderungen der Halb- und Fertigfabrikate stets nur die proportionalen Herstellkosten zu, so daß in jeder Abrechnungsperiode die gesamten fixen Herstellkosten den Erfolg verringern. Im Falle von Lagerbestandsabnahmen weist dagegen die Erfolgsrechnung auf Vollkostenbasis einen geringeren Gewinn aus als die Erfolgsrechnung auf Grenzkostenbasis, da fixe Herstellkosten, die in den Vorperioden bestandsmäßig abgegrenzt wurden, zusätzlich zu den in der Abrechnungsperiode

[849] Die Gleichung (203) stimmt mit der Gleichung (12) auf S. 102 überein. In Gleichung (12) haben wir jedoch die proportionalen Selbstkosten zur Abgrenzung gegenüber der Vollkostenrechnung mit k_p bezeichnet, während wir hier das Symbol k_s verwenden.

angefallenen fixen Herstellkosten in die Erfolgsrechnung eingehen[850]. Wie unsere Ausführungen im Abschnitt C, I des dritten Kapitels gezeigt haben, ist für die Zwecke der kurzfristigen Erfolgskontrolle nur der mit Hilfe von Grenzkosten ermittelte Periodenerfolg geeignet.

In der Erfolgsgleichung (203) sind die in einer flexiblen Plankostenrechnung anfallenden Kostenabweichungen noch nicht berücksichtigt. Werden alle Kostenabweichungen nach den von uns im Abschnitt C, II des neunzehnten Kapitels beschriebenen Verfahren auf die betrieblichen Produkte verteilt, so erhalten wir analog zu Gleichung (203) für den Periodenerfolg folgenden Ausdruck:

$$G = \sum_{i=1}^{n} x_{ai} \left(p_i - k_{si}^{(p)} \pm \Delta k_{si}\right) - \sum_{j=1}^{m} F_j^{(p)} \tag{204}$$

In Gleichung (204) ist Δk_{si} gleich der Summe der auf eine Produkteinheit entfallenden Kostenabweichungen. Zusammen mit den Plangrenzselbstkosten $k_{si}{}^{(p)}$ bilden sie die Istgrenzselbstkosten pro Produkteinheit.

Fallen Kostenabweichungen an, die den fixen Kosten zuzurechnen sind, oder entstehen sonstige Abweichungen, die sich nicht nach dem Verursachungsprinzip betrieblichen Produkten zuordnen lassen, so werden diese Abweichungen stets in der Abrechnungsperiode ihrer Entstehung als globale Posten in das Betriebsergebnis übernommen.

Als Kontrollperiode der Erfolgsrechnung sollte der Kalendermonat oder sogar ein kürzerer Zeitraum verwendet werden.

3. Für die praktische Anwendung der Erfolgsanalyse nach dem Umsatzkostenverfahren auf Grenzkostenbasis sind *zwei verschiedene Organisationsformen* vorgeschlagen worden[851]. Wird der kurzfristigen Erfolgsrechnung eine kalkulatorische Bestandsverrechnung der Halb- und Fertigfabrikate vorgeschaltet, die mit allen

[850] Vgl. hierzu unsere Ausführungen auf S. 106 und die in Anmerkung 188 angegebene Literatur. Weiterhin haben wir für ein einfaches Zahlenbeispiel die Gewinnunterschiede zwischen einer auf Vollkosten und einer auf Grenzkosten basierenden Erfolgsrechnung in Abbildung 5 auf S. 106 dargestellt. Eine ausführliche Analyse dieser Gewinnunterschiede findet der Leser bei *W. Kilger,* Kurzfristige . . ., a. a. O., S. 61 ff.

[851] Vgl hierzu vor allem *W. Medicke,* Geschlossene Kostenträgerrechnung und Artikelergebnisrechnung in der Grenzplankostenrechnung, AGPLAN, Bd. 8, Wiesbaden 1964, S. 37: „Die Kostenträgerrechnung kann grundsätzlich organisiert werden:
1. als geschlossene Kostenträgerrechnung,
2. als Artikelergebnisrechnung (nicht geschlossene Kostenträgerrechnung)."
Im übrigen vgl. zur Erfolgsanalyse nach dem Umsatzkostenverfahren auf Grenzkostenbasis: *W. Kilger,* Kurzfristige . . ., a. a. O., S. 48 ff.; *A. Matz,* Planung und Kontrolle von Kosten und Gewinn, AGPLAN, Bd. 7, Wiesbaden 1964, S. 235 ff.; *NAA-Research Report 37,* Current Application of Direct Costing, New York 1961, S. 22 ff.; *R. W. Sauber,* Management Appraises Direct Costing–A Play, N.A.C.A.-Bulletin 1955 (12), Section 1, S. 459 ff,; *G. Shillinglaw,* Cost Accounting, Analyis and Control, Homewood, Ill. 1961, S. 689 ff.; *W. Wright,* Direct Standard Costs for Decision Making and Control, New York-Toronto–London 1962, S. 169 ff.

Teilbereichen der Einzel- und Gemeinkostenkontrolle abgestimmt ist, so wollen wir nach W. Medicke von einer „Geschlossenen Kostenträgererfolgsrechnung mit abgestimmter Bestandsführung" sprechen. Man kann die Erfolgsgleichung (204) auch in der Weise anwenden, daß man auf eine Abstimmung mit der Kostenkontrolle und auf die laufende kalkulatorische Bestandsverrechnung verzichtet, indem man die den Erlösen einer Abrechnungsperiode entsprechenden Absatzmengen auf die zugehörigen Plangrenzselbstkosten und Abweichungsanteile pro Einheit umwertet. Wir wollen dieses Verfahren als eine „Nicht geschlossene Kostenträgererfolgsrechnung" bezeichnen. W. Medicke spricht in diesem Fall von einer „Artikelergebnisrechnung"[852].

In den folgenden Abschnitten werden wir diese beiden Verfahren der kurzfristigen Erfolgskontrolle darstellen und miteinander vergleichen.

II. Die geschlossene Kostenträgererfolgsrechnung

1. Bei der geschlossenen Kostenträgererfolgsrechnung wird in jeder Abrechnungsperiode zunächst eine besondere *Betriebsleistungsrechnung* durchgeführt, die darin besteht, daß man die Sollgrenzherstellkosten der Istproduktion auf zweifache Weise ermittelt und die Ergebnisse abstimmt[853]. Erstens erhält man die Sollgrenzherstellkosten der Istproduktion, die wir mit $K_h^{(s)}$ bezeichnen wollen, indem man alle produzierten Stückzahlen $x_{pi}^{(i)}$ mit den zugehörigen Plangrenzherstellkosten der Plankalkulation multipliziert:

$$(205) \qquad K_h^{(s)} = \sum_{i=1}^{n} x_{pi}^{(i)} k_{hi}^{(p)}$$

Zweitens erhält man die Sollgrenzherstellkosten der Istproduktion einer Abrechnungsperiode, indem man die Summe aus den Solleinzelmaterialkosten, den Sollmaterialgemeinkosten, den Solleinzelkosten der Fertigung und den variablen Sollkosten der Fertigungskostenstellen bildet. Den gleichen Gesamtbetrag wie nach Gleichung (205) erhält man hierbei aber nur unter der Voraussetzung, daß der Grundsatz der Kostenidentität eingehalten wird. Hierunter ist nach W. Medicke die Übereinstimmung zwischen allen Bezugsgrößen der Kostenkontrolle und den Kalkulationsbezugsgrößen der Plankalkulation zu verstehen[854]. Diese Übereinstimmung besteht zwangsläufig für alle Bezugsgrößen von Fertigungskostenstellen, die nach Gleichung (147) retrograd aus der Istproduktion abgeleitet werden. Wie

[852] Vgl. *W. Medicke*, Geschlossene Kostenträgerrechnung ..., a. a. O., S. 37.

[853] In der Praxis spricht man statt von Sollgrenzherstellkosten der Istproduktion häufig von den Plangrenzherstellkosten der „Betriebsleistung". Da es sich jedoch um Herstellkosten handelt, die den effektiv erstellten Produktmengen entsprechen, erscheint uns theoretisch die Bezeichnung „Sollgrenzherstellkosten" richtiger. Weiterhin ziehen wir die Bezeichnung „Istproduktion" dem Begriff „Betriebsleistung" vor.

[854] Vgl. *W. Medicke*, Geschlossene Kostenträgerrechnung ..., a. a. O., S. 38 und 40.

unsere Ausführungen im Abschnitt E des achtzehnten Kapitels gezeigt haben, gibt es jedoch auch Kostenstellen, denen im Soll-Ist-Kosten-Vergleich Istbezugsgrößen gutgeschrieben werden müssen, die den Plankalkulationen nicht entsprechen. In diesen Fällen ist der Grundsatz der Kostenidentität nicht erfüllt.

Werden z. B. in Betrieben mit Serienfertigung in einer Kostenstelle die Bezugsgrößen „Rüststunden" und „Ausführungsstunden" nebeneinander verwendet, um die Einflüsse schwankender Seriengrößen zu erfassen, so werden im Soll-Ist-Kosten-Vergleich stets die den Istauflegungszahlen entsprechenden Rüststunden als Istbezugsgrößen berücksichtigt. In den Plankalkulationen werden dagegen die den geplanten Seriengrößen entsprechende Rüstzeiten pro Produkteinheit kalkuliert. Werden in einer Abrechnungsperiode die geplanten Seriengrößen nicht eingehalten, so fällt als Differenz zwischen der Kostenstellen- und der Kostenträgerrechnung eine Rüstkostenabweichung an, die sich nach dem ersten Teil der im Abschnitt E, I des achtzehnten Kapitels auf Seite 534 abgeleiteten Gleichung (156) bestimmen läßt. Ersetzt man in dieser Gleichung die Quotienten aus den Iststückzahlen und den Istseriengrößen durch die Istauflegungszahlen und die Quotienten aus den Iststückzahlen und den geplanten Seriengrößen durch die Sollauflegungszahl, so erkennt man, daß die Abweichung infolge außerplanmäßiger Seriengrößen der mit dem Plangrenzrüstkostensatz bewerteten Differenz aus den Vorgabestunden der Istauflegungszahlen $T_R^{(i)}$ und der Sollauflegungszahlen $T_R^{(s)}$ entspricht. So werden bei einem Grenzkostensatz von $d_R^{(p)}$ für die Rüststunde der Kostenstellenrechnung Grenzkosten in Höhe von $T_R^{(i)}d_R^{(p)}$ gutgeschrieben, der Kostenträgerrechnung aber nur Grenzkosten in Höhe von $T_R^{(s)}d_R^{(p)}$ belastet. Wie unser Beispiel erkennen läßt, ist diese Differenz darauf zurückzuführen, daß die in der Kostenstellenrechnung verwendete Istbezugsgröße nicht mit der Sollbezugsgröße übereinstimmt, die den Plankalkulationen entspricht. Ähnliche Bezugsgrößendifferenzen, die zu Abweichungen zwischen der Kostenstellen- und der Kostenträgerrechnung führen, werden bei außerplanmäßigen Bedienungsverhältnissen, Verfahrens- oder Arbeitsablaufabweichungen, Verrechnungsabweichungen und Leistungs- oder Ausbeuteabweichungen wirksam, sofern diese als spezielle Abweichungen der variablen Kosten eliminiert werden, wie wir das in Abschnitt E des achtzehnten Kapitels beschrieben haben[855]. In diesen Fällen muß die Betriebsleistungsrechnung mit den Sollbezugsgrößen durchgeführt werden, die den Planbezugsgrößen entsprechen, weil nur auf diese Weise eine Übereinstimmung mit den nach Gleichung (205) errechneten Sollgrenzherstellkosten der Istproduktion erzielbar ist. Für die zweite Bestimmungsgleichung der Sollgrenzherstellkosten der Istproduktion $K_h^{(s)}$ wollen wir folgende Symbole verwenden:

[855] Etwas komplizierter wird die Ermittlung der Kostenabweichungen infolge intensitätsmäßiger Anpassungsprozesse. Vgl. hierzu S. 553 ff.

$M^{(s)}$ = Solleinzelmaterialkosten[856]
$E_F^{(s)}$ = Soll-Sondereinzelkosten der Fertigung
ν = Kostenartenindex für Einzelmaterial und für Sondereinzelkosten der Fertigung[857]
z = Anzahl Kostenarten der Einzelmaterialkosten und der Sondereinzelkosten
$d^{(p)}$ = Proportionaler Planverrechnungssatz für Materialgemeinkosten der Fertigung
$V^{(p)}$ = Summe der proportionalen Plankosten pro Kostenstelle
$b^{(s)}$ = Sollbezugsgröße der Istproduktion (die der Plankalkulation entspricht)
$b^{(p)}$ = Planbezugsgröße
j = Kostenstellenindex
β = Bezugsgrößenindex (bei mehreren Bezugsgrößen pro Kostenstelle)
m_F = Anzahl Hauptkostenstellen der Fertigung
s = Anzahl Bezugsgrößen pro Kostenstelle

Bei Verwendung dieser Symbole erhalten wir für die Sollgrenzherstellkosten der Istproduktion folgenden Ausdruck:

$$K_h^{(s)} = \sum_{\nu=1}^{z} M_\nu^{(s)} \left(1 + \frac{d_\nu^{(p)}}{100}\right) + \sum_{\nu=1}^{z} E_{F\nu}^{(s)} + \sum_{j=1}^{m_F} \sum_{\beta=1}^{s} V_{j\beta}^{(p)} \frac{b_{j\beta}^{(s)}}{b_{j\beta}^{(p)}} \tag{206}$$

Fallen keine speziellen Abweichungen der variablen Kosten an, so stimmt in Gleichung (206) der dritte Summand mit der Summe der variablen Sollkosten der Fertigungskostenstellen im Soll-Ist-Kosten-Vergleich überein; denn in diesem Fall können die Sollbezugsgrößen $b_j^{(s)}$ durch die Istbezugsgrößen $b_j^{(i)}$ ersetzt werden.
Erst nachdem die Gleichung (205) im Zuge der Betriebsleistungsrechnung durch die Gleichung (206) überprüft wurde, wird sie in einer geschlossenen Kostenträgererfolgsrechnung dazu verwendet, die Sollgrenzherstellkosten der Istproduktion nach einzelnen Produkten bzw. nach Produktgruppen zu differenzieren.
Der zweite Teil der Betriebsleistungsrechnung besteht darin, die nach dem Verursachungsprinzip zurechenbaren Kostenabweichungen einer Abrechnungsperiode zu den Sollgrenzherstellkosten zu addieren, damit man die Istgrenzherstellkosten der Istproduktion erhält. Über die bereits in Gleichung (206) verwendeten Symbole hinaus wollen wir noch folgende weitere Symbole einführen:

ΔK_h = Abweichungssumme der Herstellkosten
ΔM = Einzelmaterial-Verbrauchsabweichungen
ΔE_F = Abweichungen der Sondereinzelkosten der Fertigung
ΔV = Verbrauchsabweichungen der Kostenstellen
m_M = Anzahl Hauptkostenstellen des Materialbereichs
ΔQ = Einzelmaterial-Preisabweichungen
ΔL = Einzellohnsatzabweichungen

[856] Zur Bestimmung der Solleinzelmaterialkosten vgl. die von uns auf S. 235 abgeleitete Gleichung (60). Für die Sollsondereinzelkosten der Fertigung gilt eine ähnliche Bestimmungsgleichung.
[857] Zur Vereinfachung haben wir für das Einzelmaterial und für die Sondereinzelkosten der Fertigung die gleiche Indizierung gewählt.

Wir erhalten damit für die Abweichungssumme der Herstellkosten folgenden Ausdruck:

$$\Delta K_h = \sum_{\nu=1}^{z} \Delta M_\nu + \sum_{\nu=1}^{z} \Delta E_{F\nu} + \sum_{j=1}^{m_F} \sum_{\beta=1}^{s} V_{j,\beta}^{(p)} \left(\frac{b_{j,\beta}^{(i)}}{b_{j,\beta}^{(p)}} - \frac{b_{j,\beta}^{(s)}}{b_{j,\beta}^{(p)}} \right) + \sum_{j=1}^{m_M+m_F} \Delta V_j + \sum_{\nu=1}^{z} \Delta Q_\nu + \sum_{\nu=1}^{z} \Delta L_\nu \tag{207}$$

Die in Gleichung (207) enthaltenen Einzelmaterial-Verbrauchsabweichungen ΔM_ν lassen sich nach den Verfahren ermitteln, die wir im Abschnitt A, III des elften Kapitels beschrieben haben[858]. Für die Ermittlung der Abweichungen der Sondereinzelkosten der Fertigung gelten unsere Ausführungen in Abschnitt A des dreizehnten Kapitels. Der dritte Summand in Gleichung (207) entspricht den speziellen Abweichungen der variablen Kosten, die auf Unterschiede zwischen den Istbezugsgrößen der Kostenstellenrechnung und den Sollbezugsgrößen der Kostenträgerrechnung zurückzuführen sind, die den Plankalkulationen entsprechen. Hierzu gehören insbesondere die Kostenabweichungen infolge außerplanmäßiger Seriengrößen, Kostenabweichungen infolge außerplanmäßiger Bedienungsrelationen, Verfahrens- oder Arbeitsablaufabweichungen und Leistungs- oder Ausbeuteabweichungen. Für die Ermittlung der Verbrauchsabweichungen gelten unsere Ausführungen im Abschnitt D des achtzehnten Kapitels[859]. Bei den Preisabweichungen ΔQ_ν der Gleichung (207) handelt es sich um die den Materialabgängen entsprechenden Preisdifferenzkosten[860]. Zu den Einzellohnsatzabweichungen ΔL_ν ist zu bemerken, daß sie in Gleichung (207) nur dann gesondert in Erscheinung treten, wenn sie in gleicher Weise wie die Einzelmaterial-Preisabweichungen erfaßt werden. Läßt man dagegen Einzellohnsatzabweichungen in die Kostenstellenrechnung eingehen, so sind die Einzellohnsatzabweichungen in den Verbrauchsabweichungen enthalten[861].

In Gleichung (207) fehlen die auf die variablen Herstellkosten entfallenden Gemeinkostenmaterial-Preisabweichungen, Gemeinkostenlohnsatz-Abweichungen und die Verbrauchsabweichungen der sekundären Kostenstellen. Verzichtet man darauf, diese Abweichungen in der Kostenträgererfolgsrechnung den betrieblichen Produkten bzw. Produktgruppen zuzurechnen, so werden sie en bloc in die Erfolgsrechnung übernommen. Will man dagegen auch diese Abweichungen kostenträgerweise verteilen, so geschieht das am zweckmäßigsten in der Weise, daß man sie zuvor durch eine Sonderrechnung den Hauptkostenstellen des Material- und Fertigungsbereichs zuordnet und sie dann in Gleichung (207) zusammen mit den Verbrauchsabweichungen dieser Kostenstellen weiterverrechnet.

Addiert man die nach Produkten bzw. Produktgruppen differenzierten Abwei-

[858] Vgl. hierzu die Gleichung (61) auf S. 235.
[859] Vgl. hierzu die Gleichung (153) auf S. 521.
[860] Vgl. hierzu die Gleichung (47) auf S. 199.
[861] Vgl. hierzu unsere Ausführungen im 10. Kapitel.

chungen der Herstellkosten zu den Sollherstellkosten der Istproduktion, so erhält man die Istgrenzherstellkosten $K_{hi}^{(i)}$ der Istproduktion:

$$(208) \qquad K_{hi}^{(i)} = K_{hi}^{(s)} \pm \Delta K_{hi} \qquad (i = 1, 2, \ldots, n)$$

2. Auf die Betriebsleistungsrechnung und die Abweichungsverteilung folgt in einer geschlossenen Kostenträgererfolgsrechnung die *kalkulatorische Bestandsrechnung.* Die Summe der Herstellkosten einer Abrechnungsperiode ist gleich dem bewerteten Zugang an Halb- und Fertigfabrikaten. Addiert man hierzu die zu Beginn der betreffenden Abrechnungsperiode vorhandenen Anfangsbestände und subtrahiert man die Herstellkosten der verkauften Erzeugnisse, so erhält man den bewerteten Endbestand. Wie die Gleichung (208) für den Halb- und Fertigfabrikatezugang erkennen läßt, werden in einer Grenzplankostenrechnung die Bestände doppelt geführt, und zwar erstens bewertet zu Plangrenzherstellkosten und zweitens bewertet zu anteiligen Herstellkostenabweichungen[862].

In einer geschlossenen Kostenträgererfolgsrechnung werden stets nur rechnerisch ermittelte Halb- und Fertigfabrikatebestände ausgewiesen. Mindestens einmal im Jahr erfolgt jedoch eine Überprüfung dieser Bestände durch eine Inventur. Die hierbei auftretenden *Inventurdifferenzen* werden am Jahresende in das Betriebsergebnis ausgebucht. Sie können erstens auf Lagerverluste und zweitens auf Fehler im System der Kostenträgerrechnung zurückzuführen sein. Die zuletzt genannte Ursache der Inventurdifferenzen tritt immer dann auf, wenn der Grundsatz der Kostenidentität nicht eingehalten wird. Dies ist z. B. der Fall, wenn man aus Gründen der Vereinfachung auf die Eliminierung spezieller Abweichungen der variablen Kosten verzichtet, obwohl die betreffenden Kosteneinflüsse wirksam geworden sind[863]. Besonders häufig führen nicht erfaßte Verfahrens-, Seriengrößen- und Ausbeuteabweichungen zu Inventurdifferenzen. Aber auch sonstige Verstöße gegen die Kostenidentität, z. B. Fehler bei der Ausschußerfassung oder bei der Planung und Kontrolle von Einzelkosten, können die Ursache rechnerischer Inventurdifferenzen sein.

3. Das dritte Teilgebiet der geschlossenen Kostenträgererfolgsrechnung ist die eigentliche *Erfolgskontrolle,* deren Aufbau der Gleichung (204) entspricht.

Die verkauften Erzeugnisse werden mit ihren Plangrenzherstellkosten bewertet und

[862] Vgl. hierzu *H. G. Plaut,* Die Grenz-Plankostenrechnung, ZfB 1953, S. 359; *H. Tigges,* Betriebsüberwachung durch Plankostenrechnung, ZfhF 1951, S. 217; *W. Kilger,* Die Verteilung der Abweichungen auf die Kostenträger innerhalb der Plankostenrechnung, ZfB 1952, S. 504.

[863] Vgl. hierzu *W. Medicke,* Geschlossene Kostenträgerrechnung ..., a. a. O., S. 38. Auch *S. B. Henrici,* Standard Costs for Manufacturing, 3. Aufl., New York-Toronto-London 1960, weist auf S. 112 darauf hin, daß im Falle nicht durch besondere Abweichungen erfaßter Arbeitsablaufänderungen die Kostenidentität gestört ist: "... the equality of total work in process standard costs and standard unit product costs is destroyed."

der Bestandsverrechnung als Lagerabgang gutgeschrieben. Sie gehen als Sollgrenzherstellkosten der Istabsatzmengen oder der Vertriebsleistung in die Erfolgskontrolle ein[864]. Parallel zu den Plangrenzherstellkosten werden die zugehörigen Herstellkostenabweichungen in die Erfolgsrechnung übernommen. Addiert man sie zu den Plangrenzherstellkosten, so erhält man die Istgrenzherstellkosten der Vertriebsleistung.

Als weitere Kostenpositionen gehen in die Erfolgsrechnung die nach Erzeugnissen bzw. Erzeugnisgruppen differenzierten Sollgrenzkosten der Verwaltungs- und Vertriebskostenstellen und die Sollbeträge der Sondereinzelkosten des Vertriebs ein. Addiert man diese Kosten zu den Sollgrenzherstellkosten der Vertriebsleistung, so erhält man die Sollgrenzselbstkosten der verkauften Erzeugnisse.

Neben den auf die Vertriebsleistung entfallenden Herstellkostenabweichungen werden auch die *Abweichungen der Verwaltungs- und Vertriebskostenstellen und die der Sondereinzelkosten des Vertriebs* in die Erfolgskontrolle übernommen. Die Abweichungen der Sondereinzelkosten des Vertriebs können auf die folgenden beiden Ursachen zurückzuführen sein. Erstens kann es sich um echte Verbrauchsabweichungen handeln, wie sie z. B. häufig bei den Kosten für Verpackungsmaterial auftreten. Zweitens können diese Abweichungen aber auch daraus resultieren, daß den Plankalkulationen geplante Durchschnittsätze zugrunde liegen, wie das z. B. häufig bei Provisionen und Frachtkosten der Fall ist, die den betreffenden Istkosten der Abrechnungsperiode nicht entsprechen. Addiert man sämtliche auf die Vertriebsleistung entfallenden Abweichungen zu den Sollgrenzselbstkosten der Vertriebsleistung, so erhält man die Istgrenzselbstkosten der Vertriebsleistung.

Auch für die Erlöse sollte in der kurzfristigen Erfolgsrechnung eine Abweichungskontrolle durchgeführt werden. Hierzu sind von der Vertriebsleitung für alle Erzeugnisse Planpreise festzulegen. Die Verkaufsmengen einer Abrechnungsperiode werden doppelt bewertet, und zwar erstens mit den erzielten Istpreisen und zweitens mit den zugehörigen Planpreisen. Bei der Erlösberechnung ist stets von Nettoerlösen auszugehen, also von Erlösen, die bereits um Rabatte und sonstige Erlösschmälerungen vermindert sind. Die nach Erzeugnissen bzw. Erzeugnisgruppen differenzierten Differenzen aus den Ist- und den Sollerlösen der Istabsatzmengen werden als *Erlösabweichungen* ausgewiesen.

Vermindert man die Sollerlöse um die Sollgrenzselbstkosten der Vertriebsleistung, so erhält man die Solldeckungsbeiträge bei Planpreisen. Addiert man hierzu die Erlösabweichungen, so gelangt man zu den Solldeckungsbeiträgen bei Istpreisen. Hiervon müssen schließlich noch die der Vertriebsleistung zugerechneten Kostenabweichungen subtrahiert werden, damit man die Istdeckungsbeiträge der einzelnen Erzeugnisse bzw. Erzeugnisgruppen erhält.

Für die spätere Erfolgsauswertung ist es zweckmäßig, die Deckungsbeiträge pro-

[864] In der Praxis wird in der Regel die Bezeichnung „*Plan*grenzherstellkosten der Vertriebsleistung" verwendet. Da der Vertriebsleistung aber *Ist*absatzmengen zugrunde liegen, ist es besser, von „*Soll*grenzherstellkosten der Vertriebsleistung" zu sprechen.

zentual auf die Erlöse bzw. auf die Grenzselbstkosten der Vertriebsleistung zu beziehen[865]. Weiterhin ist es empfehlenswert, die seit Jahresbeginn angefallenen Deckungsbeiträge kumuliert auszuweisen. In Saisonbetrieben sollte darüber hinaus auch jeweils der Deckungsbeitrag angegeben werden, der im gleichen Monat des Vorjahres erzielt wurde.

In Betrieben mit relativ wenigen Erzeugnissen kann in der geschlossenen Kostenträgererfolgsrechnung jedes Erzeugnis einzeln ausgewiesen werden. Ist die Anzahl der Erzeugnisse hierfür zu groß, so sind artähnliche Erzeugnisgruppen zu bilden, deren Kosten, Bestände und Erlöse zusammen erfaßt und ausgewiesen werden.

Von der Summe der Istdeckungsbeiträge werden en bloc die gesamten fixen Kosten und die nicht auf Kostenträger verteilten Abweichungen abgezogen. Auf diese Weise erhält man den Nettogewinn nach Gleichung (204).

4. Die praktische Durchführung der geschlossenen Kostenträgererfolgsrechnung kann entweder im System der doppelten Buchführung oder statistisch-tabellarisch in der Betriebsabrechnung erfolgen[866].

Im Falle der kontenmäßigen Durchführung erfolgt die Betriebsleistungsrechnung mit Hilfe von Verrechnungskonten in der Klasse 5. Die Bestandsverrechnung wird auf einem Fabrikationskonto in der Klasse 6 und auf den Halb- und Fertigfabrikatebestandskonten in den Klassen 6 und 7 durchgeführt. Die Erfolgskontrolle selbst erfolgt auf dem Betriebsergebniskonto in der Klasse 9. Wegen des rechnerisch komplizierten Aufbaus einer geschlossenen Kostenträgererfolgsrechnung im System der doppelten Buchführung sollte jedoch in der Praxis die statistisch-tabellarische Form der Durchführung vorgezogen werden. Dies gilt um so mehr, als in vielen Betrieben die Kostenträgererfolgsrechnung mit Hilfe der Datenverarbeitung erfolgt.

In der Tabelle 97 haben wir ein einfaches Beispiel für eine statistisch-tabellarisch durchgeführte Kostenträgererfolgsrechnung wiedergegeben, in dem 7 Kostenträgergruppen gebildet wurden[867].

In den Zeilen 1 bis 12 der Tabelle 97 ist die Betriebsleistungsrechnung wiedergegeben. Als Sollgrenzherstellkosten der Istproduktion erhalten wir 533 460 DM. Die Berechnung dieses Betrages erfolgt nach Gleichung (205), nur daß die Teilbeträge nicht nach Einzelerzeugnissen, sondern nach Erzeugnisgruppen differenziert sind.

[865] In den USA bezieht man die Deckungsbeiträge in der Regel auf die Erlöse. Vgl. hierzu *W. Wright*, Direct Standard Costs ..., a. a. O., S. 20, der den Quotienten aus dem Bruttogewinn und dem Erlös als „P/V-ratio" bezeichnet. *A. Matz*, Planung ..., a. a. O., S. 242, bezeichnet diese Relation als „G/U-Verhältnis".

[866] Zur Durchführung der geschlossenen Kostenträgererfolgsrechnung im Kontensystem der doppelten Buchführung vgl. *W. Kilger*, Kurzfristige ..., a. a. O., S. 48 ff., und insbesondere dort die Übersicht 3 auf S. 57a.

[867] Ähnliche Beispiele wurden veröffentlicht von *W. Medicke*, Geschlossene Kostenträgerrechnung ..., a. a. O., S. 45, und von *W. Kilger*, Kurzfristige ..., a. a. O., S. 79 ff., insbesondere dort Übersicht 4 auf S. 80 a.

In den Zeilen 2 bis 10 erfolgt die Verteilung der zurechenbaren Kostenabweichungen. Diese Zurechnung erfolgt nach den Verfahren, die wir im Abschnitt C, II des neunzehnten Kapitels beschrieben haben. Die Zeile 9 läßt erkennen, daß bei einigen Einzelmaterialgruppen Preissenkungen eingetreten sind. Die in den Zeilen 4 bis 7 ausgewiesenen speziellen Abweichungen der variablen Kosten lassen erkennen, in welcher Weise außerplanmäßige Einflüsse des Arbeitsablaufs die Fertigungskosten beeinflußt haben. Aus der Zeile 10 kann entnommen werden, daß während des Kontrollmonats keine Lohnsatzabweichungen eingetreten sind.

Die Zeile 12 enthält die Istgrenzherstellkosten der Betriebsleistung, deren Bestimmung nach Gleichung (208) erfolgte.

In den Zeilen 13 bis 20 wird die nach Plangrenzherstellkosten und nach anteiligen Herstellkostenabweichungen differenzierte Bestandsverrechnung durchgeführt. Die in den Zeilen 14 und 18 ausgewiesenen Zugänge entsprechen den Positionen der Zeilen 1 und 11. Die den Istabsatzmengen der Abrechnungsperiode entsprechenden Plangrenzherstellkosten werden als Sollgrenzherstellkosten der Vertriebsleistung in die Zeile 15 der Selbstkostenberechnung übertragen. Entsprechend werden die zugehörigen Herstellkostenabweichungen der Vertriebsleistung von der Zeile 19 in die Zeile 29 übernommen.

In den Zeilen 22 bis 27 werden die Sollkosten des Verwaltungs- und Vertriebsbereichs einschließlich der Sondereinzelkosten des Vertriebs zusammengestellt und auf die Kostenträgergruppen verteilt. Die Sollbeträge der Sondereinzelkosten des Vertriebs entsprechen den Ansätzen in den Plankalkulationen. Hierbei bezieht sich die erlösabhängige Kostenart „Provision" auf die geplanten Marktpreise der einzelnen Erzeugnisse.

In den Zeilen 30 bis 35 werden die Verbrauchsabweichungen der Verwaltungs- und Vertriebskostenstellen und die Abweichungen der Sondereinzelkosten des Vertriebs ausgewiesen. Die Verbrauchsabweichungen für Verpackungsmaterial werden in der Weise erfaßt, daß den mit Hilfe von Materialentnahmescheinen erfaßten Istkosten für Verpackungsmaterial die den Plankalkulationen entsprechenden Sollkosten gegenübergestellt werden. Die Provisionsabweichungen resultieren in unserem Beispiel nur aus den in Zeile 40 ausgewiesenen Verkaufspreisabweichungen, da für alle Erzeugnisse und Verkaufsbereiche ein einheitlicher Provisionssatz verwendet wird. Bei differenzierten Provisionssätzen kann auch eine von der Verkaufsplanung abweichende Zusammensetzung der Absatzmengen zu Provisionsabweichungen führen. In der Zeile 37 sind die Istgrenzselbstkosten der Vertriebsleistung in Höhe von 751 642 DM ausgewiesen.

In den Zeilen 38 bis 40 erfolgt die Erlöskontrolle durch Gegenüberstellung der Isterlöse und der Sollerlöse, die den Planpreisen der einzelnen Erzeugnisse entsprechen. Die Zeile 40 läßt erkennen, daß in allen Kostenträgergruppen mit Ausnahme von Gruppe 3 Preissenkungen eingetreten sind oder außerplanmäßig hohe Rabatte gewährt werden mußten.

In den Zeilen 41 bis 43 werden die Bruttogewinne bzw. Deckungsbeiträge der Kostenträgergruppen ausgewiesen.

Tabelle 97: Beispiel einer geschlossenen Kostenträgererfolgsrechnung

Zeilen-Nr.			Kostenträgererfolgsrechnung Monat: Juli 1967		Summen
1	Betriebsleistungsrechnung		Soll-Grenz-HK der Istproduktion (=Betriebsleistung)		533 460
2		Abweichungen	Einzelmaterial-Verbrauchsabweichungen		+ 5 173
3			Abweichungen der Sondereinzelkosten der Fertigung		+ 978
4			Abweichungen infolge außerplanmäßiger Seriengrößen		+ 2 535
5			Abweichungen infolge außerplanmäßiger Bedienungssysteme		+ 221
6			Verfahrensabweichungen		+ 4 717
7			Ausbeuteabweichungen		+ 2 859
8			Verbrauchsabweichungen der Material- und Fertigungsstellen		+ 6 730
9			Einzelmaterialpreisabweichungen		./. 3 891
10			Fertigungslohnsatzabweichungen		–
11			Summe Herstellkostenabweichungen		+ 19 322
12			Ist-Grenz-HK der Istproduktion (=Betriebsleistung)		552 782
13	Bestandsrechnung	Plan-GHK	Anfangsbestand (Vortrag vom Vormonat)		565 456
14			Zugang (=Zeile 1)		533 460
15			Abgang (=Zeile 21)		./. 580 655
16			Endbestand		518 261
17		Abweichungen	Anfangsbestand (Vortrag vom Vormonat)		+ 21 09
18			Zugang (=Zeile 11)		+ 19 32
19			Abgang (=Zeile 29)		./. 23 28
20			Endbestand		+ 17 13
21	Selbstkostenberechnung		Soll-Grenz-HK der Istabsatzmengen (=Vertriebsleistung)		580 65
22		Soll-VuV.-Kosten	Sollkosten der Verwaltungskostenstellen		17 42
23			Sollkosten der Vertriebskostenstellen		34 42
24			Sollkosten für Verpackungsmaterial		12 64
25			Sollprovisionen		25 59
26			Sollfrachtkosten		54 65
27					
28			Soll-Grenz-SK der Istabsatzmengen (=Vertriebsleistung)		725 39
29		Abweichungen	HK-Abweichungen der Istabsatzmengen (=Vertriebsleistung)		+ 23 28
30			Verbrauchsabweichungen der Verwaltungskostenstellen		+ 97
31			Verbrauchsabweichungen der Vertriebskostenstellen		+ 1 44
32			Verbrauchsabweichungen für Verpackungsmaterial		+ 98
33			Provisionsabweichungen		./. 38
34			Frachtkostenabweichungen		./. 5
35					
36			Summe Selbstkostenabweichungen		+ 26 25
37			Ist-Grenz-SK der Istabsatzmengen (=Vertriebsleistung)		751 64
38	Erfolgskontrolle		Isterlöse der Istabsatzmengen (=Vertriebsleistung)		1 008 52
39			Sollerlöse der Istabsatzmengen (=Vertriebsleistung)		1 023 74
40			Verkaufspreisabweichungen (38 ./. 39)		./. 15 22
41			Solldeckungsbeiträge bei Sollerlösen (39 ./. 28)		298 35
42			Solldeckungsbeiträge bei Isterlösen (38 ./. 28 ./. 33)		283 51
43			Istdeckungsbeiträge (38 ./. 37)		256 87
44			Istdeckungsbeiträge in % der Ist-Erlöse		25,5
45			Istdeckungsbeiträge seit Jahresbeginn		(1 941 06
46			Summe nicht verteilte Abweichungen	(./. 39 260)	./. 5 37
47			Summe fixe Kosten	(./. 1 571 500)	./. 224 50
48			Gesamterfolg (43 ./. 46 ./. 47)	(+ 330 302)	+ 27 00

räger 1	Kostenträger Gruppe 2	Kostenträger Gruppe 3	Kostenträger Gruppe 4	Kostenträger Gruppe 5	Kostenträger Gruppe 6	Kostenträger Gruppe 7
364	68 095	87 190	102 667	44 681	77 430	26 033
560	+ 466	./. 480	+ 2 350	+ 233	+ 551	./. 507
870	–	–	–	+ 188	./. 320	+ 240
215	+ 890	–	–	–	–	+ 430
–	+ 577	–	./. 540	–	+ 184	–
737	–	+ 2 890	–	+ 230	–	+ 860
–	+ 1 688	–	+ 890	–	+ 281	–
370	+ 790	+ 1 160	+ 1 688	+ 380	+ 825	+ 517
166	./. 1 006	+ 3 406	./. 2 334	./. 2 819	./. 3 069	./. 235
–	–	–	–	–	–	–
918	+ 3 405	+ 6 976	+ 2 054	./. 1 788	./. 1 548	+ 1 305
282	71 500	94 166	104 721	42 893	75 882	27 338
740	95 620	58 610	94 670	60 880	54 620	40 316
364	68 095	87 190	102 667	44 681	77 430	26 033
414	./. 89 620	./. 112 480	./. 68 352	./. 42 112	./. 89 360	./. 30 317
690	74 095	33 320	128 985	63 449	42 690	36 032
249	+ 4 780	+ 4 688	+ 1 894	./. 2 436	./. 1 092	+ 2 015
918	+ 3 405	+ 6 976	+ 2 054	./. 1 788	./. 1 548	+ 1 305
388	./. 4 480	./. 9 002	./. 1 368	+ 1 684	+ 1 788	./. 1 515
779	+ 3 705	+ 2 662	+ 2 580	./. 2 540	./. 852	+ 1 805
414	89 620	112 480	68 352	42 112	89 360	30 317
452	2 688	3 375	2 052	1 263	2 682	909
420	4 480	5 625	5 468	3 368	7 152	909
576	1 985	1 980	2 410	1 007	2 068	615
036	3 600	4 823	3 556	1 558	3 693	1 327
938	7 650	10 366	7 298	3 477	7 916	3 014
836	110 023	138 649	89 136	52 785	112 871	37 091
388	+ 4 480	+ 9 002	+ 1 368	./. 1 684	./. 1 788	+ 1 515
249	+ 151	+ 189	+ 115	+ 71	+ 150	+ 51
312	+ 188	+ 236	+ 230	+ 141	+ 300	+ 38
460	+ 320	./. 260	+ 410	./. 115	+ 60	+ 112
89	./. 91	+ 13	–	./. 47	./. 151	./. 16
428	+ 371	+ 719	./. 219	+ 305	+ 318	./. 123
892	+ 5 419	+ 9 899	+ 1 904	./. 1 329	./. 1 111	+ 1 577
728	115 442	148 548	91 040	51 456	111 760	38 668
897	140 360	193 450	142 222	60 450	141 680	52 461
445	144 001	192 933	142 222	62 336	147 719	53 088
548	./. 3 641	+ 517	–	./. 1 886	./. 6 039	./. 627
609	33 978	54 284	53 086	9 551	34 848	15 997
150	30 428	54 788	53 086	7 712	28 960	15 386
169	24 918	44 902	51 182	8 994	29 920	13 793
,9	17,8	23,2	36,0	14,9	21,1	26,3
204)	(127 082)	(386 157)	(383 865)	(50 366)	(254 320)	(102 068)

Die Zeile 41 gibt diejenigen Deckungsbeiträge an, die bei den abgesetzten Produktmengen erwirtschaftet worden wären, wenn keine Kostenabweichungen wirksam geworden wären und der Verkauf die Planpreise der betrieblichen Produkte eingehalten hätte. Ein Vergleich mit den in Zeile 42 ausgewiesenen Deckungsbeiträgen läßt erkennen, in welcher Weise die Verkaufspreisabweichungen die Deckungsbeiträge beeinflussen. Hierbei wurden die Abweichungen der Provisionen infolge ihrer Erlösabhängigkeit entsprechend berücksichtigt. Die wichtigsten Größen der Erfolgskontrolle sind die in Zeile 43 ausgewiesenen Istdeckungsbeiträge, die in der Zeile 44 prozentual .auf die Isterlöse bezogen wurden. Die größte durchschnittliche Bruttogewinnspanne wird von der Kostenträgergruppe 4 erwirtschaftet. Die geringsten Deckungsbeiträge fallen in der Kostenträgergruppe 5 an. Im Durchschnitt wurden 25,5 % der Isterlöse und 34,2 % der Istgrenzselbstkosten als Deckungsbeiträge erwirtschaftet.

Wenn in einem Betrieb ein Engpaß vorhanden ist, müssen neben den absoluten Beträgen der Deckungsbeiträge die auf die Einheit der Engpaßbelastung bezogenen Deckungsbeiträge ausgewiesen werden, wie wir das im einzelnen im Abschnitt B, I, 1 dieses Kapitels beschreiben werden.

In den Zeilen 46 bis 48 erfolgt die Berechnung des Nettogesamtgewinns, indem die Summe der Istdeckungsbeiträge um die nicht verteilten Abweichungen und die gesamten fixen Kosten vermindert wird. Im Beispiel erhalten wir hierbei einen Nettogesamtgewinn in Höhe von 27 007 DM.

Die in den Zeilen 45 bis 48 in Klammern ausgewiesenen Zahlen geben die seit Jahresbeginn angefallenen Beträge an. Dem kumulierten Istdeckungsbeitrag seit Jahresbeginn in Höhe von 1 941 062 DM stehen nicht verteilte Abweichungen von ./. 39 260 DM und fixe Kosten von 1 571 500 DM gegenüber, so daß der kumulierte Gesamtnettoerfolg + 330 302 DM beträgt.

5. Abschließend wollen wir die *Vor- und Nachteile der geschlossenen Kostenträgererfolgsrechnung* betrachten.

Ein großer Vorteil dieses Verfahrens liegt darin, daß die den Periodenerfolg belastenden Selbstkosten der Vertriebsleistung mit allen Teilbereichen der Kostenrechnung laufend abgestimmt werden. Ein weiterer Vorteil besteht in der nach Plangrenzherstellkosten und nach anteiligen Abweichungen differenzierten Bestandsverrechnung der Halb- und Fertigfabrikate. Nur mit Hilfe einer genauen bestandsmäßigen Abgrenzung, bei der auch die zu den lagernden Beständen gehörenden Kostenabweichungen gespeichert werden, lassen sich die der Vertriebsleistung entsprechenden Herstellkostenabweichungen exakt erfassen und auf die Kostenträgergruppen verteilen.

Ein großer Nachteil der geschlossenen Kostenträgererfolgsrechnung besteht darin, daß dieses Verfahren sehr komlpiziert ist und bei der praktischen Anwendung in vielen Betrieben zu abrechnungstechnischen Schwierigkeiten führt. Wie W. Medicke nachgewiesen hat, kann die geschlossene Kostenträgererfolgsrechnung nur in Betrieben angewandt werden, in denen folgende Voraussetzungen erfüllt sind[868]. Erstens muß im Zeitpunkt der Kostenverursachung bereits eindeutig festgestellt werden können, für welche Kostenträger die Kosten entstehen. Diese Voraussetzung ist in der Regel in Betrieben des Maschinen-, Fahrzeug- und Apparatebaues erfüllt. In anderen Branchen dagegen, wie z. B. in der Textil-, der Gummi- und der Kunststoffindustrie, erfolgt während des Produktionsprozesses eine Aufspaltung der Zwischenerzeugnisse zu vielen unterschiedlichen Enderzeugnissen, so daß das Herstellkostenvolumen nicht bereits in der Verursachungsperiode nach Enderzeugnissen bzw. Enderzeugnisgruppen differenziert werden kann. Weiterhin führt die geschlossene Kostenträgererfolgsrechnung in solchen Betrieben zu Schwierigkeiten, in denen zwischen den einzelnen Fertigungsstufen ein Mengengefälle auftritt, das praktisch nicht quantitativ erfaßt werden kann. Vom Fertigungsprogramm her gesehen, kommt die geschlossene Kostenträgererfolgsrechnung vor allem für Betriebe in Frage, in denen eine geschlossene Stücklisten- und Arbeitsablauforganisation realisierbar ist. Wie W. Medicke in gleicher Arbeit weiterhin nachweist, ist wegen des erheblichen Rechenaufwands die Durchführung einer geschlossenen Kostenträgererfolgsrechnung auf Betriebe begrenzt, bei denen „... eine Zusammenfassung von Artikeln zu einer noch abrechenbaren Gruppenzahl ...“ (bis ca. 100 Gruppen manuell) geschlossen möglich ist. Hierbei kommen für die gleiche Gruppe nur Artikel in Frage, deren Ergebnisstruktur nicht zu unterschiedlich ist, „da andernfalls Saldierungen erfolgen und damit eine echte Ergebnisbeurteilung nicht möglich ist“.

III. Die nicht geschlossene Kostenträgererfolgsrechnung (Artikelergebnisrechnung)

1. In allen Betrieben, in denen die geschlossene Kostenträgererfolgsrechnung wegen großer praktischer Schwierigkeiten nicht durchführbar ist, muß auf eine laufende Betriebsleistungsrechnung und eine rechnerische Abstimmung der Halb- und Fertigfabrikatebestände verzichtet werden. Bei der nicht geschlossenen Kostenträgererfolgsrechnung wird der Erfolg nach Gleichung (204) retrograd aus dem Erlös abgeleitet. W. Medicke spricht daher von einer „Artikelergebnisrechnung als Umsatz- und Verkaufsergebnisrechnung“[869].

Bei diesem Verfahren werden die Sollgrenzselbstkosten der Istabsatzmengen in der Weise ermittelt, daß man die bei der Fakturierung erfaßten verkauften Mengeneinheiten einer Abrechnungsperiode mit den Plangrenzselbstkosten laut Plankalkulation bewertet. Als Differenzen aus den Sollerlösen und den Sollgrenzselbstkosten lassen sich die Solldeckungsbeiträge ableiten.

Die nicht geschlossene Kostenträgererfolgsrechnung kann in der gleichen Weise mit

[868] Vgl. W. *Medicke*, Geschlossene Kostenträgerrechnung ..., a. a. O., S. 50 f.
[869] Vgl. W. *Medicke*, Geschlossene Kostenträgerrechnung ..., a. a. O., S. 46.

einer Erlöskontrolle kombiniert werden, wie wir das für die geschlossene Form der Kostenträgererfolgsrechnung beschrieben haben.
Grundsätzlich werden auch in der nicht geschlossenen Kostenträgererfolgsrechnung alle erfolgswirksamen Kostenabweichungen, die sich nach dem Verursachungsprinzip verteilen lassen, den einzelnen Erzeugnissen bzw. Erzeugnisgruppen zugerechnet. Hierbei ergeben sich aber bei den Herstellkostenabweichungen Schwierigkeiten, da eine genaue Verrechnung dieser Abweichungen eine exakte bestandsmäßige Abgrenzung voraussetzt, die den Bestandsbewegungen der Halb- und Fertigfabrikatebestände entspricht. Der Unterschied zwischen der nicht geschlossenen und der geschlossenen Kostenträgererfolgsrechnung besteht aber gerade darin, daß bei der nicht geschlossenen Form die kalkulatorische Bestandsrechnung entfällt. Die hieraus für die Ermittlung der erfolgswirksamen Herstellkostenabweichungen resultierenden Schwierigkeiten kann man aber wie folgt umgehen. Für mehrere Abrechnungsperioden, so z. B. für drei, sechs oder zwölf Monate, sind in der Regel die relativen Bestandsveränderungen nur noch gering. Man kann daher für diese Zeiträume „normalisierte Abweichungsprozentsätze" bilden, indem man die Abweichungssummen dieser Perioden unmittelbar auf die zugehörigen Bezugsgrößen der Abweichungsverrechnung bezieht. Hierbei lassen sich die gleichen Verfahren anwenden, die wir im neunzehnten Kapitel, Abschnitt C, II beschrieben haben. Ein wesentlicher Unterschied gegenüber der abgestimmten Form der Kostenträgererfolgsrechnung besteht aber darin, daß kurzfristige Veränderungen der Kostenstruktur bei der Erfolgskontrolle nicht berücksichtigt werden können. Die zugerechneten Herstellkostenabweichungen der abgestimmten Kostenträgererfolgsrechnung haben echten Istkostencharakter. Bei den zugerechneten Kostenabweichungen der nicht abgestimmten Kostenträgererfolgsrechnung handelt es sich daher vielmehr um eine Art Normalkosten.

2. Würde das Beispiel der Tabelle 97 in eine nicht geschlossene Kostenträgererfolgsrechnung überführt, so würden nur noch die Zeilen 28 bis 48 der Tabelle 97 ausgewiesen. Weiterhin würde die Zeile 29 nicht mehr die effektiven Herstellkostenabweichungen der Vertriebsleistung, sondern nur noch normalisierte Abweichungsbestandteile enthalten. Die aus dem Verwaltungs- und Vertriebsbereich resultierenden Kostenabweichungen werden dagegen in der gleichen Weise verrechnet.
In der Tabelle 98 haben wir ein Zahlenbeispiel für die nicht geschlossene Kostenträgererfolgsrechnung wiedergegeben[870]. In diesem Beispiel werden die Erfolgsbeiträge von 15 Produkten ausgewiesen, die zu drei Produktgruppen zusammengefaßt worden sind. Zugleich werden in den Spalten 4 bis 8 die Verkaufspreisabweichungen infolge überhöhter Rabatte ausgewiesen. Die Spalten 12 bis 14 lassen erkennen, in welcher Weise Kostenabweichungen das Ergebnis beeinflussen. Die wichtigsten Ergebnisse der Erfolgskontrolle können aus den Spalten 15 bis 18 entnommen werden. Hier werden die absoluten Istdeckungsbeiträge, sowie die Ist-

[870] Ein ähnliches Beispiel veröffentlichte *W. Medicke*, Geschlossene Kostenträgerrechnung . . ., a. a. O., S. 49.

Tabelle 98: Beispiel einer nicht geschlossenen Kostenträgererfolgsrechnung

Kostenträgererfolgsrechnung: Juli 1967

Artikel		Absatzmengen	Preise		Erlöse		Verk.-preisabweichungen DM	Selbstkosten			Selbstkosten			Istdeckungsbeiträge			
Gruppe	Nummer		Ist DM/ME	Plan DM/ME	Ist DM	Soll DM		Plan DM/ME	Abweichung DM/ME	Ist DM/ME	Plan DM	Abweichung DM	Ist DM	DM	DM/ME	in % vom Erlös	in % d. Selbstkosten
1	2	3	4	5	6	7	8	9	10	11	12	13	14	15	16	17	18
10	1	3 680	12,83	13,—	47 214	47 840	./. 626	9,77	+ 0,23	10,—	35 954	+ 846	36 800	10 414	2,83	22,1	28,3
	2	4 772	13,50	14,—	64 422	66 808	./. 2 386	10,37	+ 0,24	10,61	49 485	+ 1 145	50 630	13 792	2,89	21,4	27,2
	3	5 620	14,22	14,50	79 916	81 490	./. 1 574	10,87	+ 0,27	11,14	61 089	+ 1 517	62 606	17 310	3,08	21,7	27,6
	4	3 210	15,61	16,—	50 108	51 360	./. 1 252	12,24	+ 0,35	12,59	39 290	+ 1 124	40 414	9 694	3,02	19,3	24,0
	5	1 653	17,74	18,—	29 324	29 754	./. 430	13,74	+ 0,38	14,12	22 712	+ 628	23 340	5 984	3,62	20,4	25,6
Zwischensumme		(18 935)	—	—	270 984	277 252	./. 6 268	—	—	—	208 530	+ 5 260	213 790	57 194	3,02	21,1	26,8
20	1	2 680	8,94	9,—	23 959	24 120	./. 161	6,46	./. 0,12	6,34	17 313	./. 322	16 991	6 968	2,60	29,1	41,0
	2	3 725	9,49	9,50	35 350	35 388	./ 38	6,81	./. 0,14	6,67	25 367	./. 522	24 845	10 505	2,82	29,7	42,3
	3	4 130	10,90	11,—	45 017	45 430	./. 413	8,16	./. 0,17	7,99	33 701	./. 702	32 999	12 018	2,91	26,7	36,4
	4	1 225	12,06	12,10	14 774	14 823	./. 49	8,78	./. 0,22	8,56	10 756	./. 270	10 486	4 288	3,50	29,0	40,9
Zwischensumme		(11 760)	—	—	119 100	119 761	./. 661	—	—	—	87 137	./. 1 816	85 321	33 779	2,87	28,4	39,6
30	1	5 820	13,95	14,—	81 189	81 480	./. 291	10,51	+ 0,24	10,75	61 168	+ 1 397	62 565	18 624	3,20	22,9	29,8
	2	6 110	13,97	14,10	85 357	86 151	./. 794	10,46	+ 0,26	10,72	63 911	+ 1 588	65 499	19 858	3,25	23,3	30,3
	3	7 537	14,89	14,90	112 226	112 301	./. 75	10,64	+ 0,29	10,93	80 194	+ 2 185	82 379	29 847	3,96	26,6	36,2
	4	5 145	14,93	15,—	76 815	77 175	./. 360	10,27	+ 0,31	10,58	52 839	+ 1 595	54 434	22 381	4,35	29,1	41,1
	5	2 160	15,36	15,50	33 178	33 480	./. 302	11,15	+ 0,31	11,46	24 084	+ 670	24 754	8 424	3,90	25,4	34,0
	6	3 110	15,71	15,75	48 858	48 983	./. 125	11,62	+ 0,35	11,97	36 138	+ 1 089	37 227	11 631	3,74	23,8	31,2
Zwischensumme		(29 882)	—	—	437 623	439 570	./. 1 947	—	—	—	318 334	+ 8 524	326 858	110 765	3,71	25,3	33,9
Summe		(60 577)	—	—	827 707	836 583	./. 8 876	—	—	—	614 001	+11 968	625 969	201 738	3,33	24,4	32,2
Summe nicht verteilter Abweichungen														./. 2 280	—	—	—
Summe fixe Kosten														138 500	—	—	—
Gesamterfolg														+ 60 958	1,01	7,4	9,7

deckungsbeiträge pro Mengeneinheit in Prozent der Erlöse und in Prozent der Selbstkosten ausgewiesen. Das gesamte Sortiment erbringt einen durchschnittlichen Istdeckungsbeitrag in Höhe von 32,2 % der Selbstkosten. Die Produktgruppen 20 und 30 liegen über diesem Durchschnittssatz. Die Einzelprozentsätze lassen erkennen, wie sich die Gewinnbeiträge der einzelnen Produkte vom Gruppen- und vom Gesamtdurchschnitt unterscheiden.
Insgesamt werden Deckungsbeiträge von 201 738 DM erzielt. Hiervon entfällt etwa die Hälfte auf die Gruppe 30. Subtrahiert man die nicht verteilten Abweichungen und die Summe der Fixkosten, so verbleibt ein Gesamtnettogewinn von 60 958 DM.
Wie wir im einzelnen im nächsten Hauptabschnitt nachweisen werden, sind die absoluten Bruttogewinne für die Zwecke der Verkaufssteuerung nur unter der Voraussetzung geeignet, daß in einem Betrieb keine Engpässe wirksam werden.

3. Zu den *Vor- und Nachteilen der nicht geschlossenen Kostenträgererfolgsrechnung* ist folgendes zu bemerken[871].
Ein großer Vorteil besteht darin, daß dieses Verfahren wegen der fehlenden Bestandsrechnung und infolge der Verwendung normalisierter Abweichungsprozentsätze erheblich leichter und damit auch schneller durchgeführt werden kann als die geschlossene Form der Kostenträgererfolgsrechnung. Weiterhin besteht bei der nicht geschlossenen Kostenträgererfolgsrechnung die Möglichkeit, alle Erzeugnisse einzeln auszuweisen oder eine eventuelle Gruppenbildung auf sehr kleine Gruppen zu beschränken. Hierdurch werden Ergebnissaldierungen weitgehend vermieden. In Betrieben mit einer sehr großen Artikelanzahl kann man die Erfolgsrechnung auch selektiv gestalten. Dies geschieht in der Weise, daß man grundsätzlich nur Gruppenergebnisse ausweist und innerhalb der Gruppen nur Erfolgsbeiträge für Produktarten angibt, die besonders günstig oder ungünstig sind. So kann z. B. festgelegt werden, daß nur die Einzeldeckungsbeiträge der Erzeugnisse ausgewiesen werden, die weniger als 10 % und mehr als 30 % der zugehörigen Erlöse betragen. Besonders leicht läßt sich die selektive Ausgestaltung der Kostenträgererfolgsrechnung mit Hilfe der Datenverarbeitung durchführen.
Den Vorteilen der nicht geschlossenen Kostenträgererfolgsrechnung steht jedoch der große Nachteil gegenüber, daß bei diesem Verfahren auf eine laufende Abstimmung der Istgrenzselbstkosten der Vertriebsleistung mit der Kostenstellenrechnung und mit den Bestandsveränderungen der Halb- und Fertigfabrikate verzichtet werden muß. Hieraus resultiert als weiterer Nachteil die Notwendigkeit, normalisierte Abweichungsprozentsätze verwenden zu müssen, mit deren Hilfe keine kurzfristig realisierten Istselbstkosten, sondern nur Normalselbstkosten der Vertriebsleistung ausgewiesen werden können. Insbesondere in Betrieben, die zum Zwecke der Erfolgskontrolle die elektronische Datenverarbeitung einsetzen, läßt sich die Abweichungsverteilung aber so weit verfeinern, daß der zuletzt genannte Nachteil gegenüber der geschlossenen Kostenträgererfolgsrechnung an Bedeutung verliert.

871 Vgl. hierzu W. *Medicke*, Geschlossene Kostenträgerrechnung ..., a. a. O., S. 74 f.

B. Auswertung und Ergänzungen der kurzfristigen Erfolgsrechnung

I. Die Auswertung der kurzfristigen Erfolgsrechnung

1. Die Bruttogewinnanalyse pro Einheit der Engpaßbelastung

1. Die Auswertung der kurzfristigen Erfolgsrechnung sollte in Form einer *nach Erfolgsbestimmungsfaktoren differenzierten Abweichungsanalyse* erfolgen, die dem von uns im sechsten Kapitel beschriebenen theoretischen Aufbau der Kostenkontrolle entspricht. Eine wirksame Kontrolle ist nur möglich, wenn ihr eine sorgfältige *Erfolgsplanung* vorgeschaltet wird[872]. Der Isterfolg einer Kontrollperiode kann vom Planerfolg abweichen infolge von Abweichungen zwischen den erzielten und den geplanten Verkaufsmengen, den erzielten und den geplanten Verkaufspreisen und infolge von Kostenabweichungen. Die Analyse der auf Kosteneinflüsse zurückzuführenden Erfolgsabweichungen kann im System der flexiblen Plankostenrechnung unmittelbar aus den Ergebnissen der laufenden Kostenkontrolle abgeleitet werden, so daß wir hierauf an dieser Stelle nicht mehr einzugehen brauchen. Die Analyse der auf Markteinflüsse zurückzuführenden Erfolgsabweichungen ist Aufgabe der Verkaufsleitung. Im einzelnen wollen wir jedoch auf die hierbei anzuwendenden Verfahren nicht eingehen, da das über die Aufgabenstellung eines Buches zur Kostenrechnung hinausgehen würde[873].

2. Nachdem die Erfolgsabweichungen analysiert und auf ihre Ursachen zurückgeführt sind, besteht die weitere Auswertung der Erfolgsrechnung darin, Plandaten für die kurzfristige Verkaufssteuerung zur Verfügung zu stellen. Die jährliche Erfolgsplanung erfolgt mit Hilfe geplanter Marktpreise, geplanter Grenzselbstkosten und damit auch auf der Basis von geplanten Bruttogewinnen oder Deckungsbeiträgen[874]. Hiervon weichen die in der kurzfristigen Erfolgsrechnung ausgewiesenen Istdeckungsbeiträge in der Regel ab. Die Veränderungen der Deckungsbeiträge lassen sich für die nächste Teilperiode extrapolieren, wobei im einfachsten Fall von der Annahme ausgegangen werden kann, daß die Istbruttogewinne des letzten Monats auch im folgenden Monat wirksam werden. Die kurzfristig geplanten Deckungsbeiträge der betrieblichen Erzeugnisse bzw. Erzeugnisgruppen dienen als Grundlage der kurzfristigen Verkaufssteuerung. Aus ihnen sind unterschiedliche Konsequenzen zu ziehen, je nachdem, ob ein Betrieb in allen Teilbereichen über freie Kapazitäten verfügt, oder ob er sich in einer Engpaßsituation befindet.

872 Wir werden im 21. Kapitel mathematische Programmansätze zur gewinnmaximalen Erfolgsplanung wiedergeben, im übrigen aber im Rahmen dieses Buches auf die geschlossene Darstellung der Erfolgsplanung nicht eingehen können.

873 Zur Erfolgsanalyse vgl. u. a. *H. C. Heiser*, Budgetierung, Grundsätze und Praxis der betriebswirtschaftlichen Planung, Berlin 1964, S. 136 ff.; *A. Matz*, Planung ..., a. a. O., S. 185 ff. und 235 ff.

874 Die Bezeichnungen „Bruttogewinn“ und „Deckungsbeitrag“ werden von uns stets synonym verwendet.

Sind *alle Produktionsfaktoren in ausreichenden Mengen verfügbar* und ist in naher Zukunft nicht damit zu rechnen, daß die Kapazitätsgrenzen betrieblicher Teilbereiche erreicht werden, so sind Veränderungen der Deckungsbeiträge für die kurzfristige Verkaufssteuerung nur von relativ geringer Bedeutung; denn der Gesamtgewinn wird durch alle zusätzlichen Aufträge, deren Preise über den Grenzselbstkosten liegen, erhöht[875].

Werden dagegen *Kapazitätsengpässe* wirksam, so können aus den absoluten Bruttogewinnen keine Rückschlüsse mehr gezogen werden, da in einer Engpaßsituation neben den Grenzkosten stets auch Opportunitätskosten berücksichtigt werden müssen, wie dies bereits unsere Ausführungen über die relevanten Kosten im siebten Kapitel gezeigt haben.

Hierbei sind die folgenden beiden Unterfälle zu unterscheiden. Liegt nur *ein Engpaß* vor, so muß die kurzfristige Verkaufssteuerung mit Hilfe der nach Erzeugnissen bzw. Erzeugnisgruppen differenzierten auf die Einheit der Engpaßbelastung bezogenen Bruttogewinne erfolgen.

Werden dagegen gleichzeitig *mehrere Engpässe* wirksam, so ist eine nicht-simultane Steuerung des Verkaufsprogramms nicht mehr möglich. In diesen Fällen müssen vielmehr die simultanen Optimierungsverfahren des Operations Research eingesetzt werden, die wir im einzelnen jedoch erst im einundzwanzigsten Kapitel, Abschnitt B, behandeln werden.

3. Die für den Fall nur *eines Engpasses* anwendbare Bruttogewinnanalyse pro Einheit der Engpaßbelastung geht so vor, daß die Deckungsbeiträge der einzelnen Erzeugnisse bzw. Erzeugnisgruppen durch die zugehörige Maßgröße der Engpaßbeanspruchung dividiert werden. Bezeichnen wir für eine beliebige Produktart i den Verkaufspreis mit p_i, die Plangrenzselbstkosten mit k_{si} und die Einheit der Engpaßbelastung mit b_{Ei}, so erhalten wir für die Erfolgsmaßgröße w_i dieses Erzeugnisses folgenden Ausdruck:

$$(209) \qquad w_i = \frac{p_i - k_{si}}{b_{Ei}} \qquad (i = 1, 2, \ldots, n)$$

Dieses Verfahren wurde bereits in den fünfziger Jahren entwickelt und wird heute von fast allen Autoren für die kurzfristige Verkaufssteuerung in Betrieben empfohlen, in denen während der Planungsperiode nur ein spezifischer Engpaß wirksam wird[876].

[875] Vgl. hierzu unsere Ausführungen im 21. Kapitel, Abschnitt A, über die Bestimmung von Preisuntergrenzen für Zusatzaufträge.

[876] Vgl. *H. Gunders,* Better Profit Planning, NAA-Bulletin 1965 (8), Section 1, S. 9ff.; *D. Hahn,* Direct Costing und die Aufgaben der Kostenrechnung, NB 1965, S. 11; *R. Hofmann,* Gewinnoptimale Unternehmungssteuerung bei gegebenem Produktions- und Absatzprogramm, Winterthur 1962, S. 55ff.; *C. T. Horngren,* Accounting for Management Control, An Introduction, Englewood Cliffs, N. J. 1965, S. 333; *The Institute of Cost and Works Accountants,* A Report on Marginal Costing, 3. Aufl., London 1965, S. 14; *R. K. Jaedicke,* Improving B-E Analysis by Linear Programm-

In der deutschsprachigen Literatur wird die Größe w_i als „Plannutzen-Kennziffer“[877], als „spezifischer Deckungsbeitrag“[878] oder auch als „Leistungserfolgssatz“[879] bezeichnet. Im Rahmen unserer weiteren Ausführungen werden wir die Bezeichnung „Bruttogewinn pro Einheit der Engpaßbelastung“ verwenden.
In der anglo-amerikanischen Literatur spricht man von „contribution per unit of limiting factor“[880] oder „marginal income per the scarce factor“[881]. Der Faktor $1/b_{Ei}$ wird gelegentlich auch als „speed factor“ bezeichnet[882].
Bei fast allen Autoren besteht Übereinstimmung darin, daß nicht nur Maschinenkapazitäten, sondern auch alle übrigen Produktionsfaktoren, so z. B. Arbeitszeiten, Materialmengen und Energieeinheiten, in die Gleichung (209) als begrenzende Faktoren eingesetzt werden können. Weiterhin wird mit Recht darauf hingewiesen, daß es sich bei der Größe w_i um Opportunitätskosten pro Einheit der Engpaßbelastung handelt[883].

ing Technique, NAA-Bulletin 1961 (3), Section 1, S. 9; *W. Kennon,* Fixed Cost and Product Mix Control by Activity Analysis, N.A.C.A.-Bulletin 1955 (11), Section 1, S. 334; *W. Kilger,* Kurzfristige ..., a. a. O., S. 100; *W. Kilger,* Der heutige Stand der Grenzplankostenrechnung, AGPLAN, Bd. 6, Wiesbaden 1962, S. 88; *W. Medicke,* Geschlossene Kostenträgerrechnung ..., a. a. O., S. 54; *F. J. Muth,* An Evaluation of Direct Costing, The Controller 1957, S. 87; *N.A.C.A.-Bulletin 1952 (9),* Accounting Treatment of Fixed Costs in Product Costing - The Direct Cost Plan, 1952 Conference Proceedings – 3, S. 162; *NAA-Research Report 37,* Current Application ..., a. a. O., S. 32 ff.; *H. G. Plaut,* Unternehmenssteuerung mit Hilfe der Voll- oder Grenzplankostenrechnung, ZfB 1961, S. 473; *P. Riebel,* Das Rechnen mit relativen Einzelkosten und Deckungsbeiträgen als Grundlage unternehmerischer Entscheidungen im Fertigungsbereich, NB 1961, S. 147 f. und 151; *P. Riebel,* Die Preiskalkulation auf Grundlage von „Selbstkosten“ oder von relativen Einzelkosten und Deckungsbeiträgen, ZfbF 1964, S. 592; *W. Roth,* Deckungsbeitragsrechnung. Mittel zur wirtschaftlichen Sortimentsgestaltung, Berlin-Bielefeld-München 1965, S. 23; *G. Shillinglaw,* Cost Accounting ..., a. a. O., S. 588; *F. Wille,* Plan- und Standardkostenrechnung, 2. Aufl., Essen 1963, S. 139; *M. Woitschach,* Möglichkeiten und Grenzen der Deckungsbeitragsrechnung, DB 1963, S. 3.

877 Vgl. *T. Rehm,* Plankosten und Plannutzen, ZfB 1950, S. 474.

878 Vgl. *P. Riebel,* Das Rechnen mit relativen ..., a. a. O., S. 147, und *P. Riebel,* Die Preiskalkulation ..., a. a. O., S. 592.

879 Vgl. *H. H. Böhm,* Operationenforschung, Berlin–Baden-Baden 1961, S. 62, und *H. H. Böhm, F. Wille,* Deckungsbeitragsrechnung und Programmoptimierung, München 1965 (2. Aufl. von H. H. Böhm, F. Wille, Direct Costing und Programmplanung, München 1960), S. 24.

880 Vgl. *The Institute of Cost and Works Accountants,* A Report ..., a. a. O., S. 14.

881 Vgl. *R. K. Jaedicke,* Improving B-E Analysis ..., a. a. O., S. 9.

882 Vgl. *N.A.C.A.-Bulletin 1952 (9),* Accounting Treatment ..., a. a. O., S. 163. In der vorigen Auflage dieses Buches haben wir auf S. 623 und in der Gleichung (169) noch den Fall behandelt, daß kein spezifischer Engpaß auftritt, sondern der Gesamtbetrieb zum Engpaß wird. In diesem Fall wird der Bruttogewinn auf die Gesamtdurchlaufzeit bezogen. Der „speed factor“ entspricht hierbei dem reziproken Wert der Gesamtdurchlaufzeit/Produkteinheit.

883 Vgl. *R. Hofmann,* Gewinnoptimale ..., a. a. O., S. 60, und *H. Gunders,* Better Profit Planning, a. a. O., S. 9, der aus diesem Grunde für die Größe w_j folgende Bezeichnung verwendet: „marginal profit opportunity by machine-hour.“

Wie die von uns angegebene Literatur erkennen läßt, ist die Bruttogewinnanalyse pro Einheit der Engpaßbelastung in unmittelbarem Zusammenhang mit der Grenzplankostenrechnung oder dem direct costing entwickelt worden, so daß die Kritik K. Käfers, die Grenzkostenrechnung versage in Engpaßsituationen, unberechtigt ist[884]. Da die Grenzselbstkosten Bestandteil der Gleichung (209) sind, können auch die Kennziffern w_i ohne eine Grenzplankostenrechnung nicht ermittelt werden.

Wir haben in der Tabelle 99 für das gleiche Beispiel die Bruttogewinne pro Einheit der Engpaßbelastung ausgerechnet, für das wir in Tabelle 98 die nicht geschlossene Kostenträgererfolgsrechnung dargestellt haben. Hierbei sind wir von der Annahme ausgegangen, daß lediglich die Fertigungskostenstelle 5 zum Engpaß wird. Vergleichen wir die in den Spalten 7 und 8 ausgewiesenen absoluten Deckungsbeiträge und die auf die Einheit der Engpaßbelastung bezogenen Deckungsbeiträge, so erkennen wir, daß die Rangfolge dieser Größen stark voneinander abweicht. Um diesen Sachverhalt zu verdeutlichen, haben wir in den Spalten 9 und 10 der Tabelle 99 die Rangziffern der Erfolgsbeiträge wiedergegeben. Die Gruppe 20, deren absolute Bruttogewinne pro Produkteinheit unter dem Durchschnitt liegen, wird in der beschriebenen Engpaßsituation zur günstigsten Produktgruppe. Auch bei den Rangziffern der einzelnen Artikel treten erhebliche Verschiebungen auf.

In einer Engpaßsituation kann man die betrieblichen Produkte nach der Höhe ihrer Bruttogewinne pro Einheit der Engpaßbelastung ordnen, die erreichbaren Stückzahlen mit den zugehörigen Maßgrößen der Engpaßbeanspruchung multiplizieren und die so erhaltenen Beschäftigungsbeiträge so lange addieren, bis die Kapazitätsgrenze erreicht ist. Im Beispiel der Tabelle 99 sind die Beschäftigungsbeiträge der einzelnen Artikel in Spalte 5 ausgewiesen. Die Gesamtbeschäftigung in Höhe von 379 347 Fertigungsminuten entspricht der Vollbeschäftigung der Kostenstelle 5. In Abbildung 46 haben wir die nach ihrer Größe geordneten Bruttogewinne pro Einheit der Engpaßbelastung für das in Tabelle 99 wiedergegebene Zahlenbeispiel auf der Ordinate abgetragen. Die Abszisse gibt die zugehörigen kumulierten Beschäftigungsbeiträge in Fertigungsminuten an[885].

Im Beispiel der Abbildung 46 wurde die Analyse zwar mit den Istdeckungsbeiträgen und den Absatzmengen des letzten Monats durchgeführt, für die kurzfristige Verkaufssteuerung läßt sich aber das gleiche Verfahren auch mit Hilfe kurzfristig geplanter Deckungsbeiträge und erwarteter Absatzmengen durchführen. Wie im einzelnen unsere Ausführungen im einundzwanzigsten Kapitel, Abschnitt A, zeigen werden, geht hierbei der Mindestdeckungsbeitrag pro Einheit der Engpaßbelastung des jeweils schlechtesten Erzeugnisses als Opportunitätskostensatz in die Bestimmungsgleichung der Preisuntergrenze für zusätzliche Aufträge ein.

[884] Vgl. *K. Käfer*, Standardkostenrechnung, 2. Aufl., Zürich 1964, S. 496. Auf S. 497 behandelt K. Käfer die Bruttogewinnanalyse bezogen auf die Einheit der Engpaßbelastung, ohne dabei hervorzuheben, daß dieses Verfahren ohne eine Grenzplankostenrechnung nicht anwendbar ist. Vgl. ferner unsere Ausführungen über die Standard-Grenzpreiskalkulation von H. H. Böhm und F. Wille im 21. Kapitel, Abschnitt B, III.

[885] Diese graphische Darstellung empfehlen *R. Hofmann*, Gewinnoptimale ..., a. a. O., S. 58, und *H. H. Böhm*, *F. Wille*, Deckungsbeitragsrechnung ..., a. a. O., S. 92.

Tabelle 99: Beispiel einer Bruttogewinnanalyse pro Einheit der Engpaßbelastung

Artikel		Absatzmengen	Fertigungsminuten im Engpaß		Istdeckungsbeiträge			Rangziffern	
Gruppe	Nummer		Min./ME	Minuten	DM	DM/ME	DM/Min.	ohne Engpaß	mit Engpaß
1	2	3	4	5	6	7	8	9	10
10	1	3 680	5,70	20 976	10 414	2,83	0,50	13	9
	2	4 772	5,90	28 155	13 792	2,89	0,49	12	10
	3	5 620	6,50	36 530	17 310	3,08	0,47	9	11
	4	3 210	7,50	24 075	9 694	3,02	0,40	10	14
	5	1 653	8,80	14 546	5 984	3,62	0,41	5	13
Zwischensumme		(18 935)	—	124 282	57 194	3,02	0,46	2	3
20	1	2 680	3,80	10 184	6 968	2,60	0,68	15	4
	2	3 725	3,80	14 155	10 505	2,82	0,74	14	2
	3	4 130	4,10	16 933	12 018	2,91	0,71	11	3
	4	1 225	4,20	5 145	4 288	3,50	0,83	6	1
Zwischensumme		(11 760)	—	46 417	33 779	2,87	0,73	3	1
30	1	5 820	5,90	34 338	18 624	3,20	0,54	8	7
	2	6 110	6,10	37 271	19 858	3,25	0,53	7	8
	3	7 537	6,50	48 991	29 847	3,96	0,61	2	5
	4	5 145	7,50	38 588	22 381	4,35	0,58	1	6
	5	2 160	8,50	18 360	8 424	3,90	0,46	3	12
	6	3 110	10,00	31 100	11 631	3,74	0,37	4	15
Zwischensumme		(29 882)	—	208 648	110 765	3,71	0,53	1	2
Gesamt		(60 577)	—	379 347	201 738	3,33	0,53	—	—

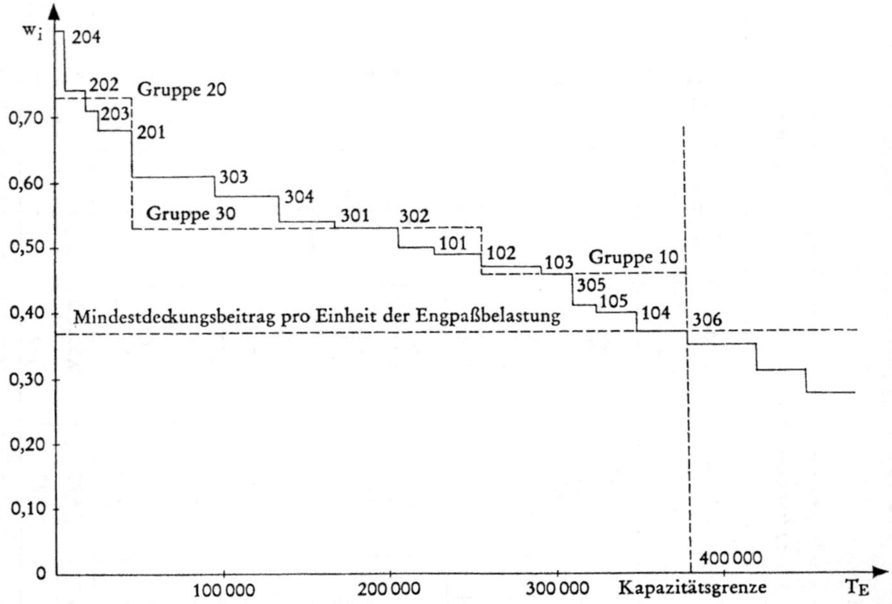

Abb. 46: Beispiel zur Verkaufssteuerung mit Hilfe von Bruttogewinnen pro Einheit der Engpaßbelastung

In vielen Betrieben, in denen nur ein Engpaß wirksam wird, ist die Bruttogewinnanalyse pro Einheit der Engpaßbelastung ein recht vorteilhaftes und zugleich ein einfaches Instrument der kurzfristigen Verkaufssteuerung. Bei gleichzeitigem Auftreten mehrerer Engpässe kann dieses Verfahren jedoch nicht mehr angewandt werden. Hier müssen vielmehr die simultanen Ansätze der mathematischen Programmierung einsetzen, die wir im einundzwanzigsten Kapitel behandeln werden.

2. Die Deckungspunkt-Analyse

1. In der anglo-amerikanischen Literatur wird seit langem[886] als Ergänzung der Erfolgsplanung und -kontrolle die sogenannte *„Break-Even Analysis"* beschrieben, deren Aufgabe darin besteht, das Absatzvolumen zu bestimmen, bei dem gerade Vollkostendeckung eintritt: "The break even point indicates the volume of sales which the company must obtain, in order to cover its costs without profit"[887].

[886] In der angloamerikanischen Literatur ist dieses Verfahren spätestens seit 1904 bekannt, vgl. Encyclopaedia of Accounting, Hrsg. *G. Lisle,* Edinbourgh - London 1904, S. 217.

[887] Vgl. *N. A. C. A. Research Series,* The Analysis of Cost-Volume-Profit-Relationships, N. A. C. A.-Bulletin 1949 (12), No. 17, Section 3, S. 536; im übrigen vgl. *S. R. Cave,* Budgetary Control, Standard Costing and Factory Administration, 2. Aufl., London 1960, S. 186; *J. Dean,* Methods and Potentialities af Break-Even Analysis, in: D. Solo-

In Deutschland wurde dieses Verfahren, das wir als *Deckungspunkt-Analyse* bezeichnen wollen, zuerst von J. F. Schär als „Berechnung des toten Punktes" beschrieben [888].

Die Ausgangsgleichung der Deckungspunkt-Analyse erhält man, wenn man in der Gewinngleichung nach dem Umsatzkostenverfahren auf Grenzkostenbasis, die wir auf S. 626 f. in Form der Gleichungen (203) und (204) abgeleitet haben, den Gewinn gleich Null setzt. Beim Aufbau der Erfolgsplanung wird die Analyse mit Plangrößen und bei der nachträglichen Erfolgskontrolle mit Istgrößen durchgeführt.

Für den Sonderfall der *Einproduktunternehmung* läßt sich der Deckungspunkt als *Deckungsabsatzmenge* x_D mit Hilfe folgender Gleichung bestimmen:

$$x_D = \frac{F}{p - k_s} \tag{210}$$

In dieser Gleichung ist der Zähler gleich der Summe der fixen Kosten und der Nenner gleich dem Bruttogewinn pro Einheit des Erzeugnisses.

Durch Multiplikation der Gleichung (210) mit dem Verkaufspreis erhält man den *Deckungsumsatz*, den wir mit U_D bezeichnen wollen:

$$U_D = \frac{F}{1 - \frac{k_s}{p}} \tag{211}$$

In *Mehrproduktunternehmungen* ist die Deckungspunkt-Analyse mehrdeutig, d. h. es gibt bei gegebenen Verkaufspreisen und Grenzselbstkosten stets eine große Anzahl von Absatzmengenkombinationen, die alle zur Kostendeckung führen [889]. Be-

mons (Hrsg.), Studies in Costing, London 1952, S. 227 ff.; *D. F. Evans-Hemming*, Flexible Budgetary Control and Standard Costs, London 1952, S. 152; *C. Gillespie*, Standard and Direct Costing, 3. Aufl., Englewood Cliffs, N. J. 1962, S. 139 ff.; *H. C. Heiser*, Budgetierung..., a. a. O., S. 42; *C. T. Horngren*, Cost Accounting, A Managerial Emphasis, 3. Aufl., Englewood Cliffs, N. J. 1963, S. 42 ff.; *C. T. Horngren*, Accounting.., a. a. O., S. 168; *R. K. Jaedicke*, Improving B-E Analysis..., a. a. O., S. 5 ff.; *K. Käfer*, Standardkostenrechnung, 2. Aufl., a. a. O., S. 487; *I. W. Keller*, Management Accounting for Profit Control, New York–Toronto–London 1957, S. 372 ff.; *W. Kilger*, Kurzfristige..., a. a. O., S. 93 ff.; *A. Matz, O. J. Curry, G. W. Frank*, Cost Accounting, Management's Operational Tool for Planning, Control, and Analysis, 3. Aufl., Chicago–Dallas– u. a. 1962, S. 713 ff.; *A. Matz*, Planung..., a. a. O., S. 217 ff.; *G. Shillinglaw*, Cost Accounting..., a. a. O., S. 576 ff.; *W. J. Vatter*, Toward a Generalized Break-Even Formula, NAA-Bulletin 1961 (12), Section 1, S. 5 ff.; *W. Wright*, Direct Standard Costs..., a. a. O., S. 16 ff.

888 Vgl. *J. F. Schär*, Allgemeine Handelsbetriebslehre, 5. Aufl., Leipzig 1923, S. 169.

889 Wir haben früher versucht, dieses Problem mit Hilfe sogenannter diophantischer Gleichungen zu lösen, wollen aber hier auf die Wiedergabe dieses Verfahrens verzichten, da es nur bei einer relativ geringen Anzahl von Produktarten anwendbar ist. Vgl. hierzu unsere Ausführungen auf S. 627 der zweiten Auflage des vorliegenden Buches und *W. Kilger*, Kurzfristige ..., a. a. O., S. 95 ff. Zur Kritik dieses Verfahrens vgl. *K. Käfer*, Standardkostenrechnung, 2. Aufl., a. a. O., S. 487.

rücksichtigt man in einer Mehrproduktunternehmung zugleich die Möglichkeit unterschiedlicher Verkaufspreise, so wird die Anzahl der Kombinationen von Absatzmengen und Verkaufspreisen, die bei gegebenen Kosten zur Kostendeckung führen, noch erheblich größer. Aus diesem Grunde muß die Deckungspunkt-Analyse in der Weise vereinfacht werden, daß man eine konstante mengenmäßige Zusammensetzung des Umsatzes (bei gegebenen Verkaufspreisen und bei gegebenen Grenzselbstkosten pro Einheit) unterstellt. Unter dieser Voraussetzung gilt für den Deckungsumsatz folgende Bestimmungsgleichung:

(212)
$$U_D = \frac{F}{1 - \frac{\sum_{i=1}^{n} k_{si} x_i}{\sum_{i=1}^{n} p_i x_i}}$$

In dieser Gleichung ist der Quotient im Nenner gleich der gewogenen Durchschnittsrelation zwischen den Grenzselbstkosten und den Verkaufspreisen. Formt man den Nenner mit $\sum_{i=1}^{n} p_i x_i$ um, so erkennt man, daß der Nenner in Gleichung (212) der gewogenen Durchschnittsrelation aus den Bruttogewinnen und den Erlösen entspricht. Diese Relation wird in den USA häufig als „profit-volume-ratio" bezeichnet, weil sie angibt, wie sich der Gewinn in Abhängigkeit vom Umsatzvolumen verändert[890]. Diese Relation gilt jedoch nur bei konstanter mengenmäßiger Zusammensetzung des Umsatzes.

Drückt man die Differenz aus dem geplanten Umsatz U und dem Deckungsumsatz U_D in Prozent des geplanten Umsatzes aus, so erhält man einen *Sicherheitskoeffizienten* s, der in der amerikanischen Literatur als „margin of safety" bezeichnet wird[891]:

(213)
$$s = \frac{\sum_{i=1}^{n} x_i^{(p)} p_i^{(p)} - U_D}{\sum_{i=1}^{n} x_i^{(p)} p_i^{(p)}} 100$$

Dieser Koeffizient gibt an, wie groß die Umsatzspanne ist, um die sich der Umsatz verringern kann, bevor der Deckungspunkt unterschritten wird.

[890] Vgl. *W. Wright*, Direct Standard Costs ..., a. a. O., S. 20.

[891] Vgl. *C. T. Horngren*, Cost Accounting .., a. a. O., S. 54; *A. Matz, O. J. Curry. G. W. Frank*, Cost Accounting ..., a. a. O., S. 725, und *W. Wright*, Direct Standard Costs ..., a. a. O., S. 20.

2. In der Tabelle 100 haben wir ein einfaches Zahlenbeispiel für die Deckungspunkt-Analyse wiedergegeben. Die in der Tabelle 100 angegebenen Größen können sowohl Plan- als auch Istgrößen sein. Wir wollen in unserem Beispiel davon ausgehen, daß es sich um geplante Größen handelt.

Tabelle 100: Beispiel einer Deckungspunkt-Analyse

Artikel	Absatzmenge Stck.	Erlös		Grenzselbstkosten		Bruttogewinn	
		DM/Stck.	DM	DM/Stck.	DM	DM	% v. Erlös
1	2	3	4	5	6	7	8
1	900	12,60	11 340	4,16	3 744	7 596	67
2	1 200	14,85	17 820	6,98	8 376	9 444	53
3	3 400	16,10	54 740	8,53	29 002	25 738	47
4	4 200	13,20	55 440	8,71	36 582	18 858	34
5	3 800	10,70	40 660	7,38	28 044	12 616	31
6	2 200	10,20	22 440	7,65	16 830	5 610	25
7	1 000	8,90	8 900	7,39	7 390	1 510	17
8	1 600	8,20	13 120	7,38	11 808	1 312	10
Summe	18 300	12,27	224 460	7,75	141 776	82 684	36,8
Fixe Kosten						./. 50 000	—
Nettogewinn						32 684	14,6

Der Quotient aus den gesamten Grenzselbstkosten und den Erlösen beträgt 141 776 : 224 460 = 63,16 %. Da insgesamt 50 000 DM fixe Kosten zu decken sind, erhalten wir als Deckungsumsatz 50 000 : 0,3684 = 135 722 DM. Der Sicherheitskoeffizient beträgt (224 460 ./. 135 722) : 224 460 = 39,5 %. Sowohl der Deckungsumsatz als auch der Sicherheitskoeffizient basieren auf der Voraussetzung, daß sich bei Umsatzschwankungen die mengenmäßige Zusammensetzung des Umsatzes nicht verändert.

In der Abbildung 47 haben wir die Deckungspunkt-Analyse für das Beispiel der Tabelle 100 graphisch dargestellt[892].

In Abbildung 47 entspricht die Strecke OA der Fixkostensumme, die Strecke FC der Summe der geplanten Bruttogewinne und die Strecke EC dem gesamten Nettogewinn. Der Anstieg der mit Ziffern gekennzeichneten gebrochenen Linie entspricht den für die einzelnen Produktarten in Spalte 8 der Tabelle 100 ausgewiesenen Bruttogewinnen in Prozent vom Erlös. Da die Produkte nach der Höhe dieser Prozentsätze geordnet sind, nimmt der Anstieg des Linienzuges AC von Produktart zu Produktart ab. Die Gerade AC entspricht der Gewinnentwicklung bei konstanter, durchschnittlicher Auftragszusammensetzung. Sie schneidet die Abszisse im Dek-

[892] Diese Form der Darstellung wird in den USA als „hip roof P/V chart" bezeichnet. Vgl. hierzu *W. Wright*, Direct Standard Costs . . ., a. a. O., S. 27.

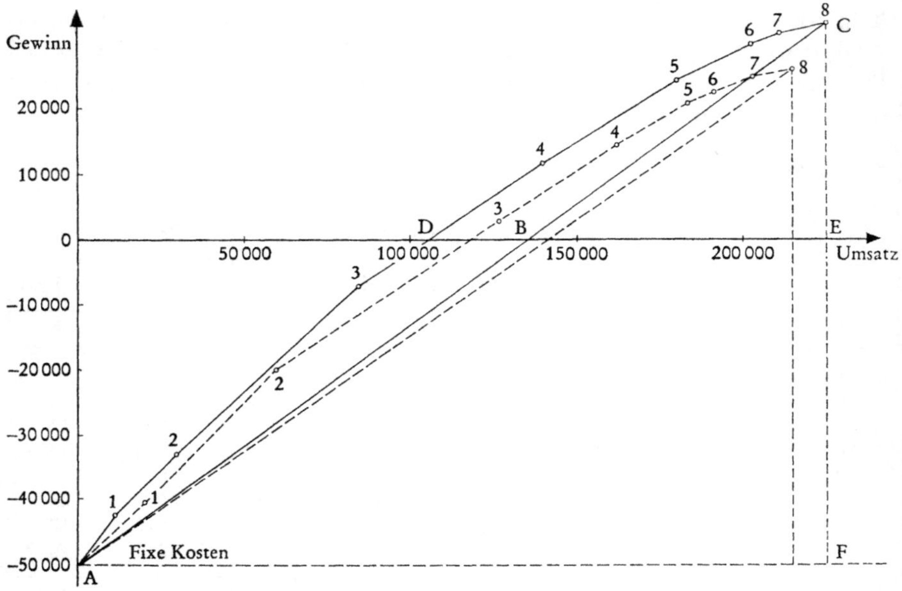

Abb. 47: Graphische Darstellung einer Deckungspunkt-Analyse

kungspunkt B. Die Strecke OB ist gleich dem Deckungsumsatz bei planmäßiger durchschnittlicher Auftragszusammensetzung.

Die beim Aufbau der Erfolgsplanung festgelegten Planwerte der Deckungspunkt-Analyse sollten bei der späteren Erfolgskontrolle mit den zugehörigen Istwerten verglichen werden. In der Abbildung 47 haben wir die für eine bestimmte Kontrollperiode angefallenen Istumsätze und Istbruttogewinne der Erzeugnisse 1 bis 8 (gestrichelte Linie) eingezeichnet. Ein Vergleich zwischen der geplanten (ausgezogen eingezeichneten) und der effektiven (gestrichelt eingezeichneten) Deckungspunkt-Analyse läßt erkennen, inwieweit Umsatzschwankungen und Veränderungen der auf den Umsatz bezogenen Bruttogewinne den Periodengewinn beeinflußt haben. Abweichungen zwischen dem Plan- und dem Istumsatz eines Erzeugnisses kann man erkennen, wenn man die Projektionen der linearen Zwischenstücke der gebrochenen Linienzüge auf die Umsatzachse miteinander vergleicht. Im Beispiel der Abbildung 47 ist deutlich erkennbar, daß bei den Produkten 1 und 2 eine Umsatzzunahme und bei den Produkten 4 und 5 eine Verringerung der Umsätze eingetreten ist. Vergleicht man die Anstiege der linearen Zwischenstücke, so erkennt man, wie sich infolge von Preissenkungen oder Kostenerhöhungen die Bruttogewinne, bezogen auf den Umsatz, verändert haben. Für die Produktarten 1 und 3 haben sich im Beispiel der Abbildung 47 die Relationen zwischen Bruttogewinnen und Erlösen verschlechtert, wohingegen für das Erzeugnis 2 eine Vergrößerung dieser Relation eingetreten ist. Insgesamt haben während der Kontrollperiode der Umsatz und der

Nettogewinn unter den zugehörigen Planwerten gelegen. Weiterhin hat sich die durchschnittliche Relation zwischen den Bruttogewinnen und den Erlösen verschlechtert, was zugleich zu einer Verschiebung des Deckungspunktes nach rechts und zu einer Verringerung des Sicherheitskoeffizienten führte.
Zweifellos ist die Deckungspunkt-Analyse eine recht aufschlußreiche Ergänzung der Erfolgskontrolle. Einschränkend ist allerdings darauf hinzuweisen, daß sie nur bei einer relativ geringen Anzahl verschiedener Erzeugnisse praktisch anwendbar ist. Außerdem läßt die Deckungspunkt-Analyse nicht erkennen, ob Verkaufspreis- oder Kostenabweichungen zu Abweichungen zwischen den geplanten und den effektiven Relationen aus den Bruttogewinnen und den Umsätzen geführt haben. Hierzu kommt als weiterer Einwand, daß die errechneten oder graphisch bestimmten Dekkungspunkte stets nur für eine bestimmte durchschnittliche Auftragszusammensetzung gültig sind. Zweifellos ist in den USA in den letzten Jahrzehnten die Bedeutung der Deckungspunkt-Analyse überschätzt worden[893]. Sie kann in einer Mehrproduktunternehmung eine nach Bestimmungsfaktoren differenzierte Erfolgsanalyse nicht ersetzen: "The modern multi-product company's performance is influenced by so many factors that the attempt to portray all of them on a break-even chart by making assumptions is an ambitious one"[894]. Die weitere Entwicklung wird daher dazu führen, daß an die Stelle der bisherigen Deckungspunkt-Analyse die Planung gewinnmaximaler Verkaufsprogramme mit Hilfe simultaner Planungsmethoden und eine nachträgliche, nach Abweichungsursachen differenzierte Erfolgsanalyse treten wird[895].

3. Die kumulierte Erfolgsanalyse

1. Da in einer auf Grenzkosten basierenden Erfolgsrechnung die fixen Kosten unabhängig vom Produktions- und Absatzvolumen in das monatliche Betriebsergebnis übernommen werden, ist der Gesamtgewinn (bei gegebenen Verkaufspreisen und Grenzselbstkosten) zu den Absatzmengen proportional. Unsere Ausführungen im dritten Kapitel, Abschnitt B, III haben gezeigt, daß hierin gerade eine der wichtigsten Verbesserungen gegenüber der auf Vollkosten basierenden Erfolgsrechnung besteht. In Betrieben mit starken Absatzschwankungen, die z.B. durch regelmäßig wiederkehrende Saisoneinflüsse ausgelöst werden, führt die Umsatzproportionalität der Erfolge aber zu weitaus größeren Gewinnunterschieden der einzelnen Teilperioden als die frühere Erfolgskontrolle auf Vollkostenbasis. Hieraus darf aber keineswegs der Schluß gezogen werden, in Saisonbetrieben sei die Vollkostenrechnung als Grundlage der Erfolgskontrolle besser geeignet. Auch hier geben allein

[893] Zu diesem Ergebnis kam bereits J. Dean 1951 in seinem grundlegenden Aufsatz über „Break-Even Analysis". Vgl. *J. Dean,* Methods ..., a.a.O., S. 228 und 249: „A break-even chart is an oversimplified analysis of expected profits at various levels of output."

[894] Vgl. *C. T. Horngren,* Cost Accounting ..., a.a.O., S. 57.

[895] Diese Ansicht wird auch von *R. K. Jaedicke,* Improving B-E Analysis ..., a.a.O., S. 12, vertreten.

die nach dem Grenzkostenprinzip ausgewiesenen Gewinne ein betriebswirtschaftlich richtiges Bild von der Erfolgsentwicklung. Die Tatsache, daß in Saisonbetrieben auch während der umsatzschwachen Monate betriebliche Teilkapazitäten aufrechterhalten werden müssen, muß zwangsläufig zu Verlusten bzw. zu relativ geringen Gewinnen führen. Der überwiegende Teil der Bruttogewinne wird in Saisonbetrieben während der Saisonspitze erzielt.

Andererseits ist aber zu berücksichtigen, daß die betrieblichen Kapazitäten zwar monatlich bereitgestellt werden, insgesamt gesehen aber auf die erwartete Saisonspitze zugeschnitten sind. Diese Tatsache kann man in der Weise berücksichtigen, daß man in Saisonbetrieben die monatliche Erfolgskontrolle durch eine *kumulierte Erfolgsanalyse* ergänzt. Bei diesem Verfahren werden die monatlich erzielten Brutto-

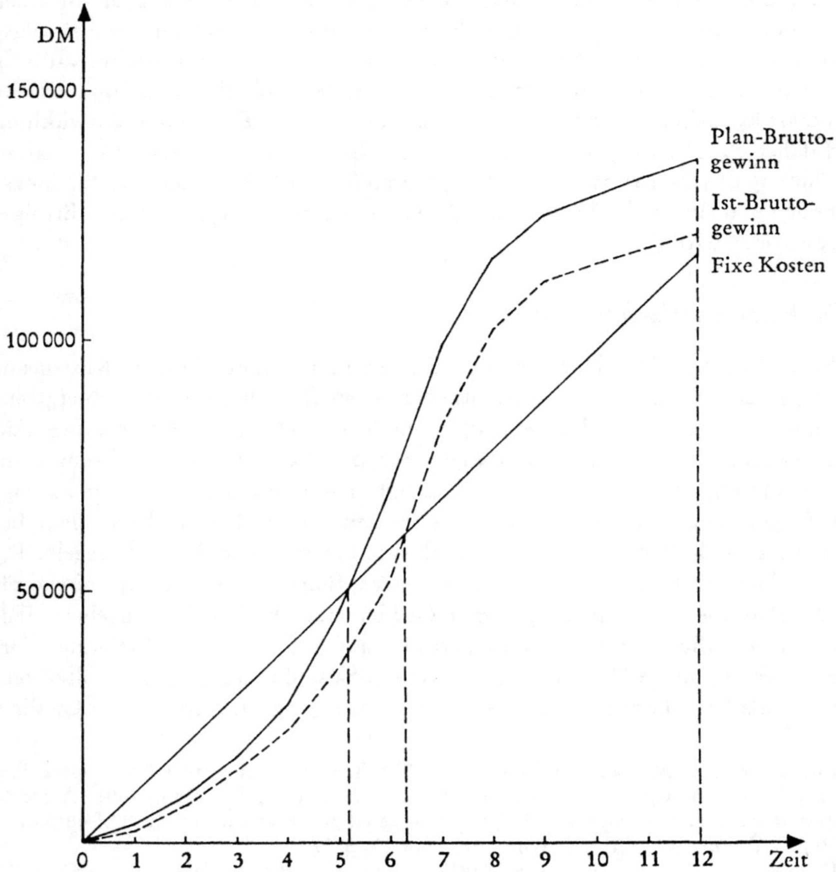

Abb. 48: Beispiel einer kumulierten Erfolgsanalyse

Tabelle 101: Beispiel einer kumulierten Erfolgsanalyse

Monat	Fixe Kosten (kumuliert)	Erfolgsplanung				Erfolgskontrolle				Erfolgsabweichungen	
		Bruttogewinne		Nettogewinne		Bruttogewinne		Nettogewinne			
		DM/ Monat	DM (kum.)	DM/ Monat	DM (kum.)	DM/ Monat	DM (kum.)	DM/ Monat	DM (kum.)	DM/ Monat	DM (kum.)
1	2	3	4	5	6	7	8	9	10	11	12
1	9 800	3 750	3 750	./. 6 050	./. 6 050	3 280	3 280	./. 6 520	./. 6 520	./. 470	./. 470
2	19 600	5 320	9 070	./. 4 480	./. 10 530	5 100	8 380	./. 4 700	./. 11 220	./. 220	./. 690
3	29 400	7 835	16 905	./. 1 965	./. 12 495	6 250	14 630	./. 3 550	./. 14 770	./. 1 585	./. 2 275
4	39 200	10 257	27 162	457	./. 12 038	7 860	22 490	./. 1 940	./. 16 710	./. 2 397	./. 4 672
5	49 000	18 460	45 622	8 660	./. 3 378	12 520	35 010	2 720	./. 13 990	./. 5 940	./. 10 612
6	58 800	25 670	71 292	15 870	12 492	17 630	52 640	7 830	./. 6 160	./. 8 040	./. 18 652
7	68 600	27 875	99 167	18 075	30 567	30 562	83 202	20 762	14 602	2 687	./. 15 965
8	78 400	17 613	116 780	7 813	38 380	19 237	102 439	9 437	24 039	1 624	./. 14 341
9	88 200	8 250	125 030	./. 1 550	36 830	8 920	111 359	./. 880	23 159	670	./. 13 671
10	98 000	4 130	129 160	./. 5 670	31 160	3 947	115 306	./. 5 853	17 306	./. 183	./. 13 854
11	107 800	3 675	132 835	./. 6 125	25 035	3 200	118 506	./. 6 600	10 706	./. 475	./. 14 329
12	117 600	2 902	135 737	./. 6 898	18 137	3 130	121 636	./. 6 670	4 036	228	./. 14 101
Summe	—	135 737	—	18 137	—	121 636	—	4 036	—	./. 14 101	—

und Nettogewinne während des Ablaufs eines Jahres kumuliert[896]. Durch die kumulierte Erfolgsanalyse erkennt man, wann die Summe der monatlichen Bruttogewinne die kalenderzeitproportional ansteigende „Fixkostentreppe" erreicht und übersteigt. Besteht in einem Saisonbetrieb die Möglichkeit, während der beschäftigungsschwachen Monate betriebliche Teilkapazitäten vorübergehend stillzulegen, so ist bei der kumulierten Erfolgsanalyse während dieser Monate mit verminderten fixen Kosten zu rechnen.
Das Verfahren der kumulierten Erfolgsanalyse sollte nicht nur bei der nachträglichen Erfolgskontrolle, sondern bereits beim Aufbau der jährlichen Erfolgsplanung angewandt werden. Auf diese Weise können bei der Erfolgskontrolle die monatlichen Gewinnabweichungen im Zeitablauf verfolgt werden.

2. In der Tabelle 101 und in der Abbildung 48 haben wir die kumulierte Erfolgsanalyse eines typischen Saisonbetriebes dargestellt, dessen Saisonspitze in den Monaten Mai bis August liegt.
In den Spalten 3 bis 6 der Tabelle 101 sind die geplanten Brutto- und Nettogewinne angegeben. Wie die Spalte 2 erkennen läßt, werden in dem betrachteten Betrieb auch während der beschäftigungsschwachen Monate keine fixen Kosten abgebaut, so daß die fixen Kosten monatlich um 9 800 DM steigen. Insgesamt wird ein Bruttogewinn von 135 737 DM und ein Nettogewinn von 18 137 DM erwartet. In der Abbildung 48 sind die fixen Kosten als kalenderzeitproportional, also als Gerade, wiedergegeben. Die kumulierten monatlichen Planbruttogewinne erreichen die Fixkostengerade kurz nach Eintritt der Saison im Monat Mai.
In den Spalten 7 bis 10 der Tabelle 101 sind die Istgewinne des gleichen Jahres angegeben. Ein Vergleich mit den Werten der Erfolgsplanung zeigt, daß die Saison, z. B. infolge ungünstiger Witterungseinflüsse, später einsetzte, was trotz Gewinnüberschreitungen in den Monaten Juli bis September zu einer Nettogewinnunterschreitung von 14 101 DM geführt hat. Wie die Abbildung 48 zeigt, setzt auch die Kostendeckung erst über einen Monat später ein.
Besonders in Betrieben mit saisonalen Absatzschwankungen stellt die kumulierte Erfolgsanalyse eine wertvolle Ergänzung der monatlichen Erfolgskontrolle dar.

II. Die Ermittlung mehrerer Deckungsbeiträge auf der Basis „relativer Einzelkosten"

1. Von den meisten Autoren werden heute die Bezeichnungen „Grenzplankostenrechnung", „direct costing" und „Deckungsbeitragsrechnung" synonym verwendet, weil sie es für ausreichend halten, daß in der laufenden Kosten- und Erfolgsrechnung als Deckungsbeiträge lediglich die Bruttogewinne der betrieblichen Erzeugnisse

[896] Vgl. zu diesem Verfahren *W. Medicke*, Geschlossene Kostenträgerrechnung..., a. a. O., S. 54 f.

bzw. Erzeugnisgruppen ausgewiesen werden[897]. In Deutschland hat jedoch P. Riebel eine erweiterte Form der Deckungsbeitragsrechnung entwickelt, die er als „das Rechnen mit relativen Einzelkosten und Deckungsbeiträgen“ bezeichnet[898]. Es kann hier nicht unsere Aufgabe sein, dieses Verfahren im einzelnen darzustellen. Wir wollen uns deshalb darauf beschränken, die Grundzüge der von P. Riebel vorgeschlagenen Form der Deckungsbeitragsrechnung zu beschreiben und dieses System kritisch mit der Grenzplankostenrechnung zu vergleichen.

Ein wesentlicher Unterschied besteht darin, daß sich P. Riebel bei der Planung und Kontrolle des Erfolgs nicht nur auf *einen* Deckungsbeitrag beschränken will, sondern ein retrograd aus den Erlösen abgeleitetes *System stufenförmig aufeinander folgender Deckungsbeiträge* vorschlägt. Hierbei wird der Begriff „Deckungsbeitrag“ so weit gefaßt, daß grundsätzlich *jede* Differenz aus Erlösen und „bestimmten Kosten“ als Deckungsbeitrag verwendet werden kann[899]. Die von P. Riebel empfohlene Form der Deckungsbeitragsrechnung beginnt mit den Umsätzen zu Listenpreisen, die, vermindert um Rabatte und Erlösschmälerungen, die „Nettoumsätze“ ergeben. Subtrahiert man hiervon nacheinander die erlösabhängigen Sondereinzelkosten des Vertriebs und die Frachtkosten, so erhält man Deckungsbeiträge, die P. Riebel als „reduzierten Nettoerlös I“ bzw. „reduzierten Nettoerlös II“ bezeichnet. Der zuletzt genannte Deckungsbeitrag wird um die „direkten variablen Stoffkosten“ vermindert, wobei man als neuen Deckungsbeitrag den sogenannten „Veredelungsbeitrag“ erhält. Vermindert man diesen um die „variablen Arbeitskosten“, so gelangt man zum „Deckungsbeitrag über die direkten variablen Kosten der Erzeugnisse“. Anschließend werden die Deckungsbeiträge um die sekundären und primären „direkten variablen, ausgabewirksamen Kosten“ der Abteilungen vermindert. Der nächste Schritt besteht darin, daß man die sekundären und primären „fixen, ausgabewirksamen Kosten der Abteilungen“ subtrahiert. Hierbei gelangt man zum „liquiditätswirksamen Beitrag“. Vermindert man diesen schließlich um die Abschreibungen und sonstigen, nicht ausgabewirksamen Kosten, so erhält man den „Nettoerfolg“ der betrieblichen Abrechnungsperiode[900]. Mit Ausnahme von Betrieben mit Kuppelproduktion kann die Hierarchie der Deckungsbeiträge bis zu den Deckungsbeiträgen über die direkten variablen Kosten der Erzeugnisse nach den Erzeugnissen bzw. Erzeugnisgruppen differenziert werden. Da dieser Deckungsbeitrag in etwa den Bruttogewinnen der Grenzplankostenrechnung entspricht, bezeichnet P. Riebel diese Verfahren als „Spielarten“ seiner Form der Deckungs-

897 Vgl. hierzu auch unsere Ausführungen im 3. Kapitel, Abschnitt C, I.

898 Vgl. *P. Riebel,* Das Rechnen mit Einzelkosten und Deckungsbeiträgen, ZfhF 1959, S. 213 ff.; *P. Riebel,* Das Rechnen mit relativen ..., a. a. O., S. 145 ff., *P. Riebel,* Die Preiskalkulation ..., a. a. O., S. 549 ff., und insbesondere S. 583 ff.

899 Vgl. *P. Riebel,* Das Rechnen ..., a. a. O., S. 225.

900 Zum Aufbau der von P. Riebel empfohlenen Form der Deckungsbeitragsrechnung vgl. *P. Riebel,* Das Rechnen mit relativen ..., a. a. O., S. 147 f.; ders., Das Rechnen ..., a. a. O., S. 225 f.; ders., Die Preiskalkulation ..., a. a. O., S. 590 und 591 (hier wurden obige Zitate entnommen).

beitragsrechnung[901]. Wir werden allerdings später sehen, daß P. Riebel nicht alle variablen Gemeinkosten den betrieblichen Erzeugnissen zurechnet, so daß zwischen den „Deckungsbeiträgen über die direkten variablen Kosten der Erzeugnisse" und den Bruttogewinnen keine vollständige Übereinstimmung besteht.

In gleicher Weise, wie es in der Grenzplankostenrechnung üblich ist, bezieht auch P. Riebel seine Deckungsbeiträge auf die Einheit der Engpaßbelastung; er spricht in diesen Fällen von „spezifischen Deckungsbeiträgen" [902].

Neben dem Ausweis zahlreicher, unterschiedlicher Deckungsbeiträge, die jeweils für verschiedene Fragestellungen verwendet werden sollen, besteht ein weiterer Unterschied gegenüber der Grenzplankostenrechnung darin, daß P. Riebel die Berücksichtigung des Ausgabencharakters der Kosten fordert, wodurch der Kostenrechnung zugleich die Aufgaben der Liquiditäts- und Finanzkontrolle übertragen werden sollen.

2. Wir wollen uns nunmehr der Frage zuwenden, welche *strukturellen Unterschiede* zwischen dem von P. Riebel empfohlenen Verfahren und der Grenzplankostenrechnung bestehen. Zweifellos basieren beide Systeme auf dem von K. Rummel zum Grundprinzip der Kostenrechnung erhobenen Verursachungsprinzip. Die für eine Vollkostenrechnung typische Proportionalisierung der fixen Kosten lehnt auch P. Riebel entschieden ab und fordert darüber hinaus, daß auch bei allen leistungsverbundenen variablen Gemeinkosten eine schlüsselmäßige Aufteilung, die dem Verursachungsprinzip zuwiderläuft, vermieden wird: „Man verleugnet die Produktionsverbundenheit in den Betrieben, wenn man echte Gemeinkosten aufschlüsselt, und man verleugnet den Charakter der fixen Kosten, wenn man sie künstlich proportionalisiert" [903]. Für unechte variable Gemeinkosten dagegen hält P. Riebel eine kausale Zuordnung durchaus für möglich[904].

Die Deckungsbeitragsrechnung nach P. Riebel basiert auf einer sogenannten „Grundrechnung", in der alle Kostenarten als „Einzelkosten" bestimmten Bezugsgrößen zugeordnet werden. Aus dieser Grundrechnung werden alle späteren Kostenauswertungen, insbesondere die Deckungsbeitragsrechnung, abgeleitet[905]. P. Riebel faßt hierbei den Bezugsgrößenbegriff erheblich weiter, als es in der Grenzplankostenrechnung üblich ist. Er versteht hierunter prinzipiell jede Art von Leistung und jeden beliebigen Teilvorgang bzw. jede im Betrieb auszuführende Funktion sowie jede beliebige organisatorische bzw. räumliche Einheit, durch die ein Kostenbetrag ver-

[901] Vgl. *P. Riebel,* Die Preiskalkulation ..., a. a. O., S. 583.

[902] Vgl. *P. Riebel,* Das Rechnen..., a. a. O., S. 232; ders., Das Rechnen mit relativen..., a. a. O., S. 147 und 148; ders., Die Preiskalkulation..., a. a. O., S. 585 und 592.

[903] Vgl. *P. Riebel,* Das Rechnen ..., a. a. O., S. 213 (hier wurde das obige Zitat entnommen); ders., Das Rechnen mit relativen ..., a. a. O., S. 145; ders., Die Preiskalkulation ..., a. a. O., S. 584.

[904] Vgl. *P. Riebel,* Das Rechnen mit relativen ..., a. a. O., S. 147; ders., Die Preiskalkulation ..., a. a. O., S. 584.

[905] Zur Grundrechnung vgl. *P. Riebel,* Das Rechnen ..., a. a. O., S. 220 f.; ders., Das Rechnen mit relativen ..., a. a. O., S. 147; ders., Die Preiskalkulation ..., a. a. O., S. 590 f.

ursacht wird[906]. Hierbei ist es grundsätzlich unerheblich, ob und wie eine Bezugsgröße zum Produktions- oder Absatzvolumen einer Abrechnungsperiode in Beziehung steht. Nur ein Teil der von P. Riebel verwendeten Bezugsgrößen ist daher für eine Weiterverrechnung der Kosten auf die betrieblichen Erzeugnisse geeignet. Mit Hilfe seiner „Hierarchie von Bezugsgrößen" will P. Riebel lediglich erreichen, daß jeder Kostenbetrag an irgendeiner Stelle als „Einzelkosten", d. h. mit Hilfe einer direkten Zuordnung zu einer Maßgröße der Kostenverursachung erfaßt wird[907]. Die übliche Unterteilung in Gemein- und Einzelkosten verwendet P. Riebel nicht. Für ihn haben diese Bezeichnungen stets nur eine relative Bedeutung[908].

In der Grundrechnung dürfen keine fixen Kosten proportionalisiert und keine echten Gemeinkosten mit Hilfe von Schlüsseln verteilt werden, die dem Verursachungsprinzip nicht entsprechen. Typisch für die von P. Riebel vorgeschlagene Form der Kostenrechnung ist eine besonders strenge Auslegung des Verursachungsprinzips. So sieht er z. B. Abschreibungen zwar als „Kostenstelleneinzelkosten" an, betrachtet sie aber infolge der nicht genau vorhersehbaren Nutzungsdauern von Betriebsmitteln zugleich als „Gemeinkosten einer im voraus noch nicht bekannten Zahl von Abrechnungsperioden"[909]. Aus diesem Grunde ordnet P. Riebel die Abschreibungen weder den betrieblichen Erzeugnissen noch einzelnen Kostenstellen zu, sondern er übernimmt sie global in Form von Amortisations- oder geplanten Deckungsraten in die Deckungsbeitragsrechnung. Aus ähnlichen Gründen verrechnet P. Riebel auch zeitlich unregelmäßig anfallende Kosten, wie z. B. Reparatur- und Instandhaltungskosten, Weihnachtsgratifikationen und Urlaubslöhne, nicht auf die betrieblichen Erzeugnisse, sondern als „Gemeinkosten kurzer Abrechnungsperioden" unmittelbar in seinem System der Deckungsbeitragsrechnung[910].

3. Bei einem *kritischen Vergleich* der von P. Riebel vorgeschlagenen Form der Deckungsbeitragsrechnung mit der Grenzplankostenrechnung ist zweifellos erkennbar, daß diese Verfahren sehr viele Parallelen aufweisen. Trotzdem bestehen einige wesentliche Unterschiede.

Im Gegensatz zu P. Riebel halten wir es grundsätzlich nicht für erforderlich, daß neben den Bruttogewinnen in der *laufenden* Kosten- und Erfolgsrechnung *mehrere* Deckungsbeiträge ausgewiesen werden. Wir glauben, daß *der* Bruttogewinn der betrieblichen Erzeugnisse bzw. Erzeugnisgruppen, absolut oder bezogen auf die Einheit der Engpaßbelastung, der weitaus wichtigste Deckungsbeitrag ist, da er die Grundlage für viele wichtige Entscheidungsprobleme bildet. Hierauf weist im übrigen auch P. Riebel hin: „Für die Lösung wirtschaftlicher Optimumprobleme müssen

906 Vgl *P. Riebel,* Das Rechnen mit relativen ..., a. a. O., S. 146.
907 Vgl. *P. Riebel,* Das Rechnen ..., a. a. O., S. 215.
908 Vgl. *P. Riebel,* Das Rechnen mit relativen ..., a. a. O., S. 146.
909 Vgl. *P. Riebel,* Das Rechnen ..., a. a. O., S. 217 (hier wurde das obige Zitat entnommen); ders., Das Rechnen mit relativen ..., a. a. O., S. 149; ders., Die Preiskalkulation ..., a. a. O., S. 584.
910 Vgl. *P. Riebel,* Das Rechnen ..., a. a. O., S. 217.

bekanntlich die Grenzkosten den Grenzerträgen gegenübergestellt werden."[911] Die meisten von P. Riebel vorgeschlagenen Deckungsbeiträge halten wir für überflüssig, so z. B. die „reduzierten Nettoerlöse" und den „Veredelungsbeitrag", bei dessen Errechnung als einzige variable Herstellkosten die Stoffkosten berücksichtigt werden. Wir stimmen allerdings mit P. Riebel darin überein, daß es Entscheidungsprobleme gibt, zu deren Lösung die Deckungsbeiträge der Grenzplankostenrechnung nicht ausreichen. In diesen Fällen ist es aber stets mit Hilfe einfacher Sonderrechnungen möglich, die entsprechenden Deckungsbeiträge aus dem System der Grenzplankostenrechnung abzuleiten. Eine laufende Errechnung aller denkbaren Deckungsbeiträge, wie P. Riebel sie vorschlägt, halten wir jedoch grundsätzlich nicht für erforderlich. Für besonders problematisch halten wir alle Versuche, mit Hilfe von „Deckungsbeiträgen über die ausgabewirksamen Kosten" der Kosten- und Erfolgsrechnung Aufgaben der Finanzplanung und -kontrolle zuzuordnen[912]. Wir stimmen G. Seicht zu, der in diesen Versuchen eine „Verschleierung der Kosten-Leistungsbeziehungen" sieht, ohne daß hierdurch eine laufende Finanzplanung und -kontrolle ersetzt werden kann[913]. Nicht Kostenstellen oder Kostenträger, sondern einzelne Zahlungsvorgänge, die häufig keine unmittelbaren Beziehungen zum Produktions- und Absatzvolumen einer Abrechnungsperiode aufweisen, führen zur Illiquidität einer Unternehmung. Daher muß die laufende Finanzplanung und -kontrolle nach einzelnen Zahlungsvorgängen, nicht aber nach den Gliederungsprinzipien der Kostenrechnung differenziert werden.

Eine besonders bedeutsame Frage besteht darin, ob die für das von P. Riebel vorgeschlagene Verfahren der Deckungsbeitragsrechnung typische strenge Auslegung des Verursachungsprinzips wirklich gerechtfertigt ist. Wir glauben, daß P. Riebel hier zu weit geht, indem er grundsätzlich alle indirekten und planmäßig zu erwartende Proportionalitätsbeziehungen negiert. Besonders typisch ist hierfür die Behandlung der Abschreibungen und der Reparatur- und Instandhaltungskosten. Zweifellos besteht zwischen dem Gebrauchsverschleiß von Betriebsmitteln und der durch Bezugsgrößen meßbaren Betriebsmittelnutzung ein proportionaler Zusammenhang. Trotz aller hierbei auftretenden Schwierigkeiten dürfte es daher richtig sein, einen Teil der Abschreibungen und der Reparatur- und Instandhaltungskosten über die Kostenstellen den betrieblichen Erzeugnissen als Grenzkosten zuzurechnen. Ähnlich ist dies auch der Fall bei anderen Kostenarten, die P. Riebel als echte Gemeinkosten behandelt. Dies gilt z. B. für die Urlaubslöhne und Weihnachtsgratifikationen von Arbeitskräften; diese Kosten weisen in den meisten Fällen eine proportionale Beziehung zu den Bruttolöhnen auf, so daß ein entsprechender, zeitlicher Ausgleich gerechtfertigt ist. Soweit diese Kostenarten auf proportional angesetzte Bruttolöhne entfallen, sind

[911] Vgl. *P. Riebel,* Das Rechnen ..., a. a. O., S. 229.

[912] Vgl. hierzu auch unsere Ausführungen im 7. Kapitel und die in den Anmerkungen 311 bis 313 angegebenen Literaturstellen, insbesondere die Kritik von K. Käfer.

[913] Vgl. *G. Seicht,* Die stufenweise Grenzkostenrechnung. Ein Beitrag zur Weiterentwicklung der Deckungsbeitragsrechnung, ZfB 1963, S. 701.

sie daher auch über die Kostenstellenrechnung in die Grenzkosten der betrieblichen Produkte einzubeziehen.

Dadurch, daß P. Riebel indirekte proportionale Beziehungen bei der Anwendung des Verursachungsprinzips vermeidet, bezieht er einen Teil der variablen Gemeinkosten nicht in die Grenzkosten der betrieblichen Erzeugnisse ein. Er erhält daher im Gegensatz zur Grenzplankostenrechnung unvollständige Grenzkosten, die für viele Entscheidungsprobleme nicht geeignet sind[914].

Andererseits gestehen wir P. Riebel zu, daß bei den in der Praxis üblichen Formen der Grenzplankostenrechnung manchmal Verfahren der Gemeinkostenzurechnung angewandt werden, die dem Verursachungsprinzip nicht genügend entsprechen. Dies ist z. B. häufig bei der Verrechnung der kalkulatorischen Leitungskosten der Fall, wenn dort eine „Verteilung nach den Fertigungskosten" auf die betreuten Abteilungen vorgenommen wird. Auch die Verrechnung der kalkulatorischen Transportkosten und der Vertriebsgemeinkosten erfolgt in vielen Betrieben noch nach zu groben Methoden. Wir glauben aber, daß diese Mängel nicht durch eine Einbeziehung solcher Kostenartengruppen in die Deckungsbeiträge, sondern durch eine entsprechende Verfeinerung der Bezugsgrößentechnik beseitigt werden sollten. Geht man diesen Weg, so bleiben als nicht zurechenbare „echte Gemeinkosten" lediglich die variablen Fertigungskosten bei Kuppelproduktion übrig, die auch in einer Grenzplankostenrechnung nicht nach dem Verursachungsprinzip auf die einzelnen Kuppelprodukte weiterverrechnet werden können. Diese Kosten müssen vielmehr stets in „gemeinsame Deckungsbeiträge" der Kuppelprodukte eingehen[915].

Auch in den USA hat es Bestrebungen gegeben, das direct costing im Sinne der von P. Riebel vorgeschlagenen Form der Deckungsbeitragsrechnung zu verändern. So forderte z. B. O. Nielsen bereits im Jahre 1954, neben dem Einzelmaterial und den Einzellöhnen nur „leicht zurechenbare Gemeinkosten" auf die betrieblichen Erzeugnisse zu verrechnen und alle übrigen Kosten als „over-all costs of operation in the period of occurence" durch die Gewinne decken zu lassen[916]. Diese Bestrebungen haben sich aber nicht durchgesetzt, da sie die gefährliche Tendenz in sich tragen, die Grenzkosten nur unvollständig auszuweisen. G. Shillinglaw schreibt hierüber: "Nevertheless, the behavior of overhead cost is exceedingly complex, as we have seen, and there is a strong temptation to follow the line of least resistance and include in product cost only those costs that are obviously and fully variable. In some extreme cases, variable overhead has been excluded completely from product cost. This simplifies or even eliminates the cost allocation problem, but it also produces profit contribution data that may be grossly misleading."[917]

Trotz aller Schwierigkeiten sollte daher die zukünftige Entwicklung in Richtung auf eine weitere Verfeinerung der Bezugsgrößentechnik verlaufen, und sie sollte nicht

[914] Vgl. *G. Seicht,* Die stufenweise ..., a. a. O., S. 700.
[915] Auch *A. Deyhle,* Grenz- oder relative Einzelkosten?, ZfB 1962, S. 63, weist hierauf hin.
[916] Vgl. *O. Nielsen,* The Case for Direct Costing, The Accounting Review 1954, S. 89.
[917] Vgl. *G. Shillinglaw,* Cost Accounting ..., a. a. O., S. 621.

dazu führen, bei der Errechnung von Grenzkosten wesentliche Bestandteile der variablen Kosten wegzulassen, um sie global in die Deckungsbeitragsrechnung zu übernehmen.

III. Die Ergänzung der kurzfristigen Erfolgsrechnung durch eine stufenweise Fixkostendeckungsrechnung

1. Als weitere, mögliche Ergänzung einer auf Grenzkosten basierenden kurzfristigen Erfolgsrechnung ist die sogenannte stufenweise Fixkostendeckungsrechnung vorgeschlagen worden. K. Agthe versteht hierunter eine „verursachungsgemäße" Zurechnung von Fixkostenbeträgen zu bestimmten Deckungsbeiträgen[918]. K. Mellerowicz fordert in der Erfolgsrechnung eine „differenzierte Fixkostendeckungsmethode", bei der eine „möglichst weitgehende Aufspaltung des gesamten Fixkostenblocks in verschiedene Fixkostenschichten" durchgeführt werden soll, die sich durch ihre unterschiedliche „Erzeugnisnähe" unterscheiden[919]. In Anlehnung an diese beiden Autoren wollen wir folgende Fixkostenbegriffe verwenden[920].
Erzeugnisfixkosten fallen für die Betriebsbereitschaft von Teilkapazitäten an, die nur für die Produktion einer bestimmten Erzeugnisart eingesetzt werden können. Sie werden in einer stufenweisen Fixkostendeckungsrechnung von den Istdeckungsbeiträgen der zugehörigen Erzeugnisse subtrahiert. Den hierbei errechneten Saldo wollen wir als „Restdeckungsbeitrag I" einer Erzeugnisart bezeichnen. Typische Beispiele von Erzeugnisfixkosten sind die Bereitschaftskosten für Spezialaggregate, die zur Bearbeitung jeweils nur einer bestimmten Produktart dienen.
Erzeugnisgruppenfixkosten fallen für die Betriebsbereitschaft von Teilkapazitäten an, die jeweils nur für bestimmte Erzeugnisgruppen eingesetzt werden. Subtrahiert man die Erzeugnisgruppenfixkosten von der Summe der zugehörigen Restdeckungsbeiträge I, so erhält man einen Saldo, den wir als „Restdeckungsbeitrag II" bezeichnen wollen. Typische Beispiele für Erzeugnisgruppenfixkosten sind die fixen Kosten der Kostenstelle „Kämmerei" in einem Spinnereibetrieb, die nur den Deckungsbeiträgen gekämmter Garne zuzurechnen sind, und die fixen Kosten von solchen Spezialabteilungen des Verkaufs, die sich nur mit den Verkaufsaufgaben für bestimmte Erzeugnisgruppen beschäftigen.

[918] Vgl. *K. Aghte,* Stufenweise Fixkostendeckung im System des Direct Costing, ZfB 1959, S. 404 ff. und insbesondere S. 407.
[919] Vgl. *K. Mellerowicz,* Planung und Plankostendeckung, Bd. 1, Betriebliche Planung, Freiburg 1961, S. 473.
[920] *K. Aghte,* Stufenweise Fixkostendeckung ..., a. a. O., S. 407 f., und *K. Mellerowicz,* Planung ..., Bd. 1, a. a. O., S. 473, unterscheiden: Erzeugnisfixkosten, Erzeugnisgruppenfixkosten, Kostenstellenfixkosten, Bereichsfixkosten und Unternehmungsfixkosten. Hiervon haben wir die Bezeichnung „Kostenstellenfixkosten" nicht übernommen, da sie sich mit den übrigen Begriffen überschneidet. Die von K. Aghte und K. Mellerowicz genannten Fixkosten fallen ebenfalls in bestimmten Kostenstellen an.

Als *Bereichsfixkosten* werden die Bereitschaftskosten spezieller Werksbereiche oder von selbständigen Teilwerken bezeichnet, die jeweils nur der Erzeugung oder dem Verkauf bestimmter Erzeugnishauptgruppen dienen. Saldiert man sie mit den Restdeckungsbeiträgen II dieser Gruppen, so erhält man einen Saldo, den wir als „Restdeckungsbeitrag III" bezeichnen wollen.
Alle übrigen fixen Kosten bezeichnet man als *Unternehmungsfixkosten*, da sie für die Unternehmung als ganze anfallen und sich nicht nach Erzeugnisarten oder Erzeugnisgruppen differenzieren lassen. Die Unternehmungsfixkosten werden en bloc von der Summe der Restdeckungsbeiträge III subtrahiert, wobei man den gesamten „Nettoerfolg" der betreffenden Abrechnungsperiode erhält[921].
Die stufenweise Fixkostendeckung ist seit längerer Zeit auch in den USA bekannt. Bereits im N.A.C.A.-Bulletin von 1952 wurde auf die Möglichkeiten einer stufenweisen Fixkostendeckungsrechnung hingewiesen[922]. Auch im NAA-Research Report von 1961 werden in einer nach Verkaufsbereichen differenzierten Erfolgsanalyse „district period costs" und „general company period costs" unterschieden[923]. G. Shillinglaw unterscheidet in der Erfolgsanalyse „fixed costs – product-traceable" und „fixed costs – common", und W. Wright fordert die Berücksichtigung von „specific period expenses" in der Erfolgsanalyse[924].

2. Wir haben in der Tabelle 102 ein Zahlenbeispiel zur stufenweisen Fixkostendeckungsrechnung wiedergegeben, das mit der Erfolgsrechnung der Tabelle 98 abgestimmt ist. Wie die Tabelle 98 erkennen läßt, sind in der betreffenden Abrechnungsperiode insgesamt 138 500 DM fixe Kosten angefallen. In der auf Grenzkosten basierenden kurzfristigen Erfolgsrechnung wird dieser Betrag nur der Summe aller Deckungsbeiträge gegenübergestellt. In der Tabelle 102 erscheint er dagegen aufgelöst in 4 150 DM Erzeugnisfixkosten, 25 947 DM Erzeugnisgruppenfixkosten, 61 908 DM Bereichsfixkosten und 46 495 DM Unternehmungsfixkosten (wozu noch 2 280 DM nicht verteilte Abweichungen kommen). Im Beispiel der Tabelle 102 sind zwar alle Restdeckungsbeiträge positiv, d. h. alle Erzeugnisgruppen decken mindestens die ihnen zurechenbaren speziellen Fixkostenblöcke, die Erzeugnisgruppe 30 ist aber besonders stark mit zurechenbaren Fixkosten belastet.

921 Fallen während einer Abrechnungsperiode Kostenabweichungen an, die nicht nach Erzeugnissen bzw. Erzeugnisgruppen verteilt werden können, so werden sie im System der stufenweisen Fixkostendeckungsrechnung in der Regel zusammen mit den Unternehmungsfixkosten verrechnet.

922 Vgl. *N.A.C.A.-Bulletin 1952 (9)*, Accounting . . ., a. a. O., S. 164.

923 Vgl. *NAA-Research Report 37*, Current Application . . ., a. a. O., S. 33. Auch *K. Weber*, Direct Costing, Industrielle Organisation 1960, S. 481, beschreibt ein Schema zur stufenweisen Fixkostendeckung.

924 Vgl. *G. Shillinglaw*, Cost Accounting . . ., a. a. O., S. 573; *W. Wright*, Direct Standard Costs . . ., a. a. O., S. 152 f. Auch *R. L. Brummet*, Direct Costing - Its Weaknesses and Its Strengths, NAA-Bulletin 1962 (3), Section 1, fordert auf S. 65 eine stufenweise Fixkostendeckungsrechnung.

Tabelle 102: Beispiel einer stufenweisen Fixkostendeckungsrechnung

Stufenweise Fixkostendeckung: Juli 1967

Artikel		Istdeckungsbeiträge		Erzeugnis-fixkosten	Rest-deckungs-beitrag I	Erzeugnis-gruppen-fixkosten	Rest-deckungs-beitrag II	Bereichs-fixkosten	Restdeck.beitrag III		Unter-nehmungs-fixkosten und nicht verteilte Abweich.	Netto-erfolg
Gruppe	Nummer	DM	% der Selbstkosten	DM	DM	DM	DM	DM	DM	% der Selbstkosten		DM
1	2	3	4	5	6	7	8	9	10	11	12	13
10	1	10 414	28,3	—	10 414	—	—	—	—	—	—	—
	2	13 792	27,2	—	13 792	—	—	—	—	—	—	—
	3	17 310	27,6	1 150	16 160	—	—	—	—	—	—	—
	Zw.-Summe	41 516	27,7	1 150	40 366	7 220	33 146	—	—	—	—	—
	4	9 694	24,0	—	9 694	—	—	—	—	—	—	—
	5	5 984	25,6	—	5 984	—	—	—	—	—	—	—
	Zw.-Summe	15 687	24,6	—	15 678	2 250	13 428	—	—	—	—	—
Zw.-Summe		57 194	26,8	1 150	56 044	9 470	46 574	21 325	25 249	11,8	—	—
20	1	6 968	41,0	—	6 968	—	—	—	—	—	—	—
	2	10 505	42,3	783	9 722	—	—	—	—	—	—	—
	3	12 018	36,4	—	12 018	—	—	—	—	—	—	—
	4	4 288	40,9	—	4 288	—	—	—	—	—	—	—
Zw.-Summe		33 779	39,6	783	32 996	—	32 996	10 370	22 626	26,5	—	—
30	1	18 624	29,8	—	18 624	—	—	—	—	—	—	—
	2	19 858	30,3	—	19 858	—	—	—	—	—	—	—
	3	29 847	36,2	—	29 847	—	—	—	—	—	—	—
	Zw.-Summe	68 329	32,5	—	68 329	10 487	57 842	—	—	—	—	—
	4	22 381	41,1	—	22 381	—	—	—	—	—	—	—
	5	8 424	34,0	1 250	7 174	—	—	—	—	—	—	—
	6	11 631	31,2	967	10 664	—	—	—	—	—	—	—
	Zw.-Summe	42 436	36,5	2 217	40 219	5 990	34 229	—	—	—	—	—
Zw.-Summe		110 765	33,9	2 217	108 548	16 477	92 071	30 213	61 858	18,9	—	—

3. Das *Ziel* der stufenweisen Fixkostendeckungsrechnung besteht darin, Anhaltspunkte für die Durchführung quantitativer Anpassungsprozesse zu erhalten. Insbesondere soll für Erzeugnisgruppen, die nicht einmal ihre speziellen fixen Kosten decken, überprüft werden, ob es nicht vorteilhafter ist, sie aus dem Fertigungsprogramm zu streichen und die zugehörigen Spezialabteilungen stillzulegen oder hier auf eine spätere Reinvestition zu verzichten. Bei solchen Überlegungen handelt es sich aber stets um *mittel-* oder *langfristige* Entscheidungen. Die für diese Entscheidungen erforderlichen Unterlagen können aber niemals allein aus der *kurzfristigen* Erfolgsrechnung abgeleitet werden. Es erscheint uns daher überflüssig, die stufenweise Fixkostendeckungsrechnung als Ergänzung zur kurzfristigen Erfolgsrechnung monatlich durchzuführen. Es dürfte völlig ausreichen und zugleich zu sinnvolleren Ergebnissen führen, wenn man die stufenweise Fixkostendeckungsrechnung als Ergänzung der jährlichen Erfolgsanalyse durchführt.
Weiterhin sind die geplanten Fixkostenbeträge ohne Durchführung vorheriger Korrekturen für Stillegungsentscheidungen ungeeignet, da sie unter der Annahme einer unbegrenzten Aufrechterhaltung aller betrieblichen Teilkapazitäten vorgegeben wurden. F. Wille und G. Seicht haben daher mit Recht darauf hingewiesen, daß für Stillegungsentscheidungen neben der stufenweisen Zuordnung der fixen Kosten zu einzelnen Erzeugnissen bzw. Erzeugnisgruppen eine Differenzierung in „abbaufähige" und in „nicht-abbaufähige" Fixkosten erforderlich ist[925]. Bereits K. Rummel hat eine „Ordnung der Bereitschaftskosten nach den Fristen, für die die Bereitschaft geplant ist", gefordert, wonach sich kurzfristig, mittelfristig und langfristig veränderliche fixe Kosten unterscheiden lassen[926]. Auch wenn man diese zweifellos notwendige Differenzierung der fixen Kosten vornimmt, sind für Stillegungsentscheidungen stets Sonderrechnungen erforderlich[927]. Die stufenweise Fixkostendeckungsrechnung kann daher höchstens Anhaltspunkte dafür geben, für welche Erzeugnisgruppen und für welche betrieblichen Teilbereiche man solche Sonderrechnungen durchführen sollte.

C. *Zum Problem der Bestandsbewertung in Handels- und Steuerbilanz*

1. Unsere Ausführungen über die kurzfristige Erfolgsrechnung haben gezeigt, daß eine wirksame Erfolgskontrolle nur mit Hilfe von Grenzkosten möglich ist. Wird

[925] Vgl. *F. Wille*, Direktkostenrechnung mit stufenweiser Fixkostendeckung? Eine kritische Stellungnahme, ZfB 1959, S. 740; *G. Seicht*, Die stufenweise ..., a. a. O., S. 697 ff. Die von *K. Aghte*, Stufenweise Fixkostendeckung ..., a. a. O., S. 410, und *K. Mellerowicz*, Planung ..., Bd. 1, a. a. O., S. 474, geforderte Differenzierung nach ausgabewirksamen und nicht ausgabewirksamen Kosten dürfte für Stillegungsentscheidungen nicht ausreichen. Diese Ansicht wird auch von F. Wille und G. Seicht vertreten.

[926] Vgl. *K. Rummel*, Einheitliche Kostenrechnung, 3. Aufl., Düsseldorf 1949, S. 128. Auf dieses Zitat weist auch *G. Seicht*, Die stufenweise ..., a. a. O., S. 703, hin.

[927] Diese Ansicht vertritt auch *F. Wille*, Direktkostenrechnung ..., a. a. O., S. 740. *P. Riebel*, Das Rechnen mit relativen ..., a. a. O., S. 149, fordert für Stillegungsentscheidungen Sonderuntersuchungen.

die kurzfristige Erfolgsrechnung in geschlossener Form durchgeführt, so kommen für die Bewertung der Halb- und Fertigfabrikatebestände nur Grenzherstellkosten in Frage. Da auch für die Erstellung von Handels- und Steuerbilanzen und für sonstige externe Berichte eine Bewertung der Halb- und Fertigfabrikatebestände erforderlich ist, wollen wir nunmehr untersuchen, ob auch für diese Zwecke eine Bewertung zu Grenzherstellkosten betriebswirtschaftlich sinnvoll und bei den zu beachtenden gesetzlichen Bestimmungen zulässig ist. Wie die in Deutschland übliche organisatorische Trennung zwischen Finanzbuchhaltung und Betriebsabrechnung zeigt, ist die innerbetriebliche Kosten- und Erfolgsrechnung zwar grundsätzlich von den Aufgaben der externen Berichterstattung weitgehend unabhängig, trotzdem wäre es natürlich von Vorteil, wenn in beiden Rechnungskreisen bei der Bewertung der Halb- und Fertigfabrikatebestände die gleichen Bewertungsmethoden angewandt werden könnten.

2. Wir wollen zunächst untersuchen, ob die z. Z. gültigen *handelsrechtlichen Bewertungsvorschriften in Deutschland* eine Bewertung der Halb- und Fertigfabrikatebestände zu Grenzherstellkosten zulassen.
Dies war zweifellos nach dem Aktiengesetz von 1937 der Fall, das nur Höchstwertvorschriften kannte. Mit dem Inkrafttreten des neuen Aktiengesetzes von 1965 ist aber an die Stelle der früheren Höchstwertvorschriften das Fixwertprinzip getreten[928]. Nach § 155 hat die Bewertung der Halb- und Fertigfabrikatebestände zu Herstellungskosten zu erfolgen, sofern die Marktpreise nicht niedriger sind. Hierbei gilt nach § 153 Abs. 2: „Bei der Berechnung der Herstellungskosten dürfen in angemessenem Umfang Abnutzungen und sonstige Wertminderungen sowie angemessene Teile der Betriebs- und Verwaltungskosten eingerechnet werden, die auf den Zeitraum der Herstellung entfallen; Vertriebskosten gelten nicht als Betriebs- und Verwaltungskosten." In der Literatur wird diese Vorschrift unterschiedlich interpretiert. Verschiedene Autoren vertreten die Ansicht, daß § 153 Abs. 2 im Sinne eines Bewertungswahlrechts auszulegen ist[929]. Hiernach sind Wertansätze zulässig, die zwischen der Summe aus den Einzelmaterialkosten, den Einzellöhnen und den Sondereinzelkosten der Fertigung als Untergrenze und den Herstellkosten nach der traditionellen Vollkostenrechnung als Obergrenze liegen[930]. Zwischen diesen beiden Extremwerten liegen die proportionalen Herstellkosten, die damit im Falle eines Wahlrechts grundsätzlich als handelsrechtlicher Wertansatz zulässig wären.

[928] Unsere folgenden Ausführungen lehnen sich eng an eine Studie von *H. Albach*, Bewertungsprobleme des Jahresabschlusses nach dem Aktiengesetz 1965, Der Betriebsberater 1966, S. 377 ff., an. Wie H. Albach dort auf S. 377 nachgewiesen hat, sind das Fixwertprinzip, das Realisationsprinzip und das Vergleichbarkeitsprinzip im Aktiengesetz 1965 besonders betont worden.

[929] Wie *H. Albach*, Bewertungsprobleme ..., a. a. O., S. 379, nachweist, vertreten die Autoren K. H. Forster, J. Eßer und G. Kofahl diese Ansicht.

[930] Im letzten Fall muß allerdings beachtet werden, daß die kalkulatorischen Abschreibungen nicht über den Bilanzabschreibungen liegen dürfen und kalkulatorische Zinsen zu eliminieren sind.

Von einigen Autoren wird aber die Ansicht vertreten, daß § 153 Abs. 2 als Mußvorschrift auszulegen sei, da das Bewertungswahlrecht im Widerspruch zu dem Sinn und Zweck des neuen Aktienrechts stehen würde. Aus der Entstehungsgeschichte des Gesetzes läßt sich aber eindeutig ableiten, daß die Kannvorschrift nicht versehentlich, sondern bewußt beibehalten wurde[931]. Auch aus dem Bericht des Rechtsausschusses des Deutschen Bundestages geht hervor, daß die Wahl der Bewertungsmethode im einzelnen weitgehend der Gesellschaft überlassen bleibt[932]. Die Interpretation des § 153 Abs. 2 als Mußvorschrift dürfte daher nicht haltbar sein. Die Zulassung eines Wahlrechts der Bewertungsmethode ist keineswegs ein Verstoß gegen das Fixwertprinzip; denn aus der Tatsache, daß nach § 160 Abs. 2 über jede Änderung der Bewertungsmethode berichtet werden muß, wobei zugleich die betragsmäßigen Auswirkungen solcher Änderungen anzugeben sind, folgt, daß der Grundsatz der Bewertungsstetigkeit einen wesentlichen Grundzug des neuen Aktienrechts bildet[933]. Ein einmal für die Berechnung der Herstellkosten gewähltes Kalkulationsverfahren sollte daher nicht ohne zwingende Gründe geändert werden.

Neben dem Fixwertprinzip liegt dem Aktiengesetz von 1965 als weiteres Grundprinzip das Realisationsprinzip zugrunde, nach dem zukünftige Gewinne nicht ausgewiesen werden dürfen. Wie H. Albach nachgewiesen hat, läßt sich aus diesem Grundprinzip ableiten, daß die für die Bewertung der Halb- und Fertigfabrikatebestände nach § 153 Abs. 2 zu ermittelnden Herstellungskosten nur die variablen Kosten des Herstellungsbereiches sein können[934]. Nur diese können den Bestandsveränderungen kausal zugeordnet werden, da nur sie für die Produktion von Halb- und Fertigfabrikaten erforderlich sind. Die fixen Kosten des Herstellungsbereiches sind vom Umfang und der Zusammensetzung des Produktionsvolumens unabhängig. Sie „... schaffen keine materiellen Wirtschaftsgüter, hier also Halb- und Fertigfabrikate, sondern als Kosten der Betriebsbereitschaft nur ‚konkrete Möglichkeiten', diese Erzeugnisse zu fertigen"[935]. Die fixen Kosten müssen durch die Bruttogewinne der verkauften Erzeugnisse gedeckt werden. Für die lagernden Halb- und Fertigfabrikate werden aber erst in späteren Perioden Bruttogewinne realisiert. Eine Aktivierung fixer Herstellungskosten stellt somit einen Verstoß gegen das Realisationsprinzip dar.

Auch aus dem dritten Grundprinzip des Aktiengesetzes von 1965, dem Vergleichbarkeitsprinzip, läßt sich ableiten, daß im aktienrechtlichen Jahresabschluß die Halb- und Fertigfabrikatebestände mit den variablen Kosten des Herstellungsbereiches bewertet werden sollten. Das Vergleichbarkeitsprinzip folgt aus § 160 Abs. 2, nach

[931] Vgl. hierzu *H. Albach*, Bewertungsprobleme ..., a. a. O., S. 380. H. Albach setzt sich in diesem Zusammenhang kritisch mit der Ansicht G. Döllerers auseinander, der der Meinung ist, daß § 153 Abs. 2 als Mußvorschrift auszulegen ist.

[932] Vgl. *Aktiengesetz vom 6. 9. 1965*, Textausgabe und Einführungsgesetz mit Begründung des Regierungsentwurfs, zusammengestellt von B. Kropff, Düsseldorf 1965, S. 240.

[933] Vgl. hierzu *Aktiengesetz vom 6. 9. 1965*, a. a. O., S. 240.

[934] Vgl. *H. Albach*, Bewertungsprobleme ..., a. a. O., S. 380 f.

[935] Vgl. *H. Albach*, Bewertungsprobleme ..., a. a. O., S. 380.

dem alle Abweichungen des Jahresabschlusses, die die Vergleichbarkeit mit dem vorherigen Jahresabschluß stören, im Geschäftsbericht eingehend zu erläutern sind. Weiterhin wird nach § 149 Abs. 1 gefordert, daß der Jahresabschluß einen möglichst sicheren Einblick in die Vermögens- und Ertragslage der Gesellschaft zu gewähren hat. Wie wir bereits im dritten Kapitel, Abschnitt B, III nachgewiesen haben, werden durch die Vollkostenbewertung in Abrechnungsperioden mit Vorratsproduktion zu hohe und in Abrechnungsperioden mit Lagerbestandsabnahmen zu niedrige Gewinne ausgewiesen. „Das bedeutet, daß die Aktivierung von Fixkosten bei den Herstellungskosten der Wirtschaftsgüter des Umlaufvermögens zu einer Ausschaltung des Konjunktureinflusses aus dem Jahresabschluß führt."[936] Umsatzproportionale und damit vergleichbare Gewinne werden nur bei Anwendung der Grenzkostenbewertung ausgewiesen.

Die These, daß auch für die Bilanzbewertung als Wertansatz für die Halb- und Fertigfabrikatebestände nur die variablen Kosten des Herstellungsbereiches in Frage kommen, wird durch neuere amerikanische bewertungstheoretische Analysen gestützt. Hiernach gilt als Bewertungsgrundsatz das „concept of future benefit", nach dem in die Wertansätze nur Kostenbestandteile einzubeziehen sind, die infolge der vorhandenen Bestände in zukünftigen Perioden gespart werden können: "... it represents the savings of future costs inherent in the existence of a stock of goods."[937] Die fixen Kosten der Betriebsbereitschaft sind, von wenigen Ausnahmen abgesehen, nach Ablauf einer Abrechnungsperiode unwiederbringlich verloren, so daß sie nicht zu zukünftigen Kosteneinsparungen führen und für die Bestandsbewertung nicht in Frage kommen. Nur wenn die Inanspruchnahme der den fixen Kosten zugrunde liegenden Teilkapazitäten in zukünftigen Perioden Kosteneinsparungen oder Gewinnzunahmen verursacht, dürfen auch Fixkostenbestandteile in die Wertansätze der Halb- und Fertigfabrikatebestände einbezogen werden[938]. Wird z. B. für die nächste Abrechnungsperiode mit einer Steigerung der variablen Kosten gerechnet und besteht die Möglichkeit, durch zeitliche Vorverlagerung der Produktion dieser Kostensteigerung auszuweichen, so ist es bewertungstheoretisch richtig, fixe Kosten in Höhe der diskontierten Einsparungen zu aktivieren. Ein ähnlicher Fall liegt vor, wenn in der nächstfolgenden Abrechnungsperiode mit einer Engpaßsituation gerechnet wird, weil das erwartete Absatzvolumen für die vorhandenen Kapazitäten zu groß ist. Kann nur durch zeitliche Vorverlagerung der Produktion ein Erlösausfall vermieden werden, so ist es bewertungstheoretisch richtig, fixe Kosten in Höhe des

[936] Vgl. *H. Albach*, Bewertungsprobleme ..., a. a. O., S. 381.

[937] Vgl. *J. R. E. Parker*, Give Consideration to Direct Costing for External Reporting, NAA-Bulletin 1963 (10), Section 1, S. 7. Ähnlich auch *R. L. Brummet*, Direct Costing ..., a. a. O., S. 67.

[938] Vgl. hierzu *H. Biermann Jr.*, A Way of Using Direct Costing in Financial Reporting, NAA-Bulletin 1959 (11), Section 1. S. 14; *G. H. Sorter, C. T. Horngren*, Asset Recognition and Economic Attributes - The Relevant Costing Approach, The Accounting Review 1962, S. 397; *C. T. Horngren*, Cost Accounting ..., a. a. O., S. 358; *G. L. Battista, G. R. Crowningshield*, Absorption, Direct or Relevant Costing?, NAA-Bulletin 1964 (8), Section 1, S. 13 ff.

vermiedenen, diskontierten Bruttogewinnausfalls zu aktivieren. In den oben genannten Fällen entsprechen den aktivierten fixen Kosten Opportunitätskosten. In den meisten Fällen sind jedoch diese Opportunitätskosten gleich Null, da durch die Inanspruchnahme betrieblicher Teilkapazitäten weder zukünftige Kosten gespart noch zukünftige Gewinnausfälle vermieden werden können.
Zusammenfassend kommen wir daher zu dem Ergebnis, daß auch für die handelsrechtliche Bewertung der Halb- und Fertigfabrikatebestände die variablen Kosten des Herstellungsbereiches am besten geeignet sind. Dies gilt analog auch für alle sonstigen externen Berichte mit Ausnahme der Steuerbilanz.

3. Die *handelsrechtlichen Bewertungsnormen in den USA* werden sehr stark von der amerikanischen Wirtschaftsprüfervereinigung, dem American Institute of Certified Public Accountants (A.I.C.P.A.) beeinflußt. Eine endgültige Entscheidung über die Zulassung von Grenzherstellkosten für die Bewertung von Halb- und Fertigfabrikatebeständen in der Handelsbilanz hat dieses Institut z. Z. noch nicht getroffen. Es liegt lediglich eine Stellungnahme von 1947 vor: "... the exclusion of all overheads from inventory costs does not constitute an accepted accounting procedure ..."[939] Nach dem direct costing werden aber keineswegs alle, sondern nur die fixen Herstellungskosten aus den Wertansätzen ausgeschlossen. Im übrigen dürfte dem A.I.C.P.A. im Jahre 1947 das direct costing noch nicht bekannt gewesen sein. Bevor jedoch in den USA die zuständigen Gremien der Wirtschaftsprüfervereinigung die Grenzkostenbewertung noch nicht öffentlich akzeptiert haben, werden auch die Börsenaufsichtsbehörde und die Steuerverwaltung diese Bewertungsmethode nicht zulassen[940]. Von vielen Autoren wird jedoch damit gerechnet, daß mit der weiteren Verbreitung des direct costing in den USA zukünftig auch eine Anerkennung der Grenzkostenbewertung durch das American Institute of Certified Public Accountants erfolgen wird[941].
Für die meisten sonstigen externen Berichte, z. B. an Kreditgeber oder an Aktionäre, wird in den USA bereits heute die Bewertung zu Grenzherstellkosten und ein entsprechender Erfolgsausweis befürwortet[942].

939 Zitiert nach: *NAA-Research Report 37*, Current Application ..., a. a. O., S. 88.

940 Vgl. *A. Matz, O. J. Curry, G. W. Frank*, Cost Accounting ..., a. a. O., S. 793 f.; "The International Revenue Service and the Securities and Exchange Commission refuse to accept annual corporate reports prepared on the basis of the direct costing method until the A.I.C.P.A. considers the method to be a 'generally accepted accounting procedure'." Vgl. auch *H. G. Kruse*, Die Anerkennung des Direct Costing durch die Steuerbehörde in den USA, Diss. Mannheim 1966, S. 58, 85 und 138.

941 Vgl. *R. L. Brummet*, Direct Costing ..., a. a. O., S. 67; *C. T. Horngren*, Cost Accounting ..., a. a. O., S. 352; *NAA-Research Report 37*, Current Application ..., a. a. O., S. 106.

942 Vgl. *R. E. Longenecker*, Converting to Direct Costing, NAA-Bulletin 1962 (8), Section 1, S. 35; *M. Moonitz*, Direct Costing and Public Reporting, NAA-Bulletin 1961 (10), Section 1, S. 45 f.; *NAA-Research Report 37*, Current Application ..., a. a. O., S. 87

4. Für die *Bewertung der Halb- und Fertigfabrikatebestände in der Steuerbilanz in Deutschland* sind die variablen Kosten des Herstellungsbereichs z. Z. nicht zulässig. Bis zum Jahre 1939 bestanden zwischen dem I. und dem VI. Senat des Reichsfinanzhofs zwar Meinungsunterschiede über den Aktivierungszwang von Gemeinkosten, durch ein Gutachten des Großen Senats vom 4. 2. 1939 wurde aber endgültig entschieden, daß, unabhängig von der Bewertung in der Handelsbilanz, stets auch die „indirekten“ Kosten als Teil der Herstellungskosten anzusehen sind[943]. Bis heute wird in den Einkommensteuerrichtlinien nach diesem Grundsatz verfahren. Mit dem Fixkostenproblem haben sich jedoch die Steuerbehörden bis heute noch nicht auseinandergesetzt. Theoretisch dürfte sich zweifellos auch steuerlich begründen lassen, daß für die Bewertung der Halb- und Fertigfabrikatebestände Grenzkosten besser geeignet sind als Vollkosten. Dies gilt um so mehr, als nach dem Aktiengesetz von 1965 die variablen Herstellungskosten für die Bewertung der Halb- und Fertigfabrikatebestände verwendet werden sollten. Da das neue Aktiengesetz zugleich zum Fixwertprinzip übergegangen ist, besteht nunmehr kein Grund, den Grundsatz von der Maßgeblichkeit der Handelsbilanz für die Steuerbilanz bei der Bewertung der Halb- und Fertigfabrikatebestände zu durchbrechen[944]. Auch als Bemessungsgrundlage für die Einkommen- und Körperschaftsteuer halten wir den auf Grenzkostenbasis ermittelten Periodenerfolg für besser geeignet. Zugleich würde das strittige Problem, welche Beschäftigungsgrade bei der Kalkulation der vollen Herstellkosten zugrunde zu legen sind, vermieden.

Auch von den *Steuerbehörden in den USA* liegt bisher keine allgemeingültige Stellungnahme zum Problem der Grenzkostenbewertung vor[945]. Es wurde lediglich eine „informal permission in a few cases“ erteilt. Hierbei handelt es sich z. T. um neu gegründete Firmen, die von Anfang an auf dem Gebiet des innerbetrieblichen Rechnungswesens mit dem direct costing arbeiteten. In anderen Fällen genehmigten die zuständigen Finanzämter auf Antrag eine Umstellung von der Vollkosten- auf die Grenzkostenbewertung mit der Auflage, die Umwertungsdifferenz auf mehrere Jahre zu verteilen. Häufig wurden aber auch Anträge dieser Art ohne Begründung abgelehnt. Mit einer endgültigen Zulassung der Grenzkostenbewertung ist in den

und 88; *J. R. E. Parker,* Give Consideration ..., a. a. O., S. 3 ff.; *W. Wright,* Direct Standard Costs ..., a. a. O., S. 213 ff.

943 Vgl. Gutachten vom 4. 2. 1939, RStBl 1939, S. 321, und das Urteil des RFH vom 11. 1. 1939, RStBl 1939, S. 323.

944 Unabhängig vom neuen Aktiengesetz fordern seit langem *O. Bühler, P. Scherpf,* Bilanz und Steuer vom Standpunkt des Steuerrechts und der betriebswirtschaftlichen Steuerlehre, 6. Aufl., Berlin – Frankfurt 1957, S. 323, daß der Grundsatz von der Maßgeblichkeit der Handelsbilanz für die Steuerbilanz bei der Bewertung der Halb- und Fertigfabrikatebestände eingehalten wird.

945 Vgl. hierzu die ausführliche Analyse von *H. G. Kruse,* Die Anerkennung ..., a. a. O.; *T. M. Kupfer,* The Tax Status of Direct Costing Method, N.A.C.A.-Bulletin 1955 (4), Section 1, S. 1041 ff.; *A. Matz,* Planung ..., a. a. O., S. 281; *NAA-Research Report 37,* Current Application ..., a. a. O., S. 97 ff.; *J. R. E. Parker,* Give Consideration ..., a. a. O., S. 3 ff.

USA erst dann zu rechnen, wenn das direct costing handelsrechtlich als „generally accepted“ [946] gilt. Auch dann wird aber aus fiskalischen Gründen noch mit Verzögerungen zu rechnen sein. Trotzdem glauben viele amerikanische Autoren, daß mit der zunehmenden Verbreitung des direct costing die Grenzkostenbewertung eines Tages auch steuerlich zulässig sein wird [947].

5. Für die steuerliche Bewertung der Halb- und Fertigfabrikatebestände und in Betrieben, die aus „traditionellen“ Gründen bei der Erstellung ihrer Handelsbilanzen am Prinzip der Vollkostenbewertung festhalten wollen, können die beiden folgenden Bewertungsverfahren angewandt werden.

Erstens ist eine *positionsweise Doppelbewertung* der am Inventurstichtag erfaßten mengenmäßigen Halb- und Fertigfabrikatebestände möglich [948]. Bei diesem Verfahren werden alle Produkte gesondert auf die „Gesamtherstellkosten“ umgewertet. Hierbei können die „Gesamtherstellkosten“ nach dem Verfahren der Doppel- oder Parallelkalkulation, mit Hilfe von globalen Fixkostenzuschlägen auf die Grenzfertigungskosten oder durch Verteilung der fixen Kosten nach den planmäßig zu erwartenden Bruttogewinnen ermittelt werden, wie unsere Ausführungen im neunzehnten Kapitel, Abschnitt C, III gezeigt haben. Mit Hilfe dieser Verfahren erhält man zunächst die geplanten „Gesamtherstellkosten“ der Halb- und Fertigfabrikatebestände. Erst durch eine Verteilung der zu den Herstellkosten gehörenden Kostenabweichungen gelangt man zu den Istherstellkosten der Halb- und Fertigfabrikatebestände. Weiterhin muß die Herstellkostensumme um die anteilige Differenz aus den kalkulatorischen und den Bilanzabschreibungen bzw. den steuerlich anerkannten Absetzungen für Abnutzung korrigiert und um die anteiligen kalkulatorischen Zinsen vermindert werden. Diese Korrekturen können jedoch in der Regel global erfolgen.

Das Verfahren der positionsweisen Doppelbewertung der Halb- und Fertigfabrikatebestände ist sehr aufwendig. Es sollte daher lediglich in Betrieben mit Einzelfertigung angewandt werden, da hier keine globalen Bewertungsverfahren möglich sind.

In allen Betrieben mit standardisierten Erzeugnissen sollte man daher ein zweites Bewertungsverfahren anwenden, das wir als die *globale Umwertung der Halb- und Fertigfabrikatebestände* bezeichnen wollen [949]. Bei diesem Verfahren wird zunächst ein globaler Fixkostendeckungszuschlag in Prozent der Plangrenzfertigungskosten gebildet, wie wir das bereits mit Hilfe der Gleichung (192) auf S. 617 beschrieben haben.

[946] Vgl. *H. G. Kruse*, Die Anerkennung . . ., a. a. O., S. 138.

[947] Vgl. *C. T. Horngren*, Cost Accounting . . ., a. a. O., S. 352; *NAA-Research Report 37*, Current Application . . ., a. a. O., S. 106.

[948] Auf dieses Verfahren weisen z. B. *H. H. Böhm, F. Wille*, Deckungsbeitragsrechnung . . ., a. a. O., S. 190, hin.

[949] Vgl. hierzu *H. H. Böhm, F. Wille*, Deckungsbeitragsrechnung . . ., a. a. O., S. 91 ff. Dieses Verfahren ist auch in den USA stark verbreitet. Vgl. hierzu *I. W. Keller*, Management Accounting . . ., a. a. O., S. 129; *R. E. Longenecker*, Converting . . ., a. a. O., S. 36; *NAA-Research Report 37*, Current Application . . ., a. a. O., S. 94 bis 96.

Beträgt z. B. für einen Betrieb die Jahressumme der geplanten fixen Herstellkosten 12 333 240 DM und die Jahressumme der proportionalen Planfertigungskosten 29 718 720 DM, so erhalten wir einen globalen Fixkostendeckungszuschlag von 41,5 %. Im Gegensatz zu unseren Ausführungen im neunzehnten Kapitel, Abschnitt C, III wird jedoch dieser Zuschlagssatz nicht für die artikelweise Zurechnung der fixen Herstellkosten verwendet, sondern lediglich für eine globale Bestandskorrektur. Hierzu müssen zunächst die mengenmäßig erfaßten Inventurbestände der Halb- und Fertigfabrikate positionsweise erstens mit den zugehörigen Plangrenzherstellkosten und zweitens mit den Plangrenzfertigungskosten laut Plankalkulation bewertet werden. Multipliziert man die auf diese Weise ermittelte Summe der Plangrenzfertigungskosten mit dem Fixkostendeckungszuschlag, so erhält man die zu den Beständen gehörenden fixen Herstellkosten. Beträgt im obigen Beispiel die Summe der zu Plangrenzfertigungskosten bewerteten Halb- und Fertigfabrikatebestände 5 748 315 DM, so erhalten wir als anteilige fixe Herstellkosten 5 748 315 × 41,5 % = 2 385 551 DM. Dieser Betrag wird zu den Plangrenzherstellkosten der Halb- und Fertigfabrikatebestände addiert. So erhält man den planmäßigen Vollkostenwert der Bestände. Dieser Wert wird um die anteiligen Herstellkostenabweichungen und um eventuelle Abschreibungsdifferenzen korrigiert und um die anteiligen kalkulatorischen Zinsen vermindert. Der so erhaltene Wert entspricht mit genügender Genauigkeit den zu aktivierenden vollen Herstellungskosten der Halb- und Fertigfabrikatebestände.

Eine Schwierigkeit des beschriebenen Verfahrens besteht darin, daß die Halb- und Fertigfabrikatebestände zunächst mit ihren Plangrenzfertigungskosten bewertet werden müssen. Insbesondere in mehrstufigen Betrieben, in denen jeweils Fertigungskosten von Vorstufenbetrieben zu Materialkosten nachgelagerter Produktionsstufen werden, lassen sich die den Beständen entsprechenden Plangrenzfertigungskosten nur mit großen Schwierigkeiten ermitteln. Zur Vereinfachung kann man die fixen Kosten auch auf die Plangrenzherstellkosten beziehen. Dies ist insbesondere möglich, wenn die Materialkostenanteile der einzelnen Produktarten nicht sehr unterschiedlich sind oder sich die artikelweise Zusammensetzung der Halb- und Fertigungsfabrikatebestände im Zeitablauf nur geringfügig verändert. Sind diese Voraussetzungen nicht erfüllt, so führt die Verteilung der fixen Kosten nach den Herstellkosten zu fehlerhaften Bestandswerten.

21. Kapitel

Die optimale Programmplanung auf der Basis geplanter Grenzkosten

A. Die Bestimmung von Preisuntergrenzen

I. Aufgaben und Arten betrieblicher Preisuntergrenzen

1. Zu den relevanten Daten vieler Entscheidungsprobleme gehören die Marktpreise betrieblicher Erzeugnisse. Den Preis pro Produkteinheit, bei dessen Unterschreiten unter Berücksichtigung einer bestimmten Zielsetzung eine in Erwägung gezogene Maßnahme gerade noch durchgeführt bzw. unterlassen wird, bezeichnet man in der Betriebswirtschaftslehre als *Preisuntergrenze*[950]. Man könnte auch von einem *kritischen Preis* sprechen.

Eine eindeutige Bestimmung von Preisuntergrenzen ist nur bei Entscheidungsproblemen möglich, bei denen jeweils nur *ein Produktpreis* zu den relevanten Daten gehört. Sind dagegen die Preise mehrerer Produktarten oder Aufträge relevant, so gibt es stets eine größere Anzahl von *kritischen Preiskombinationen*. Oftmals ist es in diesen Fällen zweckmäßig, die Konzeption produktbezogener Preisuntergrenzen aufzugeben und statt dessen *Erlösuntergrenzen* oder *kritische Erlösbeträge* anzugeben[951].

So unterschiedlich die in der Praxis auftretenden Entscheidungsprobleme sind, bei deren Lösung Marktpreise betrieblicher Erzeugnisse eine Rolle spielen, so mannigfaltig sind auch die möglichen Arten betrieblicher Preisuntergrenzen[952].

Unterschiede betrieblicher Preisuntergrenzen können sowohl aus der Zielsetzung als auch aus der jeweiligen Problemstellung resultieren. Für die meisten Unternehmungen kann unterstellt werden, daß sie ihren Entscheidungen das erwerbswirtschaftliche Prinzip unter gleichzeitiger Einhaltung bestimmter Nebenbedingungen zugrunde legen.

[950] *H. Langen*, Dynamische Preisuntergrenzen, ZfbF 1966, S. 650, definiert die Preisuntergrenze als einen Preis, „... dessen Unterschreitung wirtschaftliche Folgen auslöst, deren Eintreten auf jeden Fall vermieden werden muß". Die Schärfe dieser Formulierung ist für erfolgswirksame Preisuntergrenzen jedoch nur unter der Voraussetzung gerechtfertigt, daß man auch das Prinzip der Gewinnmaximierung als „Mußvorschrift" auffaßt. *H. H. Böhm*, *F. Wille*, Deckungsbeitragsrechnung und Programmoptimierung, 2. Aufl., München 1965, S. 129, definieren Preisuntergrenzen generell als erfolgsneutrale Preise.

[951] Vgl. *H. Langen*, Dynamische ..., a. a. O., S. 658.

[952] Auf die zahlreichen Arten betrieblicher Preisuntergrenzen hat bereits im Jahre 1927 *C. E. Schulz* in seiner grundlegenden Arbeit: Das Problem der Preisuntergrenze und ihre Arten, Annalen der Betriebswirtschaft 1927, S. 347 ff., hingewiesen. Von den neueren zusammenfassenden Arbeiten auf diesem Gebiet vgl. vor allem *H. Raffée*, Kurzfristige Preisuntergrenzen als betriebswirtschaftliches Problem, Köln und Opladen 1961.

Hierbei besteht eine besonders wichtige Nebenbedingung in der Erhaltung des finanziellen Gleichgewichts[953]. Für alle Entscheidungen ist daher erstens bedeutsam, wie sie den Gewinn und zweitens, wie sie die finanzielle Situation einer Unternehmung beeinflussen. Hieraus resultieren zwei Gruppen von Preisuntergrenzen, die wir als *erfolgswirksame Preisuntergrenzen* und als *liquiditätswirksame oder finanzielle Preisuntergrenzen* bezeichnen wollen. Diese Unterteilung der Preisuntergrenzen ist in der betriebswirtschaftlichen Literatur seit langem üblich[954].
Da die Aufrechterhaltung der betrieblichen Liquidität stets als eine Nebenbedingung des erwerbswirtschaftlichen Prinzips aufzufassen ist, sollten Preisuntergrenzen nach Möglichkeit so bestimmt werden, daß man die erwerbs- und finanzwirtschaftlichen Aspekte *simultan* berücksichtigt[955]. Kann jedoch als sicher angenommen werden, daß durch eine Entscheidung die finanzielle Situation nicht so beeinflußt wird, daß Illiquidität befürchtet werden muß, so genügt die isolierte Berechnung erfolgswirksamer Preisuntergrenzen. Ist umgekehrt die finanzielle Situation einer Unternehmung so schlecht, daß es bei Entscheidungsproblemen nur noch um die Vermeidung der Zahlungsunfähigkeit geht, so kann es ausreichen, Preisuntergrenzen unabhängig von ihrer Erfolgswirksamkeit nur nach Liquiditätsgesichtspunkten zu bestimmen. Bei unseren folgenden Ausführungen wollen wir uns darauf beschränken, liquiditäts- und erfolgswirksame Preisuntergrenzen getrennt zu behandeln.

2. Als *liquiditätswirksame Preisuntergrenzen* werden in der Regel *die Mindestpreise* betrieblicher Erzeugnisse definiert, die nicht unterschritten werden dürfen, weil sonst Zahlungsunfähigkeit eintritt. Die meisten Autoren wollen diese Preisuntergrenzen retrograd aus den Ergebnissen der Kostenrechnung, insbesondere der Kalkulation, ableiten. Sie nehmen zu diesem Zwecke eine Differenzierung der Kosten in ausgabewirksame und nicht-ausgabewirksame Teilbeträge vor[956]. Dieses Verfahren dürfte

[953] Zum erwerbswirtschaftlichen Prinzip als Zielsetzung der Unternehmung und zum Prinzip des finanziellen Gleichgewichts vgl. *E. Gutenberg*, Grundlagen der Betriebswirtschaftslehre, 1. Bd., Die Produktion, 10. Aufl., Berlin–Heidelberg–New York 1965, S. 446 ff. und S. 452 ff.

[954] Vgl. hierzu insbesondere *C. E. Schulz*, Das Problem ..., a. a. O., S. 359 ff. und S. 375 ff.; *H. Raffée*, Kurzfristige ..., a. a. O., S. 101 ff. und S. 166 ff. Weiterhin wird die Verwendung liquiditätswirksamer Preisuntergrenzen von folgenden Autoren empfohlen: *H. Hax*, Preisuntergrenzen im Ein- und Mehrproduktbetrieb. Ein Anwendungsfall der linearen Planungsrechnung, ZfhF 1961, S. 421 ff.; *H. Langen*, Dynamische ..., a. a. O., S. 650; *H. Vormbaum*, Preispolitik auf der Basis von Voll- oder Teilkosten, in: Wirtschaftlich führen – Wirtschaftlich investieren, Vorträge des 13. Deutschen Betriebswirtschafter-Tages, Hrsg. Deutsche Gesellschaft für Betriebswirtschaft, Berlin 1960, S. 302.

[955] Für eine solche simultane Bestimmung von Preisuntergrenzen wurden erst vor kurzem Lösungsansätze vorgeschlagen, auf die wir jedoch hier im einzelnen nicht eingehen. Vgl. *H. Hax*, Preisuntergrenzen ..., a. a. O., S. 424 ff.

[956] Vgl. hierzu *K. Agthe*, Stufenweise Fixkostendeckung im System des Direct Costing, ZfB 1959, S. 417; *H. Hax*, Preisuntergrenzen ..., a. a. O., S. 427, wo ausgabewirksame Kosten als „ersatzbedürftige Kosten" und nicht-ausgabewirksame Kosten als „nicht ersatzbedürftige Kosten" bezeichnet werden. *H. Raffée*, Kurzfristige ..., a. a. O., S. 146 ff.;

jedoch weder theoretisch haltbar noch praktisch anwendbar sein. Es handelt sich vielmehr um einen Analogieschluß, bei dem die für erfolgswirksame Preisuntergrenzen entwickelten Verfahren auf die Berücksichtigung finanzwirtschaftlicher Aspekte übertragen werden, ohne daß dabei die Besonderheiten der finanziellen Sphäre berücksichtigt werden.

Ein grundlegender Unterschied zwischen dem Erfolg und der finanziellen Situation einer Unternehmung besteht darin, daß es sich beim Erfolg um eine Strömungsgröße handelt, die Liquidität aber stets aus Bestandsgrößen abgeleitet werden muß. Der Erfolg wird in einem *Zeitraum* erwirtschaftet, illiquide kann eine Unternehmung aber stets nur zu einem bestimmten *Zeitpunkt* werden. Während der Verbrauch an variablen Produktionsfaktoren und damit die variablen Kosten den Produktmengen eines bestimmten Auftrages in gleicher Weise kausal zugerechnet werden können wie der Preis, bestehen zwischen bestimmten Teilaufträgen und den durch sie ausgelösten Zahlungsvorgängen keine stetig funktionalen Zusammenhänge. Zwischen dem Kombinationsprozeß einer Unternehmung und den Aus- und Einzahlungsströmen sind vielmehr zahlreiche Bestandsgrößen geschaltet. Betrachten wir hierzu als typisches Beispiel den Verbrauch und die Auszahlungen für Einzelmaterial. Solange genügend große Lagerbestände vorhanden sind, lösen zusätzliche Aufträge keine Auszahlungen aus. Erst wenn ein bestimmter Mindestbestand unterschritten wird, erfolgt eine Bestellung. Hierbei liegt jedoch in der Regel die Bestellmenge über der Verbrauchsmenge des letzten Produktionsauftrages, der die Bestellung ausgelöst hat. Erst nach Ablauf einer bestimmten Bestelldauer und evtl. nach der Laufzeit von in Anspruch genommenen Lieferantenkrediten wird ein Auszahlungsbetrag wirksam, der die finanzielle Sphäre als Auszahlungsstoß belastet. In ähnlicher Weise werden auch die Auszahlungen für die meisten übrigen Produktionsfaktoren wirksam.

Weiterhin ist zu beachten, daß ein Überblick über die finanzielle Situation einer Unternehmung nicht allein aus denjenigen Zahlungsvorgängen abgeleitet werden kann, die durch den Verbrauch an Produktionsfaktoren und damit durch die während einer bestimmten Abrechnungsperiode angefallenen Kosten ausgelöst werden. Es sind vielmehr stets auch alle Zahlungsvorgänge zu berücksichtigen, die aus früheren Geschäftsvorfällen resultieren. Hierbei sind auch die Zahlungsverpflichtungen zu berücksichtigen, die mit der Kostenstruktur einer Unternehmung nichts zu tun haben, wie z. B. Steuerzahlungen, Gewinnausschüttungen und Kreditrückzahlungen. Weiterhin hängt die Liquiditätslage an einem bestimmten Stichtag von den vorhandenen Beständen an liquiden Mitteln und von den gegebenen Kreditmöglichkeiten ab[957].

Die oben aufgezeigten Zusammenhänge lassen erkennen, daß für die Liquiditätskontrolle im Gegensatz zur Erfolgsanalyse nicht betriebliche Produkt- bzw. Auftragseinheiten, sondern die nach Terminen geordneten Zahlungsvorgänge die richtige

C. E. Schulz, Das Problem ..., a. a. O., S. 376. Im übrigen vgl. hierzu auch unsere Kritik an der Differenzierung von Kosten nach ihrer Ausgabewirksamkeit im 7. Kapitel und die dort angegebene Literatur.

957 Hierauf weist auch *H. Langen,* Dynamische ..., a. a. O., S. 654, hin.

Bezugsgrundlage bilden. In finanziell kritischen Situationen ist für jeden zusätzlichen Auftrag zu überprüfen, zu welchen Zeitpunkten er Zahlungsvorgänge auslöst und wie hierdurch die Liquiditätslage beeinflußt wird. Der erzielbare Marktpreis ist hierbei zwar für die Berechnung der zu erwartenden Einzahlungen von Bedeutung, spielt aber in vielen Fällen nur eine untergeordnete Rolle. Zusätzliche Aufträge mit relativ niedrigen Preisen, die nur geringe zusätzliche Auszahlungen auslösen und deren Aus- und Einzahlungstermine im System der Finanzplanung günstig plaziert sind, können vom Standpunkt der Liquiditätsbeeinflussung viel günstiger sein als Aufträge mit relativ hohen Preisen, denen große zusätzliche Auszahlungen und ungünstige Zahlungstermine gegenüberstehen. Bei einer sehr angespannten Liquiditätslage sind durchaus liquiditätswirksame Preisuntergrenzen denkbar, die niedriger als die Grenzselbstkosten sind[958]. Stets sind die durch einzelne Aufträge ausgelösten zusätzlichen Zahlungsvorgänge in den Gesamtzusammenhang der Finanzplanung zu stellen.

Die bisher üblichen, aus Kalkulationsergebnissen abgeleiteten Formen liquiditätswirksamer Preisuntergrenzen entsprechen den oben aufgezeigten Anforderungen nicht. Es sind vielmehr neue Ansätze erforderlich, die unmittelbar aus der Zahlungsstromanalyse abgeleitet werden. Hierauf wollen wir jedoch nicht näher eingehen, da diese Ansätze nicht in den Bereich der Kostenrechnung gehören[959].

3. Bei den *erfolgswirksamen Preisuntergrenzen* lassen sich die beiden folgenden großen Gruppen unterscheiden.

Von *Preisuntergrenzen bei unveränderten betrieblichen Teilkapazitäten* wollen wir sprechen, wenn Preisuntergrenzen gebildet werden, ohne daß während der zugehörigen Planungsperiode quantitative Anpassungsprozesse vorgesehen sind. C. E. Schulz hat hierfür die Bezeichnung „differentielle Preisuntergrenzen" vorgeschlagen[960]. Werden bei der Ermittlung von Preisuntergrenzen zugleich quantitative Anpassungsprozesse, also Kapazitätserweiterungen bzw. -stillegungen, erwogen, so wollen wir von *Preisuntergrenzen bei veränderten betrieblichen Teilkapazitäten* sprechen. C. E. Schulz hat hierfür die Bezeichnung „effektive Preisuntergrenzen"

[958] In einem Planungsmodell, in dem gleichzeitig Erfolgs- und Liquiditätsgesichtspunkte berücksichtigt werden, gelangt H. Hax zu Preisuntergrenzen, die niedriger als die Grenzkosten sind. Dieses Ergebnis kommt dadurch zustande, daß das betreffende Erzeugnis eine finanzielle Lücke deckt, wodurch die Mehrproduktion eines liquiditätsbelastenden, erfolgswirksamen Produktes ermöglicht wird. Vgl. *H. Hax*, Preisuntergrenzen ..., a. a. O., S. 441.

[959] Diese Ansicht vertritt auch *H. Langen*, Dynamische ..., a. a. O., S. 651, 655 und 657. Er schlägt auf S. 655 vor, die durch Zusatzaufträge ausgelösten Zahlungen in einer dynamischen Finanzplanung zu verfolgen und diese Zahlungsvorgänge mit Hilfe des von ihm entwickelten Konzepts „... der Phasenfolgen und der ihnen zugeordneten Spektralvektoren ..." mit statistischer Genauigkeit zu terminieren. Vgl. hierzu auch *H. Langen*, Betriebliche Zahlungsströme und ihre Planung in dynamischer Sicht, ZfB 1965, S. 261 ff.

[960] Vgl. *C. E. Schulz*, Das Problem ..., a. a. O., S. 372; *H. Raffée*, Kurzfristige ..., a. a. O., S. 72 ff.

vorgeschlagen[961]. Bei der Ermittlung von Preisuntergrenzen muß stets genau festgelegt werden, für welchen planmäßigen Dispositionsspielraum die Preisuntergrenzen gültig sein sollen. Da hierdurch die Ergebnisse wesentlich beeinflußt werden, sind alle Preisuntergrenzen relative Größen[962].

II. Die Bestimmung erfolgswirksamer Preisuntergrenzen bei unveränderten Kapazitäten

1. Besonders häufig ist es in der betrieblichen Praxis erforderlich, *kurzfristige Preisuntergrenzen für Zusatzaufträge* zu bestimmen. Hierbei wollen wir zunächst von zwei Voraussetzungen ausgehen. Erstens sei angenommen, daß in einem Betrieb alle Produktionsfaktoren in beliebigen Mengen verfügbar sind, also insbesondere keine Kapazitäten zu Engpässen werden. Zweitens sei unterstellt, daß zwischen dem Preis des Zusatzauftrages und den Preisen der übrigen Erzeugnisse keine Interdependenz besteht. Unter diesen Voraussetzungen ist die kurzfristige Preisuntergrenze für Zusatzaufträge gleich den Grenzselbstkosten:

$$p_{min} = k_s \tag{214}$$

Die Gleichung (214) läßt sich auch so interpretieren, daß bei freien Kapazitäten grundsätzlich alle Zusatzaufträge angenommen werden können, deren Bruttogewinn positiv ist. Umgekehrt scheiden alle Zusatzaufträge aus, die nicht einmal ihre proportionalen Selbstkosten decken. Setzt man in die Gleichung (214) die nach Gleichung (183) auf S. 583 kalkulierten Grenzselbstkosten ein und berücksichtigt man, daß die Grenzselbstkosten in Form der Verkaufsprovisionen solche Positionen enthält, die von der Höhe des Verkaufspreises abhängen, so erhält man als Bestimmungsgleichung für die Preisuntergrenze:

$$p_{min} = \frac{1}{1 - \frac{v}{100}} \left(k_h \left(1 + \frac{d_{vw}}{100} + \frac{d_{vt}}{100} \right) + e_{vp} + e_{Fr} \right) \tag{215}$$

Betragen die Grenzherstellkosten ohne die verkaufspreisabhängigen Positionen z. B. 6,85 DM/Stück, so erhalten wir bei einem Provisionssatz von 7 % eine Preisuntergrenze in Höhe von 7,37 DM/Stück.

[961] Vgl. *C. E. Schulz,* Das Problem ..., a. a. O., S. 372; *H. Raffée,* Kurzfristige ..., a. a. O., S. 65 ff.

[962] In einer interessanten Analyse hat B. Hardorp nachgewiesen, daß je nach dem gewählten Dispositionsspielraum Preisuntergrenzen entstehen können, die weit unter den Grenzkosten und weit über den Vollkosten liegen. Der zuerst genannte Fall kann eintreten, wenn sehr große Materialbestände vorhanden sind, die keiner anderen Verwendung zugeführt werden können, wobei es sich allerdings um einen seltenen Spezialfall handeln dürfte. Sehr hohe Preisuntergrenzen entstehen, wenn Zusatzaufträge gerade Erweiterungs- oder Reinvestitionen auslösen. Vgl. *B. Hardorp,* Kleine Theorie der fixen Kosten im Hinblick auf die Unternehmenspolitik, n. n. veröffentlicht, Bielefeld 1964, S. 31 ff.

Werden aber durch einen zusätzlichen Auftrag Überstundenzuschläge und progressive Kosten ausgelöst, so sind in Gleichung (215) entsprechend erhöhte Grenzkostensätze zu berücksichtigen[963].

Da ohne Berücksichtigung finanzwirtschaftlicher Aspekte die Grenzselbstkosten die niedrigste Preisuntergrenze darstellen, kann man sie als *absolute Preisuntergrenze* bezeichnen.

Die Grenzkosten werden in der betriebswirtschaftlichen Literatur seit E. Schmalenbach als Preisuntergrenze für Zusatzaufträge hervorgehoben[964]. Wie E. Gutenberg nachgewiesen hat, beruhen auch die Staffelkalkulation von F. Schmidt und die Differentialkalkulation von J. F. Schär auf dem Grundsatz, daß die Grenzkosten die kurzfristige Preisuntergrenze von Zusatzaufträgen sind[965]. Früher mußten die Grenzselbstkosten stets durch mehr oder weniger genaue Sonderrechnungen bestimmt werden. In einer Grenzplankosten- und Deckungsbeitragsrechnung dagegen lassen sie sich genau ermitteln. In der Literatur zu diesem Verfahren der Kostenrechnung werden daher die Grenzkosten als absolute Preisuntergrenze besonders hervorgehoben[966]. Hierbei ist aber stets darauf zu achten, daß die Grenzselbstkosten nur unter ganz speziellen Prämissen als Preisuntergrenze für Zusatzaufträge in Frage kommen. Schon im Jahre 1927 hat C. E. Schulz darauf hingewiesen, daß es falsch ist, den „proportionalen Satz" als einzige Form der Preisuntergrenze anzusehen[967].

[963] Vgl. *H. G. Plaut,* Unternehmenssteuerung mit Hilfe der Voll- oder Grenzplankostenrechnung, ZfB 1961, S. 469.

[964] Vgl. hierzu *H. Raffée,* Kurzfristige ..., a. a. O., S. 60, und die dort angegebene Literatur.

[965] Vgl. *E. Gutenberg,* Grundlagen der Betriebswirtschaftslehre, 2. Bd., Der Absatz, 8. Aufl., Berlin–Heidelberg–New York 1965, S. 354 und die dort angegebene Literatur.

[966] Vgl. *M. Backer,* Flexible Costs for Pricing Decisions, NAA-Bulletin 1961 (5), Section 1, S. 64; *W. Dinkelbach, H. Sabel,* Das Problem von Zusatzaufträgen als Anwendungsmöglichkeit einer gemischt linear-quadratischen Programmierung, ZfB 1966, S. 112; *C. Gillespie,* Standard and Direct Costing, 3. Aufl., Englewood Cliffs, N. J. 1962, S. 137; *D. Hahn,* Direct Costing und die Aufgaben der Kostenrechnung, NB 1965, S. 11; *H. Hax,* Die Bestimmung von Preisuntergrenzen bei Zusatzaufträgen, in: Steigende Kosten – Sinkende Zuwachsraten – Verschärfter Wettbewerb, Hrsg. Deutsche Gesellschaft für Betriebswirtschaft, Berlin 1963, S. 324; *C. T. Horngren,* Cost Accounting, A Managerial Emphasis, 3. Aufl., Englewood Cliffs, N. J. 1963, S. 350: "Minimum short-run prices are ordinarily determined by the variable costs of producing and selling." *K. Käfer,* Standardkostenrechnung, 2. Aufl., Zürich 1964, S. 486; *A. Matz, O. J. Curry, G. W. Frank,* Cost Accounting, Management's Operational Tool for Planning, Control, and Analysis, Chicago – Dallas – u. a. 1962, S. 775; *W. Medicke,* Geschlossene Kostenträgerrechnung und Artikelergebnisrechnung in der Grenzplankostenrechnung, AGPLAN, Bd. 8., Wiesbaden 1964, S. 53; *NAA-Research Report 37,* Current Application of Direct Costing, New York 1961, S. 31 und 42; *P. Riebel,* Die Preiskalkulation auf Grundlage von „Selbstkosten" oder von relativen Einzelkosten und Deckungsbeiträgen, ZfbF 1964, S. 594; *K. Rummel,* Einheitliche Kostenrechnung, 3. Aufl., Düsseldorf 1949, S. 213; *W. Wright,* Direct Standard Costs for Decision Making and Control, New York–Toronto–London 1962, S. 194.

[967] Vgl. *C. E. Schulz,* Das Problem ..., a. a. O., S. 359 und 360.

2. Wie bereits unsere Ausführungen über die relevanten Kosten im siebten Kapitel gezeigt haben, hat schon E. Schmalenbach in seiner „Lehre vom Betriebswert" gefordert, daß bei allen Entscheidungen über knappe Produktionsfaktoren Opportunitätskosten zu berücksichtigen sind. Dies gilt in besonderem Maße für die Bestimmung von Preisuntergrenzen für Zusatzaufträge.

Wird in einer Unternehmung *ein* bestimmter Teilbereich zum *Engpaß*, so ist die kurzfristige Preisuntergrenze für Zusatzaufträge gleich der Summe aus den Grenzselbstkosten und dem auf eine Einheit des Zusatzauftrages entfallenden Gewinnentgang, der dadurch entsteht, daß in einer Engpaßsituation ein Zusatzauftrag stets andere Produktmengen verdrängt[968]. Hierbei wird der entgangene Gewinn pro Einheit des Zusatzauftrages in der Weise ermittelt, daß man für das verdrängte Erzeugnis den Bruttogewinn pro Einheit der Engpaßbelastung bestimmt und hiermit die Maßgröße der Engpaßbeanspruchung pro Einheit des Zusatzauftrages multipliziert. Bezeichnen wir den Bruttogewinn pro Einheit der Engpaßbelastung des verdrängten Erzeugnisses mit w_E und die Anzahl Bezugsgrößeneinheiten, die auf eine Produkteinheit des Zusatzauftrags im Engpaß entfallen, mit b_E, so erhalten wir unter den Voraussetzungen, daß nur ein Engpaß vorhanden ist und daß keine Preisinterdependenzen zu anderen Aufträgen bestehen, für die Preisuntergrenze eines Zusatzauftrages folgenden Ausdruck:

(216) $$p_{min} = \frac{1}{1 - \frac{v}{100}} \left(k_h \left(1 + \frac{d_{vw}}{100} + \frac{d_{vt}}{100} \right) + e_{vp} + e_{Fr} \right) + b_E \, w_E$$

Werden durch einen Zusatzauftrag Produktmengen nur eines anderen Erzeugnisses verdrängt, so kann die Größe w_E nach Gleichung (209) bestimmt werden, die wir auf S. 644 beschrieben haben. Nach Möglichkeit wählt man als verdrängtes Erzeugnis das Produkt, das den niedrigsten Bruttogewinn pro Einheit der Engpaßbelastung erzielt. Ist das infolge fester Lieferverträge nicht möglich, so weicht man auf das nächst schlechteste Erzeugnis aus. Ist der Zusatzauftrag so groß, daß Produktmengen mehrerer, verschiedener Erzeugnisse verdrängt werden, so ist der Opportunitätskostensatz w_E als gewogener Mittelwert zu berechnen.

Beansprucht eine Einheit eines zusätzlichen Auftrages einen Kapazitätsengpaß z. B. 7,5 Min. lang und wird hierdurch ein anderes Erzeugnis verdrängt, das einen Bruttogewinn pro Einheit der Engpaßbelastung in Höhe von 0,16 DM/Minute erzielt, so entfallen auf eine Einheit des Zusatzauftrages Opportunitätskosten von $7{,}5 \cdot 0{,}16 = 1{,}20$ DM/Stück. Betragen die Grenzselbstkosten des Zusatzauftrages 7,37 DM/Stück, so erhalten wir eine Preisuntergrenze von 8,57 DM/Stück.

Da die nach Gleichung (216) errechnete Preisuntergrenze jeweils nur für eine be-

[968] Vgl. *H. H. Böhm, F. Wille*, Deckungsbeitragsrechnung ..., a. a. O., S. 77; *H. Hax*, Die Bestimmung ..., a. a. O., S. 324; *H. Hax*, Kostenbewertung mit Hilfe der mathematischen Programmierung, ZfB 1965, S. 203; *D. Hahn*, Direct Costing ..., a. a. O., S. 11; *R. Hofmann*, Gewinnoptimale Unternehmungssteuerung bei gegebenem Produktions- und Absatzprogramm, Winterthur 1962, S. 70.

stimmte Engpaßsituation gilt und zugleich davon abhängt, welches Erzeugnis verdrängt wird und wie hoch der Bruttogewinn pro Einheit der Engpaßbelastung dieses Erzeugnisses ist, wollen wir sie als *relative kurzfristige Preisuntergrenze* bezeichnen[969].

Werden *gleichzeitig mehrere Engpässe* wirksam, so läßt sich die Gleichung (216) theoretisch dahingehend erweitern, daß man nicht nur für einen, sondern für alle Engpässe Opportunitätskosten kalkuliert. Bezeichnen wir die Anzahl der Engpässe mit m und den Index der Engpaßart mit j, so erhalten wir für die relative kurzfristige Preisuntergrenze folgende Bestimmungsgleichung[970]:

$$(217) \qquad p_{min} = \frac{1}{1 - \frac{v}{100} - \frac{u}{100}} \left(k_h \left(1 + \frac{d_{vw}}{100} + \frac{d_{vt}}{100} \right) + e_{vp} + e_{Fr} \right) + \sum_{j=1}^{m} b_j w_j$$

Die praktische Anwendung der Gleichung (217) ist jedoch mit großen Schwierigkeiten verbunden, weil man bei mehreren Engpässen die Opportunitätskosten pro Einheit der Engpaßbelastung nur simultan bestimmen kann. Wie wir im Abschnitt B, II dieses Kapitels im einzelnen zeigen werden, ist das nur mit Hilfe der linearen Programmierung möglich. Auch die nach Gleichung (217) ermittelten Preisuntergrenzen sind nur relative Größen. Sie gelten stets nur für eine bestimmte Zusammensetzung des Fertigungsprogramms. Zugleich liegt den relativen Preisuntergrenzen nach Gleichung (217) stets eine ganz bestimmte Engpaßsituation zugrunde. Wie wir im Abschnitt B, II dieses Kapitels nachweisen werden, ändern sich bei Annahme eines Zusatzauftrages die Ausgangsdaten und damit auch die relativen Preisuntergrenzen. Hierdurch wird ihre praktische Bedeutung erheblich eingeschränkt. Sie können im Grunde nur dazu dienen, zu entscheiden, ob im Falle eines Zusatzangebots ein mit Hilfe der linearen Programmierung optimiertes Fertigungsprogramm revidiert werden soll.

3. Wir wollen uns nunmehr der Frage zuwenden, wie die kurzfristige Preisuntergrenze eines Zusatzauftrages zu bestimmen ist, wenn durch die Annahme dieses Auftrags bei einem oder bei mehreren anderen Aufträgen mit *Preissenkungen* zu rechnen ist. In diesen Fällen muß neben den Grenzselbstkosten und eventuellen Opportunitätskosten der Preis eines zusätzlichen Auftrages auch die Erlösminderung decken, „... die durch den Rückgang des Preises für die bisherigen Aufträge verursacht wird (bezogen auf eine Einheit des zusätzlichen Auftrages) ...“ [971].

Bezeichnen wir die Anzahl der durch die Preisstellung eines Zusatzauftrages beein-

[969] Diese Bezeichnung verwendet auch *H. H. Böhm*, Operationenforschung, Berlin-Baden-Baden 1961, S. 32.

[970] Vgl. *H. Hax*, Die Bestimmung ..., a. a. O., S. 327; *H. H. Böhm, F. Wille*, Deckungsbeitragsrechnung ..., a. a. O., S. 77 ff. H. H. Böhm und F. Wille wollen die Gleichung (217) als Grundlage eines Kalkulationsverfahrens verwenden, das sie als „Standard-Grenzpreiskalkulation“ bezeichnen. Hierauf werden wir im einzelnen im Abschnitt B, III dieses Kapitels eingehen.

[971] Vgl. *E. Gutenberg*, Grundlagen der Betriebswirtschaftslehre, 2. Bd., a. a. O., S. 354.

flußten Erzeugnisarten mit n, die zugehörigen Verkaufsmengen mit $x_1, x_2, \ldots, x_n$, die Stückzahl des Zusatzauftrages mit x_z und die verursachten Preissenkungen mit Δp_1, $\Delta p_2, \ldots, \Delta p_n$, so erhalten wir für die auf eine Einheit des Zusatzauftrages entfallende Erlösminderung folgenden Ausdruck:

(218)
$$\Delta p_{min} = \frac{\sum_{i=1}^{n} x_i \Delta p_i}{x_z}$$

Der nach Gleichung (218) ermittelte Betrag ist zusätzlich zu den nach den Gleichungen (215) bzw. (216) ermittelten Preisuntergrenzen zu berücksichtigen. Werden durch die Annahme eines Zusatzauftrages z. B. bei drei bisherigen Aufträgen Preissenkungen um 4 % erforderlich und wurden bisher von diesen Aufträgen insgesamt 3 650 DM Erlöse erzielt, so entsteht eine Erlösminderung von 146 DM. Beträgt die Absatzmenge des Zusatzauftrages 200 Stück, so entfallen neben den Grenzselbstkosten und eventuellen Opportunitätskosten 0,73 DM/Stück Erlösminderungen auf eine Einheit des Zusatzauftrages. Liegt keine Engpaßsituation vor und betragen die Grenzselbstkosten 7,37 DM/Stück, so erhalten wir daher als Preisuntergrenze 8,10 DM/Stück. Interdependente Preiseinflüsse lassen sich in der Praxis nur mit großen Schwierigkeiten planen. Rechnet man aus Gründen der Vorsicht mit relativ starken Interdependenzen zwischen dem Preis eines Zusatzauftrages und den Preisen der bisherigen Aufträge, so fallen die nach Gleichung (218) ermittelten Korrekturglieder der Preisuntergrenzen entsprechend hoch aus und umgekehrt. Besteht für den Zusatzauftrag ein Preisspielraum, so ist es in der Regel erforderlich, die Interdependenz zu den übrigen Aufträgen simultan zu berücksichtigen[972].

4. Wir haben bisher das Problem der *Preisuntergrenze* für Zusatzaufträge rein statisch betrachtet. Wie H. Langen nachgewiesen hat, reicht jedoch für eine wirklichkeitsnahe Behandlung des Preisuntergrenzenproblems die statische Analyse nur aus, wenn die Hereinnahme eines Zusatzauftrages als Einzeldisposition zeitlich isoliert betrachtet werden kann, wenn also die Auftragsentwicklung *im Zeitablauf* nicht beeinflußt wird[973]. Hierzu wollen wir das folgende Beispiel betrachten.
Ein Zusatzauftrag von 500 Stück/Monat möge einen Deckungsbeitrag von 3,75 DM/Stück erbringen. Liegt kein Engpaß vor und werden keine Preissenkungen bei anderen Erzeugnissen verursacht, so nimmt der Gewinn durch Annahme des Zusatzauftrages um 1 875 DM/Monat zu. Wird dagegen ein Engpaß wirksam, so entsteht nur ein geringerer Gewinnzuwachs. Nehmen wir an, daß durch den Zusatzauftrag ein Erzeugnis verdrängt wird, das 0,16 DM/Min. Bruttogewinn im Engpaß erwirtschaftet, und daß der Zusatzauftrag 7,5 Min./Stück im Engpaß bearbeitet werden muß, so beträgt der Mehrgewinn nur noch 1 275 DM (1 875 ./. 7,5 · 500 · 0,16 = 1 875 ./. 600). Isoliert und für einen Monat betrachtet, ist es daher auch in einer Eng-

[972] Vgl. hierzu *W. Dinkelbach, H. Sabel,* Das Problem ..., a. a. O., S. 114.
[973] Vgl. *H. Langen,* Dynamische ..., a. a. O., S. 658.

paßsituation günstig, den Zusatzauftrag anzunehmen. Das Ergebnis wird aber völlig anders ausfallen, wenn man die Auftragsdauer in die Betrachtung einbezieht. Dies ist z. B. der Fall, wenn der Zusatzauftrag nur für drei aufeinanderfolgende Monate realisiert werden kann, die verdrängten Auftragsmengen aber bei Nichtannahme des Zusatzauftrages zwölf Monate lang verkauft werden könnten, bei Annahme des Zusatzauftrages aber entfallen und später nicht durch andere Aufträge ersetzt werden können. In diesem Fall verringert sich der Jahresgewinn bei Annahme des Zusatzauftrages um den Betrag von 1575 DM (3 · 1275 ./. 9 · 600 = 3825 ./. 5400 = ./. 1575). Ähnlich kann das Ergebnis ausfallen, wenn zwar spätere Anschlußaufträge möglich sind, diese aber relativ geringe Bruttogewinne pro Einheit der Engpaßbelastung erbringen. H. Langen fordert daher mit Recht, daß man nicht nur jeweils *einen* Preis *eines* Zusatzauftrages betrachten darf, sondern „... *mehrere* Preise einer Auftrags*kette*...“. Hierfür ist nach H. Langen eine „... Rechnung am Zeitstrahl ...“ erforderlich, ähnlich wie sie für Investitionsrechnungen üblich ist [974].
Die weitere Entwicklung auf diesem Gebiet wird dazu führen, daß in Zukunft nichtsimultan ermittelte Preisuntergrenzen an Bedeutung verlieren werden. An ihre Stelle werden simultane Optimierungsmodelle der mathematischen Programmierung treten.

5. Bei allen kurzfristigen Dispositionen über Zusatzaufträge ist der fundamentale betriebswirtschaftliche Grundsatz zu beachten, daß eine Unternehmung *langfristig* nur bestehen kann, wenn die Erlöse neben den proportionalen Kosten auch sämtliche fixen Kosten decken. Hieraus ist immer wieder der Schluß gezogen worden, daß als *langfristige Preisuntergrenzen* der betrieblichen Erzeugnisse nur die „Vollkosten“ in Frage kommen können [975]. Dieser Schluß ist jedoch falsch, da er mit dem Verursachungsprinzip nicht vereinbar ist und alle Möglichkeiten einer flexiblen Preispolitik im Sinne eines kalkulatorischen Ausgleichs zwischen den Erzeugnissen negiert. Langfristig gilt grundsätzlich nur die folgende, aus der Gewinngleichung (203) abgeleitete Deckungsgleichung:

$$\sum_{i=1}^{n} x_{ai}(p_i - k_{si}) - \sum_{j=1}^{m} F_j^{(p)} = 0 \qquad (219)$$

Nach dieser Gleichung ist eine Vollkostendeckung dann erreicht, wenn die Summe der Bruttogewinne gleich den gesamten fixen Kosten ist. Hierbei ist es gleichgültig, ob zu einem Fertigungsprogramm Erzeugnisse mit niedrigeren oder mit höheren Deckungsbeiträgen gehören. Bei gegebenen Grenzselbstkosten lassen sich mit Hilfe der Gleichung (219) *Kombinationen von Preisuntergrenzen* angeben, die gerade zur Vollkostendeckung führen.

[974] Vgl. *H. Langen*, Dynamische ..., a. a. O., S. 657 und 658.
[975] Vgl. hierzu *H. Raffée*, Kurzfristige ..., a. a. O., S. 32, und die dort angegebene Literatur. Von manchen Autoren werden die „optimalen Vollkosten“ als „natürliche Preisuntergrenzen“ angesehen. Vgl. *M. R. Lehmann*, Die Problematik der Preispolitik auf Grenzkosten- und auf Vollkostenbasis, ZfB 1950, S. 337.

Weiterhin gilt das Prinzip des *kalkulatorischen Ausgleichs* nicht nur für eine bestimmte Abrechnungsperiode, sondern auch im Zeitablauf. Hieraus folgt, daß eine Unternehmung auch dann bestehen kann, wenn während einzelner Abrechnungsperioden die Gleichung (219) nicht zur Vollkostendeckung führt, dafür aber Abrechnungsperioden folgen, in denen die Summen der Bruttogewinne entsprechend weit über den fixen Kosten liegt.

III. Die Bestimmung erfolgswirksamer Preisuntergrenzen bei veränderten Kapazitäten

1. Bei der kombinierten Betrachtung von Preisuntergrenzen und quantitativen Anpassungsprozessen wollen wir zunächst das *Preisuntergrenzenproblem bei rückläufigen Absatzmengen* behandeln. Hierbei lassen sich die folgenden beiden Fälle unterscheiden.

Rechnet man nur mit einem *mittelfristigen Absatzrückgang*, so wird noch keine endgültige Stillegung betrieblicher Teilbereiche in Erwägung gezogen, sondern lediglich ein vorübergehender Abbau von Potentialfaktoren. Bei der Berechnung von Preisuntergrenzen sind in diesen Fällen die *abbaufähigen fixen Kosten* und eventuelle spätere *Wiederanlaufkosten* zu berücksichtigen.

Zur Vereinfachung wollen wir zunächst von der Annahme ausgehen, daß in einem betrieblichen Teilbereich, dessen vorübergehende Stillegung erwogen wird, *nur eine Produktart* produziert wird. Die monatliche Absatzmenge dieser Produktart wollen wir mit x und die zugehörigen Grenzselbstkosten mit k_s bezeichnen. Bei einer vorübergehenden Stillegung können die fixen Kosten monatlich um ΔF verringert werden. Bei den abbaufähigen fixen Kosten handelt es sich in der Regel vorwiegend um intervallfixe Personal- und Wartungskosten. Die fixen Komponenten der Abschreibungen, die Zinsen auf das Anlagevermögen und die Raumkosten können dagegen bei einer kurzfristigen Stillegung nicht abgebaut werden. Weiterhin ist bei einer vorübergehenden Stillegung zu berücksichtigen, daß bei einer späteren Inbetriebnahme Wiederanlaufkosten zu berücksichtigen sind. Hierzu zählen insbesondere Kosten für die Einarbeitung des neuen Personals und Reparaturkosten. Ein Teil der Wiederanlaufkosten ist von der Stillstandsdauer unabhängig. Andere Wiederanlaufkosten dagegen steigen mit zunehmender Stillstandsdauer degressiv, was insbesondere C. E. Schulz nachgewiesen hat[976]. Zur Vereinfachung wollen wir jedoch annehmen, daß für die Wiederanlaufkosten die lineare Funktion $K_W + k_W z$ gilt. Hierbei gibt K_W die zeitunabhängigen Wiederanlaufkosten, k_W den Steigerungsbetrag der Wiederanlaufkosten pro Monat und z die Anzahl der Monate an, für die eine Stilllegung erwogen wird. Die geplante Stillstandsdauer hängt im wesentlichen davon ab, wie die zukünftige Entwicklung auf den Absatzmärkten beurteilt wird.

[976] Vgl. *C. E. Schulz*, Das Problem ..., a. a. O., S. 362 ff. Unsere folgenden Ausführungen lehnen sich an die von C. E. Schulz vorgeschlagene Berücksichtigung von Stillstands- und Wiederanlaufkosten bei der Berechnung von Preisuntergrenzen an.

Mit Hilfe der oben definierten Größen läßt sich die Preisuntergrenze nach folgender Gleichung bestimmen:

$$p_{min} = k_s + \frac{\Delta F}{x} - \frac{K_w + k_w z}{x z} \qquad (220)$$

Wird der durch die Gleichung (220) ermittelte Preis unterschritten, so ist ein vorübergehender Stillstand wirtschaftlicher als das „Durchhalten der Produktion".
Betrachten wir hierzu folgendes Beispiel. Die monatliche Produktion möge 1 725 Stück und die Grenzselbstkosten 16,70 DM/Stück betragen. Bei einer vorübergehenden Stillegung können fixe Kosten in Höhe von 11 730 DM/Monat abgebaut werden. Die spätere Wiederinbetriebnahme verursacht 2 820 DM Wiederanlaufkosten, die von der Stillstandsdauer unabhängig sind. In Abhängigkeit von der Stillstandszeit erhöht sich dieser Betrag um 220 DM/Monat. Es wird eine Stillstandsdauer von insgesamt sechs Monaten erwogen. Die Preisuntergrenze beträgt hier:

Grenzselbstkosten	16,70 DM/Stück
+ abbaufähige Fixkosten	6,80 DM/Stück
./. Wiederanlaufkosten	0,40 DM/Stück
Preisuntergrenze	23,10 DM/Stück

Sinkt der Marktpreis unter 23,10 DM/Stück, so ist eine vorübergehende Stillegung wirtschaftlich sinnvoll.
In der Gleichung (220) wurde darauf verzichtet, die Wiederanlaufkosten zu diskontieren, da das in der Regel nur für relativ lange Stillstandsdauern erforderlich ist. Weiterhin gibt es Fälle, bei denen in die Wiederanlaufkosten spezielle Vertriebskosten einzubeziehen sind, die aufgewandt werden müssen, um nach Ablauf der Stillstandszeit die erforderlichen Anschlußaufträge zu erhalten.
Für einen bestimmten Angebotspreis p_A kann man die Gleichung (220) nach der Stillstandsdauer z auflösen:

$$z = \frac{K_w}{(k_s - p_A)\, x + \Delta F - k_w} \qquad (221)$$

Auf diese Weise erhält man die *kritische Stillstandsdauer* z[977]. Wird mit einem längeren Anhalten der schlechten Absatzlage gerechnet, so ist die Stillegung wirtschaftlicher als die Aufrechterhaltung der Produktion. In Gleichung (221) wird der Nenner Null, wenn der Angebotspreis gerade gleich der Summe aus den Grenzselbstkosten und der auf die Mengeneinheit bezogenen Differenz aus den abbaufähigen fixen Kosten und der monatlichen Steigerungsrate der Wiederanlaufkosten ist. Für diesen Preis, der in unserem Beispiel 23,37 DM/Stück beträgt, wird $z = \infty$, d.h. auch bei dauernd unveränderter Absatzlage kommt ein vorübergehender Stillstand nicht in Frage.
Werden in einem betrieblichen Teilbereich *mehrere Produkte* hergestellt, deren

[977] Vgl. hierzu C. *E. Schulz,* Das Problem ..., a. a. O., S. 363.

monatliche Absatzmengen $x_1, x_2, \ldots, x_n$ betragen, so lassen sich für die einzelnen Produkte keine produktindividuellen Preisuntergrenzen angeben. Analog zu Gleichung (220) gilt hier die folgende Deckungsgleichung:

$$(222) \qquad \sum_{i=1}^{n} (p_i - k_{si})\, x_i = \Delta F - \frac{K_w + k_w z}{z}$$

Nach Gleichung (222) läßt sich nur eine *Erlösuntergrenze* angeben, nach der die Summe der monatlichen Gesamterlöse der Summe aus den proportionalen Grenzselbstkosten des Umsatzes und den abbaufähigen fixen Kosten pro Monat, vermindert um die auf den Monat umgerechneten Wiederanlaufkosten, entsprechen muß. Dieser kritische Erlösbetrag ist für zahlreiche Preiskombinationen der betrieblichen Erzeugnisse möglich.

2. Führt die Verkaufsplanung zu dem Ergebnis, daß mit einem *langfristigen Absatzrückgang* gerechnet werden muß, so ist zu überprüfen, ob eine endgültige Stillegung der hiervon betroffenen betrieblichen Teilbereiche in Frage kommt. Bei einer endgültigen Stillegung von Gebäuden, Anlagen und Maschinen ist diesen Betriebsmitteln grundsätzlich nur noch der „Opportunitätswert einer anderen Verwendung" zuzuordnen. Die Restbuchwerte der Finanzbuchhaltung sind für eine Stillegungsentscheidung ohne jede Bedeutung. Unterstellen wir der Einfachheit halber, daß im Falle einer Stillegung nur ein Verkauf der hiervon betroffenen Betriebsmittel in Frage kommt, so verzichtet der Betrieb im Falle einer Weiterproduktion auf die im Kalkulationszeitpunkt erzielbaren Liquidationserlöse. Am Ende der restlichen Nutzungsdauer sind nur noch niedrigere Liquidationserlöse zu erwarten. In einer Wirtschaftlichkeitsrechnung, mit deren Hilfe eine Stillegungsentscheidung getroffen werden soll, ist der Kapitaldienst auf die Differenz zwischen den Liquidationserlösen im Kalkulationszeitpunkt und denjenigen am Ende der Restnutzungsdauer umzurechnen. Als Grundlage für Stillegungsentscheidungen läßt sich die für Investitionsrechnungen übliche Kapitalwertformel verwenden[978]. Sollen bei einer Stillegungsentscheidung die kritischen Produktpreise ermittelt werden, bei deren Unterschreiten die Stillegung wirtschaftlicher als die Weiterproduktion wird, so müssen aus der Kapitalwertgleichung die Preiskombinationen abgeleitet werden, bei denen der Kapitalwert gerade Null wird. In diesem Zusammenhang wollen wir stets annehmen, daß die proportionalen Selbstkosten (ohne kalkulatorische Abschreibungen und ohne kalkulatorische Zinsen) in dieser langfristigen Betrachtung den für die Produktion erforderlichen Auszahlungen entsprechen.
Zur Vereinfachung wollen wir zunächst unterstellen, daß in dem betrieblichen Teilbereich, dessen Stillegung erwogen wird, nur *eine* Produktart erstellt wird. Zur Ableitung der Bestimmungsgleichung für die Preisuntergrenzen führen wir folgende Symbole ein:

[978] Zum Begriff des Kapitalwertes vgl. *E. Schneider,* Wirtschaftlichkeitsrechnung, 4. Aufl., Tübingen–Zürich 1962, S. 15 und die dort in Anm. 2 angegebene Literatur.

$L(0)$ = Summe der Liquidationserlöse im Kalkulationszeitpunkt
t_a = Restnutzungsdauer des betrieblichen Teilbereichs
t = Zeitindex
$L(t_a)$ = Summe der Liquidationserlöse im Zeitpunkt t_a
x = Absatzmenge pro Jahr
k_{sa} = proportionale Selbstkosten ohne Berücksichtigung von kalkulatorischen Abschreibungen und ohne kalkulatorische Zinsen
ΔF = abbaufähige fixe Kosten ohne Berücksichtigung von kalkulatorischen Abschreibungen und ohne kalkulatorische Zinsen
p = Verkaufspreis des betrieblichen Produktes
i = Kalkulationszinsfuß

Für das Stillegungsproblem läßt sich die *kritische Preisentwicklung im Zeitablauf* nach folgender Bestimmungsgleichung ermitteln:

$$-L(0) + \sum_{t=1}^{t_a} \frac{(p_t - k_{sat})\, x_t - \Delta F_t}{(1+i)^t} + \frac{L(t_a)}{(1+i)^{t_a}} = 0 \tag{223}$$

Diese Formel entspricht der bekannten Gleichung zur Lösung des Ersatzproblems, wenn man die Stillegung als das „neue Verfahren" ansieht[979].

Sind die Verkaufspreise, die Grenzselbskosten, die abbaufähigen Fixkosten und die Absatzmengen im Zeitablauf konstant, so kann die Gleichung (223) wie folgt nach dem kritischen Produktpreis aufgelöst werden:

$$p_{min} = k_{sa} + \frac{\Delta F + \big(L(0) - L(t_a)\big)\, w(i, t_a) + L(t_a)\, i}{x} \tag{224}$$

Hierbei ist $w(i, t_a)$ gleich dem Wiedergewinnungsfaktor, mit dessen Hilfe in Investitionsrechnungen bei Anwendung der Annuitätsmethode der Kapitaldienst berechnet wird[980]. Nach Gleichung (224) kommt eine Stillegung erst in Frage, wenn der Produktpreis die Summe aus den Grenzselbstkosten (ohne Kapitaldienst), den auf das Stück bezogenen abbaufähigen fixen Kosten (ohne Kapitaldienst), den auf die Produkteinheit bezogenen, aus den Liquidationserlösen errechneten Kapitaldienst und die auf das Stück bezogenen Zinsen auf den Liquidationserlös im Zeitpunkt t_a nicht mehr deckt.

Vernachlässigt man die im Falle einer Stillegung erzielbaren Liquidationserlöse, z. B. weil sie in etwa den Abbruchkosten entsprechen, so entfällt in den Gleichungen (223) und (224) der Kapitaldienst vollständig. Die für den Fall der Weiterproduktion geplanten kalkulatorischen Abschreibungen und kalkulatorischen Zinsen spielen bei Stillegungsentscheidungen keine Rolle.

Werden in einem betrieblichen Teilbereich, dessen Stillegung erwogen wird, *mehrere* Produktarten erstellt, so läßt sich analog zu Gleichung (224) nur die folgende Deckungsgleichung angeben, mit deren Hilfe Kombinationen kritischer Preise bestimmt werden können:

[979] Vgl. *E. Schneider*, Wirtschaftlichkeitsrechnung, a. a. O., S. 75 ff., und insbesondere S. 96 ff.
[980] Vgl. hierzu *E. Schneider*, Wirtschaftlichkeitsrechnung, a. a. O., S. 25. Für den Wiedergewinnungsfaktor gilt hier folgende Formel: $\frac{i(1+i)^{ta}}{(1+i)^{ta}-1}$

(225) $$\sum_{i=1}^{n}(p_i - k_{sai})\, x_i = \Delta F + \big(L(0) - L(t_a)\big)\, w(i, t_a) + L(t_a)\, i$$

3. Wir wollen nunmehr untersuchen, welche *Preisuntergrenzenprobleme bei steigenden Absatzmengen* auftreten können.

Rechnet der Verkauf nur mit einer *mittelfristigen Absatzzunahme*, so wird in der Regel keine Erweiterungsinvestition in Erwägung gezogen. Es wird vielmehr zunächst überprüft, ob durch eine Ausweitung der personellen Teilkapazitäten, so z. B. durch Einführung einer dritten Schicht, eine vorübergehende Erhöhung der betrieblichen Kapazität sinnvoll ist. Auch in diesem Zusammenhang kann es von Interesse sein, kritische Preise bzw. kritische Preiskombinationen zu bestimmen. Hierbei gelten die Gleichungen (220) und (222) analog, wenn man die Wiederanlaufkosten wegläßt und ΔF nicht als abbaufähige, sondern als zusätzlich anfallende intervallfixe Kosten interpretiert.

Wird mit *langfristigen Absatzzunahmen* gerechnet, so kommen Erweiterungsinvestitionen in Frage, deren Wirtschaftlichkeit mit Hilfe von Investitionsrechnungen zu überprüfen ist. Auch hierbei kann die Ermittlung kritischer Verkaufspreise bzw. kritischer Erlössummen von Interesse sein. Ohne in diesem Zusammenhang auf die mannigfaltigen Probleme bei Investitionsentscheidungen im einzelnen einzugehen, wollen wir mit Hilfe der für die meisten Investitionsentscheidungen grundlegenden Kapitalwertformel zeigen, in welcher Weise bei Investitionsentscheidungen kritische Preise und Erlöse ermittelt werden können[981]. Hierzu wollen wir die folgenden Symbole einführen:

A_0 = Investitionsbetrag der Erweiterungsinvestition
t = Zeitindex
t_n = geplante Nutzungsdauer
p = Verkaufspreis pro Produkteinheit
k_{sa} = Grenzselbstkosten pro Produkteinheit ohne Kapitaldienst
x = infolge der Erweiterungsinvestition zusätzlich erzielbare Verkaufsmengen
i = Index der Produktart
n = Anzahl unterschiedliche Produktarten
i = Kalkulationszinsfuß
ΔF = zusätzliche fixe Kosten ohne Kapitaldienst

Mit Hilfe dieser Symbole läßt sich aus der üblichen Kapitalwertformel für die Bestimmung der kritischen Preisentwicklung im *Zeitablauf* für den *Einproduktfall* folgende Bestimmungsgleichung angeben:

(226) $$-A_0 + \sum_{t=1}^{t_n} \frac{(p_t - k_{sat})\, x_t - \Delta F_t}{(1+i)^t} = 0$$

[981] Vgl. *W. Kilger*, Kritische Werte in der Investitions- und Wirtschaftlichkeitsrechnung, ZfB 1965, S. 338 ff. und insbesondere S. 349 und 350.

Bei Preisentwicklungen, die zu einem positiven Kapitalwert führen, ist eine Erweiterungsinvestition wirtschaftlich.
Kann angenommen werden, daß der in Gleichung (226) enthaltene Preis, die Produktmenge und der Kostenbetrag im Zeitablauf konstant sind, so läßt sich aus Gleichung (226) der kritische Produktpreis p_{min} ableiten:

$$p_{min} = k_{sa} + \frac{A_0 \, w(i, t_n) + \Delta F}{x} \tag{227}$$

Hierin ist w (i, t_n) wiederum der Wiedergewinnungsfaktor, mit dessen Hilfe in Investitionsrechnungen der Kapitaldienst berechnet werden kann. Die Preisuntergrenze nach Gleichung (227) entspricht zwar dem Vollkostenprinzip, sie läßt sich aber nur angeben, wenn in dem durch die Erweiterung geschaffenen Teilbetrieb nur eine Produktart erstellt wird.
Im *Mehrproduktfall* erhalten wir dagegen analog zu Gleichung (226) folgende Deckungsgleichung, aus der sich wiederum nur *kritische Preiskombinationen* oder kritische Erlösbeträge ableiten lassen:

$$-A_0 + \sum_{t=1}^{t_n} \frac{\sum_{i=1}^{n} (p_{ti} - k_{sati})\, x_{ti} - \Delta F_t}{(1+i)^t} = 0 \tag{228}$$

Unsere Ausführungen über die Bestimmung von Preisuntergrenzen haben gezeigt, daß keineswegs die Grenzselbstkosten die Bedeutung einer allgemeingültigen Preisuntergrenze haben. Je nach der Problemstellung und dem vorgesehenen Dispositionsspielraum sind vielmehr auch zahlreiche andere Preisuntergrenzen von Bedeutung. In den Bestimmungsgleichungen dieser Preisuntergrenzen sind aber fast immer die Grenzselbstkosten als Teilbeträge enthalten. Hieraus folgt, daß nur auf der Basis einer laufenden Grenzplankosten- und Deckungsbeitragsrechnung alle auftretenden Preisuntergrenzenprobleme schnell und zuverlässig gelöst werden können.

B. Die optimale Programmplanung bei konstanten Kapazitäten

I. Der Standardansatz der linearen Programmierung zur Bestimmung gewinnmaximaler Fertigungsprogramme

1. Eine wichtige Aufgabe der Grenzplankosten- und Deckungsbeitragsrechnung besteht darin, die zur *Bestimmung gewinnmaximaler Fertigungsprogramme* erforderlichen Grenzselbstkosten laufend zur Verfügung zu stellen. Neben den geplanten Grenzselbstkosten hängt der Bruttogewinn einer Planungsperiode sowohl von den Absatzmengen als auch von den Verkaufspreisen der betrieblichen Erzeugnisse ab. Wir wollen jedoch bei unseren weiteren Ausführungen von der Annahme

ausgehen, daß die Verkaufspreise vom Markt bestimmt werden und ihre Höhe innerhalb bestimmter Grenzen von den Absatzmengen unabhängig ist. Weiterhin sei unterstellt, daß während der Planungsperiode keine Bestandsveränderungen der Halb- und Fertigfabrikatebestände eintreten.

Wie bereits unsere Ausführungen im Abschnitt B, I, 1 des zwanzigsten Kapitels gezeigt haben, kann unter der Voraussetzung, daß nur *ein Kapazitätsengpaß* wirksam wird, die gewinnmaximale Zusammensetzung des Fertigungsprogramms mit Hilfe von nicht-simultanen Verfahren bestimmt werden. Wir wollen hierzu das in Tabelle 99 auf S. 647 wiedergegebene Zahlenbeispiel zur Bruttogewinnanalyse, bezogen auf die Einheit der Engpaßbelastung, betrachten.

Unter der Voraussetzung, daß von allen 15 Erzeugnisarten bei unveränderten Marktpreisen beliebig große Absatzmengen verkauft werden können, wäre es am günstigsten, nur die Produktart 204 zu produzieren, deren Bruttogewinn pro Einheit der Engpaßbelastung mit 0,83 DM/Min. am höchsten ist. Da die Kapazität der Engpaßkostenstelle 5 insgesamt 379 350 Min./Monat beträgt, könnten von der Erzeugnisart 204 maximal 379 350 Min./Monat : 4,20 Min./Stück = 90 321 Stück/Monat erstellt werden. Der Bruttogewinn würde in diesem Fall 90 321 Stück/Monat × 3,50 DM/Stück = 316 124 DM/Monat betragen. Dieser Gewinn ist um 56,7 % höher als der in Tabelle 99 bei der dort angegebenen Zusammensetzung des Fertigungsprogramms ausgewiesene Bruttogewinn. Wäre wirklich eine so starke Sortimentsbegrenzung möglich, so könnte der Gewinn sicherlich noch durch kostensenkende Rationalisierungsmaßnahmen weiter erhöht werden.

In den meisten Betrieben stehen einer so weitgehenden Spezialisierung aber *Absatzrestriktionen* entgegen, d. h. zu den geplanten Verkaufspreisen lassen sich jeweils nur bestimmte Höchstmengen der betrieblichen Erzeugnisse absetzen.

Unterstellen wir, daß von der Verkaufsleitung die in Spalte 2 der Tabelle 103 wiedergegebenen Absatzhöchstmengen festgelegt wurden, und halten wir an der Annahme fest, daß nur *ein Kapazitätsengpaß* wirksam wird, so lassen sich die 15 Erzeugnisarten nach ihren Bruttogewinnen pro Einheit der Engpaßleistung ordnen. In unserem Zahlenbeispiel erhalten wir die in der ersten Spalte angegebene Reihenfolge. Nacheinander werden die Absatzhöchstmengen mit ihren zugehörigen Bezugsgrößen pro Einheit multipliziert. Auf diese Weise erhält man die Beschäftigungsbeiträge, die wir in Spalte 8 der Tabelle 103 kumuliert ausgewiesen haben. Werden die Absatzhöchstmengen der Produkte 204 bis 103 produziert, so würde die Beschäftigung 351 180 Min./Monat betragen. Subtrahiert man diese Beschäftigung von der Kapazität der Engpaßabteilung 5, die 379 350 Min./Monat beträgt, so erhält man eine Restkapazität von 28 170 Min./Monat. Diese Restkapazität steht für die Produktion des nächstfolgenden Erzeugnisses 305 zur Verfügung. Von dieser Produktart können daher nur 28 170 Min./Monat : 8,50 Min./Stück = 3314 Stück/Monat produziert werden. Die Absatzhöchstmenge dieses Produktes liegt um 686 Stück/Monat höher. Die Erzeugnisarten 105, 104 und 306 gehören nicht in das gewinnmaximale Fertigungsprogramm [982]. Der maximal erzielbare Bruttogewinn beträgt

[982] Die in Spalte 2 der Tabelle 103 angegebenen Produktmengen der Erzeugnisarten 204

Tabelle 103: Beispiel zur Bestimmung eines gewinnmaximalen Fertigungsprogramms bei einem Kapazitätsengpaß

Artikel-Nr.	Absatz-höchst-mengen Stück	Deckungsbeitrag			Kapazitätsbeanspruchung im Engpaß		
		DM/Min.	DM/Stck.	DM	Min./Stck.	Minuten	Minuten (kumul.)
1	2	3	4	5	6	7	8
204	3 000	0,83	3,50	10 500	4,20	12 600	12 600
202	4 600	0,74	2,82	12 972	3,80	17 480	30 080
203	4 600	0,71	2,91	13 386	4,80	18 860	48 940
201	3 500	0,68	2,60	9 100	3,80	13 300	62 240
303	8 200	0,61	3,96	32 472	6,50	53 300	115 540
304	6 300	0,58	4,35	27 405	7,50	47 250	162 790
301	6 000	0,54	3,20	19 200	5,90	35 400	198 190
302	7 400	0,53	3,25	24 050	6,10	45 140	243 330
101	4 500	0,50	2,83	12 735	5,70	25 650	268 980
102	6 000	0,49	2,89	17 340	5,90	35 400	304 380
103	7 200	0,47	3,08	22 176	6,50	46 800	351 180
305	3 314	0,46	3,90	12 925	8,50	28 170	379 350
305	(4 000)						
105	(3 500)	0,41	3,62	—	8,80	—	—
104	(4 000)	0,40	3,02	—	7,50	—	—
306	(4 500)	0,37	3,74	—	10,00	—	—
Summe	—	—	—	214 261	—	379 350	379 350

214 261 DM/Monat. Das sind nur 67,8 % des Bruttogewinnes, der entsteht, wenn ausschließlich das günstigste Erzeugnis 204 produziert und abgesetzt werden könnte. Der Bruttogewinn von 214 261 DM/Monat liegt aber um 6,2 % höher als der Bruttogewinn, den wir in Tabelle 99 für eine vom Optimum abweichende Zusammensetzung des Fertigungsprogramms ausgewiesen haben.

2. Sind *mehrere Kapazitätsengpässe* zu erwarten, so können gewinnmaximale Fertigungsprogramme nur simultan mit Hilfe der mathematischen Programmierung bestimmt werden. Halten wir an der Prämisse konstanter Verkaufspreise fest, so reicht für die Bestimmung eines gewinnmaximalen Fertigungsprogramms in den meisten Fällen die *lineare Programmierung* aus. Auch dieses Verfahren ist nur dann anwendbar, wenn die Grenzselbstkosten aller Erzeugnisse bekannt sind. H. Hax schreibt über die Voraussetzungen zur Anwendung der mathematischen Programmierung: „Wesentlich ist insbesondere eine saubere Trennung von fixen und proportionalen Kosten in der Kostenrechnung. Kostenrechnungsmethoden, die diese Tren-

bis 305 erhält man auch mit Hilfe der linearen Programmierung, sofern lediglich die Fertigungsabteilung 5 zum Engpaß wird.

nung vornehmen, wie etwa die Grenzplankostenrechnung, sind Vorbedingung für die Verwendung der mathematischen Programmierung." [983]

Jeder lineare Programmansatz besteht aus einer *Zielfunktion* und mehreren *Restriktionen* oder *Nebenbedingungen* [984].

Bei Ansätzen zur Bestimmung gewinnmaximaler Fertigungsprogramme stimmt die Zielfunktion mit der Gewinngleichung (203) nach dem Umsatzkostenverfahren auf Grenzkostenbasis auf S. 626 überein. Jedoch können die fixen Kosten unberücksichtigt bleiben, da sie für Entscheidungen über die Zusammensetzung des Fertigungsprogramms bei unveränderten Kapazitäten nicht relevant sind.

Eine wichtige Gruppe von Restriktionen besteht darin, daß die gewinnmaximalen Produktmengen nicht zu Istbezugsgrößen führen dürfen, die größer als die Kapazitäten der betrieblichen Teilbereiche sind. Diese Restriktionen werden als *Kapazitätsrestriktionen* bezeichnet. Sie lassen sich mathematisch formulieren, indem man die Gleichung (147) (vgl. S. 513) zur Bestimmung von Istbezugsgrößen den zugehörigen Maßgrößen der quantitativen Kapazität B_j gegenüberstellt.

Sind die während einer Planungsperiode verfügbaren Materialmengen, Facharbeiterstunden, Energie- oder sonstigen Faktormengen begrenzt, so lassen sich auch hierfür entsprechende Faktoreinsatzrestriktionen formulieren. Bei unseren weiteren Ausführungen wollen wir uns jedoch auf die Verwendung von Kapazitätsrestriktionen beschränken.

Wie wir im einzelnen noch begründen werden, sind für fast alle Ansätze zur Bestimmung gewinnmaximaler Fertigungsprogramme *Absatzrestriktionen* erforderlich, nach denen die Lösungswerte bestimmte Höchstmengen X_H nicht überschreiten dürfen. Als weitere Absatzrestriktionen können Sortimentsbindungen und Mindest-

[983] Vgl. *H. Hax*, Die Bestimmung ..., a. a. O., S. 332. Auch folgende Autoren heben die Bedeutung von Grenzkosten für die Anwendung der mathematischen Programmierung hervor: *E. Gau*, Handbuch der praktischen Betriebsabrechnung, Stuttgart 1965, S. 144; *C. Gillespie*, Standard and Direct Costing, a. a. O., S. 146; *H. Gunders*, Better Profit Planning, NAA-Bulletin 1965 (8), Section 1, S. 9; *R. Hofmann*, Gewinnoptimale ..., a. a. O., S. 81; *C. T. Horngren*, Cost Accounting ..., a. a. O., S. 772; *W. Kilger*, Der heutige Stand der Grenzplankostenrechnung, AGPLAN, Bd. 6, Wiesbaden 1962, S. 68; *W. Kilger*, Kurzfristige Erfolgsrechnung, Wiesbaden 1962, S. 102 ff.; *K. Mellerowicz*, Planung und Plankostenrechnung, Bd. 1, Betriebliche Planung, Freiburg 1961, S. 216; *H. G. Plaut*, Unternehmenssteuerung ..., a. a. O., S. 473; *H. G. Plaut*, Planungsrechnung im Verwaltungs- und Vertriebsbereich, AGPLAN, Bd. 8., Wiesbaden 1964, S. 36; *W. Medicke*, „Der Mythos von den fixen Kosten und die betriebswirtschaftliche Leistungs-Abrechnung" – Eine kritische Betrachtung zum gleichnamigen Aufsatz von Dr. E. Sonnefeld, ZfB 1963, S. 106; *F. Wille*, Plan- und Standardkostenrechnung, 2. Aufl., Essen 1963, S. 140; *M. Woitschach*, Möglichkeiten und Grenzen der Deckungsbeitragsrechnung, DB 1963, S. 3 und 4.

[984] Vgl. hierzu die umfangreiche Literatur zur Unternehmensforschung, insbesondere zur linearen Programmierung. Wir wollen uns darauf beschränken, zum Aufbau und zur Lösung linearer Programmierungsansätze auf die folgenden beiden Bücher zu verweisen: *G. B. Dantzig*, Lineare Programmierung und Erweiterungen, Übers. A. Jaeger, Berlin – Heidelberg – New York 1966; *W. Krelle, H. P. Künzi*, Lineare Programmierung, Zürich 1958.

absatzmengen infolge fester Lieferverpflichtungen in Frage kommen. Im letzten Falle kann man ggf. die Kapazitäten um die den Mindestabsatzmengen entsprechenden Beschäftigungsbeiträge vermindern und mit den so erhaltenen Restkapazitäten die gewinnmaximale Zusammensetzung des Fertigungsprogramms bestimmen.
Weiterhin gehört zu jedem linearen Programmansatz die *Nichtnegativitätsbedingung*, nach der keine negativen Lösungswerte bei der Bestimmung gewinnmaximaler Fertigungsprogramme, also keine „negativen Produktmengen", zulässig sind.
Zum Standardansatz der linearen Programmierung zur Bestimmung gewinnmaximaler Fertigungsprogramme gehören daher die folgenden Funktionen[985]:

$$\text{(229)}\quad \begin{array}{lll} \text{(a)} & G = \sum_{i=1}^{n} (p_i - k_{si})\, x_i & \longrightarrow \text{Max!} \\ \text{(b)} & B_j \geqq \sum_{i=1}^{n} b_{ij}\, x_i & (j = 1, 2, \ldots, m) \\ \text{(c)} & X_{Hi} \geqq x_i & (i = 1, 2, \ldots, n) \\ \text{(d)} & 0 \leqq x_i & (i = 1, 2, \ldots, n) \end{array}$$

Jeder Restriktion oder Nebenbedingung, deren mathematische Formulierung in Form einer Ungleichung erfolgt, wird eine sogenannte *Schlupfvariable* zugeordnet, mit deren Hilfe die Ungleichung in eine Gleichung umgewandelt wird. Die Lösungswerte der Schlupfvariablen geben an, inwieweit eine Restriktion durch die optimalen Lösungswerte beansprucht wird. Wird z.B. die Schlupfvariable einer Kapazitätsrestriktion Null, so ist der zugehörige betriebliche Teilbereich ein Engpaß. Führt die Lösung dagegen zu einem positiven Wert der Schlupfvariablen, so bleibt bei Erstellung der gewinnmaximalen Produktmengen ein nicht genutzter Kapazitätsrest übrig. Wird die Schlupfvariable einer Absatzrestriktion Null, so bedeutet das, daß im gewinnmaximalen Fertigungsprogramm die höchst mögliche Absatzmenge des betreffenden Produktes erstellt werden soll. Wird dagegen für eine Absatzrestriktion eine positive Schlupfvariable ausgewiesen, so liegt für das betreffende Produkt die gewinnmaximale Menge unter der Absatzhöchstmenge.
Zur numerischen Bestimmung gewinnmaximaler Fertigungsprogramme ist es erforderlich, ein lineares Programm in einer *Ausgangsmatrix* zusammenzufassen. Als Beispiel hierfür haben wir die Tabelle 104 wiedergegeben. Die Produktarten, die Bruttogewinne pro Stück, die Bezugsgrößen pro Stück und die Absatzhöchstmengen dieses Beispiels entsprechen den in den Tabellen 103 und 99 wiedergegebenen Zahlenbeispielen. Die mit den laufenden Nummern 1 bis 15 gekennzeichneten Spalten

985 Dieser Ansatz wird von fast allen Autoren wiedergegeben, die die Anwendung der linearen Programmierung für die Produktionsplanung behandeln. Wir verweisen lediglich auf die beiden folgenden Aufsätze: *T. Paulsson Frenckner*, Bestimmung des Produktionsprogramms als Anwendungsbeispiel der Linearplanung, ZfhF 1958, S. 565 ff., und *H. Hax*, Lineare Planungsrechnung und Simplex-Methode als Instrumente betriebswirtschaftlicher Planung, ZfhF 1960, S. 578 ff.

Tabelle [illegible]. Beispiel einer Ausgangsmatrix zum Standardansatz zur Bestimmung gewinnmaximaler Fertigungsprogramme

Artikel-Nummer					101	102	103	104	105	201	202	203	204	301	302	303	304	305	306	Zusatzaufträge	
Lfd. Nummer					1	2	3	4	5	6	7	8	9	10	11	12	13	14	15	16	17
Zielfunktion					2,83	2,89	3,08	3,02	3,62	2,60	2,82	2,91	3,50	3,20	3,25	3,96	4,35	3,90	3,74	3,75	1,35
Kapazitätsrestriktionen	Arbeitsgang	Dimension	Kapazität																		
	1	Min.	170 500	≥	1,60	1,80	2,00	2,40	3,00	2,50	3,50	4,50	6,00	2,20	2,30	2,30	2,30	4,00	4,50	8,50	1,70
	2	Min.	135 500	≥	2,10	2,30	2,30	1,90	2,50	1,10	1,10	2,20	2,50	1,90	2,30	2,70	2,70	2,70	3,00	0,80	0,80
	3	kg	40 000	≥	0,60	0,70	0,70	0,80	0,80	0,30	0,30	0,35	0,35	0,80	0,60	0,60	0,50	0,30	0,30	0,70	1,00
	4	m²	75 400	≥	1,00	1,10	1,10	1,50	1,50	0,75	0,75	0,90	0,90	1,30	1,20	1,10	1,00	1,00	0,80	0,80	1,10
	5	Min.	379 350	≥	5,70	5,90	6,50	7,50	8,80	3,80	3,80	4,10	4,20	5.90	6,10	6,50	7,50	8,50	10,00	4,20	3,50
	6	Min.	102 000	≥	1,40	1,60	1,80	2,00	3,00	1,80	2,40	2,40	3,00	1,10	1,20	1,30	1,50	2,00	1,50	1,30	1,10
	7	Min.	125 000	≥	2,20	2,20	2,20	2,20	2,20	1,80	1,80	2,50	2,50	0,90	0,90	1,00	1,00	1,90	2,10	2,00	3,20
	8	Stück	90 000	≥	1,00	1,00	1,00	1,00	1,00	1,00	1,00	1,00	1,00	1,00	1,00	1,00	1,00	1,00	1,00	1,00	1,00
Absatzrestriktionen	Prod.-art	Dimension	Menge																		
	101	Stück	4 500	≥	1,00																
	102	Stück	6 000	≥		1,00															
	103	Stück	7 200	≥			1,00														
	104	Stück	4 000	≥				1,00													
	105	Stück	3 500	≥					1,00												
	201	Stück	3 500	≥						1,00											
	202	Stück	4 600	≥							1,00										
	203	Stück	4 600	≥								1,00									
	204	Stück	3 000	≥									1,00								
	301	Stück	6 000	≥										1,00							
	302	Stück	7 400	≥											1,00						
	303	Stück	8 200	≥												1,00					
	304	Stück	6 300	≥													1,00				
	305	Stück	4 000	≥														1,00			
	306	Stück	4 500	≥															1,00		
	Zusatzauftrag	Stück	2 500	≥																1,00	
		Stück	3 200	≥																	1,00

enthalten die Koeffizienten der unbekannten Erzeugnismengen x_1, x_2, ..., x_{15}. Die dritte Zeile enthält die Bruttogewinne als Koeffizienten der Zielfunktion. Die folgenden acht Zeilen, in denen die Bezugsgrößen pro Stück und die Kapazitäten angegeben werden, bezeichnet man auch als *Prozeßmatrix*. Die in der Prozeßmatrix angegebenen Bezugsgrößen pro Produkteinheit sind in der Regel die gleichen, die auch für den Aufbau von Plankalkulationen und für die Erfassung von Istbezugsgrößen benötigt werden. Die in Tabelle 104 angegebenen Kapazitäten stimmen mit dem Beispiel der Tabelle 103 nicht überein, weil sonst nur ein Kapazitätsengpaß wirksam würde. Um mehrere Engpässe zu erhalten, wurden die Kapazitäten einiger Abteilungen niedriger angesetzt.

3. Die Lösung eines linearen Programms erfolgt nach der *Simplex-Methode*, die mit Hilfe mehrerer Rechenschritte (Iterationen) zum Optimum führt. Hinsichtlich der Darstellung der Simplex-Methode im einzelnen verweisen wir auf die Literatur zur linearen Programmierung[986]. Wir wollen uns darauf beschränken, die Rechentechnik der Simplex-Methode nur so weit zu beschreiben, daß die Bedeutung der Bruttogewinne oder Deckungsbeiträge der betrieblichen Erzeugnisse für die Bestimmung gewinnmaximaler Fertigungsprogramme mit Hilfe der linearen Programmierung ersichtlich wird. Hierbei wollen wir zur Vereinfachung die Absatzrestriktionen zunächst nicht berücksichtigen.

Beim Übergang von der Ausgangsmatrix zur ersten Basislösung wählt man in der Regel diejenige Produktart aus, deren Koeffizient in der Zielfunktion am größten ist. Da zu Beginn der Produktion noch kein Kapazitätsengpaß wirksam werden kann, steuert man die Produktion zunächst nach der absoluten Höhe der Bruttogewinne oder Deckungsbeiträge. Wir wollen die zuerst in das Fertigungsprogramm aufgenommene Produktart bei unseren weiteren Ausführungen mit dem Index p kennzeichnen. Im Beispiel der Tabelle 104 hat die Produktart 304 den höchsten Koeffizienten der Zielfunktion. Daher wird im ersten Rechenschritt zunächst nur diese Produktart in das Fertigungsprogramm aufgenommen.

Der nächstfolgende Rechenschritt besteht darin, zu ermitteln, wieviel Produkteinheiten der Produktart p unter Berücksichtigung der Kapazitätsrestriktionen maximal erstellt werden können. Hierzu werden nacheinander alle Teilkapazitäten durch die zugehörigen Bezugsgrößen pro Einheit der Produktart p dividiert. Der hierbei ermittelte niedrigste Wert gibt an, wieviel Produkteinheiten x_p bei ausschließlicher Produktion der Produktart p maximal erstellt werden können. Hierbei muß eine Fertigungsabteilung zum Engpaß werden. Wir wollen sie bei unseren weiteren Ausführungen mit dem Index E kennzeichnen. Die Zeile der zum Engpaß werdenden Abteilung wird als „Ausgangszeile" für die Produktart p gewählt. Die neuen Koeffizienten dieser Zeile, die wir mit b^*_{iE} bezeichnen wollen, erhält man, indem man die bisherigen Koeffizienten b_{iE} dieser Zeile durch die Bezugsgrößen b_{pE} der zu produzierenden Produktart dividiert:

[986] Vgl. *G. B. Dantzig*, Lineare Programmierung ..., a. a. O., S. 110 ff., *W. Krelle, H. P. Künzi*, Lineare Programmierung, a. a. O., S. 44 ff.

(230) $$b^*_{iE} = \frac{b_{iE}}{b_{pE}} \qquad (i = 1, 2, \ldots, n)$$

Wie die Tabelle 105 erkennen läßt, können in unserem Zahlenbeispiel maximal 50 185 Einheiten der Produktart 304 erstellt werden; die Abteilung 2 wird zum Engpaß. Die zweite Zeile der Prozeßmatrix wird zur Ausgangszeile für das Produkt 304. Die neue zweite Zeile erhält man, indem man die alte zweite Zeile durch 2,70 Min./Stück dividiert.

Tabelle 105: Beispiel zur Engpaßbestimmung im Lösungsverfahren eines linearen Programms zur Bestimmung eines gewinnmaximalen Fertigungsprogramms

Arbeitsgang	Kapazität	Bezugsgröße pro Einheit	Mögliche Produktmengen
1	170 500	2,30	74 130
2	135 500	2,70	50 185
3	40 000	0,50	80 000
4	75 400	1,00	75 400
5	379 350	7,50	50 580
6	102 000	1,50	68 000
7	125 000	1,00	125 000
8	90 000	1,00	90 000

Zur Fortführung der Rechnung werden für alle nicht ausgelasteten Abteilungen die bei Produktion der für die Produktart p errechneten Höchstmenge noch verbleibenden Restkapazitäten ermittelt. Bezeichnen wir für eine beliebige Abteilung j diese Restkapazität mit B^*_j, so gilt hierfür folgende Gleichung:

(231) $$B^*_j = B_j - \frac{B_E}{b_{pE}} b_{pj} \qquad (j = 1, 2, \ldots, m)$$

In dieser Gleichung ist der Quotient B_E/b_{pE} gleich der Produktmenge x_p. Durch Multiplikation mit b_{pj} erhält man daher die Beschäftigungen, die in den einzelnen Abteilungen der Produktmenge x_p entsprechen. Für $j = E$, also in der Engpaßabteilung, wird die Restkapazität gleich Null.

Analog zur Gleichung (231) werden auch die Koeffizienten der nicht ausgelasteten Abteilungen umgerechnet:

(232) $$b^*_{ij} = b_{ij} - \frac{b_{iE}}{b_{pE}} b_{pj} \qquad (i = 1, 2, \ldots, m)$$

Die Größen b^*_{ij} sind die Koeffizienten der zweiten Matrix. Für $i = p$ wird b^*_{ij} jeweils gleich Null.

Der nächste Rechenschritt besteht in der Überprüfung, ob die erste Basislösung bereits optimal ist. Hierzu dient das sogenannte *Simplex-Kriterium,* nach dem man die Koeffizienten der Ausgangszeile für die Produktart p mit dem zugehörigen Dekkungsbeitrag $(p_p - k_{sp})$ multipliziert und die so erhaltenen Koeffizienten von den zugehörigen Koeffizienten der Zielfunktion subtrahiert. Diejenigen Produktarten, bei denen sich hierbei positive Werte ergeben, müssen noch in das Fertigungsprogramm aufgenommen werden, Produkte mit negativen Werten dagegen nicht. Unter Verwendung der bisherigen Symbole können wir das Simplex-Kriterium wie folgt ausdrücken:

$$(233) \qquad (p_i - k_i) - \frac{b_{iE}}{b_{pE}} (p_p - k_p) \gtrless 0 \qquad (i = 1, 2, \ldots, n)$$

Durch eine Umformung erhält man:

$$(234) \qquad \frac{p_i - k_{si}}{b_{iE}} \gtrless \frac{p_p - k_{sp}}{b_{pE}} \qquad (i = 1, 2, \ldots, n)$$

Die Ungleichung (234) läßt erkennen, daß dem Simplex-Kriterium beim Übergang von der zweiten zur dritten Matrix die Bruttogewinnanalyse pro Einheit der Engpaßbelastung entspricht. Dies ist deshalb der Fall, weil bei der ersten Lösung, nach der nur eine Produktart produziert wird, nur ein einziger Kapazitätsengpaß wirksam wird. Das Simplex-Kriterium stimmt daher in dieser betrieblichen Situation mit der Gleichung (209) auf S. 644 überein. Nach dem Simplex-Kriterium werden daher für alle Erzeugnisse die Opportunitätskosten pro Einheit der Engpaßbelastung w_{iE} der Erzeugnisarten i $(i=1,2,\ldots,n)$ mit den Opportunitätskosten w_{pE} der bereits in das Fertigungsprogramm aufgenommenen Produktart p verglichen. Das Kriterium besagt, daß nur Erzeugnisse in das Programm aufgenommen werden dürfen, für die $w_{iE} > w_{pE}$ gilt. Die für das Simplex-Kriterium erforderlichen Opportunitätskosten der linearen Programmierung brauchen nicht als Daten eingegeben zu werden, sondern sie werden im Rahmen der Lösungsmethode uno actu bestimmt. Dies gilt auch für alle weitere Iterationen bis zum Erreichen der Optimallösung, die im Prinzip mit Hilfe der gleichen Rechenoperationen durchgeführt werden, die wir für den Übergang von der Ausgangsmatrix zur ersten Lösungsmatrix beschrieben haben.

Werden im Zahlenbeispiel der Tabelle 104 zunächst keine Absatzrestriktionen be-

Tabelle 106: Lösungswerte zu Tabelle 104 (ohne Berücksichtigung von Absatzrestriktionen)

Produktart	Produktmenge Stück	Bruttogewinn DM/Stck.	Bruttogewinn DM
1	2	3	4
201	25 125	2,60	65 325
303	15 743	3,96	62 342
304	24 206	4,35	105 296
Summe	—	—	232 963

Tabelle 107: Kapazitätskontrolle der Lösungswerte zu Tabelle 104 (ohne Berücksichtigung von Absatzrestriktionen)

Produkt		Abteilung 1		Abteilung 2		Abteilung 3		Abteilung 4		Abteilung 5		Abteilung 6		Abteilung 7		Abteilung 8	
Nr.	Menge	Min./ Stck.	Min.	Min./ Stck.	Min.	kg/ Stck.	kg	m²/ Stck.	m²	Min./ Stck.	Min.	Min./ Stck.	Min.	Min./ Stck.	Min.	1	Stück
201	25 125	2,50	62 813	1,10	27 638	0,30	7 538	0,75	18 844	3,80	95 475	1,80	45 225	1,80	45 225	1,00	25 125
303	15 743	2,30	36 209	2,70	42 506	0,60	9 446	1,10	17 317	6,50	102 330	1,30	20 466	1,00	15 743	1,00	15 743
304	24 206	2,30	55 674	2,70	65 356	0,50	12 103	1,00	24 206	7,50	181 545	1,50	36 309	1,00	24 206	1,00	24 206
Beschäftigung			154 696		135 500		29 087		60 367		379 350		102 000		85 174		65 074
Kapazität			170 500		135 500		40 000		75 400		379 350		102 000		125 000		90 000
Freie Kapazität			15 804		—		10 913		15 033		—		—		39 826		24 926

rücksichtigt, so erhalten wir die in Tabelle 106 zusammengestellten Ergebnisse. Von 15 Produktarten bleiben nur die Produktarten 201, 303 und 304 in der optimalen Lösung. Diese Produkte erzielen zusammen einen Bruttogewinn von 232 963 DM. In Tabelle 107 haben wir die der optimalen Lösung entsprechenden Beschäftigungen errechnet und von den vorhandenen Kapazitäten subtrahiert. Die freien Kapazitäten werden bei Anwendung der Simplex-Methode als Lösungswerte für die Schlupfvariablen ausgewiesen. Wie die letzte Zeile der Tabelle 107 erkennen läßt, werden die Abteilungen 2, 5 und 6 zu Engpässen.

Da die optimale Lösung eines linearen Programms immer eine *Basislösung* enthält, bleiben stets gerade so viele Produktarten in der optimalen Lösung, wie Restriktionen voll ausgeschöpft werden. Enthält ein Ansatz zur Bestimmung eines gewinnmaximalen Fertigungsprogramms keine Absatzrestriktionen, sondern nur Kapazitätsrestriktionen, so stimmt die Anzahl der zu produzierenden Produktarten immer mit der Anzahl der Kapazitätsengpässe überein. In den meisten praktischen Fällen der Produktionsplanung ist aber die Anzahl der für den Absatz vorgesehenen Produktarten viel größer als die Anzahl der Fertigungsabteilungen, die zu Engpässen werden können, so daß die optimale Lösung zu einer absatzwirtschaftlich in den meisten Fällen nicht vertretbaren Sortimentsbegrenzung führt. Nicht zuletzt aus diesem Grunde müssen die Ansätze zur Bestimmung gewinnmaximaler Fertigungsprogramme in der Regel durch Absatzrestriktionen ergänzt werden, die die Lösungswerte begrenzen.

Berücksichtigen wir in unserem Beispiel die in Tabelle 104 angegebenen Absatzrestriktionen, so erhalten wir die in Tabelle 108 zusammengestellten Lösungswerte.

Tabelle 108: Lösungswerte zu Tabelle 104 (mit Berücksichtigung von Absatzrestriktionen)

Produktart	Produktmenge			Bruttogewinn	
	optimal	maximal	Rest	DM/Stck.	DM
1	2	3	4	5	6
101	4 500	4 500	—	2,83	12 735
102	3 212	6 000	2 788	2,89	9 282
103	7 200	7 200	—	3,08	22 176
104	3 988	4 000	12	3,02	12 043
105	—	3 500	3 500	3,62	—
201	3 500	3 500	—	2,60	9 100
202	4 600	4 600	—	2,82	12 972
203	—	4 600	4 600	2,91	—
204	2 899	3 000	101	3,50	10 146
301	6 000	6 000	—	3,20	19 200
302	7 400	7 400	—	3,25	24 050
303	8 200	8 200	—	3,96	32 472
304	6 300	6 300	—	4,35	27 405
305	4 000	4 000	—	3,90	15 600
306	—	4 500	4 500	3,74	—
Summe	—	—	—	—	207 181

Tabelle 109: Kapazitätskontrolle der Lösungswerte zu Tabelle 104 (mit Berücksichtigung von Absatzrestriktionen)

Produkt		Abteilung 1		Abteilung 2		Abteilung 3		Abteilung 4		Abteilung 5		Abteilung 6		Abteilung 7		Abteilung 8	
Nr.	Menge	Min./Stck.	Min.	Min./Stck.	Min.	kg/Stck.	kg	m^2/Stck.	m^2	Min./Stck.	Min.	Min./Stck.	Min.	Min./Stck.	Min.	1	Stück
101	4 500	1,60	7 200	2,10	9 450	0,60	2 700	1,00	4 500	5,70	25 650	1,40	6 300	2,20	9 900	1,00	4 500
102	3 212	1,80	5 781	2,30	7 387	0,70	2 248	1,10	3 533	5,90	18 950	1,60	5 139	2,20	7 066	1,00	3 212
103	7 200	2,00	14 400	2,30	16 560	0,70	5 040	1,10	7 920	6,50	46 800	1,80	12 960	2,20	15 840	1,00	7 200
104	3 988	2,40	9 571	1,90	7 576	0,80	3 190	1,50	5 982	7,50	29 910	2,00	7 976	2,20	8 774	1,00	3 988
201	3 500	2,50	8 750	1,10	3 850	0,30	1 050	0,75	2 625	3,80	13 300	1,80	6 300	1,80	6 300	1,00	3 500
202	4 600	3,50	16 100	1,10	5 060	0,30	1 380	0,75	3 450	3,80	17 480	2,40	11 040	1,80	8 280	1,00	4 600
204	2 899	6,00	17 394	2,50	7 247	0,35	1 015	0,90	2 609	4,20	12 175	3,00	8 697	2,50	7 248	1,00	2 899
301	6 000	2,20	13 200	1,90	11 400	0,80	4 800	1,30	7 800	5,90	35 400	1,10	6 600	0,90	5 400	1,00	6 000
302	7 400	2,30	17 020	2,30	17 020	0,60	4 440	1,20	8 880	6,10	45 140	1,20	8 880	0,90	6 660	1,00	7 400
303	8 200	2,30	18 860	2,70	22 140	0,60	4 920	1,10	9 020	6,50	53 300	1,30	10 660	1,00	8 200	1,00	8 200
304	6 300	2,30	14 490	2,70	17 010	0,50	3 150	1,00	6 300	7,50	47 250	1,50	9 450	1,00	6 300	1,00	6 300
305	4 000	4,00	16 000	2,70	10 800	0,30	1 200	1,00	4 000	8,50	34 000	2,00	8 000	1,90	7 600	1,00	4 000
Beschäftigung			158 768		135 500		35 133		66 619		379 355		102 002		97 568		61 799
Kapazität			170 500		135 500		40 000		75 400		379 350		102 000		125 000		90 000
Freie Kapazität			11 732		—		4 867		8 781		(. /. 5)		(. /. 2)		27 432		28 201

Die Produktarten 201, 303 und 304 sind auch diesmal in der optimalen Lösung enthalten, wobei die Lösungswerte mit den Absatzhöchstmengen übereinstimmen. Wegen der Absatzrestriktionen müssen aber neun weitere Erzeugnisarten in das optimale Fertigungsprogramm aufgenommen werden. Lediglich die Produktarten 105, 203 und 306 sind in der optimalen Lösung nicht enthalten. Der gesamte Bruttogewinn beträgt 207 181 DM, also nur 89 % des ohne Absatzrestriktionen erzielbaren Bruttogewinns[987]. Dieses Ergebnis zeigt, daß zusätzliche Restriktionen den erzielbaren Maximalgewinn verringern.
In Tabelle 109 haben wir die den optimalen Produktmengen entsprechenden Beschäftigungen der Abteilungen 1 bis 8 errechnet und mit den zugehörigen Kapazitäten verglichen. Wie die letzte Zeile der Tabelle 109 erkennen läßt, werden, wenn man von geringfügigen Abrundungsdifferenzen absieht, die Abteilungen 2, 5 und 6 zu Engpässen. Ein Vergleich mit Tabelle 107 läßt erkennen, daß auch ohne Berücksichtigung von Absatzrestriktionen diese drei Abteilungen zu Engpässen werden.

II. Der Dualansatz zum Standardansatz und seine betriebswirtschaftliche Bedeutung

1. Jede Maximumaufgabe der linearen Programmierung enthält „... implizite eine bestimmte Minimumaufgabe und umgekehrt“ [988]. Der Originalansatz wird als Primal und der darin implizit enthaltene Ansatz als Dual bezeichnet. Der Dualansatz zum Standardansatz der linearen Programmierung zur Bestimmung gewinnmaximaler Fertigungsprogramme läßt sich (ohne Berücksichtigung von Absatzrestriktionen) wie folgt formulieren:

$$(235)\quad \begin{array}{lll} \text{(a)} & W = \sum_{j=1}^{m} B_j w_j & \longrightarrow \text{Min!} \\ \text{(b)} & (p_i - k_{si}) \leqq \sum_{j=1}^{m} b_{ij} w_j & (i = 1, 2, \ldots, n) \\ \text{(c)} & 0 \leqq w_j & (j = 1, 2, \ldots, m) \end{array}$$

Hierbei sind die Größen w_j die Opportunitätskosten pro Einheit der Kapazitätsbeanspruchung, die wir bereits bei der Bruttogewinnanalyse pro Einheit der Engpaßbelastung und bei der Bestimmung von Preisuntergrenzen in Engpaßsituationen verwendet haben. (Vgl. Gleichungen (209) auf S. 644, (216) und (217) auf S. 679 f.)

987 Der in Tabelle 108 ausgewiesene Bruttogewinn ist mit dem Bruttogewinn der Tabelle 103 nicht vergleichbar, da für die Abteilungen 1, 2 und 6 Kapazitäten angesetzt wurden, die für die in Tabelle 103 angegebenen Erzeugnismengen nicht ausreichen.

988 Vgl. *W. Krelle, H. P. Künzi*, Lineare Programmierung, a. a. O., S. 35; vgl. auch *G. B. Dantzig*, Lineare Programmierung ..., a. a. O., S. 144 ff.

Die Zielfunktion des Dualansatzes läßt sich betriebswirtschaftlich in der Weise interpretieren, daß die Summe aller Opportunitätskosten der betrieblichen Teilkapazitäten ein Minimum werden soll. Nur unter dieser Voraussetzung wird die wirtschaftlich beste Nutzung der vorhandenen Teilkapazitäten erreicht, die dem gewinnmaximalen Fertigungsprogramm entspricht. „Jedes nicht optimale Produktionsprogramm verschenkt Faktorwerte..." [989].

Mathematisch kann nachgewiesen werden, daß bei optimaler Zusammensetzung des Fertigungsprogramms das Minimum der Opportunitätskosten W_{Min} mit dem maximalen Bruttogewinn G_{Max} übereinstimmen muß [990]. Diese Tatsache kann ökonomisch so interpretiert werden, daß durch den Dualansatz der maximale Bruttogewinn auf die betrieblichen Teilkapazitäten verteilt wird. Hierbei werden aber nur die Engpaßabteilungen berücksichtigt. Für nicht voll ausgelastete Abteilungskapazitäten sind die Opportunitätskosten gleich Null.

Die Nebenbedingungen (b) in (235) fordern, daß für alle Erzeugnisarten die Summe der zu Opportunitätskosten bewerteten Bezugsgrößen pro Einheit größer oder mindestens gleich dem Bruttogewinn oder Deckungsbeitrag pro Produkteinheit sein muß. Nach dem von T. C. Koopmans zuerst formulierten *Preistheorem der linearen Programmierung* gelten für die optimalen Produktmengen x_i^* und die optimalen Opportunitätskostensätze w_j^* folgende Beziehungen [991]:

$$(236)\quad \begin{array}{llll} \text{(a)} & x_i^* \geqq 0 & \text{falls} & \sum_{j=1}^{m} b_{ij}\, w_j^* = (p_i - k_{si}) \\ \text{(b)} & x_i^* = 0 & \text{falls} & \sum_{j=1}^{m} b_{ij}\, w_j^* > (p_i - k_{si}) \\ \text{(c)} & w_j^* \geqq 0 & \text{falls} & \sum_{i=1}^{n} b_{ij}\, x_i^* = B_j \\ \text{(d)} & w_j^* = 0 & \text{falls} & \sum_{i=1}^{n} b_{ij}\, x_i^* < B_j \end{array}$$

Die Beziehungen (a) und (b) in (236) besagen, daß nur Produktarten in der optimalen Lösung sein dürfen, bei denen die Summe der Opportunitätskosten gleich den Deckungsbeiträgen ist. Addiert man auf beiden Seiten k_{si}, so erkennt man, daß nur solche Erzeugnisse in der optimalen Lösung bleiben, bei denen der Verkaufspreis gerade gleich der Summe aus den Grenzselbstkosten und den Opportunitätskosten

[989] Vgl. *W. Krelle, H. P. Künzi,* Lineare Programmierung, a. a. O., S. 42.
[990] Vgl. *W. Krelle, H. P. Künzi,* Lineare Programmierung, a. a. O., S. 42.
[991] Vgl. *T. C. Koopmans,* Analysis of Production as an Efficient Combination of Activities, in: Activity Analysis of Production and Allocation, Hrsg. T. C. Koopmans, New York–London 1951, S. 86; weiterhin wird das Preistheorem von folgenden Autoren behandelt: *M. J. Beckmann,* Lineare Planungsrechnung, Ludwigshafen 1959, S. 27 ff. und 62; *H. H. Böhm, F. Wille,* Deckungsbeitragsrechnung ..., a. a. O., S. 99 ff.; *G. B. Dantzig,* Lineare Programmierung ..., a. a. O., S. 292 ff.; *H. Hax,* Die Koordination von Entscheidungen, Köln–Berlin–Bonn–München 1965, S. 155 ff.

ist[992]. Bei allen nicht in das gewinnmaximale Fertigungsprogramm aufgenommenen Produktarten sind die realisierbaren Verkaufspreise niedriger als die Summe aus den Grenzselbstkosten und den Opportunitätskosten. Die Kriterien (a) und (b) in (236) entsprechen daher der Gleichung (217), die wir im Abschnitt A dieses Kapitels zur Bestimmung von Preisuntergrenzen bei mehreren Engpässen abgeleitet haben.
Die Beziehungen (c) und (d) in (236) lassen erkennen, daß die Opportunitätskosten für nicht voll ausgeschöpfte Faktorrestriktionen gleich Null sein müssen.
Gehören zu einem Ansatz der linearen Programmierung zur Bestimmung gewinnmaximaler Fertigungsprogramme auch *Absatzrestriktionen*, so werden bei der dualen Lösung auch den ausgeschöpften Absatzrestriktionen Opportunitätskostensätze zugeordnet, wie die folgende Formulierung des Dualansatzes erkennen läßt:

$$(237)\quad \begin{aligned} &(a) \quad W = \sum_{j=1}^{m} B_j\, w_j + \sum_{i=1}^{n} X_{Hi}\, w_i && \longrightarrow \text{Min!} \\ &(b) \quad (p_i - k_{si}) \leqq \sum_{j=1}^{m} b_{ij}\, w_j + w_i && (i = 1, 2, \ldots, n) \\ &(c) \quad 0 \leqq w_j && (j = 1, 2, \ldots, m) \\ &(d) \quad 0 \leqq w_i && (i = 1, 2, \ldots, n) \end{aligned}$$

2. Wir wollen das Preistheorem nunmehr an Hand von Zahlenbeispielen erläutern. Im Beispiel der Tabelle 104 erhalten wir ohne Berücksichtigung von Absatzrestriktionen die in Spalte 3 der Tabelle 110 zusammengestellten dualen Lösungswerte. Multipliziert man hiermit die zugehörigen Kapazitäten und addiert die so erhaltenen Teilbeträge, so erhält man den maximalen Bruttogewinn von 232 963 DM.
In Tabelle 111 haben wir für alle Erzeugnisse die Bezugsgrößen pro Stück mit den zugehörigen Dualwerten multipliziert und die so erhaltenen Beträge pro Stück addiert. Fügt man hierzu noch die zugehörigen Grenzselbstkosten, so erhält man die Preisuntergrenzen nach Gleichung (217). Wie ein Vergleich mit den in Spalte 11 ausgewiesenen Verkaufspreisen zeigt, stimmen für die Produktarten 201, 303 und 304 die Summen aus den Grenzselbstkosten und den Opportunitätskosten gerade mit den realisierbaren Verkaufspreisen überein. Für diese Produkte werden daher im gewinnmaximalen Fertigungsprogramm von Null verschiedene Lösungswerte ausgewiesen. Bei allen übrigen Produktarten sind die erzielbaren Verkaufspreise niedriger als die Summen aus den Grenzselbstkosten und den zugeteilten Opportunitätskosten.
Bei Berücksichtigung von Absatzhöchstmengen werden auch den ausgeschöpften Absatzrestriktionen Dualwerte zugeteilt. Diese geben ceteris paribus an, daß sich für diese Erzeugnisse die Aufwendung aktiver Verkaufskosten lohnt, mit deren Hilfe

[992] H. H. Böhm und F. Wille bezeichnen diese Opportunitätskosten als „Verkaufsstückspanne". Vgl. *H. H. Böhm, F. Wille,* Deckungsbeitragsrechnung ..., a. a. O., S. 106.

Tabelle 110: Duale Lösungswerte zu Tabelle 104 (ohne Berücksichtigung von Absatzrestriktionen)

Abteilung	Kapazität ME	Bruttogewinn	
		DM/ME	DM
1	2	3	4
1	170 500	—	—
2	135 500	0,52 778	71 513
3	40 000	—	—
4	75 400	—	—
5	379 350	0,28 665	108 740
6	102 000	0,51 677	52 710
7	125 000	—	—
8	90 000	—	—
Summe	—	—	232 963

die Absatzhöchstmengen erhöht werden können. Für das Beispiel der Tabelle 104 führt die Simplex-Methode zu den in Tabelle 112 zusammengestellten Dualwerten. Durch Multiplikation mit den zugehörigen Begrenzungswerten und durch Summierung der Teilbeträge erhält man wiederum den maximalen Bruttogewinn, der in unserem Beispiel 207 181 DM beträgt.

In Tabelle 113 haben wir das Preistheorem verifiziert. Für alle in der Lösung befindlichen Produktarten, die wir gekennzeichnet haben, stimmt die Summe aus den Grenzselbstkosten und den Opportunitätskosten einschließlich der Opportunitätskosten des Absatzbereichs mit den erzielbaren Verkaufspreisen überein; bei allen übrigen Produktarten sind die erzielbaren Verkaufspreise niedriger.

3. Wir wollen nunmehr die Frage untersuchen, ob die mit Hilfe der Dualwerte linearer Programme zur Bestimmung gewinnmaximaler Fertigungsprogramme ermittelten Preisuntergrenzen nach Gleichung (217) zuverlässige *Kriterien für die Annahme oder Ablehnung von Zusatzaufträgen* bilden[993].

Hierzu haben wir das in Tabelle 104 wiedergegebene Beispiel um die Daten von zwei Zusatzaufträgen erweitert, über deren Annahme zu entscheiden ist. Für diese Zusatzaufträge werden die Produktnummern 16 und 17 verwendet. Die Grenzselbstkosten betragen 7,75 DM/Stück und 6,65 DM/Stück. Als Verkaufspreise seien 11,50 DM/Stück und 8 DM/Stück erzielbar.

Unterstellen wir zunächst, daß für die Zusatzaufträge keine Absatzrestriktionen

[993] Zur Vereinfachung wollen wir bei unseren folgenden Ausführungen stets von Nettopreisen ausgehen, so daß die in Gleichung (217) enthaltene Berücksichtigung der umsatzabhängigen Kostenarten Verkaufsprovision und Umsatzsteuer entfällt. Weiterhin unterstellen wir, daß zwischen den Preisen der Zusatzaufträge und den Preisen der bisherigen Aufträge keine Interdependenzen bestehen.

Tabelle 111: Beispiel zur Bestimmung von Preisuntergrenzen bei mehreren Engpässen (ohne Berücksichtigung von Absatzrestriktionen)

Produkt-art	Abteilung 2		Abteilung 5		Abteilung 6		Opportunitätskosten DM/Stck.	Grenzkosten DM/Stck.	Opportunitätskosten + Grenzkosten DM/Stck.	Verkaufspreis DM/Stck.
	Bzgr./Stck.	DM/Stck.	Bzgr./Stck.	DM/Stck.	Bzgr./Stck.	DM/Stck.				
1	2	3	4	5	6	7	8	9	10	11
101	2,10	1,11	5,70	1,63	1,40	0,72	3,46	10,00	13,46	12,83
102	2,30	1,21	5,90	1,69	1,60	0,83	3,73	10,61	14,34	13,50
103	2,30	1,21	6,50	1,86	1,80	0,93	4,00	11,14	15,14	14,22
104	1,90	1,00	7,50	2,15	2,00	1,04	4,19	12,59	16,78	15,61
105	2,50	1,32	8,80	2,52	3,00	1,55	5,39	14,12	19,51	17,74
201 *	1,10	0,58	3,80	1,09	1,80	0,93	2,60	6,34	8,94 *	8,94 *
202	1,10	0,58	3,80	1,09	2,40	1,24	2,91	6,67	9,58	9,49
203	2,20	1,16	4,10	1,18	2,40	1,24	3,58	7,99	11,57	10,90
204	2,50	1,32	4,20	1,20	3,00	1,55	4,07	8,56	12,63	12,06
301	1,90	1,00	5,90	1,69	1,10	0,57	3,26	10,75	14,01	13,95
302	2,30	1,21	6,10	1,75	1,20	0,62	3,58	10,72	14,30	13,97
303 *	2,70	1,43	6,50	1,86	1,30	0,67	3,96	10,93	14,89 *	14,89 *
304 *	2,70	1,43	7,50	2,15	1,50	0,77	4,35	10,58	14,93 *	14,93 *
305	2,70	1,43	8,50	2,44	2,00	1,03	4,90	11,46	16,36	15,36
306	3,00	1,58	10,00	2,87	1,50	0,78	5,23	11,97	17,20	15,71

Tabelle 112: Duale Lösungswerte zu Tabelle 104 (mit Berücksichtigung von Absatzrestriktionen)

Abteilung	Kapazität ME	Dualwert DM/ME	Bruttogewinn DM	Produktart	Absatzhöchstmenge Stück	Dualwert DM/Stck.	Bruttogewinn DM
1	2	3	4	5	6	7	8
1	170 500	—	—	101	4 500	0,185	832
2	135 500	0,62 246	84 340	102	6 000	—	—
3	40 000	—	—	103	7 200	0,024	172
4	75 400	—	—	104	4 000	—	—
5	379 350	0,11 520	43 700	105	3 500	—	—
6	102 000	0,48 667	49 640	201	3 500	0,602	2 107
7	125 000	—	—	202	4 600	0,530	2 438
8	90 000	—	—	203	4 600	—	—
				204	3 000	—	—
				301	6 000	0,802	4 812
				302	7 400	0,532	3 936
				303	8 200	0,898	7 363
				304	6 300	1,075	6 773
				305	4 000	0,267	1 068
				306	4 500	—	—
Summe	—	—	177 680	—	—	—	29 501
Summe			→				207 181

wirksam werden, so erhalten wir mit Hilfe der in Tabelle 110 angegebenen Opportunitätskostensätze der Engpaßstellen 2, 5 und 6 nach Gleichung (217) als Preisuntergrenze 10,04 DM/Stück für die Produktart 16 und 8,64 DM/Stück für die Produktart 17. Ein Vergleich mit den zugehörigen Verkaufspreisen läßt erkennen, daß der erste Zusatzauftrag angenommen und der zweite abgelehnt werden sollte. Die Frage, welche Verkaufsmengen der Produktart 16 realisiert werden sollten und wie das bisherige Fertigungsprogramm zu verändern ist, damit diese Produktmengen bei den gegebenen Kapazitätsrestriktionen erstellt werden können, läßt sich jedoch mit Hilfe der nach Gleichung (217) ermittelten Preisuntergrenzen nicht beantworten. Hierfür ist es vielmehr erforderlich, den gesamten linearen Programmansatz unter Berücksichtigung der Zusatzaufträge neu zu lösen.

In der Tabelle 114 haben wir die mit Hilfe der Simplex-Methode ermittelten neuen Lösungswerte zusammengestellt und mit den bisherigen gewinnmaximalen Produktmengen verglichen. Die optimale Menge des Zusatzauftrages (Produktart 16) beträgt 2 218 Stück. Der Bruttogewinn wird durch den Zusatzauftrag um 1,4 % erhöht; die Absatzmengen der bisherigen Produktarten müssen aber zum Teil erheblich verändert werden, um bei den gegebenen Kapazitäten die zusätzlichen Mengen der Produktart 16 erstellen zu können.

Durch die Annahme des Zusatzauftrages verändern sich neben den Lösungswerten

Tabelle 113: Beispiel zur Bestimmung von Preisuntergrenzen bei mehreren Engpässen (mit Berücksichtigung von Absatzrestriktionen)

Produkt-art	Abteilung 2		Abteilung 5		Abteilung 6		Absatz	Opportunitätskosten DM/Stck.	Grenzkosten DM/Stck.	Opportunitätskosten + Grenzkosten DM/Stck.	Verkaufspreis DM/Stck.
	Bzgr./Stck.	DM/Stck.	Bzgr./Stck.	DM/Stck.	Bzgr./Stck.	DM/Stck.	DM/Stck.				
1	2	3	4	5	6	7	8	9	10	11	12
101 *	2,10	1,30	5,70	0,66	1,40	0,68	0,19	2,83	10,00	12,83 *	12,83 *
102 *	2,30	1,43	5,90	0,68	1,60	0,78	—	2,89	10,61	13,50 *	13,50 *
103 *	2,30	1,43	6,50	0,75	1,80	0,88	0,02	3,08	11,14	14,22 *	14,22 *
104 *	1,90	1,18	7,50	0,86	2,00	0,98	—	3,02	12,59	15,61 *	8,94 *
105	2,50	1,56	8,80	1,01	3,00	1,46	—	4,03	14,12	18,15	9,49 *
201 *	1,10	0,68	3,80	0,44	1,80	0,88	0,60	2,60	6,34	8,94 *	15,61 *
202 *	1,10	0,68	3,80	0,44	2,40	1,17	0,53	2,82	6,67	9,49 *	17,74
203	2,20	1,37	4,10	0,47	2,40	1,17	—	3,01	7,99	11,00	10,90
204 *	2,50	1,56	4,20	0,48	3,00	1,46	—	3,50	8,56	12,06 *	12,06 *
301 *	1,90	1,18	5,90	0,68	1,10	0,54	0,80	3,20	10,75	13,95 *	13,95 *
302 *	2,30	1,43	6,10	0,70	1,20	0,59	0,53	3,25	10,72	13,97 *	13,97 *
303 *	2,70	1,68	6,50	0,75	1,30	0,63	0,90	3,96	10,93	14,89 *	14,89 *
304 *	2,70	1,68	7,50	0,86	1,50	0,73	1,08	4,35	10,58	14,93 *	14,93 *
305 *	2,70	1,68	8,50	0,98	2,00	0,97	0,27	3,90	11,46	15,36 *	15,36 *
306	3,00	1,87	10,00	1,15	1,50	0,73	—	3,75	11,97	15,72	15,71

Tabelle 114: Beispiel zur Veränderung der Lösungswerte eines gewinnmaximalen Fertigungsprogramms bei Annahme eines Zusatzauftrags

Produktart		Verkaufsmenge ohne Zusatzauftrag Stück	Verkaufsmenge mit Zusatzauftrag Stück	Veränderung %	Bruttogewinn DM/Stück	Bruttogewinn ohne Zusatzauftrag DM	Bruttogewinn mit Zusatzauftrag DM
1		2	3	4	5	6	7
6	201	25 125	24 144	./. 3,9	2,60	65 325	62 773
12	303	15 743	19 399	+ 23,2	3,96	62 342	76 820
13	304	24 206	20 293	./. 16,2	4,35	105 296	88 273
16	Zusatzauftrag 1	—	2 218	—	3,75	—	8 317
Summe		—	—	—	—	232 963	236 183

auch die Opportunitätskosten pro Bezugsgrößeneinheit der Engpaßstellen. Wie die Tabelle 115 erkennen läßt, wird bei Annahme des Zusatzauftrages neben den bisherigen Engpässen auch die Abteilung 1 zum Engpaß. Für die bisherigen Engpässe 2, 5 und 6 werden stark veränderte Opportunitätskosten pro Bezugsgrößeneinheit ausgewiesen. Ermitteln wir mit den neuen Opportunitätskosten die Preisuntergrenzen der Erzeugnisse 16 und 17, so erhalten wir 11,50 DM/Stück und 8,73 DM/Stück. Für die in die Lösung aufgenommene Produktart 16 stimmt dieser Wert gerade mit dem Verkaufspreis überein, wie das nach dem Preistheorem erforderlich ist. Für den zweiten Zusatzauftrag liegt dagegen auch die neue Preisuntergrenze über dem erzielbaren Verkaufspreis. Dieses Ergebnis ist jedoch rein zufällig. Wie sich zeigen läßt, sind Datenkombinationen der Produktart 17 denkbar, bei denen zwar die

Tabelle 115: Beispiel zur Veränderung der Dualwerte eines gewinnmaximalen Fertigungsprogramms bei Annahme eines Zusatzauftrags

Abteilung	Kapazität ME	Opportunitätskosten DM/ME ohne Zusatzauftrag	Opportunitätskosten DM/ME mit Zusatzauftrag	Bruttogewinn DM ohne Zusatzauftrag	Bruttogewinn DM mit Zusatzauftrag
1	2	3	4	5	6
1	170 500	—	0,20 373	—	34 737
2	135 500	0,52 778	0,35 422	71 513	47 998
5	379 350	0,28 665	0,34 788	108 740	131 968
6	102 000	0,51 677	0,21 059	52 710	21 480
Summe	—	—	—	232 963	236 183

Tabelle 116: Beispiel zur Interdependenz von Preisuntergrenzen für Zusatzaufträge

Arbeitsgang	Bezugsgröße ME/Stück	Opportunitätskosten DM/ME		Preisuntergrenze DM/Stück	
		ohne Annahme von Produkt 16	mit Annahme von Produkt 16	ohne Annahme von Produkt 16	mit Annahme von Produkt 16
1	2	3	4	5	6
1	—	—	0,20 373	—	—
2	0,80	0,52 778	0,35 422	0,42	0,28
5	2,00	0,28 665	0,34 788	0,57	0,70
6	1,10	0,51 677	0,21 059	0,57	0,23
Produkt 17	Summe Opportunitätskosten pro Stück			1,56	1,21
	Grenzkosten pro Stück			6,65	6,65
	Preisuntergrenze pro Stück			8,21	7,86
	Verkaufspreis pro Stück			8,00	8,00

Preisuntergrenze vor Aufnahme der Produktart 16 in das Fertigungsprogramm über dem Verkaufspreis, nach Aufnahme der Produktart 16 aber unter dem Verkaufspreis liegt. Dies ist z. B. der Fall, wenn wir unterstellen, daß die Produktart 17 die Fertigungsabteilung 1 nicht beansprucht und ihre Bezugsgröße pro Stück in der Engpaßstelle 5 nicht 3,50 Min./Stück, sondern nur 2 Min./Stück beträgt. Unter Berücksichtigung dieser Datenveränderung haben wir in Tabelle 116 die Preisuntergrenzen ohne und mit Annahme des Produktes 16 zusammengestellt. Wie die letzten beiden Zeilen der Tabelle 116 erkennen lassen, hängt die Preisuntergrenze für die Produktart 17 davon ab, ob der Zusatzauftrag für die Produktart 16 angenommen wird oder nicht. Hieraus folgt, daß stets dann, wenn mehrere Zusatzaufträge möglich sind, die isolierte Anwendung der Preisuntergrenzengleichung (217) zu falschen Ergebnissen führt. Die Lösung des Programms unter Berücksichtigung der neuen Bezugsgrößen für die Produktart 17 bestätigt dieses Ergebnis. Ohne Berücksichtigung des Zusatzauftrages 16 wird die Produktart 17 nicht in die Lösung aufgenommen. Berücksichtigt man dagegen beide Zusatzaufträge gleichzeitig, so ist es optimal, von der Produktart 16 maximal 4 825 Stück und von der Produktart 17 maximal 10 719 Stück zu produzieren. Der maximale Bruttogewinn beträgt hierbei 237 676 DM, also 0,6 % mehr, als wenn nur der Zusatzauftrag 16 angenommen würde.

Ganz ähnliche Zusammenhänge lassen sich nachweisen, wenn man für alle Erzeugnisse einschließlich der Zusatzaufträge Absatzrestriktionen berücksichtigt. Hierbei wird die Problematik der Bestimmung von Preisuntergrenzen nach Gleichung (217) ganz besonders deutlich. Bei Berücksichtigung von Absatzrestriktionen fallen für Produktarten, deren Lösungswerte mit den Absatzhöchstmengen übereinstimmen,

Opportunitätskosten des Absatzbereichs an. Für die Zusatzaufträge liegen hierfür aber keine Werte vor, da sie ja im bisherigen Programm noch nicht enthalten waren. Weiterhin kann noch nicht vorhergesehen werden, ob es nach dem neuen Programm wirtschaftlich sein wird, die Absatzrestriktionen der Zusatzaufträge voll auszuschöpfen. Bei diesem Problem zeigt sich die „Relativität" der Preisuntergrenze nach Gleichung (217) ganz besonders deutlich.

Zusammenfassend gelangen wir daher zu dem Ergebnis, daß die nach Gleichung (217) errechneten Preisuntergrenzen für die gewinnmaximale Steuerung des Fertigungsprogramms nur einen sehr begrenzten Aussagewert haben. Sie können lediglich dazu verwendet werden, die Frage zu klären, ob es sich im Falle eines möglichen Zusatzauftrages lohnt, den gesamten Programmansatz unter Berücksichtigung des Zusatzauftrages neu durchzurechnen. Wir wollen bei unserer Kritik an der von H. H. Böhm und F. Wille vorgeschlagenen „Standard-Grenzpreiskalkulation" die Frage erörtern, ob die optimale Programmplanung die Einbeziehung von Opportunitätskosten in die Kalkulationen erfordert oder nicht.

III. Erfordert die optimale Programmplanung die Einbeziehung von Opportunitätskosten in die Plankalkulation?

1. Wir haben bereits im siebten Kapitel hervorgehoben, daß der Grundsatz von den relevanten Kosten bei Entscheidungen über knappe Produktionsfaktoren neben den Grenzkosten stets auch die Berücksichtigung von Opportunitätskosten erfordert. Dieser Grundsatz wurde später bei unseren Ausführungen über die Bruttogewinnanalyse pro Einheit der Engpaßbelastung (vgl. Abschnitt B, I, 1 des zwanzigsten Kapitels) und über die Bestimmung von Preisuntergrenzen in Engpaßsituationen (vgl. Abschnitt A im einundzwanzigsten Kapitel) berücksichtigt. Weiterhin haben wir (vgl. Abschnitt B, I und II im einundzwanzigsten Kapitel) nachgewiesen, daß dem Simplex-Verfahren zur Lösung linearer Programme für die Bestimmung gewinnmaximaler Fertigungsprogramme Opportunitätskosten zugrunde liegen und daß sich mit Hilfe von Dualansätzen die Opportunitätskostensätze aller knappen Produktionsfaktoren bestimmen lassen. Trotzdem haben wir *beim Aufbau der Plankalkulationen* (vgl. neunzehntes Kapitel) *keine Opportunitätskosten, sondern nur Grenzkosten berücksichtigt.* Hierin sehen H. H. Böhm und F. Wille einen „Systembruch"[994]. Mit dieser Kritik wollen wir uns nunmehr auseinandersetzen und hierzu zunächst das von jenen Verfassern vorgeschlagene Verfahren der *„Standard-Grenzpreisrechnung"* kritisch betrachten.

2. H. H. Böhm und F. Wille kritisieren die Grenzplankostenrechnung bzw. das amerikanische direct costing mit dem Argument, daß diese Verfahren angeblich „blind gegenüber der Vollbeschäftigung" machen und heben die damit verbundenen „Ge-

[994] Vgl. *H. H. Böhm, F. Wille,* Deckungsbeitragsrechnung . . ., a. a. O., S. 198.

fahren" mehrfach hervor[995]. Diesen angeblichen Mangel führen sie darauf zurück, daß bei der Grenzplankostenrechnung und beim direct costing keine Opportunitätskosten in die Kalkulationen einbezogen werden.
Im Gegensatz hierzu wird bei der „Standard-Grenzpreiskalkulation" jeder Produktionsfaktor grundsätzlich zu Grenzkosten *und* zu Opportunitätskosten pro Einheit bewertet. Hierbei bezeichnen die Verfasser die Grenzkosten pro Bezugsgrößeneinheit als „Leistungskostensätze" und die Opportunitätskosten pro Bezugsgrößeneinheit als „Leistungserfolgssätze". Beide zusammen bilden die „Leistungsertragssätze" pro Bezugsgrößeneinheit, die als Kalkulationssätze verwendet werden[996]:

(238) Leistungsertragssatz = Leistungskostensatz + Leistungserfolgssatz

Für frei verfügbare Produktionsfaktoren, insbesondere also für Kostenstellen, deren Kapazitäten nicht ausgelastet sind, stimmen die Leistungsertragssätze mit den Grenzkosten pro Bezugsgrößeneinheit überein.
Multipliziert man die Bezugsgrößen pro Produkteinheit mit den Leistungsertragssätzen, und addiert man die so erhaltenen Teilbeträge, so erhält man den „Leistungsertrag" pro Produkteinheit, den die Verfasser auch als „Standard-Grenzpreis" bezeichnen[997]:

(239) Leistungsertrag = Leistungskosten + Leistungserfolg

Die Grundgleichung der Kalkulation nach dem von H. H. Böhm und F. Wille vorgeschlagenen Verfahren deckt sich mit der Preisuntergrenzenformel (217), die wir auf S. 680 abgeleitet haben.
Aus Gleichung (239) geht hervor, daß nur für Produkte, die keinerlei knappe Produktionsfaktoren beanspruchen, der „Standard-Grenzpreis" mit den Grenzkosten übereinstimmt.
Da somit die Grenzkostenkalkulation stets als „Sonderfall" in der „Standard-Grenzpreiskalkulation" enthalten ist, erfordert auch die Kostenrechnung nach H. H. Böhm und F. Wille eine klare Trennung in „Kapazitätskosten" und „Leistungskosten" (=variable Kosten)[998], d. h. sie setzt eine Auflösung in fixe und variable Kosten „von Anbeginn voraus"[999].
Die „Standard-Grenzpreise" der betrieblichen Erzeugnisse sollen als „Einstands-

[995] Vgl. *H. H. Böhm, F. Wille,* Deckungsbeitragsrechnung . . ., a. a. O., S. 7, 130 und 200. Neben H. H. Böhm und F. Wille wird das Verfahren der Standard-Grenzpreisrechnung von folgenden Autoren akzeptiert: *M. Keil,* Preisbildung und Erfolgsoptimierung eines mehrstufigen Industrieunternehmens, ZfB 1966, S. 447 ff.; *H. Michel,* Unternehmenssteuerung mit Hilfe der Standard-Grenzpreisrechnung, ZfB 1962, S. 344 ff.; *H. Michel,* Grenzkosten und Opportunitätskosten, ZfbF 1964, S. 82 ff.

[996] Vgl. *H. H. Böhm, F. Wille,* Deckungsbeitragsrechnung . . ., a. a. O., S. 24; *H. H. Böhm,* Dynamische Kostensenkung . . ., a. a. O., S. 28; *H. H. Böhm,* Operationenforschung, a. a. O., S. 62.

[997] Vgl. *H. H. Böhm, F. Wille,* Deckungsbeitragsrechnung . . ., a. a. O., S. 42; *H. H. Böhm,* Dynamische Kostensenkung . . ., a. a. O., S. 31.

[998] Vgl. *H. H. Böhm, F. Wille,* Deckungsbeitragsrechnung . . ., a. a. O., S. 17.

[999] Vgl. *H. H. Böhm, F. Wille,* Deckungsbeitragsrechnung . . ., a. a. O., S. 143.

preise des Vertriebs" verwendet werden. Mit ihrer Hilfe soll *automatisch*, d.h. durch einen pretialen Lenkungseffekt im Sinne E. Schmalenbachs, die gewinnmaximale Zusammensetzung des Verkaufsprogramms erreicht werden. Die „Grenzpreise" sollen „... zum Ausgleich zwischen dem internen Angebot an Erzeugnissen und der internen Nachfrage des Vertriebes" führen[1000]. Auch zur Lösung von Planungsproblemen im Fertigungsbereich, so z. B. zur Beantwortung der Frage, ob Arbeitsgänge in Lohnarbeit vergeben werden sollen, zur Steuerung intensitätsmäßiger Anpassungsprozesse oder für Entscheidungen darüber, welche Vorprodukte mehrstufiger Betriebe verkauft und welche in den folgenden Fertigungsstufen weiterverarbeitet werden sollen, schlagen H. H. Böhm und F. Wille die Verwendung von Leistungsertragssätzen vor[1001].

Zur Ermittlung der für die „Standard-Grenzpreiskalkulation" erforderlichen Opportunitätskostensätze schreiben H. H. Böhm und F. Wille, daß diese in Betrieben mit mehreren Engpässen nur mit Hilfe der mathematischen Programmierung möglich ist: „Zunächst werden im Rahmen einer totalen Planung des Produktions- und Absatzprogrammes, der Kapazitätsausnutzungen und der Erträge, Kosten und Erfolge die Leistungsertragssätze der voll genutzten Teilkapazitäten festgestellt..."[1002] An anderer Stelle schreibt H. H. Böhm hierzu: „Programmplanung und Lösung des betriebswirtschaftlichen Wertzurechnungsproblems sind nur zwei Seiten der gleichen Münze."[1003] Wie bereits unsere Ausführungen im Abschnitt B, II dieses Kapitels gezeigt haben, lassen sich mit Hilfe der Dualansätze mathematischer Programme die Opportunitätskostensätze knapper Produktionsfaktoren stets simultan mit den gewinnmaximalen Produktmengen ermitteln. Diesen Sachverhalt erkennen auch H. H. Böhm und F. Wille: „Die Wertansätze der Kalkulation und die Dispositionen über die Mengen der Produktion und des Absatzes bedingen sich also gegenseitig."[1004] Noch präziser formuliert H. Hax diesen Tatbestand in seiner kritischen Stellungnahme zur „Standard-Grenzpreiskalkulation": „Die Opportunitätskostensätze und die den einzelnen Verwendungsmöglichkeiten zugeteilten Gütermengen bilden ein System interdependenter Größen." Woraus er folgert: „Wenn man sich der mathematischen Programmierung bedient, findet man den optimalen Produktionsplan gleichzeitig mit den Opportunitätskostensätzen, benötigt diese für die zu treffenden Dispositionen also gar nicht mehr."[1005] Auch mehrere andere Autoren haben erkannt, daß infolge der Interdependenz zwischen den Opportunitätskosten und den gewinnmaximalen Produktmengen eines Fertigungsprogramms der pretiale Lenkungseffekt der „Standard-Grenzpreisrechnung" illusorisch ist[1006].

[1000] Vgl. *H. H. Böhm, F. Wille*, Deckungsbeitragsrechnung..., a. a. O., S. 45. Vgl. ebenda S. 34, 64 und 110, sowie *H. H. Böhm*, Dynamische Kostensenkung..., a. a. O., S. 34.

[1001] Vgl. *H. H. Böhm, F. Wille*, Deckungsbeitragsrechnung..., a. a. O., S. 64, 73 und 84.

[1002] Vgl. *H. H. Böhm, F. Wille*, Deckungsbeitragsrechnung ..., a. a. O., S. 45.

[1003] Vgl. *H. H. Böhm*, Operationenforschung, a. a. O., S. 75.

[1004] Vgl. *H. H. Böhm, F. Wille*, Deckungsbeitragsrechnung..., a. a. O., S. 66.

[1005] Vgl. *H. Hax*, Kostenbewertung..., a. a. O., S. 204 und S. 210.

[1006] Vgl. *R. Hofmann*, Gewinnoptimale..., a. a. O., der auf S. 91 über die Opportunitätskostensätze sagt: *„Sie sind praktisch unnötig." G. Jaensch*, Optimale Produktions-

Wie unsere Zahlenbeispiele in den Abschnitten B, I und II dieses Kapitels gezeigt haben, sind die Opportunitätskostensätze von der jeweiligen Engpaßsituation eines Betriebes und den Deckungsbeiträgen sämtlicher Erzeugnisse abhängig. Bereits geringe Veränderungen dieser Größen verursachen relativ starke Schwankungen der Opportunitätskostensätze. Auch H. H. Böhm und F. Wille bezeichnen die „Leistungsertragssätze" daher als eine „labile Angelegenheit", da diese Sätze im Zeitablauf „erheblichen Schwankungen" unterworfen sind[1007]. Wie das in den Tabellen 114 und 115 wiedergegebene Beispiel erkennen läßt, genügt ein relativ kleiner Zusatzauftrag, um große Veränderungen der Opportunitätskostensätze auszulösen.

Besonders erschwerend wirkt sich weiterhin die Tatsache aus, daß nicht nur innerbetrieblichen Engpässen, sondern auch ausgeschöpften Absatzhöchstmengen Opportunitätskostensätze zugeordnet werden. H. H. Böhm und F. Wille bezeichnen diese Sätze als „Verkaufsstückspannen"[1008]. Hieraus folgt, daß die Opportunitätskostensätze mit den gleichen Unsicherheiten belastet sind, wie die geschätzten Absatzhöchstmengen. Auch hier genügen bereits geringe Veränderungen der geschätzten Absatzhöchstmengen, um Variationen aller Opportunitätskostensätze auszulösen.

Auch die Vermutung, daß die „Standard-Grenzpreise" zur Entscheidung über die Annahme oder Ablehnung von Zusatzaufträgen geeignet sein könnten, hat sich nicht bestätigt. Unsere Ausführungen im Abschnitt B, II dieses Kapitels haben gezeigt, daß bei nur *einem* möglichen Zusatzauftrag die Höhe des „Standard-Grenzpreises" zwar erkennen läßt, ob es sich lohnt, zugunsten dieses Auftrages die Zusammensetzung des Fertigungsprogramms zu ändern, daß aber mit Hilfe des „Standard-Grenzpreises" nicht erkannt werden kann, *wie* das Programm geändert werden muß. Hierzu ist es vielmehr erforderlich, das gesamte Programm unter Einbeziehung des Zusatzauftrages neu durchzurechnen.

Ist gleichzeitig über die Annahme *mehrerer* Zusatzaufträge zu entscheiden, so versagt der „Standard-Grenzpreis" als Kriterium vollständig, da bei gleichzeitiger Annahme von Zusatzaufträgen auch Produktarten gewinnerhöhend wirken können, deren „Standard-Grenzpreise" über den erzielbaren Verkaufspreisen lagen.

H. H. Böhm und F. Wille weichen den oben aufgeführten Schwierigkeiten in der Weise aus, daß sie grundsätzlich die Bedeutung der linearen Programmierung für die Bestimmung optimaler Fertigungsprogramme ablehnen. Sie begründen ihre Ablehnung damit, daß wegen der Annahme konstanter Marktpreise kein Spielraum für eine gewinnmaximale Preispolitik besteht[1009]. Diese Kritik ist zweifellos berechtigt, wenn auch übertrieben; denn durch Alternativrechnungen mit unterschied-

steuerung bei unvollständiger Information der Unternehmungsleitung, in: Produktionstheorie und Produktionsplanung, Festschrift für K. Hax, Köln und Opladen 1966, S. 205: „Die Ermittlung der optimalen Verrechnungspreise für knappe Faktoren setzt die Lösung des linearen Programms voraus." *W. Kern,* Kalkulation mit Opportunitätskosten, ZfB 1965, S. 147.

1007 Vgl. *H. H. Böhm, F. Wille,* Deckungsbeitragsrechnung ..., a. a. O., S. 126.

1008 Vgl. *H. H. Böhm, F. Wille,* Deckungsbeitragsrechnung ..., a. a. O., S. 106.

1009 Vgl. *H. H. Böhm, F. Wille,* Deckungsbeitragsrechnung ..., a. a. O., S. 97 und S. 105.

lichen Verkaufspreisen und Absatzrestriktionen können recht gute Lösungen erzielt werden. Das Problem der optimalen Preispolitik kann in mathematische Programmsätze nur integriert werden, wenn man zu nichtlinearen Ansätzen übergeht. Diese sind aber z.Z. noch nicht genügend erforscht und daher praktisch nicht anwendbar[1010]. Selbst wenn aber eines Tages die Verfahren der nichtlinearen Programmierung praktisch anwendbar sein werden, gilt auch für diese die Interdependenz zwischen Opportunitätskostensätzen und gewinnmaximalen Lösungswerten.

Als Ausweg aus den oben genannten Schwierigkeiten schlagen H.H.Böhm und F.Wille vor, daß der Betriebswirt die Leistungsertragssätze frei ansetzen soll, „... wie ein ‚Preiskommissar' einen Quasi-Marktpreis". Hierfür empfehlen sie folgende „Faustregeln": Für unausgelastete Teilkapazitäten sollen die Leistungserfolgssätze so lange gesenkt werden, bis Vollbeschäftigung eintritt. In Engpässen dagegen sind die Leistungsertragssätze so lange zu erhöhen, „bis der Eintritt der Unterbeschäftigung droht!"[1011]. Diese „Faustregeln" sind aber schärfstens abzulehnen, da sie eine Willkür in der Kalkulation tragen, die weder theoretisch noch praktisch vertretbar ist. Selbst H.H.Böhm und F.Wille geben zu, daß bei diesem Verfahren die „Lage" des Betriebswirts „ungemütlich" ist[1012]. Dieser Ansicht können wir ohne Einschränkung zustimmen.

Zusammenfassend kommen wir zu dem Ergebnis, daß das von H.H. Böhm und F.Wille vorgeschlagene Verfahren der „Standard-Grenzpreisrechnung" weder theoretisch haltbar, noch praktisch anwendbar ist. Opportunitätskosten sind stets inhärente Bestandteile der Lösungsverfahren der optimalen Programmplanung. Die Programmansätze selbst erfordern als Daten stets Grenzkosten. Die Einbeziehung von Opportunitätskosten in die Plankalkulationen ist daher ebenso falsch wie überflüssig.

C. Zur Integration von Planungsproblemen des Fertigungsbereiches in Programmansätze zur Bestimmung gewinnmaximaler Fertigungsprogramme

1. Wir haben bisher die Bestimmung gewinnmaximaler Fertigungsprogramme unter der Voraussetzung behandelt, daß die für einen bestimmten Planungszeitraum erwarteten Grenzselbstkosten konstant sind. Im Fertigungsbereich treten aber zahlreiche Planungsprobleme auf, deren Lösung die Höhe der Grenzselbstkosten beeinflußt. Für einige, wichtige Fälle dieser Art wollen wir untersuchen, unter welchen Voraussetzungen nicht-simultane Kostenminimierungskriterien für die Bestimmung des gewinnmaximalen Fertigungsprogramms ausreichen und wann eine Integration in lineare Programmansätze erforderlich ist.

1010 Hierauf weisen auch *H. H. Böhm, F. Wille,* Deckungsbeitragsrechnung ..., a.a.O., S. 113, hin.
1011 Vgl. *H. H. Böhm, F. Wille,* Deckungsbeitragsrechnung ..., a.a.O., S. 114 und 117.
1012 Vgl. *H. H. Böhm, F. Wille,* Deckungsbeitragsrechnung ..., a.a.O., S. 114.

Beim Aufbau von Produktionsplänen muß häufig entschieden werden, ob *Selbsterstellung oder Fremdbezug* von Vormaterial und von Zubehörteilen wirtschaftlicher ist. Dieses Problem kann langfristig, also im Zusammenhang mit Erweiterungsinvestitionen, oder kurzfristig auf der Basis gegebener Kapazitäten auftreten. Hiervon wollen wir lediglich den zuletzt genannten Fall behandeln.

Ist die Selbstherstellung auf vorhandenen Betriebsmitteln möglich, *ohne* daß diese zu *Kapazitätsengpässen* werden, so ist der Zukauf nur wirtschaftlich, wenn die Grenzkosten der Selbsterstellung höher als die Lieferantenpreise (abzüglich Rabatt und sonstiger Erlösminderungen) sind. Hierbei können als Grenzkosten der Selbsterstellung in der Regel die Grenzherstellkosten angesetzt werden. Bezeichnen wir den Lieferantenpreis pro Stück mit q_i, die Grenzherstellkosten pro Stück mit k_{hi} und ist dann für Vormaterialart und Zubehörteil i (i = 1, 2, . . ., z) zu entscheiden, ob sie selbsterstellt oder fremdbezogen werden soll, so gilt hierfür folgendes Kriterium[1013]:

(240) $$q_i \gtrless k_{hi} \qquad (i = 1, 2, \ldots, z)$$

Würde man die Lieferantenpreise mit „Vollkosten" vergleichen, wie das bei Anwendung der Vollkostenrechnung üblich ist, so würde man gegen den Grundsatz von den relevanten Kosten verstoßen und wirtschaftlich falsche Entscheidungen treffen.

Wird dem Zuliefererbetrieb das erforderliche Einzelmaterial zur Verfügung gestellt, so ist der Lieferantenpreis nur mit den Fertigungskosten (zuzüglich eventueller Transportkosten für das Material) zu vergleichen. Soll darüber entschieden werden, ob nur ein bestimmter Arbeitsgang in Lohnarbeit vergeben werden soll, so sind nur die Grenzfertigungskosten pro Stück als relevante Kosten mit dem Lieferantenpreis pro Stück zu vergleichen. Erfordert die Selbsterstellung Rüstkosten, so müssen diese gesondert berücksichtigt werden, da in diesen Fällen das Ergebnis der Wirtschaftlichkeitsrechnung von der geplanten Seriengröße abhängt[1014].

Wird in einem Betrieb *ein Kapazitätsengpaß* wirksam, der im Falle der Selbst-

[1013] Vgl. hierzu *D. Hahn,* Direct Costing . . ., a. a. O., S. 11; *D. R. C. Halford,* Differential Costs and Management Decisions, London 1959, S. 25; *C. T. Horngren,* Accounting for Management Control, An Introduction, Englewood Cliffs, N. J. 1965, S. 334; *The Institute of Cost and Works Accountants,* A Report on Marginal Costing, 3. Aufl., London 1965, S. 18 und Appendix A 2, S. 38; *I. W. Keller,* Management Accounting for Profit Control, New York–Toronto–London 1957, S. 358; *W. Kilger,* Der heutige Stand . . ., a. a. O., S. 86; *W. Medicke,* Geschlossene Kostenträgerrechnung . . ., a. a. O., S. 53; *NAA-Research Report 37,* Current Application . . ., a. a. O., S. 36; *H. G. Plaut,* Die Grenzplankostenrechnung, ZfB 1955, S. 32 ff.; *H. G. Plaut,* Die Grenz-Plankostenrechnung, ZfB 1953, S. 402 ff.; *H. G. Plaut,* Unternehmenssteuerung . . ., a. a. O., S. 475; *P. Riebel,* Das Rechnen mit Einzelkosten und Deckungsbeiträgen, ZfhF 1959, S. 232; *G. Shillinglaw,* Cost Accounting, Analysis and Control, Homewood, Ill. 1961, S. 590; *M. Woitschach,* Vom Umgang mit Alternativen, IBM-Nachrichten 1964, S. 2177; *W. Wright,* Direct Standard Costs . . ., a. a. O., S. 196 ff.

[1014] Vgl. *W. Kilger,* Optimale Verfahrenswahl bei gegebenen Kapazitäten, in: Produktionstheorie und Produktionsplanung, Festschrift für K. Hax, Köln und Opladen 1966, S. 168 ff.

erstellung beansprucht wird, so muß der Lieferantenpreis mit der Summe aus den Grenzherstellkosten und den Opportunitätskosten des Engpasses verglichen werden[1015]. Bezeichnen wir die Bezugsgröße im Engpaß pro Einheit der Produktart i mit b_{Ei} und den zugehörigen Opportunitätskostensatz mit w_E, so erhalten wir folgendes Kriterium:

$$(241) \qquad q_i \gtrless k_{hi} + b_{Ei}\, w_E \qquad (i = 1, 2, \ldots, z)$$

Die Höhe des Opportunitätskostensatzes ist in gleicher Weise von der Ertragslage des „verdrängten" Produktes abhängig, wie wir das im Zusammenhang mit der Gleichung (216) zur Bestimmung von Preisuntergrenzen (vgl. einundzwanzigstes Kapitel, Abschnitt A) beschrieben haben.

Bei *mehreren Kapazitätsengpässen*, die im Falle der Selbsterstellung beansprucht werden, ist eine Entscheidung über die Selbsterstellung oder den Fremdbezug von Vorprodukten und Zubehörteilen und über die Vergabe einzelner Arbeitsgänge in Lohnarbeit mit Hilfe nicht-simultaner Verfahren nicht mehr möglich. In diesen Fällen ist es erforderlich, diese Planungsprobleme in den Programmansatz zur Bestimmung gewinnmaximaler Fertigungsprogramme zu integrieren.

Hierzu wollen wir folgendes Beispiel betrachten. Eine Unternehmung möge aus zwei Fertigungsstufen I und II bestehen, die beide marktgängige Erzeugnisse erstellen. Die Produkte der ersten Stufe dienen als Einsatzmaterial in der zweiten Stufe, sie können aber auch direkt auf den Absatzmärkten veräußert werden. Andererseits besteht für die zweite Stufe die Möglichkeit, ihre Rohstoffe von auswärts zu beziehen. Beide Stufen verfügen über gegebene Fertigungskapazitäten, die sich kurzfristig nicht erweitern lassen. Die Marktpreise für alle Erzeugnisse und für fremdbezogene Vorprodukte wollen wir als konstant annehmen. Um unter diesen Voraussetzungen den maximal möglichen Bruttogewinn zu erzielen, müssen folgende Fragen simultan beantwortet werden:

a) Welche Produktmengen soll die Produktionsstufe I unmittelbar auf den Absatzmärkten veräußern?

b) Welche Produktmengen soll die Produktionsstufe II veräußern?

c) Welche Erzeugnismengen der Produktionsstufe II sollen mit eigenen und welche mit fremdem Vormaterial erstellt werden?

Diese Fragen lassen sich nur mit Hilfe eines linearen Programmansatzes lösen, für den wir die folgenden Symbole einführen wollen:

ν = Index für die Produktarten der ersten Stufe
i = Index für die Produktarten der zweiten Stufe
I = Index für die erste Produktionsstufe
II = Index für die zweite Produktionsstufe

[1015] Vgl. hierzu *H. H. Böhm, F. Wille*, Deckungsbeitragsrechnung ..., a. a. O., S. 80; *C. T. Horngren*, Accounting ..., a. a. O., S. 335; *W. Wright*, Direct Standard Costs ..., a. a. O., S. 201: "In situations where capacity limits have been reached, the make-or-buy decisions require an additional analysis of alternate uses of available facilities."

p = Verkaufspreis pro Stück
k = Grenzselbstkosten pro Stück (E bei Eigenerstellung und F bei Fremdbezug des Vormaterials)
n = Anzahl der Produktarten
m = Anzahl der Fertigungsabteilungen
B = Kapazitäten der Fertigungsabteilungen
$r_{i\nu}$ = Einsatzmenge des Vorstufenmaterials ν pro Einheit des Fertigungserzeugnisses i
X_H = Absatzhöchstmengen.

Mit Hilfe dieser Symbole läßt sich der Standardansatz zur Bestimmung gewinnmaximaler Fertigungsprogramme wie folgt erweitern:

$$\text{(242)}\quad \begin{aligned}
&\text{(a)}\quad G = \sum_{\nu=1}^{n_I} (p_{I\nu} - k_{I\nu})\, x_{I\nu} + \sum_{i=1}^{n_{II}} (p_{IIi} - k_{IIEi})\, x_{IIEi} + \sum_{i=1}^{n_{II}} (p_{IIi} - k_{IIFi})\, x_{IIFi} \longrightarrow \text{Max!}\\
&\text{(b)}\quad B_{Ij} \geqq \sum_{\nu=1}^{n_I} b_{\nu j}\left(x_{I\nu} + \sum_{i=1}^{n_{II}} x_{IIEi}\, r_{i\nu}\right) \qquad (j = 1, 2, \ldots, m_I)\\
&\text{(c)}\quad B_{IIj} \geqq \sum_{i=1}^{n_{II}} b_{ij}\,(x_{IIEi} + x_{IIFi}) \qquad (j = 1, 2, \ldots, m_{II})\\
&\text{(d)}\quad X_{IH\nu} \geqq x_{I\nu} \qquad (\nu = 1, 2, \ldots, n_I)\\
&\text{(e)}\quad X_{IIHi} \geqq x_{IIEi} + x_{IIFi} \qquad (i = 1, 2, \ldots, n_{II})\\
&\text{(f)}\quad 0 \leqq x_{I\nu} \qquad (\nu = 1, 2, \ldots, n_I)\\
&\text{(g)}\quad 0 \leqq x_{IIEi},\quad 0 \leqq x_{IIFi} \qquad (i = 1, 2, \ldots, n_{II})
\end{aligned}$$

Wie die Zielfunktion (a) erkennen läßt, führt die Einbeziehung der Variationsmöglichkeiten Eigenerstellung oder Fremdbezug zu einer Verdoppelung der Anzahl der eigentlichen Variablen der zweiten Produktionsstufe. Bei der Ermittlung der Grenzselbstkosten der zweiten Stufe für den Fall der Eigenerstellung werden die Vorprodukte mit Grenzherstellkosten bewertet. Eine Marktpreisbewertung ist hier nicht erforderlich; sie ist sogar falsch, weil die Möglichkeit des Direktverkaufs der Vorprodukte beim Aufbau des Ansatzes besonders berücksichtigt wird. Sie ist allein durch die vom Markt bestimmten Absatzhöchstmengen (d) begrenzt. Der zweite Summand in der Kapazitätsrestriktion (b) entspricht den Vormaterialmengen, die zur Erstellung der Lösungswerte der Variablen x_{IIEi} erforderlich sind.
Der lineare Programmansatz (242) gilt nur für den Sonderfall, daß für jedes Endprodukt nur jeweils eine bestimmte Vormaterialart erforderlich ist; er kann aber leicht für die Fälle erweitert werden, daß jeweils mehrere Vormaterialarten in die Endprodukte eingehen und dann auch der kombinierte Einsatz von eigenerstelltem und fremdbezogenem Vormaterial zulässig ist.

2. In vielen Branchen, so z.B. im Maschinen- und Apparatebau, in der Kabelindustrie und in fast allen Betrieben mit Automatenfertigung, sind beim Aufbau von Arbeitsablaufplänen häufig Entscheidungen über die *optimale Verfahrenswahl* zu treffen, wobei die vorhandenen Kapazitäten als gegeben angenommen werden müssen[1016].

Der einfachste Fall dieser Art liegt vor, wenn ein Arbeitsgang wahlweise an zwei oder mehreren Aggregaten ausgeführt werden kann, deren Kostensätze unterschiedlich sind und an denen unterschiedliche Bezugsgrößen pro Produkteinheit vorliegen. Die Aufgabe der Verfahrenswahl besteht in diesen Fällen darin, den Arbeitsablauf so zu gestalten, daß er der Zielsetzung der Gewinnmaximierung entspricht. In der amerikanischen Literatur bezeichnet man Entscheidungen dieser Art als „machine assignment", „machine allocation" oder „routing"[1017].

Unterstellen wir zunächst, daß alle in Frage kommenden verfahrenstechnischen Möglichkeiten realisierbar sind, *ohne* daß betriebliche Teilbereiche zu *Engpässen* werden, so ist stets dasjenige Verfahren am wirtschaftlichsten, bei dem die geringsten Grenzherstellkosten pro Einheit verursacht werden[1018]. Wird durch die Verfahrenswahl der Materialeinsatz nicht beeinflußt und fallen keine Rüstkosten an, so genügt es, die Grenzfertigungskosten der in Frage kommenden verfahrenstechnischen Wahlmöglichkeiten miteinander zu vergleichen. Kann z.B. ein für die Produktart i ($i = 1, 2, \ldots, n$) erforderlicher Arbeitsgang entweder am Aggregat j oder am Aggregat $j+1$ ausgeführt werden, und bezeichnen wir die zugehörigen Bezugsgrößen pro Einheit mit b und die Grenzfertigungskosten pro Bezugsgrößeneinheit mit d, so gilt als Kriterium der Verfahrenswahl:

1016 Selbstverständlich treten auch Probleme der Verfahrenswahl bei Investitionsentscheidungen auf. Diese wollen wir jedoch hier nicht behandeln. Zur Verfahrenswahl bei gegebenen Kapazitäten vgl. *W. Kilger,* Optimale Verfahrenswahl . . ., a. a. O., S. 159 ff.; *H. H. Böhm,* Dynamische Kostensenkung im Betrieb, München 1960, S. 82 ff.

1017 Die Begriffe „machine allocation" verwenden z. B. *N. V. Reinfeld, W. R. Vogel,* Mathematical Programming, Englewood Cliffs, N. J. 1958, S. 151 ff., und *C. W. Churchman, R. L. Ackoff, E. L. Arnoff,* Introduction to Operations Research, New York–London 1957, S. 370 (Deutsche Übersetzung: E. Schlecht, F. Ferschl, Operations Research, 2. Aufl., Wien 1964). Als „machine assignment problem" wird die Wahl zwischen vorhandenen Aggregaten z. B. von *S. Eilon,* Elements of Production Planning and Control, New York 1962, S. 345, und *G. Hadley,* Linear Programming, London 1962, S. 437, bezeichnet. Die örtliche Verteilung von Fertigungsaufträgen steht in engem Zusammenhang mit der zeitlichen Verteilung, also mit Termin- und Reihenfolgeproblemen. Weiterhin muß in der Regel gleichzeitig über die Seriengrößen entschieden werden. Bei unseren weiteren Ausführungen wollen wir aber auf diese zusätzlichen Probleme nicht eingehen.

1018 Vgl. hierzu *D. Hahn,* Direct Costing . . ., a.a.O., S. 11; *H. C. Heiser,* Budgetierung. Grundsätze und Praxis der betriebswirtschaftlichen Planung, Berlin 1964, S. 52; *The Institute of Cost and Works Accountants,* A Report . . ., a.a.O., S. 19; *W. Kilger,* Der heutige Stand . . ., a.a.O., S. 86 f.; *A. Matz,* Planung und Kontrolle von Kosten und Gewinn, AGPLAN, Bd. 7, Wiesbaden 1964, S. 266; *NAA-Research Report 37,* Current Application . . ., a.a.O., S. 29, 36 f.; *H. G. Plaut,* Unternehmenssteuerung . . ., a.a.O., S. 474.

(243) $$b_{ji}\, d_j \gtrless b_{j+1,i}\, d_{j+1} \qquad (i = 1, 2, \ldots, n)$$

Ähnliche Formeln lassen sich auch für kompliziertere Fälle der Verfahrenswahl ableiten, so z. B., wenn zwischen einem Automaten und mehreren aufeinanderfolgenden Einzelaggregaten zu wählen ist, wenn Rüstkosten anfallen, so daß die Entscheidung von der geplanten Seriengröße abhängt, und wenn infolge unterschiedlicher Ausschußquoten neben den Fertigungs- auch die Materialkosten berücksichtigt werden müssen[1019].

Werden Kostenvergleichsrechnungen zum Zwecke der Verfahrenswahl mit Vollkosten durchgeführt, dann wird hierdurch in die Arbeitsablaufplanung die gefährliche Tendenz getragen, hochmechanisierte, fixkostenintensive und bereits schlecht ausgelastete Maschinengruppen im Zeitablauf auf noch niedrigere Beschäftigungsgrade „herunterzukalkulieren". Älteren, wenig mechanisierten und bereits gut ausgelasteten Maschinengruppen werden dagegen zu viele Fertigungsaufträge zugeteilt. Durch diesen Verstoß gegen den Grundsatz von den relevanten Kosten wird weder die günstigste Kostenstruktur noch der höchst mögliche Periodengewinn erreicht.

Reine Grenzkostenvergleichsrechnungen sind dann nicht mehr anwendbar, wenn in einem Betrieb *Engpässe* wirksam werden.

Nehmen wir zunächst an, daß nur *ein* Kapazitätsengpaß vorliegt, so müssen bei Verfahrensvergleichsrechnungen die Grenzkosten der betreffenden Maschinengruppen um Opportunitätskosten erhöht werden. Ist z. B. zwischen den Maschinengruppen j und j+1 zu wählen und ist die Maschinengruppe j+1 vollbeschäftigt, so erhalten wir analog zu (243) folgendes Kriterium:

(244) $$b_{ji}\, d_j \gtrless b_{j+1,i}\, (d_{j+1} + w_{j+1})$$

Werden in einer Unternehmung *mehrere Kapazitätsengpässe* wirksam, so sind Entscheidungen über die optimale Verfahrenswahl mit Hilfe nicht-simultaner Methoden nicht mehr möglich. In diesen Fällen ist es vielmehr erforderlich, die Planungsprobleme in Programmansätze zur Bestimmung gewinnmaximaler Fertigungsprogramme zu integrieren. Hierzu wollen wir den folgenden Fall betrachten.

Für das Fertigungsprogramm eines Betriebes sind n Produktarten vorgesehen, die nacheinander m Fertigungsabteilungen durchlaufen, wobei in jeder dieser Abteilungen s verfahrenstechnische Wahlmöglichkeiten bestehen. Alle Teilkapazitäten sind begrenzt. Zur Vereinfachung wollen wir unterstellen, daß für die Arbeitsgänge keine Rüstkosten anfallen und die Einzelmaterialkosten von der Verfahrenswahl unabhängig sind. In bezug auf die Verkaufspreise und die realisierbaren Absatzhöchstmengen wollen wir von den gleichen Voraussetzungen ausgehen, wie wir sie bereits für den Standardansatz zur Bestimmung gewinnmaximaler Fertigungsprogramme beschrieben haben. Weiterhin soll angenommen werden, daß die Grenzfertigungskosten pro Bezugsgrößeneinheit für alle Maschinengruppen und Arbeitsplätze konstant sind. Allerdings wird beim Aufbau des linearen Programmansatzes zu be-

[1019] Vgl. *W. Kilger*, Optimale Verfahrenswahl . . ., a. a. O., S. 166 ff.

rücksichtigen sein, daß im Gegensatz zum Standardansatz die Grenzselbstkosten pro Produkteinheit nicht konstant sind, sondern von der Verfahrenswahl abhängen. Zur Ableitung eines linearen Programmansatzes, mit dessen Hilfe simultan über die Zusammensetzung des Fertigungsprogramms und die zu wählenden Verfahrenskombinationen entschieden werden kann, wollen wir die folgenden Symbole einführen:

p = Verkaufspreis pro Produkteinheit
k' = Grenzselbstkosten pro Produkteinheit ohne Berücksichtigung der von der Verfahrenswahl abhängigen Fertigungskosten
x = Produktmengen in Stück
i = Index der Produktart
j = Index des Arbeitsganges
ν = Index des Verfahrens
n = Anzahl der Produktarten
m = Anzahl der Arbeitsgänge
s = Anzahl verfahrenstechnischer Wahlmöglichkeiten pro Arbeitsgang
b = Bezugsgröße pro Produkteinheit
d = Grenzfertigungskosten pro Bezugsgrößeneinheit
B = Kapazität
X_H = Absatzhöchstmengen.

Wir erhalten nun folgenden linearen Programmansatz:

$$\text{(a)}\quad G = \sum_{i=1}^{n}(p_i - k_i')\,x_i - \sum_{i=1}^{n}\sum_{j=1}^{m}\sum_{\nu=1}^{s} x_{ij\nu}\,b_{ij\nu}\,d_{j\nu} \longrightarrow \text{Max!}$$

$$\text{(b)}\quad B_{j\nu} \geqq \sum_{i=1}^{n} x_{ij\nu}\,b_{ij\nu} \qquad (j = 1, 2, \ldots, m)\quad (\nu = 1, 2, \ldots, s)$$

$$\text{(c)}\quad 0 = -\sum_{\nu=1}^{s} x_{ij\nu} + \sum_{\nu=1}^{s} x_{i,j+1,\nu} \qquad (i = 1, 2, \ldots, n)\quad (j = 1, 2, \ldots, m\text{-}1)$$

(245)

$$\text{(d)}\quad 0 = -\sum_{\nu=1}^{s} x_{im\nu} + x_i \qquad (i = 1, 2, \ldots, n)$$

$$\text{(e)}\quad X_{Hi} \geqq x_i \qquad (i = 1, 2, \ldots, n)$$

$$\text{(f)}\quad 0 \leqq x_i \qquad (i = 1, 2, \ldots, n)$$

$$0 \leqq x_{ij\nu} \qquad (i = 1, 2, \ldots, n)\quad (j = 1, 2, \ldots, m)\quad (\nu = 1, 2, \ldots, s)$$

Die Zielfunktion (a) enthält zunächst nur die Deckungsbeiträge über die proportionalen Selbstkosten ohne Berücksichtigung der verfahrensabhängigen Fertigungskosten. Diese werden gesondert, und zwar nach Produktarten, Arbeitsgängen und Verfahren, von den oben genannten Deckungsbeiträgen subtrahiert. Wie die Zielfunktion (a) erkennen läßt, erscheinen hierbei die Fertigungskosten differenziert nach Arbeitsgängen, so daß wir dieses Verfahren als „arbeitsgangweise Kalkulation" bezeichnet haben[1020]. Die Zielfunktion läßt weiterhin erkennen, daß durch die Berücksichtigung von s verfahrenstechnischen Möglichkeiten in m aufeinanderfolgenden Fertigungsabteilungen die Anzahl der eigentlichen Variablen von n auf $n \times m \times s$ erhöht wird. Werden z. B. acht Fertigungsabteilungen nacheinander durchlaufen, in denen jeweils drei verfahrenstechnische Möglichkeiten ausgewählt werden können, und sind für das Fertigungsprogramm 320 Produktarten vorgesehen, so enthält der lineare Programmansatz (245) insgesamt 7 680 eigentliche Variable.

Die unter (b) angegebenen Kapazitätsrestriktionen entsprechen dem Standardansatz. Sie wurden lediglich nach jeweils s verschiedenen Teilaggregategruppen mit unterschiedlichen Kostensätzen differenziert.

Als zusätzliche Restriktionen gegenüber dem Standardansatz sind die Gleichungen (c) und (d) erforderlich. Durch die Restriktion (c) wird sichergestellt, daß keine Halbfabrikatebestände zwischen den einzelnen Arbeitsgängen entstehen. Sie wird daher von H. Jacob als „Kontinuitätsbedingung" und von H. Albach als „Matrix der Lieferbedingungen zwischen den Fertigungsstufen" bezeichnet. Die Restriktion (d) soll verhindern, daß Fertigwarenbestände entstehen. H. Albach bezeichnet sie daher als „Matrix der Lieferbedingungen an den Absatzsektor"[1021].

Der lineare Programmansatz (245) kann noch in verschiedener Weise ergänzt und verändert werden, wenn es die praktischen Gegebenheiten erfordern. Er läßt aber deutlich erkennen, daß verfahrenstechnische Probleme ohne Schwierigkeiten in den Standardansatz zur Bestimmung gewinnmaximaler Fertigungsprogramme integriert werden können.

3. Zu den Instrumenten der gewinnmaximalen Fertigungsprogrammplanung gehört auch die *optimale Steuerung betrieblicher Anpassungsprozesse.* Wie bereits unsere Ausführungen im fünften Kapitel, Abschnitt A, gezeigt haben, werden zeitliche, intensitätsmäßige und quantitative Anpassungsprozesse nach E. Gutenberg unterschieden. Für die kurzfristige Programmplanung auf der Basis gegebener Kapazitäten kommen nur die ersten beiden Anpassungsarten in Frage. Wir wollen daher bei unseren folgenden Ausführungen die Möglichkeiten der mathematischen Programmierung für die optimale Steuerung quantitativer Anpassungsprozesse nicht behandeln.

[1020] Vgl. *W. Kilger,* Optimale Verfahrenswahl ..., a. a. O., S. 181. Dort haben wir nachgewiesen, daß für die Lösung des oben behandelten Optimierungsproblems auch das Verfahren der Alternativkalkulation angewandt werden kann. Diese beiden Verfahren wurden zuerst von *H. Jacob,* Produktionsplanung und Kostentheorie, in: Zur Theorie der Unternehmung, Festschrift für E. Gutenberg, Wiesbaden 1962, S. 249 und S. 255, für die Optimierung betrieblicher Anpassungsprozesse beschrieben. Die arbeitsgangweise Kalkulation wurde unabhängig, ebenfalls zur optimalen Steuerung intensitätsmäßiger Anpassungsprozesse, von *H. Albach,* Produktionsplanung auf der Grundlage technischer Verbrauchsfunktionen, Arbeitsgemeinschaft für Forschung des Landes Nordrhein-Westfalen, Heft 105, Köln und Opladen 1962, S. 65 ff., entwickelt.

[1021] Vgl. *H. Albach,* Produktionsplanung ..., a. a. O., S. 66 und 95; *H. Jacob,* Produktionsplanung ..., a. a. O., S. 246 und 253.

Der Standardansatz der linearen Programmierung zur Bestimmung gewinnmaximaler Fertigungsprogramme ist zugleich ein Ansatz zur Bestimmung der optimalen zeitlichen Anpassung, da mit den gewinnmaximalen Produktmengen zugleich die gewinnmaximalen Beschäftigungsgrade der Fertigungsabteilungen festgelegt werden. Hierbei wird vorausgesetzt, daß die Kapazitätsgrenzen innerhalb der normalen tariflichen Arbeitszeiten realisiert werden können; denn sonst wäre die Annahme nicht gerechtfertigt, daß die Grenzselbstkosten pro Produkteinheit konstant sind[1022]. Infolge der Mehrarbeitszuschläge bei Überstunden sowie bei Sonn- und Feiertagsarbeit ändern sich die Grenzfertigungskosten pro Bezugsgrößeneinheit stufenförmig, wie es die Abbildung 49 zeigt.
Hierdurch verändern sich auch die Grenzselbstkosten pro Produkteinheit. Gleichzeitig wird die realisierbare Kapazität ausgeweitet. Soll bei der gewinnmaximalen Fertigungsprogrammplanung zugleich mit der Bestimmung der optimalen Produktmengen festgelegt werden, in welchen Abteilungen und für welche Produktarten ein Überschreiten der Normalarbeitszeiten wirtschaftlich ist, so kann hierfür der lineare Programmansatz (245) verwendet werden, wenn man die verschiedenen Arbeitszeitarten als unterschiedliche „Verfahren" interpretiert. Hierbei gibt der Index ν die Arbeitszeitart und s die Anzahl der verschiedenen Arbeitszeitarten an.

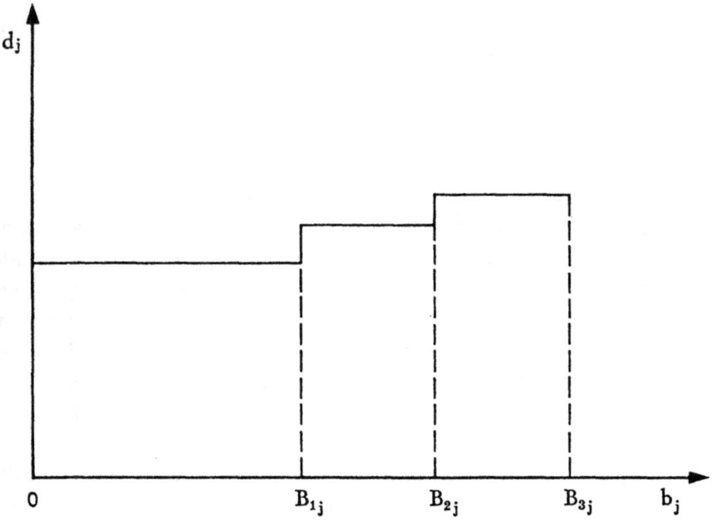

Abb. 49: Veränderung der Grenzfertigungskosten pro Bezugsgrößeneinheit bei Überschreiten der Normalarbeitszeit

[1022] Näherungsweise können allerdings bei der Kostenplanung gewogene Lohnsätze verwendet werden, denen eine geplante Relation aus Normalarbeitszeiten und Überstunden bzw. an Sonn- und Feiertagen zu erbringende Arbeitszeiten zugrunde liegt. Diese Relationen hängen aber von den Lösungswerten des Programmansatzes ab, so daß sie sich exakt nur simultan bestimmen lassen.

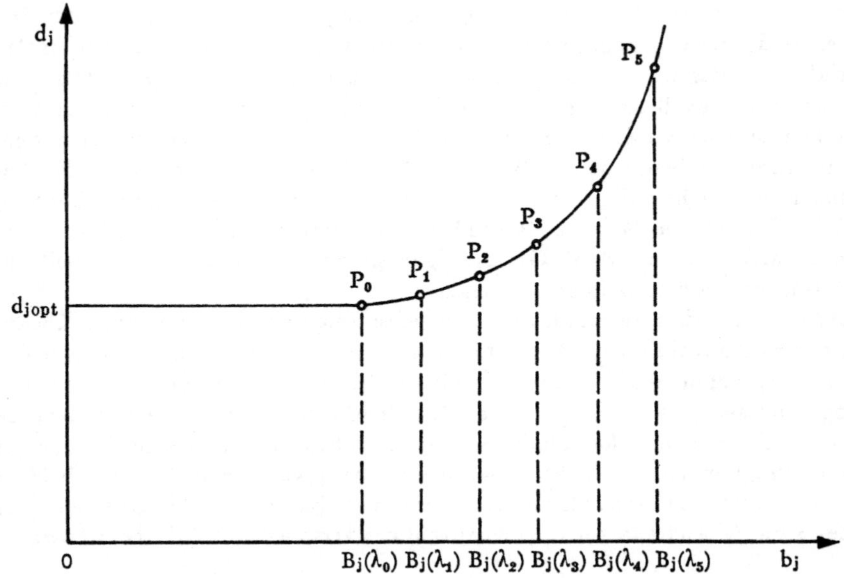

Abb. 50: Beispiel zur Linearisierung progressiver variabler Durchschnittskosten pro Bezugsgrößeneinheit bei zeitlich-intensitätsmäßiger Anpassung

Entsprechend werden die Kapazitätsrestriktionen nicht nach Verfahren, sondern nach Arbeitszeitarten differenziert[1023].

Beim Standardansatz der linearen Programmierung zur Bestimmung gewinnmaximaler Fertigungsprogramme wird unterstellt, daß alle Betriebsmittel mit konstanten Intensitätsgraden arbeiten. Auch den Kapazitätsrestriktionen liegen optimale Intensitätsgrade zugrunde. Soll bei der gewinnmaximalen Fertigungsprogrammplanung zugleich mit der Bestimmung optimaler Produktmengen festgelegt werden, in welchen Abteilungen und für welche Produktarten es sich lohnt, mit Hilfe erhöhter Intensitätsgrade die Kapazitätsgrenzen zu erhöhen, so kann auch hierfür der lineare Programmansatz (245) verwendet werden, wobei allerdings die folgende Vereinfachung erforderlich ist.

Wie unsere Ausführungen im fünften Kapital gezeigt haben, steigen bei zeitlich-intensitätsmäßiger Anpassung die variablen Fertigungskosten pro Bezugsgrößeneinheit progressiv[1024]. Wenn man den Einfluß der Kostenprogression in Abhängigkeit von den Intensitätsgraden als stetige Funktionen in die Zielfunktion einbaut, so würde diese ihre Linearität verlieren und die Simplex-Methode wäre zur Lösung

[1023] Vgl. zur optimalen Steuerung zeitlicher Anpassungsprozesse *H. Albach,* Produktionsplanung ..., a.a.O., S. 71 f.; *H. Jacob,* Produktionsplanung ..., a.a.O., S. 227 ff.

[1024] Vgl. hierzu Abbildung 12 auf S. 146.

nicht mehr anwendbar. H. Albach und H. Jacob haben daher vorgeschlagen, die Funktionen der variablen Fertigungskosten pro Bezugsgrößeneinheit in „Intensitätspunkte" aufzulösen, wie es die Abbildung 50 erkennen läßt. Hierdurch wird der nichtlineare Kostenverlauf in mehrere lineare Teilfunktionen aufgelöst, so daß sich die lineare Programmierung anwenden läßt[1025].

In der Abbildung 50 gilt bis zur Kapazität bei optimaler Intensität, die wir als $B_j(\lambda_0)$ bezeichnet haben, der optimale Grenzkostensatz d_{jopt}, der infolge der Linearität des Kostenverlaufs zugleich mit den variablen Durchschnittskosten pro Bezugsgrößeneinheit übereinstimmt. Für die folgenden Kapazitäten gelten jeweils höhere variable Durchschnittskosten pro Bezugsgrößeneinheit. Die Linearisierung führt zu um so genaueren Ergebnissen, je größer man die Anzahl der Linearisierungspunkte wählt. Allerdings nimmt mit der Anzahl der Linearisierungspunkte auch die Anzahl der erforderlichen eigentlichen Variablen des linearen Programmansatzes zu.

Mit Hilfe der linearisierten Funktionen der variablen Durchschnittskosten pro Bezugsgrößeneinheit kann der lineare Programmansatz (245) zur simultanen Planung der gewinnmaximalen Produktmengen und der zu wählenden Intensitätsgrade verwendet werden, wenn man die verschiedenen Intensitätsgrade als unterschiedliche „Verfahren" interpretiert. Hierbei gibt der Index ν die Intensitätsgrade und s die Anzahl der Linearisierungspunkte an. Entsprechend werden auch die Kapazitäten nach Intensitätsgraden differenziert[1026].

Der Ansatz (245) kann auch so ausgestaltet werden, daß bei der optimalen Steuerung intensitätsmäßige Anpassungsprozesse und zeitliche Anpassungsprozesse gleichzeitig berücksichtigt werden.

Unsere Ausführungen haben erkennen lassen, daß die Möglichkeit besteht, zahlreiche Planungsprobleme des Fertigungsbereichs in Programmansätze zur Bestimmung gewinnmaximaler Fertigungsprogramme zu integrieren und daß hierfür stets geplante Grenzkosten erforderlich sind.

4. Wir haben zwar gezeigt, daß sich in den Standardansatz zur Bestimmung gewinnmaximaler Fertigungsprogramme optimale Entscheidungen über den Einsatz von Fertigungsverfahren, die Wahl zwischen Eigenerstellung und Fremdbezug und die Steuerung von Anpassungsprozessen integrieren lassen. Auch hierbei haben wir aber nur einen Teil der z.Z. bestehenden Möglichkeiten wiedergegeben.

In Betrieben, die Rohstoffmischungen einsetzen, können z.B. mathematische Programmansätze zur Bestimmung optimaler Rohstoffmischungen eingesetzt werden. Sind die Preise der Mischungsbestandteile von den Einsatzmengen unabhängig, so

[1025] Vgl. *H. Albach*, Produktionsplanung ..., a.a.O., S. 56, insbesondere Abbildung 1, wo allerdings die Linearisierung bei rein intensitätsmäßigen Anpassungsprozessen beschrieben wird; *H. Jacob*, Produktionsplanung ..., a.a.O., S. 232, Abbildung 3 und S. 244, Abbildung 6, wo die Linearisierung bei zeitlich-intensitätsmäßiger Anpassung beschrieben wird.

[1026] Vgl. *H. Albach*, Produktionsplanung ..., a.a.O., S. 63 ff., und *H. Jacob*, Produktionsplanung ..., a.a.O., S. 243 ff.

können diese Ansätze den Optimierungsansätzen der Fertigungsprogrammplanung vorgeschaltet werden. Bestehen dagegen Interdependenzen zwischen den Produktmengen des Fertigungsprogramms und den relevanten Daten der Mischungsrechnung, so muß das Problem der optimalen Bestimmung von Rohstoffmischungen in die Ansätze der Fertigungsprogrammplanung integriert werden.
In Unternehmungen mit Automatenfertigung gehört zu den Planungsproblemen des Fertigungsbereichs die Bestimmung optimaler Bedienungssysteme. Hierfür können Planungsmodelle der Warteschlangentheorie eingesetzt werden. Auch diese Modelle können in der Regel den Programmansätzen zur Bestimmung gewinnmaximaler Fertigungsprogramme vorgeschaltet werden.
In Unternehmungen, in denen beim Transport von Produktionsfaktoren und Erzeugnissen Wahlmöglichkeiten bestehen, läßt sich ohne Schwierigkeiten das Problem der Transportkostenminimierung in den Planungsansatz zur Bestimmung gewinnmaximaler Fertigungsprogramme integrieren.
Es gibt aber auch Planungsprobleme des Fertigungsbereichs, deren simultane Lösung bis heute noch nicht gelungen ist. Hierzu zählen insbesondere Lagerhaltungs- und Losgrößenprobleme. Bereits bei der Berücksichtigung auflagefixer Rüstkosten bei der Verfahrenswahl geht der lineare Programmansatz in einen gemischt-ganzzahligen Ansatz über, für den z.Z. noch keine praktikablen Lösungsmethoden zur Verfügung stehen. Will man neben den Rüstkosten zugleich die relevanten Zins- und Lagerhaltungskosten berücksichtigen, so stößt die Bestimmung optimaler Seriengrößen selbst dann noch auf unüberwindliche Schwierigkeiten, wenn man von gegebenen Absatzmengen ausgeht. Das Problem, optimale Bestellmengen und Seriengrößen in Ansätze zur Bestimmung gewinnmaximaler Fertigungsprogramme zu integrieren, ist z. Z. noch nicht lösbar.
Weitere Schwierigkeiten ergeben sich für die Bestimmung gewinnmaximaler Fertigungsprogramme auf dem Gebiet der Verkaufsplanung. Den von uns behandelten Ansätzen liegt die Prämisse konstanter, d.h. von den Absatzmengen der betrieblichen Produkte unabhängiger Verkaufspreise zugrunde. Durch Absatzrestriktionen wurde jedoch erreicht, daß die Lösungswerte bestimmte Absatzhöchstmengen nicht überschreiten. Diese Prämisse ist zweifellos unrealistisch, da wegen der Unvollkommenheit der Märkte fast alle Unternehmungen mindestens innerhalb bestimmter Intervalle die Verkaufspreise ihrer Produkte frei variieren können. Hierbei finden die funktionalen Beziehungen zwischen den Verkaufspreisen und den zugehörigen Absatzmengen ihren Ausdruck in Preisabsatzfunktionen. Setzt man in Programmansätzen zur Bestimmung gewinnmaximaler Fertigungsprogramme bestimmte Verkaufspreise als konstant an und fixiert man zugleich Absatzhöchstmengen, so wählt man hierdurch jeweils bestimmte Punkte der Preisabsatzfunktionen aus, die aber keineswegs mit den gewinnmaximalen Preismengenkombinationen übereinzustimmen brauchen. Ein Widerspruch liegt weiterhin darin, daß bei den bisher behandelten Ansätzen Lösungswerte zulässig sind, die unterhalb der Absatzhöchstmengen und die damit bei den als konstant angenommenen Preisen nicht auf den Preisabsatzfunktionen liegen. Das Problem der gewinnmaximalen Preispolitik läßt sich in

Planungsansätze zu Bestimmung gewinnmaximaler Fertigungsprogramme nur integrieren, indem man in die Zielfunktion anstatt konstanter Verkaufspreise Preisabsatzfunktionen einsetzt. Hierdurch geht die Linearität der Zielfunktion verloren. Nichtlineare Programmansätze sind z. Z. aber praktisch noch nicht lösbar. Weiterhin ist zu berücksichtigen, daß nicht nur funktionale Beziehungen zwischen den Verkaufspreisen und den Absatzmengen bestehen, sondern daß zugleich der Werbeeinsatz und die Produktqualität auf die erzielbaren Absatzmengen einwirken. Selbst wenn es gelänge, Programmansätze mathematisch zu lösen, in denen alle Entscheidungsparameter des Absatzsektors als Variable enthalten sind, wird es bei der praktischen Anwendung schwierig bleiben, die hierfür erforderlichen funktionalen Zusammenhänge empirisch zu erfassen.

Mit der zunehmenden Integration von Teilproblemen in den Programmansatz zur Bestimmung gewinnmaximaler Fertigungsprogramme wird die Anzahl der eigentlichen Variablen und Restriktionen immer größer. Zur Zeit stößt die Lösung großer Programmansätze immer noch auf Schwierigkeiten. Die schnelle Entwicklung auf dem Gebiet der elektronischen Datenverarbeitung wird dazu führen, daß die rechnerische Lösung nicht mehr zu den Engpässen bei der Optimierung großer Planungsmodelle gehören wird.

Wir sind davon überzeugt, daß trotz aller Schwierigkeiten die weitere Entwicklung in Richtung auf eine gesamtbetriebliche Planungsrechnung verlaufen wird, deren Fernziel der gewinnmaximale Jahresplan einer Unternehmung ist[1027]. Hierbei werden die bisherigen Programmansätze zur Bestimmung gewinnmaximaler Fertigungsprogramme schrittweise durch die Integration zusätzlicher Planungsprobleme erweitert. Durch den laufenden Soll-Ist-Vergleich aller Plangrößen werden alle Teilpläne und damit der Gesamtplan kontrolliert. Hierbei wird die Abweichungsanalyse jeweils Anhaltspunkte für die nächste Jahresplanung bieten.

Da die optimale Planung in einer Unternehmung stets nach dem Grundsatz der relevanten Planungsgrößen ausgerichtet sein muß, wird die Grenzplankosten- und Deckungsbeitragsrechnung stets ein wichtiger Baustein der betrieblichen Planungsrechnung sein. Zwar stimmen die durch die Plankalkulation ermittelten Grenzselbstkosten nicht in allen Fällen mit den relevanten Kosten überein – sie müssen vielmehr in einigen Fällen um Kostenabweichungen oder um bestimmte Kostenartenbeträge verändert werden –, aber nur ein System der Kostenrechnung, das auf einer konsequenten Trennung in bereitschafts- und in ausbringungsabhängige Kosten basiert und streng nach dem Verursachungsprinzip ausgerichtet ist, kann den Anforderungen gerecht werden, die im Zuge der weiteren Entwicklung an die Kostenrechnung gestellt werden.

1027 Vgl. *W. Kilger*, Planungsrechnung und Entscheidungsmodelle des Operations Research, AGPLAN, Bd. 9, Wiesbaden 1965, S. 55 ff.

Abkürzungsverzeichnis

ADL	Arbeitsgemeinschaft für elektronische Datenverarbeitung und Lochkartentechnik e. V.
AGPLAN	Schriftenreihe der Arbeitsgemeinschaft Planungsrechnung e. V.
BdW	Blick durch die Wirtschaft
BFuP	Betriebswirschaftliche Forschung und Praxis
DB	Der Betrieb
FAZ	Frankfurter Allgemeine Zeitung
HdB	Handwörterbuch der Betriebswirtschaft
NAA	National Association of Accountants
N.A.C.A.	National Association of Cost Accountants
NB	Neue Betriebswirtschaft
REFA	Verband für Arbeitsstudien e. V.
RFH	Reichsfinanzhof
RKW	Rationalisierungs-Kuratorium der Deutschen Wirtschaft e.V.
RStBl	Reichssteuerblatt
VDI	Verein Deutscher Ingenieure
WP	Der Wirtschaftsprüfer
WPg	Die Wirtschaftsprüfung
ZfB	Zeitschrift für Betriebswirtschaft
ZfbF	Zeitschrift für betriebswirtschaftliche Forschung
ZfhF	Zeitschrift für handelswissenschaftliche Forschung
ZHH	Zeitschrift für Handelswissenschaft und Handelspraxis
ZfN	Zeitschrift für Nationalökonomie
ZfO	Zeitschrift für Organisation

Literaturverzeichnis

Abromeit, H. G., Das Rechnungswesen als Grundlage der Betriebspolitik, ZfB 1953, S. 302 ff.

Ackoff, R. L., siehe: Churchman, C. W.

Agthe, K., Kostenplanung und Kostenkontrolle im Industriebetrieb, Baden-Baden 1963

—, Zur stufenweisen Fixkostendeckung, ZfB 1959, S. 742 ff.

—, Stufenweise Fixkostendeckung im System des Direct Costing, ZfB 1959, S. 404 ff.

—, Die Abweichungen in der Plankostenrechnung, Freiburg 1958

Aktiengesetz vom 6. 9. 1965, Textausgabe und Einführungsgesetz mit Begründung des Regierungsentwurfs, zusammengestellt von B. Kropff, Düsseldorf 1965

Albach, H., Produktionsplanung auf der Grundlage technischer Verbrauchsfunktionen, Arbeitsgemeinschaft für Forschung des Landes Nordrhein-Westfalen, Heft 105, Köln und Opladen 1962, S. 45 ff.

—, Bewertungsprobleme des Jahresabschlusses nach dem Aktiengesetz 1965, Der Betriebsberater 1966, S. 377 ff.

Alford, L. P., siehe: Cost and Production Handbook

Angermann, A., Gleichgewichtskalkulation, Meisenheim 1952

Arbeitskreis Diercks der Schmalenbach-Gesellschaft, Der Verrechnungspreis in der Plankostenrechnung, ZfbF 1964, S. 613 ff.

Arnoff, E. L., siehe: Churchman, C. W.

Asher, H., Cost-Quantity Relationships in the Airframe Industry, Project Rand, R - 291, July 1, 1956

Atkins, P. M., Textbook of Industrial Cost Accounting, New York 1924

Auffermann, J. D., Kostenauswertung, Stuttgart 1953

Auler, W., Die Kostenkehren in der Optimalkalkulation, ZfB 1930, S. 895 ff.

—, Optimalkalkulation, Stuttgart 1933

—, Die Methode der Plankostenrechnung im Bereich der industriellen Fertigung, WP 1949, S. 260 ff.

—, Die Plankostenrechnung in den Bereichen der Beschaffung und des Absatzes der industriellen Unternehmung, BFuP 1951, S. 411 ff.

Backer, M., Flexible Costs for Pricing Decisions, NAA-Bulletin 1961 (5), Section 1, S. 55 ff.

Bain, J. S., Depression Pricing and the Depreciation Function, The Quarterly Journal of Economics 1936/37, S. 705 ff.

Ballendat, K., Plankosten im Stahlwerk, ZfB 1954, S. 336 ff., S. 407 ff.

Balzer, T., Das industrielle Budget, Diss. Nürnberg 1936

Battista, G. L., Crowningshield, G. R., Absorption, Direct or Relevant Costing?, NAA-Bulletin 1964 (8), Section 1, S. 11 ff.

Batty, J., Standard Costing, London 1960 (Nachdruck 1962)

Beckett, J. A., Direct Costing in Perspective, N.A.C.A.-Bulletin 1955 (1), Section 1, S. 651 ff.

Beckmann, H., Plankostenrechnung in der chemischen Industrie, ZfB 1953, S. 33 ff.

Beckmann, M. J., Lineare Planungsrechnung, Ludwigshafen 1959

Belda, B. J., Operations Research at Work, NAA-Bulletin 1965 (8), Section 1, S. 51 ff.

Berg, K., Die Entwicklung der Plankostenrechnung, BFuP 1954, S. 142 ff.

Beste, T., Die Verrechnungspreise in der Selbstkostenrechnung industrieller Betriebe, Berlin 1924

—, Die kurzfristige Erfolgsrechnung, Grundriß der Betriebswirtschaftslehre, Bd. 5/B, Leipzig 1930

—, Die Produktionsplanung, ZfhF 1938, S. 345 ff.

—, Planung in der Unternehmung, Kongreßarchiv des 5. Internationalen Prüfungs- und Treuhand-Kongresses, B/Teil 2, Berlin 1938

—, Wirtschaftsplanung, HdB, Hrsg. H. Nicklisch, 2. Bd., 2. Aufl., Stuttgart 1939

—, Der Stand der betriebswirtschaftlichen Planung, ZfhF 1942, S. 117 ff., S. 174 ff.

—, Was ist Leistung in der Betriebswirtschaftslehre?, ZfhF 1944, S. 1 ff.

Biermann Jr., H., A Way of Using Direct Costing in Financial Reporting, NAA-Bulletin 1959 (11), Section 1, S. 13 ff.

Billen, H. H., Sandhöfer, K. H., Steinecke, V., Der Einfluß der Walzlosgröße auf die Umwandlungskosten vollkontinuierlicher Feinstahlstraßen, ZfB 1965, Ergänzungsheft, S. 53 ff.

Bindemann, W., Kostensynthese, ZfhF 1951, S. 389 ff.

Blocker, J. G., Weltmer, W. K., Cost Accounting, 3. Aufl., New York-Toronto-London 1954

Bock, K. F., Die Kostenanalyse, das Gegenstück zur Arbeitsanalyse, BFuP 1953, S. 332 ff.

Bock, W., Monatliche Erfolgsrechnung und Betriebskontrolle in der Buchhaltung einer Maschinenfabrik und Fabrik gelochter Bleche, ZfhF 1935

Böhm, H. H., Zur Deckung und Aktivierung fixer Kosten im System der Grenz-Planungsrechnung, ZfB 1955, S. 414 ff., S. 494 ff.

—, Dynamische Kostensenkung im Betrieb, München 1960

—, Operationenforschung, Berlin – Baden-Baden 1961

Böhm, H. H., Wille, F., Direct Costing und Programmplanung, München 1960

—, —, Deckungsbeitragsrechnung und Programmoptimierung, München 1965 (2. Aufl. von: —, —, Direct Costing und Programmplanung, München 1960)

Böhrs, H., Rationalisierung der Büroarbeit, DB 1950, S. 525 ff.

Boren, W. H., Some Applications of the Learning Curve to Government Contracts, NAA-Bulletin 1964 (10), Section 1, S. 21 f.

Bos, W., Die Praxis der Plankostenrechnung, DB 1950, S. 407

—, Innerbetriebliche Verrechnungspreise in der Kostenrechnung, DB 1951, S. 411 f.

—, Leistungssteigerung in der Bürowirtschaft, DB 1951, S. 626 ff.

Bosshardt, E., Leistungsmäßige Kostenrechnung, Zürich 1948
Bräckler, H., Arbeitszeitkontrolle im Verwaltungsbetrieb, ZfO 1931
Bredt, O., Das industrielle Budget auf der Internationalen Diskussionskonferenz, Sonderdruck aus RKW-Nachrichten 1930, Nr. 9 – 11
—, Aufbau und Zusammenhänge der Planung, in: Technik und Wirtschaft 1938, S. 222 ff.
—, Preisplanung oder Plankosten?, in: Technik und Wirtschaft 1938, S. 331 ff.
—, Das Entwerfen der Planung, in: Technik und Wirtschaft 1939, S. 129 ff., S. 159 ff.
—, Der endgültige Ansatz der Planung, in: Technik und Wirtschaft 1939, S. 219 ff., S. 249 ff.
—, Abteilungsrechnung oder Plankostenrechnung im Arbeitsbereich der Herstellung?, in: Technik und Wirtschaft 1940, S. 100 ff., S. 114 ff.
—, Der Dispositionserfolg im Arbeitsbereiche der Herstellung und seine Ermittlung, in: Technik und Wirtschaft 1940, S. 189 ff.
—, Produktion, Beschäftigung, Leistung und Kapazität, in: Technik und Wirtschaft 1943, S. 91 ff.
Brummet, R. L., Direct Costing – Its Weaknesses and Its Strengths, NAA-Bulletin 1962 (3), Section 1, S. 61 ff.
Bühler, O., *Scherpf, P.*, Bilanz und Steuer vom Standpunkt des Steuerrechts und der betriebswirtschaftlichen Steuerlehre, 6. Aufl., Berlin - Frankfurt 1957
Bunnell, S., Standardizing Factory Expense and Cost, The Iron Age 1911, S. 1072 f.

Camman, E. A., Uses of Standard Costs, N.A.C.A. Yearbook 1926, New York 1926
—, Basic Standard Costs, New York 1932
Carrol, T., How to Control Production Costs, New York-Toronto-London 1953
Cave, S. R., Budgetary Control, Standard Costing and Factory Administration, 2. Aufl., London 1960
Christoph, B., Plankostenrechnung in der N.E.-Metallindustrie, ZfB 1953, S. 56 ff.
Churchman, C. W., *Ackoff, R. L.*, *Arnoff, E. L.*, Introduction to Operations Research, New York-London 1957 (Deutsche Übersetzung: E. Schlecht, F. Ferschl, Operations Research, 2. Aufl., Wien 1964)
Clark, J. M., Studies in the Economics of Overhead Costs, Chicago 1923
Coes, H. V., Häufig vorkommende Schwierigkeiten und Widerstände bei der Einführung der Budget-Kontrolle, Das industrielle Budget auf der Internationalen Diskussionskonferenz, RKW-Nachrichten 1930, Nr. 11, Sp. 313 ff.
Cost Accountants' Handbook, Hrsg. T. Lang., New York 1945
Cost and Production Handbook, Hrsg. L. P. Alford, 8. Aufl., New York 1938
Coward, D., Økonomisk risiko og usikkerhet, Bergen 1953
Crowningshield, G. R., siehe: Battista, G. L.
Curry, O. J., siehe: Matz, A.

Danert, G., Praktische Fragen der Gemeinkostenanalyse und -beeinflussung, BFuP 1954, S. 2 ff.
Danielsson, A., On Measurement and Analysis of Standard Costs, Stockholm 1963
Dantzig, G. B., Lineare Programmierung und Erweiterungen, Übers. A. Jaeger, Berlin-Heidelberg-New York 1966

Dean, J., Methods and Potentialities of Break-Even Analysis, in: D. Solomons (Hrsg.), Studies in Costing, London 1952, S. 227 ff.
Denck, J., Die Verrechnung gegenseitiger Leistungen innerhalb von Kostenstellen, Die Betriebswirtschaft 1942, S. 25 ff.
Deyhle, A., Grenz- oder relative Einzelkosten? Die Deckungsbeitragsrechnung von Paul Riebel, ZfB 1962, S. 61 ff.
Diercks, H., *Euler, E.*, Praktische Nomographie, 2. Aufl., Düsseldorf 1942
Diercks, H., *Petzold, F.*, Plankostenrechnung in der Eisenindustrie?, Archiv für das Eisenhüttenwesen 1953, S. 183 ff.
—, —, Betriebsüberwachung durch Plankostenrechnung, ZfhF 1951, S. 490 ff.
—, —, Umstrittene Fragen der Plankostenrechnung, ZfhF 1953, S. 481 ff.
Dinkelbach, W., *Sabel, H.*, Das Problem von Zusatzaufträgen als Anwendungsmöglichkeit einer gemischt linear-quadratischen Programmierung, ZfB 1966, S. 111 ff.
Dolce, C., Packing and Sales Branch Cost Control Under Standards, N.A.C.A.-Bulletin 1956 (11), Section 1, S. 404 ff.
Dombrovske, W. J., Managerial Accounting: A Frame of Reference, NAA-Bulletin 1965 (8), Section 1, S. 46 ff.

Eilon S., Elements of Production Planning and Control, New York 1962
Ellinger, T., Rationalisierung durch Standardkostenrechnung, Stuttgart 1954
Encyclopaedia of Accounting, Hrsg. G. Lisle, Edinbourgh-London 1904
Euler, E., siehe: Diercks, H.
Evans-Hemming, D. F., Flexible Budgetary Control and Standard Costs, London 1952
Evers, G., Möglichkeiten und Grenzen mathematisch-statistischer Verfahren der Kostenauflösung (Istkosten, AGPLAN, Bd. 6, Wiesbaden 1962, S. 99 ff.

Falk, B., Kostenplanung und Kostenkontrolle im amerikanischen Bürobetrieb, ZfB 1956, S. 631 ff.
Falter, E., Kostentheorie und Betriebskontrolle, Die Betriebswirtschaft 1930, S. 225 ff.
Fässler T., Ein Beitrag zur Quantifizierung der Einübung, Industrielle Organisation 1962, S. 5 ff., S. 47 ff., S. 79 ff.
Förster, W., Das Problem der Gemeinkosten in der Planungsrechnung, WP 1954, S. 31 ff.
Frank, G. W., siehe: Matz, A.
Fuchs, J., Die Plankostenrechnung, in: Taschenbuch für den Betriebswirt, Berlin-Stuttgart 1954, S. 295 ff.
—, Festwerte und Standards in der Plankostenrechnung, ZfB 1955, S. 1 ff.

Gächter, R., Die Standardkostenrechnung als Grundlage einer neuzeitlichen Betriebskontrolle und Preispolitik, Zürich-St. Gallen 1954
Gälweiler, A., Die Auswertung der Ergebnisse beim Abrechnen mit Plankosten, ZfB 1954, S. 675 ff.
Gans K., Die Kostenrechnung der Kalkindustrie, Diss. Hannover 1950
Gater, R., Die Entrümpelung der Kostenrechnung, DB 1954, S. 177 f.
—, Behandlung von Preisschwankungen, ZfB 1953, S. 25 ff.
Gau, E., Die Kalkulation der Vertriebskosten, Stuttgart 1959

—, Handbuch der praktischen Betriebsabrechnung, Stuttgart 1965
Gillespie, C., Accounting Procedure for Standard Costs, New York 1935
—, Standard and Direct Costing, 3. Aufl., Englewood Cliffs, N. J., 1962
Glaszinski, H., Richtkostenrechnung in einem Eisenhüttenwerk, ZfhF 1952, S. 447 ff.
Goldammer, K., Platzkosten und Maschinenzeitsätze, ZfB 1953, S. 587 ff.
Graner, D., Plankostenrechnung und Deckungsbeitragsrechnung als neue Verfahren im Bergbau, Glückauf 1964, S. 1203 ff.
Greifzu, J., Das neuzeitliche Rechnungswesen, 9. Aufl., Hamburg 1954
Gutenberg, E., Grundlagen der Betriebswirtschaftslehre,
1. Bd., Die Produktion, 10. Aufl., Berlin-Heidelberg-New York 1965
2. Bd., Der Absatz, 8. Aufl., Berlin-Heidelberg-New York 1965
—, Neuere Entwicklungstendenzen auf dem Gebiete des industriellen Rechnungswesens, Die Gießerei 1954, S. 397 ff.
—, Planung im Betrieb, ZfB 1952, S. 669 ff.
Gunders, H., Better Profit Planning, NAA-Bulletin 1965 (8), Section 1, S. 3 ff.

de Haas, J. A., Standard Costs as a Basis of Management and Industrial Control, Annalen der Betriebswirtschaft 1927, S. 28 ff.
Hadley, G., Linear Programming, London 1962
Hahn, D., Direct Costing und die Aufgaben der Kostenrechnung, NB 1964, S. 221 ff., und NB 1965, S. 8 ff.
Halford, D. R. C., Differential Costs and Management Decisions, London 1959
Hardorp, B., Kleine Theorie der fixen Kosten im Hinblick auf die Unternehmenspolitik, n. n. veröffentlicht (Bielefeld 1964)
Harrison, G. C., Installing Standard Costs, Manufacturing Industries 1927, Bd. 13, S. 329 ff.
—, Standard Costs, Installation, Operation and Use, New York 1930
Hasenack, W., Das Budgetsystem einer deutschen Großmaschinenfabrik, ZfB 1929, S. 754 ff.
—, Budgeteinführung und Betriebspsyche, Annalen der Betriebswirtschaft 1929/30, S. 381 ff.
—, Möglichkeiten und Grenzen des privatwirtschaftlichen Budgets, ZfO 1932, S. 10 ff.
—, Die Vorschau als Element der kaufmännischen Budgetrechnung, ZfB 1933, S. 11 ff.
Hax. H., Lineare Plannungsrechnung und Simplex-Methode als Instrumente betriebswirtschaftlicher Planung, ZfhF 1960, S. 578 ff.
—, Preisuntergrenzen im Ein- und Mehrproduktbetrieb. Ein Anwendungsfall der linearen Planungsrechnung, ZfhF 1961, S. 424 ff.
— Die Bestimmung von Preisuntergrenzen bei Zusatzaufträgen, in: Steigende Kosten – Sinkende Zuwachsraten – Verschärfter Wettbewerb, Hrsg. Deutsche Gesellschaft für Betriebswirtschaft, Berlin 1963, S. 323 ff.
—, Kostenbewertung mit Hilfe der mathematischen Programmierung, ZfB 1965, S. 197 ff.
—, Die Koordination von Entscheidungen, Köln-Berlin-Bonn-München 1965
Hax, K., Die Substanzerhaltung der Betriebe, Köln und Opladen 1957
—, Konzernprobleme und Aktienrechtsform in theoretischer Sicht, in: Betriebs-

größe und Unternehmungskonzentration, Nürnberger Abhandlungen, Heft 10, Nürnberg 1959

Heber, A., Über Gemeinkosten-Standards und die Verrechnung der Abweichungen, Betriebswirtschaftliche Rundschau 1926, S. 77 ff.

Heese, A., Die Grenz-Plankostenrechnung im industriellen Rechnungswesen. Dargestellt an Beispielen aus der Textilindustrie, in: Industriebetrieb und industrielles Rechnungswesen, Festschrift für E. Geldmacher, Köln und Opladen 1961, S. 37 ff.

Heimansberg, B., Statistische Überwachung von Akkordleistungen, Stahl und Eisen 1954, S. 158 ff.

Heine, P., Direct Costing – eine anglo-amerikanische Teilkostenrechnung, ZfhF 1959, S. 515 ff.

Heinen, E., Zum Problem des Zinses in der industriellen Kostenrechnung, Köln-Berlin-Bonn-München 1952

—, Betriebswirtschaftliche Kostenlehre, Bd. I, Grundlagen, Wiesbaden 1959

—, Betriebswirtschaftliche Kostenlehre, Bd. I, Begriff und Theorie der Kosten, 2. Aufl., Wiesbaden 1965

Heiser, H. C., Budgetierung. Grundsätze und Praxis der betriebswirtschaftlichen Planung, Übers. W. Sommer, H. E. Holzer, Berlin 1964

Hennig, H. W., Betriebswirtschaftslehre der industriellen Fertigung, Braunschweig 1946

—, Betriebswirtschaftliche Organisationslehre, 4. Aufl., Wiesbaden 1965

Henrici, S. B., Standard Costs for Manufacturing, 3. Aufl., New York-Toronto-London 1960

Henzel, F., Marktanalyse und Budgetierung, Berlin-Wien 1933

—, Der Unternehmer als Disponent seiner Kosten, ZfB 1936, S. 139 ff.

—, Kosten und Leistung, 2. Aufl., Bühl (Baden) 1941

—, Nachdenkliches zur Plankostenrechnung, ZfB 1953, S. 521 ff.

—, Die Kostenrechnung, 4. Aufl., Essen 1964

Hess, H., Manufacturing: Capital, Costs, Profits and Dividends, The Engineering Magazine 1903, S. 367 ff.

Heuser, F. L., Direct-Labor Control in Research and Development, NAA-Bulletin 1964 (10), Section 1, S. 7 ff.

Hildebrandt, R., Geschäftspolitik auf mathematischer Grundlage, in: Technik und Wirtschaft 1931, S. 127 ff.

Hill, W., Direct Costing oder Standardkosten, Betriebswirtschaftliche Mitteilungen Nr. 31, Bern 1964

Hofmann, R., Gewinnoptimale Unternehmungssteuerung bei gegebenem Produktions- und Absatzprogramm, Winterthur 1962

Horngren, C. T., Cost Accounting. A Managerial Emphasis, 3. Aufl., Englewood Cliffs, N. J., 1963

—, Accounting for Management Control: An Introduction, Englewood Cliffs, N. J., 1965

—, siehe auch: Sorter, G. H.

Humphreys, E. N., siehe: Lawrence, F. C.

The Institute of Cost and Works Accountants, A Report on Marginal Costing, 3. Aufl., London 1965

Jacob, H., Produktionsplanung und Kostentheorie, in: Zur Theorie der Unternehmung, Festschrift für E. Gutenberg, Wiesbaden 1962, S. 205 ff.
—, Preispolitik, Wiesbaden 1963
Jaedicke, R. K., Improving B-E Analysis by Linear Programming Technique, NAA-Bulletin 1961 (3), Section 1, S. 5 ff.
Jaensch, G., Optimale Produktionssteuerung bei unvollständiger Information der Unternehmungsleitung, in: Produktionstheorie und Produktionsplanung, Festschrift für K. Hax, Köln und Opladen 1966, S. 195 ff.
Jordan, H., Das Rechnen mit gleitenden Unkostensätzen in Gießereibetrieben, Archiv für das Eisenhüttenwesen 1931/32, S. 219 ff.

Käfer, K., Standardkostenrechnung, 1. Aufl., Stuttgart 1955; 2. Aufl., Zürich 1964 (Stuttgart 1964)
Kaiser, H., Rechnungswesen im Maschinenbau, Berlin 1930
Kalischer, H. E., Der Widerspruch zwischen mathematischer und buchtechnischer Kostenauflösung, ZfhF 1930, S. 49 ff.
Kalveram, W., Rationalisierung und Kostenplanung. Förderung der Wirtschaftlichkeit durch Plankostenrechnung, ZfB 1950, S. 385 ff.
Kampschulte, F., Leistungsgerechte Ertragsbeteiligung in der Praxis durch Planungs-Rechnung, ZfB 1951, S. 578 ff.
Keachie, E. C., Manufacturing Cost Reduction Through the Curve of Natural Productivity Increase. Prepared by the Institute of Business and Economic Research, University of California, Berkeley, under the Small Business Administration Management Research Grant Program 1964
Keil, M., Preisbildung und Erfolgsoptimierung eines mehrstufigen Industrieunternehmens, ZfB 1966, S. 447 ff.
Keller, I. W., The Critical Areas of Material Cost Control, N.A.C.A.-Bulletin 1948, Section 1, S. 695 ff.
—, A Re-Examination of Standard Costs, N.A.C.A.-Bulletin 1948, Section 3
—, Management Accounting for Profit Control, New York-Toronto-London 1957
Kennon, W., Fixed Cost and Product Mix Control by Activity Analysis, N.A.C.A.-Bulletin 1955 (11), Section 1, S. 319 ff.
Kern, W., Kalkulation mit Opportunitätskosten, ZfB 1965, S. 133 ff.
—, Die Messung industrieller Fertigungskapazitäten und ihrer Ausnutzung. Grundlagen und Verfahren, Köln und Opladen 1962
Kiebel, W., Die Standardkostenrechnung in der Papierindustrie, Biberach 1940
Kienzle, O., Die Budgetierung in amerikanischen Privatbetrieben, ZfO 1927, S. 236 ff.
Kilger, W., Die Verteilung der Abweichungen auf die Kostenträger innerhalb der Plankostenrechnung, ZfB 1952, S. 503 ff.
—, Produktions- und Kostentheorie, Wiesbaden 1958
—, Die Planung und Verrechnung von Stromkosten in der Grenzplankostenrechnung, Kostenrechnungspraxis 1958, S. 149 ff.
—, Produktionsplanung einschließlich Planung des Fertigungsprogramms, AGPLAN, Bd. 2, Wiesbaden 1959, S. 66 ff.
—, Der theoretische Aufbau der Kostenkontrolle, ZfB 1959, S. 457 ff.
—, Die Erfolgsanalyse im Industriebetrieb, ZfhF 1960, S. 299 ff.

—, Flexible Plankostenrechnung, 2. Aufl., Köln und Opladen 1961
—, Der heutige Stand der Grenzplankostenrechnung, AGPLAN, Bd. 6, Wiesbaden 1962, S. 66 ff.
—, Die quantitative Ableitung polypolistischer Preisabsatzfunktionen aus den Heterogenitätsbedingungen atomistischer Märkte, in: Zur Theorie der Unternehmung, Festschrift für E. Gutenberg, Wiesbaden 1962, S. 269 ff.
—, Kurzfristige Erfolgsrechnung, Wiesbaden 1962
—, Kritische Werte in der Investitions- und Wirtschaftlichkeitsrechnung, ZfB 1965, S. 338 ff.
—, Planungsrechnung und Entscheidungsmodelle des Operations Research, AGPLAN, Bd. 9, Wiesbaden 1965, S. 55 ff.
—, Optimale Verfahrenswahl bei gegebenen Kapazitäten, in: Produktionstheorie und Produktionsplanung, Festschrift für K. Hax, Köln und Opladen 1966, S. 156 ff.
Kleinau, G., Budgetrechnung in industriellen Brauereiunternehmungen, ZfB 1937, S. 433 ff.
—, Brauerei-Budgetrechnung, Berlin 1937
Klinger, K., Der Einfluß der Jahreszeit auf die Kostengestaltung, Betriebswirtschaftliche Rundschau 1927, S. 13 f.
Klose, A., Die Leitung von Tochterwerken, ZfO 1931, S. 193 ff.
Knoblauch, H., Die Kostenstellen-Umlageverfahren, ZfhF 1954, S. 327 ff.
—, Die Kostenstellenbildung unter besonderer Berücksichtigung des Arbeitens mit Ausgliederungsstellen, ZfB 1954, S. 202 ff.
Knutzen, K. K., Using Direct Cost Information for Pricing, NAA-Bulletin 1962 (8), Section 1, S. 39 ff.
Koch, H., Die industrielle Kostenkalkulation als Stufenrechnung, Diss. Hannover 1948
—, Betriebliche Planung. Grundlagen und Grundfragen der Unternehmungspolitik, Wiesbaden 1961
—, Das Prinzip der traditionellen Stückkostenrechnung, ZfB 1965, S. 325 ff.
—, Grundprobleme der Kostenrechnung, Köln und Opladen 1966
Koch, W., Kurzfristige Erfolgsrechnung u. Standardkostenrechnung, Diss. Berlin 1939
Koller, H., Organisation der Plankostenrechnung, AGPLAN, Bd. 5, Wiesbaden 1961
Koopmans, T. C., Analysis of Production as an Efficient Combination of Activities, in: Activity Analysis of Production and Allocation, Hrsg. T. C. Koopmanns, New York-London 1951, S. 33 ff.
Kosiol, E., Verrechnung innerbetrieblicher Leistungen, Wiesbaden 1951
—, Warenkalkulation in Handel und Industrie, 2. Aufl., Stuttgart 1953
—, Neuere Ziele und Methoden der Kostenplanung, ZfB 1954, S. 657 ff.
—, Plankostenrechnung als Instrument moderner Unternehmungsführung, Berlin 1956
—, Kritische Analyse der Wesensmerkmale des Kostenbegriffs, in: Betriebsökonomisierung, Festschrift für R. Seyffert, Köln und Opladen 1958, S. 7 ff.
—, Kostenrechnung, Wiesbaden 1964
Krähe, W., Einheitsbuchführung für mittlere Maschinenfabriken, Leipzig 1928
Krebs, F., Aussagekraft und Grenzen der Plankostenrechnung, DB 1952, S. 475 f., S. 683
Krelle, W., *Künzi, H. P.*, Lineare Programmierung, Zürich 1958

Kreis, H., Der Widerstreit der Verrechnungspreiszwecke in der Praxis, Archiv für das Eisenhüttenwesen 1930/31, S. 449 ff.
—, Die Aufstellung und Auswertung der monatlichen Erfolgsrechnung, Archiv für das Eisenhüttenwesen 1932/33, S. 357 ff.
—, Das Zusammenwirken von Ingenieur und Kaufmann bei der Aufstellung und Auswertung der monatlichen Kosten- und Erfolgsrechnung, Stahl und Eisen 1937, S. 509 ff.
Kreuzer, P., Plankosten im Verkauf, ZfB 1950, S. 422 ff.
—, Kapazität, Beschäftigungsgrad und Plankosten, ZfB 1951, S. 651 ff.
—, Die Kostenabweichungen in der Plankostenrechnung, ZfB 1953, S. 17 ff.
—, Vor- und rückschauende Erfolgsrechnung mit Ergebnisspaltung, ZfhF 1953, S. 391 ff.
Kritzler, G., Die Platzkostenrechnung im Dienste der Kalkulation, Diss. Darmstadt 1928
Kropff, B., siehe: Aktiengesetz vom 6. 9. 1965
Kruse, H. G., Die Anerkennung des Direct Costing durch die Steuerbehörde in den USA, Diss. Mannheim 1966
Kühn, U., Kostenplanung im Materialbereich, ZfB 1954, S. 34 ff.
Künzi, H. P., siehe: Krelle, W.
Kupfer, T. M., The Tax Status of Direct Costing Method, N.A.C.A.-Bulletin 1955 (4), Section 1, S. 1041 ff.

Lang, T., siehe: Cost Accountants' Handbook
Langen, H., Gedanken zu einer betriebswirtschaftlichen Dispositionsrechnung, Gesellschaft der Freunde der Wirtschaftshochschule Mannheim e. V., Mitteilungen Nr. 2, Mannheim 1965, S. 27 ff.
—, Betriebliche Zahlungsströme und ihre Planung in dynamischer Sicht, ZfB 1965, S. 261 ff.
—, Dynamische Preisuntergrenzen, ZfbF 1966, S. 649 ff.
Lawrence, F. C., *Humphreys, E. N.*, Marginal Costing, London 1947
Lehmann, M. R., Die industrielle Kalkulation, Berlin-Wien 1925
—, Die Systematik des Rechnungswesens des Betriebes und der Unternehmung, ZHH 1926, S. 58 ff., S. 82 ff.
—, Das Wesen und das System der betriebswirtschaftlichen Verrechnungspreise, ZfB 1930, S. 721 ff., S. 801 ff., S. 902 ff.
—, Die Problematik der Preispolitik auf Grenzkosten- und auf Vollkosten-Basis, ZfB 1950, S. 332 ff.
—, Industriekalkulation, 4. Aufl., Stuttgart 1951
Lisle, G., siehe: Encyclopaedia of Accounting
Lemke, H., Deckungsbeitragsrechnung auch für kleinere Betriebe, FAZ – BdW vom 8. 10. 1965
Lohmann, M., Der Wirtschaftsplan des Betriebes und der Unternehmung. Die kaufmännische Budgetrechnung, Berlin-Leipzig-Wien 1928
—, Der Wirtschaftsplan der Unternehmung. Die kaufmännische Budgetrechnung, 2. Aufl., Berlin-Leipzig-Wien 1930
Longenecker, R. E., Direct Costing in a Glass Container Plant, N.A.C.A.-Bulletin 1953 (6), Section 1, S. 1280 ff.

—, Converting to Direct Costing, NAA-Bulletin 1962 (8), Section 1, S. 25 ff.
Longmuir, P., The Recording and Interpreting of Foundry Costs, The Engineering Magazine 1902, S. 887 ff.
Lorch, W., *Sommer, F.*, Rechnungswesen und technischer Betrieb. Die Grundlagen der Plankostenrechnung, Berlin 1929
Lorentz, S., Der betriebswirtschaftliche Leistungsbegriff, ZfB 1932, S. 372 ff.
Lücke, W., Die kalkulatorischen Zinsen im betrieblichen Rechnungswesen, ZfB 1965, Ergänzungsheft, S. 3 ff.
Ludwig, H., Budgetkontrolle in industriellen Unternehmungen, Berlin-Leipzig-Wien 1930
Luenstroth, H. W., The Case for Direct Costing, N.A.C.A.-Bulletin 1952 (8), Section 1, S. 1479 ff.

Marshall, A., Principles of Economics, 8. Aufl., London 1964
Martin, C. H., Looking Towards Standards for Control of Distribution Costs, NAA-Bulletin 1957 (7), Section 1, S. 1423 ff.
Martin, H., Die Umlegung der Hilfskostenstellen im Betriebsabrechnungsbogen, ZfhF 1949, S. 227 ff.
Matz, A., Plankostenrechnung, Wiesbaden 1954
—, Planung und Kontrolle von Kosten und Gewinn, AGPLAN, Bd. 7, Wiesbaden 1964
Matz, A., *Curry, O. J.*, *Frank, G. W.*, Cost Accounting, Management's Operational Tool for Planning, Control, and Analysis, 3. Aufl., Chicago-Dallas- u. a. 1962
Mauriello, J. A., Convertibility of Direct and Conventional Costing, N.A.C.A.-Bulletin 1954 (3), Section 1, S. 888 ff.
Maynard, H. W., The Accounting Technique for Standard Costs, N.A.C.A.-Bulletin 1927 (2), Section 1, S. 542 ff.
—, What the Standard Costs and the Flexible Budget Are Doing for the Reduction of Costs in the Manufacturing Department. The Experience of the Gilette Safety Razor Company, N.A.C.A. Yearbook 1928, New York 1928
Medicke, W., Die Gemeinkosten in der Plankostenrechnung, Berlin 1956
—, Die Plankostenrechnung – insbesondere die Anwendung des Lochkartenverfahrens für den Soll-Istkostenvergleich, ADL-Nachrichten 1959, S. 251 ff., S. 274 ff.
—, „Der Mythos von den fixen Kosten und die betriebswirtschaftliche Leistungs-Abrechnung." Eine kritische Betrachtung zu dem gleichnamigen Aufsatz von Dr. Ernst Sonnefeld, ZfB 1963, S. 103 ff.
—, Geschlossene Kostenträgerrechnung und Artikelergebnisrechnung in der Grenzplankostenrechnung, AGPLAN, Bd. 8, Wiesbaden 1964, S. 37 ff.
—, Materialabrechnung mit Festpreisen, Betriebswirtschafts-Magazin 1965, S. 11 ff.
Mellerowicz, K., Plankostenrechnung und Betriebsvergleich, Berlin 1939
—, Kosten und Kostenrechnung
Bd. 1: Theorie der Kosten (I), 3. Aufl., Berlin 1957
Bd. 2: Verfahren (II, 1; II, 2), 2. und 3. Aufl., Berlin 1958
—, Betriebswirtschaftslehre der Industrie, Bd. 1, 3. Aufl., Freiburg 1958
—, Planung und Plankostenrechnung, Bd. 1, Betriebliche Planung, Freiburg 1961
Michel, E., Handbuch der Plankostenrechnung, Berlin 1937

Michel, H., Unternehmenssteuerung mit Hilfe der Standard-Grenzpreisrechnung. Zugleich eine Entgegnung zu einem Aufsatz von Hans Georg Plaut, ZfB 1962, S. 344 ff.
—, Grenzkosten und Opportunitätskosten. Zur Diskussion um das Problem Voll- oder Teilkostenrechnung, ZfbF 1964, S. 82 ff.
Möehl, H., Plankostenrechnung in der Gießereiindustrie, Die Gießerei 1952
Möller, H., Die Grenzkosten als Grundlage der Preispolitik der Betriebe, ZfN 1939, S. 541 ff.
—, Kalkulation, Absatzpolitik und Preisbildung, Wien 1941
Moonitz, M., Direct Costing and Public Reporting, NAA-Bulletin 1961 (10), Section 1, S. 45 f.
Moxter, A., Die Bestimmung des Kalkulationszinsfußes bei Investitionsentscheidungen, ZfhF 1961, S. 186 ff.
Müller, A., Die Isolierung der Einflüsse auf die Selbstkosten im Eisenhüttenwesen, Diss. Köln 1933
—, Der Einfluß der Kalkulationszwecke auf die Kalkulationsformen, Archiv für das Eisenhüttenwesen 1935/36, S. 215 ff.
—, Die Normalkostenrechnung als Hilfsmittel der Kostenauswertung, Archiv für das Eisenhüttenwesen 1938/39, S. 309 ff.
—, Grundsätzliches zur Plan- und Normalkostenrechnung, Stahl und Eisen 1949, S. 601
—, Rechnung mit Grenzkosten als wirtschaftliche Gefahrenquelle?, Frankfurt 1950
—, Istkosten-, Normalkosten- und Plankostenrechnung in vergleichender Betrachtung, DB 1952, S. 537 ff., S. 559 ff.
Müller, H., Kostenplanung und Plankostenrechnung, WPg 1951, S. 439 f.
Müller, W., „Die Plankostenrechnung in der Praxis". Eine Entgegnung, ZfB 1951, S. 598 ff.
Muth, F. J., An Evaluation of Direct Costing, The Controller 1957

NAA-Research Report 37, Current Application of Direct Costing, New York 1961
N.A.C.A., Yearbook 1924, New York 1924
—, Yearbook 1926, New York 1926
—, Yearbook 1928, New York 1928
N.A.C.A.-Bulletin 1952 (9), Section 3, Accounting Treatment of Fixed Costs in Product Costing – The Direct Cost Plan, 1952 Conference Proceedings – 3, S. 157 ff.
N.A.C.A. Research Series, The Variation of Costs with Volume, N.A.C.A.-Bulletin 1949 (6), No. 16, Section 3, S. 1215 ff.
—, The Analysis of Cost-Volume-Profit Relationships, N.A.C.A.-Bulletin 1949 (12), No. 17, Section 3, S. 523 ff.
—, The Volume Factor in Budgeting Costs, N.A.C.A.-Bulletin 1950 (6), No. 18, Section 3, S. 1295 ff.
—, Direct Costing, N.A.C.A.-Bulletin 1953 (4), No. 23, Section 3, S. 1079 ff. (Deutsche Übersetzung: RKW, Direct Costing. Das Rechnen mit Grenzkosten, 4. Aufl., Berlin-Frankfurt-Köln 1962)
—, Cost Control for Marketing Operations - General Considerations, N.A.C.A.-Bulletin 1954 (4), No. 25, Section 3, S. 1067 ff.

—, Cost Control for Marketing Operations - Order Getting, N.A.C.A.-Bulletin 1954 (6), No. 26, Section 3, S. 1351 ff.
—, Cost Control for Marketing Operations - Order Filling, N.A.C.A.-Bulletin 1954 (8), No. 27, Section 2, S. 1647 ff.
Narath, H., Produktions-Budget und - Kontrolle, ZfB 1927, S. 710 ff.
Neal, D. W., Straight-Line Projections with the Learning Curve, NAA-Bulletin 1961 (6), Section 1, S. 62
Nebelung, C., Statistische Ermittlung der fixen und variablen Kosten in Betrieben der Großserienfertigung, ZfB 1950, S. 416 ff.
Neikirk, W. W., How Direct Costing Can Work for Management, N.A.C.A.-Bulletin 1951 (1), Section 1, S. 523 ff.
Neumayer, W. W., Planung und Verrechnung der Maschinenreparaturkosten, ZfB 1950, S. 53 ff.
—, Berücksichtigung des „Auftrags"- und „Verfahrens"-Wechsels in der Fertigung durch „doppelt-flexible" Plankostenrechnung, ZfB 1950, S. 403 ff.
—, „Direkt"-Gewinnbeteiligung durch Leistungslohn und Plankostenrechnung, ZfB 1951, S. 269 ff.
—, „Voll-flexible" Plankostenrechnung zur Lösung der Kostenrechnungs- und Gewinnbeteiligungs-Probleme, ZfB 1951, S. 397 ff.
—, Vollkommenheitsgrade der Plankostenrechnung, ZfB 1951, S. 589 ff.
—, Aussagekraft und Grenzen der Plankostenrechnung, DB 1952, S. 577 ff., S. 742 ff.
—, Platzkosten in der Plankostenrechnung, ZfB 1953, S. 1 ff.
Neuner, J. J. W., Cost Accounting. Principles and Pratice, 5. Aufl., Homewood, Ill., 1961
Nielsen, O., The Case for Direct Costing, The Accounting Review 1954, S. 89 ff.
Nowak, P., Kostenrechnungssysteme in der Industrie, 2. Aufl., Köln und Opladen 1961
—, Kritische Bemerkungen zur Plankostendiskussion, ZfB 1953, S. 124 ff.

Oehm, W., Der Beschäftigungsgrad bei der Kostenplanung, DB 1951, S. 389 ff.
Oetting, G., Beitrag zur Klärung des betriebswirtschaftlichen Kapazitätsbegriffes und zu den Möglichkeiten der Kapazitätsmessung, Diss. Mannheim 1951

Parker, J. R. E., Give Consideration to Direct Costing for External Reporting, NAA-Bulletin 1963 (10), Section 1, S. 3 ff.
Patterson, F. K., Die Abweichungen innerhalb der Plankostenrechnung und ihre Verteilung auf die Kostenträger, ZfB 1955, S. 357 ff.
—, Die Ermittlung der Planzahlen für die Plankostenrechnung, Diss. Köln 1954 (und: AGPLAN, Bd. 3, Wiesbaden 1961)
Paulsson Frenckner, T., Bestimmung des Produktionsprogramms als Anwendungsbeispiel der Linearplanung, ZfhF 1958, S. 565 ff.
Peiser, H., Grundlagen der Betriebsabrechnung in Maschinenbauanstalten, 2. Aufl., Berlin 1923
—, Selbstkostenwesen in Amerika, in: Technik und Wirtschaft 1925, S. 224 ff.
—, Industrielle Betriebsrechnung, in: Technik und Wirtschaft 1927, S. 261 ff.
—, Rechnungswesen im Maschinenbau, Berlin 1930

Peter, K., Einführung in das Budgetwesen, ZfO 1937, S. 429 ff.
—, Die Aufstellung eines Absatzbudgets, ZfO 1938, S. 7 ff.
Peters, F., Über Industriekalkulation und Preispolitik in den Vereinigten Staaten von Amerika, ZfhF 1927, S. 1 ff., S. 97 ff.
Petzold, F., Prinzipien der Plankostenrechnung und Ergänzungen zu Begriffsbestimmungen, ZfB 1950, S. 396 ff.
—, siehe auch: Diercks, H.
Pferdekämper, H. E., Der Beschäftigungsgrad der Teilkapazitäten — ein Beitrag zur Wahl der richtigen Bezugsgröße in der Plankostenrechnung, Kostenrechnungspraxis 1965, S. 67 ff.
Plaut, H. G., Die Plankostenrechnung als Hilfsmittel zur rationellen Betriebsgestaltung, Eisen- und Metallverarbeitung 1949
—, Die Plankostenrechnung in der Praxis des Betriebes, ZfB 1951, S. 531 ff.
—, Wo steht die Plankostenrechnung in der Praxis?, ZfhF 1952, S. 396 ff., S. 577
—, Die Grenz-Plankostenrechnung, ZfB 1953, S. 347 ff., S. 402 ff.
—, Die Grenzplankostenrechnung, ZfB 1955, S. 25 ff.
—, Unternehmenssteuerung mit Hilfe der Voll- oder Grenzplankostenrechnung, ZfB 1961, S. 460 ff.
—, Planungsrechnung im Verwaltungs- und Vertriebsbereich, AGPLAN, Bd. 8, Wiesbaden 1964, S. 30 ff.
Pompan, J. M., Direct Absorption Costing in One System, NAA-Bulletin 1959 (3), Section 1, S. 5 ff.

Raasch, K., Die Konstruktions- und Entwicklungskosten in Buchhaltung und Kostenrechnung, Hamburg 1940
Raffée, H., Kurzfristige Preisuntergrenzen als betriebswirtschaftliches Problem, Köln und Opladen 1961
Ramsler, H. Probleme der Vorkalkulation, Diss. St. Gallen 1948
Real, P., Einige europäische Erfahrungen zu den psychologischen Problemen der Budget-Kontrolle, Bericht über: Das industrielle Budget auf der Internationalen Diskussionskonferenz, RKW-Nachrichten 1930, Nr. 11, Sp. 316 ff.
REFA, Bd. 1, Arbeitsgestaltung, 2. Aufl., München 1952,
—, Bd. 2, Zeitvorgabe, 8. Aufl., München 1958
Rehm, T., Plankosten und Plannutzen, ZfB 1950, S. 472 ff.
Reinfeld, N. V., Vogel, W. R., Mathematical Programming, Englewood Cliffs, N. J., 1958
Riebel, P., Fixe Ausgaben, Deckungsrechnung und Entwicklungstendenzen der fixen Kosten, ZfhF 1958, S. 131 ff.
—, Das Rechnen mit Einzelkosten und Deckungsbeiträgen, ZfhF 1959, S. 213 ff.
—, Das Rechnen mit relativen Einzelkosten und Deckungsbeiträgen als Grundlage unternehmerischer Entscheidungen im Fertigungsbereich, NB 1961, S. 145 ff.
—, Die Preiskalkulation auf Grundlage von „Selbstkosten“ oder von relativen Einzelkosten und Deckungsbeiträgen, ZfbF 1964, S. 549 ff.
Ritter, E., Sinn und Grenzen der kaufmännischen Budgetrechnung, Diss. München 1939
Rocker, W., Grundsätzliches zur Plankosten-Abrechnung und ihre Anwendung in der Edelstahlindustrie, Stahl und Eisen 1952, S. 134 ff.

Rosenkranz, R., Büroarbeit und Leistungslohn, NB 1949, S. 39 ff.
Roth, W., Deckungsbeitragsrechnung. Mittel zur wirtschaftlichen Sortimentsgestaltung, Berlin-Bielefeld-München 1965
Rott, P., Unkosten- und Lohnverschiebung bei wechselnder Produktion, in: Technik und Wirtschaft 1914, S. 681 ff.
Ruchti, H., Mengenkosten und Geldkosten. Ein Beitrag zur Problematik der festen und veränderlichen Kosten, BFuP 1951, S. 129 ff., S. 193 ff.
Rummel, K., Kostenrechnung auf Zeitgrundlage, Archiv für das Eisenhüttenwesen 1929/30, S. 787 ff.
—, Die Kostenfunktion, Archiv für das Eisenhüttenwesen 1932/33, S. 125 ff.
—, Die Kennzeichnung des Beschäftigungsgrades, Archiv für das Eisenhüttenwesen 1933/34, S. 145 ff.
—, Ingenieur und Kaufmann, Stahl und Eisen 1935, S. 86 ff.
—, Kosten, Preise, Werte, Archiv für das Eisenhüttenwesen 1936/37, S. 419 ff.
—, Proportionale Abschreibung, Archiv für das Eisenhüttenwesen 1937/38, S. 629 ff.
—, Einheitliche Kostenrechnung auf der Grundlage einer vorausgesetzten Proportionalität der Kosten zu betrieblichen Größen, 3. Aufl., Düsseldorf 1949
—, Platzkostenrechnung mit Plankosten, DB 1951, S. 157 ff.
—, Einige Fragen an die Verfechter der Plankostenrechnung, ZfhF 1951, S. 481 ff.
—, Die Laufstundenkalkulation, ZfhF 1954, S. 52 ff.
—, Wesen, Ziele, Wege und Grenzen der Rationalisierung, Schriftenreihe des RKW, Heft 2

Sabel, H., siehe: Dinkelbach, W.
Sandhöfer, K. H., siehe: Billen, H. H.
Sauber, R. W., Management Appraises Direct Costing – A Play, N.A.C.A.-Bulletin 1955 (12), Section 1, S. 459 ff.
Schäfer, E., Die Unternehmung, Bd. II, Köln und Opladen 1949
Schär, J. F., Allgemeine Handelsbetriebslehre, 5. Aufl., Leipzig 1923
Scherpf, P., siehe: Bühler, O.
Schlatter, C. F., Zur Theorie der Standardkosten, Die Betriebswirtschaft 1931, S. 344 ff.
—, Das Verfahren der Standardkosten an Hand eines praktischen Beispiels, Die Betriebswirtschaft 1932, S. 12 ff., S. 43 ff.
Schlesinger, G., Die Zukunft des deutschen Werkzeugmaschinenbaues, VDI-Zeitschrift 1930, 2. Halbjahr, S. 1629 ff.
Schluchtmann, H. G., Kaufmännische Betriebswirtschaftsstellen und Weiterentwicklung des Rechnungswesens in der Eisen- und Stahlindustrie, DB 1954, S. 786 ff.
Schmalenbach, E., Die Technik der Produktionskosten-Ermittelung, ZfhF 1907/8, S. 201 ff.
—, Theorie der Produktionskosten-Ermittelung, ZfhF 1908/09, S. 41 ff.
—, Über Verrechnungspreise, ZfhF 1908/09, S. 165 ff.
—, Selbstkostenrechnung, ZhfF 1919, S. 257 ff., S. 321 ff.
—, Buchführung und Kalkulation im Fabrikgeschäft. Unveränderter Nachdruck aus der Deutschen Metallindustrie-Zeitung, 15. Jg. 1899, Leipzig 1928
—, Selbstkostenrechnung und Preispolitik, 6. Aufl., Leipzig 1934
—, Der Kontenrahmen, 4. Aufl., Leipzig 1935

—, Pretiale Wirtschaftslenkung, Bd. I, Die optimale Geltungszahl, Bd. II, Pretiale Lenkung des Betriebes, Bremen-Horn 1947
—, Kostenrechnung und Preispolitik, 8. Aufl., Köln und Opladen 1963
Schmidt, F., Der Wiederbeschaffungspreis des Umsatztages in Kalkulation und Volkswirtschaft, Berlin 1923
—, Die Organische Tageswertbilanz, 3. Aufl., Leipzig 1929 (Nachdruck, Wiesbaden 1951)
—, Kalkulation und Preispolitik, Berlin-Wien 1930
Schmidt, L., Das Rechnen mit Tageswerten in der Plankostenrechnung, ZfB 1954, S. 698 ff.
Schneider, D., Kostentheorie und verursachungsgemäße Kostenrechnung, ZfhF 1961, S. 677 ff.
—, „Lernkurven" und ihre Bedeutung für Produktionsplanung und Kostentheorie, ZfbF 1965, S. 501 ff.
Schneider, E., Die Rolle des Soll-Ist-Vergleiches in der Betriebsrechnung, in: Technik und Wirtschaft 1939, S. 69 ff.
—, Einführung in die Grundlagen des industriellen Rechnungswesens, Kopenhagen 1939
—, Grundsätzliches zur Planung und Standardkostenrechnung, ZfhF 1940, S. 235 ff.
—, Die innerbetriebliche Leistungsverrechnung in Kostenarten- und Kostenstellenrechnung, ZfhF 1941, S. 253 ff.
—, Die Problematik der Lehre von den fixen Kosten, Weltwirtschaftliches Archiv 1944, S. 300 ff.
—, Industrielles Rechnungswesen, 2. Aufl., Tübingen 1954
—, Wirtschaftlichkeitsrechnung, 4. Aufl., Tübingen–Zürich 1962
Schnettler, A., Das Rechnungswesen industrieller Betriebe, 4. Aufl., Wolfenbüttel 1949
—, Kostenverlauf und Ertragsentwicklung bei schwankender Beschäftigung, ZfhF 1954, S. 361 ff.
Schrülkamp, B., Die Kontrolle der Abweichungen im Rahmen einer Plankostenrechnung, BFuP 1954, S. 619 ff.
Schulz, C. E., Das Problem der Preisuntergrenze und ihre Arten, Annalen der Betriebswirtschaft 1927, S. 347 ff.
—, Korreferat WPg 1951, S. 542 f., zum Referat von H. Müller: Kostenplanung und Plankostenrechnung, WPg 1951, S. 439 f.
—, Ist-, Richt- und Plankostenrechnung. Ein Beitrag zur Klärung der Begriffe, ZfB 1951, S. 460 ff.
Schulz-Mehrin, O., Der Kostenvoranschlag (Kostenbudget) als Hilfsmittel zum Durchhalten, Maschinenbau 1932 (Wirtschaftsteil)
Schwantag, K., Zins und Kapital in der Kostenrechnung, Berlin u. a. 1948
—, Die gegenwärtige Lage der Kostenrechnung, ZfhF 1949, S. 145 ff.
—, Stoffwirtschaft und Plankostenrechnung, ZfB 1950, S. 412 ff.
—, Der heutige Stand der Plankostenrechnung in deutschen Unternehmungen, ZfB 1950, S. 391 ff.
—, Zur Theorie und Praxis der Plankostenrechnung, ZfB 1952, S. 65 ff.
—, Zinsen als Kostenfaktor, ZfB 1953, S. 483 ff.

Seicht, G., Die stufenweise Grenzkostenrechnung. Ein Beitrag zur Weiterentwicklung den Deckungsbeitragsrechnung, ZfB 1963, S. 693 ff.
Seischab, H., Demontage des Gewinns durch unzulässige Ausweitung des Kostenbegriffs, ZfB 1952, S. 19 ff.
Severing, H., Über Normalkostenkalkulation, Die Betriebswirtschaft 1935, S. 97 ff.
Seyderhelm, K., Unkostensätze und Nebenbetriebskosten in Maschinenfabriken und verwandten Betrieben unter besonderer Berücksichtigung des Beschäftigungsgrades, Berlin 1929
Shillinglaw, G., Cost Accounting: Analysis and Control, Homewood, Ill., 1961
Shroad Jr., V. J., Control of Labor Costs Through the Use of Learning Curves, NAA-Bulletin 1964 (10), Section 1, S. 15 ff.
Siegel, O., Die Budgetkontrolle als internationaler Verhandlungsgegenstand, ZfB 1930, S. 550 f.
Simon, H., Selbstkosten und Rentabilität industrieller Betriebe in Abhängigkeit vom Beschäftigungsgrad, in: Technik und Wirtschaft 1924, S. 180 ff.
Sloat, C., Marketing Costs Can Be Controlled, NAA-Bulletin 1958 (8), Section 1, S. 14 ff.
Solomons, D., The Historical Development of Costing, in: D. Solomons (Hrsg.), Studies in Costing, London 1952, S. 1 ff.
—, Flexible Plankostenrechnung und Analyse der Gemeinkosten-Abweichungen, Management International 1961, S. 98 ff.
—, Standard Costing Needs Better Variances, NAA-Bulletin 1961 (12), Section 1, S. 29 ff.
—, siehe auch: Studies in Costing
Sommer, F., siehe: Lorch, W.
Sonnefeld, E., Der Mythos von den fixen Kosten und die betriebswirtschaftliche Leistungs-Abrechnung. Zugleich eine Kritik der Grenzplankostenrechnung, ZfB 1962, S. 44 ff.
Sorter, G. H., Horngren, C. T., Asset Recognition and Economic Attributes – The Relevant Costing Approach, The Accounting Review 1962, S. 391 ff.
v. Stackelberg, H., Grundlagen einer reinen Kostentheorie, Wien 1932
Staudinger, W., Die Gemeinkostenplanung in der Praxis eines elektrotechnischen Großbetriebes, ZfB 1953, S. 111 ff.
Steinecke, V., siehe: Billen, H. H.
Steinmann, H., Die Plankostenrechnung. Darstellung der Methode, Beurteilung ihrer Anwendbarkeit und Untersuchung der in ihr enthaltenen Möglichkeiten, Diss. Berlin 1939
Stepf, W., Die Proportionalkostenrechnung in der Stahlbauindustrie, ZfhF 1950, S. 166 ff.
Stevens, H., Einflußgrößenrechnung, Düsseldorf 1939
Striker, M., Marginal Costing and Price Control, The Accountants Digest 1949
Studies in Costing, Hrsg. D. Solomons, London 1952
Swenson, K. H., Die Platzkostenrechnung in der Praxis, DB 1950, S. 465 f.

Taylor, M. L., The Learning Curve – A Basic Cost Projection Tool, NAA-Bulletin 1961 (2), Section 1, S. 21 ff.
Tigges, H., Betriebsüberwachung durch Plankostenrechnung, ZfhF 1951, S. 193 ff.

Traub, K., Die Grenzplankostenrechnung in Gießereibetrieben, Diss. Saarbrücken 1964

Vance, L. L., The Fundamental Logic of Primary Variance Analysis, N.A.C.A.-Bulletin 1950 (1), Section 1, S. 625 ff.

Vatter, W. J., Toward a Generalized Break-Even Formula, NAA-Bulletin 1961 (12), Section 1, S. 5 ff.

Vernier, J., Die buchmäßigen und die kalkulatorischen Zinsen, Betriebswirtschaftliche Studien, Heft 28, St. Gallen 1948

Viel, J., Betriebs- und Unternehmungsanalyse, 2. Aufl., Köln und Opladen 1958

Vogel, W. R., siehe: Reinfeld, N. V.

Vormbaum, H., Preispolitik auf der Basis von Voll- oder Teilkosten, in: Wirtschaftlich führen – Wirtschaftlich investieren, Vorträge des 13. Deutschen Betriebswirtschafter-Tages, Hrsg. Deutsche Gesellschaft für Betriebswirtschaft, Berlin 1960, S. 299 ff.

—, Die Messung von Kapazitäten und Beschäftigungsgraden industrieller Betriebe, Diss. Hamburg 1951

Walker, J., Prime Cost Keeping for Engineers, Ironfounders, Boiler and Bridge Makers, et cetera, Liverpool 1875

Walker, W. M., Cost Control Standards for a Coal Mine, N.A.C.A.-Bulletin 1955 (9), Section 1, S. 50 ff.

—, Equipment Maintenance Cost Control in Mining, NAA-Bulletin 1959

Weber, K., Amerikanische Standardkostenrechnung. Ein Überblick, Winterthur 1960

—, Direct Costing, Industrielle Organisation 1960, S. 479 ff.

—, Zur Abweichungsermittlung bei der Standardkostenrechnung, Industrielle Organisation 1961, S. 435 ff.

Wehe, W., Der Kapitalzins als Gewinnfaktor, Berlin 1939

Weltmer, W. K., siehe: Blocker, J. G.

Wentworth, G. O., An Evaluation of Direct Costing, Diss. Stanford University 1959

Weritz, H., Plankostenrechnung und Gießereiindustrie, Die Gießerei 1949, S. 214 ff.

Wille, F., Plan- und Standardkostenrechnung, 1. Aufl., Essen 1952; 2. Aufl., Essen 1963

—, Direktkostenrechnung mit stufenweiser Fixkostendeckung? Eine kritische Stellungnahme, ZfB 1959, S. 737 ff.

—, siehe auch: Böhm, H. H.

Williams, J. H., A Technique for the Chief Executive. A Definite Responsibility – A Definite Procedure – A Definite Measure of Results, Bulletin of the Taylor Society 1922, S. 47 ff.

Wimmer, J. H., Eine einfache Mengenkostenrechnung als Hilfsmittel zur Reorganisation einer Stahlgießerei, ZfhF 1933, S. 471 ff.

Winkelmann, F. W., Richtkosten (Standardkosten), ZfhF 1928, S. 411 ff., S. 459 ff., S. 486 ff.

Witthoff, J., Zur Kritik der Zuschlagskalkulation, ZfB 1950, S. 199 ff.

Woitschach, M., Möglichkeiten und Grenzen der Deckungsbeitragsrechnung, DB 1963, S. 1 ff.

—, Vom Umgang mit Alternativen, IBM-Nachrichten 1964, S. 2170 ff.

Wolff, W., Plankostenrechnung und pretiale Betriebslenkung, ZfhF 1953, S. 224 ff.
—, Absatzerwartungen oder Normalkapazität als Grundlage der Plankostenrechnung? ZfB 1953, S. 379 ff.
—, Die Plankostenrechnung als Mittel der Betriebspsychologie, NB 1953, S. 7 ff.
Wolter, A. M., Das Rechnen mit fixen und proportionalen Kosten, Köln und Opladen 1948
Wright, A., Control of Fixed Costs, NAA-Bulletin 1965 (3), Section 1, S. 34 ff.
Wright, T. P., Factors Affecting the Cost of Airplanes, Journal of the Aeronautical Sciences 1936, S. 122 ff.
Wright, W., Direct Standard Costs for Decision Making and Control, New York-Toronto-London 1962
Wyer, R., Learning Curve Helps Figure Profits, Control Costs, N.A.C.A.-Bulletin 1953 (12), Section 1, S. 490 ff.

Zeidler, F., Betriebsüberwachung durch Plankostenrechnung, VDI-Zeitschrift 1928, 2. Halbjahr, S. 1249 ff., S. 1330 ff. (Nach einer Aufsatzreihe: "Installing Standard Costs" [G. C. Harrison, Manufacturing Industries 1927, Bd. 13, S. 425 ff., Bd. 14, S. 23 ff.])
—, Betrachtungen über eine Kostenart: Kalkulatorische Zinsen, ZfhF 1949, S. 572 ff.
—, Altes und Neues zur Plankostenrechnung, WPg 1949, S. 300 ff.
—, Feste Kosten oder Leerlaufkosten in der Kostenrechnung?, NB 1953, S. 141 ff.

Namenverzeichnis

Sachverzeichnis

GPSR Compliance

The European Union's (EU) General Product Safety Regulation (GPSR) is a set of rules that requires consumer products to be safe and our obligations to ensure this.

If you have any concerns about our products, you can contact us on ProductSafety@springernature.com

In case Publisher is established outside the EU, the EU authorized representative is:

Springer Nature Customer Service Center GmbH
Europaplatz 3
69115 Heidelberg, Germany

Batch number: 10809464

Printed by Printforce, the Netherlands